·PANZHIHUA YEARBOOK·

攀枝花年鉴

攀枝花市人民政府 主 办
攀枝花市地方志办公室 编

2017

方志出版社
Publishing House of Local Records

图书在版编目(CIP)数据

攀枝花年鉴.2017/攀枝花市地方志办公室编.
—北京:方志出版社,2017.9

ISBN 978-7-5144-2539-0

Ⅰ.①攀… Ⅱ.①攀… Ⅲ.①攀枝花市—2017—年鉴
Ⅳ.①Z527.13

中国版本图书馆CIP数据核字(2017)第235317号

攀枝花年鉴(2017)

编　　者: 攀枝花市地方志办公室
责任编辑: 罗　滔

出 版 人: 冀祥德
出 版 者: 方志出版社
地址　北京市朝阳区潘家园东里9号(国家方志馆四层)
邮编　100021
网址　http://www.fzph.org
发　　行: 方志出版社图书经销中心
电话(010)67110500
经　　销: 各地新华书店
印　　刷: 成都市标点制版印务有限责任公司

开　　本: 889×1194　1/16
印　　张: 29.75
字　　数: 762千
版　　次: 2017年11月第1版　2017年11月第1次印刷
印　　数: 001~500册

ISBN 978-7-5144-2539-0　　定价:180.00元

攀枝花芒果——全国“纬度最北、海拔最高、成熟最晚”
Panzhihua mango
攀枝花芒果
Panzhihua Mango
IKEA
芒果是著名的热带水果，有“热带果王”之美称。
攀枝花地处川滇交界处，日照强、温差大、无台风危害的独特气候，成为芒果生产的最适宜区域。
攀枝花市将着力把芒果产业培育成我市现代特色农业首个“百亿产业”，为国家现代农业示范区提供强有力的支撑。攀枝花芒果具有外观美、口感好、产量高等特点，其品牌形象享誉国内外，产品远销俄罗斯、德国、加拿大、哈萨克斯坦和新加坡等国家，已先后获得农产品地理标志、绿色食品、无公害食品、欧洲良好农业规范（GAP）、芒果出口基地、四川省著名商标等认证。

2月2日　由四川省经信委与腾讯公司、腾讯大成网举办的“互联网＋中国行·四川站”暨“四川互联网产业峰会”。攀枝花与成都、德阳、绵阳一同获得腾讯2015年度四川“互联网＋”智慧城市殊荣，《攀枝花发布》荣获2015年度四川影响力大奖

（作者：张刚）

2月24日　在“首届川商返乡发展大会”上，攀枝花市人民政府与美国第一股权集团公司举行战略合作洽谈会暨签约仪式

（作者：陶红霖）

2月25日　四川省人民政府办公厅下发《关于认定四川省第四轮敬老模范县（市、区）的通知》，米易县被授予“四川省第四轮敬老模范县”荣誉称号，是攀枝花市唯一一个获此殊荣的县（区）

（作者：易德文）

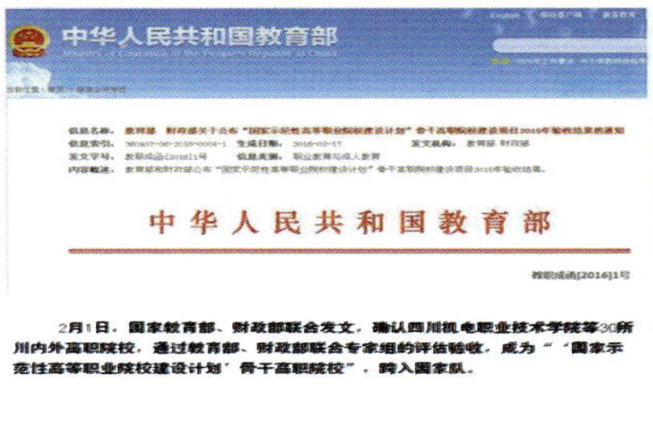
中华人民共和国教育部

中华人民共和国教育部

教职成函[2016]1号

2月1日，国家教育部、财政部联合发文，确认四川机电职业技术学院等30所川内外高职院校，通过教育部、财政部联合专家组的评估验收，成为"'国家示范性高等职业院校建设计划'骨干高职院校"，跻入国家队。

3月5日　四川机电职业技术学院通过国家验收，被确定为全国百所国家示范性骨干高职院校，成功跻身国家高职教育精英队伍

（作者：葛启安）

3月10日　攀枝花市青年企业家商会和攀枝花市青年企业家协会正式成立　（作者：辛铭跃）

4月21日　国务院办公厅同意将四川攀枝花三线建设博物馆馆名定为"攀枝花中国三线建设博物馆"　（作者：谭文军）

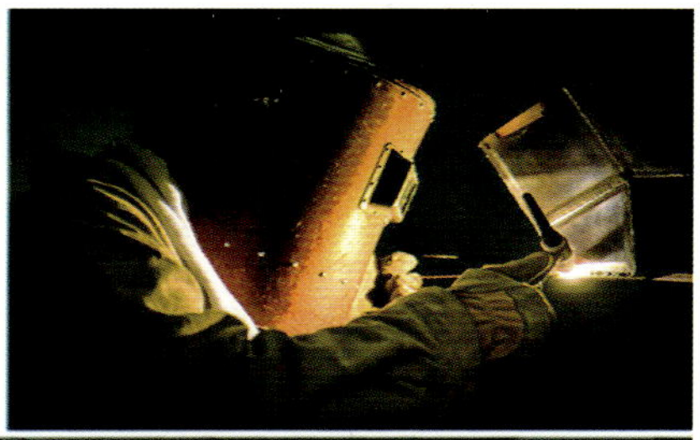

5月3日　第20届“中国青年五四奖章”评选揭晓。攀枝花市中国十九冶工业建设分公司青年工人曾正超榜上有名，被共青团中央、全国青联授予“中国青年五四奖章”，成为攀枝花市获此殊荣的第一人

（作者：吴治宏）

6月1日　第十四届四川省青少年机器人竞赛中，攀枝花共有33支比赛队、114名学生参赛。创意闯关项目获3个一等奖，足球项目获2个一等奖，综合技能获一等奖11个

（作者：唐瑞金）

6月2日　国家旅游局发布《2016全国优选旅游项目名录》，攀枝花市普达阳光国际康养度假区项目成功入选

（作者：周乐天）

10月20日　第六届亚洲青年女子垒球锦标赛在攀枝花红格训练基地开赛。亚洲青年女子垒球锦标赛每两年举行一次，攀枝花首次举办此次国际性垒球比赛，将有力提升阳光康养运动的良好城市形象，培育壮大阳光体育产业

（作者：王华）

10月20日　四川检验检疫局党组书记、局长孙颖杰莅攀调研，并代表国家质检总局为盐边国家级出口芒果质量安全示范区授牌。这标志着攀枝花市首个国家级出口食品农产品质量安全示范区建成

（作者：楚义波）

12月1日　四川省第七届乡村文化旅游节（冬季）暨2016攀枝花欢乐阳光节在米易县拉开大幕。攀枝花获授牌正式成为“亚太旅游协会会员单位”，米易县被授予“中国颛顼文化之乡”“四川省养生旅游目的地示范基地”称号

（作者：严白鲜、王东）

12 月 22 日　攀枝花－武汉－上海航线头首航成功

（作者：徐湘东）

12 月 26 日　攀枝花国际康养学院挂牌成立

（供稿单位：东区地方志办公室）

2016 年 1 月 10 日　攀钢集团攀枝花钢钒有限公司提钒炼钢厂"半钢炼钢含铁物料高效循环利用技术研究"获四川省技术创新成果一等奖。此奖是攀枝花市和攀钢唯一获得一等奖的成果。图为项目主要完成人黄德胜（中）

（作者：余晓蓉）

2016 年 2 月 14 日　在央视一套首期《中国诗词大会》节目中，来自攀枝花市米易县、就读于四川大学法学院无臂学生彭超，力压现场其他选手成为该节目首位擂主

（作者：易德文）

《攀枝花年鉴(2017)》编纂委员会

《攀枝花年鉴(2017)》编辑部

编辑说明

一、《攀枝花年鉴》以马克思列宁主义、毛泽东思想、邓小平理论、“三个代表”重要思想、科学发展观和习近平新时代中国特色社会主义思想为指导，坚持辩证唯物主义的立场、观点和方法，为科学决策、指导工作提供可靠依据和信息，让世界了解攀枝花提供窗口；也为攀枝花市留下可供借鉴的宝贵历史数据。

二、《攀枝花年鉴（2017）》记述攀枝花市2016年度资料，内容以条目形式表述。从稳定性和连续性出发，全书设专文、大事记、概貌、市委工作、人大工作、政府工作、政协工作、民主党派、社会团体、法治、军事、财税工作、经济管理、工业、农业及其综合开发、林业和水务、交通、环境保护、旅游、教体、日报、文化广电新闻出版、卫计工作、科技、社会管理、商贸流通和供销营销、银行、保险、证券、信息产业、县（区）概况、附录、索引共25个部类。内文配以统计图表，力求图文并茂，增强可读性。附录中选载有重要文件目录、统计资料等，增加了二次文献分量，以供使用者查询。

三、《攀枝龙年鉴（2017）》所用资料、图片，均由有关单位撰写、提供，并经有关领导审核、单位盖章。有关全年主要经济指标数据经市统计局审核。个别部门数据由于统计口径不同而表述不尽相同的，以市统计局年报数为准。全书文稿经市保密局、市统计局审查。全书编纂结束后，送编委会终审定稿，由方志出版社出版，国内外公开发行。

四、《攀枝花年鉴（2017）》类目、分目、副分目标题，分别用魏体、隶书、楷体区别，条目标题均用黑体字加“【】”符号，一次文献和二次文献采用不同字体以示区别。

目 录

专 文

要事纪略

大 事 记

概 貌

市委工作

人大工作

政府工作

政协工作

民主党派、社会团体

法　　治

军　　事

财税工作

经济管理

工　业

住房和城乡规划建设、城市管理、花城新区

交通、环境保护、旅游

教体工作

日报、文化广电新闻出版

卫计工作

科 技

社会管理

商贸流通和供销营销

银行、保险、证券

信息产业

县(区)概况

附　　录

索　　引

CONTENTS

Special text

A rough record of important events

Chronicle of events

General picture

Municipal party committee work

The work of the NPC

The government work

Chinese people's political consultative conference (CPPCC) work

Democratic parties, social groups

The rule of law

Military

The fiscal and taxation work

Economic management

Industry

Agriculture and its integrated development, forestry and water services

Housing and urban-rural planning and construction, urban management, huancheng new district

Transportation, environmental protection, tourism

Education and sports

Daily newspaper, Culture, radio, television and press

Health, family planning work

Science and technology

Social management

Commercial circulation and marketing

Banks, insurance, securities

The information industry

County (district) overview

The appendix

Index

专 文

政府工作报告

——2017 年 2 月 7 日在攀枝花市第十届人民代表大会第一次会议上

市长　李建勤

过去五年的工作回顾

过去的五年，是极不平凡的五年。面对全球经济持续低迷，国内经济下行压力较大，钢铁、煤炭等行业产能严重过剩等严峻复杂形势，在省委、省政府和市委的坚强领导下，在市人大、市政协的监督和支持下，市政府团结全市各族人民，主动适应经济新常态，攻坚克难、砥砺前行，统筹做好稳增长、促改革、调结构、惠民生、防风险各项工作，经济运行稳中向好，结构调整深入推进，城市品质显著提升，民生福祉持续改善，完成了市九届人大一次会议确定的主要目标任务，开启了攀枝花转型升级、科学发展的新征程。

——坚持抢抓机遇，开创了“四区驱动”发展新格局。争取国家发改委发布了《钒钛资源综合利用和产业发展“十二五”规划》，设立了攀西国家战略资源创新开发试验区；推动钒钛产业园区升级为国家钒钛高新技术产业开发区；获批建设国家现代农业示范区；创建中国阳光康养产业发展试验区，首创康养理念，成功举办首届中国康养产业发展论坛，创办国内首家康养学院，“孝敬爸妈，请带到攀枝花”广为传颂。

——坚持稳中求进，实现了经济规模和质量效益新提升。综合实力显著增强。九大发展指标实现大幅增长：GDP由 645.66 亿元增加到 1014.68 亿元；规模以上工业增加值年均增长 11.5%；累计完成全社会固定资产投资 2966.62 亿元，是前五年的 2.25 倍；社会消费品零售总额由 165.68 亿元增加到 316.9 亿元；城乡居民人均可支配收入分别由 19735 元、7627 元提高到 32860 元、14057 元；非公经济占 GDP 比重由 41.6% 提高到 49.5%；商事主体由 4.91 万户增加到 7.19 万户；金融业总资产由 1538 亿元增加到 2326 亿元。五项控制指标明显下降：万元 GDP 的能耗、二氧化碳排放量和建设用地分别下降 33.6%、39%、34.5%，二氧化硫、氮氧化物排放总量分别削减 24.7%、34.3%。产业转型升级成效明显。矿业、钒钛、机械制造、新能源、新材料等重点产业加快发展，工业逐步由钢铁经济为主向钒钛、钢铁经济并进转变、由初级产品向精深加工转变。建成全国首个国家级出口芒果质量安全示范区，部级标准化示范园（场）增加到 21 个，国家在川高效节水示范项目全部落户我市，农业向标准化品牌化国际化发展。实施重大科技项目带动战略，国家级高新技术企业由 14 家增加到 43 家，高新技术产业产值由 45.5 亿元增加到 390 亿元，科技对经济增长的贡献率达到 55%。

——坚持城乡统筹，塑造了阳光花城、康养胜地新形象。发展空间有序拓展。加快新区建设，炳二、炳三区基本成型，渡仁片区开发次第展开，“都市环 + 放射组团”的阳光型城市架构形成，建成区面积由 60.9 平方公里扩大到 86.5 平方公里，城镇化率由 61% 提高到 65.34%、居全省第二。基础设施大幅改善。区域综合交通枢纽建设取得重大突破，丽攀高速攀枝花段建成通车，成昆铁路扩能改造、攀大高速开工建设，国省干道改扩建全面完成，北京、重庆、深圳、上海、武汉航线相继开通。城市路网日趋完善，通村公路全部硬化。水利、电力、通信等设施不断完善。小城镇和新村建设成效显著。8 个镇被列为全国重点镇，红格获评“中国特色小镇”，建成旅游新村 16 个、幸福美丽新村 108 个。生态环境大为改观。实施“五创联动”，国家卫生城市、省级环保模范城市通过复审，创建为省级森林城市、省级园林城市，荣获全国文明城市提名城市、中国阳光康养示范城市等称号，跻身全国十佳养老城市、全国呼吸环境十佳城市，阿署达、普达等康养项目加快推进，"阳光花城·康养胜地"品牌成功打响。

——坚持改革开放，取得了南向门户建设新进展。以改革促开放。行政审批项目减少46.3%，非行政许可审批事项全部取消，工矿废弃地复垦利用纳入全国试点，承包地确权颁证基本完成，商事登记改革全面推进，国资国企改革稳步开展，党政机关公务用车制度改革全面完成，在全省率先实现医联体全覆盖。以开放促发展。与川滇黔毗邻市州、成都市、北京市西城区、中国澳门、中国台湾及俄罗斯、乌克兰等扩大开放合作，成功举办中国·攀枝花—东盟国际商贸合作交流活动，建成全国首批、全省首个国家外贸转型升级专业型示范基地。

——坚持成果共享，增进了人民群众新福祉。民生工程有力推进。完成民生投资188亿元，办成一大批民生实事。扎实推进脱贫攻坚，减贫71489人，贫困发生率从16.8%降至2.5%。解决25.3万农村人口饮水安全问题。农村民居地震安全工程建设正式启动。社会事业协调发展。学前三年毛入园率97.6%，义务教育基本均衡县评估成为继成都之后全省第一个全域通过国检的市州，高考本科上线率八连升，职业教育、地方高校成绩突出。公共文化服务在全省实现"四个率先"，三线建设博物馆建成并升格为国家级博物馆。医疗卫生发展水平区域领先，公立医院全部取消药品加成，全面两孩政策稳步实施。竞技体育和群众体育活动蓬勃开展。社会保障提质扩面。在全省率先实现居民社会养老保险城乡一体，新农合、城镇居民医保、城镇居民养老保险实现制度性全覆盖。在全省率先启动棚户区改造并实施货币化安置。就业形势保持稳定。社会治理有力有序。"六五"普法成效显著，国防动员和后备力量建设有新进步，连续四届荣获"全国双拥模范城"，成为西南三省唯一的全国和谐社区建设示范城市，群众安全感测评满意率稳居全省前列。

——坚持改进作风，展现了政府建设新气象。扎实开展党的群众路线教育实践活动、"三严三实"专题教育、"两学一做"学习教育，认真贯彻落实中央"八项规定"和省、市"十项规定"，建立健全纠风工作机制，查办群众身边"四风"和腐败问题案件301件，党风廉政建设社会评价和政风行风群众满意度持续提升。狠抓法治政府建设，强化审计监督，政府重大行政决策全部纳入合法性、廉洁性审查，行政权力事项基本实现全业务全流程网上公开运行。被评为全省法治宣传教育先进城市。

民族、宗教、人防、国安、气象、供销、档案、邮政管理、外事侨务、地方志、关心下一代、妇女儿童、残疾人、对口援助援建等工作都取得新成绩。

各位代表，刚刚过去的2016年，全市上下凝心聚力、苦干实干，完成了GDP过千亿目标，财政收入增速扭负为正，多项经济指标在全省位次前移，实现了"十三五"良好开局。地区生产总值增长8%，规模以上工业增加值增长9%，全社会固定资产投资增长8%，社会消费品零售总额增长10.7%，地方一般公共预算收入增长6.4%，城乡居民人均可支配收入分别增长8.2%、9.3%。

过去一年，市政府重点抓了六个方面的工作。一是强化调度保目标，发展态势稳中向好。对经济运行实行"一月一调度"，及时解决工作中的困难和问题，推动经济一步一步爬坡。新增规模以上工业企业18户，投资、财政收入等下行指标止滑回升。二是分类施策促改革，"三去一降一补"扎实落地。淘汰钢铁落后产能150万吨，关闭小煤矿10处、退出产能114万吨；化解房地产库存120万平方米；设立10亿元兴攀产业发展基金和20亿元PPP项目财政支持基金，为"红名单"企业提供应急转贷资金4.75亿元；取消行政事业性收费42项，完成"营改增"扩面，实现资源税从价计征，减轻企业税费负担9.78亿元，为企业争取电费优惠7.94亿元、降低铁路运费3.46亿元；高炉渣提钛等产业化关键技术取得重大突破。三是突出重点抓项目，发展后劲逐步增强。抓实"项目推进年"工作，全年新签约项目373个、协议资金751.35亿元，到位资金568.22亿元、增长4.1%，新开工项目305个、总投资307.16亿元，完成全社会固定资产投资696.31亿元。四是精准发力补短板，脱贫攻坚首战告捷。整合各类扶贫资金9.9亿元，实施扶贫专项方案10个、年度扶贫专项工作计划15个，1057人易地搬迁安置、20个贫困村退出、6457人脱贫的任务圆满完成。五是建管并重强功能，城市品质不断提升。天星湖、市政务中心、火车南站等开工建设，国家园林城市、森林城市创建指标全部达标，环境空气质量优良率首次达到100%、居全省第一，荣获2016中国智慧城市创新奖。六是顺应民意办实事，社会大局保持稳定。19件民生大事、144件民生事项全面完成。养老金按时足额发放，城镇登记失业率4.01%。保障性安居工程目标任务超额完成。全面取消二滩网箱养鱼，库区水质向好。科学应对"9·19"特大暴雨等自然灾害，灾后重建有序推进。有效处置央视曝光的环境污染问题，依法关停整顿企业37家。

各位代表，过去五年的成绩来之不易。这是省委、省政府和市委坚强领导的结果，是全市上下群策群力、拼搏实干的结果。在此，我代表市政府，向全市各族人民，向人大代表、政协委员、各民主党派、工商联、无党派人士、各人民团体，向驻攀解放军指战员、武警官兵、政法干警和民兵预备役人员，向各位老领导、老同志，表示衷心的感谢！

五年的实践充分证明：市委、市政府抢抓机遇、深化改革、创新发展，大力实施"四个加快建设"、不断深化"四区驱动”的战略和举措是完全正确的，只要我们坚持一张蓝图绘到底，一茬接着一茬干，就一定能使蓝图变实景。五年的实践告诉我们：攀枝花是一片充满希望和活力的热土，攀枝花人民富有创造力，攀枝花干部想干事、能干事、干成事，只要我们进一步解放思想、勇于担当，坚定不移转方式、调结构、促改革、补短板，就一定能打赢转型升级攻坚战。五年的实践启示我们：在新的起点上推进攀枝花发展取得新成就，必须用好比较优势，做好钒钛、阳光两篇文章，把资源优势充分转化为产业优势和经济优势。必须坚持科学发展，遵循经济、自然、社会三大规律，实现更高质量的发展。一要遵循经济规律，坚持用市场经济的理念思考问题，用市场机制和市场化手段破解发展中的难题，处理好政府与市场的关系，增强驾驭市场经济的能力；二要遵循自然规律，坚持走生态优先、绿色发展之路，处理好经济发展与生态环境保护的关系，保护利用好青山绿水、蓝天白云、阳光花城这一最宝贵的财富和最大的优势；三要遵循社会规律，坚持以人民为中心，处理好经济发展与社会建设的关系，打造更加公平正义的社会环境。这些经验和启示，我们倍加珍惜。

同时，我们也清醒地看到，在前进道路上还有不少困难和问题，工作中还存在缺点和不足。经济总量小、产业结构不合理、资源环境约束趋紧、系统抗风险能力弱的基本市情没有根本改变；改革创新、科技支撑能力仍然薄弱，重大投资项目不多，民间投资意愿不足；交通仍然是制约发展的突出瓶颈，城市基础设施薄弱，公共服务能力偏低，城乡区域间发展不协调的问题依然突出，城市低收入群体和一些边远山区群众生产生活还存在不少困难。部分政府工作人员的能力、作风、执行力与工作要求不相适应；用好用足用活政策还有很大空间。我们将正视困难和问题，采取切实措施，认真加以解决。

今后五年的目标任务

今后五年，是攀枝花加快产业结构调整、转型发展的关键时期，也是在全省高水平率先全面建成小康社会的决胜期。我们要始终保持专注发展、转型发展战略定力，在贯彻落实市第十次党代会精神上凝神聚焦发力，以踏石留印、抓铁有痕的精神，把党代会确定的目标任务细化、实化、具体化，奋力推动攀枝花在全省高水平率先全面建成小康社会。

今后五年政府工作的总体要求是：高举中国特色社会主义伟大旗帜，以邓小平理论、“三个代表”重要思想和科学发展观为指导，深入学习贯彻党的十八大、十九大精神和习近平总书记系列重要讲话精神，紧紧围绕“四个全面”战略布局，牢固树立新发展理念，坚持稳中求进工作总基调，以提高经济发展质量和效益为中心，以推进供给侧结构性改革为主线，以创新为动力，突出绿色发展，大力推进中国钒钛之都、阳光花城、康养胜地和四川南向门户“四个加快建设”，不断深化攀西国家战略资源创新开发试验区、国家现代农业示范区、国家钒钛高新技术产业开发区、中国阳光康养产业发展试验区“四区驱动”，加快形成四川新的经济增长点，在全省高水平率先全面建成小康社会。

今后五年全市经济社会发展的主要目标是：地区生产总值增速高于全省，2019 年在全省高水平率先全面建成小康社会，2021 年建成区域性现代化中心城市。

——产业结构更加优化。着力推进供给侧结构性改革，深入推进“三去一降一补”，一产做精、二产做强、三产做大，阳光康养、特色农业成为全国标杆，钒钛钢铁、机械制造、新材料、新能源等产业迈上中高端水平，高质量建成国家现代农业示范区、世界级钒钛产业基地、中国阳光康养产业发展试验区。

——生态环境更加优美。长江上游生态屏障建设取得明显成效，彰显阳光花城特色的生态景观加速形成，森林覆盖率提高到 60.3% 以上，建成区绿化覆盖率提高到 42% 以上，人均公园绿地面积提高到 14 平方米以上，环境空气质量优良率保持全省领先，地表水质量 100% 达到或好于Ⅲ类水体，土壤环境质量总体稳定，力争全面实现“五创联动”创建目标。

——人民生活更加幸福。城乡居民收入保持全省领先并超过全国平均水平，城乡基本公共服务均等化基本实现，就业更加充分，教育更加公平优质，医疗卫生服务更加高效，交通出行更加便捷，社会保障更加完善，社会治理更加有序，全市人民获得感、幸福感、自豪感和归属感大幅提升。

根据上述总体要求和奋斗目标，今后的主要任务是：

一、突出创新驱动，壮大中国钒钛之都实力

围绕攀西国家战略资源创新开发试验区建设，大力实施省委“一号工程”，加快建成以“五个一工程”为支撑的世界级钒钛产业基地。

全面创新改革，政策先行先试。争取一批支持攀西国家战略资源创新开发试验区建设的试点政策，设立钒钛产业发展基金，开展采矿用地改革和电冶联营等试点，推进红格南矿区开发，构建加快钒钛资源创新开发的政策支撑体系。促进攀钢、钢城等大企业改革。

坚持科技兴市，突破关键瓶颈。建好钒钛科技孵化器、石墨产业研究中心等科研平台。推动国家层面建立重大科研项目协调推进机制，持续推进重大科技攻关项目全球招标，突破关键核心技术。加快高炉渣提钛、钒电池、钛及钛合金深加工、碳基材料等重大科技攻关项目的产业化进程。推进军民融合，使更多钒钛、钢铁产品进入军工领域。加快国家知识产权示范城市建设。

着眼高点定位，打造“五个一工程”。建实一个“高”“新”特色鲜明的国家钒钛高新区，建设一个聚集全国钒钛交易资源的国家钒钛交易所，建强一个部省市共建、产学研

协同的国家钒钛重点实验室，建成一个具有标准主导权的国家钒钛质检中心，建好一批有实力的钒钛企业。

强化机制建设，建设创新创业型社会。大力开展大众创业、万众创新。积极推进国家创新型城市试点，建立企业主导的产学研协同创新机制，推动研发平台布局向企业倾斜，培育国家、省级企业技术中心5家以上。健全创新创业服务体系，创建科技和金融结合试点城市。实施人才强市战略，建立更具竞争力的人才引进和激励机制。

二、突出绿色主题，提升中国阳光花城品质

统筹规划、建设、管理三大环节，优化生产、生活、生态三大空间，实现城市功能、特色景观、对外形象的全面提升。

推进城市扩容提质。以全域规划、多规合一为引领，健全市域空间管制、综合交通体系、绿地系统布局等规划，构建现代新型城镇体系。以城市骨架和市域路网建设为依托，完善地下管网等基础设施，高标准推进新区建设，有序拓展城市空间，建成区面积扩大到100平方公里以上。加快旧城改造和老工业基地改造，力争成为“先生产、后生活”人居环境提升改造全国试点城市。以城市设计和精细化管理为抓手，构建“适树适花、集群成景、特色鲜明”的生态景观体系，提升城市形象。

打造绿色转型发展示范城市。坚定不移推进绿色转型发展，加快培育钒钛、石墨、清洁能源为代表的新兴产业。大力推行清洁生产，建设绿色工厂、绿色园区、绿色矿山，力争万元工业增加值能耗、水耗分别下降25%、23%以上。深化资源综合利用，固体废弃物综合利用率提高到75%。严把环境准入关口，不符合环保要求的项目一律不上，坚决不走“先污染后治理”的老路。

巩固提升生态环境质量。牢固树立“绿水青山就是金山银山”的意识，强力推进生态建设和环境保护。开展大规模绿化攀枝花行动，实施主城区提质增绿、金沙江干热河谷生态脆弱区综合治理等工程。打好大气、水、土壤污染防治“三大战役”，确保工矿企业污染排放问题基本解决。保护和利用好水电开发形成的五大湖区。

三、突出融合发展，丰富中国康养胜地内涵

大力发展“康养+”，构建中国阳光康养产业发展试验区产业体系，制定阳光康养标准，引导康养产业快速发展。

大力发展“康养+农业”。深入推进国家现代农业示范区建设，突出高品质、名优特，升级农产品质量，增加绿色优质农产品供给，“三品一标”认证超过150个。推进产业化、标准化发展，打造攀枝花芒果等区域品牌；推动农业向休闲观光、农事体验等多功能拓展，形成特色农业和康养产业融合互动局面。

大力发展“康养+工业”。引导钢铁、钒钛、机械加工制造业向康养制造延伸，推动医疗、康复辅助器具产业化，发展高档体育器材、高端医疗器械等钒钛终端产品。支持攀钢、攀煤、十九冶、钢城等大企业发展康养产业。

大力发展“康养+医疗”。建设全国医养结合试点城市，促进养老与医疗机构双向合作，制定康复护理质量标准，加强康复护理人才培养，构建多层次的康复护理和养老体系，发展现代中医药产业，培育壮大集医疗、康复、保健、养生、养老等为一体的康养医疗产业。

大力发展“康养+旅游”。充分发挥“六度禀赋”，全力打造全国阳光康养旅游目的地。创建国家全域旅游示范区，打造一批景观景点，办好欢乐阳光节等品牌活动，发展四季旅游。健全公共交通、汽车营地等公共服务体系，建成国家旅游休闲示范城市。拓展国内市场，开辟国际市场，旅游收入年均增长15%以上。

大力发展“康养+运动”。培育户外体育运动产业，打造1～2项有国际影响力的体育活动，争取举办国内外大中型体育赛事。充分发挥现有体育场馆民专两用作用，全面实现全民健身“三纳入”，构建15分钟城市社区健身活动圈。

四、突出开放引领，激发四川南向门户活力

注重在扩大开放中聚集要素、拓展空间、赢得优势，全面提升开放合作层次和城市发展活力。

加快通道建设。全面打响交通建设“五年大会战”，力促成昆铁路扩能改造、丽攀高速、攀大(四川境)高速和攀宜高速建成通车，开工建设攀大铁路、攀昭遵铁路、攀盐(源)高速公路，形成“一环六射”高速路网，打造1小时经济圈；加快机场改造升级，增加航班航线数量，增开国内主要大城市航班；研究对接昆明—永仁城际铁路项目，大力争取高铁项目、攀枝花港和金沙江攀枝花—水富段航道建设；构建完善轨道交通、管道运输、主次道路便捷衔接的城市交通网络，基本建成区域性综合交通枢纽。

加大开放力度。主动融入国家“一带一路”和长江经济带建设，面向长三角、珠三角、港澳台等重点区域加强资本引进、市场对接。深化与成都市、北京市西城区的友好合作机制，强化央企项目对接，引入首都科技创新、教育医疗等资源。加强与东盟十国交流合作，持续办好攀枝花—东盟国际商贸交流活动，建立东盟跨境电子商务园，建成省级对外开放合作示范平台。与凉山共建攀西经济区、攀西城市群，借力成德绵全面创新改革政策和军民融合发展机制，深化与川滇黔毗邻市州的区域合作。用好攀西国家战略资源创新开发试验区的政策优势，推动设立海关特殊监管区域，面向欧盟、俄罗斯、乌克兰等引智、引技。

五、突出富民惠民，高水平率先全面建成小康社会

坚持把保障和改善民生作为一切工作的出发点和落脚点，办好民生实事，深化社会治理，不断增强人民群众获得感，提升人民群众的幸福感、自豪感和归属感。

全面打赢脱贫攻坚战。聚焦“两不愁、三保障”和“四个

好”目标，全面落实“六个精准”要求，整合资源，加大投入，大力实施“六大扶贫工程”，确保2018年现行贫困标准线下的贫困人口、贫困村全部脱贫退出。

大力发展民生事业。加大民生投入，不断提升公共服务质量和水平。把教育放在优先发展的战略地位，扩大公办学前教育资源，提升农村义务教育质量，做精做强两类高中教育，组建综合性职业技术学院，高水平建设地方特色大学，办好攀枝花国际康养学院，加快建成区域教育高地。坚持文化惠民，深化公共文化服务体系建设，打造一批有竞争力的文化产品和企业，努力建成区域文化高地。打好医药卫生体制改革攻坚战，建好花城新区医院、市妇女儿童医院，力争成为全国健康城市示范市，全面建成区域医疗卫生高地。强化防灾减灾救灾能力建设，大力实施农村民居地震安全工程，全面完成危旧房棚户区和农村危房改造。办好就业促进、社会保障、交通出行等民生实事。

切实提高社会治理水平。大力推进法治攀枝花、平安攀枝花、和谐攀枝花建设。建立政府主导、社会参与、多元供给的社会服务模式，推动社会治理向激励引导型转变。建立完善立体化信息化社会治安防控体系，创建全国公共安全视频监控建设联网应用工程示范城市，完善社会矛盾纠纷排查预警和调处化解综合机制，开展“七五”普法，深化和谐社区建设。落实“四个最严”要求，争创国家食品安全城市。强化安全生产“党政同责、一岗双责、齐抓共管、失职追责”制度，推动安全形势持续向好。深入开展双拥共建活动，加大国防动员后备力量建设。建成国家新型智慧城市。

六、突出责任担当，打造为民务实清廉政府

推进依法行政。坚持法治思维和法治方式，形成办事依法、遇事找法、解决问题用法、化解矛盾靠法的法治良序。严格执行权力清单和责任清单，按照法定权限和程序履行职责。严格依法决策，强化综合执法，加强执法监督。全面推进政务公开，自觉接受党内监督、人大监督、民主监督、司法监督、审计监督、社会监督和舆论监督，认真办理人大代表建议和政协提案。

提升执行力。“一分部署，九分落实”，坚持高标准、严要求、重实效，以雷厉风行的作风和钉钉子精神抓落实。强化目标导向和问题导向，对标先进立目标，对着问题开药方。完善月度经济运行调度工作机制，推行清单制和责任制，对重点工作落实责任、倒排工期、挂图作战、台账式管理，一项项工作推进，一个个问题解决。深化行政体制改革，清理重复交叉职能。强化绩效管理，严格问责不作为、乱作为、推诿扯皮、效能低下的人和事。

保持清正廉洁。坚定不移深入推进全面从严治党，严格落实“一岗双责”，坚持把纪律和规矩挺在前面，深入推进党风廉政建设和反腐败斗争，严格执行中央“八项规定”精神和省委、省政府“十项规定”，坚决防止“四风”问题反弹。深化源头防腐，严格落实谈话函询、民主生活会、述职述廉等制度。强化行政监察，严肃查办各类违纪违法案件，保持惩治腐败高压态势，营造干部清正、政府清廉、政治清明的政务环境和发展环境。

2017年的重点工作

2017年是实施“十三五”规划的重要之年，也是推进供给侧结构性改革的深化之年。做好2017年工作，责任重大。全市经济社会发展的主要预期目标是：地区生产总值增长7.5%以上；全社会固定资产投资增长7%以上；地方一般公共预算收入增长4%以上；社会消费品零售总额增长10%以上；城乡居民人均可支配收入分别增长8%、9%以上；城镇登记失业率控制在4.5%以内；居民消费价格指数涨幅控制在3.5%以内；节能减排完成省下达任务。

围绕上述目标，重点做好六个方面的工作：

一、着力稳定经济增长，巩固稳中向好发展态势

把抓项目、抓政策、抓资金 “三抓”作为经济工作的主抓手。

抓项目扩投资。抓好“项目年”工作，坚定不移大抓项目、抓大项目、抓好项目。改进投促方式，压实“领导带队、部门紧促、县(区)紧盯”责任，力争签约一批5亿元以上的龙头项目。督导签约项目落地，实现到位资金580亿元以上。推行“一个项目、一名领导、一套班子、一个方案、一抓到底”的项目推进机制，健全项目审批绿色通道，做好土地、水、电、路等要素保障，开展闲置土地专项清理，实施5亿元以上重大项目22个，完成全社会固定资产投资745亿元以上。

抓政策谋红利。在用好用足用活政策上下工夫，围绕财税金融、供地用地、直供电、资源配置管理、生态补偿等五大领域，着力探索攀西战略资源创新开发试验区先行先试政策。衔接长江经济带生态保护补偿政策，推动建立金沙江流域水环境生态保护补偿机制。嫁接成德绵全面创新改革政策，争取科技成果混合所有制权属改革试点。出台支持民营经济发展的政策措施，建立完善政府领导联系行业协(商)会制度。帮助盐边县、米易县、仁和区争取资源补偿等民族地区政策。

抓资金强保障。积极争取中央和省级财政资金，出台考核激励办法，纳入目标管理。用好PPP政策，力争更多项目由社会资本建设。深化政银企合作，创新融资模式，创建省级科技和金融结合试点城市。用好兴攀产业基金，设立钒钛产业发展基金和康养产业发展基金。改革公共资金使用方式，强化事前评估和事中监管。出台债券融资工作方案，推动企业上市融资。

二、着力深化创新改革，推动攀西国家战略资源创新开发试验区建设取得重大突破

力推改革措施落地。深入推进“三去一降一补”，关闭7

处小煤矿，东区、西区、仁和区棚改原则上全部实行货币化安置，探索开展市场化、法治化债转股，帮助企业降本增效。抓好“放管服”、国资国企、审计、“五证合一”、供销社等改革。推进“两保合一”，建立统一的城乡居民医疗保险制度。着力先行先试，推动钒钛磁铁矿露天采矿场、排（弃）土场、尾矿库等用地纳入采矿用地改革试点；编制电冶联营试点方案，筹建地方售电公司；争取减征或即征即退钒钛产业及其废弃物利用的增值税，税款优惠用于企业新技术研发；启动红格南矿区开发前期研究工作。

实施“五个一工程”。支持钒钛高新区构建“一区多园”空间布局，建立“国家千人计划”工作站和军民两用技术转移孵化中心，推动高炉渣提钛及氯化法钛白、钛合金无缝管等项目加快建设；支持钒钛交易所建立会员推广机制，力争年交易量增加80亿元；支持国家钒钛重点实验室、四川钒钛材料工程技术研究中心完善硬件平台，改革运行体制；支持国家钒钛质检中心筹建全国钒钛标准化技术委员会，完成可行性报告和筹建方案。

健全“双创”支撑平台。加快建设创新创业孵化园，完善科创通攀枝花分平台和四川钒钛产业技术交易平台，打造国家级创业孵化链条建设示范单位，建设清华启迪之星攀枝花基地、软通动力攀枝花创新综合体，与复旦大学开展“双基地模式”合作，培育2家省级众创空间。

三、着力发挥比较优势，加速产业转型升级步伐

推动农业提质增效。推进农业供给侧结构性改革，狠抓标准化生产和品牌创建。启动有机产品认证示范区建设，建成农产品质量安全追溯平台。打造攀枝花芒果品牌，启动工矿废弃地复垦种植芒果试点。实施新型农业经营主体培育示范工程，建成3～4个现代农业集成创新示范农庄。加强耕地保护，深化农村土地制度改革，建成市级农村土地产权交易平台。加快推进“十三五”重点水利建设项目，建成马鞍山水库等水利枢纽工程。做好第三次全国农业普查工作。第一产业增加值增长3.8%以上。

推动工业升级提效。坚持工业强市，培育2～5家国家高新技术企业，推动12家企业升规。落实《中国制造2025》，打造钒钛低（微）合金钢机械深加工等新材料基地。着力振兴实体经济，支持攀钢、钢城等多元发展；抓好煤炭生产、调运，用好优惠电；加快处置“僵尸企业”，推进兼并重组；大力推动军民融合，促成与成飞集团、中船重工等大型军工企业的合作。规模以上工业增加值增长8.5%以上。

推动服务业加快发展。完成康养产业规划编制，打造标准化康养基地，发展康养地产，做实“康养+”。启动国家全域旅游示范区创建工作。出台促进消费增长措施，新增20户限额以上商贸流通企业。打造攀枝花—南亚物流基地，与宜宾开展铁水联运，加快建设省级现代物流示范城市。引进更多第三方知名电商平台，拓展攀枝花产品的网购网销渠道。加大外贸企业培育力度。第三产业增加值增长8%以上。

四、着力加强环境保护，筑牢生态安全屏障

全面打响污染防治“三大战役”。坚决整治大气、水、土壤污染问题，特别要加强工矿企业污染排放、矿区土壤重金属和农村面源污染整治防治，让天更蓝、山更绿、水更清。实施工业污染源全面达标排放计划，坚决关停整改不达标企业；加强环境监管，严控城市扬尘、噪音和餐饮油烟污染；建立健全环境改善长效机制，确保环境空气质量优良率全省领先。

持续推进长江上游生态屏障建设。严格划定生态保护红线，深入实施天保工程，大力推进矿山迹地治理、道路及水系生态廊道建设，创建金沙江干热河谷区生态恢复与治理示范区，力争建成国家森林城市。完成湿地资源保护与利用中长期规划编制，申报建设湿地公园。积极推行河长制，加大饮用水和良好水体保护力度。

五、着力加大统筹力度，促进城乡区域协调发展

提升城乡功能品质。修编完善城市总规和控制性详规。加快推进火车南站、天星湖、城市轨道交通、东区后山公路、观音岩引水工程等项目建设。结合国有企业“三供一业”分离移交，加快推进老旧小区改造提升工程，整治30个老旧小区的居住环境。加大集镇建设力度，培育一批特色小镇，新建40个幸福美丽新村，创建30个省级“四好村”。建立大数据中心，整体推进智慧城市建设。推行城区网格化管理，启动城市管理综合执法试点。

激发县域经济活力。指导县（区）调整优化发展定位，培育各具特色的“板块经济”。支持东区加快发展现代服务业、打造区域性现代化中心城区，西区加快培育支柱产业、打造南向开放先行区，仁和区加快发展战略性新兴产业、打造城乡一体化示范区，米易县全域发展特色精品农业、打造阳光时尚花园城，盐边县加快北部跨越南部提升、打造绿色崛起样板县。

六、着力增进民生福祉，推动社会事业全面进步

办好民生实事。深入实施民生工程，全面完成省级民生任务，办好10件市级民生实事：完成213户“9·19”特大暴雨受灾住房重建；新建（硬化）50公里乡村便民道路，硬化13公里民族地区道路；新增30个行政村通有线光纤网络；建成市芒果批发市场；完成市食品安全检测中心主体工程建设；完成市残疾人康复托养中心主体工程建设；完成市生活垃圾焚烧发电项目主体工程建设；建成投用成都外国语学校攀枝花分校；投放53台新能源公交车，新建855个公共停车位；完成花城新区独松梁子生态修复治理工程。

打好脱贫攻坚战。把脱贫攻坚作为头等大事，扎实推进“六大扶贫工程”，抓实农村危房改造、易地扶贫搬迁、彝家新寨建设、扶贫小额贷款等重点脱贫项目，加快完善贫困

地区基础设施和公共服务设施，拓展增收致富渠道。确保35个贫困村退出、8697人脱贫。

守好社会稳定、安全生产、食品药品安全、生态环境"四条底线"。加强社会治安综合治理，健全群众诉求表达、利益协调和权益保护机制，及时排查化解社会矛盾。完善应急管理体系，强化地震、气象、水情监测预报预警，治理17个地质灾害隐患点。建立融资风险分担机制，确保不发生系统性、区域性金融风险。深化"打非治违"和安全隐患排查治理，积极推进小煤矿关闭工作，特别是要加强对矿山、尾矿库等重点领域的排查整治，依法打击安全生产违法违规行为，坚决遏制重特大安全事故发生。强化食品药品安全监管，实行最严格的环境保护制度，让人民群众吃上放心的食品、呼吸上新鲜的空气、喝上干净的水。

各位代表！回顾过去，成绩催人奋进；面向未来，倍感责任重大、使命光荣。让我们紧密团结在以习近平同志为核心的党中央周围，在省委、省政府和市委的坚强领导下，坚定信心、保持定力，解放思想、改革创新，勇于担当、苦干实干，以优异成绩迎接党的十九大和省第十一次党代会胜利召开！

要事纪略

“五创联动”

【概　况】　攀枝花市委、市政府决定于2012年4月正式启动“五创联动”(创建国家环保模范城市、创建国家森林城市、创建国家园林城市、创建中国阳光康养旅游城市和创建全国文明城市)工作,总体目标是“三年打基础、五年基本达标、力争通过验收”。确保“五创联动”工作顺利开展,市委、市政府专门成立攀枝花市“五创联动”工作领导小组,领导小组下设办公室和5个创建指挥部,领导小组办公室与市城乡环境综合治理指挥部办公室合署办公。通过健全机制、创新举措、攻坚克难,坚定不移、锲而不舍、久久为功纵深推进“五创联动”各项工作,攀枝花市2016年“五创联动”工作整体进展顺利,年度任务基本完成,创建效果彰显,全年计划重点创建项目37项,完成34项,完成率为91.9%。“五创联动”14项共同指标达标11项,分别是城市生活污水集中处理率93%;市民义务植树尽责率96%;区域环境噪声平均值51.6dB;城市建成区绿地率36.97%;城市及集中式饮水水源地达标率100%;古树名木保护率100%;城市道路完好率95.15%;空气质量全年优良天数占全年天数的100%;生活垃圾无害化处理率99.72%;城市道路绿化普及率95.03%;公众对城市环境保护的满意率86.3%。建成区绿化覆盖率为39.8%、城市人均公园绿地面积为10.6平方米/人,两项指标已达创园要求,离创森要求还有差距。

【创建国家环保模范城市】　紧紧围绕“巩固和改善环境质量、坚持和保障科学发展、防范和控制环境风险”三大目标,坚持以项目为抓手,全面推进“三片一线一企”区域污染治理,促进空气环境质量总体改善,创模指标稳中有升。至2016年年底,26项“国模”指标达标23项,8个重点项目全面完成。主城区环境空气质量优良率达100%,6项监测指标平均浓度值全面达标。其中,可吸入颗粒物(PM10)平均浓度0.065毫克/标准立方米;二氧化硫(SO_2)平均浓度0.038毫克/标准立方米;二氧化氮(NO_2)平均浓度0.034毫克/标准立方米;细颗粒物(PM2.5)平均浓度0.032毫克/标准立方米;一氧化碳(CO)日均值第95百分位数为2.205毫克/标准立方米,臭氧日最大8小时滑动平均(O_3-8h)第90百分位数为0.112毫克/标准立方米,全市环境空气质量呈现出持续稳定的良好势头。此外,全市水环境质量持续保持较好水平,地表水、饮用水水源地水质达标率100%。

【创建国家森林城市】　紧紧围绕“国家森林城市评价指标”《攀枝花市国家森林城市建设总体规划》目标,深入推进森林生态、林业产业、生态文化三大体系建设,着力强化森林防火、有害生物防治、信息化和科技支撑保障,完成保安营片区迹地植被恢复及封山育林后期管护、金沙江干热河谷生态脆弱区典型地段生态修复二期工程(马坎片区)后期管护、东区生态治理和修复等“十项创森工程”。至2016年年底,40项“创森”指标共达标38项,10个重点项目全面完成。全市各级、各行业共投入创森资金6.51亿元,建设林(绿)地4893公顷,完成义务植树248.6万株,有效巩固退耕还林成果18333公顷,落实管护天然林233333公顷。通过大力实施创建项目,全市森林网络逐渐形成,森林质量提高,森林效益显著。

【创建国家园林城市】　紧紧围绕“创园”申报目标,狠抓城市园林绿化建设、城市景观保护建设、生态环境建设,大力实施“创园”项目攻坚、花城景观打造、细胞工程建设和“国园”申报准备相关工作。2010年版64项创国园指标全面达标,3个重点项目全面完成。累计完成花城景观打造项目7个,“创园”攻坚项目22个;档案资料、图纸、规划文本资料

10000余份，照片、视频等多媒体资料5000余份；补充和完善规划区位置图、城市绿线和蓝线位置图等图纸，完成补充遥感调查与测评资料的上报工作。

【创建中国阳光康养旅游城市】 紧紧围绕“项目推进年”和“旅游提质增效年”的目标，大力优化产业结构，不断配套完善基础设施，强力开展宣传营销，持续推进区域合作和康养旅游稳步发展。全年，完成旅游总收入216.18亿元，同比增长20.25%；13个重点项目完成10个。完成《攀枝花市重点旅游招商引资项目册》《攀枝花旅游招商引资优惠政策和旅游产业发展奖励扶持政策》的编制；实施精准招商，与东方园林集团、万景集团、四川快捷318汽车旅馆投资管理有限公司、四川能投新城投资有限公司、四川宏义资产管理股份有限公司等签订（框架）合作协议；完成A级景区、星级饭店、旅行社、乡村旅游等培训50期以上，培训3000人次以上；完成等级乡村酒店/农家乐、省级乡村旅游特色乡（镇）及省级乡村旅游精品村寨申报工作；成功举办四川省第七届乡村文化旅游节（冬季）暨2016攀枝花欢乐阳光节。

【创建全国文明城市】 按照《全国文明城市测评体系》新标准以及市委、市政府对2015年中央文明办测评反馈问题提出的要求，以“硬件指标达标、公共环境优化、公共秩序规范”为目标，把大力培育和践行社会主义核心价值观贯穿创建全国文明城市始终，持续加强城市基础设施建设、强化市容秩序管理、开展文明细胞创建、提高窗口行业服务水平、打造文明创建特色品牌，广泛开展“道德模范”“身边好人”推荐评选，深入开展“众筹时光·情系桑榆”等志愿服务主题活动。2016年，243项“创文”指标已达标156条，动态指标48条基本达标，3个重点项目全面完成。选树何丽霞等11人登上“四川好人榜”；推树东区枣树坡社区为2016年度省十佳志愿服务社区；推荐唐小龙等4人作为四川省美德少年候选人；新增市中级人民法院等17个省级文明单位、村镇（社区）。

大事记

1月

1月4日　国家知识产权局印发《关于确定2015年国家知识产权强县工程、传统知识知识产权保护示范、试点县(市、区)的通知》,确定36个国家知识产权强县工程试点县,其中四川省6个,米易县是攀枝花市唯一上榜的国家知识产权强县工程试点县。

1月9日　国家卫生计生委办公厅公布全国1300所“2014—2015年度群众满意的乡镇卫生院”名单,攀枝花市仁和区平地镇、米易县丙谷镇、盐边县惠民乡3所乡镇卫生院获此殊荣。

1月10日　攀钢钒炼钢厂申报的“半钢炼钢含铁物料高效循环利用技术研究”成果被评为四川省职工技术创新成果一等奖。

1月11日　市脱贫攻坚领导小组第一次全体会议在攀枝花会展中心召开。会议深入贯彻落实中央、省委关于脱贫攻坚的部署要求,总结2015年全市脱贫攻坚工作,安排部署2016年精准扶贫、精准脱贫工作。市委常委、常务副市长黄正富,副市长刘建明、李仁杰出席会议。

1月19日　攀枝花·凉山区域合作联席会第五次会议在凉山彝族自治州西昌市召开。会上,市长杨自力,凉山州委副书记、州长罗凉清分别代表攀枝花市政府和凉山州政府签订《攀枝花·凉山“十三五”期间区域合作框架协议》。副市长殷旭东、江海、刘先伟出席会议。

1月23日　攀枝花市与雅砻江流域水电开发有限公司在成都举行二滩、桐子林水电站区域综合协调委员会第一次全体会议,双方围绕既定议题深入沟通,协商地企合作具体事宜。

2月

2月1日　副市长江海先后前往普达阳光国际康养度假区、中坝2万吨/年低碳石墨老厂改造及5万吨/年中高碳石墨建设项目、成昆铁路扩能改造米攀段项目、仁和区平地镇风电项目、迤沙拉国家农业公园等项目,督导项目落地和推进情况。

2月2日　由四川经济与信息化委员会与腾讯公司、腾讯大成网举办的“互联网+中国行·四川站”暨“四川互联网产业峰会”在成都举行。攀枝花与成都、德阳、绵阳一同获得腾讯2015年度四川“互联网+”智慧城市殊荣,《攀枝花发布》荣获2015年度四川影响力大奖。

2月3日　全市2016年领导干部反腐倡廉警示教育大会在攀枝花会展中心大会堂召开。市委书记张剡出席会议并讲话。市长杨自力主持会议。

2月5日　省发改委主任唐利民在市长杨自力的陪同下,对攀枝花市工业经济和工业企业发展情况进行调研。唐利民一行先后来到钒钛高新区内的大西南实业有限公司、攀钢集团钛业公司进行实地调研,并通过听取汇报、观看展板的方式,了解盐边万家山30兆瓦并网光伏发电项目,以及大面山风电场和太阳能光伏发电等新能源项目推进情况。副市长刘先伟陪同调研。

2月14日　在央视一套播出的首期《中国诗词大会》节目中,来自攀枝花市米易县、就读于四川大学法学院的无臂学生彭超,力压现场其他选手成为该节目首位擂主。

2月16日　市长杨自力主持召开市政府第66次常务会议,审议并原则通过《攀枝花市促进工业经济稳增长若干措施》《攀枝花市城镇居民老旧住宅区供配电设施改造实施方案》《关于开展老楼危楼安全整治工作的请示》等,会议还传达全省财政工作会和财税工作会有关精神。

2月17日　市委在攀枝花会展中心召开省委第三巡视组整改意见领导小组工作会议。会议听取东区、米易县、市纪委、市委组织部等相关单位负责人就抓好落实省委第三巡视组反馈意见整改推进工作的情况汇报,对下一步全市各级各部门做好全面对照检查、全面整改落实的具体工作进行安排部署。副市长刘先伟出席会议。

同日　全市2016年固定资产投资暨“项目年”启动工作会在攀枝花会展中心召开。会议传达学习国家、省近期相关会议精神，研究部署2016年固定资产投资和重点项目工作任务。市委常委、常务副市长黄正富出席会议并讲话。

2月20日　第二十二届国家级企业管理现代化创新成果获奖名单发布，中国十九冶集团管理创新成果《施工企业以提升竞争力为目标的技能人才培养》荣获一等奖。

2月24日　在"首届川商返乡发展大会"上，攀枝花市人民政府与美国第一股权集团公司举行战略合作洽谈会暨签约仪式，双方就优势互补、强强联手等深入交换意见。市长杨自力，副市长江海出席会议。会上，江海代表攀枝花市人民政府与美国第一股权集团公司签订《攀枝花市人民政府—美国第一股权集团公司战略合作协议》。攀枝花签约项目6个，签约金额34.5亿元，其中正式合同类招商引资项目4个、签约金额9.5亿元，框架协议类招商引资项目2个、签约金额25亿元。

2月25日　市委在攀枝花会展中心召开攀枝花市建市以来首次城市工作会议，学习贯彻中央、省委城市工作会议精神，总结攀枝花市城市规划、建设、管理经验，安排部署今年及今后一个时期的城市工作。市委书记张剡出席会议并讲话。市长杨自力主持会议。副市长殷旭东、刘先伟出席会议。

同日　四川省人民政府办公厅下发《关于认定四川省第四轮敬老模范县（市、区）的通知》，米易县被授予"四川省第四轮敬老模范县"荣誉称号，这是米易县第四次蝉联"省级敬老模范县"称号，是全市唯一一个获此殊荣的县（区）。

2月28日　经省农业厅会同省发展改革委、省财政厅、省食品药品监管局联合考核，攀枝花市盐边县被认定为第三批四川省农产品质量安全监管示范县。

3月

3月1日　市长杨自力主持召开市政府第67次常务会议，审议并原则通过《关于加强"十三五"期间中小学教师队伍建设的实施意见》《营造城市文化氛围的实施意见》《关于全省人社工作会议情况的报告》《关于贯彻落实全省国土资源工作会议精神的报告》等，组织学习《四川省电梯安全监督管理办法》。

3月5日　教育部、财政部《关于公布"国家示范性高等职业院校建设计划"骨干高职院校建设项目2015年验收结果的通知》（教职成函〔2016〕1号）正式对外公布，四川机电职业技术学院通过国家验收，被确定为全国百所国家示范性骨干高职院校。

3月9日　市人大常委会主任谢道全主持召开市九届人大常委会第四十一次会议，并向新任命的攀枝花市国家工作人员颁发任命书。会议审议通过《攀枝花市人大常委会2016年工作要点》《攀枝花市人民代表大会及其常务委员会宪法宣誓制度实施办法》《攀枝花市人民代表大会举行向宪法宣誓仪式的组织方案》《攀枝花市人民代表大会常务委员会举行向宪法宣誓仪式的组织方案》，首次举行新任命国家工作人员宪法宣誓仪式。市政府常务副市长黄正富列席会议。

同日　国家发改委环资司调研组莅临攀枝花，对攀枝花市大宗产业废弃物综合利用进行调研，并对攀枝花大宗产业废弃物综合利用工作提出意见和建议。市委常委、常务副市长黄正富出席会议。

3月10日　攀枝花市青年企业家商会和攀枝花市青年企业家协会正式成立。

3月11日　攀枝花市火车南站站前基础设施规划建设工作领导小组第一次全体会议在攀枝花会展中心举行。会议研究讨论火车南站枢纽工程及配套基础设施可行性研究初步方案，并对火车南站站前基础设施配套项目推进工作进行研究部署。市长杨自力出席会议。

3月16日　市长杨自力主持召开市政府第68次常务会议，审议并原则通过《攀枝花市领导干部经济责任审计工作规划（2016—2018年）》《2016年全市消防工作意见》等。会前组织学习政府与社会资本合作（PPP）政策制度的相关知识。

3月18日　市对外开放和招商引资领导小组在攀枝花会展中心召开2016年第一次会议。市长、市对外开放和招商引资领导小组组长杨自力出席会议并提出工作要求。市委常委、常务副市长黄正富，副市长江海、李仁杰、刘先伟出席会议。

3月19日　市政府常务会议审议并原则通过《攀枝花市食品药品安全举报奖励办法》，对查证属实的举报，对举报人给予最低不少于200元、最高不超过10万元的一次性奖励。

3月27日　雅砻江流域最末级的桐子林水电站最后一台机组正式投产运行。这标志着中国第三大水电基地的下游水能资源开发全面完成，五大梯级电站总装机容量达1470万千瓦，成为国家"西电东送"的重要骨干电源点之一。

同日　第二十二届全国企业管理现代化创新成果评审活动揭晓，攀钢（集团）有限公司推出的《世界级钢轨品牌战略的构建与实践》，获得"国家级企业管理现代化创新成果"二等奖。

3月31日　第20届"中国青年五四奖章"候选人和候选集体名单出炉，中国十九冶工业建设分公司工人曾正超榜上有名，成为攀枝花市唯一一名"中国青年五四奖章"候选人。

4 月

4 月 2 日　由攀钢研究院、成都驰翔科技有限公司、攀枝花钒钛产业专利联盟承担的“海绵钛生产工艺专利战略研究”项目，在成都顺利通过国家知识产权局专利战略推进工程领导小组组织的评审验收。

4 月 6 日　全国全省加强农村留守儿童关爱保护工作电视电话会议召开。副市长江海在攀枝花分会场参加会议。

4 月 11 日　市政府与中国出口信用保险公司四川分公司在成都签订战略合作协议。按照协议，双方将加强政信合作，发挥各自优势和条件，建立更加紧密的战略合作机制，相互配合，通力合作，推进攀枝花市外经贸事业和出口信用保险事业健康发展，实现合作共赢。市长杨自力出席签约仪式。

4 月 13 日　“钒钛之都 · 阳光花城”——攀枝花特色产业投资推介会在成都锦江宾馆举行，向全国、全世界展示“钒钛之都 · 阳光花城”的独特魅力。市长杨自力主持会议，副市长江海出席推介会。

同日　副市长江海参加“2016 中外知名企业四川行”活动，并与中农联控股有限公司、通威集团有限公司、碧桂园集团、太平洋建设集团等企业就合作项目进行交流。在活动期间，攀枝花市共签约项目 56 个，项目协议投资额达 422.19 亿元。

4 月 18 日　海峡两岸农业协会与攀枝花盐边台湾农民创业园在攀枝花市签订合作框架协议。双方约定，今后将在科技创新、人才培养、休闲农业和农产品精深加工等方面开展深度合作。副市长李仁杰主持签约仪式。

同日　市长杨自力主持召开市政府第 69 次常务会议。会议决定，于 2016 年 6 月 1 日起施行《攀枝花市城镇小区配套幼儿园建设和管理实施办法》，有效期为 5 年。会议分别审议并原则通过《攀枝花市 2016 年十项民生工程及 19 件民生大事实施方案》《攀枝花市乡村教师支持计划实施办法（2016—2020 年）》《攀枝花市城镇小区配套幼儿园建设和管理实施办法》《关于调整攀枝花市工伤保险基准费率的通知》等。

4 月 19 日　全市“两学一做”学习教育工作座谈会在攀枝花会展中心召开。会议深入学习贯彻习近平总书记系列重要讲话精神，传达贯彻中央、全省“两学一做”学习教育工作座谈会精神，对在全市党员中开展“两学一做”学习教育进行动员部署。市长杨自力主持会议并就贯彻落实会议精神提出具体要求。

同日　攀枝花市迎接国家卫生城市复审省级复查情况通报会在攀枝花会展中心举行。省复查专家组在会上通报复查情况，建议四川省爱卫会上报全国爱卫办复审。这标志着攀枝花市顺利通过国家卫生城市复审省级复查。市长、市复审指挥部指挥长杨自力作攀枝花市迎接国家卫生城市复审工作汇报。副市长刘建明、江海、李仁杰出席会议。

4 月 21 日　国务院办公厅同意将四川攀枝花三线建设博物馆馆名定为“攀枝花中国三线建设博物馆”。

4 月 22 日　攀枝花市在攀枝花会展中心召开质量强市示范城市创建工作推进暨品牌表彰大会。会议安排部署今年全市质量强市示范城市创建工作，对获得第二届攀枝花市政府质量奖及 2013—2015 年度获得国家地理标志保护产品等品牌企业及组织进行表彰。市长杨自力出席会议并讲话。

4 月 28 日　中组部、团中央第 16 批赴川“博士服务团”到攀枝花开展以“阳光康养、智慧旅游”为主题的调研活动，通过实地走访、座谈交流等方式，为攀枝花康养产业发展献计献策。副市长江海出席会议。

5 月

5 月 3 日　第二十届“中国青年五四奖章”评选揭晓。攀枝花市中国十九冶工业建设分公司青年工人曾正超榜上有名，被共青团中央、全国青联授予“中国青年五四奖章”，成为攀枝花市获此殊荣的第一人。

5 月 6 日　攀枝花市召开工业经济运行分析会。副市长刘先伟出席会议。

5 月 8 日　攀枝花市在攀枝花会展中心举行全省党外干部实践锻炼攀枝花基地首期挂职干部工作启动会。攀枝花由此成为继成都、德阳、绵阳之后的又一个四川省党外干部实践锻炼基地。

5 月 10 日　市委书记张剡在金海开元名都酒店与赴攀考察的新筑路桥机械股份有限公司董事长黄志明、副总裁衡福明一行进行座谈。双方就共同开发城市轨道交通产业，合作建设城市有轨电车项目进行深入交流探讨，共同寻找地企深度合作、互利共赢的契合点。市委常委、常务副市长黄正富，副市长江海、刘先伟参加座谈会。

5 月 12 日　省政府农业普查督查组对攀枝花市第三次全国农业普查“五落实”工作情况进行专项检查指导，并听取工作汇报。副市长、市第三次全国农业普查领导小组组长李仁杰就第三次全国农业普查前期工作推进情况进行汇报。

5 月 18 日　市人大常委会主任谢道全主持召开攀钢经济形势报告会。攀钢集团公司党委书记、董事长张大德受邀作报告。市委常委、常务副市长黄正富，副市长江海、刘先伟出席报告会。

5月19日　市人大常委会主任谢道全率市人大常委会组成人员，实地视察东区龙发·时代天街，钒钛高新区攀钢海绵钛厂1.5万吨氯化钛白项目、攀枝花朵实机械公司钛合金铸锻件生产线，攀大高速二标段施工现场，西区恒达钒钛汽车板簧（高晶）项目、正德公司气基竖炉高效还原钒钛磁铁矿循环铸造项目等建设工作，详细了解各项目建设进展情况。副市长刘先伟陪同视察。

5月23日　四川省委、省政府举行重大招商引资项目集中开工仪式，攀枝花市作为分会场，在普达阳光国际康养度假区同步举行全市重大招商引资项目集中开工仪式。涉及攀枝花市城市基础设施建设、钒钛资源综合开发利用、新能源、机械制造、电子商务、现代商贸等领域的8个重大招商引资项目集中开工建设，投资总额达52.87亿元。副市长江海出席开工仪式。

5月28日　经来自中科院成都分院、攀枝花学院、攀煤集团、上海宝冶集团、中国一冶集团等机构和单位9名专家组成的专家组联合鉴定，中国十九冶集团《深基坑桩锚支护结构变形状态控制设计方法研究》成果达到国际先进水平。

5月29日　攀枝花市召开康养产业发展座谈会，市委书记张剡出席会议并讲话。市委常务、常务副市长黄正富，市委常委、副市长黄岳槐出席座谈会。

5月31日　受市长杨自力的委托，常务副市长黄正富主持召开市政府第71次常务会议。会议审议并原则通过《促进经济稳定增长和提质增效推进供给侧结构性改革的实施方案》《关于加强互联网领域侵权假冒行为治理的实施意见》等。

6月

6月1日　第十四届四川省青少年机器人竞赛中，攀枝花共有33支比赛队、114名学生参赛。创意闯关项目获得3个一等奖，足球项目获得2个一等奖，综合技能获得一等奖11个。

6月2日　国家旅游局发布《2016全国优选旅游项目名录》，攀枝花市普达阳光国际康养度假区项目成功入选。

6月3日　第五届中国（西部）高新技术产业与金融资本对接推进会闭幕。会上，攀枝花钒钛高新技术产业开发区的20个项目与银行、信贷、保险等机构达成投融资担保意向，并促成股权投资项目4个、金额3660万元，信用担保项目14个、金额18360万元，银行贷款项目2个、金额16680万元。

6月6日　省委农工委、四川省财政厅联合下发《关于开展盘活农村资产资源培育农民增收新产业新业态示范县（市、区）创建工作的通知》，确定米易县、崇州市等25个县（市、区）为四川省2016年创建盘活农村资产资源培育农民增收新产业新业态示范县（市、区），创建期1年。

6月7日　市长杨自力主持召开市政府第72次常务会议。会议审议并原则通过《攀枝花市人民政府关于进一步完善城乡义务教育经费保障机制的实施意见》《关于进一步加快采煤沉陷区综合治理工作的意见》《攀枝花市人民政府关于加强电梯安全工作的意见》等。

6月14日　由中国人民银行成都分行和攀枝花市共同举办的攀西战略资源创新开发试验区攀枝花市金融支持暨银政企对接会在攀枝花市举行。会上，攀枝花市收获6份《“十三五”战略合作协议》和总金额179.77亿元的银行金融授信，与各省级金融机构展开互动交流，力促金融支持与攀西战略资源创新开发试验区建设及攀枝花“三个加快建设”有机融合，共赢发展。市长杨自力致辞。市委常委、常务副市长黄正富主持会议。

6月20日　省发改委正式发文，将攀枝花市金沙江生态湿地旅游休闲度假景区基础设施、阳光康养产业普达示范基地、花城新区城市停车场建设3个项目，纳入四川省2016年创新融资重点项目名单。

6月22日　国家卫计委、民政部官网同时公布全国第一批国家级医养结合试点单位。四川省攀枝花市等50个市（区）成为第一批国家级医养结合试点单位。

6月25日　攀枝花中国三线建设博物馆揭牌仪式暨重温入党誓词、弘扬三线建设精神主题活动在三线建设博物馆广场举行。副省长杨兴平，国家文物局副局长关强，市委书记张剡在揭牌仪式上致辞。市长杨自力主持揭牌仪式。

6月26日　“精准科技扶贫模式——福田模式”在攀枝花市科协2015年度“金桥工程”优秀项目表彰中荣获特等奖，在四川省科学技术协会2015年度“金桥工程”优秀项目表彰中荣获一等奖。

6月28日　国家钒钛检测重点实验室2016年年初申请的73个检测项目已全部取得CNAS认可。至此，该实验室已取得CNAS认可的有11大类产品114个检测项目。

6月29日　市委在攀枝花会展中心隆重召开庆祝中国共产党成立95周年大会。市长杨自力主持会议。

7月

7月5日　攀枝花市召开第二次全国地名普查工作推进会。市委常委、副市长、市第二次全国地名普查领导小组组长黄岳槐出席会议并讲话。

7月10日　中共攀枝花市委九届十一次全体（扩大）会

议在攀枝花会展中心举行。全会由市委常委会主持。市委书记张剡作重要讲话。市长杨自力总结和部署全市经济工作。全会强调，要狠抓项目，全力稳定增长。坚持做强工业，全力稳企业稳发展，着力抓好钒钛、石墨产业化、能源等重大项目的布局和建设，搭建军民融合平台，精准施策，挂图作战，努力推动更多民用产品进入军工行业；坚持做精农业，深化供给侧结构性改革，加快推进项目建设，培育新型经营主体，大力发展"互联网＋"农业，着力开发中高端产品、发展中高端客户、开拓中高端市场，助推特色农业标准化国际化发展；坚持做大服务业，推进康养、商贸、物流项目加快建设和健康运行，推动现代特色服务业加快发展。

7月14日　十九冶集团申报的"塔架单节点空间多口法兰加工方法""用于高炉炉壳的制作安装方法"两项专利获国家发明专利授权。

7月15日　攀枝花市在攀枝花会展中心举行取消二滩库区网箱养鱼(水环境及航道综合治理)攻坚动员大会，全面启动取消二滩库区网箱养鱼攻坚实施工作。市政府与盐边县政府、米易县政府签订《取消攀枝花二滩库区网箱养鱼(水环境及航道综合治理)目标责任书》。副市长李仁杰出席会议。

7月19日　市长杨自力主持召开市政府第74次常务会议。会议传达四川省科技创意、科技奖励大会暨系统推进全面创新改革试验工作会议精神，审议并原则通过《关于尽快启动攀枝花市人口健康信息平台项目建设的请示》。

7月20日　攀枝花市举行"钒钛之都・阳光花城——攀枝花特色产业投资推介会"，向全省100余家知名企业的企业家重点推介招商引资项目以及钒钛、机械制造、新材料、阳光康养、特色农业产业发展情况。市长杨自力致辞。

7月23日　攀枝花市最大装机容量光伏发电项目——西区竹林坡(大麦地)50兆瓦光伏发电项目自实现34.31兆瓦并网发电。

7月24日　钢城集团公司申报的《石灰石石膏脱硫除雾器叶片智能清洗装置》《回转窑窑尾溜槽》《测速传感器与测速托辊的连接结构》3项专利申请获国家知识产权局授权。

7月26日　在盐边县安宁工业园区攀枝花云钛实业有限公司生产厂房内，中国首台套拥有自主知识产权的EB炉试生产出第一块长度为8米、重量达9吨的钛锭，标志着该公司大功率电子束冷床熔炼炉(EB炉)国产化项目热负荷试车成功。该项目热负荷试车成功，结束了我国无大功率电子束冷床熔炼炉制造能力的历史，将推动攀枝花钛工业装备和技术水平再上一个新台阶。

7月28日　金沙江三堆子公路大桥工程开工建设，这是攀枝花市第一个政府租用企业投资基础设施模式建设的项目。副市长刘先伟出席工程建设动员大会。

7月29日　攀枝花市召开市级领导干部见面会，宣布省委关于攀枝花市政府主要领导调整补充的决定。省委组织部机关党委书记赵晓东宣读省委决定并讲话。省委同意李建勤任中共攀枝花市委委员、常委、副书记，免去杨自力中共攀枝花市委副书记、常委、委员职务；省委同意提名李建勤为攀枝花市人民政府市长人选，提名免去杨自力攀枝花市人民政府市长职务。

7月31日　全国双拥模范城(县)命名暨双拥模范单位和个人表彰大会在北京举行。攀枝花市在416个全国双拥模范城(县)名单中榜上有名，这是攀枝花市连续4届荣获全国双拥模范城荣誉称号。

8月

8月8日　攀枝花市在攀枝花会展中心召开省第七届乡村文化旅游节(冬季)暨2016攀枝花欢乐阳光节组委会第一次会议。市委副书记、市政府党组书记李建勤主持会议并讲话，市委常委、副市长黄岳槐参加会议。

8月10日　攀枝花市第九届人民代表大会常务委员会第四十四次会议决定任命：李建勤为攀枝花市人民政府副市长并代理市长职务，决定免去：刘先伟的攀枝花市人民政府副市长职务。

8月12日　攀枝花市启动全市出租汽车行业改革，此项改革涉及市区、盐边县、米易县出租汽车1597辆，从业人员2766人，注册网约车1600辆。

8月13日　中国十九冶集团申报的"一种既有轧制线地下空间混凝土结构的拆除方法"获得国家发明专利授权。

8月17日　代理市长李建勤主持召开市政府第77次常务会议。会议审议并原则通过《关于攀枝花市历史文化保护工作情况的报告》《关于贯彻实施〈四川省农村扶贫开发条例〉情况的报告》等。

8月20日　攀枝花市下发《关于开展全市存量房交易网上签约工作的通知》，要求从2016年8月31日起，对二手房交易合同全部实行网上签约，以防止"一房多售"，逐步实现全市房屋交易信息统一采集管理。

8月21日　金沙水电站建设项目通过国家发改委项目核准，被确定为国家重大建设项目，并正式进入主体工程建设阶段。

8月22日　由中国热科院南亚热带研究所、攀枝花市锐华农业开发有限责任公司共同设立的攀枝花市芒果创新工程中心在盐边县益民乡挂牌成立，这是四川省首个芒果创新工程中心。副市长李仁杰出席挂牌仪式。

8月23日　攀枝花市第九届人民代表大会第七次会议在攀枝花会展中心闭幕。会议补选李建勤为攀枝花市人民政府市长；表决通过《攀枝花市地方立法条例》。根据《攀枝花市人民代表大会及其常务委员会宪法宣誓制度实施办法》，新当选的市人民政府市长李建勤，在会上进行宪法宣誓。市委常委、常务副市长黄正富，副市长殷旭东、江海出席大会。

8月26日　省人才工作领导小组印发《四川省人才工作领导小组办公室关于印发四川省创新型企业家培养计划首批培养对象名单的通知》（川人才办〔2016〕16号），攀枝花市有8名企业家成功入选四川省创新型企业家培养计划首批培养对象名单。8名企业家中有6人来自民营企业；5人入选经营型企业家培养名单、2人入选科技型企业家培养名单、1人入选成长型企业家培养名单。

8月28日　攀枝花市召开全市人民调解员代表大会，会议表决通过《攀枝花市人民调解员协会章程》，选举产生攀枝花市人民调解员协会第一届理事会理事、常务理事、会长、副会长、秘书长等。

9月

9月1日　在甘肃兰州举行的“2016年中国广播剧研究会年会暨第十六届广播剧专家评析、第十届广播剧论文专家评析颁奖典礼”上，攀枝花广播电视台制作的广播连续剧《永远的攀枝花》在全国80多部广播剧作品中脱颖而出，荣获金奖。

同日　“攀枝花中心港区马店河作业区”项目前期研究工作正式启动，项目建成后将一举打破攀枝花市数十年来没有航运码头的短板。

9月3日　攀枝花市调整城镇居民基本医疗保险相关政策，主要包括调整居民医保个人缴费标准、提高困难人群参保政府补助、提高医保待遇三个方面。在调整居民医保个人缴费标准方面，个人缴费提高20元/人·年。

9月12日　2016中国（宁波）智慧城市推进大会暨第五届中国城市信息化50强发布会在浙江省宁波市举行，攀枝花市入选2016（第五届）中国城市信息化50强。

9月13日　由省政府主办，攀枝花市、凉山州、雅安市和省投资促进局共同承办的第三届中国（雅安）攀西战略资源创新开发试验区投资推介会暨项目签约仪式在雅安市举行。市长李建勤出席会议并作攀枝花投资推介。副市长江海参加会议。在签约仪式上，攀枝花成功签约引进福建三能节能科技有限责任公司综合节能减排项目等12个投资项目，总投资约35.6亿元。

9月18日　攀钢发明专利“一种对含钒铁水同时进行脱磷和提钒的方法”在俄罗斯获得授权。是2016年攀钢冶炼领域的首个国际授权专利，标志着攀钢在传统领域的自主创新能力取得新突破。

9月20日　市第十次党代会在攀枝花会展中心大会堂开幕。市长李建勤，市委常委、常务副市长黄正富，市委常委、副市长黄岳槐出席大会。市委书记张剡作题为《创新驱动发展　实干铸就未来　为在全省高水平率先全面建成小康社会而努力奋斗》的报告。

△　火车南站站前基础设施PPP项目在攀枝花会展中心正式签约。以十九冶集团有限公司为牵头人的联合体成为该项目的社会资本投资方。市长李建勤，市委常委、常务副市长黄正富出席签约仪式，江海副市长主持签约仪式。

9月21日　攀枝花市不动产登记局、攀枝花市不动产登记中心挂牌成立，并发放首批不动产权证书。市长李建勤为市不动产机构揭牌，市委常委、常务副市长黄正富主持揭牌和首发仪式。

9月25日　第十一届中国生态健康论坛在盐边县红格镇开幕。本届论坛设以“长江经济带空间布局和绿色发展战略”为主题的主论坛和以“康养胜地与国家现代农业示范区建设”为主题的分论坛，18位国内知名专家学者围绕长江经济带生态环境保护、现代农业发展等内容作主题报告。市长李建勤作题为《坚持生态优先，打造绿色转型发展示范城市》主题报告。副市长李仁杰在分论坛上介绍攀枝花特色农业发展和国家现代农业示范区建设情况。

9月27日　市长李建勤主持召开市政府第81次常务会议。会议审议并原则通过《攀枝花市石墨产业发展规划》《攀枝花市民用机场净空及电磁环境保护办法》等。

10月

10月9日　花城新区核心景观工程——天星湖园林景观工程PPP项目正式开工。副市长李文飞出席开工仪式并致辞。

10月14日　全省鼓励民间资本参与养老服务业发展现场会议在攀枝花市召开。会议分析全省民间资本参与养老服务业发展现状和面临的形势，研究推动民间资本成为养老服务业发展主体措施办法。市委常委、副市长黄岳槐在会上作经验交流发言。

10月17日　北京市西城区代表团莅临攀枝花，就康养、旅游、现代农业、城市建设、精准扶贫等内容进行考察和展开深入交流沟通。市委常委、副市长黄岳槐出席会议。

10月18日　米易县与北京市西城区民政局签订《健康养老产业创新融合发展战略合作协议》，把米易县打造成为北京西城区异地养老示范基地和康养目的地。市委常委、副市长黄岳槐出席签约仪式。

10月20日　四川检验检疫局党组书记、局长孙颖杰莅临攀枝花调研，并代表国家质检总局为盐边国家级出口芒果质量安全示范区授牌。这标志着攀枝花市首个国家级出口食品农产品质量安全示范区建成。市长李建勤出席攀枝花市国家级出口芒果质量安全示范区新闻发布会暨授牌仪式。副市长李仁杰陪同调研。

同日　第六届亚洲青年女子垒球锦标赛在攀枝花红格训练基地开赛。亚洲青年女子垒球锦标赛每两年举行一次，攀枝花首次举办此次国际性垒球比赛，将有力提升阳光康养运动的良好城市形象，培育壮大阳光体育产业。

同日　攀枝花花城新区管委会与珠海横琴鸿仁实业公司在红格温泉假日酒店签订"中国攀枝花国际森林体育公园项目开发合作备忘录"。市长李建勤出席签字仪式。

10 月 24 日　攀枝花钒钛高新技术产业开发区被工业和信息化部确定为全国第三批产业集群区域品牌建设试点区域，这是四川省第 5 个产业集群区域品牌建设试点地区。

△　在 ISO/TC 132 铁合金国际标准化技术委员会国内专家研讨会上，ISO/TC 132 秘书处已同意攀钢申报的 ISO 5451：1980《钒铁—规格和交货条件》国际标准修订项目提案。这标志着钒铁国际标准修订项目正式启动。

10 月 26 日　市长李建勤主持召开市政府第 83 次常务会议。会议审议并原则通过《攀枝花市群发性山洪及滑坡灾害受灾农户灾后农房恢复重建补助政策的意见》《进一步加强新时期爱国卫生工作的实施意见》《攀枝花市应急贷款资金使用管理办法》等。

10 月 31 日　省委、省政府举行全省 2016 年第四季度重大项目集中开工仪式。在攀枝花分会场，攀枝花市包括攀枝花火车南站站前基础设施项目等 16 个重大项目集中开工，总投资达 121.3 亿元。市委常委、常务副市长沈钧出席分会场开工仪式并致辞。

11 月

11 月 4 日　市委、市政府在成都举行"阳光花城·康养胜地——攀枝花阳光康养产业投资推介会"，向 130 余家知名企业推介攀枝花市阳光康养产业领域的 94 个重点投资项目，为加快建设中国康养胜地汇聚新动能。市长李建勤主持推介会。

11 月 6 日　在第十六届西博会上，攀枝花市全力做好招商引资和项目促进对接工作，共签约项目 40 个，项目涉及金额 205.46 亿元。

11 月 8 日　市委巡察机构成立暨第一轮巡察工作动员部署会在攀枝花会展中心召开。市长李建勤主持会议，市委常委、常务副市长沈均，市委常委、副市长黄岳槐出席会议。

11 月 12 日　攀枝花市在第四届四川农业博览会上举行农业项目签约仪式，共签约农业项目 11 个，总投资额达 7.35 亿元。

11 月 18 日　市委、市政府在攀枝花会展中心召开会议，专题听取康养产业及人才规划编制情况汇报。市长李建勤出席会议并就进一步完善规划提出具体要求。市委常委、常务副市长沈均，市委常委、副市长黄岳槐出席会议。

同日　市长李建勤主持召开市政府第 85 次常务会议，审议并原则通过《加快推进残疾人小康进程的实施意见》等文件。

11 月 21 日　攀枝花市首部廉洁微电影《家谱》拍摄完成。该电影以万亩芒果园为背景，让观众感悟清廉的意义，教育广大党员干部尽孝首须保廉。

11 月 23 日　攀枝花市首届普达康养文化节在攀枝花阳光康养产业普达示范基地启幕。市委常委、常务副市长沈钧出席启幕仪式并致辞。

11 月 25 日　市长李建勤主持召开全市重大项目协调推进工作例会。会议审议通过《完善全市重大项目协调推进工作例会制度》，听取观音岩引水工程、成昆铁路扩能改造工程（米攀段）、攀枝花—大理高速公路（四川境）等重大基础设施以及部分工业、农业、服务业重大项目建设情况汇报，分析研究项目推进中存在的突出问题，明确解决办法、工作措施和时限要求。市委常委、常务副市长沈钧参加会议。

11 月 26 日　由攀枝花市人民政府、四川省国防科学技术工业办公室、四川省科技厅主办的 2016 攀枝花钒钛论坛在盐边县红格镇举行。市长李建勤出席论坛并致辞。市委常委、常务副市长沈钧主持论坛。

11 月 28 日　在西安市举行的中国建筑业协会管理现代化专业委员会第六次会员代表大会上，中国十九冶集团管理成果《以"方向盘"理论指导工程项目管理》获得第六届全国建筑业企业管理现代化创新成果二等奖。

12 月

12 月 1 日　四川省第七届乡村文化旅游节（冬季）暨 2016 攀枝花欢乐阳光节在米易县拉开大幕。市长李建勤主持开幕式。攀枝花获授牌正式成为"亚太旅游协会会员单位"，米易县被授予"中国颛顼文化之乡""四川省养生旅游目的地示范基地"称号。次日，四川省第七届乡村文化旅游节（冬季）2016 四川（米易）乡村旅游发展研讨会在米易宁泽阳光酒店举行。副市长李文飞参会并致辞。

12 月 2 日　中国·四川第二届森林康养（冬季）年会在攀枝花开幕。市长李建勤、国家林业局对外合作项目中心副主任刘立军出席年会并致辞。副市长李仁杰作攀枝花康养产业推介。次日，中国·四川第二届森林康养(冬季)年会圆桌会议在开元名都大酒店举行，市政府与中海外基础设施开发有限公司签署涉及200亿元金额的战略合作框架协议。

同日　市长李建勤主持召开市政府第86次常务会议。会议审议并原则通过《攀枝花市医养结合试点工作实施方案》《关于开展健康城市建设工作的决定》《攀枝花市全民健身实施计划(2016—2020年)》等。

12月3日　丽江市长郑艺率丽江市党政代表团到攀枝花，与攀枝花市举行深化合作工作会。双方围绕巩固两市交流合作成果、进一步深化各方面合作、推动实现互利共赢等深入交流。市长李建勤出席会议并讲话。市委常委、常务副市长沈钧出席会议。

12月5日　2016年中国政府网站绩效评估结果在北京发布，攀枝花市公众信息网列全国299个地级市政府网站第七名，列西部地区130多个地级市政府网站第二名。

12月6日　攀枝花市政务服务中心项目正式开工，是市政府与中建三局采用PPP模式合作建设的重大项目。副市长敬登峰出席开工仪式并讲话。

12月15日　攀枝花市人民政府与四川省测绘地理信息局签署战略合作协议。根据协议，从当日起到2020年12月31日，双方将在智慧攀枝花建设、完善现代化空间定位基准、开展省市遥感影像统筹试点、实施攀枝花"一张图"工程、开展地理国情监测及应用、提升应急测绘保障服务能力共六个方面展开合作。市长李建勤出席会议并签署协议。副市长李文飞主持仪式。

12月21日　攀枝花在沪举行上海—武汉—攀枝花通航推介会，次日，上海—武汉—攀枝花航线首航成功。从此，攀枝花到上海的时间从过去的30多个小时缩短为6个半小时。

12月25日　市政府办印发《攀枝花市加快实施智能快件箱推广工作的指导意见》，从2016年起至2018年年底，按每年100组的建设计划，建成300组智能快件箱，实现投递格口总数2万个以上，力争到2020年前，建成覆盖全市3区2县城区内所有大型居民小区、商务写字楼、学校、企事业单位的智能快件箱体系。

12月26日　攀枝花国际康养学院挂牌成立。市委常委、常务副市长沈钧主持挂牌仪式，市委常委、副市长黄岳槐宣读《攀枝花市人民政府关于同意成立攀枝花国际康养学院、攀枝花康养研究院和攀枝花康养职业技能实训基地的批复》。

12月28日　市长李建勤主持召开市政府第89次常务会议，会议审议并原则通过《攀枝花市智慧城市建设总体方案》《攀枝花市"十三五"消防事业发展规划》《攀枝花市残疾人事业"十三五"发展规划(2016—2020年)》等议题。

概　　貌

自然概貌

【地理位置】 攀枝花市是中国四川省直辖市，位于中国西南川滇交界部，金沙江与雅砻江交汇于此。北纬26°05′~27°21′，东经101°08′~102°15′。东北面与四川省凉山彝族自治州的会理、德昌、盐源3县接壤，西南面与云南省的宁蒗、华坪、永仁3县交界。北距成都749千米，南接昆明351千米，是四川省通往华南、东南亚沿边、沿海口岸的昀近点，为“四川南向门户”上重要的交通枢纽和商贸物资集散地。

【地形河流】 攀枝花市地处攀西裂谷中南段，属侵蚀、剥蚀中山丘陵、山原峡谷地貌，具有山高谷深、盆地交错分布的特点，地势由西北向东南倾斜，山脉走向近于南北，是大雪山的南延部分。海拔昀高点位于盐边县境内的柏林山穿洞子（4195.5米），昀低点位于仁和区平地镇师庄（937米），相对昀大高差3258.5米，一般相对高差1500~2000米。

攀枝花市隶属长江水系，河流多，境内有大小河流95条，分属金沙江水系、雅砻江水系，两水系在雅江桥处汇合。流域控制面积较大的主要有安宁河、三源河、大河三大支流。其中流域面积大于500平方千米以上的6条，100平方千米~500平方千米的26条，50平方千米~100平方千米的18条，5平方千米~50平方千米的小河流只统计直接汇入金沙江、雅砻江的45条。

【气　候】 攀枝花市属南亚热带—北温带的多种气候类型，被称为“南亚热带为基带的立体气候”，具有夏季长，四季不分明，而旱季、雨季分明，昼夜温差大，气候干燥，降雨量集中，日照长，太阳辐射强，蒸发量大，小气候复杂多样等特点。年平均气温是四川省年平均气温总热量最高的地区，无霜期300天以上。

2016年，攀枝花市平均气温20.1℃~21.4℃，较常年偏高0.4℃~0.9℃。全年月平均气温最高出现在8月（25.8℃~27.3℃），月平均气温最低出现在1月（11.3℃~12.3℃）。全年总降水量为729.1毫米~1191.7毫米，较常年偏多130.1毫米，偏多幅度15%。市日照时数为2359.9小时~2631.5小时，较常年烦草岗、米易县正常，仁和区偏少382.9小时。年平均相对湿度59%~65%，较常年市区偏大3%，仁和区偏小3%，其余地区正常。

【国土资源】 2016年，攀枝花辖区面积7440.398平方千米，全市土地面积7440.398平方千米。其中，农用地约689000万平方米（耕地保有量为75000万平方米），建设用地约31000万平方米，未利用地约21000万平方米。

【生物资源】 攀枝花市的植物和野生动物种类繁多，达2500多种。珍贵稀有动物中，国家一级重点保护动物有4种（金雕、豹、黑颈鹤、四川山鹧鸪），国家二级重点保护动物30种。国家重点保护的一级、二级珍稀濒危植物14种，其中一级重点保护珍稀濒危植物攀枝花苏铁举世称奇，成片生长，达20多万株，且年年开花，雌雄竞放，与恐龙、熊猫一并被誉为“巴蜀三宝”。

国民经济和社会发展

【概 况】 经四川省统计局初步审定,2016年,攀枝花市实现地区生产总值(GDP)1014.68亿元,按可比价计算,同比增长8.0%。其中:第一产业增加值34.25亿元,同比增长4.4%;第二产业增加值715.35亿元,同比增长8.1%;第三产业增加值265.08亿元,同比增长8%。人均地区生产总值82221元,同比增长7.8%。三次产业结构由2015年的3.4∶71.4∶25.2调整为3.4∶70.5∶26.1。全市民营经济实现增加值502.12亿元,同比增长8.5%。全年东区实现地区生产总值412.04亿元,同比增长7.2%;西区实现地区生产总值115.81亿元,同比增长7%;仁和区实现地区生产总值217.68亿元,同比增长9%;米易县实现地区生产总值145.09亿元,同比增长10%;盐边县实现地区生产总值124.07亿元,同比增长8.5%。

【农 业】 攀枝花市全年实现农林牧渔业总产值60.96亿元,同比增长4.7%。其中,农业产值36.16亿元,同比增长5.8%;林业产值0.94亿元,同比增长4.3%;牧业产值18.61亿元,同比增长2.7%;渔业产值4.44亿元,同比增长3.5%;农林牧渔服务业产值0.82亿元,同比增长6.7%。

全市粮食播种面积4.25万公顷,同比增长2.0%;油料播种面积0.24万公顷,同比增长1.6%;烟叶播种面积0.76万公顷,同比下降7%;蔬菜播种面积1.46万公顷,同比增长5.1%。粮食总产量22.9万吨,同比增长2%;油料产量0.37万吨,同比增长2.4%;烟叶产量1.56万吨,同比下降7.9%;蔬菜产量74.68万吨,同比增长7%;水果类产量26.88万吨,同比增长17.8%。肉类总产量5.36万吨,同比下降0.8%;猪肉产量3.90万吨,同比下降2.3%;牛肉产量0.33万吨,同比增长3.8%;羊肉产量0.49万吨,同比增长4.2%。全年完成造林面积4102公顷,封山育林面积23714公顷,育苗面积278公顷,森林覆盖率达60.09%。全年农业机械总动力达65.02万千瓦,同比下降5.0%;机耕负担面积55.8千公顷,同比增长9.7%;年末有效灌溉面积38.52公顷,排灌机械保有量5834台。

【工 业】 攀枝花市全年全部工业增加值685.40亿元,增长8.2%。年末规模以上工业企业335户,全年规上工业增加值增长9.0%。全年规模以上工业总产值1688.93亿元,增长9.5%,从主要行业看,煤炭开采和洗选业197.24亿元,黑色金属矿采选业384.54亿元,有色金属矿采选业87.60亿元,石油加工、炼焦和核燃料加工业102.71亿元,化学原料和化学制品制造业225.77亿元,黑色金属冶炼和压延加工业279.97亿元,通用设备制造业36.52亿元,电力、热力生产和供应业57.25亿元。

表1 2016年攀枝花规模以上工业企业主要产品产量情况表

	单位	绝对数	同比累计±%
铁矿石(原)	万吨	10071	11.3
铁精矿	万吨	1607	38.9
成品糖	吨	8414	-31.9
啤酒	千升	38581	-8.7
水泥	万吨	301	33.4
生铁	万吨	562	-0.5
粗钢	万吨	521	-1.5
钢材	万吨	454	0.2
砖	万块	72360	-2.9
焦炭	万吨	565	2.5
发电量	万千瓦时	2043728	17.6

规模以上工业企业实现销售产值1635.22亿元,同比增长6.9%;产销率为96.8%;实现主营业务收入1559.67亿元,同比增长8.3%;主营业务成本1376.62亿元,同比增长6.3%;销售费用25.89亿元,同比下降10.9%;资产合计2237.62亿元,同比下降1.2%。

【建筑业】 全年年末资质等级以上总承包和专业承包建筑企业73个,实现总产值198.62亿元,同比增长13.9%。建筑业增加值36.32亿元,同比增长6.4%。

【固定资产投资】 攀枝花市全年完成全社会固定资产投资696.31亿元,同比增长8%,其中,民间投资261.14亿元,同比下降9.3%。从三次产业看,第一产业投资28.57亿元,同比增长31.1%;第二产业投资235.63亿元,同比增长4.9%;第三产业投资432.11亿元,同比增长8.6%。从结构看,基础设施投资223.73亿元,同比增长19.8%;产业投资228.70亿元,同比增长1.6%;民生及社会事业投资170.02亿元,同比增长9.3%;房地产开发投资55.03亿元,同比下降6.6%。

【房地产】 全年全市房屋施工面积717.17万平方米,同比增长2.9%;房屋竣工面积120.37万平方米,同比增长52.3%;商品房销售面积126.42万平方米,同比增长20.7%;商品房待售面积37.7万平方米,同比下降14.9%。

【国内贸易及旅游】 攀枝花市全年社会消费品零售总额316.90亿元,同比增长10.7%。按经营地分,城镇消费品零售额290.56亿元,同比增长10.7%;乡村消费品零售额26.35亿元,同比增长11.1%。按消费形态分,商品零售275.96亿元,同比增长10.4%;餐饮收入40.95亿元,同比增长12.7%。旅游总收入242.6亿元,同比增长20%。接待旅游总人数2062.28万人次,同比增长24.3%。全市共有名胜风景区和文物保护区20个,星级饭店、宾馆18个。

【对外经济】 攀枝花市全年招商引资到位资金568.22亿元,同比增长4.1%,其中:国内省外到位资金349.21亿元,同比增长0.7%;省内到位资金219.01亿元,同比增长14.8%。进出口总额21010万美元,同比下降18.1%。其中,出口总额13806万美元,同比下降37.0%;进口总额7204万美元,同比增长92.4%。

【交通、邮电】 攀枝花市有等级公路3288.16千米,高速公路195千米。全年完成公路旅客运输量2267万人次,旅客周转量65082万人千米,货物运输量9179万吨,货物周转量533839万吨千米。全市机动车保有量23.71万辆,其中,私人汽车13.28万辆。

境内铁路营运里程181.6千米,与2015年持平;境内火车站个数17个;全年完成铁路客运量161.89万人次,铁路货运量1908.02万吨。水路旅客周转量1028万人千米,水路货物周转量1110万吨千米。

全年邮电主营业务收入12.14亿元,其中,电信业务主营收入9.75亿元,邮政业务主营收入2.39亿元。年末拥有邮电局(所)68处;全年报刊发行量2624.71万份;函件48.72万份;快递业务量1030.99万件。年末固定电话用户31.61万户;年末移动电话用户数118.86万户,其中3G移动电话用户数22.59万户;国际互联网用户数37万户。

【财政、税务】 2016年,攀枝花市公共财政预算收入56.76亿元,同比增长6.4%。公共财政预算支出121.72亿元,同比增长8.1%。

国家税务局组织收入38.87亿元,同比增长9.0%。其中,税收收入39.26亿元,同比增长7.5%;增值税31.79亿元,同比增长15.4%;消费税1.24亿元,同比增长14.2%。地方税务局组织收入37.53亿元,同比下降8.3%,其中,税收收入34.30亿元,同比下降8.6%;营业税收入6.12亿元,同比下降46.1%。

【金融、保险】 2016年年末,金融机构人民币各项存款余额938.59亿元,比年初增加81.77亿元,增长9.5%。其中住户存款余额522.97亿元,比年初增加60.53亿元,增长13.1%。金融机构人民币各项贷款余额738.63亿元,比年初增加41.48亿元,增长6.0%。

年末全市共有保险公司18家,2016年实现保费收入22.80亿元,其中财产保险保费收入7.84亿元、人寿保险保费收入14.97亿元。保险赔款支出10.45亿元,其中财产保险赔款支出3.57亿元,人寿保险赔款支出6.88亿元。

【教育、科技】 攀枝花市拥有普通高等学校2所,普通中等学校58所,中等专业学校7所,小学64所,幼儿园210所。普通高等学校在校生25128人;普通中等学校在校生77208人,其中普通中学在校生64829人、小学在校生71068人;幼儿在园儿童数31355人。专任教师总数12247人,其中普通中等学校专任教师5708人、小学专任教师5017人。学龄儿童入学率99.98%,初中毕业生升学率95.75%,小学教师学历合格率100%。

全年全市各项专利申请数2339项。高新技术产业实现产值422.71亿元;安排科技项目1611项,其中安排高新技术项目512个,新上高新技术项目222个;各类科技项目获市级以上科技成果奖82项,其中省部级奖20项;科技新增经济效益18.56亿元。

全年全市拥有国内专业技术人员69870人，其中具有中级职称以上人员27600人，农业技术人员756人。

【文化和广电事业】 2016年，全市拥有博物馆和展览馆3个；文化(艺术)馆50个，其中文化站44个、剧场影院7个、公共图书馆6个，全年公共图书馆藏书总量96.76万册。建成乡镇广播电视站43个，通广播和电视的村有351个。广播节目综合人口覆盖率98.89%，比2015年下降0.37个百分点；电视节目综合人口覆盖率99.2%，比2015年提高0.2个百分点。

【卫生、体育】 攀枝花市拥有医院、卫生院73个，疾病预防控制中心6个，妇幼保健站6个。医院、卫生院技术人员7741人，其中：执业医师2572人，注册护师、护士3773人。年末卫生机构床位数9867张，5岁以下儿童死亡率5.41‰，产妇住院分娩比例99.92%。

全年全市拥有体育场(馆)8个，各级体育社会团体33个，全民健身路径434条，社会体育指导站204个。全市各类运动队夺得省级比赛金牌55枚、银牌51枚、铜牌37枚。全年举办150次全民健身活动，参加活动人数10万人次。

【环境保护】 攀枝花市"五创联动"取得新成效，生态城市创建取得阶段性的成果，80%的县(区)达到生态县(区)建设标准。64项国家园林城市创建指标全部达标，已申报创建国家园林城市。40项国家森林城市创建指标全部达标。第二轮国家卫生城市复审工作如期完成。"阳光花城·康养胜地"品牌效应进一步凸显，入选第二批国家全域旅游示范区创建单位，荣获2016中国智慧城市创新奖。全市单位GDP能耗下降9.76%，降幅居全省第二；环境空气质量优良率100%，位居全省第一。森林覆盖率60%。

【安全生产】 全年发生工矿企业生产事故28起，死亡人数30人，安全事故死亡51人，工伤事故死亡人数30人。

【人　口】 年末户籍总人口110.56万人，其中，农业人口52.57万人，非农业人口57.99万人。2016年出生人口11260人，2016年死亡人口6623人，人口自然增长率4.1‰。年末常住人口123.56万人，城镇化率为65.34%，比2015年提高0.6个百分点。全年办理结婚登记9437对，离婚登记4307对。

【收入及消费】 2016年，攀枝花市城镇居民人均可支配收入32860元，同比增长8.2%。其中：工资性收入20601元，同比增长7.2%；经营净收入3219元，同比增长22.1%；财产性收入1891元，同比增长16.4%；转移净收入7148元，同比增长3.9%。城镇居民人均消费支出20745元，同比增长4.5%，其中，食品烟酒支出7416元，同比增长4.8%；衣着支出1384元，同比增长3.8%；居住支出3160元，同比增长6.7%；生活用品及服务支出1496元，同比增长4.9%；医疗保健支出2922元，同比增长4.4%；交通和通信支出2363元，同比增长6.6%；教育、文化和娱乐支出1414元，与2015年持平。城镇居民恩格尔系数为35.7%。

全年农村居民人均可支配收入14057元，同比增长9.3%。其中，工资性收入4529元，同比增长4.5%；经营净收入8157元，同比增长12.0%；财产净收入372元，同比增长23.9%；转移净收入999元，同比增长6.2%。农村居民人均生活消费支出11092元，同比增长12.0%。其中，食品烟酒支出4200元，同比增长14.1%；衣着支出570元，同比增长5.0%；居住支出2206元，同比增长14.8%；生活用品及服务支出622元，同比增长6.8%；交通和通信支出1443元，同比增长3.2%；教育、文化和娱乐支出962元，同比增长24.9%；医疗保健支出960元，同比增长8.9%；其他商品及服务129元，同比增长2.3%。农村居民恩格尔系数为37.9%。

【物价水平】 全年居民消费价格总水平(CPI)同比上涨1.7%，其中：食品烟酒类价格上涨3.2%，衣着类上涨1.2%，居住类下降2.1%，生活用品及服务上涨0.5%，交通和通信类上涨3.8%，教育文化和娱乐类上涨2.2%，医疗保健类上涨1.4%，其他用品和服务类上涨2.0%。工业生产者出厂价格(PPI)同比增长2.8%，工业生产者购进价格同比下降1.6%。

【居住条件】 抽样调查表明，2016年城镇居民人均住房建筑面积35.05平方米；95.6%的城镇居民家庭拥有自有房屋产权；93%的城镇居民家庭住进单元房。

【社会保障】 2016年，攀枝花市参加养老保险的人数43.17万人，同比减少2.5万人；参加医疗保险人数60.49万人，同比减少2.7万人；参加失业保险人数19.53万人，同比减少1.5万人；参加工伤保险人数20.95万人，同比增加0.19万人；参加生育保险人数21.26万人，同比增加0.29万人。城镇登记失业率为3.7%，比2015年增长0.09个百分点。

全市享受城镇居民最低生活保障人数11306人，同比减少3641人；享受农村居民最低生活保障人数15112人，同比减少4825人；社会救济对象人数79922人。全市拥有社会福利收养性单位80个，床位7099张；社会福利院6个，床位数870张；敬老院24所，床位数2431张。

市委工作

综　述

【国民经济发展】　2016年，在省委、省政府坚强领导下，市委团结带领全市各族人民，紧扣GDP破千亿目标，在攻坚克难中奋进、在改革创新中发展、在苦干实干中前行，深入贯彻落实中央、省稳增长、促改革、调结构、惠民生、防风险系列决策部署，纵深推进"四个加快建设""四区驱动"发展战略，扎实抓好"项目推进年"各项工作，全市经济社会平稳健康发展，实现了"十三五"良好开局。全年完成地区生产总值1014.68亿元，增长8%；完成地方公共财政收入56.76亿元，增长6.4%；完成固定资产投资696.31亿元，增长8%；完成社会消费品零售总额316.9亿元，增长10.7%；城镇居民和农村居民人均可支配收入分别达到32860元、14057元，增长8.2%和9.3%。

【工业经济】　2016年，攀枝花市牢牢把握发展第一要务，深入贯彻落实中央、省委稳增长各项部署，紧紧围绕建设攀西国家战略资源创新开发试验区、国家钒钛高新技术产业开发区，出台"项目推进年"工作方案、促进工业稳增长若干措施、支持民营经济发展实施意见，市级领导对口联系帮扶76户"红名单"企业，落实政府搭桥贷款、产品收储贴息、运费补贴等政策。市级领导联系包抓71个重大项目，市委常委会每两个月听取重大项目推进情况汇报，中世钛业钛合金无缝管、攀钢氯化法钛白等资源综合利用项目，金沙水电站、干坝子等总装机30万千瓦风电、大面山等总装机15万千瓦光伏发电系列能源项目加快建设，云钛大功率电子束冷床(EB炉)国产化试车成功，一美新型电池电极材料前驱体等项目竣工投产，钒钛高新区被工信部确定为全国产业集群区域品牌。全年规上工业增加值增长9%，高于全省平均水平1.1个百分点。

【农业农村经济】　2016年，攀枝花市围绕建设国家现代农业示范区，坚持不懈做精农业，不断完善基础设施，持续改善农业生产条件，马鞍山水库、梅子箐水库等水利项目稳步推进，大竹河水库建成蓄水；着力做优早春蔬菜、晚熟芒果、核桃、咖啡等特色产业，盐边芒果出口质量安全示范区成为国家级示范区，花舞人间农业主题公园、青松林农业公园被认定为全省首批示范农业主题公园，现代农业集成创新示范农庄开工建设，锐华农业1万吨气调库一期工程建成启用；着力优化生产经营方式，建成北京、成都攀枝花特色农产品展示展销体验店，晚熟芒果畅销全国并销往美国、德国、新加坡、哈萨克斯坦等国家，龙头企业、专合组织、康养农庄、种养大户等新型经营主体持续涌现，"互联网+农业"呈爆发式增长，与淘宝、腾讯、京东等电商合作不断深化，农业加快向产业规范化标准化品牌化国际化发展。全年完成农业增加值34.25亿元，增长4.4%。

【现代服务业】　2016年，攀枝花市围绕创建全国阳光康养产业发展试验区，坚持不懈做大服务业，培育壮大现代物流、现代金融、电子商务、科技服务四大生产性服务业，优化提升商贸服务、旅游、房地产三大生活性服务业，突出发展阳光康养产业，加快推动花舞人间、普达阳光、海棠南湾等重点项目建设，与西南交通大学签订康养产业发展合作协议，与万景集团等签订总投资20亿元的颛顼龙洞及周边康养旅游项目协议，与四川能投等签订总投资150亿元的红格阳光温泉康养旅游小镇项目协议，成功承办第十一届中国生态健康论坛、中国四川第二届森林康养(冬季)年会、四川省第七届乡村文化旅游节(冬季)，跻身首批国家医养结合试点城市，成为亚太旅游协会会员单位，进入中国最佳养老城市50强，被确定为中国四川森林康养(冬季)年会永久会址，普达阳光入选2016全国优选旅游项目名录，"阳光花城·康养胜地"品牌持续打响。全年实现第三产业增加值

265.08 亿元，增长 8%；实现旅游收入 242.6 亿元，增长 20%。

【地方经济和民营经济】 2016 年，攀枝花市继续坚持把县（区）作为推动国民经济跨越发展的战略支点，挖掘县（区）潜力，调动县（区）发展积极性，提升县（区）发展质量和效益，实现县（区）地方一般公共预算收入 40.5 亿元，增长 44.6%。鼓励和支持民营经济发展，发挥财政资金的导向作用，深化政企银合作，多渠道缓解中小企业融资难、融资贵问题，推动民营企业加快发展、提质增效，全市非公有制经济实现增加值 502.12 亿元，增长 8.5%，总量居全省第 16 位，增速居全省第 7 位，占 GDP 的比重为 49.5%，对 GDP 的贡献率达 51.7%，实现"十三五"开局之年高点起步、强势开局。

【项目建设】 2016 年，攀枝花市扎实开展"项目推进年"活动，优化充实"十三五"规划重大项目库，分层次建立三年滚动投资计划项目储备库、年度投资项目库、PPP 项目库 3 个综合库及多行业分领域的专业项目库，规划重大项目 1026 个，规划总投资 10047 亿元。出台《"项目推进年"工作方案》《"项目推进年"重大项目开工活动安排》等文件，分解下达投资和重大项目目标任务，确立年度市级重大项目 120 个（含 22 个省重点项目），总投资 1999.34 亿元，当年计划投资 133.25 亿元。坚持"一个项目一名责任领导、一支推进队伍一抓到底"，落实市领导联系重大项目制度，市委常委会定期听取市级领导和县区主要领导汇报项目推进情况，及时协调解决重大项目推进过程中的困难和问题，确保项目顺利推进。全年举行 4 次季度集中开工仪式，总投资达 253.96 亿元；全年完成全社会固定资产投资 696.31 亿元，增长 8%。

【招商引资】 2016 年，攀枝花市加大精准招商力度，筛选适宜项目，围绕知名企业特别是央企和世界 500 强企业，由市领导带队，各县（区）、钒钛高新区协同，主动登门拜访对接，开展实质性投资合作洽谈，成功引进中铁、中电建、华润集团及川能投等大企业，中丝集团高端丝绸、中建材石墨等项目落地实施。继续选派驻点招商干部，分赴北京、上海、深圳、成都等经济发达地区，有侧重地开展驻点招商活动。利用"中外知名企业四川行"、西博会、科博会、央企入川、川商大会等重大投资促进平台，组织开展专题招商活动，开展宣传推介活动，促使一大批项目签约落地。全年招商引资到位资金 568.22 亿元，增长 4.1%。

【城市建设】 2016 年，攀枝花市坚持在统筹上下工夫、在重点上求突破，着力打造好山好水好风光，不断提升城市形象和品位。稳步推进花城新区建设，完成投资 32 亿元，新区医院、花城商务中心、花城森林公园、碧桂园、恒大城二期等项目加快建设，水电路网等配套设施更加完善、功能进一步提升。持续深化"五创联动"工作，清洁城市环境活动全面铺开，金沙江主城区段生态打造及西佛山、马坎、机场路生态修复等项目稳步实施，马家田尾矿接替库前期工作正式启动，二滩养鱼网箱拆除工作全面完成，全年空气质量优良率 100%，进入中国氧吧城市 50 强。统筹实施城乡建设，因地制宜抓好重点镇、省级试点镇、国家级传统村落和幸福美丽新村打造，启动米易县宜居县城建设试点，红格镇入选首批中国特色小镇，31 个省级贫困村被纳入新村建设范围，新开工建设幸福美丽新村 44 个。突出加强智慧城市建设，扎实推进"三网融合"，充分发挥数字化城管作用，荣获"2016 中国智慧城市创新奖"，跻身中国信息化城市 50 强，获评四川"互联网 +"智慧城市。

【深化改革】 2016 年，攀枝花市大力深化供给侧结构性改革，认真落实 269 项年度改革任务，非行政许可审批全部取消，承包地确权颁证基本完成，集体林权制度改革全面完成，在攀央企、省企"三供一业"分离移交基本完成，房地产逐步向文创、康养等多业态发展。积极参与成德绵协同创新，抓好钒钛检测国家重点实验室、国家钒钛高新区科技孵化园等平台建设，开展钒钛重大科技项目全球招标，加强石墨及石墨烯产业专利导航研究，推进军民深度融合发展，与海军、火箭军等合作开发产品，宇航级钒铝合金、攀昆粉末冶金、金沙纳米超细铁粉等项目取得重大突破。

【对外开放】 2016 年，攀枝花市进一步拓展与成都、北京西城区、秦皇岛、伊犁、川滇黔毗邻市州的合作领域，与凉山州签订"十三五"合作协议，与新疆伊犁市、云南省德宏州及马来西亚、俄罗斯、乌克兰等开展产业、技术合作，东盟国际商贸城正式启动营业。全力推动重大交通项目建设，不断提升城市通达能力，成昆铁路复线攀枝花段、火车南站站前基础设施项目建设全面提速，攀大高速开工建设，攀宜沿江高速获批启动，攀大铁路纳入国家三年行动计划。

【民生工程】 2016 年，攀枝花市坚持民生投入只增不减，全年投入民生资金 51 亿元、增长 24.09%，深入实施 10 项民生工程，全力办好 19 件民生大事，全市群众得到更多实惠，获批全国社会保障卡综合应用试点示范城市。强力推进脱贫攻坚，市委常委会每季度听取精准扶贫工作情况汇报，深入实施 10 个扶贫专项方案和年度 17 个扶贫专项计划，启动帮扶项目 245 个，完成摘帽 20 个贫困村、减贫 6457 人的年度目标任务。

【社会事业】 2016年,攀枝花市推进教科文卫体制改革,均衡发展各类教育,着力提升医疗卫生服务水平,精心打造特色文化产业,市四十二中小、成都外国语攀枝花学校等项目加快建设,全国首家康养学院——攀枝花国际康养学院挂牌成立,攀枝花康复医院建成投用,三线建设博物馆晋升国家级,3所卫生院获全国"群众满意乡镇卫生院"称号。

【依法治市】 2016年,攀枝花市坚持把依法治市工作纳入经济社会发展总体规划,充分发挥党委总揽全局的核心作用,制定依法治市年度工作要点,编制地方立法条例,确保各项工作顺利推进。健全依法、科学、民主的行政决策机制,加快行政权力依法规范公开运行平台建设,市、县(区)、乡(镇)三级实现行政权力事项全业务全流程网上公开运行办理。促进公正司法,在全省第一批率先建成"点对点"网络执行查控系统,督导政法机关对各自系统积案进行集中清理,引导市人大、市政协积极探索运用多种监督手段,加强对司法机关的法律监督和民主监督。深入开展"法律七进"活动,突出抓好学校、企业学法用法,编写宣传资料,全部免费发放到机关、企业、乡村、社区,全市216所中小学全部配备法制副校长和法制辅导员,19所市直属学校建立法律顾问制度,306家国有、民营企业聘请专职法律顾问。深入推进基层法治示范创建活动,全市329个社区全面实现社区网格化服务管理。

【社会稳定】 2016年,攀枝花市不断深化平安建设,健全"大调解"体系,规范网格化服务管理,依法打击违法犯罪活动,妥善处理各类矛盾纠纷,社会大局保持和谐稳定。严格落实安全责任,不断加强生产、交通、消防、食品、医药特别是煤矿等领域安全监管,安全生产形势趋于好转。扎实开展防汛救灾,认真做好日常物资储备、设备维护等工作,严格加强应急值守和预防演练,军民团结一心共同抗击"9·19"群发性山洪灾害,迅速恢复灾区正常生产生活秩序。

【民主政治建设】 2016年,攀枝花市积极加强民主政治建设,大力支持市人大依法行使职权,支持市政协依章程履行职能,民主党派"直通车"作用进一步加强。全面强化党管武装工作,巩固发展最广泛的爱国统一战线,统筹加强民族、宗教、对台、侨务等工作,推动工青妇等群团组织在全市大局中发挥更大作用。

【党建工作】 2016年,攀枝花市全面强化基层党的"五位一体"建设,深入开展"两学一做"学习教育,建立落实党员学习日、理论辅导员、网上考学等制度,大力实施"弘扬三线精神,争做优秀共产党员"示范行动,认真抓好突出问题整改,党员干部"四个意识"不断增强。认真贯彻中央、省委部署,严格抓好换届选举工作,市党政班子成员及人大、政协主要领导分别联系督导换届工作,完成市委及县(区)、乡(镇)领导班子换届。鲜明"三重"导向,突出能上能下,持续加强干部人才队伍建设,注重在"五个一线"培养选拔干部,全年调整"下"的干部28人,新提拔县级干部116人,其中80人来自"五个一线"。大力实施"千人计划""钒钛之光"人才培养工程,引进高层次、紧缺专业人才549人,新建成省级院士工作站1个。不断深化基层党组织建设,强力整顿软弱涣散基层党组织,积极实施"好书记选育计划"、党员教育全覆盖计划,集中建设"两江两路两园"党建示范片,基层基础进一步夯实。全面加强党风廉政建设,认真践行监督执纪"四种形态",进一步健全惩治和预防腐败体系,在腐败多发易发领域集中开展系统防治工作,始终保持惩贪治腐高压态势,全年立案查办393件396人,给予党纪政纪处分365人,并为541名党员干部澄清是非。

重要会议

【市委人大工作会议】 2016年1月7日,市委人大工作会议在攀枝花会展中心召开。会议深入贯彻省委人大工作会议精神,紧紧围绕"四个全面"战略布局,对推进新形势下全市人大工作创新发展进行研究部署。市委书记张剡出席会议并讲话,市委副书记、市长杨自力主持会议。

张剡指出,加强党的执政能力建设、推进依法治市进程、推动攀枝花持续健康发展、保障和改善民生,都要求我们必须进一步加强人大工作和建设。全市各级党委要从政治和全局的高度,充分认识做好新形势下人大工作的重大意义,切实增强责任感和使命感,更加自觉地把人民代表大会制度坚持好、完善好。

张剡指出,中共十八届五中全会和省委十届七次全会描绘了"十三五"经济社会发展宏伟蓝图,为我们加快发展指明了方向、提供了遵循,全市各级人大及其常委会要按照中央和省、市委统一部署,主动融入发展大局,切实找准依法履职的切入点和着力点,不断提高服务经济社会发展的效能和水平。

张剡强调,要做好立法工作,市人大及其常委会要从经济社会发展实际需要出发,忠实秉承宪法、立法法的精神和规定,严格遵守立法程序,慎立法、立良法,为城乡建设与管理提供法律支撑,推动环境保护在法治轨道上运行,为历史文化保护营造法治环境,将立法过程转化为协调各方利益、促进协商民主、凝聚社会共识的过程,努力使立法体现党的主线、符合宪法精神,反映群众意愿、得到人民拥护。要增强监督实效,各级人大要加强对政府执行党委决策部署情况的监督,进一步强化监督落实和跟踪问效;加强对政府行政权力运行过程的监督,确保权力在阳光下运行;加强财政预决算审查监督和国有资产监督,切实管好用好人民的"钱袋子";加强对法院、检察院司法活动全过程的监督,切实维护司法公信和法治权威;不断完善监督工作机制,不断提高监督的实效性和针对性。要推进决策民主化科学化,全市各级人大要认真履行职责,积极主动参与"十三五"规划编制,按程序批准实施,确保规划的科学性和高质量;各级政府要严格执行重大决策出台前向本级人大及其常委会报告制度,确保每项决策合法合规、符合实际。要依法行使人事任免权,完善选举任免工作程序,依法选任国家机关工作人员;完善工作机制,促进选举任免工作程序合法、公正客观、知人善任;加强对人大选举任命人员的监督,尤其要加强任后常态监督,增强选任人员的法治观念和公仆意识。要加强和改进代表工作,充分发挥人大代表作用,搭建人大代表履职平台,尊重和支持人大代表工作,健全代表述职制度,引导人大代表更好地联系服务群众,保证人民赋予的权力始终为人民服务。

张剡指出,加强县乡人大工作,对推动民主法治扎根基层、提高党的执政能力至关重要。要健全县区人大组织机构,加强街道、乡镇人大工作,更加有力地把县乡人大做实建好。县乡人大要紧扣落实中央和省委市委决策部署、促进本地区经济社会发展,勇于担当担责,积极投身主战场,更加有力地服务县乡中心工作;要围绕事关群众生产生活的关键领域履行职能,积极推动政务公开、厂务公开、村务公开等,着力保障群众的知情权、参与权、表达权、监督权,更加有力地推动基层民主政治建设;要以"村规民约""居民公约"等为抓手深化基层法治示范创建,大力开展"法律七进",推动形成办事依法、遇事找法、解决问题用法、化解矛盾靠法的法治良序,更加有力地推进基层依法治理。

张剡强调,各级党委要充分发挥领导核心作用,不断改善和加强对人大工作的政治领导,全力支持各级人大及其常委会依法行使职权、发挥作用;"一府两院"要自觉接受人大监督,主动向人大报告工作,认真落实人大常委会专项工作审议意见。要把加强地方人大干部队伍建设放在重要位置,努力锻造一支作风优良、吃苦耐劳、业务精通、能打硬仗的人大干部队伍。要大力加强廉政建设,持续推进作风建设,始终把党的纪律和规矩挺在前面,使之内化于心外化于行,牢牢刻印在各级党员干部心上。

【市委政协工作会议】 2016年1月7日,市委政协工作会议在攀枝花会展中心召开。会议认真落实中央、省委关于加强政协工作的新部署新要求,紧紧围绕推进全国"四个全面"战略布局、全省"三大发展战略"、攀枝花"三个加快建设""四区驱动发展"和产业升级、城市转型、环境生态、开放合作、民生改善"五大发展路径",对当前和今后一个时期全市政协工作进行安排部署。市委书记张剡出席会议并讲话,市委副书记、市长杨自力主持会议。

张剡指出,中共十八届五中全会明确了今后一个时期我国的发展思路、发展方向和目标任务,特别对完善党领导经济社会发展体制机制、动员人民群众团结奋斗提出了新的要求,全市各级党委要认真学习贯彻中央和省、市委精神,切实加强对政协工作的领导,更好地团结和动员全市各族人民,为开启中国梦的攀枝花恢宏篇章而共同努力奋斗。

张剡指出,全市政协各级组织要牢牢把握政协事业面临的新任务新要求,深化思想认识、更加主动有为,努力出实招、谋良策,添助力、增合力。要为发展大局凝心聚力,聚焦重要课题,深入调查研究,提出意见建议,让政协智力优势转化为推动全市经济社会跨越发展的强大动力;积极开展对外交往和联络活动,为招商引资、招才引智铺路搭桥;积极向上衔接沟通,力争把攀枝花更多的重大基础设施和产业项目纳入上级"盘子"。要为深化改革集思广益,大力宣传全面深化改革的重要意义,引导所联系界别群众正确看待和处理改革带来的利益调整,形成理解、支持和参与改革的普遍共识;发挥好政协民主监督职能,推动各项改革举措落到实处;发挥好政协咨政功能和"智库"作用,提出既有深度又切合实际、富有操作性的对策建议,为改革顺利推进开路铺石。要为扶贫攻坚广聚能量,着重围绕解决精准扶贫的突出问题和重点扶贫开发工作,深度参与,主动作为,努力为全市扶贫开发工作汇聚各方强大合力;持续开展"我为扶贫攻坚做件事"活动,积极反映社情民意,引导政协各界别和委员中的企业家、爱心人士积极投身扶贫攻坚;扎实做好保障和改善民生工作,促进各项惠民政策落到实处。要为和谐稳定献计献策,把促进社会和谐稳定贯穿于履职的各个方面,落实到开展工作的各个环节;把涉及群众切身利益的民生问题作为参政议政的重要工作,及时反映社情民意,切实维护群众合法权益;主动参与依法治理,引导群众进一步增强法治观念、树立法治意识;鼓励和引导非公有制经济人士积极承担社会责任,推动构建和谐社会。

张剡指出,全市各级政协组织要结合实际,严格遵循政协协商民主重要原则,不断拓宽政协协商民主参与渠道,力求政协协商内容更加切合实际,推动政协协商成果落地生根,不断提高政协协商民主制度化、规范化、程序化水平。

张剡要求，全市各级政协组织要适应形势、加强建设，提高政治把握能力，切实提高政协领导班子、政协委员和机关干部思想政治素养；提高调查研究能力，坚持问题导向，整合智力资源，选择党政关注、群众关心、政协能做的课题开展调查研究，提出对策建议；提高联系群众能力，切实发挥好桥梁纽带作用，协力做好化解矛盾、凝聚力量、促进和谐的工作；提高合作共事能力，提倡热烈而不对立的讨论，开展真诚而不敷衍的交流，鼓励尖锐而不极端的批评；提高廉洁自律能力，恪守宪法法律，锤炼道德品行，坚决守住拒腐防变的思想防线和行为底线。

张剡强调，各级党委要进一步加强和改进对政协工作的领导，支持政协依照宪法法律和政协章程，独立负责、协调一致地履行职能；各级政协党组要坚定不移地贯彻执行党的各项方针政策，自觉接受同级党委的领导，主动履行党委赋予的职责，把党委的重大决策和工作部署贯彻到实际工作中；各级党委、政府要为政协开展工作创造良好条件，在全社会营造各方重视、关心、支持政协工作的浓厚氛围。

【全市脱贫攻坚工作会议】 2016年2月25日，全市脱贫攻坚工作会议在攀枝花会展中心召开。会议深入贯彻中央扶贫开发工作会议、省委脱贫攻坚工作会议精神，对落实精准扶贫、精准脱贫各项工作进行再动员、再部署。市委书记张剡出席会议并强调，全市上下要紧紧围绕在全省率先完成脱贫任务的目标，着力抓实基础设施、产业发展、教育文化、医疗卫生、社会保障、生态扶贫六大重点扶贫工程，确保全面完成年度精准脱贫各项工作任务，坚决打赢脱贫攻坚仗。市委副书记、市长杨自力主持会议。

张剡指出，市委、市政府明确提出到2018年年底全市70个贫困村全部"摘帽"、2.6万余名贫困人口全部脱贫的目标，全市上下必须进一步明确形势任务，切实增强做好脱贫攻坚工作的责任感和紧迫感，坚决打赢攻坚仗，为贫困地区与全市同步全面实现小康提供坚实支撑。

张剡强调，要着力改善贫困地区发展条件，突出抓好道路建设，从根本上破除交通对贫困地区经济社会发展的制约；突出抓好水利建设，提高贫困地区农业生产保障能力；突出抓好电网建设，着力解决贫困地区电网超负荷问题，增强整体供配电能力；突出抓好通信建设，加快推进宽带乡村、4G网络、电视户户通、广播村村响工程。要着力增强贫困对象内生动力，加强基层组织建设，大力培育专业大户、家庭农场、农民合作社等新型农业经营主体；积极推动商贸流通发展，大力推行"互联网+农业"发展模式，搭建涉农电商平台，打造特色品牌，促进销售流通；积极探索创新农村资产收益扶贫、涉农项目资金投资收益扶贫、理财收益扶贫等新模式，不断拓展贫困农户的增收渠道。要着力阻断贫困对象代际传递，合理优化贫困地区学校布局，保证贫困学生就近上学；巩固提升义务教育成果，狠抓"控辍保学"工作；研究实施贫困家庭子女就学资助政策；加强贫困地区师资队伍建设；加强农村实用技术和职业技能培训。要着力提升贫困对象幸福指数，认真落实新型农村合作医疗政策，确保2018年年底贫困人口新农合参合率达到100%；加大对困难群众的医疗救助力度，到2018年年底实现重特大疾病患者住院费用零支付；加强基层医疗服务能力建设，70个贫困村涉及的乡镇卫生院、村卫生室标准化建设要100%达标；大力开展全市二级以上医院对口帮扶贫困乡镇、村医疗机构，着力解决因病致贫、因病返贫问题。要着力强化贫困对象脱贫支撑，加快发展城乡居民养老保险，实现应保尽保；加快养老设施建设，在自愿的前提下，对农村"三无"（无劳动能力、无生活来源、无赡养抚养人）特困人员实行集中供养，力争2018年集中供养满足率达到100%；帮助农村贫困家庭的留守儿童、留守妇女、留守老人解决生产生活中的实际困难，编织好兜住贫困群众基本生活的社会安全网。要提高贫困对象生活水平，尽快编制年度实施方案，因地制宜选择搬迁安置方式和安置点；注重与新村建设、彝家新寨建设、农村危房改造、廉租房建设相衔接，坚持小规模、组团式、微田园、生态化；努力为搬迁人口创造就业机会，确保搬得出、稳得住、能致富；继续实施重点生态工程，让贫困群众从生态保护中得到更多实惠。

张剡要求，各级各部门要把脱贫攻坚作为当前和今后一个时期工作的重中之重，一项一项地把任务落实好；动员整合全社会力量，集中财力解决突出问题；教育引导群众靠辛勤劳动改变贫困落后面貌，真正实现从"要我脱贫"到"我要脱贫"的转变；严格考核，逗硬奖惩，确保脱贫攻坚工作取得实际成效。

【市委城市工作会议】 2016年2月25日，市委在攀枝花会展中心召开建市以来首次城市工作会议，学习贯彻中央、省委城市工作会议精神，总结城市规划、建设、管理经验，安排部署2016年及今后一个时期的城市工作。市委书记张剡出席会议并讲话，市委副书记、市长杨自力主持会议。

张剡指出，要把思想和行动高度统一到中央、省委的重大判断和决策部署上来，客观审视城市现状，对焦"中国钒钛之都、中国阳光花城、四川南向开放门户"三大战略定位，以"五大发展理念"为引领，贯彻落实"一尊重五统筹"城市发展思路，转变城市发展方式，完善城市治理体系，健全城市综合功能，打造城市特色风貌，使城市成为发展的活力主体、群众的幸福载体。力争到"十三五"期末，城市建成区面积由现在的74平方千米增加到84平方千米、增长13.51%，城镇化水平由现在的64.74%增加到67%、增长3.49%。

张剡强调，要突出规划引领，深入学习贯彻中央新出台的关于进一步加强城市规划建设管理工作的若干意见，提升规划水平；做好统筹衔接，提高规划的针对性、科学性；要优化空间布局，加快构筑层次分明、布局合理、功能协调、城乡一体的新型城镇体系；强化规划约束，确保一张蓝图绘到底。要突出营造建设，持续推进新区建设，推进循环滚动开发，加快建设生态和谐宜居的现代化新型城区；持续推进集镇新村建设，增强县城综合承载能力，打造一批新型旅游镇、工业镇、商贸镇，再造一批旅游新村；持续推进交通建设，构建立足攀西、辐射川滇、水陆空兼备的综合交通运输体系，完善城乡路网布局；持续推进棚改安居建设，推进棚户区改造与城市建设和房地产市场统筹协调发展；持续推进基础设施建设，不断提升城市承载能力和公共服务水平。要突出风貌打造，全力推进“五创联动”工作，确保如期创建成功，努力把攀枝花建成居者自豪、来者依恋、闻者向往的幸福美丽家园；坚持着力治“脏”、着力治“堵”、重典治“乱”，以强有力的整治工作解决城市发展中的“短板”；坚持整体统筹与细部推敲相结合，精心做好绿化、美化、亮化工作，形成浓郁的攀枝花特色文化环境氛围，努力使攀枝花城市品牌叫得更响、传得更远。要突出精细管理，构建多元化城市管理体系，充分发挥城管委统揽作用、街道和镇主体作用、社区基础作用；构建标准化城市管理体系，结合依法治市工作，建立健全城市管理行政执法规范，切实做到依法审批、依法管理、依法监管、依法处罚；构建网格化城市管理体系，实现精细描述管理服务对象、精确采集管理服务信息、精准处理管理服务问题；构建数字化城市管理体系，加快有机对接和资源共享，实现精确、快速、高效、全方位、全天候、全过程的城市管理和服务；构建人性化城市管理体系，切实解决城市建设中的民生问题，不断增强市民的获得感。要突出改革创新，始终坚持人的城镇化，推进城镇基本公共服务向常住人口全覆盖；切实转变建设理念，着力推进城市绿色、低碳、循环发展；做好城市经营，进一步鼓励社会力量参与城市基础设施和公共服务设施建设。

张剡要求，要加强组织领导，切实构建党委统一领导、党政齐抓共管的城市工作格局和市、县、乡、村四级城市工作统筹联动体系，一级紧扣一级抓好城市工作；大力发扬“你有事、我加班，现场办、马上办”作风，推动城市建设各项工作落实到位、落实到底、落实到成；充分调动全市各级各部门的能动性，充分发挥统一战线、群团组织的积极性，充分发挥人民群众在城市建设中的主动性，汇聚城市工作合力。

【全市“两学一做”学习教育工作座谈会】 2016年4月19日，全市“两学一做”学习教育工作座谈会在攀枝花会展中心召开。会议深入学习贯彻习近平总书记系列重要讲话精神，传达贯彻中央、全省“两学一做”学习教育工作座谈会精神，对在全市党员中开展“两学一做”学习教育进行动员部署。市委书记张剡出席会议并强调，要从严从实抓好“两学一做”学习教育，把严的标准和实的要求体现到推动各项事业发展之中，通过学习教育，唱响“项目主旋律”，传承“落实正能量”、展现“发展精气神”，真正把开展学习教育的过程变成凝聚力量的过程、转变作风的过程、落实工作的过程、推动发展的过程、实现提升的过程。市委副书记、市长杨自力主持会议并就贯彻落实会议精神提出具体要求。

张剡指出，开展“两学一做”学习教育，就是要贯彻党要管党、从严治党方针，把党组织和党员队伍建设得更加坚强有力，推动省委、市委决策部署落地落实。全市各级党委（党组）和全体党员要从政治和全局的高度提高认识，切实把开展“两学一做”学习教育作为一项重大政治任务，作为加强党员教育、建设高素质党员队伍的契机，真信、真学、真做，通过开展学习教育，巩固和发展攀枝花市全面从严治党的良好局面，夯实基层基础，汇聚推动改革发展的强大正能量。

张剡指出，“两学一做”，基础在“学”。要准确把握学习教育原则要求，坚持正面教育、理论武装，进一步拧紧思想“总开关”；坚持问题导向、注重实效，学要带着问题学、查要聚焦问题查、做要对着问题改；坚持以学促做、创先争优，党员领导干部要以身作则、率先垂范，形成上行下效、整体联动的总体效应；坚持区别情况、分类指导，针对不同领域做出具体安排，使学习教育真正接地气。要抓好“三个关键”：突出重点学。老老实实学习党章党规原文，认认真真研读系列讲话精神，在学系列讲话精神中加深对党章党规的理解，在学党章党规中更好地领悟系列讲话精神要求；强化攀枝花精神传承，明确当代党员奋斗方向，让党员知市情、明党史、勇担当；坚持正面教育与反面警示相结合，从身边优秀共产党员的先进事迹中汲取营养、见贤思齐，结合发生在群众身边的“四风”问题和腐败案件进行检视反思，剖析根源、汲取教训。带着问题学。紧密联系个人思想、工作、生活实际，回答好“当初入党为什么？现在在党干什么？未来为党留什么？”，每个支部都要建立“工作清单”“问题清单”“整改清单”和“合格党员标准”，保证学习教育有程序、有进度、有效果。领导带头学。领导干部要先学一步、学深一些，要求别人做到的自己首先做到，要求别人不做的自己坚决不做，拥有“向我看齐”的自信和底气，不断提升做好领导工作的政治素养、政策水平。

张剡指出，开展“两学一做”学习教育，关键在做。要讲政治、有信念，坚持心中有党，引导广大党员牢固树立党的意识和党员意识，对党忠诚老实，听党话、跟党走，在党言党、在党爱党、在党护党、在党为党。要讲规矩、有纪律，坚持心中有戒，引导广大党员任何时候都把纪律、规矩挺在前面，增强组织观念，服从组织决定，始终做到心有所畏、言有所戒、行有所止。要讲道德、有品行，坚持心中有止，引导广大党员树立正确的世界观、人生观、价值观，养成正确的道德观、义利观，始终坚守共产党人精神家园。要讲奉献、有作为，坚持心中有责，引导广大党员自觉践行党的宗旨，始终保持干事创业积极性，在“急难险重”、对外开放、项目推进、脱贫攻坚和信访维稳等“五个一线”奋发有为、建功立业。

张剡强调，开展“两学一做”学习教育，必须与抓好各项重点工作紧密结合起来，真正把开展学习教育的过程变成凝聚力量的过程、转变作风的过程、落实工作的过程、推动发展的过程、实现提升的过程。要与贯彻落实“四个全面”战略布局和“五大发展理念”紧密结合，通过学习教育，切实把全体党员的思想和行动统一到习近平总书记治国理政新理念、新思想、新战略上来，凝聚贯彻落实“四个全面”战略布局和“五大发展理念”的价值认同感和行动自觉性。要与贯彻落实省委、市委决策部署紧密结合，把学习教育融入“三个加快建设”“三个走在全省前列”“四区驱动”和“六大重点工作”中，融入“项目推进年”等抓发展的具体工作特别是“急难险重”任务之中，切实把“规划图”变为“施工图”，以实实在在的发展成果彰显学习教育的作用和价值。要与克服当前的发展困难紧密结合，唱响“项目主旋律”，传承“落实正能量”、展现“发展精气神”，围绕项目见效、投资落地、目标实现努力工作；探索建立容错纠错机制，旗帜鲜明地为苦干实干、改革创新、不谋私利的干部撑腰鼓劲；着力推动各单位的重点、难点工作，寻找办法，破解难题，形成系统化的措施和制度化的成果，积极有效应对当前的困难局面。要与贯彻全面从严治党各项部署紧密结合，切实巩固作风建设成果，持续开展正风肃纪，坚决防止“四风”问题复发反弹。要与“走基层”活动紧密结合，通过学习教育，深化“走基层”活动，引导广大党员带着问题、感情、责任走基层，抓实精准扶贫、直接联系服务群众等工作，帮助群众解决实际困难，进一步密切党群干群关系。要与全面推进各领域基层党的建设紧密结合，进一步鲜明大抓基层的导向，旗帜鲜明地把各级党委注意力引导到抓基层打基础上来，巩固党的执政基础。

【中共攀枝花市委九届十一次全体（扩大）会议】 2016年7月10日，中共攀枝花市委九届十一次全体（扩大）会议在攀枝花会展中心举行。全会由市委常委会主持。全会深入贯彻落实“四个全面”战略布局、“五大发展理念”和习近平总书记系列重要讲话精神，审议通过《中共攀枝花市委九届十一次全体（扩大）会议决议》和《关于召开中国共产党攀枝花市第十次代表大会的决议》。市委书记张剡代表市委常委会作工作报告，回顾总结上半年工作，安排部署下半年工作。市委副书记、市长杨自力总结和部署全市经济工作。

张剡指出，2016年以来，全市上下紧紧围绕GDP破千亿元目标，在应对复杂困难局面中倾注心血，在推进急难险重任务中挥洒汗水，着力抓项目促发展、稳投资促增长、保运转促就业、抓扶贫促民生、抓党建促作风，坚持以“项目推进年”为抓手，推动产业转型升级；以精细建设管理为核心，改善城乡发展面貌；以重点民生工程为基础，提升群众民生福祉；以先行先试定位为契机，全面深化改革开放；以“两学一做”学习教育为主线，加强党建各项工作，全市经济社会各项事业取得明显成效、实现良好开局。

张剡指出，任何时候，机遇与挑战并存，困难和希望同在，只要横下一条心、铆足一股劲，不忘初心，继续前进，就一定能冲破各种困扰，开创各项事业新局面。下半年，要继续把抓落实作为第一要务，坚持全市工作主题不动摇，紧紧围绕“三个加快建设”“四区驱动”发展战略，扎实推进经济社会发展，认真抓好换届和党代会筹备工作，以干部的辛苦指数提升全市的发展指数和群众的幸福指数，为未来发展奠定坚实基础、增添强劲动力。

张剡强调，要狠抓项目，坚持做强工业，着力抓好钒钛、石墨产业化、能源等重大项目的布局和建设，搭建军民融合平台，精准施策，挂图作战，努力推动更多民用产品进入军工行业；坚持做精农业，深化供给侧结构性改革，加快推进项目建设，培育新型经营主体，大力发展“互联网+”农业，着力开发中高端产品、发展中高端客户、开拓中高端市场，助推特色农业标准化国际化发展；坚持做大服务业，推进康养、商贸、物流项目加快建设和健康运行，推动现代特色服务业加快发展。要狠抓城建，推进花城新区循环滚动开发，促进商务区尽快形成规模、启动运营；推进集镇新村功能提升，推动一、三产业互动及产村相融；推进城市精细化建设管理，确保通过国卫复审，加快棚户区、危旧房和老旧小区改造，着力构建“一刻钟社区便民服务圈”。要狠抓改革，持续深化重点领域改革，基本完成全面深化改革主体框架搭建，尤其要深化创新驱动发展，抓好供给侧结构性改革，不断增强发展后劲。要狠抓对外开放，深化合作成果，积极拓展东盟市场，着力发展中亚市场，切实提升招商实效，努力推动一批重点招商项目加快实施。要狠抓交通建设，加快成昆铁路扩能改造工程攀枝花段、火车南站及配套工程、攀大高速等重点项目建设，力争攀宜沿江高速开工建设，有序推进城市轨道交通、金沙江航道等项目前期工作，力争在9月前新开通至上海、武汉的航班。要狠抓民生改善，大力发展社会事业，全力抓好10项民生工程及19件民生大事，筑牢区域教育文化卫生高地；深入推进脱贫攻坚，全力打好脱贫攻坚“6+1”工程“组合拳”，确保完成2016年脱贫任务；全力维护和谐稳定，推进依法治市，创新社会治理，加大信访案件、矛盾纠纷化解力度，突出抓好换届期间社会稳定工作，确保换届平稳、大局稳定、社会和谐。要狠抓党的建设，加强思想政治建设，抓好“两学一做”学习教育，传承攀枝花精神，弘扬时代新风，争创全国文明城市；切实加强干部培养锻炼，夯实发展人才支撑；大力实施"两江两路两园"党建示范计划、好书记选育计划、基层党员培训全覆盖计划等，加强产业园区、农村基层和"两新"组织党建工作；严格落实"两个责任"，严查发生在群众身边的腐败和"四风"问题，健全不敢腐不能腐不想腐的长效机制，切实打造良好政治生态。

张剡强调，当前，正值市县乡领导班子换届关键期，一定要严格按照中央、省委安排部署，高标准严要求推进换届各项工作，确保换出新风气新干劲新面貌。要严格选用标准，围绕事业发展需求，坚决贯彻"好干部"标准、"三重"导向和"六个重视选用""六个坚决不能用""六个坚决调整"要求，紧扣"五个一线"重点，真正选出好干部、配出好班子；加强工作统筹，确保换届过程中思想不散、秩序不乱、工作不断；注重思想引导，教育引导领导干部讲政治、顾大局，正确对待进退留转，自觉服从组织安排；严肃换届纪律，以"零容忍"态度严查违反换届纪律的案件，营造风清气正的换届环境。

张剡强调，中共攀枝花市第十次代表大会事关全市经济社会发展全局，事关攀枝花长远发展大计，一定要以高度的政治责任感和历史使命感，精心制定大会方案，认真起草工作报告，周密组织大会选举，努力营造良好氛围，高标准、高质量、高效率如期完成各项筹备工作，将此次党代会开成凝心聚力、统一思想的大会，开成振奋精神、激励斗志的大会，开成奋发进取、团结胜利的大会。

张剡强调，必须紧紧围绕年初确定的目标任务，以高度的使命感和责任感，以过硬的工作作风和工作措施，夙夜在公，殚精竭虑，昼夜兼程，真抓实干，不折不扣把各项目标任务落实到位。要开拓创新、积极进取，大力倡导宽容探索中的失误、原谅创新中的失败、善待竞争中的失利；坚定信心、勇往直前，奋力推动各项重点工作取得突破性进展；深入实际、靠前推动，主动到项目一线现场办公，一个问题一个问题研究，一个项目一个项目推进，多问几个"为什么不行"，多提几个"怎么才行"，以问题的解决加快项目建设、促进经济社会发展；从早从快、立说立行，接受任务不讲条件、执行任务不找借口、完成任务不打折扣，以周保旬、以旬保月、以月保季，确保各项指标紧扣节点稳步推进、如期完成；勤政为民、廉洁奉公，让"干事创业"成为攀枝花干部最显著的特征，让"服务群众"成为攀枝花干部最鲜明的素养。

张剡号召，全市各级党组织和广大党员干部，要在党中央、国务院和省委、省政府坚强领导下，以敢为人先的豪气、敢谋新篇的勇气、敢于担当的锐气，励精图治，务实进取，奋力实现"十三五"发展良好开局，为在全省高水平率先全面建成小康社会而努力奋斗！

【中国共产党攀枝花市第十次代表大会】 2016年9月20日，中国共产党攀枝花市第十次代表大会在攀枝花会展中心大会堂召开。市委书记张剡代表中国共产党攀枝花市第九届委员会向大会作题为《创新驱动发展　实干铸就未来　为在全省高水平率先全面建成小康社会而努力奋斗》的报告。

张剡指出，五年来，在省委坚强领导下，市委团结带领全市党员干部群众，深入贯彻落实"三大发展战略"，积极应对经济下行、结构调整等困难挑战，大力实施"三个加快建设"，全力打好"六大硬仗"，奋力开创"四区驱动"新格局，不断创造经济社会发展新成就，圆满完成市第九次党代会确定的主要目标任务，为在全省高水平率先全面建成小康社会奠定了坚实基础。五年来的奋斗实践深刻昭示我们，只有坚持解放思想，才能走出一条符合自身实际的科学发展之路；只有坚持抢抓机遇，才能在发展大潮中抢占先机、走在前列；只有坚持创新驱动，才能实现更高水平、更好质量、更有效益的发展；只有坚持以人为本，才能为推进共同的事业充分凝聚智慧和力量；只有坚持固本强基，才能为加快发展提供最强有力的政治保证和组织保证。

张剡指出，今后五年，是全市加快产业升级结构调整城市转型、在全省高水平率先全面建成小康社会的决胜期和巩固期。面对发展新形势，今后五年的总体思路是：高举中国特色社会主义伟大旗帜，以邓小平理论、"三个代表"重要思想和科学发展观为指导，认真贯彻习近平总书记系列重要讲话精神，紧紧围绕"四个全面"战略布局，深入落实"五大发展理念"，大力推进中国钒钛之都、中国阳光花城、中国康养胜地、四川南向门户"四个加快建设"，不断深化攀西国家战略资源创新开发试验区、国家现代农业示范区、国家钒钛高新技术产业开发区、中国阳光康养产业发展试验区"四区驱动"，加快形成四川新的经济增长点，奋力实现在全省高水平率先全面建成小康社会。

张剡指出，今后五年的主要目标是：2019年在全省高水平率先全面建成小康社会，2021年建党100周年时建成区域性现代化中心城市。具体目标是：综合实力迈上新台阶。地区生产总值保持高于全省的增速，到2018年，全市地区生产总值和城乡居民收入比2010年翻一番以上；到2021年，人均地区生产总值突破2万美元，城乡居民收入保持全省领先并超过全国平均水平。产业升级实现新跨越，钒钛钢铁、机械制造、新能源、新材料、石墨等产业持续发展，实现从基础原材料基地向新兴制造业基地的转变；阳光康养、现代物流等重点产业突破发展，服务业比重进一步提升；现代特色农业不断做精做优，实现规范化标准化品牌化国际化发展。城市转型取得新进展，新区建设、旧城改造和集镇新村建设取得显著成效，城市管理精细化水平进一步提高，城乡发展一体化格局基本形成。民生保障得到新加强，基本实现城乡基本公共服务均等化，区域教育文化卫生高地地位进一步巩固，保持比较充分的城镇就业，建成更加公平可持续的社会保障制度，全面完成脱贫攻坚任务，人民生活质量和健康水平不断提高。生态建设取得新成效，单位生产总值综合能耗和二氧化碳排放进一步下降，长江上游生态屏障建设取得明显成效，“五创联动”任务基本完成，力争实现全国文明城市、国家环保模范城市、国家园林城市、国家森林城市、中国阳光康养旅游城市创建目标。改革开放实现新突破，重要领域和关键环节改革取得重大突破，继续走在全省前列；开放合作的广度、深度不断拓展。民主政治建设迈出新步伐，党的建设扎实推进，依法治市工作深入开展，民主制度更加健全，法治政府基本建成，司法公信力明显增强，社会治理体系和治理能力现代化水平持续提升。

张剡强调，实现未来五年宏伟目标，必须坚持立足当前、着眼长远，整体推进、重点突破，统筹抓好稳增长、调结构、促改革、防风险、惠民生等各方面工作，在加快发展中提升实力，在转变方式中增强优势，在转型升级中彰显特色。要以建设中国钒钛之都为统揽，全力抓好工业升级；以建设中国阳光花城为统揽，全力抓好城乡统筹；以建设中国康养胜地为统揽，全力抓好结构优化；以建设四川南向门户为统揽，全力抓好改革开放；以打造长江上游生态屏障为统揽，全力抓好环境生态；要以筑牢区域社会事业发展高地为统揽，全力抓好民生改善；以实现全域同步小康为统揽，全力抓好脱贫攻坚。

张剡指出，实现美好蓝图，关键在党，重任在各级领导干部。要进一步加强民主政治建设，汇聚强大发展合力；进一步加强思想政治建设，强化科学理论武装；进一步加强干部人才队伍建设，锻造发展中坚力量；进一步加强基层党组织建设，构筑坚强战斗堡垒；进一步加强党风廉政建设，营造良好政治生态。

张剡号召，要更加紧密地团结在以习近平同志为总书记的党中央周围，在省委坚强领导下，高举中国特色社会主义伟大旗帜，不忘初心，继续前进，夙夜在公，昼夜兼程，为推动攀枝花在全省高水平率先全面建成小康社会、创造全市人民更加幸福美好的生活而努力奋斗！

【中共攀枝花市委十届一次全体会议】 2016年9月23日，中共攀枝花市委十届一次全体会议在攀枝花会展中心召开。会议选举产生新一届市委领导班子，批准市纪律检查委员会领导机构的选举结果。市委书记张剡受中国共产党攀枝花市第十次代表大会主席团委托，主持中共攀枝花市委十届一次全体会议并作讲话。

张剡指出，从现在开始，发展的接力棒传递到我们手上，省委关注着我们，人民期待着我们，历史也将检验我们。一定要倍加珍惜时代给予的机遇和舞台，倍加珍惜组织的厚爱和重托，倍加珍惜全市干部群众的信赖和希望，不忘初心、不辱使命，恪尽职守、继续前进，努力创造无愧于人民、无愧于时代的一流业绩。

张剡强调，要带头加强学习，把抓好学习作为政治责任、精神追求、良好习惯，努力做学习型、创新型领导干部，把新一届市委建设成学习型领导班子；要带头狠抓落实，践行从我做起的责任担当，保持奋发有为的激扬干劲，弘扬求真务实的工作作风，砥砺改革创新的进取精神，切实把心思集中在“想干事”上，把胆识体现在“敢干事”上，把能力释放在“会干事”上，把目标锁定在“干成事”上，坚持深入基层、清简务本、雷厉风行，一以贯之抓落实，一步一个脚印地把事业推向前进；要带头践行宗旨，坚持思想上尊重群众、感情上贴近群众、行动上造福群众、工作上依靠群众，用我们的“辛苦指数”换得群众的“幸福指数”，让发展成果惠及全市人民；要带头增进团结，坚持以事业维系团结、以包容增进团结、以制度加强团结，通过市委班子的团结，带动市人大、市政府、市政协班子以及各级班子的团结，进而促进全市上下的团结，形成团结一心干事业、齐心协力谋发展的良好局面；要带头严于律己，认真落实“一岗双责”，切实担负起本地区、本部门党风廉政建设的责任，常吹“廉政风”，常敲“警示钟”，常打“预防针”，筑牢拒腐防变防线，稳得住心神、抵得住诱惑、管得住手脚，不为奢靡所惑、不为积习所蔽、不为人情所扰、不为名利所累，努力把反腐倡廉各项制度措施落到实处，以良好的党风带政风促民风；要严格遵守廉政准则，严格执行廉洁从政各项规定，绝不逾越制度红线，绝不碰及纪律警戒线，绝不触及法律高压线。

张剡指出，从新一届市委产生的这一刻起，我们就步入了一个新的考场，一定要更加紧密地团结在以习近平同志为总书记的党中央周围，高举中国特色社会主义伟大旗帜，恪尽职守、勤政为民，开拓创新、奋勇争先，圆满完成市第十次党代会确定的各项目标任务，奋力实现在全省高水平率先全面建成小康社会的宏伟目标，向党和人民交上一份满意的答卷。

重要决策

【进一步加强人大工作和建设】 为全面贯彻落实中共十八大、十八届三中、四中、五中全会和习近平总书记系列重要讲话精神，深入贯彻落实省委人大工作会议精神，协调推进“四个全面”战略布局攀枝花实践，根据《中共中央转发〈中共全国人大常委会党组关于加强县乡人大工作和建设的若干意见〉的通知》（中发〔2015〕18号）、《中共四川省委关于进一步加强人大工作和建设的意见》（川委发〔2015〕18号）精神，中共攀枝花市委于2016年1月8日下发《关于进一步加强人大工作和建设的意见》（以下简称《意见》）。《意见》提出，要坚持人大工作正确的政治方向，深刻认识和准确把握加强新形势下人大工作和建设的重大意义、总体要求，切实加强和完善党对人大工作的领导，支持和保证依法做好人大代表选举工作、人大代表依法执行职务，人大及其常委会依法行使立法权、重大事项决定权、监督权、选举任免权，支持和保障人大及其常委会依法开展监督工作、依法开好法定会议，重视和提高人大及其常委会依法履职能力。

【进一步加强和改进人民政协工作】 为认真贯彻落实《中共中央关于加强社会主义协商民主建设的意见》（中发〔2015〕3号）、《中共中央办公厅印发〈关于加强人民政协协商民主建设的实施意见〉的通知》（中办发〔2015〕35号）和《中共四川省委关于新形势下进一步加强和改进人民政协工作的意见》（川委发〔2015〕19号）文件精神，中共攀枝花市委于2016年1月11日下发《关于新形势下进一步加强和改进人民政协工作的实施意见》（以下简称《意见》）。《意见》指出，在协调推进“四个全面”战略布局和社会主义协商民主广泛多层制度化发展的新形势下，进一步加强和改进人民政协工作，有利于广纳群言、广谋良策、广聚共识，促进党和政府决策科学化、民主化，推进国家治理体系和治理能力现代化；有利于发挥我国政治制度的特点和优势，扩大公民有序政治参与，更好实现人民当家做主的权利；有利于保持党同人民群众的血肉联系，巩固和扩大党的执政基础；有利于协调关系、化解矛盾、促进民族团结、维护和谐稳定，为全市奋力推进“四个加快建设”“四区驱动”凝心聚力。《意见》提出，要深入贯彻中共十八大和十八届三中、四中、五中全会及习近平总书记系列重要讲话精神，全面落实省委和市委决策部署，围绕推进“四个全面”战略布局攀枝花实践，坚持团结和民主两大主题，坚持和完善中国共产党领导的多党合作和政治协商制度，始终围绕中心、服务大局，大力推进政治协商、民主监督、参政议政制度化规范化程序化，广泛凝聚各党派团体、各族各界人士的智慧和力量，为在全省高水平率先全面建成小康社会、谱写中国梦攀枝花篇章做出更大贡献。

【加快构建现代公共文化服务体系】 为深入贯彻落实《中共四川省委办公厅、四川省人民政府办公厅关于印发〈关于加快构建现代公共文化服务体系的实施意见〉的通知》（川委办〔2015〕39号）精神，加快构建我市现代公共文化服务体系，巩固和提升公共文化服务能力和水平，保障人民群众的基本文化权益，中共攀枝花市委办公室、攀枝花市人民政府办公室于2016年1月18日下发《攀枝花市加快构建现代公共文化服务体系的实施意见》（以下简称《意见》）。《意见》指出，要紧紧围绕市委市政府“四个加快建设”和建设区域性文化高地的战略部署，以人民为中心，以改革创新为动力，以基层为重点，以基层综合性文化服务中心为载体，着力构建体现时代发展要求、符合文化发展规律、适应攀枝花市情、具有攀枝花特色的现代公共文化服务体系，促进基本公共文化服务标准化、均等化，为实现在全省高水平率先全面建成小康社会提供精神动力和文化支撑。《意见》提出，到2020年，全市基本建成覆盖城乡、便捷高效、保基本、促公平的现代公共文化服务体系；市、县、乡、村四级公共文化设施网络全面覆盖，互联互通；基层公共文化基础设施提档升级，以阵地服务为主体，数字文化服务、流动文化服务等为补充的公共文化服务方式更加多样、内容更加丰富，服务质量显著提升，公共文化管理、运行和保障机制进一步完善，政府、市场、社会共同参与公共文化服务体系建设的格局逐步形成，人民群众基本文化权益得到更好保障，基本公共文化服务均等化水平稳步提高。

【加快完善农村依法治理体系】 为认真贯彻落实《中共四川省委关于进一步加强农村基层党的建设加快完善农村依法治理体系的意见》（川委发〔2015〕17号）、全省产业园区和农村基层党建工作会议精神，深入推进依法治市，进一步加强农村基层党的建设，加快完善农村依法治理体系，中共攀枝花市委于2016年3月23日下发《关于进一步加强农村基层党的建设加快完善农村依法治理体系的实施意见》（以下简称《意见》）。《意见》提出，要深入学习贯彻习近平总书记系列重要讲话精神，围绕“四个全面”战略布局、省委治蜀兴川和市委“四个加快建设”总体部署，把加强基层党的建设、巩固党的执政基础作为贯穿基层建设和社会治理的一条红线，重基层、打基础、建机制、激活力，全面增强基层党组织的政治功能和服务功能，力争经过2至3年努力，构建起以基层党组织为领导核心、各种组织广泛参与，政府治理与社会自我调节、群众自治良性互动的农村依法治理体系，为农村改革发展稳定、全面建成小康社会提供坚强组织保障。

【深入推进农业现代化】 为在全省高水平率先全面建成小康社会，中共攀枝花市委、攀枝花市人民政府于2016年5月13日下发《关于贯彻落实发展新理念　深入推进农业现代化　实现全面小康目标的意见》（以下简称《意见》）。《意见》指出，未来5年，全市农业农村工作要坚持以邓小平理论、“三个代表”重要思想、科学发展观为指导，深入贯彻习近平总书记系列重要讲话精神，围绕市委“三个加快建设、三个走在全省前列、四区驱动”的战略布局，贯彻落实创新、协调、绿色、开放、共享发展理念，以增进农民群众福祉、实现全面小康为总目标，积极推进农业供给侧结构性改革，大力夯实现代农业基础，加快转变农业发展方式，全面深化农村改革，扎实开展幸福美丽新村建设，集中力量推进精准扶贫，确保实现在全省高水平率先全面建成小康社会目标。《意见》提出，2016年，要认真贯彻落实中央和省委农村工作会议及中央和省委“1号文件”精神，按照省委十届六次、七次全会和市委九届九次全会要求，围绕脱贫解困和全面小康总目标，以创新发展推动农业转型升级，以协调发展促进幸福美丽新村建设，以绿色发展促进生态文明建设，以开放发展促进农业提质增效，以共享发展促进贫困地区群众脱贫致富，推动全市第一产业增长3.6%以上、农村居民人均可支配收入增长9%、24个贫困村摘帽、7317人脱贫，为“十三五”发展开好局、起好步。

【加快推进生态文明建设】 为全面、系统、协同推进全市生态文明体制改革，深化生态文明建设，中共攀枝花市委、攀枝花市人民政府于2016年10月31日下发《攀枝花市生态文明体制改革实施方案》（以下简称《实施方案》）和《攀枝花加快推进生态文明建设行动方案》（以下简称《行动方案》）。《实施方案》提出，要健全自然资源资产产权制度，建立国土空间开发保护制度、空间规划体系，完善资源总量管理和全面节约制度，健全资源有偿使用及生态补偿制度、环境治理和生态保护市场体系，完善生态文明绩效评价考核和责任追究制度，强化生态文明体制改革组织保障。《行动方案》提出，要积极构建空间规划体系，加快绿色产业体系发展，建立资源节约集约利用体系，健全生态文明制度体系，推进生态环境安全体系建设，深化基础能力建设和生态文明建设，树立生态文明社会风尚。

【深化廉政风险防控工作】 为认真贯彻落实党的十八大关于加强反腐倡廉建设的部署要求，扎实推进惩防体系建设，积极探索预防腐败的有效途径，不断强化对权力运行的监督制约，根据《关于深化廉政风险防控工作的意见》（川委办〔2016〕54号）精神，中共攀枝花市委办公室、攀枝花市人民政府办公室于2016年12月30日下发《关于深化廉政风险防控工作的实施意见》（以下简称《意见》）。《意见》提出，要全面贯彻落实深化廉政风险防控措施，明确防控重点，科学评估风险，落实防控责任，推进科技防控，实施动态防控，拓展防控方式，强化防控实效。

制度建设

【攀枝花市推进领导干部能上能下实施细则】 为贯彻落实党中央关于全面从严治党要求和省委、市委选人用人原则，严明党的政治纪律和政治规矩，完善从严管理干部队伍制度体系，形成能上能下的选人用人机制，根据《党政领导干部选拔任用工作条例》《推进领导干部能上能下若干规定（试行）》《关于实行党政领导干部问责的暂行规定》等党内法规、《中华人民共和国公务员法》等有关法律法规和《四川省推进领导干部能上能下实施办法（试行）》，中共攀枝花市委办公室于2016年2月19日下发《攀枝花市推进领导干部能上能下实施细则（试行）》（以下简称《细则》）。《细则》全面贯彻落实中央部署要求，从因年龄、任期、健康原因调整及免职，因问责追究、违纪违法调整及免职，不适宜担任现职干部调整，责任与纪律，附则等六个方面作出24条具体规定。

【攀枝花市全面推进公务用车制度改革总体方案】 为认真贯彻中共十八大和十八届三中、四中、五中全会精神及《党政机关厉行节约反对浪费条例》，根据《中共中央办公厅、国务院办公厅印发〈关于全面推进公务用车制度改革的指导意见〉的通知》（中办发〔2014〕40号）和《中共四川省委办公厅、四川省人民政府办公厅关于印发〈四川省全面推进公务用车制度改革总体方案〉的通知》（川委办〔2015〕45号）部署，中共攀枝花市委办公室、攀枝花市人民政府办公室于2016年6月30日下发《攀枝花市全面推进公务用车制度改革总体方案》（以下简称《方案》）。《方案》明确了总体目标和基本原则，并提出主要任务，对参改范围、进度安排、改革方式、执法执勤用车改革、补贴标准、司勤人员安置、车辆处置、方案审批八个方面作出详细说明。《方案》要求，要强化保障，加强公务用车管理，切实保障公务出行；做好组织实施工作，营造良好社会氛围。

【中共攀枝花市委常委会议事决策规则】 为严格贯彻执行民主集中制原则，推进市委常委会议事决策科学化、民主化、制度化，进一步提高决策水平和工作效率，根据《中国共产党章程》和《中国共产党地方委员会工作条例》及《中共攀枝花市委工作规则》，中共攀枝花市委于2016年9月17日下发《中共攀枝花市委常委会议事决策规则》。《规则》围绕议事决策原则、议事决策事项、议题确定和材料准备、议事决策制度和程序、会议纪要的制发、常委会会议决策落实等6个方面作出38条具体规定。

【关于进一步推动县（区）党委落实党风廉政建设主体责任的实施方案】 为深入贯彻落实《中共四川省委办公厅关于进一步推动县（市、区）党委落实党风廉政建设主体责任的意见》（川委办〔2016〕28号）精神，中共攀枝花市委办公室于2016年10月18日下发《关于进一步推动县（区）党委落实党风廉政建设主体责任的实施方案》（以下简称《方案》）。《方案》提出，要进一步规范责任清单，进一步强化日常监管，进一步深化述责述廉，进一步加强警示教育，进一步严格责任追究。

【中共攀枝花市委工作规则】 为落实中央、省委全面从严治党要求，进一步完善市委工作运行机制，提高执政能力和领导水平，根据《中国共产党章程》《中国共产党地方委员会工作条例》和《中共四川省委工作规则》，中共攀枝花市委于2016年12月1日下发《中共攀枝花市委工作规则》（以下简称《规则》）。《规则》从组织和成员、职责、组织原则、议事和决策、理论学习、行文制度、公务活动、联系基层和群众、督促检查、监督和追责、附则等12个方面作出53条具体规定。

目标督查工作

【目标管理】 2016年，市目标办以制度建设为重点，着力完善绩效考评体系。及时分解下达2016年度综合目标任务。制定印发《关于分解下达2016年度省委绩效保证目标的通知》《关于分解省政府下达攀枝花市2016年目标管理指标的通知》《攀枝花市2016年度市级综合目标任务实施方案》《2016年度市级部门职能目标》，明确省、市各项目标任务的责任单位和工作要求，做到各项目标任务下达有据可查、实施有踪可追、责任有处可究。完成2015年度目标绩效考核工作。制定印发《攀枝花市2015年度目标绩效考核工作实施方案》，组织完成对81个市级单位、5个县（区）和钒钛高新区管委会2015年度综合目标考核奖惩工作。强化目标过程监控。严格落实目标管理日常督查、协调督办和通报制度。2016年度，共印发省级目标任务推进情况督查通报5期、专报5期。

【督查督办】 2016年，围绕市委、市政府中心工作，改进督查督办方式，确保政令畅通。抓好重大决策部署贯彻落实。按季度收集上报全市贯彻落实中央"八项规定"和省委、省政府"十项规定"情况数据，并按要求上报贯彻情况报告。及时报送贯彻落实省委200次常委会精神，省委十届六次、七次全会重要部署责任分工方案和省委十届八次全会，省委十届九次全会精神情况报告。加强对省委、省政府重大决策部署落地情况的督查督办，重点对稳增长促改革调结构惠民生政策措施落实情况、全面推进大众创业万众创新工作等工作进行督查，及时向省委、省政府报送各类政策宣传落实情况调查表及工作报告。每季度对市委常委会、市政府常务会议定事项进行跟踪督办并对办理情况进行通报。全年督办市委常委会议、市政府常务会议议定事项190项。组织开展专项督查。对全市脱贫攻坚和化解过剩产能工作进行专项督查，形成《关于对盐边县精准扶贫工作明察暗访情况的报告》《关于2016年度化解煤炭过剩产能推进情况报告》。对2016年度重点工作项目实施进展情况开展专项督查30余次，并按月通报。对2016年度市委、市政府主要领导重点推进项目进行专项督查，坚持半月一专报。对相关市领导、全市安全生产目标责任单位履职情况坚持两月一通报。全年印发《市级领导、安全生产责任单位履行职责通报》6期。对县（区）及市钒钛高新区主要领导开展投资促进工作进行督办，向市委书记、市长报送《各县（区）

及市钒钛高新区主要领导开展招商引资工作动态的专报》5期。对市级相关部门落实市委、市政府对外签订的战略合作协议情况进行督办，并按季度通报。督促落实主要领导批示指示工作。确保市委、市政府主要领导的批示件件有着落、事事有回音。全年共印发主要领导批示《督办通知》243份，《办理情况通报》12期、《办理情况专报》24期。确保主要领导现场调研、协调会议交办督促事项的指示执行到位，及时印发《督办通知》对领导指示进行跟踪督办。

【民生工程】 2016年，指导县（区）、市级部门适应新形势、新要求，务实推进民生工程和民生大事政策落地、加快建设。及时分解下达任务并制订实施方案。依据《2016年全省十项民生工程及20件民生大事实施方案》，将省级目标任务分解落实到县（区）、市级相关部门，并层层细化分解到乡、镇和村、社，切实做到省级民生工作部署落实横向到边、纵向到底。广开纳谏之门，科学合理谋划市级“自选项目”，着重选取61项涵盖就业促进、扶贫解困、教育助学、社会保障、医疗卫生、百姓安居、道路畅通、民生基础设施等多个方面的市级民生项目和6件民生大事。跟踪督办项目实施进度和资金拨付进度。制定《攀枝花市2016年十项民生工程及19件民生大事督导工作方案》。组织市财政局、市审计局等部门通过多种方式开展专项督查。完成民生项目半年实施情况、财政资金拨付情况、国务院第三次大督查、四季度项目实施情况4次国家、省上综合性督查，并责成相关责任部门限期整改督查中发现的问题。2016年市级层面组织开展各类民生工程项目督查50余次，向省政府报送各类督查报告12篇，印发《督办通知》16份。全市民生工程及民生大事建设资金共执行51亿元，完成全年计划的122.7%。及时传递民生工程新进展、新成效、新经验。在攀枝花市公众信息网发布涉及民生工程项目建设图片和信息40条。全年市级媒体共刊登播发民生类相关文稿30余篇。5月26日，攀枝花市民生工作获《四川日报》专题报道。

【办理人大代表建议和政协提案】 2016年接收和交办市九届人大六次会议代表建议123件，市政协八届六次会议提案203件。所有建议、提案均在规定时限内办理答复完毕，按时办复率达100%。严格落实办理工作的领导责任、沟通责任、办成责任和答复责任。市政府领导领衔办理18件重点建议和5件重点提案。主办件数达10件以上的12家单位分别召开由代表委员参加的办理工作座谈会。对全市45家单位开展办理工作的专项督查，审核123件建议和203件提案办理答复函件，针对发现的问题提出整改意见和督查建议。通过“攀枝花市建议提案在线信息系统”，对交办、办理、办结、评价实行全过程督查。所有建议、提案均在规定时限内办理答复完毕，按时办复率达100%。其中，123件人大代表建议所提问题已经解决或基本解决的（A类）共80件，占承办总数的65.0%；所提问题正在解决或已列入计划逐步解决的（B类）36件，占29.3%；所提问题因条件限制暂不能解决的（C类）7件，占5.7%。代表对办理工作表示满意的有120件，有3件因代表出国未归无法联系没有进行满意度测评，已测评的办理件满意率达到100%，无基本满意和不满意情况。203件政协提案所提问题已经解决或基本解决的（A类）共120件，占承办总数的59.1%；所提问题正在解决或已列入计划逐步解决的（B类）70件，占34.5%；所提问题因条件限制暂不能解决的（C类）13件，占6.4%。政协委员对办理工作表示满意的有202件，占99.5%；基本满意1件，占0.5%。

政策研究

【关于株洲、铜陵、马鞍山市产业升级、城市转型的调查研究】 为学习借鉴同类城市转型升级经验，拓宽攀枝花市产业转型发展思路，提升攀枝花市城市建设管理水平，2016年3月，市委办公室安排人员前往湖南省株洲市和安徽省铜陵市、马鞍山市进行学习考察，形成《关于株洲、铜陵、马鞍山市产业升级、城市转型的调查研究》的调研报告。报告分析三个城市的基本情况，总结提炼各城市在抓经济发展方面的特色和亮点。报告提出，要坚持未雨绸缪，把准转型时机，发挥资源优势，强化创新驱动，筑牢发展支撑。报告建议，支持和鼓励相关产业链及区域企业加大抱团力度，形成产业集群，发展循环经济；学习借鉴株洲成功做法并加以创新，全面提升攀枝花市精细化管理水平；在棚户区改造“货币化安置”过程中，学习借鉴铜陵的“房票”安置方式，减少安置矛盾、提升安置效率；探索推行科技创新券等政策，深入推进要素市场化配置综合配套改革；鼓励产品设计创新，丰富产品门类，延伸产业链条，提升产业层次。

【精准扶贫之“福田模式”调查】 为破解攀枝花市边远少数民族地区和贫困山区农业产业发展难、农业科技成果转化难的问题，为全市“精准扶贫”工作树立样板、提供借鉴，

2016年3月，市委政研室组成课题组，深入福田镇，对“福田模式”开展调查，形成《精准扶贫之“福田模式”调查》的调研报告。报告分析福田镇遭遇的扶贫困境，提炼“福田模式”的主要做法。报告指出，农村地区贫困主要原因在于农业基础设施薄弱、群众受教育程度偏低、农业产业化发展落后，“福田模式”通过加强政府主导、依靠科技支撑、发挥示范作用、完善组织保障等方式，实现扶贫开发从“输血”向“造血”的转变，对推动全市少数民族地区、贫困山区的扶贫开发具有积极的借鉴和启示意义。报告建议，要进一步加大资金扶持力度，把“福田模式”打造成为全市产业发展和精准扶贫的典型亮点；进一步进行提炼总结，加大力度宣传推广“福田模式”。

保密工作

【贯彻落实中央、省委加强和改进保密工作的有关要求】
市委在常委会上组织学习中央改进保密工作相关精神，审议并通过攀枝花市贯彻落实意见建议，要求在全市范围内深入学习相关精神，增强做好保密工作的责任感紧迫感，坚持党管保密，落实涉密网络安全防护和管理要求，抓好“十三五”规划谋篇布局，加强保密检查，强化保密系统自身建设，不断开创保密工作新局面；召开全市保密工作会议，做好部署安排。会上强调，必须进一步增强忧患意识和责任意识，坚持党管保密、加强依法治密、加大创新改革、做好综合防范，以最严肃的教育提醒、最严密的制度机制、最严格的管理措施、最严谨的技术标准抓好保密工作，更加积极主动地服务市委工作大局；调整充实市委保密委员会成员。主动适应新形势发展，立足于攀枝花市开展保密的实际需求，及时充实保密委员会力量，为攀枝花市保密事业的发展，提供坚强有力的领导。

【“三项工作”督查】 根据省委保密委员会办公室《关于印发〈四川省保密自查自评、涉密工程保密管理、互联网门户网站等保密管理督查工作方案〉的通知》（川密办〔2016〕26号）要求，市委、市政府高度重视，市委保密委对方案进行认真学习研究。市委保密办（局）对“三项工作”相关规章制度进行认真梳理和汇总，印发攀枝花市《三项工作督查方案》，结合2016年上半年对自查自评和互联网门户网站检查工作的部署，要求全市各级机关、单位迅速对“三项工作”进行自查，形成自查报告，实事求是进行自查评分；认真查找互联网门户网站保密管理漏洞，积极查漏补缺并如实上报有关情况。全市各县（区）也制定了督查方案。

认真督查，以查促改。2016年，市委保密办（局）认真履行督查职能，对市委办公室、市政府办公室、市人大常委会办公室、市政协办公室等41个单位“三项工作”开展情况进行督查，查阅相关台账、档案40余册，检查涉密计算机若干台，抽查非涉密计算机166台。从督查情况来看，被检单位“三项工作”开展情况总体良好，其中，涉密工程攀枝花市截至年底尚不存在，互联网门户网站保密管理情况良好，较为普遍的共性问题主要集中在保密自查自评上。通过发现、反馈存在的问题，给被检单位敲响警钟，保密主体责任意识得到加强，被检单位通过认真整改，积极消除泄密隐患，保密工作进一步规范化、制度化和常态化，为保密工作从“被动保密”向“主动保密”转变起到积极的促进作用。

【保密技术建设】 市保密办（局）投入119万元建设的涉密机房于2016年年初建成投用，市委保密委经过认真研究，决定启动非密计算机文件监控终端部署和涉密计算机技术防护工作。这两项工作作为市委保密委落实中央和省对新形势下保密工作要求的具体举措，对全面构建攀枝花市新形势下保密防控体系至关重要，工作完成后，将有效提高攀枝花市各机关、单位保密技术水平，有效防范失泄密案件发生。市委保密办（局）于8月印发《关于安装部署非涉密文件监管系统和加强涉密计算机信息系统技术防护的通知》，要求全市各机关、单位部署非密终端，同时为涉密计算机采取技术防护措施。市委办、市政府办高度重视，率先完成非密终端部署和涉密计算机防护工作。截至11月25日，基本完成非密终端部署工作的共11个单位，开展工作但尚未完成的有4个单位，部署非密终端300余个；涉密防护工作完成的共5个单位。市委保密办（局）为推动工作，适时通报工作进展情况，年底将按目标考核细则严格考核。截至年底，两项工作正在有序推进中。

【涉密人员管理】 按照省保密局要求，2016年攀枝花市着重加强涉密人员管理。完成全市党政机关、涉密单位涉密人员分类确定和保密审查，与公安出入境部门建立联动机制，开展涉密人员保密管理专项督查。截至年底，全市5个县（区）和82家市级部门、单位上报涉密岗位1000余个，其中厅级涉密人员若干，县级及以下涉密人员1000余人，按涉密等级分为核心若干、重要200余人、一般1000余人。

【保密基础工作】 保密法治建设方面，在严格执行保密法、保密法实施条例及其配套法规制度的同时，着手进行保密法规制度清理工作，保密行政管理部门权力清单和责任清单进行梳理编制，规范保密行政许可、行政处罚等行政权力运行，努力提升保密依法行政水平。7月，4名同志参加市政府法制办行政执法培训，并顺利通过考试，取得行政执法资格证书。

保密管理服务方面，进一步加强军地保密工作协作，联合攀枝花军分区开展重要设施及重点单位周边安全保密环境检查和专项治理；主动为金沙纳米公司、攀枝花大江钒钛新材料有限公司申请军工资质提供服务，为攀枝花丰鑫科技有限公司申请涉密档案数字化加工资质提供咨询；为宇森公司申请涉密信息系统运行维护资质提供服务，该公司于10月顺利通过审查；指导志林公司申请涉密信息系统综合布线资质及涉密档案电子化资质。

保密技术支撑方面，新增手机信号屏蔽器8台，全年共参与重大会议、重大活动的保密服务工作16次。开展重点部门、重要涉密场所保密技术检查检测11次，积极参与高考、统一司法考试等重要考试的保密工作并圆满完成各项任务。

公开出版刊物审查方面，顺利完成《攀枝花市纪念方毅同志100周年诞辰纪念集》《攀枝花市工商联志（1991—2012）》《攀枝花市发展和改革委员会志》《攀枝花市工会志》《攀枝花市党校志》《攀枝花年鉴》等共约500万字出版物的保密审查工作。

涉密信息系统建设和测评方面，市委保密办（局）在人员紧张的情况下，仍然按照省委保密办（局）的要求，派出2名同志赴成都、遂宁、泸州、眉山、乐山等地参加全省涉密信息系统测评工作，并完成相关测评报告撰写。攀枝花市纪委涉密信息系统顺利通过现场测评。攀枝花市检察院涉密信息系统经过整改后也顺利通过现场测评。攀枝花市电子政务内网建设按进度稳步推进中。2016年，市委保密办还对攀枝花市在建在用的涉密网络进行检查，运行情况良好。

【保密宣传教育】 重点抓好领导干部、涉密人员和其他公务人员保密教育培训，进一步加强机关、单位保密教育培训，普及保密知识、增强保密意识。全年共征订《保密工作》杂志及保密书籍4513份，确保重要涉密单位和军工企业全覆盖。4月，市委保密办（局）召开涉密人员管理和三项工作督查专题培训会，对全市100余个机关、单位的保密工作分管领导和工作人员200余人进行培训。10月，组织市级部门和军工企业的7位同志赴成都参加保密培训。

（孙俊峰）

纪律检查与行政监察

【概　况】 2016年，在省纪委监察厅和市委、市政府的坚强领导下，全市各级纪检监察机关牢固树立"四个意识"，强化监督执纪问责，围绕大局、聚焦主业，忠诚履职、开拓创新，党风廉政建设和反腐败工作取得明显成效，全市风清气正、崇廉尚实、干事创业、遵纪守法的良好政治生态总体形成。2016年，全市党风廉政建设社会评价综合指数为85.33，在全省排名第5位，继续保持全省第一方阵。

市纪委市监察局进一步深化"三转"，完成县（区）纪委内设机构调整，落实"三个提名考察办法"，纪委书记、副书记的提名和考察以上级纪委会同组织部门为主实现规范操作。发挥派驻机构职能作用，强化派驻工作机制制度建设，加强对派驻机构的联系、服务、指导和监督，强力保障派驻纪检监察机构工作，市级部门（单位）专门的纪检监察机构达到97个，其中副县级纪检机构59个、监察室38个。配齐配强纪检监察干部，纪检组织负责人配备47人，占纪检组织总人数的80%，监察室主任配备33名，占监察机构总人数的87%。同时，将不能正确履职或不能做好表率的干部交流出系统，全市被调离岗位4人，转任非领导职务2人。加大优秀年轻干部培养力度，构建"纪检监察干部后备人员库"，将优秀监察室主任、优秀县（区）纪委副书记、机关优秀的室主任（副主任）等纳入后备人员库管理，培养成熟的提拔或交流到重要岗位。通过畅通纪检监察干部"进出口"，纪检监察干部队伍结构更趋合理。落实《关于规范纪检监察干部请销假和外出备案工作的通知》《市级单位纪检组织负责人试用期满转正考核暂行办法》《市级单位纪检监察干部年度考核暂行办法》等制度，深化全市纪检监察干部队伍管理制度化建设。加强对派驻机构的管理考核，对11名市级单位纪检监察组织负责人试用期满转正、90名市级单位纪检监察组织负责人年度考核统一考核述职测评，实现对市级单位纪检监察干部的全过程管理监督。市纪委监察局深入强化纪检监察干部讲政治、守纪律、守规矩，牢固树立政治意识和底线意识，将机关党员干部理论学习、中心组学习、"两学一做"学习教育融会贯通，采取轮岗锻炼、上挂下派、岗位练兵、能力测试以及参加市委"四个一线"和"急难险重”工作等加强纪检监察干部理想信念教育,先后组织106名纪检监察干部参加中纪委和省纪委组织的培训,提升纪检监察干部实践能力切实提升执纪能力。强化对纪检监察干部从严要求、从严监督、从严管理,强化内部风险防控,建立违规干预插手纪律审查工作登记报告制度,对7名违纪的纪检监察干部进行严肃查处,确保干部队伍整体的纯洁。

4月25日,市纪委、市监察局完成机关办公用房改造和市纪检监察视频指挥暨远程教育中心建设事宜,搬迁至临江路61号新办公楼新址办公。

【新提拔交流县级领导干部集体廉政谈话】 2月1日,全市召开县级领导干部集体廉政谈话会议,对2016年职务发生变动的全市96名县(处)级领导干部进行集体廉政谈话。谈话着重从四个方面增强领导干部的组织纪律意识、廉洁自律意识,筑牢思想防线。认清形势、坚定信念,在党风廉政建设和反腐败斗争中切实增强工作主动性。统一思想、明确目标,认真落实“两个责任”。突出重点、把握关键,驰而不息正风肃纪,认真贯彻执行中央“八项规定”精神和省、市“十项规定”,以零容忍的态度惩治腐败。保持清醒、遵守纪律,做政治上的“明白人”。会上,参会人员进行书面廉政知识测试,强化测试结果运用。新提拔的县级领导干部签订《县级领导干部廉洁自律承诺书》《廉洁自律承诺书》。

【党风廉政教育暨反腐倡廉警示教育大会】 2月3日,攀枝花市2016年领导干部反腐倡廉警示教育大会在会展中心大会堂召开。市委副书记、市长杨自力主持会议,市委书记张剡出席会议并讲话。市委常委、市人大、市政府、市政协领导出席会议。在春节即将来临的特殊时刻,大会通过服刑人员现身说法和典型案例通报,告诫全市各级领导干部要进一步增强党性意识、法纪意识,以案为镜正“衣冠”、以身作则做表率,坚定践行党的群众路线,始终保持共产党人清正廉洁的政治本色,时刻保持清醒的政治头脑,提高辨别是非的能力,增强拒腐防变的意识,做到警钟长鸣,为在全省高水平率先全面建成小康社会营造良好环境、提供坚强保障。会议强调,要进一步坚定理想信念。插手工程的事不干,酒肉金钱朋友不交,背后中伤的“小动作”不搞,封妻荫子的念头不有,放纵小节的口子不开,按照“三严三实”要求,切实做好廉洁自律表率。要牢记宗旨、从严律己。要坚定理想信念、纪律观念和敬畏之心,自觉践行为民务实清廉要求。要严格贯彻执行党的作风纪律,进一步加强对每一位党员干部的监督、管理和教育,从思想上筑牢防线,在行动上防微杜渐。要落实责任、严肃执纪,坚定不移推进反腐倡廉建设。要落实“两个责任”,强化纪律意识和规矩意识,推进作风建设规范化、制度化、常态化。要保持高压态势,严惩腐败行为。加强标本兼治,促进政治生态不断改善。

【市纪委九届六次全会】 2月23日,中国共产党攀枝花市第九届纪律检查委员会第六次全体会议在攀枝花会展中心举行。全会应到委员33人,实到委员28人。各县(区)纪检监察机关负责人,市级各部门及企事业单位纪检监察组织负责人,市纪委特约纪检员、特邀监察员等102人列席会议。市委书记张剡出席会议并作讲话。市委、市人大、市政府、市政协领导和市法院、市检察院主要负责人出席会议。市委常委、市纪委书记李群林代表市纪委常委会作题为《坚定方向 坚守担当 深入推进党风廉政建设和反腐败工作》的工作报告。会议传达学习十八届中央纪委第六次全会、省纪委十届五次全会精神,回顾总结2015年全市党风廉政建设和反腐败工作,研究部署2016年工作任务。全会还审议通过市纪委工作报告和市纪委九届六次全会决议。

全会指出,2015年,市委认真落实中央和省委关于党风廉政建设和反腐败工作的部署要求,带头落实党风廉政建设主体责任,旗帜鲜明反对腐败,持续发力整肃作风,建章立制巩固成果,大力营造风清气正的政治生态;各级纪检监察机关围绕大局、聚焦主业、攻坚克难、创新突破,多策并举、加压推进、强力推动,党风廉政建设社会评价满意度在全省排名第4位,为全市开创各项事业发展新局面提供了坚强纪律保障。全会强调,坚定不移推进全市党风廉政建设和反腐败工作,必须始终坚持党委统一领导这一方向;必须抓住落实党风廉政建设党委主体责任和纪委监督责任这一关键;必须聚焦监督执纪问责这一主业;必须认真践行依规治党这一要求;必须坚持“开门反腐”这一途径,为深入推进反腐倡廉各项工作提供强大支持。2016年度的党风廉政建设和反腐败工作要抓好“六个着力”:着力依规管党治党,强化纪律规矩的约束力。聚焦“七个有之”“五个比如”等突出问题,重点查处拉帮结派、对抗组织、妄议中央等行为。严格执行中央换届纪律“九个严禁、九个一律”要求,对市县乡换届纪律执行情况实行专项督查,营造风清气正的换届环境。对市委重大部署贯彻落实情况实施精准督查;着力查责问责追责,加大两个责任的落实力。落实清单管理制度,加强流程管理和过程监督。建立推行党委巡察制度。严格实行“一案双查”,健全责任追究情况定期报告、典型问题公开通报制度,使问责形成制度、成为常态;着力保持高压态势,突出惩治腐败的威慑力。将违反“六大纪律”特别是违反政治纪律和政治规矩作为审查重点,加大纪律审查力度。严肃查处发生在群众身边的“四风”和腐败问题;着力巩固深化拓展,保持正风肃纪的持续力。把思想教育、纪律约束、监督查处融为一体,紧盯年节假期、扭住重要环节,加强执纪监督,坚决防止“四风”问题反弹回潮。重点查处扶贫领域问题;着力把握四种形态,提升防治腐败的治本力。前移教育防范关口，突出抓苗头，着力早发现，使“咬耳扯袖、红脸出汗”成为常态；着力打造阳光纪检，增强干部队伍的战斗力。深入推进纪检体制改革，指导推进县（区）纪检监察机构改革，促进“三转”落实到位。深化“三严三实”专题教育，完善学习培训长效机制，健全内控措施，定期开展作风巡察，用铁的纪律打造组织信任、人民信赖的纪检监察铁军。

【市级单位纪检组织负责人2015年度述责述廉】 4月1日，30个市级部门（单位）监察室主任进行述职述廉。4月7日，市纪委、市监察局召开市级单位纪检组织负责人2015年度考核述职测评会，46个市级部门（单位）纪检组长（纪委书记）进行会议述责述廉。纪检监察机构负责人分别围绕2015年度本单位党风廉政建设责任制工作落实情况，履行纪检监察工作职责，持续深化“三转”，开展“三严三实”专题教育和“创铸树”活动、深入践行“六项承诺”，完善惩防体系基本框架构建、廉政风险防控机制建设、信访和纪律审查工作情况，认真解决发生在群众身边的“四风”问题，全面落实年度反腐倡廉各项工作任务等方面进行了述职。时任市委常委、市纪委书记李群林根据述职情况当场进行点评。述职述廉之后，市纪委将评议结果结合平时掌握的情况进行综合评价，确定等次，奖优罚劣。对2015年度考核民主测评和部分纪检组长试用期满转正民主测评。把述职述廉报告、评议和纠正结果将装入个人廉政档案，作为干部使用的重要依据。根据市纪委监察局与市委组织部、市人社局等单位联合制发《市级单位纪检监察干部年度考核暂行办法》，实现市级纪检组织负责人述责述廉全覆盖。市级单位纪检监察干部全部由市纪委监察局统一考核测评，进一步强化市纪委监察局对纪检监察干部统一管理，切实发挥“派”的权威和“驻”的优势，纪检监察体制机制改革深入推进。

【省纪委领导到攀授课】 5月19日，省纪委常委张乾华到攀枝花，应邀为全市县处级领导干部作《中国共产党廉洁自律准则》和《中国共产党纪律处分条例》专题辅导讲座，进一步教育引导党员坚定理想信念，增强政治意识、大局意识、核心意识、看齐意识，营造风清气正的政治生态。市委、市人大、市政府、市政协领导，市法院、市检察院主要领导，市级各部门（单位）主要负责人，县（区）主要负责人和全市纪检监察干部共240余人聆听讲座。

【省委第三巡视组到攀巡视“回头看”】 7月18日—27日，省委第三巡视组对攀枝花市进行巡视“回头看”工作。7月18日，市委召开省委第三巡视组巡视整改意见整改市委汇报会，市委副书记、市长杨自力代表市委对省委第三巡视组反馈意见整改落实情况进行汇报。24日，召开省委第三巡视组交办信访工作汇报会，对省委第三巡视组交办的信访件办理情况进行专题汇报。27日，召开省委第三巡视组巡视“回头看”情况反馈会，反馈巡视组对攀枝花市巡视整改工作“回头看”后的问题和意见，对“回头看”期间的信访问题进行交办。市纪委协助制订《市委关于落实省委第三巡视组反馈意见的整改方案》，将整改要求方案化、项目化、具体化，实行挂图作战、对账销号，有力促进省委巡视意见的整改落实。对省委第三巡视组巡视和“回头看”反馈意见进行多次整改督查督办，及时向社会公开整改情况，确保巡视反馈意见件件有着落，达到巡视整改与日常工作双促进，省委巡视组交办信访件全部办结。

【市纪检系统干部大会】 8月25日，省纪委常委张乾华带队到攀枝花召开市纪检系统干部大会，宣布省委关于市纪委主要领导调整的决定。经省委同意，刘海任中共攀枝花市委常委、市纪委书记，李群林不再担任市纪委书记职务。市委书记张剡出席会议并讲话。要求全市各级纪检监察机关和纪检监察干部要把思想和行动统一到省委决定上来，讲政治、顾大局、守纪律，以实际行动确保市纪委主要领导的顺利交接和工作的平稳过渡。

【市纪委十届一次全会】 9月20—23日，中共攀枝花市委第十届代表大会召开，大会选举产生第十届纪律检查委员会，选举中共攀枝花市纪律检查委员会委员35名。23日下午，中国共产党攀枝花市第十届纪律检查委员会在攀枝花会展中心举行第一次全体会议。会议选举产生新一届市纪委领导班子。刘海任市纪委书记，姚宏、杨吉斌、蔡君任市纪委副书记。市委常委刘海担任市纪委书记，姚宏、杨吉斌、蔡君任副书记，选举常委刘海、姚宏、杨吉斌、蔡君、杨仕国、郑明祥、钟海峰、李宏伟、陈益共9名，饶晓东任监察局副局长。

【“推进全面从严治党、巩固发展良好政治生态”宣讲】 10月14日，根据省委和省纪委监察厅统一部署，省纪委常委张冬云代表第九宣讲组到攀枝花为全市县处级领导干部作“推进全面从严治党、巩固发展良好政治生态”主题宣讲报告，市委书记张剡主持宣讲会并代表市委作表态讲话。市委、市人大、市政府、市政协领导，市法院、市检察院主要领导，市纪委领导班子成员，市级各部门（单位）主要负责人，县（区）主要负责人和离退休干部代表参加会议。张冬云结合现实案例，重点围绕“全面认识党的十八大以来从严治党取得的重大成效、深刻把握依然严峻复杂的反腐败斗争形势、正确理解和实践运用监督执纪四种形态、切实抓好当前繁重艰巨的反腐败工作任务”四方面进行宣讲。张冬云在宣讲会上强调，各级党组织和广大党员干部务必统一思想，坚决抵制模糊思想和错误认识，始终保持政治定力，毫不松懈，一以贯之的推进全面从严治党，进一步压紧压实“两个责任”，锲而不舍正风肃纪，进一步加大纪律审查力度，始终保持惩治腐败高压态势。根据省纪委统一要求部署，攀枝花市纪委、市监察局制定宣讲方案，开展“推进全面从严治党　巩固发展良好政治生态”宣讲，凝聚全面从严治党思想共识。共成立10个宣讲团，深入5个县(区)、90余个市级部门(单位)累计开展宣讲场次64场，覆盖党员干部9400余人。

【加强纪律建设从严依规管党治党】 市纪检监察机关围绕市委、市政府工作大局，准确把握职能定位，出台《关于强化监督执纪问责确保市第十次党代会重大决策部署贯彻落实的实施意见》，坚持对重点工作、重大项目做到全面监督检查、全面问责失职，切实增强监督检查的权威性和督促整改的严肃性。从注重过程监督向注重结果倒查转变，从注重一线监督向注重督促落实转变，从注重事前监督向注重事后问责转变，特别是对政府部门履职情况的监督检查，全面强化事后监督问责，做到履职更科学、实效更明显，确保市委、市政府重大决策部署的贯彻落实。

【坚决压实“两个责任”】 市纪委、市监察局牢牢牵住党风廉政建设党委主体责任、纪委监督责任这个“牛鼻子”，制定《关于进一步推动县(区)党委落实党风廉政建设主体责任的实施方案》，做实监督检查，推动责任向基层延伸，强化责任追究，倒逼“两个责任”落实。加强组织协调，推动主体责任落实。市委切实牵头履行从严治党主体责任，定期召开党风廉政建设责任制领导小组会议，主要领导带头示范，层层签订党风廉政建设责任书，督促分管领导落实“一岗双责”。每年在媒体上公开公示2016年市党政领导班子履行党风廉政建设主体责任情况，接受群众监督评议。出台《关于2016年党风廉政建设和反腐败工作的意见》，将任务分工为6大类52个小项，并细化分解任务清单，制定市委主体责任清单61项、市纪委监督责任清单72项，市领导人手一本《市委领导班子成员落实党风廉政建设主体责任提示》手册抓好责任提醒落实。贯彻落实《县(区)委落实主体责任的意见》，通过细化主体责任清单、建立履责全程记实制度、深化述责述廉、提醒约谈、警示教育等工作抓实基层党风廉政建设主体责任延伸。强化日常监督，切实履行监督职责。协助市委分解主体责任，完善签字背书、述责述廉、函询约谈等相关制度，开展“两个责任”落实情况全覆盖监督检查。全面开展述责述廉。制定年度述责述廉工作方案，在市纪委九届六次全会上5名县(区)党委、政府和市级部门主要负责人大会述责述廉、82名负责人书面述责述廉并进行现场民主测评，强化结果运用，对1名一般票和较差票之和达到30%的市级部门主要负责人进行诫勉谈话并责令整改。制定出台《关于建立党风廉政问题定期分析研判机制的实施意见》，从信息排查、问题会商、定期报告、处置整改对党风廉政建设问题进行早发现、早处置，对收集到的“基层财务管理”“农村低保”“脱贫攻坚”“工会经费”等问题进行深入研究和规范，建章立制，堵塞制度漏洞。创新社会评价调查形式，统筹整合发展软环境暨政风行风群众满意度测评和党风廉政建设情况调查，及时反馈结果并督促抓好整改落实。2016年全市党风廉政建设社会评价综合指数为85.33，全省排名第5位。强化问责追究，倒逼责任落实。落实“双述双评双查”制度，开展政策执行效果追踪评估，完成《党风廉政建设责任追究工作办法》评估报告。坚持“一案双查”，2016年全市问责党风廉政建设主体责任落实不力的党组织1个、党员干部18人，问责党风廉政建设监督责任落实不力的纪检干部6人。公开通报7起党风廉政建设责任追究典型案件，有效地督促党员领导干部“知责、明责、履责、尽责”。

【稳步推进纪律检查体制改革】 市纪委、市监察局按照“问题导向、积极稳妥、抓细抓实”的总体改革原则，推动党风廉政建设和反腐败工作不断取得新成效。落实“两个责任”，惩防结合强化对权力的制约。抓住责任意识提升、责任内容细化、责任落实发力、责任追究从严等重点和关键，在巩固深化党风廉政建设述责述廉、约谈、社会评价等制度的基础上，围绕定责、考核、问责、评估，落实“两个责任”的清单管理制度，推广履责情况纪实制度，突出问责追究，深化“一案双查”，推动形成落实“两个责任”的高压态势。强化双重领导，落实查办腐败案件以上级纪委为主，线索处置和案件查办在向同级党委报告的同时向上级纪委报告，强化上级纪委的知情权、领导权和监督权。健全案件线索集中管理和处置制度、重要案件线索提级办理和督查督办制度、办案监督和指导制度，建成查办案件考核体系。严格执行“三个提名考察办法”，完成15名县(区)纪委书记、副书记、6名市级部门纪检组长、1名企业纪委书记的人事选拔任用。建立涵盖纪检监察系统内外的纪委书记、副书记备用人选库及相应的管理制度，畅通纪检监察干部出口和入口。全面推进“两个全覆盖”。深化派驻机构改革，全市设置纪检组织60个，监察机构37个，配强一线监督力量，选配派驻机构干部96名。理顺派驻机构与派出机关、驻在部门、派出纪工委的关系，统筹派驻机构工作力量，进一步加强派驻机构管理，发挥派的权威和驻的优势。健全派驻机构工作和干部考核办法、案件检查和信访工作规程。采取“7+1”模式完成5个县(区)纪委内设机构改革，确保从事主责主业的人员达70%以上，县级部门纪检派驻机构覆盖率达100%，实现管理体制更加顺畅、人员分布更加合理、履职能力更加精专、主责主业更加突出、工作成效更加明显。组建市委巡察领导机构和工作机构，召开全市巡察工作机构成立暨首轮巡察工作动员部署会，开展首轮对市民政局、市扶贫移民局、市政务服务中心的巡察监督，形成对省委巡视工作的有益补充。

【正风惩腐维护群众利益】 2016年，攀枝花市纪委、市监察局深入贯彻执行中央“八项规定”精神和省、市“十项规定”，紧盯“四风”问题新形式、新动向，把认真解决发生在群众身边的“四风”和腐败问题作为工作重点，通过着力集中梳理排查、着力开展纪律审查、着力推进社会监督、着力开展常态督查、着力加强查办督办、着力强化问责追究6个具体措施，切实维护民利。驰而不息刹风整纪，建立健全作风建设长效机制，努力营造风清气正的干事创业环境。抓紧抓实节点正风肃纪。在元旦、春节、五一、国庆等重要节点以贯彻执行中央“八项规定”和省、市“十项规定”精神、主体责任落实、公款送礼、违规收送红包礼金、公车管理使用等情况为重点开展监督检查，查处违反中央“八项规定”精神案件55件59人，对2016年1月1日以后发生的违反中央“八项规定”精神行为要求必须点名道姓通报曝光，持续释放越往后执纪越严信号。深化专项整治落实整改。巩固深化“9+4”问题专项整治和巡视整改“五个专项整治”成果，对巡视整改情况和惩防体系建设情况抽查，抽查单位（部门）24家，督促整改问题6个。明察暗访严查群众身边“四风”和腐败。组织市本级开展“清风行动”等集中明察暗访5次，发现问题500余个并督促整改。全年全市查处侵害群众利益的不正之风和腐败问题222件222人，公开曝光典型案件128件128人。围绕脱贫攻坚中不作为、慢作为、乱作为问题，脱贫攻坚“六个精准”总体要求落实情况，扶贫资金管理、项目运行、资源调配等关键环节开展监督检查，查处脱贫攻坚领域案件18件18人，对3名领导干部脱贫攻坚工作不力受到处理的情况进行点名通报曝光。构建立体监督网突出抓落实。出台《关于强化监督执纪问责确保市第十次党代会重大决策部署贯彻落实的实施意见》，强化监督检查、正风肃纪、责任追究和正向激励。拓展监督渠道，规范来信、来访、“12388”电话、网络举报等“四位一体”的信访举报受理平台管理，完善信访举报信息管理系统，畅通群众信访渠道。发挥“阳光问廉”电视问政作用，充分运用“纪检+媒体+群众”工作方式，坚持暗访、查处、追责、曝光“四管齐下”，以“零容忍”态度反对“四风”，围绕群众关心的热点问题现场进行督促整改。

【深化源头防腐】 市纪委、市监察局准确加大党规党纪宣传教育，增强法规制度的心理认同，引导党员领导干部依规办事、依规用权、依规施政，坚持严格按制度办事、按程序办事，做到懂规矩、守规矩。进一步深化惩防体系建设，健全惩防衔接工作机制，推动预防腐败工作由被动向主动、单一向系统、分散向融合的转变。强化党纪党规教育警示在前。通过“两学一做”必学、网络平台助学、专家讲座辅学、知识竞赛促学，在全市党员中开展学习“两准则四条例”学习教育活动。全市科级以上领导干部2000余人参加《准则》《条例》知识竞赛集中学习，全市党员参与报纸和新媒体竞赛答题13万余人次，进一步提升领导干部廉洁从政意识。市委书记带领市委理论学习中心组成员、市级领导、各县（区）、市级各部门（单位）主要负责人约100余人旁听资阳原市长邓全忠受贿案庭审，带领约200余名领导干部参观锦江监狱、攀西监狱，全市50家驻在单位纪检机构累计组织4500余名党员干部到廉政教育基地接受教育。以市土地储备中心原主任韩某某反面典型，制作警示教育片《国土之蠹》，发挥身边典型案例的教育作用。以三线建设博物馆、勤廉文化馆等为载体广泛开展廉政教育，拍摄微电影《家谱》，通过评选“廉内助”，表彰“廉洁家庭”系列活动，以良好的家风促政风带民风。印发《2016年预防腐败重点工作》，形成“主要领导抓总、分管领导管线、职能部门包项”的工作格局。落实党委领导班子议事决策规则、常委分工负责制等制度。强化对民主集中制执行情况检查监督，切实规范干部选任工作。对2015年度“一报告两评议”结果排名靠后的县（区）、市级部门（单位）进行约谈提醒，督促整改提高。在重点领域开展系统防治腐败工作，推动惩治成果向预防成果转化，积极推进预防腐败创新项目，仁和区“切实解决发生在群众身边的四风和腐败问题”的预防腐败创新项目被纳入第二批省级预防腐败创新项目，在财政、农牧、扶贫、水利4个领域实施预防腐败创新项目，促进反腐倡廉建设创新发展。印发《关于开展廉政风险“回头看”活动的通知》，实现对廉政风险的常态、长效防控。全市各级各部门风险调整内容5321个，调整等级3719个，调整防控措施4954条，明确防控责任4848项。

【违纪违法案件查处】 市纪委、市监察局突出纪律审查重点，坚持无禁区、全覆盖、零容忍，严肃查处腐败分子。既坚决查办“三类人”，又着力解决发生在群众身边的“四风”和腐败问题，让群众看得到、体会得到、享受得到全面从严治党成果。准确把握实践监督执纪“四种形态”，抓早抓小、动辄则咎，把监督执纪体现在日常监督管理中，用纪律盯紧“关键少数”、管好“绝大多数”，防止小问题变为大问题。同时，加大各类典型案例曝光力度，形成强大震慑，并针对案件查办的问题，积极开展警示教育，坚决做到红线不碰、底线不破、惩治不软。严明纪律注重抓早抓小。2016年运用谈话函询、在民主生活会上作说明等627件（次），党纪轻处分和组织处理240人，党纪重处分和重大职务调整87人，严重违纪涉嫌违法立案审查8人，“四种形态”分别占比65.24%、24.88%、9.05%、0.8%。建立容错纠错机制，切实做到“三个区分开来”，努力营造心情舒畅、精神振奋的干事环境，推动形成层层负责、人人担当的工作局面。完善机制统筹反腐惩腐力量。健全纪检监察机关与法院、检察院和公安机关、审计机关之间案件线索协调会商机制和移送机制，完善快查快移、抓早抓小和整体联动机制。统筹办案力量，健全纪检监察机关与司法机关、行政执法机关在查办腐败案件中的协作配合机制，形成反腐败工作合力。建立会议联系、案件线索报告、案件线索移送、信息查询、大案要案组织协调等五大机制，切实解决沟通协调不畅、执纪力量不足等问题。坚持高压反腐不松劲。坚持严肃审查工作纪律，规范审查工作流程，严格遵守受理、初核、立案、调查、移送审理等程序，坚决防止跑风漏气、以案谋私。严格执行纪律处分决定，坚决杜绝打折扣、打白条现象。推进审查场所软硬件建设，加强风险评估，守住不发生安全事故的底线。2016年，全市纪检监察机关收到来信来访805件，比2015年同期下降14.8%；立案393件396人(其中县处级干部30人，乡科级干部44人)，比2015年同期上升3.16%；结案401件，结案率为100%，给予党政纪处分365人，挽回经济损失74.78万元。

【换届纪律监督】 2016年，攀枝花市纪委、市监察局把加强党的领导贯穿换届工作全过程，充分整合各方力量，构建党委主导、各方参与、各负其责的有序运转机制，狠刹歪风邪气，弘扬清风正气，营造风清气正的换届环境。利用严肃换届纪律专题谈心谈话会、民主生活会、专题学习会、警示教育会、工作培训会等多种形式，加强换届纪律教育，对县(区)四大班子及纪委主要负责人、市级部门“一把手”及派驻机构负责人集中开展换届纪律约谈，层层压实责任。强化宣传教育，发放《换届纪律及相关要求明白卡》2万余份，“九严禁”换届纪律宣传画和警示牌600余张。成立10个宣讲团，深入5个县(区)、90余个市级部门开展宣讲32场，覆盖党员干部5000余人。全面落实“四必看”“四必谈”的要求，组织党员干部观看警示教育片《镜鉴》《警钟》61场7289人次，让干部受教育、受警醒，时刻绷紧纪律这根弦。坚持“零容忍”坚决态度，落实换届期间违反换届纪律快查快处机制。对违反换届纪律的人和事，发现一起、查处一起，通报一起，绝不手软。严把廉政关口，对134名县(区)领导班子成员、73名后备干部、77名市级部门主要负责人和383名市县(区)两级“两代表一委员”党风廉政意见逐一作出结论，3名县(区)和2名乡镇换届人选因信访举报疑点不能排除被坚决“放下”。坚持问题导向，强化风险防控，成立5个换届工作督察组，对5个县(区)、60个乡镇(街道)换届工作进行全覆盖拉网式精准高效督查督导，共走访村(社区)193个、群众780户1200余人，发现并处置问题400余个。对换届期间来信来访开辟“绿色通道”，实行违反换届纪律信访举报立项专办制和换届人选信访举报专项查核制，26件信访举报均在规定时限内办结。

【市、县(区)委巡察】 攀枝花市纪委、市监察局坚定中央、省委巡视巡察工作方针，快部署、强举措，固基础、重保障，组机构、建制度，扎实推进巡察机构组建和党委巡察工作。组建机构强化巡察工作领导。根据《中共四川省委办公厅关于印发〈四川省市(州)、县(市、区)党委巡察工作办法(试行)〉的通知》，2016年7月，设立市委巡察办和3个巡察组。市委巡察办作为市委的工作部门，设在市纪委。2016年9月成立以市委书记张剡任组长，市委常委、市纪委书记刘海为第一副组长，市委常委、组织部部长谢晓东为副组长，市纪委副书记蔡君，市委组织部副部长、市委“两新组织”工委常务副书记熊培元、市委巡察办主任彭维滨为成员的中共攀枝花市委巡察工作领导小组，为巡察工作顺利开展提供坚强领导。培训业务完善巡察工作机制。市委巡察机构通过以会代训、派员参加省委巡视巡察干部培训、开展巡前业务培训等方式，加强巡察机构自身建设。建立巡察机构与纪检监察、组织人事等11家单位的联席会商协作机制，制定《巡察工作流程》《巡察机构选聘选派干部任职挂职借调办法》《巡察发现问题线索分类处理意见》《巡察成果运用暂行办法》等13项制度，初步构建沟通顺畅、协调有序的工作机制，形成紧扣政治巡察、中心工作、聚焦关键、突出问题导向的工作格局。重点突出开展首轮巡察。11月8日在攀枝花会展中心召开市委巡察机构成立暨第一轮巡察工作动员部署会，市委书记、市委巡察工作领导小组组长张剡强调，把准定位，逗硬要求，全力推动巡察工作扎实有效开展。做好统筹兼顾，明确巡察对象；坚持问题导向，突出巡察重点；灵活方式方法，提升巡察水平；紧扣标本兼治，放大巡察成果。市委巡察机构突出政治巡察，围绕加强党的领导这个根本，聚焦党风廉政建设和反腐败斗争这个中心，以“六项纪律”为尺子，下沉到基层一线，深入到项目，以领导班子及成员、其他市管干部以及内设机构和下属单位负责人为重点，发现问题，确保取得成效。首轮巡察共开展个别谈话150人次，召开座谈会12次，查阅干部档案100余人，开展明察暗访30余次，巡察利剑作用初显。

(刘芳均)

组织工作

【概　况】 2016年，全市组织系统认真贯彻党的十八届六中全会、省委十届八次、九次全会、市第十次党代会以及全国、全省组织部长会议精神，紧扣服务市委“四个加快建设”“四区驱动”发展战略，聚焦主业、精准施策，努力为攀枝花在全省高水平率先全面建成小康社会提供坚强的组织保证。全年调整市管干部416人次，新提拔县级干部116名，培训各级各类干部10.08万人次，发展党员1925名，引进高层次和急需紧缺专业人才549名。

附：党员概况表、发展党员概况表、党组织概况表

表2　　党员概况表　　单位：人

类别			数量	比例
党员总数			106790	
其中	女		28874	27.04%
	少数民族		8011	7.50%
年龄情况	35岁及以下		17938	16.80%
	61岁及以上		32754	30.67%
学历情况	大专及以上		48235	45.17%
	初中及以下		35159	32.92%
职业情况	在岗职工党员数		46762	43.79%
	其中	党政机关	8515	18.21%
		事业单位	11428	24.44%
		国有企业	21113	45.15%
		非公企业	5291	11.31%
	农牧渔民		16029	15.00%
	学生		873	0.82%
	离、退休人员		33987	31.83%
	其他		9139	8.56%

表3　　发展党员概况表　　单位：人

类别		数量	比例	类别	数量	比例
发展党员总数		1925				
其中	女	746	38.75%	工人	323	16.78%
	少数民族	237	12.31%	农牧渔民	511	26.55%
	35岁及以下	1560	81.04%	学生	485	25.19%
	大专及以上	875	45.45%	其他	133	6.91%

表4　　党组织概况表　　单位：个

类别		数量	类别		数量
基层党组织数		4700	市委直属党(工)委		31
其中	党委	322	其中	县(区)委	5
	党总支	345		派出工委	4
	党支部	4033		派出党委	10
	企业	2025		基层党委	12
	机关	763	市委直属党组		55
	事业单位	683	乡镇44个，街道16个，行政村349个，社区132个		
	其他	1229			

【市县乡领导班子换届】 市县乡三级均成立由党委书记挂帅的换届工作领导小组，下发换届工作总体方案和相关政策文件，建立分片联系、请示报告、全程纪实等制度。市主要领导及市级党政班子成员等20名市领导分别联系督导5个县(区)、44个乡镇换届工作。提前开展县乡两级领导班子全面调查摸底和综合分析研判，通盘考虑人事安排，统筹调整县(区)纪委书记、组织部部长、公安局局长、法检“两长”等重要岗位。全面排查2011年换届以来的信访举报及查核情况，提前查核134名县(区)领导班子成员、73名后备干部、358名市县两级“两代表一委员”的个人有关事项报告、党风廉政、信访等方面情况，核准校对873名干部基本信息。精心制定换届考察工作方案和实施程序，将考察任务清单细化分解成49项具体任务，工作任务落实到每个人，时间节点细化到每一天，经验做法得到省委换届考察组肯定。深入细致做好换届期间干部思想政治工作，先后组织3轮全覆盖谈心谈话，教育引导干部正确对待进退留转。建立“两代表一委员”集体会商机制，取消3名党代表初步人选资格。精心组织大会选举，派出5个督导指导组，蹲点指导县(区)党代会、人代会和政协会议。5个县(区)党代会、人代会、政协会选举平稳有序，圆满实现组织意图。召开全市村(社区)“两委”换届工作会、座谈会、培训会，印发《关于认真做好村(社区)党组织换届工作的通知》《全市村居民

委员会换届工作指导意见》,市县均成立村(社区)"两委"换届选举工作指导督导组,推行县(区)领导班子成员分片联系指导、县(区)委向重点、难点村(社区)派驻指导员、乡镇(街道)党(工)委向每个村(社区)派驻指导组3项制度。组织开展3次大规模摸底调研,集中分析村(社区)"两委"班子运行情况,提出班子人选优化调整意见。落实重要问题、重要舆情、重要线索"周报月会"制,建立民情直报制度、换届信访举报查核和舆情举报快查快办机制,不因信访举报问题影响换届进度。采取统一审查县(区)换届方案,统一明确"四类人员"(乡镇事业编制人员、优秀村干部、大学生村干部、村党组织第一书记)选拔具体标准,统一审核"四类人员"考察人选,有效防控"四类人员"选拔风险;采取市县蹲点指导乡镇人大代表选举,有效防控乡镇人代会风险;采取提前预防家族家支干扰换届,全力防范村(社区)"两委"换届风险。全市共收到换届信访举报件28件,均在规定时限内办结。组建换届工作风气督导组和5个换届风气巡回督查组,制发加强换届风气监督的工作方案、巡回督查方案、责任分工方案和责任清单,编制"加强换届风气监督工作一览表",全程留痕纪实。开展严肃换届纪律谈心谈话,召开专题民主生活会,层层签订严守换届纪律承诺书,先后开展6轮全覆盖督导督查。省委换届风气督导组4次到攀督导,对全市换届风气情况和风气监督工作给予充分肯定。市级党委班子以及5个县(区)、44个乡镇领导班子圆满完成换届,村(社区)"两委"换届全面铺开。

【"两学一做"学习教育】 成立全市学习教育协调小组,细化制定"1+7+2"工作方案,建立市委常委会每季度、组织部长每月听取专题汇报机制,坚持每月更新一次工作台账,每半月分析一次学习教育进展情况,对欠进度、缺方法、问题突出的单位进行"点对点"沟通,及时指导帮助、限期整改。成立4个督导组,每月开展一次全面督导,市级累计督导264个单位,形成督导专报21期。制定市、县常委班子带头开展学习教育工作方案,细化市县常委班子在学习教育中发挥率带作用的量化标准。市委书记率先深入盐边县格萨拉彝族乡指导工作,带头在市委办、攀枝花学院讲党课。市、县常委带头参加双重组织生活,集中开展"两学一做"学习研讨54次,到联系点讲党课124次,到基层指导720余次,市、县中心组专题学习讨论全部完成。制定《攀枝花市开展三项整改"回头看"构建八个常态长效的工作方案》,市委常委班子带头形成自查评估报告,对尚未整改落实到位的列出清单,细化6个大项19个小项整改措施。建立党员学习日制度,认真落实"三会一课"制度,专门举办"两学一做"学习教育延安培训班,邀请中国社科院、中央党校等专家学者来攀辅导4次,开展党务骨干全覆盖业务培训。建立理论辅导员制度,选派39名市级理论辅导员,下基层开展专题辅导230余次。建立网上考学制度,依托攀枝花市党员教育网,开发网上考试系统,供党支部以考促学、以考验效。分支部建立"三单一标"(即工作清单、问题清单、整改清单和合格党员标准),开展党员"一句话承诺",实施"弘扬三线精神,争做优秀党员"示范行动,命名市级共产党员示范岗95个、示范团队49个、示范单位25个。建设攀枝花三线建设党性教育基地,开展上好一堂"弘扬三线精神,争做优秀党员"党课,讲好一个"三线建设者"的感人故事,组织好一次现场体验活动"三个一"支部活动,234个党委、996个支部、17651名党员到党性教育基地现场体验学习。

【脱贫攻坚】 制发《关于加强党建工作组织工作为脱贫攻坚提供坚强组织保障的实施意见》,保持脱贫攻坚任务较重乡镇党政正职、村党组织书记、第一书记稳定,统筹贫困村"五个一"(联系领导、帮扶单位、驻村工作组、第一书记、农技员)帮扶力量;实行帮扶单位到村指导"两个集中"(节假日前后3天为机关干部集中走访慰问结对贫困户时间,每月最后5天为帮扶部门集中到村调研指导时间)、贫困村第一书记工作安排"三个不准"(乡镇不准额外压担子,派员单位不准安排原岗位业务工作,部门单位不准随意组织第一书记参加与业务无关的会议和培训)制度,主要做法得到省委东明书记肯定性批示;召回工作不力的第一书记1人;1名第一书记受到全省"七一"表彰,5名第一书记在省级会议上作经验交流。落实《2015—2017年攀枝花市贫困地区干部和扶贫干部培训实施方案》,培训贫困村党组织书记、大学生村干部、第一书记、扶贫部门业务骨干等7222人次。市、县组织部门每年建立200万元党员精准扶贫专项资金,在每个贫困村确定1个党员精准扶贫示范项目,筛选确定党员脱贫示范户106户,采取入股分红、"集体+农户"合作、完善生产要素、提升致富技能等4种模式,实施"一户一策"精准帮扶。出台《攀枝花市科技特派员产业扶贫行动实施方案》,选派70名"科技特派员"、182名"公益指导员"与贫困村结对开展产业扶贫、支医支教、文化扶贫等,建立特色农业省级专家服务基地示范点8个,实施"专家下基层行动"智力项目13个,启动"科技精准扶贫综合试点示范"项目,组织190余名专家到贫困村和农户家中开展服务培训。

【对口帮扶藏区】 完善由市委书记、市长任"双组长"、8名市领导任副组长的援藏工作领导小组,市委书记、市长等多位市领导带队赴木里调研对接对口帮扶工作,与受援地建立联席会议、定期走访、对口联络、共管联督等机制,切实做到"四个优先",即援藏资金优先安排、援藏项目优先保障、援藏人才优先选派、援藏干部优先使用。2016年共落实援藏资金2652万元,实施援助木里项目7个,选派第四批援藏干部人才31人。认真编制新一轮对口援藏五年规划,把援助资金和项目向住房保障、义务教育、基本医疗等方面倾斜。签订《商务援藏战略合作协议》，采取“项目＋技术”方式，实施特色种养殖、特色旅游发展、商务援藏等产业扶持“三大工程”，援助建设“中草药基地”1万亩、“特色藏猪、藏鸡养殖基地”5个，带动当地农民增收脱贫。采取“集训＋实践”“送进去＋带出去”等方式，大力实施教育、卫生、旅游、农村实用人才等援藏“五大人才培养工程”，培训各类人才6000余人。采取“基教＋职教”方式，建立攀枝花与木里基础教育同师资、同备课、同督学机制，开展跟岗跟校研修和送教送学活动。2016年，在攀就读毕业的“9＋3”木里学生初次就业率达98.88%，第一次实现高考硬上重本线（2人）目标，结束木里建县60多年无人上重本线的历史。

【党的建设制度改革】 召开4次市委党的建设制度改革专项小组会议，专题传达上级重要改革会议精神，研究解决改革中的新情况、新问题。制定2016年党的建设制度改革工作要点和台账，逐项明确责任单位、责任领导和完成时限。建立跨部门（单位）的办公室主任会议制度，加强对成员单位的统筹协调、情况互通。不断深化党的组织制度、干部人事制度、基层组织建设制度和人才发展制度“四大制度体系”建设。通过每月自查、实地调研等形式，有效掌握市级部门、县（区）改革任务推进情况，对欠进度的单位及时提醒、催赶进度。市级共出台重要改革文件16个。全市3项党的建设制度改革案例在全省获奖，《攀枝花开展居民小区党建有效推动社区治理现代化》荣获创新奖，《攀枝花紧扣“选训练管”纵深推进优秀干部人才递进培养》《攀枝花学院依托“三项试点”开创人才创新创业新局面》荣获创新提名奖；改革工作信息被《四川改革动态》采用1条、市委《改革动态》采用6条，被省级以上主要媒体宣传报道7条。

【领导班子和干部队伍建设】 坚持省委“三重”用人导向和“三个六”用人原则，制定《贯彻落实〈2014—2018年全国党政领导班子建设规划纲要〉的实施细则》，突出崇尚实干，注重在“五个一线”（急难险重、对外开放、项目推进、扶贫攻坚、信访维稳）培养选拔干部。全年调整市管干部416人次，新提拔的116名县级干部中，“五个一线”80人，占69%。出台《推进领导干部能上能下实施细则》，建立健全容错纠错机制，旗帜鲜明地为担当者担当、让干事者无忧，主要做法入选《四川省推进领导干部能上能下工作案例》，并在全省推进领导干部能上能下工作会上作经验交流发言。2016年市委共调整“下”的干部28人。制定市委规范选人用人“五个实施细则”，严把动议提名关、考察考核关、程序步骤关。完善优秀干部人才库，把递进培养班优秀学员、后备干部、受表彰的优秀党组织书记、艰苦地区和一线先进典型等作为干部动议提名的重要来源。严格执行干部选任“四个提前”（提前核查个人事项报告、提前征求党风廉政意见、提前排查信访举报、提前核查干部档案材料）、“六个凡必”（干部档案“凡提必审”，个人有关事项报告“凡提必核”，纪检监察机关有关廉政情况的意见“凡提必听”，

反映有关问题的信访举报“凡提必查”，廉洁从政等情况“凡提必评”，有重大疑问或重大分歧时“凡疑必停”），细化市管干部推荐考察“两个流程”，首次采取实地走访项目现场、服务窗口方式考察干部实绩。坚持全程把关、全程放下、全程纪实，全年共对5名个人有关事项报告、信访、干部人事档案等方面存在问题的干部实行“放下”。按照全市“十三五”规划对县（区）、市直部门不同的功能定位、职能特点和发展任务等要求，逐个完善领导班子功能结构模型，定期进行综合分析研判，及时进行调整配备。先后对5个县（区）领导班子进行三轮静态分析，对95个市级部门（单位）领导班子运行情况进行实地调研，特别是对4个干部群众反映强烈的市级部门（单位）领导班子在调研后进行调整。会同市委统战部研究制发《关于做好县乡两级换届期间党外代表人士政治安排和党外干部配备的通知》，通盘考虑女干部、少数民族干部、党外干部与其他干部的选拔任用。目前，全市“女少非”干部担任县级正职的分别有24人、11人、8人，各县（区）党政班子均配备了女干部、党外干部和少数民族干部。完善县级领导班子和领导干部政绩考核工作实施办法，深化公务员平时考核试点，不断健全有利于贯彻“五大发展理念”的干部考核指标体系。分门别类细化完善产业园区、国有企业、事业单位考核评价细则，出台《攀枝花市领导班子脱贫攻坚考核实施细则》，严格落实《四川省党政领导干部生态环境损害责任追究实施细则（试行）》。从优秀村干部、优秀工人农民、服务基层项目人员中定向考录乡镇机关公务员14人，计划公开招聘事业单位工作人员103人；市级党群系统从县（区）和乡镇机关考调公务员22人、事业单位工作人员5人。

【干部教育培训】 开展优秀年轻干部人才递进培养，依托攀枝花·中国三线建设博物馆等本土教育资源，统筹开展党性体验式教学和攀枝花精神教育；紧扣攀枝花经济发展和班子队伍建设需要，开设战略资源创新开发、现代农业、产业园区、阳光康养等特色小班；创新开展“三带来三留下”（让参训学员带来1个工作典型案例、1份工作经验交流材料和1个通过培训希望解决的问题，留下1份培训总结收获、1个解决问题的具体措施建议和1份党性分析材料）活动，实行动态管理，调整淘汰56人，防止“一选定终身”。全年共遴选培养对象299人、集中培训277人、提拔、重用132人。围绕落实中央和省、市委重大战略部署，举办县处级主要领导干部读书班、市管新任职领导干部培训班、贯彻“十三五”规划专题研讨班和五大发展理念专题培训班等重点

专题班次，组织学员赴浙江大学、西南交通大学开展康养产业、农牧业等专业技术培训。全市培训各级各类干部10.08万人次，统筹领导干部参加上级调训103人次。出台《攀枝花市干部挂职锻炼工作实施细则》，选派68名优秀干部人才到上级部门顶岗锻炼，到"北上广"等发达地区驻点招商，到木里对口援藏，到省、市两级信访部门锻炼，到乡镇（街道）、贫困村、后进村挂职。完成中组部、中宣部、省委组织部等单位选派的26批次50名到攀枝花挂职干部的接收和期满考察工作。定期召开选调生代表座谈会，开展电话回访、问卷调查和问题调研，动态了解选调生的生活工作情况，帮助解决实际困难。从基层一线、市（县）有关部门选派2批8名优秀选调生到市委组织部跟班学习。由选调生自己创刊发行6期《攀枝花选调生》简报，全面展示选调生队伍精神风貌和工作概况。招录3名急需紧缺专业选调生和8名选调生来攀工作。征订、用好中央干部培训系列教材和省委《"治蜀兴川"干部培训教材》，将干部教育培训经费列入年度财政预算，向省上争取"三线建设教育基地"专项补助资金40万元。落实领导干部上讲台制度，市县两级党政领导班子成员到各类培训班授课、座谈95人；选聘131名党政干部、专家学者、先进模范等担任干部教育培训兼职教师。严格执行拟任县处级党政领导职务政治理论水平任职资格考试制度。

【干部管理监督】 对照省委第三巡视组反馈选人用人方面2大类6个具体问题，成立整改工作领导小组，研究制定整改工作方案及实施方案，提出30条整改措施，细化为55项具体任务，明确牵头领导、责任科室、责任人和完成时限，实行台账管理，反馈问题全面完成整改。出台《攀枝花市干部选拔任用监督工作规程（试行）》，审批各类干部选任工作报告事项19批次526人。落实干部选拔任用工作"一报告两评议"制度，对2015年度"一报告两评议"结果排名靠后的县（区）、市级部门（单位）相关领导进行提醒谈话，督促整改提高。强化选人用人专项检查，对3个县（区）、22个市级部门2012年以来贯彻执行《干部任用条例》情况进行全面检查；首次结合巡察工作，对3个被巡察单位开展选人用人专项检查。制定领导干部经济责任审计工作规划（2016—2018年）、对党员领导干部进行诫勉的实施细则（试行）、干部监督信访举报件部内办理工作办法（试行），修订市管干部因私出国（境）管理办法（试行），落实专人值守"12380"举报电话，实行信访举报会商制度、复核制度和审理制度。全年共对441名拟提拔、拟转任、换届拟继续提名以及拟列入后备干部人选的个人有关事项报告进行重点抽查核实，对99名市管干部个人事项报告进行随机抽查核实；审批66名干部因私出国（境）；对10名领导干部进行离任经济责任审计；对54人进行函询，对61人进行提醒谈话，对72人进行批评教育；共受理办结信访举报67件。圆满完成法检系统法官、检察官职务套改。推行县以下机关建立公务员职务与职级并行制度，全市按程序晋升正县（处）级干部7人、副县（处）级干部247人、正科级干部245人、副科级干部411人。

【党的基层组织建设】 围绕基础规范开展"7+4"重点任务。召开重点任务推进会，举办专题培训班，对基层党建11项重点任务逐项建立问题清单、整改台账，明确整改期限和责任人。各级、各单位结合实际制定细化工作方案，以支部为单位对人头、核信息、建台账，做到底数清、情况明、措施实。开展全面督导检查，对基层党建工作存在问题的4个市县部门、24个乡镇（街道）、7个村（社区）进行点名通报。强化问题整改，全市共排查出失联党员892名，已找回527名；排查出未按期换届的基层党组织296个，已全部完成整改；排查出违纪违法未给予相应处理的党代表和党员103人，已分情形全部给予严肃处理；完成党费收缴工作专项检查、党员档案专项检查清理、落实党建责任制专项检查。坚持和完善"三会一课"、谈心谈话、民主评议、领导干部双重组织生活等制度，制定《"三会一课"纪实规范》《党的组织生活操作流程》《党员档案管理办法》，建立市党代会代表情况定期报送制度，专门制作党员党费证，不断完善党员管理教育基础工作制度，推进支部工作规范化建设。

围绕提档升级深入推进党建示范引领。制定完善"两江、两路、两园"党建示范片建设指导标准、党建示范村（社区）建设考核验收标准，重点抓好带头人建设、产业（服务）建设、党建特色工作建设、活动场所建设、基础保障建设"五个示范"建设，完成77个村（社区）党组织示范创建工作。探索实施"好书记选育计划"，结合村（社区）党组织换届，从农村致富能手、专合组织负责人、外出务工经商人员、复员退伍军人、大学生村干部以及乡村教师医生等群体的优秀党员中，择优选拔599名村（社区）党组织书记后备人选，进行重点考察培养。做好大学生村干部管理培养工作，新选聘大学生村干部4名；46名满2个聘期的大学生村干部全部分流消化；组织6名大学生村干部参加市级以上培训。集中整顿软弱涣散基层党组织，摸排确定软弱涣散村（社区）党组织35个，由县（区）领导、县（区）部门、村（社区）"第一书记"组成"1+N+1"工作组，制定"一村一策"整顿方案，集中开展村务财务和民主管理混乱、侵害群众利益问题、信访矛盾纠纷突出问题等4项专项整治，集中开展整顿督查2次，调整2名软弱涣散村党组织书记，2016年确定的后进村（社区）党组织已全部整顿转化。

围绕健全机制全面提升"两新"组织"两个覆盖"。出台加强产业园区党的建设"1+3"文件，配备园区专职副书记，设置党群工作部，推行园区基层党组织书记年度述职评议考核制度，健全产业园区党建工作领导机制和运行机制。实施“先锋”示范行动，设立570个党员示范岗、12个党员示范班组（车间），开展“管理技术创新”等15项助推科学发展的党组织活动。建立“五个清”台账，清理、撤销92个没有党员或党员人数不足的非公有制企业党支部。全市现有非公有制企业法人单位1161个，建立党组织556个，党组织覆盖率达84.8%，高出全省平均水平29.6个百分点。出台《关于加强社会组织党的建设工作的实施意见（试行）》，调整理顺社会组织党建管理体制。及时调整全市性行业协会商会与行政机关脱钩后的党建工作管理体制，确保脱钩不脱管。针对社会团体多、建党难的实际，采取单独建、联合建、组建功能型党组织等方式，集中推进全市社会组织党的组织和工作覆盖。全市现有社会组织782个，建立党组织246个，党组织覆盖率达79.8%，高出全省平均水平20个百分点。召开全市小微企业、个体工商户和专业市场党（团）建工作会，出台加强“小个专”组织党建工作指导意见，以工商（市场监管）部门为主体，建立健全“小个专”组织党建工作领导体制和工作推进机制。以行业协会（商会）+小微组织“组团建党”“商圈建党”“街道社区兜底”等方式，将分散的“小个专”组织纳入党的组织和工作覆盖。通过企业划拨、党费返还、财政补助等方式100%保障非公有制企业和社会组织党组织工作经费，配备基层党组织书记802名、党建工作指导员579名；单独建党的非公有制企业和社会组织均建有符合“六有”标准的党组织活动阵地，1个省级园区统筹规划建设党群活动服务中心。全年新发展非公有制企业党员302人，新命名2批24个市级“两新”组织党建示范单位。

围绕作用发挥探索完善基层治理体系。印发《关于进一步加强农村基层党的建设加快完善农村依法治理体系的实施意见》，实施支部带村、实业兴村、依法治村“三项计划”，强化村党组织的规则制定权、议事提名权、执行监督权“三项权利”。深入推进村务监督委员会建设，建立完善以村党组织为核心、村民自治和村务监督组织为基础、集体经济组织和农民合作组织为纽带、各种经济社会服务组织为补充，各类组织各有其位、各司其职的“一核多元、合作共治”基层治理体系。制定《关于进一步加强城乡社区协商提高社区治理水平的实施意见》，构建“四位一体”的小区治理体系，推行党组织领导下的小区治理“四会”模式，推动建设以“党建引领”为核心，以“民主法治、平安和谐、便民利民、环境优美、文明祥和”为具体内容的“1+5”型和谐小区。全市已有1个社区、1个村被命名为“四川省依法治村（社区）示范村（社区）”，13个社区被命名为市级“民主法治社区”；东区红星社区获评全国社工服务示范社区。结合“两学一做”、县乡村换届、脱贫攻坚等重点工作，扎实开展“走基层”活动，全年全市各级党员干部累计走访群众42万人次，解决脱贫攻坚难题270余个，处置民生信访问题1075件。组建社会公共服务党员服务队、农技医卫党员服务队、党员志愿者服务队、党员网格员服务队“四支共产党员服务队”，常态化开展志愿服务。

围绕增强活力强化党员教育管理。落实“控制总量、优化结构、提高质量、发挥作用”的总要求，全面实行发展党员公示制、“双票制”，推广建立乡镇青年人才支部44个，加大在产业工人、青年人才、农村等重点领域和群体中发展党员力度，坚决防止降格以求、“带病入党”。实施党员全覆盖培训计划，市级开展示范培训50期。集中打造“攀枝花三线建设党性教育基地”等3个本土教学基地和“攀枝花中国三线建设博物馆”等10个现场教学点；管好攀枝花党员教育网，分级建立“12371”手机信息发布平台；制作播出《攀枝花党建》栏目51期，优秀党员事迹片、党建工作纪实片、党员教育电视栏目和微视频32部。更新升级全市远程教育站点设备，接入互联网站点达80%以上。结合庆祝建党95周年，选树全国优秀共产党员1名，省级优秀共产党员3名、优秀党务工作者2名、先进基层党组织4个，市级优秀共产党员48名、优秀党务工作者47名、先进基层党组织93个。坚持重大节日走访慰问，推行党员生病住院、逝世、重大节日、突遇困难、思想异常“五必访”，全年共组织走访慰问老党员、困难党员6268人次，发放慰问金352.77万元；向“9·19”暴雨灾害受灾党组织和受灾党员发放专项补助80万元，慰问帮扶受灾党员600余户，修复受损村级活动场所20个。

【人才工作】 坚持牵头抓总深化人才体制机制改革。将人才工作列入系统推进全面创新改革试验实施方案，出台“十三五”人才发展规划、博士后管理工作实施办法、促进高新技术产业发展奖励办法、加强乡镇专业技术人才队伍建设的意见等政策文件，编制《2017—2020年攀枝花市重点行业（领域）紧缺人才需求目录》，促进人才供需精准对接。推广攀枝花学院全省“激励科技人员创新创业专项改革试点”经验，出台《市农林科学研究院激励科技人员创新创业专项改革试点方案》，市农科院与四川雨露科技有限公司、攀枝花春秋农牧科技有限责任公司联合共建研发中心和成果转化平台，促进13名科技人员创新创业。命名十九冶集团有限公司、攀枝花学院、市中心医院、米易县、钒钛高新区等5个单位为“攀枝花市人才优先发展示范单位”。大力实施“钒钛之光”“大地飘香”“阳光花城”三大产业人才培养工程，在清华大学举办优秀企业家职业能力提升高级研修班，在钢铁、钒钛、机械制造、化工等领域培养24名优秀企业家、5名领军型技术创新人才、4个技术创新团队，遴选第二批161名高层次和高技能人才培养对象，8名企业高管入选省创新型企业家培养计划；组织19名农业技术人才到澳大利亚学习"芒果精准管理及产业化配套技术"，培育新型职业农民776人；特邀吴江委员到攀枝花指导康养产业人才发展，邀请中组部、团中央第16批9名赴川博士到攀枝花开展"阳光康养、智慧旅游"专题调研，举办四川省康养旅游产业高级研修班，开办"阳光康养旅游讲堂"，培训从业人员3367人次。

坚持开放视野五湖四海汇聚优秀人才。大力实施高层次人才引进"千人计划"、对外战略合作人才支持计划，面向海内外发布31个领军型创新创业项目引才公告，引进1个省"千人计划"创新团队、1个清华大学博士研究生创业团队。市委常委、组织部部长带队赴西北工业大学、重庆大学、四川大学等高校开展政策宣讲和人才招聘，招商小分队常驻京、沪、深、蓉招才引智。全年共引进高层次和急需紧缺专业人才549人，比2015年增长10.7%。接收中组部、团中央"博士服务团"成员1名、省委组织部选派的3名专业型干部、中国热科院第七批3名人才、海南大学首批2名人才、西南交大首批3名人才来攀挂职，共建南亚热带作物科创中心，有序开展重大项目联合攻关、专家指导、技术引进等工作。实施8项引进国外智力项目，从英国、以色列、俄罗斯等引进10余名专家解决重点关键领域的技术难题。新建1个省级大学生创新创业俱乐部，1个省级、3个市级院士(专家)工作站，3个技能大师工作室，推进攀枝花学院申报博士后创新实践基地，全年吸纳211名大学生在攀枝花创业，25名院士(专家)、博士后研究人员进站协同创新，聘请政府顾问和特聘专家43名。举办攀枝花钒钛论坛、中国·四川第二届森林康养(冬季)年会等品牌活动，集聚上百名国内外知名专家、学者和企业家为攀枝花产业发展献策献计。

坚持保障引导促进各类人才创新创业。推进攀枝花市科技孵化中心(创新创业园)建设，钒钛技术交易平台和"科创通"上线试运行。昆明理工大学国家大学科技园分园和国际技术转移中心分中心在攀枝花钒钛新材料产业孵化器挂牌，有效提升园区创新创业孵化能力。设立"双创"专项资金，支持大学生创新创业基地建设，攀枝花大学生创新创业俱乐部一期、二期建成投入使用。发放科技项目扶持经费588万元。认定1个领军型创新创业团队，资助项目启动资金30万元。发放大学生创业补贴211万元，为毕业五年内大学生争取小额无息借款5笔10万元，发放贷款28笔280万元，拨付大学生创业培训资金109.51万元。鼓励高校普及创业培训，4123人参加创业意识培训，1870人参加创业能力培训，58人参加创业实训。确立"攀创空间"创新创业活动主题，举办"大众创业、万众创新"活动周，开展青年创业创新沙龙、科技创新创业大讲堂、大学生创业之星评选等活动。

坚持拴心留人营造人才发展良好环境。突出重能力、重实绩的用才导向，遴选15名高层次人才递进培养对象、第四批34名市委直接掌握和市领导个人联系高层次人才，评选出第九批市有突出贡献专家、第七批市学术和技术带头人及其后备人选199人。新认定第五批高层次人才311名，兑现第一至第五批高层次人才各项优惠待遇1700余万元。加强储备人才引进和管理，2015年引进的20名储备人才已全部到位，启动2016年储备人才引进工作，安排10名储备人才参加优秀干部人才递进培养，下派3名储备人才担任贫困村第一书记，公招3名储备人才进入公务员队伍。全年投入人才专项经费4601万元，组织2341名干部人才参加健康体检。市领导带头走访慰问高层次人才，组织优秀人才代表参加市委市政府团拜会、干部人才座谈会，首次发放高层次人才证，建成高层次人才服务管理系统(市人才智库)，实行办公用房租赁、工商注册、融资担保、社保关系转移接续等集中办理，提供一站式专业化服务。首次与复旦大学联合举办了"全市人才工作者培训班"，来自全市各条战线的50名人才工作者参加培训。

【老干部工作】 组织全市离退休干部党员参加"两学一做"学习教育，积极在涉老团体成立临时党组织，1名退休干部获全省"长征精神耀四川　全面小康做贡献"演讲比赛一等奖，市委老干局获组织奖。每两月编发一期本土学习资料《攀枝花老干部学习参考》，上线"金沙晚晴"攀枝花老干部工作微信公众号。新成立市委老干部党校，市老干部活动中心获"全省老干部学习活动阵地规范化建设示范单位"称号。坚持和完善情况通报、学习参观、走访慰问等制度，举办了2次全市老干部情况通报会，定期组织老领导集中参观学习。按规定为17名离休干部提高待遇，提高厅级退休干部年度活动费。认真做好离退休干部医疗保健、健康休养、健康体检等服务工作，走访慰问离退休干部880余名，帮扶困难离退休干部120余名。召开2次增添正能量活动推进会，举办全市离退休党组织负责人、老干部工作者培训班，精心设计"点赞美丽攀枝花，助力发展新篇章"正能量活动主题，发出争做"攀枝花阳光老干部"倡议，评选表扬了10名"攀枝花阳光老干部"。建立老干部宣传队和志愿服务队，引导老同志在推动从严治党、精准扶贫、关心下一代、晒家风、淳民风、正作风等方面发挥其独特优势和作用。圆满承办2016年川西南片区八市州及省直机关第四届老年书画联展。高度重视信访工作，全年共办理老干部来信来电来访75件，办结率100%。全年被省委老干局采用信息10条，在《晚霞》杂志发稿16篇。

【自身建设】 扎实开展部机关"两学一做"学习教育，制定《部机关学习日制度》，创建"学习型机关"，组织开展专题讨论3次，部班子成员到基层和分管口讲党课8次，评选命名党员示范岗6个、示范团队4个，开展“党员学习日”活动14次，分层级开展全覆盖“一对一”谈心谈话1次，组织新进干部集中谈话会1次。出台《关于加强部机关干部队伍建设的暂行办法》《部机关借调（借用）干部管理办法（试行）》，创新实施部机关编制、职数动态管理机制，通过公开考调补充6名人员到部机关和党员教育中心；抽调3名基层组工干部到市委组织部跟班学习；全年部机关干部提拔15人，对外交流4人，内部轮岗6人。加强培训锻炼，共选派52人次参加中组部、省委组织部和全市各类培训；选派5人到省委组织部帮助工作、1人到县（区）委组织部挂任常务副部长、2人到乡镇挂任党委副书记、3人到市委巡察组帮助工作。编发《攀枝花组工信息》《攀枝花组工通讯》《攀枝花组工网宣》《攀枝花组工网络集萃》35期；全市组织系统被中央、省级内刊、网站、媒体采用信息124条。《党建研究》宣传工作荣获中组部党建研究杂志社二等奖，公务员统计数据连续七年获得全省全优报表通报表扬，党内统计被评为全省党内统计年报良好等次；重点调研课题《完善干部考察考核办法问题研究》获中组部党建研究所课题评审优秀奖，《防止干部带病提拔问题研究》获全省组织工作重点课题调研成果二等奖。严格落实中央“八项规定”及省、市“十项规定”要求，认真执行政务、会务、事务管理各项制度。抓好部机关党风廉政建设、依法治市、精神文明、综治维稳等工作，扎实开展“走基层”“双联”、精准扶贫等工作，部领导及各科室（单位）“一对一”联系帮扶波西村22户贫困户，全年部机关职工到波西村开展帮扶139人次，为困难群众提出意见建议77条，帮助解决民生难题73个，直接落实帮扶项目8个，落实帮扶资金434万元，协调帮扶资金264万元；邀请川滇律师事务所资深律师在波西村举办法律知识讲座。波西村顺利完成脱贫摘帽任务。加强对领导批示及市委常委会、部务会、部长办公会议定事项、省市委绩效保证目标落实情况的督查督办，编发内部通报11期。做好机要、保密、信访、档案等工作，制定《关于进一步规范部机关公文办理的通知》，涉密文件清退做到100%；部机关共受理日常信访49件次，办结率100%。抓好大组工网、组织系统视频会议系统建设和日常维护，加强攀枝花组工网建设和网络保密安全防护。组织全体干部职工参加健康体检，全面落实干部职工带薪休假和干部职工生日生育生病关心慰问等制度。

（刘成龙）

机构编制管理

【概　况】 2016年，中共攀枝花市委机构编制委员会办公室共召开办公会议5次，研究议题140项；召开编委会议2次，研究议题62项；共调整党群政法机关机构编制事项28项，行政机关机构编制事项42项，事业单位相关机构编制事项95项。着力推动了政府职能转变、事业单位分类、责任清单、综合行政执法试点等关键环节改革任务，完成控编减编、事业单位登记管理、机构编制督查等工作，为攀西战略资源创新开发试验区建设、钒钛产业园区发展、纪检巡察、扶贫移民、民族宗教等重点工作提供了体制机制保障。

【市级部门机构情况】 截至2016年年底，中共攀枝花市委共有工作部门10个，挂牌机构5个，市委办事机构1个，议事协调机构的常设办事机构1个，部门管理机构2个，市委直属事业单位3个；攀枝花市政府共有工作部门32个，挂牌机构10个，市政府派出机构5个，市政府直属事业单位9个；设市人大机关、市政协机关、市中级人民法院、市人民检察院；设群团组织11个，民主党派机关8个。

【三线建设博物馆冠名“国字号”】 2016年4月11日，国务院办公厅《关于四川攀枝花三线建设博物馆冠名问题的函》（国办函〔2016〕42号）同意四川攀枝花三线建设博物馆更名为“攀枝花中国三线建设博物馆”。攀枝花中国三线建设博物馆成为四川第二个获得“国字号”冠名的专题博物馆，填补三线建设专题博物馆的“国字号”空白。

【推进政府职能转变】 2016年政府职能转变任务共有19项，涉及市政府法制办、市发展改革委、市民政局等13个部门。市政府机构改革领导小组办公室印发《2016年度转变政府职能和机构改革任务工作台账》，对任务予以明确。各部门均按要求推进年度工作任务，在建立综合高效政务服务平台，加快社会组织管理制度改革、完善财税管理体制、改进政府管理和服务方式、规范行政权力运行等方面取得良好成效。

【编制公布市直部门行政权力责任清单】 建立责任清单的编办、监察局、法制办、政管办四部门联审机制，依据法律、法规、规章和“三定”规定，对照各部门（单位）已公布的权力清单，对政府部门（单位）责任清单中权力项目名称和责任主体的准确性、环节设置的规范性、责任事项和追责情形的合法性等逐项进行审核。截至12月，全市市县两级责任清单编制公布工作全面完成，公布行政权力责任清单34378项，其中市本级共分3批次公布6174项，县（区）合计公布28204项。

【推进基层管理体制机制创新】 以理顺县、镇事权关系为重点，指导县（区）推进“百镇建设”体制机制创新。其中，米易县将涉及交通、安全、城管等方面县级部门相应权限委托或交办给试点镇行使，让乡镇“应当管、有权管”；盐边县探索事权下放，拓展乡镇管理权限，提升试点乡镇社会管理和公共服务能力；仁和区对“百镇建设”项目专项资金实行项目业主负责制，扩大镇级财政自主权；西区调整格里坪镇调整考核导向，弱化经济指标考核，强化社会事务指标的考核，激发试点乡镇活力。

【推进事业单位分类改革】 在认真分类的基础上，对市妇女儿童服务中心、市房屋产权交易中心、市广电节目广告中心等部分情况复杂、矛盾突出的事业单位类别予以批复。截至2016年年底，对全市1052家事业单位进行类别批复，批复率93.43%。推进行政类和生产经营类事业单位改革，指导市广电节目广告中心、市国有林场总场等改制单位完善改革方案，截至年底，全市撤销生产经营类事业单位5家［市本级3家、县（区）2家］。

【推进综合行政执法改革试点】 攀枝花市交通运输综合行政执法体制改革于2015年纳入全国综合行政执法体制改革试点。2016年3月市委编委会审议通过《攀枝花市综合行政执法体制改革试点工作方案》（以下简称《方案》），以市政府名义报省综合行政执法体制改革试点工作指导小组审批；9月14日，《方案》获省政府批准后，拟定市交通运输综合行政执法机构的机构编制方案，向省委编办申请明确机构规格，研究起草《攀枝花市交通运输综合行政执法体制改革实施方案》《派驻东、西区交通运输综合执法大队双重领导管理工作制度》《攀枝花市交通运输综合行政执法联席会议制度》等配套制度。

【事业单位机构编制资源整合】 2016年，对全市98家事业单位进行整合撤并，整合撤并减少事业单位45个（市本级6个），收回事业编制307名（市本级201名）。为全市推进改革、保障改善民生、维护社会稳定、加强社会管理、服务中心工作等关键部位和重点领域调剂增加事业编制315名（市本级46名）。

【实名制数据平台建设】 截至2016年年底，建成覆盖全市各级机关事业单位4万余人信息数据的机构编制实名制管理系统，市级部门机构编制调整相关文件信息和人员信息录入率达到100%，实现数据的实时更新、及时上下编；建立机构编制统计数据月报分析制度和机构编制年度核查制度；拓宽实名制数据运用渠道，推进机构编制与人员数据对接，为政府机构改革、事业单位分类改革、机关事业单位养老保险制度改革、公车改革等重点改革任务提供数据支持。全市机构编制年度统计工作连续三年受到省委编办通报表扬。

【实名制管理】 严格审批机构编制事项，坚持机构编制“一支笔”审批制度，确保中央核定的各级行政编制总额和各类专项编制员额不突破，全市事业编制总额、工勤编制总额以2012年年底统计数为基数只减不增；严格执行编制前置审批制度，全年共完成市级编制使用前置审批768名，在保证全市涉及民生、重点工作力量补充的同时，完成财政供养人员只减不增的任务。

【机构编制督查】 开展“12310”机构编制投诉举报电话受理工作，对市级部门执行“三定”规定等情况进行监督检查，对5个县（区）控编减编方案执行情况进行专项督查，对县（区）实名制系统进行年度核查检查；对个别单位存在的“违规发放津补贴”问题予以核减编制的处理，该做法受到省委编办表扬；对省委第三巡视组反馈问题进行整改，着力解决一批历史存在的单位超编、领导职数设置不规范和高配等问题。

【事业单位法人治理结构试点】 2016年，市妇幼保健院纳入事业单位法人治理结构试点，全市法人治理结构试点做到市级、5个县（区）全覆盖。纳入试点的事业单位初步搭建法人治理结构体系，西区社区卫生服务中心法人治理结构建设试点工作成效突出，盐边、米易两县和东区陆续制订县级公立医院法人治理结构工作实施方案、目标绩效考核细则、院长考核细则等一系列内部制度，试点工作开始正常运转。11月，西区的试点工作经验材料在全省事业单位法人治理结构建设试点经验交流会上作大会交流，省事登局通报表扬攀枝花市事业单位法人治理工作。

【事业单位登记管理】 截至2016年年底，全市共登记各级各类事业单位1204个，其中：市本级256个、东区137个、西区122个、仁和区231个、米易县224个、盐边县234个；完成事业单位年度报告公示工作，截至2016年3月31日，公示2015年度事业单位法人年度报告1198家，公示提交率100%；完成公示信息抽查工作，对12个市本级事业单位和25个县（区）事业单位开展事业单位法人公示信息抽查，加强对事业单位的监管。

【统一社会信用代码赋码】 推进统一社会信用代码证书换发工作，截至2016年年底，全市共有971家事业单位更换统一社会信用代码的新版事业单位法人证书，更换率81%，其中市级256家事业单位全部更换新证，更换率100%；全市机关、群团统一社会信用代码共完成登记226家，其中市级58家、各县（区）共168家。

【政务和公益域名注册】 截至2016年年底，全市机关、群团及事业单位注册开通中文域名单位达1374家，注册率89%，其中市本级事业单位全部进行中文域名注册，注册率100%，并保证新增一家单位，中文域名同步进行增加。

宣传工作

【概　况】 2016年，中共攀枝花市委宣传部机关行政编制27人、工勤人员编制3人，实有干部25人、工勤人员3人。内设办公室、政策法规研究室、干部管理科（挂离退休人员工作科牌子）、理论科、宣传科、文艺教育科（文化改革发展科与文艺教育科合署办公）、新闻出版科、网络监管协调服务科、网络宣教评论科、对外宣传科、综合科（挂未成年人思想道德建设工作科牌子）、创建协调科。代管市对外宣传服务中心、市舆情信息中心（挂攀枝花市互联网不良与违法信息举报中心）。

2016年，全市宣传思想文化工作以邓小平理论、“三个代表”重要思想、科学发展观为指导，全面贯彻中央十八大和十八届三中、四中、五中、六中全会精神，以深入学习贯彻习近平总书记系列重要讲话精神为主线，围绕市委中心工作，突出理论武装强化思想政治建设，突出正面宣传强化舆论引导，突出文明城市创建深化社会主义核心价值观教育，突出宣传营销提升城市形象，突出文化强市战略推进文化改革发展，突出优化基层宣传文化队伍夯实阵地建设，为在全省高水平率先全面建成小康社会提供有力的思想保证、智力支持、舆论保障和文化条件，开创攀枝花市宣传思想文化工作新局面。

【理论武装工作】 强化理论学习，统一思想基础。坚持思想建党与制度治党紧密结合，认真贯彻落实《攀枝花市党委（党组）理论学习辅导员制度》《中共攀枝花市委理论学习中心组学习制度》《攀枝花市党员学习教育制度》《攀枝花市党员学习日制度》等系列制度，推动理论学习常态化、大众化。坚持以学习习近平总书记系列重要讲话精神为主线，以市委理论学习中心组为龙头、以县级以上领导干部为重点，精心组织各级党委（党组）中心组理论学习，全年组织市委中心组专题集中学习22次，参学率100%。强化“攀枝花发展讲坛”品牌塑造，邀请中国社科院研究员朱继东、中央党校马克思主义学院副院长牛先锋、中国地球物理研究所副所长高孟潭、中央组织部研究室原副主任吴江等知名专家、学者到攀枝花举办专题学习辅导报告会8场，4600余人次参加集中学习。深入开展先进理论普及和传播，办好“攀枝花市民讲坛”，搭建起党员干部和人民群众的学习交流平台。广泛开展学习型党组织、学习型机关、学习型企业、学习型社区、学习型家庭等系列创建活动，举办“光明书香节”“书香花城”全民读书节等系列全民阅读活动，全民学习、终身学习理念逐步深入人心。

创新方式方法，宣讲入脑入心。精心组织以习近平同志为核心的党中央治国理政新理念新思想新战略重大主题宣讲，组织理论学习辅导员开展“菜单式宣讲”，扎实推进“讲话精神七进”，作专题辅导220余场次，听众达1.5万余人次。围绕中共十八届六中全会、省委十届九次全会、市十次党代会精神以及“两学一做”学习教育等重点专题，深入开展“三级三讲”学习活动，从市级部门（含高校、大企业）党组（党委）、县（区）党委、镇（街道）党委中心组三个层级，以党委（党组）书记亲自讲、领导班子成员到分管领域和联系点讲、邀请知名专家讲三种形式，鼓励各级各单位运用微信、微博、网络等现代传播手段开展“微宣讲”和群众宣讲活动，全年各级党委（党组）中心组作形势报告500余场。各级宣讲组织开展宣讲活动600余场，直接受众9万余人，有力推动党的理论和中央、省委、市委重大决策部署在攀枝花落地生根。

加强理论研究，成果运用明显。围绕十八届六中全会、扶贫开发、城市转型、改革发展等主题，精心组织习近平总书记关于扶贫开发重要论述研讨会和贯彻党的十八届六中全会精神主题征文活动，研究阐释重大理论观点和重大实践问题。推动形成《从战略大局高度重视深化国资国企改革》《降成本、拓市场、创机制，突破攀西钒钛资源创新开发瓶颈》《加快培育攀枝花市新型农业经营主体的路径解析》等一批有分量、有价值的重点理论文章和应用性研究成果。理论文章《抓好“四区驱动”，奋力实现GDP过千亿》《不忘初心、继续前进，奋力推进攀枝花经济社会转型升级发展》分别在《四川日报》《四川党的建设》刊发。

【意识形态工作】 落实主体责任，意识形态整体向好。认真落实中央、省委、市委部署和要求，建立分析研判和会商机制，市委宣传思想工作领导小组定期分析研判意识形态领域情况，加强综合研判和情况通报，打好主动仗、下好先手棋。推动各级党委(党组)落实好《攀枝花市贯彻落实党委(党组)意识形态工作责任制实施细则》，切实履行好“把握正确方向导向、巩固壮大主流思想文化、加强网上舆论工作、强化意识形态阵地管理、处理好意识形态领域问题、管理意识形态工作队伍和党员干部”六大责任。强化督查考核，出台《攀枝花市加强意识形态领域引导和管理考核细则》，纳入县(区)党委和市级部门、单位党委(党组)综合目标考核体系，细化考核项目内容，明确考核方法程序，推动考核工作规范化常态化。强化管控引导，增强意识形态领域重大议题设置能力，针对错误思潮和观点，理直气壮、旗帜鲜明地开展斗争，在重大政治原则和大是大非问题上消除“杂音”“噪音”，弘扬主旋律，压制负面声音。全面落实谁主管谁负责、谁主办谁负责，进一步加强和改进思想政治工作，加强对全市各级各类媒体、研究机构、高校课堂、协会社团、讲座论坛、出版物、报告会、研讨会等阵地的管理，管导向、管阵地、管队伍的要求得到进一步落实，牢牢掌握了意识形态领域主动权话语权领导权。

【舆论宣传工作】 坚持正面宣传，凝聚发展共识。严守党的宣传纪律，认真践行党管宣传、党管媒体的根本原则，大力推进政务信息发布工作，召开新闻发布会、新闻通气会15场。切实加强新闻媒体管理，牢牢把握正确舆论导向，组织新闻媒体认真学习贯彻习近平总书记“2.19”新闻舆论座谈会重要讲话精神，将贯彻讲话精神作为全市媒体记者首要工作，强化新闻媒体人才队伍导向教育，确保市内主要媒体全年保持团结稳定鼓劲、正面宣传的主旋律。主动转变观念，以提高新闻策划水平为突破口，紧紧围绕全市中心工作和重大活动，精心谋划，精准选题，凝聚发展共识，增强发展信心。围绕全市经济发展主题，策划“齐心协力抓项目、稳中求进促发展”为主题的“项目行”集中宣传活动；围绕全面深化改革，策划供给侧结构性改革主题宣传；围绕脱贫攻坚，策划对口支援木里藏区集中采访活动；围绕生态文明建设和城市转型，策划阳光康养主题宣传，全市宣传工作呈现新气象。创新舆论监督方式，主动走出去，联合有关部门开展新闻采访活动和舆论监督工作，既有力推动各项工作的开展和政府效能的提高，又极大地提升新闻宣传的影响力和舆论监督的威慑力。市目标办建立舆论监督推进项目发展长效机制，定期对项目推进情况进行追踪督查报道；与市纪委联合成立舆论监督报道小组，探索建立媒体、群众和纪检监察相结合的监督模式，进一步发挥攀枝花市主流媒体舆论监督主体作用；办好《阳光政务》电视问政栏目，通过身边人、身边事的警示教育，起到拒腐防变，警钟长鸣的作用。

改进新闻宣传，提升传播影响。深化媒体改革，积极推进传统媒体与新兴媒体融合发展，加快攀枝花日报社“攀枝花新闻中央厨房”和市广播电视台全媒体新闻中心的建设，探索创新新闻生产流程。攀枝花日报微博、攀枝花日报微信、攀枝花手机报、攀枝花新闻网和攀枝花日报纸媒组成的全媒体矩阵粉丝总量已突破20万，覆盖人群达50万人以上；攀枝花广播电视台手机台(APP)、攀枝花广电传媒网、攀枝花广播电视台官方微信、攀枝花发布微信公众号等新媒体平台受众已超过30万。强化内容创新，将新闻宣传与市委市政府中心工作、全市重大活动相结合，深度反映全市经济建设、改革发展进展情况和所取得的成绩，坚持重点关注基层群众生产生活，将镜头对准基层群众、把版面留给基层，提升新闻传播影响力。注重传统媒体与新媒体协同作战、整体联动，实现平台共建、资源共享、集体发声、形成合力，营造强有力的舆论态势和社会氛围。

【精神文明建设工作】 核心价值观教育不断深入人心。认真贯彻落实《培育和践行社会主义核心价值观行动方案》，大力推进社会主义核心价值观进家庭、进学校、进企业、进乡村(社区)、进机关。积极开展社会主义核心价值观示范点创建工作，形成以奥林匹克小区挡墙、中心广场大梯道、市总工会工人文化宫、东区阳光馨园宣传长廊、东区金福社区主题文化广场、米易易园、法治公园等为代表的社会主义核心价值观景观标志，建成西区玉泉街道巴关河社区、市实验学校、攀煤矸石发电厂道德讲堂等16个社会主义核心价值观示范点。组织开展“图说我们的价值观”公益广告展示活动，做好“梦娃”系列动画等视频作品推广工作。建立全市先进典型储备数据库，大力开展“身边雷锋 时代榜样——争创‘岗位学雷锋先进集体’、争当‘岗位学雷锋敬业标兵’”主题实践活动，推进学雷锋志愿服务制度化、常态化。出台《攀枝花市爱国主义教育基地管理办法》，创建一批国家、省级爱国主义教育基地。广泛开展“道德模范在身边”“我推荐、我评议身边好人”等活动，推荐“四川好人”候选人44人，邹建银等11人上榜“四川好人榜”。深入推进诚信建设制度化，推动形成诚信建设良好的社会舆论环境。

文明城市创建成果不断巩固。深入推进文明单位、文明村镇、文明家庭等创建活动，借力“五创联动”统筹推进城乡协调发展，不断提升公民文明素质和社会文明程度。加强创文工作分类指导，印发《实地考察操作指南》《网上申报工作分工表》等指导性文件，邀请省文明办专家解读测评体系，召开动员会、推进会等部署工作，以重难点指标攻坚带动工作整体推进。深入实施“基础设施提升、城市环境优化、公共秩序规范、文明素质养成、优质服务水平”行动，开展专项督查和常态巡查，推动突出问题得到解决，全力以赴做好年度“国检”。深入开展第一轮“以城带乡　结对共建”主题创建活动,有效引导5家全国文明单位履行社会责任。督促指导5个全国文明村镇扎实开展“农村道德讲堂、志愿服务站、讲文明树新风公益广告”建设,组织召开全市农村精神文明建设现场会,推动农村精神文明建设取得新进步。

未成年人思想道德建设深入推进。深入开展“少年强　中国梦”主题教育实践活动,利用清明、“六一”“七一”“十一”等时间节点,组织开展清明祭英烈、做美德少年、童心向党、向国旗敬礼、“学长征精神　做红色传人”等活动,引导未成年人坚定理想信念,自觉弘扬和践行社会主义核心价值观。以中华经典诵读、中华优秀传统文化传承等载体为平台,组织开展“童眼看四川　最美是家乡”“传承中华文化　共筑精神家园”等主题教育实践活动,营造有利于未成年人健康成长的社会文化环境。大力开展文明校园创建,深化师德师风建设、学生文明礼仪养成和校园文化环境建设。加强乡村学校少年宫常态化管理,持续拓展校外教育空间。

【互联网宣传管理及舆情信息工作】　主动占领网络阵地。精心组织网上重大主题宣传,围绕全面小康、深化改革、依法治国、从严治党、城市转型、阳光康养等重点工作,主动宣传市委、市政府的目标路径、重要举措和具体成效,强化正面声音。围绕“网络安全为人民,网络安全靠人民”主题,积极策划网络安全宣传周活动,培育健康向上的网络文化。注重网上舆论引导,围绕中央、省委和市委重大决策部署、重大突发事件和特殊敏感舆情,及时设置议题,转发省网信办重要评论,组织网评员及时跟帖,发表帖文4500余条;围绕涉及群众自身利益方面的敏感舆情和热点话题,及时做好解疑释惑、化解矛盾、理顺情绪的工作,把公众情绪引导到健康、理性的轨道上来。2016年,完成省网信办下达的网评任务79次,转发评论引导贴文7900余条。

抓好舆情信息工作。认真做好网络舆情的日常监控工作,特别是在敏感时期、重大会议、重要活动等时间段,安排专职人员实行24小时网络值班制进行监控。完成中国·攀枝花网等重点新闻网站的日常维护和更新工作。加强对县(区)舆情工作的指导和培训,加大舆情信息的收集、整理和报送力度,针对舆情集中关注的问题,组织展开舆情分析,对群众提出的意见建议,及时梳理汇总上报。定期分析研究社会舆情,准确判断舆情走势,着力提升舆情信息服务党委政府决策的能力。2016年,共编发《舆情摘报》31期、《网络舆情日报》99期,向中宣部报送舆情信息1451余条,被采用117条。

加强网络建设和管理。加强攀枝花新闻网、中国·攀枝花网、GOGO攀枝花等重点网站、微博、微信和移动新闻客户端管理,加大网上巡查力度,及时约谈相关网站负责人,强化网上宣传思想文化阵地建设,不断扩大党的理论传播覆盖面,做大做强网上正能量。建立健全网络安全监测监管和预警发布、日常检查机制。加强互联网法律法规宣传,推动网络社会组织建设。大力开展网络专项整治,组织清理网上歪曲党史国史内容专项行动、打击治理通信网络新型违法犯罪专项行动、打击网上暴恐音视频、扫黄打非·护苗2016、扫黄打非·净网2016、扫黄打非·清源2016、剑网2016等专项整治行动20多次,开展网上巡查32次,清理整治网上各类违法有害信息18条。加强源头管理,严格执行网络文章、帖文先审后发制度,加强网络意识形态安全风险排查和应对处置,全力维护网络意识形态领域安全。

【对外宣传工作】　借力高端平台,外宣影响显著扩大。强化与中央、省级主流媒体的合作,精心梳理转型升级、绿色发展、扶贫攻坚等新闻素材,对接选题、主动推送、争取支持。9月17日,央视《新闻联播》头条“供给侧结构性改革新观察”以《结构之变,新旧动能加速转换》为题聚焦攀枝花,实现央视新闻联播头条报道“零的突破”。此外,《人民日报》作《医养结合如何突围》《四川攀枝花,阳光花城享康养》、新华社作《四川攀枝花:从“百里钢城”到“阳光花城”》《攀枝花的医养结合探索》、央视新闻调查作《攀枝花精准扶贫——福田镇芒果故事》等深度报道,集中展示攀枝花加快城市转型、追梦全面小康的新形象。2016年,中央、省级以上媒体刊播攀枝花新闻2528条,其中,《人民日报》(人民网)24条、新华社通稿和内参60条、中央电视台25条、《四川日报》195条、四川广播电视台216条,《四川经济日报》318条,《华西都市报》61条,四川新闻网322条,实现报道数量和质量双提升。市委外宣办被省委宣传部评为重大外宣活动组织先进单位,名列全省第六位。

聚焦城市品牌,外宣策划异彩纷呈。围绕打响中国钒钛之都、中国阳光花城、中国康养胜地、四川南向门户四张城市名片,联手市级部门和县(区),借智高层次文创团队,精准策划系列外宣活动,加大城市品牌推广力度。联合市委组织部策划“弘扬三线建设精神,争做优秀共产党员”活动,创新“两学一做”学习教育,受到中央各大媒体关注,新华社专题开展三线精神调研。联手西区精心包装首届蓝花楹生态旅游节,为“阳光花城”增添一抹“梦幻蓝”。携手市旅游局推介攀枝花清凉夏季,“昆虫爱上花”成为昆明媒体传播“热词”。引进成都海天传媒集团,在机场推出“阳光花城　康养胜地”系列公益广告,提升城市窗口形象,展示城市文化内涵。借智上海橙娱文化传媒公司,以攀枝花—武汉—上海航线开通为契机,举行“下一站,攀枝花”城市推介会,把“生态康养”新理念传播到上海。

创新传播载体,外宣效果实现倍增。充分发挥新媒体优势,在重大外宣活动中运用多种新技术、新载体,市内市外联动、线上线下互动，实现连锁反应、反复叠加的宣传效果。在第十六届西博会上，与华西都市报新媒体集群、攀枝花发布、GOGO攀枝花等新媒体合作，集中推出H5攀枝花微名片、VR全景展厅、网红现场直播，打造"指尖上的攀枝花"，令市内外网民耳目一新。在攀枝花—东盟国际商贸合作交流暨东盟商团入驻东盟国际商贸城活动、四川省第七届乡村文化旅游节（冬季）暨2016攀枝花欢乐阳光节、四川省第二届森林康养（冬季）年会"三大活动"期间，协调中央省市新媒体三级联动、全网传播，实现新华社手机客户端相关新闻浏览量超过40万，四川电视台融媒体中心网络直播观看量近10万，腾讯大成网首页特效浮层专题曝光量突破120万。组织民间高手参加首届四川网络视频创作大赛、网络文化作品征集等活动，在朋友圈、微信群晒"阳光花城""蓝天白云"成为市民网络社交新时尚。

【文化建设工作】 打造精品力作，文艺创作成果丰硕。出台《关于繁荣发展社会主义文艺的实施意见》，坚持以人民为中心的创作导向，精心打造米易诗会、苴却文化艺术节、文艺大讲堂、百姓大舞台、金沙放歌、校园文化艺术节、社区艺术节等文化活动品牌，繁荣和发展攀枝花本土文艺。强化重点文艺创作项目扶持，建立健全签约作家、院聘画家等制度，扶持并推出《空谷》《乡土纳拉箐》《攀枝花英雄传》《离太阳最近》《攀枝花市书画院美术作品选》《还愿》等20余部优秀文艺作品。完成"百部看四川"微视工程作品征集和推荐工作，推出微视作品14部，《"林中黑钻石"的秘密》等2部作品被省微视办选中。《永远的攀枝花》荣获第十六届中国广播剧专家奖、连续剧金奖；《舞动彝乡》荣获四川"广场舞王"，并在全国展演；《梦回马鹿寨》获"天籁之音·石海之约"第二届西南民歌展演十佳创作奖；《钢轨上的超越》获全省纪录片一等奖。

强化文化惠民，公共服务惠及大众。强化标志性文化设施的品牌打造工作，三线建设博物馆被冠名为"攀枝花中国三线建设博物馆"，展陈设计入选2016年全国"弘扬优秀传统文化，培育社会主义核心价值观"优秀主题展览。常态化开展文化惠民活动，精心组织策划送文化进机关、进社区、进厂矿、进学校、进军营、下基层等文化惠民活动500余场，放映公益电影6200余场；举办文艺精品讲座26期，组织广场大家唱、大家跳群众文化活动700余场，参与群众近10万人。坚持开展"深入生活　扎根人民"和"结对子　种文化"主题实践活动，18个宣传文化单位与乡（镇）文化馆（站）、文化院坝等基层文化单位建立长期结对帮扶机制。大力推进基层综合性文化服务中心建设，建设完善23个贫困村文化院坝。新建成2个地面数字电视基站和1个示范文化活动室，米易、盐边县新增两家城市数字影院。完成有线电视18.5万用户双向网络改造和IP城域建设。

深化体制改革，文化产业加快发展。按照全面深化改革的总体部署，认真落实实施方案和改革台账，推动各项改革任务全面落实。继续深化国有文艺院团改革，出台《攀枝花市深化国有文艺院团改革的专项方案（试行）》，四川省有线广播电视网络股份有限公司攀枝花分公司机关事业人员安置和身份转换工作顺利推进。贯彻落实《攀枝花市人民政府办公室关于推进政府向社会力量购买服务工作的实施意见》，做好政府向社会力量购买公共文化服务工作。积极推进简政放权，进一步规范文化市场行政审批，降低社会资本进入门槛，支持非公有制文化企业和小微文化企业发展。强化重点文化项目建设，加快推进渡口记忆、苴却砚文化街、西佛寺等文化产业项目建设，积极推进花城新区AAAAA级文创小镇建设策划。争取省级文化产业专项资金150万元，用于"攀枝花故事"钛制品、苴却石雕特色文化产品开发等项目。推荐26个重大文化产业项目收录到四川省重点文化产业项目库；千砚工程产品、"大笮文化"系列特色产品等入选四川省首批文化创意产品推荐名录；苴却砚文化产业园区成功入选文化部《2016中国文化产业重点项目手册》；小微文化企业——攀枝花龙寻固彩沙画有限公司参加全国创新创业大赛荣获"优秀企业奖"。加强文化交流与合作，创新区域合作机制，深化合作方式和内涵，积极参加中国（深圳）国际文化产业博览交易会、中国西部（西安）文化产业博览会、成都创意周等活动。

【队伍建设工作】 抓能力强基础。以提升学习能力、协同能力、融合能力、执行能力为重点，强化机关建设，开通运行攀枝花宣传网，完善优化《市委宣传部工作规则》《市委宣传部部务会议事决策规则》《市委宣传部部长办公会制度》等系列规章制度，促进机关规范化运行。认真开展"两学一做"学习教育，采取集中学习、自学反思、讨论研讨等多种方式，将学习教育融入"三会一课"等经常性教育中，与中央、省、市最新要求相结合，与市委、市政府重点工作相结合，与正反典型教育相结合，开展专题学习研讨8次，让党员干部主动摆进自己，检身正己，剖析根源，明确底线，扎实推进学习教育有效开展。坚持不懈地抓作风建设，不断深化"走转改"，强化"转正改"，扎实做好精准扶贫、走基层等工作，深入基层开展调查研究、走访慰问，全年部机关干部职工开展走访慰问47人次，机关作风不断改进，服务意识不断增强。

抓队伍强素质。认真贯彻落实《中宣部关于加强地方县级和城乡基层宣传文化队伍建设的若干意见》和《四川省〈关于加强地方县级和城乡基层宣传文化队伍建设的若干意见〉的实施意见》，强化基层宣传思想文化人才队伍建设，优化基层人才资源配置。切实加强对"四个一批"人才的动态管理，探索建立"四个一批"人才工作室制度，建成"'四个一批'人才王勇工作室"等6个工作室，3人被评为市第九批有突出贡献专家,3 人被评为第七批学术和技术带头人,为文化高地建设提供了强有力的人才支撑。强化培训教育,重点举办全市基层宣传文化干部人才综合能力提升培训班,全年组织 162 人次参加各类专题培训。加大上挂下派和交流任职力度,补充机关干部 4 人,提拔科级干部 6 人,平级交流 9 人,选派 2 人到省委宣传部及省级媒体上挂锻炼,选派 5 人到部机关挂职锻炼,选派 3 人到县(区)挂职锻炼,从部机关选派 1 人到村任“第一书记”。

抓党廉强保障。将反腐倡廉学习教育纳入年度学习计划和理论中心组学习内容,通过工会活动、职工大会、党员学习日等平台,认真组织部机关党员干部扎实开展党纪国法、思想道德、廉洁从政等教育,组织参观攀西监狱廉政教育基地,观看《镜鉴》等廉政警示教育片,干部职工的理想信念不断增强,“四个意识”不断强化,进一步筑牢拒腐防变的思想防线。严格落实全面从严治党主体责任,认真履行“一岗双责”,深入开展廉政风险防范工作,不断完善惩防体系建设,严格执行中央“八项规定”和省、市“十项规定”,确保党风廉政建设和反腐败工作得到贯彻落实,部机关干部职工无人受到党纪政纪处分。落实《市委宣传部 2016 年度党风廉政建设和反腐败工作实施意见》,层层签订《党风廉政建设责任书》,确保目标任务落实到人到岗。从严从实做好换届工作,营造了风清气正的政治环境。

精神文明建设

【文明城市创建】 2016 年,市委、市人大、市政府主要领导和分管领导就 2015 年中央文明办测评反馈问题清单作出重要批示,督促 14 个责任单位限期整改 29 个突出问题,整改工作收到预期成效。市委、市政府主要领导对 2016 年度测评工作和督查通报情况作出重要批示,采取专项督查、日常巡查和专题督办会、小范围推进会等形式强化督查督办,有力促进工作落实。突出工作“关键点”。针对实地考察测评,专题向市委常委会汇报,扎实开展“基础设施提升、城市环境优化、公共秩序规范、文明素质养成、优质服务水平”等集中攻坚整治行动,城市环境、秩序和面貌很快有了质的变化。针对问卷调查,开展模式化教育培训,统一确定文明创建宣传内容和口径,确保城乡居民全知晓。针对网上申报,实行责任单位、牵头单位、市创文指挥部三级审核制度,严格对标收集 189 条抽检指标,网报资料做到高质高效提交。夯实基层“基础点”。及时印发《实地考察操作指南》《网上申报工作分工表》等指导性文件,确保测评指标量化、操作标准实化、工作推进细化。专门邀请省文明办创建处专家李军就实地考察、网上申报、问卷调查等测评环节作专题辅导和详细解读,为测评开展打下基础。加大米易县、盐边县创建督查力度,强化网报资料集中审核,辐射带动整体文明程度提升。紧抓群众“热议点”。以“硬件指标达标、公共环境优化、公共秩序规范”为目标,加强基础设施管护力度,持续开展“垃圾乱扔、摊位乱摆、车辆乱停、广告乱贴、工地乱象”现象综合治理,扎实开展道路交通秩序、文明劝导服务、集贸市场清理整治行动,有效提升城市文明程度。

组织开展新一轮文明单位申报推荐。加强协调联动。加强与市级行业主管部门沟通联系,加大地方和省级行业文明单位申报推荐力度,新增市中级人民法院等 4 个省级最佳文明单位、市人大常委会机关等 9 个省级文明单位、盐边县红格镇阳光社区等 4 个省级文明村镇(社区),实现申报数量质量极大提升。坚持考核推动。以《攀枝花市文明单位建设与管理办法》为标准,以考核推动为抓手,充分发挥考核检查的评价、引导、约束和激励作用,会同县(区)、市级有关行业主管部门组织考评 2015—2016 年度市级文明单位复查验收和申报推荐,有效推进文明单位建设。抓好社会宣传。抓好社会公共场所、公共交通工具、建筑工地围挡等重点场所、重点地段和重点区域的社会主义核心价值观 12 个主题词展示、“图说我们的价值观”“讲文明树新风”公益广告宣传,提升社会各界知晓率、支持率和参与率。

推动农村精神文明建设。推进“百村建设”行动。在全市 5 个全国文明村镇组织实施以“一堂”(农村道德讲堂)、“一站”(志愿服务站)、“一广告”(讲文明树新风公益广告)为主要内容的“百村建设”行动,向上争取和划拨 8.5 万省级补助经费支持项目建设,开展专项督查调研 6 次,“三个一”建设任务全面完成。深化美丽乡村建设。在米易县组织召开全市农村精神文明建设现场会,实地考察垭口镇安全村,丙谷镇雷窝村建设美丽乡村的先进经验,总结交流经验,研究部署持续深化美丽乡村建设,逐步推动农村移风易俗,树立文明乡风。组织城乡共建。在全市开展第一轮“以城带乡 · 城乡共建”主题创建活动,组织协调 5 个全国文明单位与 5 个全国文明村镇开展结对共建,推动结对村镇在“产业发展、环境改善、文化建设、农民增收、道德风尚”建设方面取得新进步,充分发挥文明单位在培育和践行社会主义核心价值观的排头兵作用。

【先进典型宣传】 2016 年,深入推进“我推荐、我评议身边好人”活动，动员群众通过多种渠道积极参与推荐、评议和网络投票工作，让更多的“攀枝花好人”荣登“四川好人”和“中国好人榜”，共推荐“四川好人”候选人44人，其中邹建银等11人上榜“四川好人榜”。组织筹备攀枝花市第四届道德模范评选活动，使道德模范选树活动成为引领道德风尚的有效平台。充分发挥新闻媒体、街道社区宣传栏等传播载体的作用，加大对身边好人、先进典型的宣传力度。编印《德耀花城——攀枝花市道德模范先进事迹汇编》一书。在炳三区金域阳光外墙堡坎建设340平方米的“攀枝花市道德模范宣传墙”一面。依托道德讲堂开展“弘扬志愿精神 争做雷锋传人”等道德模范事迹展览、道德模范基层宣讲活动，据不完全统计，全市各级累计开展各类道德模范宣讲、巡讲活动300余场（次）；开展攀枝花市“最美接种医生”、第二届青年志愿者之星等先进典型选树活动。加强对道德模范的关爱，在全社会营造“存好心、做好事、当好人、有好报”正能量，走访慰问市级及以上道德模范、优秀志愿者、身边好人24人，发放慰问金6万余元。

【推进志愿服务】 2016年，按照中央、省文明网工作要求，制定《攀枝花市精神文明建设办公室关于开展学雷锋主题志愿服务活动的通知》《关于开展2016年“我们的节日—暖冬行·爱传递”主题志愿服务活动的通知》等文件，对全年志愿服务工作进行安排部署。建设“学雷锋爱心联盟”网络体系，建立攀枝花市学雷锋爱心联盟，各县（区）文明办牵头成立县（区）一级学雷锋爱心联盟。爱心联盟深入城乡社区，以“一助一”“多助一”形式，对所在社区、乡镇和民族地区、革命老区、贫困山区的空巢老人、困难职工、残疾人、留守儿童和困难群众进行结对帮扶。东区枣子坪街道枣树坡社区荣获“2016年度四川省十佳志愿服务社区”。开展2016年攀枝花市“3·5学雷锋日”暨志愿服务集中展示交流活动、“众筹时光·情系桑榆”主题志愿服务活动、“青年志愿服务行动月”活动等各类主题志愿服务活动。以创建文明城市为载体，组织志愿者广泛参加文明交通、文明旅游、文明餐桌等志愿服务活动，围绕打造康养旅游城市，发动志愿者积极参加赛事赛会志愿服务活动。至2016年年底，全市各级学雷锋爱心联盟开展主题志愿服务活动200余次。2016年，市文明办荣获全省志愿服务宣传报道工作先进集体。

【未成年人思想道德建设】 2016年，深入开展“少年强 中国梦”主题教育实践活动。利用清明、“六一”“七一”“十一”等时间节点，组织未成年人广泛开展清明祭英烈，做美德少年，童心向党，向国旗敬礼和“学长征精神、做红色传人”等活动，引导未成年人坚定理想信念，自觉弘扬和践行社会主义核心价值观。采取多种形式，推进童心向党歌咏活动深入开展，以庆祝中国共产党成立95周年为契机，选送东区十九中小教育集团《美丽的中国梦》等4首歌曲参加在中国未成年人网、四川文明网开设“童心向党”歌咏活动专栏展示。围绕培育和践行社会主义核心价值观，广泛开展“学习和争做美德少年”主题实践活动，2016年推荐的唐小龙、代凤燃、唐榜荣获“2016年四川美德少年”荣誉称号。

以中华经典诵读、中华优秀传统文化传承等为载体，组织开展“少年强 中国梦”、“童眼看四川 最美是家乡”、“传承中华文化 共筑精神家园”等主题教育实践活动。组织开展“童眼看四川 最美是家乡”未成年人文艺作品征集活动，报送文学类作品88件、艺术类作品93件，音视频作品17件。联合市教体局、攀枝花晚报开展寻找最美家乡——“我爱攀枝花”全市中小学生作文大赛，产生优秀作文196篇。举行2016年全市“传承中华文化 共筑精神家园”小学生讲故事比赛和中学生演讲比赛。以“全民阅读·书香花城”为主题，在各社区、中小学校及县区广泛开展形式多样，内容丰富的诵读系列活动，选送市三中《践行核心价值观 品茗论语薪火传》、市七中教育集团《四川，美得像花儿一样》等7个视频节目参加全省展示，其中《四川，美得像花儿一样》成功入选参加全省2016年中华经典诵读活动展示。

全面启动文明校园创建，深化师德师风建设、学生文明礼仪养成和校园文化环境建设。加强文明校园创建工作规划部署，市教体局、市文明办联合下发《关于在全市各级各类学校开展文明校园创建活动的通知》，从2016年起，每年开展文明校园评选活动。积极组织参与“创文明校园 探治校之道”校长访谈活动，推荐攀枝花市实验学校校长、党委书记郭光恒和攀枝花市第一小学校长段恒参加校长访谈。

加强乡村学校少年宫常态化管理，持续拓展校外教育空间。对2015年度攀枝花建设的6所乡村学校少年宫中央项目开展督查评估，完成4部乡村学校少年宫电视专题片的拍摄报送，其中盐边县中学乡村少年宫电视专题片在四川电视台“乡村少年宫第二季”播出，仁和总发乡村少年宫电视专题片荣获全省乡村学校少年宫电视专题节目二等奖。

（蒋劲松）

统战工作

【概　况】 2016年，市委统战部内设办公室、干部科、党派科、经济联络与海外科，机关事务管理科、民族宗教科、知识分子科7个科（室）；行政编制13名，机关后勤事业编制4名，实有在职干部职工15人（借调1人）。

2016年，中共攀枝花市委统战部认真贯彻落实中共十八大和十八届三中、四中、五中、六中全会精神，省委市委全会、市第十次党代会精神和全国、全省统战部部长会议精神，深入学习习近平总书记系列重要讲话精神，牢固树立和贯彻“五大发展理念”，紧紧围绕“四个加快建设”“四区驱动”等战略目标任务，发挥统战优势，围绕重点作为，着力落实中央、省委和市委关于统一战线一系列重大决策部署，着力服务全市中心大局，着力做好换届工作，着力推进统一战线各领域工作，着力加强自身建设，推动统一战线各项事业全面发展，为攀枝花在全省高水平率先全面建成小康社会做出积极贡献。

【深入贯彻中央、省委关于统一战线一系列重大决策部署】 市委统战部认真贯彻中央、省委、市委统战工作会议精神，对照《中国共产党统一战线工作条例（试行）》（以下简称《条例》）、《四川省〈中国共产党统一战线工作条例（试行）〉实施细则》（以下简称省委《实施细则》）有关政策和规定，采取传达学习、召开会议、分解任务、督促检查等多种形式，层层推动，狠抓落实。加强组织领导，成立以市委书记为组长的市委统一战线工作领导小组，将17个市级部门主要负责人纳入领导小组。根据部门职能职责，制定《贯彻落实省委、市委统战工作会议精神和〈实施细则〉重点工作规划》和贯彻落实中央、省委关于统一战线一系列决策部署的责任分工。坚持问题导向，就统战工作存在的薄弱环节和需要改进方面进行梳理，形成专题报告，市委召开专题会议进行研究，并以会议纪要形式印发执行。2016年6月，攀枝花市贯彻中央、省委关于统一战线一系列重大决策部署情况接受省委统一战线工作领导小组调研督查，得到省委常委曲木史哈的高度肯定。8月，中央统一战线工作领导小组到四川调研检查，攀枝花市作为全省唯一一个市（州）到成都专门作谈话汇报。

【争取上级支持】 2016年，市委统战部按照市委的要求，协助市各民主党派、市工商联持续加强与各民主党派、工商联上级组织联系，邀请民主党派中央和省委领导到攀调研视察、指导讲学，为攀枝花市在破解经济社会改革发展难题、争取上级政策支持、扩大攀枝花影响力等方面办实事、做贡献。万钢、韩启德、刘晓峰等3位国家领导人临莅攀枝花调研视察，8位民主党派中央领导人莅临攀枝花调研考察和讲学。

1月15日，民进中央副主席、中国教育学会副会长、著名教育学家朱永新应邀莅临攀枝花，就“中国教育改革与新教育实践”为全市领导干部作专题报告。

2月22—23日，全国政协常委、民革中央副主席郑建邦陪同台湾海峡两岸经建文教交流发展协会理事长郑金玲等台湾客人一行莅临攀枝花考察，通过实地参观、座谈交流等方式，对攀枝花市现代特色农业、康养产业及攀台合作等方面情况进行调研。

4月17—18日，全国政协常委、民革中央副主席郑建邦再次携台湾农业、教育方面专家莅攀考察，就攀枝花市教育事业、现代特色农业、康养产业发展及攀台合作等进行沟通交流，达成多项合作共识和合作协议。

5月14—15日，全国政协常委、副秘书长，致公党中央常务副主席蒋作君率致公党中央调研组在攀枝花市围绕积极应对人口老龄化重点课题开展调研，为攀枝花市康养产业发展和应对人口老龄化问题等献计出力。

5月15—16日，全国政协副主席、致公党中央主席、科技部部长万钢率调研组深入攀枝花市重点围绕科技创新和应对人口老龄化等工作展开调研，并召开座谈会，听取攀枝花市工作汇报，为攀枝花市钒钛资源综合利用、康养产业发展、“双创”工作等提出指导意见。

7月11—12日，九三学社中央在攀枝花市召开以“材料科学发展趋势和方向”为主题的第八次科学座谈会，并与四川省政协联合举办钒钛产业创新发展与资源型城市转型研讨会。全国政协副主席、九三学社中央主席、中国科学院院士韩启德出席座谈会。全国政协常委、副秘书长、九三学社中央常务副主席邵鸿，全国政协常委、提案委员会副主任、九三学社中央副主席赖明，全国人大常委、法律委员会副主任委员、九三学社中央副主席、中国工程院院士丛斌等出席会议。此次会议，160多名专家、学者围绕“材料科学发展趋势和方向”“钒钛产业创新发展与资源型城市转型”两大主题，踊跃发表研究成果，交锋学术观点，取得丰硕成果，为正处于产业升级和城市转型关键时期的攀枝花市提供智力支撑，勾勒出发展框架。

9月24—26日，农工党中央第十一届中国生态健康论坛在攀枝花举办。全国政协副主席、农工党中央常务副主席刘晓峰出席开幕式并讲话。本届论坛设以“长江经济带空间布局和绿色发展战略”为主题的主论坛和以“康养胜地与国家现代农业示范区建设”为主题的分论坛，18位国内知名专家学者围绕长江经济带生态环境保护、现代农业发展等内容作主题报告。专家学者围绕水利水电工程与生态环境保护、长江中上游生态屏障建设与环境污染治理、产业生态文明与生态产业转型等问题，畅所欲言，深入交流，为助推长江经济带绿色发展，以及攀枝花市产业升级、结构调整、城市转型等提出高质量的参政议政成果。

7月20日，四川省工商联十届八次常委会议在攀枝花顺利召开。邀请近100家川内知名企业考察攀枝花产业项目和投资环境，参加“钒钛之都·阳光花城——攀枝花特色产业投资推介会”等项目推介活动，攀枝花市成都国际康养城项目、攀枝花市爱尔眼科医院项目等7个项目在推介会上正式签约，涉及投资共7.6亿元。

8月7—8日，四川省政协副主席、农工党省委主委王正荣率四川民主党派省委联合调研组，对攀枝花市推进“四川南向开放门户”建设和康养产业融合发展情况进行调研，调研组将把此次调研成果向中共四川省委、省政府详细汇报，全力支持攀枝花区域性立体综合交通枢纽建设，打造四川南向开放门户。

【参政议政】 按照“党委政府出题，党派团体调研，职能部门落实”的调研模式，市委统战部组织统一战线开展专题调研，并召开全市统一战线专题调研成果汇报会。2016年，各民主党派、工商联、知联会集中向市委、市政府提交涉及脱贫攻坚、康养与旅游产业发展、石墨烯开发等9篇调研报告，得到市委、市政府主要领导充分肯定。在2016年市政协八届六次全会上，各民主党派、工商联、知联会本着“少而精、专而深、出精品”的原则，共提交大会交流发言和书面发言11篇，提交集体提案64件。

【精准扶贫】 按照“整合资源、发挥优势、定点帮扶、注重实效”的工作思路，市委统战部组织和引导全市统一战线广大成员在红宝乡大力实施聚智建言、基础改善、产业提升、教育提质、医卫促进、扶贫解困等“六大帮扶行动”。据统计，2016年全市统一战线在红宝乡累计争取和投入资金200多万元，落实项目10个，帮扶事项38项，为红宝乡脱贫攻坚做出积极贡献。

【换届工作】 市委统战部按照市委的总体部署，全面贯彻落实中央和省委关于党外代表人士安排有关政策规定，加强组织协调，扎实做好基础工作，确保换届各项工作任务的顺利推进和圆满完成。协助民盟市委、农工党市委、致公党市委、九三学社市委4个民主党派市级组织圆满完成换届，指导市工商联圆满完成换届。加强对县（区）换届工作指导，认真落实中央和省委关于党外代表人士安排有关政策规定，全市县（区）人大、政府、政协领导班子中，按照有关规定均实现足额配备。扎实做好市政协换届相关工作，确保换届任务圆满完成。

【增强多党合作制度自信和制度效能】 市委统战部支持统一战线广大成员深入开展坚持和发展中国特色社会主义学习活动，组织各民主党派、工商联和知联会负责人在深圳社会主义学院举办全市统一战线第25期暑期学习活动。协助市委制定《关于加强政党协商的实施意见》和《2016年度中共攀枝花市委同全市各民主党派政党协商会议计划》。支持各民主党派加强自身建设，协助民主党派加强后备干部队伍建设，举办民主党派入党积极分子培训班，协助民盟市委、农工党市委完成秘书长的选配。

【加大党外干部培养使用】 围绕换届人事安排，着眼多党合作事业发展，加强党外代表人士发掘储备、教育培养、选拔任用工作，全市有15个正县级领导岗位由党外干部担任；市人大、市政协在专委会中足额配备党外主任、副主任的基础上，配齐党外专职副秘书长。市政府工作部门配备2名正职，市政府直属机构配备1名正职。法院、检察院系统配备党外副职取得新的突破，市法院配备1名党外副院长。全年提拔县处级党外干部10名，交流5名。认真落实年度培训锻炼和培训计划，全年选送6名党外年轻干部参加攀枝花市为期3个月的优秀干部和人才递进培养计划第四期培训班，选派34名党外干部、19名统战干部参加省委统战部组织的各类培训。

【扎实做好非公有制经济统战工作】 2016年，市委统战部在非公有制经济人士中深入开展守法诚信、增强发展信心为重点的理想信念教育活动，率先在全省启动非公有制经济代表人士综合评价工作，全年市、县（区）两级累计开展综合评价100余人次。加大非公有制经济代表人士政治安排。在市工商联换届中，77名非公有制经济代表人士当选市工商联（总商会）执委，13名当选市工商联（总商会）兼职副主席，9名当选市总商会副会长，5名当选市人大代表，20名担任市政协委员。104名担任市县（区）人大代表、政协委员。引导非公有制企业积极参与精准扶贫工作，动员67家企业（商协会）与37个贫困村结对进行帮扶，累计投入扶贫资金达300多万元。仁和“9.19”特大洪水泥石流发生后，积极发动攀枝花市泸州商会等向仁和区捐赠物资价值65万元。

【加强新的社会阶层人士统战工作】 2016年，市委统战部建立由市委统战部、市委宣传部（市网新办）、经信、司法等15个相关部门参与的新的社会阶层人士统战工作联席会议。联合相关部门开展对新的社会阶层人士包括私营业主和外资企业技术管理人员、中介组织和社会组织从业人员、新媒体从业人员、自由职业人员等摸底调研，经过筛选，建立1586人的数据库。结合换届，加大新的社会阶层人士政治安排力度，138名新的社会阶层代表人士当选为县（区）人大代表、政协委员，17名担任市政协委员，5名当选市人大代表。

【积极做好新形势下的民族宗教工作】 市委统战部认真贯彻落实中央、省委民族工作会议精神，深入开展民族团结进步创建和宣传教育活动，开展文明和谐宗教活动场所创建和法律进宗教活动场所工作，到宗教场所开展法律宣讲活动4次，发放宣传资料5000余份。加强宗教界代表人士培养，4名代表人士担任市政协委员。加强与宗教界代表人士联系，坚持定期走访慰问宗教界代表人士，并协助解决困难问题。

【加强统战部门自身建设】 市委统战部按照市委的部署，组织动员全体党员认真开展“两学一做”学习教育，做到学习教育与统战工作两不误。加强统战工作机构和力量建设，在市委派出机构及在统战工作任务重的5个党委（党工委）挂设统战科；在各乡镇（街道）党组织均设置专（兼）职统战委员；在市委统战部增设知识分子科。加强统战信息、宣传、调研等基础工作，全面展示统战工作成效，《攀枝花实施“10+3+6”计划打造精准扶贫亮点》被《中国统一战线》和中央统战部网站等采用，全年50余篇宣传信息稿件被各级采用。加强机关党建工作，扎实开展“走基层”和“双报到”活动。深入贯彻中央“八项规定”及省委、市委“十项规定”，严格控制“三公”经费支出。加强内部绩效考核，加强机关干部队伍建设，扎实做好各项工作，机关建设得到进一步提升。

（高雷、伍强）

政法工作

【维护社会稳定】 2016年，各级各部门坚持一手抓矛盾存量的攻坚化解、一手抓矛盾增量的源头预防，全力维护社会大局稳定。坚持抓关口前移，扎实开展社会稳定风险评估，作决策、出政策、上项目、搞改革前，注重预测、分析和评估利益风险、民意风险和舆论风险，切实做到有明显不稳定风险的决策不出台、大多数群众不支持的项目不实施、没有通过社会稳定风险评估的工作不推开，推动稳定风险评估机制向更广领域、更深层次延伸覆盖。坚持抓联动排查，在全省率先制定出台《维护社会稳定信息预警工作办法》，各县（区）和市级部门每月、乡镇（街道）每半月、村（社区）每周，对矛盾纠纷和不稳定因素进行滚动排查和每半月召开一次社会稳定形势分析研判会。坚持抓积案攻坚，按照还清历史旧账和开展积案大化解行动的要求，分批次、分时段、分区域以市委市政府“两办”、维稳领导小组、信访联席会议等名义，对排查梳理出的122件重大不稳定因素实施挂牌化解，有效化解一批亟待解决的“骨头案”“钉子案”。坚持抓机制运行，切实做好特殊敏感时段安保维稳工作，圆满完成元旦春节、“两会”“G20成都财长会议”、全省社会防控大联动、中共十八届六中全会、西博会、东盟国际博览洽谈会等多个敏感时段的安保维稳任务，实现“五个坚决防止”工作目标。在省委、省政府组织的年终检查中，攀枝花市维稳工作获得好评。

【社会治安综合治理】 2016年，各级各部门以持续提升群众安全感满意度为目标，以夯实平安创建基层基础为重点，以推进网格化服务管理工作为抓手，以构建治安防控长效机制为着力点，深入推进平安攀枝花建设。狠抓寄递物流清理整顿，严格落实“三个100%”制度，制定并下发《攀枝花市寄递企业标准化规范化建设实施意见》，寄递物流标准化建设在全省交流推广。狠抓矛盾纠纷多元化解工作。按照党政主导、综治协同、部门联动、社会参与原则，推动仲裁、行政裁决、行政复议、诉讼、调解等互为衔接联动的多元化解机制。全年，共调处各类矛盾纠纷10986件，调解成功10555件，调解成功率96.1%。狠抓网格化服务管理工作。以市委、市政府名义召开全市平安建设工作现场会，制定并印发《关于进一步健全和规范网格化服务管理工作的通知》，全市60个乡镇（街道）、129个社区、352个村实现网格化服务管理全覆盖，网格事项办理全程实行“痕迹化”管理。全市处理网格事项23.3万件，“三项重点”工作签收率均达97%以上。狠抓治安立体防控工作。坚持将社会治安立体化防控体系建设纳入攀枝花市第十三个国民经济发展计划，出台《关于加强社会治安防控体系建设的实施方案》，安装监控探头8559个（不含企业、居民自主安装），完成72个村的“雪亮”工程建设，有效弥补偏远农村地区治安防范薄弱环节。狠抓治安突出问题整治，深入开展“打黑除恶”“缉枪治爆”“两抢一盗”“打非治违”、反邪教等专项行动和治安突出问题整治，保持对违法犯罪行为打击的高压态势，侵财类、入室盗窃、“两抢”、诈骗、毒品犯罪发案同比全面下降，人民群众安全感满意度进一步提升。在省委、省政府组织的年终检查中，攀枝花市综治工作获得好评。

【服务经济社会发展】 2016年，全市政法系统认真贯彻落实《关于进一步发挥政法工作保障服务经济发展重要职能的指导意见》《政法机关保障服务绿色发展的意见》，坚持以服务科学发展为取向，自觉将政法工作融入全市发展大局，积极运用法律手段调节经济社会关系，保障和促进经济社会发展。及时预测预警民间融资、房产开发、企业改制等各类风险隐患，依法打击惩治非法集资、电信诈骗、贪污贿赂、滥用职权等各类经济和职务犯罪案件，全程跟进护航花城新区、成昆铁路复线等重大项目建设，积极主动参与“9.19”抗洪抢险、取消二滩网箱养鱼等急难险重任务，取得法律效果、社会效果的有机统一，防止经济领域的风险向社会领域传导，为全市“四个加快建设”战略实施营造良好环境。

【领导责任制】 2016年，全市政法系统牢固树立“第一责任与第一要务统筹抓”的理念，坚持把维稳综治工作摆上重要议程，纳入经济社会发展全局来研究和谋划，作为“保障工程”“民生工程”来抓，做到维稳综治工作与经济社会发展同规划部署、同研究落实、同考核奖惩。依托综治维稳领导责任制和目标考核体系，全市各级各部门都与下属单位层层签订目标责任书，逐级逐项细化分解压实责任，在全市范围内形成一级抓一级、层层抓落实的责任体系，党政领导、综治维稳信访协调、部门负责、社会协同、公众参与的“大维稳”“大平安”“大应急”工作格局初步形成。综治维稳部门切实发挥牵头组织、协调各方的职能作用，统筹各方力量和资源，先后组织开展打黑除恶专项斗争、寄递物流危爆物品整顿、农民工工资拖欠清理、护校安园、反恐防暴、禁毒防艾等专项行动，各级各部门在维护稳定、化解矛盾、平安建设等工作上既各司其职又通力合作，形成上下联动、齐抓共管的强大合力。

【法治建设工作】 2016年，全市政法机关作为推进法治建设的重要力量，坚持把推进依法治市贯穿于政法工作全过程，充分发挥政法机关教育引导、监督规范、打击保护职能，深入开展“法律七进”等活动，积极推行“菜单式”“订单式”法律服务，依法审理与民生密切相关的行政案件，全力推进预防职务犯罪工作，依法处置违法信访、非法聚集和极端个人行为，依法妥善处置奥林匹克业主聚集、出租车群体串联、富邦公司重整、钢企“9·26”专案等涉稳事件，推动依法治市取得新突破。统筹推进涉案财物管理处置、庭审实质化改革、司法人员分类管理、公安改革、司法行政改革和律师制度改革等工作，全市156名法官、124名检察官顺利入额；推动出台《被诉行政机关行政负责人出庭应诉办法》，行政机关负责人出庭上升到20%；深入开展“法律七进”及基层法治宣传教育活动200余次，查办职务犯罪60件68人，专项整改群众反映突出问题45个，推出执法司法为民便民举措216条，切实提升执法司法公信力。

【政法队伍建设】 2016年，全市政法系统认真贯彻落实全国政法队伍建设和全省政法系统“两学一做”学习教育推进会暨政法队伍建设工作会议精神，与市委组织部联合制定出台《关于进一步加强政法系统干部管理的意见》，召开全市政法队伍建设工作会议，举办“热血铸忠诚、颂歌献给党”庆祝建党95周年歌咏晚会等活动，市级政法机关轮流组织举办“政法大讲堂”，打牢政法队伍高举旗帜、听党指挥、忠诚使命的思想基础。认真贯彻落实中央“八项规定”和省委“十项规定”以及政法系统“四个严禁”，及时发现和纠正领导班子和干警队伍中出现的苗头性、倾向性问题，对领导班子成员、中层干部和干警开展谈心提醒3900余人次。与市纪委联合建立《进一步健全查处政法领导干部违纪案件信息沟通机制》，各级政法部门开展作风巡察45次，巡察单位59个，重点整顿窗口单位和一线岗位群众反映强烈突出问题42个。坚持把队伍培训融入推动政法工作全过程，分级分类有序开展队伍培训，有效解决政法干警“本领恐慌”问题。全市政法系统受省以上表彰先进集体44个、先进个人64名。

（敬　波）

市直机关工委工作

【概　况】 根据“三定方案”规定，市直机关工委机关总编制15名，其中，行政编制13名，工勤人员编制2名。工委现有书记1名（由市委常委、市委秘书长兼任），常务副书记1名、副书记3名，纪工委书记1名（由工委副书记兼任）；专职委员2名（可配备3名）。

2016年，机关党建工作以“两学一做”学习教育为契机，紧扣“服务中心、建设队伍”两大任务，在加强党员干部教育、提升机关党员队伍综合素质、增强机关党组织活力、转变机关干部作风等方面取得显著成绩。各级机关党组织和广大机关党员按照机关党建走在前、作表率的要求，围绕中心、服务大局，认真抓好“学习型机关创建”“机关党建品牌打造”“特色机关文化创建”“双联”“干部驻村帮扶”等重点工作，努力实现机关党建工作创新突破，机关党组织和机关广大党员充分发挥战斗堡垒作用和先锋模范作用，营造机关干事创业良好氛围，为脱贫攻坚等各项工作任务的顺利完成提供坚强的组织保障。

【思想建设】 以“两学一做”学习教育为契机，进一步深化学习型机关创建和学习型党组织建设等工作，抓好机关党员干部理论学习制度的落实，坚持开展机关党员思想状况分析，凝聚思想共识，构筑精神高地。并通过开展特色机关文体活动，激发党员干部干事创业内生动力。

抓好党员领导干部理论学习制度的落实。7月，工委对市直机关单位党组（党委）中心组学习以及党员学习日制度落实情况进行督促检查，并在年底进行专项考核，推动市直机关领导班子以身作则，率先垂范，不断提高领导班子和党员干部思想政治素质。

坚持开展机关党员思想状况分析。指导机关党组织开展思想动态调研，主动了解和掌握干部职工的思想反映、意见建议和关切诉求，及时化解职工思想、心理上存在的矛盾和问题，并通过基层调研、问卷调查、集中约谈、召开座谈会等多种方式，收集情况形成《攀枝花市直机关党员干部思想状况分析报告》供决策参考。

深化学习型机关创建和学习型党组织建设，深入推进“全民阅读进机关”活动。通过宣讲、举办研讨会等形式，切实抓好机关党员干部对党章党规、习近平总书记系列讲话、十八届六中全会、省委十届九次全会、市第十次党代会精神的学习领会。2016年，共发放《习近平总书记系列重要讲话精神读本（2016版）》5000册，督导市直机关单位开展习近平总书记系列重要讲话精神宣讲498次，覆盖机关干部、群众11000余人。开展“两学一做”网络活动，举办2期“党务知识大讲堂”，开展“党员大家讲”活动，带动机关党组织“每月一课”“季度大讲堂”“党建知识竞赛”等教育活动的开展。进行“微型党课”案例征集评选，征集到市直机关“微型党课”案例18个，展现学习成果。举行“在党为党、在岗有为”征文演讲比赛，收到征文80篇，22名选手参与演讲。市直机关广大党员干部通过参与“读”“听”“写”“讲”“做”的学习活动，进一步增强政治意识、大局意识、核心意识、看齐意识，增强在党为党、在岗有为意识。

打造特色机关文体活动品牌。2016年开展元旦健身跑、元宵节登山、篮球比赛、健身操（舞）比赛、“阳光花城·活力团队”冬季健身活动等规模较大的集中活动，市直机关74个部门（单位）6000余人次的干部职工参与，实现市直机关党组织和党员干部职工的全覆盖。同时，开展紧密贴近职工兴趣爱好的小型分散活动，举办为期3个月的市直机关职工才艺培训班2期，涉及声乐、太极养生、书法、茶艺、瑜伽、舞蹈等多个项目，300多名干部职工参与；举办1期健身操（舞）骨干培训班，市直机关60多个部门（单位）100余名学员参训；在机关坚持开展“快乐工作·健康生活”羽毛球、乒乓球等文体兴趣小组活动，有效地丰富市直机关党员干部职工的业余生活，提升机关党员干部职工的文体修养。通过特色机关文体活动品牌打造，活跃机关氛围，激发党员干部干事创业内生动力。

开展“绿化美化家园·共建阳光花城”活动。号召市直机关单位和党员干部积极参与阳光花城风貌打造，对办公楼、家庭进行花景营造和立体绿化美化，机关26家单位400余户党员干部职工率先垂范，投入资金近70万元，为阳光花城魅力形象增辉添彩。2016年，市直机关工委被评为2016年度全省城乡环境综合治理“进机关”活动先进单位。

【组织建设】 扎实开展“两学一做”学习教育，切实加强机关党组织换届、党员发展、教育培训、党建品牌创建等工作，严肃规范党内政治生活，夯实执政基础，增强机关党组织凝聚力、号召力和战斗力。

夯实基层组织基础。加强基层党组织新成立及换届工作的指导与督促。建立《市直机关党组织换届工作提醒台账》，2016年指导新成立党组织25个，党组织改建3个，指导104个机关党组织完成换届，81个机关党组织换届实施公推直选。加强党务干部的选拔、培养、使用、交流。新配备专职书记3名，兼职书记9名，专职副书记4名，完成2名专职书记的考察任务。截至2016年12月底，市直机关共配备专职书记25名，专职副书记18名，兼职书记339名；3名专职书记试用期满按期转正，5名专职书记年度考核被评为优秀等次。为提升党务干部工作水平和能力，年内分两批组织120名机关党组织书记赴外地开展党务培训，对市直机关纪委书记、纪检委员进行培训。有针对性地对烟草、商行、国税等单位党务干部按需施教开展专题培训，受到基层党组织的欢迎。做好党员发展工作，严把“入口关”。坚持举办市直机关“在党旗下成长”入党积极分子培训班，4月组织103名机关事业单位干部职工参加积极分子培训。严格落实发展党员公示、票决、预审、记实和责任追究等制度，切实做好新发展党员的审核审批及预备党员转正工作，2016年新发展党员35名，预备党员转正39名。

严肃党内政治生活。扎实开展“两学一做”学习教育，坚持以上率下、领导示范、分类指导，推动“两学一做”融入日常、抓在经常。认真落实“三会一课”、民主评议党员、党员领导干部带头参加双重组织生活等制度，开展习总书记系列讲话及党章、党规的学习和专题讨论，抓好党员领导干部带头讲党课等工作。认真开展党员示范行动和“一句话”承诺，评选表彰一批共产党员示范岗、示范团队、示范党组织。深入开展弘扬“三线”精神，传承攀枝花精神活动，6月25日组织上千名机关党员参加“重温入党誓词、传承三线精神”主题活动暨攀枝花中国三线建设博物馆授揭牌仪式活动。做好三项整改“回头看”及问题查找整改工作，构建常态长效机制，制定关于推动干部联系群众常态化、长效化的工作方案，党内政治生活更加规范。

推进机关党建品牌创建工作。印发《关于进一步开展市直机关党建品牌创建工作的意见》，制定《攀枝花市直机关党建品牌创建管理暂行办法》，推进机关党建品牌创建工作制度化、规范化。2016年，选树市林业局“绿色先锋·美丽花城”、市城管局“煤气总公司党员服务队”、市水务局“水润花城”等5个项目为首批重点打造的党建品牌项目。4月21日，举办“两学一做”市直机关党建品牌建设观摩活动，以现场观摩和座谈交流的形式，展示首批机关党建品牌建设成果。建党节期间，借助攀枝花日报平台推出“在党旗下奋进——市直机关‘五彩花城党建’品牌创建风采录”专栏。通过推荐、宣传、选树等活动的开展，机关涌现出一批先进典型，激发机关党组织和广大共产党员服务中心、服务基层、服务群众的示范带动作用，确保机关党组织在“两学一做”学习教育中走在前、做表率。

抓好机关党组织开展“两学一做”学习教育的督查督导。通过在机关党组织中开展专题辅导、党建重点工作专项检查、党组（党委）中心组学习制度、党员学习日制度及党内政治生活制度执行情况的督查与考核，推动市直机关“两学一做”学习教育抓实抓好，把从严治党的各项要求落实到思想和行动上。

做好市第十次党代会代表的推荐选举工作。9月9日，共选举产生110名市直机关出席市第十次党代表大会代表，圆满完成市委交办的党代会代表选举任务。

【制度建设】 落实党建主体责任，加强机关党组织对党建工作制度的落实和机制的执行，推动机关党建工作落到实处。

落实党建主体责任。加强机关党组织对《中国共产党和国家机关基层组织工作条例》《四川省〈中国共产党党和国家机关基层组织工作条例〉实施细则》和市委《关于进一步加强和改进新形势下机关党建工作的意见》中所要求的责任体系、运行机制、考评机制和保障机制的执行，强化机关党组织对《市直机关基层党组织书记工作职责》的执行，强化机关党建目标考核，开展市直机关党组织专职书记年度述职述廉测评，全力推动年度目标任务的有效落实。

强化《工委县级领导干部联系指导基层党建工作制度》执行。工委县级领导干部牵头对市直部门（单位）74个直属党组织进行分类指导，推动机关党建工作和“两学一做”学习教育落到实处。

开展党建重点工作专项检查。2016年，对市直机关党组织党建工作责任制落实情况、党员组织关系排查情况、党费收缴情况、党代表和党员违纪违法处理情况、党员档案管理情况等11项党建重点工作进行专项检查，推动机关党建工作制度化、规范化、科学化建设。

落实关心、关爱党员机制。坚持做好生病住院党员和去世党员家属走访慰问工作。为272名生病住院党员和去世党员家属发放慰问金7.5万余元。加强机关离退休党支部的建设及党员的管理和服务，机关党组织及时划拨离退休党组织活动经费，保证离退休党组织和党员学习、教育活动和正常开展。

【作风和反腐倡廉建设】 不断巩固“四风”问题专项整治工作成果，推进机关党员干部作风转变。认真落实“两个责任”，狠抓反腐倡廉建设，营造风清气正的机关干部职工干事创业环境。

巩固市直机关“四风”问题专项整治工作成果。抓好机关对中央“八项规定”、省“十项规定”要求的长期贯彻落实，抓好《市直机关党员干部行为规范》的落实，巩固市直机关“四风”问题专项整治工作成果。

坚持联系基层制度。在“两学一做”学习教育中，领导干部带头示范，认真落实联系重大项目、贫困村等制度，深入基层党支部和联系点讲党课，深入贫困村指导脱贫攻坚项目实施，为群众排忧解难，广大党员干部服务基层、服务群众意识不断增强，机关工作作风得到切实转变。

抓好反腐倡廉建设。开展党纪党规教育及廉政教育，深化廉政文化“进机关”活动，组织观看警示教育片，抓好《廉洁自律准则》《纪律处分条例》《中国共产党问责条例》《关于新形势下党内政治生活的若干准则》《党内监督条例》等党规的集中学习和专题辅导。2016年通过开展“传家风、立家规、树新风”活动，廉政家庭文化建设进一步加强，共推报家风故事、家训格言、家书手札58篇，拍摄廉政家教微电影1部。开展市直机关违规收送礼金问题专项整治，59个单位填报书面承诺书，12人次上交礼金2.92万元。加大办案惩处力度，抓好或协助市纪委抓好机关党员干部违纪案的办理，全年办案3件，结案3件，4人受到党纪处分，其中给予开除党籍处分2人，给予警告2人。

【“双联”、干部驻村帮扶及联系群众工作】 通过抓好“双联”、干部驻村帮扶、“走基层·送温暖”、志愿服务等联系群众工作，实现机关党员干部在服务大局、服务发展、服务基层、服务群众方面有作为,在脱贫攻坚等中心工作中走在前、做表率。

纵深推进"双联"和干部驻村帮扶工作。注重整合资源,统筹推进。将原有的市级领导及市级部门(单位)的"双联"工作联系点与精准脱贫工作联系点进行整合,同时"双联"工作联系户也全部调整为干部所在单位联系村的省级贫困户。既明确帮扶工作重心,又集合优势资源,各帮扶部门凝聚工作力量,集中让70个贫困村脱贫"摘帽"。2016年,全市70个贫困村共有282名联系领导、292个帮扶单位、70个驻村工作组、345名驻村干部,全市5319户建档立卡贫困户均有帮扶责任人结对帮扶。有11979名干部职工走访贫困户9477户,提出意见建议11180条,解决实际困难4294个,直接落实帮扶项目1498个,帮扶资金8000余万元。注重制度落实、强化管理。建立干部驻村反馈、评价、督查、通报和召回制度,建立驻村工作组日常工作登记、管理和考勤制度,建立驻村干部关爱机制,不定期以电话抽查、实地走访、查看资料等方式对驻村干部进行督查,累计调整和更换150多名驻村干部,召回2名不适应工作的驻村干部;实施目标考核,将干部驻村帮扶工作与"双联""万名干部直接联系服务群众"工作列入对各县(区)、钒钛高新区管委会和市级各部门(单位)的年度目标考核,对联系领导、帮扶单位、驻村工作组"三个一"帮扶力量落实情况进行考核,全省"五个一"帮扶力量迎检考核工作顺利完成。2016年,通过对70个贫困村干部驻村帮扶工作的蹲点调研督导及召开驻村工作组组长述职交流会,及时发现问题、纠正问题、总结经验做法,形成调研报告供决策参考。注重氛围营造、主动作为,开展"我为脱贫攻坚建言献策"活动,收到150篇来稿,征集脱贫攻坚工作好点子、好建议、好经验。开辟"脱贫攻坚、干部驻村在行动"专栏,编发简报信息64期,省脱贫攻坚办采用2期,省驻村办采用9期,其他媒体网络采用6期,有2期得到市委、市政府领导的肯定,一些好的做法被省上综合大型材料采用,形成人人知晓、人人支持、人人参与脱贫攻坚的好氛围。

推动全市"走基层·送温暖"活动。发动市直机关各部门(单位)在春节前后为结对联系户、城镇和农村困难户等送去慰问金及物资计90余万元;指导各级帮扶部门和县(区)为1.8万余名困难群众送去棉衣6132件、棉被9780床。

扎实开展工委机关精准帮扶贫困村工作。市直机关工委积极开展结对帮扶,指导帮扶村格萨拉乡上村村实施脱贫规划、争取项目资金、推进项目建设,助推上村村顺利完成2016年脱贫攻坚任务。并积极开展"金秋助学"行动,向省直机关工委争取资金,发放助学金10.58万元,帮助上村村结对困难户、城市结对困难职工和党员家庭中的93名贫困学生完成学业。

积极开展市直机关志愿服务工作。坚持把机关党员干部开展志愿服务与城乡环境综合治理"进机关""五创联动""全国文明城市创建"、脱贫攻坚等工作相结合,依托市直机关志愿服务大队、党员突击队、党员义工队,深入机关、社区、农村开展卫生整治、文明劝导、助学助残等志愿服务活动。2016年新增机关志愿者136名。635名机关干部通过"众筹时光·情系桑榆"志愿服务活动平台,在线捐赠"爱心时间"1300小时,开展爱老助老、尊老孝老、亲情陪伴、爱心帮扶等主题志愿服务活动。在2016年创建全国文明城市迎检工作中,69个单位2000余人次机关干部分批在市中心区域19个主要交通路段、路口集中开展文明劝导活动和全国文明城市宣传工作,充分发挥机关党员干部在全国文明城市创建中的示范引领作用。工委被市创文指挥部评为2016年度全国文明城市实地考察工作先进单位和全国文明城市网上申报工作先进单位。

【统战、工会、共青团、妇女工作】 坚持统筹兼顾,大力加强统战群团工作,机关统战工作稳步推进,工、青、妇等群团组织充分发挥联系群众、服务改革发展的桥梁纽带作用。

稳步推进机关统战工作。加强与市直机关无党派重点代表人士的联系,动员他们积极建言献策。做好市直机关优秀党外干部的调查统计和推荐工作。协助市委统战部、侨联、侨办和台办举办好"三胞三属"中秋茶话会。

全面抓好机关群团工作。工会工委认真开展弱势群体关爱、困难职工联系帮扶、女职工关爱、劳模关爱等各项工作,切实维护机关职工合法权益。团工委积极组织开展形式多样的"五四"青年节纪念活动、"五创联动"青年志愿服务活动、团干部直接联系服务青年工作,在服务青年成长、成才方面取得明显成效。妇工委带领机关妇女组织深入开展巾帼建功、巾帼文明岗创建、家庭教育、家庭文化建设工作,在服务大局、服务妇女方面取得明显成效。市直机关关工委充分发挥"五老"优势,在青少年和贫困孩子中开展思想道德教育、法制教育、亲子活动、助学助困等关爱活动,在教育、引导、关爱、保护青少年方面取得明显成效。

(杨馥榕)

信访工作

【概　况】 2016年，全市共有专门信访机构11个，市委群工局（市政府信访局）领导班子职数一正二副，一名副县级纪检员，内设机构为四科一室一中心（办公室、接访科、办信科、督查督办科、网络投诉科、"12345"市民热线受理中心），全局共有行政编制11名，工勤编制2名，事业编制7名，科级领导职数6名，因领导班子调整其分管工作也作相应调整。全市5个县（区）均设立县（区）委群众工作局（政府信访局）及群众工作中心（副科级事业单位），共有行政编制16名，事业和工勤编制30名；在市级部门中，市人大、市政协、市纪委、市公安局、市人社局、市国资委内设机构中设置有专门的信访科（室），配备专职信访工作人员；攀钢、攀煤、十九冶、钢企、电力等五大企业设有专职信访机构及工作人员。

市、县（区）、乡（镇）三级党政部门和有关企事业单位共配备专兼职信访干部1087人，其中专职信访干部189人、兼职信访干部897人，硕士研究生14人，大学本科654人，大专及以下419人；35岁及以下329人，36～49岁739人，50岁以上19人，干部队伍年龄结构、学历层次趋于合理，综合素质较高。

2016年，全市面对严峻的信访形势，在市委、市政府的正确领导下，全市信访系统切实发挥职能作用，以积极的态度，务实的作风，按照"两学一做"要求，信访工作成效明显，为全市改革和发展创造了稳定和谐的社会环境，受到省信联办、市委、市政府的充分肯定。市委群工局（市政府信访局）获年度信访工作先进集体一等奖、全省信访系统"三查三促三争当"活动先进集体、完成2016年度全市维护社会稳定工作目标先进单位、"六五"普法先进单位等称号。

群众走访：2016年，全市两级信访部门受理群众来访1997批次14948人次，其中，市本级接待群众走访939批次9434人次，同比批次下降39.4%、人次下降0.1%。其中，集体访292批次8066人次，同比批次下降28.8%、人次上升6.0%；个人访647批次1368人次，同比批次下降43.2%、人次下降25.4%；聚集到市委、市政府门口上访207批次6519人次，同比批次下降46.1%、人次上升11.1%。

群众来信：2016年，市委群工局共办理来信490件，较2015年比较基本持平，其中：办理群众来信284件，同比上升8.0%；办理省转信200件，同比下降13.4%，办理省级交办信6件。群众向市政府申请复查复核信访事项33件，33件全部办结，其中不予受理16件；受理17件。

网上信访：2016年，市委群工局（市信访局）受理网电信访17167件次。其中，人民网地方领导留言161件，同比上升187.5%，办结率为100%；四川省网上信访信息系统信件331件，同比上升86%，办结率为100%。"市长信箱"信件2747件，同比下降20%，办结率为100%；"12345"市民热线来电来信13928件，同比上升13.6%，办结率为100%。

进京到省上访：2016年，全市群众到省上访78批次119人次，同比批次上升23.8%、人次下降4.8%，其中，集访4批次26人次，同比批次上升33.3%、人次下降66.7%。全市群众进京上访67批次79人次，同比批次上升55.8%，人次下降6.0%（其中非访19批次25人次，同比批次上升58.3%，人次上升92.3%；越级访34批次40人次，同比批次上升183.3%，人次下降23.1%；进京重复访26批次27人次）。

领导接访下访情况：2016年，市领导接待群众来访96批次1220人次，市领导包案化解信访积案176件次。

市领导接访事项及重点案件督办情况：2016年，市委群工局（市信访局）下发市领导接访督办通知38份，督办市领导接访案件40件；收到各相关涉事单位回复案件25件。

积案难案办理情况：省信访局交办的信访积案95件全部办结化解，全市自行排查挂牌督办的涉稳和信访积案81件已全部办结化解。省领导"走基层"联系攀枝花市交办的3件信访案件，全部办结化解。

2016年，在重大节日、全国全省全市"两会"、"G20杭州峰会"等重要敏感期间，攀枝花市超前谋划，主动作为，细心安排，全力做好特殊敏感时期信访维稳工作，确保社会和谐稳定。

存在的主要问题：信访总量仍然偏大，到市、赴省、进京非正常上访时有发生；新的信访问题不断产生，老信访问题偶有反复；解决信访问题的难度大，特别是一些重访、缠访、闹访现象明显加剧；信访人员稳控难，重点积案难以化解，维护社会稳定的潜在风险加大。

【矛盾纠纷排查化解】 2016年，按照"强化源头预防，落实信访责任，及时就地化解矛盾"的目标要求，加大矛盾纠纷排查，强化初信初访，推行逐级走访，加大协调力度，最大限度把矛盾化解在初始、消除在萌芽状态。2016年，共组织县（区）和市级单位（部门）先后开展排查9次，梳理排查矛盾纠纷1175件，就地化解903件，提出信访建议意见98件次，向党政领导提供信访工作信息71件次，从源头、从基层、从初始有效解决一大批信访问题和热点难点信访问题。

【积案难案化解】 2016年,市委群工局高度重视信访积案化解,根据案件办理难易程度,将各项目标任务进行细化分解,制定积案化解推进日程表,全力推进积案攻坚化解;采取现场督查,实地走访、分析研判、约谈督办、通达通报等方式加大案件办理的督查督办力度,市信联办每月向市、县(区)党政领导通报积案办理化解情况,并组织有关部门对信访积案化解进行实地督查督办,推进信访积案办结化解,省上交办的95件信访积案和市上排查的81件信访积案全部办结化解。积极争取中央特殊疑难案件资金60万元,化解特殊疑难信访案件19件。有效地减少信访存量、控制信访增量,成效十分明显。

【领导接访下访】 2016年,市委、市政府高度重视领导干部接访下访工作,由市委、市政府两办印发《关于进一步加强领导干部定期接待群众来访工作的通知》,市信联办印发《2016年市领导定期接待群众来访时间安排表》,进一步明确市、县(区)两级党委、人大、政府、政协主要负责人及班子成员接待群众来访时间及要求。全年,市、县(区)两级领导共接待信访群众368批次5082人次,市领导接待群众来访96批次1220人次,市领导包案化解信访积案176件次。领导接访的大部分信访问题得到切实解决。

【"三无"创建活动】 2016年,全市上下深入贯彻中央、省委、省政府和市委、市政府关于信访工作决策部署,坚持法治思维和法治方式,进一步规范信访工作秩序,完善群众诉求表达机制,全力抓好进京赴蓉上访人员的教育劝返,实现了基层基础更加牢固,源头防范更加有力,教育稳控更加有效,进京赴蓉明显减少的目标,进京非访保持在控制范围内。全年教育劝返33批54人次,排查稳控重点人员1342人次,全面确保了重大活动及特殊敏感时期平安稳定。"三无"创建活动的开展,减少了越级上访,降低了进京非访,为控制信访上行起到了积极的作用,有效地将"三无"数据指标控制在省下达目标指数范围内。

【"12345"市民热线】 "12345"市民热线以"一号对外,集中受理、归口办理、统一监管、分别回复、分类选登"的方式办理、回复市民来电来信,解决市民日常生活一般性求助、各类建议和诉求、投诉举报、政策法规咨询。2016年,"12345"市民热线共接到群众来信来电件13928件,办结13928件,办结率达100%。

对"12345"市民热线来电来信、"市长信箱"群众来信等重要信访情况,及时收集、研判,并通过《群工专报》《每月信访情况通报》等形式反馈给县(区)党委、政府主要领导,分管领导和涉事部门,及时向党委政府和涉事责任主体单位提供快捷准确的信息,把各种已经显现的或潜在的矛盾隐患解决在初期,全年共编发各类情况通报19期。

【信访事项复查复核】 2016年,市委群工局积极探索创新复查复核工作方式方法,建立协商机制,提升信访事项复查复核案件办理质量。严格按照《信访条例》和攀枝花市人民政府《规范市级信访事项复查复核暂行办法》的规定,对申请复查复核信访事项审查把关,加强业务指导,规范责任单位的办理程序,全年复查复核委员会办公室受理复查复核信访案件33件,其中出具复核意见17件,出具不予受理告知书16件,息诉息访率达93.8%,有效规范信访秩序。

【信访信息化建设】 2016年,市委群工局在已建成开通的市民热线、"市长信箱"的基础上,建成开通了信访局门户网站和网上信访投诉平台,实现"网、信、电、访"网上受理和办理。至年底,全市已全面完成接入全省网上信访信息系统工作,实现信访信息系统市、县(区)、乡镇(街道)三级运用全覆盖。四川省网上信访信息系统建设在市委、市政府的领导和省信访局的大力指导支持下,通过不断调试、人员培训、改版联机调试等工作,于6月8日在全市全面推广应用。市委群工局加快推进市、县(区)、乡镇(街道)三级视频接访系统建设,至年底,市级中心管理平台、市、县(区)视频接访系统建成并投入使用。

【"接访大厅"建设】 2016年,市委群工局克服多方困难,全面推进"接访大厅"建设。总投资200余万元的群众接访大厅全面建成投入使用,改善了接访条件和办公条件,为来访群众提供良好的环境。

(严秀英)

对台工作

【概 况】 中共攀枝花市委台湾工作领导小组办公室(简称市委台办)为中共攀枝花市委台湾工作领导小组的常设办事机构,挂攀枝花市人民政府台湾事务办公室(简称市台办)牌子,主管全市的对台工作。市委台办内设2个科,有机关行政编制5名、后勤事业编制1名。2016年,市委台办有职工13人,其中在职职工4人、退休职工9人。

全市对台系统认真贯彻落实中共十八大、十八届四中、五中、六中全会精神,习近平总书记系列重要讲话精神,省委十届八次和市第十次党代会,中央和省委关于对台工作的决策部署,紧密结合攀枝花实际,不断强化对台经贸合作、对台交流交往、对台宣传和教育工作,热忱为台胞、台属、台资企业服务,为促进祖国和平统一大业和攀枝花在全省率先全面建成小康社会的发展战略做出积极贡献。

截至2016年年底,攀枝花市有台资企业16家,注册资金1127.91万美元,实际到位资金8084.37万美元。

【准确把握对台工作大局】 2016年,市委台办把学习贯彻中央和省委对台工作决策部署放在首位,及时向市委、市政府分管领导汇报中央、省委对台工作新要求、新部署。召开专题会议,认真学习领会习近平总书记关于对台工作重要讲话精神以及全国、全省对台工作会议精神,进一步认清形势,明确任务,不断增强做好对台工作的责任感和使命感。6月,市委台办与市委宣传部召开正确使用涉台宣传用语培训会,全市对台、统战、网宣部门和新闻、旅游、接待、文化等单位30余名负责人参加会议。9月,向全市"五侨"部门负责人及民革市委党员、统一战线成员作《台海形势与两岸关系》报告,传达中央对台大政方针,统一思想认识。

深入走访调研台资企业,向在攀台企、台商宣讲《中华人民共和国反分裂国家法》《中华人民共和国台湾同胞投资保护法》等法律法规和对台方针政策,宣传国家、省、市法制建设情况,欢迎台企、台商在"一个中国"的框架内,在攀依法经营、投资兴业。深入开展台胞台属走访慰问活动,给他们送去党和政府关怀的同时,宣传中央最新对台方针政策,介绍两岸最新形势和攀枝花经济社会发展的新成就,希望他们多加强与台湾亲友的联系,传递"两岸一家亲"理念,欢迎其台湾亲友来攀探亲、考察交流。

【攀台经贸合作】 2016年,市委台办紧紧围绕全市对台经济工作要有"三个新的进展"(在引进台资企业数量上取得新的进展,在引进台资企业质量上取得新的进展,攀台在现代农业、现代服务业、机械加工领域合作上取得新的进展)目标,结合攀枝花的资源禀赋和产业优势,加大工作力度,搭建新的平台,务实推进攀台经贸交流合作。

加强工作调研,掌握台企经营现状。开展"服务台商大走访季"活动,对在攀的台资企业逐一走访。重点了解台资企业(项目)投资情况、生产经营状况、享受优惠政策、劳动用工以及企业在发展中遇到的困难和问题。8月,市委副书记、代理市长李建勤前往盐边县调研部分在攀枝花的台资企业,强调支持鼓励台资企业发挥优势、调结构、创品牌,为推进攀枝花市特色产业发展起到示范带动作用;深化对台合作,加大对台经贸,创新服务方式,实现地企共赢。9月,攀枝花市遭受强降雨灾害,部分台资企业的生产生活设施不同程度受损。市委台办多次深入调研企业受灾及灾后生产生活情况,要求台企切实加强安全生产,并积极协调所在地的统战、农业、水务等部门现场评估灾情,研究解决方案并及时争取政策支持,帮助受灾台企恢复生产、渡过难关。

加大协调服务,助推台企稳健发展。积极帮助四川景茂盛农业科技开发有限公司、攀枝花逸品敲冰巧克力庄园有限公司协调帮扶资金,协助解决与村民的矛盾纠纷,督促其加快建设进度,打造特色品牌;协调有关单位,帮助台湾敏盛长辈照护中心金域阳光店化解民事纠纷。2016年,四川景茂盛农业科技开发有限公司对园区基础设施进行完善,引进芒果、释迦、杨桃等台湾优良水果品种6个,栽种辣木、芒果1万多株,完成投资200多万元。逸品敲冰巧克力庄园已打造成具有台湾特色的休闲观光农业示范点,游客络绎不绝,外地台商纷纷前来参观考察。9月,来自台湾、成都等地参加康养旅游产业发展高级研修班的授课专家及学员110余人冒雨参观,赞不绝口。阳城金海旅游投资有限公司与台湾敏盛医院携手深度合作,成为攀枝花发展阳光康养产业的示范企业,正在共同打造泰国都喜普达养生村内的养老与养生项目。

搭建新的平台,助推现代农业发展。4月,台湾海峡两岸农业协会理事长蔡胜佳率领台湾农业、渔业、兰花种植等方面的专家到攀参访。市委台办积极做好相关工作,协助配合攀枝花盐边台湾农民创业园管委会与台湾海峡两岸农业协会签订《农业合作战略框架协议》。双方约定,今后双方将通过加强交流,在科技创新、人才培养、休闲农业和农产品精深加工等方面开展深度合作,通过合作,谋求互利共赢。同时,建立高层沟通机制,定期通报各自最新发展情况,共同研究重大战略合作项目。

【对台交流交往】 2016年,市委台办始终把交流交往作为攀台之间的桥梁和纽带,在做好赴台公务交流项目的基础上,奋力开拓创新,深入推进两岸教育、文体、医养、旅游等领域交流合作制度化。

开启高校合作模式。2016年,经民革中央副主席郑建邦牵线搭桥,台湾健行科技大学相关人士到攀枝花参访。市委台办积极助推攀枝花学院与台湾健行科技大学成功签约。两校将定期组织教师进行交流互访、学习考察及讲学,不断增进双方的了解与合作;共同开展教学管理、人才培养方案制订、课程设计、教材开发、教学团队建设和网络教学资源共享等方面的交流;两校将面向社会需要,在技能型人才的培养等方面深入开展交流与合作,共同开展师生交流,实施短期的学生研修等活动。

开展赴台交流合作。2016 年,市委台办组织“盐边县休闲观光农业学习考察团”和“攀枝花市城市管理和再生资源利用考察团”2 个团组赴台交流,学习借鉴台湾现代农业、城市管理的先进理念、服务模式和管理手段,着力加强对台湾相关协会、企业的对接力度,积极邀请台商来攀考察、洽谈,助推攀枝花经济建设和社会文化事业加快发展。

开展文体交流活动。10 月 20—25 日,由中国、日本、韩国、印度、中国台北 5 支队伍参加的第六届亚洲青年女子垒球锦标赛,在盐边红格训练基地举行。经过激烈的角逐,最终中国台北队夺得冠军。赛事的成功举办,推动攀枝花阳光体育和康养产业的发展、品牌赛事的打造、攀台两地体育产业、文化和青少年的交流互动。12 月 2—3 日,中国・四川第二届森林康养(冬季)年会在攀枝花市举行。台湾大学的江博能、梁治文教授,海峡两岸投资协会副会长、农业协会副秘书长许安邦受邀参会。其间,围绕“沐浴花城阳光・共享森林健康”主题,梁治文教授作题为《疗育之森—台湾森林的新使命》的发言,和嘉宾们交流研讨森林康养的新机遇、新思路和新业态。

开展扶贫助困活动。争取到台湾中航集团董事长彭荫刚先生助学金,按照彭荫刚先生的意愿,及时将 3 万元助学金发给仁和区、米易县、盐边县的 50 名贫困小学生。

【对台宣传和涉台教育】 2016 年,市委台办紧紧围绕中央、省委台办和市委、市政府中心工作,以活动、项目为抓手,充分展示攀枝花良好形象,着力提升阳光花城、康养胜地、钒钛之都在岛内的知名度和美誉度。

借助赴台机会,宣传攀枝花。利用公务团组赴台和参加经贸活动等机会,将宣传介绍攀枝花市情和项目的资料信息送到岛内。特别是利用因公赴台团组在台期间的契机,召开专题座谈会、推介会,重点介绍攀枝花市情以及发展特色农业、康养产业等的有利条件、发展前景等,推介攀枝花良好的投资环境。

借助央视平台,推介攀枝花。4 月,经省委台办协调,中央电视台摄制组马翔宇导演一行到攀枝花拍摄盐边台湾农民创业园,多角度宣传攀台两地农业合作成效。市委台办积极协助拍摄组先后在盐边台创园的 5 万亩芒果基地、台创园核心区的益民乡垭谷村、红格镇红格村拍摄芒果、莲雾种植情况和特色农产品冷链物流产业园建设现场,拍摄台企四川百津园农业技术开发有限公司芒果深加工厂的建设情况、逸品敲冰巧克力庄园、攀台康养产业合作项目—台湾敏盛长辈照护中心金域阳光店、三线建设博物馆等。拍摄内容作为川台农业合作成果专题片的重要组成部分。后期,将在中央电视台、四川电视台和省内的一些重要涉台交流活动上展示播放。

借助台湾媒体,展示攀枝花。4 月,台湾“中视”《大陆寻奇》栏目摄制组走进攀枝花,聚焦中国钒钛之都、非物质文化遗产、阳光康养、特色美食、特色农副产品等,在攀枝花进行 10 天的采访拍摄。6 月,该电视系列专题节目在台湾“中视”播出,反响良好。9 月,《台商》月刊记者到攀枝花采访台资企业—攀枝花逸品敲冰巧克力庄园有限公司,寻访攀枝花特色农业。年内《魅力城市—攀枝花》电子书刊持续上线,阅读量达 16 万人次,读者主要为台湾台胞,也包括美国、加拿大、法国、澳大利亚等国家的华人。

2016 年,市委台办被省台办评为“2016 年度四川对台宣传工作先进单位”。

【队伍建设】 2016 年,市委台办坚决贯彻全面从严治党要求,积极开展“两学一做”学习教育,加强对台干部队伍建设,以严的精神、实的作风抓好对台工作的落实。

以“四讲四有”为标准,以习近平总书记关于对台工作的有关论述为根本指针,教育引导对台干部,进一步坚定理想信念,加强党性修养;进一步增强政治意识、大局意识、核心意识、看齐意识,坚定正确的政治方向;进一步强化宗旨观念,勇于担当作为,发挥先锋模范作用;坚决贯彻中央对台工作的决策部署,克难前行、勤奋工作,着力锻造一支为民、务实、清廉、高效的对台干部队伍。

树立鲜明正确的选人用人导向,按照民主、公开、竞争、择优原则和干部培养选拔等的相关规定,着力加大干部交流力度,严格按照组织决策程序、标准和相关纪律要求,向组织推荐 1 名中层干部,该名干部被组织提拔到市委党校任副县级纪检员、校委委员,1 名中层干部提任台办副调研员。

市委台办领导班子以“严”的精神、“实”的作风,积极配合市委统战部,深入帮扶的蚂蟥箐村,实地入户摸底调查。根据贫困户的实际需求,配合市委统战部等单位,协助蚂蟥箐村编制扶贫项目规划,明确受益对象、实施内容、投资规模、进度安排、责任分解等,做到每一项工作内容都准确无误,并根据不同贫困户的具体脱贫需求量体裁衣、因户因人施策,落实具体帮扶措施,明确时间进度和责任主体,做到一户一本台账。台办积极争取台湾中航集团董事长彭荫刚先生支持,为帮扶的蚂蟥箐村的 30 名贫困小学生争取到助学金 18000 元,并及时发放到每一名受助学生手中。与此同时,按照要求,认真开展“走基层、送温暖”活动,与市委统战部共同为帮扶的蚂蟥箐村的老党员、孤寡老人、残疾人、“五保户”等特殊困难群体送去 25 套过冬棉被、3 件冬大衣等共计 8000 元的过冬物资。

2016 年,市委台办继续保持“四川省文明单位”称号。

(赵雪松)

党校工作

【概　况】 2016年攀枝花市委党校、攀枝花行政学院、攀枝花社会主义学院(以下简称校院)有职工59人(含离岗待退2人,人大任职1人),副教授13人(含离岗2人,副研究馆员2人)中级7人(馆员2人),初级4人(助教3人,助馆1人)。内设15个科,即办公室、组织人事科、科研科、图书馆(信息技术部)、机关党委办公室(工会)、继续教育科、联络科、后勤管理科、教务科、公务员(党外人士)培训科、党建党史教研室、经济学教研室、行政学教研室、哲学文化教研室、科社法学教研室。

2016年校(院)有攀枝花市学术和技术带头人后备人选2人(王跃、代发君),攀枝花市有突出贡献优秀专家1人(罗莲),攀枝花市级优秀人才示范岗1人(罗莲)。校院第七届校学科带头人1人(罗莲)、校院专业技术骨干1人(冯国权)、校院优秀青年教师校1人(代发君)。

2016年校(院)完成26个培训班次,轮(培)训学员2214名。

2016年校(院)教研人员发表各级各类理论文章28篇,立项、完成各级各类课题9项。

2016年校(院)远程学习中心被国家发展和改革委员会西部开发司授予“中国西部开发远程学习网优秀学习中心”称号。王川被授予中国西部开发远程学习网“优秀工作人员”称号。

2016年校(院)积极开展“双联”活动和精准扶贫。对“双联”活动和精准扶贫对口乡村中确定的帮扶对象、湖光社区困难党员等进行看望和慰问,帮助他们解决生产、生活中的实际困难。定期看望慰问身患重症和家庭生活困难的党员及职工。

积极开展关爱下一代工作。组织校(院)30名特殊青少年开展观影活动,进行爱国主义宣传教育。全年2次为米易县草场乡明德小学30名困难学生送去学习用品、科普读物和助学金。

【干部培训】 围绕党委政府中心工作,搞好干部教育培训,充分发挥校(院)在干部培训教育中的主渠道、主阵地作用。

2016年完成26个培训班次,轮(培)训学员2214人,其中:举办攀枝花市贯彻“十三五”规划专题研讨班1期,培训时间为5天,共培训学员74人。攀枝花市优秀干部人才递进培养第四期培训班1期,培训时间为1个月,培训学员79人。举办县(处)级主要领导干部读书班1期,培训时间为4天,共培训学员85人。在延安举办县级领导干部“两学一做”学习教育培训班1期,培训时间为5天,共培训学员49人。在浙江大学举办攀枝花市“五大发展理念”专题研讨班1期,培训时间为55天,共培训学员56人。举办市管新任职领导干部培训班22期,培训学员102人。举办东、西区优秀干部人才递进培养第四期培训班1期,培训时间为1个月,培训学员77人。举办全市政法系统“两学一做”学习教育暨“双百”活动宣讲培训班1期,培训时间为22天,培训学员133人。举办“提升扶贫攻坚能力、做人民满意公务员”主题培训班15期,共培训学员1480人．举办党外人士民主党派入党积极分子培训班1期,培训学员49人。举办攀枝花市烟草公司后备人才干部培训班1期,培训时间为1个月,培训学员30人。

抓好主业主课教育,加强党性教育和政治理论教育。在主体班深入开展理想信念、道德品行、法治思维、反腐倡廉教育。市管新任职领导干部培训班设置“学习贯彻十八届六中全会精神”“学习贯彻《中国共产党党组工作条例(试行)》等党内制度规定”“干部选任监督及干部日常监督管理工作的有关问题”专题,在优秀干部人才递进培养第四期培训班中设置“党内政治生活有关制度解读——党内民主生活会、党组织换届有关规定”“《中国共产党廉洁自律准则》与《中国共产党纪律处分条例》解读”专题。

【继续教育教学管理和招生】 继续开展学历教育,做好在职研究生、省干函院东财网络学院的招生、教学管理和考试工作。完成研究生三个年级共135人的教学管理及考试工作。完成东北财经大学网络学院攀枝花分院161人的教学管理和考试工作。

2016年党校在职研究生招生报名90人,录取13人,与2015级录取的18人合并开班;东北财经大学网络学院攀枝花分院报名录取新生54人。

【科研工作】 课题研究和成果发表。全校教研人员立项各级各类课题9项,包括立项省哲学社会科学“十三五”规划2016年度市州项目1项,立项并完成省社科联2016年度基层社科联哲学社会科学研究课题1项、省委党校重大研究课题(市州项目)1项、省委党校调研课题6项。全年,全校教职员工发表各级理论文章28篇,其中省级公开刊物发表12篇、市级刊物16篇。在攀枝花市第十二次哲学社会科学优秀成果评奖活动中，市委党校5项成果获优秀成果奖。其中，论文《执政规律探索的中国路径》《加强城市社区党组织书记队伍建设的新探索》和《毛泽东在民主理论与实践上的主要贡献和时代特征》两项成果获一等奖，《国家公共文化服务体系示范区（项目）创建与公共图书馆发展研究》《国家级开发区转型背景下的攀西战略资源创新开发试验区发展的几点思考》获三等奖。获省级学会奖1项，《论习近平总书记全面深化改革之意蕴》获中共中央党史研究室、中共四川省委、中国中共党史学会主办的"第三届全国党史文化论坛"攀枝花市级评选二等奖。

组织召开全市党校系统"贯彻落实全国全省加强和改进新形势下党校工作的实施意见""学习宣传贯彻中共十八届六中全会精神"理论研讨会和多次校内理论座谈会。出版校刊《攀枝花新论》4期。新订《中共攀枝花市委党校科研课题（项目）经费支出管理暂行办法》及其配套制度。

组织各县（区）党校申报完成全市党校系统重大调研课题县（区）委托项目3项，年度调研课题6项。

【宣讲工作】 充分发挥党校理论宣传的主阵地作用，推举政治性强、理论水平高的专家教授参加市委宣讲团。派出多名理论骨干参加学习学习贯彻党的十八届六中全会、省委十届九次全会精神依法治市法律宣讲，专家教授深入市级各单位、区、县，企业、部队宣讲40场。在宣讲中紧扣主题、紧密结合市情，引导党员干部准确把握精神，把中央、省、市新规定新要求铭记于心，熟用于行。

【信息化工作】 发挥学习研究单位信息发达优势，积极开展"中国西部开发远程学习网（CDDLN）"攀枝花远程学习中心的各项工作。为校（院）教师、培训班学员及全市各级各部门提供免费远程培训课程。2016年开设40场次专题培训，课程涉及《国家战略性新兴产业发展》《十八届六中全会》《党建和党性修养》《干部人事制度改革》《城乡公共服务均等化》《心理学与管理》等专题课，共计1100余人参加专题课的培训学习。2016年，攀枝花市委党校远程学习中心被国家发展和改革委员会西部开发司第四次授予"优秀学习中心"，王川被授予中国西部开发远程学习网"优秀工作人员"称号。

2016年，攀枝花远程学习中心指导米易县委党校自主开展CDDLN招生工作，实现CDDLN进县区，米易县委党校也成为全国第一个CDDLN县（区）站点。

发挥市委党校信息化考点的作用，组织"全省拟任县处级党政领导干部政治理论水平任职资格远程考试"攀枝花考点考试3次6场，考试人数306人。

【贯彻全省党校工作会议精神】 四川省党校工作会议召开后，攀枝花市委党校以学习贯彻《中共四川省委关于加强和改进新形势下党校工作的实施意见》精神为契机，大力推动校（院）事业新发展。该校（院）委及时部署学习贯彻落实的各项工作。通过多种形式学习活动，使全校（院）教职工准确把握文件精神。召开攀枝花市党校系统"贯彻落实全国、全省加强和改进新形势下党校工作的实施意见"理论研讨会，把文件精神及时传达到县（区）党校。在市委领导的关心和指导下，成立攀枝花市委《实施意见》起草小组，对照中央"意见"和省委"实施意见"，商讨起草中共攀枝花市委《实施意见》（征求意见稿）。市委党校校委带队到县（区）委党校进行深入调研，摸情况、找问题、听建议，积极推进会议精神的贯彻落实。

（周　玮）

党史研究工作

【概　况】 全市党史研究系统现有6个专设工作机构，其中市委党史研究室、米易县委党史研究室单独设立；东区区委党史研究室、西区区委党史研究室、仁和区委党史研究室均与县（区）地方志办公室合署办公，盐边县设史志办履行党史工作职能。至2016年年底，全市有专职党史工作人员24人，其中市委党史研究室7人、县（区）委党史研究室17人。各县（区）实行参公管理，且建立起党史联络员制度，市级各部门、各县（区）、各乡镇有一名党史工作分管领导和一名党史工作专兼职党史联络员。

2016年，全市党史工作继续按照贯彻由市委办公室转发的《市委党史研究室2012—2016年党史工作规划》要求，继续贯彻落实《中共中央关于加强和改进新形势下党史工作的意见》和全国党史工作会议精神，牢牢把握"一个突出，两个跟进"的工作基调，始终坚定服务中心工作这一正确方向，主动关注大局、参与大局、服务大局，进一步提高党史工作水平，在党史征集、党史资政、专题研究、宣传教育等工作中不断进步。

市委党史研究室注重干部职工培训学习，选派室内骨干参加中共四川省委党史研究室主办党史业务培训班、选派党务干部参加中共攀枝花市直属机关工委主办的党务干部学习培训等。加强对县(区)的党史业务指导,到各县(区)调研党史工作,指导党史工作开展;利用县(区)党史研究室主任工作会、经验交流会等,对如何围绕县(区)委的中心工作,结合市情开展党史研究进行探讨;加强对各县(区)党史成果的审读,特别是对各县(区)编纂的党史正本和《执政实录》的审读。同时,将党史工作和精准扶贫、“双联”“双报到”活动、关工委工作结合起来,利用节假日送去慰问品和帮扶资金,为联系村的经济发展出谋划策,帮助解决制约其发展的问题。

年内,完成《中国共产党攀枝花历史(1921—1978)》编纂、审校、设计、出版和发放工作;完成《中国共产党攀枝花执政实录》(第9卷)的征集、编纂、出版工作;完成由市委主办、市委党史研究室承办的市委机关刊物《攀枝花纪事》的出版任务;完成2016年市级大事记编修工作;继续编纂《三线建设在四川》(攀枝花卷);编纂完成《诗意解读攀枝花》;各县(区)执政实录继续出版;开展依法治市、精准扶贫、党风廉政建设、创建学习型机关、城乡环境综合治理等活动;认真开展“两学一做”学习教育。

2016年,党史工作成果丰硕:被省人社厅、省委党史研究室授予“四川省党史部门先进集体”;3篇论文入选全国第三届党史文化论坛,其中《党史文化视阈下的长征精神问题研究》作为参会论文在论坛上交流;在四川省第十七次党史学科优秀成果评选中,攀枝花市党史成果获著作类二等奖1个、三等奖3个,获论文类二等奖2个、三等奖2个;攀枝花市首个省级党史教育基地——攀枝花中国三线建设博物馆正式挂牌。

【编纂出版《中国共产党攀枝花历史(1921—1978)》】 2016年11月《中国共产党攀枝花历史(1928—1978)》由中共党史出版社公开出版。该书真实全面地记录新民主主义革命时期,中共地下党员在攀枝花地区所开展革命活动所取得革命胜利;以及社会主义革命和建设时期,党领导攀枝花人民进行社会主义革命和建设的伟大历史历程;突出展现三线建设时期,在党的领导下攀枝花开发建设中所凝聚成的“艰苦创业、无私奉献、开拓进取、团结协作、科学求实”的攀枝花精神。既是一部具有攀枝花地方特色的历史基本著作,也是一部生动的爱国主义教材。《中国共产党攀枝花历史(1978—2002)》编纂方案和编纂提纲经市委常委会通过,现完成本书第一稿。

【《中国共产党攀枝花执政实录》(第9卷)出版】 《中国共产党攀枝花执政实录》(第9卷)由中共党史出版社出版。该书是系统记述攀枝花市各级党组织执政实践的年度综合性资政参考文献,收录2015年党和国家领导人到攀枝花活动情况、市委常委政务活动、市委重要文件、会议及决策、各单位工作情况、组织史资料等各个方面,是对攀枝花详尽、全面的工作实录。

攀枝花市《执政实录》编纂质量逐年提高,影响逐步扩大。认真开展执笔人的培训工作,通过集中培训和书面文件等多种方式培训《执政实录》执笔人,从文章内容、组织史的写法、政务活动的收集范围做了进一步规范。多次征询市委常委、编委会成员和相关部门的意见,借鉴其他市(州)在编纂方面的先进经验,逐步完善部分内容的编排,在篇目结构、编写质量、阅读品位上做适当调整,保证该书能与时俱进,提高可读性、针对性、实用性,编写质量得到进一步提高。该书在全市、全省乃至全国的影响逐步扩大,得到各级党委的高度重视,影响逐步扩大,作为全省一项创新性工作,省委党史研究室对该书非常肯定,不断向各市(州)推荐,经过几年的酝酿,2016年,省委党史研究室正式发文,要求县级以上地方党委从2015年起每年编纂一卷《执政实录》,其主要框架和内容均大量吸收攀枝花市的编纂经验和成果。

【编辑出版《攀枝花纪事》】 完成由市委主办、市委党史研究室承办的市委机关刊物《攀枝花纪事》2016年的出版任务,办刊质量明显提高。2016年市委机关刊物《攀枝花纪事》杂志在2015年的基础上进行再改版。对杂志的封面彻底改版与美化,设计上力求美感上的简洁大气与新鲜灵动相呼应,力求鲜明的时代特征与地域特色相结合,给读者以美的享受;对内页进行改版,重点是紧跟市委的中心工作,突出依法治市的主基调,并将内页纸张的60克增加到70克,增强印制的清晰度,也增加杂志内页的美感;对内设栏目进行改版:增设“法之经纬”,进一步强化“党史纵横”栏目,多侧面解读党史理论和展示中共党史;强化“盛世博采”栏目主旋律色彩与启迪性,精选透视改革发展弘扬正能量的文章;继续深化“金沙江畔”栏目,着重刊载中共攀枝花地方党史,让读者知晓攀枝花的开发建设历史;增设“人间烟火”栏目。通过再改版,进一步体现出党刊大气的主旋律特征,并增强《攀枝花纪事》杂志的灵动活力与可读性。

2016年,该刊紧紧围绕市委中心工作,及时刊登市委重要决策和工作思路、攀枝花经济建设的成果、攀枝花开发建设的历史,总结加快发展的典型经验,研讨对攀枝花经济建设和社会发展的探索、研究改革和发展中的现实问题等,展示攀枝花市情和改革发展成效,回顾攀枝花历史,宣传建设攀枝花的风流人物。该刊全年出版6期,共约100万字,发放范围从党政机关到中小学校、街道、乡镇、社区,取得较好的社会效果。

【编修《中国共产党攀枝花历史大事记》】 2016年,大事记编修继续遵循“求实、完整、及时、简明”的基本原则,秉承大事记权威、严谨的记述特色，严格把握、整合第一手资料，核准专业性知识，精炼、推敲撰写条目。注重纵向贯通，完整纪年，全方位、多层次地再现和展示攀枝花市的历史发展轨迹和取得的成就，同时注重横向拓展视野，将相近时间点的事件相勾连，贯通成线，适当充实主线的枝干，展现全貌。及时在市委机关刊物《攀枝花纪事》和攀枝花市电子政务内网门户网站上连载。

【编纂完成《诗意解读攀枝花》】　《诗意解读攀枝花》一书以攀枝花开发建设为经，以攀枝花本土文化为纬，全面追溯攀枝花的开发建设、文化、民族渊源等历史，在前几年的专题研究的基础上，着重对攀枝花开发50余年开发建设的历程和辉煌成就进行总结研究，诗意解读了攀枝花的开发建设和改革开放进程体现出的中国特色社会主义建设的若干典型特点，找出有价值的经验和规律，从中获得启示和收获，促进对攀枝花的经济和社会发展。

【参加全国第三届党史文化论坛】　为进一步深化党史研究，促进党史文化建设，推动社会主义文化大发展大繁荣，中央党史研究室从2012年起每两年举办一届全国党史文化论坛。2016年举办的是全国第三届党史文化论坛。此次论坛共收到论文865篇，评出入围论文271篇，其中参会论文139篇、入选论文132篇。攀枝花市共3篇论文入选，中共攀枝花市委党史研究室主任彭本瑜撰写的《党史文化视阈下的长征精神问题研究》作为参会论文在论坛上交流，市委常委谢晓东高度评价获奖论文。

【成功申报四川省中共党史教育基地并授牌】　2016年3月，市委党史研究室向四川省委党史研究室申报攀枝花中国三线建设博物馆为四川省中共党史教育基地获批，6月25日，“四川省中共党史教育基地”授牌仪式在攀枝花中国三线建设博物馆广场举行，标志着攀枝花市首个省级党史教育基地正式挂牌。中共四川省委党史研究室机关党委书记郭生春出席授牌仪式，并为博物馆授“四川省中共党史教育基地”牌匾。张剡、杨自力等市领导参加攀枝花中国三线建设博物馆揭牌仪式和四川省中共党史教育基地授牌仪式。

【各县(区)委执政实录出版】　《中国共产党米易执政实录(2015)》编纂出版。该书通过县常委政务活动，县委重要文件、会议和决策、各部门(单位)总结和组织史资料、历史大事记和图片等形式，如实记录2015年度米易县各级组织的执政情况；全书分为政务活动、执政方略、执政实践、统一战线、群团建设、人民武装、乡镇纵横、特稿视窗、大事记、组织史、附录11个部分。

《中国共产党盐边县执政实录》(第五卷)于2016年11月出版发行。本书由中共盐边县委主办，盐边县史志办公室承办。以2015年中共盐边县委执政内容为主线，各乡镇、县委各部委办、县级各部门、各人民团体、各企事业单位贯彻落实县委决策、部署为脉络，展现2015年盐边县建设、改革、发展的历程和创造的业绩。采用归类综述的方法，设综述、政务活动、执政方略、执政实践、乡镇纪实、企业发展、干部任免、机构与领导名录、大事记、附录10个类目。本书由中共党史出版社出版，74万字，印数800册。

《中国共产党攀枝花市东区执政实录(2015)》于2016年12月出版发行。全书设政务活动、执政方略、执政实践、统一战线、群团建设、党管武装、街道(镇)纵横、大事记、组织史资料、附录等篇、章、节，共135万字。

《中国共产党攀枝花市西区执政实录》于2016年6月出版发行。该书《执政实录(2016)》为西区系统记述西区各级党组织执政实践的年度综合性资政参考文献。该书回顾和总结2015年西区各级党组织的执政历程，为各级领导总结经验、分析现实、思考未来提供参考，为其把握执政规律、了解事物发展趋势、实现科学决策提供依据，使之科学执政、民主执政、依法执政。全书91万字，内容包括执政方略、执政实践和组织史资料等。

《中国共产党攀枝花市仁和执政实录》(第五卷)于2016年11月出版发行。该书分政务活动、执政方略、执政实践、统一战线、群团建设、党管武装、地方纵横、人事任免、大事记、组织史资料、附录11个篇目。

【党史征编利用】　2016年，继续抓好口述历史工作。与三线建设博物馆收集资料工作相结合，注重收集丰富的、生动的、具体的第一手视频、录音等口述史资料；到凉山彝族自治州、华坪县等多个临近地收集有关攀枝花市地下党在新中国成立前后的相关资料；利用各种渠道赴北京、成都、云南等地收集攀枝花开发建设时期文献资料；编纂《执政实录》、大事记、《攀枝花纪事》等书刊的同时，注意征集领导干部及社会人士个人留存的党史资料与整理重要的文书档案、音像资料等，作为以后编纂党史著作、进行专题研究的资料。

【宣传教育】　以宣讲为平台，宣传攀枝花地方史。以“两学一做”教育为契机，搞好攀枝花开发建设史、“三线精神”、攀枝花精神的宣讲。市委党史研究室共派出2名领导及专家为市级部门、县区及乡镇作宣讲报告8场。为团市委、市民宗局、盐业公司、市旅游局等单位职工志愿者和导游作攀枝花开发建设史的专题报告5场。指导市委党校“党性教育基地”授课集体备课2次，现场教学试讲评审1次。到各县(区)宣讲中共十八届六中全会精神和省委十届九次全会精神2次。搞好各项纪念活动。先后开展建党95周年、纪念长征胜利80周年、朱德诞辰130周年等纪念活动。加强对党史和历史伟人的宣传。多方合作,加强宣传。协助档案局完成方毅纪念文集《方毅与攀枝花》编纂出版工作;撰写“中国三线建设博物馆教育基地”专用解说词约2万字,对“中国三线建设博物馆”解说员进行培训辅导;发挥攀枝花中国三线建设博物馆党史教育基地的作用,组织党史系统、全市广大干部职工进行党史、党性教育。立足本职工作,加大宣传力度。继续开展党史进机关、进基层、进社区、进学校活动,将编纂的党史资料《攀枝花历史(1921—1978)》《执政实录》《攀枝花纪事》等书刊送进基层、送进社区、送进学校,作为街道、学校图书馆的藏书,让群众、青少年了解攀枝花历史,继承攀枝花精神。

2016年,继续为攀枝花市电子政务内网门户网站提供攀枝花大事记、《攀枝花执政实录》等资料和书籍,利用互联网的优势,让丰富的攀枝花市地方党史资源为社会所了解,扩大党史部门的影响;向省委党史研究室、市委分管领导报送党史工作简报,宣传党史工作;多次为中央、省、市新闻媒体介绍和提供攀枝花市开发建设史资料;为中央党史研究室提供《攀枝花纪事(2016)》等攀枝花市系列历史资料600万字。

【资政工作】 结合市委、市政府中心工作,强化资政研究,采取约稿或研讨等方式,与有关单位开展专题协作,进行大量专题研究,内容涉及经济和社会发展战略、重大活动经验教训总结、依法治市、党的建设等方面,2016年在《攀枝花纪事》杂志上发表资政论文10余篇,党史资政水平不断提高。

《从三线建设“重中之重”攀枝花的开发建设和改革开放进程看中国共产党对中国特色社会主义建设道路的探索与实践》作为四川省优秀党史成果入选《四川省党史资政成果和宣教活动案例选编》一书中。《从攀枝花开发建设看中国共产党对中国特色社会主义建设道路的探索与实践》,以攀枝花的开发建设和改革开放的历史进程为分析样本,以中国特色社会主义理论体系为指导思想,以几代中国共产党人在社会主义建设时期对中国社会主义建设的正确道路的探索和实践为主线,对“怎样建设社会主义”,也即什么是中国特色社会主义建设道路这一重要命题进行逐一比较分析。通过对中国特色社会主义建设道路的认识和发展过程的深入研究,总结它的基本特征,加深对中国特色社会主义建设道路的科学理解。该文由中央党史研究室、中央文献研究室合编的《中国共产党与三线建设》一书收录。

【专题研究】 继续编纂《三线建设在四川》(攀枝花卷),通过对攀枝花三线建设的深入研究,认识中国共产党对中国特色社会主义建设道路的探索与实践。完成1958年以来,攀枝花开发建设有关文献资料的搜集整理,对部分资料进行电子化处理,编辑完成书稿50万字,图片100余幅。

在《攀枝花纪事》等杂志上发表《金江纵队第三支队的筹建始末》《毛泽东与攀枝花》《彭真视察攀枝花始末》《攀枝花钒钛资源综合利用的起步》等党史专题研究文章10余篇。以《攀枝花纪事》为平台,与相关单位合作开展资政研究,共发表资政论文30余篇。

(刘小瑜)

人大工作

市人大常委工作

【市九届人民代表大会会议】 2016年1月13—15日，攀枝花市第九届人民代表大会第六次会议在攀枝花会展中心召开。会议议程：听取和审查攀枝花市人民政府工作报告，审查和批准攀枝花市国民经济和社会发展第十三个五年规划纲要草案的报告，审查和批准攀枝花市2015年国民经济和社会发展计划执行情况和2015年计划草案的报告，审查攀枝花市2015年财政预算执行情况和2016年财政预算草案的报告，批准2015年市本级财政预算执行情况和2016年市本级财政预算，听取和审查攀枝花市人大常委会工作报告，听取和审查攀枝花市中级人民法院工作报告，听取和审查攀枝花市人民检察院工作报告，进行选举。

会议作出关于攀枝花市人民政府工作报告，关于攀枝花市国民经济和社会发展第十三个五年规划纲要草案，攀枝花市2015年国民经济和社会发展计划执行情况和2016年计划草案的报告，攀枝花市2015年财政预算执行情况和2016年财政预算的报告，攀枝花市人大常委会工作报告，攀枝花市中级人民法院工作报告，攀枝花市人民检察院工作报告等的决议。

2016年8月22—23日，攀枝花市第九届人民代表大会第七次会议在攀枝花会展中心召开。会议议程：听取攀枝花市地方立方条例（草案）的说明，进行选举。

会议选举李建勤为攀枝花市人民政府市长。

【市九届人大常委会会议】 2016年，市九届人大常委会召开第38～50次常委会议，审议“一府两院”及市人大常委会的议题分别是：1月11日，市九届人大常委会第38次会议，审议通过市人大常委会代表资格审查委员会关于市九届人民代表大会代表资格的审查报告（草案），审议市人大常委会工作报告（草案），听取市人大常委会办公室关于市九届人大六次会议筹备工作情况报告，审议市九届人大六次会议议程（草案），审议市九届人大六次会议主席团和秘书长名单（草案），审议通过市九届人大六次会议列席人员名单（草案）；1月15日，市九届人大常委会第39次会议，补选攀枝花市出席四川省第十二届人大代表；2月25日，市九届人大常委会第40次会议，审议通过相关人事事项；3月9日，市九届人大常委会第41次会议，审议批准市人民政府关于攀枝花市PPP项目财政责任支出纳入财政预算并进行基金化管理的议案，审议通过《攀枝花市人大常委会2016年工作要点（草案）》，审议通过《攀枝花市人民代表大会及其常务委员会宪法宣誓制度实施办法（草案）》，审议通过《攀枝花市人民代表大会及其常务委员会宪法宣誓制度实施办法》的方案，听取市人大常委会2015年规范性文件备案审查工作报告（书面），讨论通过有关人事任免事项，决定任命陈林为攀枝花市人大常委会研究室副主任职务；4月27日，市九届人大常委会第42次会议，审议批准《市人民政府关于对〈攀枝花市国民经济和社会发展第十三个五年规划纲要〉指标体系进行修改调整的议案》，审议《攀枝花市地方立法条例（草案）》（一审），听取和审议市人民政府关于贯彻实施《中华人民共和国土地管理法》工作情况的报告，审议《攀枝花市地方立法条例（草案）》（一审），审议通过相关人事事项，审议宪法宣誓仪式，听取市人大常委会研究室关于《攀枝花市第九届人民代表大会常务委员会关于第48号至52号审议意见及市人民政府办理情况（摘登）》情况的报告（书面）；6月22日，市九届人大常委会第43次会议，听取和审议市人民政府关于高效节水灌溉工作推进情况的报告，听取和审议市中级人民法院关于全市法院行政审判工作情况的报告，听取和审议市人民检察院关于全市检察机关案件集中管理工作情况的报告，审议《攀枝花市地方立法条例（草案）》（二审），审议任免案，宪法宣誓；8月10日，市九届人大常委会第44次会议，审议人事任免案，决定接受杨自力辞去攀枝花市人民政府市长职务，决定任命李建勤为攀枝花市人民政府代理市长，新任命人员向宪法宣誓，审议通过市人大常委会代表资格审查委员会关于个别代表的代表资格审查的报告（草案），审议通过《攀枝花市人民代表大会常务委员会关于召开攀枝花市第九届人民代表大会第七次会议的决定（草案）》，审议《攀枝花市地方立法条例（草案）》（三审），审议通过攀枝花市人民代表大会常务委员会关于提请攀枝花市第九届人民代表大会第七次会议审议《攀枝花市地方立法条例（草案）》的议案；8月17日，市九届人大常委会第45次会议，听取市人大常委会办公室关于市九届人大七次会议筹备工作情况汇报，审议通过市九届人大七次会议议程（草案），审议通过市九届人大七次会议主席团和秘书长名单（草案），审议通过市九届人大七次会议列席人员名单（草案）；8月31日，市九届人大常委会第46次会议，听取和审议市人民政府关于攀枝花市2016年1—6月国民经济和社会发展计划执行情况的报告，听取和审议市人民政府关于攀枝花市2015年财政决算和2016年1—6月财政预算执行情况的报告，听取和审议市人民政府关于2015年度市级财政预算执行和其他财政收支情况的审计工作报告，审查和批准2015年市级财政决算（草案），听取和审议市人民政府关于全市财政专项资金分配管理和使用情况的报告，听取和审议市人民政府关于攀枝花市历史文化保护工作情况的报告，听取和审议市人民政府关于贯彻实施四川省农村扶贫开发条例工作情况的报告，审议通过《攀枝花市人民代表大会常务委员会关于攀枝花市第十届人民代表大会代表名额分配和选举时间的决定（草案）》，听取和审议市人大常委会人事代表工委关于攀枝花市第十届人大代表结构安排方案的报告，审议通过市人大常委会代表资格审查委员会关于个别代表的代表资格终止的报告（草案），审议任免案，宪法宣誓；9月24日，市九届人大常委会第47次会议，审议任命案，宪法宣誓；10月27日，市九届人大常委会第48次会议，听取和审议市人民政府关于办理代表在市九届人大六次会议上所提建议、批评和意见情况的报告，审议通过《攀枝花市人大常委会关于开展第七个五年法治宣传教育的决议（草案）》；11月11日，市九届人大常委会第49次会议，听取和审议攀枝花市人民政府关于提请市人大常委会审议批准攀枝花市火车南站站前基础设施项目等政府与社会资本合作项目财政支出责任纳入财政中期规划管理的议案的报告、听取市人大常委会代表资格审查委员会关于个别代表的代表资格审查的报告（草案）、审议任免案、宪法宣誓仪式；12月13日，市九届人大常委会第50次会议，听取和审议市人民政府关于2016年财政预算调整方案的报告，审议通过《攀枝花市人大常委会关于2016年市本级财政预算调整方案的决议（草案）》，听取和审议攀枝花市人民政府关于提请市人大常委会审议批准将政府购买服务项目财政支出纳入既有财政预算及中期财政规划管理的议案，审议通过《攀枝花市人大常委会关于将政府购买服务项目财政支出纳入财政预算的决议（草案）》，听取和审议市人民政府关于攀枝花市2015年度审计查出问题整改情况的报告，听取和审议市人民政府关于攀枝花市2016年度审计查出问题整改情况的报告，听取和审议市人民政府关于2016年民生工程实施情况的报告，听取和审议市中级人民法院关于全市法院基本解决执行难工作情况的报告，审议通过《攀枝花市人大常委会关于进一步推进攀枝花两年内基本解决执行难工作的决议（草案）》，审议通过《攀枝花市人民代表大会常务委员会关于召开攀枝花市第十届人民代表大会第一次会议的决定（草案）》，审议任免案，宪法宣誓。

【市九届人大常委会主任会议】 2016年，市九届人大常委会召开第73～97次主任会议，审议和讨论的议题分别是：1月11日，市九届人大常委会第73次主任会议，审议市人大常委会代表资格审查委员会关于市九届人民代表大会代表资格的审查报告（草案），听取市人大常委会办公室关于市九届人大六次会议议程（草案）、会议日程（草案）、会议主席团和秘书长名单（草案）、会议列席人员名单（草案），听取市人大常委会办公室关于《市人大常委会关于2015年全市民生工程完成情况的审议意见（初稿）》的报告，听取市人大常委会办公室关于市人大常委会第三十八次会议召开时间和建议议题的报告；1月15日，市九届人大常委会第74次主任会议，听取市人大常委会人事代表工委关于提请主任会议审议关于提名攀枝花市出席四川省第十二届人民代表大会代表候选人的报告，听取市人大常委会人事代表工委关于补选攀枝花市出席四川省第十二届人民代表大会代表选举办法（草案）的报告，听取市人大常委会办公室关于市人大常委会第三十九次会议召开时间和建议议题的报告；2月15日，市九届人大常委会第75次主任会议，听取相关人事事项、听取市人大常委会办公室关于市人大常委会第四十次会议召开时间和建议议题的报告；3月3日，市九届人大常委会第76次主任会议，听取市人民政府有关人事事项的报告，听取市人民检察院有关人事事项的报告，听取市人大常委会人事代表工委有关人事事项的报告、听取市人大常委会研究室关于《攀枝花市人大常委会2016年工作要点》（征求意见稿）的报告、审议通过《攀枝花市地方立法咨询专家库管理办法（试行草案）》、听取市人大常委会办公室关于《攀枝花市宪法宣誓制度实施办法（草案）》《攀枝花市人民代表大会举行向宪法宣誓仪式的组织方案（草案）》《攀枝花市人民代表大会常务委员会举行向宪法宣誓仪式的组织方案（草案）》的报告，取市人大常委会办公室关于市人大常委会第41次会议召开时间和建议议题的报告；3月4日，市九届人大常委会第77次主任会议，听取市人民政府关于《攀枝花市人民政府关于提请市人大常委会审议批准攀枝花市PPP项目财政责任支出纳入财政预算并进行基金化管理的议案》的报告，听取市人大常委会农业民族宗教侨务工作委员会关于市人民政府办理审议意见（第51、52号）和工作评议意见情况的报告；3月23日，市九届人大常委会第78次主任会议，听取市人大常委会农业民族宗教侨务工作委员会关于市人大常委会《四川省农村扶贫开发条例》执法检查方案（草案）；4月21日，市九届人大常委会第79次主任会议，听取市政府关于人事事项的报告，听取市中级人民法院有关人事事项的报告，听取市人民政府关于《市人民政府关于对〈攀枝花市国民经济和社会发展第十三个五年规划纲要〉部分指标进行修改调整的请示》的报告，听取市人大常委会法工委关于《攀枝花市地方立法条例（草案）》起草情况的报告，听取市人大常委会人事代表工委关于《关于设立攀枝花市人大常委会换届选举工作办公室的通知》的情况报告，听取市人大常委会办公室关于市人大常委会第42次会议召开时间和建议议题的报告；5月25日，市九届人大常委会第80次主任会议，听取市人民政府关于“五创联动”工作推进情况的报告，听取市人大财经委关于《建议市九届人大常委会第44次会议增加听取和审议全市财政专项资金分配管理和使用情况报告议题》的报告，听取市人大城环资委关于《攀枝花市人大常委会关于攀枝花市贯彻执行〈中华人民共和国土地管理法〉情况的审议意见（初稿）》的报告；6月21日，市九届人大常委会第81次主任会议，听取市人民政府有关人事事项的报告，听取市中级人民法院有关人事事项的报告，听取市人民检察院有关人事事项的报告，听取市人民政府关于攀枝花市火车南站枢纽建设工程前期工作开展情况的报告，听取市人大法制委员会关于《攀枝花市地方立法条例（草案）》修改情况的报告，听取市人大常委会教科文卫工委关于市人民政府办理审议意见（第53号）情况的报告，听取市人大常委会办公室关于市人大常委会第43次会议召开时间和建议议题的报告；7月26日，市九届人大常委会第82次主任会议，听取市中级人民法院上半年工作情况的报告，听取市人民检察院上半年工作情况的报告，听取市人民政府关于创建国家知识产权示范城市工作情况的报告，听取市人民政府上半年工作情况的报告，听取市人大法制委员会、人大常委会农业民族宗教侨务工作委员会关于市人大常委会审议意见（初稿）的报告；8月8日，市九届人大常委会第83次主任会议，听取市人民政府有关人事事项的报告，听取市人大常委会代表资格审查委员会关于个别代表的代表资格审查的报告，听取市人大常委会人代工委关于将杨自力提出辞去市人民政府市长职务的申请列入市人大常委会第44次会议审议议案的报告和建议将提请李建勤任市人民政府代理市长的议案列入市人大常委会第44次会议审议的报告，听取市人大法制委员会关于《攀枝花市地方立法条例（草案）》修改情况的报告，听取市人大常委会法制工作委员会关于征集筛选地方立法咨询专家候选人情况的报告；8月10日，市九届人大常委会第83次主任会议，听取市人大法制委员会关于市九届人大常委会第44次会议审议《攀枝花市地方立法条例（草案）》有关情况的报告，听取市人大法制委员会关于《攀枝花市人民代表大会常务委员关于提请攀枝花市第九届人民代表大会第七次会议审议〈攀枝花市地方立法条例（草案）〉的议案（草案）》情况的报告；8月17日，市九届人大常委会第85次主任会议，听取市人大常委会办公室关于市九届人大七次会议议程、会议日程、会议主席团和秘书长名单、会议列席人员名单等有关事项的报告，听取市人大常委会办公室关于市人大常委会第45次会议召开时间和建议议题的报告；8月30日，市九届人大常委会第86次主任会议，听取市人民政府有关人事事项的报告，听取市人民检察院有关人事事项的报告，听取市人大常委会人事代表工委关于《攀枝花市人民代表大会常务委员会关于攀枝花市第十届人民代表大会代表名额分配和选举时间的决定（草案）》的报告，听取市人大常委会人事代表工委关于《攀枝花市第十届人大代表结构安排方案》的报告，听取市人大常委会代表资格审查委员会关于个别代表的代表资格终止的报告（草案），听取市人大常委会人事代表工委关于建议将卢旭东提出辞去市人民检察院检察长职务和李杨任市人民检察院代理检察长的议案列入第46次常委会会议审议议案的报告，听取市人大常委会办公室关于市人大常委会第46次会议召开时间和建议议题的报告；9月1日，市九届人大常委会第87次主任会议，听取市人民政府关于提请审议攀枝花市2016年城市棚户区改造政府购买服务项目（一期）资金列入市财政年度预算的议案，听取市人大常委会教科文卫工委关于《攀枝花市人大常委会关于市人民政府历史文化保护工作情况报告的审议意见》的报告；9月19日，市九届人大常委会第88次主任会议，听取市法院有关人事事项的报告，听取市人民政府关于贯彻实施国务院《住房公积金管理条例》工作情况的报告，听取市人大财经委、常委会农民宗侨工委关于市人大常委会审议意见（初稿）的报告，听取市人大常委会办公室关于市人大常委会第50次会议召开时间和建议议题的报告；9月23日，市九届人大常委会第89次主任会议，听取市政府、市法院有关人事事项的报告；10月21日，市九届人大常委会第90次主任会议，听取市人民政府关于攀枝花市抗洪救灾工作情况的报告，听取市人大法制委员会关于提请审议《攀枝花市人大常委会关于开展第七个五年法治宣传教育的决议（草案）》的议案的报告，听取市人大常委会办公室关于市人大常委会第48次会议召开时间和建议议题的报告；11月2日，市九届人大常委会第91次主任会议，听取市人民政府关于《市人民政府提请市人大常委会审议批准攀枝花市PPP项目财政责任支出纳入财政中期规划管理的议案》的报告，听取市人大财经委员会关于《攀枝花市人大常委会关于攀枝花市政府和社会资本合作项目财政责任支出纳入财政中期规划管理的决议（草案）》的报告；11月8日，市九届人大常委会第92次主任会议，听取市人民检察院关于张克难等四名同志免职的报告；11月10日，市九届人大常委会第93次主任会议，听取市人民政府有关人事事项的报告，听取市人民检察院有关人事事项的报告，听取市人大常委会人事代表工委有关人事事项的报告，听取市人大常委会代表资格审查委员会关于个别代表的代表资格审查的报告（草案），听取市人大常委会办公室关于市人大常委会第49次会议召开时间和建议议题的报告；11月23日，市九届人大常委会第94次主任会议，听取市人民政府关于创建中国阳光康养产业发展试验区情况的报告，听取市人大常委会研究室关于《攀枝花市人大常委会工作报告（征求意见稿）》的报告，听取市人大城环资委关于市人民政府办理审议意见（第55号）情况的报告；12月13日，市九届人大常委会第95次主任会议，听取市人民政府关于2016年度重大项目推进情况的报告，听取市中级人民法院有关人事事项的报告，听取市人民检察院有关人事事项的报告，听取市人大法制委员会关于提请市人大常委会听取和审议市中级人民法院关于全市法院基本解决执行难工作情况的报告并作出决议的建议的报告，听取市人大常委会办公室关于市人大常委会第50次会议召开时间和建议议题的报告；12月19日，市九届人大常委会第96次主任会议，听取市人民政府关于《攀枝花市人民政府关于提请市人大常委会审议批准将政府购买服务项目财政支出纳入既有财政预算及中期财政规划管理的议案》的报告；12月23日，市九届人大常委会第97次主任会议，听取市人民政府有关人事事项的报告，听取市人大常委会人事代表工委关于补选李建勤、黄正富同志为省十二届人大代表的报告。

【调查、视察】 2016年，围绕市九届人大常委会议和主任会议审议的议题，市九届人大有关专门委员会和市九届人大常委会有关工作委员会，先后就市政府关于高效节水灌溉工作、关于全市法院行政审判工作、关于全市检察机关案件集中管理工作、2016年1—6月国民经济和社会发展计划执行、2015年财政决算及2016年1—6月预算执行情况、关于攀枝花市2015年财政决算和2016年1—6月预算执行情况、关于攀枝花市历史文化保护工作情况、关于全市贯彻实施《四川省农村扶贫开发条例》情况、全市法院“两年内基本解决执行难”工作情况等情况进行调查、调研，并在调查、调研的基础上形成调查报告或审查报告，供常委会议或主任会议审议参考。

市政府关于高效节水灌溉工作，调查报告认为存在的主要问题是：高效节水灌溉推广不足，建设资金投入不足；节水灌溉面积占耕地的比例小，自动化程度低，规模效益体现不充分；高效节水灌溉设施建成后的管网维护仍需加强。调查报告建议：要进一步加大节水灌溉工作宣传力度，树立农村节约用水的责任感和紧迫感；加快建立全市农村用水精准补贴制度和节水激励机制，推动农业节水技术推广普及；充分发挥农村水利工程产权制度改革的引领作用，加快农村小微水利工程管护机制和农村水资源管理制度建设，积极发挥农村用水协会作用，提高农村水资源利用率；进一步做好农村节水灌溉技术培训、指导和服务，继续抓好节水灌溉示范点建设，建立节水基础设施运行长效管护机制。

关于全市法院行政审判工作情况，调查报告认为存在的主要问题是：行政审判外部环境仍需优化；行政审判工作难度不断加大；行政审判队伍建设相对滞后。调查报告建议：进一步加大行政审判宣传力度；进一步健全行政审判工作机制；进一步强化行政审判职能作用；进一步加强行政审判队伍建设。

关于全市检察机关案件集中管理工作，调查报告认为存在的主要问题是：案件管理职能作用未能全面有效发挥；案件管理队伍建设不能适应工作的需要；行政执法办案部门接受案件管理的意识不够强。调查报告建议：进一步提高对案件管理工作的认识；进一步加强案件管理队伍建设；进一步强化案件管理工作。

关于2016年1—6月国民经济和社会发展计划执行情况，调查报告认为存在的主要问题是：个别指标进度不够理想，工业经济增长压力较大；规模以上工业企业数量持续减少；项目投资后劲亟待增强；就业压力上升。调查报告建议：力促产业升级，稳定经济增长；坚持工业强市战略；狠抓项目建设，扩大有效投资；共建共享，推进城乡统筹发展；着力提升民生福祉，增强人民群众获得感。

2015年财政决算及2016年1—6月预算执行情况，审查报告在分析2015年财政决算情况和2016年1—6月预算执行情况后，建议：深化财税改革，支持企业发展；大力推行综合治税，严格控制一般性支出；继续深化财政改革，努力提高财政管理水平。

调查报告认为存在的主要问题是：监外执行、社区矫正和财产刑执行监督工作还需加强；监所检察队伍建设有待进一步加强。市看守所及派驻检察室的硬件建设有待加强。调查报告建议：进一步加强监外执行、社区矫正和财产刑执行监督；进一步夯实刑事执行检察工作基础。

关于2015年1—6月国民经济和社会发展计划执行情况，调查报告认为存在的主要问题是：部分指标进度不理想；工业经济不断下滑；项目投资后劲不足；消费市场发展趋缓；相关指标协调性不高。调查报告建议：全力以赴抓发展,努力实现2015年各项目标任务;夯实产业基础,全力稳定经济增长;狠抓项目建设,做强投资底盘;增进民生福祉,深入推进社会事业发展;科学严谨,编制好攀枝花市"十三五"发展规划。

关于攀枝花市历史文化保护情况,调查报告认为存在的主要问题是:全社会历史文化保护意识和法制观念需要加强;企业和私人所有的文物抢救保护和利用阻力大;历史文化遗存抢救和修缮利用经费短缺;管理和专业技术人才队伍薄弱。调查报告建议:加强宣传教育,切实增强全社会历史文化保护意识和法制观念;依法建立完善文物保护工作保障机制;统筹规划,加大历史文化保护和合理利用力度。

关于全市贯彻实施《四川省农村扶贫开发条例》(以下简称《条例》)情况,调查报告认为存在的主要问题是:贫困村自然环境条件普遍较差,部分村组基础设施建设仍然滞后,影响当地群众生活和农业生产;部分帮扶单位和干部扶贫帮扶工作还不够深入,同时因贫困户受教育程度偏低,自主脱贫意识不强,一些贫困户脱贫成效还不明显;脱贫工作要求高,资金筹集压力大,部分帮扶政策和措施落实难。调查报告建议:进一步加大扶贫政策法规宣传力度,不断增强广大干部贯彻执行《条例》自觉性和群众脱贫主动性;进一步强化帮扶单位和干部帮扶工作履职尽责,切实指导和帮助贫困户及时优化脱贫计划;进一步加大贫困村特色产业和集体经济培育扶持力度,形成贫困村自我发展能力。

全市法院"两年内基本解决执行难"工作情况,调查报告认为存在的主要困难和问题是:自身建设相对滞后;外部环境尚需优化;完成任务压力较大。调查报告建议:努力营造良好的执行外部环境;着力强化执行工作的要素保障;大力加强解决执行难工作力度。

【办理代表批评、建议和意见】 市九届人大六次会议以来,代表提出的建议共计123件。其中,涉及法制、民政方面的13件,占10.6%;涉及财政、经济、交通、就业方面的43件,占34.9%;涉及城市规划、城市管理、国土资源、环境保护方面的36件,占29.3%;涉及教育、科学、文化、卫生方面的12件,占9.8%;涉及农业民族、水务方面的17件,占13.8%;其他方面的2件,占1.6%。交市政府办理122件、市中级人民法院办理1件。

市政府办理122件代表建议的情况,截至8月31日,市政府办理122件代表建议的情况是:代表所提问题已经解决或基本解决的(A类件)有79件,占总数的64.8%;代表所提问题正在解决或列入规划逐步解决的(B类件)有36件,占总数的29.5%;代表所提问题因条件所限暂不能解决的(C类件)有7件,占总数的5.7%;市中级人民法院办理1件代表建议的情况,截至8月31日,市中级人民法院办理的1件代表建议所提问题已经解决。

代表对办理工作反馈意见的情况,在各承办单位的努力下,123件代表建议按要求全部答复代表。经代表在建议办理工作系统网上反馈意见表统计,领衔代表对办理工作总体满意的120件,有3件建议因代表出国未归无法联系没有进行满意度测评。已测评的120件代表建议,领衔代表对办理工作满意度100%,无基本满意和不满意情况。

对市九届人大四次会议代表所提问题正在解决或列入计划逐步解决的"B"类件继续办理的情况;市九届人大四次会议代表所提问题正在解决或已列入计划逐步解决的"B"类件共有47件,现办结34件,因条件变化暂无法办理的有7件,正在办理的6件,办结率为72.3%。

【人事任免】 2016年,市九届人大常委会任免"一府两院"及市人大常委会国家工作人员61人次,分别是:2月15日,市九届人大常委会第40次会议,免去庄严攀枝花市东区人民检察院检察长职务。3月9日,市九届人大常委会第41次会议,决定任命庄严为攀枝花市检察院检察长、检查委员会委员、检查员;任命李宁为攀枝花市检察院检察委员会委员;任命肖蕾为攀枝花市检察院检察委员会委员;任命陈林为攀枝花市人大常委会研究室副主任。4月27日,市九届人大常委会第42次会议;决定任命黄岳槐为攀枝花市人民政府副市长;任命柳建康为攀枝花市中级人民法院审判委员会委员;任命吴永相为攀枝花市中级人民法院审判委员会委员;任命顾玉为攀枝花市中级人民法院审判委员会委员;任命龚卫东为攀枝花市中级人民法院审判委员会委员;任命徐贝贝为攀枝花市中级人民法院审判委员会委员;任命杨光为攀枝花市中级人民法院审判委员会委员。6月22日,市九届人大常委会第43次会议,决定任命罗启武为攀枝花市水务局局长;任命吴奕兵为攀枝花市人民检察院检察员;任命毛兴文为攀枝花市人民检察院检察员;任命龚卫东为攀枝花市中级人民法院审判监督庭庭长;任命王金涛为攀枝花市中级人民法院民事审判第二庭庭长;任命徐贝贝为攀枝花市中级人民法院民事审判第三庭庭长;任命尚昭富为攀枝花市中级人民法院立案庭副庭长;任命徐馗斌为攀枝花市中级人民法院行政审判庭副庭长;任命董敏为攀枝花市中级人民法院审判监督庭副庭长;决定免去马泽林的攀枝花市水务局局长职务;免去胥军的攀枝花市中级人民法院审判监督庭庭长职务;免去龚卫东的攀枝花市中级人民法院民事审判第二庭庭长职务;免去王金涛的攀枝花市中级人民法院民事审判第三庭庭长职务;免去吴永相的攀枝花市中级人民法院立案庭庭长职务。2016年8月10日,市九届人大常委会第44次会议,决定任命李建勤为攀枝花市人民政府副市长;决定免去刘先伟的攀枝花市人民政府副市长职务;决定接受杨自力辞去攀枝花市人民政府市长职务。8月31日，市九届人大常委会第46次会议，决定任命敬登峰为攀枝花市人民政府副市长、攀枝花市公安局局长；任命李杨为攀枝花市人民检察院副检察长、检察委员会委员、检察员；决定免去殷旭东的攀枝花市公安局局长职务。9月24日，市九届人大常委会第47次会议，决定任命沈钧为攀枝花市人民政府副市长；任命李文飞为攀枝花市人民政府副市长；决定免去黄正富的攀枝花市人民政府副市长职务；免去江海的攀枝花市人民政府副市长职务。11月11日，市九届人大常委会第49次会议，决定任命刘文彬为攀枝花市人民政府副市长；任命张光杰为攀枝花市安全生产监督管理局局长；决定免去谭兴忠的攀枝花市安全生产监督管理局局长职务；批准免去张克难的攀枝花市西区人民检察院检察长职务；免去周树明的攀枝花市仁和区人民检察院检察长职务；免去梁兵的攀枝花市米易县人民检察院检察长职务；免去亢锋的攀枝花市盐边县人民检察院检察长职务；决定任命李朝刚为攀枝花市人大财政经济委员会副主任委员；批准免去熊九儒的攀枝花市人大财政经济委员会副主任委员职务。12月26日，市九届人大常委会第50次会议，决定任命胡昱冰为攀枝花市经济和信息化委员会主任；夏应云为攀枝花市政府国有资产监督管理委员会主任；决定免去丁建高的攀枝花市政府国有资产监督管理委员会主任职务；任命万伟为攀枝花市中级人民法院民事审判第三庭庭长；免去徐贝贝的攀枝花市中级人民法院民事审判第三庭庭长职务；批准任命卢建军为攀枝花市东区人民检察院检察长；孙云强为攀枝花市西区人民检察院检察长，梁兵为攀枝花市仁和区人民检察院检察长，唐秋平为米易县人民检察院检察长，周树明为盐边县人民检察院检察长；任命钟敏为攀枝花市人民检察院检察委员会委员，亢锋为攀枝花市人民检察院检察员，张克难为攀枝花市人民检察院检察员，白华为攀枝花市人民检察院检察员，杨林为攀枝花市人民检察院检察员。

政府工作

综　述

【国民经济】　2016年,全市地区生产总值突破千亿元大关,达到1014.68亿元,同比增长8%。其中,第一产业增加值34.25亿元,同比增长4.4%;第二产业增加值715.35亿元,同比增长8.1%;第三产业增加值265.08亿元,同比增长8%。产业结构优化,由2015年的3.4 : 71.4 : 25.2调整为3.4 : 70.5 : 26.1。民营经济比重提高,实现民营经济增加值502.12亿元,占全市经济的比重为49.5%。农业生产稳中有进,实现农林牧渔业总产值60.96亿元,同比增长4.7%。工业经济稳中趋好,规模以上工业增加值增长9.0%。服务业平稳增长,实现增加值265.08亿元,同比增长8%。旅游业发展势头良好,实现旅游总收入242.62亿元,同比增长20%。投资规模持续扩大,完成全社会固定资产投资696.31亿元,同比增长8.0%。市场消费活力提升,实现社会消费品零售总额316.90亿元,同比增长10.7%。财税状况向好,完成地方一般公共预算收入56.76亿元,同比增长6.4%,较2015年上升21.6个百分点;完成一般公共预算支出121.72亿元,同比增长8.1%。金融运行平稳,12月末,金融机构人民币存款余额938.59亿元,比2016年年初增长9.5%;金融机构人民币贷款余额738.63亿元,比2016年年初增长6.0%。

【城乡建设】　加强城市规划编制与完善,完成城市总体规划评估,启动修改工作;完成炳草岗片区、炳四片区、流沙坡片区等17个片区控制性详细规划编制及报批,城市控规修编覆盖面达80%;启动城市地下综合管廊(管线)规划、城市地下空间开发利用规划、城市轨道交通线网规划、海绵城市专项规划和公共停车场专项规划等编制工作;完成5个县(区)新村建设总体规划编制。加快推进城乡基础设施建设,花城大道、阳光大道等相继建成,火车南站站前基础设施项目开工建设,新改建农村公路205.6千米。加快花城新区的开发建设,实施项目18个,碧桂园·翡翠郡、老黑地安置房等项目建成,以金融电子商务街、商务办公区为代表的高端城市综合体项目梯次实施。城镇化率达65.34%,建成区面积达86.5平方千米,红格镇获评"中国特色小镇",环境空气质量优良率首次达100%、居全省第一,国家园林城市、森林城市创建指标全部达标,荣获2016中国智慧城市创新奖。

【社会事业】　深入推进国家知识产权示范城市建设,重大科技攻关及成果加快转化,全市专利申请数量2339件,取得发明专利1110件,其中2项专利荣获第十八届中国专利优秀奖,万人有效发明专利拥有量17.3件,高新技术产业实现产值422.71亿元。全市学前三年毛入园率97.6%,公办和普惠性幼儿园学位覆盖率72%;九年义务教育完成率98.3%,义务教育基本均衡县评估成为继成都市之后全省第一个全域通过国检的市州;普通高考本科上线4148人,本科上线率实现"八年连升";小学、初中、高中教师学历达标率分别为99.9%、99.88%、99.46%;创办国内首家康养学院。全市有乡镇广播电视站43个,352个行政自然村全部开通广播和电视,广播节目综合人口覆盖率98.9%,电视节目综合人口覆盖率99.2%,本地自办广电节目覆盖率87%;三线建设博物馆建成并升格为国家级博物馆。2016年年末全市卫生机构床位数9867张,县、乡两级医疗机构医疗联合体覆盖率100%;住院分娩率99.92%,婴儿死亡率4.38‰,人口自然增长率4.1‰。全市各类运动队获得省级以上赛事金牌20枚、银牌23枚、铜牌6枚。全年举办各类体育赛事活动60次,参与人数达3万人次。

【人民生活】　城乡居民收入稳步提高,全年城镇居民人均可支配收入32860元,同比增长8.2%。其中:工资性收入

20601元，同比增长7.2%；经营净收入3219元，同比增长22.1%；财产净收入1891元，同比增长16.4%；转移净收入7148元，同比增长3.9%。全年农村居民人均可支配收入14057元，同比增长9.3%。其中：工资性收入4529元，同比增长4.5%；经营净收入8157元，同比增长12.0%；财产净收入372元，同比增长23.9%；转移净收入999元，同比增长6.2%。全年居民消费价格总水平（CPI）上涨1.7%。2016年年末全市城镇居民人均现住房建筑面积35.05平方米；95.6%的城镇居民家庭拥有自有房屋产权；84%的城镇居民家庭住进单元房。全市参加养老保险的人数（不含机关事业单位人数）43.28万人，同比减少0.46万人；参加医疗保险人数68.24万人，同比增加0.11万人；参加失业保险人数19.53万人，同比减少1.47万人；参加工伤保险人数20.95万人，同比减少0.19万人；参加生育保险人数21.26人，同比增加0.29万人。新农合参保率达99.81%。城镇登记失业率为4.01%。全市享受城镇居民最低生活保障人数11306人，同比减少3641人；享受农村居民最低生活保障人数15112人，同比减少4825人。

重要举措

【强化调度保目标】 坚持目标导向和问题导向，对经济运行实行“一月一调度”，及时解决发展中出现的苗头性、倾向性问题。将月度经济运行调度会上部署的工作、县（区）提请市政府帮助解决的事项分解到市政府领导和相关部门，交市目标办督办，形成“部署—落实—办结”的闭合链条。在这种调度机制下，全市政府系统形成加紧干、往前赶、往实抓的工作氛围。全年新增规模以上工业企业18户，投资、财政等下行指标止滑回升，经济实现稳中有进、稳中有升。

【立足优势调结构】 大力推进三次产业协调发展，产业结构优化，由2015年的3.4：71.4：25.2调整为3.4：70.5：26.1。推动工业经济稳中有进。认真落实国家、省稳增长措施，出台促进工业经济稳定增长的18条政策措施，“一企一策”“一业一策”，帮助企业解决实际困难，推动项目达产达效。加快发展钒钛、机械制造、新能源、新材料和光伏、水能发电等重点产业，获得占全省一半以上光伏建设指标配额。加大中高端产品开发力度，钛精密铸件、钛合金中厚板等一批科技成果加快产业化。积极推动市内企业与成飞集团、中船重工等大型军工企业合作。实现高新技术产业产值422.71亿元。转变农业发展方式。扎实推进农村土地确权颁证等产权制度改革，畅通城乡资源要素流动。大力发展观光农业，精心打造攀枝花芒果品牌。突出以“康养胜地、特色农业”为主题的攀枝花特色农业宣传，建成北京、成都两地攀枝花特色农产品展示展销体验店。建成全国首个国家级芒果出口质量安全示范区，全年实现芒果总产值15亿元。梅子箐水库、马鞍山水库等水利重点项目建设加快推进。加快发展现代服务业。推行“康养+”产业发展模式，普达阳光国际康养度假区、花舞人间景区入选全省十大优秀旅游投资项目，颛顼龙洞及周边康养游、红格阳光温泉康养旅游小镇等重大旅游项目与企业签订合作框架协议。入选第二批国家全域旅游示范区创建单位，旅游总收入增长20%。加快发展电子商务产业，攀钢“积微物联网”成为西南地区最大钢铁电商交易平台。“淘宝网·特色中国·攀枝花馆”开馆运营，成功引进去哪儿网、中国网库、阿里旅游等知名企业13家。密地物流园区二期等一批重要物流项目加快建设，培育省级重点物流联系企业13家。

【突出重点抓项目】 抓实“项目推进年”工作，健全重大项目协调推进机制，全年新开工项目305个、总投资307.16亿元，120个重大项目完成年度投资计划的116.9%。着力招大引优，重点针对央企、世界500强和行业龙头企业开展招商活动，邀请北京、上海、澳门等工商界组团来攀枝花考察投资事宜，促成东方园林、国电龙源电力、清华启迪园等企业在攀枝花投资项目，全年新签约项目373个、协议资金751.35亿元，到位资金568.22亿元、增长4.1%。

【分类施策推改革】 推动供给侧结构性改革，“三去一降一补”扎实落地。去产能方面，淘汰钢铁产能150万吨，关闭地方小煤矿10处、退出产能114万吨。去库存方面，化解房地产库存120万平方米。去杠杆方面，设立10亿元兴攀产业发展基金和20亿元PPP项目财政支持基金，为“红名单”企业提供应急转贷资金4.75亿元。降成本方面，取消行政事业性收费42项，完成“营改增”扩面，实现资源税从价计征，减轻企业税费负担9.78亿元，为企业争取电费优惠7.94亿元、降低铁路运费3.46亿元。补短板方面，实施重大科技项目带动战略，攀西试验区重大科技攻关项目成功招标6项，高炉渣提钛等产业化关键技术取得重大突破。有序开展其他重点改革，取消行政审批事项11项，市级农村产权交易平台建设正式启动，启动“五证合一、一照一码”

登记制度改革，全面完成机关公务用车制度改革。

【扩大开放聚活力】 成功举办中国·攀枝花—东盟国际商贸合作交流活动，东盟十国大使和大使代表出席。承办四川省第七届乡村文化旅游节、中国·四川第二届森林康养（冬季）年会等活动，取得较好效果，攀枝花市被确定为森林康养年会永久会址，获得“亚太旅游协会会员单位”授牌，成为第二批国家全域旅游示范区创建单位。精心组织参加西博会、农产品交易会等展会活动，攀枝花芒果自营自主品牌出口实现零突破。与伊犁、凉山、丽江签订合作框架协议，与北京西城区签署共建异地康养基地协议。

【精准发力助脱贫】 编制实施10个扶贫专项方案、15个年度扶贫专项工作计划，整合各类资金9.9亿元。深化“五个一”帮扶机制，为有脱贫任务的乡镇增加1名县级领导进行联系指导。经省上确定的第三方机构——四川农业大学评估，年度计划脱贫的20个贫困村、1767户6457名贫困人口全部达到或超过脱贫标准。其中，20个贫困村全部达到或超过“一低五有”标准，计划退出贫困户全部达到或超过“一超六有”标准；基层群众对帮扶措施的满意度达100%，对“五个一”帮扶总体效果满意度达99%；集体经济发展评为“优良”等级的村有18个，优良率90%；通硬化路评为“优良”等级的村有15个，优良率75%；三个县（区）脱贫攻坚工作年度考核总体绩效评价为“优秀”，脱贫攻坚首战告捷。

【大力推进民生改善与社会事业发展】 全面完成19件民生大事、144件民生事项。养老金按时足额发放，城镇登记失业率4.01%。保障性安居工程目标任务超额完成。全面取消二滩网箱养鱼，库区水质向好。科学应对“9·19”特大暴雨等自然灾害，灾后重建有序推进。有效处置央视曝光的环境污染问题，依法关停整顿企业37家。把教育放在优先发展的战略地位，加快建设区域教育高地，公办和普惠性幼儿园学位覆盖率72%；义务教育基本均衡县评估成为继成都市之后全省第一个全域通过国检的市州；普通高考本科上线率实现“八年连升”；市经贸旅游学校、攀枝花技师学院顺利通过第三批“国家中等职业教育改革发展示范校”终期验收。深化公共文化服务，大力建设区域文化高地，三线建设博物馆升格为国家级博物馆。全面深化区域医疗卫生高地建设，接入省级平台联网医院增加到19家，市中西医结合医院胸痛中心成为38家首批“中国基层胸痛中心”之一，成功申报为第一批国家级医养结合试点城市，县、乡两级医疗机构医疗联合体覆盖率100%。

重要会议

【全市脱贫攻坚工作大会】 全市脱贫攻坚工作大会于2月25日上午召开。市委书记张剡出席会议并讲话。市委副书记、市长杨自力主持会议。市委副书记于会文出席会议。会议深入贯彻中央扶贫开发工作会议、省委脱贫攻坚工作会议精神，对落实精准扶贫、精准脱贫各项工作进行再动员、再部署。会议强调，全市上下要紧紧围绕在全省率先完成脱贫任务的目标，着力抓实基础设施、产业发展、教育文化、医疗卫生、社会保障、生态扶贫六大重点扶贫工程，确保全面完成年度精准脱贫各项工作任务，坚决打赢脱贫攻坚仗。会议指出，市委、市政府提出到2018年年底全市70个贫困村全部“摘帽”、2.6万余贫困人口全部脱贫的目标，全市上下必须进一步明确形势任务，切实增强做好脱贫攻坚工作的责任感和紧迫感，坚决打赢攻坚仗，为贫困地区与全市同步全面实现小康提供坚实支撑。会上，部分县、乡、村作经验交流发言。市领导许健民、谢晓东、陈可红、刘建明、李仁杰、刘先伟、赵忠义出席会议。盐边县、米易县、仁和区党委、政府主要负责人，市委各部委、市级各部门、各人民团体、各有关企事业单位参加会议。

【攀枝花特色产业投资推介会】 4月13日上午，“钒钛之都·阳光花城”——攀枝花特色产业投资推介会在成都锦江宾馆举行。副省长曲木史哈，省政协副主席、省工商联主席陈放出席会议。市委书记张剡在会上致辞。市委副书记、市长杨自力主持会议。在推介会现场，攀枝花市人民政府与成都中医药大学深化战略合作项目、攀枝花市民政局与西南交通大学关于阳光康养产业试验区及康养产业人才发展规划项目、东区的去哪儿网旅游服务项目、西区的华电能源西沟灰场分布式光伏发电项目、仁和区尚作农业农副产品分装及销售体系建设项目、米易县的颛顼龙文化风景区开发建设项目、盐边县的红格阳光温泉康养旅游小镇项目、钒钛高新区的集中供应管道煤气（蒸汽）项目和新型清洁能源开发利用项目、花城新区的小石潭公园等10个项目集中签约。此次会议搭建起攀枝花与中外知名企业交流合作的平台，拓展攀枝花对外开放的广度和深度，向全国、全世界展示“钒钛之都·阳光花城”的独特魅力。

【攀西战略资源创新开发试验区攀枝花市金融支持暨银政企对接会】 6月14日上午，由中国人民银行成都分行和攀枝花市共同举办的攀西战略资源创新开发试验区攀枝花市金融支持暨银政企对接会在攀枝花市举行。中国人民银行成都分行行长周晓强，市委书记张剡出席会议并讲话。市委副书记、市长杨自力致辞。市人大常委会主任谢道全，市政协主席单荣出席会议。市委常委、常务副市长黄正富主持会议。会上，攀枝花市收获6份《“十三五”战略合作协议》和总金额179.77亿元的银行金融授信，还与各省级金融机构展开互动交流，力促金融支持与攀西战略资源创新开发试验区建设及攀枝花“三个加快建设”有机融合，共赢发展。会议认为，此次对接是贯彻落实供给侧结构性改革和工业“稳增长、调结构、增效益”各项政策措施的重要举措，也是推动银企对接、产融合作，促进金融支持攀西战略资源创新开发试验区建设政策落地的具体体现。

【全市月度经济运行调度会】 全市月度经济运行调度会于9月9日召开，攀枝花市委副书记、市长李建勤出席会议并讲话，市委常委、常务副市长黄正富主持会议，传达四川省委副书记、省长尹力和省委常委、常务副省长王宁，对攀枝花市经济社会发展工作的指示。副市长江海、李仁杰出席会议。会上，市发改委通报8月全市经济运行情况，各县(区)、钒钛高新区就8月经济运行情况进行分析。会议认为，8月全市经济工作亮点纷呈，形势向好，提振全市上下完成全年目标任务的信心。这是市委正确领导的结果，也是各级各部门齐心协力、同舟共济、狠抓落实的结果。会议强调，全市各级各部门要坚定信心、迎难而上，咬定GDP过千亿元目标，将各项工作细化、实化、具体化，层层压实责任，把抓项目、抓资金、抓政策、稳增长的责任扛在肩上、抓在手上、抓出成效，以实际行动迎接攀枝花市第十次党代会的召开。

【推进化解钢铁煤炭过剩产能工作会议】 推进化解钢铁煤炭过剩产能工作会议于9月18日下午召开。市委副书记、市长李建勤出席会议并讲话。副市长殷旭东、刘建明参加会议。会议传达全省化解钢铁煤炭行业过剩产能工作电视电话会议主要精神，听取相关县(区)和部门工作进展情况汇报，并研究和安排部署下一步工作任务。会议指出，化解钢铁煤炭过剩产能工作是一项严肃的政治任务，攀枝花市在工作中仍然存在工作没落实、衔接不到位等问题，全市各相关县(区)和部门要高度认识到该项工作的重要性，进一步增强责任感和紧迫感，牢固树立政治意识、大局意识，以严肃警醒的态度对待工作，确保按照时间节点顺利完成目标任务。会议强调，要进一步明确任务要求、工作措施、工作责任，健全激励机制，加强工作督促检查和调查研究，要做好在产煤矿的安全生产工作，杜绝重大安全生产事故发生，确保攀枝花市煤炭行业健康稳定发展。

【全市安委会第三次(扩大)会议】 全市安委会第三次(扩大)会议于9月26日下午召开。市委副书记、市长李建勤出席会议并讲话。副市长殷旭东、敬登峰参加会议。会议认真学习习近平总书记关于安全生产重要指示批示精神，贯彻落实全国安全生产电视电话会议精神，通报1—8月全市安全生产情况，安排部署下阶段重点工作。会议指出，安全工作是一切工作的前提，只有开始，没有终点，永远处于现在进行时。全市各级各部门必须保持如临深渊、如履薄冰的高度警觉，时刻绷紧安全生产这根弦。通过这次会议，要把市委的部署和要求细化、实化、具体化，扎扎实实抓好全市安全生产工作。会议要求，各县(区)、有关部门和企业要对汛期安全工作认真进行“回头看”，全面排查各类安全隐患，严防事故发生；切实加强重点领域的安全监管；严格应急值守和信息上报，加强督导检查和工作调度；继续做好强降雨灾害抢险救援、善后安置工作，为受灾群众提供最大限度的生产生活保障，确保平安和谐过节。

【全市科学技术奖励大会】 全市科学技术奖励大会于2016年10月14日召开，表彰2015年度为攀枝花市科技事业和经济社会发展做出突出贡献的先进单位和个人。攀枝花市委书记张剡出席大会并讲话，攀枝花市市长李建勤主持大会。2015年，攀枝花市培育新增国家高新企业7家；高新技术产业产值达到280亿元，同比增长29.3%；万人有效发明专利拥有量12.57件，获四川省科技进步奖23项，均居全省第二位；钒钛产业园区晋级为国家级高新区；全国钒钛磁铁矿标准化分技术委员会在攀枝花成立，获得钒钛全流程技术标准制定话语权，跻身国家知识产权示范城市、国家知识产权质押融资试点城市，“双创”综合评价位居全省第三。在大会上，共有70项科技成果被市政府授予2015年度市科学技术进步奖。会议指出，全市深入实施创新驱动发展战略，有序推进科技体制改革，强力推进攀西战略资源创新开发试验区重大科技攻关，各项工作取得显著成绩。会议强调，2016年攀西地区被纳入全省系统推进全面创新改革试验先行先试地区，对攀枝花市提升科技水平、强化创新驱动发展既带来空前利好，提出新的更高要求。全市要不断提高思想认识，紧扣国家、省安排部署，更加积极主动作为，全力推进科技创新，努力把发展机遇转化为发展红利。攀钢集团研究院有限公司代表获奖单位在大会上作交流发言。市领导陈可红、刘建明、周治端出席会议。

重要事件

【攀枝花市遭受强降雨灾害】 9月17—19日，攀枝花出现强降雨、局部特大暴雨过程，导致全市多个县（区）出现大面积山体滑坡、塌方、泥石流、山洪等自然灾害。个别地方高速公路道路阻断、隧道塌方、民房冲毁，造成人员伤亡和失联，其中，仁和区大田镇、平地镇、务本乡和东区银江镇等地受灾较为严重。灾情发生后，省委书记王东明，省委副书记、省长尹力，省委常委、常务副省长王宁，副省长王铭晖作出重要指示。市委书记张剡，市委副书记、市长李建勤立即就抗洪抢险救灾工作作出部署。19日下午，张剡主持召开全市抗洪抢险救灾工作会议，传达省委书记王东明，省委副书记、省长尹力，省委常委、常务副省长王宁，副省长王铭晖重要指示精神，通报灾情，安排部署下一步抗洪抢险救灾工作。同时成立市委、市政府抗洪抢险救灾领导小组，组织开展抢险救灾。19日16点30分，攀枝花市召开新闻发布会，及时公布灾情及抢险救灾情况，引导舆情，回应社会关注，维护社会稳定。9月19日晚，受省委书记王东明，省委副书记、省长尹力指派，省委常委、常务副省长王宁率省政府办公厅、国土资源厅、水利厅、应急办和长江水利委员会防汛办枢纽室负责人以及多位专家，雨夜兼程赶赴攀枝花指导抗洪抢险救灾工作。

【火车南站站前基础设施PPP项目签约】 9月20日上午，火车南站站前基础设施PPP项目在攀枝花会展中心正式签约。以十九冶集团有限公司为牵头人的联合体成为该项目的社会资本投资方。市委书记张剡、市长李建勤、市人大常委会主任谢道全、市政协主席单荣、常务副市长黄正富、十九冶集团有限公司董事长田野出席签约仪式。签约仪式由副市长江海主持。火车南站站前基础设施项目是攀枝花市首个采用PPP模式建设的大型市政基础设施工程，项目拟建站前枢纽总建筑面积约4.4万平方米，站前道路总长度约7.6千米，站前排洪设施总长度约6.9千米，总投资19.8亿元。建设火车南站站前基础设施，是进一步改善全市对外交通条件，加强攀枝花市与周边市州经贸合作，推动全市经济发展的重大举措。建成后的火车南站枢纽将成为展示攀枝花市阳光花城特色风貌的窗口，成为辐射川西南、滇西北地区的旅游服务平台和四川南向门户的重要通道口。

【攀枝花市建成首个国家级出口食品农产品质量安全示范区】 10月20日，四川检验检疫局党组书记、局长孙颖杰莅攀调研，并代表国家质检总局为盐边国家级出口芒果质量安全示范区授牌。这标志着攀枝花市首个国家级出口食品农产品质量安全示范区建成。市委书记张剡陪同调研，市长李建勤出席攀枝花市国家级出口芒果质量安全示范区新闻发布会暨授牌仪式。盐边县政府和攀枝花检验检疫局立足芒果特色产业，围绕农业化学投入品管理和疫病疫情防控这两个质量安全关键控制点，狠抓落实，成功打造国家级出口食品农产品质量安全示范区。盐边出口芒果质量安全示范区是攀西地区第一个、全省目前第7个国家级出口食品农产品质量安全示范区，也是全国第一个芒果质量安全示范区。四川检验检疫局副局长邓明辉参加调研，副市长李仁杰陪同调研。

【中国·攀枝花—东盟国际商贸合作交流暨东盟商团入驻东盟国际商贸城活动举行】 11月29日，以“南向开放、合作共赢”为主题的中国·攀枝花—东盟国际商贸合作交流暨东盟商团入驻东盟国际商贸城活动在西区举行。中国—东盟中心秘书长杨秀萍、文莱驻华大使张慈祥致辞。马来西亚驻华大使扎伊努丁·叶海亚、缅甸驻华大使吴帝林翁、越南驻华使馆公使衔参赞阮怀英、新加坡驻成都总领事颜呈吉、柬埔寨驻华使馆秘书尼博纳、印度尼西亚驻华使馆秘书丰月梅，泰国素可泰市副市长宋猜·杜恩喷等东盟各国使团和中国—东盟中心领导出席活动仪式。市委书记张剡，省政府副秘书长赵卫平致辞。市长李建勤主持。攀枝花作为“南方丝绸之路”的重要节点和商贸物资集散地，正加快建设“四川南向门户”。东盟国际商贸城正式落成，标志着攀枝花与东盟各国的交流合作进入新阶段，也是四川与东盟各国深化合作的新进展。东盟国际商贸城的持续成功运营，东盟成员国与中国，特别是与四川省之间的贸易和经济合作得到加强。市政协主席单荣、常务副市长沈钧、宣传部部长江海、副市长李文飞、敬登峰以及省级相关部门领导，四川、云南相关市州领导，来自东盟十国的商会、企业代表以及四川南向开放通道相关市州企业代表参加仪式。与会的领导和嘉宾还参观东盟国际商贸城各展馆。

【四川省第七届乡村文化旅游节在攀枝花举行】 12月1日晚，四川省第七届乡村文化旅游节（冬季）暨2016攀枝花欢乐阳光节在米易县拉开大幕。省人民政府副秘书长黄小平宣布四川省第七届乡村文化旅游节（冬季）暨2016攀枝花欢乐阳光节开幕。市委书记张剡，亚太旅游协会首席运营官戴龙·劳伦斯先后在开幕式上致辞。省政府参事、省旅游协会会长陈保明出席开幕式,省旅游发展委员会副巡视员、省旅游协会执行副会长谢海银在开幕式上讲话。开幕式由市长李建勤主持。本次节会由攀枝花市人民政府、四川省旅游发展委员会和四川省旅游协会主办。节会以"相约阳光花城·畅享缤纷冬日"和"沐米易时光·游康养胜地"为主题。节会期间,攀枝花市同步举办乡村旅游文化展演、乡村旅游发展研讨、友好城市代表和旅游投资商考察、特色旅游商品展、民俗文化及传统文化活动,开展攀枝花欢乐阳光节系列活动。开幕式上,攀枝花获授牌正式成为"亚太旅游协会会员单位",米易县被授予"中国颛顼文化之乡"和"四川省养生旅游目的地示范基地"称号。

【中国·四川第二届森林康养(冬季)年会在攀枝花举行】 12月2日,中国·四川第二届森林康养(冬季)年会在攀枝花开幕。300余名致力推动森林康养产业加快发展的领导、专家、学者和行业精英汇聚攀枝花市,围绕"沐浴花城阳光·共享森林健康"主题,交流研讨健康中国、森林康养等战略课题,为攀枝花、四川乃至全国森林康养产业持续健康发展,凝聚智慧和力量。中国保健协会会长、中纪委原委员、卫生部原副部长张凤楼,市长李建勤,国家林业局对外合作项目中心副主任刘立军,省林业厅党组成员、副厅长马平致辞。中国老科协副会长、国家林业局原党组成员、原纪检组长杨继平宣布中国·四川第二届森林康养(冬季)年会开幕。全国政协委员、内蒙古自治区政协副主席、中国生态道德教育促进会副会长董恒宇出席会议。开幕式由省林业厅党组成员、省森林防火指挥部森林防火专职副指挥长毛德忠主持。第二届年会由中国生态道德教育促进会、省林业厅、省发改委、省财政厅等19个部门单位共同主办,攀枝花市人民政府承办。此次年会的召开,将成为攀枝花森林康养产业发展的助推器,为四川森林康养产业发展注入新内涵。市人大常委会主任谢道全、市政协主席单荣等领导出席开幕式。开幕式上,副市长李仁杰作攀枝花康养产业推介。开幕式结束后,与会人员前往攀枝花公园进行森林康养户外体验活动。

【上海—武汉—攀枝花通航推介会在沪举行】 12月21日,攀枝花在沪举行上海—武汉—攀枝花通航推介会,攀枝花市市长李建勤宣布:12月22日,攀枝花—武汉—上海航线正式开通。届时,一条空中纽带将把"万里长江上游第一城"攀枝花和"万里长江入海口"上海更紧密地联系在一起,开启两地合作交流的新篇章。上海市工商联副主席、知联会会长汤亮出席推介会。攀枝花市宣传部部长江海主持推介会。攀枝花—武汉—上海的航线,在通航一个月内将按照每周一班的计划执行,一个月后增加至每周三班,分别于每周二、四、六执行。航线将选用优秀的机组和适航的空客A319机型执飞。新航线的开通,为上海、攀枝花两座城市的友谊与合作架起一座空中桥梁,为两地公务、商务、旅游、康养度假等方面的出行需求提供最便捷的方式,攀枝花人可以更好地领略上海国际大都市的魅力,而上海的朋友也可以到攀枝花感受"阳光花城·康养胜地"的恬静。攀枝花市政协副主席、工商联主席吴文发出席推介会。来自上海市工商联、青联、知联会的企业代表和上海市旅行社代表,攀枝花市有关部门、攀枝花市旅行社代表及32家中央、省级媒体代表共150余人参加推介会。

【攀枝花市拆除二滩网箱】 攀枝花市认真贯彻党中央、国务院关于生态文明建设和环境保护的决策部署,习近平总书记关于长江经济带共抓大保护、不搞大开发的讲话精神以及《关于全面推行河长制的意见》,从11月20日—12月20日,攀枝花仅用30天时间,拆除5万余口、148万平方米网箱,取消网箱养鱼这个年产值2.8亿元的产业。二滩库区位于雅砻江下游,雅砻江在雅江桥与金沙江交汇,共同形成长江上游,一路向东,流经重庆、浙江、江苏、上海等地后,注入东海。攀枝花市历来重视水环境治理和保护。早在2012年,攀枝花市就召开会议研究二滩库区水质质量下降的原因和应对措施,据相关部门预测,到2020年左右,二滩库区总氮污染物浓度将出现超标现象。2013年,全市水务、移民扶贫、环保、财政等部门组成考察组,赴省内外学习考察取消网箱养鱼的经验。2014年6月,攀枝花市委、市政府印发《关于取消攀枝花二滩库区网箱养鱼发展生态渔业培育替代产业的指导意见》,决定2016年年底全面取消二滩库区网箱养鱼。

政务工作

【办理人大代表建议和政协提案】 市政府坚持以增强实效为目的,以规范办理程序、完善办理机制为保障,严格落实办理工作的领导责任、沟通责任、办成责任和答复责任,所有建议、提案均在规定时限内办理答复完毕,按时办复率达

100%，形成职责分明、重点突出、督办有力、落实到位的办理工作局面。全年，市政府系统共承办市九届人大六次会议代表建议123件。其中，人大代表建议所提问题已经解决或基本解决的（A类）共80件，占承办总数的65.0%；所提问题正在解决或已列入计划逐步解决的（B类）36件，占29.3%；所提问题因条件限制暂不能解决的（C类）7件，占5.7%。共承办市政协八届六次会议提案203件。其中，政协提案所提问题已经解决或基本解决的（A类）共120件，占承办总数的59.1%；所提问题正在解决或已列入计划逐步解决的（B类）70件，占34.5%；所提问题因条件限制暂不能解决的（C类）13件，占6.4%。从办理结果看，人大代表对办理工作表示满意的有120件，有3件因代表出国未归无法联系没有进行满意度测评，已测评的办理件满意率达到100%，无基本满意和不满意情况；政协委员对办理工作表示满意的有202件，占99.5%；基本满意1件，占0.5%；没有不满意情况。

【政务公开】 攀枝花市依托政府网站集群这一政府信息公开第一平台全面推进政务公开工作。2016年，主动公开政府信息839844条，通过政务服务中心查询信息231773条，通过档案馆查询信息11695条，通过图书馆查询信息86802条，通过政务微博和政务微信发布政府信息15520条，全年各级召开新闻发布会43场，播出“阳光政务—政务行风”电视节目4期、政风行风电台热线35期，公开征集公众意见25次，解读相关政策文件25条；以办事和服务为导向，推进“一站式”网上政务服务，整合全市医疗、教育、交通、水、电、气等100余家企事业单位信息，为市民提供更加便捷的服务；以行政权力公开透明运行为目标，推进行政权力在阳光下运行。全年，全市各级行权单位通过行权平台网上公开运行行政权力事项31982项，上网运行数1873项；进一步加强政民互动，回应社会关切。在切实保障“市长信箱”“12345”市民热线和市纪委举报中心、组织部“12380”举报平台等政民互动渠道畅通运行的基础上，建设完善“阳光政务”、智能问答平台等政民互动渠道，使政民互动交流更加多元更加亲民。

【政务信息】 全年共收到各县（区）政府、市级各部门、各企事业单位报送的信息7942条，从报刊、媒体、互联网等其他渠道获取信息4800条。编发《攀政快讯》145期1250条，《攀政快讯特刊》57期，为市政府领导提供各项决策部署落实情况、工作推进情况、存在的问题和对策建议等政务信息。编报《每日报省要情》251期，全年，向省政府信息公开办报送信息1192条，被《川政晨讯》采用73条，被《国办要情》采用2条、《国办专报》采用1条、省《要情专报》采用9条，直报点采用4条。编发《每日政情》251期，登载市政府领导每日动态、领导安排部署工作的情况，国家、省上重要动态、重大决策部署情况等。

【政务调研】 针对全市经济社会的热点和难点问题，围绕“四个加快建设”“四区驱动”“六大重点工作”等战略部署，深入开展调查研究，强化决策咨询，高质量完成《以供给侧结构性改革助推钢铁产业链延伸——以攀枝花市为例》《结构之变：攀枝花新旧动能加速转换》等重大课题的调研和起草工作。精心组织开展全市政府系统2016年度政务调研成果评选活动，共收到调研文章223篇，评出市财政局等5个政务调研工作先进集体和《财政金融联动推进攀枝花现代农业发展的对策建议》等60篇政务调研优秀成果，有力推动全市各级政府、各部门政务调研工作的全面开展，为领导科学决策提供重要参考。

【紧急救援与应急保障】 制定完善防范和遏制重特大事故、城市防空袭、2016年度地质灾害防治等工作的实施方案，辐射事故应急、化解过剩产能职工安置工作中突发事件预防和应急处置等的应急预案，修订完善各级部门、企业安全生产应急预案218个。签订丽江攀枝花凉山应急联动协议，成立省地矿局攀枝花地质灾害应急中心，组建抢险抢修、医疗救护、防化防疫、通信、运输、治安、消防等7支共1767人的人防专业队。在仁和区、米易县、盐边县灾害易发高发和交通不便的边远山区、贫困地区、高寒地区居民集中居住地建立11个救灾物资储备点，确定市内10～50辆客车、20～100辆货车（含危险品运输车3辆）为储备运力，电煤应急储备能力保证30万吨以上。组织开展以应对自然灾害、事故灾难、公共卫生事件、社会安全事件等为背景的系列应急演练，积极应对“1·24”强降温天气灾害、盐边县“1·16”摩托车侧翻事故、盐边县“5·2”轻型厢式货车坠江事故、“6·4”暴雨风雹灾害、攀钢钒公司“5·23”煤气泄漏事故，9月强降雨、局部特大暴雨诱发的群发性山洪及滑坡等自然灾害，成昆复线冉家湾“12·23”出渣车侧翻事故等突发事件。

（李　阳　曹政云）

外事侨务

【概　况】 2016年，在攀枝花市举办的中国·攀枝花—东盟国际商贸合作交流暨东盟商团入驻东盟国际商贸城活动等活动，邀请近百名外宾参加，市外事侨务办做好外国专家、来宾的接待、翻译、邀请等相关外事指导和服务工作，倾力推动各项重大活动圆满举办，提升攀枝花市国际知名度；攀枝花市引进英国、以色列、新西兰、俄罗斯等近10名国外专家开展6项引进国外智力项目，获得资助经费41万元；全年，攀枝花市共完成因公临时出国(境)任务24批57人次；组织参加"第十四届东盟华商会""2016中国西部海外高新科技人才洽谈会""四川省海外交流协会第三届理事大会暨第四届四川华侨华人社团联谊大会"等重大涉侨活动；走访慰问15户生活困难的归侨侨眷，帮扶仁和区、米易县3户散居农村贫困侨眷家庭发展生产，共送去慰问金(帮扶资金)1万余元；广泛宣传侨法，维护侨益，全年接待、处理归侨侨眷来信来访、涉侨政策咨询18件(次)；做好来攀考察康养项目的侨商的接待工作；2016年，全市侨务工作新增国内工作对象12人，新增国外工作对象1人，截至2016年年底，全市国内、国外侨务工作对象分别达到3760人和2234人。

【因公出国(境)】 全年，全市派遣因公出国(境)共24批57人。因公出国、赴港澳总人数分别为53人及4人；自组团4个、总人数22人。分赴俄罗斯、芬兰、丹麦、澳大利亚、日本、印度尼西亚等国家，拜访当地各界人士，在机械制造、旅游、经贸、科技、康养等多领域开展国际交流与合作，促进攀枝花市经济社会发展。

【外宾来访接待】 在攀枝花市相继举办的中国·攀枝花—东盟国际商贸合作交流暨东盟商团入驻东盟国际商贸城活动、中国·四川第二届森林康养(冬季)年会、四川省第七届乡村文化旅游节(冬季)暨2016攀枝花欢乐阳光节开幕式等活动，邀请近百名外宾参加，市外事侨务办按照市委、市政府的安排，做好外国专家、来宾的接待、翻译邀请等相关外事指导和服务工作，倾力推动各项重大活动举办，提升攀枝花市国际知名度。在中国·攀枝花—东盟国际商贸合作交流暨东盟商团入驻东盟国际商贸城活动上，邀请中国—东盟中心秘书长杨秀萍以及文莱、马来西亚、缅甸、越南、新加坡、柬埔寨、印度尼西亚驻华大使、参赞、总领事等出席活动。此次活动在攀枝花对外交往历史上是邀请外宾级别、层次最高的一次，把攀枝花市对外交往提升到一个全新的高度。

攀枝花市在工业、农业、卫生等领域全面实施引进国外智力项目，引进英国、以色列、新西兰、俄罗斯等近10名国外专家来攀服务，帮助解决医疗卫生、农林牧业、钢铁钒钛等领域关键岗位的技术瓶颈和管理难题。全年引进境外技术、管理人才项目6项，获得资助经费41万元。

【侨务招商引资、引智】 6月10—12日，由国务院侨务办公室、中华全国归国华侨联合会和云南省政府共同主办的第十四届东盟华商会在昆明市召开。来自47个国家和地区的700多位华商相聚昆明，共谋中国与东盟各国互利共赢新机遇。市外事侨务办做好项目预对接工作，并组织市投促局、市侨联、西区投促局等单位参会，发放宣传资料100余份，向参会嘉宾推介攀枝花《投资指南及招商项目目录》，共推出103个项目，投资金额约609亿元，涉及钒钛资源综合开发利用、机械制造、新能源、康养旅游、电子商务及商贸物流、特色农业等9个领域。宏大建设集团、西班牙中侨贸易集团、俄罗斯中国和平统一促进会等几十家企业、商会，对攀枝花钒钛、康养、农业项目表示很大的兴趣，均有意在合适的时间，赴攀实地考察项目。

7月29日—8月1日，做好到攀枝花考察康养项目的侨商杨大男先生一行的接待工作，亿丰集团等8个企业，11位老总针对人口老龄化国情，到攀枝花考察康养项目，在攀枝花考察期间与市投促局、市民政局、市旅游局等相关单位进行项目对接座谈，考察阿署达花舞人间国际养生产业城、菩提阳光康养庄园、欧方营地等项目，与米易县达成销售核桃、水果等特产的初步协议，并与花舞人间、欧方营地负责人就旅游开发达成初步合作意向，市政府副秘书长田川出席座谈会等相关活动。

9月13日，由国务院侨办、四川省委、省政府和欧美同学会主办的"2016中国西部海外高新科技人才洽谈会"(以下简称"海科会")在成都开幕。包括诺贝尔奖得主丁肇中在内的30多位国际顶尖专家学者，来自33个国家和地区的580余位海外嘉宾出席开幕式。"海科会"成为国务院侨办支持西部大开发的"品牌"和在中国西部举办的最有影响的科技与人才交流盛会。市外事侨务办利用这个平台开展侨务引智工作，与芬兰华人科技协会会长、留日中国人生命科学协会会长、贵州省外侨办等海内外嘉宾进行推介、交流活动。

【宣传侨法、维护侨益】 突出重点，广泛开展侨法宣传活动。2016 年，汇编、印制 750 本《常用侨务法律法规汇编》、1200 份《侨法知识问答》等侨法宣传资料，并免费发送给全市机关和各县（区）、社区、大企业、攀枝花学院统战部等，大力宣传侨法，努力营造依法护侨的良好氛围。在“12.4”国家宪法日时，组织开展形式多样的侨法宣传活动。推动侨法宣传进社区，通过提供建设资金、免费提供侨法宣传资料等多种方式，积极支持、指导民建社区侨法宣传角广泛开展侨法宣传教育活动，认真贯彻落实“侨法”，开展一系列富有成效的宣传工作，在辖区内营造依法护侨的良好氛围，增强辖区群众侨务法制观念。通过推动侨法宣传进企业，侨法学习进机关等形式广泛宣传侨法，《攀枝花学院报》《攀枝花矿工报》上刊登了侨法知识，增强侨法宣传影响力。

认真做好侨务信访，维护侨益。全年共接待涉侨信访 8 件（次），涉侨政策咨询 10 件（次），涉及出国探亲、华侨回攀枝花定居、请求房租减免、贫困救助等方面事宜，主动协调有关部门，努力为上访归侨侨眷排忧解难，做到事事有回音、件件有落实，办结率 100%。

（张穗蓉）

人力资源和社会保障综合管理

【概　况】 2016 年，全市有 6 个人力资源和社会保障局，其中，市局 1 个，县（区）5 个；下辖 9 个直属单位，分别是市就业局、市社保局、市医保局、市人才服务中心、市转业军转培训中心、市劳动保障监察支队、市人事局考试中心、市劳动争议仲裁院、市劳动保障信息中心，其中副县级单位 5 个，参照公务员法管理事业单位 4 个。全系统共有在编在职人员 254 人，其中共产党员 185 人，占 65.6%；35 岁以下 61 人，占 21.26%；大学本科及以上学历 183 人，占 72.05%。全系统中有高级职称的 6 人，中级职称的 9 人，初级职称的 9 人。

就业形势保持基本稳定。全年全市城镇新增就业 17415 人，城镇失业人员再就业 5925 人，就业困难人员实现再就业 1451 人，分别完成目标任务的 112.35%、118.50% 和 120.92%；城镇登记失业率 4.01%，控制在 4.2% 以内。

社会保障制度更加完善。面对经济持续下行和去产能的双重压力，主动深入企业开展服务，努力推进各项社会保险扩面征缴。截至 12 月，全市基本养老、基本医疗、失业、工伤、生育 5 项社会保险参保人数分别 48.68 万人、68.24 万人、19.53 万人、20.95 万人、21.26 万人，城镇居民养老保险参保人数 23.98 万人，覆盖面 97.33%；5 项社保基金总收入 74.40 亿元，总支出 76.02 亿元。首次实现企业退休人员和机关事业单位退休人员养老待遇同时调整，调整后的企业退休人员月平均养老金 2662 元。积极向上争取社保资金 33.85 亿元，确保各项社会保险待遇按时足额发放。

人事人才工作有力推进。优化人事管理服务。完成 2016 年各项公务员考录工作；规范事业单位公开招聘；全面完成全市中小学岗位设置方案的调整工作，晋聘矛盾进一步化解；规范事业单位岗位设置和岗位聘用管理，调整岗位 3116 个；规范机关事业单位编外用工管理。平稳完成公务用车制度改革司勤人员安置任务。加强人才队伍建设。推进人才发展体制机制改革，实施高层次专业技术人才和高技能人才培养计划，做好专业技术职称评价工作，建成攀枝花市高层次人才服务管理系统（人才智库），建立市级专家服务示范基地 13 个，成功创建中小学教育省级专家服务基地，围绕贫困村建立特色农业省级专家服务基地示范点 8 个。加大引才引智力度。利用制度优势弥补区位劣势，以具有竞争优势的引才政策聚集高端人才。规范收入分配制度。按照省上的统一部署，完成机关事业单位各项津贴标准调整工作；牵头起草关于深化市属国有企业负责人薪酬制度改革的实施意见。

劳动关系构建更加和谐。完善劳动关系协调机制，坚持依法依规、调解为先，提前介入矛盾，科学化解纠纷，和谐劳动关系巩固。重点提高小微企业以及农民工劳动合同签订率和履行质量，全市企业劳动合同签订率稳定保持在 95% 以上，已建工会企业集体合同签订率保持在 90% 以上。指导和帮助去产能煤炭企业分流安置职工 1801 人，圆满完成去产能职工安置工作；加大劳动保障监察执法力度，为 8422 名劳动者追发工资待遇 9295 万元；加强劳动人事争议仲裁工作，全年处理劳动争议 4851 件，涉及劳动者 9766 人，涉及标的 10015.53 万元，案前调解率达 77.9%，当期结案率达 96.6%。加强信访维稳工作。有效地处理一批非正常上访和群体性上访，圆满完成省、市交办的信访挂牌案件的化解。

公共服务能力提升。梳理出公共服务事项 118 项，推进业务下沉基层，精简办事程序，提升公共服务水平，确保基层群众就地就近享受方便快捷的经办服务。启动“金保工程”二期和社保卡综合试点项目的实施，努力促进人社信息化。社会保障卡发放总量达 96 万余张。全力推进脱贫攻坚工作。将“走基层”和脱贫攻坚工作融入“两学一做”学习教育,积极采取“送温暖”“送政策”“送法律”“送医”下基层,由思想向行动转化,以学习教育促进工作开展。

存在的主要问题。就业形势严峻。全市工业企业多次规模性减员,就业岗位减少,国有大企业吸纳就业主渠道作用基本丧失,总体就业形势异常严峻;促进城乡新成长劳动力、企业失业人员、高校毕业生实现就业的失业治理难度加大。就业补助资金缺口大。城镇登记失业人员达1.3万人,兑现政策资金缺口巨大。企业参保缴费困难,欠费严重。欠费单位达1382户,占参保单位总数的32%,欠费金额13.85亿元,严重影响到全市除生育保险外的其他四险待遇的正常支付。养老金发放矛盾特别突出。失业保险基金支撑能力将大幅减弱。基金结余3.55亿元。医疗、工伤保险基金运行困难、支付压力巨大,形势十分严峻。劳动关系多样性、复杂性、不稳定性趋势增强。农民工工资问题导致的维稳形势严峻。受结构调整和化解过剩产能影响,企业生产经营困难等导致工资性收入下降,一定程度影响城镇居民增收。

【城乡就业创业】 市人力资源和社会保障局深入实施积极的就业政策。全市城镇新增就业17415人,完成目标任务112.35%;城镇失业人员再就业5925人,完成目标任务118.5%;就业困难人员实现再就业1451人,完成目标任务120.92%;城镇登记失业率4.01%。开展创业培训4398人,完成目标任务175.92%。帮助254名大学生成功创业,完成目标任务105.83%。全市审核支付各项补贴资金1.4亿元(含稳岗补贴),惠及城乡劳动者8.2万人次。失业保险参保19.53万人,完成目标任务100.16%,征缴18376.21万元,完成目标任务131.26%。

【去产能失业治理】 市人力资源和社会保障局为确保就业局势和社会稳定稳妥实施去产能失业治理。加强企业失业动态监测、园区用工监测和失业预警分析,与攀钢、攀煤等大企业建立数据共享机制,综合研判,提前做好应对预案。主动对接企业需求,入企开展政策宣传,搭建沟通交流平台,为企业提供转岗培训政策支持。攀钢、十九冶、攀煤3家国有大企业职工分流安置工作有序展开,其中煤炭行业去产能职工已安置1801人。通过四级公共就业服务体系提供岗位推介、职业培训、创业帮扶、公益性岗位安置和失业保险待遇发放5项服务,确保下岗人员基本生活有保障、学技能有去处、找工作有信息、想创业有帮扶。开展下岗失业人员职业培训3447人次,补贴267万元;通过单位就业、劳务输出、灵活就业等多种形式实现再就业5925人。把“国企改制下岗职工生活困难人员帮扶”作为市级重点工作实施,摸底调查4673户,就业援助5027人次,1566人实现再就业。

【“双创工程”】 市人力资源和社会保障局全力实施“双创工程”,返乡创业工作成效显著。针对返乡农民工创业特点,创新反担保方式,为涉农企业开发农产品质押反担保模式。鼓励返乡农民以耕地、林地等作为抵押物申请融资贷款,落实农村中小企业、密集型企业创业贴息贷款。发放返乡创业担保贷款240万元。开创“政府+企业+合作社+金融机构”的多元返乡创业服务载体,简化返乡创业登记方式,放宽经营场所登记要求,全面推进农民工返乡创业发展。通过盘活闲置厂房等存量资源,统筹城乡基础设施、电子商务基地等创业要素,全市创办2个农民工返乡创业园,促进农民工返乡创业2309人,创办企业37个,带动就业7000余人次。“米易老高山——中国水果业产业扶贫第一实践先锋”项目荣获2016年“中国创翼”农民工专项赛全国总决赛第六名。“货车自动化环保车厢罩盖技术及产品”团队获得2016年“中国创翼”半决赛银翼奖。两个参赛项目分别获市政府15万元和5万元奖励。

【公共就业服务改革】 市人力资源和社会保障局大力推进经办服务改革,公共就业基本实现均等化。推进失业保险待遇申领下延社区试点工作,一次性取消或简化6项手续,失业人员不出社区即可办理失业保险待遇7项个人业务。通过基层平台发放失业保险待遇24355人次,涉及基金约2.1亿元。12月20日,市经济体制改革专项小组召开全市失业保险公共服务改革现场推进会推广交流经验。就业创业主要经办服务可在社区(村)、街道(乡镇)办理,公共就业创业基本实现均等化。

【就业扶贫】 市人力资源和社会保障局聚焦建档立卡贫困劳动力,就业扶贫工作全面展开。农村贫困家庭劳动力1.8万人全部实名制采集入库并实现按季更新。大力实施技能脱贫行动,全市24个贫困村开展送技能下乡行动,共培训建档立卡贫困劳动力1241人,农村实用技术培训208人,劳务品牌培训166人,贫困家庭就业能力得到提升。结合“就业援助月”“春风行动”等专项活动,为贫困劳动力搭建政策宣传和用工对接平台。开展送岗位信息下乡活动599场次,提供岗位6246个,开展扶贫专场招聘会41场,实现就业4291人。开发“9.19”抗洪救灾特殊公益性岗位100个和农村公益性岗位150个,共拨付补贴49.38万元。印发《攀枝花市贫困家庭申请小额借款操作办法》,为贫困家庭从事种养殖业提供2万元的免息免担保小额借款,为返乡农民工和草根能人创业提供融资担保贷款,带动贫困家庭就业脱贫。

【众创空间建设】 市人力资源和社会保障局积极推进创业载体建设,平台服务能力全面提升。将失业保险基金当期滚存结余中将按 3% 比例(共 1600 余万元)安排资金用于全市众创空间建设。启动建设市创业指导中心,打造涵盖融资服务、专家指导、创业实训、苗圃孵化等多功能创业服务平台。东区金沙逐梦众创空间、恒力创业基地等 7 个项目建成,以市创业指导中心为核心的一批层次多样、特色鲜明、覆盖全域的众创空间在加快构建。引入北京奥创智酷创业服务有限公司作为市创业指导中心运营团队,在指导创业孵化、创业大赛、创业活动方面发挥引领作用。机电学院"攀枝花大学生产业创业孵化园"成为定省级创业孵化园。

【大学生"两项计划"】 市人力资源和社会保障局积极推进大学生就业创业服务,两项计划扎实推进。落实大学生创业补贴 254 万元、见习补贴 66.98 万元、求职补贴 36.96 万元。推进离校未就业大学生实名制管理和回访跟踪服务,实名制登记入库 1001 人,完成任务 133.11%,实现就业或升学 961 人,占比 96%。攀枝花学院建立高校就业服务站,为大学生直接提供便捷的就业服务。规范见习基地管理及补贴申报,理顺市县两级管理职责。重新认定见习基地 85 个,新增高校毕业生在岗见习 249 人。举办校园双选会、大学生就业专场招聘共 11 场,提供岗位 8845 个,达成就业意向 1563 人。成功举办以"创业·创新·创青春"为主题的攀枝花市第四届青年创业创新创富大赛和东区第二届"攀枝花市商业银行杯"创新创业设计大赛,营造青年创业创新的社会氛围。

【就业援助】 市人力资源和社会保障局着力构建服务长效机制,就业援助逐步走向制度化。印发新的就业失业登记实施细则和就业困难人员认定办法,构建以"五送"为核心的就业援助服务体系和"就业、培训、社保、维权、服务"五位一体的工作机制。加大公益性岗位开发,新开发公益性岗位 729 个,新安置就业困难人员 823 人次。开展"就业援助月""民营企业招聘周"等专项活动,为用人单位和就业困难人员双方搭建用工平台。"两节期间"开展"政策暖心·就业拜年"行动,为全市残疾人、低收入群体、零就业家庭、国企下岗困难职工、享受低保长期失业人员精准投递政策慰问信 7000 封。帮助落实就业扶持政策 24400 人次,提供免费职业指导 4200 人次和政策咨询 10600 人次,帮助就业困难人员实现就业 1451 人。

【失业动态监测】 市人力资源和社会保障局着力推进"互联网 +",数据分析和信息化建设上新台阶。优化失业动态监测指标体系,将全市各县(区)6 家工业(产业)园区 110 家监测企业全部纳入园区用工监测范围。继续开展国家失业预警试点工作,建成 3 个攀枝花特色失业预警分析模型,突出去产能、调结构规模性减员预警,为政府决策提供可靠依据。强化就业信息系统建设,网络覆盖全部街道(乡镇)、社区、高校和部分村,17 项公共就业创业、失业保险经办项目全部下延至社区一级办理,方便城乡劳动者。除创业项目库、创业专家库、个人小额借款外,其余经办服务均可通过信息系统实时办理。公共招聘网建设全年累计采集入库单位 2216 个,提供岗位数 25506 个,累计求职人员 15532 人,点击量突破 506 万人次。

【职业培训】 市人力资源和社会保障局突出强化实效性规范性,职业培训效果增强。重点围绕旅游新村建设、阳光康养旅游等产业需求,加快培养饭店业、旅游业、康养服务等技能型人才,共开展"四类人员"技能培训 10807 人次,岗位技能提升培训 17340 人次,审核拨付资金 1179 万元。创建"创业培训 +"模式,兼顾不同创业者需求,开展"创业培训 + 劳动保障法规""创业培训 + 农村实用技术培训",举办创业培训师资竞赛和创业培训满意度测评,促进培训水平提高。重点鼓励高校学生参加创业培训,并尝试性开展戒毒康复人员等特殊群体创业培训。全市共组织创业培训 8970 人次,创业能力培训 4398 人次,创业实训 991 人次,组织 91 名创业者参加四川省第七届"我能飞"大学生成功创业者提升培训。

【职业能力建设】 市人力资源和社会保障局围绕全市技能人才队伍建设与发展,采取健全培训体系、扩大培训规模、加强机构监管、落实培训补贴、加强就业服务、加强宣传力度六项工作举措,扎实开展各类培训工作。制定《关于完善创业培训和创业培训补贴有关问题的通知》《关于实施化解过剩产能企业职工特别职业培训计划的通知》,完善现有培训政策。开展全市公务员"提升扶贫攻坚能力,做人民满意公务员"全员轮训。全市共计 3372 名县处级以下公务员及参照公务员管理事业单位人员接受培训教育。开展全市专业技术人员网上继续教育工作,共有 9591 名专业技术人员参加培训。高技能人才培养工作稳步推进。成功举办 2016 年中国技能大赛—第 44 届世界技能大赛全省选拔赛,参赛选手包揽焊工和建筑金属构造两个项目前五。完成第二批高技能人才培养对象遴选工作,确定技师培养对象 17 名,高级技师培养对象 34 名。实施青年劳动者技能培训行动。培训青年劳动者 3000 人,完成目标任务的 100%。实施技能脱贫行动,培训建档立卡贫困家庭人员 957 人。推进就业技能培训和创业培训,共开展就业技能培训 5410 人,岗位技能提升培训 414 人,创业意识培训 6882 人,创业能力培训 3122 人,创业实训培训学员 991 人。继续为劳动者提供职业技能鉴定服务。完成电工、焊工、汽车修理工、美容师、美发师、育婴师、养老护理员等 17 个工种的鉴定报名考试工作，共有18833人参加鉴定考试，有11614人取得职业资格证，其中初级工1948人，中级工9045人、高级工621人。

【农民工工作】 市人力资源和社会保障局全力推进农民工工作。突出技能培训，促进就业创业。采取综合培训与专业培训相结合，订单培训与日常培训相结合、特色培训与基本技能培训相结合等方式，强力推进农村劳动力转移就业技能培训工作。多层次、多渠道、多形式开展汽车驾驶、家政服务、厨师、餐饮服务、美容美发、计算机、机械加工、建筑类工种等专业的职业技能培训，提高农民工的就业能力。做好农民工等人员返乡创业工作。针对全市返乡农民工的创业需求积极开展创业培训，选派返乡创业农民工参加四川省的提升培训。加强金融信贷扶持。通过降低创业担保贷款门槛，扩大贷款经办机构，提供全方位的贷款套餐等措施加大对返乡农民工创业的金融扶持力度，为返乡农民工发放贷款120万元。在县、乡（镇）、社区建立公共创业指导服务中心，为农民工和农民企业家返乡创业提供服务。利用基层劳动保障平台切实加强农民工综合信息服务平台建设，在政策咨询、维权服务、用工信息等方面，为部门、培训学校、企业、农民、县区、乡镇搭建劳务培训、转移、输出、服务、维权平台，为企业找农民工，为农民工找工作，节省时间、费用，拓宽农民工择业视野。全市全市转移和输出农村劳动力8.1万人，实现劳务收入8.99亿元。完成“劳务品牌培训”910人。

【公务员管理】 市人力资源和社会保障局切实抓好公务员管理服务工作。认真做好各项公务员考录工作，确保考试安全。完成2015年公开考试录用公务员（人民警察）后续有关工作，录用人民警察24名。开展从优秀村干部、优秀工人农民和服务基层项目人员中招录乡镇公务员工作，录用乡镇公务员14名。完成2016年市、县、乡机关公招公务员工作，录用公务员（参公人员）226名。稳步推进2016年公开考录人民警察工作，计划招录22名，其中市公安局20名，米易县、盐边县森林公安局各1名。加强对县以下机关建立公务员职务与职级并行制度工作的督促和指导，各县（区）全面首次晋升工作。首次启动公务员记二等功评选奖励工作，完成评选办法，确定评选标准，推进评选工作。认真抓好公务员平时考核试点工作，做好试点情况的总结和评估，按照四川省的统一安排和部署，适时全面推行平时考核制度。

【事业单位管理】 市人力资源和社会保障局认真贯彻《事业单位人事管理条例》，全面实施岗位管理制度，加快事业单位人事管理制度化、科学化、规范化建设，规范事业单位岗位设置和岗位聘用管理。全面完成全市中小学岗位设置方案的调整工作，教师中高级专业技术岗位晋聘矛盾化解；认真贯彻执行事业单位工作人员公开招聘、流动、晋升、处分、申诉等政策规定，共引进硕士研究生和副高级以上高层次人才和紧缺岗位人员126名；切实加强事业单位工作人员和编外人员管理，按照《加强机关事业单位人员管理和编外人员管理的实施意见》要求，着力解决“吃空饷”和清理规范在编不在岗以及编外大量用人等问题。2015年年度考核中全面推行绩效考核制度。认真开展公务用车改革司勤人员调查情况摸底，提出人员安置方案，按照四川省统一部署完成安置任务。着力解决“吃空饷”和清理规范在编不在岗以及编外大量用人等问题。开展事业单位公开招聘工作，新进人员除政策性安置、按干部管理权限由上级任命及涉密岗位外，都实行公开招聘。积极探索和完善教育等事业单位分类专业测试和考核办法，严格审查直接考核招聘岗位的专业和学历要求，全市公开招聘事业单位工作人员496人，其中公开考试招聘319人、公开考核招聘177人。规范事业单位岗位设置和岗位聘用管理，调整岗位3116个（含岗位等次晋升2613个）；完成公务用车制度改革司勤人员安置方案的制订工作，根据全省车改工作的总体部署，会同市委组织部、市委编办在前期调研和统计的基础上，认真分析，反复研究，制定《攀枝花市市级机关公务用车制度改革司勤人员安置办法》，确保公务用车制度改革的顺利推行。

【专业技术人员管理】 市人力资源和社会保障局积极推进专业技术人员管理工作。加强专业技术人才队伍建设。印发《关于加强乡镇专业技术人才队伍建设的意见》和《攀枝花市博士后管理工作实施办法》。编制“十三五”人才发展规划，印发《攀枝花市“十三五”人才发展规划》和《攀枝花市“十三五”专业技术人才发展规划》。实施高层次专业技术人才培养计划，在重点行业和领域确定高层次专业技术人才培养对象105人，其中省级及以上专家培养对象46人、市级专家培养对象59人，涵盖13个行业和49个专业。实施导师结对培养计划，467名高层次人才结对培养595名基层中青年骨干人才。成功举办四川省康养旅游产业发展高级研修班，培训全省康养旅游产业高层次专业技术人才及管理人才82人。加强博士后科研工作站（创新实践基地）建设，2016年在站博士后研究人员8人。建成《攀枝花市高层次人才服务管理系统（人才智库）》，采集高层次人才信息数据3386条，实现高层次人才管理服务工作信息化、标准化、精细化和动态化。做好专业技术职称评价工作。全年推荐评审、确认高级职称377人，评审、确认、初定中级职称390人，通过考试取得专业技术资格、执（职）业资格共3144人。做好海外引进人才和非公有制组织人才的职称评价工作，海外引进人才和非公有制组织人才通过评审和考试取得专业技术资格、执（职）业资格共1594人。向扩权试点县

(盐边和米易)全面下放中级职称管理权限,向攀枝花钒钛高新区全面下放工程系列初级职称管理权限,并指导其做好中、初级职称的申报、评审和审核等工作。推进专家服务基层扶贫行动。深入实施专家服务基层扩能增效扶贫行动计划,在农业、林业、教育、卫生、文化旅游、电子商务、阳光康养等行业和领域,建立市级专家服务示范基地13个,执行“专家下基层行动”智力需求项目13个,成功创建中小学教育省级专家服务基地,2016年组织190余名专家深入基层和农村,转化科技成果,推广适用技术,解决实际问题,直接培训基层和农村技术人才3200余人次。加强特色农业省级专家服务基地建设,围绕贫困村建立特色农业省级专家服务基地示范点8个,示范户100户。

【人才开发和市场管理】 市人力资源和社会保障局全力推进人力资源开发和市场管理工作。以“高精尖缺”为导向,加快聚集高层次和急需紧缺人才。通过公开招录(聘)、直接考核招聘等方式引进急需紧缺专业人才270人(其中:博士研究生11人、硕士研究生120人、急需紧缺本科生120人,引进中级职称以上成熟人才19人)。紧扣全市产业转型升级需要,首次认定《高钛型冶金渣余热回收及尾渣超微粉制备及综合利用》项目为全市领军型创业人才项目,给予50万元的扶持资金。项目引进清华大学毕业的博士研究生(博士后)及其团队到攀枝花创业。与市委组织部联合下发《关于征集2016年海内外高层次人才和领军型创新创业项目需求信息的通知》,面向全市征集2016年海内外高层次人才和领军型创新创业项目需求信息,共收到33个企事业单位77名高层次人才需求计划和3个人才合作项目需求,需求专业分布在化工制造、金融财税、电子商务、医疗卫生等领域。以“稳定激励”为保障,认真落实高层次人才各项优惠政策。按照《攀枝花市高层次人才引进稳定培养办法》的规定,认定攀枝花市第五批高层次人才311名,兑现各项优惠待遇700余万元;兑现经认定的一至四批550名高层次人才2015年度优惠待遇1000余万元,稳定高层次人才在攀服务,激发高层次人才动力活力。审核13名博士和正高职称高层次人才子女择校申请,解决高层次人才后顾之忧。以“学习借鉴”为提升,多形式引进吸收国外智力。“请进来”技术指导。2016年全市申请获得国家级、省级引进国外技术、管理人才项目6项,其中:外国专家组织项目2项,国家高端项目1项,省级常规项目2项、示范推广项目1项。获得国家、省引智资金补助37万元。“走出去”培养学习。国家外专局批准“芒果精准管理及产业化配套技术”出国培训项目,9月中旬组织20名专业技术人员赴澳大利亚进行为期14天的学习培训,学习芒果的品种选育、病虫害防控、品牌打造、市场营销等方面的先进技术和经验。以“考核管理”为手段,充分发挥政府顾问和政府特聘专家作用。完成2015年度政府顾问和特聘专家年度考核工作,兑现考核合格的43名政府顾问和特聘专家2015年度工作经费59万元。以“稳慎细致”为要求,做好2016年“三支一扶”计划招募工作。全市申报“三支一扶”招募计划5名(西区格里坪镇基层劳动就业和社会保障公共服务岗位),按照四川省统一部署,224名考生通过报名参加笔试,指导西区人社局按照规定步骤进行资格复审、面试、体检等工作,5名招募人员于9月1日正式上岗。及时下达中央和省财政提前转移支付2016年度高校毕业生“三支一扶”计划资金14.34万元,确保“三支一扶”高校毕业生正常有序开展服务。“以规范管理”为目的,做好机关事业单位编外用工管理工作。对市级机关(参公单位)和财政全额保障事业单位编外用工情况进行清理检查。

【人才服务工作】 市人力资源和社会保障局转变观念为各类人才提供服务。协调管理、规范流动人员档案管理工作。2016年接收2016年毕业生档案5000余份,归档材料2700份,为2000余人提供档案查询、查阅、借阅服务,办理档案转出手续1500人,为1300余人办理退休、医保手续提供档案服务,出具各类证明300余份。针对攀钢首批改革单位工程公司分流人员档案移交问题,先后两次主动深入企业就档案移交问题进行对接沟通,对攀钢工程公司20余名档案管理人员进行移交培训和座谈,为分流人员档案移交打下基础。突出重点,发挥人力资源市场在人力资源市场化配置中基础性作用。2016年四川攀西人才市场共举办81场现场招聘会,入场招聘单位达2464家次,需求人数为35203人次,进场求职人数达54504人次;在攀西人才网发布招聘信息的用人单位达3998家次,需求人数为25385人次,通过攀西人才网上发布求职信息人数23628人次。合计通过现场和网络招聘的用人单位达6462家次,需求人数60588人次,求职人员达78132人次。稳步推进人事人才服务工作:完成高层次人才数据的采集工作,审核数据3404条。以便民为宗旨,完成证书办理流程再造准备工作。实现考生资料和照片由人才中心直接从考生报名数据库中提取并由人才中心负责制表和打印粘贴照片,集中一次性全部办理完同一项目全部证书。简化证书办理流程的软硬件准备工作全部准备就绪。2016年共发考试类证书4560本。评审类证书:初级408本,中级491本,高级323本。做好专家服务示范基地及“专家下基层行动”工作。共建设专家服务示范基地13个,组织“专家下基层行动”项目13项。2016年开展活动110余次,参与活动的专家共483余人次,培训人次达5700余人次。新增特色康养产业丙谷镇梅花园众益康养文化旅游专家服务示范基地1个,开展活动6次,参与活动的专家共23人次。完成754名高层次人才认定资格材料收集和初审工作;组织25名引进储备人才和103人企业专家进行健康体检。完成2015年公有制经济人才统计工作和2015年度公有经济企业经营管理人才和在中央在川企业人力资源统计工作。攀西人才网浏览量为12653276次。共发布新闻信息1132条,其中公招公告类信息219条。其他职业资讯类信息913条。共收到网站留言102条。发送各类短信合计12104条。推送公众号信息178次。新浪微博分享信息585条。

【军转安置与解困维稳】 市人力资源和社会保障局完成军转安置及企业军转干部解困维稳任务。接收安置军转干部22名,其中,营职及以下干部5名(技术干部2名),安置在公务员岗位,落实相应非领导职务;自主择业军转干部15名,分别安置在仁和区1名、东区10名、西区1名、盐边县3名。开展企业军转干部解困和维稳工作在省调整政策出台前按2015年标准继续按月预发退休、失业、再就业军转干部的生活困难补助,为失业军转干部、再就业军转干部代缴养老保险。补助生活困难军转干部近万人次,补助金额达944余万元;个案补助特别困难人员171人次。对所有企业退休(内退)、在岗(再就业)、失业军转干部进行建军节、春节慰问,慰问3357人次,发放慰问金134.28万元。接待企业军转干部来访和咨询有关政策200人次。

【人事考试】 市人力资源和社会保障局以考试安全为核心,以考风考纪为生命线,完成2016年考试任务和信息化建设工作。组织各项人事考试30项,参考人数18931人,科次数42473科。其中,完成公务员录用考试7项(笔试4项、面试3项),参考人数8561人,科次17802科;完成市属事业单位公开招聘工作人员考试3项(笔试2项,面试1项),参考人数3026人,科次3056科;组织实施各类全国执业(职业)资格考试、全国专业技术资格考试和职称考试20项,参考人数9815人,科次21492科;完成社会化代理和其他考试1项,参考人数223人,科次223科。人事考试指挥中心二期工程暨人事考试标准化考场建设(市实验学校考场监控系统)建成投入使用,实现省、市、考点三级考试指挥中心的互联互通。共建成标准化考室93间,满足全市大部分人事考试考场需求。

【规划财务】 市人力资源和社会保障局推进局系统规划财务、社保基金预决算和统计工作。在规划工作方面:执行新中华人民共和国《预算法》,组织分配省转移支付资金134.82万元(不含米易县、盐边县),为人社工作开展提供资金保障;督促西区人社局推进和完成就业和社会保障公共平台建设工程;建立内部控制管理,将单位内部控制建设和廉政风险点相结合,设计出内控建设模块,形成岗位职责和业务流程管理手册。在统计工作方面:完成2015年社保基金决算和2017年社保基金预算、2016年社保基金预算执行情况报表的审核;组织发布2015年人社事业发展统计公报,综合统计工作在四川省人社综合统计工作评比中名列第二。在财务工作方面:完成2015年部门决算、2017年部门预算的编报工作,完成2016年部门预算及2015年部门决算的信息公开工作;印发《攀枝花市人力资源和社会保障局财务管理制度》,财务工作更加规范;重点检查三公经费支出情况,与纪检监察部门合作对9个直属事业单位的财务、公车管理等情况开展检查,检查中发现问题及时指出限时整改。

【依法行政】 市人力资源和社会保障局全面推进依法行政工作,使行政执法责任制得到落实。深化"放管服"改革。坚持简政放权、放管结合、优化服务协同推进,以"放管服"改革的实际成效助推人力资源社会保障事业改革发展取得新成绩。公布"两个清单":按照市委编办和市政管办的要求,完成人社责任清单的清理,并在11月15日前在局门户网站上向社会公布。加大规范行政权力清理力度。对2015年市人力资源和社会保障局颁布的行政权力事项进行清理,并对本机关制定发布的规范性文件统一公布失效、废止或修改的文件目录或条款。落实行政权力网上公开运行各项工作。依法梳理行政执法依据,加大行政权力清理力度,按时完成网上运行数据录入和流程图的编制等平台运行的基础工作。按照四川省攀枝花市要求对全局的行政权力进行清理,清理后的95项权力清单在政府和局门户网站向社会公布。根据行政权力法律变化或行权部门职能调整及时调整行政权力运行目录。2016年所有行权目录中的权力事项,实现全业务全流程网上公开运行办理,方便群众查询,接受有关部门和群众的监督。建立健全"双随机"抽查机制。推行"双公示"制度。印发《攀枝花市人力资源社会保障领域推广随机抽查规范事中事后监管的指导意见》,大力推进"双随机一公开"工作。按照分级负责原则,清理公布随机抽查事项清单,建立市场主体名录库、执法检查人员名录库,制定工作实施细则。强化抽查结果运用,按规定将抽查结果及时录入行权平台,推动信息互通共享。按照人力资源社会保障行政处罚裁量权适用规则和裁量标准,严格规范行政处罚自由裁量权。梳理公开公共服务事项目录。切实加强执法证件管理,对调进、调出的执法人员及时办理执法证件的注销和申领。新办劳动监察执法8人。畅通行政复议渠道,完善行政复议组织机构建设,确保每个行政复议案件有2名行政复议人员办理;健全行政复议工作制度,推进行政复议工作规范化建设;落实行政复议案件评查工作要求和重大行政复议决定备案制度;按时报送行政复议信息;自觉履行行政复议决定和行政复议建议、意见。2016年,共参与省、市政府法制办提出行政复议答复9件,参加行政应诉48件。加强行政执法与刑事司法衔接工作,有力地维护劳动者的合法权益。

【行政审批】 市人力资源和社会保障局加强行政审批工作,完成工伤性质认定560件,提前退休审批1355人。取消"专科学校聘请外国专家单位资格认可""中等以下教育机构聘请外国专家单位资格认可"两项行政许可项目,"外国人来川就业许可""外国专家来川工作许可"合并为"外国人来华工作许可"。重新清理各项行政许可项目。更新局网站上的各项信息,政务中心行权系统中进行修改。对全市的退休审核审批工作进行检查,发现存在问题20余个,部分问题当即进行整改,部分问题责成经办的县(区)或部门限期整改并将整改结果报备。

【化解行政争议】 市人力资源和社会保障局加强行政争议化解,推进行政调解"三联两进"工作,全年全市60个街道劳动保障服务中心建立调解组织机构,设置专门调解室,359个社区(乡村)建立劳动保障服务站,并配备相关兼职调解人员,把人民调解、行政调解、司法调解有机衔接、联动协调。实行领导包案机制,对群众诉求的问题采取"一个问题、一名领导、一个方案、一抓到底"的办法进行认真解决。严格办理制度,坚持不懈地抓好矛盾纠纷排查和调处工作,做到行动迅速、处置及时、措施到位、稳控有力,切实把涉及人力资源和社会保障方面的信访突出问题处理好、解决好,把问题解决在基层、把事态控制在当地,从源头上遏制非正常上访势头。完善信访协调会、典型案例会诊等工作制度,充分发挥业务部门的职能作用,建立健全信访、仲裁、监察和维稳、综治等联动机制,形成统一领导,部门协调、统筹兼顾、各负其责、齐抓共管的大信访工作格局。

【和谐劳动关系】 市人力资源和社会保障局积极推进和谐劳动关系建设工作。积极深化收入分配制度改革。提出2016年度的企业工资指导线为:基准线为8%、上线(预警线)为13%、下线为3%。加大宣传落实力度,积极发挥工资指导线在工资集体协商中的导向作用。积极开展市属国有企业负责人薪酬制度改革工作。会同国资等部门,起草《关于深化市属国有企业负责人薪酬制度改革的实施意见》,先后经省深化国有企业负责人薪酬制度改革工作领导小组办公室、市委全面深化改革领导小组、省深化国有企业负责人薪酬制度改革工作领导小组审议通过。牵头代市委、市政府拟定《关于构建和谐劳动关系的实施意见》(征求意见稿)及《贯彻落实〈关于构建和谐劳动关系的实施意见〉重要政策措施分工方案》(征求意见稿)。全面实行劳动合同制度。在用工季节性强、职工流动性大的行业推广简易劳动合同示范文本,重点提高小微企业以及农民工劳动合同签订率和履行质量。全市企业劳动合同签订率稳定保持在95%以上,建工会企业集体合同签订率保持在90%以上。依法对拟开展劳务派遣业务企业进行行政许可,严把劳务派遣入口关,加强对劳务派遣单位、用工单位监管力度,依法保障劳务派遣劳动者合法权益。

【劳动保障监察】 市人力资源和社会保障局加大劳动保障监察执法力度,促进整个劳动保障工作的开展。动监察用人单位1954户,涉及劳动者76753人;审查用人单位报送书面材料779户,涉及劳动者5.085万人;追发劳动者工资待遇8818.29万元,涉及劳动者8276人;督促6户用人单位为6名劳动者缴纳社会保险费3.98万元;督促3户用人单位为2名劳动者办理社会保险登记。受理举报投诉案件94件,立案94件,结案94件,结案率100%,超额4%完成了省人社厅下达的96%的目标。

【劳动人事争议仲裁】 市人力资源和社会保障局以"基层、调解、预防为主",按照"办案与预防并重、纵横衔接与能力拓展"的要求,不断推进劳动争议仲裁工作,争议处理效能提升。全市接待来访群众14849人次,处理劳动争议4851件,涉及劳动者9766人,涉及标的10015.53万元。其中,案前调解3782件,案前调解率77.9%。立案受理1069件,比2015年上半年增长6.7%。当期审结896件,结案率96.6%,其中调解结案635件,裁决结案304件,撤诉94件,分别占结案数的61.5%、29.4%、9%。接待来访群众9052余人次,处理劳动争议3348件,较2015年同期下降19.3%,涉及劳动者4338人,涉及标的6426.88万元。其中,案前调解3003件。立案受理345件,比2015年同期下降25.2%,其中调解结案227件,裁决结案90件,撤诉28件。劳动争议调解处理率96.4%。裁决后起诉率33%。

【信息化工程】 市人力资源和社会保障局推进信息化建设工作。确保金保系统安全平稳运行。增强安全意识,严格执行各项安全制度,加强机房例行巡检工作,保证金保工程系统安全平稳运行,及时、有效处理突发的安全事故。争取开展金保系统升级改造工作。确保各项就业和社会保障业务顺利运行。保障全市各参保单位完成各项社会保险费用征缴、支付等社会保险业务,保障两定机构业务正常运转,保障全市参保群众的权益。全民参保登记库信息系统通过省人社厅验收。做好社会保障卡发放工作。社会保障卡累计持卡人数95.6万人,社保卡的工作重心也由社保卡的发放办理转移到卡的服务上。强化"12333"信息服务。"12333"人力资源和社会保障咨询服务热线开通,接听总量62万次。

【信访维稳综治】 市人力资源和社会保障局切实加强信访维稳综治工作，完成各项工作任务。强化人力资源和社会保障工作方面矛盾纠纷化解机制。推进人力资源和社会保障方面社会矛盾预警机制、利益表达机制、协商沟通机制建设，引导和支持当事人理性表达诉求、依法维护权益。以“大调解”为载体，推动劳动人事仲裁、行政裁决、行政复议、诉讼等有机衔接、相互协调的多元化纠纷解决机制。维护特殊群体的合法权益。以省、市信访挂牌案件化解为主要抓手，完成省、市交办信访疑难案件7件，信访人比较满意，没有出现复访。把园区、攀钢、钢企等企业在产业转型中，职工了断工龄作为工作重点，多次介入改制企业中有关职工经济补偿、维权、维稳方案的制订，切实维护职工的合法权益；企业军队转业干部的补贴、解困、救济无缝对接，没有进京赴省人员参与上访。切实强化初信初访办理工作。强化信访维稳综治责任落实，使人力资源和社会保障工作信访形势根本好转，网上网下信访秩序进一步规范，为妥善处理复杂疑难信访案件和群体性案件投入较大资金支持，基本完成信访存量清零。狠抓信访制度改革，推动网访网复办理工作。网上信访办理回复工作推进成效显著。以网访与来访人数相比，来访人数占比减少近70%。依法受理群众来信，受理“国家投诉网”“省长信箱”、人民网、“市长信箱”“12345”市民热线、“局长信箱”等793件（次）、涉及人数793人次、重复访、联名信41批次、92人次；接待来访群众1089批次，涉及群众1136人次；及时化解集体访54批次，涉及农民工等群众2412人次。与有关部门配合召开专题研究信访人诉求联席会议21次，召开人社系统信访维稳及阶段性工作布置会议4次、排查信访苗头性案件形成专报14期。在元旦、春节重大节日以及各级召开的“两会”“G20”会议和中共十八届六中全会期间，没有发生在全市、全省、全国有影响的涉稳案件；没有进京赴省访群体性事件；没有发生公务员、事业单位考录、招聘失泄密和考场重大作弊案件，确保招录公正、公平、公开。

（肖礼荣）

扶贫与移民

【概　况】 2016年，全市扶贫移民系统认真贯彻落实习近平总书记系列重要讲话精神和中央、省、市重大决策部署，聚焦“两不愁三保障”和“四个好”目标，以推进在建水利水电工程移民搬迁安置为重点，以稳定解决扶贫对象温饱并实现脱贫致富为主线，以加大移民后期扶持力度为中心，以推进扶贫移民机构队伍建设为保障，以维护扶贫移民区社会稳定为目标，抢抓全面深化改革机遇，突出问题导向，紧盯目标强措施，突出精准惠民生，用非常之策、举非常之力、破非常之难，开创扶贫移民工作的新局面。至2016年年底，高质量地完成20个贫困村、6457名贫困人口的脱贫任务，识别精准度、脱贫精准度、“五个一”帮扶满意度、帮扶措施满意度100%，全面完成2016年省委下达的脱贫攻坚任务，并按要求完成第三方评估和省级抽查考核评估，脱贫攻坚取得首战完胜。由于成绩突出，市扶贫和移民工作局获评2016年度省级扶贫移民工作优秀单位。

2016年，市扶贫和移民工作局机构6个，攀枝花市及仁和区、东区、西区、盐边县、米易县扶贫和移民工作局为独立机构。市、县两级扶贫和移民工作局工作人员有159人。

【在建水利水电工程移民】 桐子林电站移民，完成成都铁路局西昌工务段桐子林站区补偿费用兑付工作，协调省扶贫移民局同意将小得石移民集中安置点生产安置耕地面积由原来的2.43公顷增加至6.45公顷，完成安宁河旧桥拆除工作。

乌东德电站移民，指导县（区）开展生产和搬迁安置人口复核，确定安置点人口规模，完成80户移民实物建卡。完成钒钛高新区77人农村移民搬迁安置，完成金拉路（钒钛段）的修建工作，启动金拉路（仁和段）的建设工程。2016年攀枝花市涉及乌东德水电站移民安置资金计划为19455万元，目前完成投资18000万元。

观音岩电站移民，继续做好安置移民后续产业发展和新村建设工作，完成《观音岩水电站攀枝花市移民安置设计变更报告》，经国家水规总院组织的审查，新增变更投资3600多万元。

金沙电站移民，《金沙水电站建设征地移民安置规划报告》于2016年8月通过国家发改委核准。征收土地约659.94亩，实施三维红泥堆渣场的搬迁、钢企瑞钢的场地交验、三维变电站的拆除、川北公司的危房拆除、通信基站搬迁、巴沿高压线迁复建，确保枢纽区各项工程项目顺利开展。完成涉及43家企事业单位处理意愿复核工作，并组织移民综合设代、移民综合监理单位与搬迁难点企业多次沟通，达成一致处理意见，支付各项补偿费共计36084.2万元。

银江电站移民，积极参与银江水电站建设征地实物指标调查、公示、复核、确认和移民安置规划方案的编制拟定等工作,参与完成银江水电站建设及移民搬迁安置工作社会稳定风险分析和评估工作,组织开展对《银江水电站建设征地补偿和移民安置规划大纲》市、县两级咨询,市级部门征求意见、行政确认及报审工作。积极参与四川省扶贫和移民工作局及国家水规总院对《银江水电站建设征地补偿和移民安置规划大纲》的咨询、审查工作。组织开展枢纽区省道214临时线路和高边坡开挖征占用地移民的搬迁补偿安置工作。

梅子箐、马鞍山水库移民,马鞍山水库移民搬迁安置由分散安置调整为集中安置,积极协调各方,完成土地两补费及经济林木等地面附着物的补偿兑现等工作,以及环湖公路、电力、电信及移动通信复建工程,累计完成投资9356万元。对梅子箐水库移民搬迁安置在实施工程中存在土地类别差异、安置方式调整、房屋补偿单价调整、移民搬迁户变更、新增土地等问题进行现场调查,召开专题会议研究。就存在的5类重大变更问题,按移民重大变更程序上报省扶贫移民局,通过与省扶贫移民局多次沟通协调和现场查勘,获得省扶贫移民局同意变更的批复。

【移民后期扶持】 编制好"十三五"规划,全市"十三五"移民后扶规划送审稿完成,接受省扶贫移民局组织的审查。"十三五"移民后扶项目总投资125041.808万元。其中政府性资金34569.414万元。规划建设内容包括:移民直发直补、避险解困、移民增收和美丽家园建设。

直发直补登记、核实,开展全市大中型水库移民后期扶持人口核减自查工作,核减后期扶持移民人数58人,全市享受后期扶持人口为27194人,发放直补资金1635.12万元。

推进后扶项目建设,全市2015年省上下达的4260万元(其中盐边县3036万元、米易县895万元、仁和区329万元)切块、解困项目建设全部完成。盐边县、仁和区的整村推进后扶项目全部完工,两县区完善项目资料的归档及验收、移交工作。米易县"避险解困"的实施,安置点的建设和产业建设各个项目有序推进。

2015年第二批切块项目的审定,2015年12月四川省扶贫和移民工作局下达全市后扶切块资金2610万元(盐边2151万元、米易县259万元、仁和区200万元),米易县、仁和区按要求进行审定,项目有序推进。

二滩库区滑坡塌岸治理,滑坡塌岸到位资金为7850万元(盐边县4193万元、米易县3657万元)。盐边县渔门教师街滑坡治理一期、二期治理全面完成,房屋加固工作因群众意愿变化相关方案需进行修改,初步方案定稿,制定具体的实施方案。省道216线恢复工程现施工单位进场施工,完成路基碾压174米。米易县完成9.5千米二滩环湖公路水毁路段恢复工程、水路村一社滑坡治理工程建设的征地补偿及现场调查工作,完成水路村一社滑坡治理喷锚边坡防护工程和抗滑桩工程量的50%。

【煤炭采空沉陷区居民搬迁安置】 适应新的形势需要,2016年初市政府调整全市煤炭采空沉陷区综合治理工作领导小组,印发《关于进一步做好采煤沉陷区综合治理工作的意见》,明确采煤沉陷区综合治理的总体要求、原则和目标,进一步明确各部门职责,为下一步工作提供政策保障。多方筹集资金对仁和区煤炭采空区2122户农户房屋受影响成因进行全面摸排和鉴定,为市政府对采空区综合治理工作提供决策依据。2016年共搬迁安置农村居民13户35人,对未搬迁182户危房户(672人)进行过度安置,共发放过度费64.17万元,搬迁安置城市居民搬迁30户,276人,投资110万元,确保危房户安全度汛。按照市政府要求,市发展改革委牵头抓紧编制《煤炭采空沉陷区综合治理规划》,仁和区、西区和盐边县编制《煤炭采空沉陷区综合治理实施细则》。仁和区编制的《采煤沉陷区综合治理实施方案》进入四川省发改委沉陷区综合治理重点项目库。

【扶贫工作】 严格标准,脱贫目标全面完成。按照贫困对象退出的标准和程序,市、县(区)脱贫攻坚领导小组完成对贫困村、贫困户退出验收工作,并经过第三方评估和省级抽查,2016年计划脱贫对象全部达到或超过退出标准。计划退出贫困户全部达到或超过"一超六有"标准。在年人均收入上,贫困户人均收入最高8872元,最低3375元,超过3100元的扶贫标准。在有义务教育保障上,贫困户中义务教育适龄学生942人,全部在校,无因贫辍学现象。在有基本医疗保障上,所有贫困人口参加农村新型合作医疗,县域内住院医疗费用支出均控制在10%。在有住房安全保障上,脱贫户农村危房改造583户、易地扶贫搬迁267户,全部完成。在有安全饮用水上,贫困户的用水量、水质、方便程度、保证率均符合行业标准。在有生活用电上,综合电压合格率为99.97%,可靠率为99.79%,能够满足日常生活需要。在有广播电视上,贫困户能通过直播卫星、有线电视、地面数字电视三种方式接收广播电视信号,村上建有具备应急广播功能的广播系统。计划退出贫困村全部达到或超过"一低五有"标准。在贫困发生率上,20个贫困村中16个村贫困发生率为0,占80%;4个村贫困发生率在0.89%~2.78%之间,低于3%的标准。在有集体经济收入上,20个村集体经济收入2500元~36000元不等,人均最高22.60元,最低4.43元,超过人均3元标准。在有硬化路上,20个贫困村村部全部通硬化路,有的村向居民聚居点和产业集中区域延伸。在有卫生室上,20个村都建有卫生室,业务用房面积51~120平方米不等,超过30平方米的标准。19个村配有合格乡村医生,另1个村因离乡政府驻地较近,由乡卫生院派医生驻村。在有文化室上,20个村都建有文化室,业务用房面积50~100平方米不等,达到或超过50平方米的标准。各村设有党员远程教育、图书阅览室,建有室外文化活动场地。在有通信网络上,20个村村部通光纤,移动、联通、电信通信信号有一种实现全覆盖。

精准施策,脱贫工作扎实有力。2016年全市各级财政预算安排专项扶贫资金9112.24万元,其中中央和省级安排的"四到县"扶贫资金合计4294.2万元,3307.15万元用于建档立卡贫困户,占比77.01%。市级安排1354.5万元,同比增长238.6%。2016年,累计投入各类扶贫资金9.9亿元,用于贫困村完善基础设施,贫困户发展产业、住房建设、救助扶持,确保各脱贫项目顺利推进。抓好贫困对象精准识别。按照国家标准,全面完成贫困户建档立卡及"回头看"、数据核查、自主移民识别工作。经过县(区)、乡(镇)、村三级总共三轮的复核比对,审核认定2015年年底贫困村70个,贫困人口5556户21448人(含自主移民贫困户162户748人,特殊困难群体97户444人)。分类核定"五个一批"贫困人口:扶持生产和就业发展一批12494人、移民搬迁安置一批4911人、低保政策兜底一批4426人、医疗救助扶持一批有4894人、灾后重建帮扶一批有22人。严格落实国家扶贫信息系统和全省"六有"扶贫信息系统数据动态管理和检测机制,扎实做好脱贫攻坚"痕迹管理"工作,做到识贫、扶贫、脱贫全程记录,有据可查。抓好贫困群众住房安全。扎实推进2016年住房安全建设,完成易地扶贫搬迁267户1057人,完成投资6145.81万元,建成住房267套,并严格执行易地扶贫搬迁人均住房面积不得超过25平方米的标准,贫困户建房自筹资金控制在1万元以内,防止因搬迁建房而过度负债。1267户农村危房改造项目全面开工建设,其中583户2016年脱贫户危房改造全面完成。抓好贫困户产业发展。量体裁衣地为每户贫困户安排1个中长期和1个短期产业项目,设立产业扶持基金1602万元。新建优质核桃生产基地2705.87公顷,芒果、枇杷等特色经济作物1822.67公顷,优化提升4078.39公顷,新建中药材700公顷、烤烟709.07公顷,净种或林下套种方式种植山地特色蔬菜1333.33公顷。新建养猪养殖园区1个、养殖小区3个,发展肉牛标准化生产基地5个,新建中药材基地2个。发展适度规模养殖户473户,各类养殖示范户310户。养殖各类牲禽35805头只,改造圈舍253户、35760平方米。成立核桃、枇杷、樱桃、细甲鱼种养专业合作社10个。指导帮助贫困村发展集体经济,贫困户增收致富。抓好基础设施建设。针对贫困村安排交通、水利、通信、电力基础设施项目250余个。新建硬化乡村道路2600多千米,改造桥梁3座,新建村道小桥5座。整治水库3座、山坪塘12座、堰沟27千米,新建人畜饮水水池、水窖480口、提灌站3座,引水渠新建110多千米、改造28多千米,铺设人畜饮水管道310多千米,解决2.3万余名贫困群众和近2万头牲畜的饮水问题。架设高压输电线路100.8千米,低压输电线路310多千米,新建变压器38台。抓好组织培训工作。多次开设专题培训班和培训会,聘请四川省专家对全市扶贫系统相关工作人员进行专题辅导。特别是针对贫困对象退出验收考核的相关政策和事项,请四川农业大学专家对市、县(区)、乡(镇)、村四级相关人员进行培训,使得各级工作人员对贫困对象退出验收的程序、标准和容易忽视的细节有更加系统、清晰的认识,有利于各级干部群众更好地把握相关政策。全年,市、县两级针对贫困对象退出验收考核召开培训会19次,培训相关人员1302人次。同时,大力开展农村实用技术和贫困人口创业技能培训,累计培训4.2万人次。抓好教育扶贫工作。将保障贫困人口接受义务教育放在教育扶贫的首要位置,严格落实各项贫困家庭学生助学政策,设立教育救助基金438.37万元,对就读高中以下的贫困户子女,实施15年免费教育,对就读中专、大学的贫困户子女实行学费、生活费补助,教育扶贫完成从幼儿园到大学的全程资助。全年,全市贫困户中义务教育适龄学生942人,全部在校,无因贫辍学现象。抓好卫生扶贫工作。把实现贫困人口基本医疗有保障作为卫生扶贫的优先选项,着力抓好全市各县(区)、乡(镇)、村三级基本公共卫生服务体系建设,20个村卫生室达标率100%。设立卫生救助基金430.63万元,严格落实贫困户各项医疗救助优惠政策,使贫困患者县域内住院医疗费用个人支出控制在10%以内。抓好社会保障兜底。建立扶贫开发与农村最低生活保障、民政救济救助等制度有效衔接机制,审核认定低保兜底4426人。从2015年9月起,全市农村居民最低生活保障标准提高到年人均3251元,超过2016年扶贫标准(3100元),率先在全省实现"两线合一"。对农村最低生活保障标准及时调整,持续动态保持"两线合一"。对残疾人扶贫对象实行生活费补贴,使其收入达到国定贫困标准。抓好金融扶贫工作。设立卫生救助基金、教育救助基金和产业扶持基金"三个基金",总规模2471万元。全面启动扶贫小额信贷和住房建设贷款,全市各县(区)与农业银行、农商银行、邮储银行签订扶贫小额信贷协议书,到位风险资金4400万元,完成授信评级公示1462户,累计放贷4779.9万元,扶贫小额信贷贷款率37.31%,分险金覆盖率92.05%。

完善机制,脱贫保障落地落实。强化组织领导。全市各级充分发挥党委总览全局、协调各方的领导核心作用,严格执行脱贫攻坚"一把手"负责制,市、县(区)、乡(镇)三级组建党政主要领导任"双组长"的脱贫攻坚领导小组,层层签订责任书,立下"军令状"。市委常委会每季度听取脱贫攻坚进展情况汇报,市政府常务会6次专题研究,脱贫攻坚大会、脱贫攻坚领导小组会5次专项部署。各县(区)政府自觉履行脱贫攻坚的工作主体、责任主体、实施主体职责,各乡(镇)、村认真落实脱贫项目建设的主体责任,宣传政策,发动群众,做实精准脱贫"最后一公里"。制定规划计划。继印发《关于创新机制扎实推进全市扶贫开发工作的实施意见》《关于集中力量打赢扶贫攻坚战确保同步全面建成小康社会的意见》等政策后,编制完成"十三五"扶贫专项规划和"基础设施建设、产业发展、新村建设、教育与就业、生态建设、医疗卫生、文化惠民、社会保障、财政金融和社会扶贫"等10个专项扶贫方案和15个专项扶贫年度工作计划。各县(区)编制贫困村脱贫规划、贫困户脱贫方案,种养业脱贫项目全部启动。深化社会扶贫机制。市、县(区)两级成立帮扶力量协调小组,明确贫困村的联系领导、帮扶部门(单位)、驻村工作组、驻村"第一书记"和农技员。在此基础上启动"科技特派员产业扶贫行动",为贫困村产业发展提供科技支撑和智力服务。"五个一"帮扶力量在帮助贫困村制定脱贫攻坚年度计划同时,会同村"两委"建立驻村帮扶工作机制和精准扶贫、基层组织建设、发展集体经济和考勤等帮扶工作台账。开展基层农技推广服务体系建设,压实帮扶单位和干部的帮扶责任。完善定点扶贫机制。明确151个市级党政群机关、国有企事业单位定点扶贫责任,启动民营企业"万企帮万村"精准扶贫行动,全市67家民营企业主动参与帮扶贫困地区。搭建爱心帮扶平台。广泛动员社会力量参与扶贫,继续开展"扶贫日"系列活动,共募集扶贫善款2000余万元,营造全民参与扶贫的良好氛围。建立良好宣传机制。为增强广大干部群众执行政策的自觉性和贫困人口脱贫主动性,全市各级各部门都加大扶贫政策法规的宣传力度。市、县(区)、乡(镇)三级及时研究部署学习宣传工作,印发《四川省农村扶贫开发条例》《四川省脱贫攻坚政策指南》等宣传读本,系统的概括中央、省、市、县各级脱贫政策,让扶贫政策法规深入广大干部群众和贫困户心中。全市各级各部门通过广播电视、网络媒体、报刊、工作简报等方式,加强扶贫相关政策法规的宣传和贯彻学习,增强全民扶贫的法制意识,从而接受舆论监督,这不仅增强工作透明度,更确保扶贫工作的公正性。定期对驻村干部的优秀事迹进行宣传报道,展示驻村干部风采,鼓励驻村干部聚焦主业、踏实工作,提高工作积极性。改进扶贫管理机制。全面落实扶贫责任、任务、资金、权力"四到县"制度,为全市县(区)级人民政府整合各级各类扶贫项目资金,集中财力办大事拓展空间,有利于县(区)级政府因地制宜安排扶贫资金和项目,将资金真正安排到群众关心和急需扶持的扶贫规划项目上。健全督查检查机制。市脱贫办修订完善扶贫项目资金管理制度;市纪检监察部门印发《关于严明党的纪律切实保障打赢扶贫开发攻坚战的意见》,明晰脱贫攻坚的纪律红线;市检察和扶贫系统联合开展集中整治和加强预防扶贫领域职务犯罪专项工作。全年,组织开展7次脱贫攻坚专项督查,重点对扶贫开发组织领导、"五个一"帮扶、易地扶贫搬迁等精准扶贫工作推进落实情况开展专项督查检查。理清全市脱贫攻坚思路,层层压实脱贫攻坚责任。市财政、纪检、审计、扶贫等部门开展5次联合检查,持续规范扶贫项目资金管理。

【信访维稳】 针对扶贫移民工作政策性强、涉及群体特殊、具有长期性和复杂性等特点,市扶贫移民局建立信访维稳工作三项机制。定期研判机制,每月开展一次移民信访问题排查和集中研判工作;信息畅通机制,做好信访接待工作,关注"市民热线""市长信箱"网上信访,掌控移民思想动态,了解移民诉求;信访培训机制,将移民政策法规和《信访条例》培训作为移民及移民干部培训和推进依法治市的重要内容,提升全市扶贫移民系统依法处理信访问题的能力,规范移民信访秩序。全年举办移民信访干部培训4期。全年接待移民来访28件(其中来信13件、53人次,来访15批、56人次),其中:国家信访局网上转办2件、省信访局网上转交办信访件3件、省扶贫移民局转办2件、"省长信箱"2件、"市长信箱"2件、"12345"2件。市委群众工作局交转办4件,以上来信来访信件完全办结。

【扶贫移民资金管理】 严格执行《四川省移民专项资金管理暂行办法》,对财政专项扶贫资金实行专户存储,专账核算,专款专用。同时,市、县审计部门上下联动,强化扶贫项目审计监督。起草《2016年资产清查工作实施方案》,以资产清查工作基准日为时点,对财政、专项两方面资金购买的资产进行全面清查,专项资金的资产清查报告和审计报告完善中。

【党风廉政建设】 "一岗多责"切实履行,切实履行党风廉政建设责任制,印发《2016年党风廉政建设主体责任清单》,并按"两个主体责任"和"一岗双责"的要求对党风廉政建设和反腐败重点工作任务进行责任分工;大力整治扶贫领域侵害群众利益的不正之风和腐败问题。配合市检察机关对全市扶贫领域贪污贿赂、滥用职权等涉案6件7人进行立案查办,为脱贫攻坚营造廉洁的社会环境。开展违规收送红包礼金专项整治工作,每一名党员干部都签订承诺书,从政行为进一步规范。认真梳理"12317"信访举报,及时督促办理。

(张纲平)

招商引资

【概 况】 2016年，攀枝花市投资促进工作围绕市委、市政府招大引强、结构调整的工作思路，紧抓攀西钒钛战略资源创新开发试验区建设等重大机遇，围绕全市发展战略目标，创新工作思路，谋划重点项目；重点打造活动平台，引进投资项目；全力做好协调服务，推动项目落地；全市招商引资工作取得好成绩。

牵头组织参加"首届川商返乡发展大会""2016中外知名企业四川行""2016年招商引资项目集中开工仪式""第三届中国(雅安)攀西战略资源创新开发试验区投资大会""第十六届中国西部博览会"，配合参与第四届"中国(绵阳)科技博览会""知名企业攀枝花行"等平台活动。2016年，通过平台活动对接客商260多人次；签约项目114个，签约金额500多亿元，有针对性地推出100多个招商项目，计划引资额近600亿元。

全年，全市履约招商引资项目435个，到位资金568.22亿元，司比增长4.13%。其中，履约国内省外项目216个，引进国内省外资金349.21亿元，同比增长0.68%。

【首届川商返乡大会】 2月23—24日，四川省人民政府在成都举行"首届川商返乡发展大会"。攀枝花市共签约6个投资项目，签约金额34.5亿元。其中，二产项目4个、签约金额13.5亿元，三产项目2个、签约金额21亿元。为做好"首届川商返乡发展大会"期间的项目推介工作，攀枝花市收集钒钛资源综合开发利用、机械制造、新能源、康养旅游、电子商务及商贸物流、特色农业等9个领域、120多个项目、共计680多亿元引资额的项目资料在"首届川商返乡发展大会"上开展项目推介工作。

【参加"中外知名企业四川行"活动】 4月13日上午，"中外知名企业四川行"活动举办"钒钛之都·阳光花城"——攀枝花特色产业投资推介会。副省长曲木史哈，省政协副主席、省工商联主席陈放出席会议。

市委书记张剡在会上致辞，市长杨自力主持会议，市委秘书长许健民在会上作攀枝花特色产业推介并发布重大投资项目。市委宣传部部长沈钧，副市长江海，市政协副主席、市工商联主席吴文发等市领导出席会议。

在此届"中外知名企业四川行"活动上，攀枝花市共签约项目56个，项目协议投资额达422.19亿元，涉及钒钛资源综合开发利用、机械制造、新能源、康养、旅游、电子商务、商贸物流、农产品深加工、基础设施建设等产业和领域。

【开展城市轨道交通项目建设】 5月10日上午，市委书记张剡在金海名都酒店与赴攀考察的成都市新筑路桥机械股份有限公司董事长黄志明、副总裁衡福明一行进行座谈，就合作建设城市轨道交通项目，开展轨道交通产业地企合作，进行深入交流探讨。市领导黄正富、江海、刘先伟出席座谈会，市发改委、市经信委、市财政局、市国土局、市住建局、市交通局、攀钢集团、钢城集团、恒达板簧、润莹齿轮、大西南实业、朵实机械相关部门和企业负责人参加座谈会。攀枝花市和新筑股份公司就共同建设城市有轨电车项目达成初步共识，攀枝花市将率先在全省开展城市轨道交通项目建设。

【举行重大招商引资项目集中开工仪式】 5月23日，四川省委、省政府举行重大招商引资项目集中开工仪式，攀枝花市作为分会场，在普达阳光国际康养度假区同步举行全市重大招商引资项目集中开工仪式。市委副书记于会文出席集中开工仪式，并宣布项目开工。市委秘书长许健民主持仪式。市人大常委会副主任杨林，副市长江海，市政协副主席赵忠义出席仪式。

集中开工的项目涉及城市基础设施建设、钒钛资源综合开发利用、新能源、机械制造、电子商务、现代商贸等产业，包括高铁南站站前基础设施配套—总发路北段、仁和区黄桷垭10万千瓦风电场、年产2万吨3D打印钒基功能材料高性能铸件、上海客商(攀枝花)贝高金属基镀钛中试、浙江华东勘测(攀枝花)大面山风力发电二期、攀枝花王府井购物中心、去哪儿网攀枝花旅行社等8个项目，投资总额52.87亿元。

【钛合金无缝管项目落户】 7月13日，市委常委李章忠在金海名都酒店主持市政府与忠世高新材料股份有限公司"年产5万吨钛合金无缝管"项目投资协议签约仪式，副市长刘先伟代表市政府与忠世高新材料股份有限公司董事长签订协议。根据协议，该项目将落户攀枝花钒钛高新技术产业开发区。市委副书记于会文出席签约仪式并讲话。忠世高新"年产5万吨钛合金无缝管"项目总投资5亿元，占地总面积约13.33公顷，建设达产期为3年，将在钒钛高新区建成一条年产5万吨钛合金无缝管生产线。

【第三届攀西试验区投资推介会】 9月13日，在第三届中国(雅安)攀西战略资源创新开发试验区投资推介会暨项目签约仪式上，攀枝花成功签约引进福建三能节能科技有限责任公司综合节能减排项目等12个投资项目，总投资约35.6亿元。签约项目涉及钒钛资源综合利用、新能源、节能环保、旅游业、健康养老服务等多个领域。

【参加第十六届中国西部国际博览会】 11月3—14日，第十六届中国西部国际博览会(以下简称"西博会")在成都举办。本届"西博会"，攀枝花市组成以市委书记张剡，市长李建勤为团长的代表团参会。

第十六届西博会攀枝花展馆位于成都世纪城新国际会展中心6号馆，面积805平方米，设有综合、东区、西区、仁和区、盐边县、米易县、钒钛高新区、攀钢集团、钢城集团、比撒列环保科技展区共10个。展馆整体采用镂空、通透的设计理念和花蕊造型，展现攀枝花开放包容、美丽和谐的城市形象。此次展馆展示以供给侧结构改革引领攀枝花经济转型为核心，突出攀枝花"中国钒钛之都""中国阳光花城""中国康养胜地""四川南向门户"四张靓丽名片，集中展示攀枝花"创新驱动发展，实干铸就未来"的发展理念。另外，在引人注目的四川名牌馆，攀枝花共有5项产品入选：攀钢百米钢轨、海绵钛(金属钛)、攀枝花芒果、苴却砚和攀西阳光葡萄酒，着重向海内外展现攀枝花在钢铁、钒钛、特色农产品和特色工艺品等方面的突出成就。

此次"西博会"攀枝花代表团除参加省级平台活动外，还自主举办"阳光花城·康养胜地"——攀枝花市阳光康养产业投资推介会，进一步加强全市阳光康养产业的招商引资力度。还举行重要会见、项目促进、主动登门对接等投资促进活动，进一步加强"一对一"项目对接磋商力度，夯实西博会投资促进活动效果。

为充分利用好此次平台活动，进一步提高科学招商、精准招商的水平，攀枝花市紧紧围绕钒钛资源综合利用、机械制造、康养旅游、电子商务及商贸物流、特色农业等8个领域，重点包装推出招商引资项目94个，涉及投资总额628亿元，全部纳入2016年《攀枝花投资指南和招商项目册》，并在西博会活动期间推介发布。在第十六届西博会上，攀枝花市做好招商引资和项目促进对接工作，共签约40个项目，项目涉及金额205.46亿元。40个签约项目中，有31个项目纳入省级平台签约成果统计，协议投资额141.96亿元；9个项目纳入市级平台签约成果统计，协议投资额63.5亿元。

(陈斌良)

机关事务管理

【概　况】 市机关事务管理局是市政府直属的正县级参公事业单位。2016年配备1名正县级领导干部、3名副县级领导干部(含市纪委派驻副县级纪检员1名)，内设办公室、房地产管理科、车辆管理科、物业管理科、节能管理科5个科室，共有干部职工21人，其中局领导班子成员4人、中层干部6人、其他干部职工11人。

4月，经中共市委机构编制委员会批准，市机关事务管理局成立下属事业单位市机关后勤服务中心，核定事业编制17名。主要负责机关食堂的日常监督管理及食品卫生安全保障工作、公车制度改革后的公务用车管理平台、保障平台建设工作。12月，市机关后勤服务中心到岗13人，各项工作正有序开展。

圆满完成全市党政机关和参公事业单位公务用车制度改革，共开展6场次902辆公务用车公开拍卖，拍卖成交金额共计2459.44万元，平均溢价率63%；共组织完成办公用房维修工程项目9项，投资820万元；通过加强房产经营管理，全年为财政增收612.2万元；完成四川省下达给攀枝花市的2015年节能工作目标任务，人均综合能耗同比下降4.92%，每万平方米单位建筑面积能耗下降4.05%，人均用水量下降4%；建成2个市级机关职工食堂并投入运营，有效解决1000余名机关干部职工的工作用餐问题。

【房地产管理】 全年共组织实施办公用房工程维修项目11项，拟投入维修改造资金1231万元，经核批，完成9项，完成投资820万元。协助7个单位开展自筹资金办公用房维修。从工程造价、建设程序、工程质量以及成本控制等方面加强技术指导。为市供销社、市邮政管理局等7个单位调配使用办公用房3450平方米；提出解决烔草岗派出所警务用房调整搬迁方案；协调市有关部门和企业，腾退改造市委党校凌云楼，以解决市国土资源局及其下属事业单位不动产登记管理局的办公用房问题。向市审计局送审13个项目，送审金额1176.12万元，审结8个项目，审定金额501.4万元，节约资金50.3万元。

【公务车辆管理】 积极稳妥实施全市公务用车制度改革，参与制定《攀枝花市全面推进公务用车制度改革总体方案》，制定《攀枝花市市级机关公务用车制度改革实施方案》及相关配套文件，并报市委办、市政府办印发。2016年，全面实施公务用车制度改革后，全市共保留462辆一般公务用车。其中市级保留107台一般公务用车。93辆一般公务用车保障市级领导机关、市接待办、市驻外机构和编制人数在15人及以上的单位公务出行；市级公务用车保障平台12辆公务用车集中统管统调，主要为编制人数低于15人的27个市级单位提供符合公务用车使用条件的公务出行保障；2台公务用车为2名市领导公务出行作实物保障。5个县（区）各保留71台一般公务用车，其中2台公务用车作实物保障，69台[均由各县（区）公车主管部门实行集中统管统调]保障县（区）各机关单位公务用车。纳入管理的市级公共机构公务用车180台，同比降低90%，其中一般公务用车107台，特种专业技术用车73台。

6月底、7月底，按照省、市有关部署要求，市、县（区）两级政府部门共封存停驶1500余辆公务用车。8—12月，严格依法依规按程序分批处置取消公务用车。市机关事务管理局通过委托评估公司、拍卖公司共举行6场（次）市级机关公务用车拍卖处置工作，共处置市级参改单位（含部分上级垂直管理部门）所涉取消车辆共计902辆（含执勤执法车），其中报废、调剂使用335辆，拍卖567辆，拍卖成交金额共计2459.44万元（含垂管单位），平均溢价率63%；各县（区）车改所设取消车辆的处置工作亦同步实施、全面完成。多措并举保障公务出行：在主城区范围内公务出行，对公务人员适度发放公务交通补贴；增开公交线路、优化场站设置和时间节点；重大节庆、重要会议、重大活动和抗灾救灾、维稳处突等，在保留的公务用车不能满足需求时，市机关事务管理局可遵照市委、市政府的决定，对所有保留车辆实行统管统调；采用公开招标方式确定7家汽车租赁公司，在上述公务出行方式均无法满足且符合租车条件的情况下，采取租赁社会车辆予以保障公务出行。规范管理强化约束：报市委办、市政府办印发《攀枝花市市级机关公务用车制度改革实施方案》《攀枝花市市级机关公务用车制度改革涉及的车辆处置办法》《攀枝花市市级机关公务出行保障办法》《攀枝花市市级机关处置突发事件车辆应急保障预案》，并督促指导各涉改单位按"六个不得"要求建立公务用车使用管理制度等规章制度，从车辆配置、处置、使用、应急保障等方面实施刚性约束和规范管理。为全面掌握市级各部门（单位）、各县（区）保留车辆的基本信息及配备、使用、管理情况，依托市电子政务办公室协同办公平台建设全市公务用车管理系统，并于8月投入试运行；除涉及国家安全、侦查办案、机要保密等特殊工作用车外，所有保留的公务用车均喷涂或张贴明显标志，便于监督；严格执行中央"八项规定"和省、市"十项规定"精神，每逢重大节假日，市机关事务管理局均会同纪检监察机关和新闻媒体对保留公车的管理使用情况开展明察暗访，严肃查处公车使用中存在的各类违纪违规行为。

【物业管理】 市级机关纳入集中管理办公用房581处，面积526777.11平方米；办公地产160宗，面积1075287.56平方米，均比2015年有所增加。通过加强市人才公寓、职工周转房及72处21639.22平方米出租房产的经营管理，全年为财政增收612.2万元。为解决市民政局、市公积金管理中心、市委组织部等5个单位办公和业务用房，承租办公用房6115.54平方米，支出租金265.16万元。

报市委办、市政府办印发《攀枝花市人才公寓入住管理实施细则》《攀枝花市职工周转房入住管理实施细则》并加强市人才公寓及职工周转房管理，进一步规范办理入住、退出手续，2016年年底职工周转房700套已入住603套，入住率86.1%；人才公寓257套已入住177套，入住率68.8%，小区整体入住率81.5%。通过严格管理，除去小区物业管理、维护维修等必要支出外，2016年向市级财政上缴租房收入188.43万元。经报请市委、市政府批准，将原居住在市交流干部公寓的市级领导于2016年年底全部调迁至市人才公寓，市机关事务管理局按要求完善相关工作。通过加强72处21639.22平方米出租房的经营管理，全年为财政增收423.77万元，其中：经营7个单位22处9777.11平方米出租房屋，增收253.28万元；经营另50处11862.11平方米出租房屋，增收170.49万元。收回部分不满足条件的出租房用于办公用房储备。为确保租赁房屋安全，投资6.12万元对原国土局土地储备中心商住楼主水管网以及市药检所出租房后排水沟进行维修改造，及时消除安全隐患。在2015年清理规范市级党政机关办公用房工作基础上，继续对各个单位出租、出借办公用房展开清理。2016年收回已撤销的市旅游局驻成都网络营销站2套房产，并集中开展市政府驻上海、昆明、无锡、深圳原办事处等市外租赁房地产的清理和管理工作，摸清资产情况及现状，提出合理化经营、管理及处置方案。

【公共机构节能管理】 参与《攀枝花市"十三五"新能源发展规划》《四川省机关事务工作"十三五"规划》的编制工作，起草《攀枝花市节约能源资源"十三五"规划》（征求意见稿），按时完成并向四川省上报全市公共机构2015年能耗统计年报及2015年能耗分析报告。2015年攀枝花市消耗能源折合标煤14.12万吨，用能人数255346人，人均综合能耗同比下降0.085吨标煤，下降率4.92%，每万平方米单位建筑面积能耗下降26.1吨标煤，下降率4.05%，人均用水量下降1.43吨，下降率4%，完成四川省下达给攀枝花市的节能工作目标任务。组织全市1040余个公共机构，开展节能宣传周活动，其间共发放公共机构节能宣传画2500余张，印发节能常识宣传资料6000余份，悬挂宣传横幅1200余条，制作展板60块，制作宣传板报及专栏近100期次，发送节能宣传短信4万余条，公共机构宣传覆盖面达100%。在对市实验学校进行节能诊断的基础上，向市政府初步申请20万元节能设计资金，用于市实验学校节能改造设计。市机关事务管理管理局根据四川省公共机构节能工作协调小组办公室《关于推荐全省公共机构“十二五”节约能源资源工作先进集体和个人的通知》及市政府领导批示精神，通过精心组织、认真评选，共评选出“十二五”节约能源资源工作3名先进集体、5名先进个人，按程序上报，获四川省批准并表彰。

【机关职工食堂管理】 按照市委、市政府的部署和要求，市机关事务管理局主动协调市级有关部门，建成2个市级机关职工食堂。3月31日，利用市政协礼堂改建的市机关职工第一食堂建成并试运行，通过优化经营管理，严把食材来源关、厨房操作关、菜品配备关，在保障食品环保安全、清洁卫生、丰富可口的基础上，有效解决近30个机关单位800余名干部职工工作用餐问题。因就餐职工数量变少，原计划利用攀枝花宾馆餐饮中心一楼改建的机关职工第三食堂停止建设，根据实际情况将计划用餐的职工整合到第一食堂就餐。12月18日，利用市人防办一楼改建的机关职工第四食堂建成并试运行，有效解决市人防办、市防震减灾局、市司法局等机关单位200名干部职工的工作用餐问题。

（陈其祥）

政务服务

【概　况】 2016年，市政务服务中心按照省市关于行政审批改革工作部署，坚持以科学发展观为统领，以转变政府职能、建设服务型政府为目标，以全面深化改革为抓手，突出问题导向，全面深入推进简政放权放管结合优化服务工作，完成省、市下达的各项目标任务，全市政务服务环境明显改善，政务服务质量显著提升，公共资源交易服务更加高效快捷。2016年，全市共进驻行政审批部门、公共服务单位、公共资源交易部门、代理收费银行和监督管理部门63个，进驻项目426项，进驻人员400余人。全市各级政务服务窗口共受理各类服务事项535万件，按时办结535万件，按时办结率100%，现场办结率95.97%以上，群众满意率100%；交易建设工程项目210个，预算总金额180069.07万元，中标价158984.60万元，节约资金21084.47万元，节约率11.71%；完成政府采购项目307个，预算总金额235409.39万元，实际采购价234092.30万元，节约资金1317.08万元，节约率0.56%；完成土地矿权、产权交易招拍挂项目44个，成交额18439.96万元。

【审批改革】 清理行政审批项目。严格执行行政审批项目清单目录管理制度，适时根据国家和省上有关法律法规和政策变化，及时对市、县（区）两级行政审批项目进行清理调整，动态调整结果及时在电子政务大厅公布。全年共取消市、县（区）两级行政审批项目36项，其中包括国家和省上统一取消的中央指定地方实施的行政审批项目34项，承接省上下放审批项目1项。推进行政审批相关目录清理公布工作。对照国家和省上清理公布结果，会同市法制办对市、县（区）两级行政审批项目前置条件目录、联审目录、许可限额目录等进行清理规范，分别编制相应目录，通过攀枝花政务服务网向社会公布，并在审批过程中严格执行，切实做到国家和省上目录没有的，一律予以取消；省上目录明确取消、调整或保留的，一律遵照执行。加强行政审批基本流程管理。按照精简、高效、便民原则，对所有行政审批项目办理流程、申报材料、审批条件、承诺时限等内容和要素进行再清理、再精减、再优化，平均承诺时限比平均法定办理时限压缩50%以上，平均办理时限比平均法定办理时限缩短70%以上，共减少审批环节14个、申报材料150个。探索推行行政审批流程清单管理制度，制定《攀枝花市行政审扗基本流程管理规范》，分类规范简易事项、一般事项、并联事项、上报事项等不同类型行政审批项目办理流程，将进驻中心各行政审批事项涉及审批要素和内容纳入“一张清单”统一管理，并严格按照公布行政审批流程清单实施审批，广泛接受群众监督，切实做到“清单外无审批权力”。

【提高审批服务效率】 推行免费代办服务模式。倡导和鼓励各进驻部门窗口对省级审批事项，不论事项大小，不论繁杂程度，均由窗口定期派专人赴蓉全程代办，服务对象“跑腿”次数减少，部分项目实现服务对象足不出攀即可办结，办事成本大幅降低。全年共为310余位服务对象免费代办省级审批业务1200余项。全面推行重点项目“一对一”挂号跟踪服务机制。紧紧围绕市委、市政府“项目推进年”工作部署，建立重点项目提前介入、主动跟踪、靠前服务“一对一”挂号跟踪审批服务机制，采取开辟重点项目审批绿色通道、压实审批责任、明确审批时限等措施，全面提升重点项目审批效率。纳入2016年“一对一”挂号跟踪服务范畴的120个全市重点项目，各进驻部门窗口均按时间节点完成审批任务，平均审批提速30%以上。全面推行综合窗口服务模式。中心设立综合服务窗口，将办件量较少或“季节性”办件11个审批部门事项全部授权综合窗口集中代办，既避免人力资源浪费，又有效解决“两到位、两集中”制度落实不到位问题。规范政务大厅第三方进驻服务机构管理。打破原有协议引进模式，新入驻第三方进驻服务机构均委托市公共资源交易中心采取公开竞标方式择优引进，印发《攀枝花市人民政府政务服务中心第三方进驻服务机构管理规范》，规范第三方进驻服务机构执业行为，并向社会公布各类第三方进驻服务机构的服务事项、服务流程、收费标准等内容，广泛接受监督，第三方进驻服务机构服务效率明显提升，收费标准大幅降低。2016年采取公开竞标方式共引进入驻中介机构3家，其中出入境数字信息采集服务由原收费不低于22元/宗，下降至8元/宗，房地产中介服务由原收费2～180元/宗不等，现办事群众均可享受免费代办，原政务大厅内存在的中介机构流动揽客、虚高服务价格等不良行为得到遏制，未发生一起入驻中介机构被投诉举及违法违规行为。

【清理规范公共服务】　将行政审批改革向与广大群众生产、生活密切相关的公共服务领域延伸，在全省率先推进公共服务事项清理规范工作。清理过程中，严格按照“两上两审两下”工作步骤，遵循办理流程“三个优化”原则、突出申报材料“四个取消”重点、把握服务事项“五个统一”标准，于5月完成第一批132个大项、159个子项公共服务事项目录和办事指南清理公布工作，在全市范围内统一规范第一批公共服务事项名称、申报条件、申报材料、法律依据、收费依据及标准、办理流程等内容，公共服务事项办理效率显著提升。省政管办7月将攀枝花市确定为四川省公共服务事项清理规范试点单位后，及时按照试点要求启动第二批公共服务事项清理规范工作，2016年全面完成第二批374个大项、588个小项公共服务事项目录审定工作，进入第二批公共服务事项办事指南编制阶段。

【规范行政权力运行】　建立权责清单动态调整管理制度。制定《攀枝花市权责清单动态调整管理办法》，明确各级各部门行权动态调整管理职能职责、追责情形、监督方式、投诉举报途径等内容，落实权责清单动态调整责任主体，统一规范市、县（区）两级行政权力动态调整程序。规范行权平台运行。印发《攀枝花市行政权力依法规范公开运行平台建设和使用管理办法（试行）》，明确行权平台运行事项范围、各级建设和使用管理职责、行权平台运行主要任务等内容，统一规范行权事项网上运行流程、监察点、风险点设置及表单项和文书格式等事项，确保行权平台高效、安全、稳定运行。1—11月，全市各级行权部门通过行权平台网上公开运行案件数量达58780件，其中，网上受理案件58780件，待办案件70200件，在办案件45773件，办结案件56597件，按时办结率100%。建立健全行权网上依法规范公开运行机制。继续推行行权网上公开运行情况每月通报、每日网上巡查制度，全年发出通报11期，开展网上巡查323天。与市监察局、市目标督查、市效能办分别建立联合约谈、联合现场督查、书面函询制度，注重约谈、督查和函询结果运用，将分别与各行权单位党风廉政建设、政务公开、行政效能建设等专项目标考核挂钩。全年共约谈行权单位4个，开展现场督查7次，函询行权单位29个。建立行权业务人员“双训”机制，联合市监察局、市法制办、市电子政务办等部门，采取集中培训与个别培训相结合、面对面指导和网上指导等相结合的方式，加强对行权平台操作人员技能培训，全面提升全市行权业务人员实际操作技能。全年分批次、分角色举办行权业务专题培训班4期，培训角色行权业务人员310人次。推进“双随机、一公开”抽查监管工作。印发《攀枝花市人民政府办公室　关于印发攀枝花市推广随机抽查规范事中事后监管实施意见的通知》，明确“双随机一公开”抽查工作目标、主要任务、责任单位、完成时限，并将工作推进情况纳入政府依法行政绩效考核重要内容，严格逗硬奖惩。统一编制市、县（区）两级监管执法事项清单，明确各监管执法事项的抽查依据、抽查主体、抽查内容、抽查方式等事项，向社会公布。公布随机抽查事项分别占市场监管执法事项的72%、其他行政执法事项53%。按照分级负责原则，督促指导全市各执法部门于11月底前全面完成了执法人员名录库和市场主体名录库建立发布工作，统一规范随机抽查程序，并严格执行。全年各执法部门共开展随机抽查14460次，市级执法部门开展随机抽查9903次，县（区）级执法部门开展随机抽查4557次，抽查结果均录入行政平台公开运行，广泛接受监督。

【行政权力平台监督机制】　发挥行政审批系统和效能视频监控系统功能，建立审批部门窗口工作人员网上日查及时办理、部门窗口首席代表网上日查及时审批、中心管理人员网上日查督办提醒的三级监管机制，实现审批办件“零超时”目标。健全完善《攀枝花市政务服务工作岗位管理规范》《攀枝花市政务服务投诉管理规范》《攀枝花市政务服务巡查工作规范》系列政务服务管理制度，对执行首问负责制、限时办结制、一次性告知制、服务双岗制、去向留言制、责任追究制等作出具体规定，明确工作责任、问责方式和问责类型，并将执行各项制度情况纳入投诉受理、日常监督巡查、政务服务人员考核范围。重新修订《攀枝花市政务服务中心窗口考核办法》《攀枝花市政务中心窗口工作人员考核办法》，进一步细化考核内容，量化考核指标，建立考核结果与窗口及其工作人员评先评优、误餐补助挂钩的考核管理机制，严格落实奖惩。全面推行佩戴党徽、工作牌“双牌”上岗制度，通过在大厅设立意见箱、窗口摆放意见簿和评价仪、开通行政效能监察热线和“主任信箱”等多种方式，畅通群众投诉举报渠道，切实将每位政务服务人员遵纪守法、提供服务等情况时刻置于群众监督之下。严格执行责任追究制，对受理的群众有效投诉举报和发现的违法违规违纪行为，严格按照规定进行责任追究，做到有诉必查、有诉必应、有责必究。全年，共接到和处理各类投诉59起，通报、约谈违规政务服务人员7人次，未发现违法违纪行为。结合“两学一做”学习教育活动，在政务服务系统深入开展“亮身份、亮标准、亮承诺、亮职责、亮实绩”“比能力、比作风、比服务、比满意”“群众评议、党员互评、领导点评”为主要内容的“五亮四比三评”活动，强化全市政务服务人员服务意识，营造“学先进、赶先进、争先进”的良好氛围。全年共评选表彰优秀窗口8个、党员示范岗7个、优秀窗口工作人员160余人次。

【构建统一交易体系】 按照国家和省、市统一部署要求，整合分散在各部门的工程建设、政府采购、土地使用权出让和矿业权出让、国有产权交易等公共资源交易职能，搭建全市统一的公共资源交易平台。加快推进电子化招投标系统建设，全面推行使用全省统一的招标文件示范文本及评标办法。参与完成全省统一的公共资源交易综合专家库建设，建成的建设工程、政府采购等专家库资源共享。深入推进与省级交易平台系统对接工作，全面完成各类型交易数据、监管数据、信用信息数据、主题信息数据和专家信息数据等上传工作。建立健全网上竞价工作制度机制，全面实行“阳光制标”，网上竞价效率和质量明显提升，全年网上竞价受理项目248个，预算金额1154.7万元，中标价1046.57万元，节约金额108.13万元，节约率9.36%。全面加强“两金”管理，规范保证金收取、退还流程，扎实推进工程建设领域保证金清退工作，做到“应退尽退”。全年共收取690个项目、7.04亿元保证金，退还保证金6.97亿元，收退笔数9300笔；清退建设项目差额履约保证金25笔、1200余万元。推行随机法确定承包人试点，切实有效解决工程建设招投标活动中借牌投标、串通投标、买标卖标等突出问题。全年采取随机法共确定4个项目承包人。加强交易风险防控长效机制建设，在对公共资源交易业务流程全面梳理的基础上，健全完善公共资源交易监督管理、现场服务管理、信息发布、风险防控9项制度，切实把权力关进制度的笼子，全年未出现违法违规交易行为。

住房公积金管理

【概 况】 市住房公积金管理中心是直属于市人民政府、不以营利为目的的正县级事业单位。主要职能是按照国务院《住房公积金管理条例》及国家相关政策规定履行全市行政区域内的住房公积金管理职能，包括住房公积金的缴存、提取、个人贷款、项目贷款、会计核算业务。市住房公积金管理中心设综合服务科、归集科、会计科、办公室、信(项)贷科、技术科、稽核科7个职能部门和仁和区管理部、盐边县管理部、米易县管理部、西区管理部、东区管理部5个派出机构。2016年年底，事业编制48人，在岗职工44名，其中正县级干部1名、副县级干部3名、正科级干部11名、副科级干部4名。另有编外临聘人员10人。

【住房公积金缴存管理】 全年新增缴存住房公积金167531万元(含结息)，较上年减少13270万元，下降7.3%。截至2016年年底，缴存总额1556712万元。2016年12月末缴存余额695538万元，比上年同期减少12771万元。

全年全市单位和职工个人住房公积金缴存比例为各5%～12%。单位和职工个人月缴存上限1857元，月缴存下限是69元。2016年人均月缴存额900元(单位+个人)，比上年同期减少25.9元。2016年年底职工人均住房公积金余额4.4万元，与2015年同期持平。

全年新增缴存单位186户、新增缴存人数9818人，同比增长28.5%。因离退休人员增加较多原因，2016年底实际缴存人数155122人，比2016年年初净减少2989人。

2016年攀钢、攀煤等骨干企业和与之相联的企业生产经营和资金状况未见好转，住房公积金欠缴、缓缴严重。截至2016年年底，钢城集团公司欠缴1.6亿元、攀煤欠缴1.2亿元、攀钢欠缴2.1亿元。以上3户企业共欠缴住房公积金4.9亿元。

【住房公积金使用管理】 2016年缴存职工使用住房公积金287415万元(提取+贷款)，比2015年同期357602万元减少70187万元，下降19.6%。2016年住房公积金使用额占当年缴存额的171.6%，当年新增缴存不够当年住房公积金提取,2016 年新发放贷款依赖以前年度结余资金和年内回收的贷款发放。

全年全市共提取住房公积金 180303 万元,比上年同期 189457 万元减少 9154 万元,下降 4.8%。其中:购房提取 61891 万元,比 2015 年减少 41388 万元;偿还购房贷款本息提取 47297 万元,比 2015 年增加 5742 万元;销户提取 65114 万元(其中,解除劳动关系提取 39031 万元),比 2015 年增加 37393 万元;其他提取(包括大病、租房、物业费等提取) 6001 万元,比 2015 年减少 10901 万元。提取下降是受提取政策调整(购房提取和还贷提取二选一)、缴存职工购房减少因素等的叠加影响,导致购房提取大幅下降。

全年全市共向 3991 户职工家庭发放住房公积金贷款 107112 万元,比 2015 年同期 168145 万元减少 61033 万元,下降 36.3%。截至 2016 年 12 月底,累计向 46095 户缴存职工家庭发放公积金个人住房贷款 755988 万元。贷款下降主要是受贷款需求下降(2014 年和 2015 年连续 2 年政策调整后释放大量需求)、不动产抵押登记滞后等原因的叠加影响。

2016 年 12 月底缴存余额 682767 万元,贷款余额 464824 万元,个贷率(贷款余额/缴存余额)68.1%,比 2015 年同期 60.3%增加 7.8%。

全年,职工直接用于购房的住房公积金 16.9 亿元(购房提取 6.2 亿元 + 贷款 10.7 亿元),撬动住房销售 21.1 亿元,占全市同期住房销售金额(含二手房)38.47 亿元的 54.9%,住房公积金资金成为购房资金主力。全年,住房公积金贷款发放额 107112 万元,占全市同期住房贷款额 162376 万元的 66%,8 家商业银行住房贷款的总和仅占全市住房贷款总额的 1/3,住房公积金贷款成为全市住房贷款的主流。

【住房公积金运营效益及收益分配】 全年,住房公积金业务收入为 29641 万元:其中住房公积金利息收入 12290 万元、增值收益利息收入 2541 万元、委托贷款利息收入 14808 万元、其他收入 2 万元。业务支出为 12788 万元:其中支付职工个人住房公积金利息 11986 万元、归集手续费支出 -8 万元(调账冲抵去年多提)、委托贷款手续费支出 363 万元,其他支出 447 万元。全年实现增值收益为 16853 万元,比 2015 年 20096 万元减少 3243 万元,下降 16.1%。

根据财政部《住房公积金财务管理办法》和《财政部关于加强住房公积金管理等有关问题的通知》第七条的规定,全年实现增值收益 168529996.31 元,按住房公积金增值收益的 60% 提取分配贷款风险准备金 101117997.79 元、分配管理费用 16982527.20 元(含信息化建设费用 600 万元)、分配廉租住房补充资金 50429471.32 元。2016 年年底,个人贷款和项目贷款风险准备金余额为 571639058.43 元、累计提取廉租住房补充资金 261353696.14 元,住房保障能力和抗风险能力增强。

【利用住房公积金贷款支持保障性住房建设试点】 2016 年按期收回项目贷款本息 5035 万元,项目贷款无逾期。完成市政府下达的回收全部贷款本息目标任务。截至 3 月,攀枝花市 17 个保障性住房建设项目、9.66 亿元贷款全部发放并按期收回全部本息,支持建设保障性住房 9393 套。利用住房公积金贷款支持保障性住房建设试点工作取得成功。

【资金管理及安全】 2016 年 12 月底缴存余额 682767 万元,贷款余额 464824 万元,结余资金(缴存余额 - 贷款余额)217943 万元,比 2015 年同期 276462 万元下降 58519 万元,下降 21.2%。加上提取的贷款风险准备金和增值收益存款,2016 年 12 月末,住房公积金在银行的存款 273196 万元,比 2015 年同期 329468 万元减少 56272 万元,下降 17.1%。存款减少的主要原因是使用额大幅超过资金收入额。2016 年资金来源 22.9 亿元(归集 16.8 亿元 + 回收贷款本金 6.1 亿元),资金使用 28.7 亿元(提取 18 亿元 + 贷款 10.7 亿元),资金缺口 5.8 亿元。

2016 年度住房公积金贷款回笼本息 76172 万元(含项目贷款),其中:本金 61364 万元、利息 14808 万元。2016 年 12 月底个人贷款逾期余额 191.2 万元(3 期及 3 期以上),个人贷款逾期率为 0.41‰,比 2015 年同期 0.34‰增加 0.07 个千分点。项目贷款无逾期,贷款风险得到控制。

【推进住房公积金改革】 2016 年 5 月对住房公积金使用办法进行调整。由贷款额不超过夫妻双方缴存余额的 30 倍,调整为:连续足额缴存住房公积金一年以上的,贷款额不超过夫妻双方缴存余额的 30 倍;连续足额缴存住房公积金半年以上且不足一年的,贷款额不超过夫妻双方缴存余额的 20 倍;由购买住房,申请提取住房公积金的,取消"一年内办理"时间限制调整为:职工购买自住住房,自购房合同备案之日起至房屋产权登记办理完毕后一年内,可以申请以购房名义提取或者以还贷名义提取住房公积金(二选一),同一套住房购房提取额加贷款本金不能超过购房款总额;由不在攀枝花市就业(辞职、解除劳动合同),无住房公积金债务的,可以办理销户提取调整为:与单位解除劳动关系未再就业,且无住房公积金债务的,可以办理销户提取;新开展公积金支付房租提取。本人及配偶在本市无自有住房且租赁住房的,提供无房证明和租房相关证明材料,可申请提取夫妻双方住房公积金支付房租。夫妻双方提取额不超过实际发生的租金额,同时不得超过 18000 元/年。

推进业务办理模式改革。资金结算接入住建部全国统一资金结算平台,公积金提取全部采用转账方式并实时到账、实行公积金中心为主的会计集中核算、调整公积金个人住房贷款由“全委托”改为“数据自主、业务委托”模式。

推出一系列便民利民措施。进一步优化业务流程，精简取消部分证明材料；缴存职工可就近选择住房公积金服务网点办理住房公积金提取业务，实现全市通取；开通网上业务大厅，职工、单位专管员、房地产开发企业可在网上办理相关公积金业务；开通手机短信服务平台，实现缴存、提取、贷款信息及时推送；自主查询住房信息，办理贷款只需来公积金中心一次，实现贷款“一站式”服务、提取当场办结。

【住房公积金管委会会议】 3月3日，在市住房公积金管理中心会议室召开攀枝花市住房公积金管理委员会四届一次会议。会议由市政府副秘书长、市住房公积金管委会副主任唐刚主持，市政府副市长、市住房公积金管理委员会主任江海作重要讲话。会议听取2015年住房公积金管理运营情况及2016年住房公积金管理运营计划，审议通过《2015年度住房公积金归集使用情况和增值收益分配方案》《攀枝花市住房公积金2015年年报的请示》。

4月7日，在市住房公积金管理中心会议室召开攀枝花市住房公积金管理委员会四届二次会议。会议由市住房公积金管理中心主任邓孝良主持，市政府副市长、市住房公积金管理委员会主任江海作重要讲话。会议通过《攀枝花市住房公积金管理中心关于修改〈推进棚户区改造和促进房地产平稳健康发展的暂行意见〉的请示》，并对下一步住房公积金管理工作提出新要求。

【住建部和省住建厅检查、调研】 10月24日，省住房公积金监管处检查组到市住房公积金管理中心进行专项检查。检查组通过听取汇报、查阅资料等方式对攀枝花市规范和阶段性适当降低缴存比例工作情况和2016年贯标工作推进情况进行专项检查。检查组充分肯定市公积金管理中心在规范缴存管理、完成年度目标任务、信息化建设方面的工作做法和成效。对下一步工作提出五点要求：在贯标工作中密切关注生产运行情况，优化业务流程，做到“三账合一”；认真做好贯标验收准备工作，特别是资料准备，及时上报验收请示；做好异地转移接续平台准备工作，抓紧落实技术标准；综合服务平台建设要充分考虑职工多样化需求；对新增申请降比企业严格审批程序和手续，对实行降比、停缴、缓缴企业做好政策解释、协调工作，减少矛盾和不必要的信访。

12月13日，住建部、省住建厅组成的住房公积金贯标工作检查验收组，对攀枝花市住房公积金管理信息系统贯彻《住房公积金基础数据标准》和接入住房公积金结算应用系统进行检查验收。检查组听取市公积金中心的情况汇报、对信息系统运行和相关文档进行现场检查和审阅，经过质询、答疑和讨论，检查组认为攀枝花市通过开展贯标工作，提高工作效率、规范管理、改进服务，住房公积金信息化建设新台阶，一致同意攀枝花市住房公积金管理信息系统通过贯标验收。

4月21日，住建部住房公积金督察员四川、重庆组及省厅监管处处长尹久亮一行对公积金管理中心展开为期两天的巡查工作。

【市领导检查指导住房公积金工作】 3月3日，江海副市长对公积金管理中心进行工作调研，深入住房公积金信息化建设机房、信贷业务大厅，了解住房公积金中心以先进的信息化手段提升服务能力，主动作为服务前移，加强政策宣传，抓窗口服务质量，提高办事效率，推出系列便民利民措施。

8月26日上午，市人大常委会副主任杨林，市人大常委会城乡建设环境资源保护委员会主任邓冰蓉、副主任周健，市人大常委会办公室主任周婷一行人到市住房公积金管理中心，就攀枝花市贯彻落实《住房公积金管理条例》情况进行调研。采取现场查看公积金中心机房建设、档案室管理，听取情况汇报形式全面了解攀枝花市贯彻落实《住房公积金管理条例》的情况。

9月19日，攀枝花市第九届人民代表大会常务委员会第八十八次主任会议听取中心党组书记、主任代表市政府作攀枝花市人民政府关于贯彻实施国务院《住房公积金管理条例》工作情况的报告。

（张治文）

接待服务

【概　况】 中共攀枝花市委、攀枝花市人民政府接待办公室下设综合科、接待一科、接待二科和下属事业单位市接待服务中心。2016年有公务员编制10名，事业编制5名，工勤人员编制11名，其中，主任1名、副主任2名、科级领导职数7名。

2016年，圆满完成接待任务221批11209人次，安全行车12.8万千米无任何责任事故，被省委、省政府接待办评为全省政务接待优秀集体，被市委市政府评为“9.19”抗洪抢险先进集体。

【主要接待】 接待全国政协副主席韩启德、万钢、刘晓峰，全国人大常委会原副委员长顾秀莲等国家级领导4人。接待省部级领导39批69人，包括全国政协副秘书长朱永新、工商总局副局长甘霖、中央编办副主任张荣和、民航总局局长杨元元、国土资源部副部长曹卫星、住建部副部长倪虹等；省委、省人大、省政府、省政协领导尹力、柯尊平、黄新初、范锐平、王宁、曲木史哈、甘霖、朱鹤新、高烽、赵振铣、陈放等，省级老领导何郝炬、冯元蔚、谢世杰、陶武先等。

综合工作组59批2093人次，包括全国人大专题调研组、中组部考察组、国务院参事室调研组、国务院安委会安全生产第六巡查组、国务院督查组、省委第三巡视组、省委换届工作组、省经济工作督查组、省安办第六督导组、省政府消防考评组、省委干部考察组、省委稳增长专项督查组、省禁毒委督导组、省质量工作考核组、省机关党建工作调研组、省人大立法调研组、省政协调研组、省地质灾害防治专项督查组、省政府安全督查组、省政府消防安全督察组、省灾后重建调研组、省民生工程督查组、省委省政府全面创新改革实验工作督导组、省政府金融工作督察组、省“五个一”帮扶考核组、省依法治省工作考核组创国家卫生城市省级复查组等。

配合圆满完成九三学社中央第八次科学座谈会、钒钛产业创新发展与资源型城市转型研讨会、第十一届中国生态论坛、2016年攀枝花钒钛论坛、中国攀枝花东盟国际商贸合作交流、中国四川第二届森林康养年会、四川省第七届乡村文化旅游节暨攀枝花欢乐阳光节等重要会议和重大活动的接待任务7批4490人次。

协助市级各部门完成荣耀冠军行、中央党校、国家行政学院、国家林业局、国家工商局、国家保密局、国家档案局、国家美术馆、中国健康管理协会、中国西部研究与发展促进会、中国青年政治学院、复旦大学、西南交大、云南省政协、省纪委、省委组织部、省委统战部、省发改委、省旅发委、省国土资源厅、省商务厅、省信访局、省总工会、省残联、省调查总队、省妇联、省委党校、省招办、省社科院、省烟草专卖局、省地矿局、省农发行、中建三局、东方园林集团、中铁锦绣公司、神州控股集团、大唐集团、鞍钢集团、川威集团、中国建材集团、中国电建集团、中国重汽集团、太平洋集团、华侨、台胞等接待任务70批1882人次。

完成北京市西城区、大同市、秦皇岛市、宜昌市、重庆市万州区、长春市、昆明市、昌吉州、开封市、广州市、湖州市、焦作市、马鞍山市、丹东市、济宁市、郑州市、佛山市、丽江市、鹤岗市、张家界市、广安市、遂宁市、泸州市、雅安市、凉山州、甘孜州、雅安市、南充市、华坪县、木垒县等地党委、人大、政府、政协代表团、考察团来攀接待任务42批943人次。

【精准扶贫】 板棚村2016年人均收入3275元，2016年双联工作满意度测评满意率100%。大力宣传中央和省、市的重大决策部署，讲清讲透惠农政策、扶贫开发政策，解决“等靠要”思想。建成水池6口、桥梁4座，硬化社道2千米，增加烤烟种植面积8公顷，增加核桃等水果种植面积46.67公顷，发展1户养殖户。与板棚村签订帮扶责任书，结成互助对子。

【接待工作规范化建设】 全市政务接待工作会议于2016年3月3日召开，市委秘书长出席会议，市级、县（区）有关部门参加会议。传达贯彻全省政务接待工作座谈会议精神，要求以王东明书记“十二字”要求、吴靖平秘书长“四个坚持”和温川平主任“六个必须”“五个转变”为出发点和着力点，把握新规律、适应新常态，做好当前及今后一个时期的接待工作，结合实际认真学习好、执行好《贯彻落实中央“八项规定”精神和省委、省政府“十项规定”需要进一步明确的几个问题》《省级政务接待业务标准化管理操作规范100问》。理清工作思路，完善工作制度，做到有章可循、有法可施。按照市委秘书长的要求，转变观念，主动适应新常态，发挥窗口作用，推动全市接待工作规范化建设。

（赵　智）

地方志工作

【概　况】 全市地方志系统现有6个专设工作机构，其中市地方志办公室、米易县地方志办公室单独设立；东区地方志办公室、西区地方志办公室、仁和区地方志办公室均与县（区）委党史研究室合署办公，盐边县设史志办履行地方志工作职能。2016年，全市有专职地方志工作人员29人，其中市地方志办公室10人、县(区)地方志办公室19人。

全市地方志工作继续按照贯彻由攀枝花市人民政府办公室制定的《攀枝花市地方志事业第十三个五年发展规划(2016—2020年)的通知》要求，贯彻落实《中共中央关于加强和改进新形势下地方志工作的意见》和国务院、省政府地方志"十三五"规划要求，全省地方志工作会议精神，以"两全"目标攻坚克难为抓手，以科学记载历史、服务当代发展为宗旨，以全力推动地方志事业转型升级，事业发展进一步深化，功用发挥进一步优化为目标，认真履行职能使命，创新工作方式方法，完成志书编纂、年鉴编撰、史志宣教等项工作。

市地方志系统按照"外树形象、内强素质"的思路，努力创建"学习型、研究型、创新型、服务型"机关，不断增强政治意识、大局意识、纪律意识、看齐意识，抢抓机遇，主动作为。重视干部调整、业务骨干成长，干部队伍培训。2016年先后选派干部参加在中国井冈山干部学院、中国延安干部学院举办的四川方志系统干部培训班；选派室内骨干参加四川省地方志办公室主办的地方志业务培训班、选派党务干部参加中共攀枝花市直属机关工委主办的党务干部学习培训等；加强对县(区)的地方志业务指导，到各县(区)调研地方志工作，指导地方志工作的开展；加强对各县(区)年鉴编纂的指导。同时，将地方志工作和"双联"、关工委工作、"双报到"活动、扶贫工作结合起来，利用节假日送去慰问品和帮扶资金，为联系村的经济发展出谋划策，帮助解决制约其发展的问题。

市政府办印发《攀枝花市地方志事业第十三个五年发展规划(2016—2020年)的通知》；指导完成《攀枝花土司历史文化探寻》初稿征集、组稿、编审工作；完成《中国名村志工程丛书——迤沙拉志》篇目设定、资料汇集工作；完成《花语果语》征集、组稿、编纂工作；各县(区)年鉴继续出版；启动与四川省地方志办公室合作的重点研究课题"一纳入、八到位"；完成攀枝花"百度百科"词条材料的收集、审核、修改、完善任务；完成参与编纂攀枝花市纪念方毅同志诞辰100周年纪念集《方毅与攀枝花》一书相关工作；完成参与省地方志办与四川大学历史文学院共同举办的对攀枝花旅游资源开发宣传研讨会等活动；完成配合市纪委做好"传家风、立家规、树新风"及省地方志办《巴山皓月，蜀水清风——攀枝花革命先辈先烈及历代先贤名人家风家训辑要》编纂出版等工作；完成市情网页资料丰富工作；认真开展"两学一做"专题教育；全面完成省志编委和市委、市政府下达的各项目标任务。

【部门志、专业志编修】 市地方志办加强对部门志、行业志书评审指导。召开30余次评审座谈会，对承担的部门志、行业志书就内容、结构、体例、规范等方面提出修改意见。

《攀枝花市工会志(1989—2013)》出版发行，该志全面、系统地记述攀枝花市工人运动的历史发展与现状，展示攀枝花工会事业风貌和成就，字数110万字。《攀枝花市质量技术监督志(1978—2014)》出版发行，该志全面总结30余年来攀枝花质监系统全体干部职工艰苦卓绝的奋斗历程和无私奉献的职业精神，真实记载攀枝花质监事业发展的历史和现状，字数120万字。《攀枝花市防震减灾志(1965—2015)》出版发行，该志全面、客观、真实地反映攀枝花市防震减灾事业的历史与现状，字数30万字。《攀枝花市西区政协志(1991—2013)》出版发行，该志全面记述西区政协走过的光辉历程，真实反映西区政协取得的重要成果。系统反映攀枝花市西区政协事业的历史发展与现状，字数70万字。

【《攀枝花年鉴(2016)》编纂出版】 2016年是攀枝花实施"十三五"规划的重要一年，为全面反映攀枝花社会事业和经济建设等各方面取得显著成就，在《攀枝花年鉴(2016)》前期征集、组稿、总纂基础上，多次征询相关领导和部门关于体例、内容和篇目设置意见，对部分章节进行调整，更加符合政策和时代的要求。3月，市地方志办召开专题年鉴业务会和专题学习会；对市级各部门年鉴撰稿人进行分类指导培训；制定《攀枝花年鉴(2016)》编纂出版工作进度计划，明确按进度时序狠抓节点控制，定人定位抓质量落实，经过紧张工作，顺利完成编辑、审稿、印刷和出版工作。全书设特载、大事记、要事纪略、概貌、党政群团、军事、政法、经济管理、工业、农业、交通、信息产业、口岸、开发区建设、农林·环保、城乡规划建设·城市管理、商贸、金融、财政·税务、科学、文化、教育、体育·卫生、社会、附录、索引共26个部类。内容配以统计表格和图片，力求图文并茂，增强可读性。附录中选载有重要文件目录、先进名录、实用指南等，增加二次文献分量，以供使用者查询。同时，督促指导各县(区)编写综合年鉴。

【县(区)年鉴编纂出版】 为深入贯彻《四川省人民政府办公厅关于加强全省综合年鉴工作的通知》，市地方志办继续督促指导各县(区)编写综合年鉴。《东区年鉴(2016)》《西区年鉴(2016)》《盐边年鉴(2016)》《米易年鉴(2016)》公开出版发行。

《攀枝花市东区年鉴(2016)》是攀枝花市东区人民政府主管、主办，攀枝花市东区地方志办公室组织编纂，全面反映东区政治、经济、文化和社会发展情况的地方综合年鉴；是认识、了解、研究、服务东区的重要工具书；是展示东区、宣传东区的重要窗口。

《攀枝花市西区年鉴(2016)》是攀枝花市西区人民政府

组织编纂的大型综合年鉴，是逐年编纂、连续出版的资料性工具书，旨在记述攀枝花市西区政治、经济、文化、社会、民生等方面的基本面貌和发展状况，资料全面、系统、翔实、准确，年度特点、地方特色突出，是各界人士了解西区的权威性年度地情全书。

《米易年鉴（2016）》设特载、大事记、概貌、中共米易县委、县人大常委会、县人民政府、县政协、群众团体、农业、工业、商贸服务、军事·政法、经济管理、城乡建设与环保、交通·邮电等23个部类，全面反映2016年度米易县政治、经济和社会发展情况。

《盐边年鉴（2016）》是由中共盐边县委领导、盐边县人民政府主办、盐边县地方志编纂委员会办公室编辑出版的第14本《盐边年鉴》。《盐边年鉴（2016）》全面、翔实记录2016年盐边县政治、经济、文化、社会发展和精神文明建设等各方面状况，内容以条目形式表述，在保持历年框架结构基本稳定的基础上，根据年鉴编纂的体例和基本要求，精心编纂。该书为认识盐边、了解盐边、宣传盐边、建设盐边提供翔实资料；为科学决策、指导工作提供可靠依据和最新信息，同时为盐边县留下可供借鉴的宝贵历史资料。

【企业、单位年鉴编辑出版】 2016年，市地方志办继续指导企业年鉴编辑出版。全年出版《攀钢年鉴（2016）》《钢城集团年鉴（2016）》2部企业年鉴和《攀枝花统计年鉴（2016）》1部部门年鉴。

《攀钢年鉴》是攀钢集团有限公司自1992年连续编纂出版的第26本年鉴，全面、客观、准确地记载2016年攀钢发生的有历史意义和存史价值的重大事件。《攀钢年鉴》设置专文专论、特辑、大事记、概况、专业管理、行政工作、党群工作、企业文化、机构与人事、攀钢集团有限公司子、分公司（单位）、统计资料、附录，共12个栏目。

《攀枝花统计年鉴》是一部反映攀枝花经济和社会发展情况的综合统计资料年刊。本书收录全市和县、区经济和社会各方面大量的统计数据，进一步充实微观统计信息资料和国家及全省的主要统计数据。《攀枝花统计年鉴》统计资料包括：1. 行政区划、人口、自然状况；2. 综合；3. 城市概况；4. 从业人员和职工工资；5. 固定资产投资；6. 财政、税收、金融、保险；7. 物价指数；8. 人民生活；9. 农业；10. 工交、能源、邮电；11. 建筑业；12. 贸易业；13. 教育、科技、文化；14. 卫生、体育、广播电视及其他；15. 县区概况。

【《攀枝花史志》出版】 2016年，市地方志办编发《攀枝花史志》4期，共收录文章90余篇稿件，40余万字，彩图60余幅。《攀枝花史志》在内文图片、栏目设计、稿件质量上都较往年有很大的，稿件质量高，重点突出，紧扣攀枝花经济建设这一中心任务，在旅游、饮食、文化、交通等方面有特别体现。收集多篇较高质量的文稿，凸显刊物的灵魂与个性。

【制定《市地方志事业“十三五”规划》】 8月，市政府办公室制定《攀枝花市地方志事业第十三个五年发展规划（2016—2020年）的通知》，以弘扬攀枝花精神为工作主线，依托志书、年鉴、地情资料等载体，充分发挥地方志“资政、存史、教化”的积极作用，通过加强对攀枝花地方特色文化资源整理、挖掘、开发利用，对外宣传攀枝花的改革发展和鲜明的时代特色，塑造城市形象，提高城市的美誉度和市民的自豪感。

各县（区）政府相应制定关于地方志工作“十三五”规划的各项工作安排，为全市各级地方志事业的持续性发展奠定基础。

【资政工作】 市地方志办完成市委宣传部交办攀枝花“百度百科”词条材料的收集、审核、修改、完善任务；完成参与编纂攀枝花市纪念方毅同志100周年诞辰纪念集《方毅与攀枝花》一书相关工作；完成配合市纪委做好“传家风、立家规、树新风”及省地方志办《巴山皓月，蜀水清风——攀枝花革命先辈先烈及历代先贤名人家风家训辑要》编纂出版等工作；完成参与省地方志办与四川大学历史文学院共同举办的对攀枝花旅游资源开发宣传研讨会等活动。

【专题出版工作】 市地方志办组织相关部门、相关县（区）召开编纂工作会，启动《中国名村志工程丛书—迤沙拉志》编纂工作，年内启动资料征集、篇目设定、组稿等相关工作；完成与市旅游局协作，修订、编纂《花语果语》，探寻服务市文化事业、旅游发展的新思路；指导米易县志办重新点校整理《邛嶲野录》，作为米易县地方历史文化的有力佐证；指导东区、西区等县（区）志办开展专题展、征文、史志沙龙、讲座等活动；指导仁和区志办开展志书“五进”“七进”活动，使方志成果惠及更多领域。

（王　婧）

电子政务

【概　况】 市电子政务办公室是全市电子政务工作的综合管理职能部门，主要负责全市电子政务的规划、建设、管理、协调推进和督导工作，由市委办公室和市政府办公室共同领导，隶属市委办公室，为市级公益一类事业单位，人员参照公务员法管理，核定事业编制23名，实有在编人员19名。经市委编委2016年度第2次会议研究，撤销市电子政务办公室的挂牌机构“攀枝花市经济信息中心”，市电子政务办公室不再承担全市宏观经济预测预警和监测工作及重点、热点、难点问题的对策研究工作，市电子政务办公室与市电子政务建设领导小组办公室、市人民政府办公自动化办公室合署办公，实行“三块牌子、一套人员”。2016年，全市电子政务工作继续在全省保持领先，在中国社会科学院信息化研究中心和国脉互联政府网站评测研究中心主办的2016年度中国政府网站评估活动中，市公众信息网位列全国301个地级市政府网站评估第7名，在四川省2016年政府网站绩效评估工作中，市公众信息网列全省21个市（州）政府网站第6名。

【电子政务管理】 市电子政务办公室印发《2016年攀枝花市政府网站绩效评估指标体系》《2016年全市电子政务内网网站信息报送目标任务》《2016年全市电子政务内网网站信息报送要求及计分标准》，继续将电子政务工作纳入市委、市政府年度目标管理。

【电子政务基础设施建设】 市电子政务办公室印发《加快推进攀枝花市电子政务内网建设的通知》《2016年攀枝花市电子政务内网建设和管理工作要点》，推进项目监理招标采购工作，完成《攀枝花市电子政务内网建设工程初步设计》编制与评审。根据国家关于基础电信企业提速降费的工作部署，市电子政务办公室与四川电信攀枝花分公司经过谈判协商，达成提速降费协定，从4月起，电子政务外网基础网络带宽由4M统一提升为10M，同时降低资费标准，整体资费下降25%。为理顺管理权限，组织实施电子政务外网网关下移至各县（区）工作，并在网关下移工作完成后，协调电信运营商对县（区）网络路由进行优化改造，保障电子政务外网安全畅通。截至12月31日，全市接入电子政务外网的单位达936家，其中：市级部门279家，县（区）级部门657家。

【电子政务应用】 根据省、市政务公开工作要求，开发完成全市公共企事业单位办事公开目录管理系统，提升政府“一站式”网上公共服务能力，参与第一批办事公开的市级单位共127家，涉及教育、医疗卫生、公共文化、社会保障等市级行业主管部门和公共企事业单位。持续不断地对全市协同办公平台功能进行优化完善，满足党政机关和企事业单位移动办公、异地办公和个性化服务的需求，截至2016年12月31日，全市协同办公平台注册部门936个，用户数1.72万个，共计发放个人数字证书3616个，全年共发送公文25.14万份，接收公文274.56万份，发送短信151.12万条。

【政务网站】 利用市公众信息网、市电子政务内网门户网站、市电子政务外网门户网站三大门户网站信息发布和宣传展示功能，做好全市重点工作网上宣传报道，提升攀枝花市知名度和影响力。2016年，共开发制作全市“两会”、市第十次党代会等宣传展示专题专栏13个，采访报道政府食品安全工作、强降雨灾害通报等新闻发布会17次，通过市公众信息网发布信息2.43万条，通过市电子政务内网门户网站发布信息1.54条，市公众信息网网站页面浏览量达390.2万次，网站访客数达115.2万人。在保障电子政务大厅、“市长信箱”“12345”市民热线、市纪委举报中心、组织部“12380”举报平台等网上办事和政民互动渠道畅通运行的基础上，对阳光政务栏目进行重新设计和改版，政民互动交流更加便捷。2016年，网站发布阳光政务—政务行风电视问政节目信息4期、政风行风电台热线信息35期，公开征集公众意见10次，解读相关政策文件28条。

【政务信息公开】 完成市级和县（区）政府信息公开目录管理系统升级工作，2016年，全市政府信息公开目录管理系统公开信息1.08万条，全市公共企事业单位办事公开目录管理系统公开信息1247条，内容涉及财政预（决）算、“三公”经费、政府采购、重大建设项目、价格和收费、保障性住房、征地拆迁、公共服务、环境保护、食品药品安全、市场监管、减税降费等各个方面。向四川省政府门户网站报送信息2552条，采用664条，采用量列全省21个市（州）第5位；向四川省电子政务内网门户网站报送信息2749条，采用1228条，采用量列全省21个市（州）第10位。

【网络与信息安全与运维保障】 全年，投入149万元，完成网页防篡改系统、Web 应用防火墙及网站容灾备份系统的搭建和部署，从技术手段上保障市公众信息网网站群和应用系统的安全。严格落实《攀枝花市政务网站管理办法》《信息安全管理制度》《信息发布审核登记制度》等 38 个网络与信息安全规章制度，加强网络、网站和信息发布安全管理工作，定期对服务器进行巡检，强化网上巡网，严格执行公共机房 7×24 小时值班制度，确保全年无重大安全事故发生。

【技术支撑与服务】 完成“张剡同志在全市县处级主要领导干部读书班上的辅导报告”“张剡同志在攀枝花市应对人口老龄化问题工作情况汇报”“李建勤同志在第十一届中国生态健康论坛上的发言”“李建勤同志在攀枝花—上海航线开通推介会上的致辞”等 12 个多媒体的设计制作工作，强化对各级领导的保障服务。继续为 5 个县(区)和市城管局数字城管、市审计局金审工程等 52 个市级部门的重要应用系统和政务网站提供安全运维支撑，组织开展协同办公平台应用操作、行权平台应用操作、政府信息公开目录管理系统升级与使用、公共企事业单位办事公开目录管理系统操作等各类业务培训共 20 期，提升全市党政机关干部信息安全意识和信息化技能水平。

(郑　建)

政协工作

政协攀枝花市委员会

【概　况】 中国人民政治协商会议渡口市(现攀枝花市)第一届委员会于1981年4月18日成立。1987年1月23日,经国务院批准,渡口市更名为“攀枝花市”,渡口市政协也随之更名为攀枝花市政协。

政协第八届攀枝花市委员会设界别28个,委员名额300名;设立8个专门委员会,即:提案委员会、经济委员会、人口资源环境委员会、教科文卫体委员会、社会和法制委员会、学习文史委员会、联谊民族宗教委员会、地方政协和委员联络委员会(该专委会为2016年增设),设置办公室、研究室2个正县级综合办事机构,机关党委1个副县级机构。办公室下设13个正科级机构,即:综合科、秘书科、机关事务管理科、离退休人员工作科、调研信息科、提案科、经济科、人口资源环境科、教科文卫体科、社会和法制科、学习文史科、联谊民族宗教科、地方政协和委员联络科(该科室为2016年增设),其中:提案科、经济科、人口资源环境科、教科文卫体科、社会和法制科、学习文史科、联谊民族宗教科、地方政协和委员联络科既是办公室的内设机构,又是专委会的办事机构。截至2016年年底,市政协机关实有人数为60人,其中:干部46人(在岗不在编人员19人),工勤人员14人。

2016年,市政协认真贯彻落实中央和省委、市委各项决策部署,紧紧围绕全市工作大局,在推进协商民主上积极实践,在助推改革发展上主动作为,在促进社会和谐上凝心聚力,扎实有效履行岗位职责,圆满完成各项目标任务,使政协工作迈上新台阶,政协地位明显提升,政协影响力更加广泛,为推动全市经济社会发展做出重要贡献。

【八届六次会议】 2016年1月12日至15日,中国人民政治协商会议第八届攀枝花市委员会第六次会议在攀枝花会展中心举行。会议应到委员302人,实到272人。

出席开、闭幕大会并在主席台前排就座的有市政协主席、副主席、秘书长。应邀出席会议并在主席台就座的有市委、市人大、市政府、攀枝花军分区、市法院、市检察院的领导,原市领导,七届市政协主席及副主席,各民主党派、工商联的领导;在攀枝花第十一届省政协委员、市长助理应邀参加开、闭幕大会。市委、市政府有关部门及单位负责人,市级各民主党派、工商联负责人,有关企业分管统战工作的领导,非市政协委员的大企业、攀枝花学院、市直机关工委统战部(科)负责人,市政协各专委会特邀副主任、市政协机关县级干部应邀列席会议。

会议期间,有11人进行大会发言,另有11篇书面发言。发言紧扣攀枝花市中心工作,把握经济社会发展及人民群众关心的热点问题,就城市景观打造、发展康养农业、增强攀枝花人口聚集功能、民营工业经济转型升级、加快打通东向大通道、加快推进污水管网建设、加强攀枝花市电梯安全管理与维护、推进卫生信息化进程、构建和谐劳动关系、注重家庭教育等方面作精彩阐述,为促进攀枝花经济社会发展积极建言献策。

按照会议议程安排,与会委员列席市九届人大六次会议,听取并讨论政府工作报告、市中级人民法院工作报告、市人民检察院工作报告,协商讨论攀枝花市国民经济和社会发展第十三个五年规划纲要(草案),讨论攀枝花市2015年国民经济和社会发展计划执行情况及2016年计划草案的报告、攀枝花市2015年财政预算执行情况和2016年财政预算草案的报告,会议对以上报告和纲要表示赞同。

会议审议并通过市政协主席单荣代表政协第八届攀枝花市委员会常务委员会所作的工作报告和市政协副主席何群代表政协第八届攀枝花市委员会常务委员会所作的关于八届五次会议以来提案工作情况的报告。

会议一致通过《政协第八届攀枝花市委员会第六次会

议决议》《政协第八届攀枝花市委员会提案委员会关于八届六次会议提案审查情况的报告》。

【主席会议】 2016年,市政协共召开13次主席会议。传达学习《中共中央关于加强和改进人大代表、政协委员有关工作的通知》《政协四川省委员会办公厅关于认真学习贯彻政协四川省第十一届委员会第四次会议精神的通知》等文件精神,省政协"我为扶贫攻坚做件事"工作推进现场会精神,省政协办公厅、市委办公室关于加强会议纪律有关文件精神,市第十次党代会精神,市委副书记、市长李建勤在市政府第八次全体会议上的讲话精神等。

会议听取市政协八届六次会议各小组讨论常委会工作报告和提案工作报告情况汇报、市法院和市检察院2016年上半年工作情况的通报、市纪委(市监察局)2016年上半年党风廉政建设和反腐败工作情况的通报、市公安局关于全市公安工作情况的通报、市文化广电新闻出版局关于攀枝花市文化产业发展情况的通报、市投资促进局关于攀枝花市项目库建设和项目策划包装工作情况的通报、团市委关于推动攀枝花市青年创业创新情况的通报、市经济和信息化委关于攀枝花市石墨资源开发利用情况的通报、市旅游局关于二滩国家森林公园旅游产业发展情况的通报、市司法局关于全市律师工作情况的通报、市水务局关于攀枝花市农业水利基础设施建设情况的通报,会议书面听取市政协各工作机构2016年上、下半年工作情况汇报。

会议审议通过政协第九届攀枝花市委员会第一次会议筹备工作日程安排、各组负责人名单,市政协主席会议成员2016年督办的5件重点提案,政协第八届攀枝花市委员会2016年工作要点和工作安排表,关于表彰市政协八届六次会议大会发言的决定;审议通过《2016年度市政协督导市级重点工作任务分解表》《关于聘请李强松、姚大江同志为八届市政协经济委员会特邀副主任的报告》《关于攀钢集团西昌钒钛公司发展情况的视察报告》《关于表彰政协第八届攀枝花市委员会优秀政协委员、优秀政协工作者、政协工作先进单位(集体)的方案》和《关于表彰政协第八届攀枝花市委员会第三次会议以来优秀提案、提案办理先进单位和个人的方案》《2017年攀枝花市政协新年茶话会方案》等;还审议通过市政协经济委员会、人口资源环境委员会、教科文卫体委员会、社会和法制委员会、联谊民族宗教委员会的相关调研报告。

会议通报市委、市政府领导对市政协2016年上、下半年报送的调研、视察报告的批示情况,审议市政协九届一次会议有关事项及有关人事事项,研究筹备召开市政协2016年常委会议有关事宜。

【常委会议】 2016年,市政协共召开5次常委会议。传达学习中共十八届六中全会和省委十届九次全会精神,省政协"我为扶贫攻坚做件事"工作推进现场会精神,省政协办公厅、市委办公室关于加强会议纪律的有关文件精神、市第十次党代会精神等。

会议听取市政协八届六次会议各小组讨论《政府工作报告》和《"十三五"规划纲要(草案)》报告、"两院"工作报告、会议决议及提案审查报告情况汇报;市住房城乡建设局关于攀枝花房地产业发展情况的通报、市扶贫移民局关于全市脱贫攻坚工作情况的通报、市教育体育局关于全市教育改革发展情况的通报、市政府关于市政协八届六次会议以来提案办理情况的通报、市政协提案委员会关于市政协八届六次会议以来提案工作情况的汇报、市纪委(市监察局)关于2016年全市党风廉政建设和反腐败工作情况的通报、市发展改革委关于攀枝花市2016年国民经济和社会发展计划执行情况的通报;会议还听取市经济和信息化委关于攀枝花工业经济发展暨"去产能"情况的通报、市财政局关于攀枝花市2016年1—6月财政运行情况的通报、市政府金融办关于攀枝花市企业融资情况的通报、市发展改革委关于上半年力争GDP破千亿工作推进情况的通报,并进行协商讨论。会议书面听取市政协各专门委员会五年工作总结汇报。

会议审议通过政协第八届攀枝花市委员会常务委员会关于任命肖鹏举为政协第八届攀枝花市委员会学习文史委员会副主任的决定,关于任命尚华为政协第八届攀枝花市委员会学习文史委员会副主任的决定,关于增设地方政协和委员联络委员会的决定,关于同意庞向东辞去政协第八届攀枝花市委员会副主席职务的决定;审议通过政协攀枝花市委员会关于通报表扬优秀政协委员、优秀政协工作者、政协工作先进单位(集体)的决定,关于表彰市政协八届三次会议以来优秀提案、提案办理工作先进单位和个人的决定;还审议通过市政协经济委员会、人口资源环境委员会、教科文卫体委员会、社会和法制委员会、联谊民族宗教委员会的相关调研报告。

【提案工作】 市政协八届六次会议以来,市政协提案委员会共收到提案218件,经审查立案203件,占收到提案的93.1%。其中,委员提案106件,各民主党派、工商联和人民团体、委员学习活动组、界别组及市政协专委会提出提案97件。所立提案均在规定时间内办复完毕。203件提案中,被有关部门采纳或基本落实及正在落实的120件,占59.1%;正在研究解决或准备纳入规划的70件,占34.5%;因条件所限,暂时难以解决的13件,占6.4%。从提案者反馈的意见看,对提案办理结果表示满意的达99.5%,基本满意的为0.5%。与2015年相比,提案落实和采纳率提高8个百分点,提案工作有新进步和提升。

2月24日，市政协提案委员会组织市水务局等相关单位，在市政协副主席何群、雷雨带领下，前往西区对《关于解决太平片区吃水难问题》提案反映的情况进行调研。在听取西区政府和攀煤集团的情况介绍后，调研组进一步摸清情况，找出问题症结，对办理好该提案提出建议和要求，相关单位认真进行研究，并制定方案、措施。4月19日，市政协召开市、县（区）政协提案工作座谈会。会议交流、总结政协提案工作的经验、做法，研究探讨进一步做好提案工作的新思路、新举措。市政协主席单荣，副主席何群、雷雨，秘书长唐云城出席会议。5月13日，市政协提案委员会召开重点提案《关于对攀枝花市中西医结合医院改扩建工程拆建费用贷款继续实行财政贷款贴息政策的建议》的督办会，市政协副主席庞向东、周治端以及市财政局、攀枝花学院附属医院等提案办理单位相关负责人参加督办会。同日，市政协提案委员会对市政协八届五次会议第8号重点提案《关于加快启动推进攀枝花市实验学校北校门安全环境治理工程的建议》进行跟踪督办，市政协副主席周治端参加督办。6月7日，市政协提案委员会组织召开重点提案《关于将攀钢自管生活区整体移交》的督办会，市政协副主席何群、雷雨，以及市国资委相关负责人参加督办会。7月18日，市政协提案委员会组织对重点提案《关于加强我市小区住宅电梯维护和管理的建议》的督办活动，市政协副主席赵勇、吴文发，以及炳草岗街办和部分社区负责人参加督办会。11月30日，市政协提案委员会对重点提案《关于解决“停车难、乱停车”问题的建议》进行督办，市政协副主席伍维根、赵忠义，市公安局、市住房和城乡建设局、市城市管理局等相关单位负责人参加督办会。12月14日，市政协提案委员会组织召开重点提案督办会，就《关于加快推进我市污水管网建设的建议》进行督办。市政协主席单荣，市政协党组副书记李群林，市政协副主席周治端、雷雨出席会议。会议还邀请市政府副秘书长刘亚玲出席。市委宣传部、市发展改革委、市财政局、市环境保护局、市住房城乡建设局、市城市管理局、钒钛高新区管委会，东区、西区、仁和区政府以及部分污水处理厂等相关单位负责人参加会议。6月至12月，为增强提案办理实效，及时发现和整改提案办理中的问题，确保办理质量，市政协提案委员会和市目标督查办密切配合，把协商、督办和督查相结合，对45个市级部门和县（区）政府承办单位办理提案工作情况进行拉网式的检查和督查，对203件提案的办理工作进行协商、督办和督查，实现办理单位全覆盖，发现6类问题共计98个，督查组一一提出整改意见和建议，通过督查整改，做到办理规范、措施落实，有力促进提案办理质量的提高。

【视察工作】 2016年2月17日，市政协主席单荣率主席会议成员视察市中西医结合医院，市政协副主席赵勇、庞向东、伍维根、何群、吴文发、周治端、赵忠义、雷雨，秘书长唐云城参加视察。3月23日，市政协主席单荣率市政协常委会组成人员，在副市长殷旭东的陪同下，对攀枝花市煤炭产业发展情况进行视察，市政协副主席赵勇、伍维根、吴文发、赵忠义、雷雨，秘书长唐云城参加视察，形成《关于我市煤炭产业发展情况的视察报告》。市委书记张剡对报告作出批示。4月12日，市政协学习文史委员会组织第四委员学习组，在市政协副主席何群、雷雨的带领下，视察市质监局。5月6日，市政协主席单荣率常委会组成人员，在副市长殷旭东的陪同下，对攀枝花市警务机制改革和道路交通管理情况进行视察，市政协副主席伍维根、何群、吴文发、周治端、赵忠义、雷雨，秘书长唐云城参加视察，形成《关于我市公安警务机制改革和道路交通管理情况的视察报告》。6月22日，市政协组织部分委员视察长江上游攀枝花段生态环境保护情况，并召开座谈会，听取市发展改革委、市国土资源局、市林业局等相关部门的情况汇报，市政协主席单荣、副主席周治端参加视察，形成《关于长江上游攀枝花段生态环境保护情况的视察报告》。7月7日，市政协主席单荣率市政协常委会组成人员，在副市长李仁杰的陪同下，对攀枝花市“国家现代农业示范区”建设情况进行视察，市政协副主席庞向东、伍维根、何群、吴文发、周治端、赵忠义、雷雨，秘书长唐云城参加视察，形成《关于我市“国家现代农业示范区”建设情况的视察报告》。市委书记张剡对报告作出批示。8月10日，市政协副主席赵忠义率市政协社会和法制委员会部分委员，在市检察院负责人的陪同下，视察攀枝花市检察工作。8月11日，市政协主席单荣率市政协主席会议成员，在副市长刘建明的陪同下，视察市中西医结合医院发展情况，并与市级相关部门进行座谈，市政协副主席赵勇、何群、吴文发、周治端、赵忠义、雷雨，秘书长唐云城参加视察。8月24日，市政协主席单荣率市政协常委会组成人员对成昆铁路扩能改造工程米易至攀枝花段建设推进情况进行视察，市政协副主席赵勇、庞向东、伍维根、何群、吴文发、周治端、赵忠义、雷雨，秘书长唐云城参加视察，形成《关于我市成昆铁路扩能改造工程建设推进情况的视察报告》。9月1日，市政协副主席吴文发率市政协第八委员学习小组，对东区重点项目建设情况进行视察。12月13日，市政协人口资源环境委员会组织部分委员，在市政协副主席庞向东的带领下，对西区苏铁林保护及开发情况进行专题视察。

【专题调研】 2016年3月10—16日，市政协人口资源环境委员会组织部分委员，在市政协副主席何群、雷雨的带领下，对攀枝花市房地产产业发展情况开展专题调查，形成《关于我市房地产产业发展情况的调查报告》。市委书记张剡作出批示。3月17—18日，市政协教科文卫体委员会组织部分委员，在市政协副主席何群的带领下，对攀枝花市文化产业发展情况开展专题调查，形成《加快推进文化产业发展　积极培育经济增长新优势》的调查报告。常务副市长黄正富，市委常委、副市长黄岳槐，副市长刘建明分别对报告作出批示。4月7日，市政协副主席何群率市政协提案委员会对西区政协提案工作进行调研。4月27—29日，5月4日，市政协经济委员会组织部分委员，在市政协副主席吴文发的带领下，对攀枝花市项目包装和项目库建设情况开展专题调查，形成《关于我市项目包装和项目库建设情况的调查报告》。市长杨自力，常务副市长黄正富分别作出批示。4月至6月，市政协联谊民族宗教委员会组织部分委员，在市政协副主席赵忠义的带领下，3次赴仁和区啊喇乡啊喇村对彝家新寨试点建设开展调查研究，并向市扶贫移民局和仁和区政府提出工作建议，促进试点工作的进一步推进。5月10—13日，市政协联谊民族宗教委员会组织部分委员，在市政协副主席赵忠义的带领下，对攀枝花市精准扶贫工作开展专题调研，形成《关于我市精准扶贫工作的调研报告》。市长李建勤作出批示。5月11日，市政协社会和法制委员会组织部分委员，在市政协副主席伍维根的带领下，对共青团推进攀枝花市大学生创业就业情况开展专题调研，形成《关于共青团推进我市青年创业创新工作的调研报告》。市委书记张剡、市长李建勤、副市长刘建明分别对报告作出批示。8月9日，市政协经济委员会组织部分委员，在市政协副主席吴文发的带领下，对攀枝花市石墨资源开发利用情况进行调查，形成《关于我市石墨资源开发利用情况的调查报告》。市长李建勤、副市长刘建明分别作出批示。9月12—13日，市政协教科文卫体委员会组织部分委员，在市政协副主席周治端的带领下，对攀枝花市教育改革与发展情况开展专题调查，形成《积极推进教育改革与发展　努力办好人民满意的教育》的调查报告。9月13日，市政协人口资源环境委员会组织部分委员，在市政协副主席庞向东、周治端的带领下，对攀枝花市二滩及桐子林库区旅游开发情况开展专题调查，形成《关于我市二滩及桐子林库区旅游开发情况的调查报告》。9月13日，市政协社会和法制委员会组织部分委员，在市政协副主席伍维根、赵忠义的带领下，对攀枝花市律师工作情况开展专题调研，形成《关于我市律师工作情况的调研报告》。9月20—22日，市政协联谊民族宗教委员会组织部分委员，在市政协副主席伍维根的带领下，对攀枝花市农业水利基础设施情况开展专题调查，形成《关于我市农村水利基础设施情况的调查报告》。

【学习会和培训会】　2016年2月26日，市政协主席单荣主持召开机关全体干部大会，传达学习市纪委九届六次全会精神和市委书记张剡讲话精神，并对市政协学习贯彻工作进行部署。市政协副主席庞向东、伍维根、何群、吴文发、周治端、赵忠义、雷雨，秘书长唐云城参加会议。3月9日，市政协召开2016年委员学习活动组工作会议，讨论通过《市政协委员学习活动组2016年工作计划》，推荐市政协委员学习活动组2015年先进集体。市政协主席单荣，副主席何群、雷雨出席会议。4月28日，市政协组织机关全体党员召开“两学一做”学习教育工作座谈会，学习中央和省、市委“两学一做”学习教育工作座谈会精神，观看警示教育片《镜鉴——衡阳、南充违反换届纪律案件警示录》。市政协党组书记、主席单荣作动员讲话，市政协党组副书记、副主席赵勇主持座谈会，市政协副主席庞向东、赵忠义、雷雨出席座谈会，市政协机关全体党员干部参加会议。6月6日，市政协召开“两学一做”第一专题学习讨论会。会议集中学习毛泽东《党委会的工作方法》和《习近平总书记关于机关党建工作的重要论述》，并围绕“坚定理想信念、明确政治方向”主题开展学习讨论。市政协主席、党组书记单荣在会上以《践行“四讲四有”　做一名合格党员》为题作中心发言，5名县级领导干部作交流发言。市政协副主席赵忠义、雷雨，秘书长唐云城出席会议，市政协机关全体党员干部参加会议。7月21日，市政协主席单荣主持召开市政协“两学一做”第二专题学习讨论会。会议集中学习中共中央总书记习近平在庆祝中国共产党成立95周年大会上的讲话，围绕“坚持根本宗旨、勇于担当作为”和习近平总书记“不忘初心、继续前进”的8个方面要求以及“做合格党员、当干事先锋”等主题开展学习讨论。市政协副主席庞向东、赵忠义作中心发言，5位县级领导干部作交流发言。市政协副主席赵勇、雷雨，秘书长唐云城出席会议，市政协机关全体党员干部参加会议。9月12日，市政协召开机关全体党员和干部会议，部署集中开展违规收送礼金问题专项整治工作。市政协主席单荣出席会议并代表市政协党组和领导班子作出公开承诺。9月23日，市政协主席单荣主持召开市政协县级以上干部大会。市委书记张剡讲话，市委组织部部长谢晓东宣读市委关于李群林任市政协党组副书记的决定。市政协党组副书记李群林，市政协副主席赵勇、庞向东、伍维根、何群、吴文发、周治端、赵忠义、雷雨，秘书长唐云城参加会议。10月26日，市政协主席、党组书记单荣主持召开市政协“两学一做”学习教育第三专题学习讨论会。会议以“坚守纪律底线、树立清风正气”和学习习近平总书记在纪念红军长征胜利80周年大会上的讲话精神为主题，开展学习讨论。市政协副主席雷雨、秘书长唐云城作中心发言，5位县级领导干部作交流发言。市政协副主席赵勇、庞向东出席会议，市政协机关全体党员干部参加会议。

【协商座谈会】　2016年4月8日，市政协教科文卫体委员会组织部分委员和民革、民进、农工党等党派成员实地视察市二医院门诊大楼、住院大楼和攀西职业病防治中心，并对攀枝花市公立医院改革情况开展对口协商。针对攀枝花市公立医院改革发展现状和存在的问题，委员们提出继续深化公立医院管理体制改革、加快推进分级诊疗制度建立、加强全科医生培养、完善医保支付政策、推进城乡居民重特大疾病医保试点和应急救助制度建设、推进市级卫生信息平台建设、加快推进医疗卫生与养老服务相结合、积极争取加快推进医保省级统筹步伐等意见建议。市政协副主席周治端参加。

4月22日，市政协就加强攀枝花市社区管理，特别是居民小区自治管理召开协商座谈会。市政协主席单荣、副主席庞向东出席协商会并讲话。市级相关部门和单位，相关县(区)政府、街道、社区及业主委员会分别就推进居民小区自治管理工作、打造宜居小区、破解由单位管理向市场运作难题以及下一步工作措施等进行发言。

5月20日，市政协社会和法制委员会就攀枝花市养老机构建设发展情况召开对口协商会。委员们对推进攀枝花市养老机构建设发展提出建议：认真研究落实相关政策，努力破解发展要素瓶颈；推进法规制度建设，使养老服务工作有章可循；建立稳定的财政投入机制，鼓励支持社会力量参与养老服务；不断加强人才队伍建设，提高养老专业服务水平；大力推进医养融合发展，加快护理型养老机构建设。市政协副主席赵忠义出席会议。

7月，市政协经济委员会就营造企业公平竞争环境召开对口协商座谈会，提出意见建议。

8月31日，市政协联谊民族宗教委员会组织委员与市农牧局就该专委会2015年调研的全市农村土地确权颁证工作召开对口协商会，就调研中提出的意见建议采纳和落实情况进行面对面交流和沟通。委员们充分肯定农牧局的工作，并就下一步推进土地确权颁证工作完美收官和工作中应当注意的细节提出建议。市政协副主席赵忠义出席会议。

12月5日，市政协主席单荣主持召开“怎么看？怎么办？”专题协商会。市政协副主席赵勇、伍维根、何群、吴文发、周治端、赵忠义、雷雨和秘书长唐云城出席会议。各县(区)政协、市级各民主党派、工商联和人民团体负责人参加会议。

【委员无题座谈会】 2016年3月28日，市政协组织总工会、共青团与青联、妇联、少数民族、社会福利和社会保障等界别委员召开委员无题座谈会，市政协副主席赵忠义到会听取委员们的意见和建议。6月3日，市政协组织科协、科技、社科、文化艺术、对外友好、新闻出版等界别委员召开委员无题座谈会，市政协副主席雷雨到会听取委员们的意见和建议。9月3日，市政协组织民盟、民进、致公党、工商联、无党派、侨联、医卫等界别委员召开委员无题座谈会，市政协副主席何群到会听取委员们的意见和建议。10月12日，市政协组织民革、农工党、宗教、教育、体育、经济、农业等界别委员，召开委员无题座谈会，市政协副主席周治端到会听取委员们的意见和建议。在四次会议上，委员们分别就扶贫攻坚、深化改革、道路交通、康养旅游、农业发展、城市管理、政府效能以及委员管理、提案工作等方面提出意见和建议，形成《我市部分市政协委员反映的几个问题》，以政协信息的形式分4期报送市委、市政府，促进相关具体问题的解决。

【宣传工作】 2016年，全年在市内外报纸杂志及各级新闻网上发表宣传政协工作的稿件420余篇(幅)。在《攀枝花日报》上举办《政协之窗》专版，办好市政协网站。市政协被评为2016年全省政协新闻宣传报道先进单位。4月12日，市政协召开市、县(区)政协、各民主党派、工商联秘书长联席会议暨全市政协宣传信息工作座谈会，市、县(区)政协、各民主党派、工商联秘书长及通讯员、信息员参加会议。会议总结和交流2015年全市政协新闻宣传和社情民意信息工作，安排部署下一步工作。

【文史工作】 2016年，完成文史资料第19辑《绿色的呼唤》征集工作，开展编辑、审稿、校对工作。

4月8日，市政协组织市政协书画院的艺术家在市文联创作室开展市政协书画院创作笔会，11位参会艺术家现场创作20余幅书画艺术精品。5月11—13日，九省十四市政协书画院第十三届书画联展在安徽省池州市举行，市政协组织书画院艺术家创作的23幅书画作品参加联展，市政协主席单荣、副主席雷雨带领4位市政协书画院书画家参加此次联展活动。在池州书画联展秘书长会议上，确定第十四届书画联展在攀枝花市举办。

8月29—31日，市政协书画院组织相关书画家赴盐边县格萨拉、择木龙、温泉乡等地进行创作采风活动。9月21—23日，市政协书画院组织书画家在阿署达进行集中创作活动，创作20余幅书画精品，作为十省(区)十九市政协第十四届(攀枝花)书画联展的赠送礼品和院藏作品。

11月7—9日，由市政协承办的十省(区)十九市政协第十四届(攀枝花)书画联展在攀枝花中国三线建设博物馆成功举办，此次书画联展规模大、规格高，既是攀枝花市书画界的殊荣，也是攀枝花市艺术发展史上的一次盛会。书画联展成功邀请到各地政协领导和相关书画家170余人参加，征集到300幅参展书画作品，编辑出版《二〇一六攀枝花市政协书画院作品集》；举办大型笔会活动，组织近百名书画家现场进行书画创作交流，共创作出150幅书画佳品；组织来宾参观攀枝花中国苴却砚博物馆、中国三线建设博物馆和花舞人间景区，在驻地展出攀枝花苴却砚和特色农产品，充分体现“阳光花城·康养胜地”独特城市魅力。

【上下联动活动】 2016年2月24—25日,副省长曲木史哈,省政协副主席赵振铣率督导组莅临攀枝花,开展以推进项目建设为重点的经济工作专项调研督导,并召开座谈会听取攀枝花市经济工作汇报,市政协主席单荣参加座谈会,副主席赵勇陪同调研。4月25—27日,省政协社会法制委员会主任,省政府法制办主任、党组书记张渝田率由省政协部分法律界委员组成的调研组莅临攀枝花,调研禁毒戒毒工作并听取攀枝花市相关工作情况汇报,市政协副主席赵忠义陪同。7月10—13日,到攀枝花参加九三学社中央第八次科学座谈会、钒钛产业创新发展与资源型城市转型研讨会的全国政协副主席、九三学社中央主席、中国科学院院士韩启德一行,先后前往攀钢集团研究院钒钛资源综合利用国家重点实验室、攀枝花中国三线建设博物馆,就攀枝花市钒钛产业创新发展、钒钛资源综合利用、城市转型升级等情况进行调研,并前往攀枝花市医院、康养机构,对医疗卫生、养老服务情况进行调研。其间,九三学社四川省委与攀枝花市签订第三轮“九攀合作”协议,市政协主席单荣出席签字仪式,市政协副主席赵勇陪同调研。7月18—19日,全国政协常委、省政协副主席、民盟四川省委主委赵振铣率调研组莅临攀枝花,对攀枝花市医养结合工作进行调研,并召开座谈会听取攀枝花市相关工作情况汇报。市政协主席单荣,副市长刘建明,市政协副主席、民盟市委主委伍维根,市政协副主席赵忠义陪同调研。8月16—17日,省政协科技委员会主任黄峰带队莅临攀枝花,调研政协系统助推全面创新改革试验工作情况并听取市政协相关工作情况汇报,市政协副主席赵忠义陪同调研。9月25日,农工民主党中央、四川省政协在攀枝花举办以“绿色发展与长江经济带生态环境保护”为主题的第十一届中国生态健康论坛,并与攀枝花市政府联合举办“康养胜地与国家现代农业示范区建设”分论坛。市政协主席单荣,副主席赵勇、庞向东出席论坛开幕式,市政协副主席何群参加分论坛活动。10月12—13日,省政协副主席赵振铣率省督导组莅临攀枝花,督导攀枝花市全面贯彻落实省委十届八次全会精神相关工作,并召开座谈会,听取攀枝花市相关工作情况汇报,市政协副主席赵忠义陪同。11月24日,全省政协社会法制委员会工作座谈会在攀枝花市召开。会议学习贯彻中共十八届六中全会和省委十届九次全会精神,传达贯彻全国地方政协社会和法制委员会工作座谈会会议精神,就创新履职方式、提升社会法制委员会工作水平及2017年的工作思路开展学习与交流。省政协副主席赵振铣出席会议并讲话。省政协社会法制委员会主任张渝田作《法治政府建设实施纲要(2015—2020年)》的专题讲座。攀枝花市政协主席单荣,党组副书记李群林出席会议。市委副书记虞平致辞。省政协社会法制委员会副主任、各市(州)政协分管社法工作的副主席及专委会负责人等参加会议。12月29—30日,省政府资政张作哈一行莅临攀枝花,通过主持召开座谈会,就即将在省第十二届人大五次会议上审查的《四川省人民政府工作报告》(征求意见稿)向攀枝花市委、在攀枝花的省人大代表和省政协委员征求意见和建议,市政协主席单荣,市政协副主席赵勇、雷雨参加座谈会。

【住攀枝花省政协委员视察】 2016年3月7日,市政协主席单荣率住攀枝花省政协委员、市政协主席会议成员,在凉山州政协主席邓显祥及攀钢集团公司负责人陪同下,视察攀钢集团西昌钢钒公司,形成《关于攀钢集团西昌钢钒公司发展情况的视察报告》。市委书记张剡、市长杨自力对报告作出批示。

【市委政协工作会议】 2016年1月7日,召开市委政协工作会议。会议认真落实中央、省委关于加强政协工作的新部署新要求,紧紧围绕推进“四个全面”战略布局、四川省“三大发展战略”、攀枝花市“三个加快建设”“四区驱动”,对当前和今后一个时期全市政协工作进行安排部署。市委书记张剡出席会议并讲话,市长杨自力主持会议,市政协主席单荣就贯彻落实会议精神提出具体要求。市人大常委会主任谢道全,市委常委,市政协副主席,市法院院长,市检察院检察长,武警攀枝花市支队支队长,市政府、市政协秘书长,市政协常委会组成人员,市政协机关副县级以上干部,市级各民主党派、工商联主要负责人、秘书长,各人民团体主要负责人出席会议。各县(区)委书记、县(区)政协主席,县(区)委统战部部长,市级有关部门和企事业单位、攀枝花学院主要负责人参加会议。

【助推康养产业发展】 2016年,市政协发挥政协组织上下联动集中力量办大事的优势,加大宣传力度,寻求务实合作,积极助推康养产业向高端纵深发展。

积极与新疆维吾尔自治区政协及伊犁州、乌鲁木齐市政协对接,根据市委、市政府主要领导安排,6月,市政协主席单荣率攀枝花党政代表团赴新疆维吾尔自治区伊犁哈萨克自治州及乌鲁木齐市开展学习考察、交流合作。代表团通过实地考察、深入交流、签订协议等方式,推动活动取得较好成效,将攀伊两地产业合作推向纵深发展。市政协副主席庞向东参加考察。

与秦皇岛市政协加强联系,积极合作,共同助推第二届中国康养产业发展论坛成功举办。9月,以市长李建勤为团长,市政协主席单荣为副团长的党政代表团到秦皇岛市参加论坛。两市紧密合作,形成《第二届中国康养产业发展论坛秦皇岛共识》,表示将共同争取创建国家康养产业试验区，以论坛招商，以论坛交友，以论坛推动“医药养健游”五位一体的康养产业发展，使“南有攀枝花、北有秦皇岛”的康养格局更加牢固，攀枝花、秦皇岛康养产业发展排头兵的地位更加稳固。

10月，由北京市西城区政协主席带队的党政代表团到攀枝花考察康养产业，积极牵线搭桥，促成米易县与北京市西城区民政局签订《健康养老产业创新融合发展战略合作协议》，北京市西城区授予米易县为“北京西城康养示范基地”，西城区首个康养基地——华方颐养中心在米易县正式挂牌开业。

一年来，通过接待全国各地政协康养考察团，大力推介阳光康养，攀枝花市探索形成的“医疗机构开办养老机构、养老机构内设医疗机构、养老机构与医院结对合作、社区医养护一体化服务”四种各具特色的养老模式受到关注，各地客人到攀枝花购买康养房产、过冬的意愿更加强烈。

【助推攀西试验区建设】 2016年，市政协继续围绕攀西战略资源创新开发试验区建设献计出力，助推试验区在钒钛新材料、石墨烯等科技攻关和产业发展上取得新进展。

积极争取民主党派中央支持。全国政协副主席、九三学社中央主席、中国科学院院士韩启德，全国政协副主席、致公党中央主席、科技部部长万钢，全国政协副主席、农工党中央常务副主席刘晓峰等先后赴攀枝花调研全面创新改革，建议攀枝花以国防军工、大飞机、海洋、石油化工等领域重大需求为重点，加强钛材后续深加工、氯化法钛白、钒电池、稀土、石墨烯、钒钛钢铁运用等关键技术研发和生产，推动产业转型升级。

在省政协“发声”引起关注。5月25日，市政协主席单荣在省政协十一届第十四次常委会上作题为《以创新理念加快推动攀西战略资源创新开发试验区建设的几点建议》的大会发言，引起强烈反响。副省长甘霖代表省政府在会上听取意见和建议。

开展调研视察献计献策。为加快推进攀西试验区建设，市政协组织委员对攀钢集团西昌钢钒公司、石墨产业发展等进行视察。通过积极呼吁，在全国政协、民主党派中央和省政协等多方帮助、支持下，四川省已明确将攀西试验区纳入四川省全面创新改革试验，与成都德阳、绵阳地区同步开展先行先试；攀枝花市7家公司共10个项目获2016年攀西战略资源创新开发专项资金支持。

【参与脱贫攻坚工作】 2016年，市政协认真落实省政协关于“我为扶贫攻坚做件事”的号召，动员全市政协组织、各参加单位和广大政协委员积极参与精准扶贫工作。据不完全统计，全市各级政协委员参与“我为扶贫攻坚做件事”活1005人，参与率94.6%，联系帮扶贫困村32个、贫困户2317户，提交提案121件，参加调研视察70余次。全市各级政协组织、各参加单位和政协委员做好事实事共计4500余件，帮助协调争取各种资金2.8亿元，为贫困地区捐款900余万元。

市政协做好对口帮扶贫困村仁和区务本乡大火山村工作，市政协主席单荣多次带队前往仁和区务本乡大火山村督查精准扶贫工作，通过蹲点督导、入户看望慰问帮扶的贫困户，为干部群众宣讲中共十八届六中全会、省委十届九次全会和市第十次党代会精神等多种方式，帮助大火山村解决交通基础设施、种养殖业发展、安全饮水工程、农房改造等困难，既“输血”又“造血”，使精准扶贫落到实处。大火山村于年底顺利通过贫困村退出验收检查，市政协扶贫工作取得阶段性成果。

市政协副主席赵勇、庞向东、伍维根、何群、吴文发、周治端、赵忠义、雷雨多次带队深入各自联系的贫困村，通过宣传脱贫攻坚相关政策、对接帮扶农户需求、帮助做好脱贫规划等方式，帮助贫困村解决基础设施建设、产业发展、旅游新村建设等问题，使脱贫攻坚目标任务落到实处。

【参与全市重点工作】 2016年，在市委统一部署下，市政协参与攀宜沿江高速公路等4项省重点项目和国企改制下岗职工生活困难人员帮扶工作等3项市重大项目督导推进。市政协主席会议成员与市政府有关副市长作为责任领导，积极参与项目推进工作。通过常委会视察、常委会专题协商、主席会议专题视察、专委会视察等方式对有关项目进行督导，并每月向市委常委会报告项目推进情况，从而把协商监督与中心工作相结合，在支持中监督，在监督中支持，做到在一线协商问题，在一线建言献策，在一线推动工作。

（舒晓艳）

民主党派、社会团体

中国国民党革命委员会攀枝花市委员会

【概　况】 2016年，中国国民党革命委员会攀枝花委员会（以下简称民革市委）紧跟形势，认真学习中共十八届五中、六中全会和中共中央总书记习近平系列重要讲话精神，深入开展“坚持和发展中国特色社会主义学习实践活动”“两学一做”教育活动，始终坚持接受中国共产党领导，做坚定的合作者，切实履行好参政党职能，做积极的建设者，努力加强自身建设，做合格的同行者，紧紧围绕中共市委、市政府的中心工作，创新工作思路和方式，集智聚力，认真履行政治协商、参政议政、民主监督职能，为攀枝花市在全省高水平率先全面建成小康社会做出积极贡献。

2016年，民革市委共发展党员7人，其中博士1名，研究生1名，律师1名，行政事业单位工作人员5名，平均年龄36岁。截至2016年年底，共有党员127人，其中省人大代表1人，市人大常委1人；省政协委员1人、市政协常委2人，市政协委员7人、县（区）人大常委3人，政协常委5人、县（区）政协委员4人；在人大、政府、高校担任实职的县处级领导干部4人，行政事业单位担任科级干部20人；担任市级各类特邀（约）员5人。党员中，有女党员48人，占总数38%；与原中国国民党及台湾、海外有渊源关系的党员40人，占33%。按界别划分：科技界18人，占15%；教育界20人，占17%；医卫界17人，占13%；政府机关、群团组织机关44人，占34%；大企业12人，占9%；新的社会阶层人士16人，占12%。从学历职称看，具有大专以上学历的党员119人，占94%；具有高级职称的党员40人，占32%；具有中级职称的党员35人，占28%；从年龄结构看，党员平均年龄49岁，其中40岁以下的32人，占25%；41～50岁的61人，占48%；51～60岁的14人，占10%；60岁以上的20人，占17%。离退休党员25人，占20%。

2016年，民革党员中担任各级人大、政府领导职务的有：主委魏渠河担任市供销社主任，市委委员邓冰蓉担任市人大城环资委主任，民革党员魏功训担任市水利农机局副局长。

【主要工作】 2016年，民革市委通过积极争取、沟通协调，民革中央确定攀枝花市作为参政议政联系点（革中办〔2016〕48号）。2—4月，民革中央副主席郑建邦先后两次携台湾专家、企业家莅临攀枝花，攀台合作交流取得实实在在的成效。在教育方面，攀枝花学院和台湾健行科技大学签订《攀枝花学院与健行学校财团法人健行科技大学合作与交流约定书》；在农业方面，攀枝花盐边台湾农民创业园与台湾海峡两岸农业协会签订合作协议；台湾农业专家开展休闲农业专题讲座，市级相关部门、相关企业150余人聆听讲座；召开农业康养合作项目洽谈会。5月，民革省委副主委郑学炳莅临攀枝花开展“推进禁毒工作社会化”专题调研。7月，团结报副主编汪业芬率《团结报》记者赴攀采访康养产业发展。市委会组成调研组赴秦皇岛开展《攀枝花健康养老产业与旅游服务业深度融合发展》课题调研。12月，民革省委驻会副主委郑学炳率机关干部莅临攀枝花考察阳光康养产业发展；民革中央孙中山研究学会四川分会调研组莅临攀枝花考察阳光康养产业发展。

2016年，有来自云南、宜昌、深圳、毕节等地民革组织到攀枝花考察康养产业，除实地参观外，还与市发改委、市卫生计生委、市民政局、市旅游局等相关部门召开座谈会，围绕康养产业的发展前景，政策支持等方面进行交流探讨。通过交流活动，提高“阳光花城·康养胜地”知名度和影响力，为攀枝花市创建中国阳光康养产业发展试验区奠定基础。

2016年“两会”期间，在市政协八届六次会议上提交大会发言1篇，书面发言材料1篇，集体提案10件。其中，大会发言《关于发展康养农业的建议》荣获优秀大会发言二等奖；书面发言材料《对我市建设川西南滇西北电子商务第一城的对策建议》荣获优秀奖；集体提案反映的问题涉及经济建设、康养产业、城镇发展、民生工程等，得到市级相关承办单位的积极办理。

2016年，民革市委会围绕中共市委、市政府下达的调研课题，积极开展调研活动，形成《关于精准扶贫工作的思考及建议》和《关于康养产业与旅游业融合发展的对策建议》2篇调研报告。在全市统一战线建言献策会上《关于精准扶贫工作的思考及建议》获得二等奖。民革市委会深入开展脱贫攻坚调查研究，向党委和政府提交《关于精准扶贫帮扶项目纳入市县职能部门监管机制的建议》的紧急提案，此提案得到市脱贫工作领导小组的积极响应和办理。民革各基层支部参加市扶贫工作领导小组开展的“我为扶贫攻坚建一言”活动，共有7篇建议获得优秀奖。

2016年，民革市委开展“三个一活动”纪念孙中山先生诞辰150周年。6月，组织骨干党员赴广州市、中山市开展纪念孙中山先生诞辰150周年暨“观故居，走多党合作之路”活动；9月，举办纪念孙中山先生诞辰150周年暨台海形势报告会；开展以纪念孙中山诞辰150周年为主题的征文活动，共收到征文12篇。用真心动真情关爱抗战老兵是民革市委近年来做好祖统工作的切入点，攀枝花与深圳福田两地民革组织联手关爱抗战老兵，为8位抗战老兵每人捐款600元；积极争取到四川普善基金会对抗战老兵的关爱慰问品。

2016年，民革市委积极开展红宝乡长草坪村精准扶贫和全市统一战线定点帮扶红宝乡工作，为盐边县红宝乡设立助学专项资金捐款10000元；积极协调，为长草坪村7.4千米村道硬化，争取市、县资金200余万元；春节前看望慰问该村建档立卡困难群众，送去慰问金3000元；组织民革党员专家到长草坪村进行现场勘查，为2户精准扶贫户搞好彝家客栈免费设计工作；组织民革党员医疗专家组到红宝乡蚂蝗箐村开展送医下乡义诊活动；邀请红宝乡中心校8名品学兼优苗族彝族学生到攀枝花学院参观校史馆、图书馆、实验室，为孩子们捐赠新书包和日常文具用品；开展“走基层、送温暖”活动，为联系的3个贫困家庭送去慰问金和棉衣、棉被各1套。民革仁和支部前往仁和区总发乡敬老院开展看望慰问孤寡老人活动，共捐款18500元，民革中山合唱团为老人们送去丰富多彩的文艺节目。民革攀钢攀枝花学院支部联合农工党攀钢总支赴凉山州会东县开展义诊活动。

2016年，市委会机关被民革中央授予“民革全国机关工作先进集体”称号。集体提案《关于加强农产品质量安全监管工作的建议》《关于建立淘宝网“特色攀枝花馆”的建议》《关于精准扶贫帮扶项目纳入市县职能部门监管机制的建议》被市政协评为优秀集体提案。民革党员吕涛被民革中央授予“民革全国祖统先进个人”称号。陈洪被民革中央授予民革“全国宣传思想理论工作先进个人”称号。

（曹文飞）

中国民主同盟攀枝花市委员会

【概　况】 2016年，中国民主同盟攀枝花市委员会（以下简称民盟攀枝花市委）有总支3个，支部18个。2016年新发展盟员13人，截至12月底有盟员443人，其中女盟员161人，占盟员总数36%；具有中共党员和民盟盟员双重身份的有27人，占6%。按界别划分，文教界248人，占57%；科技医卫界93人，占21%；政府机关、群团组织机关等50人，占11%；新社会阶层人士12人，占3%。从学历职称看，具有大专以上文化程度的379人，占86%；具有高级职称者194人，占44%；具有中级职称者191人，占43%。从年龄结构看，全市盟员平均年龄56岁，其中40岁以下的56人，占13%；41～50岁的120人，占27%；51～60岁的120人，占27%；61岁以上的147人，占33%。离退休盟员167人。

2016年，攀枝花市盟员中有市人大代表4人，其中常委1人，县区人大代表3人，其中副主任2人；省政协委员2人，市政协委员9人，其中副主席1人，常委2人，区县政协委员17人，其中常委4人，副主席1人；市特约检察员1人，人民监督员1人，特约监督员1人，四川省旅游服务质量监督员1人，市旅游质量监督员1人，市教育督导员1人，市公安局特邀监督员3人。他们在参政议政岗位上，不负社会和盟组织的重托，注意观察和发现身边的各种情况，积极反映群众的意见和要求，为市委、市政府及时掌握社情民意做出贡献。

民盟攀枝花市委获民盟四川省委“2016年组织建设工作先进集体”表彰。

【主要工作】 在市政协八届六次大会上，民盟攀枝花市委就《增强攀枝花人口聚集功能建议》作大会发言，就《融入金沙江流域旅游环线圈　促进攀枝花转型升级》作联组发言，提交《攀枝花市工会组建维权机构，审核、监督央企买断工龄和息岗方案的制定与实施》《为央企买断工龄和息岗人员提供创业、再就业政策支持》等集体提案11件，受到市政协充分肯定。

民盟攀枝花市委《关于对全市高考学生体检免费的建议》《打造城市绿色交通　提升阳光康养品质》《关于融入金沙江流域旅游环线圈，促进攀枝花旅游产业转型升级的建议》《加快培育攀枝花市新型农业经营主体的建议》4件提案获市政协八届三次会议以来“优秀提案”表彰。

中国民主同盟攀枝花市第七次代表大会胜利召开。2016年5月7日，会议在攀枝花会展中心召开，民盟四川省委副主委易敏利专程莅临攀枝花指导会议，中共攀枝花市委副书记于会文到会祝贺。

大会认真学习中共十八届五中全会、民盟十一届四中全会、中共四川省委十届七次全会、民盟四川省委十一届五次全会和中共攀枝花市委九届九次全会精神；听取并审议《中国民主同盟攀枝花市第六届委员会工作报告》；选举产生中国民主同盟攀枝花市第七届委员会主任委员、副主任委员、委员，伍维根当选为中国民主同盟攀枝花市第七届委员会主任委员，赵牧、张林、李杰当选副主任委员，秘书长暂缺；讨论通过《中国民主同盟攀枝花市第七次代表大会决议》。

2016年，民盟攀枝花市委获民盟四川省委“坚持和发展中国特色社会主义学习实践活动优秀集体”表彰；民盟攀钢一支部先后获民盟中央、民盟四川省委“坚持和发展中国特色社会主义学习实践活动先进集体”表彰；民盟盐边一支部获民盟四川省委“坚持和发展中国特色社会主义学习实践活动优秀集体”表彰。

搞好社会调研，反映社情民意。2016年，民盟攀枝花市委完成市委、市政府重点调研课题《攀枝花深度融入四川系统推进全面创新改革试验区研究》；完成省委统战部、民盟四川省委重点调研课题《促进我省民族地区教育均衡发展的建议》；完成民盟四川省委重点统战理论研究课题《论“一多关系”如何外化为适应中国国情的协商民主》；组织盟员专家学者撰写相关论文参加民盟四川省委教育论坛、法治论坛；向民盟四川省委报送《政府扶贫补贴切莫“补”出新的乡邻矛盾》《建立高考志愿填报信息实时动态查询系统的建议》《关于压缩成人学历教育规模　提升教育诚信的建议》《建议抓紧建立农药包装废弃物回收机制》《钢铁行业“供给侧改革”过程中应充分发挥工会职能》等社情民意信息27条，其中十余条得到民盟四川省委采用并转报省政协、民盟中央等，在四川民盟各地市州信息采用排名中名列前茅。

民盟攀枝花市委获民盟四川省委2016年“反映社情民意信息工作先进集体”表彰，盟员王进、王娟获“反映社情民意信息工作先进个人”表彰，盟员王进、李丽娟获“思想宣传工作先进个人”表彰。

做好米易县草场乡仙山村精准扶贫工作。民盟攀枝花市委作为牵头单位，与攀枝花学院负责联系督导仙山村精准脱贫工作。根据攀枝花市统一安排，仙山村列入全市第一批脱贫村，必须在2016年年底前确保全村脱贫。

2016年，民盟攀枝花市委主委伍维根、攀枝花学院校长黄双华多次率相关人员到仙山村开展精准扶贫工作。民盟攀枝花市委捐赠资金30100元，攀枝花学院捐赠资金30万元，联系攀枝花市华芝公司捐赠资金3万元，用于为仙山村购置核桃烘干机、修复“9·19”洪灾损毁道路等。年底，仙山村顺利通过省、市和第三方评估机构精准脱贫验收。

做好红宝乡定点帮扶和捐资助学工作。为切实落实攀枝花市统一战线定点帮扶项目的对接工作，民盟攀枝花市委主动衔接攀大医学院，特招3名盐边县红宝乡、2名米易县草场乡的应届初、高中毕业生就读攀枝花卫生学校护理专业；民盟攀枝花市委继续捐助四川大学敬蕙宁同学2016学年度大学学费7000元。民盟盐边一支部先后资助贫困学生共计2000元。

积极开展“三下乡”社会服务工作。4月14—15日民盟盐边二支部组织医疗队到红宝乡开展送医下乡送温暖活动，检查问诊120余人次，发放各类药品1000余元，让前来就诊的村民十分满意。

10月23日，民盟攀枝花市委副主委、攀枝花学院医学院院长、著名眼科专家赵牧率10多位民盟医学专家到红宝乡蚂蟥箐村开展送医下乡活动，为当地村民检查问诊，提供病情诊断和用药指导，同时向村民散发300余份疾病预防和医疗卫生宣传资料，有效解决远离市区医院、就医不便的红宝乡蚂蟥箐村部分贫病村民困难。

（王　娟）

中国民主建国会攀枝花市基层委员会

【概　况】2016年，民建攀枝花市基层委员会发展2名会员，至年底共有会员59人，设3个支部（攀钢支部、综合支部、产业支部），平均年龄47岁，其中女会员17人；具有大学以上学历的46人，其中9人为研究生学历；具有高级职称的

7人；会员中省政协委员2人；市人大常委1人、市人大代表1人、县(区)人大代表1人；市政协委员5人、县(区)政协委员9人；有市公安局特邀监督员3人，市检察院特邀检察员1人，市法院特邀监督员1人；民建省委专门委员会委员6人；会员中经济界人士40人，占72%，其中25人为非公有制经济人士和新的社会阶层代表人士，经济界人士中有国有企业管理人员，钢铁钒钛产业业主及管理人员，流通领域业主等。机关设办公室，行政编制人员1名，工勤人员1名。

【参政议政】 按照市委、市政府与市级各民主党派关于2016年全市统一战线参政议政调研工作协商确定的范围，民建攀枝花市基层委员会选择《关于省级贫困村脱贫巩固的建议及对策》为调研课题。于4月成立参政议政专题调研小组，分别于5月、6月深入市扶贫移民局及市内各贫困村走访调研。11月，在参政议政调研成果汇报会上，作《关于省级贫困村脱贫巩固的建议及对策》的交流汇报。2016年攀枝花“两会”期间，民建市基层委员会作《打造川西南职业技术教育高地助推攀枝花小康社会建设》的发言，得到市政府及相关部门的积极评价。在区政协提出11件提案，其中攀钢支部主委、攀枝花市东区人大代表魏小英提出的《关于政府对攀钢资金扶持的建议》得到东区人大重视并采纳。四川省“两会”期间，省政协委员、民建攀枝花市基层委员会主委李绍华提交《在城市生活收运处理垃圾中应重视解决恶臭对生活环境影响的建议》，省政协责成省住建厅答复并采纳，投资30亿元逐步解决全省生活垃圾收运体系建设；提出的《关于将攀枝花市至盐源县高速公路项目纳入四川省高速公路网规划的建议》，攀枝花市已纳入规划。

【精准扶贫】 1月，民建攀枝花市基层委员会主委李绍华与机关干部、会员代表到定点帮扶盐边县红宝苗族彝族自治乡调研，并资助11万元现金给困难群众；3月，民建产业支部深入仁和区福田镇务子田社区开展精准扶贫，为村民们送去生猪、母羊、房屋修建及树苗、化肥等物资款2000元；4月6日，民建攀枝花市基层委员会机关工作人员前往精准扶贫联系村——米易县攀莲镇南厂村，与镇政府和村委会座谈，实地走访结对帮扶贫困户，走访过程中，详细了解帮扶对象家庭、生产生活情况以及当前面临的主要问题，结合南厂村实情帮助村民梳理种植核桃、生猪、养鱼思路，并与帮扶户共同梳理发展思路、发展举措，倡导他们实施绿色、生态发展路径，提高农产品附加值，宣传党和政府的扶贫政策，鼓励大家要在县、乡村干部的带领下坚定信心，克服困难，勤劳致富，并为结对帮扶贫困户送去400元慰问现金；4月8日，民建市基层委员会副主委于立光率攀枝花山人集团、攀枝花联银工贸等民建企业家到红宝苗族彝族乡考察帮扶红宝乡拓展特色农产品销售渠道和为红宝乡农民外出务工提供就业机会相关事宜；攀枝花山人集团提出帮助红宝乡在山人集团下属仁和区第一农贸市场设立特色农产品销售窗口，并建议红宝乡借助山人集团开发的手机APP和微信公众号平台面向爱车一族和自驾游群体进行红宝特色农产品品牌打造和推广；攀枝花联银工贸向红宝乡提供企业的信息概况、用工环境、企业文化等情况，并将针对红宝乡外出务工人员文化素质、吃住负担等实际情况，提供更加适宜的岗位需求和薪酬条件，帮助10名红宝乡外出务工人员成功就业；5月11日，市农林科学院、民建攀枝花市基层委员会、市邮政公司、米易县政协、农行米易支行等单位负责人和相关人员10余人共同来到米易县攀莲镇南厂村村委会，就南厂村精准扶贫工作召开座谈会，倾听村委会和村民代表意见和建议，实地查看共同帮扶节水项目蓄水池建设情况，入户了解种养殖技术、电子商务培训等帮扶项目效果；5月12日，机关工作人员来到米易县攀莲镇南厂村联系户村民家，为该户送上电脑1台；6月，经基层委员会领导班子积极争取，红宝乡干坪子村13万元水利基础设施建设资金全部落实到位；7月6日，民建攀枝花市基层委员产业支部委员会委员、广力工贸公司总经理刘蒙江在代表支部第二次来到福田镇务孑田社区，看望慰问困难户刘光能，再次为其送去3000元帮扶资金，专门用于购买生产物资使用；7月底，民建攀枝花市基层委员产业支部委员会副主委于立光、攀枝花联银工贸董事长金振华代表产业支部来到米易县攀莲镇南厂村困难户家再次为其送去3000元农户房屋翻新资金；8月，由民建中央中华思源工程项目启动的“移动互联网医疗平台”项目进入申报程序，通过这套互联网服务平台，医院可以建立独立的微网站，有自己独立APP，医院管理者可以通过大数据分析，合理配置资源。患者通过服务平台就能享受挂号、划价、缴费、查报告，B超取号、轻问诊、取药、家政、住宿、订餐、订花、租车等全流程服务；11月底，产业支部组织民建企业家到红宝乡中心校为困难学生送去衣服、书包、笔、篮球、排球、乒乓球等生活和学习用品，价值1.5万元，鼓励学生们努力学习，争取走出大山，用知识改变前途和命运，坚定少数民族困难学生勤奋学习的信心；12月14日，民建攀枝花市基层委员会机关工作人员再次来到米易县攀莲镇南厂村联系户村民家，为该户送上棉被、棉衣等温暖慰问品。2016年，民建攀枝花市基层委员会获得民建四川省委“社会服务工作先进集体”荣誉。

【思想建设】 2016年，民建攀枝花市基层委员会认真开展各项学习活动。基层委员会通过专题报告会、会员座谈会、扩大会等多种形式组织会员认真学习习近平在民建、工商联联组会议上重要讲话精神、中央统战工作会议精神、民建省委八届五次、六次会议精神、攀枝花市第十次党代表会议精神，开展学民建会章会史、做合格会员等主题活动，把深入开展坚持和发展中国特色社会主义学习实践活动和省市“两学一做”专题教育活动紧密结合起来，领导班子带头，切实担当起政治责任，加强领导和统筹，发挥引领和示范作用，选派领导及会员共计10余人次参加民建中央、省市委、市委统战部等各级各类培训和专题讲座；其中，民建综合支部主委梁云彬和攀钢支部主委魏小英分别参加全国基层组织主委培训和民建四川省委2016年支部主委培训，并作代表性发言。继承和弘扬民建优良传统。3月15日，攀枝花市民建组织成立10周年纪念大会在攀枝花会展中心热烈召开，民建市基层委员会领导班子成员、委员和各支部委员会领导班子成员、委员及会员代表30余人参加，市委统战部领导应邀莅会，共同回顾民建攀枝花市基层委员会10年的光辉历程。构建多方位的宣传平台。2016年，基层委员会在宣传工作方面呈现多方位的格局，除及时在民建省委网站上报基层委员会会务动态新闻和基层组织活动、会员活动的综合信息、及时寄送四川民讯外，还分别建立了民建攀枝花市QQ群、微信群，编制《民建组织在攀枝花》十周年纪念册、《民建攀枝花》宣传内刊第一期，为基委会的宣传工作开辟新的广阔空间。

（牟小佳）

中国民主促进会攀枝花市委员会

【概　况】 2016年，中国民主促进会攀枝花市委员会（简称民进攀枝花市委）有总支部3个（下设7个支部）、直属基层支部11个，会员394人，其中女会员173人；会员中具有大专以上学历的314人，占会员总数79.7%，其中博士2人、博士后1人；具有高级职称的会员180人，中级职称154人；获特级教师称号7人；会员中教育界306人，其他界别88人。

会员中，有市人大常委1人，市人大代表3人；县（区）人大常委会副主任1人，常委3人，人大代表5人；省政协委员1人，市政协副主席1人，市政协常委2人，委员9人；县（区）政协常委4人，委员16人；市政府行政执法监督员1人，市人民检察院特约检察员1人，市中级人民法院司法监督员1人，市人民政府法制办公室行政复议陪议员1人，市司法行政系统政风行风特邀监督员1人，市新闻评论员1人，市监察局特邀监察员1人，市政务服务监督员1人，市卫生局医德医风监督员1人，市卫生监督局行风监督员1人，市交警支队警风监督员1人，市公安局特邀监督员2人，市教育局行风监察员5人，市环保局监督员1人。会员中中共党员22人。全年发展会员8名，年发展率为2.1%。其中机关事业单位人员3人，高教界1人，普教界3人，新社会阶层1人。

【调查研究】 2016年，民进攀枝花市委在市委、市政府本年度拟请各民主党派和市工商联重点调研课题中选择《畅通攀枝花市交通内循环可行性对策研究》课题，精心组织调研组，对攀枝花的交通发展情况进行深入调研，形成高质量的调研成果，并在攀枝花市专题调研成果汇报会上获得二等奖。

2016年，民进攀枝花市委申报承担民进四川省委“着力培育新兴增长极，构建开放型经济体系”参政议政重点调研课题并形成调研报告《以“两洋两亚”为方向，开创四川南向发展新格局》为省、市的“十三五”规划提供建议。同时，民进攀枝花市委还与省委开展省市联合调研课题，形成调研报告《建好四川南向发展门户，打通向南发展通道》。

2016年，围绕2017年政协大会发言“规划保护利用好‘新三湖’水刻不容缓”调研课题和2016年政协大会集体提案工作，民进攀枝花市委专题课题组广泛开展部门座谈、实地调研，召开提案征集会、调研座谈会6次，广泛邀请会内参政议政骨干会员参与，主委周治端多次亲自带队参与调研座谈，形成政协大会发言《规划、保护、利用好“新三湖”水刻不容缓》及十余件集体提案提交政协。

【协调沟通】 通过民进攀枝花市委不懈努力和积极争取，在民进省委和市委统战部的关心和支持下，民进中央副主席、全国政协副秘书长朱永新于1月初莅临攀枝花市举办新教育讲座，为攀枝花的素质教育“切诊把脉”，进一步推动攀枝花教育事业改革。

【参政议政】 2016年，民进攀枝花市委向政协大会提交大会发言《加快推进污水管网建设　打造绿色生态水环境》荣获市政协大会发言一等奖。提交集体联名提案9件；向市人大提交建议7件。本会人大代表、政协委员向“两会”提交个人、联名提案、建议20余件。集体提案《关于加强我市小区住宅电梯维护和管理的建议》《加快推进污水管网建设　打造绿色生态水环境》被列为2016年市政协主席重点督办案。

2016年，由民进会员参与的“攀枝花南向开放门户”课题组所撰写的《攀枝花市“四川南向开放门户”历史资源研究及南向发展战略建议》，获第三届攀枝花市决策与咨询优秀成果奖。

【民主监督】 2016 年，民进攀枝花市委领导班子及省、市、县（区）人大代表、政协委员及各类特邀人员共参加中共攀枝花市委、市人大、市政府、市政协及县（区）党政部门、市公检法等部门召开的协商会、通报会、座谈会、研讨会、学习会和各项调研、视察活动 50 余次，就攀枝花市的重要人事安排、经济发展、城市建设、产业发展、新村建设、机关效能建设等方面提出意见和建议。

【组织建设】 民进攀枝花市委严格按照《中国民主促进会基层组织工作条例》《民进攀枝花市委关于组织发展程序的规定》和“三个为主”的原则，注重质量、坚持标准、保持特色地进行组织发展，优化成员结构，走精品发展之路，吸引各类优秀人才充实队伍。2016 年，组织发展 8 人，新会员中有高教界 1 人、普教界 3 人、机关事业单位人员 3 人、新社会阶层 1 人，使组织发展的层次、涉及的行业更加完善。

2016 年，民进攀枝花市委荣获民进四川省委 2016 年参政议政先进集体，民进攀枝花学院支部、仁和总支部荣获民进四川省委 2016 年参政议政先进基层组织；会员 1 人荣获民进中央 2016 年参政议政先进个人，4 人荣获民进省委 2016 年参政议政先进个人；会员 2 人被评为政协第八届攀枝花市委员会优秀政协委员，会员 1 人提交的个人提案《关于进一步加强农村义务教育学生营养改善计划的提案》被评为市政协八届三次以来优秀提案；会员 2 人荣获民进四川省委优秀通讯员。

2016 年，民进攀枝花市委举办基层新任委员培训班、新会员培训班 2 次；组织 80 名会员参加市委统战部组织的培训班；派送市委会班子成员、机关干部、基层组织主委、骨干会员 12 人次参加民进中央、民进省委、中共市委统战部组织的学习培训班，提高会员素质和履职能力，为建设高素质的后备干部队伍奠定基础。

【社会服务】 2016 年，民进攀枝花市委在对中共市委统战部、各民主党派市委共同努力打造的攀枝花市统一战线社会服务帮扶和教育基地盐边县红宝乡进行定点帮扶的基础上进一步加大帮扶力度。民进攀枝花市委组织开展“送教助学进红宝”活动，民进西区总支部先后组织骨干会员教师 2 批次 6 人次前往红宝中心校开展送教助学活动，为中心校捐赠价值 5.3 万元的课桌椅 70 套、教室门 18 道、图书 1300 册。通过联系协调市第五小学，商定红宝中心校教师轮流到市第五小学跟岗培训，跟岗培训于 3 月正式启动，全年 6 名教师完成跟岗培训。

2016 年，民进攀枝花市委认真按照中共市委、市政府关于全市精准扶贫工作的安排，组织相关市县两级帮扶单位先后 12 次前往盐边县鳡鱼乡小石洼村开展“走基层 送温暖”“扶贫日”“春节慰问”等活动，为贫困户送去棉衣棉被和慰问金，协调帮助解决贫困户生产生活中存在的困难。在帮扶联系小石洼村以来，民进攀枝花市委从机关经费中压缩 1.5 万元专款用于帮扶贫困户生产生活建设，并通过多方协调解决小石洼村（黄泥巴沟）病危桥整治经费 15 万元，帮助 1 户贫困户子女联系工作。在帮扶单位的共同努力下，小石洼村于 2016 年年底整村脱贫，相继通过县级退出验收、市级退出验收、第三方评估机构验收，进入省级验收考核整改阶段。

【宣传信息】 2016 年，民进攀枝花市委机关编发简报 12 期，向民进省委、市政协、市委统战部、攀枝花公众信息网发送信息、报道 186 条，中央网站采用 6 篇，人民政协网采用 4 篇，民进省委网站采用报道 45 篇，攀枝花信息网采用报道 4 篇。据不完全统计，对外宣传方面，民进攀枝花市委在《团结报》《四川政协报》分别上稿 1 篇，《攀枝花日报》上稿 3 篇；在会刊方面，在《四川民进》上稿 30 篇，稿件分布栏目进一步增加，图片稿件采用数量较往年有较大提高。机关干部 2 人被民进四川省委评为 2016 年度优秀通讯员。

2016 年，向民进省委报送社情民意信息 3 篇，其中《关于整治各类“僵尸车”的建议》被民进省委采用。

通过四川民进微信平台、电子邮件、攀枝花民进 QQ 群的网络宣传方式，借助民进中央和民进省委网站等平台，第一时间就统战工作、党派工作的新动态、新举措、新形势进行转发和宣传，及时面向全市会员开展宣传教育和理论学习工作，全年通过微信平台、电子邮件、攀枝花民进 QQ 群向全市会员发送宣传、学习邮件 60 件。

【机关建设】 2016 年，民进攀枝花市委机关共召开 16 次机关办公会议和学习会议。选派机关干部 2 人参加民进四川省委在中央社会主义学院举办的四川省专职干部培训班；选派 1 人参加民进四川省委在复旦大学举办的基层组织培训班；选派 2 人参加四川省干部函授学院举办的机关企事业单位档案管理与现行文件管理专题培训班。

民进攀枝花市委档案工作通过市档案局档案工作规范化管理复查，达到四川省档案工作规范化管理二级标准。

2016 年，民进攀枝花市委荣获民进省委 2016 年度“统战理论工作先进单位”“新闻宣传工作先进单位”“组织管理系统录入工作先进单位”“社会服务工作先进单位”“机关建设工作先进单位”6 项表彰。

（张　玥）

农工民主党攀枝花市委员会

【概　况】 2016年,农工民主党攀枝花市委员会(以下简称农工党攀枝花市委)共有17个基层组织,其中4个总支委员会,13个支部。截至12月底,全市共有农工党员304人。其中,男党员159人,占党员总数52.3%;女党员145人,占党员总数47.7%;具有中共党员和农工党员双重身份的有14人。按界别划分,教育界12人,占3.9%;科技界3人,占0.9%;医药界245人,占80.6%;公有制经济2人,占0.7%;新的社会阶层2人,占0.7%;法律界4人,占1.3%;政府机关、党派机关、环保部门等17人,占5.6%;其他界别19人,占6.3%。从学历职称看,具有大学以上文化程度的161人,占53%;具有高级职称的77人,占25.3%;具有中级职称的210人,占69.1%。从年龄结构上看,全市农工党员平均年龄52.5岁。其中,40岁以下66人,占总人数的21.7%;41~50岁的109人,占35.9%;51~60岁的45人,占14.8%;61岁以上的84人,占27.6%。在职党员193人,占总人数的63.5%;离退休党员111人,占36.5%。

全市农工党员中有省人大代表1人,省政协委员2人,市人大常委会副主任1人,市人大代表1名,市政协委员11人,其中,担任市政协常委3人。县(区)人大代表2人,县(区)政协委员7人,县(区)政协常委4人,市公安局特邀监督员2人。

农工党攀枝花市委批准符合发展条件的6人为农工民主党党员,其中男党员5人,女党员1人,平均年龄为42.2岁。新党员中,大学本科学历4人,大学专科学历1人;高级职称2人,中级职称3人。

【主要工作】 2016年,农工党攀枝花市委以《加快打通东向大通道　主动融入长江经济带》为题在市政协八届六次全委会上发言,受到与会者的高度评价,获得市政协大会发言通报表彰。在市政协大会联组发言中,农工党攀枝花市委充分结合攀枝花市经济发展需要,在经过充分调研后作题为《关于加快我市石墨矿资源开发利用的建议》的发言,受到中共市委领导的好评。农工党攀枝花市委共提出集体提案10件,个人及个人联名提案12件,这些提案内容涉及攀枝花市医疗、资源开发、交通、治安、城市建设等多个方面。无论是集体提案还是个人或个人联名提案,都得到相关部门的积极回应,提案主办单位对农工党攀枝花市委提案高度重视,多次与农工党攀枝花市委联系并进行座谈沟通,得到提案承办单位满意或较满意的回复。农工党攀枝花市委还积极参加市有关部门和单位组织的各种活动和会议。

2016年,农工党攀枝花市委积极开展调研活动。3月,中共攀枝花市委、市政府为加快攀枝花市经济社会发展,给各民主党派拟定出一些调研课题,对此农工党攀枝花市委会高度重视,决定以"攀枝花健康养老产业与旅游服务业深度融合发展研究"为调研题目,并在12月初召开的全市统一战线专题调研成果汇报会上发言,得到中共攀枝花市委、市政府主要领导及与会者的高度评价,获得一等奖。8月,农工党中央参政议政部副部长耿丽丽、农工党中央参政议政部综合处副调研员黄延楠、四川省政协副秘书长刘全胜、农工党省委副主委夏华祥及相关人员一行赴攀枝花调研农工党中央第十一届中国生态健康论坛在攀枝花举行的前期准备工作。8月,四川省政协副主席、农工党省委主委王正荣率四川民主党派省委联合调研组,对攀枝花市推进"四川南向开放门户"建设和康养产业融合发展情况进行调研,并召开座谈会。9月,农工民主党中央、四川省政协在阳光花城攀枝花举办以"绿色发展与长江经济带生态环境保护"为主题的第十一届中国生态健康论坛,并与攀枝花市政府联合举办"康养胜地与国家现代农业示范区建设"分论坛。全国政协常委、副秘书长、农工党中央专职副主席何维主持开幕式。全国政协副主席、农工党中央常务副主席刘晓峰出席开幕式并讲话。四川省政协副主席、党组副书记高烽,中共攀枝花市委书记张剡在开幕式上致辞。

按照中国农工民主党章程规定,2016年是农工党攀枝花市委换届年。5月,农工党攀枝花市委召开换届大会,农工党中央委员、四川省政协常委、省政协副秘书长、农工党四川省委专职副主委张庆文出席会议并讲话,中共攀枝花市委副书记于会文代表中共攀枝花市委向大会的召开表示祝贺,市人大、市政府、市政协、市委统战部的领导出席会议,各大企业统战部(科)、各县(区)统战部的领导以及农工党成员单位的负责人参加会议。会议顺利产生新一届农工党攀枝花市委领导班子,选举李明为新一届农工党市委主任委员,张雪峰、袁兴洪、张颖娟为副主任委员。

2016年,农工党攀枝花市委新老班子成员参加全国政协举办的地方政协委员(干部)培训班和市委统战部举办的暑期活动;积极参加农工党省委会60周年纪念大会;七届农工党攀枝花市委主委李明参加省委统战部举办的各地市州新任主委培训班;副主委袁兴洪参加中共四川省委统战部在四川省社会主义学院举办的2016年度主体班次教育培训计划(民主党派干部班)的学习;农工党攀枝花市委机关干部参加在成都召开的培育和践行中国特色社会主义核心价值观主题宣讲活动;农工党攀枝花市委两名骨干党员参加农工党四川省委在江苏省社会主义学院举办的机关干部暨中青年骨干党派培训班。

10月,中共攀枝花市委常委、市委统战部部长张敏走访各民主党派、工商联机关,并与各民主党派、工商联负责人分别进行座谈。在与农工党攀枝花市委的座谈会上,农工党攀枝花市委主委李明介绍农工党攀枝花市委近年的工作情况、工作成效和下阶段工作重点,农工党攀枝花市委副委参加会议并发言;12月,市委常委、市委统战部部长张敏率市委统战部、部分民主党派市委拜访省委会,并与农工党四川省委会驻会副主委张庆文,副主委夏华祥及全体机关科室负责人进行座谈。

2016年在农工党四川省委成立60周年在纪念活动中,农工党攀枝花市委积极撰写纪念文章5篇报送农工党省委;完成农工党省委下达的地方组织发展史料抢救和编辑工作;10月,完成农工党省委《中国农工民主党四川省委员会成立60周年纪念册》(攀枝花卷)的撰稿及图片收集工作。

2016年,农工党攀枝花市委及各基层组织按照农工党中央和省委会有关加强成员思想建设的文件精神,努力加强全市农工党员的政治理论学习,提高理论水平,增强政治自信。同时通过学习,促进农工党攀枝花市委搞好自身建设,提高农工党攀枝花市委的政治把握能力、参政议政能力、合作共事能力、民主监督能力和组织协调能力。农工党攀枝花市委要求各基层组织继续深入开展坚持和发展中国特色社会主义学习实践活动,要求寓学习实践活动于学习中共十八大、十八届三中、四中、五中、六中全会精神、及学习中共中央总书记习近平系列重要讲话精神之中,认真学习中央统战工作会议精神和省委统战工作会议精神,组织机关干部认真学习中共中央"八项规定""六项禁令"和中共四川省委"十项规定"。通过学习并结合本职工作,认真开展讨论,对照检查,学以致用。农工党攀枝花市委组织党员认真开展学习农工党中央监督委员会《关于开展践行"三严三实"、加强作风建设工作的意见》,并撰写交流文章报送农工党省委。

2016年,农工党攀枝花市委共出工作简报10期,向农工党省委投稿主要工作和活动信息近20篇,并部分登载。向农工中央主办的《前进》杂志投稿5篇,向农工党中央网站投稿3篇。农工党攀枝花市委转发农工党中央和农工党省委下发的各种学习文件和培训通知等,并订阅《前进》杂志179份,《四川统一战线》14份,《中国统一战线》5份,党报、省报、市报、政协报等共计4份。

2016年,农工党攀枝花市委社会服务工作扎实推进。按照精准扶贫要求,农工党攀枝花市委与市中心医院联合帮扶盐边县红宝乡干坪子村,共42户贫困户。其中,农工党攀枝花市委共具体帮扶3户贫困户。农工党攀枝花市委在定点帮扶的盐边县红宝苗族彝族乡干坪子村工作中充分发挥本党派自身优势,本着"突出重点、有的放矢、尽力而为、量力而行"的原则,做到精准扶贫,扎实有效。1月,市人大副主任、农工党攀枝花市委主委张汝林带领市县人大相关部门、盐边县水务局、县交通局、县农牧局、县林业局、县住建局、县科技帮知识产权局、县供销社等部门负责人到红宝乡精准对接干坪子村脱贫攻坚工作,并共同商讨确定2016年具体帮扶方案,就如何将该村脱贫攻坚工作抓好抓实进行了分工和要求。2月下旬,农工党攀枝花市委主委张汝林带领市人大教科文卫委、县水务局、县交通局、县供销社、县农牧局、县林业局、县住建局、县科知局等部门负责人再次到干坪子村就产业发展、基础设施建设等方面具体的帮扶方案作进一步研究落实。3月底到8月中旬,农工党攀枝花市委主委张汝林数次到干坪子村就精准扶贫项目落实情况进行督导。春节前夕、"七一"前夕、国庆前夕,农工党攀枝花市委机关干部数次赴盐边县红宝乡干坪子村,走访慰问熊才林、杨万顺、何显祥3户贫困户。农工党攀枝花市委与市中心医院共同筹资3.84万元用于干坪子村基础设施建设,完成扩建连接大干坪子社、小干坪子社、长岭埂社2.5千米社道毛路建设。农工党攀枝花市委联合市中心医院为干坪子村白石岩社、长岭埂社修建100立方米蓄水池两口。6月初,农工党攀枝花市委对干坪子村进行一次健康扶贫调研,了解该村因病致贫和因病返贫的村民情况,并将调研数据上报到农工党中央,为农工党中央开展全国范围内的健康扶贫调研收集数据。农工党攀枝花市委通过努力,争取到市科知局的技术帮扶资金4万元,用于干坪子村的农业产业发展和建设。8月,按照精准扶贫驻村蹲点的工作安排,农工党攀枝花市委、市科技和知识产权局、市中心医院组织6名医务专家及2名农技专家来到红宝乡干坪子村,为当地村民举办一次义诊和农技帮扶活动,给村民送去医疗健康服务和农业产业技术帮扶。本次义诊咨询患者达100余人次,发放药物价值2000多元,了解当地核桃、花椒、冬桃等农产品种植过程中所遇到的问题,受到农户的广泛好评。农工党攀枝花市委与市中心医院联合,组织农工党专家为精准贫困户进行免费诊治,干坪子村长岭埂组精准贫困户户主侯兴友于2016年1月患角膜炎到市中心医院眼科行住院治疗,农工党攀枝花市委、医院领导、帮扶责任人、科室医护人员均给予关怀,而且还免除了患者应付的4000元治疗费及600元生活费,侯兴友于1月中旬康复出院;干坪子村友谊组精准贫困户舒乾宏之子邓生祝因患癫痫于4月到市中心医院神经科住院治疗,张汝林主委及院领导班子给予高度的重视，不但安排最有经验的医生为其诊治，免费安排饮食，还为其免除了患者自己应支付的2000元治疗费用。

按照攀枝花市统一战线定点帮扶红宝乡计划，1月，农工党攀枝花市委在红宝苗族彝族乡参加攀枝花市统一战线定点帮扶红宝乡工作推进会。中共市委副书记于会文出席会议，市政协副主席、市委统战部部长赵勇主持会议，各民主党派、市工商联、市知联会、盐边县委县政府等相关负责人参加会议，农工党攀枝花市委副主委兼秘书长许勤参加会议并代表市委会在会上发言。从2015年始，针对红宝乡实际医疗卫生状况，市委会从该乡医卫人员诊疗水平提升、医疗条件改善等方面入手，决定为其搭建医卫人员外出学习平台，并组织高水平医卫人员赴该乡开展不定期义诊活动和技术指导。根据农工党攀枝花市委对红宝乡卫生院及村卫生站医卫人员培训计划，将用三年时间完成对其急诊急救、护理、心电图、B超、临床、检验等内容的9批医卫人员培训，农工党攀枝花市委还拿出2万多元钱作为参训医卫人员的生活补助。2016年完成第4批医卫人员的培训，第5批培训人员正在培训中。2016年年初全市统一战线捐款20万元设立红宝苗族彝族乡专项助学资金，并鼓励符合条件的贫困户积极申请。农工党攀枝花市委参加助学资金项目，并捐款1万元。农工党攀枝花市委2016年还帮助该乡村民提供健康教育及宣传资料，宣传健康的生活方式和疾病预防知识；以市中心医院农工党员为骨干，联系村委会，组织党员专家专科医师深入乡村开展义诊及送医送药，并积极开展志愿者服务在村庄活动。

2016年，农工党攀枝花市委继续向西区路南社区优选出的贫困优秀大学生曹博进行捐资助学帮扶，四年来农工党攀枝花市委共资助其大学学费16400元。农工党各基层支部组织党员也积极开展社会服务活动。3月，农工党攀钢总支联合民革攀钢支部组织医卫党员赴凉山州会东县开展义诊帮扶活动，参加义诊医务人员40余人，义诊活动在会东县医院举行，据统计，共咨询和诊治病人600余人次，发放宣传资料千余份，获得当地群众好评。6月，在端午节即将来临之际，农工党西区总支组织市二医院、攀煤总医院的5位资深医生到西区格里坪滥坝村敬老院、景怡社区开展送医送药义诊活动，为敬老院20位孤寡老人和景怡社区80多名老年居民进行免费义诊服务，通过测血压、测血糖、检查五官、四肢等健康检查，向老人们和社区居民详细讲解糖尿病、高血压、痛风、静脉曲张等常见疾病的预防知识和平时注意事项，增强老人和居民的自我保健意识。

（王沛然）

中国致公党攀枝花市委员会

【概　况】 2016年，中国致公党攀枝花市委员会（以下简称致公党市委会）发展新成员10名，至年底，成员总数212名，平均年龄52岁；其中女成员100人，占总数47.2%；成员中有侨海关系的110人，占52%；成员从事教育工作的占18%，科技工作的占10%，医疗卫生工作的占9%，公有制经济的占13%，党政机关的占37%，其他占13%；成员担任四川省、攀枝花市各级人大代表、政协委员情况为：省政协委员2人、市人大代表2人（其中常委1人）、市政协委员15人（其中副主席1人，常委3人）、县（区）人大代表5人（其中常委2人）、县（区）政协委员33人（其中副主席1人，常委9人）；有1人被聘为市纪委监督员、2人被聘为市公安局警风警纪监督员、1人被聘为市中级人民法院调解员、1人被聘为市政府教育督导员、1人被聘为市公交公司行风义务监督员、10人被聘为县（区）“特约四员”。

2016年，中国致公党攀枝花市第六次代表大会在攀枝花会展中心召开，100名致公党员代表参加会议。会议审议通过《中国致公党攀枝花市第五届委员会工作报告》；选举产生中国致公党攀枝花市第六届委员会；审议通过中国致公党攀枝花市第六次代表大会决议；成立中国致公党攀枝花市委员会监督委员会。致公党攀枝花市六届一次全委会议选举产生致公党攀枝花市第六届领导班子，何群再次当选为致公党攀枝花市委员会主委，王棣、邓永玲、李仲先当选为副主委，会议任命副主委邓永玲兼任秘书长、监督委员会主任委员。

【参政议政】 2016年，致公党市委积极对接致公党中央重点课题，配合致公党四川省委做好迎接致公党中央“应对人口老龄化”调研组莅川调研准备工作。5月14—15日，全国政协常委、副秘书长、致公党中央常务副主席蒋作君率致公党中央调研组莅临攀枝花市调研。全国政协委员、致公党中央副主席兼秘书长曹鸿鸣，中共中央统战部、全国老龄办、人社部、国家卫计委、民政部、科技部等有关部委的负责人和专家参加调研。四川省人民政府副省长、致公党四川省委主委杨兴平、中共攀枝花市委书记张剡陪同调研。调研组先后前往台湾敏盛长辈照护中心、攀枝花社会福利院、德铭菩提养护院、怡福苑照护中心等地，对攀枝花市应对人口老龄化、发展阳光康养产业作指导。中共攀枝花市委书记张剡恳请致公党中央帮助呼吁国家实行全国统一的养老基金预算管理办法，加快医保全国联网并统筹各地政策，支持攀枝花创建中国阳光康养试验区。

5月15日至16日，全国政协副主席、致公党中央主席、科技部部长万钢率调研组莅临攀枝花市调研，并召开座谈会。全国政协委员、致公党中央副主席兼秘书长曹鸿鸣，科技部、省政府、省政协有关负责人和专家参加调研。中共四川省委常委、省委统战部部长崔保华，省政协副主席、省工商联主席陈放，中共攀枝花市委书记张剡陪同调研。调研组深入攀钢集团研究院、攀枝花钒钛科技孵化器、攀钢集团钛业有限责任公司海绵钛厂、四川金沙纳米技术有限公司、普达阳光国际康养度假区、台湾敏盛长辈照护中心、花舞人间等地调研指导。座谈会上，万钢听取中共攀枝花市委、市政府工作汇报，对攀枝花市在钒钛资源综合利用、康养产业发展工作中取得的成绩给予充分肯定，并就攀枝花市进一步做好康养产业、钒钛资源综合利用给予悉心指导。

2016年，致公党市委会积极发挥参政党职能，形成一系列参政议政成果，向攀枝花市政协八届六次全委会议递交集体提案3篇、大会发言1篇，大会发言《城乡处处飞花、让花城更加五彩斑斓》引起与会委员强烈共鸣，获评第一名。致公党市委会集体提案《关于建立攀枝花市智库联盟的建议》、党员李仲先个人提交的提案《利用“互联网+”，打造攀枝花智慧康养城市的建议》被评为市政协八届三次会议以来优秀提案。全市统一战线专题调研成果汇报会发言《攀枝花钢铁产业结构调整及优化发展的建议》获三等奖，发言针对攀枝花市钢铁产业转型升级，促进去产能化发展提出可行性建议，为市委、市政府开展相关工作提供参考。2016年，致公党市委会更加注重课题调研工作，全年组织专题调研10余次，承担致公党四川省委重点课题1项——“钢铁产业去产能研究”，立项课题3项。全年向致公党四川省委报送社情民意信息6条。

【社会服务】 2016年，按照全市脱贫攻坚工作部署，致公党市委会作为牵头单位，积极督导、参与米易县新山傈僳族乡新山村精准扶贫工作。致公党市委会领导、机关工作人员赴新山村开展走访、调研、座谈、督导工作12次，开展送温暖活动3次。结合新山村产业扶贫需求，致公党市委会邀请市林业局专家赴新山村开展经济林种植现场指导；与市档案局联合开展“走进新山”摄影活动，为新山村发展乡村旅游产业做好宣传；邀请市艺术剧院有限公司专家指导新山村“约德节”文艺演出，为新山村发展特色节庆旅游出主意、想办法。4月，在致公党中央关怀下，致公党市委会与致公党天津市滨海新区区委会结成帮扶对子，双方签订协议，共同帮扶新山村。9月，致公党天津市滨海新区区委驻会副主委金盛霞率队莅临攀枝花，会同致公党市委会相关人员赴新山村开展实地调研，结合调研所了解的基本情况，双方决定开展“39－26爱心速递”活动（滨海新区北纬39度，攀枝花是北纬26度）。致公党天津市滨海新区区委会向新山村贫困村民捐赠65台电视机（价值10万元），解决当地60余户村民家中无广播电视的问题。向当地10名贫困儿童捐赠一学年助学金，共计1.44万元，帮助他们完成求学梦想。

2016年，致公党市委会联系爱德基金会、致公党北京市西城区委会继续向全市12名贫困女童及28名贫困孤儿资助一学年学习费用，捐赠金额5.75万元。继争取到西区格里坪镇金家村致公社区发展基金后，致公党市委会再次争取到致公党中央爱心党费10万元，用于建立仁和区大龙潭乡裕民村致公党社区基金项目。筹集到价值1.5万元的鼓号器材1套，捐赠给仁和区大田中学，建立攀枝花市第9支致公爱心鼓号队。

（马　萍）

九三学社攀枝花市委员会

【概　况】 2016年，九三学社攀枝花市委员会（以下简称九三学社市委）共发展社员19名，发展率2.97%；平均年龄34岁；博士1人，硕士2人；调出6人，死亡4人，净增9人。截至12月31日，九三学社市委共有社员648名；有基层委员会1个，支社15个：攀钢第一支社、第二支社、第三支社和第四支社，十九冶支社、攀煤支社、建委支社、攀枝花学院支社、东区支社、西区支社、仁和区支社、米易支社、盐边支社、市政第一支社、市政第二支社。

5月5日，九三学社市委召开第八次代表大会，通过选举，产生新一届领导班子。主委：刘建明，副主委：李桂军、唐超雄、肖鹏举、吴雨，秘书长：叶桦，委员25人，顺利完成新老班子的政治交接，委员会规模与第七届保持一致，其中主委1名、副主委4名，实际配备25名，其中，继任11名，占总数的44%；新提名14名，占总数的56%。年龄结构更加优化，31～40岁4人，41～50岁13人，51～53岁8人，最小年龄31岁，最大年龄53岁，平均年龄44岁。

九三学社市委有6个支社按计划完成换届工作。建委支社第六届支委会班子，主委：李宇峰，副主委：季宇刚、蒙举，支委：杨丽、吉瑾芸。东区支社第六届支委会班子，主委：胥林波，副主委：吴晓莉、刘大海，支委：王智清、罗娟、何春丽。米易支社第八届支委会班子，主委：唐文跃，副主委：罗庆，支委：王纪伦、郭志云、郭志泽。盐边支社第六届支委会班子，主委：熊维东，副主委：谢波，支委：王兴传、杨栏轩、白羽。攀枝花学院支社第五届支委会班子，主委：岐世峰，副主委：陈昌平、李军。市政一支社第四届支委会班子，主委：周淼，副主委：杨涛、但娟，支委：杨永斌、魏俊伊、胡生富。

九三学社市委始终鼓励社员求真务实、真抓实干，立足本职岗位，积极探索、勇于创新，取得科学成绩。2016年，社员取得实用新型专利20项，发明专利5项，科技成果50余项，医疗新技术10余项，在国家、省、市的重要刊物发表论文100余篇；赵均勇等30名社员分别被评为优秀公务员、优秀工作者、优秀生产者称号。仲剑丽、刘锦燕等4名社员荣获四川省科技进步奖，李俊洪、蒋祺等16名社员荣获2015年度攀枝花市科学技术进步奖，社员吕婉如的《攀枝花市芒果测土配方施肥技术》科技论文获"金桥工程"一等奖。社员吕杰的固体沙画项目获得全国创新创业大赛四川省第一名。社员谢丽贤、王云的4副摄影作品在九三学社中央"中国面孔·中国梦"摄影作品比赛中分获一等奖、二等奖、鼓励奖。

2016年，九三学社市委被九三学社省委表彰为组织工作先进集体、参政议政先进集体、机关建设先进集体、信息工作先进集体、新闻宣传工作先进集体。

【主要工作】 **思想建设** 九三学社市委坚持把政治理论学习与参政党履行职能相结合，为改革发展稳定凝心聚力。按计划推进"坚持和发展中国特色社会主义学习实践活动"。在实践活动中，九三学社市委号召基层组织和广大社员深刻领会习近平总书记系列重要讲话的精神实质，深入贯彻中共十八届五中、六中全会、省委十届七次全会精神。把学习贯彻中央统战会议精神、《关于加强社会主义协商民主建设的意见》《关于加强政党协商的实施意见》等精神，与履行参政党职能结合起来，与加强自身建设结合起来，通过辅导讲座、专题研讨、主题座谈等多种形式，推动学习贯彻活动不断深入，不断提高领导班子成员和全体社员的思想政治素养。

组织建设 把活动与参政议政相结合，组织社员围绕中心工作、热点难点问题讨论建言，为参政议政提供素材。根据支社所在地党委、政府提出的重点课题，组织社员开展调研，形成调研报告，出色完成参政议政任务。其中《关于解决西区行政区内仁和农民就医转诊难》等提案被市政协评为优秀提案；《关于仁和乡村旅游发展的对策建议》《国胜茶的发展和品牌保护》等被作为县（区）政协大会发言；《提升攀枝花市中心医院非医疗结合服务》《关于扶持边远贫困地区加快发展的建议》等提案被县（区）政协评为优秀提案。突破支社地域、专业等局限，开展联谊活动，促进相互交流学习。邀请部分社员参加九三学社中央科学座谈会、钒钛产业创新发展与资源型城市转型研讨会等重要活动，提升社员对社组织的认同感和自豪感。发挥社员特长，结合精准扶贫，开展科技服务、农技指导、送医送药、捐资助学、法律援助等社会服务活动。

向上争取支持 增强上下联动实效，加强与九三学社中央、省委的联系对接，为攀枝花发展争取更多支持。在九三学社四川省委、中共攀枝花市委、市政府的大力支持和帮助下，成功争取到九三学社中央第八次科学座谈会暨钒钛产业创新发展与资源型城市转型研讨会于7月10－13日在攀枝花市举行。这是除浙江桐庐外首次在外地召开的九三学社中央科学座谈会。全国政协主席、九三学社中央主席、中国科学院院士韩启德出席座谈会并讲话。九三学社中央副主席邵鸿、赖明、丛斌分别主持不同时段的会议。四川省政协主席柯尊平，四川省副省长刘捷，九三学社四川省委主委黄润秋等领导出席会议。

邀请中国工程院院士、钢铁研究总院院长干勇，中国科学院院士、北京大学纳米科学与技术研究中心主任刘忠范等80余名专家学者重点围绕"材料科学发展趋势和方向"的主题，进行学术交流探讨。科学座谈会的举办，调动更多的智力资源为攀枝花的创新发展和城市转型提出更有战略性、前瞻性和针对性的意见建议，提供更高质量的智力支持。九三学社市委主委刘建明在开幕式上作《实现攀枝花钒钛资源综合利用新突破的战略构想》的专题家发言。九三学社市委材料学方向的11名社员也应邀出席会议，他们积极参与、踊跃发言，从而为会议引入新的"声音"、注入新的活力。九三学社中央主席韩启德在攀枝花期间，调研攀研院钒钛综合利用国家重点实验室、攀枝花中国三线建设博物馆和医养融合项目等。社员吕杰向韩启德主席献上创作的人物固彩沙画，韩启德仔细询问固彩沙画的制作工艺并题词回赠以示鼓励。九三学社中央还召开主席办公会。

以九三学社中央科学座谈会召开为契机，7月13日，九三学社四川省委与攀枝花市政府签订《第三轮九攀资源综合利用科技合作协议书》，全国政协副主席、九三学社中央主席韩启德出席签字仪式并讲话，四川省政协主席柯尊平出席签字仪式。韩启德回顾了九三学社和地方政府的合作历程和取得的成绩，并指出，九三学社在助力科技创新方面的优势显著，第三轮"九攀合作"启动后，将动员九三学社整体的力量，把协议的各项内容落到实处，让"九攀合作"的成效显示出来。

协助相关部门，在九三学社中央，特别是副主席赖明和副主席贺铿的积极支持下，争取到“攀枝花三线建设博物馆”升级成为国家级博物馆，2016 年 4 月正式命名为“中国三线建设博物馆”。

参政履职 九三学社市委充分发挥参政党作用积极参政议政。在市政协全委会上，共提交集体提案 19 篇，大会发言 3 篇，紧急提案 2 篇。《推进卫生信息化进程，早日实现“智慧卫生”蓝图》《挑战不可能》《切实加强我市电梯安全管理与维护》被评为优秀大会发言；《切实加强电梯安全管理与维护》《关于将三线建设博物馆作为城市爱国主义教育基地建设》等提案受到相关部门的高度重视，所提建议被采纳落实。《关于将观音岩饮水工程列入 2015 年一号民生工程加以推进的建议》《关于将攀枝花三线建设博物馆作为我市爱国主义教育基地的建议》《关于恢复攀枝花地区研究生考点的提议》《关于在我市推动生态城市发展的建议》等 4 篇被评为市政协八届三次会议以来的优秀提案。社员的《关于给全市农村贫困居民提供特别医疗保障的建议》等 5 篇提案被评为市政协八届三次会议以来的优秀提案。

九三学社市委多次召开参政议政专题会议，围绕如何促进攀枝花市房地产业发展、自发市场的规范治理、国企改制后下岗人员的再就业等方面分别开展深入调研。调研报告《关于促进我市房地产业健康发展的对策建议》在 2016 年全市统一战线调研成果汇报会上获三等奖。社情民意信息《建议加大监督力度铲除非法集资滋生土壤》等被九三学社中央、九三学社四川省委采纳。

九三学社市委认真组织社员中的各级人大代表、政协委员、各类特邀(约)员履行职责，积极参与各类专题协商、对口协商、界别协商、提案办理协商。

社会服务 把精准扶贫作为 2016 年社会服务工作的重点来抓。按计划推进“九红合作”协议相关内容，以科技项目为支撑认真开展精准扶贫工作，精准帮扶工作取得实效。作为“一对一”帮扶的核桃箐村的牵头单位，多次组成农业专家组前往该村进行深入走访，了解情况，梳理问题，制定符合核桃箐村实际的帮扶方案，确定把山羊圈舍养殖和桑树、巨菌草、构树种植项目作为精准扶贫帮扶项目，以科技促进贫困村发展。协调各相关部门和单位为红宝乡和核桃箐村争取到 23 户，项目资金 42 万元的山羊养殖，其中在红宝乡的《攀枝花少数民族地区山羊规范化养殖技术集成与推广示范》项目，完成选定的 12 户养殖户的圈舍改造和种羊发放工作，为该地区规范化养殖起到良好的带头示范作用。为贫困村提供价值 8 万元的桑树苗，完成 42 户的桑树种植；投资 6.5 万元，开展巨菌草、构树试验田种植。协调相关部门为 58 户贫困户发放树苗、肥料、水管等农业生产资料。开展送温暖活动，为部分贫困户送去共计价值 2000 元的棉衣棉被。开展种养殖技术专题培训 7 次和义诊活动 1 次，服务群众 500 余人。

各支社积极组织社员参加九三学社市委的调查走访、制定帮扶方案、项目落实、专题服务、义诊送药等精准扶贫工作。响应社市委扶贫工作的捐款捐物倡议，全市社员共计捐款 3.5 万元。有精准扶贫“一对一”帮扶任务的支社，积极履行帮扶职责，充分利用自身的农业和医卫等资源优势，深入联系村社开展种植培训、送医送药等活动，用实际行动助推所联系贫困群众脱贫致富。

机关建设 牢固树立服务意识、大局意识，圆满完成九三学社中央第八次科学座谈会、换届大会、各调研组的课题调研、九三界别小组活动及各级各类接待工作。全体机关干部全年前往核桃箐村 12 次，积极投入贫困村摸底、扶贫督导、扶贫项目制定实施、捐赠慰问品等精准扶贫工作。帮助解决社员实际问题与困难，为社员陈实德送上 3 万元的“王选关怀基金”和九三学社中央主席韩启德的慰问信。精心组织女社员开展登山活动，全市女社员欢聚一堂，共同度过“三八”妇女节。进一步加强学习交流，先后与成都、广元、凉山、资阳、泸州等兄弟市州围绕参政议政、自身建设、社会服务及社务工作进行交流座谈。进一步做好宣传工作，对社市委的各种会议、活动及时进行宣传报道，共计发送消息、宣传报道 41 条，其中，团结报采用 4 篇，团结网采用 6 篇。编发《九三攀枝花》社讯 2 期。机关干部韩林被评为九三学社中央“优秀组工干部”。

（郭绍珊）

攀枝花市工商业联合会

【概　况】 2016 年年底，市工商联有执委 91 人，其中，主席、副主席 17 人(企业家副主席 13 人)，副会长 12 人(企业家副会长 9 人)，秘书长 1 人，常委 42 人。机关有干部职工 10 人，其中，行政人员 8 人，工勤人员 2 人。

【参政议政】 全年开展大型专题调研 2 次，组织人员对 100 余户企业进行走访调研，针对企业发展中遇到的困难和问题，认真研究和思考解决办法，并提出意见建议。在市政协八届六次大会上作题为《新常态下攀枝花市民营工业经济转型升级建议》的发言，提交《关于加强我市电子商务建设的建议》等集体提案12件，其中《关于建立促进民营经济发展联席会议制度的建议》和《关于继续执行应急转贷专项资金的建议》两个提案被市政协评为优秀集体提案。积极围绕全市石墨产业发展的有关问题展开调查研究，先后到工信部、中国非金属协会石墨专业委员会、上海复旦大学高分子科学研究所等地进行考察调研，并形成《关于攀枝花市石墨（石墨烯）产业发展的考察报告》。全年编撰《非公要情》2期，报送市委、市人大、市政府及市政协主要领导，市长李建勤对2期《非公要情》都作出批示。

【引导非公有制经济人士健康成长】 加强政治引导，以执委会、常委会等会议为载体，采取以会代训的方式，及时组织非公有制代表人士学习贯彻中共十八届五中、六中全会精神、习近平系列重要讲话精神及省、市重要会议精神，并进行爱国主义、中华民族扶危济困传统教育，积极开展年度民营企业50强、诚信企业、优秀企业家等非公有制先进典型的认定选树工作，充分发挥典型引领作用，深化非公有制经济人士理想信念教育实践活动，引导企业家进一步坚定理想信念。

着力推动非公有制企业参与精准扶贫和光彩事业。组织67户企业与37个建档立卡贫困村结对，并取得初步成效；攀枝花市青年企业家商会、龙蟒矿冶等6家单位通过捐赠教育扶贫资金、支持发展养殖、种植产业、捐助贫困学生等方式为对口帮扶乡村提供资金支持120余万元；钢城集团、汇金资产管理公司、锐华农业、天成丝绸、温州（浙江）商会共同捐资100万元成立格萨拉贫困学生助学基金；丽新园艺、骏丰矿业、万民农牧等多家企业优先安排贫困户家庭中适龄人员就业，帮助贫困户增加收入尽快脱贫。在攀枝花市“9·19”特大洪水泥石流发生后，积极发动泸州商会、青年企业家商会向仁和区捐款捐物110余万元。

【服务非公有制经济发展】 积极争取上级工商联的支持，大力推动省工商联和市政府的战略合作，成功承办四川省工商联十届八次常委会暨四川知名企业攀枝花行活动。活动期间，举办“钒钛之都·阳光花城—攀枝花特色产业投资推介会”，积极促成攀枝花市成都国际康养城项目、攀枝花市爱尔眼科医院项目等7个项目在推介会上正式签约；邀请复旦大学相关领导莅攀进行产业技术合作考察洽谈活动，成功举行复旦大学与市政府产业技术对接洽谈会和港攀经贸交流会，与复旦大学开展的“双基地模式”合作已写进2016年市政府工作报告；引进江苏上市企业——亿晶光电和一立矿业进行战略合作。与上海普陀区工商联、黑龙江省鹤岗市工商联结成友好单位。组织企业家赴广元、德阳等地工商联及相关企业、商协会开展系列学习考察和商务交流活动；邀请楚雄州、南充市、绵阳市、泸州市等地工商联先后率企业家到攀枝花走访，在相互交流学习工作经验的基础上，着力推动民间商务活动的开展。

圆满承办“2016年民营企业家新春座谈会”，座谈会上，企业家从不同角度分析行业发展形势、面临困难和问题，并对市委、市政府抓经济工作提出意见建议。认真开展市级领导联系民营骨干企业工作，做好市级领导到骨干企业的联系、协调、信息报送工作，跟踪落实领导现场办公事宜，竭力推动企业反映问题的解决。积极探索建立防范经济犯罪的有效机制，与市公安局共同组织召开警企恳谈会，在宣传、讲解相关法律知识的同时，建立常态化沟通联络机制。

【组织建设】 按照选好配强新一届领导班子成员的原则，会同市委统战部，精心组织，严格换届程序，严肃换届纪律，圆满完成市工商联换届工作。

积极推进基层组织建设工作，加强对直属商会工作指导，3月10日组织成立攀枝花市青年企业家商会，加快会员和行业商业协会的发展，进一步扩大组织基础。加强领导班子好、会员发展好、商会建设好、作用发挥好、工作保障好的“五好”县级工商联创建工作，全市5个县（区）工商联顺利通过省工商联对“五好”县级工商联的审核验收。

（周晓丹）

攀枝花市总工会

【概　况】 2016年，全市各级工会组织以中央、省委、市委党的群团工作会议精神为统领，以中央、省委、市委《关于加强和改进党的群团工作的意见》为指导，以打造“服务型工会”为目标，在组织、引导、服务职工和维护职工合法权益上依法履职、探索创新，切实发挥党联系职工群众的“桥梁纽带”作用。据统计，全年工会工作获各种表彰奖励14项，其中获省级表彰7项、市级表彰7项。市委书记张剡肯定性批示2次。

截至年底，全市已组建各类工会组织4776个，发展会员50.76万人，共有专职工会干部约450名（不包括省属企事业单位专职工会干部）。攀枝花市总工会（以下简称市总工会）有职工（含直属事业单位及临聘人员）145人，其中：在职在编职工58人，离退休职工74人，聘用人员13人（机关聘用人员3人、特派员9人、专职社会化工会工作者1人）。

【职工思想教育工作】 市总工会始终把深入学习贯彻中共十八届六中全会、省委十届九次全会、市第十次党代会精神，特别是中共中央总书记习近平的系列重要讲话精神作为工会工作的首要任务来抓。举办宣讲会10场（次），深入开展基层督查调研10余次，确保中央精神和上级指示在攀枝花市工会系统得到落实、取得实效。开展理想信念教育、爱国主义教育和"四德"教育（社会公德、职业道德、家庭美德、个人品德）、"中国梦·劳动美"等主题教育活动，在职工中弘扬社会主义核心价值观，夯实广大职工坚定信心跟党走的思想基础。面对全市经济下行压力，企业改革改制进入矛盾凸显期的实际，有针对性开展"公开解难题　民主促发展"主题活动，通过宣传改革试点单位的好做法、好经验，开展征集"金点子"、调查掌握职工思想动态，及时发布再就业培训信息等活动，引导职工支持改革，与企业共渡难关，正确面对下岗分流，为攀枝花市推进和深化供给侧改革打下良好的思想基础。重视文化阵地建设，全年各县（区）完成农民工文化驿站建设任务。截至年底，全市已建职工书屋156家、职工教育示范点4家，其中全国级的职工教育示范点3家、省级的1家。

【建功立业促发展行动】 2016年，市总工会围绕市委、市政府"四个加快建设"战略，在钒钛、钢铁等重大产业化项目、花城新区建设项目、"五创"工作、重大民生及社会事业建设项目、重大基础设施建设项目等五个方面确定20个工程（工作）组织实施"五比五赛"，参赛职工达到3万余人，涉及投资金额达到30亿元，有力促进市重点工程（重点工作）顺利进行。其中攀钢钒业公司的1.5万吨氯化法提钛技术实现重大创新突破，填补了西部二氧化钛提炼生产技术的空白。

【职工技能素质提升行动】 2016年，市总工会组织开展多工种、多层面的职工技术比赛，涉及110余个工种，参赛职工达到6万余人次，年内共有1万余名职工实现技术等级晋升。开展第四届全市"百岗万人"职工职业技能大赛决赛，涉及16个工种，16个系统（单位）600余名选手参赛。推动"安康杯"竞赛深入开展，创新宣传教育模式，开展职工"知险、避险、应急救生"大教育活动，印制发放5万份安全生产宣传品到一线职工中，在增强职工安全生产责任意识和提升职工安全生产技能水平方面发挥积极作用。

【职工经济技术创新工程】 2016年，市总工会开展第三届"钒钛之光"职工经济技术创新活动，突出一线职工立足岗位自主发明的研究创造成果的推选、评比、表彰和奖励，有效挖掘蕴藏在职工中的聪明才智，激发职工支持科学技术向现实生产力转化的热情。全年职工共提出合理化建议1.85万条，采纳9520余条，实施6850余条，各基层单位推荐优秀职工成果112项。

【安全生产管理工作】 2016年，市总工会参与安全生产责任事故调查8次，"职工安全生产隐患和事故的举报和报告"窗口共接到安全生产微信、短信374条，其中咨询339条，维权诉求35起，均予以回复。积极探索履行安全生产监督的新途径，全市90%的企业开展安全生产职代会报告制度，《职业病防治专项集体合同》签订率达92%。切实履行维权职责，对2起职工安全生产（职业病防治）上访事件进行查处，有效维护职工合法权益和社会稳定。

【劳模评选与关爱行动】 2016年，市总工会完成全国、省"五一劳动奖状（章）""工人先锋号"的评选工作，其中获全国"五一劳动奖章"1名、全国工人先锋号1个，获四川省"五一劳动奖状"2个、四川省"五一劳动奖章"2名、四川省工人先锋号3个；完成各级劳模的认证和相关资讯工作，认定省部级劳模8名，认定市劳模4名；关爱劳模，完成"劳模三津"及劳模慰问金85万余元发放工作并组织120名劳模参加疗休养。强化违规违纪劳模的调查处理，较好地纯洁劳模队伍，使劳模精神切实成为职工在参与经济社会发展中的行动指针。

【维权与维稳】 2016年，市总工会积极参与全市医疗卫生体制改革、精准扶贫等相关政策的制定，提出的《关于将城市困难群体纳入国家扶贫攻坚计划的建议》《关于加强技能培训工作，促进下岗失业职工再就业的建议》等建议和提案，引起省、市委、政府的高度重视。全面启动"七五"普法，共举办普法宣传活动230余场，3.2万余人次受益，发放宣传资料、法律书籍3万余册。联合市中级人民法院、市司法局、市人社局共同成立全省首家劳动争议专调组织——攀枝花市总工会劳动人事争议调解委员会，调解案件23件，涉及职工23人，挽回经济损失50.57万元。强化职工法律援助，提供劳动维权服务和法律援助共1196件（次），涉及职工、农民工3.85万人，涉案金额371.49万元。配合政府有关部门对农民工工资支付情况进行专项检查，共发现存在拖欠工资企业41家，涉及劳动者5964人，讨回拖欠工资1159.23万元。坚持工会"两书"制度（《工会维权意见书》和《工会维权建议书》），共向8家违反劳动法律法规用人单位发出《劳动法律监督意见书》,企业整改率达100%。做好敏感时段的职工群众来信来访接待工作,及时处理"12351"维权热线电话咨询投诉和网络舆情,积极妥善处理钢城集团环业公司、协力公司职工因企业改革引发的重大集体上访事件,协调处理攀枝花市某大企业拖欠社保导致职工无法报销医保等重大问题。全年共接待职工来信来访897件(次),涉及职工6394人次,接听处理"12351"热线电话374件(次),处理网络舆情5件,维护职工队伍和社会稳定。

【困难帮扶工程】 2016年,市总工会通过实现帮扶对象精准、帮扶管理精准、帮扶项目(措施)精准、帮扶项目绩效管理等目标,进一步扩大帮扶覆盖面。申报各类帮扶基金项目81个,争取到位专项资金1168.65万元。通过开展生活困难救助、重症慢性病医疗救助等发放专项资金732.07万元,帮扶困难职工1.11万人次。搭建公益帮扶平台,成立四川省困难职工帮扶基金会攀枝花工作站。广泛动员机关、企事业单位、人民团体及社会各界爱心人士等参与帮扶项目资金的捐赠,进一步夯实帮扶基础。

【"送温暖"活动】 2016年,市总工会把组织元旦、春节"送温暖"活动与"走基层、解难题、办实事、惠民生"相结合,为3674户困难职工发放送温暖慰问金200余万元,陪同省总工会领导和37位市级领导走访慰问困难职工和对口联系户。全市各级工会共走访慰问一线职工、困难职工、下岗失业职工、农民工、困难劳模等2.42万户人,发放慰问款物价值1043.42万元。1367名各级领导干部结对帮扶困难职工1565户。

【"送岗位"活动】 2016年,市总工会联合人社局开展"2016年工会就业援助月""春风行动"等活动,举办现场招聘会2场。针对国企改革过程中转岗分流职工开展转岗技能培训15个班次、15类转岗培训,针对下岗失业职工、困难职工亲属和农民工开展40个班次、10类就业技能培训。全年共培训2265人,实现就业援助7034人次(其中总工会2007人次),帮助下岗生活困难人员实现或者稳定就业3382人(其中总工会1816人),新开发公益性岗位216个,用于国企改制下岗职工生活困难人员托底安置,已安置137人。

【"送清凉"活动】 5月,市总工会启动"夏季送清凉"活动,在市总工会领导率领下,看望慰问在酷暑中、烈日下坚守岗位的一线职工、农民工、环卫工人、交警、出租车司机等1650人,发放防暑用品、药品价值20万元。全市各级工会共为1.1万名高温工作者和户外劳动者送去价值100余万元防暑降温用品。

【"寒窗助学"行动】 2016年,市总工会继续在攀枝花市两所国重中学继续开展"爱心餐卡"救助活动,为在市三中、七中读书的79名建档困难职工、农民工子女在校期间每月发放260元生活费。5月底启动2016年参加高考的城乡贫困学生调查工作,7—12月先后开展2016"圆梦行动""攀枝花市商业银行爱心助学金"等助学活动。全市工会系统共资助930名家庭经济困难学生,发放助学金236.5万元。

【工资集体协商工作】 3月—4月,市劳动关系三方四家统一行动,集中力量开展市工资集体协商"集中要约月"暨"集中宣传月"活动,全市设置宣传站点36个,宣传活动覆盖632个企事业单位,参与职工17万余人,发放宣传资料9万余份,回复职工政策法律咨询863条,通过协商促进了劳动关系和谐稳定。6月,对选树的15家企业(行业)先进典型下发文件进行表彰奖励。全年、全市企事业单位单独签订以及签订区域性(行业性)综合集体合同2679份、覆盖企业3143个、覆盖职工39.7万人,其中签订工资专项集体合同2629份、覆盖企业3084个,覆盖已建工会组织企业的97.45%。《工人日报》对攀枝花市工资集体协商工作经验进行报道。2016年,工资集体协商提质增效工作获省总工会表彰一等奖。

【厂务公开民主管理】 2016年,市总工会牵头起草《攀枝花市创新企事业单位民主管理制度改革方案》。积极培育和发现、选树、储备一批厂务公开民主管理先进单位,推荐上报的市城市建设投资经营有限公司、攀枝花顺腾集团冶金材料有限公司、攀枝花卓越钒业科技股份有限公司、攀枝花宏基商品混凝土有限公司4家企业被授予"四川省模范劳动关系和谐企业"称号。12月27日,组织召开全市厂务公开民主管理工作总结暨经验交流会。全年实现已建会公有制企业厂务公开和职代会制度建制率达到100%、规模以上非有利公企业95%,书面建议"健全以职工代表大会为基本形式的企事业单位民主管理制度"纳入市"十三五"规划之中。

【主动介入企业改革改制】 2016年,市总工会成立改革改制企业职工权益维护领导小组,加强对攀钢、攀煤、钢城集团等改革改制企业的指导力度,组织人员深入攀钢等大企业调研12次、收集意见建议102条,从事前、事中、事后三个方面全程参与、全力做好服务和指导企业改革改制工作。制发《市总工会关于建立工会系统劳动关系预警机制的通知》,加强劳动关系信息的收集、上报、处置等工作,建立周汇报、月通报、季联系会制度。紧扣大企业改革改制人员离岗分流安置重点,指导依法依规修订完善《职工优化分流安置方案》,1.8万名职工的改革分流工作做到依法、有序、平稳推进，维护广大职工的合法权益。

【“双基”夯实行动】 2016年，市总工会始终抓住建会这个基础任务不放。理顺市国投集团公司工会、攀枝花国家安全局工会隶属关系，协调组建市建设集团工会，完成粮食行业、物流行业组会工作。开展农民工入会集中行动，全年新增农民工会员6300人。全市职工人数为52.88万人，会员人数50.77万人，职工入会率达到96%。广泛开展争创“职工之家”、争做职工信赖“娘家人”活动，推荐申报全省示范乡镇(街道)工会2个、示范社区工会4个；加强乡镇(街道)、社区工会经费补助力度，给予全市60个乡镇(街道)、128个社区工会经费补助20.46万元。

【职工服务平台建设】 5月26日，市总工会职工服务中心正式挂牌启用，这也是四川省首家由编委批准设立的服务职工的窗口单位。该中心在市总工会困难职工帮扶中心基础上，进一步整合工会内部资源，完善服务功能，服务内容包括为基层工会集中办理工会业务，为职工提供困难帮扶、信访接待、就业援助、法律援助、法律和政策咨询、接收慈善捐款、职工互助互济等。该中心设立法律咨询、困难帮扶、就业培训、职业介绍、办证服务、综合服务6个办事窗口和劳动争议调解室、法律服务工作室、心理咨询室3个工作室，通过“窗口化办公、贴心式服务”，最大限度地为广大职工和会员提供“一站式”服务的平台，在党委、政府和广大职工之间架设一座沟通的桥梁。

【“双联”活动】 2016年，市总工会制定“双联”帮扶活动计划，与帮扶单位啊喇乡啊喇村签订帮扶责任书。参与编制《啊喇村“十三五”精准扶贫规划》，通过工作，该村建档立卡的22户贫困户已完成预脱贫11户。在“9·19”啊喇乡遭受持续暴雨泥石流灾害期间，积极组织抢险救灾，并向上争取40万元资金帮助受灾群众渡过难关。9月27日，《工人日报》以《四川攀枝花工会全员行动——救灾，一刻都不能耽误》为题，刊发市总工会“9·19”抗洪抢险救灾事迹。

【职工志愿者队伍建设】 2016年，市总工会利用“工会+互联网+社会组织”模式，通过互联网平台、APP、微信等新媒体手段，突出精准、多元、智慧、实效特点，大力创新职工志愿服务工作，全年累计开展职工志愿服务活动600余场(次)，服务19000余人次。11月10日，市总工会承办了四川省职工志愿服务展示活动，现场通过观看展板、宣传片、PPT及参观示范点等方式，展示市总工会通过智慧工会开展职工志愿服务工作情况。来自全省21个市(州)和部分产业的工会干部到攀枝花进行交流学习。

【企业和职工文化建设】 2016年，市总工会率先在全省建立“掌上职工书屋”，派发电子职工书屋账号500个，为职工提供实体与电子的全方位阅读平台。继续组织开展送电影到基层活动，在攀钢的部分厂矿举办电影放映周，为偏远厂矿、社区放映电影24场。组织开展四川省第二届职工微电影大赛、“聚焦最美劳动者”、职工摄影大赛等十余项主题教育活动。推荐上报作品25件(幅)，其中四川钒钛钢铁公司《百炼成钢》获奖。全年，共组织2500多名职工参加各类比赛活动，在四川省第九届职工乒乓球比赛中，攀枝花代表队A组女双击败众多专业选手，获得第四名的历史最好成绩；在四川省第二十一届职工网球比赛中，女子A组女双取得第三名的优异成绩。攀枝花市总工会获团体总分第五名和体育道德风尚奖，发挥市工人文化宫作用，举办迎春文艺演出及职工游园活动、棋类、桥牌比赛及“花城印象——迎国庆”专题音乐会；继续开展职工才艺培训班，免费开设各类培训班39班次，共培训1511人，公益投入298750元；免费开放图书室和电子阅览室，约5000人次受益。继续开展“十八项”公益项目，共计2万余人参加活动。通过系列改造工程，完成800余万元的文化宫室外景观改造工程，让文化宫环境更加优美、整洁，成为广大市民休闲的理想胜地。

【工会自身建设】 3月31日，市总工会召开党风廉政建设暨党建工作会议，并组织每位党员领导干部签订党风廉政建设责任书。结合“两学一做”学习教育工作，组织全体党员到攀西监狱接受警示教育。在党员学习会上，组织观看《永远在路上》《幸福防线》和《链》等警示教育片，并组织《中国共产党廉洁自律准则》《中共共产党纪律处分条例》知识竞赛，提高机关党员干部拒腐防变的意识和能力。加强各党支部组织建设，市总工会机关党支部、文化宫党支部、成都离退休党支部和攀枝花离退休党支部4个党支部在11月底前完成换届工作。重视提高工会干部能力素质，全年共开展各类培训600人次，其中组织两期近200名工会干部到复旦大学继续教育学院培训，夯实组织基础。加强机关效能建设，出台《攀枝花市总工会机关目标绩效管理考核办法(试行)》办法，制定重点工作督查督办制度，实行工作项目化、项目目标化、目标责任化管理，按月倒排工期、图表上墙公示、定期督察通报、严格问责追究，有效推进重点工作按进度稳步实施。通过建立市总工会机关党员“承诺墙”，开展“三亮三比”、组织党员“双报到”等活动，锻造一支素质过硬的工会干部队伍。11月28日，《工人日报》以《宝剑锋从磨砺出 梅花香自苦寒来》为题，专版刊登宣传攀枝花市工会工作成效。

(孙丽丽)

共青团攀枝花市委

【概　况】 2016年，全市共有团委227个、团工委24个，团总支192个，团支部2566个，其中团市委直属团(工)委、团总支27个，协管团委10个。全市14～28周岁青年有191867人，其中团员72739人，专职团干部50人。0～14周岁青少年131884人，少先队员83548人。团市委机关内设办公室、组织和统战联络部、市关工委办公室、学校少年和维护青少年权益部、青年志愿者工作部、青年工作部6个部室，共有行政编制14个(含关工委2人)，在编12人在岗11人，有副书记3人(1人由关工委专职秘书长兼任)；下辖攀枝花市少年宫1个事业单位，编制数25个，在编20人。

【服务党政中心】 聚焦“双创”搭建平台，主动服务经济社会发展。举办攀枝花市第四届青年创业创新创富大赛，吸引431个青年创业团队报名，线上线下30余万人次参与活动，为创业青年提供展示推广、交流进步、孵化成长的平台，助推全市“双创”工作，激活城市“双创”氛围。深入开展四川青年创业促进计划(SYE)，在团省委提供资金200万元的基础上，争取市级扶持资金400万元，为青年创业创新工作提供坚实保障；累计为132名创业青年提供无息贷款973.5万元，新增就业人员700余人；邀请知名专家与导师举办创业论坛、培训、沙龙10余次，巡诊青年创业项目77个，推动创业项目发展壮大。发挥桥梁纽带作用，力促“省青企协走进市州系列活动之走进攀枝花”成行，向省内优秀青年企业家展示攀枝花经济社会发展成果，扩大城市吸引力、影响力。不断深化“青”字号品牌创建，开展“青年文明号为民服务创先争优”“2016年度青年安全生产示范岗创建”等活动，推荐4名青工参加全省青年职业技能大赛，激励青年工人在经济发展中发挥生力军和突击队作用。

创新举措整合资源，扎实开展脱贫攻坚工作。创新方式搭建帮扶平台，将扶贫帮困工作与2016年新春手机团委团购活动相结合，利用团委手机团购平台为10余个贫困村销售土特产，并举办线下集中展示交易活动，累计销售土特产价值20余万元，受到社会各界的广泛关注。精准对接70个贫困村需求，选配33名“公益指导员”，助力基本公共服务均等化。整合资源着力教育扶贫。争取到攀钢集团提钒炼钢厂职工捐赠50万元，为31名贫困户子女提供每年1000元助学金直至完成高中学业；为米易、盐边16所学校争取到“神华爱心书屋”项目，获捐书籍2万余册、价值40万元；为30名贫困学生争取“我要上大学”等助学项目资金15万元，有效阻断贫困“代际传递”。立足优势动员社会力量。针对边远地区青少年组织心理咨询、法律维权、贫困帮扶等志愿服务活动20余次，服务5000余人，争取各类帮扶资金35万元；为盐边8所贫困地区中心校争取到“壹基金”多功能运动场项目，获赠相关运动物资及体育教师培训等经费近80万元；为贫困村困难学生争取“壹基金”温暖包600余个。积极开展结对帮扶。针对结对帮扶村发展需求，联系农技专家为村民进行家禽和水产养殖技术培训；在春节、“七一”等节日慰问结对贫困户、困难党员10余次，落实为贫困村讲党课等学习教育工作；定期到结对贫困户家中走访，与贫困户共谋脱贫方法，根据贫困户需求，提供必要生活、生产物资，解决实际困难。

找准切入发挥作用，有力服务“阳光花城”打造。着力做好第十一届中国生态健康论坛赛、第六届亚洲青年女垒锦标赛、中国·四川第二届森林康养(冬季)年会、中国·攀枝花—东盟国际商贸洽谈会暨东盟商团入驻东盟国际商城活动等大型赛会志愿服务。成立攀枝花涉外青年志愿者队伍，同时持续加强康养旅游、赛会等青年志愿者队伍建设。组织“五创联动”青年志愿服务行动，广泛发动青年开展生态环境保护、植绿护绿、城乡环境治理、文明新风引导、阳光旅游宣传志愿服务，打造攀枝花青年志愿服务品牌。组织“欢乐阳光行　最美攀枝花”春节、国庆旅游志愿服务，累计服务旅客8万余人次，发放旅游地图、指南、服务手册等各类宣传资料4万余份。攀枝花面向少年儿童开展环保教育的相关经验荣登《中国青年报》“两会”特刊专版，有力提升攀枝花绿色环保形象。

【青少年思想引导】 以“两学一做”学习教育为契机，强化青少年思想政治引领。严格按照上级党委、团组织部署，开展攀枝花市共青团系统“两学一做”学习教育。印发《共青团攀枝花市委“学党章党规、学系列讲话，做合格党员”学习教育实施方案》，召开“两学一做”学习教育动员部署大会，及时传达上级精神，安排相关工作。利用党员学习日、党组中心组学习(扩大)会，班子成员带头组织机关干部集中学习中央和习总书记系列重要讲话及省委、市委重要会议精神。邀请专家为机关党员讲课2次，通过参观攀西监狱、观看专题教育片等方式开展警示廉洁教育8次，开展集中学习研讨22次，强化问题导向，突出学做结合，把学习教育作为进一步锤炼团干部、坚定共产主义理想信念的重要抓手。

因人制宜，创新教育方式，依托团属新媒体平台向广大青年宣传系列重要讲话，引导青年深入了解世情、党情、国情，准确领会治国理政新理念新思想新战略。

以统筹开展多样活动为载体，积极培育和践行社会主义核心价值观。举办“凝聚青春正能量，展现花城新风采——纪念‘五四’运动97周年”座谈会、攀枝花市纪念中国少年先锋队建队67周年“红领巾相约中国梦——听党的话·做好少年”主题活动，引导青年践行社会主义核心价值观。开展青少年群众性精神文明创建，组织“青年志愿服务月”行动，开展志愿活动30余次，发动青年450人，服务群众8900人次。开展“众筹时光·情系桑榆”、重阳佳节“敬祖、敬老、感恩”主题志愿服务，组织7599名青年志愿者为孤寡老人、空巢老人、留守老人送温暖，送关爱，积极传播中华民族传统美德。联合市级相关部门举办“红领巾相约中国梦——听党的话，做好少年”主题活动、“手绘金沙·‘寄’语未来”绘画作品征集活动暨攀枝花市首届明信片制作手绘作品征集大赛，在少年儿童中传承弘扬攀枝花精神。

以加强网络阵地建设为推动，加快构建“线上＋线下”立体工作体系。加强对“花城青年”微信、微博、官方网站等团属宣传阵地的管理维护，用好“青年之声”互动社交平台，充分发挥网络新媒体在联系和引导青少年过程中的重要作用。截至年底，团市委微信、微博累计推送文章、微博7181条，吸引粉丝3.5万人。推进青年网络文明志愿行动，发动3.4万人在“志愿四川”青年志愿者管理平台上注册成为志愿者，强化网络阵地思想引导工作。开展“清明祭英烈·共铸中华魂”主题活动，组织青年进行网页献花留言、手机话题互动、网上祭扫等线上活动，3万余人次积极参与。结合“五四”“六一”等时间节点，通过新媒体开展宣传教育，包括党的各项政策法规、民族传统道德、攀枝花精神、各行各业优秀典型事迹等，以鲜活的案例将党的理论“大道理”转化成青少年易于接受的“小道理”，真正做到入耳、入脑、入心。

【青少年关爱服务】 主动作为，深化社会治理参与创新。加强群团组织服务中心建设，协同社会力量参与社会治理，全市已建成群团组织服务中心21个。承办群团组织参与社会治理暨群团社会服务中心建设专题培训，覆盖各级党委政府分管领导、群团组织干部、社会组织代表等共计626人；由市委分管领导带队，对各县（区）及钒钛高新区贯彻《实施意见》和群团组织服务中心建设情况进行专项督查。动员社会组织参与“9·6”“9·19”抗灾救灾工作，募集救灾物资价值22万元。依托留守学生之家、群团组织服务中心、“12355”青少年综合服务平台等阵地扎实推进“青年之家”综合服务平台建设，建成“青年之家”综合服务平台46个。开展“共青团与人大代表、政协委员面对面”活动，畅通青少年诉求渠道，市政协专题对全市共青团推动青年创业创新工作进行专题调研，并形成报告提交市委，有力推动相关工作开展。持续建好教育、卫生、文化、法治等青年志愿者队伍，招募培训青年志愿者5000余名，培养储备青年志愿者骨干1200余名，推动公共文化服务向社区、农村、边远地区、民族地区延伸。

多措并举，深化青少年关爱服务。开展2016年“逐梦计划”，为在校大学生提供见习实习岗位354个。启动2016年“姚基金”希望小学篮球赛，30支队伍、300余名少年儿童参与，以赛事推动贫困偏远地区青少年身心健康发展。开展“红领巾手拉手——玩具总动员”大型公益活动，为27所农村学校和农村留守儿童、困难少年儿童群体募集玩具2087件、图书16024册、物品300件。针对特殊困难青少年举办“同心圆”“聆听爱的声音”“眼·益精彩”等公益活动，常态化组织青年志愿者为特殊困难青少年、留守学生（儿童）开展心理疏导、亲情陪伴、爱心捐赠等志愿服务活动。加强对攀枝花义工联合会、攀枝花援少会、攀枝花梓丹心理咨询社会服务中心等公益志愿组织的指导，增强社会关爱力量。

把握重点，深化预青未保工作开展。落实“法律七进”活动，以“三下乡”和“6·26”禁毒宣传日为契机，深入农村、学校、社区，通过专题讲座、现场咨询、法治教育夏令营、建立志愿站点等形式，开展禁毒防艾、法治宣传教育活动；加强法律志愿者队伍建设，强化项目运作，广泛开展贴近实际、贴近生活、贴近青年的法律咨询、法律援助等志愿服务；组织心理辅导志愿者赴全市13所初、高中开展“12355”中高考减压活动，覆盖学生2000余人。开展“向灾害SAY NO!”体验式教育、安全宣讲课等安全教育活动；做好包片村（米易县青皮村）禁毒督导工作，履行禁毒督导工作职责。

【夯实团建基础】 健全机制，加强组织建设。修订《共青团攀枝花市委制度汇编》，完善党组会、书记办公会、机关办公等制度建设。扎实开展“1＋100”团干部直接联系青年活动，录入团干部697名，直接联系青年17700名，开展线上线下活动240余次。推广使用集管理终端、工作平台、服务载体于一体的“电子团员证”系统，采集43918名团员、12938名青年基本信息。做好县（区）团委协管工作，通过年终考核、定期不定期召开工作推进会等方式，督促县（区）共青团工作开展。8月，组建共青团攀枝花市金融工作委员会；指导2个直属团委开展换届工作。3月10日，成立攀枝花市青年企业家协会，做好“两新”组织团建，在310个非公有制经济组织成立团组织。推动市委下发《关于进一步加强少年儿童和少先队工作的实施意见》，联合市教育体育局下发《关于加强和改进学校共青团工作的实施意见》，全市学校共青团、少先队工作迈上新台阶。统筹开展“驻校蹲班”工作，掌握学校共青团基层组织运转和工作现状，补齐工作短板。

严格管理，提高队伍素质。坚持团要管团，从严治团，把加强团员队伍建设作为团建工作的重要抓手，下发《关于做好2016年全市发展团员调控工作的通知》，合理控制团青比例；统一制作、发放和管理团员证、入团志愿书，规范团务工作，增强团组织责任感和团员意识，2016年在全市各所中学校发展6100名团员。承办省少先队骨干人才培训班，举办少先队辅导员说课比赛、少先队鼓号队比赛等，强化少先队专业人才队伍建设。争取党政支持，督促市、县（区）团委班子和机关干部及时配备到位，团市委配备1名副书记，下属事业单位配备2名副主任，补充1名机关干部和1名少年宫工作人员，2名团干部转岗，县（区）团委配备2名班子成员，免去县（区）团委2名班子成员，推荐1名干部驻成都招商。选派机关干部外出学习培训18人次，从东区、西区、攀钢、邮政公司等选拔9名青年干部到团市委机关交流锻炼。

选树典型，激发系统活。推报曾正超成为攀枝花市首位"中国青年五四奖章"获得者，市第七高级中学校团委和市烟草专卖局团总支获"全国五四红旗团委（团支部）"，另有17名个人、22个集体获评省级"四川省优秀团员（团干部）""四川省五四红旗团委（团支部）"、11个单位获省"青年文明号"称号，选树52名个人、30个集体为"攀枝花市优秀团员（团干部）""攀枝花市五四红旗团委（团支部）"。利用报纸、电视、团属新媒体等平台对全市各行各业优秀青年进行广泛宣传，进一步激励团组织、团员和团干部在各项工作中奋发进取、建功立业。开展攀枝花市第二届"青年志愿之星"评选，集中表扬优秀青年志愿者，推报何晓嶓获评中国青年志愿者优秀个人奖，充分发挥优秀青年志愿者的示范引领作用。

【关心下一代工作】 截至2016年年底，全市村级以上关工组织826个，64%的基层关工委进入"六好"行列；在不同岗位担任辅导员、帮扶员、监督员和宣传员的"五老"志愿者23728人。

以培育践行社会主义核心价值观为主线，抓住儿童节、建党节、国庆节、红军长征胜利80周年等重要节点，以报告会、故事会、主题征文、精神论坛、体验式教学等形式，开展"党史国史教育""攀枝花精神"等主题教育活动；开办春芽读书会、"五老"报告会，组织"铭记两史　践行三爱"公益夏令营、优秀"小公民"评选等，引导广大青少年从小立志向、爱祖国、建家乡，全年开展春芽读书会及"五老"主题宣讲400余场（次），参与青少年5余万人次；评选优秀"小公民"60名，参与"小公民"活动少儿上万人次；整合资金30余万元，组织300余名特殊青少年参加公益夏令营。

深入开展"关爱明天　普法先行"活动，组建市青少年普法讲师团，就网络文明、交通安全、未成年保护等进行案例讲解，现场观摩，形成《生命如花　好好爱她》等精品教案；全市39个法制工作团进学校社区举办法制讲座300余场，受到学生及基层普法员欢迎；司法、教体、法检等有关部门在法制副校长工作基础上，拍摄制作《牵着手回家》《我的校长"爸爸"》等青少年法治专题片，在19所学校试点建立法律顾问制度；"12355"青少年综合服务平台、"12348"法律援助专线、"12318"文化市场（网吧）有奖举报电话等，实现市、县（区）、乡镇（街道）联网服务。316名"五老"网吧义务监督员长期配合职能部门开展网吧等游乐场所和校园周边环境整治。

认真抓好"五失"等特殊青少年关爱帮扶，建立健全分类帮扶、目标考核等制度机制，各级关工委同步建立"两库一卡"（即全市特殊青少年信息库、全市关心下一代志愿者信息库及结对关爱卡），甄选老师、亲属、邻居、"五老"、青少年居住地的"双联"单位在职人员等担任结对志愿者，通过面谈书信、电话网聊等开展亲情陪伴与精神鼓励。截至12月底，全市1521名特殊青少年均受到关爱帮扶，771名"五失"青少年已全部结对。

充分发挥市关心下一代基金会平台作用，结合精准扶贫工作，积极与有关部门、爱心企业等合作，共同为青少年办实事、做好事。市关心下一代基金会坚持服务青少年成长与服务企业发展并重的公益理念，利用"互联网+"大胆探索，积极与市内外企业及知名公益组织合作，2016年，在市工商联、团市委等大力支持下，基金会筹集资金和物资160余万元，开展青少年特殊救助、心理关爱、公益夏令营等11个公益项目，直接帮扶3000余名青少年儿童，受益青少年上万人次。其中，特殊青少年关爱计划、格萨拉精准扶贫、爱童护瞳、眼益精彩、阳光小梦想、同心圆等项目活动广受好评。

2016年，攀枝花市8个基层关工委获得全省"六好"基层关工委先进表彰；继全省前三届的"十佳五老"及提名奖——"党的十八大代表"丁爱谱、"做了一辈子好事"的王辉荣、"大梯道书画爷爷"张伟之后，养育7个孩子的"矿山母亲"陆学英获得全省第四届"十佳五老"提名奖。

（罗宇璨）

攀枝花市妇女联合会

【概　况】 2016年，攀枝花市妇女联合会（以下简称市妇联）内设机构为“3部1室1中心”，即：组织联络部、宣传教育部、权益部、办公室（市政府妇儿工委办）和攀枝花市妇女儿童服务中心。市妇联行政编制9人，工勤编制2人，事业编制5人，实有职工15人，其中，领导班子5人。

2016年，市妇联贯彻落实中央、省委、市委群团工作会议精神，保持和增强妇联组织的政治性、先进性、群众性，按照“1251”工作安排，即突出“一个主题”（汇聚巾帼正能量，共建幸福攀枝花），实施“两个纲要”（妇女、儿童发展纲要），深化“五大行动”（落实素质提升、巾帼建功、幸福家庭、维权服务、强基固本），实现“一个目标”（攀枝花妇女儿童事业发展整体水平和妇联工作整体水平走在全省前列），着力推进各项工作。

2016年，市妇联获省政府妇儿工委信息工作全优奖、省妇联业务目标综合考核一等奖、四川省首届巾帼家政服务技能大赛最佳组织奖、四川省寻找“最美家庭”活动先进集体。但全市妇女儿童发展和妇女工作中还存在一些困难和问题：男女平等基本国策的落实力度还需进一步加大，妇女参与发展的能力有待进一步提升，妇联干部适应新形势、新常态的意识需要加强，自身建设水平需进一步提高。

【妇女创业就业】 围绕阳光康养产业发展，推动妇女居家灵活就业，为妇女创业就业搭建平台。全市各级妇女组织动员城乡妇女积极参加育婴师、家政服务员、养老护理等社会需求量大、回报价值高的职业技能培训，参训妇女7000余人次。在四川省巾帼家政服务职业技能大赛中，攀枝花市选手夺取家政服务员类一等奖桂冠。依托攀枝花特色资源，推动生态种养业、家庭农场、阳光康养和乡村旅游业等产业发展，争取省妇联230万元项目资金，用于妇女创业就业示范基地建设和女性素质提升。引导规范家政行业，为企业提升品质、做大做强出谋划策、牵线搭桥。实施“互联网+”创业计划，开展电子商务培训，牵线攀枝花市知名电商帮助妇女增收，引领妇女融入电商产业发展。妇女利用微商、电商等网络平台推销攀枝花芒果、石榴、米易枇杷、樱桃等特色水果和阳光康养服务等品牌资源。在省政协“双创”专题协商会上，市妇联作为全省妇联界别唯一代表作《推进妇女居家灵活就业促进妇女创业创新发展》的发言。

以“巾帼创新业　建功十三五”为主题，深化巾帼建功行动。开展“巾帼文明岗”创建活动，209个国家、省、市级“巾帼文明岗”通过考核验收，新命名31个攀枝花市“巾帼文明岗”。组织女职工参加降本增效、科技创新、钒钛资源综合利用、节能减排、市场开拓等活动，推动女职工成为行业能手。

【“精准扶贫、巾帼同行”行动】 各级妇联通过“观念扶贫”“能力扶贫”助推全市精准扶贫工作。在全市70个贫困村开展“精准扶贫、巾帼同行”故事分享会，让群众身边脱贫致富带头人分享自己的故事，通过故事相互激励、共建共享，弘扬社会正能量。围绕“好习惯”“好家风”的培育，开展突出一个主题、建好一个组织、完善一个阵地、建好一支队伍、办好一个课堂、开展一次创评活动、组织一次身边典型故事分享会“七个一”活动。为贫困村印发1.5万册日历、春联。通过农家女大课堂、母亲大课堂、普法大课堂等载体开展各类培训，鼓励发展居家灵活就业、阳光康养产业等特色项目，增强城乡妇女脱贫致富本领和自我发展能力。市、县（区）妇联结合精准扶贫工作，举办素质提升培训152场，协调农林、畜牧专家开展种养殖技术培训26场，组织126名贫困妇女参与就业技能培训，帮助联系就业，开展劳务输出，为贫困妇女家庭增收。协调市扶贫移民局和市财政局落实仁和、米易、盐边3个农村区、县各20万元~30万元专项资金，用于贫困村妇女素质提升和家庭建设。

【幸福家庭建设】 弘扬家庭美德。落实习近平“三个注重”，弘扬夫妻和睦、尊老爱幼、科学教子、勤俭节约、邻里互助的家庭美德。连续三年开展寻找“最美家庭”活动，2016年，全市评选市、县两级“最美家庭”1000余户。突出好家风好家教培育，市、县（区）、乡（镇）、村（社区）围绕幸福家庭建设，举办“让爱回家”故事分享会及“家风课堂、幸福使者”等专题讲座500余场，倡导文明家风，传播幸福种子。对全市具有良好示范带头作用的60名优秀“小公民”予以通报表扬。

提升家庭教育服务水平。聘请著名教育专家金子谦教授为攀枝花市家庭教育总顾问。市、县（区）妇联建立“攀枝花智慧家长群”“家风家教微课堂”等微信群10个，妇联干部、教师及家长2400余人参与。11月1日开始，金子谦老师每天早上6:00为学员们上《学记》《大学》等微课，学员们积极参与，热情交流。线下开展读书会、分享会，以县、区为单位，其中，仁和区的《阳光攀枝花幸福家庭联盟》读书会定期共读一本书，全公益活动，面向所有家长开放。培育家庭教育指导师60人，其中，高级家庭教育指导师30人，成立家庭教育讲师团3个。开展“好家长带出好孩子”“亲子沟通之道”“早期教育情商培养”等专题讲座。全市开展家教公益讲座600多场，来自全国、省、市级的教育专家为家长们传播科学家教理念，传授处理家庭关系的技巧，20万人次受益。探索多部门联动、社会广泛关注的家庭教育指导新格局。在攀枝花市“两会”上，进行《发挥家庭教育功能，促进青少年健康成长》的大会发言，递交《关于促进我市早教行业健康发展的建议》提案。在攀枝花市第十次党代会上，提出《关于将家庭教育指导纳入我市城乡公共服务体系建设》的提案。

【“花城联姐”工作室建设】 加强以婚姻家庭纠纷调解为主的“花城联姐”工作室的建设。建立和完善市、县、社区三级婚姻家庭纠纷调解工作机制。全市352个村和130个社区全面开展“花城联姐”工作室创评活动，逐步形成以“婚姻家庭纠纷调解带动法律咨询＋法律援助＋心理关爱辅导＋家庭教育”的工作格局。“三八”节期间，市妇联联合市司法局命名表彰38个示范“花城联姐”工作室和十佳调解员。通过现场办案、巡回督导、业务培训等多种方式强力推进婚调工作专业化、规范化发展。市妇联对县（区）“花城联姐”工作开展调研督导，重点到东区、仁和区、西区针对基层婚姻纠纷的个案调解进行示范指导。《中国妇运》《四川日报》等多次刊登相关信息。与四川大学联合举办攀枝花市第二期“婚姻家庭咨询师资格认证培训班”，61名学员参加培训并取得国家职业资格证书，为在恋爱婚姻家庭生活中遇到各种问题的求助者提供咨询服务。截至2016年年底，攀枝花市婚姻家庭咨询师人才队伍达156人。市妇联联合相关部门，举办“七夕”相亲会，为单身男女提供交友平台，200余名青年参加活动。开展婚姻家庭问题调研，形成《关于攀枝花市高离婚率的调查报告》，被市政府《攀政快讯特刊》采用。基层妇联采取各种措施为农村大龄未婚人员牵线搭桥，解决婚姻问题。截至2016年年底，仅仁和区就有56名大龄未婚人员结婚组建家庭。

【妇女儿童维权服务】 做好信访接待工作。坚持“理解在前、安抚优先、主动沟通、全力协调、及时化解”的信访工作原则，将妇女儿童依法维权、维稳与信访工作相结合，提高全市妇联干部接访能力。开展法律“七进”“平安家庭”创建、“花城联姐”工作室创建及“维权大讲堂”等活动。发挥“12338”维权心理热线效能，做好重点个案的风险评估与管控，继续保持信访“零”积案。做好信访工作的接待与心理疏导工作。全年市、县两级妇联接待信访案件391件，其中家庭权益案件254件，结案率100%。加强与法律援助工作站的合作，为妇女提供专业的法律咨询服务300人次，实施法律援助案件16件，为当事人挽回经济损失80多万元。

做好法制宣传教育工作。市妇联编印下发15000本《攀枝花市妇女儿童维权手册》，含有“依法维权篇”“儿童保护篇”“婚姻调解篇”等八大板块，是一本实用性较强的维权工具书。结合《中华人民共和国反家庭暴力法》的出台，在“三八”维权周印制60000份《反家暴宣传画页》，通过发放提高妇女维权意识。市妇联先后被多家媒体采访并报道工作信息，营造依法维权的舆论氛围。依托“维权大课堂”送法律进学校、进社区。市妇联与县（区）妇联一道将公益讲座“保护女童安全”覆盖到30多所学校17400余名女童。带领专家深入乡村、社区开展《中华人民共和国反家庭暴力法》法条亮点解读、专题讲座10场，受益群众5000余人。各级妇联组织开展各类普法讲座、法制文化活动等130场次，妇女参与人数达50000余人。

【“两纲”实施】 推动将攀枝花妇女、儿童发展纲要（2011—2020）（简称“两纲”）纳入党委、政府议事日程及《攀枝花市“十三五”规划》，统筹安排、同步实施。市政府妇儿工委办继续做好“牵头抓总”，召开妇儿工委全委会，“两纲”监测、统计会，加强“两纲”指标的监测、统计分析和评估。各成员单位以问题为导向，对短板、薄弱环节进行重点跟进。大多数重、难点指标有效推进，如2016年免费婚检率达到92.27%，较2015年提高5.02%；攀枝花市建成“儿童之家”“妇女儿童之家”245所。积极开展适度普惠性儿童福利制度建设试点工作。“六一”前，市委常委、市总工会主席张敏带领市政府妇儿工委相关成员到特殊教育学校和普惠制民办幼儿园开展慰问和调研活动。

【“两癌”免费筛查】 结合全市扶贫攻坚工作中的“医疗扶贫”，市妇联发挥界别优势作用，将妇女“两癌”（宫颈癌、乳腺癌，简称“两癌”）筛查救助工作纳入人大建议、政协提案和政府议题，推动市政府研究出台全市农村妇女和城市低收入妇女“两癌”免费筛查救助政策，每3年一个周期对全市35—64周岁符合条件的妇女进行“两癌”筛查。发挥县（区）、乡（镇）妇联在“两癌”防治、普查工作中的组织、宣传、协调和服务优势，利用“三下乡”“三八”维权周宣传、重大节庆活动，采取多种方式广泛开展宣传活动。组织全市17000多名妇女参加免费筛查，检查出“两癌”患者38人，20名患病妇女获全国妇基会每人1万元的“两癌”救助资金。大力实施关爱女性保障计划，1.8万余名妇女参与，有10余位患者共获55万元医疗补助救助款。

【关爱困难妇女儿童】 强化事实无人抚养儿童关爱帮扶行动。全市认定并帮扶事实无人抚养儿童356人，同比增长

72.63%。招募“爱心妈妈”,关注“困境儿童”,结对帮扶82人。利用春节、“三八”节、母亲节、“六一”节等契机,走访慰问贫困母亲、特殊儿童。妇联干部深入村社(社区)、边远山区开展慰问、送温暖活动,宣传党的惠民政策,引导发展思路。2016年,攀枝花市各级妇联慰问困难妇女儿童450人,家庭700多户,发放慰问金、慰问品40余万元。“9·19”强降雨洪灾发生后,市妇联心理援助专家及时到啊喇乡、务本乡等灾区学校开展心理关爱活动,帮助孩子们驱散心里的阴霾。

【“强基固本”行动】 加强与市委组织部、市民政局等部门联系,推动将“农村村民委员会100%有女性并逐步提高比例,城市社区居民委员会女性比例达到50%以上,村(社区)妇代会主任(妇联主席)100%进村(居)两委”等目标以及村(社区)妇代会改建妇联工作要求纳入市委换届相关文件同步推进。加强对村(社区)妇代会改建妇联、女性进村(社区)“两委”“妇女之家”建设等工作的指导。做好人大女代表、政协女委员比例配备的源头参与工作,积极推动和保障全市两级人大、政协换届女代表、女委员的推荐选举工作。加强对各县(区)妇联及市级机关妇委会换届指导,实施兼职副主席配备、“公推直选”等新举措。赴宁夏银川市、上海宝山区学习考察群团组织改革创新、转型发展、家庭教育及社会组织孵化培育等工作,提出意见建议,形成学习考察报告。开展基层组织“示范”创建活动,推报米易县为四川省基层组织示范县。推进“妇女之家”规范化、制度化建设,命名20个基础条件好、服务功能优、管理模式新、活动特色鲜明、深受妇女群众喜爱的“妇女之家”为攀枝花市“示范妇女之家”,全市“示范妇女之家”达到46个。

【网上妇女之家建设】 市妇联与市广播电视台合作,打造“花城幸福家”官方微信公众号。市广播电视台通过对市妇联“花城幸福家”公众号代管运营,开设“妇联动态”“与你相关”“热点聚集”“家庭教育”“健康盘点”等栏目,方便广大妇女及家庭网上办事、了解咨询,提升妇联工作效率。加入微信平台的人员近6000人。市、县(区)分别开展妇联通运用培训,在攀枝花市各级妇联干部中实现妇联通全覆盖。基层妇联组织探索实施“智慧女性”项目,方便辖区妇女儿童随时了解妇联工作动态,并结合辖区特点和群众需要开展个性化服务。项目有“智慧女性门户网站”“智慧女性微信平台”“智慧女性社区服务终端”“12338维权热线”“经济管理平台”五大板块,打造集劳动保护、教育、权益维护、就业服务、政策法规宣传、政务公告的智慧化妇联服务平台。将妇联活动、辖区单位妇女以及社区妇女、儿童信息等进行信息化管理,建立及时准确快捷的妇女儿童信息和数据库,为辖区广大妇女儿童提供便捷、及时的服务。

【“三八”妇女节106周年纪念活动】 3月4日,在攀枝花会展中心大会堂举行“汇聚巾帼正能量,共建幸福攀枝花”“我们的故事”分享会,建立故事分享志愿者队伍,在机关、企事业单位重点开展“让爱回家”故事分享会,在农村特别是贫困村重点开展“精准扶贫,巾帼同行”故事分享会,通过故事分享会相互激励、共建共享,弘扬社会正能量。开展攀枝花市“三八”妇女维权周宣传活动。3月5日,结合《中华人民共和国反家庭暴力法》正式实施,市妇联以“反家庭暴力,我们共同的责任”为主题,印制宣传资料4万份,联合市司法局、市卫计委、社区及维权心理志愿者、巾帼法律志愿者一起在市中心广场开展反家暴法宣传、咨询,邀请儿童专家、妇科专家做妇女儿童健康与心理咨询。在市妇联网站开设“反家庭暴力法宣传专栏”。邀请专家开展妇女儿童权益维护法律法规专题讲座。开展男女平等基本国策及攀枝花妇女儿童发展纲要宣传。举办“促进妇女全面发展　共建共享阳光花城”文艺演出,展现各行各业妇女积极向上的精神风貌。命名一批攀枝花市“最美家庭”“爱心妈妈”“示范妇女之家”及“花城联姐”婚姻调解工作室,并表扬授牌。启动“向幸福出发寻找最美家庭、共建共享阳光花城”活动暨爱心妈妈招募活动。

（徐云芳）

攀枝花市归国华侨联合会

【概　况】 2016年,攀枝花市归国华侨联合会(以下简称市侨联)内设办公室1个,行政编制3名,机关后勤事业编制2名,在职干部职工3名。同时与工、青、妇等其他5家群团组织共同在全市社区建设有14个群团组织社会服务中心。

2016年,市侨联团结广大归侨侨眷和海外侨胞,充分发挥桥梁纽带作用,凝聚侨心、汇集侨智、发挥侨力、维护侨益。充分发挥侨联对外联系广泛,资金智力密集的独特优势,努力开展侨务引资、引智工作;进一步加强侨法宣传教育,依法维护侨益,关爱归侨侨眷,大力弘扬侨爱,打造“侨爱心工程”品牌;努力拓展海内外联谊,不断培育壮大侨务资源,加强对外宣传和文化交流,提升攀枝花市的知名度和吸引力;积极参政议政,充分发挥侨联界别作用,主动建言献策;积极参与“大群团”构建,主动参与“五侨联动”,进一步凝聚侨联工作合力。

【经济科技】 主动招商引资。2016 年,先后组织参加首届川商返乡发展大会、省侨联代表团赴台湾参访、“第 14 届东盟华商会”等重大涉侨经贸活动,通过推荐攀枝花市侨资企业参与大会、设立侨联洽谈展位、发放招商宣传资料等多种方式,与海内外华商进行广泛洽谈,就共同推进生态农业园区建设、农产品质量安全提升、农产品精深加工合作、农业科技对接、休闲观光农业发展等与台湾有关方面达成共识;先后向香港、成都等 3 名有意投资侨商推介矿山治理、生态公园、阳光康养等项目,积极宣传攀枝花市优良投资环境和美好发展前景。

努力开展侨务引智工作。2016 年,先后推荐攀枝花市 1 名优秀回国青年留学生当选省侨联第二届青年委员会委员,1 名省“千人计划专家”当选省侨联特聘专家委员会委员,1 名优秀侨眷参加攀枝花市决策咨询专家委员会遴选,并专程拜会应邀到攀枝花开展讲座的中国侨联特聘专家、哈尔滨鸿盛集团董事长林国海先生,就促成哈尔滨鸿盛集团与攀钢集团工程技术有限公司项目合作进行座谈。

【权益保障】 广泛宣传侨法。主动选派攀枝花市侨联干部参加中国侨联组织的“法治中国你我同行”等法治学习培训,提升侨联干部运用法治思维和依法维权意识,推动侨联工作开展;积极参与攀枝花市“七五”普法工作,就进一步加强“七五”普法期间的侨法宣传,“七五”普法规划的修改等向市司法局提出意见建议;主动争取将侨法学习纳入市委党校干部培训班课程,免费向参训干部发放自编《常用涉侨法律法规手册》300 本,提升机关干部知侨护侨、依法行政意识。

关爱归侨侨眷。2016 年走访慰问全市 12 户归侨侨眷,送去慰问款物折合人民币近万元,帮扶 2 户农村贫困侨眷家庭发展生产,送去生产帮扶资金 4000 元,做好全市 47 名老归侨生活补助发放工作,发放补助金 4 万余元。

认真做好涉侨信访工作。全年共接待归侨侨眷和侨资企业信访 10 人次,做到事事有落实,办结率 100%。

【海外联谊】 广泛开展海内外联谊活动。参加省侨联代表团赴台湾参访,先后拜会台湾中华侨联总会等社团,建立友谊,加强交流;搭建联谊平台,先后推荐攀枝花市 3 名侨界青年当选省侨联第二届青年委员,推荐 2 名侨资企业家参加省侨商会,推荐 1 名高层次人才参加省特聘专家委员会;利用参会、接待等各种机会,广交朋友。9 月在随四川代表团参加中国侨联成立 60 周年纪念大会期间,市侨联主动开展海外联谊,先后拜会美国中国和平统一促进会联盟主席等海外侨领、侨商,并就攀枝花市侨爱心工程捐赠、邀请华商到攀枝花投资考察等项目达成协议,同时,在春节、端午节等中华民族传统节日期间向海内外重点工作对象发送电子贺卡,进一步加强联系,建立友谊。

【参政议政】 主动建言献策。在 2016 年年初攀枝花市“两会”期间,市侨联联合致公党攀枝花市委会在政协大会上作题为“看城乡处处飞花、让花城更加五彩斑斓”的大会发言,获大会发言一等奖,攀枝花市报纸、网络等媒体也同步做相关报道。市侨联还提交集体提案 1 件,市侨界人大代表与政协委员共提交 16 件建议案(提案),积极为全市发展建言献策。11 月,市侨联所在学习活动组被评为市政协工作先进集体,1 名侨界政协委员被评为优秀市政协委员。

认真做好服务工作。12 月 6 日,市侨联组织市政协侨界委员与政协致公党界别委员一起,在市政协副主席何群的带领下,实地考察调研西区西佛寺沙化土地恢复项目和金沙水电站的建设情况,委员们认真了解西区在水土保持、植被恢复等方面所做的工作,就打造世界最大的蓝花楹观赏基地、加快金沙水电站建设提出许多意见建议。

【公益捐赠】 服务精准扶贫。2016 年,争取到海外侨胞捐资 10 万元,为温泉彝族乡野麻地村捐建“扶贫桥”一座,同时帮助该村建设价值 5000 元的科普文化宣传栏,筹措到专项扶贫资助金 1 万元;市侨联干部职工先后 5 次深入野麻地村,为 6 户帮扶联系的贫困户送去慰问款物近 4000 元,积极为他们脱贫出谋划策,继续捐资助学。2016 年,市侨联再次争取香港同胞捐赠资金 2. 87 万元,资助仁和区 31 名农村学生,并帮助干坝子侨心小学修建一座挡土墙,改善学校的办学条件。

【文化宣传】 认真做好中国侨联向全国从事侨联工作 20 年以上的工作者颁发荣誉证书工作,全市有 12 名从事侨联工作 20 年以上的工作者获中国侨联颁发的荣誉证书。9 月,攀枝花市 1 名归侨还应邀参加省侨联举办的纪念红军长征胜利 80 周年暨庆祝中国侨联成立 60 周年座谈会。利用出访、参加涉侨活动等机会,广泛开展宣传交流。3 月,利用参加省侨联代表团赴台湾参访之际,对攀枝花市苴却砚文化进行宣传交流;6 月,利用参加东盟会机会,发放攀枝花市旅游宣传资料近百份;积极组织学生参加第十八届世界华人学生作文大赛,经过数月的精心组织与认真筛选,最终推荐市教育局直属学校和东区、西区、仁和区共 33 所学校的 191 篇征文参加此次作文大赛。

(吴庆育)

攀枝花市残疾人联合会

【概　况】 2016 年，攀枝花市残疾人联合会（以下简称市残联）内设办公室、康复科、教育就业科、维权科 4 个职能科室，下属残疾人康复教育中心、残疾人劳动就业服务中心 2 个事业单位。全市残联系统（含三区两县残联）有在职职工 70 人（含临聘人员 26 人），其中市残联 26 人（机关 11 人、事业单位 15 人，含临聘人员 4 人）、东区残联 9 人（含临聘人员 6 人）、西区残联 6 人（含临聘人员 4 人）、仁和区残联 12 人（含临聘人员 7 人）、米易县残联 7 人（含临聘人员 2 人）、盐边县残联 10 人（含临聘人员 3 人）。全市残疾人人口 7.46 万人，持证残疾人 2.64 万人。

2016 年，攀枝花市残疾人工作按照"一个中心、两个体系、三大保障"的总体思路，全面推进残疾人康复、教育、就业、维权等工作，保障残疾人权益，推动全市残疾人工作持续健康发展。攀枝花市残疾人社会保障体系进一步健全，各项优惠政策落实到位；残疾人扶贫工作力度加大，措施精准有力；残疾人民生得到更广泛关注，残疾人民生状况较好改善；残疾人文化体育活动丰富，残疾人参加文体赛事再创佳绩。但基层残疾人组织建设工作还很薄弱，且发展不平衡，影响残疾人工作深入开展。

【推进残疾人小康进程】 为全面贯彻落实《四川省人民政府关于加快推进残疾人小康进程的实施意见》，12 月 5 日，市政府印发《关于加快推进残疾人小康进程的实施意见》（以下简称《实施意见》），明确从社会保障、就业、康复、教育、文体等多个方面加快推进全市残疾人小康进程，到 2020 年努力实现残疾人权益保障制度基本健全、基本公共服务体系更加完善，残疾人事业与经济社会协调发展，有需求的残疾人基本得到"量体裁衣"式服务，让残疾人共享经济社会发展成果。《实施意见》重点提出"做好残疾人基本民生保障、促进残疾人及其家庭就业增收、提升残疾人基本公共服务水平、调动社会资源发展残疾人事业"4 个方面政策措施和"加强组织领导、加大经费投入、强化残疾人权益保障、营造良好氛围"4 个保障机制，对 53 项重点任务进行分工和进度安排，涵盖残疾人社会保障、就业、扶贫、康复、教育、文化体育、权益保障、无障碍建设和公共服务等各个领域。

【出台残疾人事业"十三五"发展规划】 12 月 30 日，市政府印发《攀枝花市残疾人事业"十三五"发展规划（2016—2020）》（以下简称《发展规划》）。《发展规划》总结全市"十二五"残疾人工作取得的成绩，分析"十三五"面临的形势，明确"十三五"残疾人工作发展目标为：到 2020 年，全市"量服"全面深化，持证残疾人"量服"覆盖率达到 95% 以上，"量服"精准度达到 90% 以上；残疾人权益保障制度基本健全，基本公共服务体系更加完善，残疾人事业与经济社会协调发展；残疾人社会保障和基本公共服务水平明显提高，广大残疾人与全市人民共建共享小康社会。重点提出"保障残疾人基本民生、大力促进城乡残疾人及其家庭就业增收、提升残疾人基本公共服务水平、依法保障残疾人平等权益、凝聚加快残疾人小康进程的合力"5 项主要任务，强调措施保障、规划实施和监督评估，确保《发展规划》目标落实。

【残疾人社会保障】 2016 年，攀枝花市残疾人社会保障体系进一步健全，各项优惠政策落实。全面启动困难残疾人生活补贴制度。从 1 月 1 日起，在全市全面启动困难残疾人生活补贴制度，补助困难残疾人因残疾产生的额外生活支出，补贴对象为低保家庭中的持证残疾人。补贴标准 2016 年为每人每月 60 元，2017 ~ 2020 年每年提高 10 元，到 2020 年达到每人每月 100 元。2016 年，市残联配合市民政局为 5693 名残疾人发放困难残疾人生活补贴；残疾人社会保障制度落实。全市符合条件的城乡残疾人家庭和困难成年重度残疾人纳入最低生活保障，实现"应保尽保"。全年纳入城乡低保残疾人 6178 名，其中：农村低保对象 4030 人、城市低保对象 2148 人，享受残疾分类施保对象 5129 人（其中农村 3567 人、城市 1562 人）；纳入特困人员供养残疾人 1087 人。全年参加城镇职工社会保险的残疾人 4348 人。全市城乡居民基本养老保险、城乡居民基本医疗保险工作全覆盖，残疾人参加城乡居民基本养老保险、城镇居民基本医疗保险和新型农村合作医疗优惠政策落实，全年参加城乡居民基本养老保险的残疾人 17563 人，参加城镇居民基本医疗保险残疾人 7616 人，参加新型农村合作医疗残疾人 14062 人。继续实施"阳光家园"计划，居家托养智力、精神残疾人 740 人。

【残疾人民生工程及民生大事】 2016 年，市残联认真做好涉及残疾人的 10 项民生工程和 2 件民生大事的项目申报、实施、督查、验收、后续跟踪等工作，确保各项工作全面完成，切实让残疾同胞受益。全年帮助 6600 名城乡残疾人实现居家灵活就业；扶持 1200 名农村贫困残疾人发展生产；为有辅助器具需求的残疾人适配辅助器具2650件；对507名残疾人扶贫对象据实发放差额补助，使其年收入达到国定贫困线标准；为9326名重度残疾人发放护理补贴；为324户有需求的残疾人家庭实施无障碍改造；为100名贫困家庭脑瘫儿童提供阶段性康复训练服务；为23名贫困家庭听力残疾儿童提供人工耳蜗手术、助听器适配、听力语言康复训练等康复服务；为910名贫困精神病患者开展医疗救助，其中为750名贫困精神病患者补贴服药费用，为160名重症精神病患者提供一次性住院治疗补助。市残疾人康复托养中心建设，经12月2日市政府第86次常务会审议通过，将原改扩建方案更改为与攀枝花市第三人民医院合建的方式解决攀枝花市残疾人康复中心建设问题，截至12月底，合建项目已开工建设。配合市民政局向5693名持有第二代残疾人证的低保对象发放困难残疾人生活补贴。

【残疾人服务】 按照省残联统一部署，2016年，全市进一步深化“量体裁衣”式残疾人服务，不断完善“量服”四大机制（即：深化常态的入户调研机制、以需求为导向的“一人一策”服务机制、以每个残疾人直接监督为主的新型监督机制、信息化管理和实据量化决策机制），依托四川省“量服”信息平台和“智慧量服”手持终端，全年为3.57万名残疾人提供各类“量体裁衣”式残疾人服务27.6万项次。全面推进“机构量服”，由市、县（区）残联业务主管或指导的8个服务残疾人机构（组织）纳入“机构量服”管理，方便精准监督和管理；在仁和区试点“开放量服”，2475名残疾人通过网络申请办理相关业务，残疾人办事更便捷。

【残疾人康复】 2016年，市残联在全市卫生计生系统的协助下，利用“爱耳日”“爱眼日”“世界精神卫生日”等节日开展康复防治知识宣传和义诊活动，普及康复知识，提高公众残疾预防和康复意识。开展康复服务，帮助残疾人恢复或补偿功能，减轻残疾人痛苦和家庭负担。

视力康复。全市残联系统在全市卫生计生系统的协助下，全年为162名贫困白内障患者免费实施复明手术；开展盲人定向行走训练6期，训练视力残疾人200余人次；发放低视力助视器3700件，盲用触屏软件115套。

残疾儿童康复。配合全市卫生计生系统开展第四轮“0～6岁儿童残疾筛查工作”，筛出疑似残疾儿童98人。为8名0～7岁智力残疾儿童提供康复训练；为5名精准扶贫对象中的0～6岁残疾儿童提供康复救助；输送3名脑瘫儿童到四川省八一康复中心进行矫治手术，为76名脑瘫儿童制作矫形器130具；为9名聋儿进行日常康复训练，为4名聋儿实施人工耳蜗植入手术，为0～18岁聋儿适配助听器44台。开展各类残疾儿童联谊活动37期2000余人次，帮助残疾儿童更好融入社会。

其他康复工作。市残联为成年贫困听力残疾人适配助听器96台；为9名下肢残疾人适配假肢。市残疾人康复教育中心向中国残联申请辅具流动车1台。

【残疾人扶贫】 市残联按照精准扶贫工作要求，加大残疾人扶贫工作力度，努力帮助贫困残疾人脱贫解困。

走访慰问困难残疾人。2016年元旦、春节期间，攀枝花市、县（区）政府残疾人工作委员会成员单位和攀钢集团有限公司等大企业继续开展“温暖万家行”活动，走访慰问贫困残疾人家庭2525户。

残疾人精准扶贫。市残联加强与全市扶贫移民系统的联系，全年对507名符合条件的残疾人扶贫对象据实发放差额补助，使其年收入达到国定贫困线标准。开展全市农村残疾人危房改造户调查，调查出需要改造的残疾人危房户950户。

“双联”工作。市残联“双联”工作帮扶联系点为盐边县红宝乡核桃箐村。市残联党员干部按要求与扶贫对象家庭结成“一帮一”或“几帮一”的帮扶对子，开展走访慰问、制定帮扶方案、给予力所能及的扶助。邀请农业技术人员到核桃箐村，为贫困户进行核桃、花椒等种植技术培训，提高品质和产量；为该村16户贫困户购买引水胶管1万米，解决他们经济作物灌溉难问题。

继续开展对凉山州木里县残疾人的对口帮扶工作。加强与木里县残联的沟通联系，为其残疾人事业发展出谋划策；协调市发改委等部门和攀枝花市驻木里的有关人员，将扶助木里县贫困残疾人工作纳入攀枝花市扶助木里县规划中，并特殊照顾和优先安排。

【残疾人教育】 2016年，市残联继续协助攀枝花市特殊教育学校做好盲、聋哑、智残学生招生工作，帮助残疾适龄儿童、少年入学。全市投入资金50万元，资助500名正在接受义务教育的困难家庭残疾学生继续上学。4名残疾高考生申请并享受到残疾考生参加高考平等机会和合理便利政策，在6月7—8日的高考中，他们获得考试延时、优先进入考场、使用特殊试卷等合理便利。协助教育部门、招生单位做好残疾高考学生录取工作，4名上线残疾高考生圆了“大学梦”。

【残疾人就业】 2016年，市残联协助有关部门监督检查残疾人福利企业残疾职工用工情况，督促安置残疾人就业单位为残疾职工足额缴纳社会保险费用，保障残疾人合法权益。与市地税局、市财政局共同做好年度残疾人就业保障金征收工作，圆满完成年度征收任务。继续开展残疾人就业和职业培训状况实名制统计工作，对就业年龄段残疾人进行就业和职业培训状况实名制管理。开展残疾人职业技能培训，培训残疾人900人。按照攀枝花市就业创业工作联席会议制度要求，认真做好残疾人就业创业工作，扶持700名残疾人就业。

规范残疾人就业保障金征收工作。7月20日，市财政局、市地税局、市残联联合印发《攀枝花市残疾人就业保障金征收使用管理实施细则》，规范全市残疾人就业保障金（以下简称"保障金"）征收使用管理，促进残疾人就业。明确全市用人单位安排残疾人就业比例不得低于本单位在职职工总数的1.6%，达不到该比例的缴纳保障金。用人单位所在地的地方税务机关负责征收保障金，用人单位所在地的残疾人就业服务机构负责审定用人单位安排残疾人就业情况。建立用人单位按比例安排残疾人就业及缴纳保障金公示制度，增加工作透明度。

【残疾人维权】 2016年，全市残联系统办理残疾人来信来访200件次，其中市本级接待残疾人来访60人次，办理"12345"网上信件10件，全部按时按质办结，全年未发生残疾人赴省、赴京集体上访事件。市残联为1625名拥有机动车的残疾人申请发放2016年残疾人机动轮椅车燃油补贴。4月1日，公安部令进一步放宽申请机动车驾驶证人员身体条件，符合条件的单眼视力障碍、手部残疾人员可申领驾驶证。全市有7名残疾人领取C5（残疾人专用小型载客汽车）车型驾驶证，截至2016年年底全市持有C5车型驾驶证的残疾人有55名。

【残疾人宣传】 2016年，市残联积极与新闻单位联系，加大残疾人工作宣传力度，全年在市电视台、市广播电台和市级报刊播放、刊登反映残疾人事业发展和自强不息残疾人信息50余次（篇）。继续利用攀枝花市残疾人联合会网站（网址：www. pzhdpf. org. cn）和攀枝花市政府门户网站的市残联部门窗口，向广大群众宣传残疾人优惠政策，公开全市残疾人工作重要活动、重要事项等，营造良好扶残助残社会氛围。

【残疾人文化体育】 开展残疾人文化体育活动，丰富残疾人文体生活。2016年，组织听力残疾人参加首届全省聋人读书征文大赛，攀枝花市听力残疾人黄云获一等奖。3月26日，攀枝花市残疾作家于彬在新华文轩攀枝花购书中心台联商厦为新书《灰星》举办签售会，当天售书近300本。11月10—14日，市残联组建由50名残疾人文化艺术工作者和工作人员组成的代表团参加在四川省凉山州西昌市举行的全省第二届残疾人艺术节。攀枝花市代表团在艺术节设"阳光花城、康养胜地"主题展馆，参加声乐、器乐、舞蹈、书法、摄影、工艺品、微电影等项目。获3个二等奖、3个三等奖、5个优秀奖和组织工作二等奖。

2016年，全市推荐5名残疾人运动员到四川省残疾人游泳队参加长期集中训练，备战下届残运会。5名攀枝花籍听力残疾运动员参加10月在杭州举行的2016年全国聋人游泳锦标赛，攀枝花籍选手杨雯获1500米自由泳项目金牌。开展残疾人康复（健身）体育进家庭活动，为2500名残疾人送体育器材、体育方法、体育服务到家庭。

（黄金秀）

攀枝花市文学艺术界联合会

【概　况】 攀枝花市文学艺术界联合会（以下简称市文联，1986年前为"渡口市文联"），成立于1980年12月20日。

市文联自成立以来，始终坚持"二为"方向（即文艺为人民服务、为社会主义服务）和"双百"方针（即"百花齐放、百家争鸣"），高举中国特色社会主义伟大旗帜，坚持社会主义先进文化发展方向，团结带领全市广大文艺工作者，不断创新工作思路，扩展工作空间，开拓进取，全力推动攀枝花文艺事业大发展大繁荣，为地方经济社会服务。

市文联自成立以来，虽然经历了多次机构改革，但总体上都是在稳定和充实之中不断健全完善。截至2016年年底，市文联机关设有组织联络部、办公室两个职能部门，以及攀枝花文学院（《攀枝花》杂志社）、攀枝花市书画院（市城市雕塑创作室）两个正科级财政全额拨款的事业单位。

市文联机关编制7个（参公编制5个、工勤编制2个）。事业单位编制18个（书画院8个、文学院10个）。文联机关领导职数为主席1名、副主席2名、科级领导职数2名。文联机关和事业单位在职职工共22人。

市文联市级团体会员有市作家协会、市书法家协会、市美术家协会、市摄影家协会、市音乐家协会、市舞蹈家协会、市戏剧家协会、市曲艺家协会、市文艺评论家协会、市民间文艺家协会等18个市级团体组织。

攀枝花市有县（区）、企业文联7个：东区文联、西区文联、仁和区文联、米易县文联、盐边县文联、攀钢（集团）公司文联、川煤（集团）攀煤公司文联。

2016年，有各级会员4000余人（其中，省级会员336人、国家级会员72人），打造城市文化品牌1项，确定文学创作签约项目4个，开展文艺惠民活动83次，组织“文艺大讲堂”38场，策划艺术展览8次，出版文学作品专著7部，发表省级、国家核心期刊50余篇，入选各大美术作品展20件，国际摄影大赛获奖作品1件。

【文艺创作工作会】 1月26日，全市11个文艺团体160余名会员齐聚攀枝花文学艺术创作中心，参加市文联2016年攀枝花文学艺术创作工作会，会议总结2015年攀枝花文学艺术创作工作，安排部署2016年文艺创作工作。表彰曾蒙、徐肇焕、陈文建、王东等16位文艺工作者。市文联主席李平出席会议并讲话。

【文艺界迎春茶话会】 2月3日，市文艺界迎春茶话会在攀枝花文学艺术创作中心会议室举办。茶话会上，攀枝花市老中青三代作家、艺术家和文艺工作者结合自身一年来的创作、工作情况，畅谈愿景，就如何推动新一年的文艺创作和文艺事业提建议、献计献策。市文联主席李平代表市文联向全市文艺工作者表示新春的祝福。

【美术书法创作座谈会】 2月25日，市文联在市文艺创作中心召开美术书法创作座谈会。市书画院、市美术家协会、书法家协会代表等20余位书画家参加座谈会。

【打造颛顼文化】 市文联配合米易县策划打造“颛顼文化之乡”，积极与省文联、省民间文艺家协会、中国文联、中国民间文艺家协会联络争取。经向中国文联、中国民间文艺家协会申报，2015年12月28—30日接受专家组的检查验收。2016年3月，米易县被中国民间文艺家协会正式命名为“中国颛顼文化之乡”。通过各类颛顼文化项目载体建设，打响“颛顼故里阳光米易”城市文化品牌，深入发展以颛顼文化为代表的养生文化，助推“阳光花城”米易康养旅游产业发展。

【市文联六届三次全委会】 3月2日，攀枝花市文学艺术界联合会六届三次全委会在攀枝花文艺创作中心隆重召开，市委常委、市委宣传部部长沈钧出席并讲话。

会上，市文联党组书记、主席李平代表市文联主席团作题为《适应新常态，着眼新目标，加快文艺事业发展为建设区域性文化高地服好务》的工作报告，会议增补11名六届全委会委员，对2015年度文艺工作先进单位和个人进行表彰。

市委常委、市委宣传部部长沈钧代表市委、市政府在会上作讲话，并对市文联2015年工作给予肯定。

【文学创作项目签约】 4月26日，攀枝花文学院2015年度签约工作总结会暨2016年度创作项目签约仪式在市文联会议室举行。确定2016年度文学创作签约项目：曾蒙的长诗《离太阳最近》，张亮的少儿小说《纳拉箐的美人鱼》，陈显寰的长篇小说《攀枝花英雄传》，黄仲金的散文集《裂谷记忆》，并面向社会公示。

【脱贫攻坚】 米易县湾丘乡青山村为市文联脱贫攻坚联系村。市文联主席李平多次带领市文联党员干部职工深入青山村调研、慰问、开展脱贫攻坚工作。

市文联组织作家艺术家深入青山村采风创作，创作出一批反映青山自然风光风土人情的诗歌、散文、美术、摄影作品，先后在《攀枝花日报》《攀枝花晚报》《攀枝花文学》《攀枝花文艺界》以及新媒体上刊发，对青山村丰富的自然旅游资源进行集中宣传，让更多的人了解青山，为青山村发展旅游产业，早日增收脱贫鼓劲助力。

【工作交流】 8月8日，湖南岳阳市文联党组书记钟辉，副书记、纪检组长刘子华，党组成员、副主席徐喜德一行到攀枝花与市文联进行工作交流，共谋文艺发展之道。双方将在文艺创作、文艺交流等方面开展深度合作，相互借鉴，共同携手，促进两地文艺事业的繁荣发展。

【中国苴却砚雕刻艺术研讨会】 8月26日，市文联在市文学艺术创作中心召开“攀枝花砚雕艺术现状和发展研讨会”，会议由市文联主席李平主持，市政府副秘书长唐刚，攀枝花市部分砚雕艺术大师，砚雕爱好者、收藏者近30人参加研讨会。特邀中国著名砚研究专家、上海市博物馆研究员华慈祥到攀枝花考察、交流。在研讨会上，华慈祥介绍中国“四大名砚”的工艺特点和发展情况，畅谈到攀枝花参观“中国苴却砚博物馆”和文化产业园区砚雕艺术工作室后的感想。参会人员发言踊跃，与华慈祥先生进行互动，坦陈困惑，对当前砚文化的发展以及市场前景等诸多方面展开交流、研讨。

【市文联六届四次全委会】 10月13日，市文联在攀枝花市文学艺术创作中心召开六届四次全委会，市文联六届主席团成员、市文联六届全委会委员参加，市文联副主席、攀枝花晚报总编曹习斌主持会议。会议审议通过六届四次全委会选举办法，选举李吉顺为市文联副主席，马光全为市文联六届主席团秘书长。市文联主席李平在会上传达中共攀枝花市第十次代表大会精神，并就攀枝花文艺界如何贯彻落实市第十次党代会精神，加快文艺事业发展提出新要求。

【访问交流】 11月25日，泰国商会大学中国国际学院院长高力，泰国商会大学国际合作中心主任高永东等一行来到攀枝花市文联开展访问交流、现场座谈，市文联主席李平，市文联副主席刘虹等参加活动。受泰国曼谷人文联的委托，泰国商会大学中国国际学院院长高力发出加强两地文化交流的邀请，双方计划2017年举办“攀枝花·曼谷两地美术联展”。

【文艺惠民】 2016年元旦、春节期间，市文联广泛开展“我们的节日”文艺惠民系列活动，活动从2015年12月31日到2016年1月23日，市文联开展文艺惠民走基层活动，深入三区两县的乡镇和社区，先后组织文艺工作者到盐边县桐子林镇、盐边县新久乡、盐边县红格镇、米易县攀莲镇、仁和区平地镇、西区河门口、东区大渡口步步高广场、米易县普威乡等地开展文艺惠民活动，慰问演出8场，参加活动的艺术家达到130余人次，送春联、福字、书画5000余幅，拍摄打印照片800余幅。

1月27日，市文联关工委关爱帮扶的金江社区特殊青少年们在社区干部和家长的陪同下，来到攀枝花文学艺术创作中心作客。市文联的干部职工与孩子们进行座谈。市文联关工委向孩子们送上春节慰问品，攀枝花书画院院长梁云彬还赠送每个孩子一幅国画作品；3月30日，市文联主席李平组织带领市书画院、市美协、市书协书画家7名，赴米易县对基层文艺骨干进行书画辅导与交流笔会活动；4月21日，市书画院、市美协、市书协组织书画家赴盐边县对基层文艺骨干进行书画辅导与交流笔会活动，通过市书画家下基层辅导，进一步提升县（区）文艺骨干的技术水平和业务素质，夯实基层文艺队伍，丰富基层文艺活动形式和内容，不断满足人民群众的精神文化需求；6月22日，市文联与市教体局组织部分文艺家到市第九小学校开展“文学艺术进校园”活动。文艺家们就如何提升校园文化建设与校方现场座谈、交流，在活动中，画家、书法家还现场挥毫，为校园文化建设助力；6月23日，市文联组织书画家赴银江镇阿署达村花舞人间景区展示中心，与当地的村镇干部及企业领导开展文化交流与书画输送活动，促进阿署达的旅游和文化事业更上新台阶；7月6—8日，市文联在市文艺创作中心“文艺大讲堂”举办2016暑期“中小学生文艺兴趣班”公益活动，丰富攀枝花市学生的假期生活，提升同学们的审美创作能力；7月14日，市文联组织书画家赴攀枝花消防钒钛产业园区特勤中队开展“艺术进军营”活动，为官兵们送去文艺书籍并现场进行书画交流；11月15日，市文联主席李平带领市书画院、市美协、市书协书画家7名赴西区格里坪镇庄上旅游新村，与当地基层文艺骨干及企业领导开展文艺交流与书画输送活动；11月18日，市文联组织书画家、作家，赴仁和区深入开展“文学艺术进校园”暨“结对子、种文化”基层文艺工作者交流活动。分别在大龙潭中心小学和仁和区艺术活动中心与师生和仁和的美术工作者爱好者开展文艺交流活动；开展“若水流韵”文艺活动，使文艺创作与文艺惠民相得益彰。“若水流韵”文艺活动由市文联主办，文学院、市作协、市音协共同承办，以市文学艺术创作中心为活动平台，邀请攀枝花市知名文艺人士以文会友、以乐会友、切磋技艺、抒发性灵，同时向公众开放，使市民可就近欣赏参与演奏会、朗诵会。自2016年9—11月，先后开展“烂漫秋思”“青山采风”等5次文艺活动，既凝聚起一批文艺创作者，又达到丰富群众业余精神文化生活的目的。

【文艺大讲堂】 1—12月，市文联“文艺大讲堂”先后开展《攀枝花市文联开展文学名家对话会》《儒家思想拯救世界？——解读中国传统文化与现代文明》《趣谈春节文化》《海明威的〈老人与海〉》《诗人刘海星“对话”攀枝花诗群》《高山流水觅知音》《如何面对当代诗歌》《掌上时代，手机摄影引领新风向》《守望历史　开创未来》等30场专题公益性讲座。

先后邀请北大中文系教授、著名诗人臧棣，四川省作家协会副主席、成都市作家协会主席、《青年作家》主编梁平，《星星》诗刊主编龚学敏，中国作家协会会员、四川省报纸副刊研究会副会长、《华西都市报》常务副总编辑赵晓梦，第三届冰心散文奖单篇作品奖、全军优秀文艺作品奖获得者杨献平等文艺名家和攀枝花的部分文艺家做客攀枝花文学艺术创作中心，开展专题讲座和面对面对话交流。

【艺术展览】 1月26日，由市文联主办，市书画院承办的“墨韵·典藏——市书画院院藏作品展第二季”，在市文艺创作中心开展。此次展览共精选40幅书画作品进行展览。作品中有老一代领导人的题词，也有活跃在中国艺坛上的著名画家陈子毅、书法家徐兆璋等艺术家的精品真迹；3月10日，由攀枝花市文联、德阳市文联主办的“南方丝绸之路——攀枝花·德阳美术作品联展”在攀枝花市文艺创作中心开展。展览以书画艺术搭建起两座兄弟城市间文化的桥梁，汇聚两地优秀美术作品包括国画、油画、水彩共100余幅。作品展出旨在加深两地文艺交流，促进文化繁荣，共谱“南方丝绸之路”文化新篇章。展览期间，德阳市文联13名书画家与攀枝花市进行文化交流采风活动，先后参观攀枝花文艺创作中心、仁和苴却砚博物馆、中国三线建设博物馆等地，详细了解攀枝花市开展文艺活动以及攀枝花市文化产业发展、城市建设历史等情况。两地文艺家还展开书画现场笔会活动，切磋艺伎，赠送佳作；4月9日，由攀枝花市书法家协会、攀枝花市书画院主办的“‘邮储银行杯’2016攀枝花市书法篆刻临摹作品展”在攀枝花市文艺创作中心展出。展览汇集攀枝花市书法、篆刻优秀临摹作品共90余幅；7月6日，由市文联、市书画院、市美术家协会主办的“各抒己见——攀枝花市美术家协会油画研究会作品展”在攀枝花市文艺创作中心展出。展览汇集油研会优秀作品共47幅,作者来自大学教授、中小学教师、工厂工人、自由职业者等;9月28日,由市文联主办、市书画院承办的"'喜看今朝花翎赋'攀枝花市书画院院聘花鸟画家五人展"在攀枝花市文艺创作中心开展,展览共展出60幅花鸟画作品;11月29日,由攀枝花市文联、遂宁市联合主办的"遂宁—攀枝花书画联展"在米易开展。展览汇集两地书家、画家优秀作品共计100余幅。

【文学创作成果】 出版的文学作品专著有:石阶长篇小说《空谷》(2016年1月四川文艺出版社出版);羽童诗集《水边书》(2016年1月光明日报出版社出版);于彬长篇小说《灰星》(黄河出版社2015年11月出版);吴兴刚散文集《米易记忆》(团结出版社2015年12月)祁绍军诗集《享受这方热土》(团结出版社2015年12月);谭明发诗集《一河两岸》(团结出版社2015年12月);赵孝云文史类专著《乡土攀枝花》(2016年4月中国文史出版社)。

2016年,在省级、国家核心期刊发表小说、诗歌、散文、随笔等50余篇,如《星星》《星星散文诗》《四川文学》《福建文学》《小说选刊》《北京文学》《诗刊》《当代国际汉诗》《作品》《青春》《中国诗歌》《草堂》《诗选刊》等。并有作品入选《新世纪中国诗选》《中国现代诗歌精选》《2015年中国诗歌精选》重要诗歌选本。曾蒙诗集《世界突然安静》入选四川省作家协会2015年度四川文学作品影响力排行榜,2016年8月获首届"诗探索·中国诗歌发现奖"入围奖,9月获"红花郎"杯全球汉语诗歌拉力赛年度诗歌奖。

2016年度新确定的文学创作签约项目有曾蒙的长诗《离太阳最近》,张亮的少儿小说《纳拉箐的美人鱼》,陈显寰的长篇小说《攀枝花英雄传》,黄仲金的散文集《裂谷记忆》等。

【艺术创作成果】 2016年,攀枝花市有4件美术作品入选《第五届四川省青年美术作品展》,6件作品入选《锦绣天府——四川首届妇女美术作品展》,6件作品入选《纪念红军长征胜利80周年"深入生活、扎根人民"四川美术创作年作品展》,杨向宇的两件漫画作品分别入选2016第四届中国桐乡廉政漫画作品展、2016"子恺杯"第十一届中国漫画展,杨绍刚油画作品《太阳雨》入选2016吴冠中艺术馆全国油画作品展,吕涛油画作品《彝乡小调》入选2016"丝绸之路 翰墨通渭"首届中国画、油画作品展。杨彦的作品《让快乐飞》荣获第三届科威特国际摄影大赛体育组银奖。

攀枝花市社会科学界联合会

【概 况】 攀枝花市社会科学界联合会(以下简称市社科联)机关设办公室、学会学术部和规划评奖办(挂"攀枝花市社会科学规划办公室"和"攀枝花市社会科学优秀成果评奖办公室"牌子)3个职能科室,编制9人。2016年共有职工10人,其中在职在编职工9人、退休职工1人。到2016年年底,主管的市级社科类社会团体12个。

2016年,市社科联紧紧围绕市委、市政府中心工作,全面做好社科课题规划、社科优秀成果评奖、理论研讨、学术交流、社科普及、刊物编辑、学会管理、自身建设等工作,共完成市级社科规划课题35项,评出攀枝花市第十二次(2012—2014年度)哲学社会科学优秀成果70项,召开第七次代表大会,承办四川省基层社科联(攀枝花)培训会。被省社科联评为全省规划评奖先进单位、全省学术活动先进单位和全省社科联系统2016年度先进集体。

【社科课题研究】 2016年,市社科联紧紧围绕推进攀枝花科学发展、加快发展重大实践,积极开展社科课题立项规划和研究工作,全年下达并完成《"五大发展理念"与资源型城市发展研究》《从"中国梦"到"五大发展理念"—习近平治国思想研究》《攀枝花阳光森林康养产业发展研究》《新常态下攀枝花市产业转型升级研究》等35项市级社科规划课题,研究课题内容涵盖经济、政治、文化各个方面,以应用性对策研究为主。此外,市社科联还完成《全面小康视域下欠发达地区少数民族精准扶贫途径研究》《攀枝花市城市贫困人口同步小康对策研究》等2项省社科联下达的课题。

【社科学术活动】 11月,市社科联组织召开攀枝花社科界学习贯彻中共中央总书记习近平社科工作座谈会重要讲话精神座谈会,全市社科界的20多位专家学者围绕习近平重要讲话精神进行深入研讨,并就社科界如何贯彻落实讲话精神提出对策建议。市社科联和市委宣传部联合开展"学习贯彻党的十八届六中全会精神主题征文活动",此次征文活动得到全市各界干部群众的积极响应,共收到征文111篇,评出优秀征文20篇。

【社科优秀成果评奖】 2016年,市社科联完成攀枝花市第十二次社会科学优秀成果评奖工作，报请市委、市政府对获奖成果作者进行表扬奖励。此次评奖共收到参评社科成果151项，市社科联严格按照评奖办法组织评选，经过资格复审、初评、学科组评审、市评审委员会评审、公示等程序，评选出2012—2014年度全市优秀社科研究成果70项，其中《基于城市价值链重构的资源枯竭型城市转型探析》成果获特等奖，《执政规律探索的中国路径》等9项成果获一等奖，《支持攀西战略资源创新开发试验区发展的财税政策研究》等20项成果获二等奖，《攀枝花市少数民族人口变化与经济社会和谐稳定发展对策研究》等40项成果获三等奖。获奖成果中论文类58项、专著类10项、资料书2项，充分体现攀枝花哲学社会科学研究的水平和特色。在做好市级社科优秀成果评奖的同时，市社科联积极动员攀枝花市作者申报全省第十七次社科优秀成果评奖，按照省规划评奖办要求完成初评推荐工作。

【社科知识宣传普及】 2016年，市社科联贯彻落实《四川省科学技术普及条例》有关规定，组织动员全市社科学会和社科工作者结合“三下乡”活动、学雷锋志愿者活动、便民利民活动、精准扶贫工作等开展3月的“科技之春”科普宣传月活动和5月的“科技活动周”活动。据全市社科学会统计，“三下乡”活动共送出《百姓生产生活常用法律知识手册》《农村扶贫开发条例》《幸福家庭智慧》《农业生产技术》《无公害蔬菜栽培》《畜禽病防治》等科普资料13000余册，价值10多万元，还送出价值2000元的书包等学习用品和价值2万元的健身器材；学雷锋志愿者活动共计出动科普大篷车10次，展出展板260余块，张贴挂图1500余幅，向群众发放科普读物、资料1.4万余册，受益群众达4万余人；便民利民活动以“反家庭暴力　我们共同的责任”为主题，邀请儿童专家、妇科专家做妇女儿童健康与心理咨询，发放宣传资料4万份，还邀请专家开展妇女儿童权益维护法律法规专题讲座；市图书馆学会借助“攀枝花市民讲坛”平台，邀请市农林科学研究院专家开展“市民讲坛乡村行”专题讲座，受到农村群众的热烈欢迎。

【《攀枝花社会科学》编发】 2016年，《攀枝花社会科学》（季刊）出刊4期，共刊发理论文章42篇，图片22幅。截至2016年底，刊物已出刊100期，保持和全国各省市300多家兄弟单位的刊物交换关系，继续为展示和宣传攀枝花社科工作发挥着重要作用。

【攀枝花市社科联第七次代表大会】 3月15日攀枝花市社科联第七次代表大会在攀枝花会展中心召开，会议审议通过市社科联常务副主席杜非作的第六届理事会工作报告，选举产生第七届理事会。市社科联第七届理事会理事65名，其中常务理事27名，沈钧任主席，杜非任常务副主席，王玖斌、毛崇相、牟飞、李胜、陈宇波、苗新艳、胥刚任副主席，谢仲华任秘书长。市委常委、宣传部部长，市社科联主席沈钧在会上讲话，就进一步做好全市社科工作提出要求。

【四川省基层社科联（攀枝花）培训会】 8月16日四川省基层社科联（攀枝花）培训会在攀枝花会展中心召开，来自成都、自贡、眉山、广元、内江、雅安、宜宾、资阳、遂宁、攀枝花、阿坝州等11个市（州）基层社科联的130多名工作人员参加培训。四川省社科联党组书记、副主席赵英在会上传达中共中央总书记习近平系列重要讲话精神，强调基层社科联建设是社科事业发展的重要组织保障，在新常态下，提升社科工作能力，增强社科联组织、协调、服务能力，既是发挥社科联作用、体现自身价值的需要，也是党重视和加强意识形态工作和思想政治建设对社科工作提出的要求。各级社科联要坚持核心引领，凝聚推动改革发展正能量；要坚持问题导向，积极服务地方发展大局；要坚持全面推进，深入抓好组织建设。攀枝花市委常委、宣传部部长沈钧出席会议并致词。省政府决策咨询委员会专家、省社科院原副院长、研究员杜受祜以《绿色发展与决胜全面小康》为题作专题报告。参会市州基层社科联代表作交流发言。培训会期间，全体参会人员还参观了中国三线建设博物馆。

（谢仲华）

攀枝花市科学技术协会

【概　况】 攀枝花市科学技术协会（以下简称市科协）机关内设办公室、学会部、普及部、科教部4个职能部门，核定编制参公人员8人、工勤人员1人；2016年年底，在职人员12人（其中参公人员10人，工勤人员2人），离退休人员13人。下属攀枝花市院士专家服务中心（增挂“攀枝花市科技活动服务中心”牌子）、攀枝花市科技馆2个公益一类事业单位，核定编制12人；2016年年底，在职人员10人，离退休人员7人。有全市性学会（协会）39个，会员9.2万人；企

(事)业科协10个,会员1.5万人;农村专业技术协会93个,会员5万人。盐边、米易、仁和、西区4个县(区)科协独立建制,东区科协与东区科知局合署办公;全市各乡(镇)建立科协组织,村村设立科普小组,社社设置科普员。

2016年,市科协深入贯彻《中共中央关于加强和改进党的群团工作的意见》《中央书记处关于科协工作的几点意见》和中央、省委、市委群团工作会议精神,紧紧围绕市委、市政府工作大局和中心工作,认真履行党和政府联系科技工作者的桥梁纽带职责,以科技工作者为根本,以全面深化改革为动力,以学会工作、科学素质工作、科技人才工作为重点,为攀枝花经济社会创新发展、科学发展提供科技支撑。

【《科学素质纲要》督导】 2016年,市科协在全面总结全市"十二五"全民科学素质实施工作的基础上,制订《攀枝花市全民科学素质行动实施方案(2016—2020)》(以下简称《实施方案》),深入推进《全民科学素质行动计划纲要》(以下简称《科学素质纲要》)的贯彻实施,制定下发《攀枝花市全民科学素质行动2016年工作要点》,完善督导检查和考核评估体系,作好指标分解和任务下达,为制定攀枝花市"十三五"全民科学素质行动计划纲要实施方案提供科学依据。充分发挥市、县(区)两级领导小组及办公室的积极作用,加强指导、协调、服务和督促检查,完善目标考核督查机制。围绕"提升创新能力、促进创新创造"的工作主题,细化考核方案,完善检测评估体系,规范考核程序,加强联络员培训,指导各县(区)、各成员单位开展主题活动,推进工作落实。进一步完善沟通协调机制、任务分工机制和督查通报机制等制度建设,助推公民科学素质建设各项工作全面落实,促进相关单位和县(区)牢固树立加强公民科学素质建设的政治意识、大局意识和责任意识,为公民科学素质建设营造良好的政策环境和社会氛围。市级成员单位充分履行工作职责,发挥各自优势,将《实施方案》中的有关内容纳入本部门、本系统工作规划和年度工作计划,切实抓好自身承担任务和职责的落实。

为持续推进《科学素质纲要》的广泛深入实施,市纲要办(市科协)抓住省委继续把《科学素质纲要》实施工作纳入省委绩效目标考核内容之机会,细化对各县(区)下发二级目标考核细则,将《科学素质纲要》实施工作作为重要考核内容进行督查。各县(区)对《科学素质纲要》实施工作认识到位、行动自觉、责任落实、保障有力,重点工程深入推进,重点工作特色鲜明,主题活动亮点突出,科普助推地方经济社会发展作用明显。

为夯实科普示范县(区)创建基础,确保示范工作顺利达标,市纲要办(市科协)联合市级相关部门指导仁和区政府按照《全国科普示范县(市、区)创建办法》和《全国科普示范县(市、区)标准》,认真开展2016—2020年度全国科普示范县(市、区)示范建设工作,为迎接中国科协和省科协抽查验收做准备。东区、仁和区政府认真贯彻《中华人民共和国科学技术普及法》和《科学素质纲要》,以科普示范县(区)创建和巩固为切入点,不断加强辖区科普组织、科普队伍和科普阵地建设,形成党委领导、政府推动、部门协作、社会参与的科普工作格局。

市科技馆建设取得突破性进展。8月17日,市政府常务会议议定,购买钢城集团"钢城经贸大厦"解决市科技馆建设问题。

【科普宣传教育活动】 发挥各级科协科普工作主要社会力量作用,结合全市科技文化卫生"三下乡""科普之春"科普活动月和"全国科技活动周""全国科普日"等全民科普活动的开展,积极整合社会资源,努力搭建社会化科普服务平台,深入农村、城镇、社区和学校,广泛开展群众性科普活动。共举办各类科普宣传活动31次,深入17个乡(镇)、20个社区,发放科普宣传资料6.4万份、科普年历1000张、环保购物手袋800个、科普漫画扑克700副,展出主题科普展板130余块,受益群众6.2万人次。开展移动科技馆进校园活动8次,2.3万名师生参观体验。举办"专家进校园"科普报告会5场,2000余名师生聆听报告。邀请四川师范大学教授韩万斋、省反邪教协会专家黄瑜,前往四川机电职业技术学院、攀枝花市技师学院、阳城社区面向师生和市民作专题科普报告。以讲授养生科普知识为重点,联合市图书馆学会,在杨家坪等社区开展"市民讲坛社区行"活动。联合市委防邪办,在各县(区)干部群众中,广泛开展反邪防邪知识宣传讲座和有奖知识竞答。

市科协先后5次深入盐边县红宝乡中槽村开展"精准扶贫"帮扶活动,会同市投促局邀请市农林科学研究院核桃专家团队进村入户开展核桃栽培管理技术示范培训。为促进该村核桃产业规模化发展,市科协向省科协成功申报"盐边县红宝乡中槽村核桃种植产业科普示范基地"项目,并争取10万元省级专项奖补资金用于帮助中槽村核桃种植产业发展。为解决村民出行难问题,市科协会同市投促局等帮扶单位,多次实地考察大漕河鸡公嘴桥破损情况,共同筹集20万元资金用于该桥的改建。为推动村种养殖业规模化长效发展,帮助更多村民脱贫致富,指导村种养殖大户筹备成立种养殖农村专业技术协会。

【基层科普行动计划】 积极培育"科普惠农兴村计划"和"社区科普益民计划"项目,全面推进"基层科普行动计划"深度实施。经市科协、市财政局筛选、审核和推荐,中国科协、财政部和四川省科协、四川省财政厅评审,攀枝花申报的仁和区田园种养殖协会、盐边县惠民核桃协会、米易县山药种植专业技术协会，盐边县红格脐橙保护性栽培科普示范基地，仁和区仁和镇仁和街社区，仁和区大田镇片那立村王连会、米易县草场乡龙华村杨利贵，分别获得2016年全国“基层科普行动计划”先进单位和个人奖。此外，米易县核桃产业协会、仁和区板栗协会、西区嘻嘻鸡养殖协会，仁和区啊喇优质稻菜示范基地，东区炳草岗街道办事处西海岸社区和盐边县桐子林镇城北社区，张杰雄和严春新两名科普带头人，分别被四川省科协、四川省财政厅表彰为2016年省级“基层科普行动计划”先进单位和个人。2016年，攀枝花市共有6个协会、2个基地、4名个人和3个社区获得全国、全省“基层科普行动计划”表彰，获国家和省级奖补资金174万元。另争取省级科普项目经费70万元，重点用于科普基础实施、科普示范区、农产品防伪溯源试点建设和科技扶贫等项目。

市县两级科协切实加强对实施“基层科普行动计划”工作指导，组织开展2013—2015年度“基层科普行动计划”获奖对象的追踪问效和督促检查，充分发挥获奖对象的示范带动作用，更好地服务基层、服务群众、惠及民生。

按照抓示范、树典型、重服务、促发展的工作思路，始终把农技协工作作为科普工作的重要内容常抓不懈。为准确掌握全市农技协基本情况，指导农技协健康有序发展，有效推动“科普惠农兴村计划”及农村科普工作的深入实施，更好地为“三农”服务，市科协按照省科协《关于组织开展基层农技协普查工作的通知》要求，认真组织开展基层农技协普查工作，对长期不开展活动、没有在民政注册登记和年检的协会进行全面清理。

借鉴城镇社区科普大学经验，3月，由市科协命名的首家农村科普大学——攀枝花市金芒果农村科普大学在仁和区总发芒果专业技术协会成立。该大学充分整合农村专业技术协会和科普培训基地等优势资源，大力开展农村科技培训，普及推广农村实用技术，普及科学知识，倡导科学方法，传播科学思想，弘扬科学精神。

攀枝花市农产品防伪溯源试点项目经过项目申报、公开招标、评审论证、方案审定等前期准备，于5月正式启动实施，确定大田石榴和红格脐橙进行试点，该溯源系统分别于8月、9月在上述2个试点区域正式投入使用。系统由防伪查询、溯源信息、协会简介、在线商城四大板块组成，涵盖溯源产品的基本情况、生长期档案、产地说明、现场环境、实时监控和商城对接等信息资料，能够有效实现消费者购买商品扫描二维码即可验证商品品种、品质、生长期、采摘期、原产地等真实信息，并可与该平台商城对接进行在线订购及销售。

大力推进全市“银会合作”工作。1月，市科协和邮储银行攀枝花分行联合召开“银会合作”推进工作座谈会，就进一步深化“银会合作”工作进行交流座谈。4月，市科协和邮储银行攀枝花市分行联合召开攀枝花市“银会合作”工作推进会，贯彻落实全国推进“银会合作”工作现场会和全省“银会合作”推进会精神，研究部署2016年“银会合作”推进工作。省科协副主席刘进对攀枝花市开展“银会合作”工作所取得的成效给予充分肯定。2016年，全市“银会合作”发放贷款共计116笔，发放金额6457.5万元。

【青少年科技创新实践活动】 在“科技之春”“科技活动周”及“科普宣传日”期间，联合市教育局等相关单位和部门开展科普宣传和科普进校园活动，向广大青少年传播科学知识，培养青少年的科学信仰、科技精神和创新意识。完成第八届“攀枝花青少年科技创新市长奖”表彰对象的推荐、评选工作。组织开展第三十一届青少年科技创新大赛，推荐参加四川省创新大赛展评会的项目，攀枝花市获4项一等奖、22项二等奖、20项三等奖。少儿科幻画《神奇智能笔》在全国青少年科技创新大赛中荣获二等奖。组织开展“攀枝花市第九届‘凯思林杯’青少年电脑机器人创新大赛”，20余所中小学校的300余名学生参加，产生一等奖83名、二等奖79名、优秀奖73名，优秀科技辅导教师15名。17所中小学校的43支代表队、30名辅导教师、114名学生参加第十四届四川省青少年电脑机器人创新实践活动，获一等奖18个、二等奖17个、三等奖11个，占全省获奖比例的21.62%，名列全省各市州前茅。参赛学生、指导教师人数仅次于成都，名列全省各市（州）第二。金江中小学代表队和仁和区四十九公里小学代表队在参加北京举办的第十六届中国青少年电脑机器人竞赛中获得金牌，市第三高级中学代表队获得银牌，为四川省和攀枝花争得荣誉。

组织科技辅导教师积极参加由四川省科协青少年科技活动中心和四川省教育厅联合举办的“青少年科技创新大赛培训班”和“电脑机器人教练员培训班”学习，不断提高其科技创新业务辅导能力。组织市第十五中学、盐边县中学分管领导和10名学生、2名带队老师参加2016年全国高校科学营活动。组织开展科技辅导员论文征集活动，征集论文13篇参评“第二十四届四川省青少年科技辅导员论文征集活动”，2篇获一等奖、2篇获二等奖、1篇获三等奖。其中市一小张川云撰写的《青少年校内与校外科技教育的融合》和银江中心校谭洪海撰写的《课在小学科学课程中的作用》在全国评比中，均获三等奖。

【学术研讨交流活动】 2016年，共组织学术交流501次，交流论文1509篇，31277人次参加。举办学术报告会110次，7222人次听取报告；组织科技人员外出参加学术会议1187次，交流论文541篇，参加人数1810人次，为科技人员吸收新观念、新知识、新技术、新工艺、新方法，开辟广泛交流合作渠道。推荐5个项目参加四川省科技工作者创新创业菁英大赛，4个项目获省三等奖，市科协获评优秀组织单位称号。市医学会的“市中心医院成立60周年系列学术活动”、市统计学会的“优秀统计科研成果评选”、十九冶集团公司科协的“BIM技术推广高层交流会及高级应用培训”等为全市学科水平的提高做出贡献；市金属学会、市医学会、市建筑学会、市统计学会、市心理学会、攀煤集团公司科协、攀枝花钒钛高新技术产业园区科协编辑出版《钢铁钒钛》《攀枝花医药》《攀枝花建筑》《攀枝花统计》《心灵驿站》《宝鼎科技》《攀枝花钒钛》等科技刊物和报纸，为科技人员发表学术观点提供平台。

市环境科学学会提出的《攀枝花环境空气质量现状、对策及建议》，为市委、市政府改善环境空气质量提供科学决策依据。市老科协提出的《辣木新资源有机食品健康有序发展的建议》，为规范攀枝花辣木产业有序发展指明方向。市心理学会开展的“心询网关键技术研发与应用”，为拓宽“互联网+”在益民服务领域的新应用进行有益尝试。钒钛高新技术产业园区科协配合有关部门开展的“以升促建”工作，为园区被国务院正式批复同意升级为国家级高新技术产业开发区发挥重要作用。市农林科学研究院科协实践推广的福田芒果产业发展模式，为精准扶贫、精准脱贫工作有效开展探索出一条成功的路径。

筹备组建攀枝花市康复医学会、青杠坪矿业有限公司科协。市医学会、市建筑学会、市职业安全健康协会、市环境科学学会、市园林学会、市标准计量学会等学会组织，通过承接医疗事故鉴定、技术培训、安全生产标准评审、专业标准研制、政府课题研究等政府职能，不断拓宽学会的服务范围，为科技社团有效承接政府转移职能进行积极探索。启动攀枝花市科协系统第九届优秀科技论文评选工作，共征集到17个学会、企事业科协上报的优秀论文412篇。

“创新驱动助力工程”于2016年初在攀枝花市启动实施，按照市委、市政府的总体部署和市领导的具体安排，市科协联合钒钛高新技术园区对园区重点企业进行详细摸底调研，掌握重点企业的有关产业发展方向和技术瓶颈等相关需求，对前期园区企业提出的30多项企业需求，进行筛选和梳理，分门别类汇编成《园区重点企业需求情况表》，以便开展与全国性和省级学会对接工作。在充分借鉴德阳、绵阳实施“创新驱动助力工程”经验和做法的基础上，结合攀枝花产业结构特点及转型发展方向，制订《攀枝花市启动“创新驱动助力工程”实施方案》，稳步推进各项工作深入开展。

继续加强与中国科协、省科协联系沟通，全力促成全国性学会及省级学会针对企业需求来攀实地考察调研及签约实施合作项目。3月，四川省金属学会2016年工作会议在米易县召开，并签署《米易县人民政府与四川省金属学会创新驱动助力工程合作协议》。

2016年初，邀请中国科协科技咨询服务中心原主任盛小列等专家到攀枝花考察调研攀枝花工矿企业排放废气脱硫脱硝专项治理情况。专家组先后到钢城集团荷花池球团厂、攀钢集团烧结厂、盐边县宏发球团厂进行实地考察，与市级相关部门和部分国有、民营企业进行座谈，对攀枝花市进一步深化工矿企业废气排放脱硫脱硝专项治理新技术的推广应用进行深入交流。

完成攀枝花市“创新驱动助力工程”点状试点单位的项目申报。项目以四川金沙纳米技术有限公司、攀枝花市钛都化工有限公司的两个企业项目为依托，进行首批试点，积极加强与国家级、省级学会开展技术开发合作。

借助实施“创新驱动助力工程”的契机，加快学会、协会改革步伐，提升其服务经济创新发展的能力，使学会、协会能够增强承担政府分离的社会职能和购买政府服务项目以及为企业科技创新服务的能力。巩固和深化“第五届攀枝花科技论坛”成果，落实市委领导批示意见精神，围绕市委、市政府的工作重心，确定中心选题，邀请省内外资深专家来攀讲学指导，为攀枝花市改革发展建言献策。鼓励学会、企事业科协突破单一学科内部交流局限，开展多层次、多形式、多渠道、综合性的学术研讨、决策论证、政策建议，支持科技工作者参加中国科协学术年会、省中青年专家学术大会等高级别学术会议，为科技人员开阔视野、提高水平、交流经验搭建平台。

强化学会、企事业科协同民营企业的联系，加大技术服务力度，提高民营企业的科技水平，为民营企业健康、科学、可持续发展贡献力量。指导成立攀枝花市首家民营企业科协——米易县攀枝花青杠坪矿业有限公司科协。

【院士专家工作站建设】 2016年，市科协以围绕中心，服务大局为指导，继续加大省、市级院士专家工作站建设力度，助力攀西战略资源开发试验区建设，推动“创新驱动助力工程”全面实施。认真落实市委九届八次、九次全会和《中共攀枝花市委关于制定国民经济和社会发展第十三个五年规划的建议》对院士（专家）工作站建设提出的新要求，拓宽人才引进渠道，积极争取市委、市政府制定出台支持院士专家服务中心和院士专家工作站建设的相关配套政策。深入钒钛产业高新技术园区及各县（区）园区企业进行摸排调研，重点掌握园区产业发展趋势及实际需求，指导其与全国性学会对接，引进高端专家级团队进行项目合作。

4月，中国科协企业创新服务中心副主任郭昊、咨询论证处处长徐华等3人在省科协副巡视员陈善蜀、省咨询中心主任任代祥陪同下，先后深入攀钢集团研究院公司、攀钢集团矿业有限公司、四川华铁钒钛科技有限公司调研科协组织服务企业创新情况。

2016年，市科协领导带领市院士专家服务中心人员多次深入四川一美能源、市农林科学研究院、攀枝花正德环保材料科技有限公司、市老年科技工作者协会、攀枝花青杠坪矿业有限公司、市梅花园众益康养文化旅游研究院进行摸排调研,了解企业产业发展方向及技术需求。市农林科学研究院、攀枝花正德环保材料科技有限公司、攀枝花大江钒钛新材料有限公司、市梅花园众益康养文化旅游研究院4家单位申报建立市级院士专家工作站。其中市农林科学研究院、攀枝花正德环保材料科技有限公司、攀枝花大江钒钛新材料有限公司成功获市政府批准成为攀枝花市第四批院士(专家)工作站建站单位。推荐攀钢集团院士专家工作站、四川华铁钒钛有限公司院士专家工作站申报全国示范院士专家工作站。其中攀钢站被省评审委推荐至中国科协。

切实落实市政府出台的《攀枝花市院士(专家)工作站管理办法》和市科协、市委组织部(市人才办)联合出台的《攀枝花市院士(专家)工作站年度管理考核办法》等专项扶持政策,积极营造高端人才服务攀枝花市经济社会发展的良好政策环境。2016年,市政府向前三批5家省、市级院士专家工作站建站单位兑现补助资金70万元,市科协向其中优秀的4家建站单位兑现奖补资金12万元。

【"讲比"竞赛活动】 继续在企业科技人员中广泛开展"讲理想、比贡献"(简称"讲、比")竞赛活动,推动"大众创业,万众创新"持续深入广泛开展。开展"讲、比"活动企业立项18956项,3840名科技人员参加,完成9044项,提合理化建议51789条,被采纳25340条,实现经济效益7.8亿元。攀钢(集团)矿业公司被评为全国"讲、比"活动先进集体。4个单位和8名个人分别被四川省人社厅、四川省科协评为先进集体、创新团队、创新标兵和先进个人。

【"金桥工程"工作】 继续深入开展"金桥工程""四技服务""厂会协作",多渠道、多层次推进企业技术进步,提升企业经济增长的科技含量和附加值,增强科技对经济社会发展的支撑能力。全年,共立项"金桥工程"项目29项(其中11项报省科协登记立项),项目新增产值10.35亿元,新增效益9.7亿元,新增利税1.5亿元,节约资金0.87亿元。开展"厂会协作"项目53项,技术服务283项,提合理化建议13529条,被采纳合理化建议7932条,创经济效益3.9亿元。通报表扬5家"金桥工程"优秀组织单位、10个优秀项目、6名优秀组织工作者。

(潘学才)

法 治

法治政府建设

【审查制定备案市政府规范性文件】 市法制办共收到市政府各部门报送的以攀枝花市政府名义下发的规范性文件草案及其他涉法文件草案46件，均按期审查完毕，向市政府提交审查报告19件，确保市政府规范性文件合法、有效。严格执行《攀枝花市行政规范性文件制定和备案规定》，2016年，市政府发布的15件规范性文件均按时向市人大常委会和省政府法制办报送备案，无一件被确认违法或撤销。同时做好各县（区）政府和市政府各部门规范性文件备案审查工作，全年共收到市政府各部门及县（区）政府报送备案审查的规范性文件53件，均按时审查完毕，做到"有件必备，有备必审，有错必纠"。

【建立健全立法机制】 市法制办配合市人大做好《攀枝花市地方立法条例》草案起草、征求意见工作，8月23日，市九届人大七次会议表决通过《攀枝花市地方立法条例》。起草《攀枝花市人民政府拟定地方性法规草案和制定规章程序规定》，对市政府拟定地方性法规草案和制定规章的立项、起草、审查、决定、公布、解释、修改、废止等法定程序作出明确规定。

【征集立法项目】 市法制办严格按照设区的市行使地方立法权相关决策精神及市人大常委会统一部署，先后通过发征求意见函、召开座谈会、通过报刊、网络登载等多种方式公开征求意见，有针对性地面向有关行政部门及社会各界征集攀枝花市在城乡建设与管理、环境保护、历史文化保护等方面的立法项目建议，共收到立法项目建议3件。

【法律顾问履职尽责】 市法律顾问团成员积极参与涉法事务处理，提供专业法律意见，为政府排忧解难。共参与处理花城新区医院建设项目、小石潭公园项目、石墨资源综合利用及烯碳产业园区建设项目、强制拆除紫荆1号小区违法建筑事宜、城市区域内临时便民服务布点事宜、攀枝花机场航空油料供应及资产移交事宜、富邦2亿元贷款担保等涉法事务。审查《攀枝花市政府 美国第一股权集团公司战略合作协议》《攀枝花市人民政府 成都中医药大学校地战略深化合作协议》《攀枝花—武汉—上海航线运营差额补贴协议》《攀枝花市国有投资（集团）有限责任公司和攀枝花市建设（集团）有限责任公司股权转让方案》《攀枝花市人民政府 忠世高新材料股份有限公司投资框架协议书》《攀枝花钒钛高新技术产业开发区管委会 忠世高新材料股份有限公司投资框架协议书》等协议、合同37件，提出意见和建议70余条，为领导决策提供法律意见。

【取消调整行政许可项目】 市法制办以《四川省人民政府办公厅关于印发〈取消、调整和保留的省市县联审项目目录〉和〈取消、保留许可限额的省市县行政许可项目目录〉的通知》为基础，结合攀枝花市实际情况，对行政审批事项进行全面清理，取消不合法、不合理的由市、县初审的省级行政审批项目20项，取消由县级初审的市级行政审批项目4项。保留依法应当由县或市级部门受理、初审（审核）后报省级部门审批决定的事项75项，保留由县级初审后报市级部门审批的事项8项。取消市级许可限额10项、县级8项。保留37项审批事项仍然有许可限额。6月8日，市政府公布《攀枝花市人民政府办公室关于印发〈取消、调整和保留的省市县联审项目目录〉和〈取消、保留许可限额的市县行政许可项目目录〉的通知》，明确要求凡是已取消、不再保留为省市县联审的项目，不得再要求或指定无法定权限的下级机关受理并审核（初审），凡是保留的省市县联审项目，必须纳入行政审批通用软件系统实行联审。凡是取消限额的项目，不得再有许可数量的限制。对保留限额的项目，必须依法制定并公布许可限额数量、具体布点和遴选规则。

【取消 34 项由中央指定地方实施的行政审批项目】 根据《四川省人民政府关于印发取消 139 项中央指定地方实施行政审批项目目录的通知》要求，市法制办对应进行清理，取消"户外广告登记""设立旧机动车鉴定评估机构"等 34 项中央指定地方实施行政审批事项，经市政府常务会审议通过，于 6 月 11 日印发《攀枝花市人民政府关于印发〈取消的中央指定地方实施行政审批事项目录〉的通知》，要求对取消的行政审批事项，各级政务服务平台要立即停止受理，不得以任何形式保留或者变相审批。各地、各有关部门（单位）要切实做好取消事项的后续衔接工作，进一步规范国务院、省政府取消调整事项的承接落实，转变管理方式，切实加强事中事后监管，防止出现管理真空。

【受理并审理行政复议案件】 市法制办收到公民、法人和其他组织向市政府提起的行政复议申请 107 件，审结 105 件（含 2015 年结存 2 件），未审结 4 件。其中维持 67 件，终止 4 件，驳回 1 件，责令信息公开 8 件，撤销 17 件，告知 8 件。行政复议案件涉及县（区）人民政府和人社、住建、国土等多个部门，案件内容涉及工伤认定、强制拆除违法建设、颁发林权证、责令信息公开、非法占地、国有土地上房屋征收与补偿等行政管理领域。在案件审理中，市法制办坚持秉公办理，不偏袒，不护短，立足"案结事了、定纷止争"原则，将调解工作贯彻行政复议案件审理全过程，不断创新工作方法，充分发挥行政调解功能，有效化解行政争议，依法维护当事人合法权益。继续开展行政复议陪议、听证审理和行政复议案卷评查工作，不断提高行政复议案件办理质量。

【行政应诉工作】 根据当前行政应诉工作实际，2 月市法制办代市政府拟定《加强新形势下行政应诉工作的意见》，从制度上规范攀枝花市各级行政机关办理行政应诉案件流程，明确行政应诉工作职责，强化行政应诉工作考核问责。代市政府拟定《关于做好市政府行政应诉工作的通知》，规范市政府作为被告的行政应诉办理程序。

【行政复议案卷评查】 为深入推进攀枝花市行政复议规范化建设，进一步规范各级行政复议机关办案程序，有效提升行政复议办案质量，促进行政复议机关认真履行工作职责，市法制办于 11—12 月开展 2016 年度全市行政复议案卷评查活动。此次行政复议案卷评查，采取自查和集中评查方式，从案件认定事实、适用法律依据、法定程序等多个方面逐卷进行评查，共评查行政复议案卷 40 卷。从评查情况看，全市各级行政复议机关高度重视依法办理行政复议案件，行政复议案件质量大幅提升，但还存在行政复议案卷资料不完整、不规范等问题，甚至个别案件存在超期受理或超期不予受理等情况。针对行政复议案件办理各环节存在问题，市法制办从深化认识，夯实行政复议工作基础；维护相对人合法权益，依法积极受理符合条件的行政复议申请；创新行政复议审理方式，灵活运用书面审查、听证审理等方式办理案件；严格依法办理行政复议案件，把好"事实关、证据关、法律关"；积极运用行政复议和解、调解手段，切实化解行政争议等五个方面提出提高行政复议案件质量的建议和意见，进一步加强对全市行政复议机关指导，提升行政复议工作水平。

【行政执法证件管理】 市法制办办理各类行政执法证件共 327 本，对市级部门及县（区）政府上报的拟办证人员不符合办证要求的一律予以退回，共退回不符合办证条件的人员 59 人，保障申领执法证件的执法人员资格合法。年审 3246 本执法证件，审验合格 3057 本，注销 189 本。

【行政执法资格认证培训】 严格执行行政执法人员资格认证制度，开展行政执法资格认证培训，将《中华人民共和国行政许可法》《中华人民共和国行政处罚法》及行政执法证据、说理性行政处罚决定书及行政执法案卷制作知识作为培训重点内容，将法律知识结合案例进行讲解。全年共举办行政执法人员资格认证培训 5 期，培训行政执法人员 933 人。

【行政执法人员清理】 按照《四川省人民政府法制办公室关于组织开展行政执法人员清理工作的通知》要求，市法制办印发《关于组织开展行政执法人员清理工作的通知》，对清理范围、清理重点、清理方式，清理步骤进行全面部署。8—10 月，市法制办采取集中人员、集中时间、集中审核、重点查询方式对全市执法人员进行严格审查和认真核实。依据执法依据和"三定"方案认真梳理执法主体性质和执法人员身份。并对执法人员是否在行政执法岗位上，是否属于在编人员，是否取得行政执法资格，行政执法人员持证情况以及执法单位是否存在合同工、临时工、行政执法辅助人员参与行政执法活动进行严格审查，确保数据准确性和真实性。此次共清理执法主体 344 个，其中法定行政机关 148 个、法律法规授权组织 75 个、委托执法组织 121 个。执法人员 6122 名（包括辅助执法人员），持执法证总数量 5418 个。

【行政执法案卷评查】 11 月 7 日至 12 月 14 日，市法制办组织开展行政执法案卷评查工作。24 个部门共上报行政处罚案卷 45 卷、行政许可案卷 49 卷参选市级优秀执法案卷。市法制办抽调 40 名执法人员参加案卷评查，采取交叉评查、现场打分和现场商讨答疑等方式进行，并邀请市档案局对案卷制作进行现场指导。行政处罚案卷评查出优秀案卷39个,合格6个。行政许可共评选出优秀案卷32个,良好8个,合格9个。此次执法案卷评查通过交叉互评、互查优秀执法案卷,为各执法部门之间执法人员提供一个互相学习的平台,发挥优秀案卷典型示范作用。

【重大行政处罚和重大行政强制备案】 认真落实重大行政处罚和重大行政强制备案制度,维护公民、法人和其他组织合法权益,及时发现、纠正执法部门重大行政处罚和重大行政强制存在问题,确保行政执法机关具体行政行为合法有效。市法制办审查各县(区)政府和市级各部门报送的重大行政处罚、重大行政强制备案26件,通过备案审查提前介入,实现层级监督关口前移,及时发现和纠正违法或不当的行政行为。

【行政执法与刑事司法衔接】 市法制办与市检察院等单位密切配合,大力推进“两法衔接”,逐步形成以制度建设为基础,以信息共享平台建设为载体,以专项活动为抓手的“两法衔接”协作共建机制。结合依法行政监督检查工作,市法制办配合监察机关先后走访重点执法部门20余次,查阅案卷30余件,监督行政执法机关移送涉嫌犯罪案件13件,公安机关全部立案侦查。

【修改法规、规章草案】 市法制办收到省法制办发来的《四川省小作坊食品摊贩管理条例征求意见稿》《四川省农村住房建设管理办法(代拟稿)》等地方性法规、省政府规章征求意见稿19件。市法制办及时向市政府各部门及县(区)政府征求意见,并将意见收集、汇总、研究后按时反馈书面意见,为立法工作提供建议意见。

【行政调解】 市法制办进一步强化履行行政调解指导、督促职责,及时梳理汇总行政调解数据。全年各级行政调解主体共办理行政调解案件2807件,调解成功2723件,调解成功率97%,与2015年同期7189件相比,下降62%。

【仲裁工作】 全年,攀枝花仲裁委共受理仲裁案件45件,受理案件标的额达1.16亿元。全年审结仲裁案件266件(含上年结转的235件),其中调解、和解结案29件,裁决237件,占审结案件的89%。受理案件涉及购销合同纠纷、勘察设计合同纠纷、建设施工合同纠纷等不同类型的经济合同纠纷,受案范围得到实质性拓宽。在案件办理过程中,坚持“公正、廉洁、高效”原则,将有效定纷止争作为仲裁工作着力点和落脚点,严格把好立案关、组庭关和裁决关,规范仲裁程序,强化案件管理和对外宣传,不断提升仲裁公信力和影响力。

【宣传教育】 市法制办加大信息收集和整理力度,编印《政府法制工作摘要》16期。继续办好“市政府法制办公众信息网”,上传更新各类信息数据100余条,网站全年点击访问量达30万余次,充分发挥法制信息服务领导、交流经验、指导工作的作用。加强同各级新闻媒体联系沟通,宣传报道政府法制工作。《攀枝花市开展行政复议案卷评查活动》《攀枝花市印发〈关于加强新形势下行政应诉工作〉》等3则新闻被四川省人民政府法制信息网宣传报道。完成《攀枝花年鉴(2016)》“政府法制”部分撰稿工作,获攀枝花市委、市政府表彰“先进单位”称号。

市政府继续认真落实常务会学法制度,市法制办精心制定年度学法计划,组织相关专家学者分别就农村承包土地经营权和农民财产抵押试点、小型微利企业税收政策、电梯安全监管、政府与社会资本合作PPP等内容在会上进行专题讲解,市法制办主任文静在市政府第八十三次常务会上主讲《四川省重大行政决策程序规定》《四川省重大行政决策责任追究暂行办法》,副主任陶云东在市政府第七十七次常务会上主讲《法治政府建设实施纲要(2015—2020年)》,切实提升领导干部运用法治思维和法治方式推动发展能力。

(杨清敏)

公 安

【概 况】 1月6日,经市委编办批准,同意撤销市公安局制证中心,3名事业编制收回。9月1日,市九届人大常委会第46次会议通过,任命敬登峰为市人民政府副市长、公安局局长。免去殷旭东市公安局局长职务。

全年攀枝花市各级公安机关紧紧围绕市委、市政府及省公安厅党委系列重大决策部署和工作要求,以警务实战化建设、深化公安改革和“两学一做”教育为重点,不断推进“平安攀枝花”“法治攀枝花”建设,统筹做好打击防范、安全监管、改革创新、队伍建设等各项工作,确保全市平安稳定,积极服务全市经济和社会发展。全年刑事案件立案7001

起，破获4370起；逮捕759人，移送审查起诉1751人。破获毒品刑事案件181起，缴获各类毒品86495克。侦破经济犯罪案件335起，挽回经济损失3133.88万元；查处治安案件10082起，治安拘留4414人。办理人大代表建议、政协委员提案32件，满意率100%。

【打击刑事犯罪】 全市公安机关着力推进刑侦专业化建设，以“如实立案、快破大案、多破小案、精准办案、追赃挽损”总体目标，组织开展春季严打整治、集中打击“盗抢骗”犯罪、打击通信网络新型违法犯罪和严厉打击农村黑恶势力违法犯罪等各类专项打击行动，案件高发势头得到有效遏制。全年刑事案件立案7001起，破获4370起；提请逮捕759人，移送审查起诉1751人。全年命案发12起破12起，破案率100%。全市刑事立案同比下降22.2%，其中八类严重暴力犯罪、入室盗窃、盗窃机动车、扒窃、诈骗发案同比分别下降19.5%、26.4%、41.9%、34.5%、2.9%。组织开展为期三年的打击打击“盗抢骗”犯罪专项行动，全市“盗抢骗”等五类侵财案件立案5401起，破获2862起，破案率为52.9%；公诉侵财案件嫌疑人548人、判决437人，其中判处5年以上刑罚的42人，重刑率9.61%。建立打击治理通信网络诈骗犯罪市、县(区)两级联席会议制度，全年召开反诈工作局际联席会议3次。组建由刑侦支队牵头，中国移动、中国联通、中国电信等通信运营商和5家银行入驻的市“反诈中心”，对通信网络诈骗案件进行快速查询、快速止付。“反诈中心”全年为群众拦截被骗资金累计309.2万元。加强警犬技术工作，圆满完成杭州G20峰会等大型会议的安保搜爆工作，并参与“9·19”抗洪抢险等自然灾害事故失踪人员搜救等任务41次。通过指纹比对和情报研判，破获20年前命案积案2起，抓获犯罪嫌疑人2名；通过DNA比对，为金江镇居民李某找到失散26年的亲生女儿；在“2016年全省刑侦信息化实战应用比武”中，4起比武案件全部侦破、4名比武逃犯全部追回，比武综合成绩在全省21个市(州)中排名第二，荣获一等奖。

【治安管控】 全市公安机关突出问题导向，深化改革创新，不断推进治安工作朝着基础信息化、防控一体化、打击精准化、管理规范化、队伍实战化的“五化”目标迈进。制定《关于加强社会治安防控体系建设的实施方案》，构建社会面治安防控网、乡镇街道村社区防控网等六张防控网和社会治安形势分析研判机制、实战指挥机制等六项工作机制。情报部门开展社会治安风险研判评估工作，共上报《每周社会治安风险点评估报告》63期；治安部门开展治安形势分析、研判、预警，共编发《全市治安分析》《校园、金融、三电案件分析》各12期、《黄赌案件警情分析》《殴打他人案件警情分析》各4期。整合以特巡警、交警、派出所民警为骨干，社会化辅助力量为重要组成部分，群防群治力量为补充的三级巡防网络，实行“网格化”布警，做实街面巡逻防控。全年全市共受理治安案件10143起，查处10082起；治安处罚8907人，其中治安拘留4414人、警告3426人、罚款1067人。基础信息采集工作进展明显，寄递渠道、社会管理等基础数据采集率达90%以上；“一标三实”(标准地址、实有人口、实有房屋、实有单位)工作中，公安机关人口信息清理登记考核成绩位列全省第一；全年网吧实名制登记率、数据上传及时率、数据完整率均高于全省平均水平。快速办理拒不支付劳动报酬案件26起，涉及拖欠工资3000余万元；加大扫黄扫赌工作力度，共办理涉黄刑事案件8件、涉赌刑事案件15件，抓获犯罪人员47人(涉黄11人、涉赌36人)、逮捕5人；查处涉黄治安案件110件、拘留194人，涉赌治安案件208件、拘留496人、罚款31人。开展“治爆缉枪”专项行动，共查处涉枪案件58件，采取刑事强制措施60人；查处涉爆案件4件，采取刑事强制措施10人、治安处罚13人。在“9·19”抗洪抢险中为涉爆单位安全转移炸药6.4吨、雷管1.7万发、导爆索250米。全市未发生因散装汽油管理不到位造成现实危害的情况，未发生民爆物品、烟花爆竹和枪支被盗、丢失等安全责任事故。

【禁毒缉毒】 全市公安机关围绕“立足本地，打零包、断网络、摧体系、重强戒”工作思路，严格办案程序，创新打击毒品犯罪技战法工作模式，狠打全市吸毒、贩毒网络，挤压毒品犯罪生存空间，推动全市禁毒缉毒工作迈上新台阶。开展“禁毒”严打整治“利剑”专项行动、“春季平安”战役、“两节两会”严打整治、秋季集中严打整治、“黄赌毒”专项整治等专项行动。全年共破获涉毒刑事案件181件，其中：部级毒品目标案件1件，省级毒品目标案件4件；缴获各类毒品86495克，其中海洛因77755克、冰毒5139克、麻古848克。全市共查处涉毒行政案件1844件，查获吸毒人员1802人次，强制隔离戒毒634人，社区戒毒242人，行政拘留1768人。加强禁毒教育基地等公共服务设施建设，打造社会化禁毒教育平台，以青少年群体、特殊群体和合成毒品为重点，坚持“部门联动、职能强化、分级预防”原则，构筑大禁毒宣传格局。全市两级禁毒办大力开展毒品预防教育进学校、进单位、进家庭、进场所、进社区、进农村“六进”工作，充分发挥社区、学校主渠道作用，重点针对青少年等易染毒群体开展毒品预防教育。开展“全民禁毒集中宣传月”暨2016年科技活动周暨禁毒预防教育大型宣传活动，全市共30多家禁毒成员单位、团体参加此次活动。6月2日晚，以“无毒·生命·家园”为主题的四川省禁毒文艺节目巡演活动在米易县法治广场隆重上演。在市图书馆“市民大讲堂”开设禁毒宣讲专场活动。充分发挥微博、微信等新媒体作用，扩大宣传覆盖面、增强宣传实效，加强与广大群众交流互动，引领群众远离毒品、健康生活。通过各类新闻媒体刊登、播发禁毒宣传稿件132篇。全市共举办各种宣传活动20场，制作禁毒宣传横幅80条，播放禁毒公益广告30次，发放禁毒宣传资料2万份，制作宣传展板100块。

【打击经济犯罪】 全市经侦部门立足改革创新和队伍正规化、专业化、职业化建设，统筹社会领域和专业领域、网上和网下、境内和境外多个战场，组织开展春季、秋季严打整治和打击信用卡专项行动，确立以“多破案、多打击、办好案”为具体目标，突出重点打击非法吸收公众存款、集资诈骗等涉众型经济犯罪、信用卡诈骗、制售假发票、虚开增值税专用发票、合同诈骗、职务侵占、挪用资金等常见多发性经济犯罪，维护全市经济秩序稳定和人民群众利益安全。全年全市各类经济犯罪案件立案361起，破案335起，挽回经济损失3133.88万元。成功破获“12·31”王某等人特大虚开增值税专用发票案、吴某等人特大挪用资金案等大要案件；打击信用卡诈骗犯罪专项行动中信用卡诈骗案件立案97件，破案74件，抓获犯罪嫌疑人46人，挽回损失111万元；猎狐行动中将潜逃伊朗近7年的境外逃犯叶某某抓获归案；多警种联动，成功抓获“12·31”专案逃犯2人，抓获潜逃16年的逃犯1人，成功劝投潜逃5年的逃犯1人。加强与人民银行、银监局、金融办、各商业银行等部门沟通、协作，组织召开打击金融犯罪“警银”协作座谈会，建立健全打击防控非法集资犯罪线索、信息互通机制和案件查处协作配合机制。与市工商联建立常态化沟通联络机制，组织召开警企恳谈会议，引领企业走健康发展之路。与农行、商业银行、农商行等金融单位建立反假币工作联系机制，并互派反假币工作联络员，加大打击假币犯罪工作力度。组织4家证券公司开展打击和防范非法证券期货宣传活动。邀请市政府处非办(处置非法集资集中治理办公室)、市工商局、市国税局、市地税局、人民银行攀枝花中心支行、市烟草专卖局等部门在市中心广场联合开展主题为“防范风险，护航发展”的打击和防范经济犯罪宣传日活动。

【安全监管】 全市公安机关围绕重点工程建设、环境污染等重点领域，把握提前主动，防控治安风险，安保能力不断提升。加强大型群体性活动审批、群众自发性节庆聚集活动风险评估，严格落实主体责任和安保措施，完善大型活动安全风险评估机制，制定《大型群众性活动安全管理规范(试行)》，大型活动安全许可及日常监管进入规范化轨道。全年全市63起大型活动安保全部完成。交警部门对46条农村公路进行排查，协调落实124.6千米道路隐患治理工作。检查客货运、工贸商贸企业、维修企业613家次，查处非法改拼装维修企业4家，货运车辆动态监控安装率达95%。全市“营转非”大客车、危化品运输车辆、公路客运大客车、旅游客运大客车、校车注销率、检验率保持双100%。召开工作联系会5次，宣传贯彻治超新标准，完善普通公路治超联合执法机制，全年对超限车辆卸载16836台(次)，卸载货物3362吨。严把高速公路入口关，没有发生因货车超限超载、非法改拼装致人死亡的交通事故。消防部门出台全市《消防网格化管理实施意见》和《十类行业单位消防安全管理规范(试行)》，将全市824幢高层建筑、452家消防安全重点单位、118家易燃易爆危险品场所、556家人员密集场所纳入综治部门基础综合服务管理平台，出台康养场所消防安全《管理十项规定》和《技术手册》。坚持做大做强社会群防群治力量，建成重点单位和社区微型消防站539个、区域联防组织12个，有效提升火灾隐患自查自纠、自防自救能力，其中重点单位微型消防站建成100%。落实对危爆物品、散装汽油、射钉器材等危险物品购买、运输、储存、使用等环节的安全监管。未发生民爆危化物品被盗、丢失事故。

【交通管理】 全市公安交警部门以“防控风险、服务发展、破解难题、补齐短板”总要求为指导，始终坚持“路畅通，少伤亡，群众安，形象好”工作理念，坚持问题导向，强化责任担当，确保全市道路交通安全形势保持平稳。全年全市共发生道路交通事故8347起，死亡77人，受伤1161人，直接经济损失463万元。实现全市死亡交通事故起数、死亡人数连续8年下降。推动成立全市两级道路交通安全综合治理委员会，与市级各部门、各县(区)政府和钒钛高新区管委会签订责任书。推广实施“红袖标”工程、“送头盔”活动，为全市371个劝导站、561名劝导员统一配发“四个一”(一件反光背心、一个红袖标、一个工作挎包、一本工作台账)装备，组织开展农村交管办工作人员、劝导员培训1243人次，调整部分农村交警中队、派出所道路交通安全管辖职责。开展春秋两季“严打整治”“二季度预防重特大交通事故”“强源头、严管控、保安全”“保畅通、保干净、保安全”、汛期暑期交通安全隐患集中整治等系列专项行动。全年全市共查纠交通违法行为911277起，处罚405458人次，5类(大中型客车、大中型货车、出租车、危化品运输车、校车)重点车辆应扣分的违法处理记分率达100%。查处酒后驾驶1353起，醉酒驾驶328起，无证驾驶1857起，行政拘留930人。深入开展“交通文明行动计划”，传统媒体与新媒体双轮驱动，在《人民公安报》刊用21篇，《道路交通管理》刊登1篇，中央人民广播电台播报58条。在交警指挥中心直播间与攀枝花汽车电台联手开播《交警e空间》专题栏目，设置支队长热线、以案说法、路况播报等8个版块，围绕城市管理、农村安全、违法整治、便民服务等重点工作深度报道。设立交通违法曝光台，坚持每个工作日公开曝光一批严重交通违法行为。坚持对5类重点车辆驾驶人在违法及事故处理环节先进行驾驶安全教育。改版更新攀枝花交警“122”信息网，让群众查询、办事更方便。搭建攀枝花交警"双微"服务平台，攀枝花交警微信和微博的影响力、传播力、互动力在全省公安交警综合排名第一。

【深化公安改革】 全市公安机关狠抓省公安厅16项改革重点项目的推进落实，启动实战指挥体系建设、派出所警务运行机制改革、执法权力运行机制改革、侦查专业化建设、特巡警专业化建设等8个重点改革。县级公安机关警务运行机制改革、实战化指挥体系和情报应用体系以及一体化打防管控机制正在逐步构建；执法办案制度、羁押监管制度和涉案财物管理制度得到全面完善；"放管服"（简政放权、放管结合、优化服务）改革等惠及民生措施加快落地；重点行业、新兴行业治安管理机制初步建立；警衔津补贴调整和县级机关职务与职级并行制度在全省率先落实兑现；市委改革办、省委改革办先后对攀枝花警务机制改革做法予以刊载推介。开展省厅22项便民利民措施落实情况"回头看"，建立居民身份证异地受理、挂失申报和丢失招领制度，上调老龄驾驶人体检年龄，放宽残疾人申请驾驶条件，推进驾考业务向下延伸；户口登记与生育政策全面脱钩，做到全市城镇落户零门槛，《居住证暂行条例》正式启动实施。

【服务民生】 制定《关于推进户籍制度改革的实施细则》，全面放开全市城区和建制镇落户限制，鼓励农业转移人口市民化，实现全市落户城镇"零门槛"，推进城镇落户服务经济建设。正式开展居民身份证跨省和省内跨市异地受理工作，在全市政务中心开设受理点5个。全年共受理跨省异地证件291个，在派出所设立挂失申报窗口29个，共受理挂失证件1770个。推动出台《攀枝花市人民政府关于贯彻实施〈居住证暂行条例〉的意见》于12月30日在全市实施。出入境管理窗口转变工作态度，不断推出"延时服务、预约服务""一站式服务""绿色通道"等各项便民利民举措。12月1日，省厅总队9条便民利民措施正式执行，出入境窗口服务质量和服务水平进一步提升。稳步推进"家门口的车管所"，大力实施"交警队+、服务站+、互联网+"工程，边远地区1311名农民群众就近考领摩托车驾驶证，摩托车带牌销售率达98%，全市60%以上车驾管业务在服务站点办结。创新推出驾照申领"阳光工程"，将考试名额全部上网，学员从报名到约考实现全程网上自主办理，申领驾驶证更方便、公正、公开。全年全市有1474人通过网上报名申领驾驶证。攀枝花车管所再次被公安部评定为全国一等车管所。

【队伍建设】 攀枝花市公安局坚持以"两学一做"学习教育、"万警进万家"等为载体，不断加强思想政治建设，采取邀请专家"讲"、开通微信群"说"、班子成员双重组织生活会上"学"、重走长征路"悟"等形式，不断增强政治意识、大局意识、核心意识、看齐意识，努力锻造有信仰、守纪律、敢担当的公安队伍。坚持"好干部"标准，完成150名科级领导干部的交流调整和提拔任用工作，组织开展新任干部专项培训，有效提升干部素质水平和领导能力。按照"干什么、练什么，缺什么、补什么"的思路加大练兵力度，采取视频讲座、现场教学、集中培养、选送外派、参与庭审等多种方式，大力开展全警种、多层次专业技能培训，选派市、县（区）教官参加省厅实战、理论教官能力提升培训班13期36人，参加省厅凉山战训基地"战训合一"训练9期，自行组织开展市级"战训合一"训练3期195人，领导干部专题培训83人、业务骨干133人、新警31人。全面营造学业务、强素质良好氛围。落实年度体检、伤病慰问等从优待警政策，加强警营文化建设和荣誉制度建设，增强民警职业荣誉感和归属感；健全落实宣传工作"上一线，为一线"机制，全年召开新闻发布会1次、新闻通报会2次，刊登各类稿件472篇，"两微"平台发布信息7800余篇，浏览量达700余万次；《淡泊名利》《为人民服务》两个专题被公安部、省公安厅评为优秀微党课。全年全市公安机关共23个集体、156名个人受到省、市级表彰。在各类比武竞赛中分别取得2016年度四川公安综合情报部门岗位技能练兵比武二等奖、特警精度射击全省第五、警体运动会团体第七等优异成绩，公安机关英勇善战、公正廉洁、执法为民形象深入民心，在全省公安机关政风行风群众满意度测评中位列第五。

（姜　鑫）

检　察

【概　况】 全市设市、县（区）两级检察院6个，政法专项编制364名，实有检察人员337人，共有124名员额制检察官。全市检察机关依法打击各类刑事犯罪，全力维护社会和谐稳定，共批准（决定）逮捕各类刑事犯罪案件571件764人，提起公诉1359件1921人。依法查办和预防职务犯罪，促进反腐倡廉建设，立案查办贪污贿赂、渎职等职务犯罪案件60

件68人。全市检察机关营造法治化环境,服务大局促经济健康平稳运行;反腐倡廉促新风,推动惩防职务犯罪实现新突破;依法治理促和谐,维护社会大局稳定取得新成效;全面履职强监督,促进规范公正司法实现新提升;围绕中心强素质,推动检察队伍建设迈上新台阶。两级检察院集体和个人获(保持)国家级表彰3个、省级表彰26个、市级表彰54个。

【案件集中管理】 全市检察机关以统一业务软件应用为基础,深化案件办理“全员、全面、全程、规范”的集中管理、动态监督。全年统一受理、分流案件2607件,卷宗5160册,移送案件2851件,接收分流法律文书2851份,结案审核案件2045件,接待律师申请查阅案卷224次,安排查阅卷宗材料224次,接受案件信息查询90次,监督办理涉案款入库1201.1616万元、出库1106.3661万元,涉案物入库1349件,出库1205件,制作电子卷宗1663件4275册,制作率达到100%。对30件特定情形案件限时进行逐案评查,组织开展侦监、公诉、民行类案件质量抽查140余件,通报整改执法中存在不规范情形近20余项,严控案件质量。

【刑事检察】 全市检察机关积极参与“平安攀枝花”建设,严厉打击故意杀人、故意伤害、绑架、强奸、聚众斗殴等严重暴力犯罪,着力打击抢劫、抢夺、盗窃、诈骗等多发性侵财犯罪,突出打击拐卖妇女儿童、危害食品药品安全、毒品、危险驾驶等社会热点关注的犯罪,切实提升群众安全感。全年共受理审查逮捕案件690件947人,批准(决定)逮捕571件764人;受理审查起诉案件1563件2187人,提起公诉1359件1921人。办案中,积极参与治安重点地区和突出治安问题专项整治,结合执法办案加强社会治安动态及对策研究,推动完善社会治安防控体系。

服务保障经济健康发展。出台《攀枝花市检察机关服务保障经济社会发展十二条意见》《攀枝花市检察机关关于立足检察职能开展“法治扶贫”的八条意见》,推动各项检察工作与影响经济社会发展的关键环节和重要领域对接。查办涉及重要产业、骨干企业、重大项目、招商引资等领域职务犯罪案件时,认真开展经济影响风险评估,杜绝因查办案件导致企业经营困难、项目搁浅甚至倒闭现象。坚决打击盗采矿产资源、非法吸收公众存款、危害生产安全和破坏生态环境等犯罪,批捕23件35人,起诉58件121人。切实维护国家金融管理秩序,办理非法吸收公众存款案,案犯赵某某等8人被依法追究刑事责任,有力打击非法集资犯罪嚣张气焰。

【查办和预防职务犯罪】 全市检察机关深化职务犯罪预防。紧紧围绕换届选举、惠农扶贫、“互联网+”医疗卫生等重点领域,加大职务犯罪预防工作力度。围绕观音岩饮水工程、攀大高速公路攀枝花段、花城新区建设、金沙水电站等重点投资建设项目开展跟踪服务18次。深入扶贫移民、国土、环保、教育、医疗卫生、国有企业及乡镇、街办等开展预防警示教育66场次,受教育人数5600余人次。为政府采购和招投标把好廉洁关,依法快捷为申请人提供行贿犯罪档案查询660次,查询出有犯罪记录单位3个,有犯罪记录个人3人。

强化职务犯罪查办。坚持有案必查、有腐必惩,全年共立案查办贪污贿赂案件49件57人、渎职侵权案件11件11人,其中,大案43人,要案3人,挽回直接经济损失2100万余元。成功查办阿署达惠农扶贫领域“小官巨贪”职务犯罪窝串案32件32人,新华社和全省三级检察机关等100余家媒体单位以此案回访为题开展“阳光花城守护者”大型微直播活动,网上点击量高达近百万人次。

【诉讼监督】 全市检察机关突出发挥诉讼监督职能,及时发现和纠正执法、司法环节不规范问题。

强化刑事侦查监督。着力解决有罪不究和违法立案,监督侦查机关立案10件、撤案8件。坚决排除非法证据,发出书面纠正违法通知书8份,提出口头纠正意见40余件次。

强化刑事审判监督。制定《攀枝花市刑事案件“四类人员”庭审询问规则(试行)》,进一步发挥出庭人证在证明案件事实、澄清争议焦点、增强庭审效果、提高裁判可接受性等方面作用,被高检院公诉厅全文转发,被省院推广。向法院发出纠正审理违法意见书14份,提出抗诉13件,法院审结10件,改判6件、采纳抗诉意见发回重审2件。

强化刑事执行监督。纠正刑罚执行和监管活动违法17件,办理死刑执行临场监督5件、羁押必要性审查60件。在全省检察机关首创开启“互联网+”社区矫正网上同步监督新模式,对社区矫正重点监管对象进行GPS全程定位监督,发现社区矫正人员不假外出31人、漏管7人、脱管3人,均予纠正。着力强化财产刑执行监督,与市中级人民法院会签《关于加强和规范财产刑执行工作的办法(试行)》。

强化民事行政诉讼监督。发出再审检察建议10件,提出抗诉1件,提请抗诉4件,办理审判活动监督案件15件、执行活动监督案件12件。督促行政机关依法履职,办理行政机关违法行为监督12件。

【依法治市】 全市检察机关认真履行法律监督职能,坚持以监督促公正、以规范促公信,全力维护公平正义,积极推进依法治市。

加强依法规范履职。出台《攀枝花市检察机关完善司法责任制的实施意见》,既突出检察官在司法办案中的主体地位,又强化对检察官行使职权的必要监督。认真开展规范司法行为专项整治工作“回头看”，针对“僵尸案件”“乱收赃款”等不规范情况开展专项调查，排查出职务犯罪嫌疑人取保候审期间风险防控不当等4个问题并督促整改。编撰《司法不规范典型案例集》，引导各业务条线学习借鉴。积极推进规范化办案区、指定居所监视居住场所、远程提讯系统等基础设施建设，以硬件设施完善带动办案质量和执法规范化水平提升。积极配合司法行政机关推进人民监督员选任管理方式改革，自觉接受人民监督员对自侦案件11种情形实施监督，全年共办理人民监督案件15件。加强案件流程管理，提示超期办案预警56次。

着力推进“两法衔接”。履行“双牵头”职责，带头执行与22家行政执法单位签订的“两法衔接”实施意见，健全和完善联席会议、个案协调、信息通报等制度，制定信息交换、业务流程和监督制约规范，全年走访行政执法机关30余次，查阅案卷100余份，监督行政执法机关移送犯罪线索16件。继续抓好“两法衔接”信息平台建设和运行，攀枝花“两法衔接”平台用户登录接入率达90%以上。

重视特殊群体权益保障。开展“清理拖欠农民工工资专项行动”，通过支持起诉、与市人社局建立协作机制等方式，帮助农民工讨回劳动报酬、工伤赔偿金130余万元。强化未成年人司法保护。严格落实适合未成年人身心特点的讯问、亲情会见、分案起诉等制度，积极开展诉前引导、庭审感化、案后帮教工作，依法办理未成年人犯罪案件108件137人，根据真实案例拍摄的微电影《牵着手回家》，获全省检察机关未成年人刑事检察微电影优秀奖。

积极回应群众诉求。接待群众来访317人次，受理群众来信177件，均及时进行分流处理；受理刑事申诉案件7件，办结6件；办理国家司法救助案件8件，救助对象25人，发放救助金21.9万元。

深化“法律七进”。充分利用“6·26”国际禁毒日、“12·4”国家宪法日和检察开放日等，采取主题宣讲、庭审观摩、现场答疑、释法说理方式强化法治宣传，创新利用党员远程教育平台开设法治专栏，将触角延伸至村社，进一步提升群众学法、知法、懂法、用法、守法的能力。

积极推进检务公开。拍摄《阳光检察》电视电台法治专题节目102期，通过微博、官网、案件信息公开网、客户端发布检察信息1753条，在互联网对外公开办案程序性信息2773项、法律文书1212份，有效提升社会对检察工作认可度。向市人大常委会专题汇报近三年来全市检察机关案件集中管理工作情况、预防与查办惠农扶贫领域职务犯罪工作情况。积极构建新型检律关系，建立公开、规范的律师交流沟通机制和案件当事人接待机制。

【法律政策研究】 全市检察机关共完成调研文章80余篇，其中被省级刊物采用17篇、被国家级刊物采用8篇。围绕攀枝花市全面建成小康社会和精准扶贫工作大局，制定《攀枝花市检察机关立足检察职能开展“法治扶贫”的八条意见》。针对“互联网+”等产生的新现象、新问题，完成《攀枝花市院关于互联网金融适用法律问题专题调研报告》。结合当前国有企业改革中因职务犯罪问题导致国有资产流失等热点问题，撰写题为《攀枝花市国有企业改革中的职务犯罪研究》的专题调研报告，被省检察院《调查与研究》采用。以检察机关绩效考核制度为内容，撰写《检察机关绩效考核机制实施现状及完善》一文，被《四川检察》采用。结合攀枝花市检察工作实际，认真做好各个专题的论文征集和编辑工作，《我国合同法64条与利他合同之关系探讨》获得第十一届“泛珠三角合作与发展法治论坛”征文优秀奖。充分发挥检察委员会办事机构职能作用，认真开展“检察委员会规范化建设专项检查回头看”及“检察委员会规范化建设示范单位”评选活动，进一步强化规范意识、服务意识，充分发挥检委办职能作用，不断提高检委会审议质效，两级院共召开检委会59次，讨论议案131件。

【检察技术】 全市检察机关检察技术部门大力开展检验鉴定工作，重点抓职务犯罪侦查以及侦查监督、公诉和监管场所需要进行的司法鉴定案件，共办理检验鉴定案件8件。大力开展技术性证据审查工作，重点对案件中涉及“四种情况”（对案件定罪量刑起关键作用的、有两个以上不同鉴定意见的、对鉴定意见提出异议的、社会鉴定机构出具鉴定意见的）的技术性证据进行审查，着力强化监管场所在押人员病残、保外就医、非正常死亡案件中鉴定材料审查，共办理技术性证据审查案件130件。开展技术协助工作，采取提前介入、辅助侦查、参与审查等形式，积极参与技术取证、现场勘验、技术咨询等办案活动，共办理技术协助案件5件。

【司法警察】 全市检察机关司法警察共参与查办职务犯罪案件60件68人。在涉黑、涉恶以及有重大影响案件的提押、出庭公诉工作中，参与刑事检察案件出警500余人次，切实保护检察官人身安全，维护正常办案秩序。高度重视办案安全防范工作，不断完善办案工作区使用审批、出入登记、交接、执勤等规章制度，改进办案工作区管理模式。结合防恐防暴形势，开展以看管、搜查、监视居住、押解等为重要内容的建制队警务勤务演练。

【法治能力建设】 全市检察机关落实从严治检要求。全面细化从严治检责任落实，班子成员带头严格执行《关于新形势下党内政治生活的若干准则》和《中国共产党党内监督条例》，修改完善《中共攀枝花市人民检察院党组议事规则》，有效促进班子科学民主决策。出台《关于进一步加强对县区检察院领导班子及其成员监督管理的暂行办法（试行）》

《攀枝花市检察机关科级领导干部管理暂行办法(试行)》《攀枝花市检察机关落实党风廉政建设“两个责任”记实制度》等规定,探索建立符合深化司法体制改革及检察职业特点的检察人员管理制度。通过完善中层干部廉政档案,定期述责述廉,经济责任专项督察,组织参观攀西监狱,开展对东区、米易县检察院班子和重点个案的专项巡察,进一步增强廉政建设成效。

扎实开展“两学一做”学习教育。严格按照中央和省、市委“两学一做”学习教育要求,两级院班子率先垂范,教育引导全市干警分层次开展“主题党日”“三个专题”学习讨论;领导干部先后到所在支部、基层院联系点、联系社区、贫困村讲党课,深入开展党员示范、攀枝花精神传承、践行检察职业道德等活动,检察队伍思想政治建设取得新成效。活动开展以来,组织集中专题学习研讨45次,支部集中学习讨论73次,领导干部到支部讲党课31人次,到联系点调研88人次、讲党课25人次,印发学习资料3200余份,刊发工作简报126期。

加强基层基础建设。米易县院被省院评为先进基层检察院。进一步选好配强基层院领导班子,调整、充实基层院班子成员8人次。积极推进基础设施建设,市院“两房”(办案用房和专业技术用房)、警示教育基地、指定监视居住点项目完成立项,现正进入项目招标阶段。大力开展检校共建,与攀枝花学院互聘特约检察理论研究员、检察院兼职教师,分别设立攀枝花学院法学专业实践教学基地和攀枝花市基层检察机关司法能力研究中心。扎实推进队伍专业化职业化建设,选派干警参加高检院调训24人次、省院轮训75人次,组织业务竞赛和岗位练兵46场1023人次;开展公诉见习,48名干警参加公诉办案见习,办理公诉案件158件。稳步推进司法体制改革,突出能力精选优质办案力量,124名检察官入额。

【精准扶贫】 认真落实党组成员及相关部门责任,制定“走基层、解难题、办实事、惠民生”活动实施办法、联系指导贫困村精准扶贫工作细则和党组成员赴对口联系贫困村轮值开展工作等方案,明确工作重点和内容要求,定期开展督促指导,“清单任务”式解决困难问题,形成“党组领导、部门协同、全员联动、层层落实”的工作格局。院党组书记8次专题听取汇报并部署工作开展,4次深入基层联系点开展政策宣讲、走访调研和现场办公。其他党组成员20余次赴基层开展督查指导、走访慰问,市院干警150余人次亲身参与体验基层工作。干警累计为基层联系点和联系户献计献策20余条,解决困难问题10余件,落实发展规划6项,指导审核脱贫规划45份,落实易地搬迁、移动基站、水泥硬化路、蚕房改造、专业合作社等重大项目5项,筹集精准扶贫资金12万余元,送书籍文具300余套,捐赠过冬实物200余件。帮扶工作受到被帮扶村干部群众的高度评价,帮扶工作典型做法及成效10余次在《攀枝花日报》刊载。

(粟 一)

法 院

【概 况】 2016年,全市国家审判机关有攀枝花市中级人民法院(以下简称市中院)、东区人民法院、西区人民法院、仁和区人民法院、米易县人民法院、盐边县人民法院共设17个人民法庭。全市法院共有政法专项编制462个,实际在编人员427人。其中:员额法官(按照中央关于司法体制改革的部署,从现有政法编制数额内,按照首批35%左右,最终不超过39%的比例,择优选任的行使审判权的法官)153人,占35.8%;法官助理、书记员、司法警察及其他工作人员274人,占64.2%。市中级人民法院内设机构25个,实际在编人员107名。

2016年,在市委坚强领导、人大有力监督、政府大力支持、政协民主监督下,全市法院按照“以防风险、促发展为重点,破难题、补短板为核心,抓特色、出亮点为突破,强规范、促落实为保障”总体要求,忠实履行宪法和法律赋予的职责,各项工作取得新进展。全市法院共受理案件25213件,同比上升10.79%,案件增幅居全省第三。结案24291件,同比上升10.76%,结案率达96.34%,居全省第二。其中,市中院受理案件2939件,同比上升27.28%,结案2842件,同比上升27.33%,结案率达96.7%。全市法院法官人均结案数105.61件,超出全省24.43件,居全省第二。审判质效持续向好,案件质效位居全省第七位,列入全省中院第一方阵。全市法院共有18个集体、25名个人受到最高法院和省市表彰。

【刑事审判】 全市法院共受理各类刑事案件1622件,审结1580件,同比分别下降4.92%、4.18%。

2016年,审结盗窃、危险驾驶、故意伤害、涉毒等区域多发、易发性犯罪案件875件,保障人民生命财产安全;审结非法集资诈骗、非法吸收公众存款等犯罪案件27件,为当事人挽回经济损失;审结毒品犯罪案件116件,有力遏制毒品犯罪高发态势;审结贪污、受贿等职务犯罪案件50件,推动反腐败斗争深入开展。依法审理资阳市原市长邓某受贿一案,全市有关部门领导120余人到场旁听,取得良好的社会效果。正确运用宽严相济刑事政策,适用缓刑、罚金等非监禁刑524人,免予刑事处罚18人。保障当事人和其他诉讼参与人的权利,通知法律援助机构为45名被告人指派辩护律师。

【民商事审判】 全市法院共受理各类民商事案件13009件,审结12593件,涉案标的67.17亿元,同比分别下降4.87%、5.4%、上升30.4%。

2016年审理货物买卖、租赁、担保等合同案件1696件,平等保护市场主体权益。审理金融贷款、民间借贷案件2252件,维护金融秩序。审理房屋买卖、物业管理等案件1287件,促进房地产市场规范发展。积极推行知识产权"三合一"审理,审结案件10件,有力保护产权。建立健全"司法研判—司法应对—延伸服务"机制,审结合同纠纷、民间借贷、涉企劳资纠纷案件7461件。全面加强环境资源审判工作,审结35件,促进"美丽攀枝花"建设。强化民生保障,审结人身损害、医疗等纠纷案件1747件,米易县法院老年维权审判庭被表彰为"全国老年法律维权工作先进集体",建立全面、全程、全员调解工作机制,调撤率达42.6%。

【行政审判】 全市法院共受理行政案件187件,审结184件,同比分别下降5.08%、3.66%。

坚持维护群众权益与支持依法行政并重,确认违法、予以撤销和责令重新作出行政行为17件,支持合法行政90件。坚持依法判决与多方协调并重,原告撤诉13件,促进行政争议实质解决。深化司法与行政良性互动,推动市委办、市政府办出台《被诉行政机关负责人出庭应诉办法》,为全省市州党政首家联合发文,由2012年行政机关负责人无人出庭上升到20%。建立健全政府和法院的联席会议制度,加强信息交流共享,强化工作协同联动。市中院开展典型行政案件庭审观摩4次,200余名行政机关负责人亲历旁听庭审。组织法官深入辖区行政单位开展法治宣讲4次,提升法治思维和依法行政意识。

【执行工作】 全市法院共受理执行案件10203件,涉案标的62.97亿元,执结9746件,到位标的35.59亿元。

及时向市委、市人大、市政府、市政协和市委政法委专题汇报。市委常委会专题听取工作报告,市依法治市领导小组印发《关于攀枝花市"两年内基本解决执行难"工作的意见》。市人大、市政协主要领导分别带队视察法院解决执行难问题,市人大常委会在全省率先出台《关于进一步推进攀枝花两年基本解决执行难工作的决议》。以"一性两化"为抓手解决执行难题。突出强制性,持续开展"百日执行攻坚"等执行活动,查封、扣押、冻结财产11.2亿元,集中曝光"老赖"1116名,纳入全国法院失信黑名单5984人,司法拘留163人。突出信息化,全市建成6个执行指挥中心,利用"总对总""点对点"查控系统,对被执行人财产进行快速查询和处置。突出规范化,开展"执行规范年"等活动,着力解决慢作为、不作为和乱作为问题。创新执行方式,在全省率先与政府建立被执行企业分析研判、区别对待机制,联动(通过执行工作联席会议机制,搭建政府相关部门、工业园区管委会、法院共同参与的协调联动平台,通过信息共享、研究协商、协同处置等方式,运用政策、法律手段,共同破解"执行难")推动"执转破"工作,得到省法院充分肯定。

【服务大局】 全市法院主动研究结合点和着力点,努力为全市经济社会发展提供坚强司法保障和优质司法服务。

主动服务市委决策部署。制定为攀枝花市"十三五"规划、精准扶贫工作提供司法保障等2个意见,指导全市法院服务大局。市委十次党代会后,研究服务保障"四个加快建设"战略目标的工作措施7条。坚持发布年度审判工作白皮书,为市委、市政府提供决策参考,发挥法治参谋作用。主动成立知识产权、环境资源和破产清算审判庭,服务保障创新发展、绿色发展和企业转型升级。"9.19"特大暴雨灾害发生后,积极参与灾后重建工作中矛盾纠纷的预防和化解,妥善应对处置涉灾纠纷。投身东风村精准脱贫工作,帮扶贫困群众51户,在重大事件和关键时刻体现人民法院应有的担当和作为。

依法服务经济发展新常态。妥善审理涉及重大项目、"红名单"企业案件1335件,服务保障"项目推进年"深入开展。妥善审理恒源石化、富邦等公司等公司破产重整案,助推工业经济转型升级。妥善审理房地产企业拖欠违约金、工程款、农民工工资等案件508件,服务保障去库存。及时总结研判审判执行工作中反映出的社会管理问题,主动思对策、提建议。发布年度十大典型案例,提示社会防范法律风险。

【司法为民】 全市法院坚持把群众需求作为出发点,以群众满意作为落脚点,努力让人民群众有更多的司法获得感。

加强便民利民服务。抓好诉讼服务升级换挡,建立网上诉讼服务平台,实现网上预约立案、网上信息查询,减少诉讼中间环节。推进"三型"法庭建设,构建以中心法庭为主,社区法庭和巡回审判点为辅的法庭布局,实行巡回立案、巡回开庭,基层法庭巡回审判率达75.6%。开展司法救助,为符合条件的当事人缓减免诉讼费70.58万元,发放司法救助金27.78万元。

全面推进司法公开。拓展公开平台,全市法院全部建成裁判文书、执行信息、审判流程三大公开平台,公开审判、执行和案件流程信息12余万条,公布裁判文书17737份,以公开促公正,以公正树公信。扩大公开范围,法院官网、微博、微信及时公开法院重大工作情况、重大案件审理、典型案例,召开新闻发布会6场。全面完成人民陪审员倍增计划,人民陪审员增至249名;扩大人民陪审员参审范围,推进司法民主,一审普通程序案件陪审率达79.55%。全面推行网络司法拍卖,提高司法拍卖的参与度和透明度,实现拍卖标的价值最大化。

【司法改革】 全市法院稳步推进司法改革,确保公正高效,让改革的"红利"更多惠及经济社会发展和人民群众的福祉。

改革审判组织模式,优化配置资源。推进法官员额制和人员分类管理,从全市234名法官中考试择优选任156名法官入额,实行法官、司法辅助人员和司法行政人员分类管理,明确职权职责。打破以庭为单元的审判组织结构,市中院共编配10个新型审判团队,按类型化、专业化确定审判案件范围,明确办案任务比例。剥离财产保全执行、送达、案卷材料的扫描整理和归档等辅助事务,减轻法官事务性工作量,使法官专心审判。

改革审判权力职责,落实司法责任。制定《攀枝花市法院落实司法责任制的实施方案》,按照"让审理者裁判,由裁判者负责"思路,全面落实司法责任。建立权力清单,制定《审委会规则》等10项制度性文件,科学界定审判人员责权利,确保审判、管理和监督工作有序开展。制定《错案责任追究办法(试行)》,明确责任追究范围和方式,确保在个案中严格落实司法责任,提升案件的审理质量。

改革审判工作机制,提高质量效率。推进以审判为中心的诉讼制度改革,开展刑事庭审实质化改革,实现证据质证在法庭、案件事实查明在法庭、诉辩意见发表在法庭、裁判理由形成在法庭。推进轻微刑事案件快速办理,绝大部分案件从立案到结案不超过10日。推进案件繁简分流改革,按照"简案快审、繁案精审"思路,明确17项改革任务,依法快速审理简单案件,严格规范审理复杂案件。

改革审判管理方式,严格监督程序。坚持"放权不放任"的原则,完善权力监督制约机制,确保审判工作依法有序开展。建成以主要节点自动监控为重点的网上办案管理系统,实现案件随机分配、证据材料同步上网、审限自动预警监控。构建起以静默化为主的监督管理模式,变事前事中指挥、管理为事后监督。深化案件质量评查,将庭审评查、庭审规范化、岗位练兵有机结合,重点评查影响案件质效的7项核心指标,全市法院通过随机抽查、法院交叉评查的方式共评查裁判文书1273份。

【队伍建设】 全市法院开展"作风规范建设年活动"。规范岗位要求,形成纪律严明的工作作风;规范审判执行工作要求,形成高效有序的审判执行作风;规范庭审活动,形成公正规范的庭审作风;规范诉讼服务,形成司法为民的服务作风;规范考核工作,形成求实奋进的思想作风,工作成效受到省高院专项督查组的充分肯定。

切实提升素质能力。组织参加上级法院、市委组织部青年干部递进班、市委党校调训等206余人次,参训率、合格率100%。与巴中市中级人民法院联合,委托浙江大学举办攀枝花市法院领导干部综合素养提升研修班,全市法院40余名干警参加第1期培训。开展刑事、民事、审判质效等自主培训400余人次。

狠抓党风廉政建设。突出抓好统筹部署,将党风廉政建设工作任务分解52个小项,确保责任分解到位。强化工作督导,对县(区)法院开展司法巡查,确保责任落实到位。坚持整治"四风"问题、司法作风痼疾顽症、侵害群众利益问题不放松,确保巩固深化作风建设落实有力。以"零容忍"的态度坚决查处违纪违法案件,立案并给予记大过处分1件1人,诫勉谈话1件1人,诫勉谈话并免职处理1件1人,岗位调整1件1人,通报批评3件3人,责令检查1件1人,谈话函询2件2人,按照干部管理权限移送市纪委办理1件1人,确保法官清正、法院清廉、司法清明。

加强基层基础建设。大力推进"两庭"建设,仁和区、盐边县新建审判法庭顺利推进。加强信息化建设,建成执行指挥中心、B级机房、高科技法庭,有序推进档案数字化、诉讼服务中心提档升级。

【民主监督】 始终把接受监督作为人民法院正确履职、实现司法公正的重要保证,不断增强接受监督意识,健全接受监督机制。

自觉接受市人大、市政协监督。主动接受人大及其常委会监督,向市人大常委会专题报告"两年基本解决执行难"等工作,认真落实审议意见。自觉接受政协的民主监督,坚持每半年向市政协主席会通报工作情况。主动邀请代表、委员专项视察调研法院执行工作,听取意见,改进工作。加强代表委员联络,坚持"一对一"走访,寄送《法院重大事项通报》4000余份,发送《手机彩信周报》30000余条,邀请旁听庭审、监督执行、参加重要会议和活动100余人次。

全面公开接受各界监督。依法接受检察机关监督,共同维护司法权威,办理检察机关抗诉案件13件,其中改判6件。坚持"开门迎监督",及时公布法院重点工作,聘请廉政监察员、作风评查员,定期收集听取意见。开展"公众开放日"活动,邀请中小学校、大专院校学生、街道社区万余名群众走进法院,增进对法院工作的了解,争取对法院工作的支持。

(黄　丽)

司法行政

【概　况】 攀枝花市司法行政系统包括市司法局机关、市强制隔离戒毒所、市法律援助中心、5个县(区)司法局、6个公证处、60个司法所、21个律师事务所、18个基层法律服务所。市司法局机关设13个内设机构和政治部(警务部)、机关党委、纪检组。2016年9月9日,根据《中共攀枝花市委机构编制委员会办公室关于市司法局内设机构更名的通知》,市司法局内设机构"组织培训科"更名为"政治部(警务部)组织培训科","人事警务科"更名为"政治部(警务部)人事科",职能职责不变。2016年,市司法局被中宣部、司法部评为2011—2016年全国法治宣传教育先进单位,市司法局、西区司法局、东区司法局被省人社厅、省司法厅评为全省司法行政系统先进集体。

【强制隔离戒毒】 6月,市强制隔离戒毒所组织开展为期3个月的"安全隐患排查整治专项活动",严格落实场所物防、技防、人防等各项措施,对照排查6个方面49项重点内容,共排查整治安全隐患和问题13个。9月18—19日,攀枝花市普降大雨,仁和区洪水泛滥,造成进入市强制隔离戒毒所道路阻断,停水、停电。市强戒所开展抗洪自救,稳定学员,平稳度过汛期,确保场所安全稳定。积极开展戒治康复教育,强化生活卫生管理、食品安全管理、医疗戒毒管理和安全生产管理,推进戒毒工作规范化、标准化建设。开展盐边县格萨拉乡禁毒包片督察工作,开展"6·26全民禁毒宣传活动",切实履行禁毒工作职责。组织12名民警开展为期一个月的大比武集训,在10月举行的全省司法行政戒毒系统警体技能大比武比赛获总分第四名。全年,全所累计收治强戒人员310人,办理提前解除32人,按期解除110人。连续16年实现"六无"(无毒品流入、无脱逃、无非正常死亡、无所内案件、无重大生产安全事故、无重大疫情)目标。

【市强制隔离戒毒所搬迁新建】 12月10日,攀枝花市委书记张剡在市公安局、市司法局《关于警务技能暨反恐怖训练基地、警犬基地和市强制隔离戒毒所建设选址的情况报告》上作出批示,确定市强制隔离所重新拟定选址仁和区总发乡乐弄村实施搬迁新建,并于12月30日前完成临时过渡搬迁。12月28日,市强制隔离戒毒所组织完成向市公安局第一强制隔离戒毒所转送戒毒学员工作,配备20名民警与公安民警一同开展教育管理。

【人民调解】 开展婚姻家庭纠纷人民调解工作,与市妇联共同出台《关于加强婚姻纠纷人民调解工作的意见》《"联姐"婚调工作室创评方案》,依托司法所和"妇女之家",亖点打造一批作用发挥明显的"联姐"婚姻家庭纠纷调解室,以及具有社区特色和个人特点的婚姻家庭纠纷个人调解室。在"三八"妇女节期间对21个婚调室联合市妇联给予表扬授牌。与市教育体育局共同组建"攀枝花市校园纠纷预防和调解工作领导小组"及办公室,对11所市直属学校进行调研,探索成立校园纠纷调委会。全年,全市人民调解组织共调解纠纷6138件,调解成功6113件,矛盾纠纷受理率和调解率100%,调解成功率98%以上。持续做好医疗纠纷人民调解工作,调解医疗纠纷93件,调解成功86件,调解成功率92%。

【市人民调解员协会成立】 8月25日,全市人民调解员协会成立大会暨第一次会员代表大会召开。会议表决通过《攀枝花市人民调解员协会章程》,选举产生攀枝花市人民调解员协会第一届理事会理事21名、常务理事4名,选举四川极宇律师事务所律师、市调解专家委员会主任黄佰衡为会长。

【安置帮教】 巩固安置帮教基地建设,做好刑满释放人员无缝衔接,杜绝接送"危安类"人员出现失误,开展基本信息核查、分类衔接、服务管理等工作。为刑满释放人员进行失业登记,提供技能培训,对符合条件的刑满释放人员给予最低生活保障,对不符合条件但生活确有困难的刑满释放人员给予临时救助。5月,市司法局会同市人社局,对一年内出监所的刑满释放人员进行职业技能培训,经培训考试合格的,由人社部门颁发相应的职业资格证书。鼓励刑满释放人员自主创业、自谋职业,协调落实工商、社保、培训、税收等方面的政策扶持,多种渠道安置刑满释放人员。全年,全市共衔接刑释解教人员1213人,安置1168人,安置率96.3%,帮教1213人,帮教率100%,无重新违法犯罪。

【社区矫正】 充分发挥社区矫正监管信息系统作用,在使用好管理系统的基础上,加大抽查走访力度,防范社区服刑人员弄虚作假,有效防范脱管漏管现象发生。发现、查处、核实28名社区服刑人员未请假越界问题。积极协调相关部门共同落实社区矫正经费保障,开展政府向社会购买社区矫正服务试点工作，鼓励县（区）局开拓思路，全面落实“按与社区服刑人员1∶10的比例配备社会工作者”以及“一人一矫正小组”“4+X”矫正小组建设要求，完善基础档案材料。联系市三医院组建“攀枝花市社区矫正心理辅导专家团”，并利用市医调委专家库开展心理辅导工作。联系攀枝花学院法学院组建大学生社区矫正志愿服务团，帮教未成年社区服刑罪犯。

【司法所规范化示范点创建】 2016年，全市有23个司法所申报规范化司法所创建。经严格考核评定，23个所达到“队伍建设、硬件设施、所务管理”标准。全市司法所参与调解疑难复杂纠纷356件，进行法制宣传299场（次），受益143835人，协助基层政府处理社会矛盾纠纷138件，成功处理124件，加强对人民调解工作的指导，参与矛盾纠纷大排查835件。

【律师工作】 认真落实政府法律顾问制度，担任党委、政府法律顾问49家，担任党委、政府及职能部门法律顾问80家，参与各种会议、重大事件处置和接受法律咨询421人次，为各部门出具各类法律意见书539份。组织开展“规范执业诚信执业专项整顿活动”，注重问题查找和落实整改，共查找出问题23项，逐一建立整改台账，有效维护健康、公平、有序的律师法律服务市场。组织19支法律服务小分队，52名律师参与“法律服务进百村”活动，深入全市154个行政村（社），修改法律文书，化解矛盾纠纷，开展活动133场次，提供法律服务374件，办理法律援助案件81件，为外出务工人员进行法律宣传、咨询507人次，发放宣传资料3410份。全年，全市律师共办理各类案件5431件，担任企事业和社会团体法律顾问543家。

【公证工作】 组织全市公证行业开展“执业为民、便民惠民”主题活动，引导攀枝花市公证行业进一步优化服务流程，缩短服务时限、降低服务费用，有效提升公证行业的影响力、公信力和满意度。严格执行首问责任制度、出证审批制度、调查取证制度、公证员及助理年度考核制度、质量自查交叉检查制度等质量管控举措，提高公证办证质量。全年共办理各类公证事项5672件，办证合格率100%。

【司法鉴定】 组织开展为期10个月的司法鉴定行业质量建设年活动，规范鉴定管理和执业活动，健全鉴定资质、质量评估和诚信评价制度，提升司法鉴定公信力。各鉴定机构充分发挥主观能动性，不断拓展业务，狠抓鉴定质量，落实限时办结制，完成司法鉴定案件2385件，完成司法鉴定援助案件95件，按时办结率100%，鉴定意见采信率达98%以上。

【法律援助】 组织开展法律援助案件质量ISO 9001质量认证体系建设，全面提升法律援助标准化、科学化、规范化水平。组织实施好省政府、市政府民生工程，落实2016年法律援助民生工程经费63.2万元，完成12个乡镇（街道）规范化法律援助工作站建设任务。开展“岁末年初农民工讨薪专项活动”，畅通“农民工维权绿色通道”，受理农民工讨薪法律援助案件143件，涉及金额达84万余元。做好涉法涉诉信访法律援助工作，与有关部门共同办理信访案件17件，提供法律意见100余条。组建“行政诉讼法律援助律师团”，专门办理行政诉讼法律援助案件，开拓法律援助新事项，办理行政诉讼案件2件，申诉1件，代书5件。启动并实施“12348”法律服务热线升级改造工作，有效提升法律咨询和法律服务效能。提供法律咨询、代书等服务事项13020人次，办理各类法律援助案件1285件，争取到中央、省法律援助中心经费补贴72万余元。

【基层法律服务】 基层法律服务所充分发挥立足基层、服务基层的优势，为基层提供必要的法律服务保障。18家基层法律服务所，59名基层法律服务工作者担任法律顾问201家，代理各类案件1760件，办理法律援助案件230件。

【法律“七进”】 法律进机关。攀枝花市制定《全市国家机关工作人员学法用法实施意见》，落实领导干部学法用法要求。80家政府机关聘请专职法律顾问。对新任县级领导干部、公务员初任人员开展法纪警示教育8场3510余人次。

法律进学校。联合市教体局在市二小、市二中、市七中三所“法律进学校”示范点启动“法治教育进课堂”的课题研究，被列为省司法厅确定的专项课题之一。组织开展15名直属学校法律顾问述职测评工作，推动学校法律顾问工作规范化。

法律进乡村。继续抓好“六个一”普法工程，开展法律服务进百村活动，法律服务小分队深入村（社区）开展法治宣传、法律服务、法律援助，发放3万余张便民法律服务卡，培养2680名“法律明白人”。围绕村社换届选举，举办农村两委会干部、村民小组长法治培训126次，围绕精准扶贫工作，建立依法治村结对帮扶制度，积极开展送法到村、送法入户。

法律进社区。强化社区法治宣传阵地建设，加强法治主题公园、法治小广场、法治宣传窗、法治长廊建设；强化社区法治宣传教育，组织社区工作人员、居民楼栋长、居民代表集中学法42次2928人。法律进寺观教堂。对寺观教堂开展法治培训和国家民族宗教政策法规宣传，教育引导寺观教堂管理人员、信教群众依法开展正常宗教活动，依法维护信教群众的合法宗教信仰权益。法律进企业。推行企业法律顾问制度，87家国有、民营企业聘请专职法律顾问，举办企业经营管理人员法制培训22次，参训人数2132人。开展法律服务巡讲活动45场，其中进重点企业26场、中小企业19场。与市劳动争议仲裁院共同组建"流动仲裁庭"，进入企业、园区、工地维护职工合法权益。法律进单位。制定《全市"法律进单位"实施意见》，在汽车站、码头，进火车站，进机场，进医院，进公园等窗口单位或公共服务场开辟法治宣传阵地137个，向社会公众宣传渗透法治理念，67家单位聘请法律顾问，提高单位法治化管理水平和干部职工依法办事能力。

【"七五"普法规划编制】 市司法局制定攀枝花市"七五"普法规划制订工作方案，分行业、分系统、分层次召开调研座谈会，征求不同社会群体对"七五"普法的建议意见，按照全省"七五"普法座谈会精神，起草《攀枝花市"七五"普法规划》，积极筹备"六五"普法总结和"七五"普法启动动员大会，按程序报请市委、市政府审议通过。10月，市人大审议通过关于开展"七五"普法的决议。

【"12·4"国家宪法日暨全国法治宣传日】 12月4日，以"弘扬宪法精神，建设法治攀枝花"为主题，中共攀枝花市委、攀枝花市人民政府在市中心广场举行法治文艺会演和法治宣传活动。各县（区）和市文化艺术中心组织编排8个文艺节目参演，25家市级部门开展集中法治宣传展示。

【法治示范创建】 组织开展法治示范县（区）、乡镇（街道）、学法用法示范机关（单位）等"三项示范创建活动"，推荐市级法治县（区）1个，法治乡镇（街道）5个，市级学法用法示范机关（单位）12个。在全市开展省级"法治教育示范基地"和省级"法律七进"示范点创建活动，全市共推荐上报苏铁自然保护区、法院诉讼服务中心、市公安局车管所宣传基地、杨家坪宪法广场和米易县法治公园在内的11个省级法治教育基地。推荐市地税局、市国资委、市工商局、市教体局、市卫计委、市城管局申报省级"法律七进"示范点16个。

【外来企业投诉】 紧紧围绕市委、市政府提出的构建优势互补、互利共赢的投资环境的总体要求，积极整合成员单位资源，落实工作职责，形成工作整体合力，做好重点项目跟踪服务，全力推进重点项目建设，强化重大招商引资项目策划包装和项目跟踪服务及协调推进工作。市司法局及时修订《攀枝花市外来企业投诉处理办法》，将外来企业投诉工作与人民调解、法治宣传、法律服务和法律援助等工作有效对接，主动走进企业，开展精准服务。在外来企业周边居民中开展法治宣传76场（次），为外来企业开展法治宣传64场（次），帮助外来企业处理法律事务600余件。

【国家司法考试】 9月24—25日，攀枝花市2016年度国家司法考试在市三中开考，610名考生报名参加考试，较2015年增加32.6%。首次采用人脸识别系统，有效提升科学治考水平，实现零差错目标。

【依法行政】 积极推进司法体制改革工作，落实2016年深化司法体制改革10项重点工作，明确工作责任，分解改革任务，以项目化、责任化方式推动工作落实。加强行权平台运行管理和日常监督，加强行政案件办理情况录入，实现行权平台行政处罚案件数录入零突破。7月，实现行政审批省市网上并联审批工作目标，提高行政审批效率。全年共办理行政审批71件，行政复议、行政诉讼为零。

【"法治政务"建设】 5月5日，全市首个"法律咨询服务区"在市政务服务中心正式启动。市司法局选派12名律师、3名公证员轮流进驻法律咨询服务区，常年为办事群众提供免费律师类、公证类法律咨询及法律援助、人民调解等法律服务，进一步拓展政务服务平台服务功能。全年，共解答群众法律咨询1690件、公证咨询863件。

【精准扶贫工作】 按照市委统一安排布置，市司法局对口帮扶盐边县红果乡松坪子村开展脱贫攻坚工作。在市司法局的帮助协调下，松坪子村被纳入盐边县第一批9个集中力量脱贫村名单，该村道路建设、房屋修建、村部搬迁、人畜饮水等基础设施建设和芒果、花椒、核桃等产业发展纳入县精准扶贫规划，彝家新寨建设纳入2017年新建项目，落实精准扶贫工作资金1297万元。开展4次集中走访慰问，为困难群众送去局机关和市律协筹集的6万余元物资和慰问金，无偿赠送8车家具，用实际行动帮助困难群众解决一些生产生活中的实际困难。组织机关干部、律师协会人员、律师深入盐边县红果彝族乡松坪子村开展法治宣传、法律咨询、法律援助服务。局领导和干警与51户精准扶贫对口联系户集中见面，详细调查家庭情况，商定落实帮扶措施，指导制定脱贫目标，讲解国家精准扶贫相关政策，并向51户帮扶对象发放"精准扶贫结对帮扶联系卡"。"三八"节期间，对该村困难儿童进行慰问，赠送一批学习用品。5月和8月，市司法局组织其他3家帮扶单位，围绕精准扶贫工作落实情况，突出问题导向，开展两次专项督导工作，取得预期效果。12月，市司法局代表攀枝花市级部门向省贫困村"五个一"工作力量检查组汇报经验做法。

【司法业务用房建设】 全市司法行政系统业务用房建设项目有序推进。9月，市司法局业务用房全面竣工。12月，东区司法局业务用房主体工程完工，6月，西区司法局业务用房开工建设，业务用房开工建设率100%。

【信息化建设】 开展政法系统视频会议系统专项督导检查工作，对已建成的视频系统的维护使用情况进行全面清理检查，全力确保系统畅通使用。按照省司法厅信息化建设总体部署和要求，基本建成覆盖市局机关、县（区）司法局和司法所的司法行政系统工作平台。完善攀枝花市司法局微信、微博公众号，加强政府信息公开，拓展公开平台，拓宽公开渠道，加强政民沟通。12 月，启动“12348”法律服务热线升级改造工程，打造全市一体化法律服务平台，开展咨询、受案、结案、回访等一条龙服务，整合法律服务市场。

（何洪英）

军 事

军分区

【概　况】 攀枝花军分区辖东区、西区、仁和区、米易县、盐边县5个人武部，攀钢钢城（集团）公司、攀煤（集团）公司、中国十九冶集团公司3个大企业武装部和攀枝花学院、机电学院2个院校武装部暨征兵工作站。军分区司令员张青（8月前），政治委员李力生。

【思想政治建设】 牢牢把握政治工作的重要地位和重大作用，坚定不移地把思想政治建设摆在首位。深入抓好两项重大教育，以坚定政治信念、激发强军精神为主题，采取常委率先学、党委中心组带机关同步学、常委领导上党课、党小组集体学、大会交流讨论等方式，通过结合融合，认真抓好“两学一做”学习教育和“坚决服从改革大局、忠实履行职能使命”主题教育，根据阶段性工作实际情况，每月制定《教育学习计划月表》，为每一名党员购买《习近平总书记系列重要讲话读本2016年版》和《“两学一做”专题解读》等，编印下发《两项重大教育学习资料汇编》，供大家学习教育使用。通过狠抓教育落实，官兵维护核心、看齐追随的意识进一步增强。不断强化军魂意识，结合建党95周年纪念活动，深化党史、军史和优良传统教育，组织全体党员参加中宣部党史、军史微信平台知识竞赛，组织“新体制、新职能、新使命”大讨论活动，积极开展瞻仰革命烈士纪念设施、重温入党誓词、走访军烈属、参观新农村建设等系列实践活动，按照“六有”标准抓好政治文化环境建设，把“两学一做”“四个全面”和上级相关要求纳入灯箱内容，编印《应知应会应做知识》读本下发官兵学习，培养官兵、职工战斗精神，激发工作热情。扎实筑牢拒腐防变根基，教育官兵密切关注国际国内形势，充分认清意识形态领域斗争严峻形势，定期开展法制教育、形势政策教育和经常性思想教育，加强隐蔽斗争和“四反”教育，打好意识形态领域斗争主动仗。彻底肃清郭伯雄、徐才厚案件影响，结合南充拉票贿选案，组织军分区、人武部主要领导参加攀枝花市警示教育大会，引导全区党员干部自觉落实廉洁从政相关规定，摆正位置、守住底线。

【军事斗争准备】 围绕强军目标，聚焦能打胜仗，紧扣使命任务，突出能力建设，深入推进军事斗争准备。坚持用打仗思想抓战备。深入贯彻《战备工作条例》，严格落实各项战备制度，不断强化战备建设，落实值班首长检查监督和问责制度，值班秩序进一步正规。结合形势发展和任务转换，修订完善应急应战预案及保障方案22个。1月8日，组织全体官兵、民兵、地方领导762人，利用开训活动组织战备拉练，官兵战备意识进一步增强。5月28日，组织官兵、民兵528人开展动员支前战备拉练，各人武部结合抢险救灾、处突维稳分别开展拉动演练，部队始终保持良好的战备状态。聚焦精武强能抓训练。坚持党委议训制度，始终把军事训练置于突出位置，落实党委管训责任。及时解决军事训练中的矛盾问题。上半年，先后组织机关干部战术标图、军事地形学、轻武器实弹射击训练和市民兵综合应急营训练，参加上级组织的专武干部、情报信息网、学生军训、抢险救灾等集训，采取“小兵种大集中”的方式分别组织炊事车操作、森林防火、反恐维稳、水上救援、地质灾害救援等科目集训，培训各类人才54人。5—7月，各县（区）人武部完成基干民兵、专武干部1200余人的年度民兵军事训练，部队应急应战任务能力进一步提高。着眼保障打赢抓动员。积极适应省军区系统转隶后的新体制，开展“国防动员法规学习月”活动，编印下发《国防动员工作相关法规汇编》，强化国防动员相关法规学习。贯彻落实国防动员委员会各项制度，3月初，召开市国防动员委员会办公室主任（扩大）会议，调整市（县、区）两级国防动员委员会等相关组织机构成员，总结部署工作。

【干部队伍建设】 紧紧围绕习主席全面从严治党战略思想，大力加强党委班子建设，不断增强创造力、凝聚力、战斗力。深入贯彻民主集中制。修订完善党委议事规则，强化集体领导，增强班子团结，党委决策水平有新提高。坚持定期召开党委会议，研究解决部队思想政治工作、军事训练、安全管理等工作中的重、难点问题，党委核心领导作用更加有力。充分发挥基层组织功能，坚持按程序办事，全面做到公开、公平、公正，有效提升官兵职工的工作积极性和主动性。5月、6月，军分区、人武部分别召开以“三严三实”为主题的民主生活会，研究班子建设措施，提升班子建设水平。扎实抓好党组织建设。进一步健全完善党的各级组织，抓好组织生活制度落实，抓好支委会、党小组会、领导干部过双重组织生活、每月主动缴纳党费等制度落实，制作党费缴纳公示栏。针对2016年干部转业多、人武部班子调整面大、人武部党委委员空缺多的实际情况，安排机关干部到人武部代职，确保人员充实、组织健全。加强作风建设，认真纠治思想庸俗、关系庸俗、风气庸俗现象，提高党内生活的政治性、原则性、战斗性。加强干部队伍建设。加强干部教育管理，强化干部履职尽责教育，确定转业的干部充分发挥党员模范带头作用，认真站好最后一班岗，在全区上下形成强烈反响，有效带动官兵工作积极性。加强转业待安置干部教育管理，坚持一对一、面对面谈话，积极协调地方相关部门做好安置前期工作，10名转业干部均思想稳定。加强退休干部服务管理，主动靠前做好移交地方安置政策解释和服务工作，顺利完成1名退休干部移交地方安置任务。

【提高综合保障能力】 坚持以任务为牵引，不断增强后勤装备保障能力。严格后勤规范化管理，坚持党委理财，严格财经纪律，认真落实“双主官”签字制度。巩固深化财务清查、资产清查两项成果，严格经费、物资和资产管理，研究制定《军分区财务管理规定》，对军分区财务、采购、会议培训等方面经费管理进行明确、细化。坚持以标准为依据，以预算为法规，严格执行年度经费预算和行政性消耗经费限额标准。深入开展开源节流活动，厉行节约、勤俭理财、挖潜问效增效益，人武部经费均达标。12月中旬接受西部战区第一审计局对军分区党委班子经济责任审计，财经管理进一步规范。努力提升综合保障能力，突出抓好后勤机关指挥业务训练，利用后勤人员每月集中办公时间，学习后勤行业最新法规、标准制度，夯实业务基础。围绕担负多样化军事任务，积极探索民兵预备役非战争军事任务常态化、多样化、大规模化后勤保障方法，不断提高后勤综合保障能力。坚决全面停止对外有偿服务，按照《关于军队和武警部队全面停止有偿服务活动的通知》要求，深入开展有偿服务存量项目核查，召开常委会专题研究制定关停工作实施意见，签订《全面停止有偿服务活动责任书》，主动与商家沟通解释，全区两个有偿服务项目均按有关要求、按时间节点移交地方。

【安全稳定工作】 坚决贯彻习主席关于依法从严治军重要指示精神，深入抓好军委国防动员部、省军区有关安全稳定指示要求的学习贯彻，不断强化法治意识、底线思维，围绕安全工作17个重点，狠抓各项规章制度落实，全区安全管理工作形势发展较好。强化责任。军分区、人武部党委领导坚持把安全管理工作作为部队全面建设的重点往实里抓，坚持常讲、常抓、常查、常督促，做到组织健全、分工明确、责任到人，形成党委定期议、领导亲自抓、机关合力管的良好局面。3月，军分区党委与各人武部主官签订《安全管理责任书》，真正把安全管理的责任“签”在心中，落实安全管理工作责任制，将安全工作的担子“压”在身上。抓好落实。深入开展“条令学习月”和“学法规、用法规、守法规”活动，全员参加省军区组织的从严治军知识竞赛活动，制定下发安全宣传教育月活动、军车安全交通月和车辆专项治理实施方案。通过教育引导活动，官兵职工的条令法规意识得到进一步增强，部队“四个秩序”进一步规范。细化完善《军分区作战值班人员手册》《军分区勤务队管理规定》《民兵武器仓库各类人员职责》等规章制度。排查整改。机关先后两次组成由军分区常委带领的安全工作检查组，深入人武部进行隐患排查，对机关安全保密和办公秩序进行大检查，对全区所有车辆进行检测维护，对全区涉密计算机升级安装信息安全保密系统，工作做到抓经常、抓反复、抓末端，保持安全稳定良好局面。5月，围绕省军区明确的十个方面56项具体问题，以彻底清查武器弹药底数为重点，对民兵武器仓库进行逐枪核对、逐箱检查、逐件登记的集中清查核查，为规范武器弹药安全管理奠定坚实基础。

【征兵工作】 2016年，攀枝花市征兵网上报名3000余人，上站体检1700余人，体检合格500余人，共征集新兵300余人，其中大学生占70.3%；高中生(中专、中职)占27.9%；初中生占1.7%。大学生新兵比例比省军区要求高22个百分点，初中生控制比例比省军区要求低3个百分点。组织领导坚强，平时征兵准备扎实。攀枝花市各级政府和兵役机关，认真贯彻省政府、省军区《关于征兵工作的部署》要求，围绕实现强国梦、强军梦目标，坚持把征兵工作摆在重要位置，作为支持国防建设和提升攀枝花市双拥工作水平的一项重要内容，扎实推进、狠抓落实。宣传动员深入，适龄青年应征热情高涨。市委宣传部、市征兵办结合攀枝花市实际，制定下发《2016年攀枝花市征兵宣传方案》，按照精准宣传、精准动员的要求，对征兵不同阶段、不同对象的宣传工作进行详细部署安排，各县(区)兵役机关、宣传部门和各级新闻媒体积极行动、密切配合，在发放宣传册、开设橱窗、悬挂标语、设点咨询、巡回广播等方式基础上，采取多种形式，开展征兵宣传活动。全市各级共设立固定宣传点50余个，出动流动宣传车300多台次，悬挂张贴横幅500余条，发放传单近5万余份，网络宣传点击量1万余次，有效激发适龄青年尤其是大学生参军报名热情。程序标准规范，体检和政治考核组织严密。2016年全市首次使用征兵体检信息化系统开展体检，市、县（区）征兵办高度重视，先后投入经费30余万元购置电脑设备，在体检医院搭建网络，组织开展培训，提升运用信息化手段开展体检的能力。政治考核过程中，严格落实制度规定，选调责任心强的专武干部、公安民警、社区干部组成走访调查组，逐一与新兵见面，准确掌握参军意愿和思想状况；教育部门认真进行学历核对和查验，杜绝假学历、冒名顶替问题的发生，确保征集新兵政治合格。征兵后续工作有力，确保新兵安心服役。各县（区）认真开展新兵入伍教育，给每名新兵发鼓励信，讲清部队管理严格、训练艰苦的现实情况，引导新兵正确面对可能出现的困难和问题。积极协调有关部门及时足额发放大学生入伍奖励金、义务兵入伍优待金，认真办理大学生学籍保留、学费补偿、代偿等手续。

【军民融合】 坚持把参与和支援地方经济社会建设作为义不容辞的责任。大力加强党管武装。攀枝花市委高度重视党管武装工作，坚持主动过问军分区建设、定期到军事机关现场办公、亲自参与重大军事活动，严格落实党管武装各项制度。市、县（区）两级都把武装工作纳入年度工作目标任务予以督办，军事活动经费重点保障，部队干部转业到攀枝花市均得到妥善安置，攀枝花籍义务兵优抚金发放居全省前列，驻攀枝花军人家属就业、子女入学均给予优待，为部队建设办实事、解难题，在全市上下营造爱武装、管武装、建武装的良好氛围。广泛开展双拥共建。深入开展精准扶贫，军分区共投入150万元建立扶贫开发专项工作基金，定点帮扶仁和区同德镇双河村和木里藏族自治县克尔乡阴山村，各县（区）人武部也分别投入20万元就地帮扶1个贫困村或联系几户贫困户。全区共与9个村、32户贫困家庭、4所学校、4个卫生所、23名贫困学生建立帮扶关系，直接受益学校1所、学生23名，其他受益群众千余人。抓好双拥共建制度落实，5月，与市双拥办共同牵头，对全市双拥工作进行检查督导，7月，攀枝花市成功获批第四届“全国双拥模范城”。积极组织参建参治。紧紧围绕攀枝花市“三个加快建设”“三个走在全省前列”“六大硬仗”目标任务，充分发挥民兵突击队作用，组织民兵积极参与交通、水利、环境等重大基础设施、重大工程项目建设。

【民兵抢险救灾】 9月19日，由于攀枝花市连降暴雨，造成东区、仁和区多处山体滑坡、塌方、泥石流等自然灾害，4.49万人受灾，国、省干线G5、G108、S214、S216、S310沿线105处塌方、11处断道，391间民房倒塌、974.5公顷农作物受灾。军分区及时启动抢险救灾预案，军分区、人武部领导立即组织民兵参加抢险救灾。先后出动民兵3500余人次、车辆35台次，转移疏散群众7005人，搭建帐篷272顶、抢通道路101.4千米，加固堤坝325米，疏通河道38500米，清理土石18660立方米，搜索掩埋动物尸体37具，同时还担负搜救失联群众和多处灾害隐患点安全巡查工作，向灾民发放棉被、褥子、衣服、鞋子、雨衣等急需物资。

【森林防火工作】 贯彻落实省军区应急处突形势分析研判会和全省森林防火工作电视会议精神，军分区和各人武部主动与地方防火办和林业部门等单位建立信息共享和联动机制，完善森林防火预案；组织民兵应急分队开展森林防火训（演）练，充实完善防火物资器材；发动乡镇专武干部和民兵信息员，积极发挥防火“哨兵”作用，确保一有火情能及时发现、迅速处置，降低人民群众财产损失，保一方平安，树好民兵“四铁”形象。

（马富强）

武　警

【思想政治教育】 2016年，武警攀枝花支队紧盯“追随看齐”这个最高政治要求，扎实抓好中共十八届六中全会和中央军委主席习近平系列重要讲话精神学习，不断夯实官兵“四信”（道路自信、理论自信、制度自信、文化自信）根基；着眼培育“四铁”（铁一般信仰、铁一般信念、铁一般纪律、铁一般担当）“四有”（有灵魂、有本事、有血性、有品德）革命军人抓教育，分层组织强军故事会，提高官兵向党看齐忠诚度；坚持把遂行重大任务作为深化主题教育的主阵地、检验教育成效的硬标准，引导广大官兵在任务一线发扬不畏艰苦、不怕牺牲、敢打必胜的优良传统，在血与火、生与死的考验中锤炼听党指挥、能打胜仗、作风优良的优秀政治品质。充分利用攀枝花红色文化资源，扎实开展“强军风采”系列文化活动，严密组织“冠军荣耀中国行”进警营，精心打造军乐队、舞龙舞狮队、威风锣鼓队、欢乐腰鼓队、锅庄舞队、电声小乐队等“一队一特色”文化队伍，每个基层中队均与驻地图书馆联建武警中队分馆，引导官兵多读书、读好书，用一系列实实在在的活动诠释对建队育人的理解；细化“五小”（值日小讲评、进步小周记、警营小板报、学习小交流、新闻小点评）自我教育，过细做好重点关注对象和个别人思想引导、心理疏导和管控工作，部队实现安全稳定。

【组织建设】 2016年，武警攀枝花支队坚持以“两学一做”（学党章党规、学系列讲话，做合格党员）活动为牵引，突出抓学习提素质、抓团结强引领、抓作风求标准、抓风气树导向，坚持整风整改、不忘初心，核心领导作用发挥明显。注重在强学习拓思路中强化能力。坚持把理论武装作为班子第一要务，围绕坚定性和忠诚度这个根本，结合中心组学习，不断提高班子成员的理论水平、政治信仰、思维方法和实践能力。班子调整后，各常委第一时间进入工作状态，放弃周末假日休息时间，深入基层了解干部队伍、基层建设等具体情况，与支队每名干部逐一谈心，与战士开展普遍谈心。经过7个多月的努力，党委“一班人”全面掌握支队建设现状，既看到自身优势，也看准差距和问题，更进一步汇集了解决问题的方法，凝聚起攻坚克难、迎头赶上的意志。注重在保持清醒头脑中理清思路。坚持把统一官兵思想、凝聚官兵力量，实现班子“平稳过渡”作为首要任务，注重用良好的形象感召、用正确的决策凝聚、用科学的思想引领，确保部队建设不脱节、不偏向、不松劲，持续向好发展；坚持强化思想引领、工作引领、行为引领，以机关为重点，广泛叫响“我们要积极地倡导什么、坚持什么、崇尚什么，极力地反对什么、摒弃什么、抵制什么”，让大家都明白一个单位的作风、人才、绩效都是靠正确的思想引领、良好的风气支撑。截至年底，全支队官兵思想稳定，想干愿干。注重在守纪律讲规矩中提升水平。认真落实上级关于廉政建设相关措施，从思想上行动上彻底肃清周永康、郭伯雄、徐才厚案件影响，带头规范用车、规范接待、规范交往。无论是在选人用人、经费开支上，还是在敏感问题处理上，始终坚持按政策办、按制度办、按程序办。年内，先后选送技术学兵25人，发展党员57名，官兵满意信服。特别在为兵服务上，坚持把为官兵办实事作为重点，分批发放特困官兵慰问救济金，集中为11名官兵子女解决就近入学入托，安排193名官兵及家属免费体检，主动为官兵及家属协调购买火车票617张，在广大官兵和家属中引起强烈反响。

【干部队伍建设】 2016年，武警攀枝花支队始终把干部队伍建设摆在突出位置，按照“好干部”（对党忠诚、善谋打仗、敢于担当、实绩突出、清正廉洁）时代标准，在选准、用好、育强、管严上下真功夫实功夫，不断提高素质能力，增强活力动力。特别是支队党委牢记年初任前谈话时武警四川省总队党委针对攀枝花“双主官”调整实际提出的“稳住班子、稳控部队、确保安全”三句话指示，在认真调研、分析基础上，确定“关心干部、加强思想引领，狠抓基层、确保部队稳定”两个核心点。尤其是针对支队达超龄干部较多的实际，一方面党委分工逐人做工作，既讲纪律要求，又重情感关怀；另一方面强化思想引领、工作引领、行为引领，让大家都明白一个单位的作风、人才、绩效都是靠正确的思想引领、良好的风气支撑。通过大半年的努力，截至年底，全支队干部队伍思想稳定，想干愿干，在思想上跟随党委工作思路走的人越来越多，加班加点努力提高工作标准的干部越来越多，一股正能量、正风气正在有形无形中悄然生成。

【军事训练】 2016年，武警攀枝花支队积极贯彻中央军委主席习近平练兵备战重大战略思想，深入实践“六种组训模式”（首长机关训练、新兵训练、岗位训练、应急训练、基地化训练、卫士系列训练），按照武警四川省总队实战化军事训练要求，全面推进军事训练“八落实”［人员、内容、时间、质量、弹药、摩托（飞行）小时、教练员、场地］，分4批组织勤训轮换，突出应用射击、夜间射击等基层中队难以组织的科目，把执勤基本功练实练过硬，切实提高官兵完成任务的能力；着眼树立鲜明导向，大张旗鼓对卫士演习、教练员集训、武警四川省总队军事考评等竞赛中表现出色的官兵进行表彰，有效调动官兵训练热情；坚持从难从严从实战需要出发，以“龙虎榜”“魔鬼周”极限训练、“五小练兵”、特勤排应急班集中驻训、“卫士－16”实兵对抗等为载体，有效摔打锤炼部队战斗力。9月初，参加武警四川省总队军事训练“十大标兵”和“双百”考评，取得反恐应急班第一的好成绩。

【战备执勤】 2016年，武警攀枝花支队采取网络覆盖全程管、不打招呼随机查、跟踪督导末端抓、通报讲评限期改等方法抓“软隐患”，投入70余万元进行基层中队“三化”（科学化、制度化、经常化）改造。针对市看守所隐患实情，攻坚克难、积极推进，协调市公安局投入资金100余万元，对市看守所AB门实施改造，部分监墙加装钢网墙和刀刺网，拆除影响哨兵视线的外围杂院，因地制宜改造监区照明系统，同步推进市看守所新建搬迁项目，市看守所执勤“硬隐患”整治取得突破性进展；深入贯彻武警部队维稳战役部署会和战备工作会精神，狠抓机关全要素、特勤排和应急班全员全时战备值班，积极推进战备库室“三化”（体系化、实案化、精确化）建设试点成果转化，不断提高部队“箭在弦上、引而待发”的战备水平。年内，先后累计出动兵力4275人次，圆满完成“9.19”抗洪抢险、春运火车站执勤、领导警卫、武装设卡巡逻等各类临时勤务30余起。

【后勤建设】 2016年，武警攀枝花支队紧紧围绕“后勤变前勤”要求，突出“三个服务”（服务中心任务、服务部队建设、服务基层官兵）方向，下工夫提高后勤综合保障水平。建强应急保障力量。按照“一组五队”（后勤指挥组，综合物资保障分队、运输油料保障分队、卫勤保障分队、给养保障分队、维修技术保障分队）要求，突出抓好应急力量建设，定期组织野炊、救护、车辆故障排除等应急保障训练，确保遇有情况能够“拉得动、供得上、救得下”。特别是在“卫士－16”演习中，支队出动200名官兵，动用19台车辆，跨区机动500余千米，历时5天，车辆、伙食、住宿等均实现自给自足，应急保障能力得到有效增强。提升综合保障效益。坚持谋官兵之所想，严格落实各项标准制度，把住食物采购、制作、留验等关口，精心调剂伙食，严格落实标准，确保官兵吃到数量、吃到定量、吃到质量；严格落实卫生防病制度，定期组织卫生防疫常识教育，坚持每月组织一次巡诊，做好营区消毒、水源检测等工作，积极协调驻地医院开辟官兵就医绿色通道，保证官兵身体健康。党委亲自督办公积金贷款申请、公寓房改造、随军未就业家属补助等敏感问题，指定专人负责跟踪落实，纪委加强检查监督，官兵满意度高。严格全面落实部队停止有偿服务活动的指示精神，终止5127平方米临街商铺的租赁合同，积极推进70套干部士官公寓房及临时来队住所改造项目。抓好后勤队伍建设。先后组织驾驶员、炊事员、水电工等技能培训，每月组织司务长以会代训，分两批组织后勤人员勤训轮换集训，组织专业士官进行集中教育整训，不断加强后勤干部业务技术、思想作风、道德纪律的培养提高，有效促进后勤队伍建设。坚持以开展“伙食精细管理年”为牵引，用好先进食堂、伙食管理标兵、炊事员标兵评选等活动载体，扎实推进炊事员比武交流活动，以炊事员技术水平的提升促进伙食保障质量效益。

【拥政爱民】 2016年，武警攀枝花支队着眼为攀枝花这座全国“双拥模范城”增光添彩，坚决响应市委、市政府号召，积极投身地方建设。全支队官兵牢固树立“视人民为父母、把驻地当故乡”的观念，热爱人民、尊重人民、服务人民、帮助人民。支队坚持“精准扶贫、帮困到户”的原则，与仁和区同德镇双河村结成帮扶对子，广泛参与开展捐款捐物、资助失学儿童重返校园、照顾驻地孤寡老人、便民服务等活动，树立武警官兵亲民、爱民、为民的良好形象。特别是在“9·19”抗洪抢险任务中，支队广大官兵闻警而动，高效应对，第一时间启动应急响应预案，第一时间到达灾情最重地区，第一时间展开救援行动。先后累计出动兵力3000余人次，连续奋战7天6夜，多点作战在大田镇、仁和镇、啊喇乡等灾情最严重的地方，担负救援、封控、排障、人员搜救、紧急疏散、物资抢运、危险品转移、道路清理等任务，以实际行动最大限度保护人民群众生命财产安全，彰显武警官兵铁心向党、忠心为民的政治本色，事迹先后被中央、省、市多家媒体跟踪报道。

【文化宣传】 2016年，武警攀枝花支队借助驻地红色资源，扎实开展建党95周年和“强军风采”系列文化活动，精心打造军乐队、舞龙舞狮队、威风锣鼓队、欢乐腰鼓队、锅庄舞队、电声乐队等“一队一特色”文化队伍，在“八一”文艺会演中特色亮点纷呈，赢得攀枝花市各级领导的赞扬和认可；细化“五小”自我教育活动，发动官兵全员参与，坚持“一人先进大家学、一人落后大家带、一人有难大家帮”的做法，把“三互”“三帮一带”活动融入官兵的日常中，做到让官兵处处受熏陶、时时受教育、常常促自觉；积极协调驻地市、区、县图书馆在基层中队建立分馆，引导官兵多读书、读好书，用一系列实实在在的活动诠释对建队育人的理解。年内，先后在各类报刊台和新闻网发表稿件680余篇（幅），支队“两学一做”经验做法被《解放军报》《中国武警》刊发，任务中政治工作做法被武警四川省总队转发，中央、省市电视台转播“9·19”抗洪抢险相关新闻30余次。

（孙玉壶）

消　防

【概　况】 攀枝花市公安消防支队始终以“听党指挥、能打胜仗、作风优良”强军目标为引领，以“服务经济社会发展、保障人民生命财产安全”为己任，以打造“花城消防·阳光铁军”为主线，紧紧围绕防、灭火中心工作，坚持政治建警、从严治警、从优待警、科技强警，确保部队管理和火灾形势持续稳定，为全市经济建设发展创造良好的消防安全环境，全市连续11年未发生较大以上火灾事故，连续3年被省政府消防考评为优秀。支队夺得全省消防部队条令条例竞赛总分第三名、政工比武团体三等奖、财务会审先进单位、四川省消防部队第一届体育运动会总团体冠军，被市政府表彰为“2016年度抗洪抢险工作先进集体”，连续三年被省消防总队表彰为“安全工作先进单位”，连续四年被省公安厅表彰为“好领导班子”;同时还有7个基层单位分获“全国消防部队优秀基层执法单位”“全省消防部队先进基层党组织”“全省政法系统先进单位”等省级以上表彰,多名官兵获全国消防部队“优秀党务工作者”“优秀士官人才二等奖”“优秀基层指挥员”等荣誉,54名官兵立功受奖。

【接处警及火灾情况】 市公安消防支队共接警出动1641次,出动消防车2718辆次、官兵14659人次,抢救被困人263人,疏散人员2069余人,抢救保护财产价值近亿元,成功处置“4·8”液氧槽车侧翻泄漏、“6·13”列车脱轨、“9·19”强降雨等抢险救援和“5·8”攀钢冷轧厂厂区重大山火扑救、“11·11”600吨攀钢苯罐泄漏燃烧事故处置等急难险重任务,圆满完成全国“两会”、G20峰会等重大消防安保任务,无灭火救援失误。

全年,全市共发生火灾402起,死亡0人,受伤4人,直接经济损失1163.004万元,过火面积8304.3平方米,受灾户数40户,受灾人数44人,连续11年未发生较大以上火灾事故。

从火灾指数看,火灾起数、死亡人数指标同比2015年分别下降21.48%、400%,伤人数持平。

从火灾分布地区情况看,东区共发生火灾264起,占总起数的65.67%;仁和区共发生火灾56起,占总起数的13.93%;西区共发生火灾39起,占总起数的9.7%。相比其他县(区),东区火灾形势严峻。

从发生火灾原医看,电气类火灾95起,占总起数的23.63%;生活用火不慎引发火灾167起,占总起数的41.54%。电气类、生活用火不慎引起的火灾较多,违章用电、用火、用油、用气现象突出。

从火灾发生场所上看,居(村)民住宅共发生火灾155起,占总起数的38.56%。住宅类火灾起数所占比例最大,反映出广大居(村)民消防安全意识不强。

【抓党建带队建】 市公安消防支队严格执行党委统一的集体领导下首长分工负责制和民主集中制,出台支队党委“工作例会、务虚会、中心组学习”三项制度,建立党委成员下基层回执机制,明确要求党委成员自觉落实学习制度和双重组织生活制度,先后召开党委会15次,研究解决重大议题110余个。召开全市消防部队党建工作现场会,建成支队、大队、中队三级组织的党员之家、会议音视频系统,开展党建基础资料集中评审活动,开发电子党务直通车系统,提升各级党建工作规范化水平。落实党委成员定点联系分工制度,开展“三帮”(帮建支部、帮带干部、帮抓骨干)活动58次,调整充实15个基层班子,提升基层党组织按纲抓建能力。抓好党员队伍建设,核查完善现役党员、文职党员的党组织关系,实行预备党员转正答辩制度,自主开展“四个起来”(入党誓词背起来、党徽戴起来、党旗扛起来、党员示范岗立起来)、党员“先锋创绩”承诺践诺等“党员亮身份”系列活动,其经验做法在全省消防部队党建现场会上作交流发言。

加强人才队伍建设。修订《干部管理规定》,出台《干部考核实施办法》,加强各级干部日常绩效和体能考核,建立起“从严管理、奖勤罚懒”的干部考评体系。完善“营职干部双考办法”,开展营职干部“双考”、机关干部“公选”工作,选配调整18个岗位,提拔13名优秀干部走上领导岗位,“凭实干进步、靠业绩用人”的良好导向进一步形成。落实支队《成才在警营指导意见》,固化“一帮一”、师徒“结对子”、“两用”人才培养等方面的工作流程,规范建立防火监督、灭火救援、文体骨干等9个人才库,抓实预提班长集训、攻坚班组考核选拔等工作,自主开展驾驶员、执勤中队长助理定期考核等活动,全面提升官兵综合能力素质。组织参加2016年部队院校考试的官兵进行集中培训,2人被昆明消防指挥学校录取,全体干部均达到大专以上文化程度(8%达到研究生文化程度、77%达到本科文化程度)。

压实党风廉政责任。制定党委主体、纪委监督“两个责任”和支队纪委委员、专职纪检干部、基层纪检委员“三级纪检人员”工作清单,创新年初下订单、日常对清单、年终审账单和惩处开罚单的党风廉政“绩效对账”机制,组织各级签订党风廉政目标责任书22份。支队纪委出台《委托审计暂行规定》《督察巡视工作实施细则》等文件,主动介入监督执法和重大物资采购、人事任免等重要敏感事项,完成8名领导干部的经济、执法责任审计和全体干部的亲属涉及消防有关事项清理工作,开展暗访督查27次,连续3年未接到有关攀枝花消防官兵不良行为信访举报和投诉,各级行风评议满意率达98%以上。加强廉政教育,实行节前、任前、晋升、开会学习、岗位调整、重点岗位廉政“六个必谈”制度,组织官兵观看警示教育片、参观廉政教育基地20余次,打造廉政寄语、短信等微文化,筑牢官兵法纪底线意识。出台《关于改进工作作风的九项规定》和《机关下基层、机关借用基层官兵相关规定》,持续改进工作作风。

【政治建警工作】 市公安消防支队扎实开展“两学一做”和“改革强警”两项重大教育,自主开展“改革强警勇担当、强军路上战歌响”“投身强警实践”“八一”主题书画展和购好书进基层、主题读书月、专家消防行、“你的眼光·我的选择”荐书寄语等“六大活动”,组织开展“红色电影周”“七一”表彰大会等庆祝建党95周年系列纪念活动,抓实爱国奉献、尊干爱兵等经常性、基础性教育,先后组织“串课”12堂、“大课”2堂,进一步坚定官兵理想信念。开展年度政治干部岗位练兵活动,制定基层政治工作基本任务清单,把工作开展情况纳入年度基层班子考核重要范畴,有效调动基层政工干部履行职责的积极性。

抓警营文化促和谐。举办全市消防部队“橙色警营·激扬青春”主题体育运动会，参加全省消防部队第一届体育运动会，分别夺得田径项目团体第四名、足球项目第三名、游泳项目团体第二名、乒乓球项目团体第一名的好成绩，勇夺全省第一届体育运动会总团体冠军，公安部消防局政委王沁林亲自为支队颁奖。支队2名官兵代表省消防总队分别参加省公安厅游泳比赛、公安部消防局乒乓球比赛。推动年度精品节目创作，创作完成2个具有攀枝花消防特色的精品文化节目，完善10个中队的分核文化，建成7个3D影院和机关军人俱乐部并投入使用。

抓从优待警激活力。制定党委为基层办实事计划，每名支队党委成员领办一件实事并明确完成时限，年内解决基层实际困难37件。通过定期提醒、挂网公示、强制休假等方式，督促官兵落实探亲休假计划，官兵探亲休假率达100%。对20余名患病住院官兵进行慰问，安排部分优秀官兵外出疗养和到地方学习驾驶技术，为全体官兵和消防文员进行健康体检并购买人身保险。针对攀枝花炎热的气候特点，实施“三清”（一个清新的就餐环境、一套清爽的运动装备、一份清凉的防暑物品）工程，把爱兵为兵体现在细节处。

【火灾隐患整治】 市公安消防支队始终以“减少一般火灾、避免较大火灾、杜绝重特大火灾”为目标，加强火灾防控基础建设，完善消防工作体制，持续开展各类消防安全专项整治，努力构建责任优化、平安稳定和立体化、全覆盖火灾防控体系，确保全市火灾形势持续平稳。以今冬明春火灾防控、夏季消防检查为火灾防控主线，部署开展安全生产大检查、彩钢板建筑、易燃易爆场所、人员密集场所、社会福利机构、居民住宅小区、仓储物流场所、康养场所等专项行动，坚持常态治理、综合监管，落实人防、物防、技防手段，进行“拉网式”火患排查整治，确保单位排查率达100%，火灾隐患整改率达100%。

全市消防部门共检查单位（场所）9318家（次），发现火灾隐患及违法行为3435处，督促整改火灾隐患及违法行为3326处，整改销案3个政府挂牌的重大火灾隐患。从隐患类别看，消防设施、器材（消防安全标志）设置不符合标准或未保持完好有效共1801处，占发现火灾隐患及违法行为的52.43%。从隐患区域看，发现隐患数量较多的是东区、钒钛高新区、米易，分别占总数的25.33%、23.35%、11.79%。

【社会化消防工作】 市公安消防支队积极推动各级政府落实消防工作“五个一”机制，出台全市《消防工作考核办法》，将消防工作纳入政府目标责任和目标管理考核内容，保证消防工作高运转、高落实。提请市政府第68次常务会议专题审议通过全市《消防工作意见》和《目标任务分解表》两项重要工作，协调市、县（区）两级政府召开消防工作专题会议11次，与职能部门签订责任状257份，全年各级党政主要领导带队调研检查消防工作80余次，政府主导消防工作的良好局面进一步形成。在省政府年度消防工作考核中，攀枝花市连续三年排名全省前三。

推动行业部门落实监管职责。按照“管行业必须管安全”的原则，积极沟通协调安监、住建、教体、旅游、文广、工商、商粮、民政、卫生等职能部门开展联合检查，推动开展行业系统内部自查自纠，做到消防安全工作“同部署、同检查、同落实”，形成监管合力。各行业部门共开展消防安全培训23期，联合检查27次，发现并整改火灾隐患320余起。

督促社会单位落实主体责任。督促全市重点单位建立完善消防安全重点单位管理人员、建筑消防设施维护保养、消防安全自我评估“三项备案”制度，推动27家火灾高危单位开展消防安全评估，全市人员密集场所“四个能力”建设达标率、重点单位消防安全“户籍化”档案建档率、重点人员密集场所“三提示”工作覆盖率均达100%。

完善消防网格化管理。出台全市《消防网格化管理实施意见》和《十类行业单位消防安全管理规范（试行）》，将全市824幢高层建筑、452家消防安全重点单位、118家易燃易爆危险品场所、556家人员密集场所纳入综治部门基础综合服务管理平台，印发4500份《消防安全网格化管理工作指导手册》，明确管理人员及工作职责，制定管理运行、奖惩、考评等10余项工作制度，构建“纵到底、横到边、全覆盖、无盲区”的基层消防管理网络。

加强微型消防站建设和区域联防工作。提请市政府、市消安委分别出台《攀枝花市微型消防站建设方案》和《消防安全重点单位区域联防工作制度》，整合消防安全管理社会资源，做大做强社会群防群治力量，建成重点单位和社区微型消防站539个、区域联防组织14个，其中重点单位微型消防站建成100%，大型施工现场微型消防站建设做法被公安部消防局、省消防总队刊载。

加强市政消火栓建设。提请市政府出台《市政消火栓管理办法》，对市政消火栓建设、维护、保养职责和任务进行明确，为市政消火栓建设提供政策支撑。全年，市政消火栓增幅48%。

安装独立式感烟火灾探测报警器。针对社会火灾防控基础薄弱问题，推动在全市安装独立式感烟火灾探测报警器，全面提升社会火灾防控能力。提请市政府将独立式感烟探测器安装纳入《2016年消防工作目标任务分解表》，协调市公安、民政、住建、教体、卫计部门联合印发《关于积极推动独立式感烟火灾探测报警器安装工作的通知》，在居民家庭、小场所、小作坊、“三合一”场所以及老年人、少年儿童、残疾人聚集场所推广安装独立式感烟火灾探测报警器

5300余个。

【执法规范化建设】 市公安消防支队出台《执法工作规范》，严格落实执法回执、公开述职述廉、责任离任审核和法律文书"身份证"管理等制度，成立"执法服务督导队"，执法数据网上录入、执法案卷网上流转率均达100%。开展阳光政务活动，强化支队《便民利民十三条措施》的执行落实，精简行政审批、执法办案流程。委托第三方民意测评机构对执法工作开展不定期社会测评，人大、政协委员对消防提案办理满意度100%。

执法队伍专业化。定期开展"执法大讲堂"活动，从法制理念教育、廉政教育、消防执法存在问题分析、行政刑事案件办理、新法规标准学习、火灾事故调查6个方面，有针对性地开展分级培训，实现全员覆盖。成立火灾调查服务队和防火专家骨干人才库，通过"一个专家带两个骨干，一个骨干带两个苗子"的"干部师徒结对"人才培养模式和"以案代训"的业务培训方式，培训防火业务人才，帮扶业务基础薄弱的单位。

执法硬件标准化。设计便于携行的消防监督执法包，配齐火灾事故调查、消防监督、消防产品共3大类150余种器材装备，应用至业务管理、验收、检查、处罚、强制、火调6大项执法项目。

执法流程信息化。建成执法记录仪信息采集室和信息管理平台，全面应用消防监督管理系统、移动执法终端和执法记录仪，全程记录消防监督执法信息，实行执法记录仪电子数据"双备份"，实现所有执法业务全流程网上操作。

执法档案规范化。完善数字化执法档案室，制定以岗位责任制、档案归档、保管、保密为主要内容的档案管理体系，规范10大类35种执法档案样式，实现纸质档案与数据刻盘共同保存，全面落实消防监督执法档案规范化管理。

执法指导长效化。严格落实公安机关消防工作"七个一"[即成立一个专项工作组织机构；局党委专题研究一次火灾隐患排查工作；公安局局长每季度带队开展一次消防检查；各公安分(县)局分管领导每月开展一次消防检查；派出所所长每半月开展一次消防检查；分管副所长每周开展一次消防检查；社区和治安民警每日开展消防监督检查]工作机制，对派出所消防监督工作的检查范围、形式、内容和程序以及法律文书样式、送达等方面进行全面规范，采取年初定工作目标、年中组织督察、年底进行考评的方式，将派出所消防监督工作纳入派出所等级评定考评内容。

【社会化消防宣传】 市公安消防支队以消防"七进"为宣传主线，以"电视有图像、电台有声音、报纸有文章、网络有阵地"为宣传目标，在《四川法制报》《攀枝花晚报》和攀枝花电视台等媒体开设消防宣传专栏8期，播出消防安全知识滚动字幕1600余条(次)、公益广告860余条(次)、安全提示3180条(次)，播放户外视频(广告)1800条(次)。同时，突出抓好"三微一群"(微信、微博、微电影、QQ群)等网络新媒体宣传，打造"掌上消防"宣传新阵地，发布微博、微信讯息15460余条，发送手机短信26100余条，组织专业团队打造大型互动群众性体验节目《消防智勇大比拼》登陆攀枝花市电视台，拍摄《我的爸爸是消防员》《一路伴随》两部微电影登陆攀枝花影城。

全民参与消防。发动社会各界参与"纪念天津'8·12'大爆炸一周年诗歌征稿"活动，讲好消防故事、传递消防能量、传播消防声音。深入党政机关、学校、社区、企事业单位开展消防宣传培训，制定"家庭消防安全"活动和"社区宣传大使"计划，组织开展"暑期消防安全宣传教育行动""消防安全进军训""夕阳红消防安全演出"等活动，对社会单位消防安全管理人员、一线员工、消防控制室值班和消防设计、施工等从业人员开展系统培训。依托"119"消防宣传周活动，组织600余名消防宣传志愿者和消防网格员，深入养老院、幼儿园、医院、社区街道等场所开展公益宣传活动。

【康养场所消防安全管理】 市公安消防支队紧紧围绕打造"阳光花城·康养圣地"这一城市名牌，针对冬季数万外地老人到攀枝花过冬、全市旅游康养场所呈"井喷式"发展趋势这一新形势，积极探索、大胆创新，探索出台康养场所消防安全《管理十项规定》和《技术手册》，摸索出"落实责任抓监管、坚持标准促管理、科技引领保安全、素质为本强宣传"的康养场所消防安全管理工作模式，并在全省推广。协调旅游、民政、卫计等部门定期组织防火巡查，落实各项消防安全防范措施，对全市846家康养场所开展专项检查，共排查整改隐患3107处。推动康养场所严格落实主体责任，加大消防投入，建立自我管理机制，做到"安全自查、隐患自除、责任自负"。组织全市康养场所消防安全责任人加入"阳光康养、消防护航"微信平台，实行"日评、周报、月总结"工作模式，动态掌握康养场所消防管理运行情况，及时发现火灾隐患并跟踪提示整改。

【部队正规化管理】 市公安消防支队始终将执行条令、条例作为从严治警的根本抓手，出台《基层中队日常管理流程》，修订《士官年度考核评定实施细则》，下发《进一步规范和加强执勤值班工作的通知》，部署开展条令条例学习月暨军人职业化养成整训活动，部队"四个秩序"(执勤、训练、工作、生活)、"四个样子"(机关要有机关的样子，基层要有基层的样子，军人要有军人的样子，营区要有营区的样子)更加过硬。成功举办全省正规化建设达标创建攀西片区试点现场会，以试点正规化带动全面正规化，自查自立1个精品、2个标杆单位，全市正规化达标创建验收率达100%。牢固树立“发展是硬道理，稳定是硬任务”的安全发展理念，建立党委成员联系点安全工作制度，扎实开展深化“八无一培”[无等级责任事故、无刑事案件、无自杀事件、无严重违纪事件、无违反禁令铁规、无失(泄)密事件、无负主要责任的社会事故、无因工作不到位引发重大负面影响的舆情事件；培育安全文化]创建和“强意识、治隐患、抓执行”安全工作集中教育整治活动，自主开展以党委成员蹲点调研、全员点验、装备清查、案例教育等13项内容在内的安全工作专项教育整顿活动，全天候协同实施随警督察、现场督察、专项督察，队伍始终保持高度稳定，无任何安全事故和违法违纪案件发生。

【打造花城铁军】 市公安消防支队始终坚持“仗怎么打、兵就怎么练”的原则，开展全员练兵、岗位训兵活动，自主开展全员业务技体能考核达标活动。完成训练塔实战化改造任务，因地制宜组织攻坚班组协同作战、整建制中队全员演练等100余次，举办全省首次“无预案导调式”攀西战区大型城市综合体实战演练。深入开展季度战训基础资料集中评审活动，组建战训兴趣小组定期开展研讨，修订和规范灭火救援预案等各类战训资料440份，创新技战术操法6项、器材10件套。创新捕蛇操法，解决群众反映强烈蛇多扰民问题。

加强多种形式队伍建设。立足远离中心城市、独立作战特点，结合攀西战区主要灾害事故特点，组建石油化工、大型城市综合体火灾事故处置两支机动队，配齐人员车辆装备，优化作战力量编成。协调政府筹建西区格里坪镇、仁和区平地镇、米易县白马镇、盐边县红格镇4支专职消防队，组织70名新增招政企专职消防队员完成职业鉴定工作，建立完善政府专职消防队员基础电子档案信息库。

信息化强警。开发“电子岗哨管控平台系统”，对所有营区实现无盲区、全覆盖实时管控；对所有行政车和执勤作战车辆安装GPS定位系统、行车记录仪，实现车辆路线监控、路途轨迹回放等实时跟踪监管功能；开发集管理、调度、传输等功能为一体的“管理指挥平台”，建成4G无线图像传输和350M数字通信网现场覆盖系统，实现支队与灾害事故现场实时图像语音通信；建立应急通信保障队，聘请电信、移动、联通公司技术人员为通讯保障联络员，开展应急通信演练4次。

【后勤保障建设】 市公安消防支队实行党委宏观理财、部门按预算开支、财务按预算审核的“标准化”流程和决策、审批、工程三大“阳光”措施，部署开展“财务大清查”活动，不断规范经费管理，行政消耗性经费、三公经费同比2015年下降10.15%、100%。加强基础设施建设，全面修缮8个中队营房，培训基地建设达到入住条件，推动二滩大队、二滩中队重建，成功启动攀枝花大道中队营房重建工作。加强装备建设，共购置5台作战车辆和各类器材装备6501件(套)、灭火药剂50吨，一批符合攀枝花山区工业城市作战的高精尖装备全面列装投入备战，全市80%的执勤中队装备配备达到《城市消防站建设标准》。

【实战演练】 11月11日“超越—D”攀西战区大型城市综合体灭火救援实战演练在攀枝花市奥林匹克购物中心举行。省消防总队副总队长付立兵、攀枝花市副市长敬登峰等领导出席，自贡、德阳、绵阳、遂宁、乐山、南充、凉山等地市7个消防支队代表观摩演练。攀枝花、凉山消防支队以及社会联动单位200余人参加演练。

此次演练采取“无预案导调式”演练模式，即全程无脚本、无方案、无预案，在符合火灾发展规律基础上，随机导调人员被困、灾情变化、供水间断、战勤保障、消防员失联等系列突发状况，全面检验参战单位临机决策应变、组织指挥和攻坚克难能力。演练中，支队严格按照城市综合体机动编队，合理编成人员和装备，打破传统编成模式，开展一键式调派，将无人机、消防机器人、新型救援照明线、反光水带、路线指示灯、消防员搜救器、大功率手抬机动泵等7种新装备和自制研发的远距离水带铺设车、单兵水带铺设车、车载联用紧急撤离报警器、头盔爆闪警示灯等4种创新器材运用于实战，并根据现有装备和针对城市综合体编制的无人机“3D”建模、消防控制室内外联合侦查、纵深梯次进攻、紧急疏散撤离、失联消防员快速定位搜救等17个技战术操法运用于实战，检验人与装备最佳结合的作战效能。演练结束后，攀枝花副市长敬登峰对省消防总队党委高度关心重视攀枝花市消防工作表示衷心感谢，对各个莅临攀枝花观摩此次演练的其他单位表示欢迎，也对全体参战官兵的优良作风表示充分肯定。付立兵高度肯定此次无预案“导调式”实战演练，对刚刚结束一场600吨苯罐火灾处置的通宵战斗，在没有休息的情况下又全身心投入到此次实战演练的8个中队顽强战斗作风进行高度赞誉。

【“9·19”强降雨抢险救援】 在“9·19”强降雨抢险救援中，市公安消防支队在市委、市政府和市公安局的统一领导下，充分发挥抢险救援“尖刀拳头”作用，全警动员、全力以赴，连续作战41小时，共接处警43起，调集全市2个抢险攻坚队、7个应急救援机动队、4个消防大队、8个执勤中队参战，调集救援装备器材1150余件(套)，出动救援车辆96台(次)、参战官兵528人次，共在危难线营救被困人员143人、疏散人员达600余人，被市政府表彰为“2016年度抗洪抢险工作先进集体”。

灾后，支队还大力开展输送救灾物资、向受灾群众送水、冲洗学校街道等重建工作，安排6个执勤小组进行现场值守，派出12个防火小组进行防火宣传和巡查，与受灾群众共渡难关。在大灾大难面前，支队全体官兵不负党委政府的重托，积极响应人民群众的召唤，舍生忘死、勇当先锋，为灾区群众筑起橙色的屏障、托举生命的希望。

【“11·11”600吨攀钢苯罐泄漏燃烧事故处置】 11月11日凌晨2时42分，市119指挥中心接到报警，称攀钢煤化工厂化产作业区“电缆起火”。支队立即调集辖区3个中队、8辆消防车赶赴现场进行处置，全勤指挥部随行出动。2时55分，辖区钢城大道中队率先抵达现场，进行火情侦查和初战控火

600吨苯罐危在旦夕。3时10分，全勤指挥部和另外2个中队相继抵达，成立火场指挥部。经侦查发现，并非电缆火灾，而是连接苯混合液罐管道一端的法兰处泄漏着火，火势猛烈，且距离着火处不足3米、总储量0.8吨的4个润滑油桶已被炙烤变形；连接着火法兰与200吨苯混合液罐的输送管位于长10米的地面凹槽内，泄漏的苯混合液正不断往凹槽内回填，一旦注满将在周边形成地面流淌火；距离着火处东面20米处还有7个共400吨的粗苯、轻苯储存罐。总量达600吨的苯罐一旦爆炸燃烧，其巨大的冲击波和强烈的毒害性，将使整个厂区陷入一片火海，使攀钢周边及金沙江甚至市区受到严重生化毒害，国家和人民的生命财产安全损失将难以估计。科学部署作战。支队立即启动危化品灾害事故应急处置预案，续调5个中队和A类泡沫车、防化洗消车、空呼充装车、战勤保障车及多功能抢险救援车等车辆20台进行增援，并在事故现场前后一公里设立警戒区，疏散无关人员。参战力量按照战斗部署任务，兵分四路开展作战。阵地一寸不让。4时52分，因长时间高温炙烤且距离第一线官兵不足10米的1个润滑油桶突发爆炸，另外3个油桶也严重变形，并不断发出异响声。参战官兵面对受到高温炙考随时可能爆炸的600吨苯罐，沉着应对，坚守阵地，进行强力压制，确保无第二次爆炸的发生。5时20分，火势被成功扑灭。

在此次灭火救援中，支队共调集8个中队、28台消防车，攻坚鏖战4小时，喷射16吨A类和氟蛋白泡沫、175吨水，成功处置险情。

（柯于强）

人民防空

【概 况】 攀枝花市人防工作始终以军事斗争人防应急准备为牵引，遵循“长期准备、重点建设、平战结合”方针，积极推进防空防灾“两防一体化”建设。市人防建设立足于“战时防空、平时服务、应急支援”三大使命任务，继续抓好人防五大工程体系（指挥、疏散、掩蔽、目标防护、民防宣传教育）建设。以“六个一”（一个基本指挥所、一个机动指挥所、一个以上规模化人防工程、一个核心疏散基地、一个民防宣传教育中心、万人以上乡镇一套预警报知系统）项目建设为重点，全面提高信息化条件下人民防空整体防护能力、组织指挥能力、通信预警能力、快速反应能力、民防应急能力。坚持人防发展与经济社会发展相融合，战备效益、社会效益、经济效益相协调，不断提高人防为经济社会发展、城市建设服务能力和水平，实现良性互动，互利双赢。

2016年，市人防办1名工作人员获“全国人民防空先进个人”称号，1名工作人员获“四川省人防系统先进个人”称号，盐边县人防办获“四川省人防系统先进集体”称号。

【人防工程建设】 依法开展结合民用建筑修建防空地下室工作。全年审批“结建”工程5件，总建筑面积38561.04平方米，竣工验收人防工程1.2万平方米，实现社会资金投资人防工程建设9600余万元。严格执行人防易地建设费征收相关法律法规。全市审批人防工程易地建设58件，收取易地建设费3321万元。不断提高人防工程设施设备开发利用和为社会提供公益服务的能力和水平，平战结合、造福于民。开发利用人防工事3万平方米，创产值1400万元，平战结合净收入100万元，人防“结建”工程平战结合利用率达90%，提供就业岗位360余个。

积极探索人防工程网格化管理新模式。以东区阳城社区辖区人防工程管理作为试点，实施人防工程“网格化”管理，在探索人防工程维护管理新模式上取得初步成效。初步形成以市人防办为主，阳城社区为辅，网格员具体执行互联互动维护管理组织体系，解决市级人防主管部门因人员编制少，难以对每个人防工程实施精细管理的问题。年内对阳城社区辖区内22个人防工程进行“拉网式”巡查，对部分存在问题的人防工程进行妥善处置。

【人防组织指挥建设】 按照四川省人防办对做好应急通信保障工作提出相关要求，2016年市人防办投资28万元建设人防远程应急指挥通信系统，为攀枝花战时防空、平时防灾提供可靠通信保障。此系统包括高清显示器、视频控制终

端、音响控制系统以及部分地面卫星设备，于上半年正式投入使用。

为完善市人防机动指挥系统建设，市人防办投资 200 万元新建一套人防机动指挥信息处理系统，配合中型指挥通信车和小型信息采集车共同使用，与省、市固定指挥通信网络互联互通。此系统进一步增强攀枝花人防指挥通信系统机动抗毁能力、应急指挥控制能力和快速反应能力。

【人防通信警报建设】 逐步完善市人防应急指挥中心指挥信息系统工程，进一步巩固市人防指挥所与省人防办指挥中心、三区两县人防办之间通信联络。米易县新增 2 台警报器，盐边县新增 1 台警报器。完成省人防办下达的通信任务，坚持每周二与省办指挥中心进行远程视频连接，确保设备运行正常，全年与省人防固定电台联络共 437 次，沟通 430 次，收报 430 份，10750 组，沟通率为 98.4%；市级短波二级网全年联络 42 次，沟通 41 次，发报 41 份，1025 组，沟通率为 97.6%。顺利完成“9·18”全市防空警报试鸣工作，全市共 71 台警报器参加试鸣，鸣响率 100%。

【人防疏散基地建设】 深入贯彻落实《四川省人民防空战时（应急）人口疏散基地建设的意见》，结合新农村建设实际，按照“以人为本、统筹规划、积极兼容”原则，选择交通便利，供电率、供水率、通信覆盖率均达到 100%，且基础设施完善（建有休闲广场、篮球场、文化活动室、医务室、公共洗衣池和公厕等）的村（社区）作为战时（应急）城市人口疏散安置点，不断提高安置保障能力。依照《人民防空疏散基地建设标准》，完成新九乡、普威镇 2 个战时应急人口疏散乡（镇）达标验收工作，战时可以安置疏散东区长寿路街办、炳草岗街办人口 13561 人。疏散乡（镇）能保障被疏散人员进得去、藏得住、住得下及满足基本生活条件。

【人防队伍建设】 根据市政府、攀枝花军分区《关于加强人民防空专业队伍建设的意见》要求，整合抢险抢修、医疗救护、防化防疫、通信、运输、消防、治安 7 种专业队伍，全年完成全市 1767 人的人防专业队伍整组。同时，强化人防队伍各项训练，全年完成赴会东县、遵义市、丽江市等地共 4 次野外跨区域综合演练，训练时间约 280 小时；参加省人防办组织的机动指挥所训练 4 次，配合雅安、成都机动指挥所训练 2 次，在市区范围组织市人防机动通信分队训练 15 次，全年训练时间达 300 小时以上；9 月 14 日，组织全市部分警报维管人员进行业务培训，参训 56 人次；11 月，组织民防志愿者队伍进行应急通信培训。

【人防宣传教育建设】 市人防办以宣传人防政策法规和建设成就为重点，努力提高人防工作影响力，不断开辟人防宣传教育新阵地和新载体。充分利用“3·1”国际民防宣传日，在人员密集且流动性大的场所通过发放宣传手册、摆放宣传展板、现场口头讲解等方式积极宣传防空防灾知识。活动当天共发放宣传资料 5000 余份，接受群众咨询 100 多人次。以民防知识为载体，发挥好社区辐射作用，通过发放宣传材料、摆设宣传板报、开设培训班、开展疏散演练、应急自救讲座等形式，多渠道宣传人防知识与政策法规。以“社区教育居民，居民宣传到户”方式培养全民学民防氛围。建立图文宣传教育阵地，在五十四广场、阳城社区、机场路制作人防法律法规和民防知识宣传栏，悬挂宣传标语，制作宣传牌，为市民提供学习人防法律和民防知识平台。

【人防基本指挥所与民防宣教中心项目建设】 市人防基本指挥所（601）工程和人防（民防）宣传教育中心项目选址在市花城新区干坝塘片区，项目计划总投资 1.1 亿元，总建筑面积约为 9000 平方米，由中建三局集团有限公司承建，其可行性研究、设计、施工、监理和防护设备均符合人防建设资质要求；12 月 6 日，攀枝花市人防基本指挥所（601）工程、人防（民防）宣传教育中心项目正式开工建设。

【人防建设规划编制】 12 月 14 日，《攀枝花市人民防空（民防）建设规划（2015—2030）》经攀枝花市规划委员会 2016 年第四次会议审议通过。标志着攀枝花市人防（民防）发展进入快车道，人防（民防）体系建设迈入实质性阶段。

【精准扶贫】 重视扶贫开发工作，全年 6 次前往对口帮扶的棕树湾村开展调研工作，广泛征求意见，与镇、村两级共同探讨脱贫致富路子，帮助制定棕树湾村脱贫规划、年度扶贫计划以及贫困户的具体脱贫方案。联系干部对口帮扶 12 户困难群众，开展 4 次集中走访；向对口帮扶困难户赠送帮扶资金 2.69 万元、闲置衣裤 342 件；赠送水泥 220 吨，帮助解决部分村道硬化及沟渠、蓄水池建设；协调市级有关部门，帮助解决村道硬化建设部分资金缺口 10 万元；帮助拓宽核桃、樱桃、油桃等农产品销售渠道；发展旅游业，大力宣传“樱桃节”“火把节”等旅游节日，对新村建设及农家乐经营方式给出可行性建议。5 月，市干部驻村帮扶工作协调小组办公室印发《加强实地调研　找准致富途径——市人防办驻村工作组关于米易县白马镇棕树湾村发展前景调研报告》，宣传市人防办扶贫工作措施，供各级帮扶单位参考。根据全市贫困对象退出验收工作统一安排，11 月 21 日，经市人防办验收工作组评议，认定棕树湾村符合贫困村退出标准，同意该村退出贫困村。

（杨子代）

武警攀枝花市森林支队

【概 况】 武警攀枝花森林支队深入学习贯彻习主席系列重要讲话精神，认真落实上级党委部署要求，坚决维护核心、坚定看齐追随、坚持总体思路、坚强组织领导、坚守安全底线、坚实发展底蕴，部队建设在补课赶队、弯道超车中，呈现出稳步稳固、向上向好的新气象。攀枝花大队一中队指导员杨彬被武警森林指挥部表彰为“十佳四会政治教员”，攀枝花大队二中队排长李明被武警森林指挥部评为“四会教练员”，攀枝花大队被表彰为基层建设先进大队，攀枝花大队一中队被表彰为基层建设先进中队，攀枝花大队和攀枝花大队一中队被表彰为先进基层党组织，刘培学被总队表彰为优秀党务工作者，茶静松被总队表彰为优秀共产党员，三中队战士王滨在武警四川森林总队预提指挥士官考核中总评第一，69 名官兵立功受奖，支队在总队教练员集训和灭火骨干集训中考核成绩总评第一。特别是在攀枝花“9·19”特大洪灾抢险救援中，部队表现出色，受到地方党委、政府和人民群众高度赞誉，支队被市委、市政府表彰为“抗洪抢险工作先进集体”。

【思想政治建设】 围绕培养新“四有”革命军人，推动思想政治教育落实。聚焦“四有”目标和“四铁”要求，着眼打牢官兵思想基础，为改革发展稳定提供坚实的思想政治保证。抓实理论武装。深入抓好习主席“七一”重要讲话精神、中共十八届六中全会和习主席在纪念红军长征胜利 80 周年大会上讲话精神的学习贯彻，党委机关突出系统化掌握、党员干部突出常态化灌输、基层士兵突出大众化解读，使讲话的理论精髓入脑入心。抓活主题教育。深入做好主题教育专题授课辅导、小课串讲和强军风采系列配合活动，进一步端正官兵投身改革、干好本职、谋好发展的思想态度；灵活用好光荣感教育，砥砺官兵具备感恩、坚韧、尽责、报国的光荣素质；运用强军故事会、解析关键词、“五微”创作和“三个半小时”等通俗化、大众化载体，在潜移默化中提升官兵理论素养。抓细经常性思想工作。在实践中进一步丰富完善“三帮一带”活动机制，确保隐患早发现、矛盾早化解、问题早解决。深入细致开展心理测查，对心理指数偏高人员及时进行心理疏导、解决心理矛盾、化解心理压力，有效杜绝官兵自杀和激情犯罪。重点做好个别人教育转化，几名重病战士的帮带转化，以及向尼松退伍移交工作，防止滞留部队现象发生。抓好警营文化建设。结合驻地优势，积极参与群众性文艺会演，达到宣传部队、锻炼队伍的目的；开展“四员”（板报员、教歌员、裁判员、新闻报道员）培训，为基层培养骨干；注重抓好特色文化建设，“一人一专长、一队一特色”成效显著；结合“七一”，组织开展建党 95 周年文艺会演，并拿出经费 1.2 万元，看望慰问生活困难党员和离退休老党员，有效激发官兵爱岗敬业热情。积极开展双拥共建活动。及时签订警民共建协议，定期开展双拥共建活动；严格落实精准扶贫要求，持续推进“四个一”扶贫活动，年初为精准扶贫对象马井村划拨扶贫款 5 万元，9 月，发动官兵捐资助学，为大河中学、马井村贫困学生捐款 2.8 万元，并重点与建档立卡的贫困家庭学生建立稳定帮扶关系，资助他们完成学业。

【军事能力建设】 坚持职能使命牵引，注重提升遂行任务能力。支队按照指挥部和总队统一部署，及时召开防期动员会，先后 4 次修订完善各类战备方案；按 5 项内容规范战备值班秩序，每月对战备工作实施检查；先后召开 5 次党委议中心会议，分析防期和任务转换形势；支队还将实战中总结出的“三组六人”战斗模式与“三互”小组融合，形成“平战一体”的战斗编成；联系解放军 3536 厂家，为基层定做配发 50 个新式灭火机背包和 100 个水带背囊；购置水泵等灭火机具配件，维修水泵 20 台、风力灭火机 39 台，培训维修骨干 32 人；防期内每半月、防期外每月组织修理厂巡回检修车辆装备；组织通信兵岗位轮训，及时维护 350 兆超短波通信组网基站。6 月 2 日、23 日，分别请仁和区法院和市防汛专家就遂行任务组织指挥、安全事项、法律保障等进行辅导培训，满足遂行任务所需。9 月 19—26 日，按照市防汛指挥部要求，出动 75 名官兵参加仁和区大田镇、啊喇乡抗洪抢险任务，共救出被困群众 6 人、转移群众 252 人、搬运沙袋 2 万余袋、清理淤泥 2000 余立方米、搜寻行程 300 余公里，抢运物资 600 余件、清理圆木 120 余根、搭建帐篷 20 余顶、排除大小 4 座水库险情，得到地方党委、政府和灾区群众的高度赞扬，凸显“森林卫士”形象。着眼实战需求练精兵。落实指挥部军事训练动员会精神，改进训风、考风、演风，坚持网上查训、每周审训、每月考训，促进训练制度落实。坚持在计划安排上体现实战化要求，按照“营区操场训基础、两化基地练应用、生疏地形演合成”的思路，在周表、月计划中细分营区训、基地练、结合实战演的内容，把每周五作为战术演练日（每月第一周练灭火拉动、第二周练紧急疏散、第三周练营区防袭击、第四周机动），确保实战化训练贯穿全年。坚持以任务需求牵引实战化训练落实，1—2月，依托计划烧除，采取勤训结合模式，组织第一次驻训，重点完成新兵技、战术训练和新、老兵合成训练，研练班（组）战术和紧急避险等9个战术课目演训任务；1月5日，采取网上课目演示、规范训练程序、评估训练成绩形式召开军事训练动员会，表彰8名训练尖子和优秀教员；1月20—22日，按武警总部统一部署，组织部队开展战备大拉练。5月23—29日，完成“卫士—16”演习，支队前进指挥部分析判断火情定下灭火方案，组织较好，受到四川总指挥部表扬。7月18日至8月9日，把两个大队集中到盐边大队营区开展建制班比武课目、军事教练员、警官编组作业和分队组织指挥场地推演等4个课题强化训练，转化总队教练员集训成果。12月，结合计划烧除任务开展前线指挥部带大队实兵灭火作战演练，组织开展“红红对比”“红蓝对抗”战术训练。坚持以检查考核提升实战化训练质量，每次季度考核均以实战标准设置考核内容，验收任务能力，以考核引领训练“八落实”，确保内容、标准满足任务需要。按照“一队多能”建力量。把每个中队第一个班作为应急班，按照“多能一体”和“驻地能应急、跨区能抽组”的要求，挑选人员、调配装备，组织防暴枪（弹）实射实投训练，请内卫教员完成为期20天的擒敌能手和教学骨干培训，3次聘请水务局专家和武警消防教员进行新配抢险装备操作手培训，应急班初步形成遂行任务能力。坚持积极作为防灭火。支队按照“五先”（谋篇布局抓在先、勘察调研抓在先、防火宣传抓在先、计划烧除抓在先、隐患排查抓在先）要求，不等不靠打好防火灭火主动仗。2015年12月到2016年3月，4次同市森防指一道，深入13个重点林区乡镇进行战场勘察和防火督查。在元旦、春节、清明、“五一”等重点时段，派出兵力深入到苏铁自然保护区、大黑山和二滩风景区、机场路重点目标区开展清山巡护和防火宣传；先后动用兵力1751人次，累计行程4000余千米，执行计划烧除任务31次，点烧隔离带150余千米。防期中，完成东区机场路、盐边县桐子林、仁和区务本乡、东区大花地、攀钢冷轧厂和仁和区五交化厂7次灭火作战任务。特别是2月7日，接到跨区增援甘肃省迭部县特大森林火灾命令后，支队30分钟内完成战备转换，160名官兵昼夜兼程奔赴成都集结，充分检验过硬的战备素养。3月21日紧急驰援凉山冕宁火场，四昼夜连续奋战，平均休息不足5小时，高效灭火得到警地好评。

【从严治警建设】 始终依法从严治警，持续加强部队规范管理。强化法规意识。坚持把条令条例作为管理部队的依据，大力营造“学条令、用条令、守条令”浓厚氛围，坚持每周升旗、警容风纪检查、条令学习、卫生检查评比、装备维修保养等制度，纠治战备值班七个不规范等问题，开展“早操练队列、集会练坐姿、点名练站相、开饭练歌声”等活动，从一点一滴抓起、从一言一行严起、从一举一动纠起，培养官兵令行禁止、雷厉风行的作风，逐步正规部队秩序。狠抓日常管理。机关对一日生活制度每天考勤，每周通报，对违反规定的人和事责令整改。规范手机网络使用，大力加强涉密介质管理使用。加大干部私家车管控力度，确保车辆全程安全。采取“三个一”措施（在外官兵每天给单位领导发一条平安短信，每三天打一次电话汇报遵章守纪情况，单位领导每周给在外人员打一次电话强调纪律），确保人员思想行为不失控。坚决治理隐患。健全安全工作机构，落实安全检查制度，明确管理责任，4次分析安全工作形势，3次开展安全警示教育，不断强化官兵讲安全、抓安全、保安全意识。严密组织安全工作大检查、“百日安全竞赛”“学规范、用规范”“安全教育训练周”枪支弹药专项整治和“严纪律、治‘四涉’、刹‘三松’”“严纪律、查隐患、保安全”专项教育，老兵离队后，及时开展2次纪律作风整顿活动。清退机关超编士兵2名，对在外学习培训人员划分小组，明确负责人，先后9次突击检查，按标准完成3处军械室改造、组织枪弹、危险品安全检查。6月6—7日，结合支队交叉检查对安全隐患进行拉网式排查，弥补漏洞。6月17—19日，利用季度考评，对总队安全工作需重点查摆的108项内容逐一检查，不断纠偏问效，确保部队纯洁稳定。8月30日，对全支队安全工作大检查问题整改进行“回头看”，督促整改落实，消除安全隐患。先后6次开展保密大检查，4次对敏感信息进行彻底清理，保证部队高度集中统一和纯洁稳定。

【基层建设】 始终坚持按纲建队，不断夯实部队发展基础。注重规范秩序。对照新，研究制订计划和统筹大项工作，及时健全档案，进一步正规基层建设秩序。1月初，派出党委常委带队的工作组深入基层检查调研，帮助理思路、抓规范、强素质。3月、8月，支队党委扩大会议结束后，支队主官分赴两个大队下连当兵，深入一线检查督促年度工作落实。总队8名党委常委，先后分别率工作组进行现场指导，进一步规范软、硬件设置。提高抓建能力。以“三学”和“岗位大练兵”活动为平台，采取“共同常识集中学、业务知识分类学、法规制度干中学”等方法，系统进行学习培训。坚持机关每周“五个一”，即学一份法规文电、写一篇新闻稿件、到基层进行一次检查、对口搞一次帮带、对工作进行一次总结梳理。6月2—7日，支队按照总队要求组织开展基层干部理论轮训和《纲要》培训，提升依法抓建、按纲抓建设的意识和能力。强化组织功能。按照“三个一遍”要求，每季度安排党委常委带机关深入基层传帮带，做好帮建党支部、帮带干部、帮抓骨干工作，全面提高党支部“三个能力”。依据党支部、团支部、军人委员会“三个工作条例”，规范基层组织工作运行，保证制度落实，活动经常，效果明显。开展争先创优。每月组织优秀基层官兵评选，张榜挂星，组织仪式，激发热情。每季度在干部中开展“六个一”活动（即一次专题教育、一次思想分析、一次考核排队、一次研讨交流、一次民主测评、一次综合讲评），不断激发活力、动力、能力。按照每季度第一个月自检自查，第二个月大队交叉检查，第三个月支队普考普查的路子推动按纲抓建有效落实，保持争创先进的浓厚氛围。

【后勤建设】 坚持以任务为导向，不断提升综合保障水平。抓好应急保障。着眼“后勤变前勤”，及时修订保障方案，加强“一组三队”建设研究和经常性战备训练演练，大队每周、支队每月对野外宿营、野外就餐、野外维修和野外救护等专业进行训练，提高实战保障能力。紧贴任务实际，按标准储备好油料，集中采购红烧肉罐头、八宝粥、脱水蛋糕、纯净水，并自行加工真空包装的卤牛肉等战备给养，购置50种战备药品配发到基层，确保一线所需。坚持定期对食堂、餐具、营区、办公场所进行消毒，做好疾病预防工作，确保官兵身心健康。抓好规范化管理。结合财务工作大清查，组织开展经费管理自查自纠，修订完善《财务管理和大宗物资采购实施细则》，严格执行经费计划预算。落实公务卡结算、副食品集中配送和办公用品定点采购制度，组织5次管装爱装教育和4次装备物资大清查，提高装备使用效益。抓好专业人才培养。采取网上培训、岗位练兵，送出去、请进来等方式，重点抓好“一长五员四小工”的技能培训。1月、8月、11月分别举办为期30天、人均2000千米的驾驶员复训，培养驾驶员16名；9月12日，选派11名战士参加为期45天的炊事员培训，并取得厨师等级证书，有效提高后勤专业兵的业务水平。抓好基建工程建设。全年，支队投资100万元，完成盐边大队运动训练场维修项目。投资130万元，完成3个营区太阳能路灯建设。投资28万元，对机关网状围墙改建实体围墙。预算1187万元，将对机关警勤排士兵宿舍楼和士官公寓、盐边大队车库食堂、两个训练大棚四个项目进行改扩建，完成地勘设计、效果图设计等。

【组织建设】 始终坚定看齐追随，注重加强党委班子建设。扎实抓好“两学一做”学习教育。坚持把“两学一做”学习教育作为贯穿全年一项重大政治任务，强力推进。严密组织专题学习教育，重点抓好思想发动、党课辅导、体会交流、民主生活会、岗位践诺、破与立等环节落实，广泛开展党员示范岗、佩戴党徽、手抄党章、重温入党誓词等配合活动，引导广大党员不忘初心、继续前进，教育取得阶段性成果。9月21日，在总队组织的“两学一做”知识竞赛中取得第二名，政治处主任薛晓波、干事崔春林代表总队参加指挥部“两学一做”知识竞赛表现突出。突出讲政治。深入开展马克思主义学习活动，先后集中9次党委中心组带机关理论学习、4次专题辅导、3次体会交流，分两批次参加指挥部师团职干部理论轮训，进一步提升政治素养。中共十八届六中全会召开后，及时组织学习会议精神。始终严规矩。认真学党章、军队党员干部廉洁自律若干规定，以及廉政教育和读书思廉活动，努力营造敬法、崇廉的良好氛围。带头执行中央“八项规定”、军委“十条规定”和总部“三十二条措施”，自觉遵章守纪。持续开展基层风气教育整顿、“党纪条规学习月”，认真贯彻指挥部“两个责任”的措施，彻底整改武警党委巡视移交问题，巩固“三严三实”教育活动、“三查三治”专项整治成果，不趟“雷区”、不越红线，上下反映良好。严格组织生活制度，召开党委会集体研究基层建设、经费开支、物资采购等敏感问题。全年调配干部16名，推荐报考军队院校10名，技术学兵47名，选改士官26名。树立好形象。新班子调整到位后，始终顾大局、讲团结，注重用组织的信任、上级的重托和官兵的期盼统一思想、统一步调，凝聚力、战斗力不断增强。有4名班子成员长期与家人两地分居，但都能正确处理大家与小家的关系，恪尽职守。在执行任务、集体活动、教育训练、落实规定等，班子成员都走在前列、站在排头，为官兵作表率。开设网上“首长信箱”、印发“连心卡”、设立“建言箱”，落实“246”工作机制，畅通民主监督渠道。坚持求真务实，支队党委常委带头下连当兵、蹲连住班4次，共计66天，先后深入一线组织指挥灭火作战7次和参加“9·19”抗洪抢险等任务。

（刘培学）

财税工作

财　政

【概　况】 2016年，攀枝花市财政系统在职干部职工520人。其中，市财政局109人，5个县(区)238人，钒钛产业园区12人，51个乡镇财政所161人。3月，经市委编委会研究，市国库集中支付中心事业编制重新核定为18名。8月，市财政局启动公开考调工作，招录8人(其中，公务员2人、参公人员4人、事业人员2人)。9月，经市委编委会议研究同意，设立攀枝花市政府与社会资本合作中心(简称PPP中心)，重新核定市国债服务部人员编制为1名。

2016年，在结构性减收因素较多，收入极其乏力，支出保障任务艰巨的严峻形势下，全市财政部门充分履行公共财政职能，采取有效措施保运转、促民生、稳增长、强监管，坚持保基本、守底线，有力保障了全市经济社会的平稳运行。市财政局获省人社厅、省财政厅颁发的“四川省财政系统先进集体”，获省委组织部、省委统战部、省人社厅颁发的“四川省对口援藏工作先进集体”；获市政府表彰的“全市第八次民族团结进步模范集体”荣誉称号，“2015年度全市金融工作先进单位”“第十六届中国西部国际博览会参会工作先进集体”“反洗钱先进集体”“第四轮敬老模范单位”等荣誉称号。

【全市财政预算执行情况】 按照新的预算法规定，政府预算应按公共财政、政府性基金、国有资本经营、社会保险基金“四本预算”进行编制。

一般公共预算执行情况：2016年，全市地方一般公共预算收入完成567573万元，为调整预算的101.4%，增长6.4%；全市实现一般公共预算支出1220053万元，为调整预算的97.2%，增长8.3%。全市地方一般公共预算收入加上级补助、上年结余、调入资金、纳入一般公共预算管理的地方政府债券转贷资金，可供安排的收入总量为1683799万元，减去当年一般公共预算支出、上解上级支出、援助其他地区支出、一般公共预算地方政府债券还本等支出总量1634459万元后，年终结存49340万元。结存资金按规定清理后，补充预算稳定调节基金14790万元、因项目跨年实施需要结转下年继续使用34550万元。2016年全市实现一般公共预算收支滚动平衡。

政府性基金预算执行情况：全市政府性基金收入完成61164万元，为调整预算的100%，下降43.7%，加上级补助、上年结余、调入资金、纳入政府性基金预算管理的地方政府债券转贷资金，可供安排的收入总量为226671万元。全市政府性基金支出127589万元，为调整预算的91.2%，下降23.9%，加调出资金、政府性基金预算地方政府债券还本支出后，支出总量为216927万元，收入总量减去支出总量后，全市结余9744万元。

国有资本经营预算执行情况：全市国有资本经营预算收入完成880万元，为调整预算的151.7%，增长57.1%。全市国有资本经营预算支出73019万元，剔除省级国有资本经营支出在攀枝花列支等因素后，为调整预算的100%，下降17.9%，主要用于解决国有企业改制、经营性事业单位分类改革离退休人员待遇补差、市属国有企业离退休人员及其家属困难补助等。

社会保险基金预算执行情况：全市社会保险基金(不含省级统筹的企业职工基本养老保险基金，下同)收入完成234495万元，为调整预算的113%，增长13%。加2015年滚动结余后，可供安排的收入总量为400137万元。全市社会保险基金支出实现232951万元，为调整预算的97.8%，增长8%，主要用于兑现各项社会保险待遇政策。收入总量减去当年实际支出后，全市年终滚存结余167186万元。

【市本级财政预算执行情况】 2016年一般公共预算执行情况：市本级地方一般公共预算收入完成266732万元，为调整预算的100.4%,增长5.4%;市本级实现一般公共预算支出517081万元,为调整预算的95.8%,增长8.9%。市本级地方一般公共预算收入加上级补助、上年结余、调入资金、纳入一般公共预算管理的地方政府债券转贷资金,可供安排的收入总量为1113816万元,减去当年一般公共预算支出、补助下级支出、上解上级支出、援助其他地区支出、一般公共预算地方政府债券还本等支出总量1094302万元后,年终结存19514万元。结存资金按规定清理后,补充预算稳定调节基金7359万元、医项目跨年实施需要结转下年继续使用12155万元,实现一般公共预算收支滚动平衡的目标。

政府性基金预算执行情况:市本级政府性基金收入完成41042万元,为调整预算的100.1%,增长20.7%,加上级补助、上年结余、纳入政府性基金预算管理的地方政府债券转贷资金,可供安排的收入总量为182352万元。市本级政府性基金支出66316万元,为调整预算的96%,增长53.5%,加调出资金、补助下级支出、政府性基金预算地方政府债券还本支出后,支出总量为175486万元,收入总量减去支出总量后,市本级结余6866万元。

国有资本经营预算执行情况:市本级国有资本经营预算收入完成580万元,为调整预算的100%,增长3.6%。调出120万元到一般公共预算后,市本级国有资本经营预算支出460万元,为调整预算的100%,下降17.9%。

社会保险基金预算执行情况:市本级社会保险基金收入完成208214万元,为调整预算的113.8%,增长13.8%。加上年滚动结余后,可供安排的收入总量为368393万元。市本级社会保险基金支出实现210645万元,为调整预算的98%,增长8.8%,主要用于兑现各项社会保险待遇政策。收入总量减去当年实际支出后,市本级年终滚存结余157748万元。

【"三公"经费管理】 全市加强财政支出管理,严控"三公"经费,降低行政运行成本,将节约的资金全部用来保障民生。市本级"三公"经费支出5124.28万元,同比下降28.4%。公务接待费支出933.86万元,同比下降20.88%;因公出国(境)费支出72.26万元,同比下降1.01%;公务用车购置及运行维护费支出4118.16万元,同比下降30.25%。其中,公务用车购置费支出409.37万元,同比下降38.68%;公务用车运行维护费支出3708.79万元,同比下降29.18%。

【扶持实体经济发展】 市财税部门继续实施"营改增"扩面、小微企业税费减免政策,有序推进煤炭资源税从价计征改革,减半征收铁矿石资源税,降低失业保险、生育保险等社会保险费率,取消征地管理费、房屋租赁手续费等行政事业性收费项目42项,减轻企业的税费负担。严格执行"营改增"、资源税改革等政策,取消、停征和归并一批政府性基金,扩大相关政府性基金和行政事业性收费免征范围,减轻企业负担约97848万元,增强企业自身发展活力。在推进重大项目建设方面,积极推进政府和社会资本合作(PPP)。以初期建立20亿元"攀枝花市政府与社会资本合作(PPP)项目财政支持基金"为载体,搭建项目融资平台,加快火车南站、花城新区医院等城市基础设施建设,为全市经济社会发展奠定良好基础。在扶持产业发展方面,积极推进建立产业引导股权投资基金。以建立10亿元股权投资基金模式为载体,积极筹建兴攀产业发展引导基金,搭建产业融资平台,引导带动社会资本增加投入,着力解决企业融资难、融资贵的问题,促进产业升级和结构转型,支持产业发展。进一步创新财政金融互动,以建立健全财政金融风险共担机制为载体,搭建财政金融互动平台,积极帮助解决中小微企业、"三农"、精准扶贫等特定对象融资难题。同时,还通过做大做强金鼎担保、金源创投等措施,为经济发展注入新活力,为财源建设提供保障。

【支持产业发展】 全市财政部门继续按照"着力夯实第一产业、全面提升第二产业、加快壮大第三产业"的总体思路,整合产业发展、园区发展和环境治理等各类专项资金,支持特色优势产业做大做强,促进全市产业结构的调整和升级。以国家现代农业示范区建设为平台,采取"切块下达、打捆安排"的方式,重点支持农田水利基础设施、幸福美丽新村、扶贫开发、林业生态等项目建设,促进农业增效、农民增收,扎实推进精准扶贫工作。围绕建设攀西战略资源创新开发试验区,全年共安排500万元市级工业发展资金,以攀西战略资源创新开发试验区为平台,创新财政支持方式,设立兴攀产业发展基金10亿元,着力支持科技型成长型企业发展,努力推动城市转型和产业重构。用好应急转贷资金,帮助企业渡过难关。以国家级阳光康养产业发展试验区为平台,发挥财政资金的引领作用,安排下达服务业发展资金及旅游发展资金共1500万元,重点支持现代物流、现代金融、电子商务、科技服务、养老健康服务业等新兴先导型服务业项目,提升城市辐射力和集聚力。

【助推重大项目建设】 全市聚合资金1448400万元,实施重大项目120个,成昆铁路扩能改造、火车南站、攀大(理)高速公路等重大项目有序推进,市妇女儿童医院、市政务服务中心等惠民便民项目陆续开工建设。同时,还设立PPP项目财政支持基金,推动全市重大基础设施建设,为地方经济持续发展奠定良好基础。

【保障民生促进社会事业发展】 全市各级各部门始终把保障和改善民生作为工作重点,为确保民生得到持续改善,加大民生工程资金投入。全市民生工程共投入 582784 万元，同比增长 42.5%，用于人民群众急盼解决的民生领域。其中，就业促进工程 6140 万元、扶贫解困工程 41408 万元、教育助学工程 33202 万元、社会保障工程 53893 万元、医疗卫生工程 8492 万元、百姓安居工程 47474 万元、道路通畅工程 277636 万元、民生基础设施工程 89240 万元、生态环境工程 23250 万元、文化体育工程 2049 万元。逐步健全基本保障体系。启动机关事业单位养老保险制度改革，积极推进机关事业单位养老保险制度改革工作，按时完成全市机关事业单位工作人员养老保险财务清算、参保缴费和待遇发放工作。提高企业退休职工基本养老金、"新农合"、城镇居民医保、城乡低保、临时救助、基本公共卫生服务等财政补助标准。完善国家基本药物制度和基层医疗卫生机构运行机制，全面推开市级公立医院综合改革，健全困难群众重特大疾病医疗救助制度。充分发挥医疗救助的救急解难作用，保障困难群众基本医疗需求。继续实施积极的就业政策，完善小额担保贷款审批流程。努力健全养老保障、社会救助和社会福利体系，增强社会保障能力。大力支持社会事业发展。贯彻落实教育优先发展战略，全年共下达教育资金 117567 万元，同比增长 8.07%，安排科技支出 10920 万元，支持重大科技成果转化、钒钛资源合作与开发利用，实施科技惠民、科技富民强县、科普惠农兴村等工程，提升科技创新水平。不断加大文化事业投入，抢占文化阵地，下达文化事业资金 12014 万元，保障全国及全省重要赛事在攀顺利举办，促进各项文化事业协调发展。

【财政工作座谈会】 3 月 2 日，全市财政工作会议在会展中心召开。会议传达贯彻执行上级会议精神，回顾总结 2015 年及"十二五"财政工作，分析当前财政工作形势，研究"十三五"财政改革与发展思路，安排部署 2016 年财政各项工作。市委常委、常务副市长黄正富出席会议。会议由市政府副秘书长田川主持。市人大财经委员会有关领导和市级有关部门分管领导及财务负责人，各县（区）人民政府和钒钛高新产业园区管委会分管领导，各县（区）和钒钛高新产业园区财政局局长、预算科（股）长、办公室主任，市财政局机关各科室（部门）及直属单位副科级以上干部等 100 余人参加会议。市财政局党组书记、局长刘元海作财政工作报告，报告回顾 2015 年及"十二五"期间的财政工作，对 2016 年财政工作任务进行安排部署。市委常委、常务副市长黄正富作讲话，他充分肯定 2015 年及"十二五"全市财政工作，并对攀枝花市当前的发展阶段、面临的挑战和有利因素进行阐述和深入剖析，对做好 2016 年财政工作，奋力实现"十三五"良好开局提出具体要求。他强调，全市上下要在"五大发展理念"的引领下，增强做好 2016 年财政工作的紧迫感和责任感，坚定信心、抢抓机遇，确保财政工作取得新成绩。

【市领导调研财政工作】 2016 年 1 月 26 日，市委常委、常务副市长黄正富深入市财政局，召开财政形势及任务座谈会，调研全市财政工作。市财政局中层以上领导干部参加会议。会上，市财政局党组书记、局长刘元海针对当前全市经济和财政形势，结合 2016 年及"十三五"财政发展目标任务，以及下一步工作措施作汇报。常务副市长黄正富首先对市财政局党组班子及全局干部职工迎难而上、攻坚克难，完成 2015 年财政目标任务所取得的不易成绩，给予充分肯定，并对全市财政重点工作提出明确要求。

2 月 2 日，市委副书记、市长杨自力深入市财政局调研，亲自到各办公室慰问财政干部职工，并与市财政局领导班子进行座谈。他充分肯定财政工作，并对财政工作提出三点意见：狠抓收入征管，确保目标完成；坚持有保有压，突出保障重点；切实履职尽责，注重工作实效。

9 月 29 日，市委副书记、市长李建勤深入市财政局开展专题调研，市政府秘书长徐明义及市政府研究室负责人陪同调研。会上，市财政局党组书记、局长刘元海就财政工作作汇报。李建勤对财政工作提出四点意见：坚持目标导向，依法依规管好"钱袋子"；坚持问题导向，着力解决当前工作中存在的困难和问题；坚持职能导向，内外兼修壮大财力规模；坚持情势导向，认真分析研判和应对财经形势。

【行政事业性收费清理】 市财政局联合市发展和改革委员会、市经济和信息化委员会、市民政局在全市范围内认真开展涉企收费清理检查工作。经检查未发现存在违反行政事业性收费和政府性基金立项审批管理规定，以及擅自设立收费基金项目、提高征收标准，扩大征收范围等行为。5 月 9 日至 13 日，在全市范围内开展收费清理改革落实情况监督检查。由各执收单位对照近三年来中央和省出台的明令取消、停征、减免收费政策文件，逐项清理自查，并及时反馈自查情况。在此基础上，市财政局会同市发展和改革委员会组成的联合督查组，通过现场查看、听取汇报、查看资料等方式对市国土资源局、市住房和城乡规划建设局等 10 家单位的土地复垦费、房屋登记费、个体工商户注册登记费、残疾人就业保证金等行政事业性收费和政府性基金收费项目开展重点督查。

【财税体制改革】 全市各级财税部门认真按照中央、省财税体制改革总体方案的要求，确保如期完成全市财税改革目标任务。全面启动"营改增"试点及资源税改革工作，做好个人所得税等税制改革前期工作和环境保护税实施前期准备，密切关注房地产税、烟叶税、耕地占用税等立法工作，积极参与健全地方税体系方案研究，推进完善地方税体系。加快建立现代预算管理体系，编制中长期财政规划，设立预算稳定调节基金，建立跨年度预算平衡机制，深化预算绩效管理改革，逐步将绩效管理范围覆盖所有预算资金。强化第三方预算绩效评价，加强评价结果应用，依法推进绩效信息公开。制定新一轮钒钛高新区财政体制，增强产业凝聚力和带动力。建立农业转移人口市民化转移支付政策体系，加快推进城镇化进程。规范基层财政管理，理顺县乡财政管理关系，夯实财政管理基础。健全基层财政运行机制，完善管理制度，促进县域经济发展。深化专项资金管理改革，更加注重优化结构、用好增量、激活存量，进一步提升财政资金使用绩效。推进政府综合财务报告试编，摸清政府家底，提高行政资源配置效益。兼顾政府预算管理和部门预算管理的不同特点和管理需要，扎实做好支出经济分类科目改革试点工作。加强年度预算与"十三五"财政发展规划、中期财政规划的衔接，不断提高财政发展的前瞻性和延续性。

【国库管理改革】 市财政局认真执行国库集中支付管理有关规定，将市级所有财政资金纳入国库集中支付制度改革范围，健全完善国库集中支付有关管理制度。指导县区全面推进国库集中支付制度改革，督促县区进一步完善国库集中支付运行机制。加强对市级预算单位和区县推进公务卡制度改革，要求各级各部门严格执行《攀枝花市市级公务卡强制结算目录制度》，凡纳入公务卡强制结算目录的支出事项，按规定应使用公务卡结算，也可使用转账方式结算，原则上不得使用现金结算；未纳入公务卡强制结算目录的支出事项，若具备刷卡条件，鼓励使用公务卡结算。截至12月底，市本级使用公务卡结算7544笔，结算金额为4912.9万元，公务卡支出占现金支出比例为54.54%，较2015年上升了23.54个百分点。现金支出总量为9007.31万元，较2015年下降33.61个百分点，现金支出总量得到有效控制，财政资金安全得到有效保障。

8月，市财政局完成2015年度权责发生制政府综合财务报告试编工作。此次试编的市本级政府综合财务报告将市本级财政预算管理范围的行政单位71家、事业单位124家和国有企业14家纳入编制主体，将财政一般预算资金、政府性基金预算资金、国有资本经营预算资金，国债转贷资金、农业综合开发资金、国际金融组织贷款资金、财政扶贫、退耕还林粮食补助、非税收入、还贷准备金财政专户资金、市级政府管理的国有企业资金等纳入资金主体。

采取有效措施管理国库闲置资金，国库资金保值增值。经过精心测算，在保障国库资金流动性的前提下，拿出近7亿元国库沉淀资金开展国库现金管理，增加519万元利息收入，提高了国库资金管理效益。建立预算执行动态监控情况月报表及季度分析制度，按时报告监控结果，加大对预算单位违规支付行为处罚力度，对违反规定的支付事项严格按有关规定进行处理。2016年，全市纳入预算执行动态监控的预算单位共754个，动态监控达到100%。市级预算单位通过国库集中支付系统开具授权支付凭证69049笔，支付金额252868.79万元。其中，转账支付238946.58万元，公务卡支付4914.90万元，现金支付9007.31万元。

【内部控制建设】 市财政局把加强内部控制制度建设作为预防腐败创新项目试点工作扎实推进，印发《攀枝花市财政局内部控制建设工作方案》，成立由局主要领导任主任，其他局领导任副主任，各科室（部门）主要负责人为委员的内控委。以"全过程留痕、责任可追溯"为建设目标，以"一个基本制度+八类专项风险管理办法+内部机构操作规程"为基本内容加强财政内部控制建设，经过全面分析风险来源和风险点，确定风险控制措施，做到不漏项、内控环节全覆盖，对业务流程进行有效管控，防范可能发生的各类风险。出台《攀枝花市财政局内部控制基本制度以及八个专项风险内部控制办法》，基本健全财政内部控制制度体系。同时，按照财政部《关于全面推进行政事业单位内部控制建设的指导意见》要求，市财政局加大监督力度，各市级行政事业单位于2016年年底前全部完成单位内部控制的建立与实施工作。

【政府性债务管理】 市财政局继续用好地方政府置换债券政策，优化债务结构，缓解政府债务当期还款压力。通过市县两级积极争取，全年共置换地方政府债务815100万元，减少利息支出约40800万元，降低政府债务成本。制定出台《攀枝花市政府债务风险化解规划》《攀枝花市政府债务风险应急处置预案》《攀枝花市政府性债务管理考核暂行办法》，切实加强对地方政府债务管控，有效防范财政风险，确保财政稳健运行。

【国有企业"三供一业"分离移交改革】 2016年6月11日，国务院办公厅转发《国务院国资委、财政部关于国有企业职工家属区"三供一业"分离移交工作指导意见》（以下简称《意见》），《意见》指出国有企业职工家属区供水、供电、供热（供气）及物业管理（统称"三供一业"）分离移交是当前全国剥离国有企业办社会职能、努力推进国有企业改革的一项重要内容。《意见》下发后，攀枝花市积极争取，将攀枝花市及攀煤（集团）纳入省级"三供一业"改革试点范围。并由市财政局会同市国资委组织对在攀省属和市属国有企业开展摸底调查和改造费用的初步测算，依据企业填报情况进行收集汇总并上报省级部门。经调查统计，在攀省属及市属国有企业暂未办理分离移交的有攀煤（集团）有限责任公司、攀煤（集团）有限责任公司沿江煤矿、攀枝花市盐业公司、市水务（集团）有限公司、市公交客运总公司、市产业投资经营有限责任公司共6户企业。需供水分离户数37003

户，测算费用2.59亿元；需供电分离户数37049户，测算费用4.45亿元；需物业分离户数37729户，测算费用5.66亿元。市财政局提前谋划、深入调研，会同相关部门积极向上争取。全年，攀枝花市获得国有企业“三供一业”分离移交补助资金7.25亿元。按照市政府推进国有企业职工家属区“三供一业”分离移交的相关要求，市财政局制定《攀枝花市国有企业职工家属区“三供一业”分离移交财政补助资金实施办法》，并将补助资金7.25亿元下达西区，支持攀煤（集团）“三供一业”分离移交工作。9月20—22日，省财政厅企业处处长黄永昶一行莅临攀枝花，深入攀煤（集团）就煤炭行业去产能工作及“三供一业”分离移交工作，进行实地专题调研，听取企业在淘汰落后产能，优化企业资产负债率，调整企业资产结构，“三供一业”企业办社会职能等方面的情况汇报。12月7日，省财政厅组织召开全省国有企业职工家属区“三供一业”分离移交政策培训视频会，会议传达国务院、省政府国有企业职工家属区“三供一业”分离移交文件精神，并讲解补助政策和财政补助资金申报要求。攀枝花市及攀煤（集团）公司作为省级“三供一业”改革试点，攀枝花市西区在会上作经验交流。

【扶贫资金拨付与监管】 9月，省财政厅加快扶贫资金拨付进度工作专题视频会召开后，市财政局立即召开全市财政系统视频会，安排部署加快扶贫资金拨付进度工作。截至年底，累计安排财政扶贫资金1698.9万元（不含扩权县省级以上财政扶贫资金）。其中省级以上财政扶贫资金1120.4万元，市级财政扶贫资金578.5万元。

积极筹建“三项扶贫基金”。按照全省加快组建三项扶贫基金工作视频会议精神，截至11月23日，全市3个县（区）70个贫困村先后组建教育扶贫救助基金、卫生扶贫救助基金、产业扶持基金组建。截至12月30日，教育扶贫基金到位资金438.67万元［市财政对3个县（区）各补助50万元共计150万元，县（区）财政补助250万元，社会捐助38.67万元］。卫生扶贫基金到位资金430.63万元［市财政对3个县（区）各补助50万元共计150万元，县（区）财政补助250万元，社会捐助30.63万元］。产业扶持基金到位资金1682万元（省财政补助1400万元、县级财政补助282万元）。同时，积极推进扶贫小额信贷分险基金建设。全市3个县（区）全部设立扶贫小额信贷分险基金，全市到位小额信贷分险基金2300万元。截至年底，与合作银行签订协议，发放贷款501户2028.3万元。

市财政局会同扶贫、民宗、审计及项目主管等部门建立扶贫资金监管部门联席会议机制，切实加强部门之间协调配合，探索建立项目建设、项目验收、资金拨付、资金报账、竣工审计等各环节环环相扣、连接紧密、运行顺畅的工作机制。要求县（区）进一步优化拨付流程，及时跟进资金拨付和资金报账，做到验收一批、报账一批，加快对质保到期无质量问题的财政扶贫项目质量保证金的拨付。对相对固定扶贫项目和资金管理人员，要加强扶贫项目和资金管理的业务培训，提升项目和资金管理水平。建立形式多样的公示制度，实行县级财政部门、乡镇财政所、村委会、项目落地的村民小组四级公示。要求各县（区）按月定期填报扶贫资金支出进度及执行情况分析。市财政部门按季度开展专项督查，同时将督查结果在一定范围内进行通报。对各县（区）财政扶贫资金预算执行进度情况实施考核，将考核结果纳入年度财政支农工作考评和扶贫专项资金绩效考核范围，并作为市级扶贫专项资金分配的参考因数。

【机关事业单位养老保险改革】 启动机关事业单位养老保险制度改革，建立统筹账户与个人账户相结合的养老保险制度。市财政局研究制定市级机关事业单位养老保险改革财政补助政策，并印发《关于明确市级机关事业单位职业年金单位缴费管理模式的通知》和《市级机关事业单位养老保险改革资金清算工作实施方案》。在此基础上，及时对各单位指标进行调整，同时，会同市人社部门完成对基本养老保险基金清算工作，确保改革顺利推进。

【公务用车改革】 7月1日，攀枝花市市级机关公务用车改革正式实施。市财政局及时做好公务交通补贴层级划分、公务交通补贴保障区域外公务出行费用管理，执法执勤用车管理和节支率测算工作。印发《关于加强公务用车改革后参改单位相关经费管理的通知》，明确公务交通补贴从7月起计发，并从2017年起纳入单位年初部门预算，包干使用，严禁以现金形式发放；明确将对各参改单位2016年下半年车辆运行维护费进行追减，但不追减车辆保险费；明确参改人员在保障区域外公务出行交通费用由各单位在公用经费和符合条件的专项经费中统筹解决，并严格执行差旅费报销有关规定。同时，还明确市级机关公务人员私车公用出现责任事故，市级财政不承担任何费用。对政法系统保留的特种专业技术用车逐一进行核查，严格执法执勤用车编制管理。继续实行公务车辆统一保险。通过政府采购方式确定2017年市级单位公务车辆统一保险的承保保险公司，在有效节约财政资金前提下，确保财政供养车辆安全运行。

【应急救灾工作】 2016年9月6—10日，受高空切变和地面冷空气影响攀枝花市米易县部分乡（镇）出现连续强降雨，进而诱发山洪、泥石流等自然灾害，给人民群众造成极大的财产损失。灾情发生后，米易县迅速启动四级联动响应，力争将各项损失降到最低程度，确保无一人死亡。9月13日，市财政局组织工作人员深入米易县白马镇回龙村泥石流重灾区、农房垮塌现场、田家村特大滑坡段、湾丘乡杨家地提灌站冲毁点、杨家河坝早春蔬菜和沟渠受损现场，实地查看受灾情况，认真听取乡镇、村社干部详细介绍灾情及处置情况。9月17—19日，攀枝花市发生强降雨、局部特大暴雨诱发的群发性山洪及滑坡等自然灾害，造成东区和仁和区范围内人员伤亡和重大财产损失。灾情发生后，攀枝花市立即启动三级救灾应急响应，市财政局紧急下达市级自然灾害生活救助资金40万元，用于东区和仁和区受灾群众紧急生活救助、因灾伤病救治、遇难人员家属抚慰等。与市民政局联合下发通知，要求各县（区）切实做好受灾群众应急生活救助、过渡性生活救助和遇难人员家属抚慰工作。11月2日，攀枝花市委书记张剡，市委副书记、市长李建勤，市政府常务副市长沈钧带队赴省财政厅汇报工作，争取省财政厅工作支持。省财政厅党组书记、厅长王一宏主持召开座谈会，就支持攀枝花市经济发展以及财政工作等进行会谈，并表示，省财政厅正在对财税政策、灾后重建等方面进行研究，将从政策、项目、资金等方面对攀枝花给予支持倾斜。市财政局积极争取，以市国有投资（集团）有限责任公司作为借款人，分别从国家开发银行和农业发展银行，获得攀枝花市2016年应急服务采购项目应急贷款共3亿元（其中国开行2亿元、农发行1亿元），专项用于攀枝花市及所辖东区、西区、仁和区、米易县和盐边县应对自然灾害（包括但不限于抗洪救灾，灾后善后工作，特别是在特大暴雨中受灾群众转移安置及救助、救灾物资购置调拨、因灾毁损基础设施，公益设施应急维护）等方面支出。与此同时，市财政局联合其他相关部门积极向省上汇报攀枝花市灾情。全年，省财政下达攀枝花市教育救灾补助资金546万元，下达1500万元防汛和农业生产救灾资金（其中1000万元为特大防汛抗旱补助经费、500万元为农业生产救灾专项资金），下达救灾应急补助中央预算内资金1500万元。市财政局根据《“9·19”攀枝花特大暴雨灾后恢复重建推进工作方案》，结合已确定的市级应急抢险项目及各县（区）报送的急需资金项目，及时将该笔救灾应急补助资金分配下达到项目单位。

【世界银行贷款工作】 攀枝花市利用沙特基金会贷款灾后重建卫生项目系沙特基金会与中国政府签署的《地震受影响地区灾后重建项目的贷款协议》子项目，项目包括市中西医结合医院和仁和区人民医院工程建设，贷款协议金额为2000万美元（两家医院各占1000万美元）。截至年底，市中西医结合医院累计提款报账998.05万美元，子项目提款完成率为99.8%；仁和区人民医院累计提款报账1000万美元，子项目提款完成率为100%；全市共提款报账1998.05万美元，总项目提款完成率为99.9%。

日元贷款攀枝花市水环境治理项目于2007年签署贷款协议正式实施，项目贷款协议金额为12.6亿日元。为保证项目顺利实施，项目业主单位攀枝花市城市建设投资经营有限公司向市建设银行贷款4000万元作为上述项目国内配套资金。根据合同还款计划，由市财政局逐年安排预算资金按时偿还借款本金及利息。截至年底，市财政已全部偿还。

攀枝花市世行贷款安宁河流域农业开发项目于1999年签约实施，软贷款协议贷款额度为7704000.00个SDR（特别提款权），执行完毕后最终确定债务额为7429941.00个SDR。截至2016年年底，攀枝花市（包括三区两县）累计足额偿还债务本息12年共24期，严格遵守贷款协议按时完成全部软贷款偿还工作，共偿还本金约折合6806.85万元人民币（按汇率SDR ∶ USD = 1 ∶ 1.39687，USD ∶ RMB = 1 ∶ 6.5585）。

攀枝花市世行贷款综合性妇幼卫生项目于1994年签署协议开始实施，贷款协议金额为46.53万个SDR（特别提款权）。截至年底，攀枝花市（包括市级财政和米易县财政）累计足额偿还债务本息15年共计30期，严格遵守贷款协议按时完成全部软贷款偿还工作，共偿还本金约折合426.28万元人民币（按汇率SDR ∶ USD = 1 ∶ 1.39687，USD ∶ RMB = 1 ∶ 6.5585）。

【援藏工作】 市财政局认真落实省委、省政府要求，严格按地方一般公共预算5‰的比例，落实援藏资金。全年共安排对口援助资金2652万元，主要投向木里县城关二小、藏区新村、食用菌示范种植等7个项目，助推木里县脱贫攻坚和经济社会发展。同时，市级财政还专项安排97.3万元用于援藏干部生活补贴、艰苦边远地区津贴，保障援藏工作顺利开展。市财政局会同市纪委、市审计局、市发改委以及凉山州相关部门，对攀枝花援助木里县项目资金进行专项检查，就援藏资金使用的相关情况与凉山州和木里县进行沟通，确保财政资金规范使用，提高资金使用效益。2016年，对口援藏财政管理工作得到省、市党委和政府认可，市财政局被省委、省政府评为“全省援藏工作先进集体”。

【财政支出绩效评价工作】 市财政局结合省级财政支出绩效评价工作方案和攀枝花市实际情况，编制《2016年攀枝花市财政支出绩效评价方案》，明确时间节点和目标要求，在民生保障、基础设施、产业发展、行政运行四大板块中，按照“资金量较大、代表性较强、社会关注度高”的原则，选择12个项目开展2016年项目支出绩效评价，并进一步扩大部门支出绩效评价试点范围，选取8个市级一级预算单位开展市级部门支出绩效评价试点工作。10月底，严格按照《四川省项目支出绩效评价指标体系》对各项目进行评价并及时上报评价结果，完成2016年度绩效评价工作。

【政府向社会力量购买服务工作】 攀枝花市进一步加大政府购买服务工作试点力度，并将其逐步纳入预算管理。全年市级政府购买服务预算总额达1.57亿元，后追加采购预算中涉及政府购买服务额度达5300万元，累计2亿元。内容包括：商品房回购用于保障性安居工程、办公信息系统维护等外包项目、“攀枝花市政府与社会资本合作（PPP）项目财政支持基金”优先级份额供应商的采购等。项目资金全部纳入财政预算范围。通过为老年人购置GPS定位手机、居家养老服务、社区老年学校购买授课服务、部分义务教育学校聘用工勤人员等政府购买服务项目的实施，提高政府公共服务能力，减轻财政支出压力，支持服务业的发展。

【推广政府与社会资本合作模式（PPP）】 市财政局代市政府起草并出台《攀枝花市人民政府关于在公共服务领域推广政府与社会资本合作模式的贯彻意见》，明确市PPP项目建设的规范程序，以及各相关部门的职责。10月，正式成立了攀枝花市PPP管理中心。攀枝花市PPP项目库包装项目54个，估算总投资479.25亿元，涉及城市交通、高速公路、养老、教育卫生等8个行业领域。向省财政厅申请入库项目11个，火车南站站前基础设施建设项目、花城新区天星湖建设项目、仁和区火车南站商贸城建设项目已通过省财政厅审核，批准入库。同时，为做好试点项目示范效应，严格按照PPP模式操作流程及相关规定开展各项工作，攀枝花火车南站基础设施建设项目和花城新区医院、仁和区火车南站商贸城建设项目、小石谭公园建设项目4个项目开始政府采购程序，以上项目在年内开工建设。

加大培训工作。11月，举办全市领导干部PPP专题报告会，聘请四川大学商学院博士生导师、四川省顶尖级PPP专家陈传博士为市政府领导班子、市级单位主管领导及各县（区）政府领导230余人作专题报告，印制培训材料300余套，取得良好的效果。设立“攀枝花市政府与社会资本合作（PPP）项目财政投资基金”。大胆创新资金筹集方式，与深圳金砖城市国开先导基金管理公司合作设立首期20亿元的攀枝花市PPP财政投资基金，全年共成功提款14.55亿元，支持项目2.4亿元，为攀枝花市政府与社会资本合作（PPP）建设模式提供资金保障。

【政府采购监管】 市财政局加强政府采购监督管理。对采购计划审批、确定采购方式、抽取评审专家、开标现场监督、采购文件备案、处理投诉质疑等环节依法实行全程监控，严格审核采购单位、采购代理机构等报批的各种资料，强化政府采购开标现场监督。对在攀枝花开展政府采购代理业务的11家代理机构和2015年度代理的11个攀枝花市政府采购项目进行抽查和绩效评价，及时掌握政府采购网上竞价平台系统运行情况，不断改进和完善。全年，由市政府采购中心代理和社会代理机构代理在市政府采购中心开评标的政府采购项目受理1172个，成交1014个，政府采购预算金额273489.46万元，中标金额266484.19万元，节约资金7005.27万元，综合平均节约率为2.56%。

【国有资产管理】 市财政局全面开展事业单位及所办企业国有资产产权登记工作，全市共受理169家事业单位及事业单位所办企业产权登记线下申报事项。经审核，符合产权登记证书打印的事业单位5家。同时，在2015年省资产管理信息系统二期工程启动实施基础上，专题解决攀枝花市驻外机构资产数据纳入国有资产管理信息系统问题，资产管理动态化监管全覆盖，管理更加规范。9月底，攀枝花市资产清查工作顺利通过省财政厅会审，经清查，全市行政事业单位资产账面数180亿元，负债账面数55亿元，资产清查数181亿元，负债清查数57亿元。全市资产盘盈8亿元，财产损失7亿元，负债类损益3亿元。资金挂账7亿元。

在资产购置方面，严格按照《攀枝花市党政机关通用办公设备和办公家具配置标准》，对政府采购紧急程序申报项目进行审核。对追加政府采购项目进行审核，涉及项目115笔，金额100多亿元，对超标单位提出调整意见。在资产处置方面，严格按照《地方行政单位国有资产处置管理暂行办法》和《攀枝花市市级预算单位国有资产处置管理办法》，提高资产处置效率，保证国有资产安全。截至11月底，共完成全市80家单位资产处置审批工作，资产量达2450余台（件），共计账面价值约5100多万元。其中报废资产1255余万元，拆除房屋374万元，房屋划拨242万元，房屋拍卖380万元，调拨资产159万元，移交资产1万元，捐赠资产3万元。严格行政事业单位公务车辆处置审批，截至11月，对42家单位174台账面价值2662万元公务车辆进行处置审批。

【财政监督检查】 市财政局组织开展私设“小金库”及滥发钱物问题专项整治、财政扶贫资金专项检查、打造“阳光财政”，继续推进阳光财政工作、2016年会计监督检查、开展严肃财经纪律和私设“小金库”专项整治工作、开展使用公款赠送红包礼金问题专项整治“回头看”工作、城乡医疗救助资金专项检查、开展2015年农村义务教育薄弱学校改造补助资金专项检查、非税收入检查、市国债服务部审计等检查工作。同时，还配合相关部门完成贯彻落实中央“八项规定”和省委省政府、市委市政府“十项规定”精神的各项检查以及涉农资金专项整治工作。对严肃财经纪律，规范财务收支和会计核算以及财政资金管理，增强财经法纪意识起到积极促进作用。

【政府性债务管控】 2016年，全市共争取到新增地方政府债券资金9.72亿元(一般债券4.5亿元、专项债券5.22亿元),与2015年争取额度相比,增长68%。其中,市本级5.87亿元,增长80%,有力支持全市经济建设。全年,攀枝花市共获得置换债券额度47.53亿元(一般债券39.82亿元、专项债券7.71亿元),与2015年全市总额相比,增长40%。其中,市本级25.34亿元,增长94%,基本覆盖全市2016年到期的所有政府债务。通过置换,优化债务结构,降低融资成本,缓解市政府性债务还本付息压力,保证到期债务及时延续,有效化解资金链断裂风险。同时,出台《攀枝花市政府债务风险化解规划》《攀枝花市政府债务风险应急处置预案》《攀枝花市政府性债务管理考核暂行办法》,加强对地方政府债务管控,有效防范财政风险,确保财政稳健运行。

【财政科研】 2016年,市财政局课题组撰写的《支持攀西战略资源创新开发试验区发展的财税政策研究》获市科技进步奖二等奖。组织优秀科研论文参加省市评选,获省第十七次财政科研优秀成果一等奖1个、三等奖2个,获市第十二次社科优秀成果二等奖3个、三等奖4个,参评获奖率达100%。并有多篇优秀科研文章在《财政科学》《四川财政与会计》等国家、省、市刊物上推荐发表,全局财政干部科研水平得到较大提升。

【财政投资评审】 2016年,市投资评审中心完成本级财政投资评审项目127个,审查金额139537.43万元,审定金额119583.89万元,审减金额19953.54万元,审减率为14.3%。其中,完成预算项目评审68个,审查金额126709.90万元,审减金额17672.79万元,审减率为13.95%;完成概算项目评审58个,审查金额12053.41万元,审减金额2027.78万元,审减率为16.82%;完成结算项目1个,审查金额774.12万元,审减金额252.97万元,审减率为32.68%。通过对工程概算、预算和结算的评审,实现财政投资评审与建设招投标工作和工程决算有效结合,为全市经济建设节省财政资金。

【财政信息公开】 市财政局深入推进"阳光财政"工作,全面公开除涉密信息外的所有总预决算、部门预决算和"三公"经费信息,并将总预决算支出和部门预决算支出细化公开到功能分类的项级科目。全年"阳光财政"公示项目89项,公示财政专项资金总额12.9亿元,主要包括城乡居民最低生活保障、新型农村养老和医疗保险、义务教育、重点交通建设、城市基础建设、农村基础设施建设、现代农业、工业发展、公共卫生、旅游发展、保障性安居工程等专项资金。通过攀枝花市财政局门户网及时、准确地向社会公开,方便群众、企业和其他单位查询,主动接受社会监督。

【法治财政建设】 市财政局深入推进法治财政建设,不断提高依法理财能力和财政管理水平。开展法制宣传教育,增强法治意识。印发《深入学习贯彻新预算法实施方案》,将新《中华人民共和国预算法》纳入2016年会计人员继续教育培训重点内容,在《攀枝花日报》开设新预算法宣传专栏,从预算法修订背景、预算内容完整性、预算执行规范性、预算活动公开性等6个方面,以知识问答形式,向预算单位和读者宣传预算法律知识,增强人们法治观念和法律意识,提高各单位依法理财能力。开展行权事项清理,规范权力运行。市财政局对本部门行政权力事项进行清理,及时编制行政权责清单,保留权责事项65项,及时调整行权平台公开运行事项,录入案件,规范权力运行。同时,市财政局从统一优惠政策制定权限、建立考评监督和责任追究机制、完善财政管理制度方面入手,进一步规范税收等优惠政策,维护正常收入分配秩序。将合法性审查工作提到新高度,除规范性文件和重大行政决策外,对代政府起草的各类资金管理办法等制度进行法治审查把关,制定《攀枝花市财政局行政决策合法性审查规定》和《攀枝花市财政局法律风险内部控制办法(试行)》,切实降低财政法律风险。

【干部队伍建设】 市财政局着力加强干部队伍建设,认真开展干部选任、选调、调动等工作,成立市财政局科级领导干部选拔任用工作领导小组,制定《攀枝花市财政局干部选拔任用实施方案》,共选拔正科级干部1名、副科级干部4名;晋升科级非领导职务4人;组织协调1名副县级领导干部、1名拟任副调研员的推荐和考察工作;在全市范围内公开考调工作人员8名。另按程序严格办理调动手续,共办理调入2人、调出1人、办理正常退休2人。结合"两学一做"专题教育活动,抓好干部教育和日常学习。全年共组织8次党组中心组理论扩大学习会,邀请市纪委常委、秘书长王汉军作《中国共产党廉洁自律准则》和《中国共产党纪律处分条例》宣传解读专题报告会、市委党校副校长李燕为全局党员作《学党章党规,做合格党员》专题辅导、市档案局副局长曹修源为全局职工作《弘扬三线建设精神,争做优秀党员》辅导报告。开展优秀年轻人才递进培养。在党组酝酿、会议推荐、民主测评的基础上,确定推荐党政综合班人选1名,高层次人才班人选1名,青年干部班人选2名,上报市委组织部备选;选派1名工作能力突出、热爱农村工作的优秀年轻干部,到建档立卡贫困村担任"第一书记",带领村组干部和党员群众建强基层组织、开展精准扶贫,推动全市贫困村群众同步实现全面小康。另外,还开展2名市政协委员考察推荐、1名东区政协委员的推荐和考察工作。

(范春林)

国家税务

【概　况】 2016 年,攀枝花市国家税务局(以下简称市国税局)辖东区、西区、仁和区、米易县、盐边县 5 个县(区)国家税务局,钒钛产业园区国税局 1 个,市稽查局、第一稽查局、直属税务分局、车购税分局等 4 个直属单位,市局机关内设机构 13 个、其他机构 2 个(机关党委办公室、离退休干部管理科)、事业单位 3 个(信息中心、机关服务中心、票证中心)。领导班子设局长 1 人,副局长 3 人,纪检组长 1 人,总经济师 1 人,总会计师 1 人。全市国税系统在职职工 553 人,担负着全市 4.9 万纳税户税收征管工作。27 人通过注册会计师、注册税务师和律师等执业资格考试,有省级征管稽查能手 29 人。

市国税局全年组织计划考核口径税收收入 38.55 亿元,同比增收 2.46 亿元、增长 6.8%。其中:完成中央级收入 23.09 亿元,地方级收入 15.47 亿元,分别同比下降 9.9%、增长 47.7%,圆满完成各级收入任务。实现市本级收入 6.06 亿元,同比增收 1.95 亿元、增长 47.6%,县区级收入 5 亿元,同比增收 1.43 亿元、增长 40%。全年累计减免税收 14.72 亿元,办理出口退税 4131 万元,采用稽查、评估等方式查补税款 1.73 亿元,带动税收增长 4.8 个百分点。

直属分局通过"全国巾帼文明岗"复查验收,米易县国税局被国家税务总局评为先进集体,盐边县国税局被共青团四川省委评为"四川省五四红旗团支部",西区国税局邹慧获评省妇联"优秀巾帼志愿者"。

【税收收入】 坚定信心,攻坚克难,圆满完成各项收入任务。

面对经济税源紧缺和大规模政策性减税的叠加影响,全市国税系统发挥主观努力,采取多种措施,优管促收,共组织税收收入 392621 万元(含海关代征增值税 7099 万元),同比增收 27395 万元、增长 7.5%。其中增值税入库 310845 万元,同比增收 39574 万元、增长 14.6%,增收主要原因:新增四大行业(建筑、金融、房地产、生活服务业)"营改增"收入 33174 万元。消费税入库 12426 万元,同比增收 1547 万元、增长 14.2%,增收主要原因:烟草公司批发环节政策调整翘尾增收,带动卷烟消费税增长。企业所得税入库 46096 万元,同比减收 16201 万元、下降 26%,减收主要原因:受经济大环境影响,全市企业总体获利水平下降,商业企业入库减少 4216 万元;受非即期因素影响,一次性退税 4400 万元;受优惠政策、经济下行、不良贷款持续攀升及利率市场化政策等因素影响减收较大,地方商业银行所得税减少 3416 万元。车辆购置税入库 16155 万元,同比减收 330 万元、下降 2%,减收主要原因:消费者购买能力下降,单车价格下跌,加之全市异地购车情况较多,导致车辆购置税小幅下降。完成海关代征增值税 7099 万元,同比增收 2807 万元、增长 65.4%。办理出口退税 4131 万元,同比减少 4739 万元、下降 53.4%。

税收收入工作主要呈现 6 个特点:一是全市税收收入同全市经济协调增长。2016 年全市地区生产总值增长 8%,规模以上工业增加值增长 9%,地方一般公共预算收入增长 6.4%,税收同步增长 6.8%。二是"营改增"有力促进税收收入。自 5 月 1 日"营改增"政策执行后,共组织四大行业"营改增"增值税 33174 万元,提高收入增幅 9.2 个百分点。三是主观努力对税收增收贡献大。通过主观努力全年共入库税款 17252 万元,同比增长 63.2%,带动税收增长 4.8%,其中稽查查补 5156 万元,评估查补入库税款 9308 万元、清理陈欠 2788 万元。四是工业经济增长乏力导致工业税收下降。从全社会用电量来看,工业用电量同比下降 4.33%;从综合能源消费量来看,工业中采矿业下降 5.24%,制造业下降 4.53%;规上工业企业亏损额增长 234.4%,导致工业税收入库 207839 万元,同比减收 4847 万元,下降 2.3%。五是重点税源企业税收稳定。重点税源企业全年共入库税收 230760 万元,同比小幅增长 1.8%,其中,核心税源攀钢集团增幅 2.7%,十九冶集团及供电系统分别下降 36.5% 和 17.4%。六是减免税力度大。受国家减免税政策影响,全年共减免税收 147249 万元,减免税款同比增加 76180 万元、增长 107.2%。

【深化改革】 务实推进,勇于创新,全面深化税收改革。

认真落实《四川省深化国税、地税征管体制改革实施方案》。代起草《攀枝花市贯彻落实〈深化国税、地税征管体制改革实施方案〉工作安排表》(攀委办〔2016〕109 号),明确专项试点、其他改革、创新改革等 3 类 25 项 77 个具体改革事项。与地税建立深化改革定期联络机制,按季召开联席会,共同研究推进改革事宜。

顺利完成四大行业"营改增"改革任务。在时间紧、任务重、要求高的情况下,全市系统发扬"5+2""白加黑"的拼搏精神,组织开展"零点行动""营改增·攀钢行"政策大辅导等活动,打好"开好票、报好税、分析好、改进好"四场战役,接收四大行业“营改增”纳税人1.62万户,占比正常状态登记总户数的32.73%,四大行业试点纳税人入库增值税3.32亿元,减免税5.2亿元,其中:试点纳税人政策性直接减免税1.48亿元,原增值税一般纳税人新增应税服务抵扣进项税额间接减税3.72亿元。央视《新闻联播》2次播放中心城区办税大厅“营改增”的工作场景。

深入推进国地税合作。明确“事项引领,团队运作,执法分流,包容互补、成果共享”的国地税合作二十字原则,促进“征管一个流程,服务一个标准,执法一把尺子”。盐边县国税局、地税局被评为“全省国地税合作县级示范区”,东区国税局、地税局工作被国家税务总局汇编入《县级国地税合作经验交流材料》。开展“双精”团队建设,实施国地税联合进户稽查,建立税警联络室。

深化行政审批改革制度。取消50项税务行政审批,明确7项现行保留税务行政许可和23项其他权力事项的具体内容。同时通过门户网站、行业网、办税服务厅宣传栏、电子显示屏、税企QQ群、微信群等渠道,公示权力清单、工作规范、服务指南和表单文书等内容,加强实时化、常态化宣传。

积极回应供给侧结构性改革。充分发挥以税资政作用,编发《攀枝花国税调研》37期,牵头与攀枝花学院、省国税局科研所等专家教授联合评选税收科研调研课题;《攀枝花市国税税收治理能力现代化建设的实践与思考》《实践诠释税收现代化建设的改革与创新》分获全省系统优秀税收科研成果二、三等奖,《雅砻江流域黑色金属矿产业链经济税收分析》被国家税务总局收核司专报登用;起草《支持攀钢供给侧结构性改革财税政策建议》《支持攀钢“主攻钒钛”促进供给侧结构改革的思考》2篇调研文章,得到地方政府主要领导和攀钢集团公司充分肯定,相关信息被新华网和国家税务总局采用。

【依法治税】 恪守底线,扭住重点,推进法治税务建设。

强化案审复审工作,全年共计复审评查案件36起,发现案卷及文书方面问题48项,提出整改意见14条。重大税务案件审理后,无因过错造成税务行政复议撤销或行政诉讼败诉的情形。强化疑点核查工作,组织核查疑点项目19项、疑点数据255条,经过核查发现有问题疑点数据209条,疑点成立率81.96%,追究执法过错责任114人次,税收法治工作排名全省系统前列。

持续开展“学法用法守法”活动。在全省国税系统执法资格考试中,全局参加人员及格率在全省系统并列第一,米易县国税局荣获全市“学法用法示范单位”,盐边县国税局荣获省国税局“依法行政示范单位”,1人推荐入选国家税务总局执法督察人才库。

抓好“打击虚开骗税专项行动”。全年查办“12·24”“1·17”“8·11”虚开发票大案,涉案金额7.3亿元,可挽回税款损失1.25亿元,有效维护正常税收秩序,专案工作得到国家税务总局领导批示肯定。

【纳税服务】 规范建设,深化服务,提升纳税人满意度。

加强办税服务厅规范化、标准化建设。全市系统设置临时办税服务场所5个、“营改增”首次申报窗口12个、申报预审岗7个,配备导税员23人、辅导员17人,从其他部门抽调39名业务骨干为办税服务厅提供业务和技术支撑。加强对外宣传辅导,“营改增”期间累计制作宣传资料40000份、海报300份、展架54个、座牌117个。全市共举办纳税人培训班54场次,培训纳税人10788人次。多措并举减轻实体大厅压力,大力推行网上办税,广泛宣传A、B、C级纳税人增值税专用发票网上认证便利政策,有效缓解高峰时段大厅排队办税的情况。

春风行动提升服务质效。在全省系统率先推行以“六个一”为核心的“一岗通办国地税”模式,通过“一人一窗一机双系统”的运行,有效解决纳税人“多次跑、分头找”的问题。与地税局联合实施分类分厅联合办税,24035户个体及核定征收企业纳税人分流至地税办税服务厅办税。深入开展纳税人满意度整改升位,组织开展“问需求、优服务、促改进”专项工作,制发并推行《办税服务厅规范检查清单》,涵盖服务制度、人员管理、设施设备等8大类70项管理要素,落实晨会、首问、延时等制度措施,实现国地税办税大厅职能、管理、流程、标识“四统一”。大力推行全省、全市通办,国税、地税两家全面推行7大类212个全省通办涉税事项,方便纳税人就近、自主选择办税地点。积极推进纳税信用体系建设,与地税局联合通过“金三”系统对纳税人113项指标进行共同评分,评价出2015年度A级信用纳税人64户、B级1097户、C级3494户、D级469户。深化“银税互动”,与全市10家商业银行签订银税合作战略合作协议,运用纳税信用结果发放信用贷款3714万元。提升“12366”坐席人员的业务能力和服务水平,提高咨询答复准确率和服务规范性,全年共接听来电10600多个,门户网站受理咨询22件,办理投诉12件,处理涉税举报30件。市国税局被评为全省系统“便民办税春风行动先进单位”。

广泛开展宣传服务。上门访问纳税人531户(次),税企高层对话133户(次),电话访问2087户(次),QQ访问382户(次),集中宣传等方式1730户(次),发布大企业白皮书15户(次),对走出去企业实施个性化辅导10户(次)。在《攀枝花日报》刊登《致全市纳税人的一封信》,向全市纳税人发送税收宣传类短信2.8万余条,营造良好和谐的征纳氛围。加强中介组织沟通监督,组织税务师事务所及纳税人代表召开三方座谈会,畅通税务机关、涉税中介机构和纳税人沟通渠道。

【税收征管】 培植优势，聚焦主业，提升税收征管水平。

全年发起风险任务33项，风险应对收入1.46亿元，占入库税收总额的3.79%。

抓好“虚开增值税发票风险管理项目”研发。构建12个类别56个模型198个指标组成的系统框架，多维度识别防范“真票虚开”风险，此项目以排名第二的成绩，获评全省国税系统“十大优秀风险管理项目”。东区国税局、直属税务分局、西区国税局的风险管理案例，被评为市国税局“优秀案例”。

推进国税、地税风险管理合作。开展增值税纳税人城建税及附加申报风险、出口退税企业风险、企业所得税风险、车船税风险、药品零售、珠宝行业等风险管理项目合作，交换涉税信息共90.23万条，协同开展风险分析、风险应对，联合比对分析风险纳税人129户，追征增值税311.7万元，查补附加税费526.3万元。

加强基础事项管理。持续升级“金税三期”系统，有序推进实名制办税，试点运行省局“征管基础事项事中事后监控系统”，推进监控内生化。

加强信息数据共享。从市发改委、住建局等6个部门获取第三方涉税信息共2191条。加强欠税风险管理，发布风险信息555条，涉及252户纳税人，清理欠税2759万元。开展资源综合利用增值税优惠政策风险核查，19户纳税人查补增值税2439.59万元。

【队伍建设】 明责担当，务实从严，推进从严治党和队伍建设。

坚持“六化六亮”，推进党建工作。扎实开展“两学一做”学习教育，细化13条合格党员标准、30项不合格党员表现，引领党员对标，做好“四有”合格党员；严格党内政治生活，守纪律、讲规矩，在“营改增”“精准扶贫”等重点工作中，发挥好党组织的战斗堡垒和党员的先锋模范作用。特别是一些离退休老党员，在补缴党费中，用实际行动讲党性，受到省国税局党组书记、局长刘建国的批示肯定。坚持围绕税收工作主业，持续创建“税徽添彩·攀枝花红”主题品牌，以党建为统领，创新国地税合作方式，盐边县联合办税大厅推行“书记+厅长”国地税党政分任、分责、共管模式，一个党组织统一领导，一个身份对外树形；依托新媒体工具，积极创新“微党建”，借助“岗位练兵平台”，推行党员学习积分制，营造浓厚党建氛围，得到省国税局领导肯定。

坚持提能力激活力，提升队伍综合素质。开展全员“岗位大练兵、业务大比武”活动，参赛选手成绩名列全省系统第6，获评省国税局三等奖；1人入选国税国家税务总局“115工程”专业骨干，8人入选“岗位能手”。试行“市国税局机关跟班轮训”，促进年轻干部立足岗位实践快速成长。通过“查、讲、考”，拓展外出培训成效。稳妥推行职务职级并行，全系统9人按规定晋升副处职级，消化超配干部职数338个。抓好经常性思想政治工作，努力解决好“职务职级并行、公车改革”等干部职工关心的问题，发放医疗救助和困难慰问金2.44万元，解决部分干部职工特殊困难。

坚持规范管理，防范“五务”风险。修订《攀枝花市国税系统各级党组落实党风廉政建设主体责任实施办法（试行）》和《攀枝花市国税系统纪检监察部门落实党风廉政建设监督责任实施意见（试行）》，明细并抓实党风廉政建设“两个责任”清单，层层签订《党风廉政建设责任书》、“两个责任”责任书及承诺书。完善党风廉政建设责任分工告知书、任务事项通知书、风险防控建议书和党风廉政建设半年报告、全年报告等“三书两报告”制度，全市系统共发出工作告知书28份、通知书15份、建议书5份。完善县（区）局纪检组长“派驻制”，制定《攀枝花市国家税务局廉政风险防控集中约谈制度》，以“疑点必究、失责必问”为着力点，开展各类综合监督检查12次，办理信访举报案件7件，运用执纪监督“四种形态”8次，涉及39人，1名涉嫌职务犯罪职工被移送司法机关处理。加强内控机制建设，编纂《“五务”监督电子手册》。坚持廉政教育常态化，组织科级以上领导干部法纪警示集中教育，引导干部职工在清风正气中干好事、干成事。加大对领导干部经济责任审计力度，对4名县（区）局局长开展离任经济责任审计、1名县局局长进行任中经济责任审计，对4个县（区）国税局开展年度督察内审。

【政务管理】 绩效导向，抓实政务，全面提高工作质效。

抓好绩效管理。制定下发《绩效管理规范》及指标体系，推行使用《绩效管理信息系统（2.0版）》，开发运行“个人工作任务平台”和“个人绩效测评系统”，定期开展绩效分析讲评及督导调研。绩效考评排名全省系统第9，实现居中靠前的目标。

加强信息宣传。稳固高层次媒体联系机制，央视《新闻联播》2次播出市局“营改增”工作场景、“营改增”助力攀钢转型升级被央视《朝闻天下》专访播出、3篇信息被国家税务总局行业网采用。国家税务总局、省国税局、市委市政府登用稿件（含微博）104篇，省国税局以上采用稿件同比增加21篇。向省国税局、市委市政府报送“微党建”等专报12期，得到省国税局和市委市政府领导批示5次，“派驻制”“一人一窗一机双系统”等工作被省国税局以专报报送国家税务总局、省委省政府。

深化电子税务局建设。继续抓好“互联网+行政管理”示范项目建设，持续运用并完善“涉税风险评估稽查暨内控系统”“征管服务质效监控系统”“网上行政系统”和“互联网+多元化办税”。“固定资产二维码管理”作为“互联网+税务”最佳实践项目，参加总局评选。通过“网上行政系统”，发起交办督办事项23项，有效促进重点工作落实。

加强财务管理。修订《差旅费管理办法》《会议费管理办法》《培训费管理办法》《职工大病救助管理办法》，防范财务管理风险。完成西区局办公楼维修项目开工审批手续，完成盐边县局办公楼维修立项工作。实施好公务用车改革，按时完成车改取消车辆的封存、报表及手续移交。

扎实开展精准扶贫。市局党员干部多次深入走访精准扶贫联系点，拨付专项帮扶资金7万元。开展好社区"双报到"，帮助学园路社区困难居民解决2个工作岗位。积极做好盐源县国税局帮扶共建。

（李　奕）

地方税务

【概　况】 攀枝花市地方税务局辖东区、西区、仁和区、米易县和盐边县5个县(区)地方税务局和3个直属单位(市地税局第一直属税务分局、市地税局第二直属税务分局、市地税局稽查局)。市局机关内设12个科(室)和1个事业单位。全系统在职职工537人。其中大专以上学历职工533人，占在职职工人数的99%；中共党员469人，占在职职工人数的87%。

全市地税系统干部职工凝心聚力，抓收入、重法治、强征管、优服务。2016年，市地税局继续保持"省级文明单位"称号。荣获攀枝花市按比例安置残疾人就业工作先进单位、攀枝花市编纂出版《攀枝花年鉴》先进单位、攀枝花市维稳和综治工作目标先进单位、攀枝花市直机关"先进基层党组织""巾帼建功"及妇女工作优秀单位等多项荣誉，宣传调研、网站舆情、纳税服务、征管和科技发展等多项工作获省地税局通报表扬。

【组织收入】 全市地税系统组织各项收入37.53亿元，其中：税收收入完成34.3亿元，扣除"营改增"基数，同比增收2.8亿元，增长8.9%，完成全年任务的102.57%，超收0.86亿元；基金附加收入3.23亿元，完成全年任务的119%，超收0.53亿元。完成市级税收9.66亿元，超市政府目标0.04亿元。地方税收规模在全省21个市(州)排14位。地税税收地方留存部分占全市地方公共财政预算收入的44.75%，其中市级税收占市级公共财政预算收入的39.7%。

全市三次产业地方税收分别完成0.38亿元、18.98亿元和14.93亿元，分别占税收总额的1.12%、55.34%和43.54%。从占比变化率来看，第一、第三产业地方税收分别下降0.65和2.31个百分点，第二产业相应提升2.96个百分点。其中：工业地方税收完成14.58亿元，同比增收2.07亿元，增长16.55%，对全年税收收入总额贡献率为42.51%，同比提升9.17个百分点。从地方税收贡献率最高的十大行业来看，建筑、金融、房地产及服务业税收同比减收均过亿元，其余六行业同比不同程度增收。具体来看：建筑业减收2.74亿元，金融业减收2.12亿元，房地产业减收1.86亿元，租赁和商务服务业减收1亿元。采矿业增收1.4亿元，制造业增收0.63亿元，电力行业增收0.04亿元，批发零售业增收0.25亿元，居民服务和其他服务业增收0.14亿元，公共管理、社会保障和社会组织行业增收2.59亿元。13个地方征管税种中，营业税减收5.23亿元，是减收额最多的税种；资源税减收1.52亿元，企业所得税减收0.17亿元。其余10个税种均不同程度增收，其中：个人所得税增收1.13亿元，是增收额最多的税种。

【依法行政】 市地税局始终坚持顶格落实税收优惠政策，小微企业受惠面达100%，支持西部大开发优惠政策和"大众创业、万众创新"等政策全面落地，全年为近2万户纳税人减免税收7.01亿元。深化行政审批制度改革，全面取消非行政许可审批事项，建立健全权力清单、责任清单、行政处罚清单制度，对外公布83项行政权力责任清单。2名公职律师进入省地税局公职律师团队，全系统法律顾问实行市局归口管理。完成2个直属单位、3个县(区)局14个项目执法督察，整改问题148户次，补征税款80.7万元，追究40人次执法责任。完成15件税务行政处罚和10件行政许可案卷评查，2卷案卷参加市法制办评查，被评为优秀案卷。强化税务稽查，全年查补各项收入1.24亿元，规范和整顿税收秩序。构建以网站、微信公众号、税企QQ群、天府e税为主的"互联网+税务"的法治宣传平台，深入推进"法律七进"，加强日常法治培训，1998人次参训，实体纳税学堂培训纳税人5000余人次。市地税局被省地税局表彰为"'十二五'税收法治建设先进单位"。

【税制改革】 5月1日起，在全国范围内全面推开营业税改征增值税试点，建筑业、房地产业、金融业、服务业等全部营业税纳税人纳入试点范围，由缴纳营业税改为缴纳增值税。市地税局向市国税局移交试点纳税人14353户，其中企业纳税人4432户、个体纳税9921户。根据《国家税务总局关于营业税改征增值税委托地税机关代征税款和代开增值税发票的公告》，由地税机关代征纳税人销售其取得的不动产和其他个人出租不动产的增值税和代开增值税发票。市地税局全年代征增值税0.06亿元,代开增值税发票5975份,发票金额8.72亿元。7月1日,资源税全面改革正式施行,21种资源品目和未列举名称的其他金属矿实行从价计征。市地税局在改革前做了大量调研和测算工作,提出5项建议被财政部、国家税务总局采纳,并在改革方案中得以体现。资源税新旧税制转换平稳落地,改革后全市入库资源税0.64亿元,其中铁矿石资源税入库0.49亿元,企业平均税费负担率由7.86%降低至4%,减负49%,石灰石资源税减负66.17%,白云岩资源税减负71.5%。市局创新资源税改革服务举措和成效得到了国家税务总局的肯定,国家税务总局财产行为税司在第十二期《地税重点工作动态 资源税改革专刊》上刊登《四川攀枝花地税创新资源税改革服务举措》,作为全国7个省、市地税系统资源税改革经验之一进行推广。

【税收征管】 市地税局成功争取到河南佰利联公司收购龙蟒钛业股权的所得税在攀缴纳2.64亿元,增加地方财政收入1.06亿元。解决全市首个公益性体育项目整体移交税收难题,保障"奥林匹克"项目平稳移交东区政府。与云南省楚雄州国地税签订《税收协作战略框架协议》,实现川滇跨区域税收协作。对攀钢、攀煤等重点"红名单"企业实施"一企一策"税收扶持;推进"银税互动",以"纳税信用"换取"贷款信用",助力企业获得信用贷款1400余万元,帮助解决企业融资难问题。1月8日,全系统"金税三期"成功上线。自主搭建租赁业营业税与房产税等本地特色风险模型4个,精准推送风险8批次、查补入库税款及滞纳金1.9亿元。推出攀枝花特色的"51+8"地、国税合作模式,联合实行"互助型"户籍管理、"一体化"税收核定,实现全市地、国税联合办税"无缝覆盖";有序推进地、国税联合稽查。盐边局成为全国百家办税服务厅直报点和全省地、国税合作县级示范区,攀枝花经验在全省国地税合作推进会上交流。市公安局驻市地税局联络室挂牌,与国税、工商部门惩戒信息交换机制建立,"以地控税、以税节地"试点成功落地。

【纳税服务】 市地税局"全市通办"便民办税业务扩围升级至全部常规业务,28723户(次)纳税人实现就近办税。攀枝花地税开展便民办税"春风行动"的做法被《四川日报》报道,市地税局在国家税务总局组织的满意度调查中名列全省市(州)局第一。率先推出微信查询办税服务厅等候情况,建成"攀枝花地税"官方微信公众号,累计推送各类信息550余条,关注人数达700余人;建立"首席税收服务员"制度,对重点企业进行"点对点""面对面"、针对性的个性化服务;推广网上办税服务厅,网络申报户12087户,全年网上申报率达86.08%;在全市地、国税异址的县(区)局,联合共建7个分类办税服务厅,在四川省召开的部分市(州)纳税服务工作现场会上,作为全省唯一一个发言单位交流分类办税经验;实现5大类34项两税共管户业务的"一岗通办";印制《攀枝花市国地税联合办税电子操作手册》,突破地、国税"通用业务"和"自有业务"界限,提高办税质量和效率。

【队伍建设】 完成机关党委换届,成立市局团委,完成妇委会换届。出台《中共攀枝花市地方税务局党组议事决策规则(试行)》,制定《领导干部选拔任用工作流程》,全年选拔任用副科级以上干部10名,其中80后干部3名,轮岗交流14名科级干部,选派3名年轻干部到偏远税务所挂职培养,向系统外推荐提拔副县级领导干部2人。利用网络教育、内训、送培等方式组织各类培训35期、700人次。在全省地税系统"岗位大练兵、业务大比武"活动中,市地税局平均成绩列全省第二,荣获四川省地税系统业务大比武组织奖优胜单位一等奖;王攀获征管评估类,黄梅获纳税服务类,王健、廖一阳获信息技术类四川省地税系统"素质提升'115'工程——专业骨干";谯宇龙、王奉州获行政管理类,王攀、顾家兴获征管评估类,宋近朱、莫艳获税务稽查类,黄梅、陈开梅获纳税服务类,王健、廖一阳获信息技术类四川省地税系统"素质提升'115'工程——岗位能手";王健获全国税务系统业务大比武信息技术类第一名。建成人本、团队和德心为主题的楼道文化,推出科训室训,创办《阳光地税》。

【政务管理】 市地税局综合统筹上级指标和全局重点工作,制定系统考核指标99条、机关考核指标122条、个人考核指标17条,考评奖惩进一步细化,日常考核更加科学,结果应用得到强化。严格执行公文"退修"制度、信息发布通报制度、信息审核制度、网站"共建共管"制度,加大主动公开力度。全年通过内外网主动公开信息3375条,586篇次工作动态信息被国家税务总局、省政府、省地税局、市委、市政府、市电政办采用,5期工作简报被省地税局和省专项工作组采用。3篇调研文章荣获市以上表彰奖励。

【精准扶贫】 市地税局继续把扶贫工作纳入党组重要议事日程统筹部署,强化市局统筹,签订责任书落实帮扶责任。市地税局班子成员到仁和区布德镇老村子村调研31次,党员干部入户253户次。为该村投入帮扶资金108万元,协调各类帮扶资金641万元,维修硬化道路15.89千米,农产品产业基地和旅游援建项目落地,村级通讯网建设、42户贫困户房屋(庭院)维修改造完工,2016年该村贫困户人均增收2830元,57户困难户率先实现脱贫。驻村"第一书记"张菲菲被表彰为全省优秀党务工作者。

(何程飞)

经济管理

宏观经济管理

【经济目标完成情况】 2016 年，全市实现地区生产总值 1014.68 亿元、增长(同比，下同)8.0%。第一产业实现增加值 34.25 亿元、增长 3.8%，第二产业增加值实现 715.35 亿元、增长 8.1%，其中规模以上工业增加值增长 9.0%，第三产业增加值实现 265.08 亿元、增长 8.0%。全社会固定资产投资实现 696.31 亿元、增长 8.0%。社会消费品零售总额实现 316.9 亿元、增长 10.7%。实现一般公共财政预算收入 56.76 亿元、增长 6.4%。城镇居民人均可支配收入达 32860 元、增长 8.2%。农村居民人均纯收入达 14057 元、增长 9.3%。居民消费价格指数(CPI)累计上涨 1.7%。单位生产总值能耗下降 9.76%。

【经济运行分析工作】 根据市第九届人大代表第六次会议审议通过的"力争 GDP 达千亿"的工作目标，市发展改革委起草并由市委办公室印发《全力稳增长 奋力破千亿实施方案》，分解目标任务至县区、部门，坚持按月调度，实行对标管理，上下统筹推进，为促进 GDP 过千亿目标提供强有力的支撑。市发改委加强经济分析，做好参谋工作。从 2016 年 9 月起，全面落实月度经济运行调度会的工作要求，每月分析研判并通报全市经济运行情况，主要总结全市的经济社会发展情况、困难和不足，提出针对性的政策措施，为市领导做好经济社会发展参谋助手。

【产业经贸工作】 2016 年，市发改委抓好全面创新改革工作。会同凉山州发改委、雅安市发改委起草并提请省委审议印发《攀西战略资源创新开发试验区系统推进全面创新改革试验方案》(川委厅〔2016〕56 号)，初步编制形成综合改革试验清单、军民融合发展改革试点内容清单、技术攻关清单等全面创新改革"9 张清单"。市发改委积极深入开展调研。3 次深入各县(区)和钒钛高新区，以座谈和看项目现场等方式调研全市工业和服务业发展情况。

【农村农业工作】 2016 年，认真研究和把握国家宏观调控政策和投资导向，深入调研，抓好全市农业项目的包装、储备工作，及时补充一批农田水利新项目，编报完成 2017 年中央预算内投资计划以及 2017 年财政预算内以工代赈项目建议计划。搞好项目衔接，加大项目资金争取力度，2016 年争取到位省级以上农业项目资金 13651.1 万元。做好要素保障，深入推进攀枝花市农业重点项目建设，夯实农业发展基础，完成花城新区独松梁子生态修复治理项目、2017 年"天保"工程二期公益林建设人工造林工程和仁和区 2016 年肉羊标准化规模养殖场(小区)建设项目批复工作，继续抓好观音岩引水工程、马鞍山水库、梅子箐水库以及 3 个烟区水源项目等骨干工程的建设工作，扎实推进全市农田水利基础设施建设和"天保"工程二期项目的前期工作。牵头组织相关县(区)编报完成《攀枝花市"十三五"易地扶贫搬迁实施方案》和《攀枝花市易地扶贫搬迁 2016 年实施计划》，组织市级相关部门每月开展易地扶贫搬迁稽查工作，全面完成全年 267 户 1057 人农村建档立卡贫困人口的易地扶贫搬迁目标任务。加大对使用中央预算内、国债、省预算内资金的重点项目的监督管理力度，完成攀枝花市优质核桃苗木繁育基地建设项目结余资金的调整建设工作。

【高速公路建设】 四川省东西向进出川大通道丽江—攀枝花高速公路攀枝花至云南省华坪荣将段全线贯通。攀大高速公路于 2015 年 12 月全线开工建设，累计完成投资 20 亿元，2016 年完成投资 12 亿元。土建实现红线内开工建设，全线 5 座隧道(中坝、宝鼎 1 号、宝鼎 2 号、灰嘎、半边街)18 个洞口完成洞口开挖和导向墙、大管棚施工，驻地、便道及试验室建设完成，路基挖方完成 11 万立方米，进入主体工程施工阶段。同时,市发改委为攀大高速公路争取专项建设基金4.8亿元。G4216攀枝花至宜宾高速公路正在抓紧开展前期工作。

【铁路建设】 加快成昆铁路米攀段扩能改造工程建设,抓拆迁,截至2016年12月31日,累计交付红线用地211.86公顷,占红线用地总量的99.36%;抓投资,2016年累计完成投资25.5亿元,超目标任务27.5%;抓保障,工程开工以来成昆铁路有限责任公司对米攀段累计拨入10亿万元,已全部下拨各县(区),争取到成昆铁路扩能改造工程峨米段第二批专项建设基金7500万元;市发改委每周2次以上组织人员下基层,组织承办各类会议26次,安排各级领导调研30次;抓安全,全年组织召开铁路安全生产工作专题会议4次,协助市安监局、市住建局、市城管局等部门检查铁路施工现场25次,在"9·19"特大暴雨中没有发生重大人员伤亡事故。加快铁路项目前期工作,完成攀枝花至大理铁路功能定位及主要技术标准研究(初稿),与大理州发展改革委和丽江市发展改革委联合委托协助中铁二院工程集团有限责任公司完成"攀枝花至大理(丽江)铁路"预可研深化研究(送审稿),开展昭通至攀枝花铁路的预可研编制。9月,市长李建勤率领相关部门到国家发改委进行汇报,恳请将攀大铁路全线提速至350千米/小时。

【改善能源体系】 攀枝花市全年完成重大能源项目投资34.46亿元。桐子林水电站、观音岩水电站全部机组竣工投运,金沙水电站获国家发改委核准批复,具备大江截流条件;银江水电站完成可研报告编制,前期准备工程加快推进。攀钢1×30万千瓦火电机组竣工验收,3×10万千瓦火电机组成功关停。光伏项目全面推进,2016年全市获得光伏建设配额指标15.9万千瓦,占全省总指标的53%,实现全部8个光伏发电项目当年取得指标,当年开工建设。风电项目顺利推进。全年并网风电装机15万千瓦,开工建设14.9万千瓦,盐边大面山二期、仁和区3个风电项目共29.9万千瓦开工建设。"缅气入攀"及攀枝花天然气管道项目取得国家发改委能源局业主变更批复,攀枝花市天然气门站及市内天然气管网工程一期四条主管道等项目按计划推进。

【固定资产投资工作】 2016年,市发改委狠抓投资管理。年初召开全市投资工作会,安排部署全年工作目标,并将全年投资目标、月度投资目标分解到各县(区)、钒钛高新区。每月监测分析投资和重大项目计划执行情况,针对存在问题,进行深入分析研究,及时提出对策措施建议。督促指导各县(区)抓好投资和重点项目工作、项目入库工作。积极争取资金。全年,争取到各类资金共24.38亿元,其中国家、省预算内资金和专项建设基金分别为2.39亿元、0.9亿元、21.08亿元。编制《国家专项建设基金项目地方工作手册》,开展3次专项建设基金申报工作,获批项目24个。强化项目管理服务。协调市国土局、市住房城乡建设局等部门办理项目前期要件。积极做好项目审批工作,共审批政府投资项目13个,总投资46.53亿元。深化投融资体制改革。严格执行《四川省人民政府核准的投资项目目录(2015年本)》,进一步减少投资项目审批事前审查内容,提高审批效率。积极推动政府和民间资本合作,协助市财政局储存PPP项目库项目54个,估算总投资262.64亿元;为攀枝花市火车南站站前基础设施项目争取到PPP前期工作经费80万元。

【社会事业发展】 加强项目申报与管理。2016年累计上报并争取到中央资金项目6个,其中卫生类2个(食品安全风险监测体系设备类)、教育类3个(义务教育类)、养老类1个(日间照料中心类),共争取中央预算内资金1274.8万元。组织申报专项建设基金项目10个,争取到旅游基础类专项建设基金17800万元。开展社会事业2011—2016年中央预算内投资计划执行情况自查,核实2011—2016年累计争取中央、省预算内投资项目374个,争取资金41731.32万元。立项批复攀枝花市第四人民医院医疗康养配餐中心新建项目,攀枝花市第十一中小学校食堂新建项目,攀枝花市外国语学校宿舍新建项目。接待山西大同、四川绵阳等地康养产业考察团,推介攀枝花阳光康养产业,配合市委、市政府做好致公党中央考察攀枝花市老龄化问题及养老产业发展工作。

【重大项目建设】 2016年,攀枝花市共确定重大项目120个,总投资为1995.71亿元,2016年计划投资123.85亿元。累计完成投资144.84亿元,占年度计划的116.95%。其中20个省重点项目2016年累计完成投资71.26亿元,占年度计划54.2亿元的131.48%;100个市级重大项目2016年累计完成投资73.59亿元,占年度计划69.65亿元的105.66%。

【攀西国家级战略资源创新开发试验区建设】 出台《攀西战略资源创新开发试验区系统推进全面创新改革方案》《攀西战略资源创新开发试验区建设2016年重点工作方案》《2016年度攀枝花市重大科技攻关协同推进方案》《关于支持攀西战略资源创新开发试验区加快建设的政策建议》等系列文件,完成《攀枝花市推进攀西国家级战略资源创新开发试验区全面创新改革试验对策研究》等重大课题研究,进一步健全"三位一体"的攀西试验区协调推进机制。积极争取资金支持。2016年积极向省上申报试验区专项资金项目15个;其中,舰船管路系统用钛产品研制、钛业公司1.5万吨/氯化法钛白氧化实验装置工程、金属基镀钛项目等10个项目获得2016年攀西战略资源创新开发专项资金支持，总额11413万元，2016年计划下达资金4606万元。参与组织第三届中国（雅安）攀西战略资源创新开发试验区投资大会，从中国钒钛之都、国家现代农业示范区、中国阳光花城和四川南向开放门户四个版面图文并茂展示城市形象和经济社会发展成果，成功签约福建三能节能科技有限责任公司综合节能减排项目等12个投资项目，签约金额达35.58亿元，项目涉及钒钛资源综合利用、能源、旅游业、健康养老服务等多个领域。

【财政金融与外资工作】 做好企业债券申报监管工作，指导协助盐边县集中供排水及污水处理一期项目成功申报4.7亿元项目收益债券；积极监管市国投集团三期共22亿元和城投公司6亿元存续期企业债券，确保依法使用，按时兑付本息。抓好申报基本建设项目贴息工作。市国投集团2012年发行的企业债券获得贴息资金150万元，同时协助盐边县发改局申报的《盐边县北部片区（渔门、永兴）等生产生活用水处理厂改扩建工程（一期）》获得贷款贴息资金100万元。及时掌握上报攀枝花市中西医结合医院门诊医技楼利用1000万美元沙特基金会贷款项目进展情况，该项目已完成提款报账并于2016年8月投入使用。

【社会信用体系建设】 起草《攀枝花市发展和改革委员会关于设立攀枝花市信用管理办公室的请示》报市编委办。贯彻落实四川省人民政府办公厅《关于印发四川省法人和其他社会组织统一社会信用代码制度建设重点工作方案（2016—2017年）的通知》。起草《攀枝花市行政许可和行政处罚等信用信息公示实施方案》《攀枝花市人民政府关于贯彻落实〈四川省社会信用体系建设工作实施方案〉的意见》《中共攀枝花市委办公室 攀枝花市人民政府办公室关于建立攀枝花市社会信用体系建设联席会议的通知》，并提请市委、市政府审议印发。

【招投标管理】 认真学习、广泛宣传招标投标法规、政策及《四川省人民政府关于进一步规范国家投资工程建设项目招标投标工作的意见》（川府发〔2014〕62号）和《攀枝花市国家投资工程建设项目招标投标活动投诉处理办法（试行）》等规范性文件。积极做好招投标活动的指导、协调和监督工作，依法核准国家投资工程建设项目招标事项，严格实行资格后审，严格执行招标（比选）项目备案制。截至2016年12月，市本级依法依规完成国家投资工程建设项目招标共计30个标段，总招标控制价为67886.7656万元，总中标价为60176.8878万元，节约资金7709.8778万元，节资率为11.36%。依规定严格通过《四川日报》招标比选网自主择优选择代理机构9次。以创新改革促规范招投标活动，首次试点以随机法确定攀枝花市工人文化宫室外景观工程的施工承包单位，推行房屋建筑及市政工程施工电子招标文件示范文本，对省委第三巡视组反馈意见开展工程建设项目招标投标问题整治工作专项督查。

【行政审批工作】 努力提高和加强窗口服务质量，实现群众评议满意率100%，有效投诉为零。做好行政许可工作，2016年1—12月，完成市本级企业基本建设投资项目许可共计24个，总投资103.16亿元，其中：核准项目6个，总投资32.11亿元；备案项目18个，总投资71.05亿元；办理固定资产投资项目节能登记表48件，实现现场办结率100%，按时办结率100%。按期完成项目会商会议，截至12月31日，召开全市投资项目会商会5次，上会的投资项目共计78个，总投资265.96亿元，其中：企业投资项目62个，总投资251.48亿元，政府投资项目16个，总投资14.48亿元；会商审议通过项目75个，总投资245.76亿元，其中：通过企业投资项目59个，总投资231.28亿元；通过政府投资项目16个，总投资14.48亿元；未通过企业投资项目3个，总投资20.2亿元。

【发展规划制定与实施管理】 牵头编制完成《攀枝花市国民经济和社会发展第十三个五年规划纲要》《攀枝花太阳能光伏发展专项规划》《攀枝花风电发展专项规划》《攀枝花市大宗产业废弃物综合利用规划》《“十三五”新能源规划》等；委托编制《全市采煤沉陷区综合治理规划》《攀枝花市“十三五”节约能源规划》《攀枝花建设四川南向开放门户战略与策略研究》等。

【节能减排与环境资源工作】 下达全市2016年度节能任务目标，对节能减排指标考核标准进行完善和细化，实行节能减排首长负责制，各级政府、市级部门统一部署和协调，2016年全市单位GDP能耗下降9.76%，超额完成省目标任务。推动节能评估中介服务收费方式转变，将原业主付费模式变更为委托方付费，为企业减负的同时，也实现机关行政审批的规范化。2016年共开展节能评估报告书审查5件。利用调研机会向县（区）、企业宣传环资口中央资金投向、项目材料准备方式，2016年向上申报项目5个，4个获得中央资金支持，共计2030万元。

【区域合作】 组织举办全市全面深化区域合作领导小组第一次会议，起草并提请市政府审定印发《关于完善区域合作发展推进机制的实施方案》；与丽江市、凉山州等签订区域合作框架协议；主动融入“一带一路”倡议，助推白云铸造和锐华农业两家试点企业搭乘蓉欧快铁。

【经济体制改革】 深入推进供给侧结构性改革，起草并由市政府办公室印发《攀枝花市人民政府办公室关于印发〈促进经济稳定增长和提质增效推进供给侧结构性改革实施方案〉的通知》，提出“三去一降一补”和“提质量、创品牌、培育经济新动能”措施。完成省车改办下达的攀枝花市公务用车制度改革工作任务。全面落实经济体制改革，重新制定《市经济体制改革专项小组工作规则》《市经济体制改革专项小组成员单位职责》，出台《攀枝花市 2016 年深化经济体制改革工作要点》和《经济体制改革专项小组 2016 年工作台账》，细化分解 75 条改革台账任务。

【法治工作】 进一步贯彻国务院《全面推进依法行政实施纲要》精神，努力建设法治政府，促进市发改委重大行政决策的科学化、民主化，提高重大行政决策事项的质量，按要求制定《攀枝花市发展和改革委员会重大行政决策程序规则》《攀枝花市发展和改革委员会重大行政决策合法性审查制度》《攀枝花市发展和改革委员会重大行政决策专家咨询论证评估制度》《攀枝花市发展和改革委员会重大行政决策听证制度》《攀枝花市发展和改革委员会重大行政决策实施情况后评估办法》《攀枝花市发展和改革委员会重大行政决策责任追究制度》6 项工作制度。制定规范性文件内容合法，2016 年，市发改委共制定 2 个规范性文件，即《攀枝花市发展和改革委员会攀枝花市住房和城乡建设局关于印发〈攀枝花市房屋建筑及市政工程标准施工电子招标文件范本（试行）〉的通知》和《关于印发〈攀枝花市发展改革委行政执法自由裁量权细化标准〉的通知》。按照《攀枝花市人民政府办公室关于做好市级部门责任清单编制工作的通知》要求，及时全面清理、调整并上报行政权力事项，报送的责任清单为 56 项，其中行政许可 4 项，行政处罚 50 项，行政检查 1 项，行政奖励 1 项。健全行政复议工作制度，完善行政复议组织机构建设，确保每个行政复议案件至少有 2 名行政复议人员办理。2016 年没有发生行政复议、行政调解案件。

【成本调查监审与价格监测】 加强农产品成本调查工作，继续保留 2015 年农产品成本调查品种，完成 2016 年农户存粮、种植意向、农资购买专项调查、主要农产品的成本预测和中籼稻、烤烟、全年生猪直报调查，完成生猪、蔬菜流通环节等品种成本调查，加强对农调户记账的业务培训和联系。加强重要商品成本调查工作，完成钢材、煤炭、自来水、污水处理的重要商品成本调查数据和分析材料。提高成本监审质量，保证政府制定价格的科学性。3 年共核减 4 个污水处理厂的污水处理不合理成本 1255. 70 万元；核减格萨拉旅游景区不合理成本 418. 44 万元、2 所公立幼儿园保教费不合理成本 1310. 97 万元。加强实施价格监测工作，进一步健全价格监测体系，实时监测肉、蛋、菜、奶等生活必需品价格，定期在《攀枝花日报》上刊登全市主要农贸市场副食品、蔬菜价格，让广大消费者及时了解主副食品价格，积极引导消费预期。

【价格检查监管】 坚持放管服相结合，加大市场价格行为监管力度，坚决维护正常价格秩序。积极开展旅游价格、食盐价格、药品价格专项检查，有效化解居民对食盐价格上涨的误解，督促格萨拉景区、米易溶洞整改明码标价不规范的情况，未发现药品价格违规行为。开展驾校收费、行政事业性收费、涉企收费行为专项检查，实现驾校都能按照统一要求的明码标价进行收费公示，未发现行政事业性收费、涉企收费违规行为。认真处理价格举报投诉，坚持 24 小时值守举报呼叫平台（已交给“12345”值守），确保“12358”价格举报平台畅通无阻。2016 年，共受理办结群众来信来访来电 220 件（其中业务处理平台 212 件），办结率 100%。

【价格认证】 加强涉案财物价格认定工作，不断提高案件认定质量，2016 年办理刑事案件价格认定 476 件，认定金额 664. 65 万元，办理行政案件价格认定 29 件，认定金额 775. 57 万元，办理涉纪财物价格认定 1 件，认定金额 50. 62 万元。努力调解价格赔偿纠纷，化解价格矛盾，办理价格矛盾纠纷调解案价格认定 18 件，认定金额 438. 57 万元。

【价格调控工作】 认真落实各项价格调控管理措施。2016 年，全市居民消费价格指数上涨 1. 7%，控制在年度任务目标内。紧紧围绕促进经济稳定增长和推进供给侧结构性改革开展价格工作。落实工商业电价政策，降低一般工商业用电价格 1. 47 分/千瓦时、大工业电价 2. 01 分/千瓦时；暂停四川电网销售侧丰枯电价、上网侧火电丰枯峰谷电价和水电峰谷电价政策；暂停对执行大工业和一般工商业电价类别的工业企业、工商企业征收城市公用事业附加费；用电企业对变压器容量报停或减容调整为每月可申报一次；落实对企业利用余热余压发电的自备电厂系统备用费减半征收政策；落实攀枝花钒钛高新技术产业园区用电价格及直购电实施方案；落实康养机构和宾馆饭店水电气优惠政策；落实四川省农业服务业中农产品初加工用电价格政策；停征攀枝花市所有价格调节基金。积极开展合理调整污水处理费前期工作。

【收费管理】 继续清理规范行政事业性收费、经营服务性收费，扩大 18 项行政事业性收费免征范围，对小微企业免征的 18 项行政事业性收费，扩大到所有企业和个人，降低煤矿在用安全设备检测检验费、数字认证服务费等 2 项经营服务性收费，取消城建档案保管服务费等 6 项服务性收费，放开各类委托性检验、检测、测试及各类非学历教育培训（包括机动车驾驶员培训）、档案技术咨询费等8项服务性收费。规范医疗服务价格工作，公布四川省2016年第一批、第二批新增医疗服务项目价格，规范并重新公布50项医疗服务项目及标准，共审核批复17项新增医疗服务项目收费。公布四川省行政事业性收费目录清单、考试考务费目录清单、涉企行政事业性收费目录清单、经营性服务性收费目录清单，以及2016年攀枝花市政府定价的涉企经营服务性收费目录清单。继续加强教育收费管理，调整市级公办幼儿园保教费收费标准。

【攀西资源开发】 2016年共争取到中央和省级资金2350万元，其中：省攀西资金项目10个，获得省级补助资金2250万元；西部大开发前期工作项目2个，获得中央补助资金100万元。主动融入“一带一路”倡议。及时转发《四川省推进“一带一路”建设2016年工作要点》，建立季度信息报送机制。加强项目储备，仁寿经沐川至攀枝花高速公路、攀大高速公路、缅气入攀天然气管道、昭通至攀枝花至大理铁路、成昆铁路扩能改造5个项目已纳入省级“一带一路”项目库。贯彻落实《攀西经济区2016年重点工作方案》和《攀西经济区“十三五”发展规划》，起草并提请市政府审定印发《攀枝花市贯彻落实〈攀西经济区“十三五”发展规划〉实施方案》。

【重大项目稽查】 积极开展项目稽查整改。1月，国家发改委稽查办徐高鹏等一行4人到攀枝花市专项稽查2015年度中央预算内投资计划执行情况，市发改委积极配合抽取花城新区医院、梅子箐水库等10个项目进行专项稽查。国家发展改革委《关于2015年中央预算内投资计划执行专项稽察情况的通报》（发改稽察〔2016〕1095号）在全国通报攀枝花市3个项目未开工、地方投资资金到位率低、重复申报中央补助投资等问题，市发改委按照通报要求积极协调市级相关部门、各县（区）政府开展项目整改工作。3月，首次独立对中央预算内投资计划执行情况进行专项稽查。5月，国家发改委稽查办特派员魏东平率队专项稽察政府和社会资本合作（PPP）项目，市发改委积极配合落实相关工作。较好地处理了信访。收到《四川省发改委关于转送反映攀煤集团大宝顶矿沉陷区拆迁滞后、增收群众自筹资金等问题举报信的函》（川发改稽察函〔2015〕1337号），市发改委去函攀枝花煤业（集团）有限责任公司，进行调查了解，要求其限期调查答复，并与信访者进行当面交流，取得信访者的理解。完成重大项目稽查工作行政权力运行数据清理。对重大项目稽查工作行政权力运行数据进行认真清理，编制重大项目稽查工作行政权力内部运行流程图及流程环节详细信息、表单信息项、廉政风险防控信息等，为下一步运行行政权力平台打下坚实的基础。

【代建项目管理】 认真做好代建项目管理，实行月报与工程简报相结合的进度报送制度，认真落实代建合同备案制度，全面掌握市本级代建项目总体实施情况。2016年下达市级政府投资代建项目6个，其中，城市基础设施和政法项目2个，教育、卫生等社会事业项目2个，交通能源项目2个，项目总投资控制额度3709.62万元。6个项目都已开展前期工作。

【对口援建名山区灾区工作】 积极协助名山区做好对口援建项目和灾后重建工作的收尾，顺利完成3年对口援建任务。2016年，市发改委获得省委、省政府授予“四川省‘4·20’芦山强烈地震灾后恢复重建先进集体”的表彰。

（林升钦）

工业经济管理

【工业经济综述】 2016年，市经济和信息化委把工业稳增长摆在更加突出的位置，深入贯彻中央“创新、协调、绿色、开放、共享”五大发展理念，贯彻落实省委和市委决策部署，大力实施“四个加快建设”，奋力开创“四区驱动”新格局，认真落实《四川省促进经济稳定增长和提质增效推进供给侧结构性改革政策措施》和《攀枝花市促进工业经济稳定增长若干措施》，坚持“稳增长、促转型、谋长远、推改革、聚合力、抓落实”，因地因业因企施策，进一步完善“红名单”制度，组织开展工业稳增长督查调研，加强对困难企业的帮扶纾困，认真做好生产要素保障，加强工业融资协调，积极降低企业成本，确保全市工业经济平稳运行。

全年规模以上工业实现工业总产值1688.93亿元，规上工业增加值增长9.0%，增幅比全省平均水平高1.1个百分点；全市实现工业投资233.5亿元；全社会技术改造投资238亿元；规上工业增加值能耗下降11.68%；非公有制经济增加值502.12亿元，同比增长8.5%，增速居全省第七位，比全省平均水平高0.4个百分点。

【生产要素协调与保障】 煤炭方面，完善新疆、内蒙古、贵州省六盘水市等市外供煤渠道；继续采取“北上南下西进”措施全力保障煤炭供应，2016年全年累计外调煤炭586.63万吨。工业用电方面，经过积极争取，2016年全市工业执行各类优惠电量65.1亿千瓦时，累计优惠电费7.94亿元，工业行业中，全市89%以上的工业用电享受电价优惠。积极争取钒钛产业园区特殊直购电价，在2015年0.4872元/千瓦时的基础上降价到0.42元/千瓦时。成品油方面，积极争取成品油资源，强化成品油的综合协调，按照优先保障顺序，确保全市工业对成品油的正常需求。2016年全年，全市累计购进成品油56.65万吨，累计销售56.95万吨。铁路运输方面，通过与铁路部门的进一步协调与沟通，全市重点企业的铁路运输费用均得到适度下降，有力地帮助企业降本增效。攀钢、德胜、龙蟒、安宁铁钛、球团、钒钛加工、机械加工等企业均不同程度得到了降低铁路运输费用的优惠政策。其中攀钢的铁路运输费用平均下降20%～30%，德胜公司下降30%～40%，其他企业的运输费用享受20%～30%的降价优惠政策。2016年全市工业企业累计享受铁路部门降低的铁路运输费用达到3.64亿元。

【重大工业产业化项目推进】 2016年，克服产品市场低迷、融资困难、用地指标紧张等不利因素影响，42个重大工业产业化项目中已开工32个项目，完成投资22亿元，完成开工累计投资45亿元，重大工业产业化项目成效显著。

一批项目相继竣工投产。云钛大功率电子束冷床（EB炉）国产化攻关研究及钛合金项目、天佑仁和区桃树坪风电场项目及老公山49.5兆瓦风电场项目、一美新型电池电极材料前驱体一期磷酸铁项目、四喜农业桑葚加工园一期项目、盐边县向阳钒业氮化钒一期项目、攀钢1.5万吨氯化法钛白等7个项目竣工投入运行。

一批重点项目顺利开工建设。高晶年产20万吨钒钛汽车板簧项目完成年度累计8000万元，厂房完工，主体设备陆续运抵现场；泓岩科技3.5万吨/年初氧化锌项目完成年度累计投资2000万元，前期手续办理完毕；正德气基竖炉及循环铸造产业园完成年累投资8000万元，前期手续办理完毕；朵实机械钛及钛合金与高端模具钢项目完成年度累计投资4000万元，完成锻造油压机等主要设备订购，正在进行设备基础施工和厂房建设；川能投红格大面山风电场二期项目完成年度累计投资55000万元，场内道路施工完毕，陆续安装风机设备。

一批项目加快推进前期工作，实现年内开工目标。协鑫红格太阳坡设施农业光伏发电项目、攀钢1.5万吨氯化法钛白项目、天脉钛生活家居用品生产基地项目、万圣欣汉白玉文化工艺品加工生产项目、天佑仁和区麻栗坪50兆瓦风电场项目、联合钛业400万平方米UVFC预涂金属卷材（转印铝卷）项目、川能投红格大面山风电场二期项目、米易家啦新能源纯电动车太阳能充电控制系统项目等8个项目实现年内开工。

部分项目进度滞后，个别项目暂停实施。由于市场、技术、政策等原因，10个项目未能在2016年实现开工。

【经济发展方式转变】 产业升级取得新成效。大江钒钛大功率EB炉国产化、一美新能源磷酸铁锂储能材料、天脉科技钛制品、高晶汽车板簧等项目加快建设，引进中建材启动石墨资源综合利用及烯碳产业园、石墨烯研究中心建设，引进忠世公司启动钛合金管项目，与西南交大联合开展轨道交通装备制造业发展研究。一批高新技术、军民融合、装备制造、新材料等结构调整关键领域重大产业化项目正在组织实施。新能源经济规模不断扩大，仁和区天佑新能源公司风力发电2.03亿千瓦时，实现产值0.81亿元，川能投盐边风、光发电项目全年发电8000万千瓦时，中电建攀枝花新能源开发公司太阳能发电量4600万千瓦时，同比增长85.7%。工业绿色循环发展能力进一步增强，通过工信部节能司和省经信委组织的全国工业固废综合利用基地建设试点工作的验收评审，攀钢高炉渣提钛利用生产氯化法钛白粉中试项目取得重大进展，东立科技硫酸亚铁综合利用、东方钛业节能节水技改等一批重点项目达产达效，全年淘汰6户共120万吨球团、28.3万吨钢铁、30万千瓦火电产能，完成规模以上工业单位增加值能耗下降11.7%和水耗下降9.38%。

【工业结构调整升级】 传统产业改造提升加速。以矿权为纽带促进矿业企业整合，龙蟒矿冶、安宁铁钛采选规模进一步扩大，攀钢矿业公司铁精矿输送管道工程竣工投运，攀钢朱兰采场开拓运输系统改造工程、攀钢白马铁矿1号排土场工程、亿丰瑞整合攀钢矿业排土场干选企业建设1200万吨/年废石生产线、安宁铁钛潘家田铁矿等一批项目加快实施，提高了攀枝花市铁精矿、钛精矿保障能力。攀钢利用自主研发的专利技术，采用“高温碳化—低温氯化”工艺，启动高钛型高炉渣提钛项目实施，一美公司利用钛白废弃物建设新型电池电极材料项目、一立公司关闭球团生产线改建钛球团生产线进展顺利，圣地元硫酸亚铁综合利用项目、泓岩科技利用攀钢烟道灰3.5万吨/年粗氧化锌项目启动建设，攀枝花市资源综合利用水平进一步提高。钢铁产业以产品结构调整和市场拓展为主，攀钢异地搬迁改造攀成钢棒线材项目有序推进。积极培育以钒钛新材料、新能源、节能环保生物医药为主的新兴产业，钒钛材料向高端产品纵深延伸，攀钢钛业公司1.5万吨氯化法钛白项目、云钛大功率电子束冷床（EB）炉国产化攻关项目建成投运，攀研院成功研发钒电池电解液，联合钛业金属基镀钛工程、攀钢钒氮合金扩能改造、向阳钒业氮化钒、一美科技磷酸钒铁锂储能材料、天脉钛业钛复合板及钛锅项目等项目顺利推进。重汽集团矿用车项目、朵实钛及钛合金和高端模具钢项目、高晶钒钛汽车板簧项目、高晶钒钛20万吨汽车钒钛板簧等项目加快建设，含钒钛低微合金钢铁及机械制造业快速发展，攀枝花市正在从特色机械零配件生产基地迈向整机（车）制造基地。天佑新能源桃树坪49.5兆瓦风电、天佑新能源老公山49.5兆瓦风电、中水电30兆瓦光伏电站竣工发电，协鑫新能源红格太阳坡设施农业光伏发电、川能投大面山风电二期和大面山50兆瓦光伏电站项目加快推进，四喜农业桑葚果酒项目一期竣工投产。

【信息化工作】 “宽带中国”示范城市建设。自实施“宽带中国”战略以来，攀枝花市积极完善以光纤宽带网络为骨干的通信及信息基础设施，通过科学规划、抢抓进度、快速推进，使攀枝花市信息化基础设施显著提升，截至2016年12月，全市城市家庭宽带接入能力覆盖率达到100%。光缆总长5.979万皮长千米，光纤70.17万千米，城域网总出口带宽300G，固网宽带用户数34.3万户，覆盖率达到91%，居民家庭实现20~100兆光纤入户，接入平均带宽达到25兆，企业和产业园区实现500~1000兆接入。固定电话用户31.16万户，移动通信用户117.73万户。全年无线流量4766T，固网宽带流量60315T。数字电视用户21万户。

4G无线通信网络建设。全力推进4G移动通信网络建设，移动通信（3G/4G）基站5241个（其中3G基站1616个，4G基站3625个），实现主城区、县城、乡镇和重点村的全覆盖。

“宽带乡村”惠民工程。2016年，市经济和信息化委牵头组织实施建设全市45个行政村有线光纤宽带建设工作。截至2016年年底，投入资金2430万元，完成47个行政村的有线光纤宽带接入建设工作，完成年度目标任务的104%。通过有线光纤宽带接入建设工作，全市352个行政村已有317个实现有线光纤宽带接入，覆盖率达到90%，有效改善了农村信息化基础。

9月，攀枝花市获评中国城市信息化50强；11月，攀枝花市荣膺2016中国智慧城市创新奖；在腾讯公司发布的第一期“互联网+”指数中，攀枝花市以3.02的指数位列四川省第2位；社区信息化综合服务平台被民政部树立为全国地级城市的典范；特种设备监管平台被国家质检总局列入全国20个试点项目。社会保障信息系统、数字城管、公安智能安全系统等在全省领先，得到四川省相关部门的高度肯定。

12月28日，市政府第89次常务会议审议通过《攀枝花市智慧城市建设总体方案》，并印发。

【“互联网+”和两化融合工作】 2016年组织编制《攀枝花市“互联网+制造”实施意见》，组织百度公司对攀枝花企业进行两化融合专题培训。组织冰点食品公司和攀钢设计院申请省两化融合专项补助资金130万元。指导帮助米易安宁铁钛有限公司开展两化融合贯标体系建设。

【产业园区建设】 2016年，全市园区紧紧围绕市委、市政府的中心工作，抓重点，添措施，全力做好全年各项工作。2016年实现产值1148.46亿元，占全市工业总产值的68%，同比增长10.29%，高于全市9%增速。实现利润31.46亿元，同比增长36.81%，实现税金18.4亿元，同比下降1.31%。

以规划引领谋发展。2016年是“十三五”开局之年，全市以园区规划为载体，进一步理清发展思路，奋斗目标，重点任务，工作措施，积极开展园区各类规划编制，全市园区规划布局更趋合理。

以项目为抓手促发展。全市园区围绕“项目年”建立健全责任考核机制，确保项目顺利推进。积极争取项目资金，推进项目建设。支持企业多渠道融资，卓越钒业和东立化工两家完成新三板上市。帮助钒钛科技孵化器、金沙纳米、大西南公司等企业争取到各类专项资金共3091.5万元。为攀钢1.5万吨氯化钛白实验装置项目争取到攀西战略资源创新开发专项资金2196万元。

以孵化器为亮点求发展。攀枝花钒钛高新技术产业开发区依托攀钢研究院、攀枝花学院等科研院所建立了攀枝花钒钛科技孵化器。先后服务各类企业150余家，累计入驻孵化科技型中小微企业109家，毕业企业21家，在孵企业58家，实现营业收入2.5亿元；累计申报专利142项，提供直接就业岗位3500个；累计辅导和培训创业者4000人次。攀枝花创新开发产业园区成立攀枝花钒钛新材料有限公司，与昆明理工大学科技园建立合作关系并签订战略合作协议，设立“昆明理工大学国家大学科技园（四川攀枝花分园）”“昆明理工大学技术转移中心（四川攀枝花分中心）”。孵化器已完成6000平方米厂房及3000平方米办公生活设施配套建设。已入驻养生铸铁茶壶、碳氮化钛基固溶体粉、等离子球化及粉末冶金用低氧氢化脱氢粉末新产品的研发制备4个孵化项目；正在积极洽谈钒钛搪瓷釉料的制备应用、钛白废酸综合处理及废酸制镁新型建材的研发制备、太阳能设备智能化管理等多个项目。

以解决资金瓶颈为突破帮发展。认真组织开展“园保贷”项目申报工作，帮助县（区）解决企业融资难、融资贵的实际问题。米易县白马工业园区已纳入“园保贷”试点园区，首批6户企业获得贷款4400万元并下达各项目。另有东区攀枝花创新开发产业园区和攀枝花格里坪工业园区正在积极组织申报“园保贷”试点园区。

以区域协作为契机联动发展。市里先后组织人员到成都市、绵阳市、德阳市、广安市、遂宁市、楚雄州、丽江市、曲靖市、六盘水市的产业园区进行实地学习考察。在积极推介攀枝花的同时,借鉴周边地市州园区发展的先进经验和好的政策,为加快攀枝花市工业经济发展转型提供参考。攀枝花市与丽江市签订经济合作框架协议。

2016年,攀枝花市经济和信息化委从四川省经信委争取到80万元产业园区发展引导资金。

【太阳能产业发展】 根据《攀枝花市政府关于进一步规范光伏应用促进健康有序发展的意见》精神,进一步加强太阳能工作组织领导,明确工作重点和原则,开展全市太阳能签约项目清理工作,实现健康有序发展。组织专家对攀枝花学院编制的《新能源产业集群发展规划》进行验收、指导攀枝花学院积极开展省级太阳能应用重点工程实验室建设。组织开展太阳能招商引资和对外合作专项工作,与中石化新星四川新能源公司签订《太阳能开发战略合作框架协议》。开展对全市林业、农业太阳能提灌示范推广应用项目的总结工作,形成《攀枝花市发展太阳能提灌,解决金沙江干热河谷农林灌溉,促进生态修复治理》和《攀枝花市太阳能应用现状及促进太阳能产业加快发展的对策和建议》等课题。

【无线电管理】 无线电频谱管理。严格规范行政许可审批审核。结合全市经济社会发展实际,2016年先后为攀钢冷扎厂、攀钢物流有限公司、恒海物业管理有限公司、北京华联综合超市等48个单位办理年审业务。

无线电年检。按照国家规定收取无线电频率资源占用费12.87万元。监测站开展无线电发射设备(对讲机、车载台、公众通信基站)指标抽查检测140余个,保障无线电发射设备正常运行。

无线电安全保障。认真开展考试无线电安全保障工作。2016年由市经济和信息化委牵头,无线电管理科、监测站以及市经济和信息化委办公室共同完成公务员录用考试、全国普通高校招生统一考试等20多种不同类型的考试。先后派出无线电保障人员220余人次,监测车辆80余台次,启动各类设备250余台(套)次,起到较大的震慑作用,积极维护了考试公平公正。

开展打击整治“黑广播”“伪基站”专项工作。对调频广播频段87兆赫至108兆赫进行不间断监测,并结合平常的考试保障,以及无线电频谱监测月报统计等工作,认真监测,分析及监听,发现疑似信号及时予以跟踪排查。2016年8月,接到移动公司关于有“伪基站”出现的报告,发现在沃尔玛广场有伪基站信号发射。无线电监测站立即安排技术人员携带设备前往,与公安局打击通信网络诈骗犯罪快反中心、移动公司技术人员一道进行侦测定位,将伪基站查获。

(郭英卓)

国有资产投资经营管理

【集团公司概况】 市国有投资集团(简称“市国投集团”)是经攀枝花市人民政府批准组建的地方国有大型投资类企业集团,集团注册资本51.75亿元人民币,资产总额187.83亿元,旗下有全资、参股、控股企业23家,包括原水公司、产投公司、花投公司等重点市属国企,涵盖金融、能源、交通重要行业。攀国投作为助推攀枝花可持续发展的国有资本投资运营平台,2016年市国投集团围绕全市中心工作,坚决贯彻市委、市政府决策部署,深化“战略引导投资商、金融服务平台商、产业经营创新商、潜力区域开发商”四大定位内涵,充分发挥地方债务融资、重大项目战略投资、服务中小企业等职能,实现国有资本保值增值和价值最大化。

【深化国企改革】 把健全现代企业制度作为年度改革的主攻方向,把2016年确定为制度建设年,全年新出台或修订32项基本管理制度,初步建立起覆盖管理运营各环节的制度体系;把理顺关系作为改革成功的保障,按照“一企一策”原则,明确母子公司的功能定位、角色分工,初步建立起以战略规划为统领,以股权管理为纽带的集团组织架构,推动集团化运营效能最大化;把调动人的因素作为推动改革内生动力,加强激励约束机制建设,优化集团公司员工、所属企业负责人薪酬分配体系、绩效评价和考核机制,确保个人收入与岗位业绩、公司效益挂钩。

【制定战略规划】 聘请国内知名咨询机构,指导集团战略规划编制,集团各部门、各所属企业深度参与、密切配合,共同完成规划编制,明确市国投集团作为服务攀枝花可持续发展的国有资本投资运营平台的战略定位和“战略引导投资商、金融服务平台商、产业经营创新商、潜力区域开发商”的定位内涵、“大资管+大投行+大基金+大整合”的发展模式为集团提供转型发展的蓝图。

【争取棚改项目贷款】 2016年，继续承担全市棚改一、二期项目专项贷款代管职能，累计发放一期专项贷款125900万元、二期43050万元；按照市政府统一安排，成为全市棚改三、四期项目的承接主体，以政府购买服务形式与国开行、农发行、邮储行银行开展合作，发挥服务民生和投资拉动的双重效应。

【承担融资功能】 维护政府存量债务安全链接，通过2016年度跟踪评级，维持了AA级信用等级，完成一、二、三期企业债券利息的按时足额支付和转回售后的本金偿还等共计27986万元，积极破解市本级以及各县(区)、花城新区、钒钛高新区新增融资问题，全年全口径融资余额81.46亿元，为地方经济社会发展提供强有力的资金保障。

【实施战略投资】 按照市政府的安排，全年完成金沙水电站出资到位3300万元、银江水电站出资750万元，优化国有资本布局，增强地方国有经济的控制力和影响力。

【组建兴攀产业基金】 积极贯彻国家投融资体制改革精神，成功组建攀西地区首支合规私募基金公司，成为在中国证券投资基金业协会登记注册的合格私募基金管理机构，代市政府完成兴攀基金一期10亿元募集，有效破解传统平台融资障碍，为全市产业升级开辟新的融资渠道，为国投集团打造全新的业态。

【花城新区建设】 依托集团所属企业花投公司，积极服务全市"新区建设"战略，完成花城商务大厦、68公顷土地整理、巴斯箐沟弃土场一期等系列重大工程建设，干通路等重点工程顺利推进，花城新区面貌焕然一新。

(余　森)

城市建设投资经营管理

【城市基础设施建设】 2016年，市城投公司共组织代建项目6项，累计完成投资3600万元。其中：花城大道老黑地至龙塘沟及连接线道路工程主线、延长线及其连接线(华沙路前段)通车，其余连接线因拆迁未完成，暂停建设；

金沙江中心区段北岸步行系统一标段、二标段工程已完工；

公安局业务技术用房装备及应急物资库房工程完工；市妇女儿童医院项目正在进行施工图设计和前期手续办理；市实验学校北校门和完善周边市政设施建设项目于2016年11月14日完成施工、监理招标，正在进行开工前准备；市救灾物资储备库工程完成方案设计，因项目拆迁及资金问题设计工作停滞在初步设计阶段。同时，公司按照市委、市政府推进攀枝花市向旅游康养城市升级的战略和要求，2016年5月底成功与攀枝花阳城金海房地产开发有限公司、攀枝花钢城集团有限公司、四川金海鼎盛实业有限公司签订股权重组协议，标志着公司正式进入康养产业——普达阳光项目。该项目进展顺利，其康和敏盛子项目于2016年11月试营业。

表5　　2016年攀枝花市城市建设投资经营有限公司建设项目情况表

项目名称	建设规模	资金来源及金额
沿江景观建设公共基础设施北岸攀钢文体楼至密地桥段步行系统	全长约9.4千米。工程内容包括步道、栈道、绿化、照明等配套基础设施	17514万元
花城大道老黑地至龙塘沟及连接线道路工程	花城大道老黑地至龙塘沟段主线，道路总长1.639千米；连接线华沙路前段道路全长0.43千米，华沙路后段道路全长0.655千米；连接线川沙路道路全长0.294千米；连接线干荷道路全长0.919千米。主要建设内容包括道路、桥涵、沿线市政管网、交通设施、照明工程、绿化等	30625万元
市公安局业务技术用房装备及应急物资库房工程	装备及应急物资库房2251平方米，为地下一层，地上二层建筑	694万元

续表 5

项目名称	建设规模	资金来源及金额
市妇女儿童医院	建设规模 48700 平方米，占地面积 55300 平方米，设置床位 290 张。主要建设内容包括：门诊部、急诊部、医技部、住院部及保障系统用房、地下停车场等附属设施	29988 万元
攀枝花市实验学校北校门和完善周边市政设施建设项目	建设内容包括：拟建大门工程、道路工程、挡墙工程、垃圾房工程、地面硬化工程、天桥工程、防护屏障工程、文化墙、花池、绿化工程以及安防监控系统	487 万元
攀枝花市救灾物资储备库建设项目（一期）	总建筑面积 3000 平方米，建设内容包括：救灾物资储备库房及生产辅助用房（3000 平方米）、道路、消防、排洪涵洞、围墙等相关配套设施	1300 万元

【拆迁安置】 2016 年，市城投公司积极协助、配合项目所在辖区相关单位和部门协调解决沿江北岸步行系统工程、花城大道等项目征地拆迁安置补偿问题，使拆迁安置工作满足工程建设需要。

【筹融资】 2016 年，市城投公司按照年度计划和上级工作安排，利用自身优势，加强与中信信托、平安银行、攀枝花农商行、天津银行、上实融资租赁有限公司、浙江海亮融资租赁有限公司等金融机构的衔接与沟通，主动掌握融资信息和动态，积极启动新一轮融资申报工作。2016 年，通过“中信·民享 43 号攀枝花城投应收账款流动化信托项目”，成功融资 6 个亿，3 亿元用于置换前期融资成本较高的资金，利率从 11.6%/年降到 7.6%/年，降低财务成本；3 亿元用于解决建设集团子公司和城投公司投资项目的资金需求。同时采取相应的管理举措：公司主动与银行及银监部门沟通协调，于 9 月底退出地方融资平台，为下一步开展自主融资，发挥筹融资功能，推进攀枝花市城市基础设施项目建设奠定基础；配备相关专业人员，充实投融资策划和风险控制管理力量，制定管理流程，高效推进投资融资策划工作；加强内部风险管控，公司制定并实行风险识别、评估、预警和控制等系列防范措施，建立内部经营管理风险控制制度，努力保障资金安全，降低投融资风险；严格按照合同约定和上级安排，做好 BT 项目的回购工作，编制花城大道老黑地至龙塘沟及连接线道路工程、马坎污水处理厂截污干管等 BT 项目回购款支付的融资方案；主动谋转型、找市场，城投公司与建设公司以联合体的方式参与仁和火车南站“商贸城”市政道路配套工程建设 PPP 项目 3 次资格预审和两次竞争性磋商的投标工作，该项目确定市城投公司为中标单位。公司正在开展发行养老产业专项债券准备工作。

（蔡 茵 李建莉）

交通投资开发经营建设和管理

【概 况】 攀枝花市交通投资开发有限公司（以下简称“交投公司”）成立于 2002 年 12 月，注册资本金 12.47 亿元人民币，经营范围是对交通基础设施建设投资；对汽车站点、船舶码头建设投资；对道路、桥梁、隧道工程建设经营，逐步向汽车租赁、汽车维修服务、苗木种植及销售、普通货物运输、物业管理等行业扩展。交投公司属国有独资企业，成立的初衷是构建一个融资平台以筹集全市交通路桥建设所需要的建设资金。

按照市委、市政府安排部署，攀枝花建设（集团）有限责任公司于 2014 年 12 月 24 日正式成立，根据《攀枝花建设（集团）有限责任公司组建方案》文件要求，交投公司作为全资子公司划入建设集团。

2016 年，交投公司围绕目标任务和要求，严格按照国家基本路桥建设程序和有关规定组织建设，建立健全管理制度，加强工程优质、高效、安全、节约、廉洁等方面的全过程控制，各项目实行标准化管理，努力实现工地标准化、施工标准化、管理标准化，文明施工，顺利完成上级部门规定的 2016 年工作目标任务。

【招投标】 2016 年，交投公司认真做好各项目招投标准备工作，强化合同管理，督促施工、监理、监控等参建单位严格履行合同义务和各自职责，认真核查建设、监理单位资格条件，确保建设管理机构和管理人员条件合格、素质过硬、管理规范，并制定对建设单位和施工、监理管理人员的考核办法，努力为各项目的开工建设创造有利条件。项目实施过程中积极开展投资控制管理，严格执行概算不超估算、预算不超概算的原则，坚持以批准的预算为基准，以招标价为依据，积极开展优化设计工作，加强设计变更管理，按规定程序控制设计变更，严格计量支付管理，杜绝超计和重复计量，通过各种有效手段成功节约大量建设成本，确保项目投资控制处于良好状态，未出现项目超概情况。

表6　　2016年攀枝花市交通投资建设招投标项目情况表

序号	工程项目	类别	开标日期	中标单位	中标金额(元)
1	格里坪超限检测站迁建工程	施工	2016.10.12	重庆市渝中区第九建筑工程公司	5610100
		监理（比选）	2016.10.14	四川恒砾工程咨询有限公司	200000
2	省道214线渡口立交3号桥、省道310线密地尾矿沟桥、县道14线大花地桥、乡道200线法拉大桥桥梁维修加固工程	施工	2016.11.29	四川路桥桥梁工程有限责任公司	17268688
		监理	2016.11.24	四川省亚通公路工程监理所	455900
3	金沙江三堆子大桥新建工程	施工	2016.7.7	重庆交通建设(集团)有限责任公司	180738504
		监理	2016.7.7	四川省亚通公路工程监理所	4045410
4	攀枝花市机场路K10+935~K10+985段地质灾害治理项目	施工	2016.3.21	攀枝花攀甬路桥建设有限公司	1272628
		监理（比选）	2016.3.11	攀枝花金路工程咨询监理有限公司	41600
5	攀枝花市机场路K10+200~K10+240段地质灾害治理项目	施工	2016.3.21	攀枝花攀甬路桥建设有限公司	1399418
		监理（比选）	2016.3.11	攀枝花道和监理有限公司	46200

【竣工决算】　2016年，交投公司加强投资控制和资金管理，严格执行概算不超估算，预算不超概算的原则，坚持以批准的预算为基准，以招标价为依据，加强设计变更管理，合理控制设计变更，积极开展优化设计工作，杜绝超计量和重复计量，做到专户储存，努力创造良好的工程投资环境和条件，全年完成工程竣工决算大项目4个，批复结算金额共2.11亿元。

表7　　2016年攀枝花市交通建设竣工决算情况表

工程项目	施工单位	监理单位	合同金额(元)	变更金额(元)	批复结算(元)
攀枝花市汽车客运中心局部完善改造工程	四川雪臣建筑工程有限公司	成都市四方建设工程监理有限公司	3325468	1890643	5216111
攀枝花市仁和沟桥应急抢险加固工程	攀枝花公路建设有限公司	四川省亚通公路工程监理所	2454424	121750	2353044
攀枝花市鱼塘至机场路新建工程	重庆市黄浦建设(集团)有限公司	四川省城市建设监理有限责任公司	215986780	1167620	201322046
攀枝花市鱼塘至机场路新建工程(本项目新增合同外工程)	重庆市黄浦建设(集团)有限公司	四川省城市建设监理有限责任公司	—	2064238	2064238

【拓展融资渠道】　2016年，通过各种渠道到位资金19231.94万元，其中：车购税资金1499万元。在资金使用过程中，对每个建设项目单设账套，单独核算，主动汇报建设项目进展情况和资金使用情况，听取银行好的资金管理

建议。在资金日常支付过程中,严格实行专款专用,专项存贮,保证资金的安全有效,确保工程项目资金。

【重点路桥建设】 2016年,建设完成并试运营项目2个,攀枝花市机场路K10+200~K10+240段地质灾害治理项目和攀枝花市机场路K10+935~K10+985段地质灾害治理项目;续建项目1个,攀枝花市沿江快速通道西区段I标段桥台病害处治、路基垮塌段治理工程;新开工项目1个,金沙江三堆子大桥新建工程;完成招投标工作准备开工建设项目2个,格里坪超限检测站迁建工程,省道214线渡口立交3号桥、省道310线密地尾矿沟桥、县道14线大花地桥、乡道200线法拉大桥桥梁维修加固工程。全年共完成投资3238万元,占计划投资的129.5%。

攀枝花市机场路K10+935~K10+985段地质灾害治理项目,立项投资金额为437万元。资金来源为市财政资金。项目工期为12个月,建设内容包括:在公路排水沟内侧设置桩板墙对滑坡进行防护,在滑坡范围外侧5米设置环形截水沟,坡体上设置纵横向排水沟,对前缘坡面进行适当放坡,对坡体中后段裂缝使用砂浆进行封闭,对坡面植被进行恢复并对局部区域的植被进行重新整理等。项目于2016年5月开工,2016年7月完工。

攀枝花市机场路K10+200~K10+240段地质灾害治理项目,立项投资金额为523万元。资金来源为市财政资金。项目工期为12个月,建设内容包括:根据滑坡的实际地形、地层岩性、地质结构等工程地质情况及地下水的发育特征,在公路排水沟内侧设置桩板墙对滑坡进行防护,在滑坡范围外侧5米设置环形截水沟,坡体上设置纵横向排水沟,对坡面主要裂缝灌注砂浆封闭等。项目于2016年5月开工建设,2016年7月完工。

攀枝花市沿江快速通道西区段I标段桥台病害处治、路基垮塌段治理工程,2015年11月开工建设,主要建设内容:对病害桥台,将梁体临时顶升支撑,拆除原桥台,重建桩基加重力式U型桥台;对路基垮塌段采用锚索桩板墙治理方案,包括锚索桩板墙、路基路面恢复、栏杆、人行道、排水等附属设施建设。2016年12月完成主体工程建设,完成投资约1600万元。

金沙江三堆子大桥新建工程,2016年9月按照BLT(拨改租)建设模式正式开工建设。桥型为连续刚构,主桥长399.5延米,匝道长2659米。建设工期为3年,项目总投资3.2亿元。截至12月完成建设投资750万元,占计划投资150%。

格里坪超限检测站迁建工程,立项投资金额为1653.81万元。资金来源为市财政资金(市路政规费等交通专项资金)和争取上级补助,项目工期为12个月。2016年底完成施工、监理招投标工作,计划2017年2月正式开工建设。

省道214线渡口立交3号桥、省道310线密地尾矿沟桥、县道14线大花地桥、乡道200线法拉大桥桥梁维修加固工程,立项投资金额为2485万元,资金来源为市财政资金和争取上级补助,项目工期为18个月。2016年年底完成施工、监理招投标工作。计划2017年2月正式开工建设。

【业务拓展】 根据交投公司特点和集团公司的优势,加强企业文化建设,强化企业内部凝聚力,加强人才培养和引进,提高战斗力。深化市场运作,拓宽经营范围,多渠道拓展第三产业,抓紧推进汽车租赁公司和物业公司业务、苗圃建设的开展,加强业务管理,完善相关制度,提高服务质量和业务增长点。

苗圃种植管理业务。已完成一号苗圃(大龙潭乡拉鲊村)、二号苗圃(平地镇白拉姑村)、三号苗圃(总发乡板桥村)基础设施建设及验收工作。苗圃后期管理经营合作单位比选工作进入准备阶段。

汽车租赁业务。汽车租赁经营所需手续齐全,并通过市政公务用车租赁竞标获得相应资质,人员管理、服务、培训、安全管理等相关制度健全,达到制度化、规范化管理标准。自9月开展汽车租赁业务以来,虽因中标价格低廉,营业性收入甚微,但业务开展基本步入正轨,截至2016年年底营业性收入为3万元。

物业管理业务。已取得物业管理三级资质证书,并制定相应的管理制度。10月底完成接管交通小区物业相关手续。

(杨　凡)

国有资产监督管理

【国有资产管理】 2016年,全市国资监管企业资产总额达到280.83亿元,利润总额7682万元,上缴国有资本经营预算580万元,国有资产保值增值率100.55%,主要经济指标均实现平稳增长。

夯实产权公开交易平台，西南联合产权交易所攀枝花分所全年实现产权交易23宗，交易额1.87亿元，着力规范企业经营投资行为，制定出台《攀枝花市国资委出资企业投资管理办法》，从源头上防止决策风险。加强国有产权转让管理，严把审批关，不断完善产权交易规则，先后对成昆铁路米攀段新征收市产投公司土地资产补偿方案、仁江钒钛公司股权转让等事项进行审核批复，川投化工股权转让和川投电冶清算工作取得积极进展。

完善国资监管体系，全面清理并公布出资人权力清单，界定国有资产监管边界，保留19个审批事项、2个备案事项，废止2项，加快实现以管企业为主向管资本为主的转变。积极构建国资监管法规体系，按照“1+N”思路，制定出台深化国资国企改革配套文件17个，在建立按制度办事、靠制度管人的长效工作机制上迈出坚实步伐。加强国资运营管理，建立健全财务风险管理制度，进一步加大监事会日常监督力度，做好经济运行分析和审计监督工作，企业生产经营保持总体稳定。

【国资国企改革】 不断深化三项制度改革。研究制定《全面深化攀枝花市属国有企业内部劳动、人事、分配三项制度改革实施方案》《关于进一步规范市属国有企业中层管理人员选拔任用工作的指导意见（试行）》，积极探索建立企业员工能进能出、管理人员能上能下、收入能增能减的工作机制。市国投集团对中层干部全员竞争上岗，其他员工全员双向选择，新进入人员全员实施市场化选聘。投入经费20余万元，举办3次国资国企改革专题培训，并组织外出考察学习，提高国资系统干部用科学发展观统领各项工作的能力。

转型升级取得新突破。借力资本市场推进转型升级。积极支持市属国企借助“新三板”（全国中小企业股份转让系统）平台进军全国性资本市场，完成市水务集团新三板挂牌上市可行性研究报告编制。对接开放战略推进转型升级。坚持以开放理念推动转型发展，积极重构国企盈利模式和发展模式。如市国投集团与国开行合作，以政府购买服务形式成为全市棚户区改造三期承接主体；与攀钢集团合作，加快推动康养产业、钒钛产业2支基金组建；与阿里巴巴合作，谋划布局互联网金融；与成都卫通合作，积极介入汽车后服务市场等，取得显著成效。引入社会资本推进转型升级。研究制定《攀枝花市鼓励和规范国有企业投资项目引入非国有资本的实施意见》《攀枝花市人民政府关于市属国有企业发展混合所有制经济的实施意见》，积极探索发展混合所有制经济。稳步推进项目试点，攀枝花市危险废弃物处置中心等一大批市属国企与央企、省企和民企合作项目取得积极进展。试点推进员工持股，制定完成《关于国有控股混合所有制企业开展员工持股的实施意见（试行）》，着力探索混合所有制企业高管、核心骨干和员工持股的有效形式，充分调动各方面的积极性。

完善市国投集团、建设集团工商登记变更手续，进一步理顺国资委与集团公司董事会关系，推进董事会选聘高级经营管理人员工作，健全监事会机构设置及人员派驻机制，实现国投集团和建设集团监事会的全面派驻，调整水务集团和国正公司监事会。着力推进企业分类监管改革。研究出台《攀枝花市市属国有企业功能界定与分类监管办法（试行）》，加快构建不同类别、不同形态企业的考核指标和分类考核办法，逐步建立起差异化的管控手段和管控方式，提高国资监管工作的针对性和有效性。

研究探索新型国资监管企业领导人管理模式。制定出台《攀枝花市属重点国有企业董事会选聘高级管理人员的实施意见（试行）》，全面落实监管企业包括子分公司决策层与执行层的分设，形成相互监督的制约机制。

按照国务院、省政府统一部署，深入摸底调研，创新工作举措，稳步推进“三供一业”分离移交工作。纳入移交试点范围的5户企业已全部完成供水供电移交框架协议的签订；攀煤集团率先与西区政府正式签订物业管理分离移交框架协议；攀钢、十九冶供水、供电改造项目预算已通过国务院国资委评审，攀煤集团“三供一业”分离移交首批资金7.25亿元已预拨到市财政。积极推动市园林建设公司完成公司制改造，推动市建二公司、市建设工程公司做好社会管理职能和非经营性资产移交等工作。

【监管企业发展】 按照市委、市政府和市国资委的要求，市国正公司按时完成依法公开处置川投化工（以下简称“川投化工”）100%国有股权无偿划转接收及100%国有股权公开挂牌转让相关工作。2016年整体经营运行平稳，截至2016年12月31日，公司资产总额为64645.19万元，负债总额为3578.91元，净资产为61066.28万元；实现营业收入689.62万元，完成全年目标任务的114.94%，净利润为152.11万元，完成本年度的目标任务的304.22%（合并数据中收入及利润未包含子公司恒溢酒店及川投化工）扣除公司本部对川投化工的50037.48万元的股权后为：资产总额为14607.71万元，负债总额为3578.91万元，净资产为11028.8万元。攀昆大厦净利润为151.42万元，按照国正公司控股81.12%比例合并数据为122.83万元。

市建设集团紧紧围绕市委、市政府国企改革的主题，以有序推进集团组建工作和平稳发展集团系统经营工作为中心，全力完成集团公司从组建工作到公司化运营的过渡，集团系统各子公司生产经营态势保持平稳。全年新增施工任务合同总价17200万元；新增代建总投资6070万元；新增BLT项目2个，总投资68000万元；完成施工产值16284万元；完成代建投资14200万元，为市国资委下达目标任务的94.7%；实现营业收入16300万元，为市国资委下达目标任务33000万元的49.4%；实现利润-650万元；上缴税收1024.90万元；工程质量合格率100%，企业环境、质量、安全事故为零；保障了国有资本保值增值。

2016年市国投集团实现收入总额39743万元，净利润5123万元，实现国有资产保值增值率100.6%。实现新增融资额390700万元，市本级综合融资成本7.1%。实现重点项目投资额83227万元。顺利完成一、二、三期企业债券利息的按时足额支付和转回售后的本金偿还。按照市政府要求完成兴攀产业基金的组建和募集。国有资本经营预算收入180万元已按时足额上缴。

2016年攀枝花宾馆共实现业务收入2203.46万元，成本支出342.14万元，营业费用1377.49万元，管理费用884.21万元，销售费用71.47万元，财务费用47.68万元，利润总额-576.88万元。攀枝花宾馆实现含税收入2262.19万元，较2015年同期下降10.22%。其中：客房累计含税收入1011.75万元，较2015年同期下降12.64%；餐饮累计含税收入725.17万元，较2015年同期下降7.57%；会展累计含税收入436.11万元，较2015年同期上涨0.09%；2016年累计其他含税收入89.16万元，较2015年同期下降36.86%。截至2016年12月末，攀枝花宾馆资产总额8376.58万元。其中固定资产净值为3283.41万元；负债总额为4232.83万元。其中银行贷款1750万元，所有者权益4143.75万元。

2016年市水务集团公司累计完成供水量7906万吨，同比增长2.08%。完成售水量7184万立方米，同比增长2.98%。处理污水2619万吨，处置污泥13090立方米。实现营业收入32379万元，实现利润总额3897万元，其中。实现自来水主营业务净利润2682万元，为年度计划的149%。国有资产保值增值率106.76%。

【监管企业安全和稳定】 国资委领导班子成员主动约见上访职工进行沟通，切实化解矛盾；建立重大决策风险评估机制，对市属国有企业集团公司组建方案阶段组织社会稳定风险评估。抓好"两节""两会"等重要时间节点期间的安全、稳定工作。全年开展安全检查、隐患排查8次，检查重点场所、重点单位和重点部位58个，发现安全隐患22起，提出整改措施22条；推动信访积案的化解，2016年市国资委共处理信访信件158件，接待上访人数约2000余人次，与职工对话40次，稳控处理大规模上访事件15起，下访入户工作50次，实现信访工作"零进京赴蓉非法上访"记录。

组织对监管企业应急预案、应急物资、应急队伍、应急装备和各项防范措施进行全面的检查、清理。截至2016年年底各监管单位投入安全隐患整改资金1800余万元。

【国有企业党建】 扎实推动市属国企党建工作落实。制定出台《关于坚持党的领导加强党的建设推动国有企业治理现代化的实施意见》，以国投集团、建设集团章程制定修订为试点，推动将党的建设总体要求纳入公司章程，从制度机制层面为国有企业深化改革加快发展提供支撑和保障。出台《市属国有企业落实党风廉政建设党组织主体责任、纪检监察组织监督责任的实施意见》，全面理顺市属重点国有企业集团党建管理体制。

认真做好抓党建促脱贫攻坚工作。全市国资系统各级党组织充分发挥党的政治优势、组织优势，认真落实对口帮扶责任，在精准施策上出实招、下实功、见实效，确保帮扶对象稳步有序脱贫。全年，国资委系统共落实种养殖帮扶资金30万余元，筹集各类生产物资200余吨，有效改善当地群众的生产生活条件。

调整委班子成员党建工作联系点，与监管企业签订《党建目标责任书》；起草攀枝花市国有企业基层服务型党组织建设指导标准；完成2016年基层组织建设工作课题调研；抓好党员发展和管理工作，及时更新党员数据库。

组织开展国资委系统"走基层"活动，全年国资委系统各单位走访贫困家庭73户，捐款捐物、发放慰问金约10万元，并给贫困家庭成员解决子女就业、脱贫致富提供技术和物资支持。

切实加强干部队伍建设。国资委机关全年新调入公务员2名，提拔正科级领导4名、副科级领导3名，中层干部轮岗交流2名，国资队伍年龄结构、知识结构和能力结构不断优化。同时，按照党管干部与市场选聘相结合的原则，新提拔任命9名企业领导，还为国投集团、建设集团、水务集团等企业补充调整了党委班子、经营班子、董事会和监事会。认真抓好后备人才培养储备。选派4名优秀年轻干部参加全市优秀干部人才递进班培养，从企业选拔3人到国资委机关挂职锻炼。组织对国资委系统初级职称进行评审，29人取得初级职称任职资格。

【国有企业党风廉政建设】 加大警示教育力度，对市国资委系统90名纪检监察干部综合业务进行培训；对各监管单位党组织和纪检监察机构负责人进行集体约谈，并签订落实"两个责任"责任书；制定《攀枝花市国资委系统2016年党风廉政建设和反腐败工作要点》《攀枝花市国资委系统2016年党风廉政建设和反腐败工作任务分工》，与委班子成员、监管单位、处室主要负责人签订党风廉政建设责任书，层层落实工作责任，切实抓好责任分解、责任追究，并纳入企业目标管理考核，与企业领导薪酬实现挂钩，形成业务工作与党风廉政建设工作同部署、同落实、同考核的工作格局。严格落实《攀枝花市市属国有企业负责人履职待遇、业务支出管理办法》，推动国有企业负责人廉洁从业、履职尽责。

（陈伟鹏　陈一萍）

统计管理

【概 况】 市统计局机关行政编制为22名。其中:局长1名、副局长3名、总统计师1名,纪检组长、机关党总支书记按市委规定配备;正科级领导职数9名,副科级领导职数3名。机关后勤服务人员4名。市统计局机关下设办公室、政策法规科(攀枝花统计执法大队)、国民经济核算综合统计科、工业统计科、农村经济统计科、固定资产投资统计科、能源环境统计科,服务业统计科(贸易外经统计科),人口和社会科技统计、监察室共设10个职能科室。下属三个事业单位:市城市社会经济调查队(副县级,参照公务员管理)、市普查中心(副县级,参照公务员管理)、计算站(正科级事业单位)。2016年,攀枝花市统计局紧紧围绕全市中心工作,扎实开展各项统计工作,统计"反应发展、评价发展、宣传发展、促进发展"的重要作用得到充分发挥。

【统计调查】 2016年,全市统计系统严格按照国家统计方法制度,紧紧围绕全市工作中心,切实发挥统计监测职能,认真组织实施涉及一、二、三产业,国民经济行业20个门类、96个大类、432个中类、1094个小类,20个专业,40余套统计月报、季报和年报表的资料收集、审核计算、数据评估、信息报送等相关业务工作。稳步推进"两纲"监测、乡镇信息、文化产业、旅游产业、城乡居民收入调查、非公有制经济、劳动工资、企业用工、五创联动、企业景气调查等统计监测和专项调查工作,客观、真实地反映了新常态下攀枝花市经济社会发展成果。

【统计服务】 2016年,市统计局紧紧围绕市委、市政府年初确定的发展目标,密切关注全市经济社会发展重点、热点和难点,积极发挥统计预警监测职能,做到事前及时预警、事中深入分析、事后跟踪督查,积极为市委、市政府提供针对性强、参考价值高的咨询建议。深度开发整理统计资料,以统计月报、统计专报、统计分析、统计参阅、统计手册、统计提要、统计年鉴等形式提供"套餐"式全方位统计产品。利用统计信息网、政府门户网、微信、微博和主流媒体、新闻发布会等形式加强信息发布工作,为市委、市政府科学决策提供统计支撑,为社会公众提供信息咨询服务。市统计局围绕GDP破千亿、工业、投资、服务业、社会消费品零售、能源及全面建成小康社会等重点领域,积极撰写报送统计分析和统计专报,全年编印统计月报10期、统计参阅24期、统计分析115期、统计专报17期、统计工作动态68期,超额完成全年两办信息目标任务。省统局采用工作信息110条、经济分析文章采用64篇、经济信息采用562条,政务信息工作名列全省前列。报送的15篇统计分析获得市领导肯定性批示。积极发挥"12340"电话访问系统功能,继续拓展社情民意调查领域,完成社情民意调查项目共计15项,有效样本量达到5万余个。此外,发挥数据优势,按季为市委、市政府目标督查办搜集、整理全市主要经济指标目标进度完成情况,积极参与目标考核、投资进度、精准扶贫、民生工程等各项督查调研活动。

【统计改革】 2016年,市统计局严格按照统计制度和标准,统筹推进GDP核算、服务业统计、能源统计、人口统计、城镇化统计、住户调查等各项统计改革。认真组织实施新的投资统计制度,做好投资项目特别是5000万元及以上法人、项目"双入库"工作,确保投资统计数据质量。全面部署"三新"(新产业、新业态、新商业模式)统计调查,认真贯彻落实省政府办公厅下发的《关于开展新经济统计调查工作的通知》(川办函〔2016〕100号)文件精神,积极探索攀枝花市"三新"统计工作新路子,有序推进机构组建、业务培训、部门沟通、摸底排查等工作,整理编印《"三新"统计工作资料汇编》,为全市"三新"统计工作开展提供参阅,该项工作得到省统计局领导肯定。全力支持东区用"GIS"电子地理信息空间技术和信息化平台系统探索推进统计统筹能力改革创新工作,积极向国家统计局、省统计局汇报东区建成的"县(区)域经济社会综合管理平台"应用成果,在统计制度方法改革上做出积极有益的探索。

【普查工作】 2016年,根据省农业普查办统一部署,攀枝花市高规格成立市第三次全国农业普查领导小组及办公室,全市5个县(区)、23个乡、21个镇、16个街道均发文成立农业普查领导小组及办公室。普查经费设备保障到位,市、县(区)两级"三农普"经费全部落实,设备清查、检测、维修、登记工作全面完成。积极落实人员,全市、县(区)、乡(镇、街道)共落实普查工作人员648人,全市选定"两员"(普查员和普查指导员)1949人,已完成"两员"培训3375人次。加强普查宣传,开通"三农普"网站、电话彩铃,利用征集农业普查宣传口号、举办知识竞赛、开展统计日宣传活动等多种方式加强农业普查宣传。

【统计管理职能】 2016年,攀枝花市委、市政府高度重视统计工作,明确政府综合统计与部门统计职责,要求统计部门依法开展统计信息、咨询、服务和监督工作,统计地位日益提升,统计公信力不断增强。围绕经济发展目标和GDP、农业、工业、服务业、投资、能源、商贸、城乡居民收入等重点统计指标,建立完善部门协作机制,与市级相关部门定期召开经济形势分析会和数据会商会议,不断丰富和拓展统计交流和信息共享。通过采取严守制度、严格审批、严格清理3项措施,认真贯彻执行统计制度和统计标准,规范开展涉企统计报表清理工作,统计管理作用充分发挥。强化数据管理职能,制定严格的数据、资料发布制度,坚持由局综合核算科统一管理,负责对外的数据提供和统计资料(信息)审核把关工作;要求市级各部门、新闻媒体使用数据,必须以市统计局提供和认可的数据为准,任何单位不得随意公布、使用统计数据,保证数据发布的有序性和唯一性,树立统计数据的权威。

【社情民意调查】 2016年,市统计局高度重视社情民意调查工作,加强社情民意调查中心队伍建设,通过外单位调入、局内调整等方式,充实2名干部到民调中心工作,增强社情民意调查工作整体力量,派出2名业务骨干参加省级调查业务培训,业务水平得到明显提高。积极拓宽社情民意调查服务领域,市统计局民调中心共完成省统计局委托的四川省平安建设群众满意度调查,市委、市政府及相关部门交办及委托的党风廉政情况调查、软环境暨政风行风群众满意度测评、创建"四川省质量强市示范城市"市民质量满意度测评、阳光康养旅游消费者满意度调查、出租汽车新一轮报废更新意向调查、地税系统工作质效及服务需求调查、居民出行调查、查核线与交叉口调查等调查项目15项,全部调查有效样本数量达5万余个。调查结果受到相关单位高度重视,为委托方提供了重要的工作参考依据。

【统计双基建设】 深入推进规范化建设,严格执行统计基础规范化建设相关规定,全市5个县(区)全部达到省局规范化建设标准。基层统计网络全面覆盖,全市乡镇、街办均设立统计站,"四上"企业(规模以上工业企业、资质等级建筑业企业、限额以上批零住餐企业、规模以上服务业企业)均配备统计人员,进一步建立健全统计联络员制度。不断强化业务培训,完成2016年统计职称考试工作,组织全市86人参加统计中、初级职称考试(中级48人,初级38人),2人参加高级职称考试评审;2016年对基层统计人员开展统计业务培训500余人次。积极推进统计信息化建设,市、县(区)统计局视频会议系统软硬件建设圆满完成,全市所有县(区)统计局均具备视频系统远程双向会议条件。基本单位名录库维护管理、"四上"企业入库审批、联网直报监管等工作有序推进,形成共建共享的基本单位名录库建设工作机制,每月联网直报率均保持在98%以上,名列全省前列。

【统计法制建设】 2016年,市统计局始终把依法统计列为重要议事日程研究部署,深入学习贯彻中央、省领导重要批示及相关文件精神,部署全市统计系统"质量管理年"活动相关工作,全面开展规范统计工作严肃统计工作纪律情况自查,认真履行依法治统的主体责任。充分利用网站、报刊、广播电视、微博微信等各类平台,广泛开展统计法治宣传教育,全市各级依法统计能力和水平有效提升。加大统计执法检查力度,2016年,攀枝花市对3个县(区)的16户企业、7个投资项目进行专项检查,针对存在的问题对相关企业进行行政处罚并责令限期整改;对名录库中9268户法人,2855户产业活动单位进行核查,核查率分别达到83.1%和81.9%;对全市925户联网直报企业和县(区)64个5000万元投资项目进行100%的核查。

【统计能力建设】 加强干部队伍建设,2016年在市统计局内部提拔1名正调研员和1名普查中心主任(副县级)、选拔任用8名科级干部、内部轮岗交流2名正科级干部、新录用1名年轻干部、从基层遴选2名优秀干部。围绕统计系统党风廉政建设和风险防控要求,强化"两个主体"责任,履行"一岗双责"。通过"以评促建",扎实做好内部控制基础性评价工作,并逐步形成和完善涉及三大类70余项内部控制制度。依托新闻发布会、农业普查宣传、法制宣传、中国统计开放日等活动,加强对全市经济社会发展情况、统计业务流程、统计行风建设等工作的宣传力度。

(肖文才)

审计管理

【概　况】 2016年,市审计局人员编制61人(公务员编制49人、工勤人员8人、事业编制4人),在编47人(公务员编制41人、工勤人员5人、事业编制1人)。领导职数7名。设有办公室、人事科、监察室、法规科、内部审计监督指导科、企业与金融审计科、行政事业审计科、固定资产投资审计科、财政审计科、经济责任审计分局、农业与资源环保审计科、社会保障与外资审计科等12个职能科(室)、分局。

全市审计系统共完成审计项目及调查194个(其中完成审计项目175个、完成审计调查19个),通过审计查处违规金额52574万元,管理不规范金额511010万元。审计处理后,应上交财政收入52157万元,应减少财政拨款和补贴14527万元,应归还原渠道资金13476万元,应缴纳其他资金417万元,应调账处理金额302439万元,核减工程投资28935万元。移送处理事项4件,移送处理金额197万元。审计促进整改落实有关问题资金368795万元(其中,增收节支59853万元,已缴纳其他资金3105万元,已调账处理金额273351万元)。出具审计报告和专项审计调查报告196篇,被批示、采用28篇。提出审计建议581条,被审计单位采纳审计建议456条,提交审计信息293篇,被批示、采用77篇。向社会公告审计结果20篇。

攀枝花市审计局等联合实施的资阳市土地出让收支和耕地保护情况审计被审计署评为“全国土地出让收支和耕地保护情况审计表彰审计项目”;被省审计厅表彰为2016年度审计业务绩效考核优良单位;攀枝花市审计局实施的攀枝花市商业银行股份有限公司2013年资产负债损益审计被省审计厅评为2016年“表彰审计项目”;连续多年保持“省级文明单位”;被评为2015年度两项资金管理先进集体;攀枝花市审计局农业资源环保审计科被评为攀枝花市第三批对口援藏工作先进集体。

【预算执行情况审计】 2016年,市审计局对2015年度市本级财政预算执行、市地税局税收征管进行审计,对2015年市委统战部、市委农工委、市人力资源和社会保障局、市财政局、市农牧局、市安监局、市政府驻成都办事处、钒钛高新区管委会等8个市级部门(单位)单位预算执行情况进行审计,对攀枝花仁江钒钛有限公司债权债务状况、攀枝花鱼塘至机场路新建工程拆迁资金和省道310线格福路段(K255+300～K275+56)工程拆迁资金等3个项目进行专项审计调查。通过审计(调查),查出主要问题金额52707万元,其中:违规金额38910万元,管理不规范金额13796万元。审计处理后,应上缴财政38910万元,应调账处理金额13433万元,应归还原渠道资金361万元,应缴纳其他资金1万元。审计促进整改落实有关问题资金52345万元。

【领导干部任期经济责任审计】 2016年,市审计局完成对市委农村工作委员会原主任施亚平、市委统战部原常务副部长陈忆、花城新区原党工委书记、管委会常务副主任唐成斌、市委党史研究室原主任起光勇、市财政局局长刘元海、市科学技术和知识产权局原局长丁建高、市农牧局原局长李春华、驻北京联络处原主任张孝铭、驻成都办事处原主任孙承春、市妇幼保健院原院长温沙洛等12名市管领导干部的经济责任审计。通过审计,查出主要问题金额39万元,其中:违规金额12万元,管理不规范金额27万元。审计处理后,应上缴财政12万元,应归还原资金渠道10万元,应调账处理17万元。通过审计,在完善干部监督管理机制、客观公正评价干部业绩、促进领导依法行政和廉洁自律等方面发挥了重要作用。

【投资建设项目审计】 2016年,市审计局共对56个建设项目开展竣工决算审计,送审金额178374.02万元,审定金额162873.98万元,审减金额15500.04万元,审减率为8.7%。

【专项资金审计(调查)】 城镇保障性安居工程跟踪审计。根据审计署、省审计厅的统一部署,2015年11月至2016年3月,市审计局组织对攀枝花市本级、钒钛高新区及5个县(区)2015年城镇保障性安居工程及配套基础设施的计划、投资、建设、分配、运营等情况开展跟踪审计,同时,还对2012年至2014年跟踪审计发现问题的整改情况进行检查。

政策措施落实情况跟踪审计。按照省审计厅的统一部署,以项目落地、资金保障、简政放权、政策落实、风险防范为抓手,以“去产能、去库存、去杠杆、降成本、补短板”五大任务为重点,根据不同的重点事项,分季度开展宏观政策措施落实情况的跟踪审计,并按时向市委、市政府、市目督办和省审计厅报送全市阶段性综合报告。

精准扶贫审计调查。9月,市审计局组成3个审计组,采取“上审下”的方式,对米易县、盐边县和仁和区2014年至2016年6月精准扶贫政策贯彻落实情况开展审计调查重点围绕政策和资金两条主线进行检查,重点检查扶贫相关政策落实情况、扶贫资金使用绩效、扶贫项目建设运营等情况。以检查年度目标任务的完成倒逼扶贫攻坚的顺利推进,以检查资金使用的绩效倒逼加强规范管理,推进扶贫政策全面落实,实现有重点、有步骤、有深度、有成效的扶贫开发政策、资金、项目审计全覆盖。

(胡昌惠)

工商行政管理

【概　况】 2016年，市工商行政管理局共有内设机构17个（其中2016年增设机关党委办公室），内设机构行政编制76个、县级职数8名（领导实职6名、领导非职2名）、正科级领导职数17名、副科级领导职数8名。

市工商行政管理局围绕全市产业升级、城市转型、改革开放、环境生态、民生改善等重点工作，充分发挥市场监管主力军作用，深化商事制度改革，加强信用监管，强化消费维权，营造宽松平等的准入环境、公平竞争的市场环境、安全放心的消费环境，完成各项工作目标任务。9月25日在全市启动企业"五证合一、一照一码"登记制度改革。12月1日，启动全市个体工商户营业执照"三证整合"改革工作。2016年，全市新登记各类市场主体11122户，新登记注册资本126.87亿元；全市实有各类市场主体72757户、注册资本1370.78亿元。

【市场主体登记管理】 2016年，全市新登记各类市场主体11122户，同比增长10.41%；新增注册资本126.87亿元，同比增长58.02%。其中：新登记各类企业2543户，同比增长10.03%（新登记企业中，私营企业2377户，同比增长13.19%）；个体工商户8392户，同比增长9.89%；农民专业合作社187户，同比增长49.6%。

全市期末实有各类市场主体72757户（其中个体工商户55604户、私营企业14024户、内资非私营企业1902户、外商投资企业58户、农民专业合作社1169户）、注册资本1370.78亿元，比2015年同期分别增长9.61%和14.41%。办理股权出质设立登记216件，帮助全市企业融资111.9亿元。

【商事制度改革】 巩固扩大企业"三证合一、一照一码"成果。召开市级质监、税务、公安等部门联席会，明确各部门职责，确定各部门分管领导及联络人员，加强各部门沟通，形成对接机制，确保企业"三证合一、一证一码"新登记模式的组织实施，促进"一照一码"在社会上的广泛应用。自2015年9月25日改革以来，全市已核发加载统一社会信用代码营业执照的企业13923户，占全市企业总数15984户的87.11%。2016年12月1日，启动全市个体工商户营业执照"三证整合"改革工作，自此加载有个体工商户营业执照、税务登记证、社会保险登记证"三证合一"的营业执照在全市正式推开。

开展"五证合一"登记制度改革。按照国务院、省政府及市政府部署，在企业"三证合一"登记制度改革成果的基础上，于2016年9月25日在全市启动"五证合一、一照一码"登记制度改革，即在原工商营业执照、组织机构代码证和税务登记证整合的基础上再度整合社会保险登记证和统计登记证。"五证合一"登记制度的实施，简化了办理程序，优化了办理流程，提高了办事效率，减轻了企业负担。

推进企业年报公示工作。全市工商和市场监管部门圆满完成2015年度企业年报公示工作，企业年报公示率为94.46%，各县（区）市场监管局均超额完成全省企业年报率达90%的目标任务；全市农民专业合作社年报公示率为89.75%，达到四川省工商局提出的"两个不低于"的目标任务，其中钒钛园区、西区农专社年报公示率达到100%；全市个体工商户年报率为67.95%。农专社和个体工商户的年报率均超过2015年水平。市工商局农专社年报工作在全省获得优秀奖，市工商局钒钛产业园区分局及各县（区）市场监管局农专社年报工作受到全省通报表扬，盐边县市场监管局企业年报工作受到全省通报表扬。2016年，全市企业经营异常名录库中共有1619条记录。

【商标品牌战略】 开展商标普法宣传。开展《中华人民共和国商标法》及其相关法规的宣传贯彻，参加"4·26"知识产权"宣传周""食品安全"宣传月活动，发放宣传资料3000余份。

开展品牌培育。全面进行商标注册的法律法规、政策规定、程序方法的咨询服务与指导，引导优势企业的优良产品进行商标注册和争创驰、著名商标。组织企业申报2016年省著名商标工作。2016年，全市有效注册商标2680余枚，其中著名商标21枚、知名商标40枚。

商标专用权保护。通过日常监管及开展专项检查、专项整治来实现对商标专用权的保护。参与农村食品安全专项整治工作，开展食品商标侵权、虚假广告专项整治；开展打击假冒攀枝花产地水果专项整治，净化全市水果市场，维护广大果农的利益；开展"清风"专项整治行动，安排布置互联网假冒伪劣专项整治行动；加强对商标代理机构的监管，督促规范诚信代理；开展商标战略进园区工作，对商标战略"示范县""示范园区"的商标培育和保护工作进行重点指导。全年查处各类商标侵权、假冒伪劣案件51件，没收侵权吉利刀片、云南白药牙膏（洗发露）及服装等假冒伪劣商品438件。

【市场监督管理】 切实履行工商行政管理部门维护市场经济秩序主要职能，强化市场秩序监管，全市工商系统共查处各类经济违法案件333件，为市场经济健康发展营造公平、公正、有序竞争的环境。

开展“红盾春雷行动2016”。按全省部署，在攀枝花市开展以“治虚假、强维权、促监管”为主题，为期100天的“红盾春雷行动2016”。市县两级工商、市场监督管理局共出动执法人员4384人次，检查经营企业和个体工商户15003户，检查商场、超市、集贸市场等各类市场557个，整治重点区域138处。全市工商系统共立案查处各类违法案件203件，移送司法机关案件1件。受理消费者申诉和举报735起，为消费者挽回经济损失251.7万元，发出消费警示12期，开展行政指导1355次，开展协作执法42次。

实施“互联网+”战略开展护网行动。完善网络经营主体的数据建档工作和电子标志发放工作，保证网络经营主体数据的准确性和有效性。逐一排查核实非正常经营、查处关闭、注销等已失效网站159户。全市企业正常运营网站169户，其中网络交易平台12户。四川省网络交易监管系统下发数据的建档率达100%。发放电子标志168户，电子标志发放率99.4%。电子标志发放率保持全省领先，受到四川省工商局分管局领导的表扬。全系统开展网上检查网站3620个，实地走访检查属地网站经营者285户，全系统共办理网络监管案件15件，为攀枝花市顺利实施“互联网+”战略打下基础。

开展非法集资专项整治。全市工商和市场监管系统对辖区开展民间投资理财咨询类企业非法集资问题专项整治工作，播放“打击非法集资 维护群众利益”“打击非法集资 共创社会和谐”标语14副，散发“非法集资主要特征”“非法集资常见手段”等各种宣传资料3500余份，张贴“远离非法集资，建设美好生活”“远离非法集资‘六不’忠告”等宣传标语2400余份，进一步增强消费者对虚假广告的防范意识和识别能力。

集中开展公用企业限制竞争和垄断行为专项行动。全市工商系统从5月—10月在全市开展公用企业限制竞争和垄断行为突出问题集中整治行动，查处、曝光一批扰乱市场竞争秩序，损害经营者、消费者权益的案件，增强公用企业的诚信守法和经营者、消费者的自我保护意识，共同营造公平、公正的营商环境。全市立案调查公用企业限制竞争案件3件。

规范广告主体行为。全市系统监测各类广告22000余条(次)，纠正涉嫌违法广告30条(次)。以重点行业为目标，开展“红盾春雷”——2016治理虚假宣传专项行动，查处影响社会稳定、损害消费者合法权益的虚假违法广告。约谈市级主流媒体、广告经营业主15个(次)，立案查处虚假违法广告案件26件。

开展道路交通安全综合整治长效机制建设年行动。全市工商和市场监管系统开展治理货车非法销售改装拼装专项行动，开展各种检查12次，检查汽车销售企业122户(次)、其中货车62户(次)，检查机动车客、货运输企业66户(次)，汽车维修经营户33户(次)，检查机动车安全技术检验机构1户，检查报废汽车回收拆解企业3户(次)，检查二手车交易市场2户(次)，净化了汽车市场环境，维护了正常的货车交易秩序。

【保护消费者合法权益】 加强流通领域商品质量监管。开展2016年流通领域商品质量抽检工作，做好抽检后不合格商品处理，不定期公布全市流通领域商品质量抽检信息，并根据抽检中发现的突出问题组织开展全市专项整治。全市抽检日化、钢材、小家电、成品油等重点商品196批次，不合格68批次，立案查处不合格商品案件47件，组织全市抽检不合格商品市场清查4次，发布不合格商品无法送达通告1期，不合格商品通告1期。

开展重点领域和服务领域专项治理。以消费者投诉集中、问题突出的行业为重点，开展重点领域和服务领域消费维权集中治理工作，及时查处经营者提供商品或者服务中存在的销售不合格商品、掺杂掺假、以次充好、伪造冒用、虚假或者引人误解的宣传以及网络购物、消费者个人信息保护等方面的违法行为。组织开展全市2016年红盾质量专项行动，严厉打击商品质量和有关服务消费侵权违法行为。全市检查经营户5760户(次)，查处侵害消费者权益案件39件。

发挥“12315”维权作用。做好消费投诉和举报的汇总分析，适时布消费提示和警示，发布消费提示20期。完善诉转案工作机制，2016年全市办理诉转案7件。依法开展指导工作，以通信行业消费投诉共性问题作为工作重点，开展行政约谈2次，发出书面行政建议1份。2016年，全市消委系统共受理消费者投诉、举报926件，为消费者挽回经济损失230.67万元；接待来访咨询1491人次。

开展“阳光康养消费者满意度”调查。结合市委、市政府打造“中国阳光康养试验区”战略，为深入了解攀枝花市阳光康养旅游产业消费情况，提升康养旅游消费服务质量，提高旅游消费服务水平，组织实施“中国攀枝花阳光康养旅游消费者满意度”调查测评工作，该工作报告分别得到副市长黄正富和李仁杰的充分肯定，并要求相关部门对调查中消费者提出的针对性建议参阅研究。

【个私协会管理】 2016年，市个私协会围绕省个私协会工作意见和市委、市政府经济工作会议精神，结合个私会员实际情况，主动服务会员发展壮大，促进全市个体私营经济持续健康发展。

加强宣传教育。重点围绕近年来新制定修订的与生产经营密切相关的《中华人民共和国公司法》《中华人民共和国消费者权益保护法》《中华人民共和国广告法》《中华人民共和国商标法》《企业信息公示暂行条例》等法律法规，在广大会员中开展相关主题宣传培训活动。利用市个私协会网站、手机短信、QQ、宣传资料等各种传媒，与个私会员建立高效、便捷、动态的双向沟通联系方式和渠道，及时传递时事政治、法律法规、职业道德、理想信念、健康知识等内容，提高会员的综合素质和预防应对风险的能力。

开展就业创业工作。宣传落实各项创业就业优惠政策，开展免费咨询业务，倡导有能力的会员企业更多地为失业人员创造就业机会和就业岗位。围绕大众创业万众创新，协助人力资源和社会保障部门、教育部门和工商部门宣传落实各项创业就业优惠政策，参与多种形式的创业辅导和就业招聘活动，协助会员企业利用其优势开发更多适合高校毕业生、农村转移劳动力、城镇困难人员、退役军人等重点人群的就业岗位。

创建文明社会。开展思想道德教育，职业道德教育，党员理想信念教育，推动普法工作，引导会员企业增强文明诚信意识，提升会员的思想道德素质。配合开展食品安全、传销、消费维权、"禁毒""防艾"等活动宣传，营造和谐、文明的社会环境。开展非公经济领域统一战线工作，通过教育引导、党建示范带动、参与光彩事业、舆论宣传等途径，引领非公有制经济人士与其他社会阶层一起在党的领导下不断进步。参与"国卫"复审工作，通过网络、电子媒体等形式向会员宣传"迎审"标准，全力支持第二轮"国卫"复审顺利通过。

加强党建工作。配合攀枝花市委、四川省工商局、攀枝花市工商局，重点抓好个体工商户、专业市场、小微企业和钒钛园区分会的党建工作，重点做好入党积极分子的培养和发展工作。摸底、调查、统计党组织情况、非公有制党建工作进度情况等等，建立党建工作"五个清"台账，为非公有制组织党建工作的开展提供大量基础数据。3 月，协会秘书处陪同四川省工商局到米易县对非公有制党建工作情况以及存在的问题和建议进行调研，学习全国工商系统推进非公有制经济组织党建工作经验交流会的会议精神和省内泸州、绵阳、德阳等市州对于非公有制党建的经验做法。

（邓　奎）

质量技术监督管理

【质量强市建设】　2016 年，全市不断创新宏观质量管理，不断完善大质量工作机制，质量强市示范城市验收指标完成 90% 以上，工业产品省级监督抽查合格率居全省第一，环境质量、农产品等相关指标居于全省前列，质量强市建设取得阶段性成果。

统筹协调，健全大质量工作机制。市政府印发《促进经济稳定增长和提质增效推进供给侧结构性改革实施方案》《中国制造 2025 攀枝花推进方案》《攀枝花市政府质量奖评选办法》等重要政策性文件，着力完善大质量工作机制，形成工作合力。强化政策激励，对 3 家攀枝花市政府质量奖和 11 家 12 个品牌进行表彰，兑现奖金 230 万元。

找准载体，创新宏观质量管理。与国内外著名的科研院所合作，从质量管理、标准研究、人才培养、技术创新等方面全方位推动攀枝花质量发展。推行先进质量管理方法，开展卓越绩效导入培训，组织攀枝花市 46 家企业负责人参加四川省质量强省领导小组办公室举办的企业首席质量官任职培训，全市培训首席质量官人数达 170 余名，居全省前列。

固本强基，夯实质量工作基础。全市建立国家级工程技术中心 22 个，省级工程技术中心 3 个；建立国家级重点实验室 13 个、省级重点实验室 5 个、市级重点实验室 6 个；建立国家级、省级企业技术中心各 2 个；建立国家级、省级质量检测中心各 1 个，建立区域性检测中心 2 个；建立创新联盟 2 个。

以点带面，强力推动质量示范点建设。结合攀枝花市产业发展，采取以点带面、带动发展的思路，选择含产品质量、工程质量、服务质量和环境质量的 10 个点作为质量强市示范项目，纳入全市重点工作精心打造，树立行业标杆，带动质量水平提升。

【质量监督抽查】　加强对企业产品质量监督，严格执行技术标准和有关产品质量的法规、政策，促进产品质量的稳定和提高，制定《攀枝花市 2016 年产品质量定期监督抽查计划》，共安排 417 个批次，实际完成 150 个批次，批次合格率 100%。对危化品及其容器、钢铁制品、食品包装容器等重点工业产品进行专项监督检查，全市共出动人员 120 余人次，检查各类企业共 70 余家次。

【质量宣传】　2016 年，全市集中大规模宣传攀枝花市城市质量精神——"攀枝花，让质量与阳光同行"。在全市主干道设置100平方米以上大型户外广告21处；在宾馆、酒店、商铺显示屏和过街人行天桥悬挂质量宣传公益广告（横幅）720余条。以“建设质量强市，共创美好生活”为主题，编撰出版《四川阳光花城质量强市专刊》。在《攀枝花日报》《攀枝花晚报》等报刊上刊发质量强市工作专刊或信息30多篇，制作3部质量强市宣传短片在重点媒体黄金时段每日播出。在2条公交线路设置公交车身广告，在市区人口密集的20个公交站点（牌）设置宣传广告。质量宣传受众达60万人次以上，进一步强化全民质量意识，营造人人关心质量、重视质量、参与质量、共享质量的良好氛围。

【品牌战略实施】 2016年，市质量技术监督局坚持从品牌培育、品牌宣传、品牌激励三方面发力，深入推进品牌战略，攀枝花市“一提一创一培”（提品质、创品牌、培育新动能新动力）工作得到省质强办通报表扬。

加强品牌建设。持续抓好四川名牌产品培育工作，着力形成品牌发展的长效机制，截至12月31日，全市拥有中国名牌产品1个，中国出口免验产品1个，中国驰名商标1件，国家地理标志保护产品7个，农产品地理标志登记保护产品9个，四川省名牌25个，四川省著名商标21件，攀枝花知名商标42件，中国出口产品质量安全示范区1个（国家级盐边县出口芒果食品安全示范区），中国出口质量安全示范企业1个（攀钢集团），省政府质量提名奖2个，评选市政府质量奖4个。形成“攀枝花”牌铁路用钢轨等一批在国内外具有较强竞争力的知名品牌。

加强品牌宣传。组织攀钢（集团）攀枝花钢钒有限公司的百米钢轨、市锐华农业开发有限责任公司的攀枝花特色芒果、攀钢（集团）钛业有限责任公司的海绵钛、市鑫苑工艺美术制品厂的苴却砚、攀枝花攀西阳光酒业有限公司的葡萄酒等5件名牌产品入选第十五届西博会“四川名牌馆”，涉及工业产品、亚热带农产品特色水果、红酒、旅游工艺品等5大类，成为攀枝花市面向全国乃至世界展示攀枝花在产业升级发展和知名品牌打造中取得成果的代表展品。

加大品牌激励。在全市开展“四川造”消费品质量调查，掌握四川品牌、攀枝花品牌在全省的基本情况。组织6家企业参加中国“品牌价值评价”，评估攀枝花品牌价值，不断扩大“攀枝花造”的影响力和市场占有率。2016年全市对3家攀枝花市政府质量奖和11家12个品牌进行表彰，兑现奖金230万元。

【国家钒钛质检中心建设】 2016年，按照市政府“五个一工程”的要求，市质监局大力推进国家钒钛制品质量监督检验中心建设，中心顺利通过国家认监委、认可委组织的“三合一”资质认定复评审和扩项评审，检测能力扩项到25个产品294个参数，连续两年承担国家级监督抽查任务；先后承办全国铁矿石与直接还原铁标准化技术委员会、全国生铁及铁合金标准化技术委员会年会，中心检测能力、影响力进一步提升。申报立项市级科技项目1项，获得2015年度攀枝花市科学技术进步二等奖2项，3项市级科研项目通过结题验收。组织制订的《钒钛磁铁矿冶炼废渣处置及回收利用技术规范》国家标准正式发布，申报的《钒氮合金　氮含量的测定　脉冲加热惰气熔融—飞行时间质谱法（常规法）》《钒钛铁精矿》《钒钛铁球团矿》《含钒钛生铁》4项行业标准正式获批立项，组织制订的8项地方标准正式实施。此外，国家钒钛制品质量监督检验中心还完成82批次省级钒钛制品专项监督抽查任务。

【标准化工作】 标准制修订工作。2016年，市质监局联合市农牧局、市农林科学研究院等相关部门制定《攀枝花地区山羊常见疫病综合防控技术规程》《地理标志保护产品　米易红糖》等6项区域性地方标准；根据国务院《深化标准化工作改革方案》和质检总局、国家标准委《关于培育和发展团体标准的指导意见》文件精神要求，加大团体标准培育力度，制定《攀枝花山羊育肥技术规程》等6项团体标准。

助推现代农业产业发展。根据市委、市政府工作安排和部署，制订《攀枝花市现代农庄集成创新建设标准化体系建设实施方案》及《攀枝花市质量技术监督局现代农业集成创新建设标准化工作计划》，并组织攀枝花市农业标准化人员参加国家、省级业务培训，组织全市质监系统和市农牧局相关人员赴成都市大邑县、蒲江县考察学习交流农业标准化和国家地理标志产品保护工作；邀请中国标准化研究院、西北农林科技大学、农业标准学等专家，对攀枝花市现代农业产业发展、示范农庄标准化建设开展调研，并举办攀枝花市农业标准化建设专题讲座；联合中国标准化研究院共同起草《农业标准化战略合作框架协议书》和《示范农庄综合标准化综合体建设实施方案》；盐边县沃尔森芒果庄园农业开发有限责任公司等3个农庄主体与中标院签订《农业综合标准化建设技术服务合同》。

开展质量对标活动。由攀枝花市质强办牵头，市质监局、市工商局联合制定《攀枝花市质量对标提升行动第一批次比对工作方案》，比对国家相关标准，在全市5个建材市场抽查共计70个批次产品，涉及合成树脂乳液内墙涂料、建筑室内用腻子、壁纸、细木工板、中密度纤维板、浸渍胶膜纸饰面人造板、刨花板等7个类别，并起草《攀枝花市质量对标提升行动装饰装修材料产品比对结果技术分析报告》。

推进康养产业标准化工作。按照“创新、协调、绿色、开放、共享”理念，以提升标准化为抓手，遵循“分批打造、逐步推进、全面覆盖、整体提升”原则，建立阳光康养标准体系，全要素、全域化提升城市环境和配套服务。以康和敏盛服务有限公司、东区德铭菩提养护院、得天独厚餐饮公司、盐边沃尔森芒果庄园为示范点，开展标准综合体建设工作。

企业标准自我声明公开。为深入贯彻落实《国务院关于印发深化标准化工作改革方案的通知》，根据省质监局安排，市质监局在全市生产企业大力宣传《四川省企业标准自我声明公开管理办法（暂行）》，让企业充分认识标准自我声明公开工作的重要性，并指导攀钢集团攀枝花钢钒有限公司等重点企业开展企业标准自我声明公开相关信息在“企业标准信息公共服务平台”的录入。

【计量工作】 市质量技术监督局把计量工作作为关注民生的“切入点”，把计量惠民工程各项措施落到实处，同时着眼服务企业，提高计量管理水平，促进企业节能增效。2016年共免收计量器具检定费434413元。

针对民生计量开展免费检定。以计量工作切入民生领域，对全市城区、乡镇等44个集贸市场的在用台秤、电子秤、电子计价秤等计量器具2935台，开展免费检定，免收检定费334914元，检定合格率为96%，并对检定合格的计量器具加贴检定合格标志。

大力推进诚信计量。积极构建诚信计量体系，评选诚信计量示范单位18家，新增诚信计量自我承诺单位32家，大力开展诚信计量宣传，引导企业自觉践行诚信计量承诺，着力营造“重信誉、守信用、讲信义”的市场氛围。

免费开展乡（镇）医疗单位检定。对西区、仁和区等乡（镇）医疗单位401台在用的血压计、心电脑机、医用超声源、人体秤等计量器具实施免费检定，免收检定费99499元，确保民生计量器具的准确可靠、公正公平。

开展定量包装限制包装抽查。对攀枝花市16家企业生产的84批次商品包装逐一进行抽检，抽检商品的合格批次为76批次。在限制商品过度包装抽查工作中，抽查商品合格率为90%。

利用各大节假日，加大对加油站、眼镜行业等与老百姓生活密切相关领域的监督检查力度，强化计量器具和商品量的计量监管，督促各单位严格遵守计量法律法规及有关规定。认真履行承担的相应责任和义务，保证计量器具和商品量的准确，坚持专项监督检查和日常监管相结合，不断提高民生计量工作监管的有效性。

【认证工作】 2016年推进有机产品认证示范区创建活动，为加快推进有机产业发展，切实有效地开展有机产品认证及有机产品认证示范区（乡/镇/县）创建活动。开展低碳产品认证试点项目研究，推动攀枝花市低碳产品认证工作，结合攀枝花产业现状，市质监局与中国质量认证中心成都分中心联合开展《钛白粉低碳产品评价示范》研究。完成四个季度资质认定检验检测机构定期检查任务8家，完成2家机构地址变更现场考核确认、3家机构授权签字人现场考核认定等工作。开展低压电器、玩具类产品等强制性产品认证监督检查，涉及66家生产、销售企业的63个品种。

【特种设备安全监察】 2016年，市质量技术监督局在继续深入开展电梯安全监管攻坚战、油气管道隐患整治攻坚战和燃煤锅炉节能减排攻坚战“三大战役”的基础上，开展“大型游乐设施专项监督检查”“汛期安全大检查”等8次专项行动。全年共出动安全监察人员1112人次，下达《特种设备安全监察指令书》64份，对1起特种设备严重违法行为予以立案查处。全年未发生特种设备安全事故。

运用“互联网+”、物联网、云计算、大数据理念，在西南地区率先建成首个特种设备智能化监管平台，全市公共密集场所的100台电梯已经试点物联网智能化监管，全市所有电梯都纳入“96933”电梯应急救援处置系统。2016年，攀枝花市编委批复成立攀枝花市特种设备远程监控中心，明确中心为正科级公益一类事业单位，编制5人，设正科级领导职务1人，为中心的日常运行管理提供机构、人员和经费保障。平台运行以来，处理应急事件533宗；救援人员到达现场平均用时比国家规定的30分钟缩短45%，保障全市3014台电梯安全，提高城市公共安全指数以及群众的满意度。因平台运行的先进性，11月10日，全省电梯应急处置平台现场会在攀枝花召开。

2016年，推动实现特种设备作业人员和特种设备安全管理人员理论知识考试机考化、实际操作考试实物化。截至12月31日，全市特种设备作业人员共计28711名，其中起重机械作业人员18283名，压力容器操作人员3673名，电梯作业人员624名，锅炉司炉工1459名，特种设备焊工655名，厂车作业人员2687名，游乐设施操作人员142名，特种设备安全管理人员1248名。

攀枝花市特种设备数量为：锅炉306台，压力容器6236台（不含气瓶），电梯3014台，起重机械4791台，大型游乐设施41台（套），厂（场）内机动车辆667台，压力管道106.54千米，气瓶236551只。

【地标工作】 2016年，市质量技术监督局积极加强与国家质检总局、省质监局及米易县政府的工作汇报与联系对接，推动“米易枇杷”申报国家地理标志保护产品，11月29日国家质检总局发布《关于受理赵县雪花梨（赵州雪花花梨）等产品申请地理标志产品保护的公告》，受理米易枇杷申报地理标志产品保护。

攀枝花块菌、攀枝花嘻嘻鸡、米易红糖3个地标产品共8家企业取得地理标志保护产品专用标志使用权。

3月，米易红糖、米易枇杷参加法国驻华大使馆举行的“美味法兰西”美食推荐活动。国胜茶参加国家质检总局组织的2016年中国品牌价值评价活动，经权威机构（中国品牌建设促进会)评定,其品牌价值达5.31亿元。

【行政执法】 2016年,市质量技术监督局持续保持执法打假的高压态势,深入开展"质检利剑"行动。狠抓建材、农资、车用燃油、商品条码、十类重点消费品专项执法打假,共办理行政处罚案件3起,无行政复议撤销和败诉案件。

开展节日期间专项执法行动。2016年元旦、春节、国庆期间,在全市范围内组织开展节日期间重点消费品、民生计量和特种设备,危险化学品等集中执法大检查行动。检查危化品和寄递物流企业102家次,排查大小安全隐患47处。开展游乐设备、电梯安全执法检查,排查安全隐患68处。检查加油站、农贸市场、超市、眼镜店的衡器、加油机等计量器具和定量包装商品45家。检查儿童玩具、学生用品、餐巾纸、卫生纸等商品质量各类超市、生产企业16家,立案查处销售定量包装不合格案件1起。

开展农资产品执法打假。检查农资生产企业及销售门店45家,抽检21批次,立案查处2件,涉案货值19280元,没收化肥0.9吨,处罚没款11700元。开展"农资打假下乡"活动,深入9个乡村,走访26家农户,接受村民咨询25起,发放宣传资料1100余份。

打击钢铁行业违法违规行为。对全市熔炼轧钢企业进行实地摸底排查。全市有26家熔炼企业、14家轧钢企业,其中生产过程中使用中频炉的企业22家。共出动执法人员200余人次,开展夜间突击检查3次,检查熔炼轧钢企业70余家次,没有发现违法生产地条钢行为。

开展汽车及其配件、汽车燃油执法打假。出动执法人员92人次,共检查12家汽车销售4S店,1家炼油厂。全市大部分汽车4S店都建立了完善的进货台账,汽车配件来路清楚,质量有保证。1家炼油厂正在进行生产前设备调试,其产品为车用燃油和液化石油气,未办理"全国工业产品生产许可证",执法人员已督促整改。

开展儿童消费品执法打假。共出动执法车辆70台次,执法人员282人次,共检查生产经销企业或商家65家,涉及品种62个,总批次367批次。抽查中小学生校服4批次,抽查7家校园塑胶跑道,对12个批次儿童玩具进行下架处理。

开展定量包装大米专项执法检查。对全市大米生产企业、批发市场、超市、集贸市场的定量包装大米销售点进行全面摸排,共排查43个大米品牌、大米生产企业3家、大米粮食批发零售商户176个、超市45家、集贸市场36个。抽检样品149批次,对问题突出的2家大米销售商依法进行处罚。

开展商品条码专项检查。对全市10大类消费品,2100余种商品条码的使用及标注情况进行检查。对经销商用店内码覆盖商品条码,使用过期商品条码,冒用他人商品条码,商品条码印刷质量不符合要求等问题,逐一向商家提出整改要求。

开展地标产品专项检查。开展国胜茶、攀枝花块菌、苴却砚、盐边油底肉、攀枝花噜噜鸡、米易红糖、米易何首乌7个地标产品监督检查,检查29家单位。

开展家具类产品执法打假。开展家具、装饰装修材料等产品质量监督抽查和风险监测。共检查生产企业8家,抽取6家企业8个批次产品,产品合格率为100%。

【消费者质量投诉】 2016年市质量技术监督局严格落实"12365"值班制度,严格做到"四有"(有记录、有人出现场、有处理结果、有反馈),确保合理诉求及时解决,违法行为及时处理。全年,"12365"共计接话1万余次,接到社会各类投诉举报、咨询共计130起,主要涉及电梯、计量、汽车三包、产品质量等方面,其中投诉举报90余起,业务咨询电话42起,投诉咨询总办结率为100%。

【商品条码工作】 联合省标院开展商品条码应用推广调研、商品条码质量专项抽查、商品条码系统成员缺失产品数据补录等工作。专项抽查10家企业,35个批次产品,合格率100%。并组织相关地方特色产品企业召开攀枝花特色产品条码溯源应用推广座谈会,引导企业积极参与产品溯源工作。

(李　凯)

国土资源管理

【国土资源】 截至2016年底,攀枝花市辖区面积74万公顷,其中:建设用地3.1万公顷,未利用地2.1万公顷,农用地68.9万公顷;农用地中耕地7.5万公顷(含水田2.6万公顷,占34.7%;水浇地0.02万公顷,占0.3%;旱地4.9万公顷,占65%),占总面积的10.1%;园地4万公顷;林地50.5万公顷;草地4.8万公顷。

全市已发现矿产种类76种,探明储量39种,得到开发利用的矿种40种,主要优势矿种为钒钛磁铁矿、煤矿、花岗岩、石墨等，保有储量分别为 65.97 亿吨、6.633 亿吨、8119.24 万立方米、1555.2 万吨。全市共发现矿产地 490 余处（含矿点、矿化点），其中，大型、特大型矿床 45 个，中型矿床 31 个。

全市其他主要矿种的保有资源储量情况分别为：伴生钒矿 1011.59 万吨、伴生钛矿 43594.69 万吨、溶剂石灰岩 33711.59 万吨、冶金用白云岩 4467.95 万吨、耐火粘土 1209.85 万吨、硅藻土 1355.6 万吨、苴却砚原石 2077.5 万吨。

【耕地保护】 进一步加大耕地保护力度，切实提高耕地保护效果，不断提高耕地质量。2016 年，建设高标准基本农田 0.154 万公顷；积极开展中心城区永久基本农田划定工作，完成中心城区 2594.89 公顷耕地图斑的举证工作，占上级下达任务总量的 63.84%。完成全市 2011—2016 年耕地质量等别更新工作，顺利通过国土资源部的检查验收。

严格落实耕地“占补平衡”制度，大力实施土地整理项目。加快推进 13 个省级投资土地整治项目的建设，建设总规模 8322.433 公顷，新增耕地面积 2877.1566 公顷。加大耕地后备资源调查力度，启动 32 个土地整治项目可行性研究工作。

2016 年，全市耕地保有量 7.4952 万公顷，超省级下达目标任务 2.5852 万公顷，完成全年目标任务的 153%。

【重点项目用地保障】 2016 年，全市国土资源管理系统围绕市委、市政府中心工作，依法统筹各业用地，做好重大产业化项目、新区建设和民生工程用地服务，优先保证能源、交通、水利等重要基础设施用地。全年共争取计划指标 617.208 公顷，同比增长 5.17%，上报农用地征（转）用面积 906.04 公顷（其中耕地 78.409 公顷），新增建设用地面积 836.14 公顷，同比增长 34.23%，全面保障天然气管道输送、攀大高速、金沙水电站、火车南站、花城新区基础设施建设等重点项目的用地需求。

全年市本级供应国有建设用地 90 宗，面积 604.7627 公顷，合同价款 32504 万元。

【国土资源规划】 组织上报 2016 年攀枝花市土地利用总体规划局部调整方案，涉及调整面积 182.7482 公顷，确保一批重点项目及时落地。

开展土地利用总体规划调整完善，合理调整规划目标和控制指标，优化土地利用空间布局，同步更新规划数据库、推进“三线”划定和“多规合一”（“三线”划定：划定城永久基本农田保护红线、生态保护红线和城市开发边界线；“多规合一”：国民经济和社会发展规划、城乡规划、土地利用规划、生态环境保护规划等多个规划的相互融合，融合到一张可以明确边界线的市县域图上，实现一个市县一本规划、一张蓝图，解决现有规划自成体系、内容冲突、缺乏衔接协调等突出问题）。

完成攀枝花市第三轮矿产资源规划编制工作。

【矿政管理】 继续推进矿业权市场建设，2016 年，征收入库矿产资源补偿费 2930.46 万元。

完成 2016—2018 年度地质勘查单位登记工作；对 46 宗矿山储量动态监测报告、11 宗探矿权勘查实施方案、6 宗权限内矿权储量核实报告进行审查；完成 1 宗矿权的价款评估工作；完成 7 宗矿业权储量登记审查以及全市矿产资源储量统计工作，对攀枝花市矿产资源概况进行更新。

完成 2015 年度 175 个采矿权年检工作，年检率 100%，实地抽检 44 个矿山，抽检率达 25%。按时完成煤炭去产能采证注销工作，全年报请注销 12 家煤矿采矿许可证。积极为企业简化程序、拓宽融资渠道，实现政务窗口案件限时办理，全年办理权限内采矿权抵押备案 6 宗；为权限外 12 家矿山企业出具无矿权争议；积极配合做好第三轮矿产资源规划中矿业权设置区划的划定工作，拟设 92 个探矿权区块；92 个采矿权区块。

【地质灾害防治】 切实把地质灾害防治作为“生命工程”抓好抓实。2016 年，对全市 265 个隐患点均编制专项防灾预案，确定专职监测人员 368 名；组织开展 21 处地质灾害工程治理项目，实施地质灾害排危除险项目 25 处，完成 188 户受地质灾害威胁户的避险搬迁安置工作；开展地质灾害防治知识专业培训 15 次，培训人员约 1500 人，发放宣传手册 5000 余册。

2016 年汛期，共发布地质灾害预警预报信息 34 次；出动应急处置小组 15 个，参与应急处置地质灾害 200 起；组织开展应急演练 290 次，参加演练人数 1.3 万余人。全年发生地质灾害灾情 6 起，其中滑坡 1 起、泥石流 5 起，直接经济损失 855 万元。

【执法监察】 扎实开展年度卫片执法，加大动态巡查覆盖面，及时有效制止、查处违法行为；持续保持打击违法行为的高压态势；深入开展各类用地专项治理。2016 年全市国土资源系统共开展动态巡查检查 2133 次，出动执法人员 6335 人次，发现和制止各类违法行为 268 件，实现违法行为发现率 98%，发现违法行为制止、报告率 100%；全市立案查处土地违法行为 37 件，同比下降 71.1%，拆除构建筑物 0.36 万平方米，没收构建筑物 3.42 万平方米，收回土地 21.93 公顷，收回耕地 3.1 公顷，挽回经济损失 97 万元，罚没款 353.62 万元；立案查处矿产违法行为 6 件，同比下降 14.3%，罚没款 9.35 万元，没收违法所得 14034.12 万元。

全年发现私挖盗采煤炭资源7件，有效制止7件，移送私挖盗采煤炭资源刑事案件1件，刑事拘留7人，治安拘留4人，起诉4人。

【集约节约用地】 加强建设用地全程监管，开展节约集约用地专项清理，本着“创新思维、用活政策、立足发展、保障服务”的原则，市国土资源局出台《“三去一降一补”国土资源保障措施》和《促进工业经济增长有效去产能和加快推进低效闲置工业用地处置利用的措施》。

2016年，清理低效利用土地29宗，面积209.84公顷，实现“十二五”期间单位GDP建设用地下降34.5%的目标。

【地质环境恢复治理】 按照“开发与保护并重”的原则，结合矿业城市转型发展、改善矿区群众生产生活条件，探索实施与促进当地旅游产业发展相结合的矿山地质环境恢复治理思路。2016年，矿山企业自筹资金完成矿山地质环境恢复治理面积2.14公顷，继续推进两处矿山地质环境恢复治理项目，争取省级资金1334.72万元；其中米易县二滩粘土矿山地质环境恢复治理项目被评为省级示范工程，治理总面积达504公顷。

【政务服务】 2016年，共办理土地、矿产行政审批及服务事项15414件。完成权限外采矿权审查30件，权限内采矿登记21件；完成划拨用地审批21件，出让用地审批10件，用地预审21件；截至9月21日（市不动产登记中心成立）完成商品房、房改房（住宅）商业门面分户8959件，散户310件；完成二手房过户、离婚析产、更名更址登记5795件；完成土地初始登记、变更登记72件，抵押登记95件，查封登记80件。窗口按时办结率100%，无有效投诉，窗口工作群众评议满意率达100%，办事单位和群众送来锦旗4面，感谢信7封，留言表扬20次，工作人员上门服务49次。

【精准扶贫】 认真学习贯彻中央扶贫开发工作会议精神，深入落实省委、市委作出的扶贫工作总体部署，结合市国土资源局职责和定点扶贫村、扶贫对象的实际情况，深入开展土地整治项目扶贫和定点扶贫帮扶工作，把实施土地整治项目作为精准扶贫的重要载体和抓手。

严格开展贫困村退出验收，对花椒箐村贫困发生率低于3%以内、村集体收入、硬化路、卫生室、文化室、通信网络、“四好村”创建等情况，对照“一低五有”的退出标准、逐一进行实地核查，对51户贫困户退出情况进行全覆盖核查，贫困户人均纯收入均已超过3100元。

【民生工程】 全年全市完成高标准基本农田建设项目2个，地灾治理工程1处，地灾避险搬迁178户；加大对民生工作的督查力度，民生项目用地保障、征地拆迁遗留问题处置等工作取得显著成效。

【法治国土建设】 全面推进政务公开，积极推进行政审批制度改革，及时清理上报权力事项及依据。加强行政复议能力建设，规范行政应诉行为。加强行政权力公开透明运行平台建设，认真设置电子监察点位和廉政风险防控信息，重点监督执法决定公开、执行裁量权标准、遵守执法程序等情况。全局107项行政权力逐一在网上进行“晾晒”。

进一步加强政府信息公开，2016年，共主动公开政府信息400余条，内容涵盖工作动态、公示公告、交易信息，征地信息等多个方面；与本地电视台、网络媒体签订宣传合作协议，充分利用媒体平台来展示国土资源管理工作成效，在《新闻天天看》栏目制作“大地之声”52期，内容涵盖耕地保护、土地利用、地灾治理、矿产管理等多个方面。

全面加强信访维稳工作，全年共接信访信件30件，办结30件，接待来访共22批124人次，收到“市长信箱”“12336”“12345”等信访线索181件，全部办结，没有发生维稳信访不良事件。

【攀西国家级战略资源创新开发试验区】 积极争取上级政策资金支持，中国地调局已编制完成《支撑服务攀枝花经济社会转型发展地质调查工作方案》，支持资金达2.28亿元；国土资源部回复对攀枝花市采矿用地改革、工矿废弃地复垦、地质环境保护与治理、红格南矿区设置采矿权、山水林田湖生态修复、民生工程、举办2017年中国—东盟矿业论坛等7个方面给予支持和帮助；积极争取省人民政府出台支持攀枝花市石墨矿资源的勘查开发、矿山临时用地试点等15个国土资源方面的政策措施。

【不动产统一登记】 2016年，认真贯彻落实国土资源部、省国土资源厅关于加快推进不动产统一登记制度在基层落地的有关工作部署，严格按照省上提出的年度工作目标、进度要求，扎实推进不动产统一登记各项基础工作，于9月实现市、县不动产统一登记全域覆盖。

【石墨矿勘查开发】 积极争取中央、省级资金和政策支持，加大石墨资源的地质找矿工作力度。“仁和区大田镇三大湾石墨矿预查、米易茅坪石墨矿预查”累计争取地勘基金1433.59万元。其次，攀枝花市田坪大型石墨矿经详查可提交石墨矿739.9万吨。

【工矿废弃地复垦利用试点工作】 2016年攀枝花市验收东区银江镇双龙滩、盐边新九乡龙蟒一期尾矿库2个工矿废弃地复垦项目，取得挂钩指标27.0572公顷，复垦耕地

11.034 公顷;在建仁和太平乡工矿废弃地复垦利用等 4 个项目,预计复垦面积 223.0668 公顷,完成复垦面积达 87.60 公顷。

【机构和队伍建设】 2016 年,强化干部选任,配合省国土资源厅党委办理县级干部提拔 2 名,配合市委组织部办理县级干部提拔 2 名;系统内共调整科级领导干部 23 人次,其中提拔 9 人、平级交流 7 人,因机构整合、调离攀枝花、个人辞职等原因调整 7 人。

强化编制保障,机关内设机构增设党委办公室、增加正科领导职数 1 名;市不动产登记中心机构整合,新核定副县领导职数 1 名、科级领导职数 13 名;增加市地环站事业编制 1 名。

强化人才配备,优化人才队伍结构,新录用公务员(参公)4 名、事业人员 8 名,引进急需紧缺专业选调生 1 名、储备人才 1 名,调入科级干部 1 名;完成房管系统 36 人划转接收。

强化教育培训,选派参加省国土资源厅和市级部门安排的调训 76 人次;组织参加公务员(参公人员)扶贫攻坚培训 74 人;邀请成都理工大学教授开展土地变更调查、农村土地整治监测监管、地质灾害防治与管理等专题培训 130 人次;向省国土资源厅推荐参加优秀年轻干部递进培养 3 名;组织不动产登记中心工作人员及新进人员上岗考试 72 人次。

(李俊丰)

食品药品监督管理

【概 况】 2016 年,攀枝花市共有食品生产经营主体(不含农产品生产)3 万余户,从业人员约 9 万余人。其中,获证食品生产企业 88 户,获证食品经营单位 15388 户。

全市辖区内共有药品生产企业 2 户,药品批发企业 15 户,药品零售连锁企业总部 12 户,药品零售单店(含连锁门店)515 户。辖区现有医疗器械定制式义齿生产企业 2 户;医疗器械经营企业 569 户,其中第三类批发 21 户、第三类批零兼营 1 户、第三类零售 27 户,第二类备案批发 12 户,第二类备案零售 508 户;医疗机构 989 户。市食品药品监管局监管 10 家市属及大企业医疗机构、1 家市级疾病预防控制中心、19 家较大的保健食品经营企业、38 家较大的化妆品经营企业。

2016 年,市食品药品监管局(含稽查支队)在职人员 77 人,其中,行政人员 41 人、事业执法人员 28 人、工勤人员 4 人、财政拨款聘用司勤合同工 4 人。离退休人员 14 人。

2016 年,市食品药品监管局在省食品药品监管局的精心指导和市委、市政府的正确领导下,按照"四个最严"和"坚决守住食品药品安全底线"的要求,落实"党政同责"和"四有两责"责任,狠抓日常监管,强化监督抽检,突出专项整治,严防安全风险,严惩违法行为,实现食品药品安全无责任事故。

2016 年,市食品药品监管局规范许可审批,推进行政审批改革,严把主体准入关。对审批的现场检查、时限、流程等程序进一步优化,开展许可前置条件清理,规范事中事后监管,加强对系统内行政审批工作的指导和监督,推行行政许可项目目录管理,积极开展行政许可业务知识培训。全年共办理食品药品行政许可 6369 件,其中食品 5020 件、药品医疗器械 1349 件,按时办结率、群众满意率均达 100%。

2016 年,市食品药品监管局积极探索完善"源头严防、过程严管、后果严惩"的监管模式,增强监管工作的主动性、连续性、系统性、有效性。在全省率先推行食品药品安全"双随机"监管制度,推进"阳光"执法,克服"任性"检查。建立完善主体责任制度,召开食品生产企业履行主体责任述职大会。大力激发履行主体责任的内在动力,评选命名食品安全示范单位 5 户、药品安全示范店 25 家、医疗机构药械质量安全管理示范单位 23 家。强化落实主体责任的监督制约,对 101 户食品生产经营单位进行责任约谈。建立完善一系列药械监管长效机制,在全省实现"三个率先":率先在医疗机构中开展药械管理规范化建设;率先在药品零售经营企业中开展分级管理;率先在医疗器械生产经营企业中开展信用等级管理。创新药品流通领域专项整治方法,与税务部门建立联系协作机制,有效规范税票管理;"驻点帮带"将监管端口和重心前移,防止问题"整而不改";建立"信息共享、联动执法"机制,一处发现问题线索,及时通报,迅速作为,全系统同步行动,实现由点及面监管,推动由个案查办向全域执法拓展。

突出重点,加强日常监督检查。食品方面,以开展食品生产企业风险分级管理、鲜活水产品非法添加物清查、清除农贸市场使用"松香、沥青"清除家禽羽毛专项检查、餐饮食品安全量化分级管理、推进肉制品等重点食品溯源体系建设、约谈食品生产经营企业负责人等为抓手,落实食品安全主体责任。对 4524 家持证餐饮单位进行量化分级管理,量化分级评审率达100%，全市4852户餐饮企业中完成“明厨亮灶”2336户，完成率为48.15%。药品方面，突出对认证企业跟踪检查，杜绝企业认证后“反弹”；突出药品零售企业量化分级管理，对全市511家药品零售企业进行量化等级评定；对药品经营企业过期药品处置情况、药械经营企业冷链管理、定制式义齿生产企业进行重点监督检查；加大特殊药品监督，杜绝流入非法渠道；督促医疗机构制剂室改造，加大品种再注册的帮扶指导力度，确保医疗机构制剂质量安全。全年全市监督检查食品（保健食品）生产经营单位23260户（次），药品、医疗器械及化妆品生产经营和使用单位3961户（次），责令整改798户（次）。

开展风险研判，加强风险防控。定期开展食品安全风险交流研判，采取综合性分析与专题性分析相结合的方式，对全市食品药品安全风险隐患进行分析研判，厘清风险点防范治理清单，形成防控措施，对突出风险治理情况进行跟踪落实，确保食品药品安全风险早发现、早安排、早治理。建立省、市、县（区）三级舆情信息监测处置APP，及时监测掌握辖区域内食品药品舆情信息，坚持“第一时间应对”的原则，快速信息反馈、快速研究分析、快速核查处置。2016年度共监测舆情信息12件，开展舆情信息调查处置12件，处置率100%。

国家卫生城市复审食品安全达标。制订《攀枝花市迎接第二轮国家卫生城市复审食品安全专项工作实施方案》，将工作任务进行细化和分解，在全市率先推行“迎创卫复审”分区包抓工作制。制定《小餐饮店小食品店问题整改方案》，以“三防”（防虫、防鼠、防虫害）设施、鼠蝇防治、食品生产经营场所环境卫生、主体资格规范和从业人员健康管理等作为重点整治内容，共出动执法人员9917人次，检查问题点位数13287户次。通过集中整治，全市小餐饮、小食品店主体资格规范、从业人员健康状况、经营管理状况、环境卫生状况等方面有明显好转，顺利通过国卫复审暗访检查。

文明城市创建工作有声有色。开展培训和督导，确保集贸市场食品安全、食品药品投诉举报、“文明餐桌”行动、餐饮业控烟等工作有序推进。做好质量强市示范城市创建工作，指导食品生产企业积极推动品牌建设，提升企业的竞争力；定期分析食品药品质量状况，按时报送质量动态信息及工作开展情况。认真做好2016年市党代会及人大、政协会议、高考中考和亚洲青年女子垒球锦标赛、硕士研究生招生考试等重大社会经济活动食品安全保障工作。全年共完成市委、市政府确定的重大社会经济活动食品安全保障任务18次，涉及52个保障点，出动执法人员1545人，共保障31857人次的饮食安全。

【依法行政示范创建】　建章立制，规范执法行为。建立并完善《重大复杂案件集体讨论制度》《案件复核制度》《重大决策法制审核制度》《规范性文件审核备案制度》等9项内控制度，清理原制度25个，新制定5个。做到用制度规范行为，用规矩约束权力，所有重大处罚案件和规范性文件都经过法制审核，并分别填写《案件复核表》《合法性审查表》，全市食品药品行政处罚案件无一行政复议，无行政应诉案件，行政执法人员无一违纪违规。加强依法行政能力建设。严格落实局长办公会学法制度，全年局长办公会学法15次。在全市集中开展营造食品药品安全治理法治浓厚氛围活动，制定并下发《关于集中营造食品药品安全治理法治浓厚氛围的实施方案》，在机关办公大楼制作了LED法制宣传标语和法治宣传展板，结合“食品安全宣传周”“全国安全用药月”等活动面向食品药品生产经营单位开展法治宣讲活动。开展执法监督检查，共抽取行政许可、行政处罚案卷100件开展评查。召开全市系统案件评审交流会，对105件行政处罚案卷进行评审，将3个典型执法案例在局公示栏内进行展示。进一步规范行政审批行为。制定《2016年行政审批工作要点》，及时清理并公布行政许可目录。进一步规范行政审批流程，对各县（区）局的行政审批情况开展一次执法监督检查，对存在问题进行通报，并督促整改，确保同一行政审批事项在本辖区实行统一的审查检查标准。全年共办理食品药品行政许可6369件，其中食品5020件、药品医疗器械1349件，按时办结率、群众满意率均达100%。建立举报奖励制度。市政府出台《攀枝花市食品药品安全举报奖励办法》，并向社会公开。

【食品药品安全监管制度】　完善监管工作机制，制定出台《攀枝花市食品药品监督管理局推行“双随机”抽查规范食品药品安全事中事后监管实施方案》，在全市食品药品监管系统推行“双随机”抽查机制，构建县（区）日常监管全覆盖、市级实施“双随机”抽查、县（区）间进行交叉检查的监管新模式，克服“任性”检查，实行“阳光”执法。建立和落实食品安全自查制度、食品生产经营者主体责任制度、食品安全管理制度、从业人员健康管理制度、食品安全自查制度、进货查验记录制度、食品出厂检验记录制度、批发企业食品销售记录制度、食品追溯制度、食品召回制度，实现监管工作制度化、规范化、科学化。对企业食品安全管理人员随机进行监督考核并公布考核情况、试行食品生产经营企业履行主体责任情况述职报告制度。根据《医疗器械监督管理条例》及其配套行政规章，面向社会广泛征求意见，制定《攀枝花市医疗器械企业信用等级分类管理办法（试行）》，以信用等级管理的方式进一步规范医疗器械生产、经营行为。提升监管人员业务能力，对全市36名医疗器械监管人员开展80余人次监管业务技术及法律法规培训。

【基础能力建设】　攀枝花市食品安全检（监）测能力（市食

品药品检验检测中心）建设项目属中央投资和地方资金配套建设项目，项目建设总体方案和地方配套资金筹措方式经市政府2016年第72次、81次常务会审定，建设总规模为9000平方米，计划总投资6200万元（中央预算内投资1200万元、地方财政投资5000万元）。2016年，已完成项目选址、重新立项、中央扶持资金申报、可行性研究报告、社会稳定评估备案、节能登记备案、环境影响评价报告等工作。中央预算内投资的1200万元已到位，地方配套资金5000万元由市食品药品监督管理局下属的市食品药品检验所向攀枝花市农村商业银行贷款4950万元（期限8年，年利率5.3%），资金本息纳入财政预算。扎实推进基层监管所建设。市食品药品监管局制定并下发《关于进一步做好基层监管所规范化建设的通知》和《基层监管所规范化建设验收实施方案》，在全市选择3个基层监管所进行规范化建设试点，在仁和区召开全市基层食品药品监管所规范化建设现场会。县（区）均出台基层监管所建设相关文件，机构、人员编制均纳入"三定"方案予以明确。全市建立的32个基层监管所人员编制184人，实际到岗208人（含临聘人员36人）。利用省级专项资金为基层监管所配备台式电脑96台、冰箱32台，购买9台执法车辆，全市32个基层监管所现有执法车辆45台，22个基层监管所均设立快检室并配有相关设备。2016年全市共有16个基层监管所达到规范化建设标准，达标率50%。狠抓监管队伍建设。采取公招、选调等方式充实市食品药品稽查支队4人、市食品药品检验所3人，市级机构人员到岗率达97.1%。县级机构共有编制516名，实际到岗435人，缺岗81人，到岗率达84.3%。加大教育培训力度。投入中央补助资金48万元、市财政资金24万元，对全市食品药品监管系统新进人员、执法人员、各类专业人员等培训1300人次，按属地管理的原则，县（区）对专（兼）职监管人员和协管员（信息员）进行培训，培训达40学时。

【食品药品安全宣传】 搭建多样化宣传平台，传播食药监管"好声音"。与媒体深度合作坚持权威公布，邀请各类媒体集中采访、跟踪报道"药品流通领域专项整治""地方特色食品米线质量安全""各类代表评议考察"等专项行动，共刊发食品药品新闻报道300篇（条）。召开新闻发布会主动发声，坚持每季度召开一次食品药品监管专题新闻发布会，向社会公开监管工作动态、抽验抽检、行政处罚典型案件等信息，回应公众关切。创刊《食品药品安全工作专报》，每季度编印1期，分送省、市、县各级领导、相关部门。邀请市人大代表、政协委员、市民代表、媒体代表、食品药品义务监督员组成评议团，实地考察食品药品生产经营企业，评议食品药品监管工作。利用"微信"平台发布信息600余条，累计阅读量达50万人次，"攀枝花食药监"政务微信荣获2016年四川省食药监系统"政务新媒体影响力十佳账号"。主题宣传形成声势。精心策划并扎实开展"12331投诉举报热线""食品安全宣传周""全国安全用药月"3个集中宣传活动。邀请省级专家、市级食品药品专业人员深入社区、学校、乡村、"攀枝花讲坛"，开展"饮食用药安全大讲堂"38场。组织三甲医院专家、药品经营企业开展"食品药品安全乡村行、社区行"活动，开展食品药品科普知识宣传共23次，受众上万人。结合时令，通过媒体和交通要道LED屏发布（播放）"慎食野生蘑菇""各季食品安全注意事项"等温馨提示，编印科普作品宣传画、《食品药品安全知识口袋书》等各类宣传资料10万份发放群众。公益宣传形成体系。制作"做人民群众的忠诚卫士，切实保障'舌尖上的安全'"大型平面广告2幅，在攀枝花机场和交通要道展出。自编自演自拍摄食品安全法制宣传微电影《选择》在优酷播放宣传。租用交通要道大型LED屏1年，以每天滚动80次的频率，发布"12331"食品药品安全投诉举报电话、抽验抽检、行政处罚、许可变更等信息。市、县（区）电视台播放食品药品安全公益宣传片180次。

【食品安全示范县创建】 按照四川省创建食品安全示范县活动方案要求，市食品药品监管局积极指导米易县开展食品安全示范县创建。米易县政府分别与12个乡镇、8个相关责任部门签订食品安全责任书，将创建工作纳入年度目标考核内容。在全县12个乡镇设立6个市场监管所，在全县88个村、11个社配备150余名食品安全质量专管员、协管员、信息员，构建县、乡镇、村社三级联动的监管责任体系。米易将创建省级食品安全示范县工作经费列入县财政预算，2016年投入550万元用于检验室建设和食品专项抽检。米易县食品药品监管部门不断深化食品安全综合监管，组织开展学校食堂食品安全、肉类及冻制品、农村食品安全"清源""净流""扫雷"等专项整治行动，强化对节假日、重大活动期间食品安全隐患的排查力度，监督检查食品经营户3347户（次），当场处罚26户，排查整治安全隐患58条，确保食品安全无事故。2016年被命名为"省级食品安全示范县"。

【食品药品专项整治】 开展鲜活水产品非法添加物、肉及其制品、农村食品安全"扫雷行动"、冷冻库食品、生湿面制品、乳制品、食用盐、农作物农药残留超标、禽畜兽药残留超标、白酒、米线、茶叶、旅游景区餐饮食品、学校食堂及校园周边食品、建筑工地食堂、餐饮服务环节违法添加罂粟壳、含铝食品添加剂、节令食品、重要节日及重大活动等食品安全专项整治。开展流通领域医疗器械、中药材、中药饮片、医疗机构药械质量管理、药品流通领域、药品"两非"、危险化学品和易燃易爆物品、医疗机构制剂、特殊药品等50余项专项整治。在冷冻库食品安全专项整治中，历时3个月，对全市42家冻库经营场所和冷冻食品逐一进行摸底检查，对存在违规违法行为的业主进行依法查处，下达监督意见书5份。在学校食堂及校园周边食品安全专项整治中，重点对90家学校进行检查，检查学校食堂及周边餐饮单位1658户次，责令整改489户，整改合格474户，对仍不合格的15户继续整改，并列入重点监管对象；培训学校（含托幼机构）和学校周边餐饮单位1357家，培训人员4396人。在餐饮服务环节违法添加罂粟壳专项整治中，共检查经营企业（业主）8475户次，立案查处32件，罚款金额9.78万元，移送司法机关案件1件。在医疗机构药械质量管理专项整治中，检查医疗机构805家，发出责令整改通知书107份，立案查处10件，罚没金额5.83万元。在药品流通领域专项整治中，共检查药品经营企业1060家（次），企业按时报送整改报告1082份，撤销GSP证书10件，立案查处58件，罚没款19.3536万元，移交公安机关1件。2016年，全市共办理食品药品安全违法案199件，罚没金额106万余元，取缔药品无证经营1户，移交司法机关案件6件，配合公安机关抓获犯罪嫌疑人1人。

【食品药品及医疗器械检验检测】 2016年，全市抽检食品药品共3966批次。食品抽检监测3905批次，合格3786批次，不合格138批次。其中，国抽323批次，合格311批次，不合格12批次；省级民生工程抽检298批次，合格251批次，不合格47批次；省级专项抽检97批次，合格94批次，不合格3批次；省级评价性抽检47批次，合格46批次，不合格1批次；省级风险监测80批次，合格80批次；市级抽检监测1137批次，合格1106批次，不合格50批次；县区级食品抽检1923批次，合格1898批次，不合格25批次。药品抽样检验750批次，合格705批次、不合格45批次。完成抽样检验医疗器械34批次，完成9个品种化妆品抽样任务。完成食品快检2100批次，完成药品快检380批次。

（蒋劲松）

安全生产监督管理

【概　况】 攀枝花市按照“党政同责、一岗双责、齐抓共管、失职追责”的要求，坚持安全发展理念，牢固树立安全生产红线意识，紧紧围绕安全生产工作目标和任务，严格落实安全生产责任和措施，扎实稳步推进各项工作，安全生产形势持续稳定向好。

2016年，全市共发生各类生产安全事故343起，死亡54人，受伤13人，经济损失1237.9万元。按可比口径同比，死亡人数增加18人，上升50%；事故起数、受伤人数和经济损失分别减少209起、10人和280.4万元，下降37.86%、43.48%和18.27%。发生较大事故2起，死亡6人（含12月23日高铁施工事故死亡3人），占省控指标3起的66.66%，未发生重大以上事故。

【安委会工作】 加强安全生产工作领导。认真组织实施安全生产法律法规和党中央、国务院、省委、省政府有关安全生产工作的决策部署，科学编制《攀枝花市安全生产“十三五”规划》，并将安全生产工作纳入《攀枝花市国民经济和社会发展“十三五”规划》和政府重要议事日程，同步规划部署、同步推进实施；市委常委会、市政府常务会分别2次听取安全生产工作情况汇报，研究部署全市安全生产工作；召开全市安全生产工作会1次、电视电话会议1次、市安委会（扩大）会议4次（每季度1次）、安全生产工作专题会议4次，分析安全生产形势，解决突出问题，部署重点工作；市委、市政府主要领导调研检查安全生产工作30次，其他联系、分管领导调研检查安全生产工作193次；加大安全生产指标考核权重，将领导干部安全生产履职情况作为干部选拔任用、评优评先的重要依据，市目标督查办每两月对市级领导干部和重点安全生产目标责任单位安全生产履职情况进行督查，编发通报6期。

健全安全生产责任体系。编制《攀枝花市安全生产巡查工作制度》，并以国务院巡查组对攀枝花市的安全生产工作巡查为契机，进一步推动安全生产工作责任落实；建立完善安全生产考核机制，制定《攀枝花市2016年度安全生产目标管理考核细则》，坚持过程考核和结果考核相结合，严格落实安全生产“一票否决”；编制《攀枝花市各级领导干部安全生产职责清单》，进一步落实各级领导干部的安全生产责任，着力推动县（区）、乡镇（街道）以及负有安全生产监督管理职责的部门建立完善分工明确、责权明晰的安全生产责任制，编制安全生产权力清单和责任清单，照单履职、照单问责；加强对企业落实主体责任情况的监督，印发《攀枝花市进一步落实企业全员岗位安全生产责任制工作意见》，督促企业完善细化全员岗位安全生产责任制，落实隐患排查治理、安全风险等级管理等制度；强化责任分解落实，与5个县（区）政府、钒钛高新区，安监、住建、交通、公安等15个市级部门签订《2016 年度安全生产工作目标任务责任书》，各县（区）、乡镇（街道）逐级层层签订，高危行业规模以上企业的责任书签订率 100%。

强化安全事故预防。印发《攀枝花市防范和遏制重特大事故工作实施方案》，全面部署推进标本兼治遏制重特大事故，着力构建风险分级管控和隐患排查治理双重预防工作长效机制；建立健全安全隐患排查治理体系，强化企业隐患自查自报自改闭环管理，全市登录安全隐患排查治理信息系统注册的企业 12066 家，企业注册入网率 100%；入网填报隐患企业 5398 家，自查一般隐患 12155 项，按期整改率 100%，自查重大隐患 88 项，按期整改 87 项，整改中 1 项，整改率为 98.86%；强化重大隐患挂牌督办，省级挂牌督办重大隐患 2 项按期整治完成，市级挂牌督办重大隐患 11 项，10 项按期整治完成，1 项延期整改；全面深入开展安全生产大检查，组织检查组 629 个，其中暗访暗查检查组 57 个，检查企事业单位 3439 家，查处一般隐患 2282 项，重大隐患 30 项，累计投入整改资金 1690 万元，打击非法违法行为 2798 起，整治违规违章行为 30999 起，停产整顿 44 家，暂扣吊销证照 15 个，处罚罚款 16.948 万元；开展“保畅通、保干净、保安全”集中整治行动，组织有关部门深入开展煤矿、非煤矿山、道路交通、建筑施工、危险化学品、烟花爆竹、消防、特种设备、涉爆粉尘等重点行业领域专项整治 46 次，检查企事业单位 5128 家（次），排查整治隐患 10892 项；强化汛期、节假日、大型活动等重点时段隐患排查治理，汛期对重点防汛单位、点位开展安全检查 2776 家（次），排查隐患 5463 项；严密防范自然灾害可能带来的事故风险，“9·19”自然灾害发生后，10 部门派出隐患排查工作组 305 个，对排土场、煤矸石堆场、弃渣场、地质灾害点、在建工程、水库、道路、桥梁等 4972 处重点区域（点位），煤矿、非煤矿山、尾矿库、危险化学品等行业领域 446 家生产经营单位开展安全隐患排查，发现一般隐患共计 1009 项，明确整改方案、时限和责任人，逐一落实整改。

加强应急救援能力建设。强化应急预案管理，督促各级各有关部门、企业修订完善安全生产应急预案，强化应急预案评审、备案，定期组织演练，实现政府和企业间预案的有效衔接；加强重大危险源监测监控，构建重大危险源数据库，235 个重大危险源纳入市监控中心管理，对全市 5 个县（区）监控平台进行改造升级；强化专业应急救援队伍建设，划拨 25 万元专项经费用于专业救援队伍装备建设，定期组织实战演练 10 次，参加技术竞赛 1 次；强化矿山、危化、烟花爆竹等重点企业员工培训，提高操作人员自救、互救能力；开展安全生产应急管理执法检查 2 次，坚持将新建、改建、扩建企业的应急设备设施建设纳入安全生产“三同时”，督促企业落实应急准备工作；健全应急响应机制，完善事故现场救援指挥和组织协调机制。

安全社区建设。2016 年，市安全生产委员会办公室制定出台《安全社区建设工作意见》，对建设工作进行全面安排部署。新建四川省安全社区 3 个，分别是：市盐边县渔门镇、市盐边县新九乡、市东区瓜子坪街道。成功复评 2 个，分别是：盐边县红格镇（2013 年建成）、盐边县桐子林镇（2013 年建成）。5 个安全社区统一由省安委会进行命名。

【安全教育培训】 完善全市安全生产培训考试分中心和考点建设工作，在全市范围内严格实行安全生产培训计算机考试，督促培训机构严把考试关，不断提高培训质量。2016 年共培训特种作业人员 10780 人，培训企业负责人和安全管理人员 1200 余人。

【安全监察执法】 2016 年安全生产监察执法工作，坚持问题导向，持续保持严管重罚的高压态势。开展企业监察执法 217 家次，出动执法人员 497 人次，发现消除各类问题和隐患 1451 项，立案调查 17 起（含事故处罚），实施行政处罚 478.65 万元。

强化执法计划导向。梳理制定市级监察执法企业目录，锁定直接监察执法对象，建立监察执法企业分类分级信息档案，按照“全覆盖”要求科学编制年度、月度执法计划，明确执法任务，突出执法重点，严格监察执法计划执行，规范监察行为。

改进监察执法方式，实行精细化、差异化执法。建立一企“一案两表一书”（检查方案、执法检查表、现场隐患诊断表、整改指令书）标准化监察执法制度，广泛采取明察暗访、突击检查、随机抽查、回头检查、专家诊断、专项检查，深入一线，深挖细究，着力找准真实隐患和问题，严厉打击非法违法生产经营行为，增强监察执法针对性、实效性。

强化责任考核，严格闭环管理。通过建立监察执法支队内部监察执法任务分工协作责任机制，采用分组执法并完善考核体系，统筹解决人员归位问题，形成“千斤重担人人挑”工作机制。严格闭环管理，健全完善监察执法责任制，按照“谁检查，谁签字、谁负责的要求”，做到“有查必留痕”，对监察中发现的安全隐患，实行闭环整改“五落实”（责任、措施、资金、时限、验收落实），促进企业安全生产主体责任落实到位。

加大事故企业监察执法力度。对事故企业开展“回头看”监察执法。加大罚款催缴力度，约谈事故企业负责人 8 人，签订交款计划承诺书 6 份，移交法院强制执行 2 家；按照事故调查处理报告明确的整改措施，全面核查整改措施落实情况，对整改落实不到位的企业实施行政警告 1 家。

【举报投诉】 全年共受理各类举报 71 件，其中通过“12350”电话举报 66 件，信函举报 5 件。在受理的举报中，属于安全事故类的举报共8件，隐患类举报共46件，违法类举报共17件。按照“有报必查、查必有果”的原则，认真翔实开展举报核查，及时将举报调查结果回复举报人员，回复率100%。

【安全生产宣传】 强化“典型”引导。发挥典型个案对社会价值的引导作用，积极推进“以案说法”工作。选取安全典型事故案例制作《调查·反思》视频和“安全生产法十大亮点”“安全生产十二忌”“安全生产八安八险”等安全普法资料，向大众发放约1.5万余份，以简短、好记、实用的特点开展宣传，组织重点企业职工进行集中学习，通过“以案说法”，取得良好的宣传效果。

开辟安全专题宣传新阵地。新设立3个安全生产宣传栏目扩大安全生产宣传覆盖面。在广播电视台开设“安全之窗”栏目，宣传安全知识、解读安全政策等；在《攀枝花日报》开设“安全在行动”栏目，报道安全工作情况；在市政府网站开设“安全动态”栏目，更新安全动态。

双微平台创新宣传。通过“攀枝花安监”微博、煤矿、非煤矿山、危化等微信群平台，及时更新平台内容，推送安全生产法、职业病防治法、安全课堂、安全小知识、安全要闻、安全漫画、安全事故等内容。2016年共推送微信205条，微博167条。

【依法治理】 健全制度规范依法行政。以制度促规范。建立完善《攀枝花市安全监管局安全生产错案责任追究制度》《安全生产案件审理制度》《行政执法全过程记录制度》等9个制度。在执法过程中实行全过程记录，以文字记录和动态记录两种形式全程记录行政执法过程，并指定专门人员存储，以备查验。以问题促安全。建立问题清单和整治台账，实行违法违规企业“黑名单”制度。制定出台《建立企业安全生产“黑名单”制度实施意见》，暂未有企业纳入“黑名单”管理。建立攀枝花市预警体系，制定出台《攀枝花市安全生产预警制度》，对预警的对象、内容、程序、问责进行明确。以顾问促严谨。长期聘请律师担任法律顾问，对安全生产行政执法工作提供专业咨询服务，让法律专家为行政执法工作合法性“把关”。

加强培训提升依法行政能力。邀请省内知名专家就安全生产行政问责、《中华人民共和国安全生产法》、安全监管重点问题等内容进行培训。全市各县(区)、乡镇(街道)领导干部和安监人员约200余人参加培训。强化机关干部职工学法。建立学法制度，局党组会学习党章党规，局长办公会学习安全生产相关法律法规，干部职工学法培训率达100%。

开展督查严格行政执法行为。认真落实行政执法案卷评查制度，在全市开展安全生产行政执法案卷评查活动，组织评查人员采取现场抽查的方式对各县(区)自2014年以来的行政执法案卷进行评查，重点对行政执法行为的合法性、合理性和执法文书的规范性进行评判。同时，从各县(区)分别选取2卷案卷报送至四川省安全生产监管局对案卷进行非正式评查。通过评查活动，安全生产执法行为进一步规范。

【安全科技】 与四川省安科院合作，共同研发《矿山立体可视化及数字化安全防控技术研究及其应用》项目，该项目获得四川省人民政府科技进步一等奖。并将此项目运用到非煤矿山安全监管。采用先进的三维激光扫描技术、卫星遥感和无人机拍摄等技术，对全市22座尾矿库(排土场、高边坡采场)进行扫描，并定期进行对比，及时掌握变化，建立起市级非煤矿山危险源健康档案数据库。实现对非煤矿山危险源实时监测监控。

【安全文化建设】 推进安全文化建设示范企业创建活动。2016年，通过认真审核评比向四川省人民政府安全生产委员会办公室申报3家企业，有2家企业通过省级验收，获得全省安全文化示范企业称号，分别是攀枝花市烟草专卖局(公司)、国网四川盐边县供电有限责任公司。截至2016年，全市共有13家企业被评为省级安全文化示范企业。

【安全生产月活动】 安全评书助力安全宣传。市安全监管局与市广播电台合作，每天10—11点，在攀市广播电台FM 88.5新闻广播频道《耳听八方》栏目播放李伯清安全生产评书。评书从6月1日起持续播放1个月，共播放30期，每期节目时长15分钟。通过评书方式传播安全知识，弘扬安全文化，让人民群众在欢声笑语中潜移默化的逐步提高安全意识。收听安全评书达到25万人次。

在全市6家电影院开展电影片头安全宣传活动。在电影开播前5分钟内，插播1分钟的安全公益宣传广告和安全小知识。教育引导观众关注安全，珍爱生命，提高安全意识，努力营造全社会关注安全、关心安全的良好氛围。潜移默化受教育人数达到11万人次。

开展安全生产“大讲堂”活动。组织7个宣讲团，到各个县(区)、社区、重点企业开展安全宣讲。采用分管领导+安全专家结合的模式，邀请有多年一线从业经验和讲课经验的专家与领导对基层政府部门人员、重点企业负责人、安全管理人员、一线从业人员开展安全生产宣讲，交流安全监督管理和防范事故的心得体会。参加人数3100余人。

开展“安全生产咨询日”活动。6月16日，在全市范围内开展安全生产宣传服务咨询日活动。活动分1个主会场和5个分会场，主会场设在市中心广场，在主会场设咨询台34个，展出大型宣传展板53块、挂图70幅。市安委会成员单位,大企业、部分重点企业主要负责人以及新闻单位记者等共计500余人参加活动。活动吸引大批市民群众踊跃参与。据统计,发放各类安全宣传材料1.4万余份,凉扇2000把、安全知识扑克1000副。为群众提供企业安全生产、交通安全、家庭防火、安全用电等各类咨询1000余条。同时,咨询日活动还安排现场灭火、逃生等项目体验,由消防官兵手把手指导市民群众正确使用灭火器、灭火毯等设备扑灭火灾,传授避险逃生等安全知识。

【安全生产行政审批】 推进安全生产行政审批制度改革,认真落实行政审批工作首问负责制、限时办结制、责任追究制等制度,出台《攀枝花市贯彻落实〈四川省安全监管局 四川煤监局关于深化全省安全生产行政审批制度改革进一步推进全省安全生产依法治理的工作意见(试行)〉的工作方案》,修订《攀枝花市安全生产行政审批"七项公开"制度》,实施简政放权,全面清理6大类、12子项的安全生产行政许可审批事项,进一步优化行政审批流程,提高行政审批效能。加强事前把关和事中事后监管,实施重大工业产业化项目"三同时"专人负责制,继续对全市重大工业产业化项目建立电子档案,加强动态跟踪。2016年,受理办结安全生产行政审批事项8071件,实际办理提速75.56%,累计提速天数3093天。

【煤矿安全监督管理】 煤矿专项整治。推进重大灾害防治工作。39处煤矿企业全面自查,结合重大灾害实际,从工程、技术、管理等方面制定具体的综合防治措施,报备后有序推进防治工作;开展瓦斯及水害防治专项治理。制定专项检查方案,通过企业自查、县(区)检查、市级抽查、专项督查方式检查35矿次,发现隐患和问题290条;开展煤矿建设项目安全专项治理。通过上门服务、专项检查、复工验收、"回头看、回头查"等方式,督促指导29处建设矿井自查填报自查表,编制专项治理方案报批后进行整治,并按照"一矿一档"建档管理;开展矸石山安全隐患排查专项整治。通过摸底调查,全面摸清65处矸石山基本信息,发现安全隐患35条,督促隐患整治,确保安全;推进《煤矿安全规程》宣传贯彻及对标专项整治。通过宣讲贯彻、书面考试、对标自查自纠、专项检查、重点抽查等方式,全面推进新《煤矿安全规程》的宣传贯彻和对标整改工作,开展宣讲9次,书面考试200余人次,专项抽查7矿次,查处安全隐患及问题115条,责令1处煤矿停产整改;推进隐患排查治理长效机制专项治理。制定印发专项活动方案和重大事故隐患治理督办制度,督促煤矿企业完善隐患排查治理制度,全面开展隐患排查治理,及时注册填报隐患排查治理系统,39处煤矿共自查隐患4176条,开展专项抽查11矿次,发现隐患及问题125条;开展煤矿安全生产大检查。采取"四不两直"(不发通知、不打招呼、不听汇报、不用陪同接待、直奔基层、直插现场)的办法,通过联合执法、暗查暗访、专项检查等方式检查27矿次,下达执法文书15份,发现隐患及问题147条,停产整改2处,行政处罚2处。

煤炭行业化解过剩产能。推进煤矿关闭退出工作。市政府成立工作领导小组,印发《攀枝花市煤炭行业化解过剩产能实现脱困发展的实施意见》,推进化解过剩产能工作,全年关闭退出煤矿10处,退出产能114万吨/年。严格煤矿超能力生产。督促所有生产矿井严格落实276个工作日制度,并对全市生产矿井开展暗查暗访,共检查13矿次,发现安全隐患156条,均下达整改执法文书。

开展联合技术"会诊"。对高瓦斯矿井、生产能力小于30万吨/年的地方煤矿、重点国有企业开展联合技术"会诊"。全年共开展技术"会诊"10矿次,出具专家会诊意见书10份,排查出一般安全隐患和问题307条,重大安全隐患2条,根据存在的问题和专家建议意见,出具整改文书,提出处置意见和整改措施。

安全质量标准化建设工作。制订《攀枝花市煤矿安全质量标准化建设工作方案》,以示范县和示范矿井建设为抓手,明确盐边县建成煤矿安全质量标准化示范县、建成2处一级质量标准化示范矿井、5处二级质量标准化示范矿井、建成3处三级质量标准化矿井系统升级达标示范矿井的目标,于12月通过省考评验收,实现目标任务。2016年,全市共建成一级安全质量标准化矿井2处,二级安全质量标准化矿井5处,三级安全质量标准化矿井15处,2处因发生安全生产事故取消安全质量标准化评级。

【非煤矿山安全监督管理】 开展安全监管专项行动。露天采石场安全生产专项整治。采取联合执法,与第三方技术服务机构合作,专项整治与日常执法相结合开展检查督查。从企业内部安全机构设置、安全管理规章制度及操作规程到现场开采作业、边坡管理及排土场整治等方面进行全方位检查。共抽检企业20次,查出安全隐患40条,下达整改指令17份。金属非金属地下矿山便携式气体检测报警仪和自救器专项检查。对全市9家地下矿山企业是否足额配备便携式气体检测仪和自救器,入井前报警仪和自救器是否安全可靠,员工是否按规定正确佩戴和使用等方面进行排查整治。将检查过程中发现的安全隐患反馈至企业,督促企业及时整改,并跟踪督办,确保整改完成。

开展隐患排查整治。对正常生产的24家非煤矿山企业进行全覆盖检查督查,对15家停产、停建重点企业进行暗查暗访。共检查非煤矿山企业58次,出动检查人数130人次,制作现场检查记录20份,查处安全隐患230条,已全部整改,整改率为100%。针对全市9个非煤矿山重大监管对象存在的问题,以攀枝花市安全生产委员会办公室名义将处理意见和建议发至相关县(区)人民政府,要求当地政府加强安全隐患整治,抓好辖区内重大危险源辨识管控。持续开展隐患排查治理体系建设。印发《关于切实推进非煤矿山领域安全隐患排查治理体系建设工作的通知》,督促未录入隐患排查治理系统的企业进行及时注册录入。

开展汛期安全生产工作。组织专业技术人员对全市非煤矿山开展3轮次检查。针对"9·19"极端恶劣天气,攀枝花市安全生产监管局组织20个检查组,对全市51个尾矿库、38个排土场开展拉网式大排查,共查处各类安全隐患220条。针对检查出的隐患明确整改责任人、限定整改时间点,实行现场核查和电话跟踪督办。

【危险化学品安全监督管理】 开展危化及储存专项整治。重点对全市涉及危化品储存罐区的74家企业的411个储罐进行检查。市、县两级安监部门共出动执法检查人员310人次,检查企业160家次,发现各类问题和隐患70余条,整改率100%,停产企业的仓库和储罐危化品基本清空,危化生产及储存领域未发生安全生产事故。

开展重大危险源管控。组织开展危险化学品重大危险源普查,掌握辖区内重大危险源状况。全市现有重大危险源17个,其中一级重大危险源1个、二级重大危险源3个。积极落实监管责任,督促危险化学品单位建立完善并认真执行重大危险源安全管理规章制度和安全操作规程。

强化油品经营安全监管。全面摸清加油站基本情况,全市在营加油站105座,在建3座,有成品油经营企业3家(中石油、中石化、天成石化),经营性油库2座(中石油金江油库、中石化大沙坝油库);开展加油站专项检查,邀请相关专家对加油站开展检查,督促加油站定期开展安全性评价,加油站安全距离等总体符合经营安全要求;强化油品运输安全管理,对中石油攀枝花配送中心轮胎隐患问题约谈其主要负责人,就强化管理、消除隐患、确保安全提出要求,减少油品运输过程安全风险;开展成品油市场专项整治。重点整治证照不齐、超范围经营等行为,全市经营性加油站证照齐全,未发现无证销售行为。

【烟花爆竹安全监督管理】 多措施强化春节期间安全生产工作。开展烟花爆竹大检查。联合公安、消防、县(区)安监等部门对烟花爆竹生产、批发企业进行逐一检查,并对城区零售经营点进行暗访检查。督促县区安监部门对辖区内烟花爆竹经营企业(点)进行全覆盖检查,严禁超量储存、超范围经营。巩固烟花爆竹经营安全专项整治工作成果,督促各县区严格零售经营许可的布点规划,保障经营安全;做好烟花爆竹存储安全,督促零售点将未销售完成的烟花爆竹产品统一交由批发企业储存管理,防范私自存储带来的安全隐患。

烟花爆竹生产企业专项整治。按照省安监局《关于集中深入开展烟花爆竹生产企业分包转包等违法违规行为专项整治的通知》,认真贯彻落实国家有关烟花爆竹安全管理的各项规定,建立企业台账和监管台账,企业主要负责人按要求进行公开承诺。

标准化创建工作。2016年全市4家烟花爆竹生产、批发企业全部通过四川省烟花爆竹协会标准化三级考评。

【民爆物品安全监督管理】 加强危爆物品管控。市政府印发《关于加强危爆物品管控工作的实施意见》,就强化全流程、全过程监管,实现民爆物品信息化、一体化管理,强化安全监管体制等提出具体意见,并明确了责任单位。

推进民爆企业技术升级,产能提升。易普力攀枝花分公司乳化炸药包装工艺技术改造完成,于2016年7月通过省国防工办组织的验收,改造后,自动化程度显著提升,实现生产现场少于5人的目标。经工信部安全司和省国防科工办同意,易普力米易分公司现场混装炸药的年生产能力由7500吨提升至15000吨。雅化鑫祥化工的年产能由3000吨提升至5000吨,全市民爆物品年产能提升至47000吨。

民爆安全监管工作受到表彰。2016年1月,攀枝花市安全监管局被四川省国防科学技术工业办公室表彰为"四川省民爆行业'十二五'期间安全监管工作先进单位"。

【冶金安全监督管理】 联合开展钢铁行业专项检查。制定《攀枝花市钢铁行业安全生产执法专项行动工作方案》和《关于开展钢铁行业安全生产执法专项检查的通知》。市安全监管局与市经信委联合组成检查组逐一对钢铁企业进行检查。通过检查,发现存在的问题主要是:中小型钢铁企业安全基础较为薄弱,各类记录、台账不完善,主要负责人履职尽责不到位等较为突出;产权和经营相分离的新型合作方式显现,安全生产责任主体多元化,安全监管面临更大压力。

加强冶金行业事故警示教育。认真吸取东方钛业"3·25"事故教训,组织全市钛白粉生产企业和部分化工企业相关负责人开展事故警示教育,分析全市钛白粉企业安全生产形势,并对最近三年的钛白粉生产安全事故进行一一剖析。要求企业全面开展隐患排查,认真吸取鼎星钛业"10·27"事故教训,深入开展工业渣场隐患排查治理。

开展冶金领域事故跟踪督导。按照全国安全生产电视电话会议及攀枝花市委、市政府的要求,重点对2016年监管领域的3起事故进行跟踪督导。攀钢集团及下属单位严格按照要求对相关责任人员进行问责处理,制定防范措施和整改措施,修订完善相关规则制度和考核要求。

【职业健康监督管理】 建立安全生产与职业卫生一体化综

合监管执法机制。制定印发《攀枝花市职业卫生与安全生产一体化监管实施方案》，将职业卫生与安全生产行政执法及教育培训等工作有机结合起来，利用安全生产执法力量加强职业卫生监管，提高执法效能，促进企业主体责任的落实，树立"管安全生产必须管职业卫生"的理念，切实把安全生产和职业卫生工作同步推进。

开展职业卫生基础建设活动。全市共有1237家单位进行职业病危害因素申报；进行职业健康体检人数25898人（岗前1959人、岗中12948人、离岗10991人）；2016年1～7月，全市共开展职业卫生"三同时"审查33起，其中预评价6起，设施设计专篇6起，控制效果评价20起，现状评价1起。7月2日，《中华人民共和国职业病防治法》修订后，企业职业卫生"三同时"开展情况不再在安监部门进行审查、备案。

职业卫生宣传教育培训工作。到企业现场进行职业卫生宣传。2016年，全年市、县（区）共入户宣传1000余户（次），发放宣传册1200余本。职业病防治宣传周、安全生产宣传月开展职业病防治宣传，全市共印发宣传材料9460余份，接受现场咨询1820人次。市、县（区）安全监管局分别组织培训班，对800余名企业负责人和职业卫生管理人员进行职业卫生培训，并发放职业卫生培训合格证。攀钢等大企业还开展了全员职业卫生培训，培训劳动者8000余人。

开展职业健康专项行动。积极配合做好工业企业粉尘和化学毒物危害状况抽样调查。根据《国家安全监管总局办公厅关于开展工业企业粉尘和化学毒物危害状况抽样调查的通知》（安监总厅安〔2016〕33号），攀枝花市东区、米易县被确定为抽样调查区（县），攀枝花市安全监管局配合四川省安科院对东区、米易县100余家单位进行入户现场调查，并协助这些单位完成职业病危害因素申报。开展陶瓷生产和耐火材料制造企业粉尘危害专项治理。制定《攀枝花市陶瓷生产和耐火材料制造企业粉尘危害专项治理实施方案》，攀枝花市无陶瓷生产企业，只有3家耐火材料制造企业（米易1家、东区2家），市、县（区）安全监管局定期进入企业了解专项治理开展情况，按进度要求开展治理工作。继续巩固和深化水泥生产和石材加工两个行业的粉尘治理成果，重点推进水泥生产企业包装和装车两个环节的技术升级改造，实现自动化生产。继续推进石材加工企业集约化、园区化管理，提升石材加工企业的机械化水平，淘汰干法作业。

加强职业卫生监督执法，重点对职业病危害严重的企业开展明察暗访。2016年，市、县（区）、园区共检查企业380余户（次），发现存在问题860余项，责令现场整改600余项，限期整改260项。

【钒钛高新区安全监督管理】 钒钛高新区安全生产事故大幅减少。2016年，钒钛高新区发生道路交通事故1起，死亡1人；未发生有人员死亡的生产安全事故，发生有人员受伤生产安全事故4起，重伤2人，轻伤4人。

统筹谋划安全发展。组织编制并发布实施《钒钛高新区整体性安全风险评估报告》《钒钛高新区化工行业安全发展规划》《钒钛高新区总体应急救援预案》《钒钛高新区安全生产"十三五"规划》《钒钛高新区"十三五"前三年安全生产行动方案》，科学指导开发区安全生产工作。

开展安全监督检查。编制《2016年安全生产监督检查计划》，成立危化、涉钛、洗选建材、冶金机械、综合5个工作小组，每月制定监督检查方案，全力落实监管计划。全年共监督检查企业436家次，发现安全隐患873项，督促完成整改857项。将鸿麟祥公司遗存四氯化钛、炳星公司液氨储罐隐患、乙源化工液氨储罐隐患列为市级重大安全隐患、秉扬煤气发生炉作为省级重大安全隐患挂牌督办，4项隐患均完成整治并通过验收评估。

成功摘掉"危险化学品安全生产重点监管县区"帽子。历时两年的钒钛高新区危险化学品安全生产攻坚工作于7月通过四川省安全监管局评估验收。按照工作方案深入开展危险化学品安全生产攻坚，投入150万元采用政府购买服务的方式，开展危险化学品生产企业安全生产信息调查、风险评估、电子档案建设和信息化监管工作，实现企业与全省危险化学品安全监管信息系统融合对接。

开展事故警示教育。编辑《攀枝花市钛白粉生产企业事故案例汇编（2012年至2016年5月）》，免费发放钛白粉生产企业学习反思；录制《钒钛高新区2015年生产安全事故案例调查·反思》视频，免费发放化工企业开展教育活动。组织企业负责人、安全管理人员集中观看《生死之间》《博帕尔农药厂毒气泄漏事故》警示片。召开案例分析会，责成企业负责人就本企业的轻伤事故作剖析式发言，与会人员就事故经过、原因、责任、处理、教训及预防措施进行点评，结合所在企业实际开展自省和检讨剖析事故发生原因，深刻吸取事故教训。

【安全生产监测监控】 充分发挥煤矿瓦斯实时监控预警作用。1—12月共发生非掉线类零至三级报警74321次，及时处置三级报警141次。

完善重大危险源监测监控系统。根据《关于试点企业限期上传监测监控数据的通知》（川安监〔2015〕186号），开展试点企业监测监控数据上传工作，2016年，正常上传数据至市监控中心的有3家试点企业，补助资金已落实到企业。

着力推动安全生产预警体系建设。通过项目建设，建立完善风险分级管控，隐患排查治理双重预防控机制和体系，提高安全生产监管信息化水平。

（肖皇尧）

攀枝花海关

【概　况】 中华人民共和国攀枝花海关(以下简称“攀枝花海关”)隶属于成都海关,其监管区域包括攀枝花市、凉山彝族自治州,面积6.74万平方千米。攀枝花海关内设办公室、综合业务科、监管科,处级领导职数1正2副、科级领导职数1正3副,截至2016年12月31日职员人数为13人。

2016年,攀枝花海关新一届领导班子,全面贯彻落实全国海关工作会议和成都海关关区工作会议精神,树立“小关也有大作为”理念,不断在解放思想中释放创新能量,强基础、提服务、细管理、精业务,努力打造队伍精神、管理精细、业务精准,有志气、有志向的“精志”基层海关队伍,全关上下围绕“一张蓝图”,同心协力、勇于探索创新,确保各项工作顺利推进,业务发展实现提档升级。2016年攀枝花市累计实现对外贸易进出口总额13.9亿元,其中出口总值为9.1亿元,进口总值为4.7亿元。进口总值增长1倍,外贸进出口总值在全省21个市州中列第10位,自2012年以来外贸总值排名首次进入全省前十。

【海关监管】 2016年,攀枝花海关全面贯彻落实海关总署“长江经济带海关区域通关一体化”改革和成都海关关区“全域通关一体化”改革,积极推进“信任通关”在本辖区的推广应用,不断创新监管模式,拓宽通关模式和通关渠道。2016年有4个海关通关改革新政首次在攀落地实施:攀枝花特色农产品——芒果首次通过关检合作“三个一”(一次查验、一次报关、一次放行)出口、鞍钢国贸攀枝花有限公司成为首家“信任通关”外贸企业并顺利实现钢轨出口、白云铸造首家安装企业自主申报报关单系统、鞍钢国贸攀枝花有限公司进口铁矿砂,通过“跨区域一体化”,以“一船两港”方式顺利通关。2016年共监管进出口货物127.6万吨,同比(下同)增加3.2倍;货值6.8亿元,增长1.5倍。其中进口123.6万吨,增加3.2倍,货值4.2亿元,增长88%;出口4万吨,增加2.5倍,货值2.6亿元,增长3.9倍。

【税收征管】 2016年,攀枝花海关牢固树立“税收一盘棋”思想,提高认识,树立信心,切实做好全年关区综合治税工作。积极帮助企业协调解决进出口环节中遇到的困难和问题,协调出入境检验机构,进一步提升贸易便利化水平,优化“三个一”货物通关模式,简化报检报关程序,缩短通关时间,吸引更多企业采用“三个一”通关模式通关,为企业提供便捷、优质、高效的通关服务,推动更多企业选择属地报关、属地纳税。2016年本地报关率达52.8%,较2015年同期增长近5倍。截至2016年12月31日,“两税”入库7160万元,增长37.1%,其中关税61万元,进口环节代征税7099万元,审批减免税9批次,减免货值99万美元,减免税总额114万元人民币。

【服务地方经济】 为更好的支持地方外贸经济发展,攀枝花海关提出了“主动自觉、实心实意、实实在在”的服务理念,自觉融入、主动研究地方经济社会发展规划,积极回应政府和企业的需求和期望,真心诚心为企业解决实际问题提供个性化精准服务。

认真落实中央和总署党组、成都海关党组推进“放管服”改革、国务院促进外贸回稳向好有关精神和支持四川外贸回稳向好的20条措施。进一步加强统计分析和政策研究,将原一季一报的《海关统计分析简报》改为每月一报,加强与相关部门的统计数据交换工作,进一步发挥海关统计对政府部门、进出口企业决策发展的辅助作用,并向市委、市政府提交《攀枝花海关关于推进我市开放型经济发展的思考和建议》《攀枝花海关关于四川设立自贸区相关情况的报告》。

加强企业调研,积极提高服务水平。适时掌握辖区内有进出口实绩外贸企业的经营动态、面临的困难、对海关工作的需求,及时传递海关改革新政,为企业开展个性化、精准化的政策宣传培训,并提供主动、高效、有针对性的服务,2016年走访调研攀枝花辖区企业40余次。

加大同开放型经济口部门的合作,大力扶持培育本地第三方报关、报检、物流企业。加强与市投促局、市商粮局、市国税局、市商检局的交流沟通,大力开展通道建设调研工作,有效促进通道效能作用的发挥;积极建议地方政府加大对外贸生产型企业的支持力度,从减免报关费、实施定向政府采购、集中物流通道等方式,进一步降低企业通关成本和物流成本。多次与中外运四川有限公司主要负责人座谈,并会同口岸相关部门进行论证研究,撰写《关于攀枝花市培育扶植发展报关企业和第三方物流的建议》,为地方政府积极探索多式联运模式出谋划策。

全力支持攀枝花外贸企业融入“蓉欧+”。为了深度融入成都国际铁路港,更好地促进攀枝花市开放型经济发展,攀枝花海关关长周敏陪同副市长江海及各经济口部门负责人到青白江成都铁路口岸调研，详细了解蓉欧货运班列开设情况并多次在市政府召开的“蓉欧+”专题工作研讨会提出建设性意见建议，为攀枝花主要出口企业搭乘蓉欧快铁建言献策。

【队伍建设】 2016年，攀枝花海关以成都海关精神为引领，坚持“三个从严”加强队伍建设，全力培育有朝气、有能力、有作为、有纪律的“四有”海关队伍。

提升队伍精气神。结合“两学一做”专题学习教育活动，从严抓好干部教育培训和监督管理。以适应经济社会发展、海关全面深化改革新常态，适应干部作风、精神、能力新要求为核心，研究制定学习培训方案，抓好党性教育，引导广大党员干部自觉用党章党规规范自己的言行，坚定理想信念，增强看齐意识、垂直意识，全面提高干部队伍素质；强化内涵学军，组织全体关员到武警攀枝花支队开展“军营一日行”活动，通过开展升旗仪式、队列训练、国防知识讲座等内容，进一步激发关员爱国主义和团队荣誉感；严格贯彻执行“三重一大”议事规则，强化日常教育、监督、提醒，按照准军事化海关纪律部队建设要求，加强内务规范执行、窗口作风改进，坚决做到有令必行，有禁必止，有章必循。

实现管理精细化。以“精、细、实、严”为抓手，按照精确、细致、深入的要求，健全完善科室A、B角，明确职责分工；细化业务流程，梳理完善规章制度体系，形成《攀枝花海关规章制度汇编（2016）》，抓好规范化管理；建立每日督办台账，加强督查督办，强化执行落实；细化目标管理，充分发挥平时考核体系作用，严格量化考核与平时考核，做到“职责精确化、流程规范化、管理精细化、考核细致化”。

做到业务精准化。紧贴关区业务改革和实际需求，按照“立足岗位、突出重点、注重实效、强化内控”要求，对业务科室进行岗位合理配置，推进业务流程再造，最大化发挥现场业务人员的整体合力；精心开展岗位轮训、跟班学习、业务研讨会等多种形式的岗位练兵活动，不断提升业务人员业务能力和水平；积极拓展业务，通过做大业务量、做宽企业行业、增加业务种类等业务实践，以“干”促“练”，以“练”促“学”；建立内控纠错机制，落实“科周查、处月查、职能部门半年查”检查制度，定期开展业务自审自纠、自查自改，及时弥补工作中的缺陷与不足，提高业务执法规范性、统一性、精准性。

（杨东梅）

出入境检验检疫

【概　况】 攀枝花出入境检验检疫局（以下简称攀枝花检验检疫局）是四川出入境检验检疫局（以下简称四川检验检疫局）设在攀枝花市的正处级分支局，实行垂直领导；是四川检验检疫局授权依法主管攀枝花市和凉山州出入境检验检疫工作的行政执法机关和涉外经济监督部门。

攀枝花检验检疫局设局长1名，副局长2名，正副科级领导职数9名。非领导职务按照有关规定配备。

2016年，攀枝花检验检疫局内设办公室、综合业务科、通关科、行财科、动植食检验检疫科、检验监管科、风险管理科、攀枝花国际旅行卫生保健中心、技术保障服务中心，共计7科室2中心。同时设机关党支部、工会。有在职职工23人（其中公务员18名、事业人员5名），退休人员5名。2016年，攀枝花检验检疫局新考入公务员1名，抽调至四川检验检疫局派驻纪检组1名，新退休人员1名。

2016年，攀枝花检验检疫局共检验检疫进出口商品306批，与2015年同比减少1.6%，货值4361万美元，与2015年同比减少23.7%。

【出口产品检验检疫监管】 2016年，攀枝花检验检疫局共检验出口商品288批，与2015年同比增长2.1%，货值4111万美元，与2015年同比减少7.8%。

出口植物及植物产品13批，与2015年同比增加225%；货值54万美元，与2015年同比增长391%。出口植物及植物产品均为一次检验合格。出口植物产品品种为鲜芒果，出口到新加坡。

出口食品119批，与2015年同比增长27%；货值2113万美元，与2015年同比增长27%。出口食品均为一次检验合格。主要出口产品为调味鸡精、浓缩果汁。产品主要出口到菲律宾、美国、泰国、新加坡等国家和地区。

出口化工产品65批，与2015年同比下降34%；货值1500万美元，与2015年同比下降33%。出口化工产品品种为五氧化二钒、三尖杉碱、碳酸铈。主要出口到韩国、日本、美国、加拿大等国家。其中2批货物因货证不符检验不合格，2批货物因包装不合格检验不合格，1批三尖杉碱因无危险货物警告标志不合格检验不合格，经企业整改全部合格出境。

出口金属及其制品产品14批，与2015年同比下降73%；货值46万美元，与2015年同比下降85%。出口金属及其制品品种为硅铁、接种剂、硅镁铁合金、硅锆铁合金，均一次检验合格，出口到日本、韩国。

出口矿产品77批，与2015年同比增长133%；货值398万美元，与2015年同比增长85%。出口品种为氧化镧、氧化铈、碳酸镧。出口到日本、韩国、美国等国家。其中1批氧化镧因重量短缺检验不合格，经企业返工整理合格出境。

检验鉴定出境货物运输包装18批，与2015同比减少63%。出口包装检验均为一次检验合格。

【进口产品检验检疫监管】 2016年，攀枝花检验检疫局共检验进口商品18批，与2015年同比下降38%，货值250万美元，与2015年同比下降80%。

进口机电产品9批，与2015年同比减少69%，货值212万美元，与2015年同比下降83%。进口品种为锤击式细碎机、磁共振成像系统、全自动焊接机（旧）、高空作业平台、超声波探伤仪（旧）。原产国为德国、法国、意大利、奥地利、日本等国家和地区，均一次检验合格。

进口金属及其制品5批，货值35万美元，2015年无同类产品进口。进口品种为钢丝绳、钢轨、136RE过共析钢轨、钢铁轨枕。原产国为德国、奥地利、澳大利亚，均一次检验合格。

进口食品3批，货值2万美元，2015年无同类产品进口。进口品种为卡曼桔粉、天然柠檬粉。原产国为菲律宾，均一次检验合格。

进口化工产品1批，货值1万美元，2015年无同类产品进口。进口品种为硅油。原产国为德国，均一次检验合格。

【疫情监控、进口粮后续监管】 2016年，攀枝花检验检疫局制定《攀枝花检验检疫局2016年国门生物安全监测调查计划》，完成14个监测点的实蝇监测工作，布放43个诱捕器。对辖区进口粮食检验监管工作情况进行调研分析，落实中央储备粮库后续监管工作要求，督促企业落实检验检疫各项管理制度。检疫监管核销进口玉米加工2000吨，检疫监管攀枝花密地国家粮食储备库1批1万吨。

【产地证签证】 2016年，攀枝花检验检疫局签发原产地证书552份，金额3089万美元。其中，一般原产地证书122份，金额445万美元；其他各类优惠原产地证书430份（中国巴基斯坦自由贸易区原产地证书50份，中国智利自由贸易区原产地证书13份，中国东盟自由贸易区原产地证书125份，亚太贸易协定原产地证书10份，普惠制原产地证书81份，海峡两岸经济合作框架协议证书22份，中国韩国自由贸易区原产地证书92份，中国澳门自由贸易区原产地证书31份，中国新加坡自由贸易区原产地证书6份），签证金额2644万美元。按平均减免关税5%的幅度计算，各辖区企业享受进口国家关税优惠793万元。

【服务地方经济】 2016年，攀枝花检验检疫局成功创建全国首个国家级芒果出口质量安全示范区。芒果、石榴等多个产品实现首次出口，同时开展芒果、茶叶、桑葚等特色产品生态原产地产品保护。在盐边县启动生态原产地产品保护示范区创建工作并开展相关实务培训，多次派出工作组现场指导创建，督促检查创建工作进度，与中国检验认证集团四川公司、盐边县政府签订检、政、企三方共建“国家生态原产地产品保护示范区”合作《备忘录》。

2016年，攀枝花检验检疫局配合国家质检总局、四川检验检疫局开展促进民族地区农产品外贸发展大调研活动，听取政府相关部门、相关企业对检验检疫工作的意见和建议，出台《促进攀枝花市特色农产品扩大出口五项措施》，积极对接服务四川“一带一路‘251’行动计划”和国际产能合作“111”工程。

2016年，攀枝花检验检疫局全面优化系统资源配置。完成e－CIQ主干线上线运行，实现“让数据跑路，为企业减负”。推进报检无纸化，全面实施通关无纸化，试点开展检验检疫过程无纸化，持续推进检验检疫一体化。开展“示范窗口”创建活动。完成报检大厅基础设施建设，进一步优化业务管理规范和工作流程，实现窗口建设的标准化、规范化。进一步规范行政事业性收费和经营服务性收费，实施进出口收费正面清单制度，运用自贸协定原产地证等优惠政策，帮助企业享受国外关税减免，降低出口成本。

【实验室建设】 2016年，国家钒钛检测重点实验室顺利通过质检总局组织的专家组验收评审。圆满完成73个检测项目的扩项任务，实验室取得CNAS认可有十一大类产品的114个检测项目。主持起草SN标准《出口钒铁中硅、铝、锰、磷、铜、镍、铬、钛的测定电感耦合等离子体原子发射光谱法》并通过评审。

（刘梦周、徐洁、吕蕾）

民营经济

【概　况】 2016年,面对市场需求不足、产品价格低迷、企业成本上升、工业增速回落、经济下行压力加大等严峻形势,全市非公有制经济发展工作牢牢抓住“保增长、稳增速”这一要务,努力帮助企业化解各种困难和风险,全市非公有制经济保持平稳健康发展态势,在拉动投资增长、增加财政收入、促进科技创新等方面发挥重要作用,成为经济增长的重要力量、地方税收的重要来源和吸纳就业的重要渠道。

2016年非公有制经济总量持续增加,全市非公有制经济完成增加值502.12亿元,增长8.5%,比全省平均水平高0.7个百分点,增速在全省排第7位。其中,一产完成增加值12.54亿元,二产完成增加值353.07亿元,三产完成增加值136.52亿元,分别增长4.6%、8.6%、8.3%。

非公有制经济占GDP比重进一步提升。全市非公有制经济增加值占GDP比重为49.5%,比2015年提高0.8个百分点;非公有制经济对全市国民经济的贡献率为51.7%,同比提高3.7个百分点。形成公有、非公有制经济共同推动全市经济发展的格局,非公有制经济以灵活的资产组合和运作机制,成为繁荣市场、推动经济增长的重要力量。2016年,全市非公有制经济三次产业比例为2.5∶70.9∶26.6。

【非公有制工业】 2016年,攀枝花市非公有制经济增速超过攀枝花市GDP增速0.5个百分点。攀枝花市非公有制经济的较快发展主要得益于非公有制工业的快速发展,全年攀枝花市非公有制工业实现增加值332.42亿元,增长8.8%,增速比攀枝花市非公有制经济增速高0.3个百分点,非公工业占全市非公有制经济的比重为66.2%。非公有制工业对全市国民经济的推动作用非常明显,成为打造工业强市的重要力量。

【非公有制经济队伍】 2016年年末,攀枝花市非公有制市场主体在册总数7.07万户,比2015年同期净增0.62万户;注册资本659.23亿元,比2015年同期净增123.46亿元;从业人员总数18.18万人,比2015年同期净增1.92万人。其中:私营企业1.4万户,比2015年同期净增0.15万户;注册资本586.68亿元,比2015年同期净增113.5亿元;从业人员5.03万人,比2015年同期净增0.13万人。

（郭英卓）

工　业

钒　钛

【概　况】 2016年，全市钒钛产业实现工业总产值约143.79亿元，同比增加60.28亿元，增长73%。其中，钒产业产值66.4458亿元，同比增加35.0788亿元，增长111.83%；钛产业产值77.34亿元，同比增加25.19亿元，增长49%，钒钛产业产值在全市工业总产值中约占9%，同比上升3个百分点。

钒钛高新技术产业开发区

【概　况】 攀枝花钒钛高新技术产业开发区始建于2001年，公告面积3.16平方千米，实际管辖面积78平方千米。2015年9月29日，国务院批准四川攀枝花钒钛高新技术产业园区成功晋升"国家级高新技术产业开发区"，定名为攀枝花钒钛高新技术产业开发区（以下简称"钒钛高新区"），是国内首个以金属材料产业开发为主要依托的国家级高新区。2016年9月，获全国第三批产业集群区域品牌建设试点区域称号。钒钛高新区党工委、管委会作为攀枝花市委、市政府的派出机构，行使市级行政、经济管理权限。经过16年的开发建设，钒钛高新区建成工业企业95家，其中规模以上企业65家，国家级高新技术企业16家，拥有1个国家级钒钛科技孵化器，初步形成"工业＋生态产业＋现代服务业"的"三大经济板块"，基本实现由单一的工业园区向综合性、全产业的高新技术开发区转变。拥有国内产业链最完整的全流程钒钛产业化深加工体系，钒钛产业链完整度和产能规模全国居首。钒产品在国内、国际市场占有率分别达60%、20%，钛精矿、富钛料、钛白粉、海绵钛产品产能均居全国第一，是国内发展潜力最大的钒钛低（微）合金钢机械深加工产业基地。

【经济发展状况】 2016年，钒钛高新区实现工业总产值231.12亿元；规模以上工业总产值增长率12.785%。完成固定资产投资18亿元，其中：技改投资8.7亿元，工业投资9.3亿元；实现工业销售收入208亿元；实现外贸进出口额2714万美元；实际利用外资500万美元；招商引资到位资金45.83亿元，其中国内省外到位资金22.5亿元；实现公共财政预算收入1.2024亿元；实现国税收入0.94亿元，地税收入0.9163亿元；新增规模以上工业企业3户。

【项目带动】 2016年，钒钛高新区坚持突出"项目年"建设，进一步抓实抓牢项目建设这个核心，推行经济工作项目化、项目工作责任化，以项目建设促进经济结构不断优化。

抓开工保竣工。加快推进新签约的项目建设，确保物流园区主干道建设（PPP）、钒钛科技孵化加速器（标准化厂房）、攀钢海绵钛1.5万吨氯化法钛白等8个项目开工建设；加快推进金沙纳米二期1500吨超细铁粉等4个项目竣工投产。

抓制度保落地。实行重大项目协同推进机制，实行重大招商项目领导责任制，切实解决企业落地最基础、最关键的问题。建立完善"在谈、签约、促建"三个环节的协调服务机制。从项目洽谈、签约促进到项目建成，为企业提供全程"一站式"服务。协调举办第三季度重大项目开工仪式，增强了企业对高新区投资环境的信心。

抓招商保新增。坚持以"做全打通产业链"为抓手，主动对接美国第一股权、保利集团、北科大等50多家企业、高校来高新区考察、洽谈；坚持招大引强，对国际国内500强和行业领军企业主动出击，上门考察对接中交投集团、重庆铸造行业协会、中节能建设工程设计院等50多家企业机构；积极参加2016中外知名企业四川行活动、第十六届西博会等多个投资推介活动；坚持两级评审制度，组织12个项目参加市级会商,通过会商项目11个。全年成功签约中世钛业5万吨钛合金无缝管、绿壳新能源等8个项目,助推高新区钛产业发展。

抓征地保建设。全年共计征地24.6公顷,支付补偿资金1463.25万元。完成物流园主干道项目、河心水库扩建工程、渡金线至河心水库连接线、马店河二水厂、金沙江三堆子大桥等重点项目的征地补偿工作,实现项目顺利进场。完成马海达村39户已征未拆迁的房屋拆除工作,为天成科技项目入场做准备。解决攀田路一标段高速公路遗留问题,完成补偿款追收及兑现工作。

【创新驱动】 完善科技孵化体系和创新平台建设。做好国家级钒钛科技孵化器建设,逐步建立起"创业苗圃+孵化器+加速器+产业园"的阶梯形孵化体系;推进康养生态产业科技孵化器、高新区石墨烯工作站项目前期工作;加快企业技术中心建设,完成秉扬科技和东立科技2家省级企业技术中心创建;攀枝花市老科协钒钛高新区工作站正式挂牌运行,与东北大学洽谈联合建设"国家千人计划工作站"事宜,推动钛及钛合金上下游产业链深度合作。

支持企业技术创新体系建设。积极组织企业开展技术创新和新产品开发、研发工作,全年申报各级各类科技计划项目16项,申报资金总额达929万元;仁通钒业"氮化硅钒铁"项目获得市级科学技术进步三等奖;促成有色金砂、蓝鼎环保等2户企业成功认定为高新技术企业;加快传统产业转型升级,推进钒钛、化工、机械制造等传统产业高新化改造,促进高新技术产值占工业总产值比重达25%以上,企业科技研发投入占销售收入比重达3.4%。推进知识产权工作,制定出台《高新区专利促进激励办法(试行)》,开展和组织企业参加"专利挖掘与保护"等知识产权培训,增强企业知识产权保护意识。全年组织申报专利130件,其中发明专利64件,全面完成目标任务。

探索多层次资本市场融资。全面实施《钒钛高新区鼓励和扶持企业利用多层次资本市场直接融资的补助办法》,组织企业参加第五届中国(西部)高新技术产业与金融资本对接推进会、中法地方创新创业论坛等科技金融对接活动,促成股权投资项目4个、金额3660万元,信用担保项目10个、金额2.385亿元,银行贷款项目8个、金额18.0453亿元;加强与各类金融机构对接,探索基金、创投、股投等新路径。争取到PPP资金1.5亿元;合理应用金融政策,依法推进历史债务化解,全年降低融资成本1100余万元;积极探索科技和银行、科技和企业、科技和金融的对接,指导仁通钒业成功办理全市首笔知识产权质押融资贷款390万元;帮助卓越钒业和东立化工两家完成"新三板"上市,并兑现100万元奖励资金。

全面推进"大众创业、万众创新"。通过举办大讲堂和小型分散的各类活动,向创业主体宣传普及创新创业政策。全年共举办创新创业大讲堂2次,组织创业主体参加创新创业活动5次,参训人数达300余人。组织固彩沙画、仁通钒业、良诚汽运3家企业参加第五届中国创新创业大赛,其中固彩沙画成为攀枝花市唯一成功晋级全国总决赛的企业并获得优秀奖。促成龙寻固彩沙画在四川省"创梦科技城"活动中获得知名天使投资人黄洪康的意向投资并签订投资意向书。

深化产学研合作。依托钒钛产业战略资源创新开发技术联盟,加强与10余家科研院所的沟通对接,通过(绵阳)科博会、攀枝花钒钛论坛等各种活动,突出军民融合发展主题,组织引导企业全面开展产学研合作。其中忠世高新股份与中石油管研院、西南石油大学达成实质性合作;仁通钒业与中船重工712所签订战略合作协议。

推进仁江公司创新改革。仁江公司转型发展得到突破,各项债权追索有效进行,化解债务风险。进一步强化对企业的股权投资,迈开发展步伐;开拓工程担保、财务咨询新业务,探索以融代建的融资新模式。加强实体经济建设,全力推进标准化厂房建设。加强国家级钒钛科技孵化器建设,开展创新创业大讲堂,协办攀枝花市第四届青年创业创新创富大赛,甄选10家科技企业入孵,成功申报第三批省级中小企业公共服务示范平台,通过科技部火炬中心的考核评价,实现从C类合格到B类良好的跨越。

【环境优化】 完善基础设施建设。编制完成园区排洪系统提升科研项目,完成园区电力负荷优化研究,金江镇片区控制性详细规划通过专家评审。推进互联网宽带、电视信号等通信设施建设;加快供电、供水、供热线路架设进度,完善污水管网铺设、高压线路改造迁建、天然气输配等市政设施建设,全面提高资源能源供应的安全性和稳定性,完成园区公路基础数据核查工作。投资约930万元,完成金五路工程A段1.76千米改造工程、彩虹路改造工程,物流主干道、渡金线至河心水库连接线开工建设。

推进城市精细化管理。按照"以建促管、以管促治、建管结合"的思路,延伸监管触角,完善数字化城管信息系统指挥派遣、处置协调、运行维护机制,不断提升高新区城市治理水平;推行建成区网格化管理模式,构建"一刻钟社区便民服务圈";加强环卫工作,强化监督考核,推动国卫复审、创建全国文明城市、"三保"(保畅通、保干净、保安全)整治活动,辖区整体形象得到有效提升。

【要素保障】 落实政策保障。研究出台《钒钛高新区关于进一步强化稳定经济增长措施的通知》《钒钛高新区支持企业春节期间正常生产的通知》系列措施,下发《关于切实做好2016年固定资产投资和重点项目推进的通知》,健全经济例会制度，狠抓目标落实和项目推进，确保高新区经济平稳运行。认真研究供给侧改革税收政策、加强对上政策争取，全年两税通过调查、核实和上门服务，兑现各类政策性税收减免4680.44万元，其中国税减免税18户、2767.8万元，地税减免税26户、1912.64万元。

强化用电保障。针对企业赖以生存的优惠电价政策面临削减的风险，钒钛高新区主动协调省发改委、省经信委，争取到2016年在总量25亿千瓦时电继续执行一口价优惠政策的基础上，其中17亿千瓦时电执行每千瓦时0.42元左右的直购电优惠政策，并明确将高新区符合条件的42户企业纳入2016年直购电交易范围。同时，积极引导企业用好攀西地区富余电量优惠政策，支持企业叠加享受直购电和富余电量优惠政策，帮助企业缓解用电缴费压力。

加强资金保障。帮助钒钛科技孵化器、金沙纳米等企业争取到专项资金共计455.5万元；帮助攀钢钛业争取到省级技术改造和淘汰落后产能专项资金26万元。为攀钢1.5万吨氯化钛白实验装置项目争取到攀西战略资源创新开发专项资金2196万元。为大互通、东立磷制品等企业申请应急转贷资金12笔，共计1.185亿元。两税共办理动产抵押24件，抵押物价值11亿余元，担保债权金额4亿余元。

加强用地保障。科学制定土地利用规划，突出重点项目用地保障，土地集约节约利用更新成果已通过四川省国土资源厅审查验收；严格依法清理企业囤地圈地，全年盘活存量建设用地44公顷，全年获得省政府批复土地面积66.99公顷，有效保障中世钛业、天成科技等新项目建设用地。

【民生事业】 提升民生保障水平。完成金江村饮水工程建设、金江村麦田组4.7千米道路改建等一系列农村水利、道路、地质灾害治理和市政设施维修工程；加快“六个特色社区”打造，确定金江社区为高水平综合性和谐社区，大沙坝社区为平安和谐社区，小鲊石社区为环境优美社区；投入209.2万元，做好扶老救孤、助残助幼工作；全力做好被征地农民后续工作，发放生活费1628.9万元，分配225套安置房，启动阿基鲁安置区安置房房产证办理手续；大力实施就业促进工程，新增城镇就业825人；扎实推进扶贫攻坚，对定点帮扶的麻陇乡黄草坪村41户贫困户和金江镇53户贫困户实施“一对一”精准扶贫，落实扶贫资金840余万元，66户通过验收并退出贫困户。全力推进保障房建设，争取到国开行贷款1.15亿元，完成货币化安置100户。

加快社会事业发展。加强文化资源的保护和利用，为3个村的农家书屋新购6000元的图书，申请健身器材1套；持续开展“豆地贞节牌坊”文物保护工作，改善辖区文体活动环境；开展惠民政策、法律法规、计生宣传教育；关注弱势群体，开展“暑期课堂”及各项群团服务工作6次；重视教学条件改善，教育教学水平不断提升，金江中小学在市直管9所学校中，初中取得发展进步第一名，江林小学在全市各级各类比赛中，分别取得3个一等奖、4个二等奖。

治安维稳方面。深入开展治安风险研判评估，各类预警性、行动性情报信息提前预知预警率达100%，实现维稳处突常态化；分级分类制定完善四级梯队反恐应急预案，落实“红袖标”群防工作机制，执行重点部位、重点时段、重要节日，公安、武警、城管、民兵联勤联动；以“天网”监控系统为支撑，构建起街面、社区、企业、学校、车站相互交织及商家、村社治保力量共同参与的治安防控立体化网络。全年调解劳动保障争议纠纷373件，排查重点企业10家，涉及工资、社保金额1000余万元，解决、兑现工资、社保400余万元。受理各类信访件共86件，接访群众400余人次，开展领导接访活动24次，妥善化解处置群体性事件14件，化解率95%以上。

【安全环保】 安全生产。全年共检查企业428家次，督促企业整改隐患800余条，实现安全生产零死亡目标，成功摘掉“省级危险化学品重点监管县”帽子；完成钒钛高新区整体性安全风险评价，编制《园区化工安全发展规划》《“十三五”安全发展规划》并印发实施；推进企业隐患自查自改自报体系建设，企业登录率、隐患上报率、隐患整改率名列全市前茅；全面完成2016年省市挂牌督办隐患整治任务（省挂牌1项，市挂牌4项），金江镇安全社区创建工作顺利通过省级验收。

环境保护。“12·02”事件发生后，钒钛高新区积极应对、直面问题、强化整改，制定《钒钛高新区环保问题大排查实施方案》《钒钛高新区挂牌督办环保问题整改工作方案》，对辖区内95家企业（97个项目）逐一开展环境问题大排查，针对挂牌督办问题，建立问题清单和整改台账，明确分工，落实责任人，全程督查督办。严格验收标准，做到整改一项验收一项，不达标不复产。关停取缔环保违法违规建设项目46个，各项整改工作取得阶段性成果。

（潘俊羽）

钒产业

【概　况】 2016年，全市有钒产品生产企业9家，其中地方7家、攀钢2家。几种主要钒产品生产情况：钒渣产能52万吨，2016年产量40.65万吨，与2015年持平；五氧化二钒产能3.32万吨，产量2.5588万吨，同比增长36.36%；50钒铁产能2.15万吨，产量1.71万吨，同比增长20.42%；80钒铁产能0.8万吨，产量0.7071万吨，同比下降0.05%；钒铝合金产能0.01万吨，产量0.002万吨，同比增长100%；钒氮合金产能0.4万吨，产量0.436万吨，同比增长7.3%；硅钒铁产能0.5万吨，产量0.04万吨。钒产品出口0.4万吨，同比减少27.57%，创汇0.53亿美元。

【攀钢集团钒业有限公司】 2016年，攀钢集团钒业有限公司（简称攀钢钒业公司）根据钒渣来料和目标市场情况，强化生产调度指挥，集中整合生产线，科学安排点检维修，充分挖掘生产潜能，尽可能发挥规模优势，摊薄生产成本。同时，通过增加对外加工业务创收，实现全流程优质、高效、低成本生产。全年累计处理钒渣21.2万吨，生产五氧化二钒661吨、提前完成年度计划，三氧化二钒13710吨、超滚动计划19%、80钒铁7312吨，超年度计划89%、钒氮合金4300吨、新产品197吨。在钒资源不足、规模效益弱化、钒产品市场价格低位徘徊的情况下，全年累计降低生产成本5011万元，实现报表利润－4375万元。

2016年，攀钢钒业公司通过开展课题攻关和工艺研究、实施技术改进等措施，氧化钒、钒铁、钒氮合金收率再创新高。完成氧化钒系统沉钒工艺优化、浸出液除磷工艺优化、沉降系统优化等课题攻关；顺利推进钒铁工艺提升技术研究、细粉回用工艺研究、提高钒铁质量控制等技术研究；提前完成提高钒氮系统收率研究、降低钒氮合金钒原料单耗研究等攻关项目，先后申报专利9个，其中有发明专利7个。"钒渣高效强化焙烧技术研究"项目获得"四川省科学技术进步奖三等奖"荣誉。氧化钒平均收率达到82.03%，较2015年同期提高0.43个百分点；钒铁平均收率达到95.46%，较2015年同期提高0.21个百分点、钒氮合金平均收率达到98.56%，较2015年同期提升0.16%。

（黄长银）

【攀枝花卓越钒业科技股份有限公司】 攀枝花卓越钒业科技股份有限公司（简称"卓越钒业公司"）是钢城集团的控股子公司，设在攀枝花钒钛产业园区，注册资本1.23亿元（钢城集团占股48.31%，四川省红鲸投资管理有限公司占股27.03%，四川柱宇投资有限公司占股20.18%，自然人占股4.48%），公司有在岗员工310人，下设1家全资子公司——柱宇公司。截至2016年12月末，公司总资产19625.71万元、净资产15790.83万元，固定资产原值8686.9万元、净值5399.31万元。公司主要从事钒制品生产、加工、销售，以攀钢弃渣为主要原料，生产五氧化二钒和钒铁，具备年产五氧化二钒7400吨、五零钒铁4000吨的生产能力。拥有五氧化二钒生产线两条，主要设备：回转窑、立式烘干窑、煤气发生炉、带式过滤机、破碎机、旋风除尘器。公司主要原料来源攀钢，以部分社会资源作为补充为攀钢委托加工业务是公司的支柱业务。2016年公司全年累计组织含钒尾渣90161吨，攀钢精渣15333吨，外部精渣8659吨，其他渣4196吨，共计生产产品5393.8吨。2016年卓越钒业公司实现收入17712.47万元，利润2822.99万元。2016年员工月均收入有明显增加，人均增加584元/月，增幅15%。

卓越钒业公司拥有生产线共4条，卓越车间和柱宇车间各有2条，年设计产能7400吨五氧化二钒，其中卓越车间4400吨/年、柱宇车间3000吨/年。卓越钒业公司主要产品分自有原料生产的自产片钒和委托加工的加工片钒两种。2016年月均产能利用率略有提高，从挂牌前74.88%提高到75.36%，其中，高附加值的自产片钒产量比上市前增加61%。由于资源采购渠道未发生根本改变，受原料制约，产能发挥不充分。近年来攀钢科技公司的尾渣量逐年减少，西昌钢钒公司技术进步，外委加工量减少明显，受资源渠道限制的影响，出现间断性的供应不足等原因影响，尾渣采购量下降明显。卓越钒业公司在供应商原料采购方面对攀钢集团存在一定的依赖性。

2016年，卓越钒业公司积极应对新形式，以安全环保工作为主线，优化生产工艺，对标挖潜、降本增效效果明显。对环保工作常抓不懈，根据市、东区环保局相关专项工作要求，及时完善环保设施，对废水处理系统、锅炉烟气系统、防渗系统以及危废堆场进行处理，新建滤饼临时堆场、废水循环系统、固废库房等环保设施。保证公司生产的正常运行。在生产组织方面，本着"高产低耗"的原则，公司继续以"精渣配尾渣的混合配料工艺"组织生产，既解决了精渣量不足、纯尾渣生产成本高的问题，又提高了产品产量，降低了生产成本。

6月，卓越钒业公司研发的"用于湿球磨机的原料输送装置"成功获得实用新型专利授权，并同步申报发明专利。8月，卓越钒业公司被四川省人力资源和社会保障厅、四川省总工会、四川省企业联合会/四川省企业家协会和四川省工商联联合会授予"四川省模范劳动关系和谐企业"。

（陈宇航）

【四川攀西钒业科技有限公司】 四川攀西钒业科技有限公司（以下简称"攀西钒业公司"）是钢城集团凉山瑞海实业有限公司（为钢城集团西昌区域全资子公司，以下简称"瑞海公司"）的控股子公司，于2013年11月14日在西昌市注册成立，注册资本5000万元，其中瑞海公司占股46%，四川省红鲸投资管理有限公司占股44%，四川创加出国实物服务有限公司占股5%，四川瑞信通投资股份有限公司占股5%。攀西钒业公司是一家专业从事钒制品生产、销售的股权多元化有限公司。公司采用国际同行业最先进的钙法提钒工艺进行清洁生产，具有资源利用率高、能源消耗低、自动化程度高、环保效果好、产品品质优等特点，项目设计年处理含钒尾渣（干基）12万吨，生产五氧化二钒产品3000吨。

2016年，四川攀西钒业科技有限公司通过环评验收；由于公司处于停产技改状态，采取分流、协商解除等形式开展人员安置工作，职工人数从年初的125人减到年底的26人。

（陈宇航）

钛产业

【概　况】 钛精矿（只统计含二氧化钛46%以上，钛中矿未统计）

2016年，全市钛精矿产能约454万吨，产量239.07万吨，同比增加15.4497万吨，增长6.91%，产值17.9303亿元，同比增加5.6945亿元，增长46.54%。2016年国内钛精矿总产量约380万吨～390万吨，进口约240万吨，攀枝花市钛精矿产量占国内总产量的60%以上。

钛渣（含酸溶性富钛料和人造金红石）2016年，全市钛渣产能仍为58.2万吨，约占国内钛渣产能的30%左右。产量15.132万吨，同比增加1.0547万吨，增长7.49%。产量占国内总产量的25%左右。钛渣产值4.2243亿元，同比增长15.42%。

钛白粉　2016年，全市钛白粉产能为62.009万吨，占全国总产能的20%左右。产量35.5282万吨，同比增加6.0609万吨，增长20.57%，约占全国总产量的14.21%，与2015年持平。产值43.5011亿元，同比增加12.13亿元，增长39.23%；出口5.56万吨，同比增加2.36万吨，增长73.49%，创汇1.0373亿美元。

金属钛　2016年，全市海绵钛实际产能1.5万吨（欣宇化工0.5万吨、恒为制钛0.75万吨已停产几年，国家已不纳入统计），产量1.42万吨，同比增加0.59万吨，增长69.23%，产值7.01亿元，同比增长76.43%；钛锭产能0.4万吨，产量0.072万吨，同比增加0.0189万吨，增长35.59%。产值0.432亿元，同比增加0.0929亿元，增长27.38%；钛材（攀长特的锭、棒、线、管设计产能0.4万吨，以及攀钢本部和西钢钒的钢钛联产生产钛板），产量0.651万吨，同比增加0.3136万吨，增长92.95%。

钛白废副综合利用　2016年，全市有综合利用企业6家：德铭化工、东立科技、圣地元科技、金沙纳米、瑞天环保、启源德瑞。上述企业利用钛白废酸制取净水剂和硫酸镁胶凝材料，利用副产硫酸亚铁制取新硫酸、铁粉、氧化铁颜料等产品。全年综合利用硫酸亚铁约45万吨，废酸约25万吨。

硫酸　2016年，攀枝花市硫酸总产能132.5万吨，总产量89.3万吨。其中硫酸专业生产企业4家，产能35.5万吨，产量20.8万吨；钛白企业自配硫酸厂4家，产能97万吨，产量68.5万吨。硫酸是钛白粉生产重要原料之一，攀枝花市自产硫酸大约可解决钛白粉生产三分之二需求量，另三分之一需外购。2016年因生产硫酸原材料价格上涨和周边硫酸厂的影响，加之钛白粉市场好转，硫酸需求量增加。硫酸价格也一路上扬，每吨硫酸比年初增加200元左右。

（郭英卓）

【攀钢集团钛业有限责任公司】 2016年，攀钢集团钛业有限责任公司（简称攀钢钛业公司）订单式生产成为生产组织主导方式，钛白粉、钛渣、海绵钛的合同兑现率均实现100%。钛冶炼厂探索出“渣铁并举、低成本钛渣”独有工艺路线，海绵钛分公司形成了“全流程平衡运行、氯化炉双炉稳定运行”领先工艺技术。拥有自主知识产权的氯化法钛白工艺全线贯通。公司所有产品全面实现正边际效益生产。东方钛业全面达产达效实现利润4004万元。钛冶炼厂实施整体承包经营，7月首次实现盈利，全年同比减亏43.49%。6月海绵钛分公司首次实现正边际生产，全年实现正边际857元/吨。贴近市场开发新产品取得关键性突破，成功开发塑料体系钛白R－248＋、无锆R－248，造纸专用高档钛白R－278，高耐候涂料专用R－288等新品，开发纯铁新品3128吨，为高效益新品规模化、产业化、市场化经营奠定了良好基础。全年生产钛白粉12.1万吨，同比增长21%；钛渣13.33万吨，同比增加24%；海绵钛1.43万吨，同比增加71%；钢铁5.6万吨，同比增加5%，高钒四氯化钛4273吨，经营钛精矿52.1万吨。2016年实现营业收入21.45亿元（含海绵钛4.8亿元），利润－1492万元（不含海绵钛减值199481万元）。

2016年，攀钢钛业公司围绕“科技强企”战略大力开展重大科学技术攻关，全年申请专利21项，其中发明专利17项；全年专利授权15项，其中发明专利12项。争取各级政府政策资金到账130万元。开展集团公司及以上级重大科技项目10项，其中国家级项目1项（已顺利通过结题验收），省级项目3项；海绵钛熔盐氯化实现双炉长周期运行，镁电解大循环稳定运行1年以上，电流效率达到70%；钛渣冶炼突破连续加料冶炼技术，吨渣炉前电耗降至2000千瓦时左右，冶炼周期缩短至10小时以内；重庆搬迁项目技术准备工作为打通流程提供了支撑；开发的纯铁、R－248＋钛白粉二种新产品顺利转产。

（黄长银）

钢 铁

【生产经营】 2016年,攀钢集团有限公司(以下简称攀钢)坚持以新攀钢建设为统领,聚焦"保命经营,资金安全"核心任务,全方位推进"平台、跨界、产融、生态"的经营思路,深入推进保命经营,开展系统量化降本专项行动,采取"常规性+革命性"举措开源节流,顺利完成年初预定经营目标。全年实现工业总产值429.16亿元,比2015年增长5.92%;实现工业增加值87.03亿元,比2015年下降0.25%;实现营业收入498.77亿元,比2015年增长6.92%;亏损36.4亿元,同比减亏11.96亿元。

2016年,铁、钢、钢材分别完成981.51万吨、926.72万吨、838.77万吨,铁、钢、钢材产量同比增长3.81%、3.33%、2.16%;铁精矿完成1103.11万吨,同比增长2.14%,钛精矿完成61.37万吨,同比下降3.43%;钒制品完成3.55万吨,同比增长1.09%;高钛渣、钛白粉、海绵钛、钛材分别完成13.33万吨、12.07万吨、1.43万吨、0.26万吨,同比分别增长23.67%、20.92%、70.8%、2.29%。

钢铁重点产品重轨、热轧板卷、冷轧板卷、攀长特自炼钢材分别完成128.16万吨、640.72万吨、239.21万吨、13.32万吨,同比分别增长1.4%、8.3%、27.81%、3.03%。

钢材综合产销率为99.05%,各主要产品产销率均在99%以上。热轧板卷、冷轧板卷、轨梁材产销率分别完成99.53%、99.52%、102.47%;钒铁、钒氮合金、高钛渣、钛白粉产销率分别完成104.26%、103.32%、104.5%、103.8%。

2016年,攀钢实现出口销售收入2.61亿美元,同比下降42.82%,其中钢材出口22.98万吨,同比下降34.37%,钒钛产品出口3.91万吨,同比增长23.34%。

【结构调整】 2016年,攀钢强化市场结构调整,牢牢把握核心市场的绝对主导权,在川滇市场新增销售网点16个,新开发直供用户74家,核心市场销售量比2015年增加92万吨,热轧、冷轧产品占有率分别达到75.7%和66.1%,同比上升7.7个百分点和25.1个百分点;加强重轨、汽车板等专业化客服平台建设,积极开拓国际市场,出口钢材23万吨、钒制品6600吨、钛白粉3.25万吨,出口创汇2.6亿美元。

强化产品结构调整,坚持"高品质、低成本"准则,优化资源配置,做大效益产品产销规模,攀钢钒、西昌钢钒的吨材综合售价比行业平均分别高792元和166元。实现品种钢产销量506万吨,同比增加55万吨。其中,重轨128.8万吨,国内市场和出口量占比分别达到40.1%和59.5%;汽车钢141万吨,同比增长36.4%;军工用钢、钒制品、钛白粉、钛材等产量均有较大幅度增长。

强化原燃料结构调整,建立健全"1+N+授权"采购管理体系,强化供应商动态管理,加大直供、招标采购力度;弹性维护采购价格,采取少涨、缓涨等措施,全年炼焦煤、外购铁矿采购成本涨幅比行业平均涨幅分别低8个百分点和43个百分点;积极应对四季度煤价大幅上涨且运输紧张的不利局面,开拓西北煤等供应新渠道,全力协调运输保障条件,确保生产经营稳定。

强化产线结构调整,攀长特去产能通过国务院国资委检查验收,攀成钢无缝钢管产线全面停产;实施攀钢钒3号镀锌线改造,棒线材搬迁项目稳步推进;加快钛产业发展步伐,重庆钛业10万吨/年硫酸法钛白环保搬迁项目、钛业公司1.5万吨/年氯化法钛白攀枝花(一期)项目建成投产。

【深化企业改革】 2016年,攀钢加速推进人力资源优化改革,坚持"整体规划、分步实施,一企一策、不破底线"的总体思路,共计平稳分流安置职工19782人,其中协商一致解除劳动合同16443人(攀长特公司4660人,工程公司2543人,攀钢钒公司4263人,矿业公司2535人,攀成钢公司2116人,北海钢管公司111人,重庆钛业公司215人)。截至2016年年末,全集团在岗职工47974人,较2015年末减少17275人。劳动生产率明显提高,其中普钢提高至563.4吨/人·年,特钢提高至79.3吨/人·年,矿业提高至1894.75吨/人·年。

加快转换经营机制,开展非钢单位"自主经营、独立运行、自我发展"管控模式试点,实行人、财、物及资金封闭运行,充分激发干部职工的内生动力,试点单位的营业收入同比增长115%,还原折旧后利润同比增长1635%。

加大分配制度改革力度,建立职工收入与企业效益联动机制,实行工资总额和工资结构双向管控,坚持分配向贡献突出的企业和个人倾斜,薪酬分配的激励导向作用进一步增强。

加强亏损企业治理,在全面摸底188家企业或运营单元基础上,制定困难企业整治专项工作方案,分类采取管理提升、关闭撤销、破产清算等组合措施"控亏止血",全年压减法人企业、非法人机构16家。

加紧解决历史遗留问题,分别与攀枝花市水务集团、电网公司签署供水供电分离移交框架协议,"水电业务分离移交”的国有资本金预算已经拨付到位。

【转型发展】 2016年，攀钢坚持创新驱动发展，深化科研体制机制改革，以研发机构公司制为主线，以项目运营合同制为核心，以成果分享制为重点，以成果转化基金为杠杆，初步形成创新资源集约化管理、一体化协作和市场化运营的新格局。举全公司之力推进重大技术研发，高炉渣提钛产业化项目全流程实现连续稳定运行，产业化标准示范线进入设计阶段；汽车用钢成功进入东风日产、长安汽车等乘用车市场，以O5板为代表的高表面质量汽车面板实现批量销售；PG5过共析钢轨已上道试铺。

坚持多元协调发展，整合优化内部资源，搭建非钢产业运营平台，相继组建西部物联、众齐健康、汇裕供应、天府惠融等专业化公司，培育新的利润增长极；成立专业期货交易机构，开展套期保值业务试点。高端规划开发攀成钢存量土地，全面启动积微智慧产业园建设，2016年有成都钛材公司、钒钛新材料研究院等企业先后入驻高端钛材及特材、科创研发等二级园区。

坚持绿色低碳发展，大力推进节能降耗、循环利用和清洁生产，全年投入1.93亿元，实施环保项目12项；吨钢综合能耗同比降低19.28千克标准煤，吨钢耗新水同比降低0.16吨。针对12月2日央视曝光攀枝花市部分企业环保问题，迅速全面开展环保隐患排查整治，顺利通过国家及省、市环保部门的专项督查。

【管理提升】 2016年，攀钢加强基础管理能力建设，全面推行“五制配套”（以作业长制为中心，计划值管理为目标，设备点检定修制为重点，自主管理为基础，标准化作业为准绳）基层管理模式，扎实推进精益六西格玛管理，全年建设标准作业区11个，实施黑带项目120项。加快推进“两化”深度融合，实施办公网络整合，完成采购、销售、NC财务、人力资源等信息系统建设和改造。

狠抓经营决策能力建设，构建以“四大制度性文件”（《三年滚动发展规划》《年度生产经营白皮书》《全面预算管理》《战略绩效与薪酬评价考核办法》）为支撑的运营管理体系，进一步提升整体协同效应。成立攀钢重大决策咨询管理委员会及管理、科技、投资技改三个专门咨询委员会，组建内部专家为主、外部专家为辅的咨询专家团队，促进企业的规范治理与正派经营。加强管理团队能力素质建设，完成领导人员集中轮训工作，培训副处级以上领导人员355名；举办非财务人员财务知识、电商物流等专题培训班，累计培训经营管理人员1400余名。

突出抓好执行能力建设，深入抓好规章制度“废、改、立”工作，制定下发集团公司核心业务审批权限和规章制度汇编，制度总量从384项精简至171项。探索建立两级公司职能与业务贯穿性的运行体系，加强重大决策的督查督办，促进企业执行力全面提升。

全面强化风险防控能力建设，应对攀枝花9月中旬特大暴雨抗洪抢险工作扎实有效，安全生产形势总体受控，千人负伤率降至0.395‰。完成股份公司重大资产重组，全力化解股票退市风险。切实抓好审计、监察、保密、维稳等工作，企业经营重大风险总体处于稳定受控状态。

【工程投资建设】 2016年度，攀钢集团固定资产计划投资141535万元，实际完成投资141559万元。

1. 已基本建成的重点项目

重庆钛业环保搬迁建设硫酸法钛白粉项目：项目总投资98340万元，2016年计划投资34000万元，年累计完成投资30810万元。2014年6月开工，2016年9月底建成投产。

2. 正在实施的重点项目

西昌钢钒新建热轧E1R1及定宽压力机项目：项目于2016年7月开工，总投资27500万元，2016年计划投资9303万元，年累计完成投资8689万元。建设进度：设备基础施工，设备订货；攀钢钒冷轧厂3号镀锌线技术改造项目：项目于2016年7月开工，总投资1685万元，2016年计划投资1186万元，年累计完成投资1163万元。建设进度：厂房及设备基础施工，设备订货；矿业公司白马铁矿1号排土场及废石胶带输送项目：项目于2013年3月开工，总投资61000万元，2016年计划投资17777万元，年累计完成投资14121万元。建设进度：破碎站已基本建成，胶带运输系统与排洪系统土建施工、设备安装；朱兰采场开拓运输系统改造项目：项目于2010年11月开工，总投资62291万元，2016年计划投资1180万元，年累计完成投资1178万元。建设进度：岩石破碎及胶带运输系统已基本建成，矿破系统土建施工、设备订货。

【科研成果】 2016年，攀钢共申请专利729项，其中发明专利563项，国外发明专利6项。获授权发明专利759项。《高强度耐大气腐蚀型钢的生产方法》获得第十八届中国专利优秀奖及2015年度四川省专利奖二等奖。依托攀钢“一号工程”《高炉渣提钛产业化项目》，策划“高炉渣提钛项目知识产权咨询服务”招标工作。该项目旨在寻求一家国内一流的知识产权咨询服务公司，开展高炉渣提钛项目的知识产权分析、布局、保护、风险预警、战略规划等工作，打造出具有核心竞争力的专利组合与布局，形成坚固的技术壁垒，为高炉渣提钛产业化保驾护航。项目招标工作已完成，正在细化项目研究内容。采用公开招标的形式，开展专利代理机构招标工作。此次招标共有10余家代理机构参与竞标，通过综合评标法确定3家优质专利代理机构，并将专利代理费用压缩30%左右。

2016年,攀钢获冶金科学技术奖项目3项,其中一等奖1项、三等奖2项;获四川省科学技术奖23项,其中一等奖1项、二等奖5项。

2016年,攀钢主持或参与国际标准的制修编工作3项。攀钢提出的道岔钢轨国际标准制订建议,于6月24日在葡萄牙ISO/TC17/SC15会议上获得原则通过,正开展立项准备工作。钒铁国际标准修订项目正式启动。参与《高钒铁钒含量的测定——电位滴定法》国际标准修订相关工作,开展了标准协作验证试验,后续将承担分析结果精密度统计工作。

【和谐创建】 2016年,攀钢全面贯彻落实公司第八次党代会精神,深入开展"迎接新挑战、共建新攀钢、再创新辉煌"形势任务教育,大力弘扬攀钢精神新内涵,积极推进品质文化、制度文化、变革与创新文化、诚信与信任文化建设,充分调动干部职工的积极性和创造性。统筹做好人才引进、培养和使用工作,在培优秀青年科技人才186人、博士24人、工程硕士341人,命名职工先进操作法3项。严格执行维稳工作责任制,开展领导人员"大走访"活动,全力以赴做好改革中的思想政治工作,营造和谐稳定的环境。尽最大努力改善经营绩效,保证职工收入水平。持续深化"送温暖"活动,健全完善三级帮扶体系,走访慰问困难职工、退休人员等13843人次,发放救济金、助学款和慰问品862.5万元。

【天府惠融资产管理有限公司】 6月,成都天府惠融资产管理有限公司(简称天府惠融)成立,注册资本5亿元,它是攀钢布局"一体两翼"战略而打造的全资子公司,与积微物联电子商务公司并称"两翼"。

8月,为实现不同融资职能,天府惠融成立两家子公司:成都惠融易达互联网信息服务有限公司(简称惠融易达)和深圳惠融诚通商业保理有限公司(简称惠融保理)。惠融易达和惠融保理两家子公司,如同"两驾马车",为天府惠融打造线上居间与线下自营的模式奠定基础。线上,惠融易达运用互联网技术打造以攀钢供应链为核心的互联网金融平台,通过在线居间服务,在为攀钢上下游产业链企业提供流动资金的同时,又为社会投资人打造优质、安全的理财产品。线下,惠融保理运用互联网技术简化传统的线下保理业务流程,提高融资效率,通过引入外部机构资金开展业务,为攀钢供应链上下游企业提供融资服务。

8月,以商票作为投资保障的理财产品——"凡太聚宝"项目启动。它不仅为商票持有企业提供流动资金,还为社会投资人提供理财服务。9月,与科技上市公司合作开发银行级平台核心系统。11月,接入银行资金存管系统。

与拥有风投、上市公司、银行以及国资背景的互联网信息服务平台相比,由攀钢打造的天府惠融是四川省内第一家拥有央企背景的国有独资融资平台,也是国内首批接入银行存管系统的融资平台,完全符合国家最新监管要求。天府惠融对内盘活攀钢资产,通过融资租赁、资产证券化等形式满足内部企业融资需求;对外为攀钢产业链上下游企业提供融资服务,帮助攀钢或其子公司的供应商,以最快周期将商票变现,确保供应商应收账款及时回笼,极大地促进攀钢生态产业链建设。

(黄长银)

矿　业

【概　况】 攀钢集团矿业有限公司(简称矿业公司)成立于1973年5月1日,原为攀枝花冶金矿山公司。1993年6月,并入攀钢(集团)公司,1994年更名为攀钢集团矿业公司。2008年4月,改制为攀钢集团矿业有限公司。公司经营矿石采选及其技术开发、咨询服务;碎石、矿产品加工;矿产品质量检测;土石方工程施工;金属制品、机械设备制造;机械设备修理;场地及设备租赁;销售矿产品、机械设备、电器设备、汽车配件、交电、仪器仪表、金属材料等。作为攀钢高炉冶炼的主要原料供应基地,公司拥有钒钛磁铁矿、石灰石矿、白云石矿等矿山。境界内可采铁矿石基础储量约4.64亿吨。主要生产钒钛磁铁精矿、钛精矿、石灰石、生石灰粉、高镁石灰等矿产品,已形成年产钒钛磁铁矿石3879万吨,钒钛磁铁矿精矿1309万吨(品位54%~57%),钛精矿68万吨(品位≥47%),石灰石成品矿108万吨的生产能力。截至2016年12月末,公司资产总额125.52亿元,其中:流动资产10.87亿元,固定资产净值59.58亿元,在建工程14.59亿元,无形资产33.12亿元(其中采矿权10.69亿元),其他资产7.36亿元。

截至2016年年底,公司有7个生产单位、1个科研单位、2个全资子公司、3个综合管理处室、11个机关部室。有在岗职工6573人。公司先后荣获"全国思想政治工作优秀企业""全国企业文化建设先进单位""首届全国矿产资源合理开发利用先进矿山企业"、第二届全国冶金矿山"十佳厂矿""四川省创先争优活动先进基层党组织""全国冶金绿化先进单位”“钒钛磁铁矿资源综合利用示范基地”等荣誉称号。

【生产经营】 矿业公司积极贯彻落实集团公司提出的:“希望矿业公司在攀钢资源转型升级发展中发挥好基础性的支撑作用”“矿业公司要坚守‘两条红线’,实现精矿生产规模化,为满足攀钢生产需要奠定资源保障”的要求,克服兰尖地采停产、矿石性质变差、白马片区农民堵工频繁、攀枝花市特大暴雨灾害等困难,结合攀钢铁精矿需求变化的实际,及时调整生产组织方式和主要生产指标,有力保障了攀钢冶炼需要。2016年,攀枝花铁矿完成采剥总量4101.43万吨,输出铁矿石1646.84万吨。白马铁矿完成采剥总量5560.28万吨,输出铁矿石1718.71万吨。密地选矿厂生产铁精矿475.83万吨,品位53.98%。白马选矿厂生产铁精矿463.80万吨,品位56.00%。选钛厂生产钛精矿48.15万吨,品位47.51%。兴茂公司生产钛精矿13.22万吨。外委完成铁精矿125.86万吨。石灰石矿狠抓辅料矿生产组织,满足了冶炼生产需要。2016年,公司完成铁矿山采剥总量9661.70万吨,输出铁矿石3365.56万吨,生产铁精矿1103.11万吨、钛精矿61.37万吨,生产石灰石粉矿33.22万吨、生石灰粉42.45万吨、高镁灰5.27万吨。实现营业收入33.25亿元,控亏3.27亿元,实现全年生产经营目标。

【降本增效】 为完成2016年攀钢集团公司下达的利润指标,公司加大降本增效工作力度。针对控亏目标,公司研究制定了优化技术经济指标、人力资源改革、资源综合利用、物流及节能减排、国家优惠政策争取、降低采购成本、专项费用统筹七大方面措施,降本增效合计6.91亿元。为完成降成本目标,公司将成本费用指标层层分解落实,具体到班组、机台,通过狠抓各层面“降本增效”措施落实,密地铁精矿实现完全成本259.46元/吨、白马铁精矿实现完全成本265.81元/吨、密地钛精矿实现完全成本530.61元/吨,与2015年相比,降幅分别为10.32%、21.7%、8.41%。全年完成常规降本增效5.91亿元,完成率为124.95%。

【机构改革和人力资源优化】 积极开展人力资源优化及机构改革工作,进一步优化人力资源。与2015年年末相比,人力资源优化改革后在册人员减少3092人,减幅28.96%;在岗人员减少3431,减幅33.56%;管理技术人员减少529人,减幅34.40%(其中:处级干部减少12人,减幅14%;科级干部减少91人,减幅25%);生产服务人员减少2967人,减幅34.78%。截至2016年12月末,在岗职工6573人,与2015年12月末在岗职工10224人比较,在岗职工减幅33.56%。进一步精简组织机构,注销凉山公司、兴旺公司,兴茂公司与设备修造总厂整合,朱家包包铁矿与兰尖铁矿进行整合。二级单位由17个减少到13个,精简4个,减幅23.53%。机关部室由14个减少到11个,精简3个,减幅21.43%。科级机构由196个减少到162个,精简34个,减幅17.35%。进一步提升劳动生产率。与2015年比,人力资源优化改革后公司劳动生产率提升明显,铁精矿增加699.06吨/人.年,增幅56.05%;钛精矿增加384.61吨/人·年,增幅44.05%;石灰石辅料矿增加654.81吨/人·年,增幅49.73%;公司综合产能增加672.44吨/人·年,增幅54.91%。

【管理创新】 严格落实安全生产法律法规和减排指标,创新工作思路,狠抓制度建设及隐患排查治理。不断加大现场烟尘、粉尘治理,落实环保措施,职工生产作业环境进一步改善。全年公司避免重伤以上责任事故发生,首次实现相关方事故“零”的目标;尾矿入坝率100%,环保设施完好率100%,污染物综合排放合格率100%。加强设备管理,重点开展安全专项检查,设备单项技术攻关,深化点检定修。设备事故较2015年有所减少,公司主要设备事故、故障停机率≤1.4%,可开动率96%,实现设备高效、经济、可控运行。狠抓业务外包减量降价工作,公司业务外包减量降价创效2231万元。梳理优化公司管理制度,公司原有制度351项,经过梳理优化纳入公司制度架构中152项(其中,新增7项,废除206项,修正145项)。严格控制矿产品质量指标,质量创效3216.3万元。加强能源管理,狠抓节能降耗,吨铁精矿动力成本为51.77元,较2015年降低5.02元。加强物资保供及降采利库,全年利库物资859.52万元,降采创效6855.13万元。

【工程建设】 加强工程管理,大力推进保生产、保安全项目实施,积极推进白马铁矿1号土场及废石胶带运输系统、攀枝花铁矿边坡隐患治理等工程项目的实施。加强工程项目设计优化,大幅降低工程费用。全年共实施技改工程项目九项,共完成技改投资1.5亿元。其中:白马铁矿1号排土场及废石胶带输送系统继续推进实施,2016年完成首排部位的道路系统及下部排洪设施的建设,废石胶带运输系统继续进行转运站土建、钢结构通廊等主体结构的施工。白马三期3号矿石破碎运输系统于2016年11月底进行空负荷试车,12月进行重负荷试车后正式投入生产使用。石灰石矿0号溜井工程于2016年7月开工建设,工程总投资945万元,计划工期9个月。石灰石矿白灰车间新增细磨系统工程于2016年10月开工,工程总投资340万元,计划工期5个月。白马铁矿选钛工程在完成试生产前的各项工程检查和消缺工作后,于11月中旬开始至年底进行试生产工作。

【科技进步】 加强科技管理,扎实推动重大技术研发、成果转化及重点科研项目。公司承担的国家“十二五”863计划课题“钒钛磁铁矿高效选矿关键技术与示范”项目，顺利通过国家科技部验收。攀钢集团矿业有限公司院士（专家）工作站被四川省正式命名为第五批院士（专家）工作站。公司承办了“钒钛资源综合利用产业技术创新战略联盟2016年第三届钒钛磁铁矿资源开发技术交流会”。来自国内业界科研院所、高校企业19家单位80余名专家学者、研发生产人员共同研讨钒钛磁铁矿开发面临的新局面及所对应的新思路、新技术、新工艺、新装备。编制完成2015－2020（十三五）发展规划，完成朱兰延伸勘探项目野外地质工作及白云石矿采矿权短期延续工作。全年申请专利28项，其中发明专利14项。完成授权专利34项，其中发明专利15项。全年共立项“四新”项目46项，12项试用项目已完成验收，7项得到推广应用。大力推动科技创新创效，全年共立项、下达科技项目104项，完成结题29项。全年科技创效超1.5亿元。

【攀枝花铁矿成立】 2016年11月23日，攀钢集团矿业有限公司着眼于长远发展，撤销兰尖铁矿和朱家包包铁矿编制，整合两矿业务，组建了攀枝花铁矿，全矿在册职工1661名，下设综合管理科、党群工作科、生产技术科、设备保障科、安全保卫科5个机关科室和工程管理部、资源管理部；下设采矿作业区、汽运作业区、铁运作业区、排土作业区、表外矿作业区、尖山生产作业区、尖山辅后作业区7个作业区。财务实行公司派驻制。矿区占地面积19.9平方千米，工业建筑面积74660.39平方米，工业储量1.6亿吨。

（黄长银）

冶金建设

【概　况】 2016年，中国十九冶市场签约首次突破200亿元大关，营业收入达106亿元，利润总额首次突破3亿元大关。

2016年是中国十九冶“四五”开局之年，公司秉承“创新、创利、共赢、共享”的发展理念；以创新驱动、转型发展的发展战略；坚定“一最一争做最具国际竞争力的建筑企业，成为中国中冶新战略定位的主力军；双跨—跨入中国中冶施工企业第一方阵，跨入四川省综合企业三十强；三变—努力做到从施工承包商转变为工程承包商，从工程承包商转变为项目承包运营服务商，从项目承包运营服务商转变为项目投资承包运营服务商；四高—跻身高端市场和高端科研项目，拥有高端装备和高端人才”的发展目标，确保“四五”目标的“三个加快建设、四个创新驱动、五个发展保障”战略举措快速跟进。

实施“三个加快建设”：加快“一带一路”、长江经济带和发达地区的战略布局；加快非冶金产业实施主体的发展；加快出口钢结构基地、风电能源钢结构基地、高层建筑和桥梁钢结构基地“三个基地”的建设。

实施“四个创新驱动”：产融结合创新驱动；产学研结合创新驱动；深化改革创新驱动；“西部铁军”文化品牌效应创新驱动。

实施“五个发展保障”：把高端人才和职业经理人的培养作为企业发展的保障；把高技能人才的打造作为企业发展的保障；把“互联网＋”、信息化、BIM技术与大数据的运用作为企业发展的保障；把助推企业发展的产业和新兴产业的资质升级作为企业发展的保障；把打造一支忠于党、忠于企业，风清气正的干部队伍作为企业发展的保障。

【市场开拓】 在“四五”发展规划的引领下，中国十九冶在市场开拓中抢占PPP项目先机，先后与四川广安、雅安、泸州、天府新区，云南，贵州等地方政府签订战略合作协议；天府新区PPP项目、泸州二环路PPP项目、攀枝花火车南站PPP项目相继落地开工；全年共注册SPV公司7个，中标PPP项目16个。

抢占新兴产业先机，成立城市综合管廊、海绵城市、美丽乡村和智慧城市三大技术研究与推进小组。在管廊方面，与哈尔滨市双城区签署约10千米的地下城市综合管廊协议，沈阳铁西新城综合管廊、天府新区杭州路等路段综合管廊、兰州新区地下综合管廊项目快速推进；海绵城市方面，天府新区新兴工业园标准厂房已经优质竣工，昆明滇池两岸生态湿地（观音山段）土地一级开发整治项目进展顺利。美丽乡村与智慧城市方面；浙江省三门县海游街道石岩村开工建设，雅安宝兴县大溪乡罗家坝村灾后重建集中安置房、大邑沙渠工业园区道路及配套设施灾后重建、凉山扶贫安置房项目、色达县农村公路通畅工程等为“美丽乡村”建设、改善人居环境交上优秀的成绩单。

抢占“一带一路”战略先机，越南台塑河静高炉项目进入收尾阶段；印度尼西亚OBI岛镍铁矿项目和塔岛铁矿项目，将钢铁产业链向海外延伸；巴新新爱尔兰西海岸公路项目、马来西亚中马中关丹产业园项目、阿尔及利亚租售房项目等开工建设。

【工程建设】 2016年，中国十九冶挂图作战，以重点项目现场督查为手段，按旬、月、季列出进度计划，全力推进项目履约。

国内，泸州空港路、成温邛快速路、天府新区系列工程等重点工程受到业主的肯定，实现按合同履约预期目标。9月7日，神龙汽车有限公司成都工厂建成投产，首款产品——东风标致4008成功下线。这座世界顶级汽车工厂，从开建到投产用时不到两年，创下令人惊叹的“成都速度”。昆明滇池两岸生态湿地（观音山段）土地一级开发整治等海绵城市项目进展顺利。越南台塑高炉项目进入收尾阶段。海外，纳米湖山铀矿项目顺利投产、MR125公路项目二期工程通过交接验收；印度尼西亚OBI岛镍铁冶炼项目、塔岛铁矿项目，巴新新爱尔兰省外岛公路工程，纳米比亚贸易与工业部总部大楼土石方项目，阿尔及利亚BLIDA省租售房项目稳步推进。

2016年，公司承建的成都市中心城区缓堵保畅“两快两射两环”项目二环路东段改造工程，成功获得中国建设工程最高奖——鲁班奖。这是公司第六次获得中国建设工程鲁班奖，也是获得的第一个市政道桥工程类鲁班奖。

【人才建设】 2016年，中国十九冶创新人才工作，努力弥补人才短板。制定“531人才工程”方案及《优秀年轻干部培养选拔工作实施意见》等有关文件，积极推进“5个人才基地”，“300名优秀年轻干部培养”和“100名职业项目经理选拔”工作。

加快专业技术和管理人才队伍建设，全年办理建造师注册215人次；新增一级建造师60人，增高级职称34人，中级职称90人。加强博士后创新实践基地建设，2名博士研究生与西南交通大学、中国十九冶签订“联合培养企业博士后研究人员协议书”；博士后创新实践基地人才建设有效推进，为国家级博士后科研工作站申报奠定基础。

技能人才树标杆，4月26日，“五四”青年奖章获得者、四川省最年轻劳动模范曾正超在中国科技大学受到中共中央总书记、国家主席、中央军委主席习近平和中央领导王沪宁、栗战书，共青团中央书记处第一书记秦宜智等的亲切接见；5月4日，受到国家副主席李源潮点名表扬。

【科技创新】 2016年共申请专利185件，其中发明专利64件；共获授权专利112件，其中发明专利31件。完成申报中国第十八届专利奖、四川省2015年专利奖。发布主编行业标准《冶金行业设备基础后置锚栓技术规范》1项；参编工程建设协会标准《风电塔架建设技术规程》1项，正在报批。获批省级工法6项，申报部级工法6项、省级工法6项、企业级工法15项。3项成果获得中国施工企业协会科技进步二等奖，1项成果获中国建设工程施工技术创新成果三等奖。

（罗　珣）

煤　炭

【概　况】 攀枝花煤业（集团）有限责任公司（以下简称攀煤公司）是川煤集团规模最大的子公司，始建于1964年，是20世纪60年代国家在“大三线”建设中为攀枝花钢铁基地配套建设的国有大型煤炭企业。经过近半个世纪的艰苦创业和改革发展，攀煤（集团）公司已建设成为以煤为主，电力、火工、建筑建材、机械制造等多业并举、配套发展的综合性企业。公司煤炭核定生产能力507万吨/年，拥有4对矿井、300兆瓦电力、2亿块煤矸石砖年产能及火工、机械制造、物流贸易等产业在内的18个分公司、9个子公司，在册职工14080人，职工家属10万余人，总资产89.23亿元。企业先后获得四川省优秀企业、全国节能一级企业、全国思想政治工作优秀企业、全国“五一劳动奖状”等荣誉称号。

【生产经营】 2016年，是国家供给侧结构性改革元年，是攀煤公司极不平凡、极其艰难的一年，在宏观经济增速放缓，煤炭市场持续四年“寒冬”的严峻形势下，攀煤公司众志成城、攻坚克难，多措并举开拓奋进，渡过了主力矿井赋存条件变化异常、煤炭产品断崖下行、资金链条几近断裂的三重危机，承受住了企业改革攻坚、生产经营、安全稳定的三大挑战，公司基本实现“企业保生存，员工保饭碗，矿区保稳定”的工作目标，管理效果逐步显现，改革红利逐步释放。全年生产原煤343万吨；产销精煤170.43万吨；总进尺43123米；矸石发电3.99亿千瓦时；生产矸石砖5432万块。营业收入14.82亿元；亏损4.5亿元，控制在川煤预算指标内；矿井百万吨死亡率0.29，在川煤控制指标范围内；全年在岗员工人均收入4.5万元，同比增长8.7%。

【煤炭生产】 2016年，攀煤公司围绕增量增收、提质增收，严格实行弹性生产制，突出主要矿井重要头面，推行公司领导联系制、矿级领导包干制，全力以赴组织生产，煤炭主业难中有为，原煤质量、精煤回收率均有明显提升。一方面从优化生产布局、调整采掘接续，合理劳动组织、加强收入分配入手，基本保持正常生产秩序。一方面从调整质量监测管理体制、优化煤质考核管理体系、使用在线监测系统入手，严把原煤质量管控，四矿原煤灰分均有不同程度下降，公司全年综合灰分51.36%，同比下降3.82个百分点。同时为适应攀钢、昆钢产品需要，相应调整精煤等级，改造洗选工艺环节，降低浮选尾矿损失，大力提高精煤回收率，精煤回收率达到51.12%，同比提升4.72个百分点。从调整营销策略、推行营销风险抵押考核入手，巩固攀钢、昆钢等重点客户，开拓云南弥渡、广西柳钢等新用户，合作开发云南建材用煤市场，全年统售精煤117.45万吨，地销精煤52.97万吨、原煤9.96万吨、中煤34.20万吨（含矸石电厂19.62万吨），有效缓解了公司经营压力和资金紧张状况。

【相关产业】 2016年，公司按照一厂一策、一点一策、分兵突围思路，实行非煤经营资金封闭运行，试点推行风险抵押承包经营、岗位包干，强化经营主体责任，促使主动挖潜增收，非煤经营除九鼎、成都公司外基本消灭亏损。其中，矸石电厂在积极争取电量指标和水火置换政策的基础上，根据实际发电时间，合理调整生产组织，完成产值14360万元，实现利润1576万元；水电公司积极研究电力体制政策，争取直购电优惠和民用电容量及补差，实现收入17283万元，利润1504万元；总医院推行科主任负责制，实行打分计效分配，强化区域服务职能，实现收入7233万元，利润504万元，近几年首次扭亏为盈；机制公司着力理顺股权结构、资产结构以及人员管理关系，重点提高内部机修维护服务质量，开展贵州、四川周边地区产品加工业务，实现产值4026万元，利润344万元；恒威公司抢抓金沙电站、攀大高速等工程建设机遇，积极拓展火工销售、爆破、运输等业务，实现产值2006万元，利润78万元；生活服务公司加快企业内部水电表智能化改造，减少水电消耗支出，整合营运环卫、食堂等业务，增收压费，全年较预算减亏254万元。其他费用单位努力降本压费、挖潜增收，基本完成公司下达的经营指标。

【经营管控】 2016年，公司坚持以全面预算管理为抓手，积极与市场对标，与川煤先进同行对标，着力开展“八个严控”和“两个确保”经营管控专项活动，同比减少成本费用支出1.67亿元，同口径减亏1.2亿元。建立健全经营目标考核与增收节支加奖办法，层层签订目标责任书，严格考核，奖惩逗硬；调整完善工资总额挂钩考核体系、处级管理人员年薪考核办法，加大成本、效率、利润、现金流等指标的挂钩权重，工资结算与市场煤价上下浮动，年薪人员基薪与本单位员工同步考核、同比例发放；制定实施中层领导人员作风不实工作不力问责办法，对完不成经营目标考核的，严格追责问责，给予单位主要负责人诫勉谈话19人次，约谈11人次，书面检查13人次，3个单位受到黄牌警告；中层干部年度考核降职2人；安全履职追责处理2人。注重加强全过程全方位成本管控，重点在资金使用、资金筹措、物资招采分离、修旧利废回收复用、精简压缩工程项目以及非生产性费用等方面，加大规范与管控力度，取得明显效果，全年在增加贷款3亿元的基础上，同比减少利息支出8900万元，减少财务费用5586万元；水电费同比下降1704万元；办公费同比下降21%；工程投资同比下降54.02%。成立政策研究委员会，主动研究政策，积极对接省市有关部门，相继争取国家去产能、改革发展资金项目、“三供一业”分离移交、农林开发、电力优惠等方面的资金奖补、费用减免政策，全年减免税金685万元，每月滚动缓交税金1800万元；争取各类奖补资金1.01亿元；“两供一业”改造移交预拨资金7.25亿元已经划转市财政。

【改革发展】 2016年，公司抓住“三项制度”改革不放松，着力转机建制，着手转型求存，着眼科技创效，各项工作取得明显突破，改革红利逐步释放。按照“保一线，控二线，限三线”的原则，突出绩效导向，调整完善工资结算办法，变“要工资”为“挣工资”；实行基层单位工资分配“十公开十上墙”制度，强化民主管理与监督检查；加大劳动用工清理，实行内养内退、人事买断，通过协议歇岗、轮岗休假、强制年休，全年减员分流1510人，其中在岗退休67人、身份买断431人、劳动清理155人、其他34人，提前一年实现在岗员工控制在1.2万人以内的总体目标。突出各单位市场主体地位，实施内部结算体制改革；突出全面预算管理，推行财务总监委派制；突出专业化营销，划转煤质监测和煤炭发运业务职能，变革营销管理体制；突出基层安全主体责任，撤销驻矿安监站，瘦身干练安监队伍，全公司安监人员从172人减少到57人。加快推进企业转型升级，先后组建成立建安公司、农林公司、物流公司，探索转型发展新路子，拓展新的经济增长点。建安公司以鼎能攀枝花分公司为平台，在承揽内部工程的同时，努力开发其他工程业务，实现收入2505万元；农林公司论证拟建的苗圃、养殖、果园基地，正在形成开发建设方案；充分利用矿区闲置土地，争取到的30兆瓦农光互补项目，已经进入开工建设阶段；物流公司基本完成内部运输业务整合，全年实现收入501万元，利润26万元，企业内部加油点、汽车修理合作开发项目也在积极筹建中。竭力推动社会职能移交，积极形成“两供一业”改造移交方案，争取到的7.25亿元预拨资金已经划转市财政。

【安全工作】 2016年，公司坚持“从零开始，向零奋斗”安全理念，强化安全红线意识，狠抓安全责任落实，突出安全现场管控，安全生产总体平稳。重点在细化落实领导“党政同责、一岗双责、失职追责”，干部值班、带班制度，健全各级安全包保体系上，强化履职监督检查；在强力推进矿井质量标准化恢复性建设，开展隐患排查整治闭合管理，加强员工教育培训，狠反“三违”等方面采取一系列措施，保持严防强管态势。特别针对煤炭生产特点和去产能弹性生产要求，突出“一通三防”、地测防治水、机电运输、顶板管理等专项整治，积极开展“冬春百安”、六月安全生产月、“打非治违”等专项活动，有力防止危险源和重大安全隐患，但是零敲碎打事故仍未得到有效遏制，花山矿发生“10·12”顶板事故，死亡1人；全年未发生道路交通、消防、危化品等其他事故；小宝鼎矿安全质量标准化达行业一级，其他矿井达行业二级。

【人力资源管理】 2016年，攀煤公司继续规范用工制度、完善薪酬分配机制、加强职工素质培养和业务培训，通过协议歇岗、轮岗休假、强制年休等办法，推进减员分流工作，取得较好效果。用工管理上，全公司在岗员工由年初的13197人减少到11821人，净减1376人，各级管理人员1837人，较年初1966人减少129人，各级管理人员占在岗员工的15.5%；专业技术人员1489人，占公司在岗员工的12.6%；操作类员工10025人，占公司在岗员工的84.8%。薪酬管理上，以全面预算为抓手，以问题为导向，持续深化推进薪酬分配制度改革，规范完善薪酬结算分配制度，调整薪酬结构，促进人力资源结构优化调整和减员分流工作。规范和完善公司《工资结算考核管理办法》和《企业负责人薪酬管理及经营业绩考核办法》；出台《进一步规范基层单位工资分配管理的指导意见》和《进一步规范基层队队务公开工作实施意见》；编制《攀煤公司2015年工资专项审计报告》及《攀煤公司2016年工资总额预算报告》，全年在岗员工人均收入4.5万元，同比增加8.7%。培训管理上，全年共组织培训313期，培训人员9607人。其中，煤矿特种作业人员计划培训2500人，实际培训2011人；岗位技能计划培训2000人，实际培训2680人；班组长计划培训700人，实际培训650人；地面特种作业计划培训250人，实际培训200人；入党积极分子计划培训100人，实际培训87人；群监员计划培训100人，实际培训80人；管理人员机运知识计划培训600人次，实际培训800人次；职业技能计划鉴定230人，实际鉴定250人。

【科技创新】 2016年，攀煤公司组织申报5项科技成果通过省级鉴定，其中3项获省科技进步奖，组织申报10项科技成果通过市级鉴定，其中7项获市科技进步奖，获奖项目中“复合煤层大倾角综合机械化开采过不同构造关键技术研究”项目，突破开采技术瓶颈，填补采煤工艺空白；申报专利40余件，授权12件，5项科技研发项目申请抵免税，减免金额210万元，为公司降本增效做出应有贡献。

【信息化建设】 2016年，攀煤公司共组织机关及各二级单位管理和生产信息化系统相关业务人员培训40余人次。全年处理矿井、管理信息化系统故障120余次，组织整改信息技术问题30余项，技术改进12项，较好解决了系统存在的运行不稳定、功能不够完善、信息整合不全面等问题，有力提升系统维护保障能力，确保稳定运行。公司及二级单位管理和生产信息化运行维护人员均基本达到系统运行维护的要求；结合矿井和管理需求，组织完成四矿矿井电网升级改造项目建设，并通过公司项目组验收，达到预期目标，取得良好效果；组织完成“公司瓦斯短信报警系统”项目、供应处江北仓库监控系统项目、物流公司“三网”系统建设等；以信息化项目助推公司科技创新，通过川煤科技项目鉴定1项；攀煤公司基本实现信息传递网络化、数据处理自动化、信息管理规范化、软硬件建设同步化。

【节能环保】 2016年，攀煤公司修订完善《环境保护管理办法》《节约能源管理考核办法》，管理效果有效增强。强化监测、检查及考核力度，全年对各单位大气、水、噪声、无组织排放污染等监测48次，定期及不定期检查33次，下发通报4期，督促整改20余项；组织编制完成公司环保应急预案及相关单位突发环境事件应急预案，形成完备的公司环保应急体系；突出强化危化品监管，编制完善《危险化学品管理制度》《危险化学品管理考核办法》《公司危化品事故应急预案》《公司危化品泄漏事故应急预案》，进行季度及不定期检查，组织精煤公司、小宝鼎煤矿、花山矿开展危险废物处置工作，彻底清查各单位过期或报废的危化品，并形成处置意见；针对攀枝花市环境污染事件诱发的“环境风暴”，根据省、市及集团公司的统一部署和要求，于12月中下旬多次组织自查、排查和大整治活动，共查出问题47项并进行整改；按照《煤炭行业能耗情况专项检查方案》要求，对四矿2014—2015年度能源消费总量、能源消费结构、工序能耗及单位产品能耗限额标准执行情况进行自查、汇总及上报；完成各类节能计量自查报告并通过上级检查审定，公司年度及“十二五”节能目标超额完成，考核名列全市第一。2016年公司未发生环境污染事故、危化品事故，公司环境监测站通过省质监局检验检测资质认定。

【和谐矿区建设】 2016年，公司在生产经营十分困难的局面下，坚持以人为本，力保员工工资发放，落实员工合法权益，加强员工思想政治工作，矿区队伍保持基本稳定。召开公司第四次党代会，明确“十三五”发展目标和工作任务，统一员工思想认识，增强扭亏脱困信心。围绕“改革攻坚、保本保命”工作主题，大力开展形势任务教育，让全体干部员工明形势、晓任务,知责任。注重加大困难群体帮扶救助力度,保障困难员工基本生活,全年公司走访慰问各类困难群体3512户(次),发放慰问金318.8万元。深化基层民主管理、队务公开,加强工资民主分配与监督,保障员工的合法权益。注重加强信访维稳,制定信访处置预案,实行领导包保制,摸排不稳定因素,对重点上访、缠访人群,实行跟踪监管,化解疏导,全年处置群体事件6起,化解历史遗留问题5件。

【30兆瓦农光互补项目】 为充分利用宝鼎矿区闲置土地,调整公司产业结构,提高经济效益,攀煤公司与中国水电建设集团新能源开发有限责任公司、四川电力设计咨询有限责任公司合作开发攀枝花仁和区太平乡半海村30兆瓦农光互补光伏项目。该项目概算总投资约40000万元,占地面积约60公顷,所用土地均为攀煤公司纳入仁和区复垦的工矿废弃地。项目建设期为一年,项目投产后,年发电量3964.23万千瓦时,按四川省光伏电站标杆上网电价0.88元/千瓦时(含税)测算,年产值2982万元。该项目具有用工少,生产成本低等优势,符合当地社会经济发展规划,符合国家节能环保政策要求(年可减少使用约1.25万吨标准煤),同时在项目用地区域内进行农业综合开发,规划进行家禽家畜养殖和农作物种植,可进一步提高地块收益,防止水土流失,综合效益明显。

【物流产业】 为深化企业内部改革,整合物流资源,归口物流管理,拓展外部市场,发挥资质优势,做强物流产业,助推转型发展。6月,攀煤公司成立攀枝花攀煤现代物流有限责任公司,公司注册资本金2000万元,为攀煤全资子公司。公司经营业务主要包括道路货物运输;物流信息服务;仓储服务;普通货物装卸;停车服务;汽车维修;销售汽车、汽车零配件、煤炭及其制品、建筑材料、金属材料、机械设备、化工产品等。2016年原煤、块煤、中煤公路运输业务,矸石排放运输业务,生产物资运输业务步入正轨,全年实现总收入499万元,其中运输收入433万元,实现盈利19万元。

(张洪伟　庞文斌)

电　力

国网四川省电力公司攀枝花供电公司

【概　况】 国网攀枝花供电公司是国网四川省电力公司下属的特一型供电企业,担负着攀枝花市5个县(区)及周边部分地区近万平方千米范围内的供电任务,供电客户39万户。

公司下设职能部门11个,县级供电企业4个(国网攀枝花市仁和供电公司、国网攀枝花市西区供电公司、国网米易县供电公司、国网盐边县供电公司,共有农村供电所21个),业务支撑和实施机构7个,集体企业平台公司1个。

攀枝花电网形成以500千伏双环网为支撑,220千伏双环网为骨干,各级电网协调发展的输配电网络,电网下载负荷能力超过3500兆瓦。拥有变电站、开关站85座,变电总容量816.66万千伏安,其中220千伏变电站11座;110千伏变电站30座;35千伏变电站36座;10千伏开关站8座。拥有35千伏及以上线路2512.49千米,10千伏配网线路5523.24千米。

2016年,公司完成售电量87.15亿千瓦时(同比增长9.7%);完成固定资产投资4.47亿元(同比增长5.42%),其中电网投资4.19亿元;综合线损率3.65%(全川最低,同比降低0.32%);全员劳动生产率59.26万元/人·年(同比增长7.45%);业绩考核被四川省电力公司评定为A级;获省电力公司2016年度"先进单位"称号。

【人力资源】 2016年,国网攀枝花供电公司用工总人数2879人[其中,国网攀枝花供电公司全民员工1164人,全资子公司全民员工639人,集体身份员工248人,集体企业自聘员工567人(含三新公司员工395人),劳务派遣及其他用工261人]。公司认真贯彻落实干部管理相关要求,明确职责分工、规范决策方式、强化过程监督、注重结果考核,将选人用人工作作为公司经营发展的重要抓手。坚持"能力、业绩、品行并重"原则,将"重实干、肯奉献、口碑好、业绩优"的人员进行重点培养,形成相应制度化、规范化的管理模式;严把选人用人关,打造优良干部队伍,为公司变革创新、科学发展提供有力的组织保证和人才支撑。着重在人才引进、人才培养上下工夫,完善人才后续跟踪机制,着力打造一流人才成长软环境,优秀人才数量和质量全面提升。累计培养国网公司级优秀专家5人,省公司级优秀人才151人,26名"双千"人才,7名省公司大师工作室成员,人才培养工作成效突出，居四川省电力公司前列，荣获省公司"班组建设先进单位"称号。

【电网建设与发展】 科学谋划电网发展，明确电网建设"高压输电网络补强"和"大力建设智能配售电体系"的总体思路。认真查找电网薄弱点、仔细梳理项目，确保电网投资质效。快速推进电网建设，回龙沟220千伏变电站配套项目等重点工程有序推进；红格110千伏变电站扩建工程等6个基建项目提前投产，新增变电容量15万千伏安，输电线路86千米；妥善组织，按计划推进农网改造，全面消除现存"低电压"问题；2016年，公司共完成电网投资5.11亿元。

【经营管理】 深入开展"效益提升年"活动，狠抓过程管控，促进公司提质增效。围绕公司开源节流、降本增效目标，深入推进全面预算管理，杜绝财务预算执行重大偏差。稳妥推进"两金"压降，提升资产运营效率；扎实推进营财一体化建设，全年电费、业务费核算质量显著提升。全面清理长期未办理结算工程项目，有效提升投资效益和资产管理水平。提升物资管理效率，公司库存物资金额同比降低13.15%。加快智能电表及采集建设，持续推进营配调贯通工作，公司智能电表覆盖率达99.72%，日均采集成功率98.43%，营配数据贯通率98.35%；均居全川第一位。积极拓宽电能替代领域，2016年完成替代电量21.78亿千瓦时。亏损企业治理工作成效显著，盐边公司顺利实现扭亏。

【安全生产】 咬定安全目标，扎实推进本质安全建设；以"安全日管控"和"班组反违章"为抓手，不断夯实安全管理基础。安全日管控全面覆盖12大专业，全年进行生产作业管控7947项；突出班组在安全生产中的基础、保障作用，开展班组违章自查7532次，发现违章160条次。扎实开展隐患排查治理，全年完成1261项隐患整治。对47座变电站开展状态评估分析，完成3986台设备检修，电网设备运维水平进一步提升。严肃检修计划刚性执行，提高检修计划安排合理性，全年未发生重复停电现象，非计划停运较2015年降低10.3%。大力推进无人机飞巡，完成602.5千米线路通道飞巡任务。积极打造区域电力应急战略"高地"，开展各类应急演练82次；加强与政府联动，精准发布地质灾害、山火等风险预警68次。完成"9·19"洪灾等抢险工作，得到四川省电力公司及市委、市政府主要领导的充分肯定，被央视《朝闻天下》《新闻直播间》等栏目报道。

【科技与信息化工作】 建立统一数据库平台，实现多应用软件、多客户端同时调用数据，增强公司大数据分析能力。创新开展"供应商寄存与成套配送"业务，在不增加库存资金的同时，有效增加库存物资类型和数量。推进卓越绩效自评价工作落地实施，协助省电力公司制定专业评价标准，为公司基础管理平台再添抓手。完成《基于同心圆模式的班组建设管理》等管理创新项目，全年获四川省电力公司"管理创新"一等奖1项、二等奖1项、三等奖3项；精益人才数量与项目质量同步提升，获省电力公司"优秀精益成果"一等奖1项、二等奖1项、三等奖3项；成功申报国家发明专利4项，实用新型专利7项。推行公司、车间、班组三级创新工作室模式，激发全员创新热情，变电运维三班《多角度一体式（伸缩式）接地棒的研制》被评为国家电网公司2016年优秀"QC成果"三等奖。公司还获得省公司"工人技术创新"二等奖2项，三等奖2项。

【市场服务】 积极转变发展模式，构建市场需求快速传导、整体高效协同响应机制，实现由"传统电力供应商"向"综合能源服务商"转变。创新供电服务手段，确立"客户导向型"服务工作定位，不断提升优质服务水平。提供14种缴费方式、414个缴费网点，实现城市"十分钟缴费圈"，农村"村村有缴费点"。在主城区成立5个24小时应急抢修点，在全川率先打造"20分钟抢修圈"，着力消除供电服务"最后一公里"问题。积极打造"信息化、自动化、互动化"的智能配售电网络，更好适应城市转型发展要求。大力推进"新农村、新电力、新服务"农电发展战略，改善农户供电不稳定、低电压等问题。大力推进农村"户户通电"工程建设，全面实现"户户通电"目标。主动走访攀枝花黄磷、高钛渣、工业硅、钢铁等政府重点支持的"红名单"工业企业，指导客户用好各项电价优惠政策。

（陈兴志　郑景轩）

雅砻江流域水电开发有限公司二滩水力发电厂

【概　况】 2016年是雅砻江公司深入推进雅砻江流域水能资源开发的"创新发展年"和流域电力生产的"技术提升年"，二滩电厂在雅砻江公司的正确领导下，以"争做最安全、最规范、最精细的创新型国际一流水电厂"为定位，紧紧围绕二滩水电站安全生产和桐子林水电站全面投产发电中心工作，以"安全生产，稳发满发"为目标，着眼于"创新""提升"，通过全员的共同努力，超额完成两站发电量计划，未发生一类障碍及以上不安全事件，实现了桐子林水电站投产第一年零强迫停运。

【主要指标完成情况】 2016年，二滩及桐子林水电站全年发电量172.8亿千瓦时，其中二滩水电站155.7亿千瓦时、桐子林水电站17.1亿千瓦时。截至12月31日，二滩水电站连续长周期安全生产3383天，桐子林水电站连续长周期安全生产438天，全面完成电力生产安全指标。

【桐子林水电站全面投产】 2016年3月23日，桐子林水电站4台机组全面投产。至此，雅砻江下游5座梯级水电站全部投产发电，标志着雅砻江流域水能资源四阶段开发战略第二阶段完美收官。桐子林水电站共有4台轴流转桨式水轮发电机组，单机容量15万千瓦，总装机60万千瓦，设计多年平均发电量29.75亿千瓦时，于2009年9月25日核准开工，2015年10月28日第一批机组投产发电，是国家西部大开发重点工程之一。

（郭　慧）

华电四川发电有限公司攀枝花分公司

【概　况】 华电四川发电有限公司攀枝花分公司、攀枝花三维发电有限责任公司实行两块牌子，一套班子的管理模式。华电四川发电有限公司攀枝花分公司是在撤并原攀枝花、河门口、新庄电厂基础上组建而成，于1999年至2007年先后按国家规定共关停33.6万千瓦小火电机组，已无在役运行机组。攀枝花三维发电有限责任公司位于四川省攀枝花市西区，主要经营管理2×135兆瓦超高压中间再热循环流化床燃煤(矸石)发电机组。截至2016年12月底，共有职工1028人，其中在岗职工609人，内部退养419人。下设18个部室。四川攀枝花华电新能源有限公司成立于2015年12月20日，由华电四川发电有限公司全额出资组建成立的全资子公司，是国有独资的有限责任公司。主要经营5.88兆瓦太阳能发电项目，其中，一期2.89兆瓦太阳能发电项目于2016年1月15日完成招标，5月21日并网发电。6月1日通过攀枝花市西区发改局组织的竣工验收。由华电四川发电有限公司攀枝花分公司代管。

全年，攀枝花三维发电有限责任公司累计上网电量5.79亿千瓦时(含替代电量)，同比下降0.89亿千瓦时。全年完成省经信委年计划(6.8711亿千瓦时)的84.24%。实现连续安全生产3943天，非计划停运0次，同比下降1次。

四川攀枝花华电新能源有限公司光伏一期项目累计完成上网电量239.91万千瓦时。光伏电站自2016年5月21日投运以来，已连续安全运行268天。

2016年，攀枝花三维发电有限责任公司继续保持“省级安全文化建设示范企业”“省级电力企业安全生产标准化达标企业”“中国华电集团公司四川公司文明单位”“四川省文明单位”荣誉称号。华电四川发电有限公司攀枝花分公司继续保持“中国华电集团公司四川公司文明单位”“四川省文明单位”荣誉称号。

【安全生产】 2016年，公司严格落实各级人员安全生产责任制，持续开展安全文明生产标准化管理、无违章创建活动。结合珙县公司“10·2”高空坠落和丰城电厂“11·24”冷却塔施工平台倒塌事故教训，举一反三，开展生产现场作业环境、防人身伤害隐患及缺陷排查活动。加强日常安全生产检查和季节性安全大检查，公司安全监察部、各部门负责人、各班组长每周五组织开展三级安全例行检查活动。全年累计发现各类隐患和缺陷1138项，实现整改完成率97.63%。

【环保改造】 完成11号锅炉CEMS系统现场验收、12号锅炉电除尘改造后性能考核试验。制定并组织安装烟气脱销系统实施方案，在运机组主要污染物排放指标符合国家标准。

【经营管理】 2016年3月15日，成立提质增效工作组织机构，印发《提质增效工作方案》和《2016年重点工作任务分解和跟踪督查的通知》，持续实施低成本战略，加强电量、电煤，检修维护、生产管理等成本费用管控。年初，公司根据四川省经济和信息化委员会下达攀枝花三维发电有限责任公司的年度6.87亿千瓦时计划上网电量，按照“枯期自发为主，丰期替代为主，充分利用开机保养机会自发，全力降低欠发率”的电量年度指导思想，抢抓枯期电量，全年累计完成上网电量5.79亿千瓦时，年计划电量完成率84%。结合2016年发电方式，调整电煤库存结构和组进策略控价提质，全年实现入炉标煤单价同比降低178.04元/吨，节约燃料成本2030.06万元。推行全面预算管理，加强预算在企业经营过程中的控制、导向和保障作用，实现财务预算与业务预算有效衔接。结合机组全停时间长的实际，从计划、采购、合同、使用管理等各环节压缩生产费用支出。全年材料费、维修费、其他费用合计同比降低499.87万元，比年初下达预算减少330万元。

【依法治企】 按照中国华电集团公司全面推进“法治华电”建设的总体要求，结合实际出台《法制工作新五年规划实施方案》，研究讨论“七五”普法规划，施行“业务工作谁主管、风险防范谁负责、普法宣传谁主导”的风险防范和普法责任制，推进公司依法治企、建设法治攀电各项工作。按照华电四川公司要求，开展法律体检和合同专项检查工作，对公司2016年4月底溯及至2003年的近万份合同进行全面自查梳理，其中发现未履行完毕的或存在履行瑕疵的合同共计237份，针对合同履行中存在的问题，逐一落实整改。

【对外市场拓展】 2016年，稳固四川区域的西溪河、水洛河、瓦屋山水电站检修项目，新拓展金沙江上游水电开发有限公司苏哇龙、巴塘水电站施工电源和理县星河甘堡电力有限责任公司水电站运行维护市场，全年累计签订对外检修、运行维护项目施工合同23份，实现对外工程项目收入1500万元。

【光伏项目】 2016年3月，四川攀枝花华电新能源有限公司成立西沟灰场光伏一期（装机容量2.89兆瓦）项目建设管理组织机构，按照EPC总承包方式落实项目施工、竣工验收，交付运行各阶段工程管理质量和安全监管责任，实现项目建设和运行无缝衔接。光伏电站自5月21日投运以来，已连续安全运行268天。

【职工培训】 2016年，结合走出去人才需求，出台激励措施，充分调动职工参与培训的积极性，实施跨专业、跨岗位技术培训和实操取证培训。组织开展3期对外运维专题培训，培训71人，其中41人通过特种作业考核取证，有效充实对外运维队伍人员储备。组织开展煤化验、钳工基础知识等专题技能培训28期。选取35位工作骨干作为培养对象，实施骨干紧缺人才培养工程。

【"三供一业"】 2016年3月23日，根据国务院国资委以及中国华电集团公司、华电四川公司关于供水、供电、供气和物业管理（简称"三供一业"）分离移交工作要求，华电四川发电有限公司攀枝花分公司成立"三供一业"分离移交工作组织机构，负责清理、规范"三供一业"分离移交工作，制定具体实施方案，落实责任，明确时间节点，主动对接市国资委和华电四川公司，在攀枝花市国资委的协调下，完成供水、供电框架协议的签订。

【第四届职工技术运动会】 2016年，组织开展以"大培训、大比武、大提升"为主题的第四届职工技术运动会，设置光伏发电人员培训、水电运维项目、班组长培训、电力员工九项基本技能知识培训等4个方面60个培训和竞赛项目，参赛人员131人次。12月19日公司对取得各竞赛项目前三名的团体和个人进行了颁奖。

【技术创新】 开展群众性技术创新活动，打造1个劳模创新工作室样板间，建立7个工作室。公司锅炉简易脱销系统和风帽优化修复技术方案两个项目获得华电四川公司工会颁发的职工创新创效"鼓励成果奖"。

【举办"道德讲堂"活动】 2016年5月，组织开展"道德讲堂"活动。定位在身边人的平凡小事上，以"身边人讲身边事，身边人讲自己事，身边事教身边人"为主要形式，安排唱歌曲、讲故事、诵经典、谈感悟、寄希望五个环节，讲述在工作中创新创效、爱岗敬业以及生活中孝老敬亲、助人为乐、奉献社会的感人事迹。活动小组收集到各类小故事48篇，选取其中5篇在讲故事环节现场演播。通过搭建文明新平台，打造精神大殿堂，让无形的道德讲堂发挥较大的影响力。

【"四心"建设】 按照华电四川公司工会要求，对"乐心"活动室场馆的墙体、健身房进行改造、装修。开展职工排舞、华电四川公司兄弟单位羽毛球联谊对抗赛、第五届职工乒乓球赛、第八届职工羽毛球赛活动，参与人数2300多人次。组队参加四川公司在宜宾举办的"舞动华电"职工排舞比赛，获第二名。9月，对"怡心"心灵驿站进行扩大改造，建立"团队活动区"和"心语小屋"，选派心灵驿站兼职工作人员参加四川公司"心灵"驿站骨干培训。"爱心"医护点为班组配发小药箱40个，共计1650元，为一线班组、露天作业的部门发放40余份清凉饮品，共计1万多元。"悦心"书屋开展新书推荐活动，工会根据各分工会的推荐情况，补充购买400多册新书。

【困难帮扶】 修订完善《困难职工帮扶实施细则》和《送"温暖"管理办法》。工会走访慰问职工100人，其中工伤职工1人，工亡家属11人，困难职工69人，市级、省部级劳模16人，发放慰问金4.9万元。为一名长期患病职工争取到四川省总工会特困劳模帮扶金14800元；职工互助保险共为15名生病住院集体职工报销医药费4916元。

（刘爱军）

化 工

【概 况】 2016年，全市规模以上化工企业56户，完成工业总产值333.35亿元，同比增长12.26%；实现销售收入282.69亿元，同比增长15.88%。实现利润6.71亿元，同比增长43.99%。

【攀枝花大互通钛业有限公司】 攀枝花大互通钛业有限公司系云南大互通(集团)公司在攀枝花投资设立的独立法人公司,位于四川攀枝花钒钛高新技术产业园区内。公司有员工600余人,其中高级管理人员20余人,高级工程师3人,工程师36人,拥有一支业务强,技术精的干部职工队伍。公司系"国家化工行业生产力促进中心钛白分中心"理事单位、攀枝花钛产业协会副理事长单位。公司投资5亿元,建成年产金红石型钛白粉5万吨,高钛渣8万吨,硫黄制酸20万吨规模的产业链一条龙的生产企业。2016年实现总产量3.95万吨,销售收入4.06亿元,利润1244万元,上缴税费1368万元。

(郭英卓)

【攀枝花钢企欣宇化工有限公司】 攀枝花钢企欣宇化工有限公司是钢城企业总公司的全资子公司,位于攀枝花钒钛高新技术产业开发区内,成立于2005年,注册资本500万元,主要有年产能5万吨离子膜烧碱生产线和年产能5000吨海绵钛生产线,占地面积约34.3公顷。其中,5万吨离子膜烧碱项目,于2005年12月破土动工,2007年8月全线贯通,项目总投资约2.8亿元,占地面积8.3公顷,主要产品有烧碱、液氯、盐酸;5000吨海绵钛项目,于2007年10月开工,2010年6月竣工,总投资9.5亿元,占地面积26公顷,主要产品有海绵钛、氯化钙。离子膜烧碱生产线、海绵钛生产线和与已建成的1万吨/年高钛渣生产线,工艺上形成上下流程对接和氯、镁内部循环,排放物、废弃物互为资源,实现环保运行,清洁生产,构成完整的钛产业链,成为国内第一家真正意义上的全流程海绵钛生产企业。

公司烧碱生产线,采用先进的离子膜电解生产工艺:原盐用水溶解成粗盐水,粗盐水经过净化、电解生成液碱、氯气和氢气,液碱经蒸发、浓缩成高浓度液碱后作为成品销售,氯气在经过洗涤冷却、干燥、压缩等工序转化为液氯储存销售,氢气经过洗涤、冷却,与液氯尾气在合成炉内燃烧生成氯化氢气体,经水吸收后生成成品盐酸供销售。设计产能:年产液碱5万吨、液氯4万吨、盐酸1.5万吨。海绵钛生产线受市场行情影响,2013年停产,2016年未恢复生产。

公司严格贯彻执行国家有关安全、环保等方面的规章制度,所有原材料、产品、"三废"的排放等指标都达到相关标准,2016年投资上百万元安装液氯储库SIS系统(安全互锁系统),按照市安监局远程监控中心要求,完成液氯储库SIS系统数据接入联网至市远程监控中心工作。

2016年,公司实现经营收入1.7亿元,同比增加近3700万元。

(陈宇航)

地方工业

【概　况】 2016年,全市规模以上地方工业企业(不含攀钢、攀煤、二滩,下同)332户,完成工业总产值1288.59亿元,同比增长5.8%,占全市工业总产值的76.3%,较2015年下降1.8个百分点。规模以上地方工业企业主营业务收入上亿元的企业186户,其中,100亿元以上1户,20亿元~50亿元6户,10亿元~20亿元10户,5亿元~10亿元25户,1亿元~5亿元141户。

【冶金行业】 2016年,全市规模以上地方冶金生产企业110户,完成工业总产值695.24亿元,同比增长12.07%;实现利润9.1亿元,同比增长1.6%。

【轻工行业】 2016年,全市规模以上轻工企业21户,完成工业总产值39.93亿元,同比增长6.7%;实现销售收入29.66亿元,同比增长7.97%;实现利润0.87亿元,同比增长2.1%。

【机械行业】 2016年,全市规模以上地方机械制造企业41户,完成工业总产值138.61亿元,同比增长10.47%;实现销售收入112.07亿元,同比增长22.68%。实现利润2.61亿元,同比增长42%。

(郭英卓)

主要工业企业

【攀枝花钢城集团有限公司】 2016年,攀枝花钢城集团有限公司(简称钢城集团)下设6家分公司、12家全资子公司和4家控股子公司;机关设职能部室11个,职工13000余人。

2016年是钢城集团公司上下顶住困难,坚定信心,保持定力,把保障职工合法权益放在首位,及时采取一系列非常措施,取得明显效果,生产经营逐步稳定向好,职工队伍保持总体稳定,基本保障了职工的合法权益。面对前所未有的危机,钢城集团安排部署以加快资金回笼、清收外部欠款等为重点的40多项专项工作任务,并明确责任人、时间、进度,收到明显成效。积极争取债权银行支持,主动与银行沟通协调,逐一走访各债权银行,争取到最大限度的支持和帮扶。着力争取攀钢支持,加快与攀钢结算,回笼资金,缓解资金压力。加大经营性债权清收力度,强化考核和责任追究。生产经营存货较年初下降2.62亿元;优化生产组织,按照市场需求和效益优先原则,强化产供运销有机衔接,生产组织不断优化,加大市场开拓力度,着力开展对攀西周边重大工程的产品直供销售,22个主要产品实现经营收入33亿元。努力做好对攀钢保供产品的组织、生产和运输,强化协力服务和生产托管运营,基本实现合作双赢;持续降低成本费用,全年降低采购成本降幅2.97%;备品备件采购价格平均降幅5%,维修费较2015年整体下浮10%;经营费、业务招待费等专项费用同比下降29.21%。加强资金支付管理,统筹考虑、合理平衡资金安排,降低资金短缺对生产经营的不利影响;全面开展清产核资和审计工作。摸清钢城集团"家底",促进钢城集团按照政策规定厘清历史遗留问题,并为处置和解决问题提供客观、真实依据;建立实施维护生产经营稳定和职工队伍稳定信息"零报告"制度,落实维护"两个稳定"责任人,按天报送相关信息,保证危机管理时期的生产经营稳定和职工队伍稳定;12月底补齐职工全年工资和工作餐补贴;在市社保部门支持下,补缴部分社保费用,恢复职工社保,解决职工生病住院、退休等问题。每月挤出部分资金,分期分批逐步解决退休等销户职工提取住房公积金的补费问题;根据2016年出资回购方案,回购部分符合规定的职工持股会会员的出资,支付协商解除劳动合同职工的经济补偿金。

2016年,钢城集团实现经营总收入119亿元、工业总产值80.5亿元,同比分别增长-27.8%、11.3%。2016年钢城集团再次入围"中国制造业500强",位列第327位;再次入围"中国民营企业500强",位列第287位;再次入围四川企业100强,位列第41位;位列"2016攀枝花企业50强"第二位;分获"2016攀枝花制造业40强"第二位,"纳税30强"第五位,"钒钛企业20强"第十七位。钢城集团工会被评为全国"模范职工之家"称号;钢城集团球团厂球团车间被评为四川省"岗位学雷锋先进集体";环业公司QC成果被评为2016年国家优秀成果奖;钢城集团瑞海公司被评为国家高新技术企业;钢城集团贸易公司被评为四川省"守合同重信用"企业;卓越钒业科技股份有限公司经理许华、国鑫机械设备制造有限公司经理李波被评为四川省优秀企业家。

(陈宇航)

【攀枝花大江钒钛新材料有限公司】 攀枝花大江钒钛新材料有限公司是昆钢集团公司的全资子公司。公司自成立就瞄准钛行业的技术前沿,借助攀枝花市的钒钛资源优势,依托昆钢生产的技术和装备优势,研发创建了高质量、低成本、低投入的钛及钛合金生产模式。公司拥有8000吨钛及钛合金以及镍、锆、铪等多品种、多规格的金属锭坯生产能力,产品质量达到中国、美国、俄罗斯等国家标准。获授权专利21项,获得省级技术中心、二级安全标准化企业、全国钛及钛合金铸锭工业产品生产许可证等多项资质,公司承担的科技部重大科技攻关项目《大型电子束冷床熔炼炉关键技术研发及应用》取得重大进展,联合昆钢重装集团及昆钢电子信息公司共同设计、制造、安装,实现大型电子束冷床熔炼炉关键技术国产化并一次试车成功,标志着中国成为继美国、德国、俄罗斯之后第四个掌握大功率电子束冷床熔铸炉装备制造技术的国家,填补了中国难熔有色金属材料熔炼装备技术的空白,为国家大力发展航空航天、海洋船舶、石油运输、军工装备提供基础材料支撑。

公司拥有两台大功率电子束熔炼炉,其中一台是从俄罗斯KV-Titan公司引进的3150千瓦的电子束熔炼冷床炉(EB炉),另外一台就是拥有自主知识产权及装备生产技术的国产大功率电子束冷床熔炼炉,并配套相关工艺设备和公辅设施,包括压块料机、烘干炉、带锯床、龙门铣床、超声波探伤仪35千伏降压站、水处理等一系列设备设施。

公司主要生产产品有:TA1、TA2纯钛扁锭、TC4钛合金扁锭,锭坯长度最长可达8000毫米,重量最重可达10000千克;N5、N6、N7镍扁锭,锭坯长度最长可达6000毫米,重量最重可达12000千克。

云钛公司承担国家级重大科技项目低成本高耐蚀钛及钛合金管材与高品质钛带制造技术开发及应用，攀枝花大江钒钛新材料有限公司承担该项目的子课题，开发生产钛合金圆锭、方锭，为大直径钛合金无缝管、钛合金型材和棒材提供优质原料。公司钛材及镍材等产品广泛应用于化工领域、海洋钻井平台、船舶及海洋装备、海水淡化领域、环保脱硫脱硝等相关领域。

（郭英卓）

【四川红宇白云新材料有限公司】 四川红宇白云新材料有限公司是一家专业生产各种优质铸件（含机械加工、结构件、铸造辅助材料）的民营高科技企业。公司成立于2015年，注册资金3000万元，拥有总资产5000万元。公司拥有自营进出口经营资格权，年出口创汇1000万美元以上。公司属于湖南红宇新材（股票代码:300345）控股子公司，生产规模已成为西南地区最大的民营铸件生产厂。

红宇白云有员工200人，其中教授级高级工程师4人、高级工程师4人、工程师7人、技师16人，大专及以上学历66人。公司与北京科技大学、四川大学、西华大学、北京钢铁总院等单位有着良好的合作关系，多个科研项目被列为省市重点科技项目及重点院市合作项目。

公司拥有2个铸造分厂，位于南山工业园区年产5万吨铸件生产基地是第二个铸造厂，占地面积7.67公顷，包括有全自动的消失模、树脂砂生产线，可以生产单重5千克~15000千克的铸件。公司拥有较强的自主研发能力，作为攀枝花市市级工程技术研究中心，有较完备的实验室检测能力。

（郭英卓）

农业及其综合开发、林业和水务

农　业

种植业

【农业生产条件】 2016年,全市乡镇个数44个,其中镇个数21个,村委会个数351个,自来水受益村数173个,通有线电视村数249个,通宽带村数276个。乡村户数155446户,乡村人口数550022人,乡村劳动力资源数338781人,乡村从业人员人数309628人,其中农业从业人员233812人。

农业用地情况:年末耕地面积75007公顷,其中水田28836公顷,旱地46170公顷,水浇地1657公顷。园地37352公顷,林地445889公顷,草地34508公顷,设施农业用地3693公顷。

农业主要能源及物耗:农村用电量20882万千瓦时;农用化肥施用量2.91万吨;农用塑料薄膜使用量3115吨,其中地膜使用量2707吨,地膜覆盖面积10882.33公顷;农用柴油使用量9792吨,农药使用量1293吨,乡村办水电站39个,装机容量5.00万千瓦,发电量8757万千瓦时;陡坡25度以上的陡坡耕地面积2529.93公顷;转移出省劳动力9184人。

【粮油生产】 2016年,攀枝花市粮食作物播种面积42503.00公顷,比2015年增加841.00公顷,粮食产量22.91万吨,比2015年增加0.46万吨,圆满完成四川省农业厅下达粮食生产任务。

其中,全市小春粮食作物种植面积12788.00公顷,比2015年增加324.00公顷,产量3.64万吨,比2015年增加0.01万吨。小麦面积5470.00公顷,产量1.81万吨,比2015年减少700吨;豌豆面积4253.50公顷,产量0.65万吨,比2015年增加400吨;胡豆面积686.53公顷,产量0.11万吨,比2015年减少26吨;马铃薯面积497公顷,产量0.28万吨,比2015年增加147吨;大麦面积236公顷,产量0.04万吨,同2015年持平;油菜面积1628公顷,产量0.25万吨,比2015年增加115吨;其他粮食面积1645.00公顷,产量0.73万吨,比2015年增加257吨。

大春粮食播种面积29715公顷,比2015年增加507公顷,增长1.49%;产量19.27万吨,比2015年增加0.46万吨,增长2.4%。水稻面积14348.00公顷,比2015年增加69公顷,产量12.16万吨,比2015年增加0.2万吨;玉米播种面积12912.00公顷,比2015年增加403公顷,产量6.54万吨,比2015年增加0.24万吨;薯类面积1220公顷,比2015年增加35公顷,产量0.30万吨,比2015年增加0.01万吨;豆类播种面积,1001公顷,主要为大豆,产量0.22万吨,与2015年持平。

其他经济作物生产,花生播种面积760公顷,产量0.11万吨,与2015年持平;甘蔗种植面积391公顷,比2015年减少249公顷,产量4.63万吨,比2015年减少3.04万吨;烟叶种植面积7590公顷,比2015年减少569公顷,产量1.55万吨,比2015年减少0.14万吨。

2016年全市创建9个万亩高产创建示范片,其中米易县创建7个水稻万亩高产示范片,1个玉米万亩高产示范片、1个小麦万亩高产示范片,项目区比大面积田块增产2%以上,核心示范区比大面积田块增产10%,选用优质杂交水稻花香7号、花香1618等杂交稻品种,采用强化栽培措施,水稻最高单产突破15.04吨/公顷;仁和区高创创建示范片面积2666公顷,其中水稻666公顷、玉米2000公顷。

【蔬菜生产】 2016年,全市蔬菜种植面积14627公顷,产量

74.74 万吨，分别比 2015 年增加 707 公顷、4.86 万吨。其中商品菜地 11823 公顷，产量 62.74 万吨；季节菜地早春蔬菜面积 9200 公顷（设施蔬菜栽培面积 4400 公顷），产量 46.3 万吨，产量比 2015 年增加 3 万吨；自食菜地 2804 公顷，产量 11.99 万吨。商品菜地平均公顷收益在 22.5 万元以上，最高公顷收益可达 60 万元，根据对攀西、丙谷等几个大的交易市场的销售情况调查，各类蔬菜综合均价为 3.1 元/千克，比 2015 年增加 0.3 元/千克，全市早春蔬菜总的销售收入可达 14 亿元，比 2015 年增加 1 亿元。盐边县北部设施蔬菜基地种植的辣椒、番茄、豇豆平均公顷收益 30 万元以上。

2016 年，全市完成经过省厅批复认定的米易湾丘—白马现代农业蔬菜示范区等 19 个万亩示范区的建设。开展新技术试验示范，开展甜瓜、茄子、苦瓜的嫁接试验示范及推广项目工作，2016 年，茄子嫁接苗面积 100 公顷、甜瓜、苦瓜各 10 公顷，辣椒 3.33 公顷，番茄、黄瓜等陆续开展嫁接育苗示范。

【水果生产】 2016 年全市水果种植面积 34955.8 公顷，比 2015 年增加 2955.8 公顷，产量 26.88 万吨，比 2015 年增加 4.06 万吨。增加的主要为桑葚。

芒果生产：2016 年芒果种植面积增加 788.67 公顷，总面积达 22122 公顷，全年芒果产量 10.94 万吨，比 2015 年增加 0.35 万吨，产值 6 亿元，比 2015 年增加 1 亿元。

枇杷生产：2016 年枇杷种植面积 1971 公顷，产量 1.02 万吨，比 2015 年增加 0.28 万吨。

石榴生产：2016 年石榴种植面积 635.9 公顷，产量 1.39 万吨，比 2015 年增加 0.09 万吨。

其他水果：梨、桃等总体长势较好，产量较 2015 年分别增加 0.08 万吨、0.11 万吨。2016 年西瓜种植面积 759 公顷、增加 26 公顷，产量 3.2 万吨、增加 0.1 万吨。樱桃种植面积 1000 公顷、产量 0.56 万吨、比 2015 年增加 0.11 万吨。

认定通过两个农业部热作标准化示范园，米易县金硕香芒果专业合作社的芒果标准化示范园和东区希望农业公司的莲雾标准化生产示范园，现部级热作示范园达到 15 个。完成 3333.33 公顷"现代特色效益农业标准化基地建设"任务。2016 年完成仁和区务本芒果万亩现代农业示范片、中坝万亩芒果现代农业示范片，米易县草场万亩芒果现代农业示范片，黄草—宗树湾万亩樱桃现代农业示范片，盐边县惠民万亩蚕桑现代农业示范片 5 个现代特色效益农业标准化基地建设。申报项目 16 个，督促检查、指导批复的项目 15 个，实施项目 13 个。

【芒果生产】 攀枝花芒果具有果面光洁，果点密且小，色泽艳丽，果肉颜色为橙黄色或者金黄色，纤维少，质地腻滑，核小汁多，味道甜，香气浓郁等特点。攀枝花市种植芒果已经有 40 多年历史，上世纪 70 年代末，农民自发从东南亚、广西和广东引进芒果种植，1997 年前后从海南先后引进凯特、吉禄、爱文等 8 个芒果新品种进行试验示范，攀枝花市相关部门定期组织开展专项芒果栽培管理技术培训，芒果在攀枝花大面积推广。截止 2016 年 12 月，攀枝花市芒果种植面积已达到 22122 公顷，年产量达到 10.94 万吨，畅销全国各地，远销欧亚各国。

【蚕桑生产】 2016 年全市发蚕种 88580 盒，生产蚕茧 0.34 万吨，单产 38.6 千克，全年平均蚕茧均价 50.6 元，比 2015 年增加 16.1 元/千克，价格增加 46%。全市蚕农蚕茧收入 17345 万元。全市鲜桑果外销、果汁加工和桑果干累计销售 1.66 万吨（折合鲜果），农民桑果销售收入实现 8100 万元。蚕业综合产值突破 2.54 亿元，比 2015 年增加 6500 万元。盐边县采取新的管理模式和激励机制、推广新的雄蚕品种、使用方格簇上茧、仪器评级、化蛹选茧收购、鲜茧塑料篮堆新技术等"六大"改革创新举措，蚕茧质量提升效果明显，干茧质量跃上新台阶，居全省前茅。

引进 17 个果桑品种，经过近年的试验，筛选出嘉陵 30 号、云桑 2 号、无核大 10、台湾果桑、伦教、白玉等 6 个产量高、品质优的品种进行推广。

引进"中丝"合作：4 月 28 日，中国中丝集团公司与市政府签订战略合作框架协议，与盐边县天成丝绸公司签订战略重组意向协议。4 月 29 日，盐边县"中国果桑之乡"成功授牌。"桑葚红酒厂"一期建成投产：四川四喜农业开发有限公司桑葚果酒生产一期今年已经建设达产，产桑葚果酒 0.1 万吨。

【植物检疫】 2016 年分别设立稻水象甲、红火蚁、柑橘溃疡病、黄龙病等监测点，其中稻水象甲监测点 10 个、红火蚁监测点 2 个、柑橘黄龙病监测点 2 个、柑橘溃疡病监测点 2 个，实行定期监测和定时上报制。建立柑橘黄龙病和红火蚁防控示范区，全年未发生稻水象甲危害。柑橘大实蝇、苹果枝枯病、玉米坏死病等检疫性有害生物在全市没有发生。

全市培训人员 530 人次，其中，专业技术人员 60 余人次、种苗生产经营户 110 余户、果蔬种植大户 320 余户、农业公司（专合社）40 余家。5 月，市植检站与周边市、州初步建立检疫性有害生物信息互通和联防联控机制，为防止周边地区发生的检疫性和危险性有害生物的传入搭建一个有效的监控平台。

【病虫害防治】 2016 年实施农作物病虫害专业化统防统治比例 31.5%（目标任务为 30%）；全年实现主要作物绿色防控覆盖率为 22%（目标任务为 20%）。全年农药使用量增长率为 1.4%（目标任务为不超过 1.5%）。

2016年，全市农作物病虫草鼠总体呈中等发生，病虫草鼠累计发生65006.66公顷，防治面积10162公顷，挽回损失2.72万吨，实际损失0.47万吨。其中，病害累计发生14373.33公顷，防治面积33780公顷；虫害累计发生17360公顷，防治面积28966.66公顷；农田鼠害累计发生8593.33公顷，防治面积9866.66公顷；农田草害累计发生23946.66公顷，防治面积28133.33公顷。

全年开展2次全市病虫趋势会商，发布《2016年小春作物病虫发生趋势预报》和《2016年大春作物病虫发生趋势预报》。开展病虫田间调查20余次，发布病虫趋势预报4期，预报准确率达90%以上。培训基层群众测报员130人次，印发技术资料200余份。培训农民1600余人次，印发各类技术资料2000余份。全市参与共建的专业化服务组织数量15个，参与共建的新型农业经营主体20个。创建统防统治与绿色防控融合示范区12个，核心示范区面积1333公顷，辐射带动面积6666.65公顷。

【农药市场监管】 2016年开展农药市场专项检查2次，对全市农药销售门市进行2次抽样送检，抽取100个农药样品，其中省级农药样品50个、市级农药样品50个。全市各级农药执法部门开展农药市场执法1200余次，出动执法人员700余人次，检查农药门市1800余户次，检查农药产品5000余品次。在全市农药监管中未发现违法销售高毒、高残留农药行为。查出标签违规农药品种16个，责令其限期整改。

开展农药法律法规培训3期，培训农药经营户600余户，发放农药政策法规宣传资料3000余份；培训农民3500余人次，发放农药施用技术资料6000余份；发放农药公告800余份。

【无公害农产品监测】 2016年，完成全市蔬菜、水果、茶叶、鱼4类农畜产品质量安全监测16批次，样品400个，检测参数12110个；检测土壤中重金属1批次，样品60个，检测参数360个。

蔬菜监督检测：监测任务包括米易、仁和、盐边3个县（区）蔬菜主产区专项监测。检测项目与省级蔬菜质量安全监测项目保持一致，每种蔬菜监测40项农药残留指标，全年监测4批次，样品190个，参数7600个。

特色水果监督检测：在全市抽检米易枇杷、葡萄、火龙果、芒果、大田石榴、盐边桑葚、西瓜等特色水果。按照与省级水果质量安全监测项目一致的40项农药残留指标检测，全年监测7批次，样品100个，参数4000个。

国胜茶专项监测：监测对象为2016年的国胜春茶和秋茶，监测项目与省级茶叶专项监测一致，包括农药残留及重金属12项参数。检测样品20个，参数240个。

水产品例行监测：全年对水产品进行监测4批次，检测参数为水产品中磺胺类、孔雀石绿、氯霉素。检测样品120个，参数360个。

土壤检测：结合省种植业产品长期定位监测任务，抽检采样点位上的土壤样品60个，检测6项重金属参数，计检测参数360个。

社会委托检测：全年完成7批次，样品19个，出具检验报告19份。

完成省农业厅下达的各项农产品质量安全监测任务：全年完成各项例行、专项、监督监测任务20批次，抽检样品1270个，完成检测参数25742个。

农药市场监督抽查：全市抽检2015年1月1日以后生产的单制剂产品50个，检测农药产品中标明的有效成分。

养殖业

【畜牧生产】 2016年，全市生猪出栏59.39万头，肉产量3.89万吨；肉牛出栏2.73万头，肉产量0.33万吨；羊28.12万头，肉产量0.49万吨；增长3.2%；家禽出栏399.82万羽，肉产量0.6万吨；兔14.72万头，肉产量0.02万吨。

2016年，全市畜禽良种覆盖率达93%，猪三元杂交比例达76%，肉牛、肉羊良种及杂交改良面分别达25%、60%，禽兔良种面97%。生猪外三元杂交面比2015年提高3个百分点以上；牛、羊良种及杂交改良面分别同比提高4个百分点、4个百分点。

2016年，全市现有种畜禽场6家，其中，种猪场2个、种兔场1个、种牛场1个、种羊场4个（祖代场2个、父母代场2个），在2家种猪场中（祖代种猪场1个、父母代种猪场1个）。

人工饲草基地建设：2016年，市畜牧站申请资金1.3万元，购买多花黑麦草、白三叶等牧草种子1100千克，无偿提供给农户开展种草养畜，开展牧草种植与利用技术指导，推进全市人工草地建设工作。

【动物防疫】 2016年，全市动物防疫经费落实到位524.7908万元，其中市级工作运转经费50万元，强制免疫市级配套经费15.7852万元，村级防疫员市级补助经费109.19万元；县（区）349.8156万元，包括重大动物疫病防控工作经费和业务运作费、实验室正常运转及动物疫病排查经费、免疫死亡赔偿经费和村防疫员补助经费；另外中央基层动物防疫工作补助经费29.91万元（不包含扩权县）全额下拨相关县（区）。省财政下达全市重大动物疫病强制免疫疫苗补助经费621.33万元。

2016年全市组织到位526.175万元的重大动物疫病疫

苗,分别为:猪瘟脾淋弱毒活疫苗147万毫升,高致病性猪蓝耳病灭活苗191万毫升,猪O型口蹄疫苗217.5万毫升,牛、羊口蹄疫150万毫升,牛口蹄疫三价疫苗7.5万头份,高致病性禽流感H5N1疫苗315.5万毫升,H5—H9疫苗226万毫升,高致病性禽流感-鸡新城疫二联苗365万羽份。

全市库存疫苗为:猪瘟脾淋苗28.26万头份,猪瘟耐热保护剂活疫苗6.5万头份,猪瘟传代细胞苗12.33万头份,高致病性猪蓝耳病灭活苗45.34万毫升,猪口蹄疫62.54万毫升,牛羊O型—亚洲I型口蹄疫疫苗18.81万毫升,牛羊O型、亚洲I型、A型三价口蹄疫疫苗1.5万毫升,高致病性禽流感H5N1疫苗60.075万毫升、H5—H9灭活苗26.75万毫升,高致病性禽流感-鸡新城疫二联苗65.5万羽份、鸡新城疫疫苗155.8万羽份,小反刍兽疫疫苗22.1万头份。库存消毒药10.32吨,库存防护服568套,库存消毒设备108台。

2016年全市猪瘟应免48.2万头,口蹄疫(猪、牛、羊)应免108.59万头(只),猪蓝耳病应免48.2万头,禽流感应免323万羽,鸡新城疫应免291.1万羽,各病种免疫密度均达100%。

人畜共患病和常规动物疫病防控:全年购买10.7305万元的人畜共患病疫苗。分别为:狂犬疫苗1.0万头份、猪细小病毒0.1万毫升、猪伪狂犬0.1万毫升、仔猪副伤寒2.3万头份、猪三联2.9万头份、牛出败0.1万毫升、羊传染性胸膜肺炎8.1万头份、气肿疽0.05万毫升、羊三联1.9万毫升、新城疫Ⅵ系202万羽、炭疽芽孢苗0.1万毫升、山羊痘22.4万头份等疫苗。全年实施狂犬病免疫犬只为27438只,其中城市犬只免疫密度达到95%以上,农村犬只免疫密度为19.6%。人畜共患病监测方面,开展牛羊布病监测1044头/只,奶牛结核病监测38头,血吸虫监测100头份,以上所有监测病种监测结果为阴性。同时,还开展猪Ⅱ型链球菌病临床观察。

动物疫病流调监测:全市调查畜禽753万头(只、羽)/次,养殖场753场(次),发病215场(次),发病畜禽70662头(只、羽),发病率9.4%,死亡1396头(只、羽),死亡率1.97%,死亡病种主要为仔猪黄、白痢。春防抽样监测猪、牛、羊、禽血清2340份,抗体合格率均达到农业部规定的70%以上要求;秋防抽取2400份猪、牛、羊、禽血清样品,抗体合格率均达到农业部规定的70%以上要求。

重大动物疫病病原学监测:全年组织送样883份,检测结果分别:小反刍检测123份,阳性15份,阳性率12.2%;羊传胸检测50份,阳性5份,阳性率10%;禽流感检测155份,阳性2份,阳性率1.29%;新城疫检测55份,阳性1份,阳性率1.81%;口蹄疫检测350份,阳性5份,阳性率1.4%;猪瘟检测75份,阳性10份,阳性率13.3%;高致病性猪蓝耳病检测75份,阳性0份。市级开展活禽交易市场禽流感病原学监测330份样,H7N9流感监测150份,各项监测结果全部为阴性。

【畜产品检疫】 2016年,全市有6个动物卫生监督所,34个动物卫生监督分所,官方兽医人员总计139人。新增、变更、注销官方兽医资格人员名单(11人)。

全年发放抗体检测金标卡11200张(猪瘟2800张、口蹄疫2800张、高致病性蓝耳病2800张、禽流感2800张)定期和不定期对规模养殖场、散养户开展免疫抗体监测。全市养殖环节无害化处理病害猪3100头,屠宰环节无害化处理病害猪及产品(折合)482.9头。保障畜牧业健康和畜产品质量安全。

全市各级动物卫生监督所开展普法工作,宣传《中华人民共和国动物防疫法》《中华人民共和国农产品质量安全法》《四川省动物防疫法实施办法》等法律法规,全年培训官方兽医333人次。全市动物卫生监督所出动执法人员430余人次,出动车辆113台(次),与辖区内的104家规模养殖场(养殖小区)签订《动物规模养殖场(小区)动物防疫和动物卫生安全责任书》,全年未发现违法行为。对全市23家屠宰场、104家养殖场(养殖小区)等开展从事与动物防疫相关活动的单位和个人进行备案登记。

2016年,全市52个动物产地检疫申报点,产地检疫申报受理率达100%。全年产地检疫生猪22.7054万头,牛羊9.6902万头,家禽215.6893万羽。下发68100张“瘦肉精”检测卡,做好抽检和及监管工作,保障畜产品质量安全。全年屠宰检疫生猪23.8528万头,牛羊0.636万头,家禽38.1416万羽;抽检待宰生猪尿样17967份,其中盐酸克伦特罗7096份,莱克多巴胺5436份,沙丁胺醇5435份,检测结果全部为阴性。

2016年全市订购6840本检疫合格证明,10枚检疫证章,保证工作的顺利开展。

全年采集送省检兽药样品20批次,其中水产用兽药样品2批次,每月组织执法人员依据省农业厅下发的假劣兽药名录对辖区内兽药经营户和养殖场进行检查,检查10批次均未发现销售、使用假劣兽药的违法行为。

动物诊疗机构专项检查:全市出动车辆13台(次),人员38人次,对全市动物诊疗机构进行专项检查,对管理相对人开展法律、法规和有关政策规定的宣传、讲解和告知工作。全市检查动物诊疗机构6家,未发现违规行为。

越南走私生猪专项行动:根据省农业厅《全省生猪调运和屠宰监管电视电话会议》精神和《四川省动物卫生监督所关于严查越南走私生猪行动的紧急通知》(川动监〔2016〕65号)的要求,开展专项检查督查。张贴500份公告到屠宰场、养殖场、乡镇兽医站及检疫报检点等场所的明显地点,1500份手执公告发放到养殖户、贩运户、企业业主手中,从严执法、以罚促管,规范生猪调运及屠宰监管行为。

【渔业生产与管理】 2016年,全市水产品总产量达到29447吨,增加822吨,渔业产值达到4.1亿元,与2015年同期相比略有增加;全市农民人均渔业收入800元以上,其中捕捞产量755吨,养殖产量28692吨,水产苗种213450万尾,渔业产值达到42865万元。水产养殖面积3567公顷。苗种生产20亿尾。

渔政管理:2016年市渔政站办理一般程序渔政执法案件2件渔政执法案件办结率100%;渔船年登记率100%、检验率95%;全年全市渔船零安全事故。禁渔期间全市累计出动宣传车、船60余台(次),印发、张贴宣传资料2230份,媒体宣传18次,张贴标语400余条。开展专项执法检查90余次,参加执法检查人员450余人次,收缴电捕鱼器18台(套),查处违规捕捞船22艘,没收并放生江河野生鱼28.2千克,收缴销毁违规网具18张,行政处罚10余人。2016年全市春季禁渔查处的违法捕捞、销售渔获物的案件次数和渔获物数量较2015年分别上升227%、51%。溪河电、毒、炸鱼现象基本制止。

全年开展10个品种鱼类增殖放流,计放流163.1532万尾,价值约602.94万元。全市下达渔船油补资金202.88万元(其中盐边县110.75万元,米易县82.4045万元,市级、西区、仁和区9.7255万元),全部资金足额发放到位。

取消网箱养鱼工作:2016年全面完成取消二滩库区网箱工作,按照市委、市政府总体部署和要求。发放宣传资料2465份;与954户养殖户签订拆除网箱协议,占总养殖户的100%;拆除网箱50782口,占总网箱口数的100%;销售存鱼17018.0435吨,占库区总存鱼量的100%。

农业服务

【农民负担监管】 2016年,市农牧局加强农民负担监管,维护农民合法权益,按照省农业厅等6部门《关于进一步做好2014年农民负担监管工作的通知》(川农业〔2014〕101号)、省农民负担监督管理领导小组转发农业部《关于开展2014年涉农乱收费专项治理工作的通知》(川农负发〔2014〕2号)要求,发布"关于开展农民负担监管检查的通知"和"关于开展全市农民负担监管工作和涉农乱收费专项治理工作检查的通知",从全年的检查情况看,全市农村基层涉农收费公示到乡率达100%,到村、社率达95%以上,收费公示面达100%。

全市严格按照《四川省人民政府办公厅关于进一步做好农民负担监管工作的意见》《攀枝花市村民一事一议筹资筹劳管理试行办法》和各县(区)村级公益事业建设一事一议财政奖补资金管理办法等文件要求,对全县(区)村级组织"一事一议"筹资筹劳议事原则、议事范围、议事程序、申报审批、资金管理、审计监督等做出明确规定,并在每年农民负担管理文件中对相关问题进行强调和规范。并要求把农户每年的筹资投劳情况,在"农民权益义务监督卡"上登记。

全年未发生一起涉农恶性案(事)及违纪违规行为。落实省《关于开展农业领域非法集资风险专项排查活动的通知》精神,全市农业领域无非法集资发生。全年发生农村土地承包经营纠纷261起,其中调解260起、直接处理农村土地承包经营纠纷信访1起,处理群工局转来的"市长信箱"群众来信3件,全年接待各种性质农民上访12起17人次。

截至2016年年底,全市注册农民专业合作社1157家(增加175个,增长18.42%)、家庭农场355家(增加112家,增长46%)。2016年申请国家级农民专业合作社示范社1个;获得省批准第八批省级农民专业合作社示范社9个,国家农民专业合作社示范社11家。获得省批准第二批省级示范家庭农场10个。

【落实惠农政策】 2016年,市农牧局根据《财政部关于调整完善农业三项补贴政策的指导意见》(财农〔2015〕31号)精神和四川省农业厅、四川省财政厅关于印发《四川省调整完善农业三项补贴政策实施方案》的通知(川农业〔2015〕50号)文件精神要求,结合全市工作实际,市农牧局会同市财政局研究,制定详细的实施方案。经过登记、汇总、审核、公示等程序,2016年6月底完成农业支持性保护补贴中的"耕地地力保护补贴"工作。按拥有耕地承包权的种地农民、享受补贴的农民做到耕地不撂荒、地力不降低的要求,2016年,全市涉及"耕地地力保护补贴"有137193户农户,享受"耕地地力保护补贴"面积为26177.72公顷。补贴资金通过"一折通"全部发放到全市户种粮农户手中,实现在全市范围将农业"三项补贴"合并为"农业支持保护补贴",调整为支持耕地地利保护和粮食适度规模经营的政策目标。

7月,市政府启动政策性芒果价格指数保险试点工作,锦泰保险攀枝花中心支公司承担试点工作。全市承保政策性芒果价格指数保险98.36公顷(其中仁和区75.15公顷、东区6.6公顷、西区6.6公顷、米易县9.88公顷),实现保费收入362295.06元,为农户提供价格风险保障442万元。

全年完成农机购置补贴210.287万元,补贴各类机具779台套,受益农户815户,结算97.962万元,占完成资金的46.58%。补贴资金率达到95%以上。

【农广校招生与培训】 2016年全市农广校招生101人,仁和区农广校40名、盐边县农广校61名,毕业生人数为46人。

举办农民田间学校培训10个班,5000余人次,全部采用田间式的教学方式,深入到田间地头,进行手把手式的辅导,专业涉及全市农业各大特色产业,芒果培训班、核桃培训班、早春蔬菜培训班、草莓培训班、樱桃培训班等。与盐边县天成丝绸公司在盐边7个乡(镇)开展蚕丝的培训工作,在米易碗厂村开展枇杷樱桃种植技术和牛羊养殖防疫技术的培训工作。

【农资市场管理】 2016年全市出动执法人员1413人次,检查农资企业5706家(次),整顿农资市场636个(次),查处起数34起,查获假劣农资53千克,货值金额0.54万元,发放宣传资料0.78万份。开展兽用抗菌药、"三鱼两药"、生猪屠宰"扫雷""瘦肉精"、生鲜乳、农资打假6个专项整治行动。全市农业部门出动执法人员2802人次,检查农资企业8241家次,查处问题44起,责令整改35起,发放宣传材料8087份。

2016年全市解决种子纠纷事件21起,均使用简易处罚程序办结,办结率100%,出动执法车辆96车次,执法人员360人次,检查种子经营门市2100个次,开出《行政处罚(当场)决定书》2份、《没收违法物品清单》1份,查收非法种子50千克,责令16户种子经营户下架并停止销售未经四川省审定或引种的玉米种子430千克,挽回经济损失19.92万元。

全年委托和抽检种子样品340个,不合格样品9个,种子合格率97.3%,对全市350户种子经营人员进行种子法律法规和农业基础知识培训及相关考试,实行种子经营培训合格上岗制度。培训360人次,培训率98%,发放资料3000余份。

【农田基本建设】 2016年,全市完成高标准农田建设1586.66公顷,为年度计划的104%,其中改田1133.33公顷,改土453.33公顷。具体工程为:田型调整646.66公顷,修筑田土埂总长度67千米,培肥地力3133.33公顷,新建农田排灌渠65条,总长度112千米,整治山坪塘1座,拦水坝2处,提灌站1座,建设机耕道29千米,庭园建设400公顷;积造有机肥料32万吨;秸秆还田4000公顷。2016年完成投资3600万元,其中财政投资3000万元、农户自筹和其他投资600万元。农民投工投劳40万个。项目资金配套和到位情况较好,对整个高标准农田建设起到至关重要的作用。

实施测土配方施肥:2016年全市推广配方施肥技术62666.67公顷,应用配方肥60000公顷,发放施肥建议卡10万余份,建立"3414"试验小区、"2+X"试验11个。各县区均建立化验室开展化验工作,化验土壤中大量元素N、P、K、微量元素等。指导服务农户8.1万户。

【农村能源建设】 2016年,全市新建沼气集中供气项目3处(供气农户220户),推广农村太阳能热水器1万平方米,改建省柴灶3000台。

全市2016年省级财政投资的农村能源项目建设专项资金114.4万元用于米易3处沼气集中供气项目。完成秸秆资源化利用率63.7%,完成省下计划化肥使用量年度增长量控制在小于或者等于0.6%。

【农业抗灾救灾】 2015年12月3日至2016年3月21日,全市先后4次出现强降温降雪过程,对农业生产造成较大影响。全市低温冻害受灾面积累计1373.33公顷,直接经济损失1458万元。主要受灾作物为豌豆、菜豆、枇杷、芒果、樱桃等。

洪涝灾害灾情:2016年全市年降雨量偏多,暴雨次数频繁。仁和区在9月遭遇50年一遇的连续大暴雨,灾情非常严重。整个汛期全市农作物累计受灾9573.33公顷,成灾7333.33公顷,绝收1286.66公顷。损毁机耕道627千米,损毁提灌站144处、鱼塘298口44.74公顷、损毁农田866.67公顷。冲毁大量圈舍,造成大牲畜死亡1960头(猪、牛、羊等),小家禽死亡8973已(鸡、鸭、鹅等)。累计造成农业经济损失3.58亿元。"9.19"洪涝灾害争取省级救灾资金500万元。

工作措施:汛期强化应急值守,业务人员24小时值班,确保24小时通讯畅通,在第一时间掌握灾情、及时通报情况,确保灾情得到及时处理,灾害得到有序应对。通过短信、微信等方式及时将气象信息发送至各区县农牧局、龙头企业及农民专业合作社,确保第一时间了解气象信息,做好预防工作。

【农机发展与管理】 2016年,全市农机总动力达66万千瓦,主要农作物机耕面积33733.34公顷,机收面积1133.34公顷,机插机播面积200公顷,机电灌溉面积19533.34公顷,主要农作物耕种收综合机械化水平达到49.35%。比2015年增加0.15%。鼓励现有农机户进行跨区作业,发放跨区作业证50张。全市进行跨区作业的机具151台,台均年收入2.61万元,台均作业面积7.33公顷。

农村提灌设施建设:2016年全市提灌保灌面积达到16006.67公顷,全年提水量3464万立方米,高效节水灌溉面积达到18340公顷。2016年新建固定提灌站34座/42台/633.9千瓦,其中:太阳能提灌站12座/270.3千瓦(占建设总数的35%);新增提灌控灌溉设备80台/855.4千瓦;维修改造提灌设备336台(套)/5496千瓦。新增和改善灌溉面积1013公顷。新增节水灌溉面积2380公顷。新建12座太阳能提灌站,按投资渠道分,农业7座,水利部门2座,民族发展资金3座。2016年省级太阳能提灌建设750万元,其中:专项资金450万元,现代农业推进项目(太阳能提灌项目)资金300万元,计划建设11座,其中盐边县4座、米易县2座、仁和区4座、东区1座。竣工4座,在建2座,3座正在做招标前期准备工作。

2016年,全市整合各类支农资金新建维修农机化生产道路246.55千米,其中村组道路107.58千米,田间机耕道117.91千米,入户便民道21.06千米,修建桥涵6座。投入建设资金7473.17元,其中国家投入6517.17万元。2016年省级现代农业推进项目—农机化生产道路建设项目资金100万元,其中仁和50万元、盐边50万元,计划硬化道路2条/2.77千米。2016年,全市培训农机化技术、管理人员1534人,其中培训拖拉机驾驶人员734人。比2015年增加351人。

农机管理:市农牧局和各县(区)签订安全生产责任书5份,各县(区)农机监理站(所)与各乡(镇)签订安全生产目标责任书44份,各乡(镇)与农机手签订安全责任书5031份。全市注销拖拉机3391台,注销拖拉机驾驶证7本,新上号牌206副,新办驾驶证730本,办理到期换证545本,开办拖拉机驾驶培训10期,培训拖拉机驾驶员821名。年检拖拉机1626台,联合收割机9台,年检率65.2%。召开4次联席会议,开展86次道路交通安全联合执法检查活动。开展农机安全宣传54场次,现场受益人数达1.4万人次,发放农机安全宣传资料2.8万份,向全市44个乡镇、352个行政村免费发放《农业机械安全生产科普知识挂图》各一套,发送手机短信1.3万条。通过营造良好的农机安全生产氛围,增强农机手的安全生产意识。全市农机系统出动检查人员检查各型拖拉机235台次,拖拉机驾驶员235人,其他农业机械87台次,纠正违章行为46起。

农业机械安全生产隐患排查:全市开展联合检查8次.检查拖拉机安全技术检验机构9家,检查拖拉机143台,微型耕整机321台,其他农业机械425台,查处拖拉机和微型耕整机非法改装15台,不符合国家强制标准微型耕整机8台,不符合相关标准青饲料切碎机13台。

【农业产业化】 2016年,市农牧局完成新申报28家龙头企业的材料审核。组织符合条件的企业开展"新三板"挂牌重点后备企业的申报。

农产品营销:2016年市农牧局组织相关企业参加第五届国际茶博会、第四届南博会、第十六届西博会、第十四届农交会和第四届农博会,以市政府名义在成都举办第二届26度芒果汇宣传推介活动;组织实施在北京等中心城市开展以"阳光花城、金色芒果"为主题的芒果系列营销活动方案;组织锐华农业、26度果园、攀乡经贸、半坡咖啡等参加市内大型会议开展农产品展示、品鉴活动10余次。在第十四届农交会上"攀枝花芒果"获得"2016年全国名优果品区域公用品牌"殊荣。组织协调锐华公司、26度果园在北京、成都设立攀枝花市特色农产品展示展销体验店建设的筹建工作。8月中旬组织企业参加香港美食博览会,对接在哈萨克斯坦举办全市特色农产品展示展销活动的前期基础工作。截至11月底,锐华农业自主报关、报检出口新加坡、加拿大、俄罗斯,总出口芒果12批次,每批次14.4吨,合计172.8吨,销售金额达40万美元。

休闲农业:市农牧局组织2016年"中国美丽休闲乡村"的申报工作(米易攀莲镇贤家村);完成全市省级农业主题示范公园的申报和审核,发文认定(东区花舞人间农业主题公园、米易县青松林农业公园);完成四个现代农庄的建设方案。

互联网+农业:按照省政府办公厅《关于印发四川省2016年"互联网+"重点工作方案的通知》要求,结合《攀枝花市电子商务发展规划(2015—2020)》,市农牧局制定"互联网+农业"工作方案。经市商粮局、市农牧局联合对全市农产品电商进行的统计,2016年农产品电商销售额达到15.2亿元(2015年5.4亿元),其中芒果石榴达10亿元(2015年3.8亿元)。

(詹晓东)

农业综合开发

【概　况】 攀枝花市农业综合开发领导小组办公室(以下简称农发办)是攀枝花市农业综合开发项目的管理机构。农发办分设2级,共6个部门,其中,市级1个、县(区)级5个。截至2016年年末,各级管理人员共计14人(市级3人,县、区级11人)。

2016年,全市总计投入农业综合开发项目建设资金9179.62万元。其中,争取中央资金3802万元、省级资金1575.4万元,市级安排资金484.8万元,县(区)配套资金274.2万元,整合其他资金1584万元,自筹资金1459.22万元。

【土地治理项目】 2016年攀枝花市农业综合开发在米易县撒莲镇、盐边县永兴镇、仁和区布德镇开展土地治理高标准农田建设项目。总计投入2235.7万元，其中：中央资金1509万元，省级资金535.4万元，市级财政安排资金20万元，县(区)配套资金48.2万元，群众自筹123.1万元。项目建设高标准农田946.67公顷，衬砌渠道47.57千米，新建输水管网11.5千米、提灌站1座、蓄水池81口，硬化道路15.84千米，改良土壤306.67公顷，测定土样100个，技术培训3000人次，示范推广882公顷，购置太阳能杀虫灯20盏。

【产业化项目】 2016年，攀枝花市共获得上级产业化项目12个，其中：国家产业化发展财政补助项目7个，国家产业化发展贷款贴息项目3个，省级现代农业产业带发展项目2个。12个项目总计投入1397.66万元，其中：财政资金837万元，自筹资金560.66万元。

国家产业化发展财政补助项目：仁和区100公顷芒果种植基地改扩建项目、米易县13.33公顷晚熟芒果种植基地新建项目、米易县20公顷晚熟芒果种植基地新建项目、盐边县26.67公顷优质芒果基地改扩建项目、盐边县300吨鲜蚕加工改扩建项目、盐边县300吨鲜蚕加工改扩建项目。

国家产业化发展贷款贴息项目：东区立新公司农发产业化贷款贴息项目、盐边县百灵山公司农发产业化贷款贴息项目、盐边县龙腾四海公司农发产业化贷款贴息项目。

省级现代农业产业带发展项目：米易县20公顷晚熟芒果种植基地改扩建项目、盐边县280公顷优质核桃种植基地改扩建项目。

【其他项目】 试点项目：米易县国家农业综合开发现代农业园区试点项目分3年实施(2014—2016年)，2016年总投资4386.9万元，其中：中央资金1500万元，省级资金576万元，县级财政配套24万元，整合其他资金1584万元，自筹资金702.9万元。

部门项目：米易县农业综合开发前进渠中型灌区节水配套改造项目分两年实施(2016—2017年)，2016年总投资420万元，其中：中央资金300万元，省级资金120万元。

市级地方立项项目：2016年，农业综合开发市级地方立项项目6个，总计投资734.56万元，其中：市级财政投入460万元，县级配套202万元，群众自筹72.56万元。

(周德敏　刘　飞)

林　业

【概　况】 2016年，攀枝花市有林业行政管理机构7个，其中市林业局1个、市森林公安局1个、县(区)林业局(农林畜牧局)5个，林业企事业单位10个，包括普威林业局、盐边林业局、市国有林场总场、四川攀枝花苏铁国家级自然保护区管理局、市森林病虫防治检疫站、市林业调查规划设计院、市林业执法稽查队、市林业科技推广站、市“天保”示范苗圃、二滩国家森林公园管理处。

全市有林业用地558931万平方米，占辖区总面积75.1%，森林覆盖率60.1%。林业用地中，有林地423901万平方米、疏林地2077万平方米、灌木林地96397万平方米、未成林造林地964万平方米、苗圃10万平方米、无林地20096万平方米，宜林地15486万平方米。森林活立木总蓄积量40658330立方米，其中有林地蓄积40442185立方米、疏林地蓄积44926立方米、“四旁”树蓄积121220立方米、散生木蓄积49999立方米。有林地中，天然林蓄积37220134立方米，人工林蓄积3222051立方米。

全市有野生动物464种(不含昆虫纲)，其中国家Ⅰ级重点保护动物6种、国家Ⅱ级重点保护动物40余种。全市共有植物(包括引进)2300余种，其中木本植物约1500余种、草本植物700余种、藤本植物70余种。

2016年，全市有效管护森林面积322805.6万平方米，新增森林蓄积40.5万立方米，全市森林覆盖率60.1%，巩固林业自然保护区面积99938万平方米，完成全市集体公益林生态效益补偿89216.6万平方米，无重大、特别重大森林火灾、森林病虫害和破坏森林资源案件发生，森林火灾损失率0.035‰，林业有害生物成灾率为零，森林质量稳步提高，实现森林面积和蓄积双增长。全年实现林业总产值36.2亿元(其中生态旅游收入13亿元)，农民从林业获得的收入2097元。10月，获2016年度“全省林业宣传工作先进集体”荣誉；12月，获“全省森林防火信息化指挥演练先进单位”“森林防火工作大检查和火灾隐患大排查工作先进单位”荣誉，更作为防火工作先进单位代表，在全省森林草原防火工作电视电话会议主会场发言。

【天然林资源保护工程】 2016年，市政府与各县(区)签订“天保”目标责任书，分解落实年度工作任务。各实施单位安排巡山管护人员1086人，有效管护森林面积322805.6万平方米，其中国有林233589万平方米，集体公益林89216.6

万平方米。在各单位自查的基础上，对全市“天保”实施单位“天保”工程目标、任务、资金、责任“四到县、区（局）”情况进行考核检查，并针对考核检查中发现的问题，在全市进行通报。开展“天保”工程目标、任务、资金、责任“四到市（州）”工作自查，形成自查报告上报省林业厅。完成全市集体公益林生态效益补偿89216.6万平方米，完成率100%。国有林业职工五项保险参保率100%。

【退耕还林工程】 2016年，攀枝花市实施退耕还林工程目标、任务、资金、责任“四到县（区）”管理，由市政府与县、县与乡、乡与农户层层签订退耕还林目标任务责任书，将巩固18333.33万平方米退耕还林成果任务分解落实到各县（区），并加强检查验收。全面完成退耕地还林阶段验收县级自查、省级复查、国家核查，验收合格率100%，保存率100%。全面启动新一轮退耕还林还草任务2266.67万平方米（2015年度下达任务，2016年度实施），投入总资金4680万元。其中退耕还林1866.67万平方米，投入资金4200万元（五年），退耕还草400万平方米（市农牧局监督实施），投入资金480万元（三年）。落实退耕还林工程后续产业建设资金107.2万元，建设34.33万平方米工业原料林和58.87万平方米经果林，改、扩、新建圈舍0.778万平方米，其中东区建设34.33万平方米短周期工业原料林；西区营造特色经果林58.87万平方米，新（改、扩）建禽、畜圈舍0.778万平方米。工程带动发展起来的茶叶、花椒、枇杷、芒果等产业持续为农民增收发挥重要作用，做到“退得下，稳得住，不反弹，能致富”。

【森林城市创建】 2016年，继续按照创森总体规划深入推进森林生态、林业产业、生态文化、支撑保障等四大体系建设，全年完成116个创森项目，包括10项目重点项目（包括保安营片区迹地植被恢复及封山育林后期管护、东区干旱半干旱生态治理和修复项目、西区尖山生态脆弱区植被恢复区造林示范项目、盐边新县城视野区橄榄坡造林绿化等）。2016年，全市各级、各行业投入创森资金6.51亿元，建设林（绿）地4893.3万平方米，完成义务植树248.6万株，义务植树尽责率97%，有效巩固退耕还林成果18333.3万平方米，落实管护天然林233333.3万平方米。40项创森指标已基本达标，进入全面自查核查统计汇总阶段。通过大力实施创建项目，全市森林网络逐渐形成，森林质量得到提高，森林效益更加显著。

【森林资源管理】 2016年，认真开展林地变更调查工作，查清近几年来林地和森林的客观变化状况，理清林地和耕地、草地等的界限，修订完善林地一张图。市林业局继续加大对省、市重点项目占用征收林地的协调服务指导，确保各项重点工程按时开工和依法使用林地。全年全市共发生林政案件581件，案件查处总数581件，案件查处率100%，没收非法所得1.22万元，罚款178.80万元，赔偿损失5.3万元，没收木材86.31立方米，收回林地12.83公顷，行政处罚618人次。全市审核审批上报占用征收林地93宗，涉及林地358.4422公顷，收取森林植被恢复费3034.8467万元，其中，永久性31宗，197.6456公顷，临时占用32宗，117.3235公顷，为林业生产服务的30宗，43.4731公顷，有力地保障重点项目依法使用林地。开展林地林木监督检查工作和打击违法使用林地专项行动，对非法使用林地和采伐林木的行为及时查处。严格木竹材经营加工管理，完善木竹材经营加工单位的管理制度，核查木竹经营加工单位原料来源以及木竹材来源备案和运输销售核销登记情况，组织开展木竹材经营加工单位清理整顿。按照省政府和省林业厅要求，全市调整设立8家木材检查站，站点位置、调整布局工作落实，配备执法队伍人员35人。

【林业行政执法】 2016年，全市森林公安机关坚持打防结合的方针，始终保持对涉林违法犯罪的高压态势，组织开展“森林火案侦破”“打击非法占用林地等涉林违法犯罪”“林区禁种铲毒”等一系列专项整治行动，取得明显成效。全市共立森林刑事案件98起，侦查终结61起，移送起诉57起，查处行政案件578起；依法打击处理违法犯罪人员645人；收缴罚款178万元，收缴木材59立方米，收缴野生动物188只（头），累计挽回经济损失300余万元。

【野生动植物保护及自然保护区建设】 2016年，全市继续深入开展“湿地日”“世界野生动植物保护日”“爱鸟周”等宣传活动，由市林业局和市野生动植物保护协会在竹湖园广场现场宣传野生动植物保护宣传暨爱鸟周宣传活动，举办主题为“依法保护鸟类，建设美丽花城”的攀枝花市“爱鸟周”摄影比赛，征集参赛作品150余幅。在全市野生动物驯养繁殖工作座谈会上学习新野生动物保护法，讲解新野保法9大亮点。接待攀枝花市十九中小600余名师生进行野鸟观察、识别及植物识别、鉴赏的科普教育活动，通过摆摊、宣传车广播、坝坝电影、电视台、微信等多种方式，送法律进学校、进乡村、进社区、进企业、进寺庙、进单位、进农户，发放保护野生动植物宣传画等宣传资料2.5万份，加强人们生态道德建设和保护野生动物的意识。继续加强野生动植物保护管理，规范野生动物驯养繁殖和市场经营管理，对本辖区内的野生动物驯养繁殖单位和个人进行全面检查清理整顿，举办全市野生动植物驯养繁殖工作座谈会。加强对野生动物疫源疫病监控，严密监测野生动物的动态，未发现野生动物疫源疫病情况。

巩固自然保护区面积，完善统计数据，加强档案管理，加强野外巡护管理和社区共管工作，加快自然保护区建设力度。二滩保护区湿地恢复工程项目已完成，苏铁自然保护区三期基本建设项目实施方案已上报省厅审核，二滩保护区、白坡山保护区省级财政项目和苏铁自然保护区生态功能区禁止开发区项目完成实施方案且获省厅批复，正在组织实施，督促苏铁自然保护区管理局开展科普区提升项目规划工作；配合设计规划单位完成攀枝花市湿地保护与利用规划（2016－2030）初稿。

【森林病虫防治检疫】 2016年，攀枝花市认真落实重大林业有害生物政府和林业双线目标责任制，严格执行林业有害生物法律法规和防治方针；全力防控松材线虫病，抓好松材线虫病春秋季普查，及时排查、处理异常枯死松树1441株，设置诱捕器589个诱捕媒介昆虫8.8万头，设置立式饵木600株，实现全市无松材线虫病疫情发生；抓好林业有害生物监测预警和测报体系建设，及时准确发布趋势预报，测报准确率99.83%；强化检疫执法，完成2016年松木质包装材料检疫执法专项行动，木企业119家，松木质包装箱1616个，电缆盘3548个，松木材670立方米，严格种苗产地检疫，种苗产地检疫率100%；开展无公害防治面积133.33万公顷，无公害防治率100%，全市无成灾面积，成灾率为零；扎实开展林业有害生物普查，完成5轮野外调查，共调查寄主植物60种，鉴定110种病虫害，制作标本698件，拍摄影像7910张，建数据库7个；大力开展宣传工作，共上报信息28条，其中部分被国家林业局、省林业厅网站和市政府《攀林要情》等采用，编印精美的科普宣传画册《走近昆虫》200册，印制四川地方标准《云南松切梢小蠹防治技术规范》3000份，免费发放给基层林业站点和林区群众；开展核桃防治技术扶贫，到民族地区核桃集中种植片区现场开展核桃病虫害防治技术培训4次，培训300多人，免费送《核桃病虫害防治技术手册》《核桃病虫害防治日历300多份》。

【森林防火】 2016年，全市以县（区）为单元，完成森林防火区的划定，攀枝花市先后与移动通信运营商、电力、石油、铁路等16家林区重点企业以及米攀高铁、攀大高速、铁塔公司等5家林区重点工程施工单位联系，发放《森林防火告知函》，指导林区重点企业防范森林火灾，清除森林火险隐患，落实森林防火责任。全市森林防火工作大胆探索创新，积极推行“电话申报、传真批复”，规范农事用火，在东区开展森林火灾处置社会化服务试点，将森林火灾处置业务整体集中外包。森林防火项目建设稳步推进，盐边县森林防火综合能力规范化建设试点示范工程建设项目总投资882万元，2016年累计到位资金792.8万元；森林重点火险区综合治理三期工程建设项目总投资2070.1万元，项目实际到位资金1764.52万元，2016年全市已完成1379.83万元，四川省川西南山区森林防火通信系统建设项目到位资金514.83万元。

防火期内，全市各级值班室实行24小时值班，22名瞭望员、737名专职巡山员、572名兼职巡山员全部在岗，不间断开展瞭望巡护。全市共成立专业队13支，招聘队员351人；乡镇应急队45支，组织队员432人；义务扑火队408支，动员队员4250人。全市共完成计划烧除面积46666.67万平方米，烧铲防火隔离带800千米，林下割（锄）草面积42.33万平方米。全市共发生森林火灾64起，其中一般森林火灾62起、较大森林火灾2起，火场总面积479.37万平方米，受害森林面积14.85万平方米（原始林3.22万平方米、人工林11.63万平方米），森林火灾受害率0.035‰；损失林木309立方米、幼林3.076万株，处理卫星热点2起（其中核实森林火灾1起、农事用火1起），出动扑火人工2383次，直接扑火经费37.69万元，无重特大森林火灾、无扑火人员伤亡发生。全市总计书写森林防火标语2300余幅，设置森林防火宣传栏（警示牌）80余个，发放环保购物袋1.5万个、宣传资料10万份、宣传手册6000余册，张贴防火通告标语4000余份，播放森林防火宣传片12期，发送手机短信20万条，微信推送信息100余条。

【林业产业】 2016年，全市林业产业以核桃为龙头，特色经果、林下种养业、花卉苗木及工业原料、生态旅游为重点的“1＋4”产业发展体系，以核桃为主的优质特色干果产业稳步发展，全市干果种植面积已达41627万平方米，产量12565吨（其中核桃种植面积已超过34125万平方米，产量10012吨）。特色经果、林下种养业、花卉苗木及工业原料、生态旅游共同发展，全市木竹原料林种植面7575.7万平方米，特色水果类经济林26318万平方米，茶叶1133万平方米，桑树4520万平方米，中药材1780万平方米，森林蔬菜502万平方米。苗木花卉948万株（盆），林下养殖56万头（只）。实现林业总产值36.2亿元，完成市级目标任务31亿元的116.77%（其中生态旅游收入13亿元）。农民从林业获得的收入2097元，完成市级目标任务1850元的113.35%。米易县、盐边县列入第三轮四川省林业重点县建设，省级财政支持两个重点县建设资金各200万元。2016年，米易县新造189万平方米核桃基地，核桃品种改良141万平方米，700立方米的蓄水池、3千米林区便道建设；盐边县新建核桃基地133万平方米，核桃品种改良333万平方米，林下中药材种植53万平方米，生产便道2千米，基地林间给水管管网4000米。

印发《关于大力推进森林康养产业发展的实施意见》，推荐万宝营森林康养基地、花舞人间森林康养基地和攀枝花国有林场森林康养基地申报省级森林康养基地。加大对林业专合组织、涉林企业的扶持力度。2016年全市涉林企业98家，涉林专合组织32家（其中社员数达到100户的20家），“米易县黄草樱桃种植专业合作社”获“全国林业专业合作社示范社”称号；“米易县仙山核桃种植专业合作社”“攀枝花市富园种养殖专业合作社”获四川省第八批“农民合作社省级示范社”称号。成功承办中国·四川第二届森林康养（冬季）年会，370余名致力推动森林康养产业发展的国内外领导、专家、学者和行业精英汇聚攀枝花市，围绕“沐浴花城阳光·共享森林健康”的主题，交流研讨健康中国、森林康养等战略课题，会议上成立中国绿化基金会绿色攀枝花专项基金、森林康养研究中心及康养产业联盟，同时冬季康养年会永久会址落户攀枝花市，为下一步森林康养产业发展奠定良好的基础。

【林业宣传】 2016年，市林业局结合实际印发《2016年绿色文化暨创森宣传工作计划》，开展局属各单位宣传文化目标考核。全市以国家、省市级媒体为平台，开展国家森林城市创建、天然林资源保护、退耕还林、野生动植物保护工程和森林防火等系列宣传。结合“6·29”全民义务植树日活动和大规模绿化攀枝花动员会，在《攀枝花日报》刊登义务植树倡议书和“齐心协力绿化美化全市，共建中国阳光花城，筑牢长江上游生态屏障，共享森林康养胜地”倡议书；扩大全市创森宣传力度和层次，在省级林业行业杂志《绿色天府》进行4期创森专题宣传；在《攀枝花日报》《攀枝花晚报》系列报道“中国·四川第二届森林康养（冬季）年会”简介3期，在《阳光花城》杂志专题宣传康养年会相关内容；组织爱鸟周摄影作品征集活动和全市中小学生“森林攀枝花—我们的家”有奖征文比赛，在《攀枝花日报》《攀枝花晚报》刊登《2016年“爱鸟周”摄影作品征稿启事》《攀枝花市中小学生“创森”有奖征文活动公告》和“森林攀枝花—我们的家”中小学生有奖征文优秀作品选登；在市科技宣传周和“三下乡”活动现场发放宣传材料共计3000余份，接受咨询300多人次。全年在各级报纸杂志、广播电视和网络媒体上刊登林业外宣共223篇（条、次、幅），获得2016年度全省林业宣传工作先进集体荣誉。

【林业改革与发展】 2016年，全市林业改革稳步有序推进。持续推进政策性森林保险，全市森林保险参保面积达188053.33万平方米，保费总额216.25万元。加强盐边县、米易县林权交易平台建设与运行，盐边县录入平台的流转交易13宗，完成交易10宗。开展经济林木（果）权和林权抵押贷款改革省级试点工作，将盐边县纳入经济林木（果）权抵押贷款试点县，制定《盐边县经济林木（果）权抵押贷款试点实施方案》，完成经济林木（果）权证外业勘界5户面积80余万平方米，办理林地经营权流转外业勘界确权133.3万平方米，办理林权抵押14宗，抵押贷款1367万元，已制作颁发经济林木（果）权证3本，面积48.7万平方米。在金沙江干热河谷区实施了生态功能区转移支付项目、干旱半干旱生态综合治理等项目，完成《金沙江干热河谷区生态恢复与治理建设规划》和《攀枝花市湿地保护与利用规划（2016—2030）》，结合大规模绿化攀枝花和市政府与省林业厅签订的《共同推进金沙江干热河谷区生态建设战略合作框架协议》，积极推动干热河谷区生态恢复与治理示范试点工作。

【林业科技】 2016年，全市培育鉴定和转化推广市级以上林业科技创新成果4个，包括金沙江干热河谷区乡土景观植物筛选与培育、林业建设项目工程技术管理规范和安全评价、林下特色菌仿生栽培种植示范、金沙江干热河谷区乡土景观植物筛选与培育；实施项目10个，2016年新增项目2个。与四川省林科院、北京林业大学、西南大学、四川农业大学、山东省林科院等科研院校围绕干热河谷植被恢复、森林城市创建、林业产业建设、林业科技推广等方面进行全面的交流与合作。

（吴　韬）

水　务

【概　况】 2016年，全市有市水务局、东区农业交通水务局、西区水务局、仁和区水务局、米易县水务局、盐边县水务局6个水务行政管理单位。全市水务系统现有职工383人，其中硕士11人，研究生15人，比2015年增加3人；本科学历177人，与上年相较增加2人；具有大学学历138人，较上年增加3人；中专36人，较上年减少7人；高中及高中以下19人。职称方面，高级职称12人，较上年增加2人；中级职称57人，较上年增加6人；初级职称99人。2016年，全市水务系统组织和参加培训500余人次，主要包括参公单位省主管部门业务培训、公务员更新知识培训、专业技术人员专门培训，人均受训25学时，人均投入培训经费1500余元。多渠道创新选人机制。通过公开招考方式，将参公单位空编纳入公招计划,招收参公人员2名;配合市委组织部赴外地高校遴选优秀硕士毕业生,切实做好新进3名高层次人才储备任用工作。灵活机关干部工作交流方式,从参公单位调动2名年轻优秀人员补充到机关重要岗位,从基层单位调入1名年轻优秀干部充实机关工作力量。强化锻炼,重点加强人才上挂下派锻炼和专业技术人才队伍建设,共选派5名优秀年轻干部到"急、难、险、重"一线进行实践锻炼,大力培养市水务局优秀管理人才和专业技术人才。选拔推荐5名专家,对26名中级、初级水利、水电、水产专业技术申报人员进行评审,中级通过13名,初级通过9名。

2016年,全市水务系统年度完成水利投资10.2亿元,争取到省级以上无偿资金2.4亿元,新增和改善灌面4253.4万平方米,新增和恢复蓄引提水能力1002万立方米,综合治理水土流失面积135平方千米,新增和恢复节水灌面3886.7万平方米,新增高效节水灌溉面积160万平方米,完成地方年发电量7.33亿千瓦时,省市目标任务均超额完成。水利工程年度蓄水超1.5亿立方米,为初春农田灌溉提供充足用水保障。观音岩引水工程等6处骨干工程均按计划有序推进,其中马鞍山水库完成大坝填筑封顶,观音岩引水工程尖山隧洞实现全线贯通。成功应对"9·19"山洪自然灾害,全年未因水利工程出险造成人员伤亡,积极汇报争取到中央和省特大防汛经费2000万元。完成全市三区两县"十二五"期末及2015年度最严格水资源管理制度考核评价工作。荣获全省防灾减灾先进集体、全省水土保持补偿费征收先进集体、全市政务调研工作先进单位、全市先进基层党组织等省、市十余个奖项。

【完成水利投资计划情况】 2016年,四川省水利厅通过水利直报系统下达攀枝花市水利投资总额2.9121亿元。其中:中央投资计划1.5568亿元,地方投资计划1.3553亿元。截至2016年年底,全市完成中央投资1.5348亿元,投资完成率为98.59%;完成地方投资1.25544亿元,占地方投资计划的92.63%。全市三区两县完成情况分别为:东区完成中央投资10万元,占计划的100%;无地方投资计划;西区完成中央投资5010万元,占计划的100%;完成地方投资5500万元,占地方投资计划6000万元的91.67%;仁和区完成中央投资2325.4万元,占中央投资计划的95.89%,完成地方投资274万元,占地方投资计划的91.64%;米易县完成中央投资5818万元,投资完成率为100%;完成地方投资6576.4万元,占地方投资计划的93.28%;盐边县完成中央投资2185万元,投资完成率为94.79%,完成地方投资204万元,占地方投资计划的100%。截至2016年年底,累计完成2014年下达的投资计划是:中央投资2.6251亿元,地方投资2.388269亿元,占比分别为96.8%、154.78%;累计完成2015年下达的投资计划是:中央投资1.4979亿元、地方投资1.0356亿元,占比分别为100%、149.11%,项目投资计划全部完成。

【重点水利项目建设】 2016年,全市重点水利项目建设共完成投资5.65亿元。其中观音岩引水工程年度完成投资2.51亿元,控制性节点尖山隧洞掘进2545.6米,累计完成管道安装36.35千米,503管桥劲型骨架实现合拢,观音岩管桥拱箱梁合拢。梅子箐水库、马鞍山水库、河心水库大坝均顺利封顶。麻晃引水工程、盐边小河沟水库按节点顺利完成年度投资计划。编制完成《攀枝花市"十三五"水利发展规划》并报市政府批复正式实施。仁和区栗树湾水库、米易县老街子水库和盐边县沙坝水库3座中型工程列入国家和省"十三五"中型水库建设规划。沙坝田水库扩建顺利列入全国建制市城市应急备用水源工程建设总体方案规划。争取到安宁河、大河等中小河流治理、病险水库整治项目进入中央和四川省规划。组织对20座病险水库开展除险加固任务,开展39座灾后水利工程薄弱环节病险水库安全鉴定和整治设计工作。启动仁和区大河流域仁和段、盐边县惠民河等2条堤防建设工作。投资4431.08万元,完成山洪灾害防御预警系统建设。投资2026万元,完成中小河流水文监测系统建设。加强对在建工程日常监管,出台《攀枝花市水务局安全生产"党政同责、一岗双责、失职追责"实施办法》,全年开展水利工程安全检查129次,排查、整改隐患126件。组织开展质量监督执法检查,新开工建设项目质量监督覆盖率100%,全年未发生一起安全生产和质量事故。

【水资源管理与保护】 全面落实最严格水资源管理制度,强化"三条红线"(水资源控制总量、水资源利用效率、水功能区限制纳污)刚性约束,调整攀枝花市实行最严格水资源管理制度考核工作领导小组成员,印发《攀枝花市实行最严格水资源管理制度目标考核细则》《2015年度暨"十二五"期攀枝花市实行最严格水资源管理制度考核工作方案》,对五个县(区)政府组织开展最严格水资源管理实施情况的考核和目标责任管理。编制完成《攀枝花市水资源综合规划》并报请市政府批复正式实施。认真落实水资源管理相关法律法规,围绕"水与就业""落实五大发展理念、推进最严格水资源管理"主题,组织开展"3·22"第24届"世界水日"及"中国水周"宣传活动。投资72万元推进水资源监控能力建设,建成取水点监控设施18处。对全市57座饮用水源和备用水源水库开展水质检测工作。开展水资源承载能力评价工作,重要水功能区水质达标率达到100%。整合资金101万元,在全市实施水系生态廊道建设4个,新增水系绿化面积19.5万平方米。投入资金400万元,实施完成仁和区黑谷田水库和西区大箐沟山坪塘水源保护区水土流失治理工作。年度投入各类水土流失治理资金1.6亿元,综合治理水土流失面积135平方千米。启动西区、仁和区两个节水型社会重点县建设工作。安宁河米易城区段水生态建设取得初步进展，马鞍山水库水利风景区规划初步完成。对侵占河库水域、违法设障、违法采砂、乱倒乱弃等违法行为予以严厉打击，结合“12·2”央视曝光攀枝花市环保事件，全市水务系统立即开展自查自纠，制定整改措施，全面清理排查涉水事务中的环保问题，及时组织市、县两级开展巡查和违法案件查处工作，全年开展日常巡查46次，专项执法检查2次，立案查处1起。依法征收水土保持补偿费，对24个重点项目开展水土保持专项检查和巡查，行政约谈5个项目，下达限期整改通知6份。

【民生水利保障】 编制完成《攀枝花市农村饮水安全巩固提升工程“十三五”规划》。全年投资233.64万元，解决建卡脱贫人口515人饮水不安全问题，组织开展水利脱贫攻坚考核评价工作，全市首批脱贫摘帽对象——20个贫困村、6457名贫困人口饮水安全达标率100%，全部实现“有安全饮用水”脱贫目标。实施仁和中坝乡集中供水提质增效项目。妥善处理“1·29”南山供水和“4·24”机电市场水质浑浊等突发供水事件。按照“一事一议”“民办公助”“先建后补”等原则推进农田水利基本建设，创新小农水重点县项目及“五小水利”项目实施方式，继续加强水库蓄水保水及用水计划管理，全年水利工程蓄水预计超1.5亿立方米，创历史新高。全年新增和恢复节水灌面3886.7万平方米，新增和改善灌面4253.4万平方米，新增和恢复蓄引提水能力1002万立方米。新建成6座太阳能提灌站并投入使用，新增高效节水灌溉面积780万平方米，新修防渗渠道216.56千米。完成年度防汛抗旱减灾目标。健全各级防汛应急抢险体系，落实防汛责任制，组织开展隐患排查和整改，修订完善防汛抗旱应急预案及抢险预案。健全流域水电站梯级调度水情信息运行制度，顺利完成全年防汛减灾目标。加快抗旱水源工程建设和抗旱物资储备有效保障，抗旱能力得到进一步提升。

【“9·19”抗洪抢险救灾】 2016年9月，攀枝花市连续遭受3次强降雨袭击，持续强降雨局部特大暴雨诱发全市群发性山洪及滑坡等自然灾害。全市水利工程因灾受损严重，直接经济损失达4.58亿元。其中：水库受损51座，观音松水库溃决；损坏堤防317处115千米；“五小水利”受损严重；仁和城区2座污水处理厂严重受损；多处乡镇集中供水站受损严重不能正常运行，14万余城乡居民生活用水受到影响。灾害发生后，水务系统沉着应对，有条不紊组织全市水务系统开展抗洪抢险工作，全年没有因水利工程出险造成人员伤亡。及时开展灾损统计和编制灾后重建方案；制作《“9·19”抗洪抢险总结与反思科教片》；争取中央和省级特大防汛经费2000万元，灾后重建工作有序进行；促成省水利厅与攀枝花市签订战略合作框架协议。有序推进两座污水处理厂进厂道路、管网、滤池、机电设备恢复重建工作，到2016年年底，大渡口污水处理厂已恢复日处理污水量3000余吨，仁和污水处理厂日污水处理量近1万吨。

【水务改革】 2016年，市水务局加快行政审批制度改革，加大“放、管、服”改革力度，清理、调整行政权力目录130项，保留行政审批项目12项，年度受理行政审批事项28件，办结28件，按时办结率、群众满意率、归档率均为100%。推进米易县农田水利设施产权制度改革和创新管护机制试点工作，出台《明晰和移交工程产权改革范围和原则》，作为确权颁证的指导性文件；推动新山乡坪山村完成8个社的测绘定点工作，并邀请第三方服务公司全面负责确权颁证工作。完成《米易县水利工程建管一体化实施意见》《米易县水利工程建设方式和补助方式实施意见》编制工作。制定农业水价改革及精准补贴等方法，拟定水价改革试点村草场乡龙华村水价改革方案。鼓励和扶持农民用水户协会等专业合作组织发展。稳步推进江河和水利工程划界确权工作，截至2016年年底，全市农村小型水利工程共颁发产权证7209本。加强水利PPP机制研究，制定《攀枝花市鼓励引导社会资本参与农田水利设施建设运营管理的实施意见》。提高基层水利服务能力，全市共成立7个基层水利片区管理站、32个乡镇水利服务站，落实59个事业编制，有用水者协会18个，有村级水务员81人。

（冷洪强）

住房和城乡规划建设、城市管理、花城新区

住房和城乡规划建设

【概 况】 2016年市住房城乡建设局抓好重大项目建设，着力抓好火车南站、城市轨道交通示范段建设，多元发展城市交通客运系统。加快城市基础设施建设，促进城乡一体化发展。在完成仁和第二污水处理厂项目前期工作的基础上，创造条件尽快开工建设。继续抓好"百镇建设试点行动"，完善城镇基础设施，培育建设特色小镇，引领带动全市小城镇建设，推进宜居县城建设，以新型城镇化战略为支撑，发挥宜居县城的带动作用，加快新型城镇化建设。

【城乡规划】 2016年市住房城乡建设局启动完成城市总体规划评估，修改工作。编制完成《〈攀枝花市城市总体规划（2011—2030）〉实施评估报告》并通过省厅咨询论证。完成炳草岗片区、炳四片区、流沙坡片区等17个片区控制性详细规划编制及报批工作。完成金江片区、攀密片区控制性详细规划修编招投标工作，并修改完善初步方案待评审。启动河石坝至格里坪片区控制性详细规划修编工作，城市控规修编覆盖面达80%。2000国家大地坐标系建立及数据转换项目顺利通过验收，实现攀枝花市域1∶1万地形图数据全覆盖。调整花城新区干坝塘核心区市级行政中心、炳草岗片区炳三F18和F19地块、花城新区干鑫路、火车南站等重大项目规划方案。在完成地下综合管廊前期研究、海绵城市建设实施建议研究的基础上，启动城市地下综合管廊（管线）规划、城市地下空间开发利用规划、城市轨道交通线网规划、海绵城市专项规划和公共停车场专项规划。制定《攀枝花市2016年加快推进新型城镇化重点工作实施方案》，成功通过省厅2015年新型城镇化建设考核验收。年内办理行政许可服务事项198项。

【争取资金】 2016年市住房城乡建设局全年争取各类建设资金45亿元，其中棚改贷款资金38.68亿元、争取上级财政补助资金5.1亿元、城市新区建设补助资金4600万元、规划专项补助资金90万元、新农村建设补助资金6779万元、建筑节能（新型墙体）补助资金234万元、重点项目前期工作经费115万元。

【基础设施建设】 2016年市住房城乡建设局加快花城新区的开发建设，整合土地资源、促进滚动开发，构建路网骨架、实施项目带动，上半年开工项目12个、完成投资18亿元，下半年开工项目6个、完成投资约14亿元。花城大道、阳光大道、碧桂园·翡翠郡、老黑地安置房、三线建设博物馆等项目陆续建成，金融电子商务街、商务办公区为代表的高端城市综合体项目拉开梯次开发序幕。推进城市基础设施建设，火车南站站前基础设施项目完成立项、确定社会资本投资人、方案设计、启动征地拆迁，10月31日正式开工建设。城市轨道交通建设项目完成系统定位、发展目标、制式选择等重大问题研究，10月中旬提交线网规划核心成果并启动论证。加快小城镇建设步伐，争取小城镇专项建设资金1000万元，完成小城镇基础设施投资5.176亿元，红格镇成功创建全国特色小镇，建成幸福美丽新村108个。启动米易县宜居县城建设试点，加快旧城有机更新。持之以恒改善民生，积极推进农村危房改造工作，注重设计质量，强化规划选址安全，2016年建档立卡贫困1267户的农村危房改造已全部完工，其他贫困户3134户的改造工作正在加快推进。成立农房建设质量安全督查办公室，加强质量安全监督检查，把好质量安全关。按照"农民工住房保障行动"的要求，完成定向分配给农民工的73套公租房并分配入住，公租房租赁补贴已发放到位。集中力量保障民生，整合成立市住房改革和保障工作领导小组，组建市棚改统筹办，制定《关

于统筹推进市区棚户区改造工作的意见》《关于进一步加强农村危房改造工作的通知》等一系列政策措施。加强与住建部、省住建厅、国开行、农发行的对接沟通,争取政策和资金支持。开启“市级统筹、区级实施”的棚改新模式,启动政府购买棚改服务。开展保障性安居工程全面巡查和摸底调查,建立攀枝花棚户区基础数据库。强化目标考核、加大督查和落实问责,切实扭转棚改项目开工滞后的局面,提升棚改贷款资金使用率。积极参与“五创联动”。牵头实施金雅仙客、西区清香坪星瑞时代停车场,沿江北岸一、二标段人行步行系统绿化等“创森”工程项目,系统治理违章建筑、施工扬尘等“城市病”。积极应对“9·19”特大暴雨灾害。处置安全隐患20余处;落实建筑工地汛期监测、排查隐患、应急物资储备等防范措施;派遣五批专家组、30人次赴灾区应急排查和安全评估;联系省测绘局,提供测绘地理数据、无人机航拍等200万元的信息产品用于抗洪救灾工作。

【建筑业管理】 2016年市住房城乡建设局完成建筑业总产值198.62亿元,完成市级目标任务150亿元的132.41%,完成省级目标任务180亿元的110.34%,同比增长13.91%;完成省外产值51.4亿元,同比下降10%;完成税收收入4.4亿元,占总税收比重12.83%;实现建筑业增加值34.5亿元。

全面推行政府投资项目采用“随机法”确定承包人的招投标新模式、启动建筑领域“营改增”工作、全面清理规范建筑领域保证金。规范建筑市场,对26个房屋建筑和市政基础设施工程项目的技术标进行审查备案,重点排查和纠正采取串通、围标等不正当手段投标、人为干预招投标活动、排斥潜在投标人现象。督查全市44个建设项目,未发现存在违法发包、转包、违法分包及挂靠等行为。拟定《攀枝花市人民政府关于加快推进建筑产业现代化发展指导意见》,鼓励发展装配式施工,推行建筑产业现代化。治理拖欠农民工工资,建立农民工实名制用工管理、工资专用账户、银行定期代发农民工工资制度,落实工资支付主体责任。全力确保完工项目竣工验收备案,对完工项目进行全面走访,强化安全生产、规划条件核实、拖欠农民工工资、竣工验收备案、工程档案归档,超前化解项目备案上的问题,维护今冬明春的安全生产形势。继续开展工程质量治理两年行动,落实五方主体责任,推进质量强市工作。在监工程323个、344.5782万平方米,竣工项目73个、55.73万平方米,工程竣工验收合格率100%,申报“结构优质杯”单位工程17个。新建建筑施工阶段节能标准执行率达到100%以上、节能标准执行率达100%、新建工程禁止现场搅拌砂浆和混凝土执法检查率达100%、新型墙材使用比例约80%以上,推广使用散装水泥141.614万吨,水泥散装率达59.01%。办理17家建筑施工企业资质、42家建筑施工企业资质增项、27家市外企业进入攀枝花登记工作,完成“三类人员”安全能力考核574人,继续教育977人,完成九大员继续教育7676人,组织四川省建设岗位考试工作,参考人数548人次。

【房地产业】 2016年完成房地产开发投资55.03亿元,其中:市级目标任务25亿元的220.12%,省级目标任务63亿元的87.35%,同比减少6.6%;完成商品房销售126.42万平方米,同比增长20.7%;商品住宅销售平均价格4100元/平方米;房地产从业人员4437人,增速达17.4%,超出目标任务2个百分点;房地产业城镇单位从业人员劳动报酬16131.7万元,增速达30.9%,超出目标任务15个百分点;新增房地产企业统计入库12家。

完成不动产登记中心的划转、移交工作,回访评价小区楼盘39个,投资900万元的市房地产市场信息系统正式上线运行。1—12月,新增商品房预售面积86.7万平方米,同比增长7.3%;受理房屋抵押登记24237件、发放各类房屋权属证书29246本;发放购房补助4188户、共计3605.96万元;完成房屋征补项目共7个,征收房屋15.30万平方米;签订商品房预售资金监管项目58个、建筑面积419.37万平方米;办理白蚁预防手续64个,新增预防面积156.58万平方米,收取白蚁防治费211.01万元;新归集维修资金4245万元,物业管理面积63.8万平方米;收取房屋租金1244万元,维修改造419次;完成9家物业企业升级审查,全市107家物业企业服务项目190个,管理面积1064万平方米。

积极贯彻落实房地产新政,采取放宽公积金贷款,提高公积金使用率;大幅提高购房补贴,鼓励城镇居民改善性住房需求和农村居民进城购房;制定鼓励政策,进一步优化房地产投资环境;搭建服务平台,积极推行征收补偿货币化安置等措施刺激房地产消费。致力吸引周边县(区)居民来攀购房,拟定《攀枝花市鼓励周边(县)区居民来攀购房的六条措施》,面向云南省永仁县、华坪县推介攀枝花阳光康养、就业养老、区域教育、医疗卫生、居住环境优势,促进多业态地产消费。筹备建设地产超市,形成房地产销售快捷服务体系,方便群众选房、购房。充分对接货币化安置,已出台货币化安置配套政策、提高购房补贴、追加棚改货币化安置贷款、启动政府购买棚改服务、全力推进棚改货币化安置的组合拳来发掘潜在的消费需求。开展老旧危楼鉴定和处置工作,对其中疑似存在安全隐患的810幢、87.5万平方米房屋进行现场核查,并投入资金606.45万元,启动94幢、11.72万平方米房屋的安全鉴定工作和131幢、22.73万平方米危旧房屋的处置工作。

【住房保障】 全年完成棚户区改造任务已开工4743套(户),开工率为100%;完成货币化安置1272户,货币化安置完成率100%；保障性安居工程基本建成8036套，完成目标任务的101%；竣工5751套，完成目标任务的298%，入住2062套（均含续建）；发放廉租住房补贴1399户，完成目标任务的106%；农村危房改造目标任务4401户已全部开工，开工率达100%；保障性安居工程建设累计完成投资5.9亿元。

【行政审批】　深入推进放管服改革工作，以“简政、放权”为抓手，不断优化审批流程，创新服务举措，提高审批效率，加快建设项目落地，服务经济发展。精简建设项目审批流程，取消建设项目选址审批等7个审批环节的25项申报资料，审批提速85%。优化建筑业企业资质审批流程，取消国家住建部许可13类建筑业企业资质市级初审环节；下放安措费费率测定等3项事项管理权到米易、盐边两县住建局；清理工程类保证金，取消安全文明措施费，降低农民工工资保证金缴费比例，每年可为企业节约上亿元资金。开通建设项目“一窗全能”服务机制、容缺预审和提前介入等绿色审批通道，继续开展跨市类业务免费代办服务。全年接件6236件、办结6225件，办理提速88.23%。为156家次企业开展代办服务485人次，为企业节约资金200多万元。继续保持行政审批“三百一零”的服务标准，在市政务中心26个市级进驻部门中名列榜首。

【行政执法】　全面贯彻《攀枝花市依法治市2016年工作要点》，规范行政权力运行，落实城市建成区违法建设专项治理工作五年行动，深入推进“七五”普法、依法治市工作。开展普法学习160余人次，印发宣传资料7万余份。受理行政复议61件、受理举报投诉68件、受理违章行为举报190起、执法年审148人次、解决工业企业房屋产权遗留问题。检查在建工地260次、立案查处15件、罚没收入200.16万元。

【勘察设计审查】　办理设计审查168项，审查合同履约率达100%、业主满意率100%，完成业务技术培训和各项工程审查收费工作。

【建设资金征收】　创新机制，强化措施，完善联动征缴工作机制，完善《攀枝花市城市建设基础设施配套费管理办法》。全年完成建设项目“一站式”收费12427万元，其中城市基础设施配套费4860万元，较2015年同期增长66%；按政策减免配套费2135万元、实现二次清算120万元。

【工程造价管理】　2016年建筑工程施工合同备案54项，完成目标任务的100%。退还安全文明措施费41项、办理工程竣工结算备案79份、对77个项目的安全文明措施费费率予以测定。

【城建档案管理】　整理档案3464卷，完成目标任务的115%，归档率达95%。工程竣工验收备案130个项目，提供利用357个工程项目、691卷次、265人次。

城市管理

【概　况】　2016年，市城市管理局立足城市管理职能职责，不断加强市政基础设施建设，不断实施市容环境综合整治，注重市政、园林管养水平提高，注重特色园林风貌塑造，提升数字化管理水平，进一步推进城市精细化管理，初步理顺市、区（县）两级管理职能，环卫市场化运作取得一定成效；城市道路、地下管网、市政、环卫等设施得到逐步完善，新建5万立方米稀油密封干式煤气柜工程项目已开始试运行；国家园林城市创建有实质性进展，新增绿化面积近100公顷，2010版“国园”标准的64项创指标根据统计数据已全部达标，7月，顺利通过省级初审验收，9月底向住房和城乡建设部提出申报；顺利通过第二轮国家卫生城市复审，市容市貌和环境卫生得到较大改观，市民的城市意识、文明意识和卫生意识有明显提高，“整洁、优美、有序、生态”的“阳光花城”城市形象得到进一步提升。

【城乡环境综合治理】　2016年，市城市管理局继续以城乡环境综合治理为抓手，强化设施建设，狠抓常态治理，着力风貌塑造，促进城乡环境清洁优美、秩序井然。将“五乱”治理工作要求融入日常管理予以全面推进，在元旦、春节、“五一”等重点时期集中开展专项治理行动，着力攻克垃圾乱扔、摊位乱摆、车辆乱停等顽症痼疾。督导各区及时有效解决棚户区、城中村及城乡结合部等环境卫生治理薄弱区域和车站、广场、医院等重点场所存在的市容市貌和环境卫生顽疾固症，印发《2016年城乡环境综合治理工作要点》《攀枝花市城市市容环境卫生治“脏”工作实施方案》《关于启动2016年度“环境优美示范城镇乡村”争创工作的通知》《攀枝花市推进农村垃圾治理实施方案》等文件32份，工作简报2份，限期整改通知书345期，日常检查周报58期，月报11期，组织召开城乡环境综合治理推进会4次，进一步提高群众自我教育、自我管理、自我服务的基层群众自治水平，营造治理城乡环境、共建美好家园的良好氛围。

【创建国家园林城市】 市城市管理局印发《攀枝花市创建国家园林城市2016年度攻坚项目计划》及《攀枝花市2016年创建国家园林城市工作方案》，下达城管系统创园指标任务和建设项目，加大对26个重点建设项目的推进力度，目前，全面完成花城新区重点地段坡面治理、西区尖山生态功能区植被恢复等重大项目，新增绿化面积近100公顷。拓展申报材料内容，增补"生态修复""花城景观打造"及"老旧小区改造"相关内容，进一步彰显攀枝花市山城特色。为直观地展示攀枝花市近几年绿化暨创国园成果，编制印刷《阳光花城　美丽家园》创园图册，为助推攀枝花城市成功转型，解决山体修复难题，4月，召开四川省城市山体生态修复工作座谈会，省内各市（州）专家从山地城市生态修复的技术措施、资金筹集、运营模式等多层面提出建设性意见和建议，开拓了专业人员眼界，提升业务技能，为下一步攀枝花生态修复工作的全面开展奠定基础。

【扬尘治理】 2016年，市城市管理局以"持续改善空气质量、打造宜居宜业环境"为目标，认真履行市扬尘办统筹协调、督查督办等工作职责，并针对扬尘治理中的顽症痼疾，联动开展风季、旱季扬尘专项治理工作，促使城区空气质量明显改观，群众生产生活环境明显改善。印发《关于进一步加强旱季扬尘集中治理专项工作的通知》，分解细化扬尘治理工作任务，每月督导通报项目推进情况，印发扬尘治理工作通报9期、简报2期。联合市公安局、市住建局组成联合执法小组，对主城区扬尘污染严重和治理后反弹回潮的区域开展联合执法，累计出动执法车辆12台（次）、执法人员50人次，巡查督办建筑工地35个，责令整改10个，查处车辆30台，通过联合执法行动有效攻克扬尘治理工作中的部分顽症痼疾，切实改善城区空气环境质量，为打造宜居宜业的环境创造良好的条件。

【市政设施】 2016年，市城市管理局按照"路平、灯亮，排水畅"要求，搞好城市道路、桥涵、排水、照明及其附属设施管护，促进市政设施更加完善、安全、便民。全年维修人行道1.12万平方米，修复沥青路面1.83万平方米，改造道路5.42万平方米，调整路沿石1.10万米，维护道路护栏和隔离栏3538米，维修和新设路名牌71个，检修路灯5365盏（次），修复路灯用电线路6524.2米，清洗路灯2140盏（次），处理路灯事故48次，治理边坡240处，安装休闲座椅95个。项目建设方面，完成攀枝花大道中段、密地桥南加油站等道路边坡治理工作；华山人行天桥维修加固项目完成；对城市主干道16座道路桥梁和6座人行天桥的特殊检测及静、动载试验；凉风坳拆除隧道灯860盏，安装960盏；学院路隧道整治项目完成；天津路、龙密路整治项目，完成道路沥青修补、龙菁大桥桥面人行道整治、路灯安装等工作；牵头组织完成滨江大道元亨边坡治理、攀枝花大道等道路维修项目。

【安全生产】 2016年，市城市管理局加强燃气行业监管，强化安全生产和优质服务。以安全生产为中心，视安全生产为一切工作中的重中之重，积极开展安全检查，对隐患及时整改，全年共完成辖区内中压管道179千米、低压管道380千米、调压站220个（次）、调压箱220个（次）、中压排水器200个（次）、低压排水器2060个（次）的检查工作。进行事故维修服务1.17万次，检修调压站1199次、抽水1655次，向6588户新增煤气用户发放煤气安全使用常识宣传单，被检公用户714户，发现安全隐患要求整改的有20户，均整改完毕。对部分老旧小区煤气管网进行改造。完成市政维修队至妇幼保健院片区、西海岸片区、三角转盘至消防队片区等改造工作。新建调压站3座，新铺设中低压管道9.59千米，实现供气范围管网总里程达到398.21千米，新建5万立方米稀油密封干式煤气柜工程项目开始试运行，极大地缓解全市煤气储量不足和调峰能力不足的情况，使全市的煤气输配设施与现有用气规模相适应。

【数字化城管】 2016年，市城市管理局完成"12319"市容监控大屏升级改造项目及第二轮数字城管信息采集等服务外包项目招投标工作，确保全市数字城管工作的持续开展。与公安天网对接，共享公安天网所有非涉密视频点位，各区指挥中心也可通过天网视频监控各区重点管控区域、路段。制定《攀枝花市城市数字化管理监督考核办法（试行）》，运用城乡环境综合治理考核周报将每周的各部门的处置情况况刊登在日报、晚报向社会进行通报。全年攀枝花市数字化城市监督指挥中心共受理各类案件18.09万件，根据《攀枝花市数字城管指挥手册》及相关立案、处置、结案标准，立案18.09万件，立案率99.99%，派遣17.96万件，结案9.12万件，结案率为50.81%。

【改革创新】 城管体制改革工作不断推进。完成城市管理执法现状调查摸底和调研工作，草拟《攀枝花市深入推进城市执法体制改革改进城市管理工作的实施意见》。城市精细化管理有序实施。拟定《攀枝花市城市管理规划思路（2016—2020年）》，草拟《攀枝花市城市精细化管理实施方案》（以下简称《方案》）。自发市场治理稳步推进。按照《关于印发攀枝花市城区自发市场治理工作方案的通知》要求，及时下发《关于自发市场治理、流动摊贩与早夜市卫生管理工作资料报送及收集工作的通知》，定时对城区41个自发市场中的21个需规范市场和20个需取缔市场的治理情况进行全面系统的监督指导，并将治理工作中存在的问题以整改通知书的形式下发至各县（区）政府，督促各县（区）对照整改项目及时规范整改。形成49份限期整改通知书、自发市场治理周报及周动态各18期。扎实做好综合治理。坚持把开展项目节点"五查"活动作为深化落实社会稳定风险评估机制的一项重要基础性工作来抓，督促、指导本单位及系统做好2016年维稳工作，结合城市管理工作实际，开展"城市防洪安全检查""城镇燃气安全大检查"等专项行动，及时排查处理矛盾纠纷，落实维护社会稳定工作措施，认真受理人民群众来信来访，确保城管系统社会政治稳定，信访案件答复、复查和复核事项办结率100%，单位未发生安全责任事故和重大涉稳事件。

（聂志勇）

花城新区

【概　况】　攀枝花市花城新区开发建设管理委员会（以下简称花城新区管委会）是攀枝花市政府派出机构。主要职能为统筹花城新区项目建设、负责责任区域内基础设施建设、参与花城新区土地利用总体规划和城市规划编制审查、协调招商引资等工作。管委会内设办公室（党工委办公室、监察室）、发展和目标管理科、规划和建设科、招商和投融资管理科、土地开发科5个科室，核定行政编制10名、后勤事业编制1名，2016年有干部职工7人。经攀枝花市政府授权，攀枝花市土地储备中心花城新区分中心（以下简称土储分中心）由花城新区管委会代管，核定事业编制18名，现有干部职工17人。2016年共引进人才8名，其中储备人才1名，面向社会公开考核招聘中级以上职称急缺技术专业人才1名，面向全市公开考调事业单位管理人员1名，面向全省招考事业单位管理人才5名。任用土储分中心副主任1名、发展和目标管理科副科长1名。

花城新区位于攀枝花市江南片区，北起金沙江，南至总发下线口，西起攀枝花大道，与旧城区相接，东至规划的内环路、成昆高速。规划控制面积60平方千米，建设面积33平方千米，新增人口承载力35万万。花城新区规划布局流沙坡、炳草岗、渡仁、沙沟和总发五大功能区，其中流沙坡片区将是未来发展的"科教中心区"，炳草岗片区（包括炳草岗片区的炳三区、炳四区）将打造成高品质的城市"综合居住区"，渡仁片区将建成攀枝花市未来发展的"都市中心区"，沙沟片区将建设城市的"休闲生活区"，总发片区将打造成区域综合性"现代物流区"。

【工作成绩】　2016年以来，花城新区管委会全力推动干通路、干橄路等骨干道路建设，服务和支持碧桂园翡翠郡、花城新区医院、花城商务大厦、"1020"土地整理、巴斯箐弃土场等续建项目的实施，加快区内道路成网成环，进一步完善该片区城市功能，加快花城新区人气商气聚集。加快推进小石潭、天星湖、独松梁子等景观和生态修复项目，加快提升该片区城市品质，打造宜居优美生态环境；重点启动新政务服务中心项目，推进行政服务功能向花城新区有序转移。坚持招大引优，加快推进产业项目落地。已与10余家央企、国企及民企积极洽谈相关项目。签订《攀枝花市三中花城国际学校投资建设战略合作框架协议》，拟采用民办公助形式建设从幼儿园到高中的十五年一贯制学校。推进攀枝花学院与澳门镜湖护理学院学术交流和中外联合办学。开展攀枝花国际体育森林公园招商。对接成都市七中和碧桂园，合作实施"1020"土地整理项目中学校项目建设。启动集规划、投资及建设运营于一体的智慧城市运营商招商工作。对接谈判将花城新区4个森林公园包装为花城新区森林公园项目整体连片开发。引入爱琴海购物公园、五星级康养度假酒店等高端新业态。

【班子及队伍建设】　2016年10月，中共攀枝花市委《关于江海、王勇同志职务任免的通知》任命江海为中共攀枝花市花城新区工作委员会书记（兼）；王勇为中共攀枝花市花城新区工作委员会副书记。11月，市政府《关于廖成波等8人职务任免的通知》任命王勇为攀枝花市花城新区开发建设管理委员会主任。

【项目建设】　2016年，花城新区管委会力争以局部"小滚动"带动渡仁片区"大滚动"。开发项目建设11个。其中，纳入2016年市级重大项目9个，具体是：干通路项目，总投资约2.9亿元，已完成年度投资1.1亿元，完成土石方挖方200万立方米；干橄路项目，总投资约3.1亿元，该项目已完成招标，年底前开工建设；小石潭景观项目，总投资0.8415亿元，湖体基本形成，正在就成立项目公司股份、组织架构等相关协议进行磋商谈判；碧桂园·翡翠郡项目，总投资12亿元，已完成年度投资4.7亿元，高层洋房正在进行地下车库桩基及车库混凝土浇筑，低层别墅正在进行封顶和室内建筑安装工作；"1020"土地整理项目，总投资2.6亿元，已完成年度投资0.66亿元，年底已全面完工；巴斯箐沟弃土场项目，总投资0.6亿元，已完成年度投资0.1亿元，完成一期工程预验收工作；花城商务大厦项目，总投资0.6亿元，年底已完成本工程的所有施工内容；政务服务中心项目，总投资约11.8亿元，并已于12月实现开工建设，已完成年度投资0.2亿元；天星湖园林景观项目，总投资约3.6亿元，已完成清表、临设搭建、抽水等工作，实现年度投资0.19亿元。以上9个项目中，干通路、干橄路、小石潭景观、碧桂园翡翠郡共4个项目，被列为2016年市级重点工作，纳入目标考核。从施工进度、投资进度和工程形象进度来看，均已完成目标任务。另外2个项目的情况是：总投资约4.1亿元的花城大道项目（电子商务一条街段），年底已全面完工；历时75天全力奋战，总投资0.2209亿元的炳仁线滑塌治理抢险救灾工程于5月底实现完工通车。

【用地保障】 开展花城新区渡仁片区土地和林地报批工作。于2016上半年获得攀枝花市2015年第5批、第7批、第17批城市建设用地批复，面积合计为133.8956公顷；开展2016年第3批和第9批等2个批次城市建设用地申报工作，共计完成44.0078公顷建设用地组卷报批工作，该2个批次城市建设用地申报资料已于2016年年底上报省国土资源厅审批并获得通过。开展2016年第3批和第9批城市建设用地等2个项目共计40.1955公顷林地报批工作。于2016年年底获得该2个项目使用林地审核同意书。为满足巴斯箐弃土场作为森林体育公园用地需要，积极同市国土资源局和市住建局等相关部门沟通协调，获得土地利用总体规划局部调整所需规划指标，调入建设用地规划指标合计22.8662公顷。

根据花城新区项目建设进度，督促市花投公司按征地进度及时拨付仁和区征地拆迁资金。2016年，花城新区累计共支付仁和区征地拆迁资金9.06亿元，为属地政府开展征地拆迁提供有力的资金保障，维护拆迁农户的根本利益。与属地政府及相关部门沟通，参与解决征地拆迁过程中的各种矛盾纠纷。开展干坝塘运土车辆堵工、堵路矛盾协调，三线博物馆电力施工协调，上板桥变电站至阳光大道电力通道施工协调，天星湖清表堵工矛盾协调等。为干通路施工、天星湖项目进场、巴斯箐排洪涵建设、碧桂园·翡翠郡等项目建设营造良好施工条件。

【招商引资】 花城新区项目总投资约42.54亿元，2016年完成投资约8.74亿元，累计完成投资约14.19亿元。与10余家央企、国企及民企积极洽谈相关项目。市花投公司、市水务集团、市三中于6月3日签订《攀枝花市三中花城国际学校投资建设战略合作框架协议》，拟采用民办公助形式建设从幼儿园到高中的十五年一贯制学校。攀枝花国际体育森林公园进行招商谈判，以体育公园为带动对巴斯箐片区整体规划、整体打造。对接成都市七中和碧桂园，合作实施“1020”土地整理项目中学校项目建设。启动集规划、投资及建设运营于一体的智慧城市运营商招商工作。

【质量安全控制】 将招商引资目标锁定在资金实力雄厚、质量体系完备的集团企业上，陆续引进碧桂园、太平洋建设、中建三局等国内知名企业到花城新区投资建设。市发改、市财政、市审计、市住建等部门按职责监管项目建设监督，及时开展质量监督并积极支持花城新区质量工作，协助开展示范项目创建。高度重视地下隐蔽工程施工质量，构造花城新区地下“良心”。严格检查地下排洪涵工序质量，科学处置水平走向和垂直高差难题，合理疏导区域内降雨积水；创造条件在有限的人行道下按照规范同步铺设各类地下管网，保障花城新区水、电、气、通信优质畅通。宣传突出示范项目效应。动员碧桂园项目参建单位投入创优工作，将其行之有效的质量控制方法传授给其他项目，批量带动创优工作。统筹安全生产工作。因地制宜处置地表汇水；按照工程进度和征地拆迁情况，合理调整各类沟涵管道等防洪设施的实施时序；以最小成本构筑通畅的排洪通道，有备无患储备防洪物资，要求花城新区各项目备齐相当数量的抢险机械及劳保用品，以便紧急调用。

（张　鑫）

交通、环境保护、旅游

交　通

交通运输

【概　况】 攀枝花市交通运输局是贯彻执行国家有关交通运输行业的方针、政策和法律、法规，贯彻执行省地方性法规、规章、交通运输行业规划、政策和规范性文件，组织拟订并监督实施公路、水路等行业发展战略、政策，会同有关部门组织编制综合运输体系规划的政府机构，下属11个单位，其中：参公事业单位5个，事业单位5个，国有企业1个，交通运输系统职工总数达5400余人。

2016年，全市交通运输事业取得长足进步。重点工程项目建设推进顺利。攀大高速项目全面进入主体工程施工阶段；G4216攀枝花段至宜宾高速公路项目建设模式获得省政府批复；攀枝花至盐源县高速公路项目推介和宣传取得成效；三堆子大桥项目正在开展桥梁主墩桩基施工和杆管线征迁等工作；攀枝花港项目推进顺利；农村公路建设加快推进，新改建农村公路256千米，完成全年省级民生工程目标任务的320%。

2016年，攀枝花市公路总里程4770.407千米，按行政等级分：高速公路195千米、国省道513.722千米，农村公路4061.685千米；按技术等级分：高速公路195千米、二级以上等级公路327.226千米、三级公路172.068千米、四级公路2788.863千米、等外路1287.250千米。水运通航里程368.4千米。出租车1417辆，公交车639辆，运营线路42条，年客运量约2266.76万人。

【交通基础建设】 高速公路建设全面推进，攀大（攀枝花—大理）高速项目完成投资9.49亿元，全部隧道、桥梁实现主体施工，路基作业面有序打开，全面进入主体工程施工阶段，项目质量、安全、廉洁、维稳等态势良好可控。G4216攀枝花—宜宾沿江高速项目建设模式获得省政府批复，交通运输部正在开展相关评估工作。攀枝花至盐源县高速公路项目推介和宣传取得成效，多家大型企业表达投资意向，省厅同意开展项目工程编制工作。

场站建设有序实施。市客运中心升级改造工程全面完工。米易客运站建设完成施工、监理单位招标等前期工作。密地现代物流园区建设加快推进，完成投资3916万元。

干线公路建设成效明显。三堆子大桥新建工程项目正式开工，完成投资1000万元，桥梁主墩桩基施工和南岸绿化带搬迁等工作有序开展。实施干线公路大中修工程项目9个，合计150余千米，累计投资1.59亿元，提升全市干线公路路面等级和通行舒适度，群众出行更便捷、更舒适。

脱贫攻坚和民生工程建设取得新进展。2016年20个摘帽贫困村通硬化路建设任务全部完成。全市农村公路建设共争取到上级补助资金1.26亿元，其中直接服务脱贫攻坚的农村公路建设项目资金约4000万元，10个省级贫困村直接受益。对长草坪村、干坪子村等20个省级贫困村开展建档立卡贫困村通村公路属性调查。牵头制定《攀枝花市交通基础设施扶贫专项规划》，确定2016—2018年攀枝花市民族地区70个贫困村268.7千米的村道延伸联网路建设规划。开展对口帮扶工作。指导完善大槽村扶贫产业和基础设施建设规划，争取到各类资金255万元投入村社道路建设，帮助该村2016年年底顺利实现脱贫摘帽。国省干线公路路面使用性能指数达到87.9，为目标任务的103%。农村公路建设完成3.42亿元，新（改）建农村公路256千米，为目标任务的320%。新开通和调整优化11条公交线路，为目标任务的550%。攀大高速公路完成投资为目标任务的189.8%。

【固定资产投资】 2016年完成交通基础设施建设固定资产投资14.5亿元,为年度目标的145%,交通基础建设固定资产投资连续三年保持35%以上的增长速度。

【公交客运】 2016年,市交通运输局积极推进车辆更新,拓宽融资渠道,调整(优化)线路,强化安全管理,深化内部挖潜,认真开展“两学一做”学习教育活动,不断提高管理效能和服务水平。优先发展城市公共交通政策的落实,探索城市公共交通成本规制管理,推进55台新能源车的采购。提高公交线网覆盖率。对10条公交线路进行调整(优化),开行区间车、大站快车、定制公交车;对2条公交线路票价进行下调,票价下调有效地降低市民出行成本,吸引更多的市民选择公交出行,给市民带来实惠。狠抓安全管理工作。以“安全文化建设主题活动”为载体,增强安全管理意识,夯实安全管理基础,创新安全管理模式,提升安全管理质量;进一步补充、修订、完善相关安全管理制度。抓好优质服务工作。开展“亲情车厢”“优质服务精品线”创建活动,推进服务文化建设,细化驾乘人员服务流程、岗位标准,规范工号牌管理;向社会公开服务监督投诉电话,24小时接听市民热线电话;定期征求义务行风监督员意见和建议。加大技改技革力度,狠抓车容车貌整治。围绕炳二区修理车间、物资公司库房搬迁、内勤ERP系统(公交运调管理系统)建设、新能源车采购等工作重点,加大技改技革力度,提升内勤修理质量,有效降低生产成本及汽车维修成本;狠抓车辆车容车貌及尾气排放整治,上线检查车容车貌及尾气排放60余次,治理尾气排放不达标和亏油车辆540余台(次),治理“花车”(脱漆、擦刮、卫生不到位的车辆)350余台(次)。有序推进公交GPS安全监控和智能管理系统建设。加快公交GPS安全监控和智能管理系统建设,组织开展GPS安全监控及智能调度管理系统硬件工程量及相关功能的确认;积极推进安全系统、物质系统、机务系统、票务系统、单车成本核算系统、人事系统、薪资系统建设。努力克服经营困难,多渠道创收。加强内部管理,做好各项基础工作。加强企业内部管理,出台职工转岗规定、职工内部退养规定、招聘再次入企人员等规定。有序推进公交炳三区经济适用房建设和公交学园路综合办公楼装饰装修工作;为支持市老年活动中心建设,将公交5路、13路临江路首末站搬迁至天津路中冶金沙小区路边发车,投资96万元,于2016年年底建成投入使用。

【公路管养】 2016年,市交通运输局加强管理,狠抓落实,工程建设项目有序推进。对所有建设项目进行目标任务分解,严格执行“四制”,全面推行标准化管理、精细化施工,全力把好方案审查、施工质量、安全管理等关口;以交通部科研院战略合作为平台,对大修工程各环节、各部位控制点进行科学检测和试验,将质量管理建立在科学基础上。项目完工后,督促参建单位加快完善资料,及时完成交竣工和审计工作。2016年,大中修工程,机场路、渡金线、国道108线地质灾害专项治理工程,病危桥整治均稳步推进,并做好项目预结算工作。

按照“一岗双责”的原则,逐级逐层签订责任书,落实责任。着重加强公路养护作业、大中修工程施工、危桥危路等重点领域以及恶劣天气、节假日等重点时段的安全监管力度。大力实施安保工程。结合公路大中修项目和上级下达的专项工程目标,完成S214线甸沙关段、S310线和爱段的车购税资金安保工程立项;结合公路生命防护工程,牵头组织公安、安监、发改、财政等市级部门完成国省干线公路及农村公路路侧护栏的复查工作,完成路侧护栏民生工程50千米的复核验收和配合省五部门的考核验收工作。

【行政执法】 2016年,市交通运输局规范行政执法。推进交通运输系统“行政权力依法规范公开运行平台”建设,被评为全市先进典型。在市本级、东区、西区两级道路运输及公路路政机构积极推进改革试点工作,改革方案经省委编办批准,各项工作正在有序推进中。建立行政执法全过程记录制度,执法执勤站场全面加装监控系统,对执法过程进行适时监控,规范执法行为。全面推行“说理式”执法,建立交通行政执法人员“黑名单”制度,让乱作为的执法人员在系统内无立足之地。推行“一站式”行政审批服务,行政审批事项全部纳入政务中心窗口集中办理。全年办理行政许可项目22件,公共服务项目20151件。群众评议率为99.8%,群众满意度100%,无投诉事件发生。

【路政管理】 2016年,市路政支队狠抓政风行风建设整改,路政管理形象不断提升。投入3.6万元,按交通运输部“四统一”标准完成支队办公楼外观形象改造,并对三堆子、米易超限检测站公示栏及时进行更新完善。开展路政业务宣传工作,利用办公场所LED屏宣传路政法律法规29条(幅);深入企业、广矿发放治超新标准宣传册及货运车辆装卸规范宣传资料1.5万余份;邀请部分企业厂矿及园区开展双超治理工作座谈联系会5次,及时收集和上报执行新标准存在的问题。强化内部管理和监督,确立支队稽查科为行风政风和党风廉政建设的监管职责,采取定期和不定期方式开展稽查监督,开展稽查70余次。从严处理违规违纪人员,对三堆子公路超限检测站8名违规违纪执法人员开展深入调查并作出严肃处理。

以《公路安全保护条例》等为主要内容开展业务培训7次,参训人员140余人次。对所办理的案件坚持大队、业务科室、支队分管领导三道把关审核,案件办理质量不断提高。加强路政许可案件事前审核和事后监督工作。各大队认真审核许可事项，实地勘验现场，严密监督施工行为，规范指导许可相对人按要求作业。

围绕攀枝花市"五创联动"工作，联合公安交警、交通运政开展货运车辆抛洒污染路面专项整治。针对市原水公司观音岩饮水工程建设项目、仁和区普达康养项目建设，采取项目边施工边完善审批手续的方式，做好跟踪服务管理工作。依法维护行政管理相对人的合法权益，行政处罚案件全面推行说理式文书，使行政管理相对人在接受行政处罚过程中也受到一次法律教育。做好政务服务工作。进一步完善信息公开制度，严格责任意识和服务意识，突出首问责任，接受群众监督；同时优化专项治理超限运输车辆处罚案件程序，最大限度方便群众。2016 年，政务服务窗口办理案件 1571 件(其中处罚类 103 件、行政许可 13 件，超限运输通行证 1455 件)，办结率达 100%，接待业务咨询 1360 余人次，群众满意率为 100%。

认真执行《四川省公路路政管理制巡查制度》，确定巡查计划、巡查时间、巡查装备，落实各路政大队管辖路段责任制，明确巡查人员的纪律和职责。2016 年，市路政支队共参与路面巡查 4860 人次，巡查里程达 7.5 万千米；对 58 起损坏公路路产行为实施调查处理，挽回公路路产损失 25.1 万元。做好全市国省干线大中修工程施工秩序监督管理工作。市内 S214 线米易境内、盐边新县城、总发至渡口桥，S310 线新庄至格里坪等路段全面施工，认真履行管理职能，做好建设施工和养护作业协调配合工作。以公路超限检测站为主、路面流动监管为补充，不断深化货运车辆超限运输治理。严格按照新标准开展公路货车违法超限超载行为专项整治工作。2016 年，共投入治超人员 2.07 万人次，共检测载货车辆 67.12 万台(次)，其中车货总重超限车辆 2.02 万台(次)，超限车辆卸载 2.02 万台(次)，卸载货物 8130 吨，经检测货运车辆超限率(治理标准)为 3.60%。共向公安交通部门抄告违法超限超载运输车辆信息和驾驶人信息 45 台(次)；向交通运政部门抄告货运车辆违法超限运输信息 39 台(次)。强化监管，深入推进安全管理工作。进一步完善安全责任体系职能，开展安全检查 33 次，组织队员 50 余人参加路政安全管理业务知识专题培训 1 次。加强安全隐患排查，建立辖区路段隐患排查数据库、安保设施修复统计数据库，做好地质灾害路段的监控和处置，共排查安全隐患路段 75 处，设置警示标志 63 处。共投入资金 11.6 万余元，及时修复损坏全市国省干线波形护栏、挡墙等安保设施；投入安全应急经费 9.1 万元，购置对讲机、应急电筒及防汛物资发放各大队。2016 年，直接挽回公路路产损失 1749.41 万元，收缴罚没款 34.10 万元；未因行业安全监管不到位而引发安全责任事故。

【运政管理】 2016 年，攀枝花市运输服务水平不断提升，运输生产平稳增长，全年公路运输总周转量同比增长 5.8%，位于全省前列，水上运输总周转量同比增长 10.3%，超额完成目标任务。智慧交通加快发展。大力推进"互联网 + 交通运输"行动，全市 3 个客运站全部开通联网售票，网络、微信购票快捷便民，客运站和旅游、高速直达客车实现 WiFi 全覆盖。全面推广公交 GPS 智能调度系统，提高管理水平和效率。智行天下和花城公交 APP 查询系统使用率不断提高，市民出行更加方便。道路客运服务不断提升。开行定制公交车线路 10 条，新增通客车村 10 个，新开县际班线 1 条，客运网络不断优化。更新农村客运车辆 25 辆、班线客车 18 辆，新增旅游、通勤、商贸类包车，满足群众差异化需求。道路货运加快转型。大力发展城际货运专线班车专业运输，巩固甩挂运输试点成果，拓展农副产品、生活物资等甩挂运输业务，开通至广州、成都、绵阳的水果专线整车运输。全面推进危货电子运单制度，21 家危货企业中有 20 家使用电子运单系统，使用面达 95%。扎实开展寄递物流专项整治，建立健全小件快运相关制度，安全责任落实到每岗每人，寄递物流"三个 100%"落实到位。驾培服务水平不断提升。扎实推进机动车驾驶人培训考试制度改革工作，开放驾培市场和收费标准。建立驾培机构投资预警机制和风险告知制度，及时向社会公布驾培市场供求信息。全市 12 所驾校全部实行"计时培训、按学时收费"，11 所驾校实行"先培训后付费"的驾培服务新模式。组织开展机动车驾驶教练员技能大赛，提升教练员技术水平。干线公路服务能力不断增强。推进公路养护规范化建设，不断强化日常小修保养和预防性养护，干线公路网的整体服务水平进一步提升。推进干线公路管理信息化建设，在突发情况、节假日、重要时间节点提前通过媒体向社会发布路况信息，方便群众出行。

【海事监管】 2016 年，攀枝花市水上交通安全形势持续稳定。强化责任落实，全面宣传贯彻《中华人民共和国航道法》等法律法规，完善层级责任制。着力构建长效机制，先后以市政府办公室和市安委会办公室名义分别下发《关于进一步落实水上交通安全管理工作的通知》和《关于进一步加强非通航水域水上安全管理的通知》，进一步厘清各县(区)人民政府、市级相关部门的权责边界。深化安全生产"一岗双责"，突出现场监管。加强重点时段、重点航段、重点船舶、重点环节"四个重点"的安全监管，严格执行水上交通安全制度，强化船舶进出港管理。整治突出问题。开展"打非治违"专项行动，加强与涉水部门的工作联动，积极开展安全隐患整治。加强乡镇船舶安全管理督查工作，加强学生乘船安全管理。加强宣传教育。以"安全生产月""安全知识进校园"等活动为载体，深入码头、船舶、有船乡镇村社、学校、企业，积极宣传贯彻《中华人民共和国安全生产法》等法律、法规。举办船员和管船人员培训考试。加大执法力度。加大辖区巡航执法检查力度,利用船载卫星定位监控系统,加强客运船舶动态监管,及时查处超载、不按规定停靠和穿戴救生衣等违法违规行为。强化应急救援。深化船舶自救互救机制建设工作,切实建立健全船舶自救互救组织体系、机制、制度、运行模式和预案体系,积极整合社会各方力量,加强应急物资储备。

水路运输市场健康有序发展。共投入客运船舶运力90艘,全面完成春节、国庆黄金周和"五一"等小长假水路运输工作。加强水路运输管理,全面开展营运船舶核查工作,对辖区内3家水路运输企业及97艘营运船舶进行年审;加大培育水运市场,引导运力结构调整,积极引导辖区内客船、客渡船向标准化、专业化、节约化方向发展,降低船舶能耗,提高船舶的技术状况。全年完成水路客运量28.34万人,周转量818.16万人千米;完成水路货运量15.17万吨,周转量910.2万吨千米。做好农村水路客运燃油补贴工作。指导县(区)航务机构制定分配方案,开展燃油补贴工作。配合省局完成全市水路客运燃油补贴资金清算工作,争取政策支持。与市财政局联合在全省率先制定出台《攀枝花市优化农村水路客运成品油价格补贴政策暂行办法》,实现水路运输管理与安全生产、服务质量挂钩。推进水路客运公司化经营。形成《推进水路客运公司化经营的指导意见》,确定二滩库区水路客运公司化改革方式和新增水路客运企业经营资质条件。全市5家水运企业获水路运输许可并挂牌营业。推进攀枝花港建设前期工作。做好《攀枝花航运发展规划》报批工作。做好攀枝花港一期工程建设选址调研,对接钒钛高新区管委会,协调港区用地相关事宜。

【交通安全】 2016年,市交通运输局监管到位,道路运输、水上交通、工程建设、公路养护与管理、防汛抢险等行业领域均未发生因源头管理而引发的安全生产责任事故。各项安全生产指标均在省、市下达的目标控制范围内。全年行业安全生产实现"零死亡",全市交通安全形势持续稳定,安全制度体系建设在全国安全督查中受到国务院安委会第六巡查组的肯定。压实安全责任。落实安全生产"党政同责、一岗双责、失职追责"的要求,推进行业安全监管"五覆盖"、企业安全生产"五落实、五到位"。进一步加大隐患排查力度。狠抓公路管养、道路运输、水上交通和工程建设四个重点领域的隐患排查治理,强化安全源头监管,做到抓重点、重点抓、不出事。配合盐边县、米易县政府完成取消二滩库区网箱养鱼工作,消除多年来影响全市水上交通安全的重大隐患。抓好公路治超工作,认真开展公路货车违法超限超载行为为专项整治,投入治超人员2.02万人次,检测载货车辆66.09万台(次),卸载货物8276吨,货运车辆超限率为3.06%,控制在4.5%的目标范围内。完善安全监管体系。制定完善《安全生产管理责任体系》《安全生产督查清单》《安全生产检查记录本》,实行安全工作痕迹化管理、闭环式管理,实现安全检查标准化和可追溯化。提升应急抢险能力。9月,攀枝花市遭遇洪灾,市交通运输局第一时间启动公路防汛救灾应急预案,在最短时间抢通高速公路、国省干线和农村公路,为全市抢险救灾提供有力保障,得到市委、市政府的高度肯定。在抢险第一时间,通过电视、报纸、网站、微博、微信等多渠道公布道路断道、通行状况,在客运车站醒目位置登出天气和道路安全状况,为驾乘人员提供道路安全信息,并做好客运旅客宣传解释,确保车辆和旅客安全出行。信访维稳矛盾有效化解。每月对交通舆情和涉稳问题专门进行整理分析,建立预警机制,特别是对特殊时期可能发生的集体访、群体访事先掌握情况,做到对信访维稳形势情况清、趋势明。全年接访1064人次,受理信件251件,信访处理率为100%。局主要领导和分管领导共接待职工群众来访453人次,化解出租汽车行业突出信访等问题。

(胡晓莉)

铁　路

【概　况】 2016年,攀枝花境内铁路由西昌车务段管辖的车站共有17个:弯丘、青杠、沙坝、米易、丙谷、垭口、枣子林、桐子林、牛坪子、三堆子、攀枝花、倮果、密地、渡口、弄弄坪、巴关河、格里坪站。其中客运办理站2个:米易、攀枝花;货运办理站12个:弯丘、青杠、米易、垭口、桐子林、攀枝花、倮果、密地、渡口、弄弄坪、巴关河、格里坪;区段站2个:攀枝花、密地。主要承担着攀枝花及周边县市的客货运输任务及大量军、专、特运任务,经济吸引区辐射凉山州、云南省广通、丽江、巧家等市县地区。

【境内运输经营】 2016年,攀枝花境内发送旅客162.2万人,其中直通旅客28.7万人,管内旅客133.5万人,到达旅客151.7万人,完成客运收入19053.04万元。货物发送量310960车,1908.2万吨;货物到达量:151494车,940.5万吨。

【境内暑运】 暑运期间攀枝花境内发送旅客30.64万人,其中直通旅客5.9万人,管内旅客24.74万人,到达旅客28.2万人,完成客运收入3767.9万元。

【设施设备、旅客安全】 2016年,投入资金3.98万元,对攀枝花、桐子林、米易站揭示揭挂进行全面补强,对接房建部门对攀枝花站站房、风雨棚、候车室厕所管道进行全面整治。对辖区内攀枝花站增配11个乘降所增配大功率广播设备，强化安全引导。组织对攀枝花、米易、喜德站进站口及永郎站售票处进行改造，优化旅客购票和进站流线。为进一步满足旅客购票需求，为米易、桐子林、攀枝花站增配台全功能自动售票机。在攀枝花站候车室安装大功率空调18台，严格落实实名制验证，加强安检查危工作，加强劳动安全控制，加强乘降组织控制，严防密集作业时段的旅客安全卡控，严格落实发车条件确认制度，加强车站结合部之间的联系，加强隐患排查，强化风险卡控，杜绝安全隐患，全力确保元旦、春运、两会、清明、"五一"、端午、中秋、国庆及"调图"期间旅客组织安全。

（李小莉）

航　空

【航空市场】 2016年攀枝花机场以"客货并举、以客促货、同步提高、平衡发展"为总体发展思路，完成旅客吞吐量22.87万人次，货邮1154吨，保证航班2404架次，较2015年分别增长41.4%、174.5%和24.7%，成功实现自2013年复航以来年旅客吞吐量首次突破20万人次的目标。

在巩固稳定成都、重庆、北京、深圳航线的基础上，2016年12月22日，攀枝花—武汉—上海航线成功开通，由东方航空公司执飞，机型为A319，新航线开辟工作取得突破。

【航空安全】 2016年攀枝花机场抓住开展"平安民航"和"风险管理"工作的契机，以"巩固成果、固化模式、立足长效"为主线，全面修订、完善《航班大面积延误应急救援预案》《消防应急救援预案》《供水供电突发情况应急预案》等，完成《机场使用手册》和安保"三案一册"的对标修订、送审备案工作。在民航四川监管局组织的年度运输综合检查中，取得综合成绩川内机场第二名，其中货物运输和运输质量两项取得100分。

攀枝花机场全年未发生安全责任事故或事故征候，航班放行正常率100%，延伸服务、航务代理满意率100%。无航空一般差错、航空严重差错、航空事故症候、航空事故，确保安全事故为零的目标。

【机场服务】 攀枝花机场结合"民航真情服务"和"提升服务质量"专项活动，制定下发《攀枝花机场服务质量提升专项行动方案》，全力打造"阳光随行"服务品牌。机场结合工作实际和旅客建议，将值机通道改造为全开方式的值机柜台；增加航班延误宾馆签约服务，合理安排和调配旅客航班车，改善不正常航班餐食，确保做好不正常航班的服务保障；利用春节、中秋、国庆等节假日继续开展"阳光随行"互动活动，为旅客打造温馨节日氛围。攀枝花机场配合市政府完成"自博会"、全国文明城市申报、全国卫生城市检查等多次接待、服务工作，树立机场的窗口形象。2016年攀枝花机场第三方满意度在集团公司支线机场中排名第二。

【基础建设】 2016年攀枝花机场协调攀枝花市政府出资，完成机场绿化改造工程，改善机场的整体环境。在四川省集团公司支持下，先后完成西侧高挡墙面板修复及加固工程、航站区屋面防水工程、道面标志标线整改、12#滑坡道面隆起修复、助航灯光绝缘改造和航站楼自动灭火设施更新改造等工程项目。

10月底，出现13#滑坡出现后，攀枝花机场采取应急处置措施，加强现场巡查，分析监测数据，在短期内即完成勘察、应急抢险等工作。12月底滑坡变形加剧的情况下，果断采取刷方减载的紧急措施，共减载2.26万立方米，确保机场的安全运营。

（罗　莉）

邮政管理

【概　况】 2016年，市邮政管理局内设办公室、行业管理科两个科室，共有在编在岗人员8人，其中副县级2人，正科级2人、副科级1人、科员3人，无县（区）级邮政监管机构。全市邮政业共有国有企业3家，分别为中国邮政集团公司攀枝花市分公司（以下简称市邮政公司）、邮政速递物流公司、中铁快运。市邮政公司下辖县区分公司6个，设有函件集邮公司、发行投递局、金融业务局3个专业公司（局）以及机要通信分局、邮区中心局、信息技术中心3个生产运行支撑单位，共有生产车辆128辆，投递车辆95辆。民营快递法人企业10家，备案分公司、分拨中心12家，法人企业分支机构187处，末端备案网点38处，民营快递企业从业人员698人，投递车辆330台，实际经营寄递品牌23个。

2016年，攀枝花市邮政业累计完成业务总量29006.46万元（不含邮政储蓄直接营业收入），同比增长59.65%，增速排名全省第2。完成业务收入23795.20万元，同比增长46.39%，增速排名全省第2。其中，全年快递业务量累计完成1030.99万件，同比增长95.07%，增速排名全省第6，实现快递业务收入14092.91万元，同比增长66.81%，增速排名全省第7。"双11"快递旺季期间，单日收投件平均处理量达89909件，收派总量较2015年同期增长43.2%。

【普遍服务监管】 市邮政管理局依法开展行政审批和备案，全市新增普服场所1处、邮政企业备案场所信息变更8处，无撤销网点，无停办限办业务审批。全年出动183人次对辖区内邮政普遍服务网点开展监督检查，重点对《丙申年》等特种邮票、“补白”网点运营、法定业务开办、网点合规等方面进行检查。结合“扫黄打非”、机要通信专项检查等重要行动开展专项检查，开展反宣品、有害出版物的查堵，对全市范围内4个邮政机要网点采取定期和临时抽查、明察和暗访相结合等方式开展专项监督检查，及时消除安全隐患，保障机要通信安全畅通，机要通信连续30年未出现过安全事故。有效督导推进村邮站建设。2016年，督导市邮政公司通过整合原有的便民服务站、“三农”服务站、邮件转接点等资源，通过改造升级、规范挂牌等方式，完成村邮站建设任务100个。对邮政企业下发检查通报3份，整改通知书2份，聘请邮政社会特邀监督员3人，走访各邮政、快递网点22家(次)，开展监督活动17次，走访用邮群众40人次，提出建议及意见13条，提出问题3个，及时撰写监督稿件。

【快递市场监管】 依法完成全市10家法人企业年度报告审核。强化准入审批，开展许可变更、许可注销、延期申请及分支机构新增核查，新增分支机构96个。通过日常监督检查和寄递安全领导小组联合检查，向问题企业下发《责令改正通知书》26份，没收违规空白面单1000余份，现场纠正实名登记用户信息不规范、资料不按规定存放等情况20余起。行政处罚快递企业20家(次)，处罚金额6.4万元。通过制定工作方案、下发指导文件、召开专项会议、组织安全培训等方式推进寄递渠道专项清理整顿工作，10月，四川省委政法委副书记一行调研攀枝花市邮政业，对寄递渠道安全监管工作给予肯定性评价，攀枝花市入选为在全省拍摄寄递安全宣传片的3个市(州)之一，攀枝花市寄递行业合力完成《五化驱动保平安》的安全宣传片拍摄工作，寄递渠道安全监管取得的成效在在全省寄递物流清理整顿总结推进会议上进行了通报表彰。强化应急管理，保障重要节日期间及特殊天气影响下的邮政业安全运营，配合相关部门做好“两会”“G20”峰会等重要时段寄递渠道安全防控。及时传达天气预警信息，有序督导高温天气、雷电暴雨天气下邮政业运营工作，2016年，全行业未发生因汛期导致的邮政业安全事故。

【标准化建设】 完善车辆标准化管理，解决城区配送停靠难题。统计全市投递车辆信息，按照规范化管理、保障车辆便捷通信的原则，要求各企业对投递车辆的车身标志根据企业LOGO进行统一喷绘，市邮政管理局对车身标志统一、资料审核通过的车辆发放“邮政快递车辆通行证”。安排快递协会统一采购车辆顶灯，督导快递企业为投递车辆安装“攀枝花快递”标志顶灯，邮政车辆统一安装“中国邮政”顶灯，做到车身标志、核发证件、车辆顶灯标志的“三统一”工作。2016年8月，正式出台《攀枝花市邮政快递车辆通行证使用管理办法》，明确规定申请办理“攀枝花市邮政快递车辆通行证”需具备的条件、提供的资料、办理的一般程序、通行证使用方法、换证管理等内容，有效加强了邮政快递车辆管理。

推动快递网点标准化管理，提升快递品牌形象和服务能力。9月，制定并印发《攀枝花市邮政快递企业标准化建设指导意见》。对企业分拣中心、营业网点、末端投递网点、从业人员四个方面进行规范。要求各主要品牌企业城区自营网点标准化达标率力争达到100%，督导企业不断提高服务能力和技能水平，满足寄递用户对快递服务的规范化需求。

【行业安全宣传】 多种方式督导企业落实邮政业“3个100%”要求。召开会议，向企业负责人宣贯邮政业“3个100%”要求的具体内容，督导企业收寄物品严格落实“100%收寄验视、100%实名登记、100%过机安检”。市邮政管理局统一制作“实名制登记簿”模板印发各企业，对实名制登记簿的填写内容开展培训并加强监督检查。帮助企业解决过机安检所需的X光安检机购置费，向市政府提交《关于对邮政快递企业购置X光安检机进行补贴的请示》，汇报全市寄递渠道安全监管形势，建议充分考虑行业发展实际，对安检设备的购置给予资金支持，攀枝花市政府积极支持抓好寄递行业安全管理工作，划拨补贴资金51万元已全部拨付给各企业，截至2016年11月，各企业安检设备全部购齐并投入使用，市邮政管理局邀请专业人员为企业开展安检机操作使用集中培训2次。

开展各种安全宣传活动。利用“3·15消费者权益日”组织快递协会开展了邮政业“诚信快递，你我同行”的主题宣传活动。在市中心广场悬挂“诚信快递，你我同行”的宣传标语，印制全面落实邮政业3个100%要求具体内容的宣传标语500份，向市民发放《攀枝花市邮政管理局关于邮件、快件实行寄递实名制登记的通告》，发放《中华人民共和国邮政法》《邮政业安全监督管理办法》《四川省邮政条例》《禁寄物品目录清单》《寄快递您实名登记了吗?》等宣传资料2000多份。

利用“6·26国际禁毒日”开展行业安全宣传。统一制作“莫吸毒品，莫寄毒物，增强拒毒防毒意识，把好收寄验视关口”的禁毒宣传标语400份，张贴于各营业网点；制作“远离毒品、共创美好”宣传横幅100条张贴在快递车辆上，利用快递车辆走街串巷的特点开展禁毒宣传；印制并发放“毒品的种类及危害”等宣传资料共800余份，供快递从业人员学习和交流；利用邮政快递企业的LED显示屏播放禁毒宣传标语，有条件的网点插播禁毒公益广告，营造良好的禁毒宣传氛围，积极配合市禁毒委开展毒品查处和预防工作，严防毒品流入寄递渠道。

11月，开展“反恐怖主义宣传教育周”活动，印制《邮政业从业人员反恐怖宣传手册》500册下发企业学习、反恐怖主义宣传标语500条张贴于营业网点和快递车辆上面开展宣传。

【安全知识培训】 2016年3月30日至4月1日，联合市综治、交通等部门共同为邮政业从业人员开展法律与安全教育培训，参加培训人员近200人。详细讲解邮政业“3个100%”的具体要求以及“验视”“验证”“验讫”印章的正确使用；讲授安全隐患排查、禁寄物品识别、各类安全事故的预防以及应急处置等保障寄递渠道安全的知识；解读相关法律知识，受邀的移动公司为企业讲解寄递E通的下载安装及使用方法。

8月21日，市邮政管理局召开市邮政行业安全基础知识培训，全市邮政、快递企业法人、分支机构负责人及网点从业人员共计197人参加培训。培训围绕5个方面19个内容展开，主要包括攀枝花市邮政行业当前安全形势、安全方面的薄弱环节，快递企业在用户信息安全保护、违禁品识别及处理、消防安全设备配置、快件分拣操作、投诉处理方面存在的问题，快递企业行政许可申办、分支机构设立及变更、末端网点备案登记等程序性及资料性要求，扎实落实邮政行业“三个100%”，全面推行“寄递e通”软件使用，全面落实加盖验视、验证、验讫、安检章制度的要求，解读部分行业法律法规知识，向企业传达邮政业处罚规定，警示企业严格按照国家法律法规要求全面做好各项安全工作。

2016年，开展“送培训下乡”活动2次，在米易县、盐边县，邀请市公安局治安支队、禁毒支队等部门资深工作人员授课，内容涉及寄递渠道维护国家信息和公共安全的重要意义，检查、识别毒品和管制刀具、仿真枪支，安全事故发生后的应急处置方法等。

【邮政业“十三五”规划】 2016年12月14日，市邮政管理局与攀枝花市发改委联合印发《攀枝花市邮政业发展“十三五”规划》，客观分析了行业发展的现状及面临的形势，指明未来五年发展的方向和目标。明确“十三五”期间的主要任务和重点工程，从继续优化发展环境、加强基础设施建设、推动普惠邮政建设、引导产业联动协同、深化科技标准应用及规范行业市场秩序6个方面作规划；从着力推进规划落实、齐力做好协调衔接、全力落实资金支持、建立公平竞争环境、推进行业诚信自律及夯实长远发展基础六个角度出发，制定具体的规划保障措施。

【投诉受理】 主动通过攀枝花晚报、电视台向社会公布邮政业投诉受理方式。2016年受理“12345”市民热线、“12315”转交投诉、电话投诉、网站留言、实地来访、邮政业申诉受理系统交办投诉等共计555件，全部调查处理完毕。承办2份政协委员提案，获得提案人给予的满意评价。

【调研考察】 2016年4月，四川省邮政管理局局长成建政到攀枝花调研，了解快递电商产业园建设情况、邮政业与特色农业融合发展的情况以及保障邮政、快递车辆便捷通行情况。7月，全省邮政管理年中工作会在攀枝花召开，21个市（州）邮政管理局领导和省局机关各处室负责人一起对米易韵达快递服务“三农”、发展“快递＋电商”的操作模式进行实地考察学习，肯定攀枝花邮政业主动转型、服务地方经济的发展方式。广安、巴中、德阳、南充、眉山、宜宾、凉山等市（州）的邮政管理局和快递协会相关人员到攀枝花考察学习。攀枝花市委、市政府领导多次调研邮政业发展，并对邮政业服务电商、服务“三农”、服务脱贫攻坚等工作提出要求。

（柳　兰）

环境保护

【环境质量】 环境空气质量得到有效巩固。2016年，攀枝花市主城区环境空气质量达标率100%。全市环境空气质量6项污染物平均浓度均达到国家年均值二级标准。水环境质量状况保持良好，全市7个国控地表水监测断面水质达标率100%。3个饮用水源地监测断面水质达标率100%。区域声环境质量达标且呈向好趋势。

水环境质量 地表水水质：龙洞、倮果、二滩、雅砻江、金江5个断面按国家《地表水环境质量标准》（GB3838－2002）评价，金沙江攀枝花段水质优，水质类别为Ⅱ类，雅砻江攀枝花段水质优，水质类别为Ⅱ类。

二滩水库水质：二滩库区设柏枝、鳡鱼、红壁滩下和二滩4个监测断面本年所有断面水质优，水质监测结果均达到《地表水环境质量标准》（GB3838－2002）Ⅱ类标准，水库水质为中营养状态。

饮用水源地水质：2016年集中式生活饮用水源地水质监测徐家渡、水文站、金江、盐边水厂、胜利水库、晃桥水库、高粱坪水厂、密地水厂、荷花池水厂、陶家渡水厂10个饮用水源地水质类别均符合《地表水环境质量标准》（GB3838－

2002)Ⅲ类水质标准,单独评价指标粪大肠菌群年度均值徐家渡、金江、盐边水厂、胜利水库、晃桥水库、高粱坪水厂、荷花池水厂、陶家渡水厂8个饮用水水源地测点达标,水文站、密地水厂2个测点单独评价指标粪大肠菌群年度均值超标。

环境空气质量 2016年总监测天数为366天,首要污染物为可吸入颗粒物,AQI指数范围为30~98。全年空气质量75天优,291天良,全市达标率为100%。二氧化硫(SO_2)年均浓度为38微克/标立方米、二氧化氮(NO_2)为年均浓度为34微克/标立方米、可吸入颗粒物(PM10)为年均浓度为65微克/标立方米、细颗粒物(PM2.5)为年均浓度为32微克/标立方米、臭氧(O_3)第90百分位数为112微克/标立方米、一氧化碳(CO)第95百分位数为2.205毫克/标立方米。2016年六项污染物年均浓度均达标。

攀枝花市3个测点共采集降水样品181个。全年总雨量为2022.4千米,pH均值为5.29,酸雨样品72个,酸雨频率39.2%。酸雨量843.8千米,酸雨pH均值4.97。2016年全市降尘量均值为14.1吨/平方千米·月。2016年全市硫酸盐化速率年均值为0.73mg. SO_3/100cm2·碱片·日。

声环境质量 2016年攀枝花市城市区域环境噪声均值为51.6分贝。全市功能区噪声2016年昼间测量值50.6分贝,夜间测量值47.1分贝。全市道路交通干线噪声平均等效声级值68分贝。全市道路干线中超过70分贝的干线长度为8千米。

两县空气质量状况 盐边县城空气质量采用自动监测,2016年环境空气质量达标率(Ⅰ、Ⅱ级)为95.0%,二氧化硫(SO_2)年均浓度为31微克/标立方米,二氧化氮(NO_2)年均浓度为18微克/标立方米,可吸入颗粒物(PM10)年均浓度为34微克/标立方米,细颗粒物(PM2.5)年均浓度为20微克/标立方米,臭氧(O_3)的第90百分位数为147微克/标立方米,一氧化碳(CO)第95百分位数为1.9毫克/标立方米。

米易县城空气质量采用自动监测,2016年环境空气质量达标率(Ⅰ、Ⅱ级)为98.9%。二氧化硫(SO_2)年均浓度为22微克/标立方米、二氧化氮(NO_2)年均浓度为16微克/标立方米、可吸入颗粒物(PM10)年均浓度为49微克/标立方米,细颗粒物(PM2.5)25微克/标立方米,臭氧(O_3)第90百分位数为125微克/标立方米,一氧化碳(CO)第95百分位数为0.7毫克/标立方米。

【水污染防治】 2016年,市环保局印发《〈水污染防治行动计划〉攀枝花市实施方案》,全面开展攀枝花市水污染防治工作;编制下发《攀枝花市环境保护局关于开展2016年水污染源整治工作的通知》,全面推进水污染防治工作;推进二滩库区网箱养鱼取缔工作,强化工业污染源环保监管,强化水污染治理设施运营及自在线监控,全面保障治理工程发挥积极效益;开展饮用水水源地环境保护工作;组织开展全市沿江排污口调查工作;推进观音岩饮用水工程及观音岩饮用水保护区划定技术方案编制工作。

【大气污染防治】 2016年,市环保局贯彻落实《大气污染防治行动计划》,积极推进建成区燃煤小锅炉淘汰、推进城市面源污染综合整治,推进主要污染物总量工作,实施减少工业污染物排放工程,对已建成钢铁、火电、水泥行业的脱硫脱硝治理设施加强运维管理和环保监管,确保稳定发挥减排绩效,实现污染物持续稳定达标排放。督促攀钢实施8个重点工业治理项目,进一步降低工业生产对环境的影响。

【土壤污染防治】 2016年,市环保局开展持久性有机污染物、挥发性有机污染物、土壤风险源排查、危险化学品等调查工作,做好土壤环境监测预警基础工程。加强危险废物污染防治和管理强度,开展年度危险废物申报登记工作。加强医疗废物监管,全市纳入危废登记范畴的各类医疗卫生机构共计490家,所产生的临床医疗废物全部纳入攀枝花市危险废物处置中心进行科学化、规范化、无害化处置,共处置医疗废物1261.607吨。

【主要污染物总量减排】 2016年,市环保局按照《攀枝花市2016年主要污染物总量减排工作实施方案》要求,分解年度减排目标任务,细化工作措施,建立考核体系。完成省环保厅下达纳入省政府目标考核任务水减排化学需氧量560.57吨、氨氮69.48吨、二氧化硫减排8694.32吨、氮氧化物2667.51吨的总量减排任务。

【环境法制建设】 2016年,市环保局市级共立案处罚82起环境违法案件,处罚金额达500余万元,移送公安机关11件,拘留10人。实施按日计罚1起,处罚金额35.45万元。

【环境宣传教育】 2016年,市环保局在"六五"世界环境日期间,召开新闻通气会和宣传活动。在各级媒体刊发综述类、新闻类、专访类文章236篇。印发《生态文明建设知识读本》2000册,发放环保袋5000个,开展以"世界环境日"主题内容的街头环保宣传活动、纪念"六五"世界环境日暨媒体开放日活动、绿色生活环保知识有奖问答活动等。

【强制清洁生产审核】 2016年,市环保局制定攀枝花市2016年度强制性清洁生产审核工作计划,完成四川钢城集团瑞丰有限公司等7家企业的清洁生产审核验收工作。

【环境影响评价管理】 2016年,市环保局攀枝花市42个重大工业产业化项目,25 个项目环评文件通过环保审批,编制环评文件的项目有 11 个,尚未启动环评编制的项目有 6 个。省市两级环保部门审批我市建设项目 44 个,总投资 106.4 亿元,其中,市环保局审批建设项目 38 个,总投资 101.87 亿元,完成环保竣工验收项目 19 个。依法清理违法违规项目 205 个。

规范窗口管理,提高服务效率。2016 年业务办理和咨询接待的群众满意率达到 100%,全年无投诉现象发生,树立良好的政务服务形象。窗口共办结 83 件申请,办结率为 100%,群众满意度 100%。

【环境监测管理】 2016 年,市环保局攀枝花市加强全市环境监测管理,做好环境污染应急监测,不断加强监测能力建设,积极开展地表水环境质量监测、城市饮用水源水质监测、空气质量自动监测、噪声监测、辐射监测等工作。完成对国省控污染源、国省控重金属污染源、减排重点污染源每季度一次的监督性监测,编报传输各种监测数据 1.6 万多个。

【环境监测队伍建设】 2016 年,市环保局加大环境监测人才队伍的建设。攀枝花市环境监测中心站"以岗定人,人为岗用"的标准,有针对性地选择人才,在原有人员 75 人的基础上,公招 6 人。共有正高 1 人、副高 11 人,中级职称 30 人、初级职称 20 人。

【生态建设】 2016 年,市环保局完成《攀枝花市环境污染防治改革实施方案》,组织编制《攀枝花市生态文明体制改革实施方案》《攀枝花市加快推进生态文明建设行动方案》。攀枝花市米易县、盐边县、仁和区获得省级生态县(区)命名,东区省级生态区于 11 月通过省生态办验收并对外公示,待省政府命名。自此,生态市建设基本条件之一的"全市 80% 的县(区)达到生态县(区)建设标准"将达标,为生态市建设奠定基础。同时钒钛产业园区完成生态工业园区规划编制。

【农村环境保护】 2016 年,市环保局督促相关县(区)加快推进农村环境连片综合整治项目。选取 10 个村开展村庄饮用水源地调查评估,同时对已划定的 15 个乡(镇)集中式饮用水源地开展环境质量状况调查,实时地更新水源地基础信息,对部分已发生变动的水源地进行及时调整,规范水源保护区环境管理,设立保护区标志,编制突发饮用水水源污染事故应急预案。完成 4 个国家级(已获得命名 2 个)和 17 个省级(已获得命名 15 个)生态乡镇、153 个市级生态村、1098 个市级生态家园、11 个市级生态小区的建设。攀枝花市除已纳入城市污水管网进行污水处理的桐子林镇、攀莲镇、仁和镇等乡镇外,有 21 个乡镇建立生活污水处理设施。

【环境监察执法】 2016 年,市环保局建立环境保护行政约谈制度,制定全市环境保护网格化监管方案,以"属地管理、分级负责,无缝对接、全面覆盖、责任到人"为原则,形成"政府实施、环保部门统一协调、相关部门各负其责、社会各界广泛参与"的工作格局,建立"横向到边、纵向到底"的网格化环境监管体系。市级环保部门立案查处违法案件 82 件,处罚金额 590.57 万元,移送公安机关 11 件,拘留 10 人。实施按日计罚 1 起,处罚金额 35.45 万元。

【环境应急管理】 市人民政府发布《攀枝花市重污染天气应急预案》,修订完善《攀枝花市辐射事故应急预案》;编制《攀枝花市环境保护局辐射事故应急预案》等预案,规范突发环境事件应急程序,增强突发环境事件应对水平。

【核与辐射环境监管】 2016 年,市环保局对攀枝花市 89 家核技术利用单位开展例行监督检查,其中 29 家涉源单位 166 枚放射源、4 家非密封放射性物质使用单位和工作场所、65 家射线装置使用单位 222 台射线装置。开展辐射安全隐患排查、辐射安全大检查等一系列工作,检查核技术利用企业 36 家,提出整改意见 120 余条,约谈辐射安全与防护措施落实不到位的单位负责人,切实消除辐射环境安全隐患。

【环境信访】 市环保局 2016 年共受理 1379 件环境信访件,其中来信 12 件、来访 10 件 50 人次、来电 1034 件、网络投诉 323 件。其中水污染 66 件、大气污染 723 件、固体废物 37 件、噪声污染 495 件、电磁辐射 5 件、三产污染 25 件、畜养农药化肥污染 1 件、其他 6 件,另建设项目类 1 件、发明建议类 2 件、环境监测类 1 件、咨询类 6 件、其他 11 件。办结 1370 件,办结率 99%,其余未办结的 9 件投诉正在办理中。

【排污费征收】 2016 年,市环保局共对 227 家有排污行为的单位开展排污费征收工作,征收金额 3217.80 万元。其中:市本级及"三区"2509.02 万元,"两县"708.77 万元。

(朱丽娜)

旅 游

【概 况】 市旅游局成立于2002年2月。2016年市旅游局内设机构有办公室、规划财务科、产业发展科、市场促进科、质量规范管理科。单设纪检组、机关党总支(均为副县级机构)。市编委核定行政编制15名,2016年年末实有行政编制15人,其中:领导班子成员5人(局长1人、副局长3人、纪检组长1人),调研员1人,正科级领导干部5人,主任科员4人。下属事业单位2个:攀枝花市旅游执法支队和攀枝花市旅游公共服务中心(由原市旅游培训中心更名),事业单位共有在编人员17人。

2016年,市旅游局紧紧围绕市委、市政府确定的"项目推进年""旅游提质增效年"目标,全力创建中国阳光康养旅游城市,积极办好四川省第七届乡村旅游文化节(冬季)、欢乐阳光节系列活动和攀枝花旅游形象七项系列大赛等,攻坚克难、锐意进取、大力推进全市旅游产业健康发展。全年接待游客1918.73万人次,同比增长15.60%,实现旅游总收入242.62亿元,同比增长20.04%。在国内经济下行的严峻形势下,攀枝花旅游产业仍保持在合理区间平稳运行,旅游市场发展健康有序,总体趋势向好。

【争创旅游品牌】 2016年,全市已建成国家AA级以上旅游景区20个,国家工农业旅游示范点3个,国家级自然保护区和国家历史文化名村各1个,国家、省级森林公园各1个,国家、省级竞训基地4个,省级旅游度假区2个,省级地质公园1个,旅游新村16个。全市有星级宾馆17家、星级农家乐(乡村酒店)169家,接待床位近3万张。建成康养休闲度假机构300余个,接待床位5万余张。国内国际旅行社26家,旅游纪念品生产厂家15家,旅游业直接从业人员2.3万余人。

【实施精准招商】 2016年完成《攀枝花市重点旅游招商引资项目库》的编制,全年重点旅游项目建设有序推进,已纳入全省8个跨区域重点旅游项目集群2个,成功入选全省十大优秀旅游投资项目2个,成功申报全省旅游投融资项目4个,纳入全省重点旅游建设项目19个。借助各类展会、洽谈会、招商会等平台及与北京市西城区、成都市的合作机遇,实施精准招商,全年招商签约资金达到200多亿元。促成北京嘉信浩远信息技术有限公司携"去哪儿网"成功落户攀枝花,四川新国旅攀枝花分社正式成立。

【推动项目建设】 全市重点旅游项目建设有序推进,阿署达花舞人间景区、普达阳光国际康养度假区、苴却砚文化旅游区、西佛山景区、庄上梅子箐康养度假区、新山—芭蕉箐傈僳风情旅游观光区等精品项目推进顺利。特别是普达国际康养度假区成功列入国家优选旅游项目,花舞人间景区、金沙江画廊康养旅游综合体、米易县草场梅溪谷乡村旅游度假区3个项目选入全省100个精品旅游项目,攀枝花二滩欧方营地康养旅游项目入选全省30个省级重点旅游项目。

【争取资金支持】 积极主动向国家、省级有关部门汇报工作,制定完善旅游产业发展议事程序、议事规则,相关职责、奖励扶持政策、管理办法及产业发展试行意见,引导旅游部门和宾馆、饭店、租车公司等旅游企事业单位拓展市场,打造精品,为康养旅游产业发展提供有力的政策支持。全年争取到旅游发展资金480万元。

【做好宣传营销】 在中央电视台黄金时段播放"阳光花城·康养胜地""孝敬爸妈,请带到攀枝花"为主题的旅游城市形象广告。与早安攀枝花、GOGO攀枝花、攀枝花发布等密切连接,加大手机用户的访问和关注量;通过单立柱广告、公众微信号、旅游咨询网及时发布市内出游向导资讯;在北京、成都、重庆、福州、青岛、沈阳、上海、武汉等城市推介攀枝花;举办四川省第七届乡村旅游文化节(冬季)、欢乐阳光节系列活动和攀枝花旅游形象七项系列大赛,以及业务洽谈会、博览会、交流会等形式全方位、多角度推介宣传攀枝花城市形象和旅游资源、产品,扩大对外影响力。

【推进智慧旅游】 开展智慧旅游平台(微信公众号、旅游资讯网、旅游APP等)的运营维护和管理工作,扩大旅游信息建设工作范围,促进信息化与旅游发展相融合。第一阶段智慧旅游平台建设成果通过专家验收;进一步优化旅游资讯网的资讯功能,开通中文、英文、俄文、韩文和泰文5个语言版本;每周更新网站新闻资讯,每月新增一个旅游专题,全年在攀枝花旅游信息网编辑发布各类旅游信息800余条,网站访问量已逾万人次,省旅游政务网采纳攀枝花市旅游信息450余条;按照省、市主管部门要求,对旅游网络平台安全、舆情监控、诚信建设等方面进行及时自查、督查,推进旅游信息化进程。

【市场监管】 严格贯彻执行《中华人民共和国旅游法》，开展依法治旅宣传教育，增强旅游从业人员法律意识，提升旅游行政执法人员依法行政能力；全年开展联合（专项）检查9次，检查涉旅企业530多家，处理旅游服务纠纷案件8起，索赔案件4件，涉及金额2.3万余元，建立联合执法机制，重抓重治不合理低价游、景区卫生环境、欺客宰客等问题，着力规范旅游市场秩序；按照“党政同责、一岗双责、失职追责”的要求落实旅游安全责任制，排查、整改问题，确保全年安全责任零事故目标；针对全市康养旅游发展实际，制定康养旅游服务相关标准，提升旅游服务品质；结合文明城市创建工作，推行“文明餐桌”、诚信企业“红名单”、旅游品牌创建等工作，推进旅游市场主体信用建设，营造诚信经营氛围。

【旅游培训】 组织16个重点旅游新村赴台学习交流，组织旅游从业人员参加“导游带你玩转攀枝花踩线”和“阳光康养旅游讲堂”等系列培训工作。全年举办各类培训班、讲座57期，培训从业人员5390余人，提高旅游从业人员的服务技能和综合素质。

【旅游援藏】 选派一名优秀干部到凉山州木里县参加援藏。派员到木里县举办旅游从业人员服务技能、公文写作及微信平台宣传培训班2期，受培训人员170余人次。组织木里县旅游管理人员20人到张家界、凤凰古城等旅游区观摩学习，提高和培养旅游管理水平和对外开放的意识。

【扶贫工作】 成立市旅游局精准扶贫领导小组，多次召开专题会议，制定修改实施方案，筹集落实扶持资金50万元，对米易县白坡彝族乡油坊沟村进行精准扶贫。先后多次深入该村实地进行考察研究，确定18户贫困户为精准扶贫户，狠抓责任落实，坚持做到“三精准”（情况调查精准、目标定位精准、项目实施精准），精准实施产业扶持、智力扶持、对口帮扶、旅游帮扶、营销帮扶、党建帮扶。2016年，该村18户（69人）建档立卡贫困户人均纯收入达到3300元以上，经市验收组评定，如期实现脱贫摘帽目标。

（邹元义）

教体工作

基础教育

【概　况】 全市教育体育工作紧紧围绕促进教育公平和提升教育质量两大任务，加快推进教育现代化，加快建设区域教育高地。教育综合改革取得新成效。省级改革试点项目东区和盐边县完成“绿色评价，推进管办评分离”改革，西区、盐边县“学区化管理”改革取得经验并在全市推广，成立市七中教育集团和市外国语学校华山分校。学前教育加快发展。全市学前三年毛入园率为97.6%，公办和普惠性幼儿园学位覆盖率为72%。义务教育优质均衡发展。5个县(区)全部通过义务教育均衡发展国家督导评估。落实21所城区优质学校，对全市少数民族乡(镇)及盐边北部片区21个乡(镇)中心校对口帮扶。普通高中精品化发展。大河中学成功创建为四川省二级示范性普通高中，2016年普通高考本科上线4148人，连续8年高位攀升。职业教育优质发展。市经贸旅游学校、攀枝花技师学院顺利通过第三批“国家中等职业教育改革发展示范校”终期验收检查，市经贸旅游学校、市建筑工程学校成为第二批省级现代学徒制培养试点学校。素质教育成效显著。在全省率先建立青少年德育和思想教育工作联席会议制度，开展首届“十佳班主任”评选活动。

表8　　2016年攀枝花市教育事业发展情况表

学校类别	学校数(所)	毕业生数(人)	招生数(人)	在校生数(人)	教职工数(人)	
					合计	其中:专任教师
一、基础教育						
1. 普通中学	54	23547	21008	64829	5467	5158
高中	8	8440	7646	24261	1677	1582
其中:民办	0	0	0	0	0	0
初中	46	15107	13362	40568	3790	3576
其中:民办	0	0	0	0	0	0
2. 小学	64	13432	10992	111636	5317	5017
其中:民办	0	0	0	0	0	0
小学教学点	150	940	1269	5832	591	584
3. 幼儿园	210	12805	10987	31355	3481	1725
其中:民办	158	7013	5300	17979	2436	191
4. 特殊教育学校	1	12	17	136	42	32

续表 8

学校类别	学校数（所）	毕业生数(人)	招生数（人）	在校生数(人)	教职工数(人)	
					合计	其中:专任教师
二、中等职业教育						
1. 职业高中	0	0	0	0	0	0
2. 普通中等职业学校	8	5178	6328	15816	1110	844
其中:民办	2	991	973	2897	148	104

【学前教育】 全市有独立建制幼儿园 210 所,其中公办园 34 所、企业办园 17 所、民办园 158 所,其他部门办园 1 所;另有中小学附设幼儿园 115 所,附设学前班 156 个,乡(镇)中心幼儿园 42 所,共有在园幼儿 31355 人,教职工 3481 人。继续实施《攀枝花市第二期学前教育三年行动计划》,出台《攀枝花市城镇小区配套幼儿园建设和管理实施办法》《攀枝花市普惠性幼儿园认定和管理办法》《攀枝花市学前教育督导评估实施办法(暂行)》,调整市级公办幼儿园收费标准,扩大公办和普惠性幼儿园比例,各级财政共下达扶持普惠性幼儿园发展奖补资金 2061 万元。全年全市新增普惠性民办幼儿园 16 所,普惠性民办幼儿园 60 所,在园幼儿 9650 人,全市学前三年毛入园率为 97.6%,比 2015 年提高 0.6 个百分点,公办和普惠性幼儿园学位覆盖率为 72%,比 2015 年增加 7 个百分点。全年动工新建 7 所城乡公办幼儿园。贯彻落实教育部新修订的《幼儿园工作规程》,新评估命名 3 所市一级幼儿园,复评 9 所市级示范幼儿园。对东区、西区政府开展学前教育发展情况专项督导评估。

【义务教育】 认真贯彻落实教育部《中小学生学籍管理办法》,加强学籍管理,严格控辍保学。出台《攀枝花市教育体育局关于做好 2016 年进城务工人员随迁子女就学工作的通知》,将全市进城务工人员随迁子女入学所需“五证”精简为“两证”。2016—2017 学年度秋季学期,全市有进城务工人员随迁子女 18715 人,留守儿童 1482 人,占全市学生总数的 16.76%,外来务工人员子女 100% 平等入学。小学、初中学龄人口入学率分别为 99.9% 和 99.5%,毕业率分别为 99.9% 和 99.7%,九年义务教育完成率为 99.0%,完成率分别为 99.74% 和 99.0%,辍学率分别为 0.1% 和 0.2%,达到四川省政府规定标准。全市城乡青壮年非文盲率保持在 99% 以上。

【普通高中教育】 攀枝花市共有普通高中 8 所,普通高中在校学生 24261 人,教职工 1677 人。其中省一级示范性普通高中 2 所、省二级示范性普通高中 3 所,省级示范性普通高中在校生人数占全市普通高中在校生人数的 69.21%。2016 年,全市普通高考本科上线 4148 人,比 2015 年净增 466 人,上线率 49.56%,增幅达 12.66%;重本上线 1642 人,比 2015 年净增 467 人,上线率 19.62%,增幅达 4.89%;本科和重本上线率,分别高于全省平均水平 5.7 和 7.1 个百分点。全年组织普通高中学业水平考试正考 3 次、补考 2 次,全市 76262 人次参加考试,为 7068 名合格的普通高中学生发放毕业证。初、高中实验操作考试参考面均达 99.8%,高中实验操作考查合格率 99%;高中信息技术学业水平考试合格率达 90%;首次组织开展直属小学科学和中小学信息技术学科抽考工作。

【特殊教育】 落实国家、省《特殊教育提升计划(2014—2016 年)》,联合市残联开展全市适龄残疾儿童、少年受教育情况调查统计。全年全市共有在校残疾学生 652 人,其中市特殊教育学校在校学生 136 人,全市残疾适龄残疾儿童入学率达到 98%。现行学生资助政策覆盖全体残疾学生,特殊教育学校生均公用经费达到 6000 元/生・年。各县(区)按照“一人一案”原则,逐步落实暂未入学适龄残疾儿童、少年受教育安置方案。

【职业教育】 全市有中等职业学校 8 所,年内招生 6328 人,其中藏区“9+3”学校(即对藏区学生在完成九年义务教育的基础上,实施 3 年免费职业教育,以下简称“9+3”)共招收藏区学生 247 人,彝区学生 316 人。审核发放 2016 年应届毕业生毕业证书 5178 份。中职学校毕业生就业率 99.31%,对口就业率达 81.18%。其中,2013 级藏区“9+3”毕业生 204 人全部落实就业岗位,就业率 100%。新审批开设“市政工程施工”“汽车整车与配件营销”“社区公共事务管理”“老年人服务与管理”“电子商务”“电子与信息技术”“电机电器制造与维修”专业。市经贸旅游学校、攀枝花技师学院通过国家中等职业教育改革发展示范学校建设教育部终期检查验收。市经贸旅游学校、市建筑工程学校成为第二批省级现代学徒制培养试点学校。市建筑工程学校、市经贸旅游学校、十九冶高级技工学校(攀枝花技师学院)发布首份质量年度报告。建立市级中等职业学校教学工作诊断与改进工作专家库。4月,攀枝花市建筑工程学校在全省职教工作会上作“推进校企深度合作,全面提高人才培养质量”主题发言。组织参加全省2016年中职学生技能大赛,获一等奖4个、二等奖4个、三等奖16个;参加2016—2017年全省中职学生技能大赛,获得一等奖4个、二等奖6个、三等奖13个。全年,依托市内各中职学校教育资源,开展继续教育培训2.5万人次;面向农村地区开展职业技能培训1万余人次。

【高等教育和成人教育】 普通高等院校招生4254人,其中本科招生3821人,专科招生433人;高等职业院校招生4159人。普通高校在校生15635人,高等职业学校在校生12007人。发展成人教育,成人高等教育专科招生1789人,本科及以上招生868人,成人高校在校生达13134人。以攀枝花电大为主,联合炳草岗街办湖光社区、紫荆山社区、民建社区成立3个社区教育学习中心,向社会公众提供全民终身学习平台。举办全民终身学习活动周活动,于10月29日在市中心广场举行启动仪式。

【民办教育】 全市共有民办学校218所(其中幼儿园158所、中等职业学校2所、培训机构58所),在校学生28570人,教职工3284人。为各县(区)民办学校发放办学许可证56本。指导市三中与市花投公司、市水务集团签订《攀枝花三中花城(国际)学校投资建设战略合作框架协议》,指导攀枝花亢成都外国语学校学校建设稳步推进。

【青少年思想政治教育】 深入开展社会主义核心价值观教育,出台《攀枝花市教育体育局关于培育和践行社会主义核心价值观 进一步加强中小学德育工作的实施意见》。在全省率先建立青少年德育和思想教育工作联席会议制度,召开1次综合会议,1次专项会议,审议通过《攀枝花市首批中小学法治教育基地实施方案》《攀枝花市中小学“文化艺术进校园”工作实施方案》《攀枝花市青少年艾滋病健康教育实施方案》。开展首届“十佳班主任”评选活动,评选出10名优秀班主任。组织青少年法治教育宣讲活动7场,30所学校6500余名教师、学生和家长聆听讲座。全年评选省级优秀学生、三好学生、优秀学生干部26名,先进班集体4个;市级优秀学生、三好学生及优秀学生干部2021名,先进班集体188个;省市级优秀共青团员、优秀共青团干部7名、“五四红旗团委”“五四红旗团支部”6个。

【青少年体育】 全市乡(镇)中心校及以上学校音体美课程开课率达100%,大课间和课外体育活动开展率达100%,有效保证学生每天在校锻炼一小时。备战四川省第十三届运动会,组织参加年度锦标赛工作,派出900余名青少年运动员参加田径、游泳、摔跤、乒乓球、羽毛球、足球、篮球、射击等22个竞赛大项、33个竞赛小项比赛,共取得金牌23枚、银牌24枚、铜牌30枚。创建全国校园足球特色学校10所。争取到四川省教育厅校园足球专项资金36万元,四川省体育局和攀枝花市教育体育局向攀枝花市足球后备人才基地划拨资金30万元。

【学校卫生与健康教育】 深入贯彻实施《中小学生健康教育指导纲要》,加强学校艾滋病和结核病等重大传染病防控工作,出台《攀枝花市青少年艾滋病健康教育实施方案》,学生健康知识知晓率达90%以上。全面实施《国家学生体质健康标准》,全市学生体质健康标准施行面和上报国家数据库上报率始终保持在100%,学生体质达标率始终保持在90%以上。联合市卫计委和市食品药品监督局,开展春秋两季学校卫生工作专项检查,对30所县(区)中小学校和市直属学校(幼儿园和中职学校)传染病防控工作、健康教育、食品卫生安全、饮用水卫生、学校环境卫生进行检查,全年全市无聚集性传染病疫情或较大及以上群体性食物中毒事件发生。

【学校艺术教育】 全面实施《中小学生艺术素质测评》,全市运动场地达标率由2012年的59%增加到2016年的87.4%,学校体育器材配备率由61%增加到98.5%,音乐专用教室配备率达77.9%,美术专用教室配备率达91.5%,音乐美术器材达标率91.5%。加大音体美教师队伍建设,现有专职体育教师622人,较2012年增加114人,专职音乐教师278人、美术教师259人,较2012年增加91人。组织开展全市中小学生舞蹈和合唱专场比赛,共54个节目参赛,参赛学生近2000人。东区和仁和区创建为省级体育和艺术区域整体推进示范区。

【教育综合改革】 出台《攀枝花市2016年教育综合改革要点》和《攀枝花市2016年教育综合改革工作台账》。省级改革试点项目东区“绿色评价,推进管办评分离”改革、盐边县“学区化管理”“市直属学校集团化办学”稳步推进,在全市全面推进“学区化管理”改革,成立市七中教育集团和市外国语学校华山分校。出台《攀枝花市关于推进教育管办评分离 促进政府职能转变的实施办法》,研发第三方教育评价监测平台,对市直属初中学校进行试点检测。考试招生制度改革措施落实,普通高中指令性计划招生定向切块比例由50%提高到60%,多校划片招生的义务教育学校网上报名统一摇号招生不低于30%,学校自主招生不超过20%。市外国语学校、市十九中小教育集团等5所学校采取“网上报名、摇号招生”方式公开摇出840个小升初名额。

【区域教育合作】 推进攀枝花市与北京市西城区、成都市在义务教育、中职教育、特殊教育等领域的教育交流合作。春季学期启动与北京市西城区教育合作项目实施工作，编制《攀枝花教育体育局与北京西城区教育合作 2016 年工作安排》，4 月 30 日完成 4 名攀枝花市优秀校长赴北京学校 2 周跟岗培训。11 月 30 日—12 月 13 日，攀枝花市组织市县教研员 6 人、学前教育骨干教师 6 人、特教骨干教师 6 人、少年宫教师 4 人到北京市西城区参加教育科研月观摩学习活动。

3 月，攀枝花市教育体育局组织教师参加成都市《文翁大讲堂》学术报告会。4 月 22 日，攀枝花市与成都市签署教育合作协议。5 月 18 日，攀枝花市盐边县教育体育局与成都市温江区教育局签署结对合作协议，并组织盐边县校长、骨干教师参加“赢在课改中国（公益）行成都温江站区域课改教育成果展示研讨会”。6 月 17 日，攀枝花市经贸旅游学校与成都市财贸职业高级中学校签订合作意向书，并与成都市财贸职高开展首次交流活动。10 月 19 日，成都市教育局、成都市财贸职业高级中学、成都铁路工程学校联合组队，到攀枝花市与攀枝花市经贸旅游学校、攀枝花市建筑工程学校开展办学合作交流活动。11 月 2 日，成都市温江区教育局 10 人到攀枝花市盐边县开展送教和教育合作会商。6—7 日，成都市教育局组织 18 名专家团到攀枝花开展“名师好课”学术交流活动，在学前教育、小学、初中、高中、中职各板块 9 个学科举办示范课 11 节、教研学术报告 11 堂，1800 名教师参加活动。其间，攀枝花市教科所与成都市教科院签署合作协议。

【依法行政】 制定并实施《攀枝花市教育体育局行权平台管理考核办法》，建立行权平台工作台账和定期通报制度，截至年底行权平台累计办件 220 余件，办结率 100%。全年备案规范性文件 8 个。市教育体育局被四川省委、省政府评为 2011—2015 年全省法治宣传教育先进集体。

【依法治教】 出台《攀枝花市教育体育局全面推进法治政府建设实施意见》《攀枝花市教育体育局 2016 年依法行政工作计划》和《2016 年“法律进学校”重点工作方案》。机关及直属系统法律顾问 100% 全覆盖，建立并落实法律顾问述职制度。认定大河中学校等 6 所学校为四川省依法治校示范校，市七中创建为省级依法治校示范校。在全省率先拍摄制作并在全市中小学校播放预防未成年人违法犯罪警示教育片《错位的青春》。在全市中小学校开展法治教育多媒体课件征集活动、“法治微电影”征集活动、中小学生“学宪法、讲宪法”演讲比赛和法治进校园巡讲活动。两次邀请四川省十大法治人物高亮到攀枝花讲学。开展“法治教育进课堂”课题研究与探索，形成《找准结合点，在学科教学中渗透法律知识和法治观念》的成果。市二中在 2016 年全省教育法治与综合改革工作会上就“法律进学校”进行经验交流。

【教育督导】 9 月，盐边县顺利通过国家级县域内义务教育均衡发展检查验收，攀枝花市成为继成都市以后，第二个全域通过义务教育均衡发展国检和省检的市（州）。贯彻落实《教育督导条例》《四川教育督导条例》，实施市、县（区）督学责任区和责任区督学挂牌督导工作制度。推进东区、米易县创建“中小学校责任督学挂牌督导创新县（市、区）”工作，11 月，米易县通过“挂牌督导创新县”省级督导评估，东区通过“挂牌督导创新县”市级复核。指导东区、西区、仁和区和米易县做好义务教育均衡发展工作通过国检后的整改工作。从 6 月开始，开展校园欺凌专项治理工作督导。10 月 20—21 日，组织开展“全面改善贫困地区义务教育薄弱学校基本办学条件”工作情况抽查，形成《攀枝花市人民政府办公室关于全面改善贫困地区义务教育薄弱学校基本办学条件工作的自查报告》。年底前完成中小学素质教育专项督导。

【教育科研】 以 10 所课改样板校建设为抓手，着力推动全市中小学全域课改工作。4 月中旬组织召开“全市课改样板校建设工作 2016 年第一次推进会”，12 月开展全市义务教育学校副校长教学大比武活动，12 月底开展以“课程建设 · 教学改革 · 校本推进”为主题的中小学校长论坛。组织参加全省小学班会优质课展评活动荣获二等奖，参加全省中小学德育优秀论文（成果）评选竞赛获得 3 项一等奖和 5 项二等奖；组织开展法治教育融入学科教学《指导意见》的编写，指导市七中等 3 所试点学校开展试用工作。全年组织市级教研活动 80 余次，组织优秀教学论文（教学案例、教研成果）评选或优质课展评（赛课）、说课竞赛等业务赛事活动 60 科次。组织专家 130 余人次在盐边县渔门北部片区、仁和区平地中心校、米易县民族中学 3 个示范基地开展服务活动 11 次，受益教师达 770 余人次。成功立项 6 项省级课题。11 月，举办市三十一中小《儿童漫画》课题成果全省推广观摩活动，全省各市（州）300 余人参加活动。

【语言文字工作】 开展第十九届全国推广普通话宣传周活动、国学经典诵读展示活动、中小学生规范汉字书写比赛、精品阅读展示等活动，大力弘扬优秀传统文化。扎实做好普通话培训测试工作，选派 22 名教师参加教育部语言文字工作培训，对全市 70 名农村地区中小学教师进行普通话提高培训，新增 1 名国家级普通话水平测试员。全面推行计算机辅助普通话水平测试工作，开展普通话培训测试 2171 人次。

【教育投入】 全年教育改善办学条件资金预算7500万元，安排政策性刚性支出项目36个，保运转基本支出项目54个。财政教育资金实际支出8095万元。出台《攀枝花市人民政府关于进一步完善城乡义务教育经费保障机制的实施意见》，建立统一的中央、省、市、县(区)各级人民政府分项目、按比例分担城乡义务教育经费保障机制，城市小学和初中学校公用经费增加幅度分别为76%和82%。健全公办普通高中学校经费保障机制，对全市现有8所公办普通高中按生均300元补助公用经费，下达补助资金714.63万元。向上争取国家、省投资教育重大建设项目和专项补助资金33887万元。

【改善办学条件】 开工建设城乡公办幼儿园7所、农村学校教师周转宿舍75套。实施主城区教育资源配置，推进市第42中小学校新建项目、西区格里坪镇中小学校扩建项目；启动成都外国语学校攀枝花学校(攀枝花市第四十一中小学校)新建项目。建设和维修改造19个市教育体育局直属单位学校共23个基础设施项目。学校标准化建设共投入资金2160万元，新装备学校13所。

【农村义务教育薄弱学校改造】 全年累计安排"全面改善贫困地区义务教学阶段薄弱学校基本办学条件"资金6917万元。规划建设校舍类项目30个，开工项目27个，开工率96.9%。竣工项目19个，竣工率42%。规划设备购置类项目资金1636.5万元，购置课桌椅143套，图书25700册，计算机174台，多媒体教学设备(含网络设备、班班通)304台(套)，实验仪器设备21158台(件)，音体美设备4264台(件)，采购完成率达到100%。

【教育信息化】 全市所有中心校以上学校网络宽带接入率达100%，互联网光纤接入学校达95%，"班班通"终端覆盖率达70%，市直属学校、盐边县、米易县完成校园网络升级改造，初步实现"校校通、班班通"工程。推进四川省教育资源公共服务平台"人人通"空间应用，全市98.64%的教师和79.8%的学生完成实名制网络空间注册与激活，完成率位居全省第一；东区、西区、仁和区、米易县4个县(区)成为四川省教育资源公共服务平台规模化应用试点县区。市直属学校校园网监控系统全部建成，5个县(区)中心校以上校园监控建成率超过60%；市三中、市七中，市二中等学校"云班"建设取得实质性进展；市实验学校建设完成自动录播远程互动教室，计算机云桌面(虚拟化)试点项目建设正式启动，3D打印实验室、创客空间等中小学技术装备特色化建设取得明显成效。组织"一师一优课、一课一名师"活动，全市共上传晒课318节，市级评审推荐76节优课参加省级评比，7节优课获得部级优课荣誉(国家级优课)。

【教师队伍建设】 加强师德师风建设，坚持师德师风"一票否决"。全年接收办理6起有关教师师德师风举报，对2名教师进行诫勉谈话，对其中1名教师进行通报批评。建立教师荣誉制度，向国家申报在乡村学校任教满30年教师2045名。何晓云等7名教师被省教育厅评为"四川省优秀乡村教师"，陈丁、罗春辉、李根元、李红被市政府评为第七批"攀枝花模范校长"，陈思言等16名教师被市政府评为第七批"攀枝花优秀教师"，市教育体育局评选表扬优秀教师150名。出台《关于加强"十三五"期间中小学教师队伍建设的意见》《攀枝花市乡村教师支持计划实施办法(2016—2020年)》，在乡村教师引进、职称评聘、待遇等方面对乡村教师进行政策倾斜。全市招聘教师365名，其中，在高校直接选聘免费师范毕业生、硕士研究生40名，面向社会公开招聘教师316名，为米易县招录特岗教师9名。完成"免费师范生培养计划"87人。评选市、县级骨干教师及学科带头人2000余名，占专任教师的23%左右。增加市突出贡献专家等市级高层次人才35名，新评聘高级职称教师417名、中级职称教师215名。

【人事制度改革】 落实"县管校用"的教师管理和"县域内义务教育校长教师交流轮岗"制度，东区率先成立教师管理服务中心，核定管理岗位编制5人。全市累计交流义务教育校长110人、教师502人。启动试行中小学教师资格考试制度，累计认定各级各类教师资格证803人；统一建立高中、中专教师资格认定考官库，130余名优秀教师入库，向省厅推荐报送各级各类教师资格认定考官人选共计411人。完善教师准入和退出机制，全面实行教师资格定期注册制度，10000余名中小学教师实行定期注册。1.4万万名教师实现"一人一号"电子档案科学管理。

【教育培训工作】 完成2016年国培、省培下达目标任务，做好市级培训，指导县(区)和学校开展县级和校本培训。全年组织开展国家级、省级、市级教师培训14539人次。其中国培16个项目1981人次，省培11个项目1136人次，市培27个项目11422人次；对凉山州木里县开展教育援助教师培训6个项目351人次。

【学生资助工作】 建立完善从学前教育到高等教育学生资助体系，全面落实各项资助政策。减免非民族地区1276名家庭经济困难幼儿保教费；减免民族待遇县2.02万名在园幼儿保教费；全市11.72万名义务教育学生免收学杂费、作业本费，免费提供教科书；完成2.2万名家庭经济困难寄宿生生活补助、7588名家庭经济困难高中学生国家助学金发放；免除12279名中职在校学生学费及8295名家庭经济困难高中学生学费；资助6540名中职家庭经济困难学生；对

4529名地方属普通高校经济困难学生发放国家助学金；国家励志奖学金资助563名地方属普通高校优秀学生；免除567名建档立卡贫困家庭子女幼儿保教费，对全市建档立卡贫困家庭学生特别资助300人，其中中职学生233人（不含人社部门技工学校）、高校学生67人。农村义务教育学生营养改善计划覆盖173所（含教学点）学校，受益学生66937人。3个县（区）采取食堂供餐模式的学校占63.6%，食堂供餐比例比2015年提高22.1%。全年资助各级各类学生约24万人次，资助资金约2亿元。

【招生考试】 全年全市9524人报名参加普通高考，其中普通高中8759人，对口高职765人。全市设5个考区6个考点，309个考场。录取8211人，录取率86%，其中普通类录取7687人，录取率88%；对口职教师资类录取524人，录取率68%。全市14847人报名参加高中阶段教育学校招生考试，全市设10个考点，500个考场。其中普通高中录取5949人，中职学校录取4059人，五年高职录取1867人。全市1319名考生参加全国成人高校招生考试，其中：文科105人，理科388人，专升本826人。参加自考学历考试的考生5817人，11748科次，其中，长线专业考试报名307人，共729科次；应用型专业考试报名5510人，共11019科次。全市3769人参加硕士研究生招生考试，较2015年增加1682人，增幅达81%，其中，攀枝花市考生1068人，市外考生2071人，设攀枝花学院、攀枝花第三高级中学两个考点，考场127个。全年报考国家英语等级考试875科次；全年报考全国大学英语四、六级考试18682人次，其中英语四级考试报考14231人次，英语六级报考4451人次；全国计算机等级考试报考18171人次；全国教师资格考试报考453人，共1034科次。全年招生考试考风考纪良好，没有发生安全保密责任事故。

【信息宣传】 落实《关于进一步加强和改进教育体育宣传及信息工作的意见》，全年通过攀枝花公众信息网主动公开政府信息约1000余条，编印《攀枝花教育体育工作动态》20期，《攀枝花教育体育专报》24期，通过手机彩信发布《攀枝花教育体育信息》34期。《四川省攀枝花市着力促进教育均衡发展》被教育部战线联播采用。全年《攀枝花日报·教育体育专刊》出版28期，刊出教育资讯173余条；《攀枝花电视台·攀枝花教育体育栏目》播出55期，播出教育资讯28条；《教育导报》宣传攀枝花教育体育新闻35条。与市委宣传部和市级各主流媒体加强联系，做好教育体育重大工作宣传报道。完成市教育体育局门户网站改版、修改、优化和新增栏目，开设"教体视界"，制作上传教体短播19期、教体图画3期、光影记录11期、教体专栏16期。制作《教体宣传画册》和《奔向高地》教体宣传片，总结提炼"十二五"以来教育体育发展取得的成绩。攀枝花市教育体育政务微博现有粉丝16938，累计发布微博2285条，其中阅读量最高达2万余次。微信公众号总用户数20925户，累计推送图文信息461条，其中阅读量最高达5000余次。在四川教育政务新媒体排名11月榜单中，市教育体育局官方微博位列第一。

【党风廉政建设】 制定《攀枝花市教育体育局党风廉政建设责任制实施办法》《关于落实党风廉政建设党委主体责任和纪委监督责任的实施意见》《攀枝花市教育体育局直属事业单位（学校）党政主要负责人述责述廉暂行办法》等系列制度文件。3月22日，召开全市教育体育系统党风廉政建设和反腐败工作会议，组织领导干部层层签订《党风廉政建设责任书》。4—6月，集中开展为期2个月的"学党章、学准则、学条例"廉政宣传教育活动，5—12月，分四个阶段组织开展全市体育系统"以案为鉴"警示教育活动。市教育体育局接到各类信访举报36件，核查处理2人，党纪立案3件。贯彻落实中央"八项规定"和省、市"十项规定"，加大执纪问责力度。深入开展反对"四风"教育，制定《深化正风肃纪工作切实解决"四风"突出问题"9+1"工作方案》，持续转变作风。开展对教育惠民政策落实情况监督检查，完成教师职称评审和教师资格认定工作、市外国语学校教育集团"小升初"摇号招生工作、2016—2017学年度学生营养早餐和防近视作业本招标工作、局机关办公室搬迁涉及20余项采购项目监督工作，完成普通高考、成人高考和中考组织、实施及管理工作全过程监督。以创建廉洁和谐校园为目标，通过征文、演讲、诗朗诵、主题班团会、升旗仪式、文艺会演、撰写论文等活动，全面推进廉政文化进校园。

【党建工作】 扎实开展"两学一做"学习教育活动，深入贯彻落实省委、市委领导班子思想政治建设会议精神，组织骨干培训、主题党日活动、讲党题、集中宣讲、专题学习讨论、工作推进会、党员示范行动、党章党规网络学习测试、"党员学习日"学习、警示教育等系列工作。扎实开展三项整改"回头看"，抓好党委中心理论学习。全年局党委中心组集中学习达20次，专题研讨3次，学习篇目达78个；市直属系统集中培训2次、宣讲5次，开展工作推进及汇报会3次；市直属系统党员学习日学习12次，专题讨论3次，参加学习讨论党员达1.6万余人次，党员全覆盖，参与率100%。深化"走基层""百千万·干群心连心""双联"等活动；扎实开展"三分类三升级"，采取换届选举等措施，后进基层党组织转化率达90%以上，一般党组织升级率达20%以上；对10余个体育协会、俱乐部等社会组织采取建立联合党支部的形式加强党建工作；抓好示范创建和先进评选活动，授予5个党员示范单位、132个党员示范岗、19个党员示范团队称号;“七一”前,表彰6个先进集体、66个先进个人;指导系统61个基层党组织完成换届。

【领导班子和干部队伍建设】 调整充实市体中等6个直属学校领导班子,完成市七中教育集团和市外国语学校华山分校领导班子配备。调整科级干部19名,选派2名干部参加第四期递进班学习培训,引进2名党政储备人才,交流调整1名县级干部、4名科级干部。制定并实施《关于加强新形势下发展党员和党员管理工作的实施办法》,发展预备党员16名,党员转正5名,认定党员3名。采取任期离任审计、年度考核与绩效考核、自评及职工测评、督导及考核小组测评、党委会研究考核评价方式,考核评价直属单位(学校)领导班子和领导干部。

【联系服务群众】 开展全国文明城市创建工作,市教育体育行业2个集体被确定为市级“岗位学雷锋先进集体”,13名教职工被确定为市级“岗位学雷锋敬业标兵”,1名教师确定为省级“岗位学雷锋敬业标兵”荣誉称号。针对帮扶的盐边县鳡鱼乡小槽村脱贫攻坚工作,制定精准帮扶专项工作方案,落实干部职工个人“多对一”和直属单位“一对多”结对帮扶措施,开展脱贫攻坚蹲点督查调研,形成督查调研报告。机关党员和各级党组织与小槽村43户贫困户结成对子,开展“走基层”活动7次,通过捐款筹集9万余元为贫困户送去生活用品,通过购买肥料、种子、苗子等实施产业扶贫。

【学校后勤保障工作】 开展公共机构节能宣传周及低碳日活动及世界粮食日和全国爱粮节粮宣传周活动,征集上报“世界粮食日”主题作品4件,市二中和市实验学校创建成为国家节约型公共机构示范单位。强化学校食品安全管理,出台《攀枝花市学校食品安全操作要求》;开展4次全市性学校食品安全大检查,检查学校(幼儿园)121校次;开展新修订《中华人民共和国食品安全法》宣传贯彻活动,组织全市教体系统60多人赴四川农业大学开展食品安全专题培训;完成城区学校学生食堂的“明厨亮灶”工作,继续保持全市学校食品安全零事故。贯彻落实《四川省城乡环境综合治理条例》,加强校园环境净化、绿化、美化、文化建设,持续开展治脏、治乱、治差工作,消除学校不卫生现象,提升校园品位,全年开展4次校园环境督查工作。11月8—11日,自贡市教育系统49名管理人员到攀枝花市对学校后勤保障服务工作进行考察、交流,重点是学校食堂和宿舍的规范化管理。

【学校安全工作】 落实以“一岗双责”为核心的安全生产责任制度,完善各项学校安全管理制度,编写《攀枝花市中小学幼儿园安全岗位职责和考核细则指南》,制定中小学校、幼儿园42个基本岗位安全职责及每个岗位安全责任考核细则。组织开展“百日安全生产活动”“消防安全自查行动”“安全生产月”和预防中小学生溺水事故、防汛和地质灾害防治、校车安全等活动,排查治理各类安全隐患。城区学校完成“110一键式报警系统”安装工作。完成校车卫星定位系统安装。3月,组织开展第21个全国中小学生安全教育日活动;从4月20日,开始组织开展“防溺水”安全宣传教育专题活动;5月,组织开展电梯安全专项教育活动,举办电梯安全知识讲座。全市113名安全科老师参加全国“安全教育精品课程”征集展示活动,上传晒课129堂,推选县级优质课65堂,市级优质课43堂。修订《攀枝花市教育体育局极端高温天气应急预案》《攀枝花市教育体育局地震应急预案》,全年开展5次大规模安全教育培训。3月16日,攀枝花市在全省2016年中小学幼儿园安全管理工作例会上作题为《深入推进安全课程教育,努力提升学生安全素质》的经验交流发言。

【信访维稳工作】 签订《2016年攀枝花市学校安全稳定工作责任书》,按照“一岗双责”要求,落实教育系统维稳工作责任制。防范和妥善处置群体性事件,加强校园反恐防暴工作,加强“9+3”学校管理,抓好反邪教工作,加强应急管理,做好节假日和敏感时段如全国“两会”“6·4”“7·1”“7·5”“G20峰会”维稳工作,定期开展矛盾纠纷排查,建立台账管理。坚持集中排查和经常性排查相结合,实行大事随时报告,重要时间节点和重要时段没有发生一起群体性事件和非正常上访事件。制定并落实领导阅批群众来信、定期接待群众来访、带案下访、包案处理信访问题和限时办结等制度。排查矛盾纠纷,妥善处理信访疑难问题和化解信访积案,执行信访工作领导接待日安排制度。全年市教育体育局共办理信访265件,其中省信访系统转办12件,省教育厅转办5件,市委领导批示6件,“市长信箱”56件,市民“12345”热线37件,“局长信箱”101件,网络舆情11件,本地杂谈1件。纪检监察室来信36件,业务科室接待群众来访52批83人次,来电(咨询)654人次。信访事项答复率达到100%,结案率100%。全年教育体育部门没有发生进京上省非法上访事件和个人极端事件。

(刘万康、李洪梅)

高等教育

攀枝花学院

表 9　　2016 年攀枝花学院基本情况统计表

类目	数量	类目	数量
一、学生情况(单位:人)		四、办学条件	
1. 普通高等教育在校学生总数	15635	1. 年末固定资产总值(万元)	67592.95
普通本科生数	14448	2. 校园占地面积(万平方米)	81.52
普通专科生数	1187	3. 校舍面积(万平方米)	52.89
2. 普通高等教育招生数	4254	4. 教学科研仪器设备总值(万元)	17833.88
普通本科生数	3821	5. 图书馆面积(万平方米)	1.67
普通专科生数	433	6. 年末纸质图书册数(万册)	126.60
3. 普通高等教育毕业生数	3463	7. 教学用计算机台数(台)	3948
普通本科生数	2961	8. 各类实验室和工程中心总数	
普通专科生数	502	国家重点实验室(个)	1
4. 成人教育在校生数	8023	省级工程技术研究中心(个)	2
成人教育毕业生数	2662	省级重点实验室(个)	1
成人教育招生数	1548	省高校重点实验室(个)	5
二、学科及专业设置(单位:个)		省高校科技成果转化平台(个)	2
1. 本科专业数	52	省级研发基地(个)	1
2. 专科专业数	40	省级研发中心(个)	2
三、教职工构成(单位:人)		省级研究中心(个)	2
1. 教职工总数	1010	省级技术研究中心(个)	1
2. 专任教师数	854	省级公共服务平台(个)省级文化普及基地	1
3. 正高级职称数	95	市级重点实验室(个)	1
4. 副高级职称数	298	市级研究中心(个)	7
5. 博士	78	市级工程技术中心	3
6. 硕士	579	市级工程技术研究所市级研究所(个)	1

【概　况】 学院占地 81.52 公顷,校舍面积 52.89 万平方米,固定资产总值 6.76 亿元,馆藏文献 357.18 万册(纸质资源 126.6 万册),教学与科研仪器设备总值 1.6 亿元,下设 19 个教学单位、3 个科研单位和 1 个三甲中西医结合医院(附属医院),开设 52 个本科专业,40 个专科专业,专业设置涵盖理、工、文、法、经、管、医、艺、农 9 个学科门类。全日制

本专科在校生及研究生、留学生15600余人,非全日制本专科在校生10600人,生源覆盖全国30个省(自治区、直辖市),形成以工为主、多学科兼容,普通高等教育、高等职业教育、成人高等教育协调发展的办学格局。

学院有教职工1010人,其中专任教师854人,具有硕士学位以上教师占比75.18%,具有副教授职称以上教师占比41.8%,双师型教师占比35.5%。柔性引进院士4名,有省部级专家3名,享受国务院政府特殊津贴专家1人,省级学术技术带头人及后备人选17人,市级专家34人;校级学术梯队成员83人,校级教学梯队成员18人;建设教学团队18人,科研团队23人。

学院建有国家级特色专业1个,国家级专业综合改革试点项目1个,省级特色专业7个,省级专业综合改革试点项目3个,省级卓越人才培养计划12项,省级精品课程11门,省级实验教学示范中心3个。建有省部科研平台18个,市厅级科研平台13个,与企业共建联合实验室16个。

学院是四川省"激励科技人员创新创业试点改革"试点高校,在全省率先实行科技人员创新创业试点改革,被授予"全国文明单位""全国五四红旗团委""全国绿化模范先进单位""四川省最佳文明单位""四川省优秀文明校园""四川省高新技术产业示范科研单位""四川省人才开发先进单位""四川省高校毕业生就业工作先进单位""四川省思想政治工作先进单位"、"四川省兴川战略人才强省示范基地"等称号。

【攀枝花学院"十三五"教育事业发展规划制定】 制定学校"十三五"发展规划,7月19日市政府第74次常务会议批准并报省教育厅备案。规划设计以"基本建成地方高水平特色大学"为奋斗目标,以"转型发展,建设应用型示范院校"为发展主线,以"立足攀西、面向西部,辐射全国,重点为地方经济社会发展和区域资源综合开发利用服务"为服务定位,突出产教融合、校企合作,坚持"创新驱动、特色发展、需求导向、绩效优先、开放办学、协调并进"六项发展原则,重点抓好学科专业建设工程、应用型人才培养模式改革工程、科技创新与服务能力提升工程、高素质队伍建设工程、思想文化建设工程、开放与交流合作拓展工程、大学治理绩效提升工程、办学条件建设工程、产教融合发展工程、区域中西医结合医教研中心建设工程十项建设工程,以实现人才培养质量显著提升、师资队伍整体素质显著提升、服务攀西资源开发和地方经济转型升级的能力显著提升、治理绩效显著提升、大学文化软实力显著提升,最终在转型发展、产教融合、科技创新与成果转化三个方面走在全省应用型高校前列而进行战略设计。同时组织各单位进一步细化完善"十三五"发展规划二级规划。

【教学综合改革】 在园艺、计算机科学与技术、经管类、汽车类专业开展"专业群转型发展改革"试点基础上,围绕"学科专业群建设""校企合作发展""人才培养模式构建""应用技术型人才培养"等方面工作,制定和落实教育教学改革方案,提高应用型人才培养质量;试点项目通过省级督查,学院成为国家产教融合建设高校,申报并实施教育部——中兴ICT产教融合创新基地建设项目。继续推动工程教育专业认证工作,在材料科学与工程等5个专业实施国际工程教育认证试点工作,将国际工程教育认证工作中的教育理念、方法、规范逐步纳入人才培养工作中。继续推进卓越人才计划,探索校企、校地联合培养高素质应用型人才新模式;截至年底,建有省级卓越工程师教育培养计划9项、卓越医师教育培养计划1项、卓越法律人才培养计划1项,卓越农林人才教育培养计划1项,所有培养计划均以行业需求为背景,以岗位能力为主线,着力提高学生创新意识、执业素质和实践能力。继续深化基础课程改革,推进思想政治、大学英语、高等数学、大学物理等基础课程的教学内容和教学方法改革。加强通识教育管理,开展慕课实践;抓好通识教育自编教材编审、出版工作,全年开设校级选修课程278门,开出选课班571个,选课人数43651人次。

【教学常规管理】 严格执行教学计划,全年学生网上选课270765人门次,参选课程1627门、选课行政班级375个、上课班级4710个。确保学籍数据准确,完成2016年度全日制本、专科学生15635人电子注册工作。组织毕业授位和专升本工作,完成2016届3716名毕业生正式学历注册工作,86名学生专升本录取选拔工作。坚持学分制管理及学业警示制度,处理学籍异动事宜,为617名学生办理学籍异动手续,为27名学生办理终止学籍手续。承办全国研究生考试考点考务工作,设置考场87个。加强教学监控,执行听评课制度,全校累计听评课5000余人次。加强教学质量过程控制,调查处理教学事故12人次,涉及8个教学单位。加强信息收集、实时监控实时反馈,收集各类教学信息3000余条,编写教育教学质量年度分析报告、本科教学基本状态数据等决策参考资料。加强审核评估,制定《攀枝花学院迎接本科教学工作审核评估方案》,明确工作进程与任务、工作职责与措施,完善教学质量自我保障与监控体系;组织开展计算机科学与技术、英语、会计学3个本科专业评估试点工作,组织开展教学质量或质量保障评估,全面检查迎评促建工作进展情况和质量,及时整改完善。

【实践教学】 深化创新创业人才培养机制,将创新创业教育纳入人才培养方案,推进以创新创业为导向的人才培养模式改革;围绕四川省"7+3"、攀枝花市"6+2"产业发展及"四个倾力打造"战略,加强传统学科专业的改造,优化专业结构布局,完善应用型人才培养体系。加大实践教育平台建设,注重校企合作,共同实施人才培养,产教深度融合,强化应用技术型人才培养,截至年底,建立校内实验实习实训场所 202 个,校外实习、实训基地 278 个。开展大学生创新创业训练计划和学科竞赛,全年组织学生参加各级大学生创新创业训练计划 235 项,参与学生 1000 余人;加大大学生学科竞赛投入力度,组织学生参与英语竞赛、电子设计竞赛、数学建模竞赛等各级各类竞赛 55 项。加强实验室开放,促进实验教学方法改革,提高实验室资源利用率,开放实验室 503 个,参与开放实验学生 14304 人。强化就业创业指导教育,开展职业生涯规划及就业专题教育,选课人数约 1.3 万人,举办职业发展及就业指导讲座 35 场。开展大学生创新创业训练计划,"攀枝花学院大学生创新创业俱乐部"入选第二批"四川省大学生创新创业俱乐部"。组织开展各级大学生创新创业训练计划 235 项,参与学生 1000 余人,其中在"创青春"四川省青年创新创业大赛中,获金奖 1 个、银奖 1 个、铜奖 8 个。开展创业活动,举办讲座 11 次,主题交流活动 31 次,实训实践活动 91 次,项目路演 5 次,举办创新创业竞赛 3 次,参与学生 5600 余人次。遴选、培育、孵化优质项目,大学生孵化园有学生创业项目 22 个,在园创业就业人数 77 人,到园实习实践超 900 人次。6 月,开设首届大学生创新创业木棉青创班,共 88 人、项目 13 个。

【继续教育】 报考学院成人教育学生 919 人,其中第一志愿学生 857 人,上线人数 730 人;报考应用型自学考试学生 496 人。推广非学历教育考试,报考全国计算机等级考试人数 15321 人次,全国英语等级考试人数 875 人。做好教育教学工作,院本部安排完成 4520 人次,106 个班次,175 门课程的面授教学工作,完成考试任务;安排 2014 级 21 个本科专业,1192 人的毕业实习工作和 8 个本科专业 300 多人的毕业论文工作。开展非学历培训,第一次为省外机构提供培训服务,为深圳市福田区统战部培训干部 45 名;第一次为政府驻外机构开展干部培训,为攀枝花驻成都办事处提供培训。全年开办培训班 7 期,培训年轻干部 301 人,较 2015 年增长 15%。规范成人高等教育办学行为,完成对市商贸电子职业技术学校、市华森职业学校、眉山市卫生职业学校 3 所校外办学点的备案工作。6 月,自考服务中心通过省考试院组织的复审。

【普教招生和就业】 学院坚持实施招生工作"阳光工程",面向全国 26 个省(市、自治区)招生,招生计划为 4452 名。其中本科招生计划为 3937 名(含 29 名校内专升本计划),招生专业为 52 个(其中新办专业测绘工程、翻译、新能源材料与器件);高职专科招生计划为 515 名,招生专业为 11 个(其中新办专业会计)。在川计划 4151 名(其中本科 3636 名,高职专科 515 名);省外计划 301 名(全为本科)。录取新生 4513 名(含专升本 90 名),招生计划执行率为 101.37%。其中录取本科新生 3998 名,招生计划执行率为 101.55%;录取高职专科新生 515 名,招生计划执行率为 100%。新生报到 4278 名,报到率为 94.79%。其中本科新生报到 3831 名,报到率为 95.82%;专科新生报到 447 名,报到率为 86.80%。

2016 年,为 3732 人发放就业报到证,其中本科生 3171 人,专科生 561 人,涉及 57 个专业(其中本科 40 个、专科 17 个),就业率达 94.64%,其中本科为 95.24%、专科为 91.27%。高于国家、省平均水平。

【学风建设】 持续改进学风,开展大学生思想政治教育,推进社会主义核心价值观教育实践活动;完善素质拓展和社会实践活动体系,加强学生创新意识和实践能力培养;加强考风考纪教育,完善学生评价多方联动机制,构建学生综合素质立体化评价体系。全年获得毕业证书学生 3463 人,本科毕业生授位率达到 96.59%;86 人通过专升本录取选拔;242 人考上研究生,较 2015 年增加 75 人;39 人被评为 2016 届省级优秀大学生,269 人被评为校级优秀大学生;评选出校园之星 30 人、提名奖 55 人,优秀班集体 50 个;学院获四川省五四红旗团委、攀枝花市"阳光陪伴,爱老敬老"优秀志愿服务项目,微电影《花开的声音》获四川省环球 WOLL 首届青年志愿文化节微电影大赛优秀奖等称号。

【学生奖助学金工作】 学院完成学工信息系统建设,实现学生日常事务管理网络化。全面落实国家关于家庭经济困难学生各项资助政策,做好对家庭经济困难学生认定工作和完善家庭经济困难学生信息档案建设工作。做好学生资助管理工作,完成生源地信用助学贷款工作,为 2205 名学生办理近 1524.818 万元的生源地助学贷款。完成奖助学金评审工作,获国家奖学金 22 人,获国家励志奖学金 563 人,获攀大青年奖学金 600 人;获国家奖助学金资助者共计 5090 人,资助金额近 1774.2 万元。做好应征入伍毕业生学费代偿工作和贫困新生入学绿色通道工作,为 65 名入伍学生办理学费补偿手续,代偿金额 72.99 万余元,为 3 名新生办理"绿色通道"手续。整合校内外勤工助学资源,设立校内固定勤工助学岗位 307 个、临时勤工助学岗位 124 个。

【校园文化建设】 加强宣传工作和舆论引导,整合校内媒体成立攀枝花学院传媒中心;进一步规范校内形势报告会和哲学社会科学报告会、研讨会、讲座、论坛、网页、新媒体、宣传标语等宣传阵地的运行和管理,强化宣传思想阵地主动权;启动易班网络平台建设,逐步把易班建设成为集网络思政、文化娱乐、教育教学和生活服务四大功能于一体的综合性网络社区；组织开展“荣誉攀大人”评选表彰大型宣传教育活动，“我们的节日”、爱校教育、“忆峥嵘岁月，传长征精神”等主题教育活动，“科技文化艺术节”“社团文化活动节”以及校园歌手大赛、主持人大赛、舞蹈大赛、毕业生晚会、新年晚会等系列活动；打造特色文化活动品牌，启动“静明”周末文化活动工程，组织开展精品讲座、文艺会演、艺能大赛、作品展、高雅艺术进校园、阅读悦心·读书月系列活动、志愿服务活动等各类活动44场。

【依法治校工作】 加强党对依法治校的领导，建立党委行政议事规则、党委重大决策规程和党委领导下的校长负责制实施意见。进一步完善学校管理制度，结合党的建设制度“废改立”工作，制定完善各类规章制度60余项。深化校风建设，完成学校质量保障体系建设工作，完善领导干部作风建设考核制度，制定科研人员行为准则与学术道德规范。加强民主监督，落实院领导接待日制度，安排院领导接待日12次；执行教职工代表大会规定，推行基层工会主席列席二级学院党政联席会制度。健全纠纷解决机制，严格依法依规处理教学质量事故和责任事故，建立健全学生申诉制度。加强普法师资队伍建设，开展“普法志愿服务人员”培训，设立医事法学专家讲堂，定期开展医事法律讲座；开展师生法治教育，组织开展大型普法宣传活动3次，安排以法律、规章制度为主题的教职工政治学习3次，开展专题讲座5次。

【科研工作】 学院完善科研管理、评价体系，修订科研经费管理办法、科技工作考核办法等制度，加强间接费用管理。全年有科研项目结题验收20项，其中省科技厅项目3项、市科技局项目3项、省社科类项目1项、省教育厅项目（含教育厅基地）12项，初审四川省教育厅科研项目验收材料25项，校级到期项目验收材料98项；教师发表论文500余篇，其中核心期刊142篇，EI、SCI、ISTP收录77篇；“攀枝花玛咖规范化种植技术研究及药用价值评价”等6项（含附属医院）成果获2015年度攀枝花市科技进步奖；向国家知识产权局申请并取得申请号的专利295件，获得授权201件，其中发明37件、实用新型44件、外观设计120件，专利转化1项。加强项目申报管理，科研立项108项，其中自然科学基金1项、省科技厅项目6项、省社科联规划项目6项、厅级项目47项、市级项目48项，全年科研到账经费880余万元。加强科研平台和科研团队建设，新建“领军型技术创新人才培养”市级创新团队1个，省科技厅“四川省石墨烯工程中心”1个、“创业学院创业平台”1个。国家钒钛检测重点实验室通过国家计量认证（CMA）和实验室认可（CNAS）的“二合一”资质的扩项评审，完成第三次扩项工作，通过重点实验室预验收。完成攀枝花市“攀枝花学院院士（专家）工作站”授牌工作；完成“钛及钛合金电子束冷床熔炼及镀膜关键技术研发”“钛及钛合金粉末冶金新技术”“石墨烯材料制备及应用技术”科研团队组建和校级团队申报工作；推进攀西战略资源试验区专项配套建设。推进科研成果转化，服务地方发展；大学科技园在园孵化项目40个，创业就业人数约230人；与企业签署开展现代农业、阳光康养等方面科学研究和产业化合作的科技合作协议；与盐边县项目合作对接，“果桑改良果”“新型微细粒级钛精矿制备氧化球团研究及年产19万吨高钛渣产业化示范工程”“大功率电子束蒸发以及PAD（等离子辅助沉积）动态真空连续镀膜技术生产1250金属基镀钛膜产品研制及应用”等项目达成合作意向。稳步推进激励科技人员创新创业改革试点工作。

【师资队伍建设】 完成第二轮岗位聘任工作，组织全院1027人签订聘用合同，其中签订事业编制人员聘用合同994人、签订非事业编制人员聘用合同32人；事业编制人员中管理岗位人员137人、专业技术岗位人员841人、工勤技能岗位人员34人。坚持育引并举，直接考核招聘引进人才19人，其中博士8人（含海外博士2人）、硕士11人；学院教师考取博士研究生9人，其中国外3人、国内6人。推进双师双能型师资队伍建设，促进产教融合，组织94名教师到杭州、昆明、成都等地参加实践能力锻炼，42名新进教师参加合格教师培养，19名教师参加四川省2016年新任教师职业技能培训，选派1名教师参加国内高级访问学者的进修，1名教师参加“进修学者”项目。推进职称评审改革，制定《攀枝花学院申报教师系列专业技术职务人员教学水平评价办法（试行）》，全院109人参加教学水平评价，推荐78人选参加职称评审申报；向省高校教师职务评审委员会推荐38人申报高等学校教师、科研系列高级专业技术职务，其中申报教授14人，研究员1人，副教授23人；向省文化系列高级职称评审委员会推荐1人申报图书系列副高级专业技术职务；向市文化系列中级职称评审委员会推荐1人申报图书系列中级专业技术职务；评审并同意晋升21名符合中级专业技术职务学术水平要求人员，上报市职称改革领导小组审批。

【对外交流合作】 继续深化校地企合作，全年合作项目188项，合作内容涉及基础建设、教学、培训、科技等方面；推动建立产学研合作联盟，开展技术开发、科技项目转化、人才培养等方面的合作；与中兴通讯股份有限公司、攀枝花钢城集团有限公司、德昌县人民政府、木里藏族自治县人民政府、四川机电职业技术学院等10家单位建立合作关系。开展国际合作与交流，与中国台湾健行科技大学和泰国商会大学签订合作协议；开展学生出国工作，选派1名学生赴美国参加暑期社会实践项目，1名学生被国家留学基金委录取赴匈牙利西部大学学习；做好外教和留学生工作，全年有2

名美中友好志愿者在校任教，8 名老挝本科留学生在校学习；开展教师出国交流活动，2 名校领导赴英国和美国参加为期 21 天的省委组织部组织的境外培训，3 名领导干部赴泰国商会大学访问交流，3 名领导干部赴奥地利和荷兰访问交流，4 名教师赴澳门镜湖护理学院开展教育交流。落实精准扶贫工作要求，做好木里县、米易县草场乡仙山村定点扶贫工作。推进校友会组织建设，建立泸州校友会，截至年底有地方校友分会 15 个、专业校友分会 15 个；更新校友信息，新增攀枝花学院本专科 2016 届 3732 名校友信息，增加技校 2016 届 22 名校友信息，增加卫校 2014 届 299 名校友信息，共 77365 名校友基础信息。

【后勤服务工作】 学院完成钒钛中试基地项目及干热河谷特色生物资源研发中心建设及验收，交通与汽车工程学院实训大楼主体结构验收及设备基础供电容量核定，医学实验楼施工、监理招标文件编制、备案、挂网及招标工作，新增教学科研用房面积 2538 平方米；继续推进科技综合大楼各项建设工作，后勤服务综合楼人防与消防验收工作，重新规划、分类推进后勤服务综合大楼商业使用格局，提高学校固定资产使用效率。组织完成校园建设规划、景观规划设计说明书编制工作，完成对阳光广场、海藻路、西苑校区等区域绿化改造工程，完成对教学楼、图书馆内部维修工作，调整《攀枝花学院公租房租赁方案》，开辟入住手续办理绿色通道，改善单身教职员工住宿条件。

【信息化建设】 学院全面建成万兆校园网，校园网性能得到较大提高。学工综合管理系统、数字迎新离校系统上线，OA 系统和教学基本状态数据管理系统开始招标。学院中英文网站、信息门户、各部门网站群等门户全面建成；投入专项资金 115 万，新增（进入招标中）网络多媒体教室 34 间，建成后网络多媒体教室达 151 间，多媒体教室覆盖率 100%。配合全自动高清录播系统，建设教学资源平台，发布教学视频资源，供师生访问。开展信息技术能力专项培训，以“混合式教学”为抓手推进课堂教学模式改革与实践。启动微课、慕课建设计划，建设自主知识产权的精品课程、优质课、公开课、微课和慕课 55 门，共 1585 节次，容量约 1.8T。建立完善网络教学课件资源网，网络课程 1125 门，注册教师 1148 人，注册学生 10955 人，累计 260 万次浏览。

【附属医院建设】 附属医院门急诊量 624208 人次，同比增长 1.30%；住院人次 33560 人次，同比增长 8.13%；出入院诊断符合率 100%；手术人次 13535 人次，同比增长 10.95%；手术前后诊断符合率 100%；治愈率 69.1%，同比下降 2.21%；好转率 29.0%，同比下降 3.65%；重危病人抢救成功率 89.88%，同比下降 0.24%；住院病人死亡数人 343 人，住院死亡率 1.02%，同比死亡率增长 9.68%；基础护理合格率 100%。

附属医院骨科通过西医省级重点专科验收，肿瘤科获得西医省级重点专科立项建设；8 个中医省级重点专科接受省中医药管理局专家组的巡查和重点专科清理；胸痛中心建设通过胸痛中心认证，成为攀西地区首家通过国家胸痛中心认证的医疗机构。完善科研教学管理机构，成立科教部，下设教务科、科研科、学生科，成立教研室 10 个；建成 2300 平方米临床实训中心 1 个，下设分中心 10 个，设置示范教室 11 个，科研实验室 2 个（细胞实验室、分子生物实验室）；有高校教师 167 人，在院学生 2685 人，全年接收高等院校实习生 300 余人、进修人员 65 人，承担 2 个本科、6 个专科、2 个中职的 80 余门课程，7000 学时教学任务。加强科研管理，全年科研立项 18 项，其中省级以上科研项目 14 项；市科技进步奖获奖 7 项；发表论文 82 篇，其中核心期刊 46 篇；成功申请实用新型专利 3 项。

附属医院继续优化就诊环境，新住院大楼、门诊医技楼、新装修骨科医院全部投入使用，手术室面积由 710 平方米增加到 3354 平方米、ICU 由 602 平方米增加到 957 平方米、供应室由 289 平方米增加到 711 平方米，全部实现净化层流；产科配有婴儿游泳中心，新增 10 间母婴同室单间病房。进一步改善候诊条件，在全市率先建设一站式服务平台，实现便民门诊、咨询、投诉、医保、医务、邮政快递等集成；推进同级医疗机构检查、检验结果互认。加强信息化工作建设，每年按医院业务收入的 5% 进行预算，保障信息化的稳步实施。

【党建工作】 学院扎实抓好政治思想工作。落实党委中心组理论学习、党员学习和教职工政治学习制度，宣传、学习和落实中共十八届五中、六中全会，省委十届六次全会精神和习近平总书记系列讲话精神，召开党委理论中心组学习 10 次，组织教职工政治学习 12 次，开展党员学习活动 7 次。加强干部教育管理工作。制定“两学一做”学习教育活动实施方案和领导班子在“两学一做”学习教育中发挥率带作用的基本标准，明确学习任务和要求。加强党员队伍建设。选拔干部 14 人，调整交流干部 26 人，免去干部职务 13 人，安排干部参与培训学习 125 人次；向上级推荐优秀年轻干部 6 人，4 人通过省级优秀干部人才递进遴选并参加“高校及科研院所管理班”培训，5 人通过市级优秀干部人才递进遴选，2 人参加递进班培训；1 人交流提拔到内江师院任党委副书记兼纪委书记，1 人交流到甘孜州巴塘县任县委常委。抓实基层组织建设。发展党员 218 名；选送党外代表人士参加各类培训和活动 12 人次；完成东区十届人大代表换届、市十次党代会代表选举工作，推荐政协市第八届委员会候选人 8 人、东区政协委员 3 人，协助完成民进攀枝花学院支部和九三学社攀枝花学院支社换届选举工作。抓好党风廉政建设和反腐败工作。召开党风廉政建设大会，签订党风廉政建设责任书；抓好巡视问题整改、自查自纠、反腐倡廉学习宣传教育和党员干部违规收送礼金问题专项整治等工作，对干部进行廉政谈话；落实作风建设要求，继续抓好中央“八项规定”和省、市“十项规定”精神贯彻落实；对调整岗位的10名中层正职干部进行经济责任审计，完成44笔服务性收费审核、100项基建修缮工程项目结算审计。

四川机电职业技术学院

【概　况】　四川机电职业技术学院（以下简称学院）是攀钢集团有限公司（以下简称攀钢）投资举办的一所国家骨干高职院校。学校占地面积约63万平方米，建筑面积约25万平方米，有马家田、金江两大校区，固定资产2.39亿元。

2016年年末，学院全日制在校学生9403人，在职员工569人，其中，专职教师334人。学院教学科研仪器设备资产总值7752万元，设置与专业配套的校内实习室、培训车间和实验室94个，校外实习实训基地262个。图书馆馆藏图书56.54万册。有400米和300米塑胶跑道绿茵运动场各1个，标准游泳池2个，多功能室内体育馆2座。设有机械工程系、电子电气工程系、材料工程系、管理工程系、信息工程系5个教学部门。学院以国家骨干建设重点专业及省重点专业建设为龙头，积极推进专业群建设，着力打造以钒钛资源综合利用为重点的冶金材料、电子电气、机械加工等专业集群，形成冶金钒钛开发、电气自动化技术、机电一体化技术、材料成型与控制技术等40个专业。

【四川机电职业技术学院正式成为国家骨干高职院校】　根据《教育部　财政部关于进一步推进“国家示范性高等职业院校建设计划”实施工作的通知》《教育部办公厅　财政部办公厅关于做好“国家示范性高等职业院校建设计划”骨干高职院校建设项目2015年验收工作的通知》要求，教育部、财政部对2012年度启动建设的30所国家骨干高职院校建设项目组织验收。2月1日，教育部、财政部联合发文，同意四川机电职业技术学院等30所高职院校的建设项目通过验收，成为“‘国家示范性高等职业院校建设计划’骨干高职院校”。

【全国高职院校服务贡献50强】　7月15日，教育部首次向社会发布“服务贡献”作为高职院校教育质量重要项目，此项目设置“毕业生就业去向、横向技术服务到款额、纵向科研经费到款额、技术交易到款额、非学历培训到款额和公益性培训服务”等6项指标，量化高职院校社会服务贡献度，按照顺序，排出全国高等职业院校服务贡献50强，四川机电职业技术学院名列其中，成为四川省获此殊荣的4所高职院校之一。

【精细化管理】　学院大力推进精细化管理，不断优化人力资源，工作效率不断提高；做好公物、设备等基础管理，提高资源利用率；加强环境“7S”管理（整理、整顿、清扫、清洁、素养、安全、节约），校园环境卫生得到较大改观。深入开展节约爱校活动，通过水电管网改造，减少跑冒滴漏现象，学院水电费用较2015年节约水费30余万元。

学院新建驾校金江训练场，新投入10台教练车；成功取得“攀枝花市下岗职工和农民工再就业政策补贴”定点培训单位资质、“攀枝花市初、中、高级驾驶员汽车修理及培训”办学许可证，通过严格管理，驾校取得经济效益。

【职业培训】　学院发挥技能培训优势，主动拓展省内外培训市场，不断提升培训水平和服务质量。完成各类培训、鉴定3.9万人次，培训办班404个。职工培训1.8万多人次，组织35批次、近1.1万多学生参加职业技能鉴定及考试，开展职工技能鉴定3500多人次。承办攀枝花市第四届“百岗万人”职工职业技能大赛开幕式和决赛，组织365名职工参加职业技能竞赛。

学院按照省政府《关于深化高等学校创新创业教育改革的实施意见》文件精神，对在校大学生开展创新创业培训。加强创业孵化园建设，推动大学生创业实践和项目孵化。连续两次承办攀枝花市东区青年大学生创新创业大赛，助推攀枝花大学生“双创”工作，通过创业培训获得攀枝花财政支持。

【党校教育工作】　党校教育培训共承办党群、管理类培训班103个，培训学员5602人，学员培训合格率100%。开展10期攀钢领导人员“能力·素养”高级研修班，9期“两学一做”党委书记、组织部部长和党支部书记轮训班。投资新建4500平方米党性教育拓展基地。组织教师在市、公司宣讲“两学一做”相关理论，7000余人次聆听报告。

【教学和科研】　学院充分应用国家骨干高职院校建设成果，围绕冶金技术等4个省级重点项目推进专业建设，提升人才培养质量和专业服务能力。结合区域经济社会发展需要和企业转型升级，对招生专业进行精准优化，新申报“房地产经营与管理、建设工程管理、工业机器人技术、电子商务”4个专业。围绕“冶金技术”等4个省级重点专业，提高人才培养质量，提升服务社会、产业的能力与水平，获得省财政支持440万元专业建设经费，充实专业建设教学设备。对外公布《2016年度教学质量年度报告》，完成省教育厅关于高职院校人才培养工作状态28万项数据采集工作，启动实践类课程教学质量考核改革工作，对三分之一的实践课程实施教考分离，促进教学质量上台阶。组织完成2000门次的技能证与课程学分互换，促进学生多元化、个性化发展。

在人才队伍建设方面，评选出62名教学名师、专业带头人、教学带头人和管理与服务带头人，每年投入45万元进行奖励。通过“耕耘杯”教学竞赛、高级技师类培训、信息化技术大赛等，形成以赛促学、以赛促教的良好氛围。

学院发挥国家骨干院校的示范作用，组织11位教师参加省教育厅“首批25门省级高职高专通识素质类创新创业教育课程”和全省43所高职院校“110个现代学徒制试点项目”评审工作。按照“高等职业教育创新发展行动计划(2015—2018年)”目标与要求，申报6个项目，新开发课程标准30余个，修订完善课程标准50余个。组织科研课题、教改课题校级结题评审，全年立项、结题7个科研课题。参加攀钢和攀枝花市23个党性教育课题研究，发挥科研智库作用。

【招生与就业】 学院通过“走出去、请进来”等多种方式，加大招生宣传力度，提高学院社会知名度。邀请部分生源地师生来校考察，加强与会理、会东、汉源、西昌、德昌、盐源、邛崃等地的“中高职衔接学校”的沟通，2016年招生3348人。文理科录取分数高出录取线100多分(2015年，文科高出录取线83分、理科高出录取线78分)。成人教育招生人数516人。

强化就业工作，拓展就业基地，新开辟深南电路、成都京东方、中信戴卡等就业基地。先后组织中航锂电、成都铁路局、西昌钢钒等70多家企业到学院专场招聘，全年举行各种招聘会120余场，为毕业生提供5000余个就业岗位。2016年，毕业生2283人，就业2192人，就业率96%。

【职业技能鉴定】 根据省安全生产监督管理局和省安全生产培训协会相关文件精神，结合攀钢安全生产需要，重新修订《安全教育管理标准》、培训负责人职责、计算机考试点考场规则等19项管理制度，汇编成《攀钢安全生产培训中心安全培训条件综合考评材料》，成为攀钢安全生产培训指导性文件。组织参加“鞍钢杯”全国钢铁行业职业技能竞赛攀钢参赛选手选拔和培训工作，完成公司招聘260名干部考核工作和国贸公司全员能力水平考试工作。按照省、市两级安全生产监督管理局和质量技术监督管理局对特种设备作业人员培训要求，组织7546人次参加特种设备作业人员培训考试，办理特种作业人员证书6123个，确保公司特种作业人员持证上岗100%。学院职业技能培训工作顺利通过省安监局、市质检局专项检查评估，获得攀钢通用工种自主培训自主考试工作资格。3503人报名参加技能鉴定，其中技师、高级技师报名479人。开展50个工种1200人职业技能鉴定工作，其中204名攀钢技师、74名高级技师顺利通过考评。组织25名通用工种鉴定考评员参加省职业技能鉴定培训，提高攀钢职业技能鉴定考评员的素质。

【精准扶贫】 攀枝花政府给学院下达定点扶贫米易县草场乡碗厂村的任务，学院成立扶贫领导小组，学院综合管理部为对接扶贫工作牵头部门。学院领导和相关部门先后深入贫困户调研、走访50余人次，与市农牧局、米易县委组织部等4家帮扶单位一起，通过定期召开联席会、落实责任人等开展精准扶贫。为70户贫困户开展种养殖技术培训4场、发放鸡仔苗2100只、米油炊具生活物资70余份；帮助贫困户建房62栋、为特困户发放电视机15台、过冬棉被28床等。碗厂村村委会和村民为学院送来“求真务实促脱贫、倾情奉献暖民心”的锦旗。

体　育

【概　况】 全市体育工作坚持以增强人民体质、提高人民群众健康水平为根本出发点，广泛开展全民健身运动，促进体育产业发展，努力建设体育强市。《攀枝花市全民健身实施计划(2016—2020年)》出台。“四十三届元旦越野赛”“春节趣味体育活动”“十六届元宵登山活动”等重大节日群众体育活动和“8月8日全国全民健身日”“欢乐阳光节”等全民健身群众体育活动蓬勃开展。积极举办和参与大型体育赛事，成功举办全国青年女子垒球锦标赛、全国大学生垒球总决赛、亚洲青年女子垒球锦标赛、第四届全国桥牌公开赛、四川省桥牌锦标赛、四川省晚霞杯桥牌赛、四川省老年人太极拳(剑)比赛等赛事及冠军荣耀中国行走进攀枝花重大活动。依托“四大竞训基地”发展冬训服务业，攀枝花市成为国家、省运动队冬训首选地。

【体育管理服务机构】 新成立乒乓球、跆拳道、羽毛球、棒垒球4个体育协会，全市市级体育协会现有15个；县(区)

级体育行政主管部门5个、体育总会5个、全民健身指导委员会5个、单项体育协会43个;全市44个乡(镇)、16个街办均成立体育健身活动领导机构,44个乡(镇)均建立综合文化站和老年人体育协会;129个社区、352个行政村全部建有文体活动中心(室);全市有健身辅导站261个(其中52个健身气功站点)。全年补贴网球协会、足球协会、桥牌协会、乒乓球协会、棋类协会、羽毛球协会、大裂谷徒步协会等社会体育组织15.8万元,用于开展体育赛事活动。

【全民健身活动】 市教育体育局深入实施《全民健身条例》,推动群众体育活动向纵深开展,引导市民积极参与体育健身活动,扎实开展全民健身系列群众体育活动。组织开展"全市第43届元旦越野赛""春节趣味体育活动""市直机关元宵登山活动""8月8日全国全民健身日""欢乐阳光节"等大型群众体育赛事活动,1万人次参加。3月举办市桥牌锦标赛暨攀西桥牌赛、全市第三十一届门球比赛和老年人桥牌双人赛,4月举办全市第六届羽毛球比赛和市"乒协杯"第一届乒乓球比赛,5月举办四川省业余足球联赛(攀枝花赛区)暨全市第十七届"周末杯"足球比赛,6月举办首届智力运动进社区活动和跆拳道锦标赛。9月举办攀枝花市第一届教育体育系统职工运动会,10月举办全市球类(乒乓球、羽毛球、篮球)职工运动会,10月组织纪念红军长征胜利80周年2016年攀枝花市"重阳节"佳木斯健步操展示活动,12月承办中国第四届桥牌公开赛、四川省"晚霞杯"桥牌赛和全市钓鱼公开赛。3月协助攀钢举办攀钢第四届棋牌比赛,4月协助市直机关举办市直机关篮球比赛,协助四川省农行攀枝花分行举办趣味职工运动会。全年开展各类群众体育赛事活动共60余次,参与赛事活动人数3万人次。

【参加全国体育赛事】 5月,组队参加在浙江开化县举办的全国地掷球锦标赛,荣获1个个人单项第一名、2个团体第四名;6月组队参加在四川宣汉县举办的全国武术太极拳公开赛,荣获2个单项第一名、5个单项第二名、1个团体第二名;7月攀枝花市航模运动员寇刚加入四川省队,参加在新疆克拉玛依区举办的全国航空航天模型锦标赛,获团体第二名;7月攀枝花市桥牌代表队参加在香港举办的城市桥牌锦标赛,获亚军。

【参加省级及以上群众体育竞赛】 市网球协会4月组队参加四川省全民健身网球公开赛,荣获6个第一名、2个第二名、1个第三名;10月27日组队参加在成都举办的第一届全民健身网球公开赛总局赛,荣获3个第一名;5月攀钢组队参加2015—2016年四川省篮球公开赛,荣获全省第八名;5月23—27日组队参加在自贡市富顺县举办的健身气功交流大赛,荣获2个个人单项第二名,1个团体第二名;6月攀钢组队参加在德阳举行的四川省第七届健身秧歌大赛,荣获银奖和优秀组织奖;组队参加在眉山举办的四川省老年人健步操比赛,荣获优胜奖;10月组队参加在内江隆昌县举办的四川省健身技能展示活动,荣获团体第二名;11月组队参加在乐山举办广场健身操舞技能展示活动等。全年参加省级以上赛事27次,获得20枚金牌、23枚银牌、6枚铜牌。

【地市级赛事交流活动】 4月攀枝花市乒乓球协会与凉山州乒乓球协会在西昌市举行攀西乒乓球交流赛;5月组队参加在西昌体育中心举办的"攀粮杯"桥牌邀请赛;8月组队参加在凉山州西昌市举办的第11届云贵川友邻市州男子篮球赛,获第五名。

【体育市场监管】 继续加强体育市场监管和规范体育市场,全年培训、鉴定和考核32名游泳救生员,培训和考核10名社会体育指导员。抓实高危体育项目经营活动监管,3月和5月对全市高危体育项目经营场所进行全面检查,排除安全隐患。定期将高危险体育项目经营场所相关情况通过网站、媒体进行公示,确保高危险性体育经营活动规范开展。

【体育彩票销售】 加大对体彩站协管力度,指导、帮助和监督体育彩票发行销售工作,每月定期听取体彩站工作汇报,建立季度工作简报制度。全年体彩销量达10799.7万元,完成全年总任务的100.84%,同比增长353万元,增长率3.39%,体育彩票人均购买量位列全省第一。

【社会体育骨干培训】 组织体育健身指导员参加国家级培训6人、省级培训44人次、市级培训1000余人次。全年举办太极拳(剑)、广场健身操(舞)、健身气功、乒乓球、排舞培训班9期,培训1000余名基层体育健身辅导员和骨干。举办1期国家二级社会体育指导员培训,培训合格体育指导员100名。

【体育人才培养】 按照《运动员等级制度》《裁判员管理办法》和社会体育指导员确认标准以及证书发放办法等相关法律法规,全年完成82名国家二级运动员确认,审核上报17名国家一级运动员,按时办结率达到100%。选派2名教练员参加国家级业余训练培训,12名教练员参加省级业余训练培训班。市内游泳等项目培训青少年2000余人次。注册运动员1000余名。

【体育产业】 贯彻落实《攀枝花市关于加快发展体育产业促进体育消费的实施意见》,依托"四大竞训基地"和大型体育场馆群，开展各种体育竞赛和表演市场，举办亚洲青年女子垒球锦标赛、全国青年女子垒球锦标赛、四川省青少年垒球锦标赛、全国大学生垒球总决赛、全国大学生棒球总决赛5项棒垒球赛事和冠军荣耀中国行走进攀枝花活动。充分发挥气候资源优势，继续发展冬训服务业，引进国家地掷球队、省举重队、省曲棍球队等15支国家及省级运动队500余名运动员到攀训练。

【体育基础设施建设】 继续加大场馆开放力度，支持公共体育场馆向群众参与体育锻炼免费低收费开放，全年争取到中央、省级体育场馆免费低收费奖补资金200.1万元，全市公共体育场馆免费向市民开放80余万人次。新建成攀枝花市老年人体育活动中心。5月18日下发《攀枝花市全民健身路径管理办法》，全年投入92.6万元市级体彩公益金在全市范围内安装、更换30套全民健身路径、50副篮球架、50张乒乓球桌。利用中央和省级体彩公益金，建设西区格里坪镇和仁和区前进镇农民健身工程和西区龙泉社区多功能社区活动场，更新部分农民健身器材。指导督促东区、西区、仁和区加快文体广场建设，不断改善攀枝花市体育健身设施条件。

【国民体质测试工作】 市教育体育部门在东区、西区、仁和区、盐边县开展国民体质测试6次，1500余人参加体质测试。11月在仁和区和米易县开展500人全民健身状况调查，分析当前不同年龄段人员健身状况，制定可行的全民健身计划，有针对性地指导全市开展全民健身活动。

【冠军走进攀枝花活动】 12月2—3日，由国家体育总局体育文化发展中心支持、攀枝花市人民政府主办、攀枝花市教育体育局承办的2016冠军走进攀枝花系列活动举办。12月2日下午，赵蕊蕊、郑海霞、宋晓波、芦婷到攀枝花市实验学校和武警支队，与师生和官兵们举行冠军见面会，开展冠军指导学生训练、冠军讲励志故事、冠军签名合影等互动活动。2日晚，冠军走进攀枝花启动仪式在市体育馆举行。市长李建勤，市人大常委会主任谢道全，市政协主席单荣，市委常委、统战部部长张敏，市委常委、宣传部部长江海及市级部门和县（区）负责人出席启动仪式。李建勤致欢迎词。启动仪式进行冠军访谈、现场互动、体育表演、文艺演出、嘉宾授牌、现场抽奖等活动项目。3日上午，冠军走进攀枝花全民健身跑在市中心广场举行。张敏出席活动并致词。全民健身跑由孙正平主持。张敏、赵蕊蕊、王镇、郑海霞、宋晓波、芦婷共同为全民健身跑鸣枪开跑。560名健身爱好者和现场部分观众与冠军们一起参与全民健身跑。

【体育“三下乡”活动】 1月23日，市教育体育局到米易县普威镇开展“三下乡”活动，向群众赠送近2万元健身器材和2000余册科学健身、职教、资助、培训、安全等宣传册，现场对部分群众提出的健身问题进行科学解答。

（刘万康　李洪梅）

日报、文化广电新闻出版

攀枝花日报

【概　况】 2016年，攀枝花日报社下辖“两报一中心一厂”：《攀枝花日报》《攀枝花晚报》、攀枝花日报社新媒体中心、攀枝花日报印刷厂。拥有13个媒体平台：《攀枝花日报》《攀枝花晚报》、攀枝花新闻网、“攀枝花日报”微信公众号、“攀枝花微报”微信公众号、攀枝花日报新浪官方微博、“攀枝花晚报”微信公众号、“后来如何”微信公众号、攀枝花晚报新浪官方微博、攀枝花手机报、攀枝花日报数字报、攀枝花日报社户外屏媒、新闻客户端。截至2016年年底，攀枝花日报社在编人员112人（编辑部55人、印刷厂57人），其中专业技术人员73人（正高级职称1人、副高级职称4人、中级职称15人、初级职称53人），大专及以上学历92人；招聘人员39人，其中专业技术人员24人，大专及以上学历38人（2人为研究生）。全年广告收入1200万元；资产总额5131万元，净资产总额905万元；完成《攀枝花日报》2017年订阅数16472份。

2016年，攀枝花日报社及其下辖的各媒体平台始终坚持正确的政治方向和舆论导向，积极主动服务全市经济社会发展大局，不断加强自身党的建设和思想政治建设，努力打造一支让党放心、群众满意的新闻舆论工作队伍，圆满完成各项新闻宣传工作任务，为攀枝花推进“四个加快建设”、持续深化“四区驱动”格局、贯彻落实“四个全面”战略布局，实现在全省高水平率先全面建成小康社会目标提供有力的思想舆论支持。攀枝花日报社获省级及以上新闻奖37件。其中，《攀枝花日报》22件，获一等奖4件、二等奖7件、三等奖10件、优秀版面1件；《攀枝花晚报》15件，获一等奖2件、二等奖6件、三等奖7件。

【宣传中央、省委、市委全会精神】 《攀枝花日报》及时转发新华社关于中共十八届六中全会的公报、社论、全会精神解读及反响等稿件，安排记者采访攀枝花干部群众对全会的反响，同时攀枝花日报微信于全会闭幕当晚在全市首发推送《十八届六中全会公报全文（收藏）》，微博同步推送并置顶，在全市迅速掀起学习贯彻落实十八届六中全会精神的热潮；随后《攀枝花日报》开设“学习贯彻党的十八届六中全会精神”专栏，及时报道全市学习贯彻全会精神的稿件，转发新华社关于全会精神解读的稿件。《攀枝花晚报》开辟专栏和专版，集中推出《全面从严治党，走在时代前列》《中共十八届六中全会在京举行》《释放从严治党最强音——十二大关键词解读六中全会公报》等稿件。

在省委十届九次全会宣传报道中，《攀枝花日报》同步转载《四川日报》关于全会的公报、社论和全会精神解读的稿件，并安排记者报道攀枝花市学习贯彻省委全会精神的稿件。

在市委九届十一次全体（扩大）会议宣传报道中，组织撰写刊发3篇本报评论员文章，从坚定信心、狠抓落实、转变作风3个主题，引导全市上下深入贯彻落实市委全会精神。

【围绕“四个全面”战略布局强化落地，做好“攀枝花文章”】 2016年，攀枝花日报社下辖各媒体紧紧围绕“四个全面”战略布局攀枝花实践这一重点，加强策划，组织记者深入基层采写一批有深度、鲜活的稿件。《攀枝花日报》在全面建成小康社会宣传报道中，继续开设“决胜全面小康　全力精准脱贫”专栏，采写刊发《邓开明是怎样成为“明白人”的》《大山深处上演移山记》《贫困村民“下单”帮扶单位“上菜”》《大火山下的脱贫路》等一批接地气、有深度的报道，为贫困村群众坚定脱贫致富的信心；在全面深化改革宣传报道中，继续开设“全面深化改革进行时”栏目，采写刊登《攀枝花试点推广“信任通关”取得成效　首票报关单顺利结关》《西区加快事业单位养老保险改革》《七大重点改革打造区域教育高地》等稿件，展示攀枝花市全面深化改革的最新成果；在全面依法治市宣传报道中，继续开设“推进依法治市　建设法治攀枝花”“每周一案”等专栏，并结合每年的“国家宪法日”“全国法制宣传日”“国际禁毒日”“六一”儿童节、“三八”妇女节、“3·15”国际消费者权益日、“6·5”世界环境日等节点，设定专题，安排记者采访报道攀枝花市贯彻落实相关法律法规工作情况，先后推出《全市法院司法拘留59名“老赖”》《市中院重拳出击治“老赖”》等一批稿件，展示全市在依法治市方面的新成果；在全面从严治党宣传报道中，继续开设“正风肃纪进行时”“严查群众身边的‘四风’和腐败”“学习贯彻‘两项法规’”专栏，及时转发党中央在全面加强党的建设中的决策部署，及时报道市委关于党的建设和党风廉政建设的部署和最新举措，以及全市党的建设和党风廉政建设等方面取得的实效。同时，日报三微平台紧扣“四个全面”战略布局，及时编发推送有看点的新闻。

《攀枝花晚报》在全面依法治市宣传报道中，持续开设“推进依法治市　建设法治攀枝花”栏目和“法治新闻”专版，重点选取和老百姓生活密切相关的案例，着重进行法理解析，增强稿件的可读性和趣味性；在全面建成小康社会宣传报道中，推出“决战全面小康　全力精准扶贫”栏目，重点推出一批接地气的稿件，为全市精准扶贫营造良好的舆论氛围，起到积极的推动作用。

【宣传市第十次党代会精神】《攀枝花日报》在宣传报道市第十次党代会中，做好会前预热宣传，从9月6日起开设“喜迎市第十次党代会”栏目，刊发稿件近20篇，全面报道各县(区)取得的成就。加强会中报道的策划和组织，除做好“规定动作”外，还做好“自选动作”，开设“基层代表声音”“党代会特别报道·聚焦”“党代会特别报道·焦点”等栏目，采访基层代表，报道他们履职尽责情况以及对全市经济社会发展的建议和意见，实现会议期间宣传报道零差错。强化会后学习贯彻的报道，开设“学习贯彻市第十次党代会精神”“贯彻落实市第十次党代会精神”专栏，刊发《“国”字当头勇亮剑》《一路向南　勇力改革开放前沿》《奋斗，为了增进人民的福祉》《汇聚决胜全面小康的强大力量》等系列评论员文章，推出《乘势而为：仁和发展的“加速度”》《一张脱贫攻坚的“作战图”》等贯彻落实党代会精神的稿件，开设“贯彻落实市第十次党代会精神·县区委书记专访”栏目，推出县区委书记专访。

《攀枝花晚报》开设“喜迎市第十次党代会”“聚焦攀枝花市第十次党代会”“贯彻市第十次党代会精神”专栏和专版，刊发《攀钢拟打造康养旅游旗舰项目》《未来　打造花城新区半小时经济圈》《市民就医幸福感大幅提升》《党代会劲吹节俭务实之风》《英雄之城开启新的征程》《攀枝花今后五年具体目标》等稿件近80篇、图片20余幅。

【“两学一做”宣传报道】《攀枝花日报》强化组织策划，开设“两学一做　党旗飘扬”“两学一做·我为什么入党”栏题，认真宣传报道好全市各级各部门开展“两学一做”学习教育情况。撰写刊发《深化思想认识　增强行动自觉》《夯实基础　抓实关键》《知行合一　汇聚强大发展动力》等系列评论员文章，在全市营造浓厚的舆论氛围；采写刊登《温泉乡的彝语党课》《党员责任扛肩上　群众期盼记心头》《不忘初心　“谱”写党员信念之歌》等稿件；按照学习教育安排，在每个专题学习讨论结束后适时推出综述性文章，总结全市开展学习教育活动的好做法、好经验。同时，结合“党员主题日”活动，派出记者，报道各部门、县(区)开展学习教育的情况；做好典型宣传，以“我为什么入党”为子栏目，引导全市党员不忘入党初衷，不断奋勇前进；在5版县(区)专刊上，推出县(区)开展“两学一做”学习教育的情况，推出《做人民群众的贴心人》《“三个一”助推学习教育》《从群众身边小事做起　从群众关心的事做起》《专题党课推动学习教育》等稿件。

《攀枝花晚报》开设“两学一做　党旗飘扬”“两学一做·我为什么入党”栏题，重点挖掘典型人物，大力宣传优秀党员干部的先进事迹，引起强烈的社会反响，不少市民通过电话、短信等方式为这些优秀党员干部点赞，为在全市上下深入开展“两学一做”学习教育营造良好舆论氛围。

【市两会宣传报道】《攀枝花日报》从政治的高度，切实做好全国、省、市两会宣传报道工作。尤其是在市两会报道中，创新形式，会前推出专题报道，对市两会进行预热。市两会开幕后，除及时刊登会议动态、领导活动外，将更多版面留给代表委员。在二、三版推出市两会专刊，对政府工作报告进行解读，开设“两会观察”“热点大家谈”等专栏，对两会进行全面深度报道。加大会内外信息联系，安排参会记者采写一批高质量的稿件，既确保两会新闻报道的权威性、严肃性，又提升报道的可读性、贴近性。

《攀枝花晚报》在市两会期间推出“攀枝花两会特别报道”，从民生视角，多角度、多层面对两会进行全面深度报道，既有回顾，又有憧憬，广大读者透过数字看变化，并切身感受到在攀枝化生活，幸福指数节节攀升。

攀枝花日报社新媒体中心在攀枝花新闻网上开设专题，“攀枝花日报”官方微博开通“直播两会”特别报道，“攀枝花日报”微信公众号精编推出“一图秒懂政府工作报告”等，不间断、全方位联动发力，引起微友对两会的广泛关注。

【庆祝建党95周年和纪念红军长征胜利80周年宣传报道】 在庆祝建党95周年宣传报道中，《攀枝花日报》开设“纪念建党95周年”专栏，从市、县（区）、基层及企业三个层面，及时报道庆祝建党95周年系列活动，营造浓厚的爱党为党氛围；及时转载新华社有关庆祝建党95周年的稿件，在“庆祝中国共产党成立95周年”总栏题下，设置“民族脊梁”“光辉历程”分栏题，加大宣传力度，尤其是建党95周年临近之际，增加版面，加大发稿密度，掀起高潮；及时转载新华社庆祝建党95周年的消息、习近平总书记在庆祝大会上的讲话全文以及人民日报社论、系列评论员文章等稿件，加大宣传力度；及时报道全市各级各部门收听收看庆祝中国共产党成立95周年大会的情况和学习习近平总书记在庆祝大会上的重要讲话精神。《攀枝花晚报》在庆祝大会召开当天，及时刊发庆祝大会消息，并报道本地广大党员干部和群众收看大会直播的情况。同时，日报、晚报微信及微博均及时推送庆祝大会的盛况。

在纪念红军长征胜利80周年宣传报道中，《攀枝花日报》《攀枝花晚报》及新媒体平台均第一时间刊发庆祝大会的消息。其中，《攀枝花日报》开设“纪念红军长征胜利80周年”栏目，做好前期宣传，不断增加版面，加大发稿密度，形成浓厚的氛围；庆祝大会召开后，及时刊发习近平总书记在庆祝大会上的讲话全文以及人民日报社论、系列评论员文章等稿件，报道全市各级各部门收听收看庆祝大会的情况和学习习近平总书记重要讲话精神的情况。《攀枝花晚报》开设“长征胜利80周年”专栏和专版，及时刊发新华社的相关稿件和图片新闻52篇（幅）；在纪念红军长征胜利80周年大会召开当天，报道本地广大党员干部和群众收看大会直播的情况。

【“四大活动”宣传报道】 11月25—12月3日，2016攀枝花钒钛论坛、中国·攀枝花—东盟国际商贸合作交流暨东盟商团入驻东盟国际商贸城活动、四川省第七届乡村文化旅游节（冬季）暨2016攀枝花欢乐阳光节、中国·四川第二届森林康养（冬季）年会相继在攀枝花举行。在宣传报道工作中，《攀枝花日报》精心组织、周密策划，开设“相约阳光花城　畅享缤纷冬日”“南向门户　开放共赢”专栏，会前、会中、会后的宣传报道层层推进、高潮不迭，并实现零差错。除及时报道“四大活动”前期筹备工作、活动举办消息、专访外，还策划推出《敞开胸怀　开门向南》《攀枝花的美丽乡愁》《阳光花城　一年四季的向往》《追逐冬日暖阳　看风景品美食》4个整版，提升攀枝花“阳光花城·康养胜地”的知名度和影响力。特别是12月3日，《攀枝花日报》原本因星期六只推出4个版，但为确保四川省第七届乡村文化旅游节（冬季）宣传声势持续不断，编委会决定当天推出8个版，其中6、7版以通版的形式，图文并茂地回顾报道文化旅游节开幕式盛况，以及作为活动主会场米易县的康养旅游、乡村旅游、民族文化、旅游景点等。“四大活动”举办前后，《攀枝花日报》共刊发文字稿件68条、图片36幅。

《攀枝花晚报》在“四大活动”举办期间，紧密关注活动举办情况，以百姓视角全方位、多角度对各项活动予以报道，全面宣传攀枝花。

攀枝花日报社新媒体群针对“四大活动”的主题，在前期策划推出钒钛、生态、康养、乡村旅游等一系列特别报道，全面展示攀枝花的“一年六个四季”和“六度”优势，扩大攀枝花的知名度和影响力，引发微友纷纷转发。

【第十一届中国生态健康论坛宣传报道】 《攀枝花日报》从参加论坛的嘉宾抵达攀枝花开始，分别报道嘉宾报到、论坛举办、分论坛召开、专家专访等，并专题策划推出1个整版的攀枝花现代农业发展情况报道。《攀枝花晚报》开设“聚焦第十一届中国生态健康论坛”专版，先后刊发《专家学者把脉攀枝花绿色发展》《嘉宾点赞攀枝花特色水果》等图文报道。

【“9·19”强降雨抗洪抢险救灾报道】 攀枝花强降雨灾害发生后，报社迅速成立抗洪抢险救灾报道小组。《攀枝花日报》第一时间报道省领导对攀枝花灾害的关心和指示，市委对救灾工作的要求等。同时，安排记者深入灾区，及时反映全市各级各部门抗洪抢险救灾、人员搜救、受灾群众转移安置、受灾群众生产生活，以及专家对地质灾害隐患、病险水库的科学分析研判，灾害处置方案措施等方面情况，及时向社会公众发布灾情和救灾信息，并整版报道暴雨灾害中发生的温情故事，刊发通讯《暴雨灾害中挺起的米易脊梁》《为群众筑起一个安心的家》等稿件，切实发挥主流媒体的舆论引导作用。同时，及时报道市委关于灾后重建的政策，大力宣传抗洪抢险救灾及灾后重建中的先进典型，引导灾区群众坚定必胜信心。《攀枝花晚报》抽调精兵强将深入灾区第一线，对受灾损失、抗洪抢险、灾后重建等进行一系列报道，先后刊发《攀枝花至昆明段水害塌方　多趟旅客列车停运或迂回》《我市遭受强降雨灾害　抢险救灾全面展开》《全力抓好防灾减灾　同步启动灾后重建》《让受灾群众尽快恢复正常生活》《把群众生命财产损失降到最低》《一切为了学生上课和群众就医》《给你们敬礼　向你们道谢》等稿件。

【经济工作宣传报道】 面对经济下行压力不断加大的严峻形势，《攀枝花日报》《攀枝花晚报》以稳中求进为基调，持续强化经济宣传，为全市实现稳增长提供强有力的舆论支持。《攀枝花日报》开设“稳中求进开好局”栏目，一季度突出“开门红”报道，年中强化实现“双过半”报道，年底加强“冲刺全年目标任务”和实现“十三五”良好开局的报道，做到阶段报道重点突出，为全市实现经济稳增长起到促进作用。同时，开设“稳中求进开好局·县区行”栏目，精心策划宣传报道方案，组织精干力量参与报道工作，在1版重要位置陆续刊发县（区）委书记专访，各县（区）在三产发展、精准脱贫、重大项目建设等方面取得的可喜成绩，《一块钢板的延展》《一方水果的甜度》《冬日暖阳品味康养魅力》《发到田间地头的“红包”》等稿件见报后收到良好社会反响。开设“稳中求进开好局·项目行”栏目，聚焦攀枝花市重大项目建设进展，坚定全市上下稳定经济发展的信心和决心；“攀枝花日报”“攀枝花微报”微信公众号紧跟重大项目，及时推送项目进展报道，充分发挥媒体融合的强大宣传力量，实现宣传效果最大化。

《攀枝花晚报》开设“稳中求进开好局·项目行取得重大进展”栏目，先后刊发《力争2018年攀枝花至昆明段通车》《2020年2个小时到大理》《火车南站站前基础设施预计11月底将开工建设》《上半年金沙水电站完成投资5.98亿元》《中外名企四川行　阳光花城签首单》《金沙水电站两座跨江索道投用》等稿件，为全市上下战胜困难起到鼓舞士气、提振信心的积极作用。

【民生宣传】　2016年，攀枝花日报社下辖的所有媒体加大对民生热点的关注力度，重点关注交通出行、天气、中高考、开学、驾考等民生新闻，及时反映与百姓生活密切相关的资讯信息，受到市民的普遍关注和好评。

贴近群众做好民生新闻报道。2016年，《攀枝花日报》加大对民生热点的关注力度，重点关注交通出行、天气、中高考、开学、停车位等民生新闻，及时反映与百姓生活密切相关的资讯信息，如《“肚子”饱了“面子”足了》《“攀枝花蓝”这个必须有》《一项人人参与的民生工程》《特色社会：惠及千家万户》等一批反映民生、环境改善、经济社会发展的深度报道，受到市民的普遍关注和好评。同时，着力做好舆论监督类宣传报道工作。如刊发通讯《疯狂违建为何拆不动?》《永福巷夜太黑　政企携手帮解决》等。

《攀枝花晚报》更加关注老百姓身边事，及时回应市民热议的普遍问题，重点帮助呼吁解决老百姓关注的高考、开学、天气、交通、驾考、物管、收费、水电气等都是热点难点问题，得到普遍好评。3月，有读者向晚报反映，称仁和前进镇大渡口村有村民在承包山林地后，私自将山林地作为弃土场牟利。接到举报后，晚报立即安排记者实地进行调查采访，推出《山林坡地变成“弃土场”》系列报道，文章见报后，副市长立即作出批示，引起市林业局、仁和区相关部门的高度重视，并责令责任人修建堡坎，消除安全隐患。在处理群众上访工作中，《攀枝花晚报》注重工作态度和方式方法，使问题得到积极妥善的解决，一方面热情接待，认真听其倾诉，一方面用党的路线、方针、政策和法律法规积极做好疏导工作，化解矛盾，遇事不推诿，不激化矛盾。全年共处理来信来电来访500多个，接待上访群众近百人。

攀枝花日报、晚报微信、微博更加关注当地新闻，增加民生新闻的比重。“攀枝花微报”发布的《OMG，攀枝花下冰雹了!!!》阅读量60733人次，点赞239人次；“攀枝花日报微信”发布的《车子被吹翻、屋顶被掀……昨晚攀枝花发生的事比你想象中严重!》阅读量突破10万人次，点赞675人次。“后来如何”微信公众号坚持每天讲个故事，推送的《朋友圈里一条求助消息，网友为男孩凑“救命血”，几天后……》，网友看到后纷纷伸出援手。“攀枝花晚报”微信公众号坚持以正面宣传为主，先后推送《攀枝花火车南站预计11月底前动工！攀枝花人乘坐“快铁”走南闯北的时代真的要来了》《攀枝花九人探险队成功穿越罗布泊!》《从今天起，她正式升级“国字号”!》《攀枝花登上央视新闻联播头条！霸屏约4分50秒，到底说了啥》《新版驾考培训大纲出炉，攀枝花预计下月起实施！与你有关的干货都在这里》等新闻，受到网友的关注。

【“圆梦行动”特别报道】　2016年是《攀枝花晚报》与市总工会共同发起的公益慈善行动“圆梦行动”的第12个年头。“2016圆梦行动特别报道”共采访报道38名贫困学生不向命运低头，努力求学的励志故事、社会各界和爱心人士的爱心奉献以及捐款动态等，收到社会捐款共计623087元，其中现金捐款240137元、长期协议资助款382950元，定向捐款562687元、不定向捐款60400元。38名通过登报公示且符合救助条件的贫困学生受到资助，圆梦大学。采访报道中，晚报利用“后来如何”微信公众号，连续推送“圆梦行动”贫困学子的励志故事，扩大宣传覆盖面，受到社会各界好评。

【加快传统媒体转型，推动媒体融合发展】　2016年，在攀枝花日报社党委的领导下，传统媒体与新兴媒体加快融合发展的步伐，12个媒体平台有效联动、互相推进，形成“你中有我、我中有你、取长补短”、及时性与深度性互融共进的新闻报道新格局，传播力、影响力有质的飞跃，新媒体“粉丝”量不断增加。

坚持正确舆论导向，加快融合发展步伐。2016年，《攀枝花日报》三微平台按照做有趣的标题、做好看的新闻、做好看的平台的目标，全面推进全媒体融合，让“硬邦邦”的报道变得“有温度”“有血有肉”。更加关注当地新闻的比重，增加健康等民生新闻的比重，加大有趣的、正能量的新闻报道力度，注重策划、选用和突出处理有情怀的报道，增加读者的悦读感，提升媒体的话题制造和舆论引导能力，进一步突出党报作为舆论主阵地的责任和担当。做当天突发重大新闻，重点在本地，也包括国内外、省内外新闻，讲求时效性、现场感，同时配以新闻背景介绍、解读、分析等内容，将突发重大新闻做全、做透。做有价值的时政稿件，解读时政、经济、企业、政策等内容，呈现网端的热点，将网络上的热点集纳精粹，体现新媒体平台独特的新闻选取和深度解读能力，引导网络舆论热点，打造更加悦读、更加人文、更加权威的新型党报新媒体平台。截至2016年年底，“攀枝花日报”微信公众号粉丝数为2.7万，日均发布信息5条；“攀枝花微报”微信公众号粉丝粉为10880人，日均发布信息5条；攀枝花日报新浪官方微博粉丝数为12万人，日均发布信息30条，发布一大批正能量、有影响力的微信。《攀枝花晚报》不断加大新媒体的建设力度，通过策划开展营销活动，提高新媒体的舆论引导力、影响力、传播力和公信力。晚报社联合东区总工会联合开展“最美劳动者”评选活动，晚报官微发起投票活动，先后有15万人次参与投票；颁奖晚会举办中晚报新媒体在现场开展互动抽奖活动，受到活动主办方、读者的好评。同时，晚报还策划并开展“红蜻蜓杯全市中小学生诗歌大赛”，以文学的方式在孩子们的心中播下梦想的种子。学生踊跃参加比赛，共有1200余篇来稿，纸媒和新媒体同步推出报道和诗歌选登，获得广泛的社会关注和认可。截至2016年年底，攀枝花晚报官方微信的粉丝量最高达到19000多人，晚报官方微博粉丝量近30000，“后来如何”微信公众号粉丝量达到67000多人，既取得良好的宣传效果，也为晚报的成功转型奠定较好的基础。

规范发布流程，做有责任的新媒体。攀枝花日报社新媒体平台进一步增强政治意识、大局意识、责任意识，加强稿件的把关，确保新闻导向正确、出版安全，所有稿件发布均实行“三审制”，即各平台编辑为“第一审稿人”，新媒体平台负责人为“第二审稿人”，值班总编为终审。此外，对于重要题材、重大稿件，还须由报社分管副总编辑或报社总编辑审核。攀枝花晚报新媒体平台建立一整套稿件编发制度，从选稿、编稿、审稿到发稿都有规范的操作流程，2016年未发生重大新闻安全事故，在全市各重大会议报道中实现零差错。在选稿方面，须在每周的编前会上报告，将拟好的题材报出，经编前会审定后方可使用。在编稿方面，要求编辑须熟用编稿软件，能够处理编稿过程中产生的技术问题，确保编稿过程中不出现技术性差错。在审稿方面，建立从值班编辑、审稿编辑再到值班总编的“三审制”，严密把关堵漏洞，确保不出现重大新闻安全事故。在发稿方面，坚持发稿前通读全文，增强值班编辑的使命感和责任感。

强化媒体融合技术支持，加快推进项目建设。2016年，攀枝花日报社新媒体中心以“实现全媒体融合，打造全记者媒体，建设一支新型媒体队伍，建成攀西地区强大的传媒平台”为目标，按照报社制订的“五步走”媒体融合发展战略，将工作重心转至对新媒体平台的技术支撑，强化媒体融合技术的研究与开发。2016年年底，攀枝花日报社“五步走”战略完成50%。攀枝花日报社列入四川媒体融合重点项目的“攀枝花新闻中央厨房集成系统”项目正加紧建设，已完成前期项目论证、技术平台调研、选型，正进行公开招标工作。报社将以该项目为抓手，结合推进事业单位分类改革和文化体制改革，通过流程重构、机构重置、队伍重建、利益重分，构建全天候、融媒体平台，建成攀西地区强大的新型传媒平台。

（毛哲先）

文化广电新闻出版

【概　况】 攀枝花市文化广电新闻出版系统有在职职工435人，其中正高职称5人、副高职称44人、中级职称170人、初级职称110人。市文化广电新闻出版局机关有在职职工34人，其中行政人员31人、机关工勤人员3人。市编办批准内设机构12个：办公室、文化艺术科、文化市场管理科（文化产业科）、文化遗产保护科、新闻出版与版权科（攀枝花市“扫黄打非”工作领导小组办公室）、广电宣传管理科、广电科技与事业科、电影与传媒机构管理科、行政审批科（政策法规科）、人事科、计划财务科、党委办公室（统战科）。

攀枝花市辖县（区）文化广电新闻出版行政管理机构有5个：东区文体广电新闻出版局、西区文化旅游广电新闻出版局、仁和区文化广电新闻出版局、米易县文化广电新闻出版局、盐边县文化广电新闻出版局。

攀枝花市文化广电新闻出版局有直属单位10个：攀枝花市文物局、攀枝花市文化市场综合执法支队、攀枝花市广播电视台、攀枝花市有线电视信息中心、攀枝花市图书馆、攀枝花市文化馆、攀枝花中国三线建设博物馆（攀枝花市博物馆）、攀枝花市文艺创评室、攀枝花市文化艺术中心、攀枝花市广电节目广告中心。

全市基本实现市、县（区）有图书馆、文化馆，乡镇有综合文化站，村、社区有文体活动室的四级文化服务网络，并全部免费开放。有公共图书馆6个、文化馆6个，博物馆2个，纪念馆2个，市级专业演艺公司1个，市级广播电视台1家、县级广播电视台3家；市级办有综合性广播节目两套，每天自办节目达到30小时；电视节目3套，每天自办节目2.4小时。广播电视节目基本实现全域覆盖，全市有线电视数字化率达到98%，市、县(区)自办节目覆盖率达到87%。

2016年，经国务院办公厅批准，四川攀枝花三线建设博物馆正式命名为“攀枝花中国三线建设博物馆”。创作《孝敬爸妈请带到攀枝花》《太阳鸟飞起来》等优秀文艺作品200余件。“舞动彝乡”荣获四川省第二届百姓广场舞大赛一等奖，新民歌歌曲《梦回马鹿寨》荣获第二届西南民歌展演活动最高奖——十佳创作作品奖。攀枝花市广播电视台汽车电台位列“广播电台移动传播百强榜”第84位，跻身全国百强电台。广播剧《永远的攀枝花》荣获第十六届中国广播剧研究会广播剧专家奖、连续剧金奖。

公共文化服务场所全部免费开放，每天一场广场“大家唱”“大家跳”活动，每周一场公益文艺演出、一堂“攀枝花市民讲坛”，每月一场公益电影进乡村、社区，已经是群众文化生活常态。

艺术创作

【音乐创作】 新创作、执排和改编复排音乐作品29个，恢复、学演器乐曲《歌唱祖国》《快乐女战士》《我爱你中国》《我的祖国》；重奏曲《情深意长》《海顿D小调》《帕萨卡里亚》《多瑙河之波圆舞曲》《夜雾下的幽会》《弦乐小夜曲》《嬉游曲》；钢琴独奏《彩云追月》《狩猎》；套曲《四季》；女声独唱《洪湖水，浪打浪》；新创歌曲《孝敬爸妈请带到攀枝花》《千朵万朵似红霞》《风雨中的树》《追随着您》。

【舞蹈创作】 编排舞蹈《舞动彝乡》《织梦》，创作演出戏曲歌舞《中国你往高处走》《砥砺铸辉煌》。

【戏剧创作】 新创、学演小品《西游新记》《粑耳朵》《紧要关头》《夕阳无限好》《语言问题》《人情》《医者仁心》《马上有钱》，京剧折戏《三岔口》《小放牛》；川剧折戏《花田写扇》《秋江》《做文章》《发配沧州》《杀狗》《挂画》《长亭铡侄》《迎贤店》；新创大型乡土话剧《还愿》在盐边县公演，大型儿童剧《裂谷奇兵》在深圳市盐田区公演。大型儿童剧《裂谷奇兵》、大型话剧《大三线·攀枝花》两部作品参加“四川省重点签约剧目”遴选，新创小品《大山枣儿红》、现代川剧《金芒果》等12个小戏小品参加“四川省第九届戏剧小品剧本比赛”。

【文学作品】 长篇纪实文学《三线蔬菜密码(攀枝花篇)》正式与中国作家协会签订重点作品扶持合同。编辑出版《攀枝花文化精选2013—2015》《直面灾难　这里仁和》《阿依乌芝》《乡土纳拉箐》《乡土攀枝花》《活在自己的世界里》。完成4期《攀枝花文化》的编撰工作。

艺术表演

【演　出】 2016年，公益演出场次达100场以上。主要有攀枝花市2016年春节团拜会文艺演出、“迎新春广场系列文艺演出”、第七届“金沙放歌”攀枝花市群众广场舞蹈展演、“戏曲晚会”12场、花城音乐会12场，中国文化遗产日、“八一”建军节、国庆、红军长征胜利八十周年等节庆期间开展群众文化演出活动。

【获　奖】 广场舞《舞动彝乡》参加中共四川省委宣传部、四川省文化厅、四川省新闻出版广电局主办的“舞动天府欢跃四季”四川省第二届百姓广场舞大赛荣获一等奖和最佳人气奖两项大奖；新民歌《梦回马鹿寨》在文化部全国公共文化发展中心、四川省文化厅主办的“天籁之音·石海之约”第二届西南民歌展演系列活动中荣获最高奖——十佳创作作品奖，原生态作品《戴喳德》获优秀展演奖；音乐作品《妈妈的歌谣》在四川省人力资源和社会保障厅、四川省文化厅主办的四川省第二届农民工原创文艺作品大赛中获音乐类优秀奖；舞蹈《织梦》参加四川省第二届残疾人文化艺术节并获舞蹈类比赛优秀奖；川剧折子戏《挂画》在四川省委宣传部、四川省文化厅、四川省振兴川剧领导小组主办的四川省第三届青年川剧演员比赛中荣获表演三等奖，青年演员李维友、赵果、彭奕涵等3人获决赛入围奖、观众最喜爱演员奖，攀枝花市文化艺术中心荣获传承奖。

美术·书法·摄影·展览

【美术作品】 创作《风景》《读》《静物》《花鸟扇面》《山水六尺条幅》《山水斗方》《初绿》《相随》《秋来》《暮行》《只许佳人独自知》《聊斋．香玉》等美术作品12件。曹彦峰国画入选四川省第二届群星璀璨美术书法摄影优秀作品展及《纪念红军长征胜利80周年》区域文化合作城市文化馆群众美术和书法作品主题联展；王文革油画作品入选2016“里应外合”首届峨眉当代艺术国际邀请展和中国艺术联盟主办的2016第一季中国形而上当代艺术展。

【书法作品】 创作《毛泽东清平乐会昌》《苏东坡前赤壁赋》《刁亚中诗一首》《郭景林永遇乐盐边》《张喜全临江仙渔门颂》《谢铭传西江月二滩水电站》《唐洪光人月圆秋日二滩》《王维山居秋暝》等书法作品8件。李晓华书法作品入选四川省第二届群星璀璨美术书法摄影优秀作品展及《纪念红军长征胜利80周年》区域文化合作城市文化馆群众美术和书法作品主题联展。

【摄影作品】 拍摄《一叶知秋》《绿石林景色》《笮山风情》《寂静的岁月》《荷香》《裂谷春早》《雅砻江畔木棉红》等摄影作品17件。

【展　览】 2016年,开展各种美术、书法(摄影)作品展共8次:政协十省十九市书画联展、成都市—攀枝花市2016年区域文化合作项目之美术书法交流展暨采风写生活动、攀枝花市2016年迎春书画摄影展、“5·18攀枝花名家书画作品展”、“六一”儿童节书画展、“美术高考优秀学员作品展”“纪念红军长征胜利80周年”美术书法作品主题联展、第六感·ESP——成都画院专职艺术家美术作品展;开展文物展1次:“成都华珍藏羌文化博物馆赴攀枝花文化交流专题展”。

群众文化

【公共文化服务体系】 2016年,继续免费开放6个图书馆、6个文化馆、1个博物馆,2个纪念馆、44个乡(镇)综合文化站。市委、市政府印发《攀枝花市加快构建现代公共文化服务体系的实施意见》;开展“攀枝花市民讲坛”42期,在市图书馆多功能报告厅举办讲座外,还开展讲坛乡村行、社区行、校园行,扩大讲坛的覆盖面和影响力;在市中心广场组织“大家唱”270场,“大家跳”260场;开展“周末写生”活动50次;由市农村及社区公共文化服务运行管理领导小组办公室牵头,市文广新局、市委组织部、市财政局、市民政局、市体育局等相关成员单位人员组成考核小组,对攀枝花市各县(区)2014~2015年度农村及社区公共文化服务运行管理工作进行实地考核。

【公共图书馆】 市图书馆认真做好读者接待工作,每周开放78小时。全年共接待读者25万余人次,新办借书证904个,图书流通借出69323册(次),流通还回68220册(次);全年共交新书6008册,做新书通报12期;收集地方文献252册,地方期刊21种126册,地方报纸8种。接受读者赠书121册。举办文化信息资源共享工程网络培训5次。新建馆外借书点4个,为馆外借书点轮换图书2000余册。加大下基层辅导工作,对“春芽书屋”、马鹿寨村图书室基层借阅点开展走访调研和业务辅导,与米易县9个贫困村开展“结对帮扶”活动,为基层图书室赠送书刊3000余册。开展农家书屋管理员、文化专干、社区文体辅导员业务培训2次。举办2016“书香花城”全民读书节活动,开展国学经典诵读、优秀图书展、精品苴却砚展、图书捐赠等系列活动。组织开展“攀枝花市首届中小学生诗歌大赛”“元宵猜灯谜”“智力打擂台”、妙笔画春天、迎春绘本故事会、新春美文赏析交流、“小小图书管理员”上岗实践活动、“你荐书我买单”、唐诗宋词吟唱会等20余次;开展图书漂流活动;开展网上图书馆推广活动,为读者搭建互动平台,利用市图书馆微信公众平台、市图书馆网站、“攀图书友会”QQ群等新媒体及时发布攀枝花市民讲坛预告、市图书馆活动信息及新书资源等,为读者提供快捷便利的服务。举办《庆祝中国共产党成立95周年》《纪念红军长征80周年》等图片展7次。本馆自编刊物《攀图动态》重新改版更名为《阅读》,及时宣传报道攀枝花市图书馆界的新闻动态。新装修阅读交流中心,增加阅览坐席,给读者提供更好的阅读环境和交流场地。

【文化馆事业】 市文化馆坚持开展免费开放项目7项以上。开展“大家唱”“大家跳”。开展“大家唱”270场,参与演唱6000人次,观看群众万余人次;“大家跳”260场,参与78000人次;文化馆民乐队坚持每月2次在市中心广场开展现场演奏、演唱、教唱等群众文化系列活动。免费接待单位、个人来馆排练、学习、培训和观展1.1万余人次、790余场次。坚持开展“周末写生”活动,全年50次,共计600余人次参加活动。坚持开展“摄影艺术沙龙”活动,全年6次,共计200余人次参加活动。到米易普威镇新龙社区送歌舞、图书、报刊资料;到贫困村开展2场精准扶贫送文化下乡演出,并开展“公益指导员”文化服务结对帮扶培训工作。深入开展“送文化　下基层”文化惠民活动,全年派出业务干部下基层辅导500余人次,辅导基层单位30余个、基层群众约10500人次以上,累计全年辅导基层单位1万余人次。

【全民阅读】 为打造“书香花城·全民阅读”品牌,以“全民阅读、全民参与”为目标,让阅读走进千家万户,攀枝花市制定《攀枝花2016年全民阅读活动工作方案》,以各种活动为载体,组织开展全民阅读“进家庭、进社区、进校园、进农村、进企业、进机关”活动,重点开展“书香校园”和“书香之家”创建活动。举行“光明书香节”“书香花城”全民读书节、优秀图书推介、青少年爱国主义读书教育讲故事、演讲比赛、“花城悦读·农民读书月”“中华经典诵读会”、出版物惠民促销、送书下乡等活动。在“传承中华文化　共筑精神家园”青少年爱国主义读书教育活动全国比赛中,米易县第一小学的王俊博获得全国小学生讲故事比赛一等奖,攀枝花市二中的李荣欣获全国征文比赛一等奖,攀枝花市二十六中小学的后锦翔获全国青苗网知识竞赛优秀奖,攀枝花务本中小学的曾露获四川赛区中学生演讲比赛三等奖,攀枝花市第十六小学的李姝含获征文比赛网络奖。攀枝花市三中王延华家庭入选第二届全国“书香之家”，新华文轩出版传媒股份有限公司攀枝花购书中心被评为全国书业2016年度“十佳大书城”。市教育体育局、东区文体广电新闻出版局、米易县图书馆获得四川省委宣传部、四川省精神文明建设办公室、四川省新闻出版广电局、四川省全民阅读活动指导委员会办公室2016年度“书香天府·全民阅读”先进单位。

文化遗产保护

【文物保护】 攀枝花开发建设纪念馆、大田会议纪念馆不断加大日常管理力度，走访征集相关文物，充实文物展陈内涵，全年免费开放接待参观者9000余人。大田会议纪念馆文物储藏室及挡墙、围墙修缮工程通过验收。刘家印子房文物主体修缮工作完成。根据《中华人民共和国文物保护法》，对攀枝花市10处省级文物保护单位、19处市级文物保护单位设立保护标志碑。市人大常委会对回龙湾洞穴遗址、下湾遗址、拉鲊古渡、营盘山古军营、曾毛氏贞节牌坊、曹家大院等20余处文物保护单位进行实地考察，开展专题调研，形成《关于攀枝花市历史文化保护情况的调研报告》，对攀枝花市历史文化保护工作起到很好的促进作用。北京大学考古文博学院书记、著名考古学家王幼平教授、四川省文物考古研究院旧石器研究专家郑喆轩、万靖先后对攀枝花市回龙洞遗址文物保护与研究进行考察调研。

【第一次全国可移动文物普查】 全面完成攀枝花市第一次全国可移动文物普查工作，攀枝花市共普查国有单位1416家，共普查登录文物7287件(套)，基本摸清掌握全市可移动文物情况。攀枝花市文化广电新闻出版局获四川省人力资源和社会保障厅、四川省文化厅授予的四川省“第一次全国可移动文物普查工作先进集体”称号。

【攀枝花中国三线建设博物馆】 2016年4月，国务院办公厅批复同意将四川攀枝花三线建设博物馆冠名为“攀枝花中国三线建设博物馆”，这是攀枝花市区域文化高地建设和三线建设文化品牌打造取得的又一重大成果，也是攀枝花市新增的一张“国字号”响亮文化名片。博物馆全年接待参观者近35万余人次，发挥较好社会效益。6月25日上午，“攀枝花中国三线建设博物馆揭牌仪式暨重温入党誓词·弘扬三线精神”主题活动在博物馆广场隆重举行，全市党员代表、党员劳模等1200余名共产党员同台宣誓：传承弘扬三线建设精神，在攀枝花发展新征程书写崭新篇章。四川省人民政府副省长杨兴平、国家文物局副局长关强、攀枝花市委书记张剡在揭牌仪式上致辞。国家文物局博物馆与社会文物司司长段勇、四川省文化厅副厅长王琼、中共四川省委统战部机关党委书记魏在田、省委机构编制委员会办公室机关党委书记蒲善明、省党委党史研究室机关党委书记郭生春、省文化厅博物馆与社会文物处处长李蓓、中国三线建设研究会副会长、原国家计委三线办主任王春才，国务院参事室特聘专家、中国社会科学院当代研究所研究员、中国三线建设研究会副会长陈东林，中国三线建设研究会常务理事、中国三线建设文选《三线风云》主编倪同正出席揭牌仪式。杨兴平、关强、张剡、王琼、陈东林、蒲善明共同为“攀枝花中国三线建设博物馆”揭牌。

发挥攀枝花中国三线建设博物馆历史文化传承、宣传教育阵地的作用，先后举办“成都华珍藏羌文化博物馆赴攀枝花文化交流专题展”“七月流火·纪念中国共产党成立95周年”暨东区、仁和区摄影家协会联合摄影展、十省(区)十九市政协第十四届(攀枝花)书画联展等展陈活动。

【非物质文化遗产保护】 组织开展第三批市级非物质文化遗产代表性传承人评审工作，经市级“非遗”专家评审委员会评审，确定公布8名第三批市级非物质文化遗产代表性项目代表性传承人。完成《攀枝花市非物质文化遗产集藏》编撰工作，全书收编攀枝花市各级“非遗”代表性项目58项，全面反映攀枝花市非物质文化遗产存续的真实现状，为攀枝花市非物质文化遗产的进一步挖掘、抢救和传承保护提供翔实的第一手资料，也是对攀枝花市10年来“非遗”保护工作成果的总结与展示。6月8日，“中国文化遗产日”期间，攀枝花市在中心广场举办攀枝花市非物质文化遗产保护成果展，展示攀枝花市丰富的非物质文化遗产成果，让更多的人了解并加入到非物质文化遗产保护行列中来。

印刷·出版·发行

【印　刷】 全市共有印刷复制企业(含打字复印店)319家、印刷企业42家，其中出版物印刷企业5家、包装装潢企业6家、其他印刷企业31家，打字复印店277家。

【出　版】 全市共出版报纸4种，总印数1925.8万份；总印张32576千印张；出版期刊2种，总印数1.5万册；有报刊型内部资料32家，省内报刊社驻攀记者站2家。

【发　行】 全市共有出版物发行单位224家。其中：书刊零售店、音像制品零售、出租店182家，出版物连锁经营企业直营门店5家(新华文轩)，邮政系统报刊亭37家。

文化市场

【概　况】 2016年,全市共有文化市场经营单位893家,其中电影放映场所8家,印刷复制企业319家,互联网上网营业场所149家,歌舞娱乐场所211家,艺术品经营单位8家。

【版权保护】 加强版权宣传培训,举办各种版权宣传活动10余次,提高公众识别侵权盗版能力,增强全民知识产权保护意识。2016年,攀枝花市在国家及省版权事务中心新登记文字、美术、摄影、音乐等作品版权1642项。全市共拥有各类作品登记1768项。

【文化产业】 2016年,争取四川省文化产业发展专项资金100万元(攀枝花市阳光诗社文化传播有限公司"攀枝花故事"钛文化创意产品研发项目30万元,攀枝花太阳鸟文化传播有限公司苴却石雕特色文化产品开发项目70万元)。推荐东区渡口记忆文化创意产业园、西区西佛山佛教山水养生文化区、仁和区金海苴却砚文化旅游区、仁和区苴却石特色旅游产品开发、仁和区《看见迤沙拉》民族歌舞剧、米易县傈僳情韵阳光康养文化旅游区、盐边县"国圣"茶文化传承推广体验中心等项目申报2016年度四川省文化厅重点文化产业项目。推荐"三线之光"—"三线建设"音乐会、大型音乐魔幻童话剧《裂谷奇兵》第二季、攀枝花市本土原创音乐孵化中心、音乐活化石——迤沙拉谈经古乐等项(节)目申报四川省重点音乐产业项目。攀枝花太阳鸟文化传播有限公司"千砚工程"、攀枝花市阳光诗社文化传播有限公司"攀枝花故事"钛工艺制品和文化旅游纪念品、盐边县大笮风特色农业开发有限责任公司"大笮文化"系列特色产品入选四川省首批文化创意产品推荐名录。苴却砚文化产业园区成功入选文化部《2016中国文化产业重点项目手册》。

组织相关企业参加2016年第十二届中国深圳国际文化产业博览会,其中金海苴却砚文化旅游区项目作为四川省重点推介项目之一参加文博会专场招商推介活动。组织攀枝花敬如石艺有限公司、攀枝花市阳光诗社文化传播有限公司、攀枝花龙寻固彩沙画有限公司等企业积极参加第八届中国西部(西安)文化产业博览会和2016年第三届成都创意周活动。

【行政执法】 2016年,全市各级文化市场监管和执法机构继续强化监管和执法工作,以日常巡查监管、继续打击网吧非法接待未成年人、规范出版物市场和文化市场安全工作为重点,先后开展元旦、春节、人代会、政协会,期间进行文化市场专项整治、暑期文化市场专项检查、网吧专项整治、娱乐场所专项检查、校园周边文化市场专项整治行动、"扫黄打非"五大专项检查、印刷业专项检查、安全隐患排查、禁毒防艾以及"保考禁噪"等一系列专项治理工作。全年全市共出动执法人员14423人次,检查各类经营场所7200家(次),其中检查演出市场8家(次),电影放映单位54家(次),艺术品市场47家(次),电子游艺场所143家(次),歌舞娱乐场所1958家(次),互联网上网服务营业场所2932家(次),书报刊841家(次),音像店235家(次),印刷复打印店913家(次)。责令改正158家(次),办理案件38件,收缴各类非法出版物880余件,卫星天线锅盖等非法电视网络接收设备50多套,罚款7万余元。

【"扫黄打非"】 建立完善全市"扫黄打非"工作体系,持续开展"清源2016""净网2016""护苗2016""秋风2016""固边2016"五大专项行动和其他专项治理,取得明显成效,为攀枝花的政治稳定、文化安全,推动社会主义精神文明建设做出积极的贡献。组织市公安局网监支队查处一起涉嫌传播淫秽视频、图片、文件案。全面启动"扫黄打非"工作网格化管理,注重"扫黄打非"进基层工作,深入推进"扫黄打非"进农村、进社区、进企业、进学校、进景点"五进"工作。

广播影视

【广播电视宣传】 2016年,全市广电媒体围绕市委、市政府中心工作,紧扣"四个加快建设"和"四区驱动"战略部署,打好各项重大宣传战役,认真做好"两会"、经济发展新亮点、稳中求进开好局、精准脱贫、"两学一做"、城市转型发展、生态文明建设、市第十次党代会、庆祝中国共产党成立95周年、纪念红军长征胜利80周年等重大宣传,广播电视宣传工作重点突出、形式鲜活、有声有色,取得良好的宣传效果。全市广播电视工作者坚持以人民为中心的创作导向,进一步提高广播电视宣传水平和节目质量,坚持唱响主旋律、传递正能量,大力弘扬社会主义核心价值观,深入开展广播电视绿色频率频道创建活动,广泛开展"深入生活、扎根人民"主题实践活动,热情讴歌攀枝花改革开放生动实践、人民群众美好生活,确保广电新闻宣传舆论导向正确,舆论引导有力,为攀枝花在全省高水平率先全面建成小康社会营造良好的舆论氛围。

组织完成第二十届攀枝花广播电视节目奖评选工作,从全市广播电视播出机构选送的74件作品重评选出54件获奖作品,其中广播节目优秀奖10件、提名奖12件,电视节目优秀奖11件、提名奖21件,电视短消息《世界最大山地光伏发电项目首期工程并网发电》、广播新闻专题《攀枝花:钒钛产业逆风飞扬》等21件作品获得优秀奖;电视连续(系列）报道《芋头滞销事件（上、中、下）》、广播评论《马路停车费不应该是笔糊涂账》等33件作品获得提名奖。组织向省新闻出版广电局和省广播电视学会推荐2015年度四川省广播电视节目奖（新闻类）评选作品，攀枝花市共选送17件作品参评，有13件作品获奖。其中，电视优秀新闻专题《米易小伙世界技能大赛夺金》、电视优秀评论《“低头”的危险》2件作品获得优秀奖；广播优秀长消息《党校田间课堂培育新型农民》、电视十佳新闻栏目（含新闻节目编排）《新闻天天看》等11件作品获得提名奖。

9月，在“2016年中国广播剧研究会年会暨第十六届广播剧专家评析、第十届广播剧论文专家评析颁奖典礼”上，由市广播电视台制作的广播连续剧《永远的攀枝花》在全国80多部广播剧作品中脱颖而出，荣获全国金奖。11月，市广播电视台对农广播频率和电视新闻综合频道，被授予“四川省第三届广播电视绿色指数达标单位”称号。2016年，市广播电视台在中央台播出广播新闻11条、电视新闻10条；在四川省广播电视台广播新闻273条、电视新闻205条。

【事业建设】 2016年，全市建成14个地面数字电视补点基站和地面数字电视备份系统，其中米易县1个、仁和区13个。四川省新闻出版广电局下拨攀枝花市2000套地面数字电视机顶盒。20个退出贫困村全部按标准建成村级广播室。全面完成全市36个农村广播电视公共服务网点建设，能为周边农村广播电视用户提供方便快捷的服务。截至年底，全市建成43个乡（镇）广播站、352个村级广播室（含9个社区）；建成139座地面数字电视基站，其中西区2座、仁和49座、米易34座、盐边54座，能保障近6万户偏远山区农户接收到本地广播电视节目。2016年脱贫攻坚任务涉及的3个县（区）20个贫困村、1340户农户全部实现广播电视户户通。

市广播电视台完成“三微一端”建设，盐边县完成“微信”“微博”平台建设，米易县完成“微信”平台建设。以攀枝花手机台为代表的新媒体产品受到越来越多的群众关注，2016年各新媒体平台用户总量超过27万人，市广播电视台发展新媒体经验做法受到国家新闻出版广电总局肯定。市广播电视台投入840万元，完成所有非编系统和摄像机高清化升级改造，完成全台网升级改造及高清播出平台建设，采、编、播系统全部实现高清化，为广大观众提供优质的本地高清电视节目。

【电影管理】 做好农村、社区、学校电影放映工程，全面实现每村每月放映一场公益电影目标，全市351个行政村放映4212场公益电影；社区公益电影全面实现每社区每月放映1场公益电影目标，全市130个社区放映1560场公益电影；学校公益电影实现在全市122所有条件放映的学校每学期放映2场公益电影，全年放映488场。加强院线管理，开展农村数字电影放映员培训，提高公益电影放映质量。公益电影放映实时监控。制定攀枝花市、县（区）影院建设总体方案，积极探索本地城市影院市场运营模式。全市已建成城市数字影院6座，实现票房收入3520余万元。

【安全播出】 2016年，市广播电视监播中心监播系统数字化升级改造工程完成，全面提升攀枝花市广播电视安全播出保障能力。严格按照国家和四川省新闻出版广电局对广播电视安全播出工作的要求，进一步查漏补缺，明确职责，完善制度，落实措施，全面提升安全保障和应急处置能力，确保日常及各重要保障期间广播电视安全播出，实现零停播、零插播，全年未发生任何安全播出事件、事故。

（杨　忠）

卫计工作

卫生工作

【概　况】 全市共有各级各类医疗卫生机构1060个。其中:国家三级甲等综合医院2所,三级甲等中西医结合医院1所,三级甲等专科医院2所,三级乙等综合医院1所,二级医院8所;疾病预防控制机构6个,卫生监督机构6个,医学科学研究机构1个,采供血机构1个,计划生育指导机构2个;社区卫生服务机构46个,乡镇卫生院43个。全市共有床位9867张,2016年全市共有卫生技术人员达10171人,其中:执业(助理)医师3895人,注册护士4481人。

【医药卫生体制改革】 新型农村合作医疗。新农合筹资标准提高到540元/年,其中政府补助标准提高到420元/年。推进异地就医即时结算,攀枝花市与80家省级定点医疗机构实现异地即时结报。2016年,全市参合率达99.81%,政策范围内住院费用报销比77.98%,实际报销比66.66%。改革支付方式,在按项目结算基础上,增加按单病种付费结算模式。

药械保障机制改革。攀枝花市利用四川省药械集中采购监管平台,对全市基本药物采购情况进行实时监控;落实现场督查、定期考核、药品集中采购通报等监控制度;执行通报制、约谈制、限时整改制和责任追究制等管理措施,全市公立医院医用设备实行网上备案及价格查询管理。全市政府办基层医疗机构、村卫生室实施基本药物制度覆盖面100%,政府办基层医疗卫生机构药品、高值医用耗材和医用试剂网上采购率100%,药械集中采购考核积分99.9分。

公立医院改革。推行"一院一策",城市公立医院在法人治理结构、收入分配制度、人事管理、后勤服务等方面进行改革试点。破除以药补医机制,制定《关于开展公立医疗机构药品管理改革的指导意见(试行)》,在十九冶医院开展药品管理改革试点工作。

【区域医疗卫生高地建设】 攀枝花市中心医院申请成为大理大学非直属附属医院。市二医院职业病防治科创建省级重点专科。市妇幼保健院通过三甲复审;市妇幼保健院纳入全省人类辅助生殖技术服务机构规划。市中西医结合医院门诊大楼投入使用,胸痛中心顺利通过国家胸痛中心认证。落实成都中医药大学与攀枝花市人民政府签订的校地战略深化合作协议,实行联合带硕,全市医疗机构接受成都中医药大学本硕连读实习生39人。组织11名院级领导干部和9名重点专科负责人分两批赴华西医院挂职进修培训。

【卫生应急】 参与攀枝花"9.19"抗洪抢险应急处置,开展灾后医疗救护和卫生防病工作,出动医疗救援车辆10辆,医务人员30人,救治受伤群众20人,其中重伤员5人。派出卫生防疫和执法监督人员200余人次,指导灾区开展1.5万余平方米的消毒、杀虫和灭鼠等卫生措施,实现大灾之后无大疫。组织市精神卫生中心3批共9名专家,对医院伤者、学校师生、救灾一线官兵和安置点群众60余人进行心理干预。

【卫生基础设施建设】 攀西职业病防治中心、市第二人民医院外科大楼建成并投入使用,攀枝花康复医院开诊。社区卫生服务机构和农村三级医疗卫生服务机构基础设施不断健全完善。花城新区医院和市妇女儿童医院分别于2015年12月和2016年7月开工建设,累计完成投资9000余万元。全市43个乡镇卫生院标准化建设率100%,村卫生室标准化建设率100%。

【疾病预防控制】 全市传染病报告发病率244.22/10万。免疫规划接种率保持在99%以上,无相关传染病暴发疫情发生。西区、仁和区和盐边县疾控机构通过等级评审。9月,市疾控中心检测发现四川省首例人感染欧亚类禽H1N1

猪流感病毒毒株。攀枝花市代表队在“2016 年全省寄生虫病防治技术竞赛”中获得团体二等奖和个人综合三等奖。

【卫生监督执法】 5 个县(区)全面整合卫生计生监督队伍。开展医疗机构依法执业专项监督检查行动,执法监督覆盖率 100%。开展基本药物制度落实和抗菌药物使用专项检查,整治医疗美容机构超范围经营。监督检查新农合定点医疗机构依法执业。

【基层医疗卫生体系建设】 2016 年,全市人均基本公共卫生服务项目补助标准达人均 45 元,居民健康档案规范化电子建档率达到 96.49%,高血压患者管理率 70%,糖尿病患者管理率 60%。从基础设施、基本公共卫生服务、基本医疗服务、内部科学管理、基层运行新机制和群众满意度等 6 个方面规范基层医疗机构建设,建设达标率 65.63%。东区银江、西区格里坪、仁和区啊喇、米易县撒莲共 4 家乡镇卫生院被国家卫生计生委评为“群众满意的乡镇卫生院”。出台《进一步贯彻落实巩固深化基层医改工作的意见》,县(区)100% 调整基础性绩效工资与奖励性绩效工资分配比重。推行乡村卫生计生人员一体化管理试点工作,全市所有县(区)均开展试点工作。全面开展家庭医生签约服务,全市以家庭为单位的签约服务率 92.59%。加强住院医师规范化培训,新进医疗岗位本科及以上学历临床医师接受住院医师规范化培训率达 95% 以上;强化紧缺专业人员培训,举办专题培训 7 期,培训人员 463 人。9 月,在省卫生计生委、省总工会举办的“四川省基层卫生岗位练兵和技能竞赛活动”中,攀枝花代表队获“全科医疗城市组”一等奖等奖项。

【医政管理】 完善三级质控网络,建成质控分中心 30 个,全年开展业务督导检查和技术指导 150 余次。开展专项督查、推行预约诊疗服务、设立“一站式”服务大厅、推进优质护理服务及志愿者服务,出台《攀枝花市控制公立医院医疗费用不合理增长实施方案》,全市门诊医疗费用增幅 3.8%,住院医疗费用增幅 3.5%。加强重点学科建设,市中西医结合医院肿瘤科、市二医院职业病科被列为省重点专科立项建设项目,市中西医结合医院骨科通过省乙级重点学科验收,市中心医院妇产科、攀钢集团总医院普外科通过省甲级重点专科验收。《口腔炎合剂的药效学实验研》《“栅栏”定位 CT 引导下经皮植入放射性 125I 粒子治疗肺癌临床应用研究》等 7 项科研成果获市科技进步二等奖。

【分级诊疗制度】 建立紧密型、双向合作、“劳务派遣”等医联体运行模式,建立主管医生负责制和下转激励机制,修订完善《攀枝花市医师多点执业实施办法(试行)》,严格医保报销促进分级诊疗。全市多点执业人数同比增加 450%,县域内就诊率达到 97.5%,三级甲等综合医院总诊疗量下降 0.6%,县级医疗机构门诊诊疗量增长 5%,住院诊疗量增加 5.1%。全市乡镇卫生院和社区卫生服务中心门诊诊疗量增加 11.72%;住院诊疗量增加 12.44%。

【医养结合】 6 月,攀枝花市被确定为第一批国家级医养结合试点单位,市政府出台《关于支持医养融合产业发展的实施意见》《攀枝花市医养结合试点工作实施方案》,统筹医养融合发展规划,提出医养机构享受同等补偿政策,共享人才培训支持等优惠政策。建成机构医养、社区医养、家庭医养等代表性医养结合服务示范点 14 个,二级以上医疗机构均建立康复科(室),攀西地区唯一专科康复医院——攀枝花康复医院建成并投入使用。开展医养结合标准研究,支持 4 家项目实施机构开展医养机构设置标准、医养服务规范等研究。

【妇幼卫生】 2016 年全市孕产妇住院分娩率为 99.82%;孕产妇、儿童系统管理率分别为 97.64%,97.4%。孕产妇死亡率、婴儿死亡率分别为 8.59/10 万,4.38‰,较 2015 年分别下降 50%、17.3%。免费婚检率 92.3%,免费孕前优生健康检查覆盖率 107%。对 10468 名农村及城市低收入妇女开展宫颈癌、乳腺癌筛查;孕产妇梅毒、艾滋病、乙肝检测率 99.91%。全面启动 0 ~ 6 岁儿童残疾筛查,筛查并确诊残疾儿童 121 例。拟定《关于进一步加强母婴保健法律证件管理的通知》,规范医疗保健机构母婴保健法律证件发放、调拨、使用,签发出生医学证明 10435 份。

【无偿献血】 全年无偿献血人数 15228 人次,采集量 477.67 万毫升,继续保持临床用血 100% 来自无偿献血和自愿无偿献血达到 100%。攀枝花连续第五轮荣获“全国无偿献血先进城市”

【中医药工作】 全市基层中医科室建设达 100%,中医药服务量达 43%。启动并开展省第 5 批中医药传承工作,组织传统医学师承和特有专长报名、考试等工作。以推进中医药“三进”工程(进家庭、进社区、进农村)为重点,开展中医文化宣传,中医知识普及率达到 80%。

【爱国卫生运动】 4 月,攀枝花市顺利通过第二轮国家卫生城市省级复查。全市省级卫生乡镇覆盖率 47.73%,省级卫生村覆盖率 48.01%。印发《攀枝花市城乡环境卫生整洁行动实施方案(2015—2020 年)》,城市生活垃圾无害化处理率达 99.59%,污水处理率达 92.07%;建制镇生活垃圾无害化处理率达 50%;建制镇生活污水处理率达 35%;农村集中式供水人口比例达 87%,农村卫生厕所普及率达 91%。

计生工作

【"全面两孩"政策】 分级举办实施全面两孩政策深化计划生育服务管理改革培训班，将相关政策规定和办事程序层层传达到村组干部。改革办证程序，落实一孩、二孩生育登记服务制度，除基本身份证明材料、结婚证和相关特殊情形证明材料外，取消其他证明材料。认真落实"三不变"原则，市政府与县(区)政府、三大国有企业、钒钛高新区管委会签订"计划生育目标管理责任书"，落实评先授奖对象遵守计划生育政策、法律法规情况"一票否决"机制。开展"新一轮全国计划生育优质服务先进单位创建活动"，东区、仁和区获"全国计划生育优质服务先进单位"称号，全市"新国优"覆盖率40%，居全省第一。全年全市出生人口符合政策生育率98.26%。

【计划生育家庭发展】 落实生育家庭奖励扶助政策，开展"三项制度"质量抽查，全市2016年享受国家农村计划生育家庭奖励扶助对象有6483人，享受四川省农村计划生育家庭奖励扶助对象有465人；享受计划生育家庭特别扶助对象1126人；符合"少生快富"工程项目1户；合计兑现资金1311.46万元。享受计划生育家庭特别扶助(其他)对象3175人，兑现奖励资金764.4万元。完成计划生育"三结合"新增帮扶户1436户。开展幸福家庭创建活动，围绕"六大幸福"专项行动，仁和区创建为四川省创建幸福家庭活动示范县，仁和区大龙潭乡陈桂芳家庭被命名首批"全国幸福家庭"。开展整治"两非"专项行动，没有发现违规销售终止妊娠药品案件，药品零售企业未发现有经营终止妊娠药品，全市出生人口性别比为105(以女性为100)。

【计生技术服务】 推广避孕节育新技术、新方法，推行避孕节育知情选择；推进市、县两级药具服务机构规范化建设，开展多种方式免费提供避孕药具服务创新药具发放；开展避孕节育宣传，按照计划生育技术服务常规施术、术后随访；全市免费计划生育基本技术服务落实率达100%。开展病残儿鉴定，确诊病残儿2例。联合市妇儿工委办、市残联在母乳喂养宣传周及出生缺陷日开展宣传、咨询、义诊活动，发放宣传资料4.1万余份，播放宣传视频300余次，发放宣传画5465余张，接受咨询人次达3620余人。

【流动人口服务管理】 东区省级流动人口基本公共卫生计生服务均等化工作示范区建设通过省级验收，确定西区作为均等化服务市级示范区。开展流动人口健康教育及健康促进工作，选点13个，统一标准打造流动人口健康屋；实施"流动人口健康直通车"项目，选择6家企业，培育健康协管员200余人；全市举办健康知识讲座30多场，免费发放"攀枝花市新市民(流动人口)健康教育及健康促进手册"2万份，其他卫生计生宣传品5000余份，政策咨询6700余人次；参加四川省首届流动人口健康相伴摄影展，《关爱矿工》获一等奖，《健康过节》获优秀奖。完成全国流动人口卫生计生动态监测调查工作，涉及26个样本点520户流动人口家庭近2000人、24个村居。实施流动人口"网格化"管理，流动人口信息实行动态登记、更新，全市流动人口共251336人，其中流入185215人、流出66121人，流动人口重点信息反馈、接收、及时率95%以上。流动人口婚育证明实行电子化管理，流动人口电子婚育证明查验率达97%。流动人口生育服务登记总数为4252人。

【信息化建设】 启动市级人口健康信息平台一期建设工作。全市二级以上医疗机构全部接入"健康四川"服务云平台，实现实时公布儿科、妇产科门诊号源信息及住院床位使用信息。完成全市"计生E通"人口信息采集工作，为全市377个街道(镇)、社区(村)更换手持移动终端，村级移动终端覆盖面达到80%以上，通过"计生E通"新增和修改人口信息43548条。全市所有乡镇卫生院和社区卫生服务中心全部启用基层医疗卫生机构管理信息系统，公共卫生功能使用率达100%；基本医疗功能使用率达97%。探索"互联网+医疗健康"服务模式，攀枝花市中心医院远程心电会诊系统启用运行，建立以攀钢集团总医院为中心、12家医疗机构为触点的远程检验系统，米易县建成区域影像和区域检验系统。米易县被省卫生计生委评为2016年医疗信息化应用示范县。

【宣传教育】 组织两孩政策实施、医改成效、改善医疗服务等系列主题宣传。结合"三下乡"、世界卫生日、国际家庭日、爱眼日、肿瘤防治宣传周、控烟日等各个卫生计生纪念日、宣传节点，组织开展义诊、健康知识宣传咨询、健康知识讲座等集中宣传活动。全市卫生计生系统在省级以上主流媒体发稿153篇，市级主流媒体发稿746篇，其他媒体发稿283篇，自建9个微信公众号；在攀枝花广播电台FM 88.5综合广播开设"健康攀故花"栏目，全年24期。

【人才引进与培养】 全年共引进高学历、高职称、急需紧缺卫生人才152名，完成2个智力引进项目，2位外国专家到攀枝花提供智力支持。出台《攀枝花市卫生和计划生育委员会关于加强住院医师规范化培训工作的意见》，新招录规培生139名。共组织9072名卫技人员参加继续医学教育培训，覆盖率100%。推进干部人才援藏工作，接收10名骨干医生到市进修，选派第四批卫生援藏人才5人到木里县挂职锻炼，组建专家组赴木里对县开展培训和巡回医疗。按照"精准援助彝区干部人才计划"，选派4名优秀干部人才援助彝族地区。

【卫生计生精准扶贫】 制订《攀枝花市建档立卡贫困人口医疗保障实施方案》，免除建档立卡贫困人口在县、乡两级新农合定点医疗机构住院起付线、提高重大疾病门诊补偿封顶线，通过多种渠道进行补偿退费，减免贫困人口县域内就诊的个人医疗费用支出达100%。支持贫困村医疗卫生能力建设，完成20个贫困村卫生室标准化建设。实施惠民医疗服务和疾病应急救助，建立医药爱心扶贫基金攀枝花分基金，为6万余人次提供义诊服务，惠民医疗服务2702人次。完成50例贫困白内障患者复明手术。

【依法行政】 举办法治专题培训卫生计生执法人员和专业人员8次，培训830余人次。调研19家单位卫生计生法治建设情况，形成《攀枝花市卫生计生法治建设调研报告》。开展行政权力清理工作，共清理市级行政权力事项242项，县（区）级行政权力事项255项；执法人员持证率100%。完善医患纠纷第三方调处机制，全年通过医调委调解医患纠纷77起，调解成功70起，调解成功率91%。市卫生计生委被市依法治市领导小组办公室命名为"攀枝花市学法用法示范机关"。

【计划生育协会】 实施国家少数民族生殖健康项目。组织生殖健康专家到基层技术指导和服务支持，开展育龄群众健康教育、健康咨询和健康检查活动，以"睡前洗、晒内衣、保经期、建良习"12字箴言为重点开展健康知识教育，免费发放医疗药品及避孕药具100多份，发放生殖保健宣传品共计1000余份，免费咨询义诊100余人次。开展困难家庭走访慰问活动，四川省卫生计生委党组成员、机关党委书记冉茂琴到攀枝花市米易县走访慰问生活困难的少数民族群众。打造健康卫生宣传栏，盐边县各项目点在群众聚集地方打造协会组织机构、生殖健康、卫生保健、避孕节育、关爱女孩、免费婚检、孕前优生健康检查流程等主题宣传展板20余块。

（田维新）

科　技

科技和知识产权工作

【概　况】 2016年，市科技和知识产权局紧抓实施全面创新改革驱动转型发展的重大战略契机，深入推进科技体制机制改革，着力提升科技创新能力，助推产业转型升级，推动现代特色农业扩面提质增效，落实科技精准扶贫，不断强化科技服务能力，大力开展“大众创业　万众创新”，更好发挥科技对经济社会发展的支撑和引领作用，取得良好成效。

2016年攀枝花市科技进步综合水平指数为63.39，全省排名第三；R&D经费支出占GDP的比重为1.29%，全省排第四；培育新增国家高新技术企业4家，全年实现高新技术产业产值422亿元；全年共申请专利2339件，其中发明专利1110件，万人有效发明专利拥有量达到17.3件，居全省第二位。

2016年，安排市级科技计划项目61项。其中：重点科技项目(10万元以上)26项，经费773万元；一般科技项目35项，经费232万元，科技专项经费515万元。投入应用技术研究与开发经费1520万元。

2016年，全市安排科研与技术开发项目1611项，投入资金166249万元，完成科技项目650项，新增经济效益185626万元。其中省属以上国有大中型企业安排科研与技术开发项目833项，投入资金145049万元，完成科技项目507项，新增经济效益58343万元。

2016年，全市8所国有独立科研院所，共有从业人员969人，从事科研工作的科技人员有760人，占从业人员总数的78.4%；有专业技术职称的科技人员为566人，其中高级职称225人、中级职称289人、初级职称52人。攀枝花钢铁研究院从事科研工作的科技人员占63.8%，市属科研院所占36.2%。

【科技体制改革】 推进科技计划项目管理改革，促进财政资金的杠杆效应和引导作用更好发挥。优化市级科技计划项目管理流程，研究制定《攀枝花市市级科技计划项目下沉事业单位工作方案》《攀枝花市市级科技计划项目验收操作规程》，将科技计划项目评审、过程管理、验收等工作职能下沉到下属事业单位市科技发展战略研究所，该单位从2016年市级科技计划项目的立项管理着手对项目评审专家筛选、项目评价指标体系、评审流程等进行优化，加强企业科技创新和技术需求调研，增加项目技术创新、市场应用前景、是否有利于推动全市产业转型等方面权重，进一步优化科技资金投向和支出结构。2016年重点支持战略性新兴产业、高新技术产业、节能环保和阳光康养产业发展，保障钒钛等重大科技专项、区域科技协同创新、基础创新服务平台建设等领域市级科技项目56项，落实财政科技资金1038万元，攀枝花市国家知识产权示范城市建设，科技奖励等科技专项482万元。组织申报2017年度省级科技项目57项。

推进科技人才引进培养机制创新，高层次科技人才成长环境进一步优化。持续推进激励科技人员创新创业专项改革试点工作，做好攀枝花学院全省“激励科技人员创新创业专项改革试点”的经验总结，并进一步在市农林科学研究院推广，出台《攀枝花市农林科学研究院激励科技人员创新创业专项改革试点方案》，指导市农林院大胆探索，同四川雨露科技有限公司、攀枝花春秋农牧科技有限责任公司联合进行创新创业合作，院内15名科技人员到企业兼职合作开展科研、成果转化、示范及产品开发生产和经营，合作共建1个研发中心——“攀枝花市农林科学研究院节水灌溉研发中心”，1个“大箐沟基地科研与成果转化示范平台”。进一步推动全市事业导向、利益驱动并重的科技人才评价激励机制的建立和完善。

【攀西试验区重大科技攻关】 落实《攀西战略资源创新开发试验区重大科技攻关方案》，面向产业链后端和用户应用市场，认真开展攀西试验区第3批重大科技攻关项目的征集、调研和遴选，建立和完善2016年度科技攻关项目库，2016年推荐申报项目数量和质量都明显提升，得到省科技厅的高度评价；第3批向省科技厅推荐试验区重大科技攻关招标项目18项，6项成功招标，获得财政立项支持6574万元，首批专项资金2188万元到达市财政。围绕钒钛、化工、能源、特色机械等重点产业领域，以攀西试验区第一、二批重大科技攻关项目为主结合正在实施的省、市级科技计划项目，遴选出20项意义重大和产业化前景较好的科技项目进行协同推进。召开重大科技攻关协同推进工作会2次，组织科知、经信、财政、高新区管委会等成员单位及时调查梳理、协调解决项目承担单位所反映的融资难、用电成本高、项目财政经费拨付、关联企业原料供应等问题和困难。在选矿新技术、高炉渣提钛及综合利用、钒钛新材料及产品开发，新装备应用推广，钛白清洁生产，特色含钒钛工程机械及冶金装备零部件产品开发等方面着力攻关，形成钒钛资源深度综合利用的完整工艺技术，开发出钛合金宽厚板、耐蚀钛合金油井管、宇航级钒铝合金、钛合金精密铸件、高纯钒电池电解液、低氧低成本钛粉、军用纳米铁粉等一批初步获得国内高端用户认可、具备批量生产能力的新产品，推动钒钛产业发展进入航空航天、海洋工程、油气化工、新能源开发等领域。2016年，宇航级钒铝合金产业化技术等项目取得重大突破，高钛型高炉渣提钛技术全面突破，钛精密铸件、钛合金中厚板等项目实现产品销售，碳氮化钛硬质合金材料建厂生产，面向“一带一路”的绝缘耐腐蚀重轨进行试生产。

【农业科技】 蔬菜、水果等特色农业科技创新水平实现新提升。早春蔬菜、晚熟芒果、特色花卉生产技术取得重大进展，晚熟芒果技术成果总体水平国内领先；“攀西干热河谷早春主要蔬菜膜下滴灌技术集成研究与推广”成果在国内同类技术研究中达到国内领先水平；成功突破格萨拉等高海拔寒冷地区难于规模生产优质牧草的技术瓶颈；集成创新形成本地特色花卉种植技术，推动现代特色农业产业发展并取得良好经济效益。农业知识产权工作实现新突破。自育的2个豇豆新品种（“攀豇一号”“攀豇二号”）被授予国家植物新品种权；“晚熟芒果产业关键技术研究与应用”成果中获国家发明专利3项、实用新型专利2项、外观设计专利5项；“利用废弃果枝开发食用菌基料及栽培技术研究与应用示范”成果中获得国家发明专利4项。农业科技成果获奖层次迈上新台阶。“苦瓜、鱼腥草系列品种选育及周年高效生产关键技术研究与应用”获2016年四川省科技进步二等奖；“精准科技扶贫模式——福田模式”成果分别荣获省、市“金桥工程”优秀项目一等奖和特等奖，并成为全国山区贫困地区扶贫脱贫的样板模式。

【民生科技】 积极支持太阳能应用、生物资源开发，稳步推进光热光电综合应用“金太阳示范工程”，组织开展钒电池、钒酸液、钒钛黑瓷应用等技术攻关，大力支持中药材人工种植、块菌繁育、爬沙虫养殖、枇杷花开发等技术研发，促进全市太阳能、钒钛集热材料、特色生物等战略性新产品的培育。支持信息化技术在采选领域运用，逐步实现精确采矿，表外矿和低品质矿利用技术取得重大突破，入选品位由25%降低到15%；大力实施节能减排技术，围绕工业废弃物资源化利用、非金属矿二次资源利用、城市垃圾综合开发，积极开展低品位钒钛磁铁矿、高炉渣、钢渣、提钒弃渣、废酸、硫酸亚铁等二次资源产业化技术研究，形成高温碳化低温氯化、五氧化二钒清洁生产、钒钛制动毂、钒钛蠕墨铸球、废酸浓缩等技术示范生产线。开辟全市产业转型升级的新路径。

【科技服务业】 开展攀枝花市科技服务业顶层设计。编制《加快科技服务业发展工作推进方案》，着力构建覆盖科技创新全链条的科技服务产业体系。打造科技服务业创新平台。支持钒钛园区国家钒钛科技孵化器公共服务、项目孵化和产业培植三大功能建设，强化科技同经济对接、创新成果同产业对接、创新项目同现实生产力对接、研发人员创新劳动同其利益收入对接，全面提升劳动、信息、知识、技术、管理、资本的效率和效益，激发高新区创新创业潜力。成都科创通攀枝花分平台、钒钛产业技术交易平台等一批科技服务网络平台已建成投入试运行。推进科技检验检测服务业发展。整合钒钛资源综合利用国家重点实验室、国家钒钛制品质量监督检验中心、攀枝花学院分析测试中心等12家单位的检验检测资源，鼓励、支持以上检验检测平台积极开展对外检验检测服务、承担科技计划项目，不断提升检验检测服务能力和水平。大力发展科技金融服务业。建立科知、财政、金融等多部门协调推进的工作机制；确立银行、担保、保险、财政补贴共同分担的风险机制；将知识产权质押融资试点纳入全市财政与金融互动实施方案，设立科技信贷财政风险补偿金。同市商业银行达成战略合作协议，积极推动攀枝花商业银行在攀组建以服务科技型中小企业为核心的科技银行，推出以“创业通”为主导，“POS贷”“e融通”“专利宝”等线上线下小微经营贷款为补充的“双创”企业贷款产品，加强对科技型中小微企业的金融支持。攀枝花市商业银行发放攀枝花市首批专利权质押贷款，贷款金额540万元。

【科技交流合作】 积极搭建军民融合技术交流平台。邀请中物院材料研究所专家和中物院银河“596”军民融合型战略科技创新园区的部分入驻单位到攀枝花与攀枝花市钒钛高新区、攀枝花学院、市机械协会及攀钢等相关企业开展技术交流。筹备“军民融合共促钒钛产业发展”为主题的2016年攀枝花钒钛(国际)论坛。加强与成都市生产力促进中心的衔接沟通,共同推进“科创通”攀枝花分平台完成建设投入试运行。邀请日本爱知县丰田自动车株式会社部长木崎勉、中国铸造协会工程技术专家张学东一行到攀枝花为机械铸造企业开展指导交流。常态化开展与川大、电子科大、西南交大、西华大学、四川有色、成都地矿所、省农科院、省林科院等高校科研单位的合作交流。中物院成都科学技术发展中心、西华大学、成都理工等高校科研单位的专家到攀枝花与市内相关企事业单位围绕钒钛资源利用、石墨烯、机械制造、特色农业等进行交流对接合作。

【双创工作】 打造以国家级孵化器、新型技术研究院、大学生创新创业园和创业投资为主体,创新与创业、线上与线下、孵化与投资相结合的多层次众创空间。成功创建钒钛高新区国家级孵化器,入孵企业超过50家。众筹共建创新创业一体化孵化大平台“攀枝花市科技孵化中心”。攀枝花大学生创新创业俱乐部建成投入运用。攀枝花学院和四川机电学院创建成为省级大学生创新创业园区,已累计孵化项目60余个。截至2016年12月,全市有创新创业载体20个,面积超5万平方米。与成都市共建集培训、融资、孵化等功能于一体的云孵化平台——“科创通”服务平台攀枝花分中心(站)上线试运行。做实做“常”双创活动。顶层设计,系统安排全市双创活动,成功举办“第五届中国创新创业大赛(四川赛区)攀枝花片区推介暨培训会”,邀请四川赛区组委会和量石资本的投资合伙人专题对全市17家企业和团队代表以及相关部门人员进行培训;举办“邮储银行杯”攀枝花市第四届青年创业创新创富大赛,共吸纳431个青年创业团队报名参赛;强化市县(区)联运,校企孵化器互动,大力开展包括木棉新空创新创业系列主题沙龙活动、苴却现文化产业发展创新创业畅想会和精英沙龙等形式多样、内容丰富的系列“双创”活动8次,创业讲堂、沙龙、畅想会、创享会30余次。打造攀枝花市创新创业活动品牌,面向社会有奖征集双创主题活动名称,统一活动名称“攀创新空”,比选确定“双创”微信运营平台,充分发挥新媒体作用,全方位展示和介绍攀枝花市双创工作的进展情况。

【科技精准扶贫】 强化科技项目支持。争取省级科技扶贫项目1个,将全年农业科技经费的58%用于支持7个市级科技精准扶贫项目,带动贫困村社农户发展烤烟、核桃、青花椒、林下中药材、牛羊养殖等种养殖产业,项目化提升贫困户“造血机能”。强化科技人才支撑。出台《科技特派员产业扶贫行动实施方案》,组建覆盖全市70个贫困村的产业扶贫科技特派员队伍,整合市、县各部门和各企业资源积极推广“福田模式”,为中高山地区现代农业发展和产业扶贫提供科技支撑和智力支持。强化示范引领。打造中高山地区农业科技示范基地,建立重点科技精准扶示范村1个,培育新型特色种养产业2个,科技示范户11户;推动科研院所、大专院校、社会组织与贫困村共建农业科技示范基地,新建核桃、青花椒等标准化种植科技示范园3个。加强技术支撑。以乡土技术能人、农业科技示范户为技术培训重点对象,为贫困村培养一批留得住、用得上、能带动的“土专家”“田秀才”;以普通贫困农户为技术培训对象,有针对性地进行种养殖实用技术培训与现场指导。

【决策咨询】 围绕“四个加快建设”战略目标,以开展重大决策咨询活动为载体,以重大课题研究为抓手,充分发挥委员的智囊、参谋作用,针对攀枝花市经济社会发展中的重大问题开展咨询论证和专题调研活动13次,报送咨询成果及建议14篇,获市领导批复11件次。修订下发决咨委《章程》《工作规则》《专业组活动办法》,市决策咨询工作办公室更名为市决策咨询委员会办公室。

(胡 荣)

防震减灾

【概 况】 2016年,攀枝花市防震减灾局内设办公室、震害防御处(应急救援处)、科技监测处,下设攀枝花市地震监测中心、马兰山地震台、乌龟井地震台、地龙井地震台4个直属事业单位,在职职工31人(其中机关13人、下属事业单位18人,具有大学专科学历7人,本科学历21人,硕士学历3人,平均年龄41岁)。全年,攀枝花市防震减灾局紧紧围绕市委、市政府的中心工作,坚持以防震减灾工作服务于经济建设大局,建立健全工作体系和各项规章制度,主动面对各种困难和挑战,认真抓好法制建设、地震监测预报、地震灾害预防、地震应急救援等工作,圆满完成既定目标和任务。获四川省地震局组织的2016年全省市(州)防震减灾工作年度考核优秀奖;获省地震局授予的监测预报、抗震设防、应急救援单项奖；圆满完成《2017年度攀枝花市及邻区地震趋势研究报告》；各类监测手段均获全国全省评比优秀奖。

【建设维护地震监测设施】 2016年，市防震减灾局投资20万元对监测中心、马兰山地震台、地龙井地震台仪器、设备及供电线路进行维护和检修、更新，确保地震监测工作顺利进行。派出5批20人次业务人员赴成都、深圳等地参加专业技能培训，提升专业水平，确保监测质量。严格落实值班制度，如实记录每天监测情况，及时处理地震监测数据。及时察看地震台站周边环境，对地震台站观测环境进行了改造，消除影响观测的不利因素，确保观测环境稳定，观测数据记录真实可靠。

【分析研判震情趋势】 2016年，市防震减灾局定期召开震情会商会，按照周、月、季度对地震监测数据进行科学分析和研究，对异常情况开展跟踪分析，认真研判地震趋势，及时向市委、市政府和省地震局报送预测意见，力争做到在地震发生之前有警觉、有报告。完成《2016年年中地震趋势研究报告》《2017年年度地震趋势研究报告》并上报省地震局，全年出《震情分析》12期，填报《周地震预报卡》55期，对全市境内及周边邻区地震活动情况作出较准确的分析研判。

【开展交流实现资源共享】 2016年，市防震减灾局多次组织监测预报人员与丽江、楚雄等周边市（州）同行进行地震监测预报工作交流，加强震情区域联防工作，及时交换资料和研究成果，相互借鉴经验和方法，联手监视攀枝花市和周边地区的地震动态，提高短临跟踪能力。

【完成地震烈度速报与预警台站勘选】 四川省地震局正式启动地震烈度速报与预警台站项目以来，2016年，市防震减灾局全力投入该项目第一阶段的野外台站场址勘选工作。在规定的时间内，提前15天在全省率先全面完成辖区内53个基准站、基本站及一般站场址勘选工作。

【推进农村民居抗震设防】 2016年，市防震减灾局按照《关于进一步加强农村民居地震安全工程的意见》，成立农村民居抗震设防领导小组，统筹协调全市农村民居抗震设防改造工作，印发《攀枝花农村民居抗震设防指南》6000余册下发各县区农户手中。组成检查组对各县（区）农村民居抗震设防改造项目进行检查，对符合要求的按市、县两级财政给予一定经费补助，对不符合要求的，动员农户按照规范进行设计施工。全年全市农村民居抗震设防改造共完成2314户。

【科普教育基地建设和运行】 2016年，市防震减灾局投资90多万元对科普教育基地地质灾害隐患进行治理，排除安全隐患。同时对科普教育基地的设施、设备进行更新维护，确保科普教育基地正常运行。全年攀枝花防震减灾科普教育基地接待参观人数达2万余人。

【防震减灾宣传活动】 2016年5月12日，市防震减灾局会同东区防震减灾办在中心文化广场开展以"全民参与防震减灾，共同建设平安家园"为主题的防震减灾科普宣传活动。采取播放广播、展示展板、发放资料等形式进行宣传，当日展示展板24块，发放资料5000余册。直接或间接受教育人数达6余万人次。为铭记攀枝花"8·30"地震，市防震减灾局组织开展播放抗震救灾影片，防震减灾有奖知识竞答，在《攀枝花日报》《攀钢日报》上刊登专刊，在中心广场等人员密集场所设立宣传站等形式的宣传活动。当日发放资料8000余份，直接或间接受教育人数达10余万人次。8月30日，邀请中国地震局地球物理研究所副所长、二级研究员、博士生导师高孟潭为全市科级以上700余名领导干部作报告。高孟潭所长从地震风险、防震减灾基本方针、防震减灾主要途径、推动防震减灾的关键措施、地震灾害对经济社会的影响等方面作深入浅出的讲解，给领导干部上了一堂生动形象的地震安全教育课，各级领导干部的防震减灾意识得到进一步增强。

【宣贯落实第五代地震动参数区划图】 2016年，市防震减灾局联合市住建局加强对第五代地震动参数区划图的贯彻和落实。对大龙潭、红格、益民、新九4个乡（镇）地震动参数进行调整，确保新建、改建、扩建工程项目达到抗震设防要求。

【安装地震应急装备柜】 2016年，市防震减灾局投资10多万元，在部分学校、宾馆及医院等人员集聚场所安装30多套地震应急装备柜（应急器材包括：二氧化碳灭火器、手持扩音器、应急背心、应急通用工具、医用紧急救护器材等15种应急工具），为公众应急逃生提供支持。

【开展地震应急检查】 2016年，市防震减灾局与市政府应急办组成地震应急检查组，对各县（区）政府、市级各有关部门开展地震应急体系检查。主要针对地震应急预案体系建设、农居抗震设防情况、应急救援物资装备的储备调配机制和基础设施建设、震情监测和灾情信息报送、地震应急救援社会动员机制建设、地震应急救援队伍建设、防震减灾科普宣传教育等7个方面开展全面检查。检查组对在检查中发现的问题进行分析并提出要求。

【防震减灾目标考核】 2016年，市防震减灾局依照《防震减灾法》和《四川省防震减灾条例》，把防震减灾工作纳入年度目标绩效管理，下发《攀枝花市人民政府办公室关于开展防震减灾工作目标任务考核的通知》，将49项防震减灾工作任务分解到各县（区）政府和市级各有关部门，明确县（区）政府和市级各部门的主体责任。市政府与各县（区）政府签订年度防震减灾目标责任书，对监测预报水平、抗震设防管理、地震应急响应、科普宣传等方面提出具体要求，年终以3分分值进行年度目标考核。

【编制防震减灾规划】 2016年，《攀枝花市防震减灾"十三五"规划》经市政府审议通过并下发各县（区）政府，市级各部门贯彻执行。"十三五"期间，攀枝花市将投资1.5亿元完成10个重点建设项目：地震台站标准化建设；新建地震前兆观测台站；建设完善地震宏观观测网；地震预警台网建设；防震减灾社会服务平台建设；地震应急避难场所建设；防震减灾科普教育基地建设；攀枝花市活断层探测；攀枝花市农村民居抗震设防；大型水库群对攀枝花及周边区域地壳形变影响研究。

（王 斌）

气 象

【概 况】 2016年，攀枝花市气象系统职工144人，其中在职职工81人、离（退）休职工63人。攀枝花市气象局下辖盐边县、米易县和仁和区气象局，属国家一般气象站，设办公室（人事教育科）、业务科技科（法规科）和计划财务科（监察审计室）3个参照公务员法管理内设机构；设攀枝花市气象台、攀枝花市气象信息中心（四川省农村经济综合信息中心攀枝花分中心）、攀枝花市气象探测中心、攀枝花市公共气象服务中心和攀枝花市气象局财务核算中心5个直属事业单位；其他独立设置的县级气象机构1个：攀枝花气象站；管理攀枝花市人工影响天气办公室（攀枝花市农业气象中心）、攀枝花市防雷中心2个地方气象事业单位。

2016年，全市国家自动气象站、区域站、土壤水分站、大气成分站传输及时率分别为99.72%、99.63%、99.52%、99.06%，精细化产品及时率100%，24小时晴雨预报准确率83.4%，节假日专题预报准确率91.7%，短期重要天气预报本地51.7分、区域56.2分。加强气象现代化建设，升级改造5个区域站，新装激光雨滴谱仪2台，34个高炮作业点安装防护盾和信息采集系统，在雷达站、米易县、仁和区高炮作业点建成视频监控系统，在仁和区新建2个标准化高炮作业点，购买4套新型火箭发射系统，淘汰原BL－1型火箭发射装置；配备移动计量系统1套和气象仪器检测车1辆；实现FY2云图实时自动处理，提高处理时效性，升级核心三层交换系统和防火墙系统并开通基于SSL VPN远程办公系统的同时，实现4个国家级自动气象站备用传输，切实加强全球预报系统产品接收、存储和应用。

2016年，深化行政审批制度改革，按照《中共中国气象局党组关于防雷减灾体制改革的意见》《中国气象局等11部委关于贯彻落实〈国务院关于优化建设工程防雷许可的决定〉的通知》精神，积极推进防雷减灾行政管理、业务服务和市场监管体制机制改革，将清理后的48项行政权力事项进行备案，依法履行防雷减灾、气象探测环境保护、气球施放等社会管理职能明显增强。

2016年，攀枝花市气象台被市委宣传部等五部门评选为2016年度第二批"身边雷锋 时代榜样——'岗位学雷锋先进集体'"。攀枝花国家基本气象站被四川省气象局评为2015年度地面气象观测工作优秀集体。攀枝花市人工影响天气办公室被四川省气象局评为2015年度人工影响天气工作目标任务先进单位二等奖。攀枝花市人工影响天气办公室王玉宝被四川省气象局评为2015年度人工影响天气工作目标任务先进个人。米易县气象局斯思、盐边县气象局彭江维被四川省气象局评为2015年度地面气象观测工作优秀个人。攀枝花市气象台李永军被四川省气象局评为2015年度重大气象服务先进个人。攀枝花市气象台惠富斐、李永军、肖微3人被四川省气象局评为2015年度四川省优秀值班预报员。

【气象服务】 2016年，市气象局积极开展中小河流域暴雨洪涝灾害风险区划和暴雨风险普查，全力做好3次寒潮、6次暴雨及高森林火险等级、高温气象监测预报预警服务工作。发布决策气象服务材料258份、各类预警信号49期、雨情信息107期30多万条、地质灾害预警信息31期9.3万余条。特别是针对9月17—21日强降雨天气过程，攀枝花市气象局及时启动暴雨Ⅲ级应急响应积极应对，主动开展服务20次。积极开展为农气象服务，重点加强盐边县"三农"专项项目建设相关工作，针对农业大户开展"点对点、直通式"专题气象服务；发布关键农时季节、重大农事活动的农用天气预报等139期;深入调查和会商,及时发布小春粮食气象产量趋势和定量预报;围绕早春蔬菜、特色水果、优质烤烟、林业生物等现代特色农业领域,全市开展人工增雨作业1次、人工防雹作业832次,耗弹6770发,经济效益与社会效益显著。积极与市烟草公司、雅砻江水电开发公司、丽攀和楚大高速建设指挥部等合作,专业专项气象服务用户满意。与市环保局合作,共同做好空气质量和污染防治监测预警,切实加强生态环境气象服务;与市国土局、市防汛办实现气象资料实时共享。积极主动做好节假日、"两会"中高考、市第十次党代会、中国·四川第二届森林康养(冬季)年会和四川省第七届乡村文化旅游节(冬季)暨2016攀枝花欢乐阳光节等气象保障服务受好评。充分利用微信、微博等新媒介及时发布气象预报预警及相关气象服务信息1410条,微博关注人数由2015年12000人增加到28050余人。积极推广手机APP全景气象,进一步扩大公众气象信息覆盖面。

【气候综述】 2016年,攀枝花市年平均气温显著偏高,降水量正常略偏多,日照时数大部分地区偏少,相对湿度正常。雨季开始期正常至偏晚,仁和、米易开始于6月11日,盐边开始于6月15日,炳草岗开始于6月22日;雨季结束期正常至偏晚,炳草岗、仁和结束于10月1日,米易结束于10月17日,盐边结束于10月29日。

年内干雨季分明。1—4月,降水极少(4月有少量降水),气温回升快,湿度小。1月有一般性冬干发生。1月下旬出现强降温天气,致使米易县、盐边县大部分地区遭受低温霜冻灾害。3月4日—4月5日出现一般性春旱。5月开始,气温平稳缓慢下降,雨日增多,降水也增多,雨季逐步开始,日照变少;但汛期的8月降雨偏少,气温偏高,日照偏多,部分地区出现20余天的伏旱。5—10月降雨量占全年90%以上,出现7次暴雨过程,其中有3次区域性暴雨,部分地区出现了大风、冰雹、暴雨、洪涝等灾害,其中9月19日的暴雨过程造成全市大范围洪涝灾害,给农业、交通等多方面都造成严重损失。年内无秋旱发生。11月、12月气温偏高,降水正常,12月末出现降温天气。

全年攀枝花市光温条件较好,降水正常偏多。年初冬干、春旱,雨季的伏旱仍有发生,暴雨、洪涝、大风、冰雹灾害偏重,年初的低温霜冻和雨季开始后的暴雨对农业生产的影响大。综合分析,2016年农业气象条件属于略偏差年景。

【气　温】 2016年,攀枝花市平均气温20.1℃~21.4℃,较常年偏高0.4℃~0.9℃(仁和区、米易县偏高0.9℃);年极端最高气温38.4℃(仁和区8月18日),年极端最低气温1.5℃(炳草岗1月24日)。

月平均气温分布为:2月开始迅速回升,8月气温最高,后又逐渐下降,2月、7月、11月气温偏高,8月、10月、12月显著偏高(1.6℃~2.5℃),其他月基本正常;月平均气温最高出现在8月(25.8℃~27.3℃),最低在1月(11.3℃~12.3℃);年内旬平均气温变化幅度大,其中:7月上旬、8月全月、9月下旬、10月中下旬、11月上旬,12月全月显著偏高,1月下旬、2月上下旬显著偏低,其余时间基本正常。

气温空间分布:南部高于北部(如:仁和区高于米易县),年平均气温仁和区最高(21.4℃)。

【降　水】 2016年,攀枝花市总降水量为729.1毫米~1191.7毫米,较常年炳草岗偏多130.1毫米,偏多幅度15%,其余地区正常。

年内各月降水分布不均,9月显著偏多,8月偏少,其他月份正常,绝大部分降水集中在5—10月,4月、11月有少量降水,1—3月、12月仅有微量降水;年内干雨季分明,5—10月总降水695.3毫米~1077.8毫米,占全年降水量的90%~96%,炳草岗、仁和的7月和盐边、米易的9月为一年降水最多月;总降雨量呈现由西北向东南逐渐减少的趋势。

【日照时数】 2016年,攀枝花市日照时数为2359.9小时~2631.5小时,较常年炳草岗、米易县正常,仁和区偏少382.9小时,盐边县偏少248.9小时。

年内分布8月偏多,2月、9月显著偏少,其余时间正常。日照时间分布为:雨季少,干季多;月日照时数全市均为3月最多,达253.2小时~275.0小时,平均每天有8.2小时~9.4小时;9月最少,平均每天2.6小时~3.2小时,空间分布上南部地区多于北部。

【相对湿度】 2016年,攀枝花市平均相对湿度59%~65%,较多年平均盐边县、米易县正常,仁和区偏小3%,炳草岗偏大3%;年内分布为2月显著偏大,8月偏小,其他时段正常,7月为最大月,相对湿度72%~78%;3月为最小月,相对湿度仅36%~42%。

【气象灾害】 2016年,攀枝花市气象灾害发生较多,大风、冰雹、暴雨、洪涝、低温冻害都有发生。其中暴雨和冰雹带来的损失较大,其他灾害一般发生。主要的气象灾害如下:

低温冻害 1月24日凌晨,攀枝花市盐边县、米易县大部分地方出现小雪或雨夹雪,日平均气温下降12℃左右,发生低温冻害,灾害造成农作物(豌豆、蔬菜等)和果树苗(芒果、核桃、雪桃、花椒)受灾691.14公顷。直接经济损失共计576.49万元。

大风冰雹 6月4—5日,攀枝花市出现一次强降雨天气过程,部分地区伴有大风冰雹,致使盐边县、仁和区、西区的15个乡(镇)38749人受灾,2人受伤,紧急转移安置41

人，房屋损坏860间，农作物受灾4710.93公顷，成灾3242.8公顷、绝收522.66公顷，耕地毁坏8.79公顷，直接经济损失6081.34万元，其中农业经济损失5407.57万元。

8月8—9日，攀枝花市盐边县、米易县遭受风雹灾害。灾害造成5个乡（镇）2752人受灾，烤烟、玉米、桑葚等农作物受灾166.263公顷，成灾116.927公顷，绝收面积29.99公顷，直接经济损失158.32万元，其中农业损失158.32万元。

暴雨洪涝 6月27—30日，攀枝花市连续降雨，局部大到暴雨，强降雨造成盐边、米易县10个乡镇3480人受灾，米易县转移安置22人。农作物（甘蔗、水稻、烤烟等）受灾183.923公顷，成灾115.253公顷，损毁耕地1.533公顷，人饮水池受损7口，机耕道受损4.5千米，盐泽路受损29千米，涵洞损毁20余座，桥受损1座。灾害造成直接经济损失316.66万元，其中农业经济损失158.24万元。

9月18—19日，攀枝花市出现一次大到暴雨，局部大暴雨的天气过程，18日08时至19日14时雨量达100毫米以上的站点10个，降雨最大在仁和区水淌田水库，雨量为305.1毫米，导致部分地方遭受暴雨洪涝泥石流灾害。造成16个街道39个乡（镇）221个村（社区）80163人受灾，转移安置4304人，死亡13人，失联4人，受伤20人。596户城区居民房屋和4185户农村房屋受损，农村房屋严重损坏1211户，倒塌278户。农作物（水稻、玉米、烤烟、果树等）受灾4507公顷，成灾面积3712公顷，绝收面积491公顷，损毁机耕道627千米，鱼塘298口，人饮工程水池454口，冲毁农田850公顷，造成大牲畜死亡1916头，小家禽死亡8308羽。灾害造成高速公路、国道、省道、乡道、村道不同程度受损、断道；水库受损49座，溃决1座；还造成电力、通信、企业、城市公共设施等多方面受灾。共计造成直接经济损失约16.6亿元。

（李一波　杜成勋）

农林科研

【概　况】 市人力资源和社会保障局核准市农林院全称为市农林科学研究院，机构规格正县级，经费形式全额拨款，编制数128人，岗位类别管理岗位28人、专业技术岗位98人、工勤技能岗位2人。2016年，市农林院有职工206人，其中退休职工91人、在职职工115人，在职职工中专业技术人员74人，其中高级职称32人（研究员8人、副高职称24人）、中级职称25人。有享受国务院政府津贴专家1人，有市委直接联系高层次人才1人。有市级突出贡献专家3人、市学术和技术带头人4人及后备人选6人。2016年，市农林院围绕攀枝花市早春蔬菜、特色水果、畜牧水产、优质烤烟、林业生物五大支柱产业发展需求和亟待解决的关键技术难题开展科技攻关。2016年，市农林院在研项目122项，其中国际合作3项、国家级3项、部省级15项、市厅级57项、其他44项。市农林院新增项目40项，项目资金1200万元。获省市集体荣誉21项，新闻媒体报道各类信息300余次，发表论文23篇，参编论著2部，制订发布区域性地方标准3个，刊发农业科技简报52期，撰写科普文章42类共197篇，做科技展板36张。科技人员下乡累计2594人次，举办技术培训班215期，培训农业人员8769人次。科技成果在市内外累计推广2.66万公顷，创社会经济效益2.27亿元。

存在的不足。科技人员的积极性有待进一步提高，不少科技人员对申报项目和公益性工作不太上心。部门专业的科技人员数量短缺，工作负荷过重。部分科研项目经费不足难以高质量完成项目工作。科技服务农业产业发展力度有待加强。

【蔬菜研究】 2016年，市农林院蔬菜研究所在研项目10项，其中新上项目2项，项目验收4项。重点开展喜温蔬菜新品种引育和设施蔬菜栽培关键技术研究。2016年，市农林院在沙沟基地建立1480平方米的特色蔬菜科技展示园，展示白菜类、甘类蓝、黄瓜类、苦瓜类、番茄类、茄果类、菜豆类等蔬菜。蔬菜研究编写所"科技上山"实施方案，组建由14名蔬菜科技工作人员组成的蔬菜新品种引育、蔬菜栽培技术研究、蔬菜新品种新技术示范推广3个团队，编制蔬菜研究所"2016—2020年科技规划"，参与全市现代农业集成示范农庄果园标准化方案编制。

新品种引育。特色蔬菜种质资源项目开展新品种引育工作，收集菜豆资源60多个，对33份资源进行田间植物学观察和评价，创制出1份紫色无筋菜豆新材料。从中国农科院蔬菜花卉所蔬菜种质资源库引进国内外茄子种质资源48份。播种丝瓜90份、观赏蔬菜60份、苦瓜100份。市农林院主持，四川农业大学、种都公司参与的"特色蔬菜种质资源引进及种质创新应用研究"子专题通过2016年在成都召开的"蔬菜（食用菌）新品种选育2015年度进展暨'十二五'子专题验收工作总结会"考核验收。该子专题在"十二五"期间共收集苦瓜资源材料32个，鉴定评价苦瓜资源17

个，采用系选育和回交选育的方法创制出雌花率达85%以上强雌系2个、其他优良种质31个，配制苦瓜杂交组合103个，筛选出2个组合进行省区试验，其中早熟苦瓜新品种“攀杂苦瓜7号”2016年通过在四川省农作物品种审定委员会审定，品种田间表现为早熟丰产，在攀西及川南区域亩产量3677千克，比省内平均亩产量高28%。微生物菌肥在蔬菜上的应用项目完成白菜、青菜、茄子、菜豆、番茄5种蔬菜的应用试验。蔬菜新品种引选及嫁接育苗技术试验示范——特色蔬菜引种筛选项目通过验收，该项目引进64个特色蔬菜新品种，筛选出适宜攀枝花种植的特色蔬菜新品种9个，极早熟粒用鲜食豌豆“北京春早王”亩产498千克，增产23.6%。早熟优质抗病粒用鲜食豌豆“台湾长寿豆”亩产604千克，增产49.8%。食甜玉米“仲鲜甜3号”亩产2009千克，增产23.4%。大萝卜“白萝卜一号”亩产5963千克。

栽培技术研究。筛选出观赏性强的6个特色蔬菜新品种“金童水果”黄瓜、“纤指一号”微型胡萝卜、“荷兰红星水果”萝卜开展栽培技术研究，总结出适宜四川地区优质甜瓜设施栽培技术规程1套，集成攀西地区日光温室资源高效与可持续利用关键技术5项，制定攀枝花番茄、辣椒、苦瓜、黄瓜、甘蓝、茄子膜下滴灌技术规程6项，修订16种蔬菜栽培技术规程，选育品种在四川省内推广1006公顷。苦瓜新品种“攀杂苦瓜7号”通过四川省农作物品种审定委员会审定。市农林院苦瓜、鱼腥草系列品种选育及周年高效生产关键技术研究与应用项目获四川省人民政府科技进步二等奖。

【果树研究】 2016年，市农林院果树研究所在研项目25项。

芒果研究。2016年，市农林院依托农业部芒果种质资源保护四川创新基地、国家现代农业产业技术体系四川攀西特色水果创新团队建设等科研平台开展攀西地区芒果种植区划、整形修剪、果园土壤改良、平衡施肥等技术研究、集成和示范推广，开展成果转化和科技培训，开展芒果资源引进、收集、保存、评价和创新利用工作。2016年以“现代、生态、高效、休闲、特色”为着眼点发展以科技、精品、观光为目标的都市农业新模式，在海拔1100米的沙沟基地，建立3.2公顷的芒果展示园，展示椰香、金白花、攀育2号等8个芒果品种。安装智能化水肥一体管理系统，修建展示园公路一条。农业部芒果公益性行业科技“芒果产业技术研究与示范”项目开展种质资源收集，从中国热科院品资所农业部儋州芒果种质圃、海南大学、云南保山潞江坝怒江流域收集“热品5号”“热品2号”等21份芒果资源。2016年沙沟基地芒果种质资源圃共保存资源175份，根据《热带、亚热带果树种质资源数据质量控制规范》评价芒果种质资源植物学性价状17份，评价花期和果实性状43份，评价品质性状14份。在仁和区大龙潭乡混撒村刘学云的芒果基地进行芒果杂交育种试验，适配凯特、吉禄2个杂交组合，获得杂交果实2个全同胞家系14株苗。优选出“攀育2号”进行芒果品种比较试验和品种区域试验。开展种质资源筛选与利用，优选出“热品16号”进行试验，示范种植14公顷。开展种质资源和新品种共享利用，向云南省永仁县农牧局提供“攀育2号、金煌”等11个芒果品种用于种质圃资源保存。开展土壤抽样调查，对随机抽取的10份芒果土样进行PH值、有效磷、速效钾、有机质、全氮、钙分析，为种植户施肥提出合理化建议。开展芒果产后商品化处理和芒果深加工技术研究，制作凯特、吉禄、金煌、椰香等芒果品种标本供长年参观。与市金河果蔬农业发展有限公司合作对其“攀西蔬菜水果”手机客户端提供芒果保鲜技术资料，对其网售芒果采后、商品化处理、贮藏保鲜提供技术支持。凯特芒果胎萌研究项目开展不同海拔高度对果实萌芽与穿根的影响研究。晚熟芒果产业关键技术研究与应用项目研究形成晚熟芒果轮换结果修剪、花期迟延控时成熟、小管出流节水灌溉、平衡施肥、病虫害绿色防控、灾害性天气应急处置等技术。编写芒果建园、苗木管理、轮换修剪等20个单项技术，汇集成册给技术人员培训使用，其中晚熟芒果补钙技术2016年被农业部评为“十三五”期间第一批热带南亚热带主推新技术。编印《芒果日灼病防控技术》《芒果炭疽病、白粉病、细菌性黑斑病综合防控技术》《芒果叶瘿蚊防治技术》《杀虫灯诱杀芒果害虫技术》《果实套袋技术》等资料，举办11期培训班共培训1200余人次，发放《芒果病虫害识别与防控原色图谱》500册、技术资料3000册、太阳能杀虫灯4台、蓝板6000张。在《中国果树》上发表论文“芒果新品种‘热品10号’的选育”。2016年，市农林院与中国热带农业科学研究院热带作物品种资源研究所、四川省农业科学院园艺研究所、市鸿鹄农业开发有限责任公司联合培育的芒果新品种“热品10号”通过四川省农作物品种审定委员会审定。市农林院选育的“热品10号、金白花”2个芒果品种2016年被农业部评为“十三五”期间第一批热带南亚热带新主推品种。

石榴研究。2016年，市农林院完善石榴品种资源圃，在仁和区大田镇石榴核心园开展14个杂交育种试验，获得杂交组合种苗1万余株，定植于石榴资源圃内，开展石榴套袋、施肥、遮阳网延迟成熟试验。开展部分石榴品种资源性状测定和石榴杂交育种果实性状测定工作，建立示范面积1.33公顷。市农林院、凉山州亚热带作物研究所、四川省农业科学院园艺研究所联合选育的2个石榴品种“紫美石榴”“红玉软籽石榴”2016年通过四川省农作物品种审定委员会审定，2个品种均宜栽种在攀枝花地区海拔1500～700米区域。“紫美石榴”1996年从以色列引入攀枝花市，经多年试验筛选而成。亩产1320千克。“红玉软籽石榴”由2005年从河南省引进的突尼斯软籽石榴经多年试验筛选而成，亩产945～1197千克。

其他特色水果研究。2016年，攀枝花市热带特色水果资源引种、评价及利用项目完善热带水果种质资源圃建设，引种分属22个科的各类植株400株，定植各类苗木350株。特色小水果引种示范及栽培技术研究项目对引进的已全部挂果的15个中国樱桃品种进行形态特征和生物学特性观察记录，引进品种成熟期或早或晚于现有品种，能有效降低倒春寒对樱桃坐果的影响。对23个樱桃品种进行果实品质评价，作物候观察记载及品质初测，筛选出颗粒大、不易落果的6号及19号品种。对火龙果进行栽培管理，作好观察记载。引进“巧克力”等10个草莓优良品种作栽培适应性、抗性、丰产性观察及杂交育种研究。枇杷低产园改造研究与应用项目，开展枇杷低产老龄树更新复壮修剪试验和海拔1300～1600米枇杷园牧草种筛选试验。在米易县草场乡碗厂村开展枇杷枝干腐烂病田间调查，进行药剂筛选比较试验和防治效果试验，筛选出1个防治和促愈合的药剂组合并编写防治实用技术资料。引进枇杷优良品种“兴宁1号”到米易县草场乡龙华村、碗厂村示范户果园进行嫁接。在米易县草场乡示范基地举办枇杷采后修剪施肥、枇杷控梢促花、枇杷夏稍管理、花前肥水管理技术、花期、幼果期病虫害管理等技术培训，收集问题8条、接受果农电话咨询30余次，组织专家28人次开展10次指导服务。

【园林绿化研究】 2016年，市农林院在沙沟基地新砌堡坎内栽植炮仗花1000余株，长势良好。野生观赏植物金丝梅定向培育技术研究项目开展金丝梅野外调查工作。金丝梅别名芒种花，藤黄科金丝桃属，丛生半常绿小灌木，树高可达1米，花朵金黄色适合用于园林景观。2016年收集盐边县强盛乡、米易县白马乡2个区域的野生金丝梅种质资源2个，定植金丝梅活体植株20株。毛红椿定向培育技术研究项目于展毛红椿行道树苗木定向培育技术研究，毛红椿又叫毛红楝子，是国家二级保护植物，是南亚热带珍贵用材树种，落叶或近常绿乔木，高大挺拔，树形优美，叶色嫩绿，花白色，适合作为园林绿化行道树、景观树。阳光花城观花植物配置模式研究项目2016年掌握市区主干道路绿地、公园绿地及护坡掩体等不同类型城市绿地的观花植物品种及配置模式情况、掌握部分草花品种在攀枝花干热河谷地区的生物学特性，编写“攀枝花市木本开花植物名录”，记录各类木本观花植物的品种、形态、花色、花期等特性。智能温室盆花产业化生产示范项目引进鸟巢蕨品种5个，选出4个品种推向市场进行测试，确定展叶鸟巢蕨品种为大力发展品种，鹿角鸟巢为辅助品种。开展幼苗繁育、盆花成品种植技术研究，形成本地化鸟巢蕨种植技术，生产15万盆成品供应市场，进行多肉类盆花种植，年产30万盆，在西区丽新盆花基地新增高档环控智能温室盆花示范面积5184平方米，进行高效节能温室技术、集成利得膜降温、保温系统、高位通风降温系统，斯文森遮阳幕系统、高压微喷增湿智能化系统等多项技术应用转化。开展竹芋无土栽培基质筛选，筛选出不同比例的栽培介质配方5个。开展盆花灌溉水中有害物质脱除技术研究。开展花卉、土地流转、山药、芒果等技术培训11期，培训400人次，发放资料1600余册。

【烟草作物研究】 2016年，市农林院作物烟草所在研项目9项，新增项目6项，其中湖南省中烟项目2项，市烟草公司3项，上海市中烟1项，总经费312万元。主要开展烤烟产业链、烤烟稳质稳产复种模式、马铃薯、红薯优质新品种引育等研究。引进、推广红薯新品种5个，研究出红薯专业化育苗技术和大田栽培技术。探索订单农业经营模式，成立“攀枝花聚科院农业科技有限责任公司”。烤烟保质丰产栽培技术研究项目推广面积40公顷，红大关键技术推广6.73公顷。马铃薯优质新品种引进与高产配套技术研究与示范项目在盐边县格萨拉乡韭菜坪村设试验点1个，开展马铃薯921品种最适播种期、最适播种密度研究试验。开展马铃薯栽培技术讲授，培训村民56人。攀枝花高效低碳烘烤技术研究与应用项目进行变频器烤房和节能灶烤房的烘烤测试，研制出高效低碳烘烤技术，装烟量是普通烤房的1.65倍，烘烤次数和烘烤时间缩短，烤烟上等烟率得以提升，每千克烤后烟叶均价提高3.98元。在仁和区平地镇平地村开展抗水解稳定离子钛的施用对比试验，研究抗水解稳定离子钛对烤烟是否具有促进生长、增强抗逆性、提高品质的作用。在盐边县和爱乡、仁和区平地镇开展4种不同肥料配方的施用效果对比试验。开展烤烟均衡营养技术研究。提高烟叶可用性的综合技术示范及推广配套课题研究项目开展秸秆覆盖和地膜覆盖对烤烟产量和质量的影响试验，开展“微生物肥料对植物土壤、烟株生长及烟叶质量的影响”试验，烤烟优化栽培技术应用项目开展以密度、平衡施肥和水肥调节为核心的优化栽培技术在田烟和地烟生产中的应用试验。2016年，市农林院与四川省烟草公司攀枝花市公司、湖南中烟工业有限责任公司合作研究的烤烟烘烤新能源开发及应用项目获攀枝花市人民政府科技进步三等奖。

【畜牧研究】 2016年，市农林院畜牧兽医研究所在研项目15个，其中新增项目7项，主要开展山羊专用饲料的研究、山羊标准化养殖技术的示范推广、中高山地区人工草场建植技术研究。重点在肉羊、肉牛的良种培育、优质牧草品种选育、农作物秸秆加工调制与利用、疫病防控、饲料营养、质量安全、健康养殖、标准化养殖圈舍建设等关键环节开展科技攻关。引进高产优质牧草4000株进行适应性观察，生长良好。开展山羊饲养管理信息化系统的研制，开展山羊疥螨病、山羊体表寄生虫、山羊腹泻等疾病综合防治技术研究、推广应用，效果显著，治愈率90%以上。制定发布四川省（区域性）地方标准3个。在米易县、盐边县、仁和区中高山地区建立4个肉羊养殖示范场、5个肉牛养殖示范养殖场和8个肉牛示范小区。完成山羊饲养管理信息化系统的研制。盐边县格萨拉彝族乡人工草场建植项目筛选出适合格萨拉种植的优质牧草品种12个，研究出该地区牧草种植的适宜播种期、配套栽培与管理技术，摸清牧草种植地土壤养分情况。攀枝花本地黑山羊保护性选育研究及纯繁场建设项目，对成规模的本地黑山羊基础群中不符合育种方向的本地羊进行淘汰，按照种公羊以生产肥育性状为主，种母羊以繁殖性状为主，兼顾体型的选择原则组建核心群。牛羊脑包虫防治技术研究项目开展多头带绦虫重组蛋白疫苗免疫保护试验，开展3种草食动物脑包虫基因工程亚单位疫苗的研制工作。攀枝花山羊现代养殖技术集成及产业示范项目引进高产优质牧草4000株进行适应性观察，长势良好。羊圈养标准化规模化技术集成及产业化示范项目开展标准化基础设施建设，进行技术集成研究和应用示范，开展山羊饲养管理信息化系统研制，在盐边县永兴镇建立牧草规范化栽培与示范基地1个，建立山羊标准化规模化养殖示范基地1个，建立山羊良种繁育养殖研发基地1个，对基地150名示范户讲授羔羊培育、传染病防治、饲料饲草调制、牧草贮备、繁殖等技术。攀枝花山羊养殖生产技术标准体系制定项目制定的"攀枝花地区山羊常见疫病综合防控技术规程、攀枝花地区山羊圈舍及辅助设施建设规程、攀枝花地区山羊饲养管理技术规程"3个技术规程通过四川省质监局审批。市农林院与四川农业大学合作的《山羊脑多头蚴病的综合防治研究》项目获攀枝花市人民政府科技进步二等奖。

【林业研究】 2016年，市农林院林业科学研究所在研项目23项，重点开展核桃、花椒、中草药、干热河谷生态植被恢复、园林花卉品种引育与栽培技术、肥水管理、病虫害防治等技术研究。

核桃研究。2016年，主要开展核桃生产区域土壤、肥水管理、栽培技术、优质丰产树型打造等技术研究。在海拔1700～2500米核桃种植区域按200米1个海拔梯度开展核桃品种比较试验。攀枝花市核桃良种选育及良种展示园建设项目收集核桃种质资源23个，筛选出核桃优良单株38株，测量整理优良单株的树体基本性状和坚果表型性状，分析内含物。2016年在仁和区啊喇乡官房村瓦窑堡组建立面积6公顷的1个良种展示园，展示云南省、贵州省、四川省和重庆市的核桃优良品种21个，开展植苗、嫁接工作。核桃产业扶贫科技示范基地建设项目开展优良乡土、乡土化核桃品种普查、评优工作，筛选出具有早熟特性（成熟期在8月上旬前）且表型性状较优良的乡土化核桃品种2个，从凉山州木里县引进1个耐寒核桃品种"康乌一号"。在《中国果树》第3期上发表论文"核桃新品种'攀核1号'的选育"。核桃良种选育及丰产栽培技术示范基地建设项目2016年开展采穗圃、品种园、丰产示范园浇水、施肥、修剪、清园、病虫害防治等管理工作，总结出在核桃生长期适时喷施叶面肥技术、萌芽时灌水技术，引进的31个优良品种2016年有峨眉清香等7个品种挂果。

中药材研究。2016年，市农林院林业科学研究所主要开展药用植物何首乌、当归、川续断、白及等林下种植肥水管理、病虫害防治等技术研究。2016年，市农林院选育的何首乌品种"攀首乌1号"通过四川省农作物品种审定委员审定。"攀首乌1号"是从攀枝花市野生和省内外27份何首乌种质资源中系统选育而成，单株鲜重0.64～0.69千克，平均亩产2865千克。经市食品药品检验所检测，何首乌块根总灰分3.6%，二苯乙烯苷含量4.4%，结合蒽醌含量0.21%，符合《中国药典》（2010版，一部）对何首乌药材的规定。重楼良种繁育及种植技术研究项目确定攀枝花市境内综合性状表现优良的广布野生种"七叶一枝花"为药用重楼主栽优良品种，总结出干热河谷区重楼种子变温层积催芽时间组合，研究出重楼产业发展栽培和肥水管理技术。重楼良种繁育及种植技术研究项目开展春季施肥试验和叶面追肥试验，总结出林下种植重楼的氮磷钾每亩年施肥配方，有机无机肥每亩年施肥配方、磷硼钾叶面追肥溶液配方。对不同森林荫蔽度下重楼植株表型分析和病虫害进行监测，发现重楼病虫害有根腐病、茎腐病、黑斑病、日灼病、线虫类、金龟子幼虫和成虫。林下种植与示范项目开展白及林下种植引种栽培，从云南省引种白及组培驯化苗2万株，在仁和区啊喇乡官房村开展不同栽种基质试验。铁皮石斛标准化种植技术研究与示范项目形成《铁皮石斛种植基质筛选研究》《铁皮石斛施肥技术研究》试验研究报告，编写《铁皮石斛大棚种植环境调控技术》和《铁皮石斛常见病虫害及防治》技术资料，完成铁皮石斛标准化种植技术集成，培育组培种苗1万株。进行铁皮石斛抗旱种植，开展铁皮石斛种植基质筛选研究和铁皮石斛施肥技术研究试验。标准化种植示范3333平方米。2016年市农林院与攀枝花学院暨附属医院、盐边县格萨拉和润农业开发有限公司、市木田生物科技有限公司合作完成的《攀枝花玛咖规范化种植技术研究及药用价值评价》项目获攀枝花市人民政府科技进步二等奖。

食用菌研究。2016年，市农林院生物技术研究所在研项目12项，主要针对中高山地区食用菌产业发展，开展全产业链精细化持续研究。进行块菌、牛肝菌、林下食用菌仿生栽培技术研究。建成4公顷块菌节水喷灌基地，培育板栗、美国山核桃、印度块菌、攀枝花白块菌、夏块菌等菌根苗6000余株。在米易县、仁和区新建块菌栽培示范基地0.67公顷,在盐边县格萨拉村新建块菌栽培示范林1.33公顷。在仁和区啊喇乡开展林下灵芝仿生、林下姬菇、杏鲍菇栽培,面积0.67公顷。利用废弃果枝开发食用菌基料及栽培技术研究与应用示范项目利用核桃等6种废弃果枝,开展凤尾菇、香菇、木耳、灵芝、杏鲍菇5种食用菌栽培研究,提出利用不同果枝栽培不同品种食用菌的方法。开展果枝栽培平菇、香菇应用示范,总产值137万元,利润62万元。培训从业人员113人次。与攀枝花丰盛源公司合作,进行13.33公顷块菌保育技术研究和示范,推广块菌保育技术200公顷,2016年,市农林院与四川省农科院土壤肥料研究所联合选育的2个灵芝品种——"攀芝1号""攀芝2号"通过四川省农作物品种审定委员会审定。"攀芝1号"是由盐边县野生灵芝菌株经过4年驯化栽培选育而成,氨基酸含量3.658mg/g,蛋白质含量9.89%,多糖含量1.77%、三萜含量0.94%均高于《中华人民共和国药典》药用灵芝标准。"攀芝2号"是由米易县野生灵芝菌株经过4年驯化栽培、选育而成。氨基酸含量1.647mg/g,蛋白质含量14.2%,多糖含量0.94%、三萜含量1.27%均高于《中华人民共和国药典》药用灵芝标准。2016年,市农林院与市丰盛源农林开发有限公司、四川省农业科学院、市林业科学技术推广站合作的"野生块菌保育促繁及保鲜技术研究与应用"项目获攀枝花市人民政府科技进步二等奖。

乡土树种研究。2016年,市农林院林业科学研究所林木种质资源原地保存项目开展种质资源管理、管护与观测工作,收集攀枝花本地树种木枫杨、凤凰木、黄槐、木蝴蝶等种子资源175份,向国家平台信息系统提交乔灌木树种质资源150份并进行共性描述,举办培训班11期,培训农户1400人次,发放资料2200册,无偿提供种苗、种子6.3万株(粒),接受电话咨询和访问32次,收到反馈信息120条,解决生产问题21个。攀枝花地区木棉优异种质资源收集保存研究项目收集保存攀枝花地区木棉优异种质资源,选出30余株采集木棉穗条,在市农林院五十一苗圃基地进行木棉扦插及播种试验,获成活无性系插条60余枝、实生苗300株。青花椒引种筛选及丰产栽培技术集成研究项目开展本地青花椒优良品种筛选工作,对引进的国内4个优良品种进行嫁接改造,观测物候期,总结出青花椒嫁接改良、修枝整形、施肥以及病虫害防治技术。引进青花椒烘干及分级设备,效果良好。西区格里坪镇竹林坡村花椒产量由2015年的80吨增加到2016年的86吨,产值提高20万元。在盐边县、米易县举办3次专题培训班,推广青花椒标准化种植技术与新型材料的应用,培训400余人,发放资料400余份,推广花椒采摘器32台。2016年建立青花椒栽培技术示范园1个、引种种植园1个、核心示范户数12户,青花椒施肥与修剪推广面积10.67公顷,劳动效率提高1~1.5倍,试验区内锈病发生率降低20%。番石榴种质资源调查、收集与评价项目开展不同海拔梯度5个样地与5个群体的立地条件、树高、冠幅、结果量等指标基本情况调查,收集番石榴果实与种子进行测定。市农林院"攀枝花市特色生物资源发展研究"项目获攀枝花市人民政府科技进步三等奖。

【节水研究】 2016年,市农林院水利与农机研究所在研项目7项,其中新增项目5项,重点开展中高山蔬菜、中药材、干果水肥一体化技术研究,形成灌溉技术规程和地方标准6个。成立"四川省雨露节水科技有限公司",设立公司董事会、监事会。开展适宜山地条件的低成本灌溉管材研发,开发4类产品共18种规格,产品均按照国标要求进行试产,PE管道送检合格。参与全市现代农业集成示范农庄果园标准化方案编制。高效节水灌溉制度试验项目开展石榴、枇杷2个水果品种试验研究。秋冬蔬菜灌溉制度研究项目2016年主要开展大青菜、大蒜2个品种试验研究。南亚热带植物园水利基础设施建设补助项目新建1口100立方米封闭式蓄水池,安装4.53公顷芒果展示园智能化灌溉系统并投入使用,设计和施工20平方米库房、40平方米控制中心的控制中心管理房和24平方米的枢纽房。攀枝花市山地农业高效节水产品研发与示范项目2016年开展滴头研发提供产品配套服务,编制水利与农机研究所"农业产业发展科技支撑方案"并启动实施,科研工作重点向中高山地区转移,推进全域高效节水灌溉,引进全产业链小、微机械在中高山示范推广。以精准扶贫的方式建立4个高效节水科技示范基地,为大龙潭11户贫困农户进行农村引水、高效节水管道安装。在米易县建立1个面积10公顷的微润灌试验示范点。

【成果转化与示范】 芒果。市农林院与市民宗委、仁和区福田镇政府合作,于2011年在少数民族山区福田镇"无水、无路、无收益"的乱石荒坡上建立1866.67公顷优质芒果科技成果转化示范基地,2016年总产量3926吨,比2015年增加98.92%,总产值1643.29万元,比2015年增70.24%,比2011年产量增加1201.54%、产值增加1067.03%。2016年该镇仅芒果一项人均收入达3686元(1643.29万元/4458人),比2015年增加1509元(965.27万元/4434人)。福田镇的芒果科技成果转化示范模式2015年起被称为"福田模式","福田模式"破解少数民族地区和贫困山区农业科技成果转化难题,得到国家、省、市相关领导和部门认可,央视国际新闻频道《看中国》栏目6月11日播放"福田模式",把福田模式作为当前中国精准扶贫的样板向全世界介绍。新华社、中央人民广播电台《四川日报》等媒体多次报道"福田模式"。2016年,市农林院新增仁和区大龙潭乡裕民村芒果示范基地70公顷，建立专家和示范户一对一联系制度，建立信息反馈制度，建立示范户档案，记录示范户的基本情况。市农林院芒果标准化技术示范项目推广应用建园技术、果实套袋技术、轮换修剪技术、抹花迟延花期技术、土壤改良技术、肥水管理技术6项技术。2016年，市农林院在盐边县益民乡芒果专家服务示范基地实施首席专家负责制，遵照"以科技为先导，以项目为载体，以市场为导向"的原则，培养果农在芒果生产中大胆创新、努力实践、不断总结、酌情决策的能力。在西区格里坪镇庄上村大祥芒果公司芒果基地开展晚熟芒果高效省力施肥模式示范，面积7公顷，开展种质资源筛选与利用，选出芒果"热品16号"进行试验种植，面积14公顷。调研盐边县益民乡鲊石村示范基地的部分芒果在果实膨大期时果蒂周围出现的褐变现象，分析出原因后指导种植户及时进行整改。针对示范基地品种单一、芒果熟期优势特色不明显状况，开展芒果新品种比较、筛选试验，为基地储备早熟优势良种。2016年，市农林院专家深入基地92人次，围绕整形修剪、平衡施肥、科学灌水、细菌性角斑病、畸形病、蓟马等主要病虫害防控及果实采收等举办芒果标准化生产技术培训班7期，培训871人，发放资料1100份，接受电话咨询100余次，指导种植户采取芒果轮换修剪技术来解决芒果大小年的问题。对现有的芒果大树采取树冠顶部"开天窗"的办法，解决树体高大、枝叶茂密的修剪问题。病虫害的识别与防控方面，指导种植户首先区分病害和虫害，再学习用药，市农林院在培训教材第八期印制《植物真菌病害手册》《芒果树的药物防治》等文章进行指导。2016年，盐边县鲊石村芒果专家示范基地种植面积450公顷，比2015年增加64公顷，产量4253吨，比2015年增加692吨；产值2126万元，比2015年增加346万元。2016年，攀枝花市建立现代农业集成创新农庄4个，涉及盐边县芒果、米易县枇杷、仁和区石榴、西区葡萄，市农林院负责撰写果园建设方案并投资入股新农庄。编印芒果建园、良种砧木苗繁育、嫁接、整形修剪、果实套袋、保花保果、挂果后期管理、肥水管理、冬季管理、病虫害识别及综合防治、科学使用生物农药及高效、低毒、低残留化学农药等技术资料，举办培训班20期，培训基层农技人员、科技示范户和果农共1068人，发送资料1687册，2016年，市农林院新增大龙潭乡裕民村芒果示范基地66.67公顷，筛选芒果示范户开展科技培训。2016年，集成晚熟芒果关键技术项目推广应用建园技术、果实套袋技术、轮换修剪技术、抹花迟延花期技术、土壤改良技术、肥水管理技术共6项技术。攀西特色水果创新团队产后处理岗项目采取边研究边推广的方法，将第一轮研究集成的"芒果采后商品化处理技术"及时应用到生产中，编印技术手册、制作幻灯片对果农进行培训示范，到田间地头现场讲解，水果采收包装更合理使攀西地区芒果外运损耗率在2%以下。芒果优良品种及标准化栽培技术引智成果示范推广项目新增新庄村成果示范区266.67公顷，共有福田镇等10个成果示范区共5266.67公顷。

蔬菜。2016年，市农林院蔬菜研究所开展蔬菜新品种、新技术示范推广，展示品种150个，技术9项，开展9次技术培训共培训农户1230人，发放技术资料2000册。在仁和区啊喇乡，盐边县和爱乡、格萨拉乡建立冬春喜凉蔬菜科技示范基地，以白菜类、甘蓝、葱蒜为主，开展育苗、水肥一体化、绿色防控等技术示范。在仁和区大龙潭乡、啊喇乡，盐边县和爱乡建立夏秋喜温蔬菜科技示范基地，以豆类、茄果类、瓜果类蔬菜为主，重点开展育苗、水肥一体化、避雨栽培、绿色防控等技术示范。总结出新品种配套栽培技术9套，培训300余人，发表论文3篇。新品种每亩新增纯收益559元，推广应用267公顷，新增效益223万元。与盐边县红果乡合作建立蒜薹示范1.33公顷，每亩产值5600元。

核桃。2016年，市农林院在海拔1600～2800米的核桃基地复制"福田模式"，开启"专家—示范户—对子户"的基地建设模式，采用"一点多年、一年适时多期、首席专家统一主管、专家分户(示范户)管理、示范户带对子户、示范户和对子打捆考核"的成果转化模式。在基地展示核桃嫁接、肥水管理、整形修剪、冬季管理、病虫害防治、套种、核桃采收及采后处理等技术，示范核桃生产所需的新型农药及新型产品。在每个基地重点培养1～2名示范户成为核桃种植土专家。米易县麻陇乡中心村、红岩村的成果转化示范面256.13公顷，示范户42户，对子户126户，2016年核桃总产量597.37吨比2015年的556.3吨增加7.38%。米易县新山乡核桃转化示范面积10公顷，示范户18户，核桃总产量2016年62.5吨比2015年40.2吨增加55.47%，总产值2016年50万元比2015年38.47万元增加29.97%。盐边县红果乡白沙沟村成果转化示范面积20公顷，示范户13户，盐边县红果乡2016年核桃总产量70吨比2015年39吨增加79.49%、总产值2016年50万元比2015年39.4万元增加26.9%。

烟草。市农林院作物烟草所红花大金元烤烟专家示范项目在仁和区大田镇建立红花大金元烤烟专家示范区56.67公顷、核心示范区2公顷，示范烟农34户，核心示范户4户，红花大金元亩产量148.92千克、亩产值4217元，上等烟率52.7%。烤烟成熟采收示范与推广项目开展烤烟生育期均衡营养技术研究。提高烤烟可用性的综合技术集成与推广项目在米易县麻陇乡、坪山乡，盐边县红民乡、仁和区大龙潭乡建立核心示范点4个，细化平衡施肥技术。项目组在米易县麻陇乡、坪山乡、盐边县红民、仁和区大龙潭共建核心示范点4个。开展田间管理、病虫害综合防治、采收与烘烤，细化平衡施肥等技术培训。对3个优质烟叶生产示范片的405.6公顷烟苗开展苗期病毒检测工作，检测出2.4公顷病毒烟苗，为烟农挽回经济损失12.6万元。

【交流与合作】 2016年1月7—8日,国家现代农业产业技术体系四川薯类创新团队首席专家黄钢带领四川省农科院、四川农业大学、凉山州农科所和南充甘薯研究所的薯类研究专家组16人对市农林院薯类科研工作进行调研,决定在市农林院设立"四川薯类创新团队攀枝花工作站",聘请市农林院作物烟草所研究员补雪梅为"特聘研究专家"。1月12日,市农林院芒果专家李贵利、滕志组织西区格里坪镇芒果种植户和示范户到仁和区福田镇学习,听取福田镇示范户熊光成讲述自己的芒果产业发展史。5月8—15日,市农林院山地芒果节水模式研究项目引进以色列芒果专家AvihanIlan,考察市农林院山地芒果节水模式研究试验基地,在沙沟基地开展芒果节水灌溉和种植技术讲学,讲授以色列营养沟栽培芒果的水肥一体化技术和芒果砧木嫁接技术,市农林院、市水务局节水办及区县安装节水设施的种植户参加培训。5月27—28日,市农林院杜邦参加农业部南亚办热作中心举办的热作财政支持政策培训班学习。6月3日,市农林院与仁和区人民政府签订《攀枝花市仁和区人民政府、市农林院科技合作协议》,市委常委、市委秘书长许健民出席签字仪式。协议期5年,双方将围绕农业科技创新活动、农业科研实验示范平台建设、人才和技术培训、农业科技成果转化、仁和区特色农业发展与农业产业开发、产业扶贫方面开展合作。6月4—9日,市农林院尧美英到山东省烟台市参加"2016中国樱桃年会"。6月22—25日,市农林院杜邦、黄云、刘斌、王成到云南省保山市潞江坝收集芒果种质资源,参观热经所科研示范基地。6月24日,市政协副主席吴文发带领市民族宗教事务委员会、仁和区民宗局、市农林院的相关领导和专家,到仁和区大龙潭乡裕民村调研"福田模式"复制情况。7月17—21日,市农林院副院长罗照西参加市农委组织的"三农工作"考察组,到浙江省安吉县、安徽省凤阳县小岗村考察学习。7月19—21日,市农林院肖恩到湖南省长沙市参加2016年中国观赏园艺学术研讨会并参观湖南省林业种苗中心。7月20—22日,市农林院邀请以色列纳安丹·吉安节水灌溉技术公司的伊蓝、阿姆雷特2位节水专家和以色列Growing Smart智能化种植公司的首席农艺师、山东现代农业科学研究院院长田端华博士考察攀枝花市的高效节水灌溉模式及技术,对高效节水灌溉中存在的技术与产品等问题进行技术指导与技术服务。8月18—20日,市农林院院长张洪祥、副院长罗照西、科技管理科科长彭善新、芒果专家李桂珍到贵州省兴义市参加"中国热带作物学会园艺专业委员会2016年学术研讨会",来自海南省、广东省、广西壮族自治区、云南省和四川省的科研院所、高校的60余人参会,并参观贵州热作所南盘江山地芒果基地和贵州绿园公司花卉基地。9月18—24日,市农林院副院长罗照西到四川省农科院加工所、园艺所学习并参加省农科院组织的"赴宁夏回族自治区农林科学院"考察。9月21日,市农林院副院长唐平、科技管理科科长彭善新、生物技术研究所副所长柳成益、食用菌专家杨梅到四川省农科院土肥所考察,双方就建立食用菌全面合作关系进行会谈,四川省农科院土肥所副所长黄忠乾、微生物研究室主任彭卫红、副主任唐杰及食用菌研究人员参加会谈。9月21—23日,市农林院曾金华到凉山州会理县参加"全省热作标准化生产示范园建设"培训。9月24—27日,市农林院林科所吴名付、张春花,蔬菜所胡湘军、杜宣延,果树所李桂珍、吴建华6人到成都参加"第二届亚洲园艺大会",听取日本东京大学教授Michio韩国首尔国立大学教授Jung Eek SON、泰国园艺科学协会主席AnantaDalodom、中国工程院院士邓秀新等关于国内园艺业发展历程的报告。大会包含基因组学与分子遗传学、遗传资源与育种、植物生理学与生产、病虫草害综合防治、采后处理与供应链技术和人类健康、品质与营养6个部分。10月8—19日,市农林院副院长唐平、食用菌专家杨梅到法国卡奥尔参加"第八届国际食用菌菌根大会",来自中国、法国、新西兰、日本、美国、荷兰、意大利、澳大利亚、加拿大、墨西哥、西班牙、危地马拉等20个国家和地区的100余位菌根食用菌研究者和种植者参加大会。大会分PPT交流和大字报交流两部分,60余位专家们就菌根食用菌的分类学、生物学、生态学、分子生物学、分子遗传学食品化学、天然菌根菌的管理和种植、菌根苗培育做专题报告。交流会涉及黑块菌、白块菌松茸、松乳菇、鸡油菌、红菇、黄橙鹅膏菌等食用菌,市农林院以大字报的形式在会场做"攀枝花块菌产业的发展现状交流",向世界展示攀枝花独特的块菌资源和市农林院在印度块菌、夏块菌、黑孢块菌、波氏块菌及攀枝花块菌的菌根苗合成、栽培中取得的系列成果。参会人员考察法国卡奥尔莱蒙特块菌研究中心种植基地,学习黑孢块菌和夏块菌种植技术,现场体验用猪找寻块菌的方法,了解法国块菌发展历史和浓厚的块菌文化。参观法国最大的块菌苗培育企业,了解块菌菌根苗培育过程中质量控制的重要性。10月9—14日,市农林院副院长罗照西一行到四川省南充市参加"国家现代农业产业技术体系四川创新团队绩效考核培训会"并考察南充市农科院。10月26日,市农林院吕金燕到四川省成都市参加"中国西部开发远程学习网"干部人事制度改革培训班"学习。10月28日—11月2日,市农林院吴名付、张帆到北京参加国际林木遗传资源培训中心举办的"第一届国际林木遗传资源培训班"学习,考察北京通州观赏园艺苗圃、河北省沧州柳树基地,参观中喜生态有限公司开发区苗圃、山东省东营市黄河岛湿地公园。11月1—5日,市农林院王成到凉山州西昌学院轻化工学院参与芒果加工试验。11月5—7日,市农林院副院长罗照西到云南省昆明市参加"第十四届中国国际农产品交易会暨第十二届昆明泛亚国际农业博览会"并到云南省农科院园艺所交流学习。11月6—14

日，市农林院引智项目引进法国块菌专家皮尔·苏萨特先生和法国最大块菌苗生产公司总裁单面．波律厚先生到攀枝花实施块菌保育促繁和人工栽培技术，法国专家参观市农林院菌根苗大棚培育基地，对市农林院块菌菌根苗的培育技术给予肯定。考察市农林院野生块菌保育促繁基地，提出野生块菌保育措施，特别提出利用块菌狗和块菌猪适时采集、保证块菌质量的采集方法。考察市农林院60亩块菌种植基地并提出基地存在的问题和整改意见。开展菌根检测试验，表明盐边县新九基地部分块菌菌根苗菌根量已达出菇要求，驯狗寻找有可能找到块菌。法国专家还对中法块菌文化、块菌美食和块菌加工及市场进行交流。11月7—11日，市农林院石平、党委副主任王艳碧、成员3人到四川省成都市参加第159期全省办公室文秘岗位公文写作与规范化处理专题进修班学习。11月8—10日，市农林院在仁和区花城酒店召开"第18届川滇两省六市州林业学术研讨会"，市农林院院长张洪祥致开幕词，市林业局副局长孙彦彬、市科知局副局长张存岭、市科协副主席许礼华出席研讨会开幕式并作讲话，来自云南省红河州林科所、楚雄州林科所、保山市林业技术推广总站、丽江市林科所、凉山州林科所、市农林院科技人员共52人出席研讨会。11月8—13日，市农林院王成到广西壮族自治区南宁市参加"中国热带作物学会2016年学术年会第六分会场热带农产品加工科企对接交流会"。11月19日，市农林院院长张洪祥、副院长罗照西、专家彭善新、李贵利、李桂珍、虎海波等6人参加"芒果精准管理及产业化配套技术"培训团赴澳大利亚学习。11月27—29日，中国食用菌工程院院士李玉莅临攀枝花指导食用菌产业发展，调研市农林院块菌种植基地和野生块菌促繁基地。11月29日，工程院院士李玉与攀枝花市副市长黄岳槐、市林业局、市农牧局、市科知局、市科协相关领导及攀枝花块菌企业代表举行座谈会，副市长黄岳槐为座谈会致辞，李玉院士针对在攀枝花市建立块菌博物馆、灵芝博物馆、野生菌保育区和院士专家工作站提出具体要求，表示支持攀枝花食用菌产业发展。12月19日，贵州省黔西南州州委常委、州政府常务副州长邓家富带领黔西南州各职能部门、乡镇基层干部和芒果从业人员一行12人到市农林院考察，攀枝花市副市长李仁杰陪同考察、市林业局、市农牧局等部门领导参加考察，市农林院院长张洪祥陪同参观市农林院蔬菜展示园、芒果科技展示园。12月29日，市农林院与盐边县联友种养殖专业合作社组队参加由市团委组织的由431个团队参加的"攀枝花市第四届青年创业创新创富大赛"并获优秀奖。

【技术培训】 2016年，市农林院专家团队沿用"首席专家统一负责、各个专家分片负责"的培训模式，在技术上统一标准，分区分时段开展培训。6月27日，市农林院副院长罗照西、专家李桂珍、李录山到仁和区大龙潭乡裕民村培训芒果种植户160人，发放资料150册。7月3日，市农林院副院长、专家3人到西区格里坪镇新庄村讲授芒果栽培管理技术，培训果农40人，发放资料50册。7月6日，市农林院专家3人到仁和区平地镇波西村讲授芒果幼树管理、芒果水肥管理、芒果病虫害防治、桃树流胶病防治方法，发放资料100余册。7月10日，市农林院专家陪同四川省农业科学院培训中心主任王宏、四川省农科院首席研究员黄钢、四川省农业技术推广总站科长卢学兰到米易县丙谷镇芭蕉箐村三组"金硕香"芒果专业合作社果农黄从祥的芒果园和米易县草场乡果农申万军的芒果园调研并开展培训。7月15日，市农林院副院长罗照西到仁和区福田镇培训果农200人，发放资料260册。7月20日，市农林院林业专家团队调查盐边县温泉乡肖家坪村基地对帮扶贫困户和示范户进行青花椒、核桃的肥水管理技术培训，现场示范如何开挖施肥沟、如何针对不同树龄的树体施肥，针对发现的虫害讲解夏季病虫害的防治方法，发放80份技术资料及2.8吨价值6860元的复合肥。7月27日，市农林院针对盐边县温泉乡境内多个村社遭受的重大冰雹灾害情况，及时派出科技人员前往指导灾后农业恢复生产，科技人员实地调查灾情，结合当地种植制度、气象特征，针对性地提出在绝收烟田中种植极早熟豌豆、对玉米进行叶面施肥，对受损的中草药、核桃、花椒进行喷施保护性杀菌剂等建议。7月27日，市农林院副院长罗照西及专家到仁和区大龙潭乡裕民村，讲授攀枝花温带水果产业发展、核桃栽培、食用菌栽培、山羊养殖等技术，培训果农60人，发放资料150册。8月3日，市农林院畜牧兽医研究所科技人员到盐边县温泉乡肖家坪村讲授山羊养殖技术，讲解并示范操作山羊药浴方法使养殖户了解山羊药浴是驱除山羊体外寄生虫的重要技术措施，并掌握具体操作方法。8月16日，市农林院与市民族宗教事务委员会、米易县新山傈僳族乡人民政府联合组织市农林院核桃专家团队，新山乡新山村举办"攀枝花市民族地区核桃适时、科学采收现场培训启动会"，专家们详细讲解核桃适时采收、科学采收的重要性、必要性及如何识别与判断采收时机，并现场演示适时采收的程序与方法。攀枝花电视台，《攀枝花日报》《攀枝花晚报》《四川日报》，早安攀枝花记者到现场采访。8月24日，市农林院3名科技特派员到仁和区平地镇波西村对17名养殖户开展培训并到养殖户家中指导山羊养殖技术，发放技术手册34册，讲授红薯栽培技术、山羊繁殖、羔羊培育及羔羊育肥等山羊饲养管理综合技术、常见病虫的危害及防治措施。9月8日，市农林院科技特派员3人与市民宗委、总工会领导到盐边县红宝苗族彝族乡谜塘村为贫困户和示范户讲授黑山羊养殖、核桃种植等技术。9月14日，市农林院到仁和区福田镇塘坝村培训果50人，发放资料80册。10月19日，市农林院畜牧兽医研究所科技人员到盐边县温泉乡肖家坪村讲授山羊养殖和牧草种植技术。10月26日，市农林院畜牧兽医研究所研究人员到米易县攀莲镇南厂村养羊贫困户家中讲授养殖技术，并逐户进行标准化羊圈建设选址和实地丈量。11月2日，市农林院芒果专家李贵利到盐边县益民乡回龙村讲授芒果管理技术，培训果农17人，发放技术资料20册。11月2日，市农林院专家尧美英到仁和区平地镇双龙潭村讲授樱桃栽培技术，培训果农46人。12月28—30日，市农林院专家用分别到西区格里坪镇金家村、大麦地村、竹林坡村，为村里残疾人讲授蔬菜、芒果、核桃、花椒、山羊的种养殖技术。授课采用理论课与实践课相结合的方式，课上老师讲解，课后全体学员到现场进行实际操作训练。

【科技扶贫】 2016年，市农林院科技上山、精准扶贫覆盖攀枝花市多个少数民族地区及贫困山区乡镇，研究探索出科技"精、准、快"扶贫新模式—福田模式，提供精准扶贫的样板，"福田模式"项目组在市贫困山区和少数民族地区的芒果、核桃、蔬菜、桃等产业上复制"福田模式"，建立基地14个共9333.33公顷，建立示范户152户、对子户563户，为同类地区科技精准产业扶贫，做出一个个"产业脱贫、科技致富、共同富裕"的样板。市农林院精准科技扶贫模式——福田模式项目获四川省科协"金桥工程一等奖"和市科协"金桥工程优秀项目特等奖"。2016年，市农林院在米易县麻陇乡红岩村、马井村建立2个核桃产业科技扶贫示范基地，面积4.33公顷，培养科技示范户19户，对子户66户，推广运用新型农资、节水灌溉、生物防治病虫害、科学规范等丰产栽培新技术。举办核桃种植技术培训和现场技术指导服务培训班10期，培训人数1249人，发放技术资料2000册。市农林院畜牧所与仁和区政府合作在仁和区大田镇、大龙滩乡建立黑山羊标准化、产业化养殖示范试点、在贫困户中开展山羊养殖技术示范，带动当地养殖产业发展。山羊标准化养殖技术示范项目2016年确定米易县麻陇乡红岩村、庄房村为标准化养殖示范基地。选定红岩村29户、庄房村24户共53户为山羊养殖示范户并选出9户养殖户作核心示范户，在红岩村修建4栋标准化山羊圈舍作为示范推广，开展山羊圈舍及辅助设施修建、种草养羊技术培训，培训38人次，发放技术资料114册。8月3—5日，市农林院承办、市农牧局主办的"攀枝花市进村扶贫行动农业科技人员培训班"在仁和区西蜀阳光酒店举行，市农牧局调研员吴雨、市农林院院长张洪祥出席开班仪式并作重要讲话，市农牧局、市农林院、仁和区农牧局、盐边县农牧局、米易县农牧局的70名攀枝花市进村扶贫行动农业技术人员和科技人员共89人参加培训。9月13日，由市科技与知识产权局主办，市农林院、市科技基础条件平台管理中心承办的"攀枝花市科技特派员产业扶贫行动启动会议"在市农林院召开。市政府副秘书长郭勇出席会议并讲话。市科知局、市科技平台中心、市财政局、市农牧局、市林业局、市水务局、市人社局、市扶贫移民局、市民宗委、市农林院、仁和区、米易县、盐边县人民政府等单位分管领导及70名市科技特派员参加会议。10月19日，市农林院副院长罗照西及联系米易县得石镇的3名科技特派员到得石镇3个贫困村调查了解土壤、气候、水源条件、劳动力、产业规划与布局和发展现状，与联系的村社干部、第一书记进行座谈。10月31日，市农林院在院金叶度假村举办"攀枝花市科技特派员对口扶贫盐边县对接会"，盐边县副县长倪雪峰出席会议作讲话，科技特派员及贫困村代表等参加会议。11月1—3日，市农林院在市金叶度假村举办"攀枝花市科技扶贫乡土技术能人培训班"。市科知局领导、盐边县领导出席开班仪式作讲话。11月4日，市农林院副院长唐平及有关专家到结对帮扶村米易县攀莲镇南厂村，与村支两委座谈，双方就南厂村精准扶贫工作近况、下一步帮扶措施交换意见。11月20日，市农林院副院长唐平、市民建基层委员会副主任于立光一行6人组成督导组，到米易县攀莲镇南厂村督导精准扶贫工作，攀莲镇镇长王丽、副镇长向海鑫、南厂村村组干部、驻村工作组成员及村民代表参加督导座谈会，南厂村党总支书记罗德友做关于南厂村各项扶贫工作完成情况汇报。11月30日，市农林院副院长唐平参加米易县攀莲镇政府主办的"攀莲镇脱贫攻坚工作联席暨推进会"，市邮政集团攀枝花分公司万仕飞、米易县政协党组书记王万华、农行米易支行副行长商炜、攀莲镇各站所室负责人及南厂村村组干部40余人出席会议。12月27日，市农林院专家蒋祺、何敏、唐力为到盐边县共和乡正坝村开展科技扶贫工作，讲授烤烟栽植、施肥、烘烤花椒种植，花椒树修剪、病虫害防治、冬季管理等技术，与村干部、部分困难群众交谈了解25户贫困家庭的基本情况、收入情况、致贫原因、产业发展意愿和最期盼解决的问题。12月28日，市农林院科技特派员朱俐遐、彭善新、杜邦到米易县丙谷镇护林村开展科技扶贫，讲授芒果产业的市场定位、品种的选择、栽培管理技术，发放蔬菜栽培、芒果栽培、病虫害防控等技术资料60余册。12月28日，市农林院科技特派员彭善新及相关科技人员到定点帮扶村米易县撒莲镇金花塘村，开展产业调研及技术指导工作，实地考察田间地头新种植的芒果苗生长情况，讲授苗木选择、运输、定植及病虫害防控等技术。

（刘家伶）

社会管理

民政事业

【概　况】 市民政局内设办公室、民间组织管理科(挂行政审批科牌子)、优抚安置科、救灾科、社会救助科、基层政权和社区建设科、区划地名科(挂市地名领导小组办公室牌子)、社会福利和慈善事业促进科(市救灾捐赠接收办公室)、社会事务科、法规财务科、人事科(挂社会工作科牌子)共11个职能处室。市拥军优属拥政爱民工作领导小组办公室,承担拥军优属拥政爱民具体工作。机关党委负责机关和直属单位党群工作。市纪委、市监察局派驻市民政局监察室,负责驻在部门所属系统纪检、监察工作,监督检查、贯彻落实党风廉政建设责任制和廉政勤政有关规定的情况。管理市老龄工作委员会办公室、市军供站、市救助管理站(挂市流浪未成年人救助保护中心牌子)、市社会福利院(挂市社会福利有奖募捐委员会办公室牌子)、市儿童福利院、市军队离退休干部休养所(挂市光荣院牌子)、市殡仪馆、市青山公墓管理所、市减灾中心(挂市救灾物资储备管理中心、市低收入家庭经济状况核对中心牌子)共9个事业单位。对东区民政局、西区民政局、仁和区民政局、盐边县民政局、米易县民政局、钒钛产业园区社会事务管理局民政业务进行指导。全市民政系统组织机构和工作网络健全。

市民政工作紧紧围绕"以民为本、为民解困、为民服务"的工作宗旨,充分发挥民政在社会建设中的骨干作用,积极顺应民意,深化改革创新,强化依法行政。

2月,被四川省民政厅评为2015年度民政工作绩效管理先进单位;7月,全国双拥工作领导小组、民政部、中央军委政治工作部表彰攀枝花市为全国双拥模范城;12月,被省民政厅表彰为全省2016年度财务统计工作一等奖;12月,市民政局"大力发展阳光康养产业加快城市转型升级步伐"被省全创办、省委改革办授予2016四川十大改革转型发展案例;被市政府评为第十六届中国西部国际博览会参会工作先进集体;被市政府评为敬老模范单位。

【城乡居民最低生活保障】 截至12月,全市有城市低保对象6926户,11306人;1—12月累计支出城市低保金6010.84万元,城市低保累计月人均救助404.35元,完成年度目标的126.36%。全市有农村低保对象7618户,15112人;1—12月累计支出农村低保金3457.69万元,农村低保累计月人均补助181.77元,完成年度目标的113.61%。

开展2015年度低保工作绩效评价工作。对全市各县(区)最低生活保障工作保障、协调机制、业务培训、能力建设、信息系统、机制保障、对象管理、分类核查制度、举报投诉、工作效果等十个主要方面进行绩效评价。

开展城乡低保对象普查和精准识别工作。认真贯彻落实中央、省、市扶贫工作会议精神,切实抓好民政部门脱贫攻坚工作,1月15日—3月30日,开展全市城乡最低生活保障对象普查和精准识别工作。全市城乡低保对象普查和精准识别工作紧扣省、市关于集中力量打赢脱贫攻坚战总体要求,将工作重点放在规范落实低保政策,保障困难群众基本生活上,着重解决群众反映强烈的"人情保""关系保"和错保、漏保、不公平等问题,纠正"轮流吃最低生活保障"问题、分配最低生活保障指标问题、"一户一保"不按家庭成员保障问题、不以家庭为单位、不入户调查、不公示,不按收入补差发放最低生活保障金问题。严格申请、调查、评议、公示、审批等工作流程,坚决纠正低保政策执行过程中出现违规做法。为此,市民政局制订《攀枝花市城乡最低生活保障对象普查和精准识别工作实施方案》,1月15日,组织召开全市社会救助工作会议安排工作。2月,将国务院、民政部、省政府、省民政厅、市政府制定的一系列社会救助文件汇编成册,印制2000余册,发至各县(区)、乡(镇)、街道、村(居)委会,用于低保普查和精准识别工作。低保普查和精准识别工作得到各县(区)党委、政府高度重视,县区、乡镇人民政府、各街道办事处成立领导小组,加强宣传,落实省、市文件精神。抓好《攀枝花市城市居民最生活保障工作规程》和《攀枝花市农村居民最生活保障工作规程》和全面落实城乡低保分类施保制度。城乡最低生活保障对象普查和精准识别工作对全市所有在保人员进行全面符合,重新审批。强化基层经办人员按程序开展工作,把低保工作所有环节限制在政策制度范围内,限制各级自由裁量权。在申请阶段明确要求乡镇政府、街道办事处按照社会救助分级负责原则,切实履行职责,在申请阶段除国务院、省、市规定外,严禁附加任何条件;在入户调查阶段在逐一审查申请资料基础上,对辖区城乡低保对象实行"拉网式"排查,全面核对城乡低保对象家庭信息、身份认定、收入和财产情况,确保城乡低保对象普查和精准识别工作不漏一户一人,准确掌握最低生活保障对象基本信息、家庭收入、生活现状等实际情况,为应保尽保、应退尽退、动态管理打基础。为全面落实省民政厅工作安排,攀枝花市以城乡社会救助体系建设领导小组名义协调市公安局、市人社局、市住建局、市工商局、市公积金管理中心等部门开展救助对象车辆、房产、缴纳社会保险、公积金、营运船舶等方面核对工作,并建立核对工作长效机制。在民主评议阶段,要求县(区)民政局、乡镇人民政府、街道办事处坚持依靠群众、服务群众,以群众满意为根本目的,把做好低保民主评议作为社会救助纠风工作的重要内容,深化评议内容,健全评议机制,紧紧围绕收入财产调查真实性、完整性与实际生活水平等方面开展评议,杜绝人为因素,自觉接受群众监督,不断提高评议工作公信度。

在低保普查和精准识别工作中,对在保对象复核率达到100%。通过复核退出城乡低保有6539人(其中错保4人);新增城乡低保对象1026人(其中通过发现机制新增人数4人)。

指导县(区)民政局开展居民家庭经济状况核对工作。积极加强居民家庭经济状况核对工作,做好与市人社局、市工商局、市住建局等部门工作衔接,实施人工数据比对。指导县(区)民政局落实本级核对工作职责,开展核对工作。

【城乡医疗救助】 市民政局加强对县(区)民政局工作指导,认真落实对重性精神病、重度残疾人、艾滋病患者等特殊人群的救助。落实医疗救助资金由县(区)通过金融单位直发制度。及时资助困难群众参加基本医疗保险。积极协调市财政局落实本级财政预算医疗救助资金30万元,配合做好市本级福彩公益金提取医疗救助资金240万元。会同市人社局、市卫计委、市财政局办理落实门诊特殊疾病医疗救助工作。1—12月,全市累计救助64910人次,支出城乡医疗救助资金3479.43万元。按照医疗救助政策规定,民政部门资助困难群众参加基本医疗保险比率达100%,支付参保参合资金731.81万元。截至12月,符合医疗救助条件的贫困患者在政策范围内住院自付费用救助比例达73.70%,完成目标任务的105.29%。在医疗救助总支出中,累计救助城乡困难群众重特大疾病2534人次,累计支出资金803.26万元。

【农村"五保"供养】 根据市政府建立农村"五保"供养标准自然增长机制有关规定,做好与县(区)民政局沟通协调工作,指导各县(区)落实年度农村"五保"供养标准自然增长工作,及时调整农村"五保"供养标准。全市特困供养人员中农村"五保"供养对象3388人,平均供养标准5943元/年,集中供养6302元/年,分散供养5242元/年,资金由县(区)财政预算落实,共发放"五保"供养金2021.70万元,同比增幅0.82%。

开展区域性养老服务中心建设。按照省民政厅要求,攀枝花市确定仁和区前进中心敬老院、中坝中心敬老院、总发中心敬老院,米易县普威片区敬老院、湾丘片区敬老院,盐边县渔门中心敬老院为2016年区域性养老服务中心目标任务。为加快完成农村区域性养老服务中心项目建设,攀枝花市及时制定工作实施意见,召开现场会议,按照省厅要求,加强督办督查工作,先后4次发出督办通知。及时下达省厅专项补助资金90万元;市、县(区)财政配套资金66.4万元(其中,市级和三个区落实配套30万元,米易县落实配套资金26.4万元,盐边县落实配套资金10万元);省厅专项下达米易县、盐边县90万元;全市用于项目建设资金共246.4万元,改造床位数104张。6个区域性养老服务中心完工并投入使用,为辐射区域老人350人次提供服务。

【临时救助】 针对县(区)临时救助资金结余大的问题,指导县(区)民政局加强救助工作,对政策范围内困难群众及时给予救助,保障困难群众基本生活权益。1—12月,全市实施临时救助6822户(次),支出临时救助资金1217.09万元,(其中对1015名脱贫攻坚对象实施临时救助,支付救助资金92.49万元)。

【救　灾】 全年,全市遭受洪涝、风雹、滑坡、泥石流低温冷冻等灾害共27次,全市5个县(区)20.1万人次不同程度受灾,因灾死亡13人,失踪4人,伤病22人,紧急转移安置5651人;农作物受灾13.902千公顷,成灾10.236千公顷,绝收1.569公顷;倒塌房屋305户932间,4817户15958间房屋不同程度损坏;造成直接经济损失183917.894万元,其中农业损失40312.2902万元,家庭财产损失16053.2299万元。

全市下拨中央、省、市救灾资金1294万元;市级下拨救灾应急物资帐篷747顶、棉被6600床、棉大衣2000件。

及时启动全市三级救灾应急响应,市政府办公室印发

《攀枝花市民政局　攀枝花市财政局关于做好受灾群众应急生活救助、过渡性生活救助、遇难人员家属抚慰工作的紧急通知》《攀枝花市群发性山洪及滑坡灾害灾后农房恢复重建补助政策的实施意见的通知》，科学、高效应对攀枝花市"9. 19"群发性山洪及滑坡灾害灾。

【优待抚恤】　及时提高部分优抚对象伤残抚恤和生活补助标准。其中烈属（含因公牺牲军人遗属、病故军人遗属）定期抚恤金不再区分城镇和农村，实行统一标准。全年全市共发放重点优抚对象等人员抚恤补助经费共2502. 5万余元。调整优抚对象抚恤补助自然增长经费，标准最高的达到4345元/人·年，全市全年共发放优抚对象抚恤补助自然增长经费达492. 5万元。全市发放重点优抚对象医疗补助206. 2万元，投入经费49. 2万元，为45户住房困难的优抚对象新建、维修住房。新接收部队转移伤残关系退役士兵4人。受理9人新评（调整）残疾等级申请。正式启动优抚数据核查工作，截至12月，全年全市应核数584人，已核1177人，全市核查进度达100%。做好烈士褒扬工作，清明节期间，全市3座烈士陵园大量接待市内外人员。9月30日，纪念红军长征胜利80周年，结合"传承长征精神，军民同心筑梦"的主题，广泛开展烈士纪念活动。2016·攀枝花市暨米易县烈士公祭活动在米易县烈士陵园举行，仁和区、盐边县也分别在同德烈士陵园、盐边县烈士陵园举行烈士公祭活动，全市党、政、军和人民团体负责人、烈属代表、学校师生代表、各界干部群众代表、解放军和武警官兵代表近2000人参加活动。组织10名"三属"（烈属、因公牺牲军人遗属、病故军人遗属）人员到市外疗养。印发《攀枝花市民政局关于建立优抚对象信息台账的通知》，开展对全市享受抚恤补助的优抚对象基本情况核查摸底，摸清优抚对象生存现状，建立优抚对象信息台账。

【退役士兵安置】　全市全年共接收退役士兵195人，其中选择自主就业184人，自谋职业7人，符合新政策安置工作条件4人。发放一次性地方经济补助184人307. 95万元，发放自谋职业一次性经济补助7人46. 57万元，落实4名转业士官岗位安置，完成退役士兵接收安置率100%和符合安排工作条件的退役士兵安置工作率100%。全市按计划接收军休干部2人，完成军休干部接收安置计划。全面落实军休干部政治、生活待遇和军休安置政策。调整全市2016年入伍义务兵家庭优待金标准调整至12861元/户·年。截至12月共发放义务兵家庭优待金611户共639. 1932万元。市军供站完成年度军供保障任务，实现"零差错"及满意率100%。

【双拥工作】　7月26日，全国双拥领导小组、民政部、中央军委政治工作部下发《关于命名416个市（州、区）县为全国双拥模范城（县）的决定》，攀枝花市被命名为新一届全国双拥模范城，全省排名第二位。

【基层政权建设工作】　开展城乡社区建设。继续以"民主法治、文明祥和、环境优美、便民利民、平安和谐、组织健全"六个方面开展社区建设。市委、市政府专题召开城乡社区建设领导小组会议，研究"六个特色"社区建设工作，会议总结2015年"六个特色"社区建设工作，对2016年相关工作进行安排部署。4月，市委、市政府联合下发《关于命名2015年度"六个特色"社区的通知》，命名东区阳城社区等9个社区为综合性高水平社区，西区沟北社区等51个社区为典型社区。全年全市新建19个高水平综合性和谐社区和45个典型社区。

推进社区公共服务综合信息平台建设。市民政局与市人社局、市电子政务办等部门共同打通人社"金保网"与"电子政务外网"连接，实现社区信息平台市级、县（区）、街办（乡镇）、社区"互联互通、四级协同"。3月，此项目通过市经信委组织专家和相关部门验收评审。积极推进平台的建设使用，下发《攀枝花市民政公共服务事项操作手册（试行）》。11月，以"智慧社区　幸福攀枝花"为名，将全市社区公共服务综合信息平台建设作为民政部推荐优秀实践案例，被收录进中国第一本国家层面的智慧城市年度综合发展报告《新型智慧城市发展报告2015—2016》。

承办全省社区建设工作会。10月，在攀枝花市成功举办全省社区建设工作会，省政府副秘书长杨新元、省民政厅厅长黄明全、省城乡社区建设领导小组21个成员单位负责同志、各市（州）人民政府分管领导和民政局局长参加会议。与会代表实地观摩攀枝花市阳城社区、湖光社区、炳草岗街办、大田镇社区信息平台运行情况，观看社区信息平台建设宣传片，给予高度评价。在全省社区建设工作会上，市长李建勤代表市委、市政府致辞，市委常委、副市长黄岳槐以"智慧社区　幸福攀枝花"为题作交流发言，省民政厅厅长黄明全总结"十二五"时期全省社区建设工作，安排部署"十三五"时期全省社区建设工作任务。

积极推进社区协商。6月，市委、市政府联合印发《攀枝花市进一步加强城乡社区协商提高社区治理水平的实施意见》，规范社区协商的层次、方式、内容、程序及成果运用等方面，全面推进全市社区协商制度化、规范化和程序化，实现社会治理科学、高效。各县（区）都根据辖区实际，选择部分社区积极开展城乡社区协商实践，积极探索村（居）民专项议事会、村（居）民理事会、小区协商、业主协商、村（居）民决策听证、民主评议等形式，以议事堂、民情恳谈日、社区（驻村）警务室开放日、村（居）民论坛、妇女之家等为平台，开展灵活多样的协商活动。

做好村(居)委会换届选举。11月,召开全市村(社区)“两委”换届工作会,动员部署全市“两委”换届工作,要求各县(区)、乡镇(街道)要严肃换届纪律,按照法定条件、程序、步骤和时限扎实有序推进,确保按期、平稳、高质量完成换届选举任务。12月,市委、市政府联合印发《中共攀枝花市委办公室　攀枝花市人民政府办公室关于认真做好全市第十届村(居)民委员会换届选举工作的通知》。各县(区)按照动员会和通知要求,均成立换届选举工作指导小组,开展离任审计和调查摸排,对换届选举工作人员进行培训,加大宣传力度,出台本地区村(居)委会换届选举工作实施方案。12月底,市民政局会同市委组织部、市纪委等部门分五个小组对全市村(社区)“两委”换届工作进行第一轮巡回督导。

夯实社区服务基础。强力推进社区公共服务中心、养老服务中心、青少年活动中心、市民培训中心、爱心援助中心、志愿者工作中心(社会组织孵化中心),数字化管理和公共服务综合信息平台的“六中心一平台”建设,把社区综合服务中心建设成为党委、政府联系服务居民,凝聚人心的重要阵地。全年全市共投入社区建设资金960.26万元,新建社区综合服务设施1.01万平方米,比2015年增长4.49%,全市社区综合服务设施覆盖率达100%。

【社会福利事业和福利企业】 攀枝花市新增公办养老机构床位300张,新增民办养老机构床位1700张,建设城乡社区日间照料中心56个,维修改造公办机构养老床位300张,完成25个农村幸福院建设,为22289名困难家庭的失能老人和80周岁以上高龄老人提供居家养老服务。

完成市级民生大事任务:全面建立和落实困难残疾人生活补贴制度。1—12月,累计为全市5692名困难残疾人发放困难残疾人生活补贴371.36万元。

医养结合工作取得成效,5月围绕全市医养结合现状,专题向省厅作《攀枝花市医养结合工作开展情况汇报》。6月16日,国家卫生计生委计划生育家庭发展司网站正式公布,攀枝花市获第一批国家级医养结合试点城市。

积极开展以政府为主导采取购买服务与市级3家医院合作,开展老年人能力评估工作,有近2000名老人进行能力评估。

市民政局下发《关于我市公办、民办养老机构,民办养老服务场所参加养老机构责任保险的告知书》和《关于我市公办民办养老机构民办养老服务场所参加养老机构责任保险的补充通知》;开展养老机构责任保险试点。开展政府公众责任险试点,按照一个县(区)10万元/年标准购买,由市级、两县全额承担,统一购买。市民政局安排福彩公益金30万元,用于为东区、西区、仁和区购买政府公众责任险,两县也分别按照10万元标准和要求购买政府公众责任险。下发《关于开展全市养老机构(场所)安全检查及清理整顿的通知》《关于开展福利机构及场所安全检查的通知》。

10月,全省民间资本参与养老服务业发展现场会议在攀枝花召开。市委常委、副市长黄岳槐在会上作经验交流发言。

积极申请2016年养老服务体系建设项目第一批中央投资计划资金,东区团结社区日照中心改扩建得到40万元资金支持。

根据《四川省民政厅关于提高四川省孤儿基本生活费最低养育标准的通知》,攀枝花市按照社会散居孤儿每人每月748元的标准,向245名孤儿发放孤儿基本生活保障金263.73万元(含补发)。机构集中供养孤儿养育标准1246元。草拟《攀枝花市民政局关于做好孤儿保障工作及资金管理情况的报告》上报省民政厅。共完成11名社会散居孤儿和机构集中养育孤儿的信息审核和上报工作。对攀枝花市7名艾滋病病毒感染儿童按748元/人·月的标准发放基本生活费共计6.87万元(含补发)。按照城乡事实无人抚养儿童帮扶补助资金748元/人·月的标准,帮扶攀枝花市事实无人抚养儿童203人,共发放资金120.78万元(含补发)。按照《关于开展重度残疾儿童关爱帮扶行动的实施办法(暂行)》。全市对405名重度残疾儿童发放生活补贴47.31万元。按照省民政厅要求,市民政局对相关县(区)上报的儿童信息进行审核和汇总并及上报,通过省志翔职业技术学校统一面试、录取,共有29名品学兼优的贫困家庭儿童及孤儿被成功录取。为加强社会福利机构收送养弃婴(童)管理工作,保障被弃婴(童)合法权益,使更多孤残儿童回归家庭。市民政局按照《中华人民共和国收养法》要求,对收养人工作情况、经济收入、婚姻状况、抚养能力、子女情况、健康状况等信息进行认真审核,为200多名19周岁以下孤儿参加中国儿童福利基金“孤儿保障大行动爱心保险”;组织攀枝花市儿童福利机构2名工作人员参加省民政厅组织的护理员职业技能培训班。

转发《〈四川省民政厅关于开展民政专项资金绩效评价工作的通知〉的通知》,组织各县(区)对2010—2015年孤儿基本生活保障金发放情况进行清理和督查,并将项目自评报告报省民政厅。市政府办公室印发《攀枝花市关于进一步加强儿童福利服务指导工作的意见的通知》《攀枝花市关于进一步加强全国适度普惠型儿童福利制度建设试点工作的意见》建立健全全市儿童福利服务指导工作体制机制,健全儿童福利服务指导体系。

全年销售福利彩票2.2118亿元。加强对福利企业管理,注销4家福利企业。积极协调配合解决原华山老年公寓遗留问题。5月5日,市民政局关于《将市华山老年公寓交由原市皮革制品厂职工使用的请示》上报市政府,5月16日市政府分管领导黄岳槐副市长作重要批示,5月17日,市政府副秘书长唐刚在市政府主持会议,专题研究将市华山老年公寓交由原市皮革制品厂职工使用有关问题。市民政局、市法制办、市国资委、市财政局、市机关事务管理局、市房管局等部门有关负责人及市民政局聘请的法律顾问、原市皮革制品厂5名职工代表参加会议。经过多方共同努力,最终解决原市皮革制品厂厂房遗留问题。

【社会慈善工作】 按照《国务院关于促进慈善事业健康发展的指导意见》和《四川省人民政府关于促进慈善事业健康发展的实施意见》,结合全市实际,出台《攀枝花市人民政府关于促进慈善事业健康发展的实施意见》。

完成2016年省级慈善·福彩助学工作,共资助全市大学新生55名、高中新生50名、资助金额42.5万元。

认真做好"9·19洪灾"定向捐赠接收工作。市慈善会接收定向捐赠款50万元,用于米易县解决灾区群众公益性项目;做好"四川慈善情暖万家"新年关爱慰问活动。筹集善款10万元,走访慰问散居孤儿等特殊困难人员400余人。

受理四川安宁铁钛股份有限公司对盐边县温泉彝族乡野麻地村30万元的定向捐赠;副市长黄岳槐定向捐赠给米易县白坡乡桐子林村贫困户付玛情1万元资助其完成学业,市公安局东区分局刑事侦查大队定向捐赠给成都理工大学吴纯文(第三学期)5000元学费工作;受理成都兆兴民泰商贸有限公司向仁和区人民医院捐赠医疗设备。

【行政区划和地名管理】 攀枝花市第二次全国地名普查外包服务项目于1月18日公开挂网招标,经过两次流标,4月25日,成都精彩宏途科技信息有限公司以366万单价中标,5月20日市民政局与成都精彩宏途科技信息有限公司正式签订《攀枝花市第二次全国地名普查外包服务项目采购合同》和《攀枝花市第二次地名普查保密协议书》。7月5日,市委常委、副市长黄岳槐在会展中心主持召开"攀枝花市第二次全国地名普查工作推进会",对攀枝花市地名普查工作进行部署并提出要求,截至12月31日,全市完成地名普查内、外业信息采集工作。

【民间组织管理】 审批同意登记市武胜商会、市跆拳道运动协会、市策划协会、市网络摄影协会、市微电影协会、市青年企业家商会、市青年企业家协会、市乒乓球协会、市学生体育艺术协会、市康养产业协会、市文化产业协会、市动漫网络文化协会、市阳光康养产业研究会、市羽毛球协会、市棒垒球协会、市测绘地理信息协会、市人民调解员协会、市营养师协会、市康复医学会、市婚庆行业协会等20个社会团体,市阳光金融信用信息服务中心、市华山养老服务中心、市阳光花城智慧社区服务中心、市二十六度职业技能培训学校、市阳光职业技能培训学校等5个民办非企业单位。为10个社会团体,3个民办非企业单位办理变更登记,完成2015年度社会组织年检工作。截至12月,全市登记有社会团体506个,民办非企业单位294个。其中,全市性社会团体189个,民办非企业单位40个;全市实行直接登记的社会团体15个,民办非企业单位6个。

认真开展社会组织评估,评定出首批社会组织等级。对全市首批申报参加评估的社会组织:市企业联合会,市钒钛产业协会,市餐饮烹饪协会,组建由章俊、张春、李娅、陈康、付晓、祝昭庆、马毅纯组成的专家组进行实地评估。经社会公示、评估委员会票决等程序,市企业联合会,市钒钛产业协会获得4A评估等级,市餐饮烹饪协会获得3A评估等级。

全面开展社会组织统一社会信用代码赋码工作。按照《法人和其他组织统一社会信用代码制度建设总体方案》和《民政部社会组织统一社会信用代码实施方案》文件精神,采取"发放新登记证书、有序换发新证书"的思路,即:1月1日以后到市、县(区)民政局登记新成立的社会组织直接赋予新的统一社会信用代码并颁发新登记证书;对在全市各级民政部门登记的社会组织则在变更、年检、证书到期等时点上逐步有序进行社会组织统一信用代码赋码和登记证书换发工作,确保如期完成。

成功承办攀西地区社会组织登记管理机关和社会组织负责人培训。来自全省各地基金会,攀枝花市、凉山州社会组织登记管理机关和部分社会组织负责人200余人在攀参加培训。省民间组织管理局副局长罗百益出席会议并讲话。市委"两新"工委、市民政局、市综治办、华中师范大学,四川华光会计师事务所的有关领导、专家和注册会计师为学员作题为《探索新形势下中国(大陆)社会组织参与社会治理与服务的途径》《扎实贯彻落实中央〈意见〉精神开创社会组织党建工作新局面》《创新社会组织多元化服务推进社会治理公众参与》《"社团+":创新社区治理与服务的联动机制》《民间非营利组织会计制度讲解》的讲授,并进行交流讨论。组织部分同志考察攀枝花市康养产业发展,增强攀枝花市知名度。

指导社会组织参与社会扶贫活动。制发《关于组织开展2016年社会组织扶贫活动的通知》。市级社会组织通过发动会员单位捐赠,争取有关社会组织项目等方式,投入扶贫资金50余万元。

切实开展《中华人民共和国慈善法》(以下简称《慈善法》)宣传贯彻活动。在9月5日首个"中华慈善日",组织市花城义工协会、市青年志愿者协会、市援助少年儿童志愿者协会、市爱心捐助协会、东区志愿者协会、东区白玉爱心协会、东区乐同社会工作服务中心等公益慈善类社会组织在市中心广场对新颁布的《慈善法》开展宣传活动。在市民政局网站上对《慈善法》《慈善组织认定办法》《慈善组织公开募捐管理办法》《公开募捐平台服务管理办法》等法规政策进行登载。

基本完成全市行业协会商会脱钩试点工作。会同市发展改革委启动全市行业协会商会脱钩工作,报送市委、市政府制发《攀枝花市行业协会商会与行政机关脱钩实施方案》。会同市发改委制发《关于做好全市性行业协会商会与行政机关脱钩试点工作的通知》,公布全市性行业协会商会脱钩试点名单,确定试点工作节点。脱钩试点工作基本完成。

【婚姻登记和收养登记】 全年全市共依法办理结婚登记9348对,办理离婚登记4306对,补领结婚证6091对,补领离婚证589个。办理国内公民收养16个,上报涉外送养申报材料3份,实现收养3个。收养登记率达100%。加强婚姻登记、收养登记规范化建设工作。以2016年新出台的《婚姻登记工作规范》为标准,对全市婚姻登记人员进行培训,婚姻历史数据补录工作提前高质量完成,婚姻登记合格率达100%。加强婚姻登记规范化建设,协助省民政厅完成全市3个AAA级和1个AAAA级婚姻登记机关复查验收工作。

【殡葬管理】 推动殡葬改革,狠抓殡葬行风建设。以纪念火化改革60周年为契机,宣传、推进全市葬式葬法改革,在全市各公墓推出节地生态安葬服务,提供免费骨灰播撒安葬场地。全面启动殡葬改革工作联席机制,联合市发改委、市住建局、市国土局、市林业局等5个部门,对全市农村公益性墓地存在问题以及农村乱建乱葬问题进行现场检查;与辖区政府交流座谈等督查工作。积极督促各县(区)认真执行殡葬惠民政策。全年减免惠民殡葬费用34.5万元,惠及1501户居民。清明节期间,积极开展“主题宣传月”活动。电视台、广播频道均在清明期间对殡葬工作进行报道和宣传。引导群众厚养薄葬、文明治丧、节俭办丧。共接待祭祀群众约20万余人,车辆约2万余辆,全市各级民政部门及殡仪服务机构会同公安、交警、消防、安监、工商、城管等部门全力做好群众祭扫活动服务保障、交通疏导、消防安全、新闻宣传等工作,确保全市群众清明节期间祭祀活动的安全、有序、文明、和谐。全年,共火化遗体3161具,各经营性公墓销售墓穴1062个,入墓安葬1383个,经营收入达2390万元。

【流浪乞讨人员救助】 积极做好全市流浪乞讨人员救助管理工作,确保救助管理站安全运转,不出责任事故。全年全市共救助流浪乞讨人员3172人次。其中未成年人101人次,老年人274人次,残疾人420人次,智障和精神病人146人次。救助人员自主返乡2853人次,护送返乡260人次,临时安置17人次。做好主动救助工作,开展定期上街巡查救助工作,各救助管理机构购置御寒衣服、食品和饮料上街发放给街头流浪乞讨人员。以“四级”救助联动机制为抓手,加强市、县(区)、乡(镇)、村(社)的密切配合,完善纵向到底、横向到边、覆盖城乡未成年人社会保护网络,全面落实“冬季送温暖”“流浪孩子回校园”专项行动,对流浪未成年人、精神病、智障人员等符合救助条件的求助对象救助率达100%。使流浪乞讨人员、未成年人、农村留守儿童等特殊困难群体及时得到救助。

【农村留守儿童关爱保护工作】 认真开展农村留守儿童摸底排查,准确掌握全市农村留守儿童数量、分布、户籍、入学以及监护情况,为做好关爱工作打下坚实基础。经初步摸排,全市2016年有农村留守儿童242名。

【社工人才工作】 全年共组织安排3名县级领导干部分别参加市委举办的县级领导干部“两学一做”学习教育培训、2016年市管新任职领导干部培训班;组织1名科级领导干部参加市委组织部举办的优秀干部人才递进培养第四期培训班进行为期3个月的脱产学习;组织24名科级及以下公务员(参公人员)参加市人社局举办的“提升扶贫攻坚能力、做人民满意公务员”培训班培训。进一步提升党建工作水平,组织4名人员参加市直机关工委举办的2016年市直机关党务干部和优秀科级干部培训班;结合“两学一做”学习教育,举办民政系统党务干部业务培训班,对局机关和局属事业单位各支部书记、委员以及党小组长共26人进行党务知识培训;对210名取得社会工作执业资格证书的助理社会工作师(社会工作师)开展继续教育培训工作;组织相关工作人员参加民政部和省民政厅举办的全国民政局局长“扶贫攻坚”、全省民政系统学习贯彻慈善法、全省救灾物资储备仓库管理员等专题培训15人次。为提高社区、街道前台综合受理人员对“攀枝花市社区公共服务综合信息平台”系统的认识培养业务受理能力,培训相关业务人员50名。

(普　浩)

社会保障

【完善社会保障制度】 市人力资源和社会保障局全力推进社会保障体系建设,各项制度得到进一步完善。扎实做好老机保清理和新机保启动实施工作。完成市级老机保试点情况梳理,做好新机保的启动实施工作。降低社会保险费费率减轻企业负担,将失业保险费率由2%降为1%,减轻企业负担16800万元;将基本养老保险单位费率由原20%降低为19%,每年为企业减负6600万元;出台《关于调整我市工伤保险基准费率的通知》,将工伤保险费率从3类调整为8类,降低钢铁,煤炭等高风险行业的工伤保险费率,为工业企业减轻负担700余万元。做好促进经济稳定增长和提质增效推进供给侧结构性改革政策实施。为推进供给侧结构性改革,积极实施企业稳岗补贴和困难企业养老保险缓缴政策。加大推进医疗保险付费方式改革力度,按照"总额预付、风险共担,超支自付、结余奖励"的原则,建构按总额控制为主,按服务项目付费、按病种付费、按人头付费为辅的多元化付费方式,有效控制医疗费用不合理增长现象。有序开展异地就医即时结算工作。19家定点医疗机构接入省级平台,实现每个县(区)有1~2家医院接入省级平台,做到联网结算医院全覆盖的省、市两级任务。

【社会保险扩面征缴】 市人力资源和社会保障局积极应对经济下行导致企业参保缴费困难的问题,全力做好扩面征缴工作。全市城镇企业职工基本养老保险参保人数432724人(其中,在职参保人员261383人),完成年度目标任务的101.63%;工伤保险参保人数209513人,完成年度目标任务的100.01%;生育保险参保人数212637人,完成年度目标任务的100.02%;城镇职工医疗保险和失业保险参保人数分别为682425人和195321人,分别完成年度目标任务的100.36%和100.16%。全年累计征收城镇企业职工基本养老保险费221507万元,完成年度目标任务的108.34%;工伤保险费17451万元,完成年度目标任务的105.67%;生育保险费4321万元,完成年度目标任务的102.89%。城镇职工医疗保险费和失业保险费分别为132355万元和18376万元,分别完成年度目标任务的113.35%和100.03%。全市城乡居民养老保险参保人数239826人,覆盖面96.19%,完成省、市"民生工程"目标任务的101%,其中缴费人数122738人,完成省、市"民生工程"目标任务的122.74%。全年城乡居保基金总收入11563万元。全市机关事业单位养老保险参保人数54057人,其中在职参保33494人,退休人员20563人。

【社会保险待遇发放】 市人力资源和社会保障局确保全市基本养老金按时足额发放,及时支付各项社会保险待遇,维护参保人员合法权益。全市263797名待遇领取人员基本养老金全部通过银行实行社会化发放,全年累计发放基本养老金584214.2万元,按时足额发放率和社会化发放率均保持100%。全市企业退休人员月平均养老金达2666元;全市机关事业单位退休人员平均基本养老金4818.17元;全市城乡居民领取待遇人员月平均养老金91.51元。全年共争取省级城镇企业职工养老保险调剂金329633万元和城乡居保上级补助资金6883.46万元。累计支付各项社会保险待遇802028.3万元。其中:企业职工基本养老金571299万元(含退休人员死亡2709人,丧抚费支出11785万元)、机关事业单位退休人员基本养老金32815.29万元、基本医疗保险金129456万元、工伤保险金19466万元、失业保险金37648万元、生育保险金3351万元、城乡居保养老金7993万元。

【机关事业单位养老保险】 市人力资源和社会保障局深化社会保险制度改革,启动实施机关事业单位养老保险经办工作。为确保制度的顺利实施以及待遇的成功发放,全市经办机构统一思想,强化执行,层层落实责任,加强对县(区)指导和与相关部门的协调,认真抓好组织实施。重视对全市参保单位经办人员以及工作人员的业务培训,编辑印发《机关事业单位养老保险政策汇编》,并做好制度实施过程中与相关部门的对接。按照省里的统一部署,在启动部分单位试点的基础上,全面启动实施全市机关事业单位养老保险经办工作,按照省里规定的时间节点,共完成1469家单位的数据复核及征缴计划的生成,完成率达100%;全市参保人员54057人,其中,应发放退休待遇人员20563人。通过机保系统调整和发放机关事业单位退休人员养老金,全市人均增加基本养老金281.55元,补发1—9月养老金4760.24万元,增幅6.2%,首次待遇发放成功率8.91%。市、县(区)6个经办单元实现机关事业单位养老保险基金和职业年金征收、退休人员基本养老金发放常态化,累计基金总收入82182.19万元。

【"五证合一、一照一码"】 市人力资源和社会保障局启动实施“五证合一、一照一码”工作。在工商部门实行“三证合一”后，即对相关业务进行调整。同时，从9月25日起全面推行“五证合一”登记制度改革，实施一照一码登记模式，取消社会保险登记证和换证制度。采用《社会保险登记表》进行一次性社会保险登记，登记完成后如无变动则不需要再登记，并取消年检，业务流程简单高效。

【完善全民参保登记】 市人力资源和社会保障局完善全民参保登记工作。按照四川省人社厅“省市共建登记系统、探索积累经验并逐步推广”的工作思路，攀枝花市把“彻底摸清底数，建立全面、完整、准确的基础数据库”作为数据采集阶段的工作目标，完成第一阶段建库任务。全市共登记入库131.77万人，其中通过信息比对确认入库19.53万人，通过入户调查采集入库112.24万人，常住人口登记率91%，数据完整度达到83%，建立起信息容量大、内容完整准确的社会保险基础数据库。2016年，继续推进试点工作，积极探索研究动态更新和成果应用，为实现社会保险全覆盖打下较为坚实的基础。

【企业养老保险待遇审批调整和保费补缴】 市人力资源和社会保障局全面提升经办服务水平。贯彻落实养老保险待遇审批和审核相关政策。严格执行政策规定和原则，进一步规范退休审核审批工作流程和人事档案管理办法，完善和补充退休待遇的系统计发需求，不人为处理待遇变更，对退休人员待遇计算参数输入和点击计算设置不相容岗位，有效预防岗位风险。全市共新办理退休手续人员6999人。落实企业职工基本养老保险费补缴政策。严格按照四川省人力资源和社会保障厅下发的《关于企业职工基本养老保险费缴纳有关问题的处理意见》，按照工作流程和要求办理企业职工养老保险中断缴费的补缴。全年共办理595人补缴手续，补缴金额总额达1237.4万元，全市无一次性缴费参保情况。再次调整企业退休人员基本养老金。连续第12年调整增加企业退休人员基本养老金，涉及全市166682名符合条件的企业退休人员，人均调整增加基本养老金182.7元，增幅7.3%，调整待遇后，全市企业退休人员月平均基本养老金达到2662元。

【医保制度建设】 市人力资源和社会保障局积极推进医保制度建设，城乡居民医保制度建设取得突破进展。市政府办印发《攀枝花市整合城乡居民医疗保险工作的实施方案》，将现行城镇居民医保和新农合制度合二为一，建立全市统收统支、市级统筹的城乡居民基本医疗保险制度。医疗保险付费方式改革稳步推进。完善医保付费总额控制，继续推行按病种、人头、按服务单元等复合付费体系。全年城镇职工医保单病种住院1587人次，统筹支付655.75万元。全市年城镇基本医疗保险统筹基金总额发生数在10万元以上的协议医疗机构，自2016年1月1日起实行总额控制付费。现完成付费总额控制方案文本（送审稿）以及总控相关数据的测算、指标分配等基础工作。门诊特殊疾病医疗补助政策完善。贯彻落实市人力资源和社会保障局印发《攀枝花市城镇职工基本医疗保险门诊特殊疾病医疗补助管理办法》，规范病种分类、扩大保障范围、完善认定管理、规定机构准入、强化就医管理、明确支付范围、加强结算管理，将补助病种分为重症疾病、慢性疾病两类管理，增加9个病种到31类，较原办法规定增加38%。符合规定扩大到两类，最多可申报4个病种。明确重症疾病门诊视同住院费报销，慢性疾病门诊费用按60%比例年度可报销最高2400元，明确将门诊特殊疾病医疗费纳入付费总额控制范围。

【医保待遇水平】 市人力资源和社会保障局稳步推进医改工作，参保待遇水平稳中有升。保持报销比例不降。城镇职工医保和城镇居民医保参保人员政策范围内住院费的统筹基金支付比例分别为86%和75%，城镇职工医保连续四年在86%左右小幅波动。城镇居民医保实际报销比例为68%，较2015年的实际报销比例66%上升2个百分点；城镇职工年度住院费最高赔付限额提高5万元，城镇职工和城镇居民医保年度住院费最高赔付限额分别提高达到45万元和35万元。居民医保政策不断完善。城镇居民医疗保险财政补助标准每人每年达到420元；大病保险取得实效。在承保商业机构招标未成功的情况下，克服困难继续开展城镇居民大病保险工作，全面实现前台联网“一单制”结算。全市有2602人享受大病保险待遇，补偿金额达到1137.43万元；加大门诊特殊疾病保障力度，将儿童自闭症、儿童精神发育迟滞康复治疗纳入城镇居民门诊治疗视同住院报销范畴。救治儿童先天性心脏病、白血病8人次，报销住院费23.89万元，实际报销比例达86%。

【异地就医即时结算】 攀枝花市异地就医即时结算工作成效显著，被省上确定为首批门诊特殊疾病异地就医即时结算试点城市，成功办理全省首例跨省在云南省异地住院联网即时结算，并首批接入异地就医国家平台城市。异地就医住院结算大幅增长。接入省级结算平台的医疗机构达19家。参保人员在异地就医即时结算住院6597人次，同期增长2518人次，增幅61.7%。基金支付7857.09万元，同期增长2928.05万元，增幅59.40%；其他市（州）参保人员在攀枝花市异地就医即时结算住院1559人次，同期增加899人次，增幅136.21%。基金支付1625.90万元，同期增加976.13万元，增幅150.23%。异地就医即时结算覆盖全域。建立异地就医即时结算医疗补助报销目录库，实现每个县

(区)有1~2家医院接入省级平台,异地就医多项需求联网结算全覆盖。共1428人次通过省级平台办理门特结算,基金支付71.16万元。首批申报接入国家结算平台。参与国家跨省异地就医即时结算建设,按时完成本地信息系统整改,跨省就医业务整改,整理完善参保人员省外备案信息并上传1.7万余条,申报2家联网医院作为首批国家跨省异地就医即时结算医院接入国家平台。

【防范基金风险】 市人力资源和社会保障局审监并重,加强医保基金风险防范工作。在联网费用审核中实现智能审核。印发《关于全面推进我市医疗保险智能审核有关问题的通知》,全面启动医保智能审核。医疗保险智能辅助审核系统正式在12家定点医院按照设置的12条规则运行,实现智能审核、精细审核,进一步规范定点医院医疗服务行为、防止医保基金不合理支出。全年联网费用审核职工医保住院63042人次,统筹支付42325.02万元,扣除违规费用175.94万元;审核居民医保住院18308人次, 基金支付8175.52万元,扣除违规费69.72万元。审核工伤保险298755人次,统筹支付9994.39万元,扣除违规费用540.08万元;审核生育保险1795人次,统筹支付521.62万元。在垫付费用审核中强化风险防控。垫付费用审核报销量与全省异地就医即时结算同步增长,为防控审核风险,确保基金安全,开展三方面工作。优化流程定岗明责。标准化设置垫付费用报销收单、初审、复审、科长复核、录机、签字盖章、转账、档案整理等业务流程,明确环节职责,确定审核小组,配置审核人员,定岗明责;强化内控确保安全。以初审、复审、科长复核层层负责为基础,增加单次住院总费用超过1万元的单据分管局长签审。有异议、大额费用单据,建立科室集体讨论机制;加强协作提高质量。积极参与费用稽核,参加全省交叉检查,提高审核质量。全年审核报销垫付医保异地住院费用6666人次,统筹支付5557.97万元,经初审、复审退回不予报销的住院费用报销单据158份,涉及医疗总费用297.55万元;经科长复核,局长签审后撤销修改的单据(住院和门诊)936笔。全年审核工伤1017人次,基金支付1382.31万元;审核生育225人次,生育保险基金支付56.14万元。建立门诊特殊疾病认定审核规范机制,确保特定人群享受服务,杜绝弄虚作假。印发《经办规程》《用药及诊疗范围》,制定、推动标准化经办;规范审核流程。对门诊特殊疾病医疗补助申报按照资料初审、系统核实就医信息、随机抽取临床专家复审、通知结果经办流程,确保科学专业规范;规范报销目录。按照全省门诊特殊疾病医疗补助数据管理标准,建立与全省统一的门诊特殊疾病医疗补助报销目录库,为医生开药和经办机构对门诊特殊疾病医疗补助费用审核提供依据;加强器官移植患者抗排异治疗定点管理。协调、联系市内三级综合医疗机构,确保器官移植抗排异治疗药物就近购买,缓解器官移植患者垫资压力。核实退回虚假申报资料50多份。全年完成7583人门诊特殊疾病医疗补助资格申请认定工作,合格6931人,通过率91.4%。全年审核门诊特殊疾病门诊费用166940人次,统筹支付4257.37万元,剔除、扣除不合理、违规费用73.29万元。完成全市117家定点医疗机构、331家定点零售药店2015年度的综合考核工作,2016年处理7家违规定点医疗机构,退还、追缴医疗费用68.49万元。继续开展定点医疗机构分级管理工作。确定公布A级标准14家定点医疗机构,AA级标准11家定点医疗机构;探索创新医疗服务监管新方法。运用药品、材料进销存数据和"金保系统"大数据分析等新手段对民营、私营定点医疗机构实施日常监管和开展专项检查。印发《关于进一步加强医保定点医疗服务机构规范管理工作的通知》,召开市、县(区)两级监管工作会议,布置监管工作,在全市定点医疗服务机构实行"药品、医用材料进销存及医疗设备登记备案"管理;开展自上而下专项检查。印发《关于开展我市民营医保定点服务医疗机构专项检查的通知》,在全市开展民营定点医疗机构专项交叉检查工作,查处28家民营医疗机构虚假上传,多记虚记,串换,打包上传超物价规定等违规行为;根据社保基金专项检查省级直查及攀枝花市人社局延伸检查3家医院,追缴违规结算费用56.18万元,扣除2016年度考核分数300分;按照全省统一部署开展全省医疗保险定点医疗机构交叉检查,及攀枝花市人社局进一步核实确认3家医院违规行为,追缴违规结算费用12.31万元,扣除2016年度考核分数127分。

【统筹失业保险工作】 市人力资源和社会保障局统筹失业保险各项工作,保生活、防失业作用得到充分发挥。在失业保险收入减少、申领人员大幅增加的情况下,全力确保失业人员基本生活,共发放29176人失业保险待遇26242.44万元。继续落实稳岗补贴政策,稳定现有就业岗位,缓解就业压力。全市共发放297家企业稳岗补贴2724.68万余元,惠及职工5.14万人。强化基金运行监督检查,查找失业保险经办风险点,制定风险防控措施,形成整套风险防控制度,进一步健全风险防控体系。对全市5个县(区)2014—2015年度失业保险内控制度建设、失业保险基金运行和失业保险扩支试点相关情况进行抽样检查,未发现基金违规问题,基金运行安全完整。

【工伤生育保险】 攀枝花市工伤保险参保人数209513人,完成省下达目标任务209500人的100%。全市生育保险参保人数212637人,完成省下达目标任务212600人的100%。征收工伤保险费17451万元,完成省下达目标任务16485万元的105%,基金总支出19466万元,当期结余497万元,滚存结余2657万元。征收生育保险费4321万元,完成省上下达目标任务4200万元102%，基金总支出3351万元，当期结余1153万元，滚存结余11138万元。工伤生育待遇核定平稳衔接，全年全市累计享受工伤保险待遇211310人次，工伤保险基金支付计划17830万元，比2015年度增长1155万元，增幅6.9%。审核各项生育保险待遇3413人次，生育保险基金支付计划4212万元，比2015年增长1146万元，增幅37.4%；核定全市参保单位新的工伤费率。对全市6000余户参保单位的工伤费率重新进行核定，较好实现新旧费率的平衡过渡；清理回收工亡遗属死亡后多领抚恤金。核查《四川省疑似遗属死亡仍然领取待遇表》涉及15名工亡遗属死亡后仍然领取抚恤金待遇，已全部收回多领待遇；停发双重领取待遇的工亡遗属抚恤金待遇。对全市双重领取待遇的工亡遗属进行清理核实，暂停发放所涉70人的抚恤金待遇；完善工伤生育保险有关政策。完成生育津贴待遇调整补发工作。统一调整和补发1124人，共432万元生育津贴。

【经办服务能力建设】 市人力资源和社会保障局加强社会保障经办能力建设。完善医保付费总额控制，继续推行按病种、人头、按服务单元等复合付费体系。完善城镇基本医疗保险特殊疾病门诊医疗补助就医及结算管理。深入推进医疗保险智能审核辅助系统和医疗服务监控信息系统建设应用，在7家医院引入医疗保险智能审核辅助系统。省人社厅委托攀枝花承建的四川省全民参保登记库信息系统通过省人社厅验收。攀枝花市获批成为全国社会保障卡综合应用试点示范城市，全年发行社会保障卡92万余张。

【社保基金监管】 联合市公安、市法院、市检察院、市卫计委、市食药监督管理局、人民银行攀枝花分行制定《攀枝花市查处和防范社会保险欺诈工作联席会议制度》，并印发到全市各相关部门。通过联席会议制度，初步建立社保欺诈查处和防范协调工作机制。开展社保基金安全评估试点工作，对企业职工基本养老保险、基本医疗保险和失业保险基金开展社保基金安全评估试点；做好预警信息核查工作，收回违规资金。收回失业再就业人员多领取失保金9.37万元，涉及15人；收回违规领取工伤基金2.95万元，涉及2人；核实清理重复领取基本养老保险和工亡人员供养亲属定期待遇44人；收回4名违规办理病退人员多领养老金12.71万元。加大专项检查力度，重点针对医保基金支付开展检查。开展退休企业职工退休审核审批专项检查。对国家审计署工伤保险审计发现的15名死亡人员冒领工伤保险待遇问题，经核实确认问题人员15名，冒领待遇71054.42元，全部追回；针对2015年社保基金专项检查审计直查中全市3家医院发现的问题，根据延伸检查结果，扣减三家医院医疗服务质量保证金322.30万元，3家医院退回违规支付医保基金56.18万元。

（肖礼荣）

民族宗教事务

【概　况】 全市有彝族、傈僳族、苗族、回族、纳西族等41个少数民族；有少数民族人口17.5万人，占全市总人口的14.1%；有17个民族乡镇（米易县5个、盐边县7个、仁和区5个），占全市44个乡镇的39%；民族地区辖区面积3940平方千米，占全市总面积的54%。市内，盐边县、米易县、仁和区享受民族地区待遇。全市有宗教团体5个，其中全市性宗教团体4个，分别是市佛教协会、市伊斯兰教协会、市天主教爱国会和市基督教三自爱国运动委员会；县域宗教团体1个，即米易县伊斯兰教协会。批准设立宗教活动场所33处，其中佛教寺庙15处、伊斯兰教清真寺8处、天主教教堂5处、基督教教堂5处。全市现有宗教教职人员75人，有信教群众近11万人，其中佛教约91000人、道教约2100人、伊斯兰教约2560人、基督教约7000人、天主教约6000人。攀枝花市民族宗教委认真贯彻党的民族宗教政策，着力抓好民族宗教五项重点工作，认真贯彻党的民族宗教政策，依法管理民族宗教事务全力推进民族地区经济发展。全市民族地区各族群众的生产条件明显改善，生活质量不断提高，民族地区经济加速发展，农民收入实现稳步增加，各项社会事业不断进步，全市各族人民互相尊重、互相学习、互相帮助、和睦相处，民族地区和宗教领域保持和谐稳定的大好局面。由于历史和自然诸多原因，攀枝花市民族些宗教工作还存在一些困难和问题：民族地区增长速度虽然较高，但由于基数小，总量差距还在扩大，发展质量的差距更大，全市贫困人口集中在民族地区，民族地区脱贫攻坚任务重。民族地区教育卫生文化等社会公共服务落后，与其他地区民生差距大，推进社会公共服务均等化压力大。周边地区和本地进城务工的少数民族人口不断增加，随时之而来的摩擦纠纷也不断增多；基督教私设聚会、天主教非法传教禁而未止，境外宗教渗透风险日益加大，民族宗教领域维稳面临诸多新课题。

表 10　　2016 年攀枝花市宗教活动场所一览表

教别	场所名称	场所地址	教职人员数
佛教	1. 攀枝花市东区玉佛寺	东区银江镇沙坝村五组	10
	2. 攀枝花市西区西佛寺	西区格里坪镇大水井村三社	2
	3. 攀枝花市仁和区宝灵寺	仁和区宝灵寺巷 3 号	15
	4. 攀枝花市竹木山观音崖寺	仁和区金江镇保安营村山林窝组	9
	5. 攀枝花市仁和区同德观音寺	仁和区同德街 294 号	1
	6. 攀枝花市仁和区宝鼎金山寺	仁和区太平乡大坝村苍房组	—
	7. 仁和莲花寺	仁和区仁和镇莲花村(暂未建)	—
	8. 米易县灵佛寺	米易县普威镇街村一社	2
	9. 米易县盘龙寺	米易县丙谷镇橄榄河村二社	1
	10. 米易县圣龙寺	米易县白马镇挂榜村十三社	0
	11. 米易县观音寺	米易县攀莲镇观音村三社	4
	12. 盐边县百灵寺	盐边县桐子林镇怀华百灵寺	6
	13. 盐边县兴盐寺	盐边县永兴镇范村四社	1
	14. 盐边县菩提寺	盐边县桐子林镇纳尔河村(暂未建)	—
	15. 米易县如来藏寺	米易县攀莲镇青皮村(在建)	2
伊斯兰教	1. 攀枝花市仁和区中坝清真寺	仁和区中坝乡团山村灰鲊凹组	1
	2. 米易县五锁沟清真寺	米易县丙谷镇雷窝村五社	1
	3. 米易县田坝清真寺	米易县白马镇田坝回族村五社	—
	4. 米易县湾峡清真寺	米易县撒莲镇湾峡村七社	1
	5. 米易县乡农清真寺	米易县白马镇黄草回族村一社	1
	6. 米易县磨盘清真寺	米易县白马镇挂榜村十一社	1
	7. 米易县大水沟清真寺	米易县攀莲镇观音村十二社	1
	8. 盐边县桐子林镇清真寺	盐边县桐子林镇西环南路(暂未建)	—
天主教	1. 攀枝花市东区五十四圣伯多禄堂	东区五十四金福南街 64 号	2
	2. 攀枝花市西区平江天主教堂	西区河门口公园内(迁建中)	1
	3. 攀枝花市仁和区大田天主教德助撒堂	仁和区大田镇大田街 222 号(重建)	—
	4. 米易县天主教善牧堂	米易县攀莲镇青皮村十五社	1
	5. 红格上主慈悲堂	盐边县红格镇假日酒店东侧	1
基督教	1. 攀枝花市东区江南基督教堂	东区江边街宁和巷 07 号	6
	2. 攀北活动点	东区瓜子坪攀北社区	1
	3. 攀枝花市西区基督教圣恩堂	西区河门口南街 24 号	1
	4. 攀枝花市仁和区基督教伯利恒教堂	仁和区仁和镇大河居委会二组	2
	5. 米易县基督教永生堂	米易县攀莲镇贤家村三社	1

【民族地区开发】 攀枝花市共争取和安排省、市民族资金1928万元，在民族地区组织实施小流域现代农业增收工程、“四小”（小路、小桥、小水、小能源）基础设施建设工程、社会事业发展工程和少数民族培训及维稳四大民生工程。其中：争取省级资金1428万元（省三州开发资金610万元、支援不发达地区发展资金200万元、省自发迁居农民专项扶持资金200万元、省少数民族发展资金215万元、省级民族事业发展资金203万元），安排市级少数民族发展资金500万元（含市级民族工作机动金、市级支援不发达地区发展配套资金）。攀枝花市争取和安排省、市民族资金1928万元在民族地区实施四大民生工程。小流域现代农业增收工程，争取和安排资金365万元。在米易县、仁和区实施核桃基地后期扶持800公顷，在盐边县新建核桃222公顷，同时，抓好民族地区核桃、芒果科技成果转化示范基地建设和特色蔬菜、牛羊养殖等产业发展。“四小”基础设施建设工程，争取和安排资金1210万元，配套其他部门资金，着力抓好直接改善各族群众生产生活条件的小路、小桥、小水等基础设施建设工程，实施道路硬化29千米、新建和整治道路16千米、架设各类管道33千米、新建水池2650立方米、整治沟渠9.5千米、新建小桥2座，改善10000余人的通行及农副产品运输条件和6000余亩农田及林果基地的灌溉条件。社会事业发展工程，争取和安排资金235万元。稳步推进民族地区教育十年行动计划，改善7所学校教育教学条件；实施3个村卫生室建设，在全市范围内开展民族团结进步创建活动。少数民族培训及维稳工程，争取和安排资金118万元。开展芒果、核桃、养羊等实用技术培训共培训农户7900余人次，开展民族宗教干部培训240余人次，为民族地区特色产业发展和劳动力输出提供人力资源保障；开展好民族宗教领域法律法规宣传培训、“两资”项目（三州开发资金、支援不发达地区发展资金）管理工作培训，做好民族地区矛盾纠纷排查调处，维护好民族地区和宗教界领域稳定。

全年，全市实施民族地区开发项目73个。其中：民族地区产业发展项目8个，自发迁居农民安置发展项目8个，民族地区社会事业发展项目11个，民族地区培训和维稳项目13个，“四小”基础设施项目33个。

【民族团结进步创建】 开展民族宗教政策宣传，举办民族宗教政策法规宣讲骨干培训班1期，全市49个市级相关部门100余名宣讲骨干参加培训。培训后宣讲骨干深入本行业、本系统和民族地区积极开展爱国主义、民族政策法律法规、移风易俗、禁毒等宣传教育活动，全市掀起民族团结宣传新高潮。推荐示范机关、示范社区、示范村寨、示范企业、示范学校、示范寺观教堂各1个。同时，安排资金25万元，在各县区中心广场、公园设立永久性民族团结进步标志、标牌或LED宣传栏，夯实民族团结进步创建基础工作。完善城市少数民族管理服务机制，加强城市少数民族人口数据库建设，推行社区城市民族工作网格化管理，安排资金10万元，在东、西区两个重点社区开展城市少数民族综合服务平台试点建设，民建社区“三化三到位”工作模式取得较好成效。定期开展民族地区不稳定因素排查工作，全年共开展矛盾隐患排查30余次，接待来信来访12人次，妥善协调和处理6起涉及少数民族纠纷，全年，全市没有发生影响民族关系的重大事件，保持民族地区社会和谐稳定。

【依法管理宗教事务】 市民族宗教委加强宗教政策法规宣传教育。在全市宗教界开展培育和践行社会主义核心价值观、以“规范”为主题的和谐寺观教堂创建和“法律进寺观教堂”等活动，启动“总书记讲话精神”进寺观教堂工作，进一步增强宗教界人士、信教群众的国家意识、公民意识、法律意识。抓实宗教活动场所安全工作。做好宗教活动场所地质灾害、防恐反恐、防火防盗、食品、车辆等各项安全工作，全年未发生宗教安全事故。规范开展对外交流。承办省民族宗教委主办的全省天主教教区管委会成员及基层爱国组织负责人培训西昌教区培训班、省基督教“两会”主办的全省基督教教堂（聚会点）负责人培训川西片区培训班，110余人参加培训。加强宗教团体自身建设。组织开展全市宗教团体、宗教活动场所财务管理和财务知识培训，各全市性宗教团体、宗教活动场所主要负责人、财务人员68人参加财务培训，有力助推宗教团体、活动场所财务管理规范化。推进宗教活动场所建设维修。争取和安排资金36万元，加快东区五十四天主教堂、仁和区基督教伯利恒堂和仁和区中坝清真寺建设，推进东区江南基督教堂、米易县如来藏寺、西区西佛寺等宗教活动场所建设。

【民族地区脱贫攻坚】 安排民族资金525万元在全市17个贫困村实施核桃产业发展和基础设施完善等扶贫项目18个，改良核桃品种81公顷、新建核桃基地107公顷，续建核桃科技成果转化示范基地3个，新建硬化道路15千米、人行便桥2座，架设各类管道26.1千米，改善3600余人交通运输条件及87公顷农田灌溉条件。配合市扶贫移民局，积极推进彝家新寨建设项目落实，指导项目乡镇在保持历史民居风貌、人文景观基础上，对项目区村落民居进行改造、改建提升，改善民族地区人居环境，积极培育发展增收入产业，彝家新寨建设有序推进。引导宗教界发挥正能量参与民族地区精准扶贫。组织全市性宗教团体、各宗教场所积极开展慈善周活动，募集善款17万元用于少数民族地区脱贫帮扶。牵头抓好对口帮扶村谜塘村精准脱贫工作。落实产业扶贫资金42万元，按每户1万元标准扶持42户建档立卡贫困户发展特色种植、养殖业。协调资金190万元，加快村社道路、小桥等基础设施建设，完成谜塘村3条公路5.7

千米道路硬化工程，现启动两座小桥建设项目。干部职工捐款捐物为帮扶联系户解决生活困难问题，帮扶钱物共1.79万元。

【民族工作会议】 5月4日上午，攀枝花市委民族工作会议暨全市第八次民族团结进步表扬大会在攀宾会展中心举行。市委书记张剡、省民族宗教委副主任何晓平出席大会并作重要讲话。市委副书记、市长杨自力主持会议，市人大常委会主任谢道全、市政协主席单荣等领导出席会议。会上，市政府对攀钢钢城（集团）公司等42个"攀枝花市民族团结进步模范集体"和熊疆等121名"攀枝花市民族团结进步模范个人"进行表扬。

【《舞动彝乡》获奖】 4月26日，米易县麻陇彝族乡云盘村村民自创自演的舞蹈《舞动彝乡》，代表攀枝花市参加四川省第二届百姓广场舞大赛，以全场最高分9.90分摘得在绵阳市三台县举行的"欢跃四季·舞动天府"四川省第二届百姓广场舞大赛冠军，获得大赛一等奖和最佳人气奖。

【督导调研工作】 6月5—6日，省委常委、省委农工委主任、省委民族工委副书记曲木史哈在攀枝花市开展督导工作。曲木史哈指出，攀枝花各级党委政府认真贯彻落实中央、省委民族工作会议精神，结合实际，创新思路，扎实工作，不断加大对民族地区经济发展、扶贫攻坚、社会事业发展、民生改善、劳动就业、公共服务均等化等方面的投入，取得较好成绩。

7月7—8日，全国人大民族委员会副主任吴仕民率全国人大常委会专题调研组来到攀枝花，他用一个"实"字对攀枝花市的民族工作给予充分肯定。他指出，攀枝花以实事求是的态度、扎实有效的措施、求真务实的作风不断推动区域内各民族团结进步发展，实实在在做了许多工作，取得显著实效。

7月28—29日，省人大民宗委主任委员王增建在攀枝花市调研宗教工作，深入西区西佛寺和平江天主教堂、东区玉佛寺、仁和区宝灵寺和基督教伯利恒教堂5个宗教活动场所进行细致调查走访。王增建对攀枝花市宗教工作给予充分肯定，他建议：最大限度地发挥宗教的积极作用，抑制宗教的消极作用。

【专家工作会议】 9月6—10日，由中国民族语文翻译局主办、盐边县政府协办的中国民族语文翻译局2016年度彝语文翻译专家工作会议在盐边县举行，来自云南、贵州、四川等地的翻译专家学者30余人参加会议。中国民族语文翻译局党组书记兰智奇、四川省民委副主任甘映平出席会议并讲话。盐边县委副书记、县人民政府县长王岩辞致辞。

【"法律进寺观教堂"文艺演出】 12月14日，由市委统战部、市民族宗教委牵头，市佛教协会、市伊斯兰教协会、市天主教爱国会、市基督教爱国会主办的全市"法律进寺观教堂"文艺演出在攀枝花学院礼堂举行。市委常委、统战部部长张敏，市人大常委会副主任陈可红，市政府副市长李仁杰，市政协副主席赵忠义应邀出席文艺演出会。市委有关部门负责人和800多名宗教界人士以及信教群众参加并观看文艺演出。

（胡金城）

档案工作

【概　况】 攀枝花市现有市级档案部门1个，县（区）级档案局5个，均为参照公务员管理的直属事业单位。市档案局（馆）（以下简称"市档案局"）内设办公室、政策法规科（行政审批科）、档案业务指导科、档案整理部、档案保管利用部、档案编研部、档案微机管理部7个科（部、室）。2016年，市档案局馆藏全宗281个，纸质档案542235卷（件），其中案卷363113卷，以件为保管单位179122件。声像档案2921盘、照片档案63322张、实物档案2574件、资料25125册。

2016年，市档案局获四川省档案局表彰2015年全省档案宣传工作先进单位、全省档案工作创新项目奖、全省档案工作"三个体系"建设等先进单位荣誉。全市档案工作存在不足：馆藏档案数字化进程较缓，全市数字档案室建设相对滞后，档案事业专业人才不足。

【重大项目档案管理】 市档案局主动服务"项目年"活动。联合相关部门对攀枝花市"桐子林水电站""攀大高速公路"等省级重大项目开展档案业务监督指导工作。受四川省档案局委托，联合攀枝花市水务局等项目主管部门对"盐边高堰沟水库复（扩）建"项目档案进行专项验收。在各项目主管部门的配合下，完成33个省级重点建设项目档案登记工作。

促成不动产登记中心档案资料整合工作。根据《攀枝花市人民政府关于加快推进市不动产登记机构组建的通知》,市档案局作为档案资料移交牵头单位,经过多次调研,组织召开档案资料移交协调会,在相关部门共同努力下,8月31日,攀枝花市住建局下属房产档案中心馆藏58万多卷房产登记档案及相关资料全部移交给攀枝花市国土资源局不动产登记中心。至此,攀枝花市不动产登记中心档案资料基本完成整合,为不动产登记工作的顺利开展奠定基础。

【重大活动档案管理】 市档案局指导并双套制(传统载体和对应电子文件,以下简称“双套制”)接收“第六届四川国际自驾游博览会”204(件、张、盘)档案进馆。派出专业人员全程参与“创卫复审”档案资料的收集整理归档工作,为创卫复审工作服好务。针对攀枝花市“9.19”遭受特大暴雨灾害,为确保国家档案资源绝对安全,做好抢险救灾档案收集工作。市档案局紧急印发《关于做好档案安全和抢险救灾档案资料收集工作的通知》,对全市档案安全及抢险救灾档案资料收集工作进行安排,各县(区)档案部门积极响应,做好安全排查,加强抢险救灾档案资料收集。

【民生档案管理】 市档案局贯彻落实《城市社区档案管理办法》,以西区社区档案管理为模式,3月召开研讨会,结合攀枝花实际探讨新形势下社区档案管理新方法,4月与攀枝花市民政局联合印发《关于贯彻〈城市社区档案管理办法〉的具体意见》,从制度化建设、规范化管理、数字化建设方面提出具体要求。

建立规范攀枝花市农民专业合作社档案工作。1月19日,联合攀枝花市农牧局转发《四川省农民专业合作社档案管理办法》,将此项工作纳入县(区)档案局年度工作目标考核,建立试点,以点带面逐步推进。米易县于10月完成全县确权登记档案的收集、整理、数字化及整体移交进馆工作,此批档案涉及全县12个乡(镇)46371户农户,土地46177.2公顷(确权面积19493公顷),共形成2900盒6.3万件纸质档案。

【企业档案管理】 市档案局强化攀枝花市国有企业档案管理,推动国有企业档案信息化建设,指导重组企业做好档案归属和流向,主动联合攀枝花市国资委对市属8家国有企业进行检查指导,重点对重组的国投集团、建设集团及下属分公司进行详细指导,针对检查中发现的问题提出整改意见。为进一步规范全市国有企业档案工作,与攀枝花市国资委联合印发《关于加强新形势下国有企业档案管理的通知》,对全市国有企业档案工作提出指导意见及要求。全年市档案局对10个国有企业及科技事业单位开展规范化管理复查,对运业公司等多家民营企业进行业务指导服务。

【规范化管理】 市档案局继续巩固攀枝花市档案工作规范化管理成果,对市属28个一级部门、32个二级企事业单位及5个县(区)21个省一级标准共81个单位进行规范化管理检查。重点从机构与组织管理、硬件建设、业务规范、档案开发利用等多方面进行监督指导和检查,进一步提高各单位规范化管理水平。

【脱贫攻坚服务】 市档案局与市脱贫攻坚领导小组办公室于7月联合印发《关于做好脱贫攻坚档案管理的通知》,制定脱贫攻坚档案管理标准,对文件材料收集范围、分类、整理、保管等提出具体要求,规范全市脱贫攻坚档案工作。市档案局业务人员深入基层,分赴米易、盐边、仁和等县(区)督查脱贫攻坚档案收集整理情况,了解实施过程中遇到的问题及困难,有针对性的答疑解难,做好业务指导。

开展对口帮扶村扶贫工作。米易县新山傈僳族乡新山村为市档案局精准扶贫对口帮扶村,新山村建档立卡贫困户81户。市档案局派驻干部一名进行驻村帮扶,全年组织全局职工到户慰问5批次,105人次,发放棉被、粮油等物资折价1.02万元,捐赠新山村委会现金2万元、办公桌椅20套、计算机2台。协调“短平快”项目,为贫困户争取肥料150余吨、管理工具150余套,协助当地新发展车厘子6.7公顷、3.3公顷中药材基地和6.7公顷高山蔬菜基地建设工作,协调发放新品种玉米种子500余袋,发放鸡苗1620只。协助中国致公党天津市滨海新区委员会为贫困户捐赠65台电视机(价值10万元)。结合新山村独特人文风景资源,市档案局于3—10月出资约2万元面向全国举办“走进新山·兰台扶贫杯”摄影比赛活动,收到300余幅摄影作品,评选出60幅优秀作品并予表彰,对外宣传并提升新山村知名度,助推新山村旅游发展。

【资源建设】 市档案局按双套制正常接收档案资料24250卷(件),涵盖市体育局、市统计局等单位。征集各类档案1778件进馆,其中市级领导、国家级专家等文件、著作、照片、资料1627张,“城市记忆”主题照片23张,全市优秀摄影图片128张。

【法制化建设】 市档案局行政权力19项,其中2016年新增行政权力2项。行政执法人员7人,其中2016年新增3人。按市政府要求完成市档案局法律顾问聘请事宜;先后对28个机关、国有企业、事业单位开展行政执法检查工作,重点从档案依法收集、安全保管、依法利用等方面进行检查,对其中23个存在不同问题的单位下发《行政执法建议书》。

【信息化建设】 市档案局助推攀枝花智慧城市建设,加快推进全市档案存量数字化、增量档案电子化工作，印发《关于实行档案双套制管理有关问题的通知》，明确和统一全市档案“双套制”管理的业务标准和进馆要求。10月14日市档案局采取以会代训的方式召开全市“档案双套制管理培训会”，对400余人进行业务培训。加大对试点单位指导，多次派业务人员上门指导市纪委、市发改委、团市委、市国土局等首批档案数字化的单位。加大调研力度，通过学习先进、加大与数字化公司及各单位沟通、交流，摸清全市各单位数字化开展计划及存在问题，形成专题调研材料，探索解决问题，在实践中推动和规范档案的信息化。全年数字化加工45.5万页，累计全文数字化290万页，占馆藏总数13%。

【文化建设】 市档案局在方毅（原国务院副总理）100周年诞辰之际，完成《方毅与攀枝花》编纂出版工作，该书41.7万字，于12月公开出版，共发行3000册。市档案馆聘请19位档案文化研究员为骨干，组建起包括档案行业职工、社会志愿人士在内的档案文化征集、研究与开发队伍，首次开发本土档案编研产品《档案里的攀枝花》，全年推出40期。市档案局副局长曹修源利用馆藏三线建设档案资源，在全市“两学一做”学习教育活动中，让档案变成声音和图像走上讲台，用新媒体方式，大力延伸基地宣传教育功能，在市委组织部、宣传部等单位宣讲近50场，参加人数10200余人。市档案局副调研员李卫坤因敬业奉献被选入“四川好人榜”，该奖项由四川省文明办主办，攀枝花仅11人上榜。

【馆库建设】 全市综合档案馆库建设情况得到新突破。7月，盐边县档案馆完成新馆搬迁。10月，市档案馆纳入攀枝花“市民之家”政务服务中心建设。东区、西区、仁和区也正在准备中，东区档案馆初设方案通过四川省档案局审核，仁和区完成前期准备工作。至此，攀枝花市5个县（区）档案馆均纳入国家西部档案馆建设计划。

【安全体系建设】 市档案局建立微型消防站，增强自身消防应急能力。将市档案馆消防安全管理信息著录到《四川省公安消防户籍化管理系统》。邀请攀枝花市消防支队专业人员结合市档案馆工作实际讲解消防知识和灭火演练。市档案局除自身日常安全检查外，逢重大节假日及汛期组织人员对全市国家综合档案馆及重点档案室开展安全检查。全市各档案馆均无档案失窃、泄密、损毁等事故发生。

9月，攀枝花市档案馆发现窃蠹成虫及蟑螂尸体，随即对档案库房强化卫生清洁、放防虫药、加强温湿度监控、对展览档案全面冷冻杀虫系列处理后，未再发现虫害现象。

全年攀枝花市6个国家综合档案馆实现电子档案异地备份，提升档案数据安全性。

【档案利用】 全年攀枝花各级档案馆举办展览8个，其中市档案馆举办《学习型干部楷模——杨文仲档案展》《党和国家领导人情系——攀枝花图片展》《馆藏档案书画精品展》；西区播放纪录片《金沙江脱险》；仁和区举办《“9.19”强降雨、局部特大暴雨诱发的群发性山洪及滑坡自然灾害图片展》；米易县举办《米易历史文化展览馆》，这8个展览共接待参展单位264批次，10847人次，充分发挥档案教育育人作用。协助市纪委开展家规家风大梳理大起底工作，在攀枝花市各级国家档案馆中收集整理出优秀家规家训、解读及背后故事共8篇，涉及攀枝花市孙氏、范氏、苏氏、王氏、杜氏等家族。

年初，启动攀枝花市民生档案异地查档跨馆服务工作，向社会公布《服务攀枝花市档案馆民生档案异地查档跨馆指南》。全市接待异地查档服务38例、本地查档服务1576余例，为各单位编史修志、工作查考和广大市民维护合法权益提供优质档案服务。

【档案培训】 全年全市档案系统开办培训班29期，参训1766人；送培11期，送培246人。合计40期，参训人数2012人。

【档案工作宣传】 全年攀枝花市档案宣传稿件采用96篇，其中：《中国档案报》7篇，《四川档案》7篇，市级媒体41篇、中国档案网30篇，档案资讯网7篇，四川新闻网4篇。

（高利敏）

老龄工作

【概　况】 2016年年底，全市60周岁及以上常住人口21.8万人，百岁及以上人口30人。全市建有老年活动站（中心、室）242个，老年人参与人数为6.56万人。全市成立各种老年人协会426个，参加活动人数为6.2万人。全市有各种老年学校（大学）51个，在校学员1.9万人。

2016年，全市加快推进社会养老服务体系建设。市老龄办与西南交通大学国际老龄科学研究院合作的《攀枝花市康养产业发展规划》《攀枝花康养人才队伍建设中长期规划(2016—2025)》已两次征求各相关单位和社会组织意见,即将评审并拟在北京市发布。

【居家养老服务】 全市已为22289名困难家庭失能老人和80周岁以上老人提供居家养老服务,居家养老服务项目包含信息服务、居家养老上门服务和发放高龄津贴和长寿补贴。完成目标任务15932人的139.9%。其中:开展12349居家养老信息服务1319人;提供居家上门服务1063人;发放高龄津贴和长寿补贴19910人167万元。

【老协创建活动】 "四川省示范性基层老年协会"创建,3月,择优安排8个基层老年协会开展创建活动,11月29日,仁和区平地镇平地村老年协会、盐边县渔门镇渔门社区老年协会、米易县湾丘彝族乡湾丘社区老年人协会3个协会被命名为"四川省示范性基层老年协会"。

【"敬老月"活动】 开展为期一个月的"敬老月"活动,举办"庆国庆、应重阳"群众艺术节、书画比赛,发放《中华人民共和国老年权益保障法》宣传资料等,米易县还对60岁以上的老年人及55岁以上3年内未使用农村医疗保险人群共计1500余名老人开展"献爱心、送健康"义诊活动,进行血常规、尿常规、血糖、心电图、血脂、血压、肝功能、肾功能等体检,2016年"敬老月"活动形式多样,参与人数多,社会影响大,进一步形成全社会爱老、敬老、助老、尊老的良好社会氛围。

【走访慰问百岁老人和困难老人】 市委书记张剡、市长李建勤分别代表市委、市政府走访慰问东区和仁和区百岁老人,送去党委政府的关怀和祝福,带去慰问金及慰问品。各县(区)党委、政府也采取不同形式,对老人进行走访慰问。全市共发放慰问金4.82万元。

【全国先进集体推荐】 由市老龄办牵头,在全市的法院、检察院、公安、司法、民政系统筛选、比选,推荐米易县老年维权审判庭为攀枝花市全国老年法律维权工作先进集体的申报单位,2016年5月4日,被全国老龄办、最高人民法院、最高人民检察院、公安部、民政部、司法部等通报表彰。

【朱耀垠到攀枝花调研工作】 2017年10月26—27日,全国老龄办副主任朱耀垠,全国老龄办政策研究部政研处处长肖文印、副处长张一鸣,四川省老龄办副主任张晋川、省老龄办调研处主任科员彭丹,西南交大文科建设处处长张雪永、国际老龄科学研究院副院长杨一帆到攀枝花市调研康养产业政策创制工作。26日下午,调研组一行参观普达阳光国际康养度假区、中国台湾敏盛长辈照护中心、国家级钒钛科技企业孵化器;27日,上午在会展中心201会议室召开工作座谈会,下午参观华方米易颐养中心、河西日间照料中心、贤家旅游新村、海棠蓝湾阳光车旅休闲度假中心。按照全国老龄办要求,12月7日,以市委、市政府名义,向全国老龄办提出申报"全国老龄科学研究基地"的请示。

【协助完成工作】 协助福利科开展老年人能力评估试点工作,协助锦泰保险公司开展政府公众责任保险。

【老龄课题调研】 指导各(县区)老龄办,高质量完成老龄调研课题并上报省老龄办,其中,《探索"互联网+社区养老"模式——对东区养老服务的思考》被省老龄办评选为2016年度老龄政策调研优秀成果一等奖,《关于本地老年人及旅居老年人养老服务需求的调研报告》被省老龄办评选为2016年度老龄政策调研优秀成果二等奖。

【承办全国性研讨会】 第八届全国老年心理关爱研讨会。由中国老龄事业发展基金会主办,攀枝花市人民政府、中国老龄事业发展基金会老年关爱工程项目工作管理委员会共同承办的第八届全国老年心理关爱研讨会12月17—20日在攀枝花市召开,涵盖全国27个省(市、区)近300名爱心护理工程建设基地和示范基地的工作人员,涉老工作的各级政府、民政、老龄、卫生等机构、部门的领导和工作者开展为期两天的大会经验交流、小组讨论、大会总结、宣布评奖结果、参观考察等活动。本届研讨会,取得成功,与会代表一致认为,攀枝花依托资源优势,抓住研讨会机遇,助力阳光康养产业发展,达到宣传攀枝花和学习攀枝花经验的目的,也切身感受到攀枝花环境美,阳光美,人也美,有"来了就不想走"的感觉。

(马文祥)

康养产业

【概　况】 2016年,市康养办共完成“七个一”(“完成一个机构调整充实”,“编制两个规划”,“指导三个协会”,“开展四次康养人才培训”,“参加五项全国性活动”,“开展六项涉及康养产业发展的招商引资活动”,“接待一大批人员到攀枝花参观考察、学习洽谈”)。

【机构调整】 对市创建国家级阳光康养产业发展试验区工作领导小组及其办公室进行调整充实,明确各成员单位的责任分工,于6月3日市委办、市政府办下发《中共攀枝花市委办公室　攀枝花市人民政府办公室关于调整充实攀枝花市创建国家级阳光康养产业试验区工作领导小组的通知》印发执行。

【编制规划】 委托西南交通大学编制2个规划。《攀枝花康养产业发展规划》和《攀枝花康养产业人才中长期规划》已2次征求意见,正在修改完善中。

【指导协会】 积极指导新成立的“攀枝花市康养产业协会”和“攀枝花市阳光康养研究会”,主动协调和积极支持“12349居家养老服务中心”工作。市康养办作为上述3个社会组织的业务主管部门,正在有序、有效开展各项活动。

【人才培训】 6月17日,邀请西南交大国际老龄科学研究院副院长杨一帆博士,给全市县处级主要领导讲授“康养”课,同时还邀请全市康养企业、医养融合企业、康养旅游企业的负责人参加。7月10—16日组织全市副县级领导干部到西南交大,专题对康养产业知识进行脱产培训。9月19—24日联合市人社局承办四川省康养旅游人才高级研修班,邀请西南交大、成都中医药大学、中山大学、四川省科学养生促进会和台湾等知名教授学者,对来自市内外72名领导和企业负责人、社会组织代表(攀枝花市学员近40人),进行康养知识培训。10月21日,邀请十二届全国政协委员、中国人事科学研究院原院长、中央组织部研究室原副主任吴江到攀枝花市调研人才工作并给市委理论学习中心组成员授课。12月26日,攀枝花国际康养学院正式挂牌成立,标志着市康养人才培训培养迈上一个新的台阶。这将对市乃至全省、全国的康养护理人才培养产生较大影响。

【参加论坛】 5月9日,参加在贵州省赤水河市召开的中国赤水河流域生态经济发展论坛;9月5日,参加在河北省秦皇岛市召开的第二届中国康养产业发展论坛;10月30日,参加在成都召开的中法地方政府合作高峰论坛;10月31日,参加在北京召开的关于加强老龄工作高层论坛;12月10日,参加在北京召开的首届健康中国高峰论坛。

【招商引资】 5月11—13日,赴重庆市和海南省实地考察常青国际养老产业有限公司,与攀枝花市签订框架合作协议;9月6—7日,赴北京实地考察北京三乐康复老年公寓,与西区太阳沐歌乡村酒店开展合作洽谈;11月1日,赴北京实地考察中铁锦绣公司总部,12月7—9日,该公司总裁到攀枝花进行对接洽谈,对攀枝花市的5个项目有合作意向;11月3—4日,在“西博会”期间,按照市政府主要领导要求,主动与中房集团、日中经济协会、北京电子控股进行对接。

【接待工作】 接待来自全国各地的到攀枝花参观考察、学习洽谈的部门、企业和社会组织60余批次。其中:8月19—21日,昌吉回族自治州民政局赴攀枝花考察康养产业;9月24—27日,大同市城区人民政府赴攀枝花考察康养产业;11月22—25日,山西省民政厅赴攀枝花考察康养工作;10月26—27日,全国老龄办副主任朱耀垠莅临攀枝花调研康养工作。

(马文祥)

商贸流通和供销营销

商贸和粮食流通

【对外贸易】 2016年，市商务和粮食局加强与外贸重点企业鞍钢国贸攀枝花公司的对接，力争进出口企稳向好；支持攀钢钒业公司在攀钢集团钒产品营销体系调整后加大五氧化二钒出口，积极申办钒铁出口资质，做大在攀钒产品出口规模；加大外贸出口潜力企业帮扶力度，鼓励四川长矶、米易家啦等公司开展出口业务。促成攀枝花市与中信保四川分公司签订战略合作协议，搭建全市信贸合作平台。抓好出口农产品质量安全示范区建设。配合市检验检疫局，指导盐边县成功创建为攀西首个国家级出口食品农产品质量安全示范区；市锐华农业公司的"攀枝花"芒果出口新加坡，攀枝花特色水果自营、自主品牌出口实现"双突破"。2016年，全市实现外贸进出口总额2.1亿美元，完成省、市政府下达目标任务2亿美元的105.05%，排全省第10位（首次迈入全省前十位）。

【外资外经】 2016年，全市实际利用外资3095万美元，超额完成省、市政府下达年度目标任务（3000万美元）的103%。

11月28—30日，在西区东盟国际商贸城成功举办"中国·攀枝花—东盟国际商贸合作交流暨东盟商团入驻东盟国际商贸城活动"。本次活动签约130余户商家、9500余种商品入驻东盟国际商贸城，其中，泰国、缅甸、老挝、越南、柬埔寨、文莱等东盟各国家商户30余户，涵盖热带水果、大米、日用纺织品、化妆用品、木制品、玉石等各类商品1500余种；浙江义乌集团、昆明七彩云南、云南遮放集团等国内商家100余户，涵盖农特产品、干杂副食、小百货、服装等商品8000余种。馆内常设越南、泰国、缅甸、马来西亚、印度尼西亚、菲律宾、新加坡、文莱、柬埔寨、老挝10个东盟馆展示展销东盟国家商品。东盟国际商贸城成为攀枝花市建设四川南向开放门户的重要窗口和交流平台。

【社会消费品零售】 2016年，全市社消零总额完成316.9亿元，增速达到10.7%，低于全省平均增速（11.7%）1个百分点，高于全国平均增速（10.4%）0.3个百分点，全省排名15位。分别高于省政府下达年度目标任务（10%）、市政府下达年度目标任务（10.5%）0.7个百分点和0.2个百分点。

2016年，共组织全市40余家辖区企业开展迎春购物月、欢乐阳光节、重庆啤酒节等大型促销活动50余场，直接拉动本地消费近2亿元。组织企业做好16届西博会、第119届广交会、第4届南博会暨第24届昆交会、第5届亚欧博览会等国内国际性大型展会的参展工作。

【服务业发展】 2016年，全市实现服务业增加值265.08亿元，同比增长8%，全省排名第17位。完成省政府下达年度目标任务（8%），低于市政府下达年度目标任务（8.5%）0.5个百分点。

编制完成《攀枝花市"十三五"服务业发展规划》，推进重点现代服务业项目和密地物流园区二期等一批重要物流项目加快建设；推进攀枝花万象城、御湖花都等大型商业综合体，普达、阿署达康养休闲基地等特色产业聚集区建设。

【项目建设】 完成全市省级电子商务进农村综合示范项目建设。指导和帮助米易县成功申报2016年度国家级电子商务进农村综合示范县。完成1个电子商务进农村市级服务中心、完成4个电子商务进农村县级中心、10个乡（镇）服务站点建设并试运营；完成60个智慧社区O2O项目建设，逐步形成覆盖全市所有社区的智慧电子商务体系，推动全市电子商务发展进程；攀枝花国储库和密地国储库原粮低温库升级改造项目全部竣工并投入使用。

【市场流通监管】 认真开展全市打击侵犯知识产权和制售

假冒伪劣商品、单用途商业预付卡备案管理、粮食库存检查等商务粮食流通领域执法检查工作，对全市6户发卡备案企业进行现场检查，全年共查处侵权和制假案件76起，查没各类假冒伪劣商品1428余件；受理、处置“12312”投诉举报，累计受理处置各类投诉、咨询25件，并逐件依法依程序完成转交和回复。组织开展2016年度粮食库存交叉检查工作，全市粮食储备总体情况较好，数量真实、质量可靠、账实相符。

【电子商务】 制定《攀枝花市加快电子商务产业发展的工作方案》和《攀枝花市2016年电子商务工作重点》，明确攀枝花市近期电商发展的目标任务。做好电子商务专题培训，全年共开展电子商务专业培训10余次，累计培训800人次以上。电子商务园区二期项目建设稳步推进，京东、淘宝特色中国馆、四川无声科技、大数据中心、去哪网等一批国内知名电商企业，攀小花、中川科技和阳光味道等5家市内电商企业入驻园区。米易县电子商务孵化中心正式营运，入驻企业41家。组织市电商协会、米易电商孵化园及钒钛交易中心、26度果园、花城UU、善果农业等22家本土电子商务企业参加中国（四川）电子商务发展峰会，搭建有效合作平台和渠道。

【项目资金争取】 全年成功争取上级部门各类资金和费用补贴5500余万元，其中米易县成功申报为2016年国家级电子商务进农村综合示范县项目，获得2000万元国家财政专项资金支持；支持东区中心城区转型发展项目申报成功，获得300万元项目资金；粮库智能化升级改造争取资金390万元。

【粮食安全保障】 强化粮食收购，加强与粮食主产区的协作，稳定市外粮食调入，全年完成粮食收购4.25万吨，超额完成市政府下达目标任务3.5万吨的121%，市外购入粮食10.8万吨，超额完成市政府下达目标任务8.5万吨的127%；制定实施《攀枝花市人民政府关于贯彻落实粮食安全省长责任制的实施意见》，并配套制定《攀枝花市贯彻落实粮食安全行政首长责任制考核办法》，将粮食安全工作纳入对县（区）政府及市级相关部门的目标管理，编制完成“十三五”粮食应急规划，进一步健全粮食安全保障机制；加强储备粮油轮换管理，按时下达储备粮油轮换计划，督促、指导企业有序开展轮换工作；认真开展全市粮食库存检查，完成2016年全市粮食库存检查工作，重点对“转圈粮”情况进行专项检查，经查，全市各储粮企业无“转圈粮”情况；加强粮食质量管理，年初与市质量技术监督局签订《攀枝花市地方储备粮油产品质量监督管理委托协议书》，由市质检所定期对全市各级储备粮油进行日常质量检测和轮换入库（不含中央、省级储备粮油）质量检测。

（姚　萍）

供销合作商业

【概　况】 攀枝花市供销社系统在职职工147人，市联社机关编制20人，实际20人；直属企业6个，从业人员103人；开门办社供销社专业合作社128个，从业人员6817人。2016年全系统总资产23467万元，其中市级9715万元、县（区）13752万元，直属企业30个，亏损企业1个，市社兴农资公司，亏损6万元；系统汇总盈利200万元；系统服务额45700万元，商品销售30540万元，其中消费品零售额10740万元，全系统农资供应实物量53632吨，同比减少5138吨，下降10.95%，其中社办企业农产品销售3710万元，完成市政府下达的目标任务的121.24%，完成化肥储备3500吨，政府补贴农资储备资金19万元，电商销售额157万元，系统综合服务营业额1371万元，其中居民生活服务营业额872万元，资产经营收入（租赁收入）291万元。

【农民专业合作社】 2016年，市供销社贯彻市委、市政府《关于集中力量打赢脱贫开发攻坚战确保同步全面建成小康社会的意见》，完成34个专合社领办、创办任务，占3年目标任务的49%。市供销社联系帮扶米易县麻陇乡马井村，组建米易县麻陇乡马井村佳乡养殖专业合作社，初步形成产业规模发展的组织基础。在种植业发展帮扶上，确定以种植烤烟、核桃、油桃为主，帮扶发展烤烟26.67万平方米；协调林业资金20万元，帮扶发展种植核桃26.67万平方米，油桃3.33万平方米，初步统计实现贫困户人均年增收800元以上。在养殖业发展帮扶上，启动发展标准化养羊产业为主导的“种草养畜”项目，协调落实养畜项目打捆资金83.4万元。协调科技部门开展核桃、油桃、青椒嫁接和修枝等实用技术培训3期，培训200余人次。聘请市农科院农牧专家现场指导贫困户标准化圈舍建设，落实种羊选品选育，指导疫病防疫，以及安排专项资金用于项目推进过程中的科技下乡技术服务。协调落实牧畜草种，帮助完成畜草种植2万平方米，保障畜禽越冬饲料储备需求。为打破马井村无集体经济的现状，将2016年市社支持的5万元和2017年计划扶持资金捐赠村支两委，作为集体经济启动资金，通过向贫困户借支和入股贫困村合作社方式，采取有偿使用，培育集体经济收入来源，逐步完善建立村集体经济扶持贫困户机制，形成集体经济壮大与贫困户增收的良性互动。

【农民专业合作社会计服务中心】 2016年，市供销社学习云南经验在全市两县一(区)分别组建3个“农民专业合作社会计服务中心”。有24个专业合作社加入会计服务中心。此项工作得到省供销社的肯定。11月17日，四川省供销社财会课题调研座谈会(“会计服务中心”建设)在攀枝花市米易县召开，四川省供销社总会计师郭云，省供销社财会处副处长叶成勇等领导出席座谈会。自贡、宜宾、德阳、乐山、绵阳、遂宁、广元、雅安、凉山、攀枝花10个市(州)和西昌市、罗江县、夹江县、成都龙泉驿区、宜宾县、自贡大安区、大英县、广元昭化区、剑阁县、米易县、盐边县11个市(县、区)供销社负责人参加会议，郭云就以后的发展方向提出意见和建议。

【农民专业合作社标准化工程】 市供销社为规范专业合作社发展，成立攀枝花市农民专业合作社标准化示范工程建设领导小组，明确农民专业合作社标准化建设的内容；完成全市8个点的农民专业合作社标准化示范工程选点工作，确定开展推动试点示范的工作实施主体；与质监局沟通协商确定农民专业合作社标准化内容涉及的体系框架，从基础标准、建设标准、生产技术标准、管理标准四个大项及细化的12个小项来确立标准。与市农林科学院签订编制农民专业合作社标准化“四种能力”提升规划方案协议。完成全市9个点的农民专业合作社标准化示范工程选点工作。市农林科学院编制农民专业合作社标准化“四种能力”提升规划方案，在全市选定9个点，开展农民专业合作社标准化示范工程先行试点。2016年首批在全市开展农民专业合作社标准化试点的有：米易县(4个)，米易县丙谷镇芭蕉箐村攀越枇杷种植专业合作社、米易县白马镇黄草村樱桃种植专业合作社(贫困村)、米易县垭口镇安全村鑫农果蔬种植专业合作社、米易县草场乡顶针村寿康枇杷种植专业合作社(与米易顶上枇杷农庄项目同步打造)。盐边县(4个)、盐边县桐子林镇金河村双箐组芒果种植专业合作社(与盐边金河芒果农庄项目同步打造)、盐边县永兴乡双河村凤林种养殖专业合作社、盐边县格萨拉乡中康新润种养殖专业合作社(贫困村)、盐边县共和乡田坝村坝上组兴农种养殖专业合作社。仁和区(1个)，仁和区啊喇乡攀枝花市齐欣力种植专业合作社。

【农业综合开发项目】 2016年，市供销社完成验收农业综合开发项目3个，项目总投资465万元，其中：米易县攀越800亩枇杷基地改扩建项目。该项目总投资220万元，中央、省级财政投入98万元。项目自2015年年底推进实施以来，围绕基地引水灌溉防渗、提灌灌溉、育苗基地、绿色防控体系建设四个主要实施内容有序推进。2016年11月15日全面完成复查验收；完成对2015年盐边县喜安福农专社1000亩优质核桃示范基地新建项目总投资245万元(其中自筹147万元、中央财政70万元、省财政28万元)的项目实施。该项目在盐边县喜安福农牧林专业合作社核桃基地新建农用道路4.1千米、新建排洪沟800米、新建250立方米和100立方米蓄水池各一口，实施坡改梯1000亩，购核桃苗2.5万株栽苗22万株等。8月，该项目通过市农发办和市供销社联合检查验收。仁和区社会化服务体系建设项目。完成仁和区供销社争取的省财政2014年100万元的农村社会化服务体系建设项目的自查和自查报告及相关资料收集整理，9月通过区供销社、区财政局、区经信局的联合验收及市供销社、市财政局的复查验收。按照2017—2020年全国农综项目供销社项目申报指引，组织系统业务人员、项目实施主体单位培训项目研讨会2次，深入挖潜，着力加快项目培育。完成“龙腾四海”农村资金互助社申报工作，2016年该互助社被列为全省第三批试点社。

【农村综合服务社】 全市供销社系统发展农村社区综合服务社达50个，其中2016年新成立4个，分别是仁和区迤沙拉历史民族文化新村社区综合服务社、米易县垭口安全村社区综合服务社、丙谷芭蕉箐村社区综合服务社、盐边红格旅游新村社区综合服务社。

【基层供销社建设】 全市共有基层社24个，老基层社4个：仁和大和、玉泉、平地基层社，盐边永兴基层社。2016年新建20个分别是：米易县摩挲沟四季豆专合社、米易县富民芒果专合社米易县攀越枇杷专合社、米易县鑫农种植专合社、米易县绿园素菜种植专合社、米易县阿布尔种植专合社、攀枝花花之果农业种植专合社、攀枝花市农友种养殖专合社攀枝花市祖玛种养殖专合社、攀枝花市格地橙伟养殖专合社、攀枝花市成亮种养殖专合社攀枝花市贤方种养殖专合社、攀枝花市高坤种养殖专合社、攀枝花市仁和区维学板栗种植专合社、盐边县万代种养殖专合社、盐边县喜安福农林牧专合社、盐边县国民财盛种养殖专合社、盐边县红宝种养殖专合社、盐边县联友种养殖专合社、盐边县龙腾种养殖专合社。新组建的基层社主要由各类不同的种养殖专业合作社构成，基层社对养殖大户开展选种、知识培训，销售一系列服务，对种植农民开展种、肥、播一体化系列服务，由基层供销社提供优质农资，发挥装备、人员、技术等优势，实施统一农资供应、统一技术标准、统一田间管理，全程开展系列服务。农民只要选好化肥、种子，由基层供销社负责管护和技术指导，把农资、技术、服务送到田间地头，既方便农民，又改变了传统的种植模式，降低了种地成本，为种植品种高产、农民增收提供全面的技术服务支撑。

【农村电子商务】 仁和区供销社志强宏农民专业合作社联合社组建的“乌拉葩地农村电子商务中心”于2016年12月28日，正式挂牌营运。“乌拉葩地农村电子商务中心”是仁和区供销社组建的志强宏种植专业合作社联合社依托攀枝花市仁和银秀、成亮、高坤、鹏达等10余家农民专业合作社成员社的农产品为基础，以打造“乌拉葩地”品牌为载体，组建的农产品电商销售平台。整合区域农产品资源，通过运用现代电子商务营销方式，建立农产品销售渠道，做大“乌拉葩地”品牌，

盐边县社的甜甜圈农资电商平台攀枝花旗舰店，2016年分别在盐边渔门镇和红格镇设两个分店，采取专家坐诊，网上订单，水、肥药一体化，开展种植达人竞赛，全年线上销售300万元，线下销售1400万元，

米易县社控股35%的米易老高山农业科技有限公司，2016年采用电商平台，线上线下结和形式，经营米易特色农产品枇杷、樱桃、油桃，野生菌类、蜂蜜、生态鸡、鸡蛋、早市蔬菜等品种，冷冻食品在超市社专柜销售566万元，解决就业岗位50个。

（叶宗翠）

石油营销

【概　况】 2016年，中国石油四川攀枝花销售分公司坚持以营销为中心，以市场为导向，以客户重点，紧紧围绕“稳健、转型、创新、合规、精进”总基调，狠抓科学营销，积极开拓创新，落实内涵增效。全年销售汽柴油33.81万吨，同比增长5.42%。纯枪销售19.61万吨，同比下降1.5%。实现非油收入4333万元，同比增长13.11%。销售加油卡2.4万张。全年上缴税费3165.72万元。公司入围“攀枝花50强企业”前10强，连续10年荣获攀枝花市东区“商贸10强”。

【油价调整】 表11　　2016年成品油批发、零售价格调整表　　单位：吨

时间＼型号	93号汽油		97号汽油		98号汽油		0号普通柴油		0号柴油（国Ⅳ）	
	批发	零售	批发	零售	批发	零售	批发	零售	批发	零售
2016年1月13日	7206	7506	7623	7923	8317	8617	5490	5790	5860	6160
2016年1月27日	7156	7456	7573	7873	8267	8567	5440	5740	5810	6110
2016年4月26日	7331	7631	7758	8058	8468	8768	5600	5900	5970	6270
2016年5月11日	7459	7759	7892	8192	8615	8915	5715	6015	6085	6385
2016年5月25日	7681	7981	8127	8427	8871	9171	5915	6215	6285	6585
2016年6月8日	7798	8098	8250	8550	9005	9305	6025	6325	6395	6695
2016年7月21日	7633	7933	8077	8377	8816	9116	5875	6175	6245	6545
2016年8月4日	7400	7700	7830	8130	8547	8847	5660	5960	6030	6330
2016年8月18日	7586	7886	8026	8326	8761	9061	5830	6130	6200	6500
2016年9月1日	7803	8103	8256	8556	9011	9311	6030	6330	6400	6700
2016年9月18日	7639	7939	8082	8382	8822	9122	5880	6180	6250	6550

续表 11

时间 \ 型号	93 号汽油		97 号汽油		98 号汽油		0 号普通柴油		0 号柴油（国Ⅳ）	
	批发	零售	批发	零售	批发	零售	批发	零售	批发	零售
2016 年 10 月 19 日	8015	8315	8480	8780	9255	9555	6220	6520	6590	6890
2016 年 11 月 16 日	7628	7928	8071	8371	8810	9110	5865	6165	6235	6535
2016 年 11 月 30 日	7814	8114	8267	8567	9023	9323	6035	6335	6405	6705
2016 年 12 月 14 日	8275	8575	8754	9054	9554	9854	6455	6755	6825	7125
2016 年 12 月 28 日	8381	8681	8866	9166	9676	9976	6550	6850	6920	7220

【安全环保】 开展库站标准化建设，金江油库和 32 座站完成达标验收。协调和自筹隐患整改资金 401.62 万元，完成油库下装改造、8 座加油站 FF 防渗漏罐更换、5 座加油站油气回收建设、4 座加油站罩棚维修。严把油品数质量关，全年完成出入库、抽检化验 1707 批次，销售油品全部合格。

【网络建设】 全年完成投资 1329 万元，新开发加油站 2 座，完工加油站 7 座，投运加油站 7 座。加快推进重点工程建设，永富、金沙、渔门加油站整体改扩建项目全面完成，苏铁、中坝、米糖加油站一体化改造项目顺利完工投运。

【精细管理】 高度重视国 V 油品升级置换工作，提前布控，倒排计划，历时 25 天，完成升级置换，保障市场稳定供应。注重信息管理创新，分期付款优化油站高清监控、加油站联机开票系统、多渠道支付等一批创新项目取得初步成果；员工积分平台及微信端全面上线，有效激发基层员工主动服务、创造业绩的积极性。狠抓风险防控培训教育，认真汲取系统内外典型案件教训，积极开展资金、加油卡和发票专项检查，有效保障企业合规合法阳光运行。按照“三控制一规范”要求，从严从紧控制用工总量和新增用工，全年减少直接用工 11 人，用工总量控制在省公司编制范围以内。

（周贵云）

烟草营销

【概　况】 2016 年，全市烟叶生产稳定发展，卷烟营销持续优化，生产经营规范有序，各项工作稳步推进。全年生产收购烟叶 12430 吨，销售卷烟 4.3 万箱，实现税利 5.92 亿元。

【烟叶生产】 2016 年，全市共落实计划种植面积 7246.67 公顷，分布在全市 32 个乡镇、172 个村、607 个社，7452 户烟农从事生产。收购烟叶 12430 吨，上等烟叶比例 56.99%，排名全省第一，均价 23.20 元/千克，烟农总收入 2.88 亿元、户均收入 3.87 万元。

【烟草技术推广应用】 2016 年，攀枝花市烟草专卖局（公司）投入 1100 余万元，先后与中国农科院烟草研究所、四川农业大学等 11 家科研院所及上海、浙江、湖南等 7 家中烟联合开展科技创新项目 24 项。获得国家局科学技术进步三等奖 1 项，在核心期刊发表论文 9 篇，取得“节能热风烘干装置”发明专利 1 件，“一种烟草育苗漂浮专用盘”“一种烟叶种植的施肥装置”实用新型专利 2 件。示范推广“苗期病毒快速检测技术”“农残快速检测技术”“精准安全施药技术”“鲜烟叶分类和上部叶一次性采烤技术”5 项成果；开展“科学起垄、条行深施、揭膜调控、节能高效烘烤”4 项技术的研究与突破。开展的《烟叶烤房炉膛高效节能装置的研发》QC 小组活动（指在工作岗位上从事各种劳动的员工，围绕企业的经营战略、方针政策和现场存在的问题，以改进质量、降低消耗、提高经济效益为目标开展的质量管理活动）课题成果获国家局优秀质量管理成果三等奖、四川省烟草商业系统第六届优秀 QC 成果二等奖。成功举办全市第五届烘烤技能竞赛、第四届烟叶分级技能竞赛和第一届烟叶植保技能竞赛，竞赛赛制达到全国领先水平。参加全国烟叶烘烤农艺师技术培训班暨技能竞赛，获得全国一等奖1名、二等奖1名；参加全省第四届烟叶烘烤竞赛，获得第一名。

【现代烟草农业建设】 2016年，引导鼓励烟农规模化种植，户均种植面积达9733.33平方米，超过全省平均水平。投入5397.9万元开展常规烟基建设，建成蓄水池37口、管网20片、沟渠56条、提灌站1座、机耕路50条，完成土地整理212.48公顷，采购烟草农机设备1132台，新建密集式烤房52座，购置1762套烟夹及散叶分风板，进一步夯实烟叶生产基础；投入3663.185万元援建仁和跃进水库渠系配套水源工程已正式建成；计划投资11751.19万元援建米易麻晃引水工程，投入5875.595万元，建设进度达70%。

【卷烟营销】 2016年，卷烟销售各项工作稳步推进，网络建设工作水平持续提升，现代物流基础夯实显优。全年销售卷烟4.3万箱，单箱结构2.88万元/箱。销售地产烟(不含重庆)7313箱，同比增长11.38%，排名全省第四。狠抓营销网建，电子结算成功率等多项指标均高于全省平均水平。打造现代物流，全年累计入库卷烟3.77万箱，分拣配送3.88万箱，回笼资金11.2亿元。

【专卖管理】 开展“天府金叶”等6个专项整治行动，被省烟草专卖局评为“天府金叶2016”先进集体，全年共查获涉烟违法案件650起，“两烟”案值519.9万元；市场净化率达99.52%，排名全省第一。开展巡视整改、专项审计工作，突出建章立制，构建管防并举的长效机制；完善内控体系，突出烟叶监管重点，扎实开展卷烟“防非”工作。

【重大案件】 全市共查获5万元以上案件16起；捣毁各类非法窝点1个、刑拘16人、直诉12人、判刑20人，案件查处率100%；4起一类网络案件均顺利通过省局验收，其中：非法经营真烟网络案件1起，非法经营烟叶网络案件3起。

【企业管理】 2016年，顺利通过省级文明单位验收和行业第三批商业标准化示范企业认定，荣获“省级安全文化示范企业”称号，机关团委荣获“2015年度全国五四红旗团委(团支部)”称号，办公室系统连续三年荣获全省办公室系统“先进集体”称号，东、西区局稽查大队荣获省级“青年文明号”称号，全面完成3个信息系统升级改造，捐赠188.2万元用于扶贫帮困。突出降本增效，全年共节约成本851.1万元。完成1.02亿元公开招标采购项目，公开招标率89.6%。全面落实安全生产责任制，狠抓安全隐患排查与整改，共整改各类安全隐患200项。开展普法宣传，重点突出“3·15”等特定法制宣传日的作用推动法治宣传，完善法律风险防控体系，全年共审查合同415份，解决法律纠纷及重大法律事务11件。

（袁　晨）

盐　业

【概　况】 2016年，四川省盐业总公司攀枝花分公司商品盐调入18510吨，商品盐销售19817吨，销售总收入3267万元，实现年度工作目标。继续保持市级“文明单位”“社会治安综合治理”先进集体、“计划生育”先进单位、卫生达标单位、园林式机关等称号，全年无重大安全事故和责任性食盐批发脱销事件发生，各项工作任务均圆满完成。

【体制改革】 2016年5月，国家《盐业体制改革方案》颁布。四川省盐业总公司攀枝花分公司及时向广大市民宣传解读盐改方案，在公共区域张贴宣传通告2000份，促使市民正确理解盐改方案内容。

四川省盐业总公司攀枝花分公司调整经营业务流程，努力适应盐改方案实施后的市场形势。

【食盐供应】 2016年，四川省盐业总公司攀枝花分公司认真落实四川省盐务管理局食盐计划要求，按计划和规定渠道购销食盐，贯彻食盐价格政策，加强行业自律，维护食盐专营。

2016年，攀枝花市辖区内逐步增加“雪花盐”“天盐”“深井晶盐”“川晶牌”350克绿色食品低钠盐。截止12月，市场销售的多品种盐有9个品种14种规格，其中“川晶牌”品种所占比例85%。

2016年，积极配合国家盐产品质量监督检验中心、国家井矿盐质量监督检验中心对攀枝花市内的食盐质量进行抽查，所抽查食盐合格率均为100%。

【网络市场营销】 2016年，按照四川省盐业总公司要求，攀枝花盐业分公司努力创新经营模式，加快完成网络渠道建设，健全完善的销售网络体系。推进商品经营电子信息化，四个支公司均完成“微店”注册工作。

【市场监管】 2016 年，攀枝花市盐政市场稽查处积极与攀枝花市级各部门协调配合，抓好食盐安全管理。根据四川省经信委、四川省盐务管理局等上级部门《关于加强食盐安全监管开展制贩假盐专项治理的通知》要求和安排部署，与攀枝花市经信委等 8 个部门协调，召开食盐安全监管专项治理联席会议，制定了“加强食盐安全监管开展制贩假盐专项治理”初步预案，联合发出《关于加强食盐安全监管开展制贩假专项治理的通知》，并于 2016 年 6 月 21 日正式启动专项治理活动。2016 年，攀枝花市盐政市场稽查处共新增涉盐案 4 起，查获违法盐产品 1. 13 吨，结案 6 起。按四川省盐务管理局要求，攀枝花市盐政市场稽查处继续落实驻厂监控，安排盐政驻厂人员共 12 人次。

【碘缺乏病防治】 2016 年，攀枝花市盐政市场稽查处协助卫生疾控部门进行国家“三率”（碘盐覆盖率、碘盐合格率、碘盐食用率）复查；根据攀枝花市疾控中心《攀枝花市 2016 年碘盐监测总结》中的数据显示：攀枝花市碘盐合格率 99. 1%，碘盐覆盖率 100%，合格碘盐食用率 99. 1%，均已达到国家标准。

第二十三届“防治碘缺乏病日”宣传活动期间，开展以“科学补碘　重在生命最初 1000 天”为主题的防治碘缺乏病日宣传活动。此次宣传活动共悬挂横幅 28 幅，发放宣传单 2600 余份、宣传画 1200 余张，解答群众咨询 6000 余人次，增强人民群众自觉食用合格碘盐、抵制私盐的意识。

银行、保险、证券

银　行

银行业概述

面对宏观经济下行压力持续加大、市场需求持续疲软等严峻挑战，攀枝花市宏观经济运行仍面临较大压力。工业生产总体稳定，支柱行业形成较有力支撑，新兴产业转型格局尚未形成。供给侧结构性改革背景下，企业去产能、调结构面临多方掣肘。民间投资信心不足，财政收入下滑，工业全面复苏存在较大不确定性是目前经济向好的最大障碍。全市金融运行平稳，银行存款稳步增长，信贷增长低位运行，存款业务面临负债成本上升、同业竞争激烈、非银分流加剧等诸多挑战。贷款投放力度较缓，有效信贷需求不足、信贷风险突出等诸多因素制约贷款增长。

2016 年年末，攀枝花市有银行机构 246 个（含分支机构及营业网点）。其中人民银行分支机构 2 个，银行业监管机构 1 个，银行业金融机构 243 个。全市银行机构从业人员 3360 人。

年末，全市金融机构本外币各项存款余额 941.2 亿元，较年初增加 82.97 亿元，增幅 9.67%。非金融企业存款余额为 205.1 亿元，较年初减少 9.3 亿元，降幅 4.34%。个人存款余额为 518.23 亿元，较年初增加 54.59 亿元，增幅 11.77%。广义政府存款中，财政性存款本月余额为 23.77 亿元，较年初增加 2.65 亿元，增幅 12.53%。后阶段存款发展难度可能加大。主要原因有：企业效益增长减缓，存款增长资金来源基础薄弱；利率差异化定价日趋明显，但银行负债成本总体呈上升趋势；客户利率敏感度进一步提升，存款行际间竞争更加激烈；互联网金融、股市等非银体系对存款分流力度增强。

年末，攀枝花市本外币各项贷款余额 741.34 亿元，较年初新增 40.3 亿元，增长 5.75%。从贷款结构看，全市住户贷款余额为 70.47 亿元，较年初增加 2.72 亿元，增长 4.01%。非金融企业及机关团体贷款余额为 670.86 亿元，较年初增加 37.58 亿元，增长 5.93%。信贷主要投向为：采矿业占比 21%、制造业占比 22.6%、电力热力燃气供应 11.7%、批发零售 9.7%。在利润和风险考核加码的背景下，后阶段面临贷款投放难度加大。受经济下行和产业结构调整双重因素影响，实体经济有效信贷需求不足。在经济下行的同时产业结构调整步伐加快，企业尤其是部分传统产业经营困难，停产或半停产企业有所增加，缺乏具备投入产出效应的有效信贷需求。其中，存量信贷投放更多用于满足低效率产能过剩行业维持生产。在不良反弹压力加大背景下，部分银行加大利润和风险考核，进一步严格贷款行业限制并上收部分贷款审批权限。企业融资渠道拓宽，金融脱媒速度加快，对银行信贷资金依赖程度下降。

全市跨境外汇收支 3.47 亿美元，同比减少 0.83 亿美元，下降 19%（其中，外汇收入 1.85 亿美元，同比下降 25%；外汇支出 1.62 亿美元，下降 11%。外汇收支顺差 2360.35 万美元。其中：货物贸易流入 1.30 亿美元，服务贸易流入 612.05 万美元，资本项下流入 4337.03 万美元，个人外汇流入 601.37 万美元；货物贸易流出 5315.80 万美元，服务贸易流出 503.70 万美元，资本项下流出 8393.30 万美元，个人外汇流出 1949.78 万美元。个人结汇 1179.51 万美元，个人购汇 4165.49 万美元）。

严重产能过剩是经济转型首要障碍。以钢铁行业为例，表现在：钢材价格波动，挤压企业利润；订单数量下降，产销压力增加；快速扩能导致企业经营压力增加；企业负债过高导致资金周转能力差。钢铁、煤炭等产能过剩行业贷款居高不下，战略新兴产业、钒钛综合加工、特色机械制造、阳光康养等产业尚未形成规模效应，信贷投入力度小。

中国人民银行攀枝花市中心支行

【概 况】 中国人民银行攀枝花市中心支行(以下简称中心支行)内设处室16个,辖县支行1个,职工158人。其中中心支行机关136人(在职98人、退休38人),县支行22人(在职16人、退休6人)。大专以上111人(本科及以上100人),88人取得各类专业技术资格。其中:中级45人,初级38人。上挂成都分行学习锻炼6人次,下派县支行锻炼1人。

中心支行继续保持"省级卫生单位"和"市级文明标兵单位"称号,荣获"攀枝花市政务信息"先进集体、攀枝花市禁毒委员会通报表扬、《攀枝花年鉴(2016)》编撰工作先进单位称号、攀枝花市反洗钱先进集体。货币信贷管理科荣获成都分行"青年文明号"荣誉称号,人事科荣获2015—2016年度成都分行"女职工文明示范"称号,陈利英荣获2016年巾帼建攻标兵,李晟荣获2015年度成都分行优秀团干部称号、刁永康荣获2015年度成都分行优秀团员称号。

《个人账户分类管理工作取得积极进展四方面问题应予关注》《准备金平均考核政策实施效果良好存在三方面问题需要关注》《国际经合组织:使用财政杠杆跨越低收入陷阱》等专题报告被总行采用;《银行机构化解不良贷款的主要做法及面临的困难和问题》被总行专题调研采用;《供给侧结构性改革中对处置僵尸企业的探讨》被《西南金融》采用。

【贯彻执行稳健货币政策】 中心支行加强货币政策宣传解释,合理引导社会预期。通过专题汇报、按季召开信贷形势分析会、多次组织开展对国有银行和法人金融机构现场调研、举办融资对接会等多种方式,加强与地方党政、金融机构、企业和社会公众交流沟通,准确传达货币政策意图,引导社会各界正确认识金融宏观调控措施,保持合理融资增长预期。结合分行"金融知识宣传月",积极开展"进企入户"宣传活动,围绕利率市场化改革、直接债务融资业务和跨境人民币重点企业辅导,做好对辖内居民、企业融资工具运用和利率、跨境人民币政策宣传普及工作。

【推动宏观审慎评估体系(MPA)建设】 中心支行按照最新宏观审慎评估体系(MPA)要求,引导广义信贷合理增长。中心支行建立由"一把手"负责、分管副行长亲自抓的宏观审慎评估工作机制。货币信贷部门负责牵头开展数据搜集报送、测算、窗口指导、执行激励约束措施。根据分行下发的广义信贷监测表、广义信贷投向结构表等,以辖内法人金融机构为对象,按月全面监测,做好事前数据积累分析统计打分,发现苗头性问题及时预警并开展窗口指导,引导金融机构加强自我约束和自律管理。攀枝花辖区地方法人金融机构全年宏观审慎评估结果表现较好,无评级为C的地方法人金融机构。将合意贷款作为重要日常监测指标,主动收集地方法人金融机构信贷增长预测数,密切关注地方法人金融机构信贷增长情况,对偏离度过大的金融机构及时予以提示,引导信贷平稳增长。合意贷款调控均控制在测算范围内。

【法人金融机构流动性管理】 中心支行进一步完善常备借贷便利相关管理制度和操作流程,提高常备借贷便利操作效率,加强对地方法人金融机构流动性管理和货币市场利率监测分析,适时运用好常备借贷便利,发挥常备借贷便利利率作为利率走廊上限的作用。

【再贷款和再贴现管理】 中心支行充分发挥再贷款再贴现价格引导作用,有效引导金融机构降低涉农及小微企业融资成本。将支小再贷款发放与"小微企业金融服务提升工程"紧密结合起来,并加快推进信贷资产质押再贷款试点工作,扩大抵押品范围。2016年年末发放支小再贷款余额17亿元,支农再贷款余额3.3亿元,其中信贷资产质押再贷款余额1.3亿元。中心支行在全省率先建立金融机构再贴现业务现场评估制度和价格引导机制,发挥再贴现政策工具导向作用,推进"央行票据通"。累计办理再贴现12.77亿元,其中,电票办理6.5亿元,占比50.9%;办理小微企业票据8.33亿元,占比65.23%;定向支持"万家千亿"诚信小微企业28户、6.77亿元;支持政府"红名单"企业18户、7.96亿元。

【利率市场化改革】 中心支行加强利率管理,落实利率市场化改革各项措施。全面落实人民银行降息政策,引导辖内金融机构降低企业融资成本。严格按照《四川省市场利率定价自律机制规范不正当竞争行为指引》和四川省市场利率定价自律机制形成决议,建立贷款利率定价行为行业自律机制,充分发挥金融机构、自律机制和中央银行"三道防线"作用,加强对金融机构的激励约束,维护公平的市场定价秩序,有效防范金融风险。推动地方法人机构不断完善市场化利率定价机制。根据自身经营策略等情况,科学合理确定存贷款利率定价策略,实现差异化、精细化定价。引导金融机构合理运用自主定价权,进一步健全科学定价机制,自觉维护良好市场竞争秩序。加强利率日常监测分析,推动利率市场化进程,维护辖区利率定价秩序。通过金融帮扶,全市"红名单"企业融资总规模达417亿元,融资成本较社会平均融资成本低0.8个百分点,节约贷款利息约

3.3亿元。完成两家地方法人金融机构合格审慎评估年检工作。加强对评估结果的运用，将评估结果作为金融机构宏观审慎评估、存款保险风险评级、金融创新业务开展等重要依据。

【金融服务“三农”】 中心支行与政府相关部门积极探索、推动农村产权制度改革，不断创新农村金融产品和服务，努力构建多元金融风险分担机制，在破解新型农业经营主体“融资难”方面取得成效。继续推动米易县农村产权金融服务试点工作。在农村产权确权基础上，拓宽试点范围和对象，引导金融机构深入开展金融产品和服务创新，制定工作措施和配套实施意见，完善信贷管理制度，研发推广地方特色贷款产品。全年实现农村土地承包经营权贷款零突破，米易县发放农村土地承包经营权贷款99万元。

【金融助推脱贫攻坚】 中心支行创新扶贫金融产品和服务方式。积极组织推动金融扶贫工作，牵头出台《攀枝花市金融助推脱贫攻坚的实施意见》，推动小额农户信用贷款和异地扶贫搬迁贷款发放。按照四川省分解下达的2016年易地扶贫搬迁贴息贷款规模，省国农公司向农发行四川省分行贷款4449.9万元用于攀枝花市仁和区、盐边县、米易县异地扶贫搬迁。落实全市金融扶贫实施措施，明确金融扶贫对口帮扶责任，将全市70个贫困村分配给5家涉农金融机构，进行对口帮扶。11月，中心支行会同市扶贫移民局成立督导组，先后赴仁和区、米易县和盐边县开展扶贫小额信贷专题督导工作。及时了解各县(区)扶贫小额信贷推进情况，掌握县(区)对贫困户评级、产业发展规划、风险补偿基金建立、贷款财政贴息等工作情况，并对涉农金融机构与各县(区)、乡(镇)政府部门就扶贫小额信贷工作推进中存在的问题进行现场指导。截至年末，辖内相关银行业与仁和区、米易县、盐边县等县区地方政府均建立扶贫贷款风险补偿机制，成立风险基金2800万元；全市共发放“免担保、免抵押”扶贫小额信贷款1462户，贷款余额4775万元，加权平均利率为4.99%；发放建档立卡贫困户农房重建贷款883户4618万元；发放贫困户住房功能改造贷款201户182万元。

【推进“中小微企业金融服务提升工程”】 中心支行全面推进“中小微企业金融服务提升工程”。从组织架构、考核机制和贷款管理等方面采取针对性措施，创新产品和服务，拓展抵(质)押担保物范围，提高贷款审批和发放效率，改善和提升小微企业金融服务水平。与市经信委联合印发《关于进一步建立健全小微企业融资对接机制的通知》，进一步强化小微企业融资对接机制和平台建设，畅通银企信息沟通共享渠道，推动小微企业融资对接实现制度化、规范化和高效化。截至年末，全市小微企业贷款(含贴现)余额199.94亿元，较年初增长13.57%，高于全市贷款增速7.82个百分点。

【建立沟通协调机制】 中心支行以金融生态环境建设为抓手，推动新常态下金融与实体经济良性互动。建立信贷需求常态化共享机制、政策支持机制、贷款贴息机制、风险补偿机制，重点企业金融风险监测机制，提高金融财政资源配置效率，依法维护金融债权，加快推进信用体系建设。推动攀枝花市政府出台《攀枝花市促进经济稳定增长和提质增效推进供给侧结构性改革实施方案》《攀枝花市财银联动专项资金管理办法》《攀枝花市财政金融互动奖补资金管理办法》等系列文件，为金融政策精准落地创造有利环境；编撰并印发《攀枝花市融资手册》，向企业宣传推介，提升企业对金融产品认知度和应用能力，缓解银企信息不对称问题；牵头构建攀枝花市企业信用信息服务网，促进银企融资常态、高效对接；联合市政府、市法院共同召开攀枝花市金融系统债权维护联席会议。各部门通力配合、各司其职，提高金融债权涉诉案件审理和执行效率，发挥法院系统在金融支持经济发展中司法护航作用。

【加强区域政策研究与落实】 中心支行重点加强金融支持攀西战略资源开发试验区政策措施研究，制定出台政策指导意见，研究建立跨区域政策协调联动机制。配合市政府有关部门制定重点项目投融资名录，向金融机构进行精准推介。其中重点项目投融资名录包含全市“十三五”重点项目132个、重点工业融资项目36个、农业产业化投资项目14个，项目投资规模达1885.66亿元，融资需求达754.26亿元。推动人行成都分行与攀枝花市委、市政府联合举办攀西战略资源创新开发试验区攀枝花市金融支持暨银政企对接会议，对接活动有11家省级金融单位参与现场对接。会议现场有5家省级银行机构和南充市商业银行与攀枝花市政府签订《“十三五”战略合作协议》。全市63户企业代表与相关金融机构进行现场对接，有23户企业与10家银行机构现场签订项目授信协议，授信金额达179.08亿元。截至年末，与项目方签订的合同按项目进度累计发放贷款61.39亿元，资金到位率34.28%。

【落实差别化住房信贷政策】 中心支行做好住房金融支持工作。贯彻差别化住房信贷政策，落实好市场自律相关机制，支持居民首套和改善型住房消费，支持农民工市民化，支持发展住房租赁市场，扩大有效需求，消化库存，稳定房地产市场。配合分行完成房地产贷款资产质量、区域集中度、机构稳健性监测、分析和评估，促进辖内金融机构住房金融业务稳健运行和房地产市场平稳健康发展。加强窗口指导，配合市政府出台《攀枝花市人民政府关于推进危旧房棚户区改造和促进房地产业稳定健康发展的暂行意见》和《攀枝花市人民政府关于推进危旧房棚户区改造和促进房地产业稳定健康发展的暂行意见》,引导金融机构改善金融服务、合理定价,满足居民购买首套自住房信贷需求。引导加大保障性安居工程和棚户区改造等金融支持,加强对开发银行棚改专项资金使用监测和管理,提高金融服务棚改水平。配合市政府完成《2013—2017 年攀枝花市棚户区改造系统性融资规划》,国开行四川分行与攀枝花市累计签订棚改贷款合同 18.05 亿元。

【债券市场监督管理】 2016 年,中心支行加强银行间市场交易管理。强化银行间市场交易管理。加强日常监测力度,动态掌握辖内两家法人金融机构在银行间市场的交易、清算和结算情况,督促其依法合规开展业务。采取约见谈话等方式督促辖内法人机构规范债券交易行为、加强流动性管理,严防风险;加大现场检查力度,着力规范其交易行为。重点关注银行间市场成员在业务开展中存在问题和风险。针对银行间市场出现"钱荒"现象以及债券代持行为,及时向分行上报《从银行间债券市场交易主体行为特征透视债券市场规范发展思路》和《对清理规范债券代持业务的思考》,对分行相关决策起到重要参考作用。稳步推进金融债券发行及后续管理工作。指导攀枝花市商业银行筹备 15 亿元"三农"金融债发行。持续开展对攀枝花市商业银行 20 亿元小微金融债和 10 亿元二级资本债后续管理工作。向分行上报《二级资本债券发行现状及存在问题的思考》。

【黄金市场监督管理】 中心支行开展为期 1 个月的"黄金市场投资者教育"主题宣传活动,共组织金融机构到辖内米易县城、红格镇等地开展 6 次"送黄金市场知识进广场"活动和 4 次"送黄金市场知识进社区"专题宣传讲座。通过到广场进社区"面对面""一对一"、流动宣传服务等形式,进一步贴近民众的生活,使公众了解黄金投资基本知识,辨别非法黄金交易常见形式,增强自我保护和风险防范能力,自觉远离非法黄金交易活动。

【直接债务融资】 2016 年,中心支行加大培训与宣传,强化银企对接。深入推动实施"四川重点企业直接债务融资增长计划",加强对重点优质企业直接债务融资知识宣传与培训。推动市政府出台《攀枝花市鼓励企业直接融资补助办法》。先后开展 2 期银行间市场直接债务融资培训与对接会,培训并对接企业 149 户(次)。引导提升重点企业对银行间直接债务融资优势的认识,增强其利用银行间市场进行融资的积极性。进一步完善重点企业培育机制,引导和支持企业直接债务融资工具发行。在分行指导下,结合市政府相关部门和承销机构推荐,筛选建立直接债务融资重点后备企业库。针对重点后备企业,协同有关部门加以重点培育,强化银企对接,支持、引导直接债务融资工具发行。全市 20 户企业在成都(川藏)股权交易中心挂牌,卓越钒业、东立科技、秉扬科技 3 户企业"新三板"上市。

【跨境人民币业务发展】 全市跨境人民币业务量办理 9772 万元。强化政策宣传培训。及时召开全市跨境人民币业务工作推进会,向全市金融机构传达成都分行跨境人民币业务会议精神,并结合实际安排部署相关工作。定期组织跨境人民币业务经办银行和企业开展经验交流,加大政策宣传,排除业务办理障碍。进一步完善重点企业辅导机制。加强与辖内商务、海关及税务等部门协调联动,提前掌握全辖外贸、投资相关信息,将进出口规模增幅较大企业纳入金融重点支持名单。组成由分管行长带队的跨境人民币业务工作小组,对跨境结算银行和企业开展实地走访调研,上门指导工作、帮助解决业务开展中的实际困难。截至年末,累计完成重点企业辅导服务 15 户,完成率 100%,重点企业业务量占比达 99.74%。加强部门沟通与协调,提高业务办理效率。坚持便利企业原则,协调商务、海关、税务等部门建立跨境人民币业务定期联席会议制度,针对跨境人民币业务推进中出现的困难和问题,及时进行协商解决。重点关注鞍钢国贸攀枝花有限公司,帮助发挥国有企业优势,努力扩大攀钢出口拳头产品钢轨的国际市场份额,提升其跨境人民币业务办理规模。拓展资本项下业务,扩大人民币跨境使用范围。鼓励和引导金融机构积极创新,探索跨境人民币贸易融资产品运用途径,帮助和支持符合条件的外商投资企业,向境外股东、集团内关联企业和境外金融机构借款,利用境外人民币市场,拓宽融资渠道,降低融资成本。加强监测分析,向分行报送《人民币国际化背景下跨境资金流动本外币协同监管框架研究》等调研文章。积极开展与重点涉外企业的对接辅导,引导企业在对外贸易与投资中使用人民币结算,促进跨境人民币业务结算量稳步增长。抽调人力配合分行开展对四川省金融机构跨境人民币业务现场检查。

【开展重点课题研究】 中心支行在做好动态监测信息和调研报送工作基础上,围绕实体经济运行,以及与实体经济密切相关的金融业运营情况,深入了解当期经济运行状况,并结合经济金融统计数据,加强对经济形势分析研判。全年共完成各类信息调研 56 篇。撰写的《"债务—通缩效应"苗头对四川的影响应予关注》被总行《金融研究报告》采用,并获副省长批示。4 篇调研课题被《货币信贷政策执行情况》《货币信贷政策执行情况快报》采用,8 篇信息和调研课题被分行门户网站采用。12 篇信息和调研课题被市委、市政府《攀政快讯》《攀政快讯特刊》采用。撰写的《区域财政金融协调配合的路径选择》和《当前攀枝花市扶贫小额信贷工作推动情况、存在问题及建议》均以攀枝花金融工作专报形式报送市委、市政府并得到政府相关领导肯定。

【推进外汇业务监测分析】 中心支局强化数据交叉比对，“控流出”监测不留死角。在大额购付汇监测工作中，发挥岗位交叉、信息共享、沟通便利等优势，将发现问题“连点成线”开展综合分析，“串线成面”锁定监测重点，发现1起辖内企业通过省外银行办理“内保外贷提前履约，对外付汇4.93亿元人民币”的典型案例。开展深入调研，形成《汇率波动下人民币担保履约风险有待关注》调研报告为总局提供决策参考。做好专项检查，拓展监测视角。根据“流出项下外汇业务专项检查”要求，对辖内企业贸易融资情况开展检查，摸清企业套利模式，上报《银行代客境外结汇实现本外币套利现象值得关注》，为上级部门完善涉外资金管理，防范资金异常流动，提供数据支撑。细化措施，强化货物贸易缺口管理。按周开展大额购付汇及出口回款情况监测，逐笔核实付汇资金来源、用途，督促企业及时收款，指导企业把控用汇节奏，有效控制辖区外汇收支和结售汇平衡。共开展大额购付汇监测14笔，约谈企业2家，督促2家企业及时收汇1654万美元。辖内货物进出口差额与跨境收支差额缺口由8月底流出268万美元转为流入1335.6万美元。

【提升外汇监管效果】 中心支局坚持“两个到位”，确保一线人员应知应会。1月起启用新的个人外汇业务监测系统，个人外汇监测方式发生较大变化，创新辅导模式，建立“培训—发现问题—总结—再培训”的循环递进培训方式，实现以宣传培训到位促进银行执行落实到位，确保银行全面把握和准确执行。强化跟进辅导，规范数据报送。及时印发《个人外汇业务监测系统常见问题解答》，指导、帮助银行解决业务操作中具体问题；加强银行数据质量跟踪监测，发现存疑数据和报送易错环节，及时辅导纠偏，规范银行业务操作，严格落实个人外汇管理政策执行。同时作为分局个人主体分类远程核查工作小组成员，参与分局季度个人分类管理工作，完成300个交易组分类筛查，不断积累经验，快速提升业务技能。

【提升外汇服务水平】 中心支局始终围绕“权利·责任·风险”主题，结合辖区实际，区分不同受众，开展形式多样的外汇知识普及和宣传培训。进一步丰富大众金融外汇知识，增强消费者守规办理外汇业务意识和风险防范意识。利用银行点多、面广、受众针对性强的特点，编制个人外汇业务和国际收支申报“一问一答”，放置银行网点供客户取用。开启“微信+服务”模式，搭建互动交流新平台。在原攀枝花外汇管理QQ群基础上，开通攀枝花外汇微信群，以“两学一做——贴近需求，服务涉外经济”为主题，提供业务在线“即问即答”，宣传外汇管理政策法规、传播“诚信兴商守法经营”理念。提供业务解答近60条，开展《“全国版”外债资金意愿结汇政策释疑》《个人境外购买保险业务解答》《褒扬诚信、惩戒失信》等各类外汇业务宣传8期。深受银行一线人员喜爱。贴近企业需求，与海关、检验检疫、商粮等5个部门联合组织开展对外贸易综合知识培训，帮助企业增强汇率波动风险自控能力。开展“外汇金融知识普及月”“外汇知识进乡村、进社区”宣传，针对个人开展通过电子渠道办理结售汇业务、小额购物的基本流程及风险提示宣传；针对小微企业开展外汇诚信合规宣传，推动外汇知识普及常态化和规范化，提升消费者外汇知识素养和风险意识，共建健康有序的外汇市场环境。

【维护涉外经营秩序】 中心支局厘清职责，规范监管职能发挥。核查、检查作为外汇管理的重要手段，同属基层局的工作范畴。努力克服基层局人员身兼两职、容易弱化现场核查的难题，进一步厘清核查检查职责，明确“核查重业务规范，检查重违规查处”的责任目标，有效发挥检查、核查在外汇管理中的同等作用。以核查促新业务规范。将新政执行情况作为每年核查重要内容，通过非现场和现场核查，全面掌握银行新政策执行情况，及时纠正，规范辖内外汇市场有序运行。开展银行个人分拆业务监测反馈信息准确性和《通过银行进行国际收支统计申报业务指引（2016版）》执行情况等为主要内容的核查。完成国际收支非现场核查1233笔，金额1.88亿美元，督促银行整改11笔；服务贸易核查144笔。对建行、农行和邮储3家外汇指定银行开展现场核查。对发现的国际收支、个人外汇管理新政执行不到位问题进行现场指导培训和规范，有效发挥核查在外汇日常管理中的作用。首次开展对辖内法人银行的国际收支直接申报核查。对发现的银行非居民人民币存款数据报送偏离度高，完整性、准确性差的问题，进行约谈辅导，规范数据报送。以检查促外汇政策执行力提升。开展建行、农行和邮储3家银行执行外汇管理规定情况检查。对农行攀枝花分行违规办理个人外币现钞业务的行为，给予2万元行政处罚，促进银行有效履行审查义务，维护外汇市场正常秩序。强管理确保考核客观公正。完善考核台账管理，积极开展新版银行执行外汇管理规定情况考核系统的测试和上线，完成对2016年辖内6家银行执行外汇管理规定的考核评级，其中：A类银行1家（占比17%），B+类银行1家（占比17%），B类银行1家（占比17%），B-类银行2家（占比32%），C类银行1家（占比17%）。

【保证现金供应】 中心支行按照上级行“以需定调、以需定投”以及“以调待查”的现金管理制度要求，全年共执行调拨命令29笔，其中调入15笔，金额为268191万元，调出14笔，金额为191893万元，保证辖内现金的有效供应。继续加强小面额人民币供应长效机制建设，要求银行机构落实小面额备付金要求，加大小钞投放力度，投放10元以下小面额人民币10037万元，满足市场小钞流通需求。

【落实人民币净化工程】 中心支行积极推动人民币净化工程建设。要求各银行机构加强对全额清分工作管理，加大现金清分工作推进力度和清分设备的配置，进一步提升流通人民币整洁度。对辖内9家银行机构22个网点组织开展人民币收付、假币收缴鉴定暨人民币净化工程工作专项检查，加强现金收付质量管理，不断提高柜台和自助设备付出现金质量。落实冠字号码查询标志张贴工作，贴标率达100%，提升公众知晓程度，发挥冠字号码记录工作在处理涉假纠纷中的作用。按照成都分行要求逐步推行清分钱捆统一面向管理，自9月1日起，实现10元以上回笼完整券和残损券统一面向交存。提升钞票处理信息化管理水平，规范钱捆封装，自10月1日起，交存发行库的回笼券钱捆统一采用具备防揭功能的决干胶封签。推进硬币循环体系建设，组织辖内银行机构做好纸硬币自助兑换设备选点布放工作，打通硬币循环渠道，改善硬币流通环境，全市有4家金融机构配备硬币自助兑换机、1家金融机构配备硬币清分机，实现硬币循环和机器清分零的突破。加大对银行机构清分中心检查和指导工作力度，对缴存发行库现金进行开袋抽查，不符标准予以退回，促进银行机构清分质量提高。加大残损人民币回收工作力度，回收人民币损伤券180067万元。

【人民币反假】 中心支行加强人民币反假工作，通过深入乡镇基层利用“3·15”消费者权益保护日、金融知识宣传月、警银合作宣传活动等平台，全年共开展“人民币反假宣传”活动7场次，发放宣传资料3万余份，收缴假币6091张，金额43.95万元，假美元5张，金额500美元，坚决压缩假币使用空间。充分利用银行机构反假货币联席会议制度平台，发挥好商业银行，特别是法人机构在反假货币工作中的作用。要求银行机构开展员工反假培训，利用全面完成冠字号码记录和贴标工作的有利时机，不断提升机具质量，加强柜台堵截，严防假币流进流出银行。以贯彻《银行业金融机构反假货币工作指引》为契机，强化银行业金融机构反假货币工作。做好新颁布的反假人民币奖励办法的宣传执行工作，继续开展2015版人民币宣传和培训工作。协助第三方培训公司做好2016年后续人员“反假货币培训考试”考务工作。要求银行机构在各网点常年摆放人民币反假宣传资料，利用电子显示屏显示相关知识，采取在业务量大的网点摆放自助宣传设备，设立反假宣传工作站等方式，提升反假货币宣传工作影响力。

【加强信用体系建设】 中心支行深化小微企业、农村信用体系建设。推进攀枝花市“阳光金融”信用信息服务中心建设。推动攀枝花市金融学会发起建立民办非企业的服务中心，完善以中心作为攀枝花市小微企业和农村信用体系建设平台形式，加快完成中心登记、制度建设和运营。建成攀枝花金融服务网并开展试运行。在征求中心支行相关职能部门及政府相关部门、金融机构意见基础上，制定服务网建设方案。11月末，服务网完成初期开发，并进入测试阶段。对“红名单”企业和“小微企业金融服务提升工程”培育企业进行动态管理。制定采集信息制度，监测重点企业融资支持情况、风险暴露及重大违法违规情况；创建守信“红名单企业”，根据企业发展情况和全市经济形势变化，定期调整、发布“红名单”，形成“红名单”动态管理机制。截至年末，评选出“红名单”企业数增加至76户；“小微企业金融服务提升工程”培育诚信企业400户，诚信企业贷款余额为115.09亿元。推动企业环保信息入库工作。与市环保局深化合作，以中小微信用信息数据库为基础，以金融信贷资源配置为手段，参与市政府网格化环保监管体系建设，使企业环保信息与金融资源有效对接，建立环保失信信息共享和共同惩戒机制。推动全市“银税互动”工作全面实施。出台攀枝花市“银税互动”实施方案，明确各单位、各部门分工。建立起“银税互动”市级联席会议制度，互通工作进展。扎实开展宣传统计和督导工作，提升社会公众知晓度。稳步开展农村信用体系建设。推动米易县政府成立农村信用体系建设领导小组，先后印发《米易县农村信用体系试验区建设实施方案》《关于促进信用乡（镇）村户发展的意见》等文件，从制度上拟定农村经济主体信息采集和评价标准，根据“边用边采，以用促采”工作思路，实现对农村经济主体信贷和非信贷信息批量采集，使攀枝花农村信用信息数据库与其他单位数据库信息共享。截至年末，攀枝花市农村信用信息数据库为28464户农户建立信用档案，共评选出23467户信用农户、45个信用村和5个信用乡，10379户信用用户获得银行信贷支持，贷款余额达2.93亿元。开展宣传，扩大工作影响力。对村社干部开展“征信面对面”宣讲活动，在县域融资对接会、银农座谈会上专题汇报农村信用体系建设情况，争取政府、金融机构、农村经济组织、农户各类主体对信用体系建设的理解和支持，并动员其积极投入农村信用体系建设。

【应收账款融资服务平台注册运用】 中心支行推动应收账款融资服务平台注册运用。制定应收账款融资服务平台推广运用方案，理清思路，细化任务。明确辖内金融机构注册开通用户、账款笔数、成交笔数、成交金额目标任务，建立工作台账。向地方政府专题汇报平台功能及推广意义,在全市金融工作会、经济金融形势分析会、银企对接会等多个场合向党政领导推介平台,深入调查辖内应收账款融资业务开展情况,引导金融机构积极运用平台应付账款履约信息、保理业务管理系统等新功能。中心支行联合市农工委、经信委、发改委、财政局、国资委、商粮局,7部门联合下发《攀枝花市应收账款融资甘泉行动计划的通知》,为平台在辖内的推广运用营造政策环境和制度保障。积极开展宣传培训,扩大平台知晓面。通过召开工作推进会、银企对接会、开展培训讲座、现场模拟演示、发送宣传资料等对县支行及银行机构相关人员开展培训。同时邀请成都分行征信管理处领导和中征公司专家现场指导市县经信委、银行机构及100余户企业应收账款融资平台推广应用工作,系统介绍平台建设背景、功能和运行成效,讲解存货和仓单融资服务平台情况,指出攀枝花市平台的应用方向。截至年末,攀枝花应收账款平台已开通40户资金提供方用户、98户企业用户,在平台上完成39笔共58.69亿元权益质押融资。2016年完成融资额同比增长113%,惠及13家企业和4家银行机构。平台对促进攀枝花供应链融资发挥积极作用。

【加强“ACS”制度执行】 中心支行完善“ACS”业务规范实施细则,重新修订内部控制管理、岗位职责及工作要求、要害岗位管理等15个制度。按照支付结算履职需求,进一步加大会计核算各岗位与支付结算管理、事后监督、账户开户许可等岗位之间整合力度。加强资金安全管理、强化对账监督。坚持与发行、开户单位每日前置对账,督促开展月度对账、电话对账,组织年终决算前上门对账等,并落实责任、换人确认。组织开展“ACS”业务手工应急演练,对发行基金支取及交存、紧急资金划拨、同城轧差净额清算等业务按照“ACS”业务连续性方案进行实际操作,提高业务人员对“ACS”业务突发事件应急处置能力。认真开展新业务培训,积极参加网络培训,抽调人员参加业务交叉检查,以查代训,加强兄弟行之间交流学习,向分行反馈、分享中心支行“ACS”业务处理经验等。

【强化对金融机构评估力度】 中心支行强化评估工作力度,拓展评估工作领域。率先探索开展银行信贷资产质量真实性现场评估,为上级行提供现场评估样本。一季度完成对攀枝花市商业银行信贷资产质量真实性现场评估工作。撰写的《地方法人商业银行隐匿信贷资产质量真实性不容忽视——以攀枝花市商业银行为例》专题报告得到总、分行领导的关注和重视;参与总行评估工作方案的制订,提出修改意见,为总行《银行业机构信贷资产质量真实性现场评估手册1.0版》提供典型案例样本参考。有关评估方法和经验向全省金融稳定业务骨干进行培训交流,为全省评估工作顺利推进起到示范引导作用。牵头完成省级机构现场评估和地方法人机构同业业务督查,提升现场评估督查价值。对农发行四川省分行信贷资产真实性与不良资产处置合规性专项现场评估工作。评估期间撰写《从农发行贷款情况看四川省农业产业化龙头企业发展之困境》《农发行展期问题值得关注》《农发行粮食财务挂账情况说明》《农发行关注类贷款存在的问题》等多篇专题信息上报分行。完成对攀枝花市商行同业业务督查。在抽查业务资料和现场查看金融市场部运行管理状况过程中,掌握包括同业业务监管套利、同业账户管理、内部审计滞后等问题,厘清地方法人机构同业业务现行架构以及金融市场部、财富中心等异地部门操作模式和决策框架。探索保险业现场评估和协作监管机制新模式,不断拓展监管领域。首次联合保险业协会,对攀枝花平安人寿开展现场评估工作。通过对公司治理、内控建设、风险管控和执行人民银行政策有效性等方面的评估,发现涉及内控管理薄弱、银保渠道退保现象突出等问题,及时进行风险提示并提出整改建议。充分调动保险协会在保险业领域金融稳定作用,探索保险业监测评估新手段和促进建立协作监管良性互动机制。

【推进存款保险】 中心支行认真推进存款保险工作。梳理存款保费数据口径,确保缴费基数统计质量。要求法人机构根据人民银行统计制度、投保机构存款归属口径、会计科目设置、客户资料信息以及客户归属等,认真分解各项存款指标统计口径,确保追溯细分到每一存款客户和基础数据准确。开展存款保险舆情监测以及法人金融机构流动性监测。结合辖内两家投保机构经营现状和风险情况,通过专项监测分析、核查监测系统,及时调整和校正误差数据,为保证基数准确性提供重要支撑,确保存保制度顺利实施。认真开展法人银行业机构首次风险评级和保费测算工作。按照评级工作要求,克服时间紧、人员少等困难,组织人员进行业务培训并组成风险评级审核工作小组,对攀枝花市商业银行、攀枝花农村商业银行开展存款保险风险评级工作。通过非现场监测和现场评估相结合方式,对两家投保机构基础数据及《地方法人投保机构存款保险评级打分卡》相关指标进行逐一说明、审核,确保真实反映两家法人机构整体风险水平。结合总、分行反馈的辖内法人银行存款保险评级结果,按照“不披露、不索要”的保密原则,通过《保费交纳通知书》进行“一对一”差别费率反馈,9月底顺利完成投保手续办理工作,按时足额划转2016年1—6月保费471.79万元。

【银行业机构综合评价和开业管理】 中心支行顺利完成2015年度综合评价工作。辖区10家金融机构均评为“B等”,对银行进行一对一通报并提出存在的问题及整改要求，进一步加强评价标准的准确性、客观性和公正性。将得分最低的农业银行攀枝花分行列为2016年综合执法对象。优化开业管理工作流程，加强前期辅导，将材料审查、业务测试及现场核验三线同步运行，提高开业管理综合效能。年内完成对南充商业银行炳草岗支行、攀枝花农商行滨江路分理处及东风分理处开业管理和攀枝花农商行总部、南充商业银行攀枝花分行搬迁备案工作。

【重大事项报告和风险处置工作】 中心支行继续加强重大事项报告和风险处置工作。强化重大事项报告制度落实情况工作督促。利用季度形势分析会强调重大事项报告重要性，对日常未按要求及时上报的银行机构通过电话质询并责令整改，增强工作严肃性。全年收到并向分行报送各类重大事项专报13期。对收到的重大事项进行调查了解和后续处置。对涉企重大事项开展全面调查，积极参与债委会讨论和银企工作协调，及时撰写情况汇报，其中《攀枝花钢城集团有限公司高管人员协助调查》和《关于建行攀枝花分行信贷纠纷的情况反映》等专报引起分行关注。借助专门会议、参阅件、专题报告等多种方式向地方党政领导汇报区域金融稳定形势和重点风险隐患，推动地方政府协调各方，采取有力措施处置和化解具有典型性和重要影响的风险事件。

【反洗钱工作】 中心支行全面提升反洗钱履职水平。强化反洗钱机制建设和政策传导。深化反洗钱协作机制建设，提高信息共享及利用价值。组织召开反洗钱重点成员单位座谈会，分别与国安、公安禁毒支队、反恐支队等单位座谈，增强反恐、反分裂、禁毒等工作协调配合，建立快速反应机制、实现情报互通，在推动地区洗钱案例判决等方面达成深化合作共识。不定期召开银警协作联席会议，建立警银协作和互训长效机制，与攀枝花市公安局联合印发《攀枝花市金融情报与案件协查合作办法》，强化金融情报与案件协查工作协作与配合，建立规范化、常态化合作机制，提高信息共享及利用价值，严厉打击洗钱、毒品、恐怖融资、银行卡、逃汇、套汇、非法结售汇、非法集资、地下钱庄、通信网络诈骗等犯罪活动，维护辖区金融秩序和社会稳定。加强政策传导和工作部署，明确反洗钱工作目标和任务。及时组织召开市、县级反洗钱监管工作会议，传达贯彻总、分行反洗钱工作会议精神，分析当前反洗钱形势，明确反洗钱工作重点，提出反洗钱工作要求。定期专题向市政府汇报全市反洗钱工作开展情况，争取地方政府支持以推动反洗钱工作上台阶。督导反洗钱义务主体完善体制机制，提高制度实效性和可操作性。采取措施推动地方法人机构反洗钱监测中心建设工作，中心支行3次到现场指导和推动中心建设工作，明确中心建设时间表和工作要求。2家地方法人机构监测中心建设进展顺利。督导辖内机构建立健全反洗钱组织机构和内控制度，将反洗钱内控制度建设常态化并及时报备。全年共报备各类制度和文件50余份，有效提高机构反洗钱制度实效性和可操作性。深入推进禁毒反洗钱金融情报工程建设，金融情报成效持续显现。不断优化涉毒资金监测指标和模型，持续对涉毒重点嫌疑人和账户进行监测，指导金融机构按月报送涉毒资金交易数据，根据报送数据，进行分析、甄别、研判，形成涉毒线索移送公安禁毒部门，全年向禁毒部门移送监测情报12批次，移送涉毒重点可疑交易报告9份，专案协查12次，生成重要涉毒情报产品17份，立案侦查10起重特大涉毒刑事案件。协助公安禁毒部门成功破获重特大毒品案件8起，抓获犯罪嫌疑人29名，缴获毒品35.61公斤，扣押涉毒资产折合40余万元。在成都分行指导下，成功开发"禁毒反洗钱信息管理系统"，利用系统对禁毒反洗钱监测数据进行统一管理，提高数据统计、分析准确性，增强线索情报价值，强化情报数据保密工作，推动禁毒反洗钱金融情报工程建设。银警协作进一步深化，实现情报交流与共享。相关金融机构对2015年公安部门提供的9名重点涉毒人员进行重点监测，并取得切实效果，协助公安机关破获2015年"11・16"、2016年"4・18"等一批重大涉毒案件。及时以反洗钱要情专报、反洗钱动态（综合）信息等方式向分行汇报禁毒反洗钱工作进展情况，共向上级行和相关部门报送禁毒反洗钱要情专报3期、禁毒反洗钱动态（综合）信息13篇。自开展"四川省禁毒反洗钱金融情报工程"以来，中心支行认真总结分析本地毒品犯罪规律和特征，积极督促金融机构开展资金监测，发现、移送并协助公安机关破获"5・13系列毒品案件"，先后被省、市禁毒委评为"先进集体"。

【可疑交易报告管理】 中心支行严格重点可疑交易报告管理，提高洗钱类型分析和案件协查质量。严格重点可疑交易报告处理程序，加强可疑报告质量审核把关，提高可疑交易报告质量，全年共接收重点可疑交易报告11份，按要求向分行报告的同时向公安局禁毒支队移送9份，向公安局经侦支队移送2份。加大非法集资资金监测力度，及时将非法集资案件线索移交经侦支队，并协助破获非法集资案件1起，抓获犯罪嫌疑人5人，涉案金额5300万元，受害人300余人。加强对重点可疑交易监测和风险提示工作，及时转发各类风险提示防范洗钱风险，做好辖内洗钱风险预警工作，指导、督促反洗钱义务主体加强风险控制。编发风险提示1份，转发风险提示7份。积极开展洗钱类型分析，结合重点可疑交易报告和相关案件对地区洗钱类型进行分析，认真总结本地区洗钱活动规律，努力提升洗钱类型分析水平，报送洗钱类型分析2期。严格依法开展反洗钱调查，配合查处洗钱犯罪活动，认真做好协查、线索移交、情况通报、结果反馈等工作，成功协助分行行政调查2起，协助公安机关调查案件12次。

【金融IC卡应用】 中心支行推进金融IC卡发行。继续提高金融IC卡的占比。推动当地金融机构积极推广发行金融IC卡。截至年末，全市银行卡累计发卡483万张，其中金融IC卡214万张，占比44%；金融IC卡线下消费占比明显提升。加强非接受理渠道建设。截至年末，非接终端比例达97%；完成71%终端的流程优化。积极拓展行业应用。中心支行先后多次与市人社局、卫计委、旅游局、市民卡公司等部门商讨金融IC卡多应用工作，促成成都银协金融服务有限公司与攀枝花市民卡有限公司签署《四川省金融IC卡暨移动金融基础服务平台与攀枝花市民卡应用分发平台合作备忘录》。督促各金融机构开展金融IC卡多应用工作，攀枝花农商行拓展的盐边公交年底前实现以POS方式接入省平台。攀枝花金融IC卡已拓展至1个校园、2个食堂、4个小区。

【切实保障国库资金安全】 中心支行持续夯实会计核算基础。修订完善内控制度，结合辖内实际，中心支库重新修订《攀枝花市中心支库TBS作为TCBS应急备用系统业务处理流程》和《米易县支行国库业务考核框架》，同时，根据分库工作安排，对岗位职责中有关国库内部往来专用凭证管理、支付系统密押卡和密钥卡、应急备用系统、国库会计分析等相关职责内容进行修订或补充。严格日常操作，加强风险管理。构建操作人员、会计主管、事后监督的日常业务防控和部门负责人、分管领导定期检查防控相结合的风险防控体系。加强系统业务管理。中心支库通过采取举办县区支库国库业务培训班、对县区支库国库业务进行检查、下发18期国库业务通知、要求代理支库管辖行按季上报代理工作情况、重点工作指定专人进行业务指导等一系列工作措施来加强系统业务管理。通过加强管理，促进辖内各层级人员业务能力有效提升。深入推进国库会计分析。为提升国库会计分析质量，中心支库指派专人指导县区支库准确、及时完成国库会计分析报表日常工作。组织人员学习和分析先进中支国库会计分析报告的报告结构、分析重点、分析思路，努力提高国库会计核算水平和监督水平。按时完成国库会计分析系统上线工作。认真撰写会计分析报告，完成3期会计分析报告的上报工作。强化国库事后监督。加强事后监督系统培训，确保中支和米易县支库事后监督系统按时上线。结合分库日常工作要求和中支监督工作发现问题，中心支库采用电话提醒等方式，强化对米易县支库事后监督工作管理。加强事后监督主管对事后监督工作检查，督促监督人员认真履行监督职责。强化事后监督人员培训，2016年中心支库有3名熟练监督业务人员，保障了事后监督力量。加强国库业务系统运维管理。配合科技部门按时完成“TBS”、“TCBS”系统升级及中支核心系统改造，与兄弟中支、科技部门完成地区应急演练，安装“ACS”作为“TCBS”应急备用系统，通过总库和分库组织的国库应急演练。

【国库业务创新】 中心支库积极推动国库业务创新。深化国库单一账户制度改革，在国库部门开立财政专户。为推动市财政在单位开立财政专户，中支“一把手”、分管领导多次与市财政部门协商并达成一致意见，相关职能部门就账户开立、核算内容、资料交接、账户对账等具体细节进行协商。经过努力，市财政局在国库部门开立“攀枝花市财政局（非税收入）专户”，用于核算驾驶许可考试费，现入库200万元。通过在国库开设非税收入财政专户，有利于规范和加强财政专户管理，有效减少财政资金流转环节，对提升财政资金使用效率具有积极作用。发挥国库监督职能作用，将残保金纳入直缴入库范围。组织市财政局、市地税局召开全辖残保金直缴入库讨论会，多次进行摸底调查，了解非税收入收缴现状及特点。进一步落实工作职责，认真分析工作中存在问题，提出工作措施并逐一分解落实工作目标任务。做好市本级参数维护相关工作，指导各县区支库维护好相关参数。创新国库服务水平，拓宽国库业务电子化覆盖面。为拓宽办税渠道，减轻税务部门和商业银行工作压力，中心支库组织召开“自助终端缴税”工作推进讨论会，明确工作目标，落实责任，建立税库银合作机制。指派专人深入纳税大厅及银行网点，现场指导纳税人完成申报、银行端自助缴税测试工作。截至年末，市工行在辖内22个网点均部署自助多媒体终端机，全辖通过工行自助回单打印机缴税2笔，金额2561.94元。

【内控机制建设】 中心支行扎实推进内控机制建设。加大内控宣传力度，把强化内控与基层央行建设紧密结合，增强职工参与内控工作积极性和主动性。认真部署，组织开展“制度建设及风险评估月”活动，有力地推进中心支行及县支行内控机制长效建设，为进一步防范风险，强化审计监督的重点打下基础。分解任务，落实责任，强化制度执行。通过层层签订工作目标责任书的形式，明确内控管理责任，将内控工作落实到日常业务和管理，融入岗位履职中。重视并加强要害岗位人员管理。中心支行通过谈话、休假、轮岗、学习培训等方式加强要害岗位人员管理，促使要害岗位人员熟悉本岗位业务操作，严格执行各项规章制度，增强本岗位风险控制要点识别能力，知晓风险控制应对措施，筑牢内控体系基础。深入推进内审风险评估工作。按照成都分行内审处工作安排，推进内审风险评估工作。一方面，以成都分行2016年关注的风险点和审计项目安排的侧重为主线，结合中心支行风险重点防范领域，制定工作目标，确定2016年风险评估总体思路；另一方面，依照专门性职能和综合性职能分类，按操作风险、法律风险、声誉风险、信用风险加以区分，在做好本级风险评估工作同时，以业务条线和内审专业指导相结合方式，探索、指导县支行开展风险评估工作。

【金融宣传】 中心支行严格执行新闻宣传审批制度和相关纪律，确保新闻宣传工作规范有序开展。主动利用各种宣传载体，在集市、学校、广场等人流集中地方进行金融知识及金融法制宣传。截至年末，中心支行办公室共牵头开展大型宣传活动4次。认真做好媒体来访接待工作。积极配合中央电视台、新华社、21世纪经济报道等12家国家级媒体对中心支行禁毒反洗钱工作成效宣传报道，有效提升中心支行在本地区影响力，形成良好的社会舆论氛围。规范业务网门户网站管理，向分行门户网站推荐信息。被分行业务网门户网站采用信息8条。响应总、分行工作要求，做好舆情监测和引导工作。共开展舆情监测11周，不良舆情监测1次，网络不良舆论引导5次，提供四川金融舆情线索1期。

【干部队伍建设】 2016年，中心支行根据履职需要和岗位特点，做好机关正副科长调整配备工作，采取推荐考察方式适时开展正副科长选拔，2016年共提拔中层干部12名。选派干部到上级行交流借调6人次、到基层行锻炼1人次、到商业银行学习2人次，多渠道强化干部实践锻炼。统筹各部门业务发展、职责变化和人力资源配置情况，2016年干部职工部门轮岗9人次。对3名试用期满的行员按照个人申报、部门审批、组织考察、党委研究的程序，开展转正定级工作。按照分行统一部署，协助分行开展中支行员和聘用制人员的招聘录用工作，2016年中支新进行员3名。

【反恐和维稳工作】 中心支行认真贯彻落实《中华人民共和国反恐怖主义法》，建立健全反恐怖工作体系。加强与当地反恐部门沟通联系，健全应急响应和协同处置机制，强化重点目标安全防范措施，并结合中心支行重点目标及无库县支行特点建立反恐工作机制，研究制定反恐应急预案，开展金库防抢劫应急演练。认真落实社会治安综合治理责任制。进一步强化"一把手"社会治安综合治理主体责任，分级负责，一级抓一级，层层抓落实。加强与当地综治部门协调配合，建立协作机制、履行职责、形成合力，促进中心支行平安创建工作深入开展。加强安全生产工作。深入贯彻落实总、分行关于安全生产工作新部署、新要求，认真吸取2016年全国发生的多起重大安全事故教训，加强重点领域监管，严格落实有关安全管理措施，积极开展消防安全知识及应急疏散演练活动，为中心支行高效履职提供良好安全生产环境。开展定点包片禁毒督导工作。认真贯彻省、市关于禁毒成员单位定点包片区工作精神，把禁毒问题综合治理纳入单位总体工作规划，建立上下联动机制，成立由分管行长负责，保卫科为牵头部门的禁毒定点包片督导小组，建立对接督导工作机制，建立定期督导检查、绩效考核评估机制，推动当地毒品问题综合治理和禁毒严打整治深入开展，相关工作得到当地政府部门好评。开展节日安全教育工作。结合中心支行实际，开展敏感时期和重大节日安全检查及教育工作，创新制作安全保卫PPT宣传教育片，在辖内广泛开展形象生动的安全教育活动。

（高永杰）

攀枝花银监分局

【概　况】 攀枝花银监分局（以下简称分局）内设8个科室，职工48人（在职39人、退休9人）。在职职工中研究生学历5人，本科学历31人，大专及以下学历3人，16人具有专业技术职称。

分局认真贯彻中国银监会和四川银监局工作部署，围绕供给侧结构性改革保重点、强普惠、降成本，促进地方经济转型升级，有序推进各项重点工作，确保全市银行业实现平稳运行。截至12月末，全市共有银行业机构10家，营业网点281个（含异地网点），从业人员4006人；各项存款余额1021.09亿元，较年初增加91.12亿元、增长9.8%；各项贷款余额862.59亿元，较年初增加56.63亿元、增长7.03%；不良贷款余额35.39亿元，较年初增加0.66亿元，不良率4.1%、较年初下降0.21个百分点；累计实现净利润－1.06亿元。

2016年，分局荣获四川银监局2015年度统计调研工作考核评比一等奖、四川银监局系统2015年度银监会E报组织工作二等奖、四川银监局2015年度财务决算工作三等奖、2015年度四川银监局系统政务信息工作先进单位、2015年度四川银监局系统舆情引导工作先进单位、四川银监局系统第二届气排球赛（第四片区）优胜奖、分局团委被评为2014—2015年度银监会系统五四红旗团委、分局统计信息科被评为2014—2015年度银监会系统青年文明号，分局第一党支部被评为四川银监局系统先进基层党组织、分局荣获攀枝花市2015年度档案事业统计年报工作优秀单位、2015年度全市金融工作先进单位、编纂出版《攀枝花年鉴（2016）》先进单位；分局职工杨明红（女）被评为四川银监局系统优秀党务工作者、全省银行业金融机构第四轮安全评估工作成绩突出个人、潘志文和陈洪春（女）被评为四川银监局系统优秀共产党员、邱涛（女）和杜康被评为四川银监局系统2015年度银监会E报优秀通讯员、马艳（女）被评为2015年度四川银监局系统政务信息工作先进个人和四川银监局系统2016年度监管标兵、陈秋奉（女）荣获四川银监局EAST系统应用分析能手、潘俊霖（女）荣获2015年度四川银监局系统小企业金融服务“先进个人”和2015年度四川银监局系统政务信息工作先进和2015年度四川银监局系统舆情引导工作先进个人和四川银监局系统2016年度监管标兵、杨林被评为2015年度四川银监局系统舆情引导工作先进个人。

【服务重点领域】 全力推进银行业主动争取增量、盘活存量，主动对接攀枝花“四区驱动”战略，确保重点产业、项目和企业信贷需求。截至12月末，全市“6+2”产业、重大项目、工业转型升级项目和战略性新兴产业贷款余额分别为423.06亿元、161.04亿元、42.49亿元、49.42亿元，较年初分别增长11.75%、40.37%、73.32%、130.83%。

【普惠金融】 强化监管正向激励，落地小微、“三农”信贷政策及要求，推进银企对接和银税互动，全力破解融资难题。截至12月末，全市银行业机构小微贷款余额342.84亿元，贷款户数6043户，申贷获得率93.53%，辖内两家法人机构均实现“三个不低于”（在有效提高贷款增量的基础上，努力实现小微企业贷款增速不低于各项贷款平均增速，小微企业贷款户数不低于上年同期户数，小微企业申贷获得率不低于上年同期水平）目标，分支机构总体完成上级行下达的信贷任务；涉农贷款余额200.65亿元，较年初增长17.23%，实现持续增长目标；银税互动存量贷款18笔，余额3708万元；全年组织、协助开展银企对接活动12次，达成意向融资232.13亿元；妥善处理消费者信访投诉及政策咨询57件，消费者满意度达到100%，辖内银行业机构完成“一专双录”建设工作。

【支持供给侧改革】 引领银行业机构遵循五大发展理念，认真落实“三去”要求，推进金融创新，为支持地方供给侧结构性改革提供有力金融支撑。截至12月末，完成债委会组建7个，帮扶重点困难企业形成合力；推进银行涉诉案件清理，收回信贷资金3610万元；协调成立科技信贷风险补偿基金，推进攀枝花市商业银行（以下简称攀商行）筹建科技支行事宜；辖内法人银行业机构支持科技型企业贷款客户41户、贷款余额18.47亿元；支持“双创”主体6673户、贷款余额达9484.78万元。

【压降融资成本】 通过开展专项检查、监管约谈等方式，督促银行进一步落实好续贷政策，充分运用限期调整、借新还旧、展期等方式，为企业节约倒贷成本；严格“七不准”（即不得以贷转存、不得存贷挂钩、不得以贷收费、不得浮利分费、不得借贷搭售、不得一浮到顶、不得转嫁成本）和“四公开”（即收费项目公开、服务质价公开、效用功能公开、优惠政策公开）要求，规范服务收费，严控新增贷款利率上浮幅度，下调存量贷款利率，减轻企业融资负担。全市银行业机构为1.67万户企业发放续贷金额220.60亿元；配合政府相关部门办理应急转贷47笔、29户、4.75亿元，对335.56亿元贷款实施利率优惠。

【灾后金融服务】 攀枝花“9.19”洪灾发生后，做好灾后金融服务工作，督促指导机构支持灾后重建，确保灾后金融服务不间断，迅速启动应急响应机制，深入排查损失，及时恢复自救，保障基础运营能力。辖内6个受灾临时停业网点均恢复营业，出动流动服务车16车（次）、人员80人次，办理发放应急贷款1亿元。

【精准扶贫】 加大精准扶贫力度，主动对接易地扶贫搬迁、产业扶贫开发项目建档立卡贫困户的融资需求，推动建立扶贫贷款风险补偿机制，助力脱贫攻坚取得实效。截至12月末，贫困村贷款余额10781.33万元，较年初增长44.48%，高于全市贷款平均增速38.70个百分点；到位扶贫风险基金7695.64万元，存量扶贫小额信用贷款1460笔、4774.40万元，存量危房重建及功能完善贷款1070笔、4752.90万元；贫困地区建制乡（镇）机构网点覆盖率和行政村金融服务覆盖率均为100%；农发行攀枝花市分行到位易地扶贫搬迁贷款4449.93万元，使用1466.66万元，攀商行、攀枝花农村商业银行（以下简称农商行）分别出资80万元、50万元资助贫困大学生，并分别与昭觉县、木里县签订“金融扶贫开发帮扶协议”，攀商行捐资50万元用于昭觉县政府壮大风险补偿金规模；农商行出资100万助推木里县建立产业发展基金。

【严控信用风险】 强化重点企业、行业信用风险监测，落实按季分析通报制度，组织对钢铁、煤炭等去产能重点行业开展风险排查，督促银行通过提足拨备、追加抵质押品及担保、清收不良等方式缓释风险。截至12月末，全市银行业累计增提拨备29.63亿元，清收处置不良贷款20.82亿元；地方政府融资平台贷款余额12.87亿元、无不良贷款；房地产贷款余额99.66亿元、不良率0.35%，风险总体可控。

【严控流动性风险】 督促法人机构完善流动性风险管理体系，做好压力测试和防控预案。截至12月末，攀商行、农商行流动性比例分别为54.09%、51.38%，存贷比和流动性状况良好。

【严防案件风险】 督促银行业机构认真开展票据、保理、应收账款确权管理等排查，时刻保持案防高压态势。2016年，妥善处置一起银行股东单位负责人涉嫌违纪违法突发事项；成功堵截案件和风险事件15件、涉及金额7亿元，协助抓获网上逃犯1名，协助查询账户668笔，累计止付、冻结涉案资金290万余元，未发生大要案件、重大负面舆情及群体事件。

【改善公司治理】 通过制定法人监管方案、列席“三会”（股东大会、董事会、监事会）、约谈“三长”（董事长、行长、监事长）、监管评级、审慎会谈、任前谈话、走访巡查等方式，及时跟进、发现、提示、通报风险和问题，督促做好董事会换届、高管变更和信息披露等工作，提升公司治理有效性。开展执行“三项制度”评价，督促完善绩效及薪酬管理，强化内控有效性，进一步发挥激励约束作用。

【业务治理体系改革】 继续开展同业业务改革评估和类信贷同业业务（指银行用自有资金或从同业等其他渠道获取资金，以债权投资或权益投资方式为本行或他行对公客户提供融资的同业业务）专项检查，持续强化法人机构事业部制和专营部门制改革，完善业务操作系统和流程，推动业务转型。

【推进网点转型发展】 引导机构合理规划网点布局，提升服务供给效率。全市新设网点3个、升格网点9个，攀商行雅安分行开业、泸州分行有序筹建，农行攀枝花分行三农事业部制改革继续深化，在攀银行业分支机构智能化、数字化网点建设逐步推广，突破传统人工服务时间限制。

【依法监管】 结合“两加强、两遏制”（加强内部管控和外部监管，遏制违规经营和违法犯罪）回头看自查，进一步规范行政许可、现场检查等工作。全年，办理行政许可40项，公开历年行政处罚18项，坚持“双罚”原则，实施行政处罚2起、罚款金额47万元；完成现场检查7项，发现问题52个，提出整改意见21条，其中农商行不良贷款风险分类真实性检查对全省农信系统同类检查起到示范作用；1名同志被抽调参加中国银监会对交通银行总行理财业务现场检查并得到上级监管部门肯定。

【监管能力建设】 班子成员带头深入机构、企业调研46次，积极对经济金融热点难点问题进行深入分析研究并形成调研报告，形成浓厚的调研氛围，提高监管工作针对性和有效性；分局信息调研被上级采用62篇，其中1篇牵头调研被中共中央办公厅采用，调查研究实现新突破；建立非现场监管联席会议制度和非现场监管条线人才库，挑选业务骨干开展统计、EAST（银监会现场检查分析系统）等专业培训，有11名干部较熟练掌握EAST系统的数据筛选和模型设计等功能，新开发和完善EAST模型4个；分局先后荣获中国银监会、四川银监局、市委、市政府表彰20项，11名职工分别受到中国银监会、四川银监局表扬。

（张　鑫）

中国工商银行股份有限公司攀枝花分行

【概　况】 2016年，中国工商银行股份有限公司攀枝花分行（以下简称市分行）从业人员410人，较2015年减少6人；固定资产原值15530万元，较2015年增加155万元；固定资产净值7416万元，较2015年减少891万元；新增加自助银行2个。市分行严格贯彻执行国家各项经济金融方针政策，以支持地方经济发展为主线，开展市场营销，强化内控案防，深化改革和创新发展，扎实抓好金融服务。年末，全行各项存款734255万元，较2015年减少128588万元，降幅14.9%；各项贷款1222227万元，较2015年增加51924万元，增长4.4%；实现净利润649万元，较2015年下降9703万元；因税制改革，上缴营业税及附加1231万元，较2015年减少1952万元，上缴增值税及附加2777万元。

【综合负债业务】 市分行坚持把综合负债业务作为扩大经营规模、提升对全市经济发展金融服务能力的基础，按照“筑牢基础＋精准营销”的发展思路，细化营销方案，紧抓项目营销，加大组织推动力度，鼓励全员开展市场营销。针对市场需求，适时调整营销策略，推进综合负债业务转型发展。加大考核力度，制定专项业务考核管理办法，健全营销组织构架，构建以法人金融业务部、个人金融业务部、结算与电子银行部为营销牵头部门，以渠道管理部、资金财务部、信息科技部、综合管理部、人力资源部、运行管理部为后台配合保障，以支行为前台业务营销的基本组织架构。为促进综合负债业务持续发展，在充分发挥全行整体营销功能的同时，注重发挥客户经理在市场营销中的突击作用，通过强化管理和考核调动客户经理工作积极性和参与市场营销的主动性。加大业务营销宣传力度，宣传业务优势、产品优势、网络优势与服务优势，促进全行存款业务稳步发展。全年，全行综合负债总量1056945万元，比上年减少360191万元；各项存款总额734255万元，比2015年减少128588万元；全年销售个人理财产品273850万元，比2015年增加53265万元。

【信贷融资业务】 市分行严格执行国家货币政策和行业信贷政策，面对宏观经济形势变化，以服务区域经济发展为主线，以增强服务实体经济发展能力为重点，持续加大信贷投放力度。结合区域实际，做好重大项目、重点工程、中小企业、城市基础设施建设的信贷支持工作。为满足市场金融需求，大力开展金融创新，通过“表内+表外”形式为区域经济发展提供多元化信贷支持，进一步拓宽企业融资渠道，全年支持重点项目5个，投放信贷资金124500万元。继续推进票据融资业务，有效缓解资金供需矛盾，全年票据贴现444073万元，比2015年增加40327万元，再贴现23943万元，比2015年减少63183万元。为确保贷款顺利投放，市分行结合业务发展实际，制定融资服务方案，建立营销专班，完善工作机制，对重大优质项目和重点客户开展多层次走访营销和多形式联谊活动，深化合作，建立互信。为满足居民消费需求，在分析攀枝花消费市场和居民消费需求基础上，大力发展个人综合消费贷款、个人住房按揭贷款、个人经营性贷款业务。

【中间业务】 市分行以加快经营转型为抓手，持续深化中间业务增收工程。结合业务发展，推进收入结构调整，通过扩大客户群体、加快多元化经营拓宽服务领域、开展业务创新等有效手段，促进中间业务持续稳健发展。市分行调整充实中间业务管理委员会，完善中间业务考核管理办法并配套制定相应工作措施。围绕资本节约型传统业务和新兴业务，制定各业务领域中间业务年度发展规划，明确目标任务和落实要求。为调动全行员工拓展中间业务的积极性，拓宽中间业务增收渠道，市分行发挥工商银行的产品优势、结算优势、网络优势，开办各项代理业务、国际业务、银行卡业务，组织开展劳动竞赛活动，构建促进中间业务持续健康发展的良好工作机制。坚持依法合规经营，做好维护消费者权益保护工作，认真贯彻执行中发改委关于金融收费管理的各项规定，杜绝各类违规收费行为。全年，实现中间业务收入7721万元，比2015年减少3191万元。

【质量管理】 认真贯彻执行国家经济金融政策和总行信贷管理的各项制度，全面加强信贷质量管理，针对信贷防线暴露水平持续增大的严峻形势，组织开展专项治理，严防信用风险。扎实推进信贷结构优化调整，针对区域钢铁、煤炭行业不景气的实际，按照“有保有退”的原则，通过承接产业转移，对存量贷款结构进行优化调整。以基础处置方式为主，与探索创新处置方式相结合，不断推进不良贷款清收转化工作。2016年不良贷款总量24355万元，比2015年减少11834万元。继续推进不良贷款清收处置工作，清收转化不良贷款69596.58万元。全面加强风险管控，落实质量管理的各项制度规章，开展专项检查工作。对违规放贷、违规参与民间融资和经商办企业、违规代客理财、违规办理柜面和ATM业务、违规套现、违规债券交易等重点风险点进行全面排查，并对整改工作进行回评，整改率100%。加强员工日常行为管理，开展警示教育，做好员工异常行为排查工作，不断提升员工风险意识、制度意识和责任意识。

【金融服务】 市分行继续坚持以客户为中心的服务理念，加强服务管理，进一步强化整章建制，加快标准化、规范化服务建设。全面推进“阵地营销”工作，结合实际制定全方位阵地营销实施细则，着力提升服务品质，拓展服务功能；继续实行“神秘人”暗访制度、“晨会直通车”制度，非现场与现场检查相结合的突击检查方式，加强对全行服务工作的监督管理；开展岗位技术练兵、业务知识培训以及服务知识、服务礼仪培训，教育引导员工牢固树立“以客户为中心”的服务理念，把提升服务质量的要求落实到日常工作的每个层面；结合“人民满意银行”建设活动，同步开展标杆网点打造、星级服务网点创建、客户投诉专项治理等活动。2016年，市分行营业部再次成功创建“中国银行业文明规范服务千家示范单位”。

【改革创新】 市分行坚持把加快创新发展作为适应当前经济金融发展形势、满足客户多元化金融需求的重要手段，按照省分行工作部署和要求，坚持以服务支持地方社会经济为己任，开展金融业务创新、服务创新，探索适应区域经济发展的经营管理模式。为满足市场金融服务需求，市分行加快业务创新发展，针对信贷规模控制趋紧，资金供需矛盾突出的形势，通过“表内+表外”的融资模式，加大综合运用信用工具力度，拓宽融资渠道。针对融资产品和需求多元化的发展趋势，创新融资服务，在省工行系统中率先开办再贴现业务，累计办理23943万元；大力拓展互联网金融业务，把握“互联网+”行动计划为金融业发展带来的新契机，新增工银E支付客户33239户，新增工行融e购电商平台4户，依托工商银行总行融e购电商平台实现交易60900万元；全力支持外向型经济发展，加大“走出去”企业的金融支持力度，全年国际结算量11546万美元，表内外国际贸易融资累放量4000万美元。

【网点建设】 市分行认真贯彻落实“一点一策”，按照网点建设“智能化、自助化、互联化、一体化”的发展思路，抓好《2014—2016网点竞争力提升方案》的贯彻实施，将发展互联网金融、改善客户服务体验与建设金融生态环境和普惠金融有机结合，全面推进“阵地营销”工作，提升服务品质，拓展服务功能。组织部门网点结对帮扶活动，建立健全部门网点联动帮扶工作机制，定期召开部门联席会议，分专业、分产品强化网点业务督导。继续深化网点运营标准化改革，为所辖每个网点配备管理副职，对网点柜面员工和网点客户经理队伍进行结构优化并建立相应管理制度。全年，市分行新增2个自助网点，自助银行总量达到59个，改造金融理财便利店2个，改造智能化网点10个。网点增设"1元购"优惠购物体验区，提高客户服务体验，形成"立体交叉、覆盖全域、功能齐全、方便快捷"的服务网络。

【内控案防】 市分行在经营管理工作中，继续坚持业务发展与内控案防"两手抓两手硬"的经营思想，切实强化内控案防；继续开展操作风险管控重点领域风险整治专项活动，对重点业务操作领域和要害工作环节进行实时监控，强化管理措施落实。全面加强民间理财咨询公司的账户清理和资金清理，强化资产托管业务管理，坚决抵制"飞单"，严防"虚假按揭"，杜绝违规办理业务，严守操作规程。全年，没有发生任何安全事故和重大责任事故。

（李　广）

中国农业银行攀枝花分行

【概　况】 2016年，中国农业银行股份有限公司攀枝花分行（以下简称攀枝花分行）全辖27个营业网点，其中攀枝花分行营业部1个、一级支行营业部4个、二级支行2个、分理处18个，市分行内设部（室）15个，在职职工510人，其中研究生1人、本科311人、大专155人、中专17人、高中19人、初中及以下7人；具有高级职称资格1人、中级职称资格103人、初级职称资格244人、平均年龄42.78岁。固定资产2016年年初原值21388万元，累计折旧9613万元，年初固定资产净值11775万元。2016年新增固定资产原值1086万元，原值减少570万元，年末固定资产原值21904万元，当年累计折旧净增加1162万元，累计折旧余额10775万元，年末固定资产净值11129万元。

攀枝花分行认真贯彻省分行、市委市政府有关会议精神，围绕"两个从严""两个责任""两个宣战"，以"降本增效"为导向，突出"全力以赴控风险、坚定不移抓发展、精打细算降成本、以人为本带队伍"四条工作主线，坚持"有所为有所不为、错位经营差异竞争、审慎有效发展"三个原则，直面挑战攻坚克难，抓住机遇积极作为，奋力夯实绩效提升基础。

年末，各项存款余额103.04亿元，全行表内外信用余额共计114.31亿元，中间业务收入8073万元，实现拨备前利润16354万元。

攀枝花分行2016年"金穗惠农通"工程提质升级活动获省分行组织推动三等奖；2016年代理保险业务"春天行动"主题营销活动获省分行计划完成奖、超越计划先锋奖；攀枝花分行获2015年度反洗钱工作先进集体、2015年度运营工作先进集体、运营基础管理"三铁"单位、现金中心被评为省分行"三铁金库"、人民银行2015年度金融机构反洗钱监管评级A级。攀枝花分行协助公安机关破获"5·13系列毒品案件""6·7制毒案"两起典型案件。

【服务"三农"】 攀枝花分行服务"三农"坚持"大三农、新三农、特色三农、精准三农"开展业务。"大三农"大项目实行挂牌服务。年初将重大涉农项目梳理成册，分别立项，其中"米易县政府购买服务项目"亿元报送上级行审批，国网攀枝花供电公司电费代理项目正式上线运行，有效服务全市5个县（区）34万用电客户。"新三农"新型经营主体服务取得实效。全年新型农业经营主体贷款89户，金额2928万元，贷款月均余额较上年增长226.42%。"精三农"金融精准扶贫工作获得多方认可。在全市率先发放精准扶贫贷款，全年发放金穗扶贫惠农贷款311笔1266.5万元、农民购建房贷款222笔947.1万元；累计到村开展帮扶领导干部22人次，累计走访贫困户137户，为联系户提出意见建议44条，解决问题13个；直接落地帮扶项目3个，落地帮扶资金4.7万元；慰问贫困137户，慰问物资2.56万元。受到地方政府机构、人行、银监局表扬；得到市脱贫攻坚领导小组简报、《攀枝花日报》新闻、攀政快讯、攀枝花农村工作动态等报道。"特三农"有特色。农村渠道建设是农行作为四大国有银行的特色，2016年全行银讯通和代理业务取得显著成效。全行新发展"银讯通"助农取款服务点69家，"惠农通"服务点总数达到363家，行政村覆盖率较上年提升10%，新增覆盖率系统内排名第3；全年共计交易18.84万笔，交易金额1.3亿元，分别较上年提升86.5%和279%，月点均交易量37笔，全省系统内排名第3；惠农卡有效客户新增6494户，完成全年目标的216%，全省系统内排名第5。全年共新签订代理协议并落地项目6个，代理笔数1万多笔。

【银政合作】 围绕攀钢、二滩等存量国有大型企业开展信贷业务，积极寻找大型国有及政府主导的产业基金、政府购买服务项目和内部银团贷款份额作为新增长点。攀枝花市政府PPP财政投资基金16亿元项目已提款15.11亿元；上报省分行花投、米易克朗等政府购买服务项目，同时积极服务大唐观音岩水电、银江水电、金沙水电和攀大高速等项目。

【网点转型】 全年实行横向联动，纵向支撑，推进网点二次转型，增强网点内生发展动力。完成二次转型试点网点（仁和支行营业部）和其他6个网点的导入工作，将优化出的人员充实网点客户经理团队，落实网点全员管户工作，增强网点发展动力。依托业务骨干师资，针对性开展全方位员工技能培训，提高重点岗位员工实战能力。打造网点营销，开展 PK 赛。根据网点自身特色，按时完成网点物料配备，完成网点营销氛围打造，将网点 6S 管理、营销氛围打造等 10 个项目列入支行间 PK。“两微一拓”实现零突破。通过微讲堂、微沙龙和外拓营销，实现网点外拓营销和微沙龙零的突破。结合 SIMS、OCRM、BOEING 系统的使用，提升网点经理客户认养和电话邀约的能力，增强了解客户、挖掘客户能力。一点一策优化导入网点的绩效积分考核，明确不同岗位的考核机制和激励手段，实现“人”的良性合作与竞争。

【风险防控】 大企业贷款质量和总量保持稳定。大型企业用信余额达 72.46 亿元，占法人贷款用信总量的 77.77%，无逾期、欠息。全行各项表外余额共计 24.68 亿元，较年初增加 1.04 亿元，全行无一笔垫款业务发生，表外信贷业务保持持续健康发展态势。全年，通过风险客户化解方案 18 户，金额 18853 万元，其中再融资 10 户，金额 7398 万元；展期 1 户，金额 1700 万元；债务重组 1 户，金额 2000 万元；政府偿贷资金进行收回再贷共 5 户，金额 7755 万元。全年，实现处置不良贷款 32482.52 万元。着力现金清收，共实现自营不良贷款本息 3238.24 万元；推动不良核销，完成呆账核销入账 7681 万元；成功批转 7 户法人不良贷款，金额 20696 万元。

【中间业务】 全年多点多级发展中间业务，加大核心客户营销，提升对公中间业务收入贡献度，实现收入 3798.55 万元。全力营销攀枝花市财政支持基金 PPP 项目；维持攀钢表外业务基本稳定。重点强化贵金属销售工作，以各项活动、竞赛为着力点，夯实基金销售基础；着力非保本理财和私行理财产品的营销，调整理财产品结构，提高收益水平。加大渠道建设力度，抓好专项分期业务，全年实现卡电类中收 2595 万元。

【安全运营】 攀枝花分行安全运营工作抓好体制改革、内部账户清理、后台中心管理、柜面业务指导、开展飞行检查、业务流程优化、规范处理司法查询、按季召开运营风险分析会等具体工作，开展“三化三铁”、运营风险点管控，全年全行共创建 5 个“三铁”单位、21 个“良好”单位，一个“三铁”金库，达标率达到 100%，保持“三铁”网点占比 20%。

全年积极配合打击治理电信网络新型违法犯罪。在全行运营风险分析会议上做好风险提示，严格执行各项规章制度，增强对电信网络诈骗的甄别和防范能力，全年受理涉案查询笔数 329 笔，冻结扣划笔数 207 笔，金额 2986 万元，帮助客户追回被骗资金 37806 元。

（郎华冬）

中国银行攀枝花分行

【概　况】 2016 年，中国银行银行股份有限公司攀枝花分行（以下简称分行）内设 9 个部门，15 个营业机构，其中 1 个营业部、14 个经营性支行，职工总数 269 人，在岗员工 246 人，平均年龄 37 岁。

受国家“三去一降一补”的供给侧结构性改革影响，经济金融形势严峻。截至年末，分行本外币存款余额 398068 万元，较年初增加 33707 万元，增幅 9.25%。各项人民币存款余额 381274 万元，较年初增加 27731 万元，增幅 7.84%，其中，公司存款 98803 万元，比年初减少 4156 万元，增幅 -4.04%，储蓄存款 282465 万元，较年初增加 31890 万元，增幅 12.73%；各项外币存款 2421 万美元，较年初增加 755 万美元，增幅 4.53%，其中公司存款 1011 万美元，较年初增加 139 万美元，增幅 56.28%，储蓄存款 2035 万美元，较年初增加 623 万美元，增幅 44.12%。

人民币贷款余额 825808 万元，较年初增长 19010 万元，增幅 2.36%。其中人民币公司贷款余额 751861 万元，较年初增加 2923 万元，增幅 0.39%；零售贷款余额 73947 万元，较年初增加 16087 万元，增幅 27.8%。外币贷款余额 1501 万美元，较年初减少 873 万美元，增幅 -36.77%。不良资产余额 10507.02 万元，不良率 1.25%。2016 年，全行实现净利润 9750.45 万元，同比增幅 59.12%。

【负债业务】 2016 年，分行把负债业务作为重点，坚持突出负债业务的战略核心地位不动摇，坚持狠抓负债业务的导向和要求不动摇。全行负债业务主抓三个增长点，分别为基础客户群拓展和存量挖潜，以分类批量拓展为中心，重点拓展代收代付代发类客户，唤醒挖潜存量客户；抢抓机遇性、项目性存款，争抢攀钢等企业职工分流安置款代发，营销拆迁、移民等项目资金，争取新增贷款投放后资金的留存周期等；持续跟进行政事业单位存款营销，巩固财政、公积金、土地交易保证金等存量客户关系，加强“以债促存”“以贷促存”工作力度，寻求公检法、医疗卫生、教育等行业切入机会。

【资产业务】 2016 年，分行资产业务以结构调整为中心，做好行业、品种、客户、期限等结构的调整和优化。在坚持风险标准不放松、客户门槛不降低前提下，拓展个人住房按揭贷款、消费金融领域客户和业务；加快中小企业业务发展，重点拓展医疗、教育、养老、环保、高新技术等逆周期、弱周期行业客户，优化筛选攀枝花当地“特、优、名、精”客户，营销“中小板”“新三板”客户；对过剩产能、高库存、高负债行业客户逐步压降或重组升级，营销国家、省、市“十三五”重点建设项目、重要基础设施项目，发展文化、医疗、教育、康养等现代化服务业客户。

2016年，分行大力拓展票据融资业务，全年累计办理票据贴现约25亿元，同比增长约7亿元，实现公司资产规模总体增长。

零售类贷款方面，继续坚持以房贷业务为主，加快非房贷业务发展，提高非房贷业务占比，做好存量和新增楼盘个人贷款投放工作，大力发展消贷业务，个人贷款（含零售、银行卡）累计投放1.67亿元，净增1.12亿元，全口径市场份额新增1.95个百分点，达10.49%。

【中间业务】 坚持基础业务、传统业务和创新业务齐头并进。把结售汇、支付汇划结算、贵金属销售、表外理财、基金销售、国际结算、贸易金融等基础业务作为全行中间业务收入的稳定来源；把信用卡分期、代理保险等传统业务作为全行中间业务收入增长的重要组成部分；充分体现分行贸易金融、跨境人民币结算、金融市场业务等业务的传统优势。2016年，分行实现中间业务净收入5315万元，较去年同期增加888万元，同比上升20.05%，市场份额为22.06%，其中对私代理保险收入从2015年的186万元增加至2016年的710万元，全年翻两番。

【机制建设】 着力于优化内部管理机制建设，进一步完善内生动力机制，抓好改革平稳落地、释放改革活力。落地实施分行新的组织架构，增设渠道管理部，分设消费金融部和内控合规中心，对各岗位进一步梳理，明确岗位职责。根据网点分类管理要求，将网点分为旗舰店、综合型网点和交易型网点，根据网点定位不同，给予机制和费用上的倾斜。落地宽带薪酬制度，薪酬资源进一步向一线人员、营销人员、关键岗位、优秀人才倾斜。推行"多挣多花多业绩多考核多收入"的绩效考核导向，制定一系列促进存款增长、份额提升、产品销售的激励约束机制。坚持"突出效益、突出合规、突出三笔三看"的考核原则，强化任务完成导向，建立正负向相容的考评模式，对未达到考核最低要求的机构和个人，推行末位退出机制。

【内控管理】 2016年是省行和分行"管理提升年"的主体关键年，全行以此项活动为抓手，强化管理、从严治行，切实提升全行管理效能，筑牢安全运营、合规经营底线。强化案件防控，保持并加大案防高压态势，落实上级及监管各项案防要求和规定动作，加强对员工特别是关键岗位员工的异常行为排查，关爱和保护员工，严防个人道德风险，严防员工个人案件、内外勾结案件、外部诈骗案件。强化操作风险管理，夯实三道防线管理，持续推进基层网点操作风险管控51条措施的深入贯彻落实，加强业务经理履职督查，对重点风险点和屡查屡犯环节进行重点监控和整改。强化合规管理，把反洗钱、外汇业务、支付结算作为全行合规管理的重点，全面重检规章制度，将控制措施嵌入业务流程；加强检查监督，实施严密的过程管理；增加考核权重，加大内控合规激励约束，对于重大违规在考核上实行一票否决制。

【队伍建设】 2016年，分行进一步加强人力资源管理和配置，继续压降本部人员充实一线网点，压降柜台、精简柜员充实营销人员队伍，网点人员占比68%。分行按照网点分类管理要求，配齐网点客户经理、大堂经理队伍；落实"因岗选人、用人所长"的选人用人制度，选拔"愿干事、能干事、干成事"的干部，对分行中层干部队伍进行调整。

分行按照上级行专业人才队伍建设要求，加强分行专业序列建设，通过完善机制、强化培训等加强专业队伍的引导和管理，提升队伍专业素质和综合素质，鼓励优秀员工积极报考专业序列考试。2016年，分行在全辖范围内公开竞聘多个专业技术和管理岗位人员，通过竞聘，为青年员工提供锻炼机会和施展才华的舞台，涌现出一批表现优异的员工，进入分行后备人才库。

2016年，分行按照上级行宽带薪酬改革工作要求，完成人员薪酬初始化入位到宽带薪酬改革工作落地，年末共实现111名员工薪酬等级或薪点上调，实现对员工贡献、业绩、能力和绩效的综合评估。分行倡导"多业绩多考核多收入"的考核倾斜机制，将人事费用向营销人员、一线人员倾斜。

（韩　燕）

中国建设银行股份有限公司攀枝花分行

【概　况】 中国建设银行股份有限公司攀枝花分行（以下简称建行攀枝花分行）有营业网点24个，机关本部内设机构11个，职工总数403人。

2016年，面对攀枝花复杂严峻的经营形势，面对维稳与发展的双重压力，建行攀枝花分行认真贯彻落实上级行各项工作部署，围绕"防风险、调结构、强管理、稳增长"的工作总基调，以提高资产质量和经营效益为中心，以业务转型和结构调整为主线，负重前行，砥砺奋争，各项存款一举扭转下降趋势，一般性存款余额达到85.08亿元，新增6.09亿元，同比提升13.08亿元。对公存款余额20.91亿元，新增3.54亿元。储蓄存款余额64.57亿元，新增2.72亿元。代发个人有效户增长率系统排名第9，任务完成率289%。机构类客户服务水平不断提升，成功开立市、县（区）机关事业单位养老保险账户、职业年金收支专户以及企业职工养老保险基金收支专户等账户，做好客户服务工作，确保机保业务运营良好。同业客户营销实现零的突破。成功营销3家同业客户上海黄金交易所代理户开户，密切与同业客户的关系，为同业客户的深入合作创造条件。银医合作进一步加强。与两家市级三甲医院签订全面合作协议，开启银医合作新局面。银交业务合作实现破冰，与攀枝花公交集团达成合作意愿，成为全省首家公交集团移动充值项目试点行。信贷投放力度加大，资产业务实现由负转正。年末各项贷款余额60.6亿元，新增3.76亿元，同比提升8.6亿元。落实“两个责任”，加强党的建设，坚持从严治党，推进反腐倡廉、案件防控、风险防范等各项工作，员工风险意识、责任意识进一步增强。各类业务风险、操作风险得到有效遏制，案防工作“三无”目标顺利实现，全行稽核差错率位居系统第18位，较去年提升32个位次，为全行转型发展提供有力支持和保障。获得市人行银行业机构综合评价第三名。“两学一做”学习教育深入开展，作风建设进一步深化，全行各党支部战斗堡垒作用和党员先锋模范作用进一步提升。3个先进党支部、17名优秀共产党员和两名优秀党务工作者获得表彰。完善后备管理人才库，建立操守良好、能力突出、潜力明显、覆盖各层级的后备管理人才队伍。持续开展“金融知识进社区”“送金融知识下乡”“金融知识进企业”等公益宣传活动及在全行营业网点间举办“明星在身边”优质服务评选活动，消费者权益保护工作稳步推进，组织架构、制度建设、考核评价体系、工作机制进一步完善，全行消保意识、服务意识进一步增强，客户满意度提升，投诉明显减少。积极落实精准扶贫工作，成立扶贫工作小组，完善扶贫机制，因地制宜地做好两个帮扶村的扶贫工作，募集扶贫资金帮助两个帮扶村修缮学校和恢复“7·27”严重冰雹灾害灾后生产，帮助帮扶村销售土豆2500公斤，履行社会责任，树立良好企业形象。

【资产业务】 攀枝花分行党委始终坚持把防范风险挺在前面；始终坚持把资产质量管理作为党委中心工作，认真执行“风险管理职责进党委”的规定，建立并完善资产质量管理长效机制，组织信贷、风险管理等相关部门，采取一系列措施强化资产业务管理。加强信贷风险基础管理。完善风险管理队伍建设。落实信贷制度，做好信贷风险全流程管理。因企施策，做好风险处置工作。对生产经营出现暂时困难、有市场、不欠息的企业客户，以及目前难以处置的风险贷款采取期限调整、再融资、贷款展期等信贷策略，争取时间和有利时机化解风险。同时在转贷过程中，增加风险缓释措施，降低整体风险敞口。推进信贷结构优化工作。坚持“发展是第一要务”的指导思想，立足区域实际，争抢机遇，做大市场份额，按照“有保有压”原则，重点支持符合信贷条件的清洁能源、基础设施建设、民生等领域项目，贷款投向从过去的钢铁、煤炭等限制性行业向优质国有大型企业、重点基础设施、公共事业项目等支持性行业转型，为实现可持续发展打下基础。继续把贴现等低风险业务作为营销工作重点，持续拓展贴现业务。抓好个人贷款投放工作，拼抢市场份额。在拓展按揭贷款同时，拓展二手房贷款业务及快贷业务，年末二手房贷款余额、发放额均位居同业第一。

【负债业务】 随着利率市场化改革不断深化，攀枝花分行采取多种措施，推动增存工作由“短、平、快”向细水长流、稳固增长转变；生产组织管控由粗放式经营模式向精细化经营模式转变：公司条线围绕财政、社保、公检法司等客户开展多个专项营销活动，加大对重点单位的营销、维护工作；密切跟踪基础设施建设项目，实现项目移民拆迁、项目建设单位等的资金沉淀；推动医疗卫生行业营销，深化银医合作。以三甲医院为营销目标、以搭建移动诊疗平台为主要手段，不断加深银医合作。顺利完成与攀枝花两家三甲医院银医合作协议的签立，开创银医合作的新局面；推进“教育金融服务创新年”活动，成功取得一家高校独家发卡资格，开启与高校合作的新篇章；个金条线结合大数据应用，开展专项营销活动，实现精准化营销。充分利用各类优惠活动，加大客户拓展力度，进一步提升有效客户数量及产品覆盖度；抓住省分行独家中标全省机关事业单位养老保险合作银行的契机，制定代发工资客户群专项营销方案，推动业务发展；通过LED宣传、走街道、发送营销短信等多种方式相结合的营销模式，加大社保业务宣传力度，拓展社保客户；推动网点智慧转型，全年布放标准版智慧柜员机25台，STM台日均交易量44笔，柜面非现金业务迁移率70.81%；筹建米易河滨路支行，实现机构全域覆盖。

【中间业务】 持续抓好单位结算业务收入、理财产品增值收入等传统优势产品收入；抓住移动支付市场格局重构带来的机会，加速推进移动优先战略，开展专项营销活动，不断提升移动金融柜面替代率。移动金融柜面替代率居系统内市（州）分行第8位，较2015年提升31.01%；积极做好电子银行应用推广工作。利用秋季高校学费代收契机，攀枝花分行成功营销高校2016年新生卡3500多张，开启与高校合作新篇章；成功营销攀枝花公交集团，成为全省首家公交集团移动充值项目试点行；组建商户维护团队，开展“外拓营销周”等活动，扩大攀枝花分行商户规模。在“智慧餐饮麻辣四川”移动支付火锅行业营销活动中，新增餐饮类火锅商户总量居系统第四，为推动移动支付生态圈建设起到重要作用；利用节假日等关键时点，开展多种形式刷卡促销活动，推动信用卡及收单业务发展；坚持线上线下融合，以龙支付产品为突破，着力构建“网点、外出、平台和外呼”立体营销网络；同业黄金租借业务取得零的突破，成功为3家同业机构开立上海黄金交易所账户，密切与同业客户的关系。

【内控管理】 组织开展内部控制自我评价工作和深化“合规管理年”活动，提高全行合规管理水平和员工合规意识；完成“一加强，两遏制”专项检查回头看活动自查和整改以及大、要案件排查等工作；持续推进“三转”，落实“两个责任”，强化主动监督意识，以问题为导向，从问题线索抓起，把严明纪律体现在日常监督管理中；持续落实案件防控联席会议制度、案件风险提示制度、案件防控信息交流制度，及时通报并分析案防情况，以信贷领域的以贷谋私、利益输送，员工参与非法融资、高息借贷，员工“飞单”，集中采购中以权谋私等重点领域案件防控工作为重点，持续深入开展案防专项治理及主题教育和警示教育活动，引导员工筑牢思想防线，防范案件风险；持续抓好维稳、行风建设等工作，妥善处理突发事件，为全行业务健康发展提供坚实保障。

（杨　欢）

交通银行股份有限公司攀枝花分行

【概　况】 交通银行股份有限公司攀枝花分行（简称攀枝花分行）。2016年，内设7个部室，下辖7个营业网点（6个支行、1个营业部），现有从业人员131人。

2016年，分行面对错综复杂的经济环境和严峻形势，围绕攀枝花市打造阳光旅游、绿色农业的战略布局，紧跟市场步伐、拓宽发展战略，在逆境中求生存、谋发展。截至年底，分行本外币资产规模278638万元，人民币存款余额226125万元，其中，公司类存款余额83606万元，储蓄类存款余额142519万元；人民币贷款余额291100万元，其中公司类贷款公司贷款余额273688万元，个人贷款余额17412万元。

【负债拓展】 以“开门红”营销为契机，有针对性地找准方向、制定方案，以财政等重点领域为突破口，以现金管理、产业链、代发工资、家易通等重点业务为抓手，在基础业务推进、基础渠道修建上长期渗透、持久经营，稳定存量，拓展增量；沉下心来扎扎实实做客户、抓结算、促留存，紧盯贷方发生额、结算回笼率、现金归行率，加大交叉销售力度，把培育核心客户作为发展存款的长期任务。2016年，加强与交银康联等保险公司的合作，保险代销量高居全辖第三名，累计代理保险1.60亿元；销售得利宝产品，得利宝中收（非利息净收入）占比迅速提高，累计中收238万元；大力推广信用卡业务，共交表2899张，激活1358张；累计营销市级国库现金存款13700余万元；开立社保基金“五险一金”收入、支出过渡账户，吸收攀枝花市住房公积金中心低成本核心存款4500余万元，营销攀枝花公市共资源交易中心存款3750余万元；与市国投、国开行合作彩虹桥业务，营销西区政府，开立棚改项目相关账户20个（含个人），吸存金额达8000余万元；营销攀钢（攀矿）工人买断补贴资金代发业务近6000余万元（转化为储蓄存款）。

【资产授信】 按照总行和省分行相关政策，结合企业的实际现状和后期可操作性等因素，密切跟踪关注攀钢、钢城集团、攀煤集团，做好公司加固和风险管控。完成川煤华荣（含攀煤）公司贷款重组落地工作，协调推进钢城集团（4户）、水钢红发、一立矿业贷款重组申报及后续相关对接工作，实地全方位调研钛海集团（2户）、瑞康公司相关情况，化解信贷资产风险；营销同业业务，实施“走出去”战略，与凉山州农商行和凉山州商行达成合作意向，凉山州农商行在攀枝花分行开立同业账户；推动产品业务创新。与攀枝花市中心医院联合推出的“银卫安康”项目，为该客户创新办理大额存单质押签票业务；上线“攀枝花市住房公积金核算系统”，与市公积金中心的合作迈上新的台阶。

【风险管理与化解】 执行总行和省分行相关政策，把管理管理及清收化解作为工作的重中之重，守住信用风险底线，加强重点领域风险化解。加大实地调查力度和频度，加强对存量授信客户资产摸排力度。对问题类贷款主要采取诉讼、重组、清收等方式缓解风险压力，并且按照重组三原则和加固减退要求，结合企业的实际现状和后期可操作性等因素，制定可行的重组方案，努力化解和压控风险。加大与省分行相关部门、政府及企业的沟通，在上级行的指导下，推进分行重组等授信管理工作。严控“两高一剩”行业信贷投放，并加强过剩行业客户的贷后重点监控，密切关注行业政策变化趋势，做好持续性风险筛查和风险预警；着力防范小企业信用风险，加强对单一客户风险重点筛查，针对担保圈、集群客户做好风险隔离，及时通过拆解担保链、拓宽风险的外部转移渠道等措施，避免风险传导放大，有效控制系统性风险发生；加强逾期贷款管理，持续推进风险重组，对有望实施风险重组的风险业务抓紧实施并持续跟踪，提高重组成功率，减少逾期损失，对已实施重组的项目，加强重组后管理，避免风险反弹。

【发挥优势】 在坚持传统授信业务的基础上，分行充分发挥综合化优势，通过引入交银租赁等公司，大力推动攀枝花市企业投行业务的发展。分行多次利用蕴通账户、产业链、缴税通等交行品牌产品为企业的资金结算及现金流等提供服务，保障客户资金归集的高效、方便、快捷，节约企业财务成本，全力维护企业稳健发展。

【政策支持】 分行与上级行协调沟通，多次邀请总行、省分行领导到攀枝花考察指导，了解攀枝花市经济状况和发展前景，落实完善一行一策、一户一策制度，弥补分行因地区经济结构相对单一、行业受限的短板，努力争取存量授信业务得以维持，使分行客户存量贷款实现平稳过渡，响应市政府“不惜贷、不抽贷”的号召，以实际行动为地方经济服务。

【规范化服务】 长期把规范化服务提升纳入“一把手”工程，定期召开消保工单分析会议，对规范化服务情况进行检查通报。把改进服务环境、强化提升柜面文明、规范服务标准、整治不规范经营专项治理成果与保护金融消费者权益相结合，完善金融消费者投诉管理体制机制，维护消费者正当权益；开展“金融知识进万家”“质量强市”“讲文明树新风”等宣传，尊重客户的选择权和知情权，在合规经营前提下提供优质服务。2016 年，全年实现服务有责“零”投诉。

（庄德臣）

中国农业发展银行攀枝花市分行

【概　况】 中国农业发展银行攀枝花市分行（以下简称市分行）是攀枝花市唯一一家农业政策性银行，辖内无分支机构。截至 2016 年年末，全行共有职工 40 人，其中在职职工 30 人、退休职工 10 人。在职职工均为大专以上学历；全行有中级以上职称的 13 人，占 43.33%；职工平均年龄 37 岁。固定资产原值 824.91 万元，净值 409.76 万元。

按照省分行年初、年中行长会议精神，面对当地经济持续下行、不良贷款降旧控新压力进一步加大的困难，市分行主动对接党政部门，适时营销农业农村基础设施建设项目，按照在发展中解决问题的思路，将总行新出台的信贷政策与攀枝花地区实际紧密结合，坚持有所为有所不为，发挥政策性银行支农职能。截至年末，全行累计发放贷款 83201.12 万元，累计收回贷款 67241.33 万元，各项贷款余额 233484.12 万元，比年初增加 15959.79 万元，增长 7.34%；各项存款余额 59138.01 万元，较年初增加 33690.7 万元，增长 132.39%；清收处置不良贷款 5531.83 万元，不良贷款余额 10738.08 万元，占比 4.6%，较年初增加 2717.82 万元，增长 33.89%；实现账面盈利 2009.35 万元，同比减少 1616.98 万元，减少 44.59%。全行未发生任何经济案件和责任事故，存、贷款规模均创历史新高，保持中国农业发展银行四川省分行授予的“省分行级青年文明号”“省分行级优质服务示范窗口”“先进职工之家”称号、四川省精神文明建设委员会授予的“省级文明单位”“市州级文明行业活动示范系统（单位）”称号、攀枝花市精神文明建设委员会授予的“市级文明行业”“市级卫生单位”称号。

【信贷业务】 市分行紧紧围绕市委、市政府统筹城乡发展战略，在继续做好传统粮油收购资金供应与管理的同时，加强对攀枝花市农业农村改革发展重点领域和薄弱环节的信贷扶持。全年新增储备贷款 3 笔、金额 1221.12 万元，办理贷款展期 33 笔、金额 10954.01 万元，截至年末储备贷款余额 12084.59 万元，促进储备企业宏观调控作用的发挥和地方政府政策性储备计划的实施，保障地方粮油市场稳定安全。发放粮食购销流动资金贷款 3 笔、金额 2200 万元，强化政策指导性收购贷款资金供应和管理，支持市场性粮油收购。支持政府重点关心的新型城镇化建设、脱贫攻坚、农村交通建设、棚户区改造等项目，成功营销米易河西整体城镇化项目 1 个、贷款金额 10 亿元，投放 6 亿元；对接政府相关部门，储备农业农村基础设施建设项目 2 个；营销攀枝花市政府“十三五”易地扶贫搬迁专项贷款的 3 个实施主体在市分行开立专户，并以文件形式明确市分行为扶贫搬迁低息贷款主办行，已进入扶贫贷款专户资金 4449.93 万元、已使用 1466.66 万元，推动全市城乡一体化建设。巩固维护商业性贷款客户，支持生产经营正常的省级产业化龙头企业老客户流动资金续贷，全年办理续贷 11 笔，贷款 10380 万元，同时进一步优化风险防控措施，保证企业正常生产经营。抓好“农发重点建设基金”营销，与市发改委和县（区）发改局对接，投放基金项目 5 个、金额 18400 万元，增强市分行在开发性政策性金融支持的重点领域、薄弱环节和关键时期的作用。

9 月，攀枝花市遭遇连续强降雨、局部特大暴雨袭击，导致群发性山洪及滑坡等突发自然灾害，人员财产损失巨大。针对这一情况，市分行启动应急贷款管理机制，上下联动，特事特办，开辟绿色通道，从调查、审查到审议审批各环节紧密配合，将 1 亿元应急救灾贷款资金发放到市政府承贷单位账户，及时支持应急救灾和重建工作，体现农发行的社会责任担当和家国情怀。

【存款业务】 2016 年，为促进企事业单位存款稳步发展，市分行发挥信贷业务吸存、引存功能，稳定和发展信贷客户的存款资源，营销贷款客户的交易对手或下游关联企业资金存款，加强对政府融资平台公司贷款资金的支付监管，确保大额资金支付在市分行开立账户的承办单位和承建企业内划转。加强对客户企业货款回笼归行的监管，根据客户贷款占融资总额的比例，合理确定客户货款回笼比例，严格监督客户销货款回笼，将货款归行率与续贷、新增贷款挂钩。加强与客户的沟通联系，帮助客户清理清收不合理资金占用，压缩减少库存现金，增加生息资金存款，提高资金周转使用效益。密切与市、县（区）财政局沟通协调，吸收部分财政资金，严格监督财政性资金的支付管理，确保财政资金专户存储、专款专用。截至年末，各项存款余额 59138.01 万元，较年初增加 33690.7 万元，增长 132.39%。2016 年日均存款 37425.13 万元，较年初增加 1313.47 万元，增长 3.51%。

【中间业务】 市分行继续推进代理保险、人民币结算等中间业务，实现中间业务收入 29.48 万元，同比增加 21.93 万元，增长 290.46%。对商业性贷款形成的物资基本做到全额参保，实现代理保险手续费收入 0.76 万元；实现人民币结算业务手续费收入及其他中间业务收入 27.25 万元；持续发展国际业务，协助贷款客户市锐华农业开发有限责任公司顺利完成 14.1 万美元国际结算。利用工商银行网银结算平台推广应用网银业务，扩大非现金结算覆盖面，提高结算效率，保障资金安全。

【信贷管理】 市分行正确执行国家宏观调控和总行的信贷政策，准确把握信贷支持重点，运用先进的电子化、流程化管理手段，加强合规操作、贷后监管和基础信息资料管理。开展“贷后管理年”活动，加大问题整改和“回头看”力度，推广应用信贷管理标准化流程操作，按季开展信贷风险排查、信贷制度执行检查、企业信用等级评定，规范贷前尽职调查、严格贷款审查、落实客户经理贷后管理措施，强化信贷制度贯彻和信贷风险管控。做好评级授信管理，集中评定客户信用等级 33 户，在审批权限下累计授信 15 户、授信金额 34586 万元，在省分行审批权限下累计授信 7 笔、授信金额 150584 万元。严格按程序开展贷款审查，坚持主审人和交叉复审“双人”审查贷款制度，完成贷款审查、展期 43 笔，金额 18085 万元；召开贷审会 13 次，审议通过 10 笔，金额 7921 万元。落实无纸化办贷，运用 CM 2006 信贷管理系统规范作业监督流程，提取信贷数据并加强监测。做好信贷计划的编报和执行，按流程向省分行申报贷款计划并在省分行核批计划内发放贷款。加大财政补贴资金监管力度，签订财政专户委托代理协议，拨付各项补贴 6679 万元并确保专款专用。按照分类定价、风险管理与成本效益匹配原则加强利率管理，发挥好利率杠杆的调控作用。调整优化信贷结构，办理地方政府贷款置换债券业务 30825 万元。

【内控管理】 市分行加强信贷前后台、财务管理、纪检监察、法律合规、内部审计等各专业部门、业务条线间的监督制约，坚持审贷分离、管钱管物分离、部门岗位分离和授权管理，形成严密有效的内控监督体系。发挥内审监督作用，召开内控委员会会议 7 次，开展内部控制评价、反洗钱专项审计并接受省分行不良贷款专项审计，对内、外部审计检查发现的问题进行分类梳理和逐项研究分析，建立整改台账，明确整改责任人、整改措施和整改时间进行销号式整改，规范运作机制与业务流程，提高精细化管理水平。加强问责处罚，对不良贷款和发现问题责任人进行处罚，强化制度刚性约束。加强制度建设，在现有制度体系的基础上整合完善《员工个人通讯费补贴实施细则》《反洗钱客户风险等级评定管理实施细则》《评级授信工作考核（暂行）办法》等 6 个制度办法，加强对制度落实情况的监督检查，确保每笔业务、每个环节和每个岗位都处于监督约束之下。强化法律合规管理，将农发行总行“依法从严治行”要求贯穿各项工作，加强信贷担保法律审查、合同文书审查、用信前法律审查，完善合规工作机制，确保法规行纪的严格执行。

【风险防控】 市分行继续完善和强化全面风险管理，确保稳健经营。一方面加强信贷风险防控，继续将化解贷款风险作为全行工作的重中之重，开展不良贷款清收处置攻坚行动，行领导分别挂包企业清收，落实责任到岗到人，采取现金清收与处置抵押物、批量转让、减免表外利息等多措施相结合的方法化解缓释不良贷款风险，并做好批量转让和批量转让差额呆账核销工作，全年清收不良贷款本金 5531.83 万元、关注类贷款 100.34 万元。加强存量贷款风险防控，配合市商粮局开展全国粮食清仓查库，配合政府融资平台贷款开展债权置换，配合省分行开展不良贷款审计，开展客户分类排队、风险排查和中长期贷款后评价，完善信贷风险预警体系，实行重大风险提示与报告制度，按季组织业务经营分析例会，召开风险管理委员会 9 次，对风险信号进行预警分析，研究措施化解信贷风险。加强业务操作风险、廉政风险与案件风险防控。严格落实信贷新政策、《四川银行业从业人员五十个严禁（修订）》和内部条线管理制度，强化对业务操作流程和重点业务的督促检查，组织开展“两个加强两个遏制”检查、贷后管理年活动自查、案件风险排查、员工行为排查等自查自纠活动迎接省分行和银监局的抽查、复查工作，加强对存在问题的整改。落实党风廉政建设的党委主体责任和纪委监督责任，层层签订《党风廉政建设及“四无”创建目标管理责任书》；加强廉政制度执行，组织全员签订《廉洁从业合规履职承诺书》，与贷款客户签订《银企廉政共建协议书》，聘请行风监督员 11 人并组织召开座谈会，对员工开展廉政谈话 20 人次。落实案件防控规定，组织全员廉政案防教育 10 次、收看上级行视频教育会 4 次、制作专题板报 4 期，实行员工行为排查 30 人、强制休假 22 人次，召开案防分析会 2 次、操作风险分析会 4 次，开展消防应急疏散、信息系统应急演练 2 次，全年未发生案件事故。

（何　雯）

攀枝花市商业银行

【概　况】 2016 年，攀枝花市商业银行（以下简称市商业银行)机关设19个部门,下辖6家异地分行、65家支行,从业人员1000人,其中大学本科及以上学历人数占全行员工总数的77.60%,30岁以下员工占比57.50%。资产总额786.40亿元,较年初增加157.43亿元,增幅25.03%;各项存款余额(不含同业)465.25亿元,较年初增加89.95亿元,增幅23.97%;各项贷款(含贴现)余额328.61亿元,较年初增加38.19亿元,增幅13.15%,其中贴现余额为64.44亿元,较年初增加23.16亿元,增幅为56.08%;不良贷款4.75亿元,不良贷款率为1.45%;实现税前利润6.30亿元,净利润4.58亿元,成本收入比41.11%;流动性比例为52.51%,拨备余额14.32亿元,覆盖率253.75%。在由《金融时报》和中国社科院金融研究所共同推出的2016年度"金融机构金牌榜—金龙奖"评选活动中,市商业银行荣获"年度十佳城市商业银行"荣誉;获《银行家》杂志、中央财经大学互联网经济研究院、中国社会科学院金融研究所、财富管理中心联合授予的"2016中国十佳金融产品创新奖(零售业务)"。

【跨区域战略】 截至年末,市商业银行设有成都、凉山、自贡、内江、达州、雅安6家异地分行。分行各项贷款余额121亿元,存款余额166.13亿元,分别占全行贷款和存款余额的36.82%和35.71%。泸州分行筹建材料公报四川银监局,各项筹建工作有序推进。控股的金都村镇银行进一步明确市场定位,积极应对经济下行引起的信用风险上升、业务结构调整难度增大等不利因素,各项业务运行总体实现稳中向好。都江堰金都村镇银行各项存款余额42.5亿元,较年初增加19.32亿元;各项贷款余额12.41亿元,较年初增加1.04亿元;全年实现税前利润4400万元。

【业务结构调整】 市商业银行强化创新驱动,协同推进资产业务和负债业务的结构优化调整。2016年创新推出"先得利""宝宝存"、云闪付、苹果Pay、三星Pay等业务产品和移动支付渠道。年末,全行储蓄存款余额(含理财)161.43亿元,较年初增加53.49亿元,增幅49.56%。推动各机构增强"自求平衡"意识,大力拓展核心负债,发行大额存单提高主动负债能力。大额存单余额达5.11亿元,其中对公客户大额存单余额4.1亿元。加大对"后两类"贷款收缩和退出力度,分散地区风险和行业集中度风险,增加小微、"三农"贷款比重,围绕"贷贷兴隆"和"花花如意"两大品牌,全年共发放500万元以下小微贷款6,754笔,金额10.88亿元。开展省政府债券承销工作,扩大债券交易规模,年末债券持仓余额120.99亿元,较上年增加47.71亿元,增长65.11%。

【服务地方经济】 市商业银行围绕市委、市政府制定的全市经济社会发展目标开展授信工作。年初,制定全行授信工作指导意见时均明确要求将攀枝花作为投放重点,并围绕全市建设中国钒钛之都、中国阳光花城、中国康养胜地、四川南向门户等经济社会发展目标开展授信工作;对接政府相关部门和市内重点企业,召开政银企合作对接会议,及时了解政策动向及企业生产经营情况,调整工作思路和重点,支持地方经济发展;对困难企业不收贷、不压贷,并根据市委、市政府及监管部门的指导要求,结合企业的实际情况,制订一系列有针对性的扶持措施。通过授信方案变更、续办、新增,主动降低利率,借新换旧和办理贷款展期等方式降低企业融资成本。截至年末,全行各项授信业务余额410.06亿元,较年初增加4.88亿元。其中各项贷款余额328.61亿元(含贴现),较年初增加38.19亿元(其中贴现余额64.44亿元,较年初增加23.16亿元);签发银行承兑汇票余额80.37亿元,较年初减少28.92亿元;保函余额1.09亿元,较年初减少4.39亿元。以"市民银行"定位,持续做好客户服务工作,加快社区支行建设,打造"邻居银行"形象,在市纪委等部门组织的2016年度攀枝花市基本公共服务群众满意度测评中名列第一。

【强化顶层设计】 市商业银行不断优化改革发展思路和方向,拟订《攀枝花市商业银行"十三五"发展战略规划》,制定《攀枝花市商业银行信息科技"十三五"发展规划》。加快事业部制改革稳妥推进。5月,新设立同业业务管理部,推进金融市场、投行资管的转型及协同发展;落地实施小微准事业部制改革,实现分级授权审批新机制,推进分支机构与小微信贷部"并行运作",强化运行效率;房地产金融工作组事业部制改革完成前期调研,初步形成改革模式和建议方案。配套深化薪酬绩效改革。完成总行机关人员调薪;员工招聘和管理人员选聘机制得到进一步完善;全年组织2次支行部门负责人竞聘,按选聘程序开展对拟提拔人员考察等工作。

【风险和案件防范】 市商业银行以"控风险"作为工作引领,以化解和防范授信风险为重点,以完善流动性风险管理框架和加强内控内管为补充,全行风险管控能力和水平得到一定提升。主要措施有:调整充实授信风险防控领导小组,完善工作机制,发挥领导小组和问责委员会作用,强化总行的统筹指导。严控信贷投向,加强风险排查,坚持监测日报,加强客户风险识别和管理;完善处置机制,强化目标管理,把握政策导向,创新化解手段,一户一策加大处置,不良贷款增长势头得到有效控制,全年累计清收风险类贷款本息2.89亿元,化解风险类授信金额15.84亿元;派驻风险管理专员参与业务流程,强化日常监测和源头管控,实现风险管控由事后监督向事前介入、事中控制、实时监测的转变,风险管理架构进一步完善,流动性风险、市场风险、操作风险等风险综合管理能力有所提高,全行风险总体可控。

组织对各分支机构稽核检查31次，共处罚违规人员388人次，罚款金额合计16.21万元，全年未发生经济案件和安全保卫责任事故。

【管理改革】 市商业银行按照“完善机制、转变作风、提高效率”的改革目标，完善全行管理机制体制，明晰“总—分—支”管理运行架构，提升管理效率。主要措施有：稳步推进换届工作，董事会、监事会、经营层的换届方案获股东大会批准；明晰职责边界，制定《党组议事决策规则》《行长办公会议事规则》；推进大营销体系的搭建完善，总、分、支三级机构职责明确，协同推进品牌营销、产品推广、客户拓展等各项工作，创新工作方式，通过跨界合作、微信营销等方式，开展业务宣传活动；尝试开展小微客户经理内部招聘，畅通管理团队与营销团队的流动渠道；开展数据治理与大数据应用，在建成开源大数据平台上，引进华为作为第三方大数据平台，提升全行的数据管理运用能力。

【社会责任】 为推进社会责任建设，市商业银行积极做好扶贫帮困和消费者权益保护工作。为改善边远民族乡镇贫困问题，实现脱贫致富奔小康的社会整体发展目标。按照市委、市政府的统一安排和部署，市商业银行多次实地考察盐边县红宝苗族彝族乡，与县乡领导座谈，制定2016年项目帮扶方案，并选派优秀青年员工，担任帮扶的贫困村镇的第一书记，驻村精准扶贫，帮扶贫困群众脱贫，全年共投入扶贫资金107万元。向攀枝花市贫困地区农户发放支农支小额贷款，帮助贫困户项目致富。截至年末，市商业银行共发放扶贫小额信贷贫困户206户，贷款余额552.32万元。继续做好“攀枝花市商业银行爱心助学金”工作，全年度出资80万元，资助市内家庭贫困大中小学生300余人。持续开展金融消费权益保护学习、宣传、检查、落实等工作，完善金融消费者权益保护、个人金融保护相关的各项规章制度。

（李靓婧）

攀枝花农商银行

【概　况】 2016年，攀枝花农商银行设职能部门15个，营业网点70个。员工807人，其中在岗员工602人，正式退休和已离岗退养205人。截至年末，各项资产238.92亿元，各项负债220.21亿元，所有者权益18.71亿元。各项存款余额157.79亿元，各项贷款余额117.80亿元。

【根在“三农”】 以“惠农兴村”金融服务工程和“整村整社”开发工作为抓手，配合“四权”抵押贷款业务的开展，参与新一轮农村改革，致力于提供全方位的金融服务和资金支持。截至年末，涉农贷款余额58.9亿元，比年初增加7.1亿元，增长14.12%。保持基础金融服务村村全覆盖，在全市安置ATM机153台、自助服务终端22台、POS机150台、EPOS机569台。将农户贷款“整村整社”开发作为支农、惠农重要举措，建档10.69万户，评级授信5.35万户、金额15.2亿元。重推“卡贷通”自助信用贷款产品，开户1.48万户，授信金额6.03亿元，贷款余额4.45亿元。继续推行小额农贷“四包”责任制及“金融服务联络员”制度，使之成为延伸金融服务的重要补充力量。

【匡扶小微】 截至年末，小微企业贷款61.83亿元，比年初增加7.48亿元，增长13.77%，高于各项贷款平均增长0.11个百分点；小微企业户数1792户，同比增加187户；小微企业申贷获得率98.95%，同比增加0.09个百分点。主推“惠薪贷”“惠商贷”等产品，结合手机银行自助放贷，压缩服务作业流程，实现贷款最快1天办结，基本覆盖客户各类信贷需求；并持续开展产品和服务升级创新，主动对接小微客户的多样化需求，支持创业创新，开办保证保险贷款、巾帼创业贷款、“税金贷”业务等，加大小微企业贷款的发放力度。

【做优资金业务】 遵循安全、合规、效益原则，不断完善运行规则，提高富余资金营运水平，资产收益率保持在同业较高水平，及时缓冲传统业务经济周期带来的不利影响。全年在中央国债公司完成债券交割量1.22万亿元，在全国农商系统中排23名，继续位列全省第一。

【风险防控】 严防死守业务经营的生命线，将贷款风险防范、控制与化解作为各项工作的重中之重来抓。强化大额贷款风险监测。强化集中度风险监测，按月监测2000万元以上风险贷款，动态反映变化情况，及时提出防范及化解处置意见。完善大额贷款管护台账，按月统计亿元以上大额贷款管护情况，统计分析大额贷款质量迁徙情况，建立大额贷款风险监测机制。对排查出的各类风险及问题，做到真实反映、全面梳理、分析成因、评估状况、建立台账、动态监控。及时处置和化解风险。按照“边排查、边处置、边问责”的要求，一户一策制定风险防控、化解以及清收计划，并加强与法院、公安、纪检、工商、税务等部门沟通联动，及时采取各种措施，分类处置和化解风险。

【合规经营】 通过学习培训、案例警示、考试考核等方式，加强全员对宏观经济金融政策、法律法规和规章制度的掌握，树立依法合规经营意识，增强遵章守纪和合规经营的自觉性，全年组织培训、考试29次，涉及人员3000余人次。结合业务发展需要和风险控制要求，全面梳理现有制度，查找制度缺陷和空白，及时建立和修订各项制度办法，全年修订制度 17 个,新建制度 21 个,做到制度"横向到边、纵向到底、覆盖盲区"。切实发挥好内部审计在风险防控中的第三道防线作用,通过强化对重要风险环节的分析和疑点核查,及时揭露风险和排查案件隐患,并与业务条线实现审计信息共享,共同整治违规问题。

【案防安保】 持续保持案防安保高压态势,着力人防、物防、技防和制度建设,强化重点机构、重点业务和重点人员风险排查,实现全行刑事治安案件、责任性事故以及涉枪、纵火案件的"零案件、零重大责任事故"目标。落实工作部署,强化案防责任。坚持"党政同责、一岗双责、齐抓共管",以视频会议、联席会议和案防工作责任书的方式,将案防工作重点、要求落实到辖内机构,构建全员共同参与的案防责任体系。常态化检查监督,将现场检查与远程监控检查结合起来,将常规安全检查与重大节日专项安全检查结合起来。全年进行常规安全检查 529 人次,重点检查 169 人次,共投入工作日 130 个,发现隐患问题 151 个,落实整改 147 个。

【教育培训】 明确提出建立"学习型银行"的目标,构建"大培训"机制,提高员工的综合素质和人力资源的综合竞争力,打造锐意进取的增值文化。着眼于资源保障,不断加强师资和渠道建设,借助省联社大平台优势,按照"内训为主、外聘为辅"的原则建立全行共享的师资队伍,按照"内部开发为主、外部采购为辅"的原则建立课程和教案体系,并完成电子化培训系统建设,形成全员共享的教育培训模式。着眼于能力提升,持续开展员工培训工作,以向现代商业银行转型为切入点,以抓好高层管理者培训、专业职务序列培训等为重点,坚持晨会制度、每周例会学习制度,常态化业务练兵和岗位培训,人均培训每旬不低于 1 次。着眼于素质提高,深入推进岗位资格考试和在职学历教育,制定奖励措施鼓励员工自学深造,持续强化主动增值意识,提升个人综合能力。

【形象宣传】 冠名开展"2016 冠军荣耀中国行"活动、"攀枝花农商银行·川煤龙阳丽园杯"米易县第三届电视歌手大奖赛、中环天地—极地冰雪嘉年华、刷卡有礼、请你吃海鲜、送话费、红包雨等等活动,通过电台、微信、电视、LED、横幅、宣传折页等媒介多渠道、多方式投放宣传活动广告,力推"蜀信 e""卡贷通""惠薪贷""个人业务全免费""金信富"系列理财等特色产品,形成全方位的宣传网络。

【精准扶贫】 全行坚持把金融扶贫作为重大政治任务来抓,探索创新扶贫手段。以投放"扶贫小额信用贷款"为抓手,加大对建档立卡贫困户的信贷支持,帮扶贫困户发展脱贫项目。对市政府划分的"五个一批"中"扶持生产和就业发展一批"贫困户建档 1559 户,建档面 100%;累计评级授信 1559 户,授信金额 4607.20 万元,评级授信面 100%;投放贷款 873 户,金额 2617 万元,有效贷款需求满足率 100%。与木里藏族自治县人民政府、凉山州农商银行木里支行签订三方《金融精准扶贫开发合作框架协议》,出资成立产业发展基金,向木里县划拨产业发展基金 100 万元。班子成员、中层干部对米易县白坡彝族乡下辖的 3 个贫困村 88 户贫困户逐一进行一对一式入户调查,建立扶贫档案和联络卡,逐户制订帮扶计划,定期督导慰问。

(张　琬)

中国邮政储蓄银行攀枝花分行

【概　况】 中国邮政储蓄银行攀枝花分行(以下简称市分行)内设 16 个部门,其中 11 个一级部门、5 个二级部门,有营业机构 39 个;在岗员工 264 名,平均年龄 33 岁,其中研究生 5 人,占全行总人数的 2%;本科 149 人,占全行总人数的 56%;专科 98 名,占全行总人数的 36%;中专 12 人,占全行总数的 4%。截至 2016 年 12 月末,市分行资产总额 75.14 亿元,其中各项贷款余额 20.59 亿元;负债总额 74.81 亿元,其中各项存款余额 69.49 亿元,较上年末增加 5.85 亿元,增长 9.19%。全年累计实现收入 1.69 亿元,利润 4728.76 万元。资产质量保持稳定可控,公贷零不良,零售类贷款不良额较 2015 年末减少 1467.88 万元,不良率 0.73%,较去年末下降 1.31 个百分点。经营管理和员工队伍稳定,继续保持零案件、零责任事故。

【资产业务】 市分行推进金融精准扶贫工作,与地方政府签署扶贫小额贷款合作协议,建立风险补偿机制,争取到扶贫贷款专项风险补偿基金 1150 万元;全年发放扶贫小额贷款 203 笔,发放金额 525.90 万元。完善"银政、银会、银企、银保、银担、银邮"合作平台,"惠农易贷"有序开展,再就业贷款和新型农村经营主体贷款分别净增 2363 万元、1533 万元。通过调整小额贷款业务结构,降低业务风险,基本达到省分行小额贷款 3 个三分之一要求:其中小额贷款新产品贷款余额 5266.42 万元,占比 24.79%,较年初提高 7.83%。再就业小额贷款余额 6567.15 万元,占比 31.06%,较年初提高 11.11%。传统小额贷款余额 9414.27 万元,占比 44.31%,较年初下降 16.83%。市分行推进公司业务转型,公贷业务以"大交通、大能源""走政府、走总部"为抓手,成功对攀大高速、川能投盐边风电、川能投盐边光伏发电、中国十九冶集团有限公司、中冶城市建设发展有限公司授信,新投放公贷 7.25 亿元,中间业务突出"稳票据、强金融市场",累计办理票据直贴 14.75 亿元、再贴 6.66 亿元,在全省率先完成与公积金系统成功对接。

【负债业务】 市分行坚持“存款立行”理念，早安排，早部署，多点多方位营销，紧盯重点市场和重点客群，落实活动组织，推进精准营销。截2016年12月末，人民币储蓄存款余额达49.61亿元，比年初增长4.63亿元，增长率10.28%；全市市场占有率较2015年末提升0.02个百分点，达到4.84%，活期存款占比达40%。信用卡业务以“悦享567”“9元惠生活”为抓手，全年累计发卡7613张，账户活跃率47.44%，结存卡激活率68.37%，额度利率17.89%。全市自营期交保费1352.08万元，占总保费51.58%，保险产品趸交和期交结构控制较好。

【队伍建设】 市分行精简架构，整合资源，优化人员配置，于6月30日完成员工的定编定岗定员工作，精简机关岗位员工。调整后市分行机关共69人，下辖一级支行195人，其中客户经理62人，较“三定”前增加18人，客户经理占比达到23.5%，基层一线和客户经理队伍进一步充实。优化人才发展环境，加强员工队伍建设。通过社会招聘、校园招聘共录用员工7人。9月，顺利完成专业类、操作类共34名员工职级晋升工作；12月，择优选择10名劳务用工拟转为合同用工人员，优化用工结构，激励劳务工提升素质。加强干部管理，规范选人用人。制定《攀枝花市分行干部异地交流任职相关问题暂行规定》，进一步规范异地交流干部住房标准、交通待遇等；制定《攀枝花市分行领导人员管理暂行规定》，建立科学规范的领导人员选拔任用制度，从严扎实开展相关工作。注重教育培训，促进队伍建设。全年组织全行17个岗位共101人次参加邮政网络培训学院的岗位资格考试，其中92人考试合格，及格率90.1%。组织外派培训13期14人(含总行培训)，集中培训124期，2841人次，同时针对客户经理的整体素质情况，特别组织全行55名综合客户经理开展为期两天的体验式户外拓展培训，激发综合客户经理在沟通、营销上的潜能，培养综合客户经理团队协作意识，增强团队凝聚力。通过组织开展“迎新春”文艺晚会，“三八”节看电影活动，职工健步走等活动，丰富职工业余文化生活，完善“职工小家”建设。开展“冬送温暖、夏送清凉”活动，关心关注困难职工、生病员工的日常生活，让广大员工切实体会企业的温暖。进行员工生日慰问，组织全行员工健康体检，保障员工的权益。

【渠道建设】 市分行完成太平支行、金江支行、东区支行营业部网点改造工程及相应监管资料报送，有力推动网点环境改造工作，提升客户体验，同时完成人民街支行迁址资料送审审批，为下一步迁址工作打下坚实基础。继续加强营业网点的信息安全监控和设备安全管理；对部分老化自助设备进行更换并对低效ATM布局进行调整；完成网点线路扩容和双线互备改造工作；完成“一专双录”、移动展业等一系列重大系统上线工作，保障各业务系统平稳运行，促进网点转型发展。为提升农村地区银行卡受理环境，截至12月末，市分行累计发展助农取款服务点16个，辖内建设的村级电商服务站20个，农村地区ATM自助设备达15台，全年累计发生各类交易0.46万笔、81.66万元。

【风险管理】 市分行开展“两个加强，两个遏制”回头看、“内控达标年”等活动，克服复杂多变的地方经济金融环境影响，守住不发生区域性、系统性风险底线。“两个加强，两个遏制”回头看活动共发现并整改30个问题，邮银双方总共对129人进行问责(银行78人、邮政51人)，经济处罚1.53万元(银行0.35万元、邮政1.18万元)。对12名违规人员给予正向积分26分，并扣减3个一级支行领导班子成员经营管理绩效考核指标分值共计0.9分，同时依据3个一级支行经营绩效平均扣减值对市分行管理部门的所有员工进行年度绩效考核。全年，市分行组织开展攀枝花市邮政金融“内控达标年”学习活动，下发给各级机构《内控达标年学习手册》共计264本，各级机构通过采取自学、集中学习等多种方式认真学习《手册》；开展对标分析，梳理“与上市规范对标”问题10个，“与监管要求对标”问题20个，“与内控评价对标”问题30个；组织督促全行264名员工参加内控知识网络考试，员工参考率、合格率均达到100%。持续组织开展不良贷款清收专项活动，全年，全行累计现金清收回不良贷款本息合计2093.59万元(其中核销后收回475.69万元)。二、三季度不良贷款清收攻坚活动，全行收回金额769.76万元，完成计划106.17%。不良贷款清收百日竞赛活动，累计收回现金1339.49万元，完成计划317.41%。全年除开展常规安全管理及检查工作外，还按照省分行安全保卫能力提升要求，先后开展元旦春节安全大检查、营业场所安防设备备用电源整改工作、主题征文暨演讲比赛活动、强降雨灾害期间安全排查、安全保卫知识竞赛活动、安保专家库建立等活动，提升全行安保水平，确保2016年继续保持零安全事故。

【社会履职】 市分行以践行普惠金融、升级“三农”金融服务为主线，加强与地方党政、部门的汇报沟通，通过组织召开全市银企合作工作会、银企对接会、扶贫小额贷款签约会等，积极搭建平台，与仁和区政府、米易县政府、盐边县政府签订扶贫小额贷款协议，助力金融精准扶贫。通过现场调研指导贷款企业、“9元惠生活”、信用村镇建设、代发烟草款、流动服务车深入边远乡镇等举措，发挥网点遍布城乡的优势，参加养老金代发和新农保代发，保证各项资金及时兑现到老百姓手中。通过冠名赞助全市创业创新创富大赛，支持贫困地区致富带头人、返乡创业大学生、进城务工人员、返乡农民工、妇女、残疾人等群体就业创业，为劳动密集型企业、小型微型企业以及服务业的发展提供资金支持。配合地方政府部门开展就业创业技能培训服务，利用自身业务和资源优势，助推产销衔接，2016 年发放就业创业相关贷款 322 笔、金额 3048 万元。2016 年 5 月，向全行员工发出捐款倡议书，向建档立卡贫困户捐款、捐物，共收到捐款 25170 元。10 月，向定点扶贫村米易县棕树湾村建档立卡户陈明国、沈光友送去异地搬迁房屋修建的物资，折合人民币共计 37000 元。联合人行、银监分局开展"金融知识进万家""金融知识万里行"等宣传推广活动，普及金融知识，惠泽普通群众。在盐边县永兴镇、干坪子村等贫困村镇开展"送金融知识下乡"宣传活动，活动期间共向群众发放宣传材料 300 余份，现场解答群众提出的问题，进一步提高广大群众对金融工作的认识。

（何　彬）

保　险

中国人民财产保险股份有限公司攀枝花市分公司

【概　况】　中国人民财产保险股份有限公司攀枝花市分公司（以下简称分公司）下设 9 个支公司，6 家营销服务部，劳动合同员工 235 人，劳务派遣员工 17 人，保险代理人 1576 人。固定资产原值为 2780.29 万元，净值 922.79 万元。

在面临国家"供给侧"改革不断深入，攀枝花市经济持续下行，人口大量流失，传统优势业务迅速萎缩或灭失，加之"商车费改""税收营改增"和市场主体增加竞争异常激烈，截至 12 月底，实现保费收入 43182.52 万元，同比净增 868.29 万元，同比增长 2.05%；市场增速比值为 0.5，市场份额为 55.08%，同比下降 1.1 个百分点；综合费用率为 39.49%，综合赔付率为 52.46%，综合成本率为 91.95%；实现承保利润 2836 万元。

【提升"两个能力"】　7 月，四川省分公司在成都召开"县域市场发展能力提升暨车险发展能力提升专题推动会议"，会后，分公司把"提升两个能力"建设纳入重点工作日程，制订下发《提升县域市场发展能力推动方案》，方案从指导思想、发展目标、工作任务、关键举措、工作要求和任务分解落地等 6 个方面提出明确要求。为确保方案推进工作的落地，分公司着力实施组织架构、制度建设、销售队伍建设、业务管理、支持保障等 5 个方面的工作。11 月 9 日，分公司接受四川省分公司督导调研组检查，得到督导调研组认可。

【差异化配置销售费用】　为引导各支公司和全体员工，不断加大以家用车为主的分散性业务发展力度，确保把有限费用用在刀刃上，实现费用精确投放到出产能、出效益的渠道和险种上。分公司制定印发《销售费用差异化管理办法》，对车险从业务来源、销售渠道、客户群、盈利能力等维度进行分析，手续费跟单实行差异化配置；对非车险业务，向发展潜力大，盈利能力强险种倾斜销售费用，从而达到整合优化资源，明确发展方向的目的。

【业务发展】　在抓好例会经营方面。分公司坚持每月召开一次经营形势分析会，分析会包括：业务发展、费用情况、盈利情况、市场对标、车险客户群发展、客户群盈利能力、支公司续保率等方面。重在对标市场找差距，明确工作方向，同时要求各支公司和各销售团队必须定期召开相应的分析会和例会，及时了解保险市场动态，做到心中有数。

在信息技术辅助过程管理方面。为提高支公司管理能力和水平，加大销售过程管控力度，分公司开发《保费预算完成进度实时监控表》《车险客户群发展监控表》和《业务承保台账实时清单》，从交互、起保、收付等口径，对支公司车险业务发展动态，进行实时监控，将管理前置，便于及时掌握情况，发现问题，调整承保和促销政策。

在非车险承保质量方面。分公司《企财险》《意外健康险》和《责任信用险》都是处于亏损状态，分公司加大非车险产品升级改造，其效果十分明显。截至 12 月 31 日，《意外健康险》实现承保利润 28 万元，《责任信用险》实现承保利润 260 万元；《企财险》实现承保利润 965 万元。

在车险发展方面。为巩固车险存量，强化续保，分公司制订车险续保制度和流程，开发续保管理工具。通过加大对支公司续保业务的考核力度。使分公司整车续保率为 78.16%，继续保持全省第一。针对可保资源减少，市场竞争加剧，业务增长乏力的情况，分公司始终坚持费用对标市场，回馈客户促销活动不断，促进家用车快速发展。

在农险业务发展方面，分公司狠抓承保理赔质量，增强过程管控，加大自查自纠、案件复查和责任追究力度，加强对农验工作人员业务培训、职业道德和警示教育力度，不断净化农险队伍，分公司农险业务质量有大幅提升。全年，实现农险保费收入1511.28万元，同比增长1.23%。

【加大监察合规力度】 3月15日，四川省分公司召开2016年纪检监察审计工作视频会后，攀枝花市分公司召开全市系统纪检监察暨合规工作会议。会上，对省公司印发的党纪党规专项教育活动方案和"两学一做"教育实施方案进行宣导，制定《2016年纪检监察工作要点》《2016年合规工作要点》《2016年再转授权书》和《2016年权责手册》。为把纪律挺在前面，组织各支公司、机关各部、营销服务部负责人和理赔中心员工，分别签订"依法合规经营""全面从严治党""理赔合规"承诺书和责任状。根据省公司和监管部门的要求，分公司对中央巡视反馈的意见建议，开展整改任务清单、"三重一大"、"三公"经费、非法集资、"两加强、两遏制"回头看和反洗钱等一系列自查自纠工作。搞好干部任前谈话、双向约谈和纪委向党委反馈意见建议工作。协助成都监察稽核中心，完成瓜子坪支公司经理任期内经济责任审计工作；经省公司同意，自主完成炳草岗支公司经理的离任监交工作。通过上述扎实有效工作，筑牢不敢腐、不能腐、不想腐的坚实防线。

【重大赔案】 6月13日，攀钢(集团)朱家包包铁矿向分公司"95518"报案称，当日12时许在"1196"站附近，360号机车牵引12节重车因失控冲向民房，造成车上人员受伤、民房倒塌，车辆受损。分公司立即派遣查勘员同该矿相关人员赶赴事故现场，经确认：此事故造成职工4人受伤、第三者1人被埋压死亡、5户居民房屋及室内财产受损、火车机车及5节车厢受损，分公司支付财产险赔款404.70万元，公众责任险40.73万元。

5月2日，分公司承保的川D/S4351东风日产轿车，由潘某某驾驶从盐边县城到桐子林镇安宁村，当车驶过省道310线207KM+300M岔路口450余米处，潘某某误认为已过高速岔路口，左转弯越过公路中心双实线掉头，在大车道行驶百余米后，在省道310线宁华路K206+950从大车道变更小车道，再次左转弯掉头过程中，车辆左前部与后方往雅江桥方向直行，由王某驾驶的川DB0760时代牌轻型厢式货车右后侧货厢相碰剐，致使川DB0760货车向左驶出路外绿化带，撞毁护栏坠入金沙江中沉没，造成川DB0760货车驾车人王某和乘车人朱某死亡、唐某失踪，以及两车受损和路边绿化带、护栏受损的较大道路交通事故。经现场查勘认定，属保险责任，分公司支付交强险赔款11万元，商业险赔款100.29万元。

(李　艳)

中国人寿保险股份有限公司攀枝花市分公司

【概　况】 2016年，中国人寿保险股份有限公司攀枝花市分公司(以下简称分公司)下设8个支公司(仁和区支公司、米易县支公司、盐边县支公司、河门口支公司、陶家渡支公司、瓜子坪支公司、银保专业化公司炳草岗支公司、团险专业化公司大渡口支公司)及个险专业化公司炳草岗营销服务部。全年，分公司有在职员工142人，其中：机关71人，基层71人；中层及以上领导干部34人；在职员工中本科及以上学历69人、大专学历58人、中专及高中学历15人。截至年底，分公司个险渠道共有保险营销员1632人；团险渠道共有销售人员68人；银保渠道共有保险规划师242人。

2016年分公司实现总保费收入5.28亿元，同比增长9.2%。其中：普通寿险保费收入2.78亿元，占比53%，同比增长16%；分红寿险保费收入1.74亿元，占比33%，同比减少4%；长期健康险保费收入3631万元，占比7%，同比增长15%。短期意外险保费收入1378万元，占比3%，同比增长13%；短期健康险保费收入2611万元，占比5%，同比增长29%。实现新单保费收入2.3亿元，占比44%，同比增长2%；续期保费收入2.98亿元，占比56%，同比增长16%。新单保费中：首年期交收入1.05亿元，同比增长32%；趸交保费收入8512万元，同比减少25%。分公司经营状况正常，费用和工资双节余。分公司全部业务占全市保险市场份额的36.34%，继续保持本地寿险市场领先地位。分公司总资产24.12亿元，较年初22.83亿元增加1.29亿元，增长5.65%。负债总额28.11亿元，较年初25.78亿元增加2.33亿元，增长9.04%。其中：未到期、寿险、长期健康险及未决赔款责任准备金24.49亿元，占总负债87.12%。全年赔款支出1740万元，其中健康险赔款支出904万元，占比52%，较上年同期增长9.8%。意外险赔款支出836万元，占比48%，较上年同期增长33.5%。短期险简单赔付率43.6%，较上年同期减少1个百分点，其中健康险34.6%，同比减少6个百分点；意外险60.7%，同比增长9个百分点。保费收入同比增长9.2%，赔款支出同比增长20.1%，赔款支出增幅高于保费收入。全年各项给付支出3.13亿元，同比增长100%，其中：死亡给付734.1万元，较上年同期增长12%，伤残给付3万元，较上年同期持平，医疗给付533.1万元，较上年同期增加89.2%，满期给付2.80亿元，较上年同期增长103.4%，年金给付1946.2万元，较上年同期增长119.5%。退保金1.12亿元，同比减少34.6%。其中：个险渠道退保2649.2万元，占比23.7%，同比减少11%。银保渠道退保8378.9万，占比75%，同比减少40.5%。2016年分公司总计缴纳各项税款753.8万元。

【业务发展】 个险渠道完成首年标准保费3619万元，预算完成率97.8%，预算完成率全省排名第14位，同比负增长7%，完成首年期交保费9109万元，预算完成率130.1%，预算完成率全省排名第9名，同比增长39.1%；完成10年期及以上期交保费5264万元，预算完成率89.6%，预算完成率全省排名第15位，同比增长34%；完成短期险保费1572万元，预算完成率96.4%，预算完成率全省排名第10位，同比增长9.2%。受宏观经济影响，市场低迷，2016年分公司传统优势的煤矿、钢铁及其相关业务市场继续萎缩。短险业务实现同比正增长，完成短期险保费2385万元，预算完成率112%，同比增长612万元，同比增长34.7%，预算完成率全省排名第3位，其中意外险726.5万元，健康险1658.5万元；其中，农村小额保险219.4万元，小额信贷51.1万元，关爱女性276.7万元。；银保渠道完成首年标准保费308万元，预算完成率94.9%，预全省排名第10位，同比增长46.8%；完成长险首年保费9962万元，预算完成率98.6%，全省排名第12位，同比负增长15.9%；完成首年期交保费1593万元，预算完成率99.5%，预算完成率全省排名第11位，同比增长28.3%，完成10年期及以上首年期交保费373万元，预算完成率139.2%，预算完成率全省排名第12位，同比增长199.3%；完成趸交保费8370万元，预算完成率98.5%，预算完成率全省排名第14位，同比负增长20.9%；完成短期险86万元，预算完成率35.9%，预算完成率全省排名第19位，同比增长216%。

【队伍建设】 为持续推进扩量提质队伍建设策略，2016年，分公司继续坚持以队伍建设驱动业务发展的工作思路，与业务发展同安排、同部署、同考核。在总省公司队伍常态动作2.0体系的“三大俱乐部”的总体思路下，制定“经理人俱乐部方案”，坚持常态工作的同时，适时开展集中式增员活动，切实推进331组织架构和职场标建。2016年年底，全市个险销售队伍持证人力1632人，同比增长8.94%，月均增员率8%；收展队伍2016年共上编164人，有效人力108人。保险规划师队伍持证人力242人，同比净增162人，同比增长302%，完成全年目标的128%，完成率排全省第三；保险规划师月均举绩人力目标60人，实际完成72人，完成率120%；主管队伍33人，同比净增20人，同比增长253%，主管队伍与整体队伍比值1∶7.15，状态优良。

【客户服务】 全年满期、退保给付专项工作继续面临巨大压力，为杜绝恶性事件发生，坚守不出现群体性事件为底线。分公司提前安排部署，将被动维稳与满期转保有机结合。对满期业务实施集中办理，采取专柜及柜员集中处理模式，提高处理时效，减少客户临柜聚集，确保柜面正常运营。截至12月20日，满期预测件数8752件，已办理给付8291件，满期给付进度94.62%，排名全省第一；满期预测金额25631.78万元，已办理给付金额23529.62万元，满期金额给付进度93.88%，排名全省第四位。

着力开展互联网推广工作。加大柜面及销售职场宣导力度；采取奖惩结合，逐日督导等手段和措施，将e宝账绑定纳入柜员量化考核，将保全电子化推广及微回执核销等工作与柜面负责人绩效挂钩，收到明显成效。截至12月底，e宝帐绑定工作名列全省第一、电子化保全推广和微回执核销也分别跻身全省第六、第七位。确保互联网服务的整体推进。

为进一步提高客户满意度，创造良好的销售环境，开展智能及移动理赔推广工作。采取责任到人、每日通报、对推广不力的柜面点名批评一对一辅导等措施。年底，理赔外包案件实现100%推送，试点的两个移动理赔网点（盐边渔门、米易丙谷）均提前达成目标并获省公司“推广之星”奖励；微信理赔覆盖率提高到13.81%，进入全省第六位，移动理赔服务工作进一步深入。

面对2016年持续高位的银邮满期、退保给付压力，以及日益增多的个险、理赔投诉，继续坚持热情接待、耐心沟通、妥善处置客户纠纷的原则，快捷、有效化解客户投诉。加强日常对支公司客户纠纷的追踪督导，指导基层及时妥善化解客户纠纷。全年，共接到客户投诉400余起，均做到妥善处理，坚守不发生群体性事件底线。

【内控合规】 分公司不放松强化内控管理和风险防范，抓好内控合规相关工作的落实，不断夯实风险管控基础，促进公司业务持续健康发展。为防范关键岗位风险，对照总公司下发的新关键岗位标准，完成人员的清理；抓好反洗线工作，面向员工抓好反洗钱培训，强化反洗钱风险意识，确保公司合规经营；由监察部牵头，各支公司、机关各部门共同参与，启动非法集资专项治理工作的教育宣导及风险排查治理工作，在全市范围内组织开展非法集资的专项治理工作，通过监测排查，分公司未发现案件线索，无非法集资风险隐患。

【重大赔案】 3月8日，客户徐某向分公司报案称被保险人邓某于3月7日因左手被机器绞伤在市中西医结合医院接受住院治疗。经查投保人市明建工贸有限责任公司于2015年5月28日在分公司为被保险人邓某投保国寿绿洲团体意外伤害保险（A型）（2013版），基本保险金额60万元，国寿附加绿洲意外费用补偿团体医疗保险（2013版）、意外伤害医疗保险2万元，被保险人出险时保险合同有效。接到报案后，分公司调查人员对被保险人邓某的出险情况进行调查核实，根据调查属于保险责任，被保险人于2016年8月12日在鉴定中心申请鉴定后鉴定中心根据《人身保险伤残评定标准》鉴定为陆级伤残情况属实。分公司根据合同约定支付伤残保险金30万元，医疗费用2万元。

4月5日，分公司调查人员接到业务员张朝莲电话报案称被保险人何某于4月5日在务本乡大河沟煤矿作业时掉入煤仓死亡，出险后未向任何单位报案。被保险人何某于2016年1月6日由四川省恒鼎实业有限公司在分公司为其投保国寿绿洲团体意外伤害保险（B型）（2013版），意外伤害保险金额20万元，保单未指定受益人，出险时保单正常有效。接到理赔报案后，分公司调查人员来到仁和区务本乡大河沟煤矿对被保险人何某的出险经过及身份进行调查核实，通过调查未发现风险，证实被保险人何某于4月5日在井下内煤仓工作时不慎掉入煤仓内窒息死亡情况属实。本案煤矿事故根据保险合同约定分公司支付死亡保险金20万元。

7月18日，被保险人妻子彭某向分公司报案称被保险人徐某于7月18日凌晨回家途中不慎从路边摔下导致死亡。投保人徐某于6月25日在分公司为自己投保国寿绿舟意外伤害保险（2013版）两份，意外伤害医疗基本保险金额16万元，于6月24日国寿综合意外伤害保险两份，基本保险金额24万元，被保险人出险时保险合同有效。接到报案后，分公司调查人员通过多方调查对被保险人徐某的出险经过进行调查核实，通过调查未发现风险，调查证实出险人和被保险人为同一人，根据调查属于保险责任。分公司根据保险合同约定支付意外伤害身故保险金共计40万元。

（唐代俊）

中国平安财产保险股份有限公司攀枝花中心支公司

【概　况】 中国平安财产保险股份有限公司攀枝花中心支公司（以下简称支公司）是中国平安财产保险股份有限公司四川分公司21家网点之一。支公司下设团体业务部、车商业务部、综拓业务部、新渠道业务部、代理业务部、银保业务分部6大销售业务部，业管部、农险部、综合管理部、客服理赔部、总经理室5个职能部门及西区支公司、米易支公司、仁和营销服务部、盐边营销服务部4个下属四级机构。2016年，支公司共有员工104人，其中本科及以上学历59人、大专学历45人。支公司经营范围涵盖责任险、个人财产险、企业财产险、货运险、工程险等10类200多个险种业务，支公司以专业的技术、丰富的经验为全市各类客户提供大量不同险种的投保、风险查勘及咨询服务，根据客户具体需求设计个性化的保险服务方案。

2016年，本地市场份额达到21.89%，同比提升1.45个百分点；保费收入约1.72亿元，同比增幅11.49%，高于市场平均增速7.4个百分点。在发挥保险保障职能方面，攀枝花中心支公司一直致力为社会提供全面风险保障和经济补偿。全年赔款结案16981件，为各类客户提供1.1亿元保险补偿。地方税金合计缴纳1947.96万元。

【合规建设】 2016年，支公司通过合规制度的制定、制度检视、制度文件管理、执行检查，形成完整合规的制度体系及管理流程。通过定期及不定期反洗钱宣传培训，形成自觉学习的良好态势，公司反洗钱监管考核评级为A级。为加大防范和打击非法集资及反洗钱宣传力度，支公司在柜面及客服大厅发放对防范和打击非法集资及反洗钱相关宣传资料、手册及彩页等，在职场公共区域专门设置防范和打击非法集资及反洗钱宣传栏，定期对防范和打击非法集资及反洗钱知识进行更新宣传。

在全保险机构开展的“两个加强、两个遏制”回头看合规专项活动中，支公司活动开展情况获得分公司的高度肯定。支公司与外部监管机构及内部稽核部门时刻保持良好沟通，定期汇报交流，保证公司各项合规工作顺利开展。

【业务创新】 平安财产保险公司率先推出平安专利险，在保险期内被保险人专利权被侵权，对于首次提出的立案/受理前调查费用、法律费用以及直接损失均可以进行赔偿申请；平安公司推出的平安建设工程施工合同履约保证保险，保险责任包含投标保证保险、履约保证保险、支付保证保险，约定投保人存在违约撤标、串标、弄虚作假等实质性违约行为，转包、违法分包、设备材料不合规、工程质量不符合要求、私自撤回工程物资、工期延误等其他未按照《建设工程施工合同》约定履行实质性义务的违约行为，或者未及时支付职工工资，拖欠供应商、分包商的材料款、工程款、劳务款等费用，给被保险人造成经济损失的情况均可申请保险赔付。

推出农副食品授权商家保真责任保险，明确规定在保险期间内，消费者在位于保单载明的销售区域内的被保险人直接授权商家处购买农副食品，在其收货日起30天（含）内，经保单载明的鉴定机构鉴定所购农副食品不属于被保险人认可并授权该商家销售的，消费者可向被保险人提出赔偿请求，且投保人一旦选择投保，即为该授权商家范围内销售的每一笔承保范围内的商品订单投保，不得选择性投保。

【客服创新】 支公司以客户为中心，持续深入推出“车险人伤三者暖心服务”项目，简化理赔资料，实现一证“闪垫”支付，商业险项下“及时预赔”；“平安电话直赔”“微信查勘”

“修理厂自助理赔”“口袋理赔项目”，对于小额案件自助拍照、无须填写单证、无须现场等待查勘员，直接线上赔付，简化流程节约时间，提升客户体验；“赔款直接支付第三方”项目，及时解决异地修车费用支付问题，让三者客户体验平安优质、快速的理赔服务；“高峰快闪”项目，高峰时段，小额单方或多方事故，可线上指引客户快速撤离现场，免现场查勘，免现场等待等，有效解决高峰时段、拥堵区域，发生的现场小额事故，客户等待时间较长，现场查勘时效无法保证问题；“小安理赔指引、查勘位置可视化、查勘服务点评”项目，让客户对查勘人员的位置、理赔流程一目了然，化解客户出险后焦虑无助情形；微信自助承保、报案、理赔，推出“平安产险四川”及“平安产险”专业微信服务公众号，客户可在微信上实现承保、报案、理赔、救援、查询、咨询等系列服务；服务“N+1”推出，提升出险客户体验，树立公司在市场上良好的口碑，助推前线业务发展。2016年，支公司与医院合作搭建“商保通”平台，与医院联网直赔，解决患者来回奔波；公司专业法律及医疗人员参与调解工作，协助政府解决重特大事故。

【重大赔案】 6月4日晚9时左右，支公司承保的钢城集团某球团厂遭受暴风雨，球团厂脱硫生产线烟囱因暴风部分垮塌，造成烟囱、烟囱外固定钢结构塔、塔基底面基础受损以及2台脱硫塔抽风电机受损。当时现场一片混乱，客户向钢城集团汇报后钢城集团立即向“95511”报案。支公司接到报案后，第一时间向产险四川分公司报告案件情况，四川分公司立刻安排行业内专业人士第二天赶到米易县与支公司查勘员汇合，完成损失情况的收集。客户告知因环保要求，他们的脱硫塔必须要短时间内尽快恢复，但抢修期间费用很高。在核对损失后经过多次协商，最终与客户达成赔偿协议并快速支付赔款，财产综合险共计赔付75万余元。

6月19日，客户赵先生驾驶标的车在攀枝花盐边桐子林与摩托车发生事故，导致三者张某当场死亡。支公司赔付于7月7日到账550633元。经过18天时间，查勘、定损、调解、赔付工作全部完成。

（李雪兰）

中华联合财产保险股份有限公司攀枝花中心支公司

【概　况】 2016年，中华联合财产保险股份有限公司攀枝花中心支公司（以下简称中支公司）内设综合管理部、财务会计部、业务管理部、客户服务部4个职能管理部门，下辖1个营销服务部、2个支公司及2个直属业务部门。中支公司共有员工39人，较2015年减少1人，营销人员35人，较2015年增加1人。固定资产原值为129万元，较2015年减少5万元；净值为33万元，较2015年减少10.9万元。主要有机动车辆保险、企业财产损失保险、家庭财产损失保险、建筑工程保险、安装工程保险、货物运输保险、能源保险、一般责任保险、飞机保险、航天保险、核电站保险、一般责任保险、短期健康保险和意外保险等158个险种，较2015年增加1个。

中支公司以“制度为本、效益为先、发展为要、创新为魂”，夯实“制度建设”基础，坚守“承保盈利、合规经营”两条底线；落实“成本管控、能力提升、创新变革”三大任务，发展与改革“两手抓、两手硬”；坚持绩效考核与问责、改革创新两大导向；突出理赔降赔、车险发展、非车险增长点；强化人才队伍、资源整合、内控合规、客户服务四大保障；把握好思想宣导与理解执行，严格考核与爱护激励“四对关系”；全员建设规模、效益、稳健、美誉、幸福五个“攀枝花中心支公司”，全面提升持续盈利能力，推动中支公司全面发展。全年实现保费收入4014万元，较2015年同期增加751万元；赔款总支出1788万元，较2015年同期减少101万元；简单赔付率为44.54%，较2015年同期减少13.26%，综合赔付率为52.91%，较2015年同期增长1.02%；全年盈利186万元，较2015年同期减少148万元；全年缴纳各种税金186万元，较2015年同期增加18万元。

【重大赔案】 9月9日，李某驾驶由中支公司承保的川DS0868号小型轿车沿京昆高速往西昌方向行驶，当日12时20分行驶至京昆高速成都至西昌方向K2158+120处，由于驾驶员李某操作不当致使车辆与在高速公路应急车道行走的行人鲁都相撞，造成行人鲁都当场死亡及川DS0868号小型轿车车身不同程度受损，经交警及中支公司现场查勘，认定为保险责任，按照相关保险条款规定于11月10日支付赔款，共计166021.38元。

10月20日22时左右，简某鑫驾驶由中支公司承保的车牌号为川DQJ866的小型客车，沿炳清线由弄弄沟往东风方向行驶至炳清线攀钢热轧门岗路段时，因未与前方保持必要的安全距离与游某驾驶的同向行驶的车牌川DY7777的小型客车追随碰撞，致使双车受损以及川DQJ866号车上乘坐人员邹某受伤。经交警及中支公司现场查勘，认定为保险责任，按照相关保险条款规定，于12月5日支付赔款，共计106716元。

7月3日凌晨，何某驾驶由中支公司承保的机件不符合标准的川AL7507号豪泺牌重型自卸货车沿G108线由新津县往邛崃市方向行驶。3时50分许，何某驾车行驶至G108线K2292+200处越过中心双实线实施左转弯往羊安镇老纸厂大门口内行驶时，遇杨某驾驶机件不符合技术标准且未定期进行安全技术检验的川Z2832C号山洋牌正三轮载货摩托车沿 G108 线相对方向直行至同一地点,两车相撞,造成双车受损,杨某死亡。经交警及中支公司现场查勘,认定为保险责任,按照相关保险条款规定,于 11 月 30 日支付赔款,共计 454592.61 元。

(唐健强)

阳光财产保险股份有限公司攀枝花中心支公司

【概　况】 阳光财产保险股份有限公司攀枝花中心支公司(以下简称中支公司)成立于 2007 年 10 月,主要经营机动车辆保险、企业财产保险、家庭财产保险、工程保险、货物运输保险、责任保险、信用保证保险、综合险类、短期意外险和健康险等 10 类 100 多个险种保险业务和再保险业务。

截至年底,中支公司有员工 17 人,其中非销售类员工 11 人、销售类员工 6 人,内设 1 室 3 部及 3 个销售团队,即总经理室、综合管理部、客服部、理赔服务部、直属业务团队、车商团队、综合开拓团队。有一家四级分支机构(阳光财产保险股份有限公司米易支公司),该支公司于 2015 年 5 月 8 日成立。

截至年底,中支公司累计保费收入 1480.70 万元,占攀枝花市场份额 1.89%。其中,车险保费收入 1358.81 万元,财产险保费收入 47.91 万元,意外险保费收入 74.14 万元,整体赔付支出 691.91 万元。

【财务管理】 为进一步落实“创造价值　共同成长”的核心价值观,有效推动公司战略转型,提升盈利能力,打造低成本竞争优势,实现产险的健康奔跑,在《2015 年分支机构“三率一额一池”差异化价值管理方案》的基础上,结合 2015 年实际执行情况,以“价值发展、效率提升”为主线,深化“三率一额一池”管理模式,通过与生命表管理模式有机结合,落实差异化分类管理,严格费用使用及预借管理,提升资源使用效率,持续优化经营成本率,打造产险低成本竞争优势。

【客户服务】 中支公司在持续推出“六免两优”客户服务及网电非事故车辆道路救援服务基础上,推出老板安心系列、洗车天气险两类产品。老板安心系列产品涉及行业包括餐饮、美发、娱乐、中介服务、健身、旅馆、商超,可解决小商铺经营风险问题。洗车天气险根据客户旅行遭遇恶劣天气的“痛点”体验,与外部天气公司华风合作,利用大数据平台,是行业首款洗车天气保险产品,以解决广大车主洗车烦恼。

【理赔服务】 中支公司积极响应政府及上级公司号召,顺应市场,积极推进闪赔升级服务。互联网方面,为简化理赔步骤提升赔案速度,已全省覆盖“一键赔”功能。客户可以通过以上平台实现小额无争议案件自助现场连线查勘后台收集理赔资料,直接赔付,客户最快可在 30 分钟内收到赔款。同时,推出以车物闪赔、人伤闪赔、赔款预付等阳光特色理赔服务。

【重大赔案】 10 月 10 日,中支公司承保的客户卢某某驾驶车牌号为川 DJ8370 的被保险机动车辆,在四川省攀枝花市东区渡口桥路段行驶时,撞到三者电瓶车,三者人伤伤情严重。经查勘认定,属于保险责任,中支公司支付赔款 23 万元。

10 月 4 日,中支公司承保的客户陈某某驾驶车牌号为川 WFF229 的被保险机动车辆,在四川省凉山州会东县行驶时,撞到三者摩托,标的车辆受损,三者乘客当场死亡,经查勘认定,属于保险责任,中支公司支付赔款 24 万元。

(余水莲)

中国太平洋人寿保险股份有限公司攀枝花中心支公司

【概　况】 2016 年,中国太平洋人寿保险股份有限公司攀枝花中心支公司(以下简称中心支公司)设行政人事部、财务会计部、个险业务部、法人业务渠道中心、服务营销部、营运部等 6 个部门,下设 4 个四级机构,包含 2 个支公司(即东区支公司、米易支公司),2 个营销服务部(即西区营销服务部、仁和营销服务部)。

在“以客户需求为导向”的战略转型指导下,中心支公司推动实施销售转型、服务转型,业务内涵价值稳步提升。全年完成保费收入 11676 万元,较 2015 年增长 40.93%;全年接到理赔案件 2141 件;实际赔付 2141 件,结案率 100%,实际赔付件数较 2015 年增长 5.7%;全年理赔、给付金额 595.76 万元;无一起投诉。

【制度建设】 中心支公司把统一发展思路,增强发展意愿,培养干部员工的适应力,树立干部员工的自信心、责任感,激发干部员工的工作激情作为重点工作常抓不懈,把“健康、幸福”作为中心支公司的愿景文化,坚持“一手抓业务,一手抓管理,两手抓,两手都要硬”原则。

中心支公司重视企业文化建设,组织全体员工召开“文化引领发展,共筑精神家园”企业文化建设研讨会,就企业文化建设重要性做宣导,对企业文化建设提案工作进行部署。会议要求各部门高度重视,以“诚信天下、稳健一生、追求卓越”的企业核心价值观为主体,鼓励全体内外勤人员建言献策,形成建设性意见。

为提升管理的专业化、集约化、规范化水平,全面加强和改善各项内部管理工作，中心支公司修订《攀枝花中心支公司〈保险公司服务评价管理办法（试行）工作方案〉实施细则》《中国太平洋人寿保险股份有限公司攀枝花中心支公司车辆管理办法》《中国太平洋人寿保险股份有限公司攀枝花中心支公司物品出入库管理办法》等多项制度，坚持向管理要效益，通过管理促发展。

财务管控方面，为做到节约费用，中心支公司一方面抓业务发展，一方面抓费用管控，严格执行《中国太平洋人寿保险股份有限公司攀枝花中心支公司日常费用管理办法》《中国太平洋人寿保险股份有限公司攀枝花中心支公司预算管理办法》等制度，使财务费用得到合理管控，实现财务费用收支平衡。通过一系列的措施，促进团队的稳定和管理工作的加强，内控机制得到强化，风险得到有效控制，全年没有发生一起安全生产事故。

【客户服务】 2016年，为贯彻中国太平洋人寿保险股份有限公司倡导的"关注客户需求、改善客户界面、提升客户体验"服务理念，拉近与客户间距离，树立良好服务形象，中心支公司开展"3·15"诚信服务宣传、"保险，一切更简单"、"关注'中国太保'微信服务号送礼品""金卡客户免费体检""'移动保全'服务体验"等活动。推广保全GPS上线，提升客户的一站式服务体验。通过推广"中国太保"微信服务平台，提供更便捷的保单查询服务及咨询服务。

中心支公司通过持续推动神行太保新技术运用，以电子签名、电子回执、好声音回访、增员APP、移动理赔、移动保全、电子信函等为载体，提高内外部客户关注的保单时效性、准确性，回访的便捷性、服务的舒适性、增员的科技性等，延伸服务半径，拓展服务时间，改善内外部客户体验，打造"在你身边"的保险公司形象。

【产品开发】 2016年，中心支公司在实行业务集中管理基础上，以新型分红险产品为重点，不断推出新产品。个人业务推出《东方红·老来福（分红型）》《东方红·少年智（分红型）》《东方红·满堂红（分红型）》《金佑人生（重大疾病保险）》《利赢年年年金保险（分红型）》《爱无忧两全保险》《幸福相伴（尊享版）两全保险》《安行宝两全保险2.0》等保障型保险产品；团体业务推出团体综合医疗保险等保险产品。继续推广《团体人身意外伤害保险》《安贷宝意外伤害保险》《乘客人身意外伤害保险》《学生平安保险》等险种；银邮业务推出《鸿利年年年金保险（分红型）》《鸿鑫人生两全保险（分红型）》《安行宝两全保险》附加《安行宝重大疾病保险》等保险产品。

【重大赔案】 被保险人程某某，系泸州太昌建筑安装工程有限公司员工，于2013年6月4日投保建筑工程（B）团体意外伤害保险，2014年8月7日9：00时许，被保险人程某某于金联御都2号楼26楼跌落至地面，当场死亡。2016年1月12日受益人向中心支公司提交理赔资料，经调查核实，被保险人确属保险责任范围。中心支公司于2月15日完成理赔，并给付保险金额20万元。

被保险人王某某，系攀枝花市米易县白马镇马槟榔村牛泥塘社60号村民，于2015年2月6日在攀枝花农村商业银行股份有限公司白马分理处贷款15万元，并以同等贷款金额作为保险金额购买安贷宝意外伤害B款保险，保额15万元整，贷款及保险期限均为一年。2016年1月8日，被保险人王某某于京昆高速K2067+700路段应急车道等待对车辆进行维修时被第三方车辆碰撞，当场身故。受益人于2016年2月底向中心支公司提交理赔申请资料，公司在接到理赔资料后，开启快速理赔机制，于3月22日在白马镇进行现场理赔，将15万元理赔款交到受益人手中。

被保险人李某某于2010年4月3日投保"金泰人生"重大疾病险10份，保额10万元。2016年9月28日，在四川大学华西第二人民医院确认为子宫内膜癌早期。11月10日，客户向中心支公司报案并提供相关资料，公司第一时间调取华西医院病历，经核实被保险人出险事由真实，符合金泰人生重大疾病申请条件。11月16日，中心支公司快速理赔，向被保险人支付重大疾病理赔及关爱金共计10.84万元。

（李　萱）

证　券

华西证券攀枝花营业部

【概　况】 2016年，华西证券攀枝花营业部（以下简称"营业部"）拥有注册投资顾问、注册会计师、经济师、助理工程师、律师等专业人士共计78人，其中投资理财专业服务团队50人。营业部始终坚持贯彻落实证券行业监管部门和市委市政府的决策部署，围绕攀枝花经济社会发展大局，立足行业，探索金融创新，为个人投资者的财富管理提供多元化的投资产品、工具和系统解决方案，同时也为本地区企业解决资产管理和投融资等问题。

营业部拥有客户近13万人，全年实现交易量545.43亿元，较2015年下降64.26%。

【管　控】 营业部倡导合规文化建设，营造合规发展的人文环境和发展观，重视风险教育和职业道德教育，通过做好合规指导、合规培训、合规检查、合规处置，确保营业部经营行为与监管部门及公司总部要求保持一致。

营业部通过反洗钱工作小组、反恐融资工作小组、投资者教育工作小组、打击非法证券交易活动工作小组等专项工作小组，为各专项工作开展提供组织保障。全年，营业部累计组织员工开展各类合规培训、教育27次，合规检查5次，在运行管理、客户服务、市场营销、反洗钱、投资者教育等工作中，均实现零违规和零投诉，再次获评“2016年度四川省反洗钱工作A类单位”。

【财富管理】 随着居民财富积累的不断增长，全国的财富管理行业正在快速的发展阶段。由于投资者的财富积累过程、投资经历以及人生阶段的不同，决定投资者需求的多样化。

营业部始终致力于提升整体服务能力与团队的专业水平，通过“一对一”的顾问式服务，在带给客户良好体验的同时也不断地提升客户黏度和满意度。运用线上服务平台为客户传递及时、丰富的资讯，让客户拥有一个便捷、省心的用户体验；定期举办股民学校、季度报告会、片区投资策略报告会等线下特色活动，为客户提供一个自由交流、学习提升平台。营业部不断努力向具有特色的客户服务模式迈进，针对客户不同的风险偏好及其投资目标来制定适合客户的投资理财规划、提供与之匹配的财富管理服务以及合理的资产配置。始终坚持“简单您的投资、轻松您的未来”的初衷，不断践行“祝您成功、共享成果”的价值理念。

营业部立足客户多元化的财富管理需求，依托公司强大产品研发平台，在为投资者提供股票、基金、债券等传统投资产品外，还推出本公司的集合资产管理计划系列金融产品、融资融券等信用交易类业务等，以及收益稳定的低风险理财产品。随着互联网金融不断发展，公司于8月提出“168计划”即“金融革新超越计划”，以便更加安全、便捷、高效地为投资者提供多元化财富管理解决方案。

【服务实体】 营业部发挥攀枝花市资本市场专业顾问作用，助推本地区资本市场发展，为本地区企业提供资本中介服务，包括中小企业私募债、定向资产管理、信托计划、直投、股权融资等。营业部响应市委、市政府提出的金融生态建设及多层次资本市场建设，为实体企业借助资本市场稳健发展出谋划策。

公司辅导四川东立科技股份有限公司2015年在新三板挂牌，2016年帮助该公司定向发行1000万股，募集资金2100万元；公司辅导攀枝花秉扬科技股份有限公司于1月成功在新三板挂牌，并在12月定向发行500万股，募集资金1190万元；公司作为主承销商，为在攀枝花企业申报10亿元不超过10年期的项目收益债券，至2016年年底正在积极开展申报发行中。同时营业部开展企业融资顾问服务，利用金融租赁、信托、股权质押融资、约定式购回等融资方案，帮助攀西周边企业解决融资难、融资贵的难题。

【投资者教育】 为了保护投资者的合法权益，引导投资者树立正确的投资理念和投资模式，学习投资理财的必要知识和技巧，使投资者专业水平及风险防范得到普遍提高。让投资者知道如何从自己的年龄、收入、风险承受能力和预期收益等方面出发，选择适合自己的产品，注重入市时机，进行谨慎投资，有效防范风险。同时，通过投资者教育，使投资者掌握必要的新业务、新产品和新市场的基本知识，争取为他们提供最佳交易、最佳委托和最佳理财服务。

面对各种场外配资、非法集资、P2P等互联网金融及多种类金融业态的冲击，营业部从保护投资者权益的角度出发，利用办公现场、短信、电台、股民学校、季度报告会等开展形式多样的投资者教育活动，从总部财富中心邀请分析师为客户讲解投资策略和投资热点。其中：举办季度报告会3场，股民专题讲座93期，累计发送5843575条投资者教育短信。全年投入投资者教育经费共计93.7万元。

【安全工作】 营业部坚持日常及节假日值班制度，采用“员工+保安”双人值班制，在中午休市期间和节假日期间对营业部现场安全情况进行巡查。累计安排员工及保安节假日值班96人次。坚持开展应急演练工作，全年累计开展应急演练4次，应急演练项目包括消防、防震、防内涝、电力故障等内容。营业部未发生一起重大安全事故及群体事件。

（刘叶青）

信息产业

中国电信攀枝花分公司

【概　况】 2016 年，中国电信攀枝花分公司（以下简称市电信公司）始终坚持政府引导，按照集团、省公司战略，坚定不移，创新不息，加速推进网络演进重构，做领先的综合智能信息服务运营商，助力网络强国，服务社会民生。

公司宽带出口总带宽达 340G，光纤宽带形成 30M 起步、100M 主流、1000M 引领的格局；无线网络覆盖率达 98%，4G 天翼用户上网平均速率达到 54.21Mb/s。

2016 年公司有员工 519 人，合作渠道近 400 家，提供就业岗位超 2000 余个。公司坚持良好的企业文化，尊重人才、用好人才，吸收新鲜血液，促进队伍年轻化，充分发挥人才资源优势，确保新兴业务发展。

【通信行业行风建设】 2016 年，市电信公司服务工作定位从监督者向参与者转变，按照“政府监管、企业自律、社会监督”的原则，加强行风建设，全面提升服务水平和客户感知，切实维护消费者利益，保护消费者权益。

强化企业责任意识，提高服务水平。3 月 31 日，市电信公司启动宽带服务承诺赔付活动，实行“障碍超时赔付、装移失约补偿”，承诺“当日修障、履约装机”，修障超时赔付 10 元/天·单，上门装机时间失约每单补偿用户 30 元。5 月 1 日，市电信公司上线星级服务，实现服务的差异化和显性化，改变原来钻、金、银会员体系的覆盖范围小、评级维度单一、权益不突出等问题。

畅通用户渠道，提升行业满意。市电信公司积极主动参与攀枝花市“阳光政务”热线值守和收听，通过收听热线倾听客户声音、接受客户诉求，对群众关心的“降费提速”、光纤宽带、无线网络建设、计收费等进行自查整改。开展“总经理接待日”活动，进一步直接了解客户需，发现企业生产中的流程、制度、资源投入等深层次的问题，持续改进，推动服务能力和服务水平和提升。

加强用户信息保护，深入推进落实实名。随着 2016 年 1 月 1 日《中华人民共和国反恐怖主义法》的正式实施，对电话实名制工作提出法律依据。9 月，国家六部委《关于防范和打击电信网络诈骗犯罪的通告》的发布，对用户实名提出更高的要求。市电信公司根据要求，强化“谁主管，谁负责”“谁运营，谁负责”“谁使用，谁负责”的责任制，根据实际情况需要，完善用户个人信息保护制度。落实网络实名制，确保网站备案信息准确率，对有误信息及时修正。持续推进电话用户实名制登记，全渠道加强实名制管控，新入网用户 100% 实名登记；同时安排 300 万元专项成本用于老用户实名制补登记，多策略、多渠道对老用户进行实名制补登记并按时完成老用户补登记工作。

【精准扶贫】 2016 年，根据《攀枝花市人民政府办公室关于加快我市贫困山区通信基础设施建设工作的通知》以及四川电信所提出的“网络强省”规划。市电信公司通过通信基础设施建设推动贫困村精准脱贫，尽快解决攀枝花市贫困山区通信基础设施严重滞后问题，填补城乡通信和信息化鸿沟，实现电信普遍服务。

市电信公司利用省公司专项资金和本地自筹资金，解决盐边县北部山区 10 个贫困村的基站建设、15 个村的 FTTH 光纤宽带建设。涉及格萨拉乡、温泉乡、箐河乡、共和乡、国胜乡、红宝乡、鳡渔乡、惠民乡等共 25 个村社，累计投资 855 万元，按 3 批次建设完成。

针对部分贫困乡村，市电信公司按照上级公司的安排以低廉的价格（甚至免费）为 1 万户以上贫困百姓提供包括电视、语音、流量等通信服务。

【宽带乡村建设】 2016 年，市电信公司持续稳步推进“宽带乡村”惠民工程建设，截至年底，全市 44 个乡（镇）全部通光纤宽带,乡镇光纤宽带通达率达 100%;全市行政村 352 个,光纤宽带通达行政村 274 个,行政村光纤宽带通达率达 77.84%,覆盖住户 10 万余户,覆盖率达 70% 以上;无线网络覆盖行政村 291 个,覆盖率达 82.67%。

【应急通信抢险】 2016 年,市电信公司全面履行全市重要通信保障及应急通信抢险的社会责任,相继完成元旦、春节、国庆等重要节假日及“两会”、旅游节等重大活动的通信保障任务共计 50 余次;顺利完成攀枝花市军分区及攀枝花市东区政府开展的应急通信演练任务。9 月 19 日攀枝花发生特大暴雨泥石流自然灾害后,市电信公司第一时间启动应急预案,组织通信应急抢险车辆 10 台、抢险人员 40 余人立即赶往受灾现场。9 月 19—26 日应急抢险工作期间,市电信公司出动通信抢险人员共计 400 余人次,通信抢险车辆 150 余台(次),小型移动式发电机 175 台(次),移动油机发电车 2 辆,移动通信保障车 1 辆,海事卫星电话 2 部。

(唐秀兰)

中国移动攀枝花分公司

【概　况】 2016 年,中国移动通信集团四川有限公司攀枝花分公司(以下简称攀枝花移动)在谋求自身发展的同时,全力推进城市经济和信息化建设,积极投身各项社会公益事业。在发展进步中取得经济效益和社会效益双丰收的良好成绩,全年缴纳地方税 2200 万元,有效服务攀枝花市经济发展。

【网络运营】 2016 年,攀枝花移动围绕“千方百计打造 4G 精品网络”目标,认真落实“精确规划、精准建设、精细维护、精心优化”要求,网络能力全面提升,客户感知得到明显增强。

全年,攀枝花移动总计投资 15040.4 万元,新开通 4G 基站 632 个,新建光缆 1540 皮长千米,FTP 下载速率提升至 59Mbps,CSFB 回落成功率提升至 99.29%,广度、深度、连续覆盖均领先;宽带城镇覆盖率 92.12%,行政村覆盖率 89.41%,社/组覆盖率 65.51%。

【业务拓展】 2016 年,攀枝花移动充分发挥网络资源、用户规模、投资能力和服务支撑优势,参与实施盐边县中小学校全面改薄信息化网络建设项目、仁和区雪亮工程等影响力大的重点项目。同时加速信息化运用,攀枝花移动以惠民为核心启动　“无线城市”平台的建设工作,月均访问量 5 万人次,为市民大众提供更贴心、便捷的服务。

【客户服务】 深入了解客户需求、收集客户对移动产品和服务的意见和建议,全年开展“总经理服务日”10 次;处理投诉 48324 件,及时性、满意度达 98%;开展 4 期端到端服务监测,通过网络测试、营业厅业务办理、拨打“10086”热线、电子渠道业务办理、终端售后咨询等多种方式进行监测,共计上传监测样本近 1521 件,并对监测结果进行总结分析,持续提升服务质量。深化落实手机“实名制”和打击电信诈骗,从源头防范、监督机制和追踪制度三个方面体系化推进电话“实名制”,强化语音专线、“400”业务管控,优化完善事前审核、事中检查、事后追责的工作机制,加强重点电信业务信息管理系统功能优化,积极贯彻落实实名登记工作。

【应急抢险】 高度重视应急通信能力建设,全面响应和支撑恶劣天气、重大节假日和重大活动现场保障,运用多种手段满足各种条件下的通信需要,汛期期间,攀枝花移动累计出动通信保障抢险人员 490 人次,抢险车辆 162 台(次),使用应急油机发电 641 台(次),保障基站的正常运行。

9 月 19 日,攀枝花持续暴雨来袭,山洪、泥石流爆发,房屋垮塌,道路损毁,交通中断,人员失联,强降雨造成多处交通、水利、电力、通信基础设施受损,公司基站停电站、基站退服、传输光缆受损和倒杆。灾情发生后,攀枝花移动全力开展抗洪抢险工作,公司领导迅速到达受灾最严重的大田抢险一线,现场了解抢险工作进度,统筹安排后勤物资、抢险车辆、汛期安全和新闻宣传,抢险现场创新使用无人机航拍进行光缆巡线、断点查找、基站勘查和灾情记录,在无人机的配合下,抢险人员快速获得第一手信息资料,成功缩短抢险时间,成为首家抢通仁和乌喇么村通信信号的运营商。

(赵　燕)

中国联通攀枝花市分公司

【概　况】 2016年，攀枝花联通以“高目标牵引、高标准定位、高资源配置、高激励协同”为导向，以“强化规模效益，提升综合实力”为中心，常态化运营能力逐步稳固，专业化运作水平得到提升，网络规模迅速提升，服务能力持续改善。全年主营收入接近1亿元，完成目标任务的79%。攀枝花联通立足做好后勤服务工作，从制度着手，不断建立健全各项规章制度，优化流程53项。实行大部制，去行政化、职能化，将原有13个部门调整为10个。建立扁平化、专业化的一线综合网格7个，行业销售服务中心8个。截至年底，攀枝花联通员工共计172人。

【网络建设】 2016年，攀枝花联通公司通过强化网络运维建设线的专业化管理水平，全力推进网建运维工作面向市场、面向企业、面向网络的支撑保障能力，聚焦4G打造精品网络。4G网络城区覆盖率96.32%，同比提升5PP；乡镇覆盖率100%，同比提升40PP；行政村覆盖率69.4%，同比提升40PP。

【项目进展】 攀枝花联通在攀枝花地区大力推行“信息强政、信息兴业、信息惠民”。在行政领域开展智慧城管、智慧交通、数字工地等典型应用。在信息强政方面，推出政府执法、智慧驾考、平安校园、城市监控等一系列重点项目。在信息兴业方面，凭借行业智慧应用优势，在办公智能化、智能金融、智能交通等领域拓展一系列应用。在信息惠民方面，攀枝花联通针对消费者对周到、方便、安全、贴心的信息服务诉求，助力打造智慧校园应用。攀枝花联通紧扣政府推进智慧城市和“互联网+”的思路，陆续签约一些重大项目，主要是：互联网+政务方面包括司法“移动办公”、信访“阳光视频接访系统建设项目”“网投平台”和残联“智慧量服项目”。互联网+交通方面包括“交警云平台”及“智能指挥平台项目”、公安“天网一期升级改造项目”、“移动警务项目”、公交公司“攀枝花市智慧公交项目”。互联网+教育方面包括“经贸旅游学校数字化校园基础网络改扩建项目”“攀枝花市实验学校基础网络改扩建及考试中心监控系统建设项目”“攀枝花市实验学校未来课堂”“攀枝花市第三高级中学云班”“攀枝花市二十三中小未来课堂”等。

（赵　琳）

中国铁塔股份有限公司攀枝花市分公司

【概　况】 2014年11月19日，中国铁塔股份有限公司攀枝花市分公司（以下简称攀枝花铁塔）正式揭牌成立，经营范围包括铁塔建设、维护、运营；基站机房、电源、空调配套设施建设、维护、运营；室内分布系统的建设、维护、运营；基站设备的维护。攀枝花铁塔共有员工27人，平均年龄35岁。内设综合部、财务部、运营发展部、建设维护部（下设维护中心）4个部门，在全市两县三区分别设有米易县、盐边县、东区、西区、仁和区5个办事处。

攀枝花铁塔，紧密围绕市委、市政府“宽带中国”“互联网+”建设的部署及铁塔“三步走”发展战略，以4G网络建设为重心，全力加快全市铁塔等通信基础设施的建设，切实推进信息化、工业化和城市建设的深度融合，多项重要指标名列全系统前列，实现稳健起步、快速发展，被四川省电力电信广播电视设施安全保护工作省级部门联席会议评为“2016年三电设施安全保护工作先进单位”；被中国铁塔四川省分公司评为“先进集体”“2016年营收先进单位优秀奖”“2016年工程建设管理先进单位二等奖”“2016年城乡规划先进单位三等奖”“2016综合工作质量优秀奖”“奋战2016，维护能力大比武劳动竞赛团体三等奖”。

【运营发展】 攀枝花铁塔紧密围绕全市“四个加快建设”“四区驱动”等战略方针，勇立国企改革时代潮头，着力整合重组、推动共享、集约新建，从供给侧改革降成本促效益，打造出一个“共建共享”的“铁塔模式”，即由原来行业内各家各自生产各自使用，变为一家生产多家使用，形成共享共赢格局，提升行业效率效益和社会效益。

在运营发展中，针对共建共享的复杂局面，攀枝花铁塔严格遵循“资源节约、环境友好”的建设思路，创新思维，按照“能共建必共建，能共享必共享”的原则，遵循“求同存异”方式，全力推进电信行业之间的共享开放，切实提升共建共享水平，促进全市通信行业形成资源共享的全新格局。截至12月底，新建铁塔共享率提升至64.65%，远高于铁塔成立以前电信企业铁塔类共建共享率。同时积极与城管、公安、路政等寻求合作，做好社会资源共享。投资建设灯杆、水泥杆站73处，在小区堡坎上安装支臂15处。通过大力推动存量共享和新建共建，3家运营商网络覆盖平均提升82%，不仅节省资本开支、节约土地占用面积、减少因基站协调产生的矛盾纠纷，还满足人民群众的通信需求，更保护生态环境，初步彰显铁塔公司的改革成效。

【工程建设】 按照工信部、国务院国资委《关于2015年推进电信基础设施共建共享实施意见的通知》要求，自2015年1月1日起，中国铁塔将承接新建铁塔及附属设施，移动、电信、联通三家通讯企业都不再自建。2016年，攀枝花铁塔继续坚持工程管理六要素（进度、质量、造价、合规、安全、阳光），以“又快、又好”为目标，全力满足客户建设需求，共承接3家通信运营商铁塔类项目12个批次，室分类项目2个批次，实现“100%需求承接、100%及时交付”。全市通信网络覆盖规模迅速扩大，网络覆盖能力显著提升。

【精准扶贫】 为贯彻落实贫困山区精准扶贫通信基础设施建设工作会精神，根据《攀枝花市人民政府办公室关于加快我市贫困山区通信基础设施建设工作的通知》要求，涉及25个村39个精准扶贫点位。攀枝花铁塔以高度的社会责任感，与3家运营商通过6次联合实地测试、查勘，结合网络现状、地形地貌和人口分布情况等因素制订实施方案，确定以共建共享结合现网优化为主的解决方案。2016年年底全部完成盐边北部贫困山区的手机通信覆盖建设项目，被攀枝花市委、市政府评为“2014—2016年度定点扶贫工作先进单位”。

【应急抢险】 9月19日，全市突降特大强暴雨，遭受强降雨灾害，各县（区）出现大面积山体滑坡、塌方、泥石流、山洪等自然灾害，导致全市通信基站停电428个、铁塔受损基站10个。面对突如其来的强降雨灾害，攀枝花铁塔迅速成立应急指挥中心，启动四级应急预案，整合人力和各方资源，快速组织调度部署，累计安排应急抢险人员272人次、应急车辆119台（次）、应急发电油机349台（次）奔赴现场，抢通恢复基站401个，为全市抗洪救灾工作做好通信保障。

【政策支持】 攀枝花铁塔自成立以来，主动向市委、市政府汇报沟通，积极与主管部门对接联动，全力争得政府在思想意识上、政策行动上的重视与支持。1月，市政府印发《关于花城新区沙沟等片区控制性详细规划的批复》，将中心城区（东区、西区、仁和区）内的13个编制地块，1025个物理站址纳入控制性详细规划，这是攀枝花市首次将移动通信基站建设纳入城乡建设整体规划，使新建站址能争取政策批量获取，存量站址的合法性得到保障。4月27日，米易县政府印发《关于支持米易县通信基础设施建设的通知》；5月6日，市政府印发《关于支持中国铁塔攀枝花分公司建设发展的通知》；8月11日，东区政府印发《关于加快通信基础设施建设的通知》，全力支持公司通信基础设施建设发展。

（滕　洪）

攀枝花邮政公司

【概　况】 2014年2月，攀枝花市邮政局更名为四川省邮政公司攀枝花市分公司；2015年5月，更名为中国邮政集团公司攀枝花市分公司，简称“攀枝花邮政公司”，更名后的攀枝花邮政公司经营范围、项目不变，继续依法经营邮政专营业务，承担邮政普遍服务义务，受政府委托提供邮政特殊服务，对竞争性邮政业务实行商业化运营，努力为社会提供更加优质、高效的邮政服务。

截至2016年年底，中国邮政集团公司攀枝花市分公司（以下简称攀枝花邮政公司）有在岗职工610人，其中大专以上学历365人。下设综合办公室、人力资源部、计划财务部、市场经营部、监督检查与安全保障部、工会6个机关职能部室，东区、西区、仁和、密地、米易、盐边6个县（区）分公司，函件集邮公司、发行投递局、金融业务局3个专业公司（局）以及机要通信分局、邮区中心局、信息技术中心3个生产运行支撑单位。共有邮政支局所70个，邮政报刊零售亭56处，邮政便民服务站352个；全市共有邮区内邮路13条，其中，市内转趟邮路8条，单程长度为387千米；支线邮路5条，单程长度为577千米；生产车辆128辆，投递车辆95辆；城乡投递线路144条，投递路线单程总长度3500千米；邮件转接投递点8500个，乡村通邮率100%。

全年，攀枝花邮政公司实现业务收入1.1237亿元，完成省邮政公司预算目标的105.1%，排全省第6位；同比增幅12.47%，排全省第9位，高于地方经济增速4.47个百分点，低于全省平均水平0.3个百分点。其中，寄递、集邮、电商业务保持两位数以上的快速发展，金融、报刊、分销、函件业务保持稳步发展。全市6个县（区）分公司共实现业务收入8513万元，占业务总收入的75.8%，较上年上升2.8个百分点。

【代理金融转型创新发展】 围绕省邮政公司转型创新发展工作主基调，进一步深化内部观念更新，强化流程创新、方法创新和经营方式创新，用互联网思维谋发展，以市场机制推进发展，坚持邮银双方“共查、共防、共控”的原则，努力提高合规水平，持续提升整体实力和竞争力。2016年转型升级，进度提前，进一步向效益发展转变，效益指标完成较好；发展提速，同比新增创近年来新高；质量提升，以客户为中心，以需求为导向，持续提升客户体验和业务结构得到优化；风控向好，始终坚持风险防控前置先行，坚持“审慎和稳健”为核心，整体管控水平和风险防控能力得到较大提升。全市共计完成新装修改造网点10个；12月7日，米易县麻陇金融网点重装开业；代理金融网点转型覆盖率达100%，完成模式导入且通过验收的网点有22个，其中集团级6个、省级7个、市级9个。

【寄递能力提升】 2016年，全市新增“攀枝花—东区”1条市趟邮路，新增“攀枝花—米易”“攀枝花—盐边”2条支线邮路，米易县下共6条邮路得到优化调整；组建营揽投部7个、营揽投片区73个，全市20个空白乡（镇）全部投入正常运营，四项基本业务全面开办，持续改善农村和边远地区服务能力，增配农村投递车辆与设备；新邮件处理中心暨服务“三农”建设项目于6月28日开工，市委书记张剡亲自督办工程进度，并多次召集相关部门召开现场会推进项目建设；全年处理快递包裹161.12万件，寄递业务收入和增幅均列全省第一，市场占有率为12.91%，较上年提升0.96个百分点，全年单日最高收寄量突破1.2万件，创历史最高纪录，春节、“双11”与“双12”等寄递高峰期处理及时率达100%，当日妥投率、及时妥投率均保持在95%以上。

【农村电商业务联动破冰】 2016年，出台实施《攀枝花邮政农村电商（2016—2018年）总体实施方案》，全市建成邮乐购站点共352个，交易金额突破亿元，打通“工业品下乡、农产品进城”双向互通体系，构建起“普惠金融、寄递服务、网络代购、便民服务、精准扶贫、农品返程”六位一体的线上线下电子商务体系，特别是建起邮乐攀枝花特色馆、攀枝花邮政微商城平台，推进攀枝花特色水果出攀；承接的农村电商省级示范市项目全部建成投入使用。

【智能包裹柜建设】 2016年，攀枝花邮政公司进一步加大寄递业务能力建设，陆续在全市机关单位、学校、社区、商圈写字楼等人流集中、网购量大的区域布放智能包裹柜。全年共布放智能包裹柜102处，格口数7344，格口使用率60%以上，部分核心区域综合使用率超过100%。智能包裹柜的出现，打破传统邮寄服务模式，使邮寄服务由固定有限时间服务变为全天候不限时间地点服务，成为打造综合快递服务商提供强有力的支撑，为解决物流配送“最后一公里”的服务问题提供新手段。

【报刊专业发展新亮点】 2016年，攀枝花邮政公司报刊专业坚持以服务求效益，牢固树立“用户至上，诚心服务，服务就是效益”的观念，不断发掘业务亮点，提升服务质量。4月初，市公司联合市政府办、市委宣传部启动全市“全民阅读·书香花城”活动，全市6个县（区）同时启动，实现图书销售3万册左右，获得良好的社会效应。在全市“两学一做”等教育学习活动中，公司开展针对政务热点的专项营销，全年共实现销售政务图书3000册，其中“两学一做”笔记本2000册；全年共销售《经典作文》近1000套，开发商务期刊6000本。攀枝花邮政公司协助市委宣传部完成《人民日报》《光明日报》《参考消息》《四川日报》《攀枝花日报》等中央、省、市级党报党刊的征订工作，及时全面地让党报党刊第一时间投送到征订单位，让全市各单位及时了解中央、省、市级相关政策。

【集邮文化季活动顺利开展】 2016年，攀枝花邮政公司提早安排部署集邮文化季活动，1月5日，开展《丙申年》生肖邮票首发活动。同时，相继举办《刘海粟作品选》《全民阅读》《红楼梦（二）》等热点题材的邮票发行活动，市公司通过抓住不同题材的邮票，全年针对性开展不同形式的活动18场，有效促进集邮产品的推广。另外，市公司不断强化对市场分析和产品研究能力，积极为经营单位提供集邮产品策划设计、组织票源，从加工制作、成品交付等后台提供支撑服务。

【风险防控与安全生产】 2016年，攀枝花邮政公司开展代理金融网点风险等级评价、风险管控现状调查、合规大行动、安全警示教育等基础管理活动131次，不断对金融从业人员进行各项培训及考试，提高金融风险防控意识与抵御风险能力；严格落实安全生产责任制，强化安全法规知识宣传教育和操作演练，加强资金、邮件、消防、车辆、人员、财产和信息网安全管理，为生产经营提供保障；全年累计投入200多万元，用于完善物防、技防、人防设施设备，提高安全防范整体能力；加强安全检查力度，完善安全制度，建立约束和激励机制，坚持把常规检查与专项检查、突击检查相结合，对违规的单位进行奖惩落实，做到有章可循，违章必究；机要通信实现“30连冠”质量全红的奋斗目标。

（李璐杉）

县(区)概况

东　区

【概　况】 东区为攀枝花市主城区,是全市政治、经济、文化、金融和商贸中心,位于北纬 26°32′~26°39′、东经 101°39′~101°49′。行政区域东起金沙江大道雅砻江与金沙江汇合处下行 850 米处;西至云盘山顶、凉风坳分别与仁和区、西区交壤;南抵攀枝花大道中段巴斯箐;北至大黑山麓、老岩山与仁和区、盐边县分界。辖区面积 166 平方千米,其中耕地面积 179 公顷,占辖区总面积的 1.08%。

东区辖 1 个镇、9 个街道办事处,9 个村民委员会、59 个社区居民委员会。2016 年年末,全区人口总数 109982 户 303401 人,其中男 155294 人、女 148107 人。总人口中非农业人口 107170 户 295913 人(男 151636 人、女 144277 人)、农业人口 2812 户 7488 人(男 3658 人、女 3830 人)。全年出生 1960 人,出生率 6.46‰;死亡 1337 人,死亡率 4.40‰;人口自然增长率 2.06‰。全区有少数民族 32 个,人口 10321 人。

【经济发展状况】 全年,东区实现地区生产总值(GDP) 412.04 亿元,同比增长 7.20%;完成固定资产投资 188.01 亿元,同比增长 8.40%;地方财政收入 7.53 亿元,同比增长 0.10%;实现社会消费品零售总额 193.46 亿元,同比增长 10.70%;招商引资实际到位资金 117.85 亿元,同比增长 8.00%;城镇居民人均可支配收入 36155 元,同比增长 8.30%;农村居民人均可支配收入(三季度累计)14302 元,同比增长 9.80%。

表 12　　2016 年东区主要经济指标统计表

指标名称	单位	2016 年	比 2015 年增长(%)
年末总人口	人	303401	-0.60
地区生产总值	万元	4120366	7.20
第一产业增加值	万元	6412	4.20
第二产业增加值	万元	2563211	6.60
第三产业增加值	万元	1550743	8.20
旅游接待总人数	万人次	574	12.50
旅游收入总额	万元	885502	15.00
金融机构人民币存款余额	万元	5961166	11.20
参加基本养老保险职工数	人	285001	0.60
参加失业保险人数	人	155210	-14.50
城镇登记失业人员数	人	7520	15.20

续表 12

指标名称	单位	2016 年	比 2015 年增长(%)
邮政业务总量	万元	19993	69.00
全社会固定资产投资总额	万元	1920146	9.50
社会消费品零售总额	万元	1934551	10.70
地方财政收入	万元	75300	0.10
地方财政支出	万元	150422	7.20
城镇居民人均可支配收入	元	36155	8.30
农村居民人均可支配收入	元	14302	9.80

说明:农村居民人均可支配收入为三季度止累计数

【工业经济】 全年,东区实现工业增加值256.32亿元,同比增长6.60%,新增3户规模以上企业。实现地企协作贸易额15.20亿元。亿丰瑞废石资源综合利用生产线、攀钢产品结构优化调整改造工程竣工投产,丰源矿业复产,钒钛新材料产业孵化器、君诚光伏产业孵化园顺利推进,能邦50兆瓦林光互补项目落地,球形钛粉项目试产成功。选矿等传统产业加速整合升级,新材料、新能源等新兴产业加快发展,科研检测平台跻身国家行列,老工业区调整改造扎实推进,千亿园区打造拉开序幕,形成攀西战略资源创新开发试验区核心支撑,传统工业改造升级与新兴产业发展齐头并进。

【农业和农村经济】 东区按照"小农业带大产业"工作思路,培育国家级、省级示范农业经营主体11户,26度果园等"互联网+"特色农业品牌发展壮大,"希望农业"主题公园加快建设,阿署达国家级热作标准化示范园创建成功,农村土地承包经营权确权登记通过省级验收,建成幸福美丽新村2个,新培育省级农业龙头企业2家,城乡生产发展、公共服务保障实现一体化,产村融合互动发展纵深推进。全年实现农业总产值12796万元,同比增长3.90%。农村居民人均可支配收入(三季度止累计)14302元,同比增长9.80%。

【第三产业】 全年,东区三产增加值达到155.07亿元,同比增长8.20%,占全市三产总量的58.70%,占全区GDP的37%。攀枝花国际康养学院、攀枝花康养研究院正式挂牌,电子商务产业园二期建成开园,"渡口记忆"项目主体完工,密地现代物流仓储区竣工投用,北京王府井签约入驻太谷广场,"幸福记忆"养护院开业运营,花舞人间景区等项目有序推进,新兴先导型服务业强势引领三产转型升级。台湾敏盛、菩提养护院开创医养融合新模式,阳光康养、现代物流、现代金融、电子商务、科技服务等现代服务业快速发展,区域性中央商务区地位凸显。实现旅游总收入88.55亿元,同比增长15.00%。

【招商引资】 全年,东区新签约引进重大项目68个,其中5亿元以上项目10个,实现招商引资总到位资金117.85亿元,同比增长8.0%,其中国内省外到位资金74.81亿元,同比增长1.50%,总到位资金、国内省外到位资金均为全市第一。全力推进94个重点项目建设,完成年度投资37亿元,川西南农产品物流园、大数据中心等7个项目开展前期工作,太谷广场、华芝万象城等20个项目开工建设,密地现代物流集聚区、御湖花都等55个项目加快建设,钢城大厦、时代天街等项目如期竣工,银江、乌东德电站移民安置工作扎实推进。全年实现外贸进出口总额1.49亿美元。

【科　技】 东区制定出台《攀枝花市东区全面推进大众创业万众创新工作实施方案》《攀枝花市东区科技创新奖励资助办法》,建成和在建的孵化器5个。引进实施重大科技成果转化项目2个,推进市级科技成果登记15项,技术合同认定项目30个,合同金额2000万元。加强科技项目组织申报,争取上级各项科技专项资金1723万元。创建国家级科普示范社区1个、省级科普示范社区2个、市级科普示范社区4个、市级科普示范学校2个、市级科普示范基地1个。累计申请专利277件,发明专利申请71件。全区新增实施专利项目25项,专利实施转化产值6.06亿元。

【教　育】 东区有区属学校(园)29所,其中小学12所、九年一贯制学校12所、初级中学2所、高级中学1所、幼儿园2所。在校学生、在园幼儿29683人,其中小学生17034人、初中生9150人、高中生2948人、在园幼儿251人。有在岗(职)教职工2275人。学前教育机构109所,其中公办幼儿园2所、民办幼儿园60所、攀钢企业办幼儿园12所、民办培训类学校35所。在园幼儿8600人,非学历教育培训学校在校生5500人。

2016年,东区区属小学、初中教学质量RSR综合检测指标居全市第一,中考国重上线人数、上线率、优生率、及格率和平均分均居全市第一。区属高中高考本科上线210人，艺术类本科上线66人。

落实义务教育“两免一补”(免除学费、书本费，发放住校生补贴)政策，资助28000余名义务教育阶段学生，支付资金576.46万元，其中，免教科书费323.35万元，免作业本费93.10万元，生活补助157.13万元，肉食补贴2.88万元。按照“指定入学”和“就近入学”相结合的原则，安置东区外来务工随迁子女138名入学，入学率100%。全年有700余名普通高中家庭经济困难学生享受资助，支付资金195.79万元，其中免学费61.69万元，发放助学金134.10万元。

坚持义务教育就近免试入学，实行高中阶段学校基于统一中考和初中学业水平考试成绩的综合评价多元录取机制，实施“阳光招生工程”。辖区普通高考录取2453人，其中本科录取1489人、专科录取964人;高中阶段教育学校招生五年制高职录取760人。成人高考参考人数1319人，高等教育自学考试人数128人。

全面整合和优化教育资源，纵深推进市二十五中小学、市十九中小学、市二小学3个教育集团办学。学区联盟组建名班主任工作室、名教师工作室，开展学校管理、德育、教学教研、艺体、党建、校园文化建设等互补衔接，促进学区联盟内优质资源共享。

四十二中小学新建项目基本投入使用。攀枝花市成都外国语学校新建项目于9月24日举行开工仪式。

【文　化】 东区有文化、新闻出版经营单位381家，其中歌舞娱乐场所88家、游艺娱乐场所6家、网吧75家、国内出版物零售85家、打字复印112家、高危体育项目(游泳)8家、电影院3家、文艺表演团体4家。全年开展文化市场检查1400余家(次)，出动人员3750人次，出动车辆240台次，取缔无证经营游商3家，收缴非法出版物50册，立案调查11家。文化、新闻出版市场年审、换证155家。全年接待文化行政许可申请150件，其中许可104家、变更34家、注销12家。

东区出台《东区公共文化服务体系“748”平台街道(镇)、社区(村)标准化建设方案》，推进省级现代公共文化服务体系示范县创建。举办东区首届群众广场舞比赛，组队参加攀枝花市第七届“金沙放歌”群众歌咏比赛获得二等奖。开展群众文化活动，举办“迎新春·下社区”文艺演出、“五一”文艺专题演出、迎国庆“曲艺专场”和“读万卷书，行万里路”东区首届读书节系列活动。免费开放东区文化馆、图书阅览室，接待群众、读者1400余人次。开展文化下乡活动，举行文艺演出2场、送图书400余册、“福”字、春联300余套，惠及辖区群众1000余人。委托程翔影院免费放映公益电影944场，其中农村108场、社区732场、学校104场，观众10万余人次。

【体　育】 东区举办第四届社区体育节，开展风筝、网球、羽毛球、乒乓球、地掷球比赛等各类群众性全民健身体育活动10余次。组织体操、跳水、排球业余训练队参加2016年四川省锦标赛。新安装健身路径6套，资助贫困学生27人，兑现体彩助学金43800元。投入近10万元，在东区政府(新、旧)大楼、区民政局、区文化馆等7处机关办公大楼安装广播系统，统一播放工间操音乐，营造全民健身氛围。4月，东区开展“户外一天”春季全民健身活动。年内，东区社区体育场馆、健身路径，市体育馆、奥体中心部分体育场馆对外免费开放，全年参与免费体育场馆锻炼11万人次。

【卫　生】 东区行政区域内有医疗机构269个，其中：国家二级甲等综合医院1所、国家三级甲等综合医院2所、国家三级甲等专科医院2所;由东区直管的社区卫生服务中心(站)19个，镇卫生院1所，村卫生室9个;民营医疗机构235个。辖区内医疗机构拥有病床5148张，平均每千人占有病床约13张;卫生技术人员3866人，平均每千人拥有卫生技术人员10人，卫生资源90%集中在市级医疗机构。

东区完成对辖区内892家经营单位的量化评分，并将评分结果予以公示。经评审，锦江之星酒店、如家酒店、恒力酒店3家单位被评定为A级单位。辖区内公共场所卫生监督量化分级管理100%。打击非法行医，监督执法180余人次，出动车辆80余台(次)，查处、取缔无证游医摊点10余处，“黑诊所”3家。妥善处理8起医患纠纷，群众举报、来信来访处理率100%，案件办结率100%，无群体性事件、集体上访事件、久拖不决信访事件、责任事故等发生。对辖区贫困重性精神病患者住院进行救助，全年东区财政拨付救助款197457.23元，救助28人，出院6人。

全年，东区城镇职工基本医疗保险参保31472人(含农民工医保参保6456人)，统筹年度城镇居民基本医疗保险参保121233人，共计152705人，参保率分别稳定在97%、98%以上，辖区“三无”对象、重点困难家庭、低保户、残疾人等特殊困难群体和大学生100%纳入参保范围。落实城镇居民医保补助资金与提高待遇，2016统筹年度，东区城镇居民基本医疗保险人均政府补助标准提高到380元。政府缴费补助5162.78万元(其中中央补助3628.35万元、省级补助684.87万元、市级补助438.95万元、区级财政补助410.61万元)全部到位。城镇居民医保政策范围内门诊和住院费用支付比例分别达到50%和75%。探索基本医疗保险城乡一体化路子，促进农民参加居民医保工作。推进异地就医情况和费用即时结算。

【民生工程】 全年，东区投入资金1.10亿元，完成71项民生工程。开展“扶低攻坚年”工作，实施“八大工程”，建档立卡低收入人口减少40%。制定出台教育人才队伍建设十条措施，新增区管校用人员158人，骨干教师队伍建设持续加强。成都外国语学校攀枝花学校开工建设，市四十二中小如期竣工，银江中心校、市二十中小完成布局调整，新增普惠性幼儿园7所。发放“三免两补”（免学费、杂费、住宿费，发放生活补助和交通补助）、“三儿”（家庭经济困难儿童、孤儿和残疾儿童）等各类资助资金840余万元。推进省级现代公共文化服务体系示范县创建工作，举办社区体育节、首届群众广场舞比赛。炳三区社区卫生服务中心投入使用，区妇幼保健院完成改扩建。探索医养融合发展新模式，签订个性化服务协议1864份。有效应对“9·19”特大暴雨灾害，实施灾后重建项目21个。

【城市建设】 东区恒大城二期、中环天地、市妇女儿童医院、邮政分拣中心等项目开工建设，城市新区开发有序推进。分类攻坚12个旧城改造项目，完成改造回迁1个、加快建设3个、货币化安置4个。投入资金4425万元，实施康乐小区等4个宜居社区打造。投入资金1100余万元，完成5个小区3568户居民转供电户表改造。“三供一业”（国有企业供水、供电、供气和物业）分离移交有序推进。持续深化“五创联动”和生态文明建设，26项国家森林城市创建指标达标，完成市区视野区生态植被恢复工程，成功创建省级园林式单位4家，建成区绿化覆盖率38%、绿地率达35%，人均公园绿地面积9.70平方米。

【行政职能改革】 东区创新投融资体制改革，储备资产证券化等后备项目（企业）28个，蓝鼎环保科技等3家企业纳入四川省“新三板”挂牌后备企业库。启动公车制度改革，公车管理更加规范。深化“放、管、服”改革，全面推进公共服务和行政审批事项“两简”工作，压缩办理时限80%，完成68项责任清单公开，承担全市相对集中行政许可权改革试点，公共资源交易委员会成立运行，落实“双随机、一公开”抽查机制，实现“五证合一、一照一码”（在原“三证合一”“两证整合”基础上，整合社会保险登记证和统计登记证）。全面做好“换届选举年”各项工作，新一届区政府领导班子组建完成，银江镇换届完成，社区（村）“两委”换届顺利推进。加快法治政府建设，健全依法决策机制，重大行政决策全部开展合法性审查，主动加强政务公开，发布政务信息2万余条。

【社会治理】 东区以“保平安、争长安”为工作主线，不断创新社会治理，加速“信息化+网格化”服务管理，夯实“平安建设”基础平台。健全完善社会稳定风险评估责任追究机制，对全区84个重大事项进行社会稳定风险评估，未发生影响社会稳定事件。全面深化公安改革，认真组织实施“一标三实”、户籍和实有人口信息清理登记工作，全力提升违法犯罪打击质效，依法查处违法人员3518人。进一步夯实基层基础，不断拓宽群众诉求表达渠道，累计接待群众来访1365人次，处置群众越级走访1307人次，传统来信来访事项、网电信访事项办理率均为100%，有效维护群众合法权益。

【街道、镇发展状况】 东区辖大渡口、炳草岗、密地、瓜子坪、向阳村、枣子坪、弄弄坪、长寿路、南山9个街道和银江镇。各街道和银江镇围绕区委、区政府中心工作，履行社会管理职能，做好各项经济服务和社会工作，服务民生，加强自身建设，街道、镇各项工作和事业持续向好发展。

表13　　2016年东区各街道、镇基本情况表

街道（镇）名称	常住人口（人）	面积（平方千米）	社区（个）	农村居民人均可支配收入（元）
大渡口	42670	5	6	
炳草岗	157000	7.50	14	
密地	20000	6.70	6	
瓜子坪	52303	5.20	10	
向阳村	18000	13.50	4	
长寿路	15516	2.70	2	
枣子坪	20564	3	4	
弄弄坪	30300	4.80	7	
南山	5500	2.50	2	
银江镇	44675	116.10	13	14302

说明：1. 常住人口数据为各街道（镇）直报数据；银江镇人口数包括农村人口11222人、社区数包括村委会9个；
2. 农村居民人均可支配收入数据为三季度止累计数

（李　兵　鄢　平）

西　区

【概　况】 西区位于攀枝花市西部。境域东起凉风坳，和东区银江镇相连；南及金沙江，与仁和区太平乡隔江相望；西至鸡冠石山，同云南省华坪县相依；北临老拱山，与仁和区同德、布德镇相邻。面积122.87平方千米(不包含江南的陶家渡、大宝鼎、摩梭河3个街道建成区面积)。辖1个镇(10个村，5个社区)、6个街道(27个社区)。年末，全区人口总户数53523户，人口总数137139人(男70266人、女66873人)。迁入7692人，迁出10141人。出生683人，死亡1750人。人口机械增长数-3516人。

【《攀枝花市西区2016年国民经济和社会发展计划》】 1月18日，攀枝花市西区第十届人民代表大会第七次会议审议并批准《攀枝花市西区2015年国民经济和社会发展计划执行情况及2016年计划(草案)的报告》(以下简称《计划》)。《计划》明确西区2016年各项经济和社会发展目标：地区生产总值确保同比增长8.0%，地方公共财政收入确保同比增长5.0%，全社会固定资产投资确保同比增长8.0%，规模以上工业增加值确保同比增长9.0%，社会消费品零售总额确保同比增长11.0%，城镇居民人均可支配收入确保同比增长9.0%，农民人均纯收入确保同比增长10.0%，城镇登记失业率控制在4.5%以内，空气环境质量指数(AQI)达标率保持90%以上，万元GDP综合能耗下降3.0%。《计划》提出2016年经济社会发展主要任务和措施：围绕省委"三大发展战略"、市委"三个加快建设"和"三个走在全省前列"，坚持"五大发展理念""四大发展战略"和三年"脱困攻坚"，重点推进"六大工程"；围绕"6+2"产业发展，以培育发展新型产业为重点，做大做强优势产业，优化提升传统产业，着力构建现代产业体系。不断提高经济发展质量，加快推进体制机制创新，大力推进项目发展，切实加强生态环境保护，积极推进城乡统筹和深化改革开放，促进民生改善和社会和谐，全力提升经济综合实力，推动各项工作再上新台阶。

【经济发展状况】 全年，西区完成地区生产总值115.81亿元，同比增长7.0%。其中，第一产业增加值0.9亿元，同比增长4.1%；第二产业增加值95.7亿元，同比增长6.9%；第三产业增加值19.2亿元，同比增长7.6%。实现非公有制经济增加值59.3亿元，同比增长7.4%。规模以上工业增加值增长8.1%。全社会固定资产投资105.9亿元，同比增长8.6%。地方财政收入1.6亿元，同比增长2.9%。社会消费品零售总额36.3亿元，同比增长10.5%。城镇居民人均可支配收入为31217元，增长8.0%。

表14　　2016年西区主要经济指标

指标名称	单位	2016年	比2015年±(%)
地区生产总值	亿元	115.8	7.0
第一产业	亿元	0.9	4.1
第二产业	亿元	95.7	6.9
第三产业	亿元	19.2	7.6
粮食产量	吨	2631	0.3
蔬菜产量	吨	10105	1.9
肉类产量	吨	2094	-3.5
禽蛋产量	吨	1487	1.0
全社会固定资产投资总额	亿元	105.9	8.6
社会消费品零售总额	亿元	36.3	10.5
招商引资到位资金	亿元	81.52	8.0
地方财政收入	亿元	1.6	2.9
城镇居民人均可支配收入	元	31217	8.0

【农业和农村经济】 西区有耕地面积1089公顷(基本农田保有量297公顷),主产玉米、小麦、水稻等粮食作物,芒果、葡萄、香蕉、石榴、花生、花椒等经济作物。有农村人口11335人,其中农村劳动力7814人。全年,完成农林牧渔业总产值18668万元,同比增长5.2%;完成农林牧渔业增加值9625万元,同比增长4.1%。粮食种植面积577公顷,产量2631吨,同比增长0.3%;蔬菜种植面积157公顷,产量10105吨,同比增长1.9%;水果种植面积886公顷,产量3475吨,同比增长6.1%;肉类总产量2094吨,同比减少3.5%;禽蛋产量1487吨,同比增长1%。

全年,梅子箐水库扩建工程完成主坝填筑,巴关河防洪治理工程投入使用,农村人饮安全工程全面完工。土地承包经营权确权颁证全面完成。推动庄上村梅子箐芒果基地、丽新园艺花卉基地生产经营和旅游新村建设,大力发展乡村农家乐和乡村旅游。有农业企业22家,农业专业合作社23家,家庭农场14家。建设幸福美丽新村2个(格里坪镇大水井村和经堂村),完成旧村落基础设施改造建设点4个。加强一、三产互动,推进生态葡萄康养农庄、丽新园艺花卉基地生产经营和旅游新村建设,大力发展乡村农家乐和乡村旅游。苏铁山药、高山花椒、格家旺鸡蛋等特色农产品规模不断扩大,品牌影响力显著提升。

【工业经济】 西区处于历史上阶段性特殊困难时期,面对经济下行压力加大、区域煤矿停产整顿、原煤紧缺、企业停工停产困难,工业经济稳增长、调结构、控风险,转型升级迈出坚实一步。

全年, 全区工业总产值完成256.71亿元,同比增长9.77%。其中,地方工业总产值完成242.74亿元,同比增长11.03%;攀煤(集团)公司工业总产值完成13.97亿元,同比下降8.28%。全区规模以上工业增加值同比增长8.1%。其中地方规模以上工业增加值同比增长9.6%,攀煤(集团)公司增加值增速同比下降7.7%。万元工业增加值能耗降低12.65%。全区技术改造投资完成32.8亿元,同比下降10.9%。全区工业投资完成45亿元,同比下降4.6%。

【第三产业】 西区加速西佛山宗教文化和城市生态旅游景区、庄上·梅子箐康养度假和游乐休闲旅游景区、苏铁山生态观光和运动休闲旅游景区、金沙画廊阳光康养和休闲度假旅游景区建设。金家村傈僳风情园成为乡村旅游亮点,金沙画廊康养旅游综合体项目完成策划。主办全国历史地理青年学者论坛暨"长江经济带"旅游发展研讨会,举办庄上狂欢水宴、西佛山蓝花楹节等系列活动。全年,接待游客214.85万人次,实现旅游收入22.16亿元,同比增长30%。格里坪省际物流园区配套设施不断完善,立足攀枝花、辐射川滇的现代物流高地基本形成。依托星瑞时代广场等项目,引进沃尔玛等知名企业,助推商贸业转型升级。全年,完成第三产业产值19.2亿元,同比增长7.6%。完成社会消费品零售总额36.3亿元,同比增长10.5%。

【重大项目建设】 西区计划实施重大项目141个,计划总投资488.8亿元。其中新开工项目29个,加快建设项目26个,建成投产项目29个,谋划储备项目57个。重大项目中,省重点项目2个,总投资78.13亿元,年度投资12.62亿元,完成投资18.84亿元;市重点项目11个,总投资202.58亿元,年度投资25.61亿元,完成投资26.25亿元。梅子箐水库扩建工程进展顺利,全年完成投资1.05亿元;金沙水电站完成第二期围堰截流,全年完成投资16.78亿元;高晶钒钛汽车板簧生产线项目有序推进,全年完成投资1.1亿元;西佛山景区功能逐步完善,全年完成投资2.5亿元;正德循环铸造产业园建设顺利,全年完成投资0.82亿元;中国电力国际有限公司攀枝花光伏发电项目竹林坡(大麦地)光林互补一期50兆瓦工程完成投资4亿元,并网发电35兆瓦。

【招商引资】 11月29日,中国攀枝花东盟国际商贸合作交流大会暨东盟商团入驻东盟国际商贸城活动在西区举办,东盟十国商团入驻东盟国际商贸城。中国—东盟中心将东盟国际商贸城运作模式纳入中心信息库对外宣传推介。市泰能工贸有限责任公司、雅化集团攀枝花恒泰化工有限公司等重点企业面向越南、缅甸等国开展出口贸易。全年,西区利用中外知名企业四川行、第十六届西部博览会等重大招商活动,积极开展领导带队招商、产业招商和以商招商,深度对接四川发展、台湾德林义肢等大集团,成功签约天音妇女儿童专科医院等重大项目26个。是年,西区招商引资履约项目90个,招商引资实际到位资金81.52亿元,完成全年目标任务76亿元的107.26%。其中,国内省外到位资金48.06亿元,完成全年目标任务45亿元的106.8%。

【城市建设】 西区着力完善城市基础设施建设。争取中央资金672万元用于棚户区改造。其中,河门口棚户区配套基础设施项目504万元,文化岛棚户区改造项目168万元。完成格里坪田家湾城市棚户区配套基础设施工程、河石坝东向连接线工程;加快格里坪田家湾西侧城市主干道项目建设;启动大水井城市棚户安置区配套路网工程、清香坪人行地下过街设施项目、新庄至河石坝片区城市主干道项目。

有序推进片区开发和旧城改造。清香坪"文化岛"建设全面铺开,一期"东盟国际商贸城"全面建成,二期"星瑞时代广场"项目B区主体封顶;大水井片区开发持续推进,完成土地征收33.33公顷;福广金城旧城改造项目一期住宅部分交付使用,二期商业部分封顶;老法院旧城改造项目完成场平、防护桩及基础施工;铸钢厂旧城改造项目完成新旧投资商交接;筹备新庄电厂家属区、新法院北侧、中铁二十三局等旧城改造项目。

大力推进保障性住房建设。争取农发行专项建设基金1200万元、保障性住房资金2206万元(中央资金1054万元、省级资金1152万元),完成大水井公共租赁住房、格里坪田家湾安置房二期至四期工程,格里坪廉租住房工程主体施工,大水井安置房进入主体施工。

【交通建设】 西区有公路里程约241千米。其中,丽攀高速西区段10千米,省道310线和省道216线共计31千米,县道49千米,乡道12千米,村道60千米,其他专用公路与城市道路79千米。全年,完成省道310线清香坪段路面大修、504电厂运灰路路面改善工程,建成格里坪田家湾城市棚户区配套道路。启动大水井城市路网和新庄至河石坝片区城市主干道项目,格园中路1号支线项目进展顺利。完成乡村道路改扩建工程14个。全年,辖区内道路运输经营许可证在册930户,运输公司72家,维修企业183家,有货运车辆1122辆、农村客运车辆53辆,有客运线路15条(公交线路7条、社区巴士3条、农村客运线路5条)。

【环境治理】 西区开展生态区、国家环保模范城市创建;有序开展污染防治,控制污染物排放总量;严格环评管理,抓好源头控制;加强环境监察执法,环境监测基础业务通过四川省检验检测机构资质认定复查。全年,实施"十大环境靓区工程",加快推进西佛寺矿山迹地生态恢复工作,稳步推进尖山北坡主城视野区生态修复工程。开展饮用水源保护、危险废物专项执法检查,完成《攀枝花市西区生态区建设2016年工作方案》编制。二氧化硫削减3881吨、氮氧化物削减394吨,完成总量减排任务。窗口受理环保件87件,办结率100%,群众满意度100%。接待环保业务咨询577件。办结环境行政处罚案件13件,收罚金72.3万元。行政处罚案件中,移送区公安分局执行行政拘留2件。

全年,西区环境空气质量指数(AQI)达标率96.44%,达标天数352天。可吸入颗粒物(PM10)平均浓度值为0.065毫克/立方米。水环境和噪声环境质量均优于国家标准。

【科技和知识产权】 西区以培育壮大钛终端产品、钒钛钢铁循环铸造、康复康养器具"三大产业集群"为主线,加强项目建设,搭建孵化载体,深化科技合作及专利提升,不断培育科技型企业。全年,实施省、市立项科技项目5个(省级项目3个、市级项目2个),争取上级专项资金2310.5万元。其中,省级"智能温室盆花产业化生产示范项目"100万元,"基于焦炉煤气的钒钛磁铁矿竖炉还原熔分连续一体化工艺开发项目"800万元,"年产30万套新型钛复合材料精深加工制品项目"1400万元;市级"知识产权贯标项目"7.5万元,"科普示范社区建设"3万元。筛选、包装和申报2017年市级科技项目10个,分别为:黑鸡枞种植技术与菌渣综合利用研究、一年两季葡萄种植技术应用、气基竖炉循环铸造产业园、大棚葡萄及蔬菜立体种植技术集成及示范、太阳能集成应用与发展、钛与其他金属复合技术研究、金沙江珍稀鱼类驯养繁殖技术集成及示范推广、科普示范学校建设、磁选新工艺技术研究、钒钛微合金化高性能汽车板簧新技术开发。

完成四川省科技创新平台、市级院士工作站申报工作。有国家高新技术企业4家(包括2016年新增1家),高新技术产业实现产值2.7亿元。完成创新创业孵化载体建设2个,建筑面积2500平方米。全年,申请专利76件。其中,发明专利26件。专利成果转化15件,专利实施新增产值2亿元。开展专利联合执法检查3次,举办实用新技术、新成果推广培训4期培训260人次,培养生产技术能人5人,印发农业适用技术资料4000份。

【教　育】 西区有区属中小学校15所。其中,四川省二级示范性普通高中1所(攀枝花市第十二中学校)、初中1所(攀枝花市十中教育集团中心校区),九年一贯制学校6所,小学7所。有在职教职工1203人,民办幼儿教职工443人。在职教职工中,有省特级教师2名、骨干教师14名,有市级学科带头人11人、骨干教师88人,有区级学科带头人35人、骨干教师117人。全年,派出交流轮岗教师63人(木里藏区援藏2人,区外"精准帮扶"支教9人,区内交流轮岗52人)。秋季学期,有在校中小学生13084人。其中,小学生7585人,初中生4143人,高中生1356人。有幼儿园30所。其中,政府办2所,企业办3所,民办25所。有在园幼儿3195人,学前三年毛入园率100%,学前一年入园率100%。

加强基础设施建设。投资847万元,用于市十中教育集团格里坪校区扩建工程;投资35万元,用于市十中教育集团格里坪校区庄上办学点扩建工程附属设施项目。新建攀枝花市西区格里坪镇中心幼儿园并投入使用,宝鼎金沙小灵童幼儿园、兔妈妈幼儿园、太阳花幼儿园、蓝湖小太阳幼儿园硬件设施逐步完善。解决外来务工人员子女入学3426人次,资助残疾儿童、孤儿、家庭困难儿童886人次44.3万元。实施"两免一补"政策,惠及义务教育阶段学生24463人次,免教科书和作业本资金186.63万元。发放寄宿生生活补助410人次25.625万元;发放普通高中学生助学金800人次80万元,免学费800人次36.8万元;资助新入普通高校的家庭经济困难学生11人次6000元;受理家庭经济困难学生生源地信用助学贷款46人,发放银行贷款28.82万元;资助建档立卡贫困学生3人次3350元。

学生1591人参加中考,升入四川省一级示范性普通高中199人、普通高中453人、中等职业学校802人。义务教育质量“RSR”综合评价获全市二等奖、发展三等奖。市十二中参加高考学生499人，本科上线155人，其中文化本科100人（含一本3人）、艺体本科双上线55人。评选出市、区级优秀学生78名，三好学生304名，优秀学生干部171名，先进班集体65个。市十二中王舒雅被评为四川省“三好学生”，古玥等10名学生被推荐为“攀枝花市第九届优秀小公民”。推荐市级德育先进单位4个、优秀德育管理干部7名、师德标兵4名、优秀班主任15名。市十中教育集团中心校区教师吴雪梅被评为“攀枝花市首届中小学十佳班主任”。

【文　化】　西区有文化馆（国家二级）、图书馆、文物管理所、镇综合文化站各1个，有农家书屋10个、社区书屋32个、各类文化休闲场所60余个。有室内文化活动场地1.1万平方米，有文化经营面积9500余平方米，投资100万元以上娱乐场所7家。有文物39处。

全年，不断创新工作机制，文化基础设施建设进一步加强。投资9.4万元，完成基层广播电视服务站、格里坪镇出版物数字化发行网点建设，为农家书屋、社区书屋补充更新书籍4000余册。区武警中队设立图书馆外流通点，区政府大楼、社区设图书漂流站8个。

开展文化民生惠民、“非遗”文化传承学习、文化下乡和“苏铁文化旅游节”“读书月”等活动。放映公益性电影568场，受益群众131040人次。“两馆”免费开放，接待居民6000余人次。“苏铁剧场”群众文艺演出活动深入开展，格里坪大麦地传习点市级非物质文化傈僳族山歌传承活动、格里坪镇小学川剧学习活动蓬勃开展。以日常巡查为基础，以专项活动为抓手，加强文化市场管理，文化市场安全有序。新设立打印复印单位3家、新闻出版发行零售单位1家、互联网上网服务场所2家，注销歌舞娱乐场所2家。

文艺创编立足于本土挖掘，推行百姓舞台，改编、创编文艺作品12个。改编《汇报》《治感冒》等小品作品4个，创编小品1个。改编《酥油飘香》等舞蹈作品4个，创编舞蹈1个。改编和创编歌曲各1首。

【卫　生】　西区有医疗卫生机构118家，卫生专业技术人员1530人。其中护士826人，医师704人。护士首次执业注册61人，延续注册37人，执业变更60人。执业（助理）医师首次注册17人，助升师2人，执业（助理）医师变更121人。

通过上下联动、对口支援、签约服务等方式，加快推进基层首诊、分级诊疗、双向转诊工作。辖区社区卫生服务中心和镇卫生院分别与市第二人民医院（三级乙等）、攀煤（集团）职工总医院（二级甲等）、攀钢（集团）职工总医院（三级甲等）等综合医院签订对口支援和转诊协议。20名综合医疗机构医务人员到社区卫生服务中心开展对口支援，双向转诊429人次。推进预防接种、传染病及突发公共卫生事件报告和处理、卫生监督协管服务、结核病患者健康管理、城乡居民健康档案管理等基本公共卫生服务。全年，门诊诊疗量156300人次。预防接种23020人次；儿童保健10978人次，孕产妇保健3471人次，老年人保健22413人次；慢性病管理64227人次，重性精神疾病管理2492人次。继续保持基础免疫合格接种率≥95%、接种信息匹配率≥95%；孕产妇死亡率为零，孕产妇系统管理率97.59%，3岁以下儿童系统管理率98.75%；无甲类传染病病例发生，乙、丙类传染病同期下降23.45%。城镇居民健康档案电子建档率98.5%，农村居民健康档案电子建档率95%。调解处置医疗纠纷2起；区红十字会组织大型无偿献血活动7次850人次，采血170150毫升。

新型农村合作医疗参合人数8347人，应参合人数8383人，参合率99.57%。人均年筹资标准540元，其中政府年人均补助达到人均420元、农民自筹120元。截至年底，筹集资金452.24万元，累计筹集资金546.98万元，资金到位率100%；支出资金总额418.12万元，其中住院补偿支出341.79万元，门诊统筹支出30.74万元，孕产妇正常分娩支出8.4万元，慢病补偿支出20.27万元，大病保险支出16.48万元，公立医院门诊减免6元补偿支出0.44万元。农民受益8607人次。其中，住院受益1154人次，门诊统筹受益6390人次，孕产妇正常分娩受益84人次，慢病补偿受益199人次，大病保险受益48人次，公立医院门诊减免6元受益732人次。剩余资金128.86万元，全年资金使用率92.46%。

【社会保障】　西区以“抓扩面、促征缴、保发放”为主线，围绕规模以上企业、私营企业、个体工商户、灵活就业人员、城乡居民等参保群体，不断扩大社会保险覆盖面，提高社会保障服务水平，社会保险实现全覆盖。全年，养老、工伤、生育、医疗、失业保险参保缴费101523人13866.39万元，发放养老、失业金33953.83万元，审核结算医保、工伤、生育保险支付费用13919.36万元。9月，启动机关事业养老保险经办服务和管理工作，全区有参保单位185家，在职人员2325人，退休人员1400人。征收机关事业单位养老保险费11547万元，职业年金1337.21万元；支付机关事业单位退休金16923.07万元。在全市率先推行“两定点”的“进销存”管理，监管“定点”单位145家次，扣减医保、工伤定点医药机构违规费用153.63万元。申报、新增定点零售药店3家、定点医疗机构4家，西区定点零售药店在营59家，定点医疗机构在营27家。

【民生工程】 西区投入资金4.39亿元,完成10项民生工程和18件民生实事。做好化解过剩产能企业职工安置工作,截至年底,兑现328名职工安置费用1115万元。发挥就业创业服务平台作用,城镇新增就业4287人,城镇登记失业率3.87%。城乡低保保障30009户次48265人(次),发放保障金2206.85万元。医疗救助5906人次,发放救助金303.84万元。临时救助758人次,发放救助金141.11万元。投入2419余万元,解决矿区困难群体"三就两安一低保"实际困难。办理法律援助案件395件。

【中国·攀枝花—东盟国际商贸合作交流暨东盟商团入驻东盟国际商贸城活动】 11月29日,中国·攀枝花—东盟国际商贸合作交流暨东盟商团入驻东盟国际商贸城活动在西区举办。活动邀请东盟十国驻华大使(代表),中国—东盟中心,省政府及相关部门领导,国内南向开放通道市州政府领导,东盟十国以及斯里兰卡、印度等国企业代表650余人参与。代表们探讨四川省、攀枝花市与东盟各国在经济、贸易、旅游、文化等方面交流合作的热点问题,积极为攀枝花市打造"四川南向门户"、融入"一带一路"建言献策。活动期间,东盟国际商贸城与泰国、云南、浙江等地商会签订协议,合作协议金额32亿元。活动为建市以来等级最高、规模影响最大、成效最显著的外事活动,推动西区商贸旅游业发展,提升攀枝花对外形象,攀枝花市与东盟各国的交流合作进入新阶段。

(杨岷 杨芳 郭玲)

表15 2016年西区街道、镇基本情况表

街道(镇)名称	人口(人)	面积(公顷)	社区(个)	工业总产值(现价)(万元)	招商引资到位资金(万元)
清香坪	46080	715.23	8	73164	38620
玉泉	18043	520.49	5	96289	31654
河门口	11509	177.40	3	68775	31433
陶家渡	20708	350.00	5	6026	64000
摩梭河	8947	350.00	3	25188	38700
大宝鼎	8809	425.00	3	17552	34650
格里坪镇	23043	10874.02	5	2140437	264722.7(含园区)

说明:1. 工业总产值只统计规模以上企业;
2. 陶家渡、摩梭河、大宝鼎面积为建成区面积,数据由街道提供,非统计数据;
3. 各街道人口数据以派出所管理人口数据为准

仁和区

【概 况】 仁和区位于四川省西南角,地处北纬26°06′~26°47′,东经101°24′~101°56′之间。东临会理县,南接云南省永仁县,西靠云南省华坪县,北连盐边县。辖8个镇、6个乡和1个街道办事处,共设81个行政村、608个村民小组、19个居民委员会、131个居民小组。全区辖区面积1728.98平方公里。全区共35个民族,有平地、啊喇、大龙潭、福田、金江5个少数民族乡镇、32个民族行政村、288个民族村民小组。全区户籍人口总户数75664户,户籍人口总数233609人(男118026人、女115583人)。常住人口27.11万人,人口自然增长率为2.95‰。

【《仁和区2016年国民经济和社会发展计划》】 1月31日,攀枝花市仁和区第十一届人民代表大会第六次会议审议并批准《攀枝花市仁和区2015年国民经济和社会发展计划执行情况及2016年国民经济和社会发展计划(草案)的报告》(以下简称"《计划》")。《计划》明确2016年各项经济社会发展目标:地区生产总值确保增长8.1%,力争8.5%。其中:第一产业增加值确保增长3.7%,力争3.8%;第二产业

增加值确保增长8.2%，力争8.7%；第三产业增加值确保增长8.1%，力争8.2%。工业总产值确保增长9.0%，力争9.5%；规模以上工业增加值确保增长9.5%，力争10%。农业总产值确保增长3.7%，力争3.8%。区本级一般公共预算收入确保增长5%。全社会固定资产投资确保增长8%。社会消费品零售总额确保增长11%，力争11.5%。城镇居民人均可支配收入确保增长8.6%。农村居民人均可支配收入确保增长9.8%。单位生产总值综合能耗完成市下达指标。《计划》提出2016年经济和社会发展任务和措施是：紧紧围绕"宜人新城、产业新区"发展定位，大力实施"创新驱动、产业兴区、城乡统筹、开放合作"发展战略，全力以赴稳实体、重投资、推转型、抓改革、优生态、攻脱贫、惠民生、促和谐，统筹推进各项工作，加快推进全面小康进程，确保"十三五"开好局、起好步。

【经济发展状况】 全年，仁和区完成地区生产总值217.68亿元，同比增长9.0%。其中，第一产业增加值9.97亿元，同比增长4.3%；第二产业增加值174.87亿元，同比增长9.4%；第三产业增加值32.84亿元，同比增长8.0%。规模以上工业增加值增长11.3%。全社会固定资产投资166.7亿元，比2015年同期增长8.0%。地方财政收入8.45亿元，同比增长9.7%。招商引资到位资金121.02亿元，同比增长10.7%。社会消费品零售总额37.28亿元，同比增长11.3%。商品房销售面积28.6万平方米，增长15.2%。城镇居民人均可支配收入28935元，同比增长8.4%。农村居民人均可支配收入14668元，同比增长9.5%。

表16　　2016年仁和区主要经济指标统计表

指标名称	单位	2016年	比2015年增长(%)
地区生产总值	万元	2176828	9.0
第一产业增加值	万元	99731	4.3
第二产业增加值	万元	1748665	9.4
第三产业增加值	万元	328432	8.0
粮食总产量	吨	66106	1.1
蔬菜及食用菌产量	吨	252330	4.5
肉类产量	吨	17369	-0.5
禽蛋产量	吨	3751	1.1
固定资产投资总额	万元	1666606	8.0
社会消费品零售总额	万元	372810	11.3
招商引资到位资金	万元	1210295	10.7
地方财政收入	万元	84483	9.7
城镇居民人均可支配收入	元	28935	8.4
农村居民人均可支配收入	元	14668	9.5

【工业经济】 仁和区以园区建设、项目建设为抓手，开拓市场，拉动消费，全区工业经济保持健康平稳发展良好态势。全年全区工业总产值完成454亿元，增长10.6%。规模以上工业总产值完成446.7亿元，同比增长11.8%。其中，区规模以上工业总产值完成201.1亿元，同比增长13%；钒钛园区工业总产值完成231.1亿元，同比增长12.8%；钢城(集团)仁和企业工业总产值完成14.5亿元，同比减少14%。全区规模以上工业增加值增速11.3%。其中，区规上工业增加值增速11.4%；钒钛园区工业增加值增速11.1%。工业增加值能耗下降8.33%。完成全区技术更新改造投资23.37亿元。完成全区工业投资34.99亿元。新增规模以上工业企业兴鼎钛业、天佑新能源、红宇白云3户。

【新农村建设】 仁和区幸福美丽新村建设按照"业兴、家富、人和、村美"要求，坚持"道路标美化、产业特色化、房屋改造标准化、庭院优美化、公共服务城镇化"标准，在啊喇乡、平地镇、大田镇、中坝乡等8个乡(镇)11个行政村集中成片发展特色产业，完善基础设施，健全公共服务，美化人居环境，建设新型民居，总投资2533.58万元，其中省、市、区三级新农村专项投入1258.75万元（省级财政1100万元、市级财政100万元、区级财政58.75万元），整合相关涉农资金投入1181.74万元，项目区群众自筹93.09万元，共实施96个子项目（其中专项资金建设子项目58个，整合资金项目36个，其他项目2个）。

围绕10个省级贫困村建档立卡贫困户，发展农业支撑产业，新建优质晚熟芒果基地、桃子、冬桃雪桃基地160.73公顷，建档立卡贫困户种草养畜165户，做到"一村一品"或"一乡一品"。截至12月底，产业发展9个项目（全部整合）中建档立卡贫困户种草养畜和优质晚熟芒果基地项目全部完成，桃子基地、冬桃雪桃基地于2016年年底建成。进行种植、养殖经营管理等为主的技能培训150期7780人（每个贫困村培训12期以上）。引导农民从事运输、餐饮、乡村旅游等第二、三产业，拓宽农民就业门路，增加农民收入，使农户家庭富裕。

进行70户建档立卡贫困户居住环境治理和31套廉租房建设，配套完善"1+6"公共服务中心，建设村民活动中心、环卫、健身等公共服务设施；按照"民建、民管、民受益"原则，确定环卫人员，落实清扫责任，整治卫生死角，清理脏、乱、差，建立"户集、村收、乡运输处理"长效机制，用《村规民约》约束村民行为，促进新村面貌改观。截至12月底，完成村落民居共10个子项目中70户建档立卡贫困户居住环境治理，完成31套廉租房建设主体工程。

【第三产业】 仁和区重点发展现代商贸业、阳光康养旅游业、现代物流业等核心服务业。按照目标任务顺利推进普达阳光国际康养度假区、汽车产业园互联网、打造仁和特色文化旅游舞台剧、邑度酒庄、新视窗体育中心文体服务楼、苴却砚博物馆运营及特色文化名片打造等6个重点项目。共包装和招商引资攀枝花南亚热带植物园常青国际康养基地、易博生态康养文化创意产业园等14个项目，资金约35亿元。组织举办各类展会、宣传营销活动，已组织13次活动，有力促进全区服务业经济稳定增长。9月，根据中央、省、相关政策，建立资金申报项目库，完成3个项目储备，并配合市行远牧业有限责任公司成功争取冷链物流基础设施建设项目补助资金413万元。

为全力塑造"康养胜地·这里仁和"品牌，吸引市外游客到仁和区消费，与云南锦爱旅游集团共同举办"走进攀枝花·遇见仁和·感恩建设者"冬季阳光之旅活动，吸引1200余名云南游客到攀枝花旅游4天。成功举办草莓节、桃花节、杨梅采摘节、泼水节、吆山节、葡萄节、火把节等节庆活动，展示特色旅游形象。节庆活动共带动消费1.5亿元。全年，接待游客356万人次，实现旅游总收入达41.5亿元，同比增长12.21%和25.6%；服务业增加值完成32.8亿元，增速为8%，全市排名第三。

努力培养新的消费热点。以扩内需、促消费为重点，有针对性地利用各大节庆活动，发展会展经济。举办"2016年吉祥如意大庙会""2016生态绿色产品仁和展—苏杭丝绸时尚服装直销展""碧桂园2016仁和春季车展"、"2016攀西汽车联展·攀枝花金展""2016年攀枝花仁和区中秋欢乐购物节""雪花啤酒节""仁和超级缤纷大放价汽车巡展""金秋特色商品展""2016攀西汽车联展·攀枝花冬展""2017年仁和迎春购物月""阳光欢乐节"。通过展会，带动仁和区住宿餐饮、旅游及交通运输行业发展。

【招商引资】 仁和区利用知名企业四川行、中国西部国际投资大会、西博会等大型招商平台，结合仁和区产业发展布局，加强重点产业和项目对接，特色农业、新能源、阳光康养等重点产业招商引资取得突破。引进尚作农副产品分装及销售体系建设、珍稀濒危天然药用植物保护性开发利用和示范推广基地建设、攀枝花芒果产业园及休闲食品加工、中建材石墨资源综合利用及烯碳产业园、太平乡江边村江边组100MWp林光互补并网光伏发电、布德镇布德村干箐组20MWp农光互补并网光伏发电、仁和区光伏扶贫农光互补分布式发电、仁和区20万千瓦风力发电三期、老街文化街、特色餐饮名店、捷顺花园里、金泰沿岸等重点项目34个。招商引资履约项目62个，其中在建协议投资上亿元项目45个，实际到位资金121.03亿元。国内省外项目到位资金实际完成74.79亿元。全年完成固定资产投资8.5亿元。2016年中外知名企业四川行纳入省级督办项目9个，项目履约率100%，开工率100%，资金到位率45%。中国西部国际投资大会纳入省级督办项目2个，项目履约率100%，开工率100%，资金到位率35%。

【城市建设】 仁和区围绕城乡建设大局，坚持改革创新、主动作为、逆流奋进，完成城市建设固定资产投资任务172610万元，完成确保目标任务的108%，市区两级重大基础设施项目建设取得突破性进展。市火车南站站前基础设施项目、火车南站"商贸城"周边市政道路相继完成PPP招商，火车南站站前基础设施项目完成站前枢纽、站前道路地勘。攀昆联合带钢厂、"阳光家园"周边、仁和区弯腰树城市棚户区改造配套道路建设项目、大河南路与大河南路改线段连接线道路前期工作加快推进，莲花村3、4号、14号道路、渡仁西线复线和润小区段加快建设，城区1号道路实现通车；普达片区、莲花村片区、四号地块、弯腰树片区、四十九至老街棚户区等城市主要开发片区供排水、供电、供气设施建设不断完善，完成仁和城区排水设施建设、4.87千米配套供水管线敷设、南山供水加压站扩建及配套设施建设、7.33千米供电管线等基础设施建设，城市综合承载能力显著提升。

保障性安居工程建设稳步推进，完成新开工棚户区改造项目宝灵小区综合整治50%工程量；结转往年续建项目竣工724套；实施农村危房改造714户，完成109户建档立卡贫困户主体建设及验收；完成154户、24.7791万元廉租住房租赁补贴发放及179户廉租住房分配入住；顺利争取到保障性安居工程（含农村危房改造）上级专项补助资金3583.75万元，成功整理包装莲花塘棚户区改造项目、前进镇棚户区改造项目，申请到1.5892亿元国开行贷款；完成全区危旧房棚户区情况摸底调查，同时启动仁和区"十三五"期间棚户区改造规划编制；完成16个涉农项目及31套农村廉租房的施工图设计及工程量清单编制工作，编制完成仁和区农村住房建设风貌设计方案；完成大龙潭、中坝乡总体规划及控制性详细规划编制、前进总体规划编制；完成平地镇迤沙村古树下的历史空间恢复项目建设，成功争取到"百镇建设试点"建设基础设施奖补资金500万元。

全年，辖区共有30个房地产开发项目，总占地面积2179亩，总建筑面积约440万平方米，计划总投资约125亿元。共出让城镇住宅和商业用地3宗，出让总面积5.646公顷，成交总价8141万元；完成房地产固定资产投资17.18亿元，累计房屋施工面积约200万平方米，新开工房屋面积19万平方米，竣工面积78万平方米；地税部门完成房地产业税收7552万元，区本级收益3441万元；完成建筑业税收10084万元，区本级收益9262万元，两项税收占全区地税总收入35281万元的50%（不含营改增）。普达·康和人家和碧桂园·翡翠郡两个项目实现预售，预售总面积22.44万平方米，累计网签销售商品住宅2086套22.33万平方米（占全市销售总量7141套的29.21%），销售均价3830元/平方米（不含碧桂园销售均价为3522元/平方米），实现销售收入约8.55亿元；办理16项质量安全监督登记备案、18项招投标备案、18项施工合同备案、10项监理合同备案、56台塔机备案；全年收取农民工工资保障金895万元，退还834万元。

【环境治理】 仁和区稳步推进国家环保模范城市创建，完成峻岭天下至仁和医院段1.77千米污水管网建设和胜利水库周边整治。积极推进农村生态保护，完成啊喇乡、平地镇中央农村环境连片整治示范项目市级验收工作，指导、督促大龙潭乡中央连片综合整治项目；开展违法违规项目清理整顿，审批项目132个；加强工业扬尘、城区建筑施工扬尘和道路扬尘治理，实施夏、秋季节农作物秸秆禁烧，开展土壤污染风险源排查，加强核与辐射监管，核发排污许可证10家；加强环境监管巡查力度，开展环境安全隐患排查、环境社会风险源排查和环境监察"双随机"等工作，及时处置环境信访投诉180余件。对《生态保护红线国家建议方案》进行第二次修订，划定生态保护红线34.03平方千米，纳入《四川省生态保护红线实施意见》金沙江下游干热河谷土壤保持红线区。完成环境质量常规监测、污染源监督性监测等常规监测和环境应急监测工作。全年环境空气质量指数（AQI）达标360天，达标率98.4%，水、气、声环境质量达到功能区划要求。

【科　学】 全年，仁和区获省、市立项支持科技项目8个，其中省级项目4个、市级项目4个。获项目经费1436万元，其中红宇白云"高性价比钒钛基梯度材料耐磨件3D制备产业化开发"项目被列为攀西国家战略资源创新开发试验区重大招标项目，获省科技厅1300万元资金支持。筛选和包装2017年市级科技申报项目9个。引进实施重大科技成果转化项目2个："攀西早春蔬菜产业关键技术研究与应用推广""芒果新品种引进及成果转化"。

仁和区政府制定《仁和区关于推进大众创业、万众创新工作的实施方案》。承办创新创业专项活动"苴却砚文化产业发展暨创新创业畅想会"1期、苴却砚文化产业发展精英沙龙1次。全年申报国家高新技术企业1家，新增国家高新技术企业1家。完成高新技术产业总产值76.85亿元。四川高德特科技有限公司获《企业知识产权管理规范》GB/T 29490－2013国家标准认定，是攀枝花市首家通过认定企业。全年申请专利145件，其中发明专利45件。新增专利实施项目15项，新增产值5.3亿元。市级科技成果登记5项。全年开展大型科普活动3场次，发放科普资料10000余份，接受科普教育群众达10000人次以上。新增市级科普示范学校1个：五十一小学。培养生产技术能人50人，举办农村实用技术培训30次，发放实用技术资料5000余份，培训1500人次以上。

【教　育】 仁和区有各级各类学校23所，其中省二级示范性高中1所、教师进修学校1所、初级中学4所、九年一贯制学校3所、小学14所（城区小学4所、乡镇中心校10所），村小教学点38个。全区在校学生共计22145人，小学11978人、初中6162人、高中4005人。有独立建制幼儿园31所（其中：公办幼儿园1所、企业办园1所、民办29所），有乡（镇）中心校附属幼儿园13个。在园幼儿6319人，学前三年毛入园率达97.2%。有在职教职工1732人，专任教师1648人、职工84人。建立党总支1个，党支部28个。

仁和区注重全区学校基础设施建设，积极改善办学条件：四十九公里小学食堂主体完工，二期教学楼完成基础施工；完成民族中学运动场建设项目（2016年全面改薄项目）调整后的施工图纸设计、图纸审查和清单编制工作；四川仁和思源实验学校场地平整完成70%工程，9个单项主体完成招标和合同签订；完成仁和区莲花幼儿园建设项目建议书批复、选址意见书办理和环评批复工作；完成布德中小学食堂该扩建1号教师周转房和2号学生宿舍建设项目；开工建设4所村级幼儿园（布德镇民政幼儿园、大田镇小啊喇幼儿园、同德镇道中桥幼儿园、啊喇乡官房幼儿园);完成旧房拆除和基础施工;完成学校教育信息化建设,投入335万元完成大龙潭乡中心学校、大田镇中心学校、啊喇乡中心学校、中坝乡中心学校、前进镇中心学校、同德镇中心学校、总发中学教育信息化设备配备,使学校每间教室均安装有“交互式触控液晶一体机”,班班通配齐率达100%,全区班班通设备配齐率达86%。荣获攀枝花市2015—2016学年度义务教育教学质量文化学科类优秀三等奖,艺体学科类优秀三等奖。

仁和区积极推进创先争优工作。全区5所学校被评为市级优秀德育先进单位、17名教师被评为市级优秀班主任、8名教师被评为市级优秀德育管理干部,5名教师被评为市级师德标兵。大河中学张江老师被评为攀枝花市首届中小学“十佳班主任”。

仁和区注重教育合作,启动学区管理。制定《仁和区义务教育阶段学校学区化管理改革实施方案》,整合城乡共同体,重新组建攀枝花市大河中学学区联盟、攀枝花市仁和区民族初级中学学区联盟、攀枝花市仁和区东风小学学区联盟、攀枝花市仁和区五十一公里小学学区联盟、攀枝花市仁和区四十九公里小学学区联盟,努力实现优势互补、相互促进、共同提高全区中小学教育教学质量,实现教育均衡发展。教育质量稳步提升:2016年仁和区高考一本上线161人,二本上线416人,艺术体育本科双上线108人,继续保持县(区)第一,全市第三。3月大河中学顺利通过专家现场评审,9月成功创建为“四川省二级示范性普通高中”。仁和区素质教育得到长足发展。荣获教育部主办的全国第五届中小学生艺术展演活动“优秀组织奖”;四川省第八届中小学生艺术展演活动中,仁和区推荐的3个节目均获艺术表演类三等奖;在攀枝花市中小学生舞蹈和合唱专场比赛中,仁和区推荐9个节目,取得一等奖3个、二等奖5个、三等奖1个;四川省第十二届优秀艺术人才大赛,仁和区获一等奖46人、二等奖136人、三等奖218人,总获奖率高达70%;攀枝花市第三届“金沙童话之星”少年儿童才艺大赛,仁和区教育体育局、平地镇中心校、总发中心校、东风小学均荣获优秀组织奖,平地镇中心校被评为市级“艺术教育特色学校”。

仁和区科技创新教育再创佳绩。四川省第三十一届青少年科技创新大赛,仁和区获省二等奖4个、省三等奖4个、市一等奖6个、市二等奖21个、市三等奖26个,仁和区教育体育局被评为省、市两级“优秀组织单位”,五十一公里小学被评为市级“优秀组织单位”;第十四届四川省青少年机器人创新实践活动,仁和区获省一等奖13个、省二等奖9个、省三等奖4个、团体奖2个;仁和区四十九公里小学贺志浩、李星灿代表四川省在第16届中国青少年机器人竞赛小学组综合技能比赛中获一等奖。

仁和区竞技体育成绩显著。四川省第十二届运动会射箭比赛,仁和区射箭队斩获6枚金牌、1枚银牌和2枚铜牌,获金牌数第一,奖牌数第二;承办和参加全市中学生篮球联赛并获得6个组别的5个冠军,其中有两个组别包揽前三名;承办全市国家级俱乐部健身操大赛、全市学生舞蹈大赛;成功举办四川省羽毛球业余联赛;在各项竞技活动中参与度高;东风小学、总发乡中心校被评为市级“阳光体育示范学校”,大河中学阳光体育示范校复查获优秀等级,完成四川省射箭训练基地升级打造工作。

【文　化】 全区有文化馆(国家三级)、图书馆(国家二级)、苴却砚博物馆各1个,乡(镇)综合文化站13个、村文体活动室81个、社区文体活动中心20个、文化大院5个、文化院坝3个。村和社区均拥有图书阅览室、综合教育培训室、多功能文化活动室、文化宣传栏、室外活动场地及文体演出队伍。全区有室外文化活动场地1.5万平方米,电影院1个,投资100万元以上的娱乐场所3家。

全年,区文化馆面向社会免费提供活动场所100余场(次);区图书馆节假日免费开放,全年接待读者24635人次,图书、期刊借阅达28634册;乡(镇)综合文化站和村文体活动室实现周一至周五免费开放;苴却砚博物馆接待团体220个、群众6.62万人次。区文化馆编创演出剧《看见迤沙拉》,歌舞《爱在迤沙拉》《一起来跳啰哩啰》《迎宾歌》《谈经古乐》《羊皮鼓舞》等节目8个。全年,开展文艺活动22场次,举办文学采风创作活动3次,组织苴却砚企业外出参加展会4次,举办苴却砚论坛、讲座7次。编辑出版《攀枝花文化仁和特刊》2期。公益电影放映1296场,受益群众160580人。共采购书籍7600册,摄像机20台及时发放到各乡镇、街道宣文中心、村农家书屋及贫困村等。出动检查人员1406人次,巡检互联网上网营业场所327家(次),歌舞娱乐场所286家(次),游艺娱乐场所21家(次),印刷企业39家(次),出版物经营单位30家(次),检查文化市场合法经营情况,下达《责令改正通知书》30份。在全区建立“扫黄打非”基层网格管理体系。参加全市侵权盗版及非法出版物集中销毁活动,销毁各类非法出版物1240册、盗版音像制品312碟。

仁和区电视台共编审播出《仁和新闻》230组,1400余条;《一周要闻》47组,290余条,公益广告、公告、通知230余条。在市级媒体播出反映仁和区发展建设稿件300余条。新闻频道、影视频道安全播出120部,3600集影视作品。全年,制作专题片10部、微视频6部、纪录片1部。7件作品在全市创优节目评选中获奖,有4件作品在省级节目评选中获奖。

仁和区有文学艺术界联合会1个,下属文艺家协会5个。创作编辑发行反映仁和区餐饮业发展和本土美食文化、美食美味品牌文集《味道仁和——仁和区文史资料第九辑》,编印反映仁和区"9.19"抗击自然灾害的纪实文学集《直面灾难,这里仁和》,全年定期编印《仁和》季刊春、夏、秋、冬四季卷。围绕精准扶贫、两学一做、党风廉政和社会主义核心价值观的说唱、快板、小品、三句半、金钱板、花灯等原创群众文艺节目30余件篇,开展"这里仁和,大家说唱跳"文艺巡演活动10场(次),组织各协会艺术家创作类并在国家、省、市、区级报刊、新媒体上发表各类文学作品260余件。

【卫生计生】 仁和区卫生计生系统定编514人,正式在编在岗在职事业人员469人,临时聘用人员416人。共有各级各类医疗卫生机构(不含市第三人民医院、市第四人民医院)255个。医疗保健机构共有病床737张,每千人口拥有病床数3.18张。卫生技术人员935人,每千人拥有卫生技术人员4.04人。

仁和区开展卫生计生改革,将全区卫生和计划生育管理和服务职责整合,组建成为区乡村三级卫生计生机构。提高新农合管理服务水平,全区新农合人均筹资540元/人,参合农业人口124375人,参合率达99.8%,全年受益人数达185887人次。公立医疗机构基本药物集中采购率100%。推行分级诊疗制度,双向转诊947人次。将区人民医院作为公立医疗机构改革试点,采取市中心医院托管仁和区人民医院模式,推行法人治理结构,实行管办分离。

开展基本公共卫生服务。全区居民累计建档257355人份,规范化电子建档256828人份,规范化电子建档率达96.66%,动态使用率91.2%。累计管理高血压病人27290人,糖尿病病人12069人,重精患者1082人,65岁以上老年人25566人。开展全科医生(乡村医生)签约服务,累计签约67062户,签约率92%。免费开展婚前医学检查2902人。免费开展35~64岁妇女农村妇女宫颈癌和乳腺癌筛查6005人。农村孕产妇住院分娩补助项目604人次30.20万元。无甲类传染病报告,无孕产妇死亡。

开展医疗保障服务。开展上消化道出血、乙型糖尿病、腹腔镜胆囊切除术等19个病种临床路径管理,全年开展临床路径管理病人1484例。组织医务人员开展业务培训6000余人次,发表医学论文20篇。开展颅内血肿微创清除术等新技术项目5项。全年接待惠民对象14260人次,减免医疗费用42.97万元。实施医疗求助及优抚补助717人次100.70万元。查处无证行医店(摊)14起,收缴非法诊疗药品、器械共计18公斤,立案查处3起。

开展计划生育和流动人口服务管理。计划生育"三项制度"奖励扶助1933人185.568万元。计划生育家庭特别扶助180人,扶助金额102.24万元;对录入建档计划生育特殊家庭扶助关怀系统198户进行帮扶。投入帮扶资金80.278万元新建"三结合"帮扶基地15个,302户家庭受益。对72名符合奖励政策考取大学的农村独女户和双女户,奖励8.90万元。核发6354户独生子女父母奖励金64.4521万元。为67名符合政策独生子女家庭购买企业职工养老保险48.6741万元;将16名符合条件不能参加企业职工基本养老保险统筹纳入定期扶助,扶助资金3.2万元。筹集资金4万元建成社区流动人口健康小屋2个。实现乡(镇)、街道流动人口平台应用率100%,流动人口电子婚育证明查验率99.75%。仁和区成功创建全国计划生育优质服务先进区和四川省幸福家庭示范县。

开展医疗卫生计生扶贫。投入专项资金150万元设立仁和区卫生扶贫救助基金。全区医疗机构捐款24.21万元参与精准扶贫。"先诊疗后结算,一站式报销服务"落实率100%,全年,共补偿建档立卡贫困人口区域内住院政策范围内自付费用751人次220.94万元,免收、减免2558人次贫困人口6.35万元,免费提供妇幼卫生健康服务358人次;补助22名建档立卡贫困农村孕产妇4.98万元,救助建档立卡贫困患者12人次3.18万元。筛查残疾人36人,贫困人口因病致贫637人,患20类重点疾病729人,脱贫村所在地乡(镇)卫生院、村卫生室标准化建和村医配置完成率100%。

开展抗洪抢险。在9月19日极强特大暴雨灾害中,组织医务人员800余人次,设置医疗救护点21个,成立义务巡诊队24支,为931名群众免费提供医疗救助,免费发放药品等医用物资4万余元。采集检测饮用水水样22份。发放宣传单1万余份,张贴宣传标语提示150条,参与并指导受灾乡镇开展消杀,1.1万平方米、病媒生物滋生环境杀灭面积1000平方米,对区滨河路等公共区域进行环境消杀43万平方米,发放饮用水消毒药品717瓶、宣传品6447件。

【民生工程】 全年,仁和区承担省、市、区级民生工程项目共202项,省、市、区民生大事共20项。在经济下行压力持续加大的严峻形势下,区政府始终坚持把保障和改善民生放在首位,加大民生工程资金保障,全年共投入资金98306.42万元,其中:上级资金26925.27万元、区级配套5030.44万元、其他资金66350.71万元。着重落实就业政策,全区城镇新增就业3313人,城镇失业人员再就业1451人,帮助就业困难人员实现再就业372人,城镇登记失业率控制在3.83%以内;着力改善贫困农户生产生活条件,完成农村扶贫解困人口2986人;城乡医疗救助4050人次;硬化乡村便民道路20.69千米、建设完成民族地区10千米水泥路或弹石路工程;农户住房建设及改造91户,改造城镇危旧棚户区1000户,发放公租房租赁补贴100户,学前教育对6380名幼儿减免保教费,免费为18806名义务教育阶段学生提供教科书和作业本,对4853名农村义务教育家庭经济困难寄宿生补助生活费。

【交通建设】 仁和区完成民政路民政桥至梁子田道路、务本乡至格里坪镇道路、岔官路啊喇乡政府至啊喇段道路、布德镇巴关河村加油站至回龙湾道路、新农村建设项目8条共计10.6千米道路建设工程。启动布德镇至格里坪镇公路、中坝乡至啊喇乡一期仁拉路至块菌基地道路改造工程、岔官路啊喇村至官方段改善提升工程。启动中坝乡至啊喇乡二期块菌基地至官房道路、2条撤并建制村项目施工图设计工作。全年共制作处罚案卷19份,办理新增道路运输业户1033户,新增运输车辆1076辆。仁和区现有道路运输业户6048户,道路货运车辆5648台,总吨位40153.79吨。

【"9.19"交通损毁】 "9·19"特大暴雨灾害造成全区所有道路不同程度受灾,其中受损公路111条、受灾里程106.1千米、道路中断36处,共形成水毁路基坍方97781.5立方米、路面148182.5平方米、桥梁30座受损、涵洞356道受损、防护工程(护坡挡墙)64593立方米、塌方333745立方米,经济损失达8921.1万元。

【启动攀大高速公路征拆工作】 2016年12月完成当年征拆任务。向施工单位提交红线内永久用地90.8公顷,占已提交设计施工图用地141公顷的64.39%,签订补偿协议833户,支付红线面积内补偿款27475486.8元:其中青苗和房屋补偿款25062157元,电力杆线搬迁补偿款1939056元,电信杆线搬迁补偿款474273.8元,提交临时用地528.751亩占设计临时用地41.46公顷的85.02%、支付补偿费用506.58万元,搬迁坟墓32座、搬迁房屋44户13200平方米,电力和通讯杆管线搬迁5根,其余正在组织搬迁。

【重大项目建设】 全年仁和区确定攻坚项目177个,总投资645亿元,年度投资42.29亿元。省市级重大项目13个,截至12月完成投资8.7亿元。重点推进普达阳光国际康养度假区、中国重汽攀枝花重型矿用车生产线、老公山风电、攀大高速、市火车南站配套基础设施建设工程等项目。省级重大项目普达阳光国际康养度假区项目完成年度投资3亿元,完成炳仁线延长线(普达跨线大桥)、普达康和人家项目、普达安置房商业等项目,正在建设水域整理(引水渠及下普达水库建设)、普达片区配套供水供气工程;中国重汽攀枝花重型矿用车生产线,完成项目备案,取得土地证,其他行政审批手续正在办理中,已完成大部分钢结构建设,成功融资1500万元,完成年度投资0.81亿元。固定资产投资快速增长,仁和区全社会固定资产投资完成148.6亿元(不含钒钛园区),同比增长6.6%;区本级固定资产投资完成115.35亿元,同比增长24.6%。

【街道、乡、镇发展状况】 仁和区辖1个街道、6个乡、8个镇。全年1个街道、6个乡、8个镇共完成地方规模以上工业总产值1145487万元。招商引资到位资金895295万元。

表17 2016年仁和区街道、乡(镇)基本情况表

街道(乡、镇)名称	人口(人)	面积(公顷)	社区(个)	村(个)	工业总产值(现价)(万元)	招商引资到位资金(万元)
大河中路街办	30313	224.26	4	—	13364	121300
太平乡	9327	21697.71	—	10	476000	83800
大龙潭乡	15677	24369.35	—	8	905	71700
务本乡	8324	9967.36	—	4	50591	12895
啊喇乡	9188	18175.2	—	6	1199	10900
中坝乡	10217	10016.39	—	4	9689	59000
总发乡	9025	9919.98	—	4	13189	54500
仁和镇	45891	3789.09	7	3	8393	166200
前进镇	19315	10433.03	2	7	438272	170500
平地镇	14707	17567.51	1	5	13464	49000
同德镇	14120	9342.3	1	7	1199	22000
布德镇	16613	13083.9	—	6	79081	18500
福田镇	4702	5018.11	1	4	8600	43500
金江镇	17410	8796.54	4	5	28979	—
大田镇	8780	10497.61	1	6	2562	11500

(朱俊麟)

米易县

【概　况】 米易县地处攀枝花市东北部,位于北纬26°42′~27°10′、东经101°44′~102°15′之间。东与凉山州会理县、南与攀枝花市盐边县山岭相连,西与盐边、凉山州盐源县以雅砻江为界,北与凉山州德昌县陆路接壤。县政府驻攀莲镇。全县面积2152.70平方千米,实有耕地26264公顷。辖7个镇,5个乡(少数民族乡4个),87个村,814个村民小组,12个城镇社区居委会,106个居民小组。2016年年末,全县总人口221365人,其中非农业人口31424人,占总人口数的14.2%;农业人口189941人,占总人口数的85.8%;男性人口111924人,女性人口109441人;出生3195人,出生率14‰;死亡1515人,死亡率6.8‰;迁入人口751人,迁出人口776人。年末全县总人口数比2015年年末增加1614人。

【经济社会发展】 米易县促进工业"十六条"、支持企业"十条"等帮扶政策成效明显,41项"一企一策"帮扶举措全面落实,四川一美能源科技有限公司等5户企业成功升规,攀枝花东方钛业有限公司等11户企业纳入全市重点企业"红名单",回龙沟220千伏变电站完成主体工程,申报"园保贷"项目资金4400万元,签订"政银企"合作协议12亿元,争取地方政府置换债券资金5.3亿元。有序推进国家现代农业示范区、省级小农水重点县等重大涉农项目建设,5933.33公顷农村土地整治项目获得立项,完成二滩库区网箱养鱼取消工作,普威烟基工程通过国家级验收。"阳光米易"特色农产品品牌出省进京,青松林农业公园上榜首批省级示范农业主题公园名单。服务行业协会正式成立,"阳光米易号"列车直达北京。儿童主题公园、城北闸坝景观等环境提升工程全面建成,承办全省第七届乡村文化旅游节等重大活动,成功创建为北京西城区康养示范基地和四川省养生旅游目的地示范基地。

表18　　2016年米易县主要经济社会指标统计表

指标名称	单位	2016年	
		绝对数	增长(%)
地区生产总值	万元	1450903	10
第一产业增加值	万元	129524	4.70
第二产业增加值	万元	950862	11.40
第三产业增加值	万元	370517	8.10
粮食总产量	百吨	903.3	4.10
肉类总产量	吨	14258	-0.10
禽蛋产量	吨	927	1.30
牛奶产量	吨	99	3.10
蔬菜产量	万吨	34.78	9.40
水果产量	万吨	8.32	12.80
社会消费品零售总额	万元	332150	11
固定资产投资完成额	万元	1181096	4.40
地方财政收入	万元	92871	-33.30
地方财政支出	万元	179246	-19.90
地税税收收入	万元	46289	-18.70
国税税收收入	万元	37802	-10.10
城镇居民人均可支配收入	元	29449	8.20
农民人均纯收入	元	14448	9.60

【民营经济发展】 米易县认真贯彻落实省、市民营经济扶持政策,出台《调整县级领导联系重点企业和企业首席服务员名单的通知》《关于支持工业企业发展的十条措施》等一系列政策措施,全力推进全县民营经济持续快速发展。全县民营市场主体11482户,其中私营企业1358户、个体工商户9861户、农民专业合作社263户,民营经济市场主体总量较2010年增长78.8%。年末,全县规模以上工业企业49户,其中民营工业企业47户,产值上亿元企业17户,其中5亿元~10亿元企业2户,10亿元~20亿元企业4户,20亿元以上企业2户。实现非公有制经济增加值83.6亿元,增长10.1%,占全县GDP比重57.6%。被省委、省政府评为"促进民营经济发展工作先进县"。

【创新驱动】 米易县坚持创新驱动发展战略,鼓励支持企业加大科技创新力度,大力研发新技术、新产品,促进科技成果转化,培育发展新能源、新材料等新兴产业,促进产业转型升级。鼓励企业加大科技创新投入,建设工程技术中心、企业技术中心等研发平台,市正源科技有限责任公司、米易华森糖业有限责任公司成功创建为省级企业技术中心,截至年底,全县有省级企业技术中心9个,占攀枝花市总数的50%。

【工业维稳】 米易县针对企业欠薪、欠社保等问题,及时组织开展矛盾纠纷大排查,全面落实"一个问题,一名领导,一个专班,一套方案,一抓到底"五个一的要求,督促县级有关部门认真履行主管部门和首席服务员职责,加强重点工业企业、改制企业的稳控工作,密切关注重点企业维稳情况,每周更新维稳台账,全力做好纠纷协调处置,分散化解特困企业集访、上访突出矛盾,妥善处置攀钢集团攀枝花新白马矿业有限责任公司田家村采点阻工堵路、攀枝花中禾矿业有限公司职工集访、市立宇矿业有限公司欠薪欠费、米易县酿造有限公司企业改制、米易县石峡水电开发有限公司民间借贷批案、攀钢集团白马汽车运输公司欠运输费等涉稳事件,将矛盾分散化解在各企业,全力保障企业正常生产经营和社会稳定。

【农业重大项目实施】 米易县围绕建设特色产业基地,落实连片整体规划,推进粮食生产能力提升工程等7个基础设施项目,实施高标准农田基础设施建设任务,完成投资6150万元,完成调整田型353.35公顷,实施耕地地力培肥3333.5公顷次,整治及新建田间沟渠107千米,新建蓄水池20口,维修机电提灌站3座,新建太阳能提灌站3座,新建田间机耕道30千米,建成高标准农田900公顷,进一步夯实现代农业基础条件,发挥农业项目稳增长、惠民生、助增收的支撑作用。

实施产地初加工项目,提高农产品流通能力,完成农产品产地初加工补助项目,新建农产品冷藏保鲜库20座9500立方米,全县农产品冷藏保鲜库总量达到80余座4万立方米,有效调节鲜活农产品应市和降低采后损失,提高农产品供给能力。

实施牛羊规模化养殖项目,提高设施养殖比重,依据环境承载能力,论证规划适宜养殖区,实施肉牛标准化生产基地县、财政现代农业肉羊养殖等项目,开展草食牲畜标准化养殖示范,发展适度规模肉牛养殖户44户,发展适度规模肉羊养殖户114户,建成标准化规模养殖小区6个。

【电子商务】 米易县出台《加快电子商务发展的意见(试行)》,建立米易电子商务孵化中心,成立米易电子商务协会,成功申报2016年国家级电子商务进农村示范县项目,编制国家级电子商务进农村项目实施方案,组织专家进行招商评审工作,评审出四川阳光绿源农业发展有限公司为项目投资主体的承建企业,获《四川日报》等媒体评选的"四川电商十强县"称号,对接京东、阿里巴巴、三只松鼠、尚作农业、伊藤洋华堂、重庆粮油集团等国内知名电商企业或实体。米易县电子商务孵化中心、米易县大学生创业孵化园开展电商及创业培训5次,培训人员1000余人。全县电商企业达到84户,从业人员891人,电商企业入驻电子孵化园35户,电商销售额9000万元。

【招商引资】 米易县加强对项目涉及的产业政策、受众市场研究,认真梳理和分析并细化项目承接条件,增强与企业的前期对接深度;通过讨论、部门会商、专家论证以及部门联合新包装出钒渣综合利用升级改造项目、年产2000吨工程机械零部件、大樱桃(车厘子)基地建设项目及普威摸鱼沟休闲度假区等19个项目,并根据市场需求及项目成熟度重点推出攀西(丙谷)农副产品综合物流园项目、县城视野区绿化项目、核桃精深加工等32个重点招商引资项目,更新完善《米易投资指南》,完成重点产业(领域)发展分析报告和产业招商计划的编制。积极对接参加首届川商返乡发展大会、2016中外知名企业四川行、四川知名企业攀枝花行、中国(四川)第二届国际旅游投资大会及第三届中国(雅安)攀西战略资源创新开发试验区投资大会、北京市西城区民政局与米易县签订健康养老产业创新融合发展战略合作协议暨"北京西城康养示范基地"授牌仪式、第十六届西博会、四川省第七届乡村文化旅游节、四川第二届森林康养年会等11次省(市)重大投资促进平台活动,16个项目实现签约,签约资金93亿元,并与意向投资企业就米易阳光康养、现代农业、新能源等产业项目进行交流座谈。在项目对接洽谈等过程中,坚持高位推进,多次赴深圳、上海、北京、江苏、成都、重庆等地开展招商活动,切实落实"企业有什么、能做什么；我们自身有什么，结合点是什么”的工作思路，瞄准目标企业大力实施精准对接策略，促成通威集团农光一体暨农业产业化项目、四川新网文化省网络文化平台培训基地项目、重庆粮食集团农业产业园区工业地产项目、四川发展集团大坪子康养基地项目、攀枝花丽新园艺红旗河坝花卉产业园项目、米易宏辉科技与葛洲坝集团资产重组项目、正源科技与成都美奢锐新材料有限公司冶金级钛白粉战略合作项目、东方电气钒电池产业化中试线项目等项目达成合作意向，实现新签约项目12个。全年，全县招商引资履约项目完成70个，总到位资金110.7亿元，同比增长11.21%，完成县级目标109亿元的101.56%。其中履约国内省外项目32个，引进国内省外资金69.43亿元，完成市下达目标任务65亿元的106.82%，超进度6.82个百分点。新引进投资额5亿元及以上重大招商引资项目10个。在2015中外活动平台上签约项目履约率、开工率、资金到位率分别达到100%、81.82%、39.8%。在2015国际投资大会平台上签约项目履约率、开工率、资金到位率分别达到100%、100%、31.93%。

【人事人才】 米易县围绕全县经济社会发展对人才的需求，开展考录聘用，考录（聘）用69人，其中公务员26人、参公人员27人、事业人员16人。开展职务与职级并行工作，办理全县政府部门123名一般工作人员晋升职级审批手续。配合开展公务用车制度改革，制定《米易县机关公务用车制度改革司勤人员安置办法》，完成全县192名在编正式司勤人员、新聘工勤人员、编外自聘司勤人员统计工作。依照省、市文件要求，做好公务员分类改革工作。完成2016年下半年公开考试招聘和考核招聘事业单位工作人员工作，公开考试招聘事业人员、中小学教师，考核招聘急需短缺卫生专业技术人员。完成机关事业单位的规范津补贴调整，机关事业单位退休人员“中人”视同缴费年限审核确认工作。抓好专家服务基层工作，新申报草场乡杨梅基地和丙谷镇梅花园文化旅游基地示范服务项目，开展4次“专家下基层行动”服务，为示范户带去专业技术指导。

【就业促进】 米易县稳步推进就业和创业工作。抓重点群体就业，做好就业援助服务，确定12家县内用人单位为“攀枝花市高校毕业生就业见习基地”，可为200余名高校毕业生提供就业见习岗位24类。抓就业精准扶贫，助推脱贫解困，围绕“确保每个有就业能力的贫困家庭至少有一人就业”的目标，以“为每位贫困家庭劳动者建一份精准扶贫动态信息台账、在每个贫困村办一个精准扶贫就业创业技能培训班、在每个贫困村开一次精准扶贫招聘会、开发一批农村公益性岗位托底安置农村贫困家庭劳动者、每半月送一次岗位信息进村入组、落实一系列助推精准扶贫的就业创业政策”为抓手，精准实施就业扶贫。以激发创新潜力和创业活力的“双创”带动就业，采用PPP模式建成米易县大学生创业孵化园，入驻创业团队40个，孵化实体18个，开展创业培训60期培训2000人次、创业讲座10期600人次。大力推动“互联网＋”公共职介，全年发布信息85次，提供岗位35538条次，其中“米易县就业局”公共招聘微信公众号关注数达到1048人。

全县实现城镇新增就业1680人，城镇失业人员再就业450人；就业困难人员再就业110人，青年劳动者技能培训663人，创业意识培训685人，创业能力培训495人，创业培训合格率80%以上；促进高校毕业生创业64人，发放创业补贴64万元；城镇登记失业率3.96%，控制在4%以内，全县就业局势基本稳定。

【社会保障】 米易县继续抓实社会保险，完善社会保障体系启动。全力推进机关事业单位养老保险制度改革工作，9月，全县机关事业单位养老保险正式启动；10月，全县机关事业单位退休职工养老金发放方式，由原单位发放转为米易县社保局发放。完善医疗监管机制，推进智能审核辅助系统和医疗服务监控信息系统建设，规范医疗服务行为。抓实城乡居保，提升保障水平，把目标任务分解落实到全县12个乡镇，推动参保率提高，强化宣传，提高参保意识；全力推动社会保险精准扶贫，全县符合参保条件的建卡贫困户人员4835人，完成参保人数4351人，参保率97%。

全年全县城镇职工养老、医疗、失业、工伤、生育保险参保人数分别为19742人、30026人、14109人、13877人、14414人；分别征收基金12603.8万元、5350万元、706万元、1156.1万元、196.9万元。城镇居民基本医疗保险参保人数15568人；城乡居民基本养老保险参保人数97110人，参保缴费人数54157人。

【知识产权】 米易县推进国家知识产权强县工程试点县项目，推进从高钙金属渣中提取金属的方法、触媒二氧化钛及制备触媒二氧化钛的方法及水解方法、风化矿制备酸性氧化球团黏结剂的方法等四川省专利实施与促进专项。通过开展国家知识产权强县工程试点工作，建立与县域经济社会发展相适应的知识产权管理、服务和保护新体系，构建有利于知识产权创造和运用的工作新机制，营造尊重和保护知识产权的良好法治、舆论新环境。聘请专利服务机构为米易县企事业单位及个人代理专利事务，全年全县申报专利169件，其中发明专利71件，新增专利实施项目15项，新增实现产值5亿元。启动国家知识产权强县工程试点工作，出台《米易县人民政府关于印发米易县实施国家知识产权强县工程试点县工作方案的通知》，落实试点工作方案，扎实推进试点工作，印发《米易县实施国家知识产权强县工程试点县工作领导小组办公室关于健全知识产权工作管理体系的意见》,进一步健全知识产权网络,加强企业基础建设,建立完善绩效考核体系。

【教　育】 全年,米易县投入资金1.87亿元,完成撒莲、新山、白坡、攀莲镇水塘村幼儿园、垭口镇中心校建设,新建和改建教师周转房75套。米易县第二初级中学校食堂、教学综合楼,丙谷镇新家小学校建设项目全面竣工,米易县第二小学校迁建项目,白马中心学校教学楼、学生宿舍、食堂,丙谷中心校教学楼、学生宿舍,湾丘热水小学教学楼,撒莲中心校教学楼开工建设;完成校安工程建设,全面消除C、D级危房,薄改项目竣工率54%;投入150万元,对8所村幼儿园进行维修改造,为所有村幼儿园配备教学设施设备。投入近1000万元对学校仪器装备、信息化建设进行升级达标;投入390万元,对教育城域网升级改造建设;投入157万元建设米易县第一小学校、米易县第一初级中学、米易中学校的录播教室等。

全县发放义务教育住校生交通费补助182.27万元;经济困难寄宿学生生活补助和肉食补助984.44万元;普通高中经济困难学生国家助学金232.4万元,减免学费162.564万元;高校学生生源地助学贷款553人、金额360.526万元;学费奖补52.72万元;21809名学生纳入营养改善计划,支付学生营养餐1522.37万元。免除建档立卡贫困家庭在园幼儿169人次的保教费15.65万元;免除建档立卡贫困家庭普通高中生121人次的学杂费、教科书费9.08万元。

米易县建立政府主导、社会参与、公办民办并举的办园格局,三年毛入园率95.66%;公办幼儿园及普惠性幼儿园在园人数占70.15%,兑现普惠性幼儿园奖补资金294万元。全县24所村幼儿园收归中心学校统一管理,县财政出资近200万元为24个村幼儿园选配60名幼儿教师和保育员,解决幼儿"入园难"的问题,提升学前教育管理水平。

全县普及九年制义务教育各项指标均达到规定标准,小学适龄儿童入学率100%,辍学率0.07%,小学毕业率100%;初中辍学率0.18%,毕业率99.97%;15周岁人口中初等教育完成率99.89%;17周岁人口中初级中等教育完成率99.93%。义务教育阶段残疾儿童在校生158人,入学率96.53%,达到省定标准。每生每年资助1000元。

全县初中毕业生升入普高1252人、中职1554人,高中升学率为96.63%。完成初等职业技术教育培训2904人,农村实用技术培训和劳动力转移培训24712人次。为鼓励学生进入中等职业技术学校学习,县政府设立20万元中职招生奖。全县中考上国重线223人,高考本科上线493人。

【卫生计生】 米易县完善《米易县县级公立医院法人治理结构工作实施方案》,成立县级公立医院管理委员会和监事会,出台《米易县县级公立医院目标绩效考核办法(试行)》《米易县2016年县级公立医院院长考核细则》,推行县级公立医院院长年薪制及县级公立医院目标绩效考核制度,建立院长年薪制考核与医院目标绩效考核相结合、医院目标绩效考核结果与医务人员奖励绩效工资挂钩的考核办法。探索实施药事服务成本由药品配送企业承担的新模式和人才聘用新机制,确保县级公立医院综合改革稳妥有序开展。

米易县专题研究制定《米易县医疗卫生计生扶贫专项方案》《米易县医疗卫生计生扶贫2016年工作计划》,开设卫生扶贫救助基金专户。做好建档立卡贫困人口看病就医精准识别工作,全面实行"先诊疗、后结算"制度,减贫人口参合率100%。1月至9月12日,建档立卡贫困人口在县域内医疗机构住院个人支付比例控制在10%以内,从9月13日起,实现个人"零支付"。全面落实医疗扶贫政策,免收一般诊疗费3438元,450人次;免收院内会诊费1153元,65人次;免费开展建档立卡贫困人口白内障复明手术4例;免费开展巡回医疗服务35次;免费为13名贫困艾滋病患者提供病毒检测及抗病毒治疗;免费提供妇幼健康服务,88名农村贫困孕产妇分享免费分娩补助24.91万元,实现"零支付";免费提供基本公共卫生服务,贫困人口规范化建档率100%;免费为贫困人口提供健康体检和乡村医生签约服务,签约服务率100%;积极配合残联完成0～6岁残疾儿童初筛工作,初筛残疾儿童36人。8个贫困村村卫生室标准化建设全部达标,均配备有合格村医。

米易县推行签约医疗服务,医疗服务方式从坐诊模式转向坐诊和走诊相结合的模式,服务内容由重医疗服务转向防治结合,乡村医生签约服务54643户,重点人群签约48732人,贫困人口签约率100%。

米易县完善分级诊疗模式,通过医保支付手段、建立纵向医疗联合体、对口支援和远程医疗等形式,不断促进医疗资源的纵向流动,引导患者有序流动,实现分级诊疗格局,对上转、下转患者开通绿色通道,实行"一免三优先"(免挂号费,优先预约专家门诊、优先安排辅助检查、优先安排住院)政策,确保就医全程无缝连接,方便快捷,实现县域内就诊率90%以上。

米易县探索推进"医养结合"模式,改建中医医院针灸骨伤康复部,开通阳光康养游客就诊绿色通道,加强与康养接待点的对接,为过冬游客提供免费体检等贴心的服务;米易县人民医院、米易县中医医院与北京华方米易颐养中心签署合作协议,定期举办健康教育知识讲座,为入住颐养中心的老人开通绿色通道,提供优质便捷医疗服务。

米易县继续提升公共卫生服务水平,规范项目资金管理,项目经费及时、足额到位,城乡居民健康档案电子建档率98%;高血压、糖尿病患者管理率分别为70.72%、61.16%。开展地质灾害和突发公共卫生事件等应急演练,无暴发疫情和突发公共卫生事件发生；开展预防接种规范管理专项活动监督检查，以艾滋病、结核病等重大传染病防治为重点，认真抓好各项防治措施落实。强化艾滋病、梅毒、乙肝母婴阻断工作，孕产妇住院分娩率99.87%，孕产妇系统管理率97.06%，儿童系统管理率97.38%，无孕产妇死亡，5岁以下儿童死亡率控制在6.01‰，规范《出生医学证明》管理，婚检率94.13%，孕前优生健康检查城乡目标人群覆盖率100%。免费实施70岁及以上老年人健康体检11336人，免费实施农村妇女“两癌”（宫颈癌、乳腺癌）筛查3413人。

全年，米易县平稳有序实施全面两孩政策，符合政策生育率97.82%，办理生育服务登记2615对，特殊情况再生育审批2例。启动实施“促进少数民族群众生殖健康”项目，奖励扶助农村计划生育家庭2694人，兑现奖励金258.62万元；计划生育家庭特别扶助（独生子女伤残或死亡）174人，兑现奖励金102.84万元。县、乡两级领导干部对全县计划生育特殊家庭176户、278人进行“一对一”结对帮扶，纳入特扶174人，纳入低保7人、“五保”37人。建立和运行计划生育特殊家庭扶助关怀系统，电子建档率95%以上。加强出生人口性别比综合治理，开展打击“两非”综合治理工作。流动人口电子婚育证明查验率94.9%，全面落实免费计划生育基本技术服务，服务对象免费技术服务知晓率和手术同意书签署率100%。

【文化建设】 米易县加强公共文化基础设施建设，强力推进11个贫困村文化建设，制订《米易县文化惠民扶贫2016年工作计划》《米易县2016年11个贫困村文化建设项目实施方案》等计划、方案，指导贫困村制定村文化建设实施方案；通过争取资金、自筹资金等多种方式，为11个贫困村各筹集、划拨5万元文化建设资金，维修改造本村文化阵地、购置设施设备；争取到上级配送书架5个、图书2600册、实用技术光碟120张，新建白马镇黄草坪村农家书屋1个，按照每村60册标准采购图书，对贫困村农家书屋图书进行更新补充，《米易记忆》等本土作者创作、有着浓郁地域特色的文学作品进入农家书屋。排查出无法收听收看广播电视节目贫困户清单，通过配送无线电视机顶盒等方式满足收听广播、收看电视节目需求。开展四川省现代公共文化服务体系第一批省级示范县创建申报工作。建成普威镇龙滩村示范文化服务中心，中心室内面积200余平方米，有电子阅览室、农家书屋、固定电影放映点，并配有电脑、书籍、电视、空调。全县第一家数字影院开业，使全县群众能够就近享受优质影视服务。在白马镇、丙谷镇建成乡镇出版物数字化发行网点。及时对农村广播村村响、县城公共广播系统进行维护和修复，对乡镇、村级广播前端进行联网。

米易县高质量地完成“春节七天乐”、迎新年文艺晚会、送文化下乡等活动。举办米易县第三届电视歌手大奖赛，完成四川省第七届乡村文化旅游节（冬季）暨2016攀枝花欢乐阳光节开幕式文艺演出，着力打造阿考塑像、傈僳族民俗文化展厅、民俗歌舞表演，完成新山傈僳风情园建设、民族服装设计制作等工作，摄制宣传片《一家人的米易》。开展全民阅读推广活动，加强少儿阅读工作研究和推广，开展幼儿阅读成长计划试点工作，承办“世界读书日”主题晚会，推进全民阅读进校园、进企业、进社区，设置公共场所报刊免费阅读点，开展端午、重阳等节假日读书活动。开展送文化到贫困村活动，丰富贫困村群众的精神文化生活。协助、指导各部门、乡镇、村（社区）开展“新山约德节”“工会技能比武颁奖晚会”等150余场文艺活动；全年放映农村、社区、学校公益性电影1280场。

集体舞《舞动彝乡》在四川省第二届百姓广场舞大赛中荣获一等奖和最佳人气奖。原创民歌《梦回马鹿寨》在第二届西南民歌展演活动中荣获十佳创作作品奖。

全年，米易县严格落实执法巡查，出动执法人员2600余人次，检查各类文化市场主体1300余家次，查处案件12余件，取缔非法音像图书地摊家、无证娱乐场所22家、“黑网吧”3家。高度重视广播电视行业安全生产，每月对米易广播电视台、太平洋影城、老电影院、米易广电网络公司等单位进行巡查，排除安全隐患。开展文化市场专项整治行动，完成扫黄打非“清源”“净网”“固边”“秋风”四大专项行动，完成出版物市场、校园周边环境、打击侵犯知识产权等各类专项整治行动。实行案件审查制度，提升执法人员水平，加强内部监督，对各执法环节严格把关、确保公正，实现执法案件零复议、零诉讼。

【体　育】 米易县积极促进康体结合，广泛开展全民健身活动，举办2016四川省老年人太极拳（剑）比赛、“海棠蓝湾”杯第三十七届元旦健身跑、广场健身操大赛、中国象棋精英赛、彝族火把节体育竞赛、健身气功新五套法（缩编版）培训活动。参加全县性有组织的全民健身竞赛、展示活动1.8万余人次、体育场馆免费开放，长期坚持参加体育锻炼12.5万余人，参加全民健身活动人数比例达56%。举办成人、学生游泳培训班3期，培训人数120人。投入上级项目资金6.3万元，对11个贫困村发放羽毛球拍66副、乒乓球桌12张、篮球50个、乒乓球拍66副、羽毛球55筒、乒乓球110盒，并安装部分健身器材。广泛宣传全民健身，发放《全民健身指导手册》500余册，发放《中华人民共和国体育法》《全民健身条例》《科学健身知识》宣传资料2000余份。

在2016年全省青少年竞标赛中，皮划艇激流回旋项目10名运动员参赛，全部取得省十三届运动会参赛资格；女子曲棍球项目45名队员参赛，取得甲组第三名、乙组第八名和第九名，获得体育道德风尚奖运动队称号，完成参赛目标任务。在皮划艇激流回旋(伦敦站)世界杯赛上,米易县运动员李露夺得女子皮艇冠军,成为中国女子皮划艇激流回旋项目首个世界杯冠军,参加8月巴西里约奥运会,成功晋级决赛,成为米易建县以来首位参加奥运会的运动员。

米易县完成恒温游泳馆太阳能光伏光热恒温泳池系统技术集成与示范项目,网球场维护改造项目,皮划艇激流回旋赛道升级改造项目。新安装8套健身路径,更换11个篮球场篮球架板,全年体育场馆免费开放16.7万余人次。

2016年12月,米易县开展国民体质监测活动,对6个乡(镇)30岁到49岁男、女青壮年人员600余人进行体质监测。经过对测试数据收集、整理及筛选,采用有效样本600余例,完成年度国民体质监测任务。

米易县贯彻落实《国务院关于加快发展体育产业促进体育消费的若干意见》,积极探索体育产业发展新途径,助推体育与生态旅游、商务旅游、体育旅游产业的发展,所有场馆免费对外开放。注册运动员79名,其中皮划艇激流回旋39名、女子曲棍球40名,25名运动员获得国家二级运动员称号。

【老龄事业】 米易县加快推进养老服务评估工作,做好社会养老服务发展监测指标数据统计分析,70周岁以上老年人免费乘坐公交车、免收入厕费、每年免费作一次常规体检、免收风景区门票费等优待政策落实到位,元旦、春节期间走访慰问城乡困难老人、高龄老人60人次,发放慰问金3万元;广泛开展"敬老月"活动,走访慰问贫困老人和百岁老人31人,发放慰问金1.86万元,发放敬老爱老宣传资料5000余份,文艺演出12场次;及时审核发放高龄津贴及长寿补贴326万元,补贴48625人次;抓好基层示范性老年协会筹建工作,开展申报白马镇马槟榔老年协会和攀莲镇河西社区老年协会示范性创建工作。调研全县养老服务业现状,形成《关于本地老年人及旅居老年人养老服务需求的调研报告》,被四川省老龄办评为调研报告优秀成果二等奖。出台《2016—2017年居家养老服务实施方案》,为11732名老人提供居家养老服务,完成目标任务5230人的224.32%,其中居家养老上门服务1831人,居家养老70周岁以上老人健康体检服务9901人。开展"敬老文明号"单位创建活动,8月,米易县老年活动中心、四川寿乐康米易河西悠然南山日间照料中心被省老龄委授予"敬老文明号"荣誉称号。

支持社会力量投资养老服务业,社会养老服务体系加快推进。全年新增民办养老床位350张,建成9个城乡社区老年人日间照料中心,全县共建成2家专业性养老机构,拥有养老床位245张,登记备案20家民办养老机构,有17个农村幸福园、30个城乡社区老年人日间照料中心,各类养老床位1625张,每千名老人拥有养老床位数42张。创新"公建民营"养老机构运营模式,"公建民营"养老服务体系项目——北京华方米易颐养中心于10月18日正式投入运营。随着项目在米易落地,进一步深化与北京市西城区战略合作关系,组织人员到北京市西城区参加"爱在西城"养老服务公益汇活动,组织接待西城区军休(劳模)代表团到米易康养度假。县政府与北京市西城区民政局签订《健康养老产业创新融合发展战略合作协议》,北京市西城区授牌米易县为"北京异地康养创新示范基地",双方共同推动康养产业良性共赢发展,逐步实现北京市西城区与米易县在养老、旅游、医疗、健康领域有机结合。

【城市建设】 2016年,米易县紧紧围绕"建设阳光时尚花园城、打造康养度假目的地"的目标,坚持"花园城市、公园县城"总体定位,全力推进城市建设。完成迷阳湖大桥、老干部活动中心室外附属工程、米易县城北皮划艇尾水渠出水口河滩环境整治等11个工程项目建设;有序推进省道米中段复线及贤家新区城市干道、克朗风情水街、生态美食城等6个项目建设;启动克朗新区D-07号地块滑坡治理、迎宾大道滨河公厕工程建设;攀莲镇铁建路片区棚户区改造(一期)主体工程及竣工验收,有序开展米易火车站站前广场一、二期和攀莲镇城中街片区征收房屋拆除工作。

【安居工程】 米易县完成棚户区和城中村改造贷款融资3.01亿元;开工建设青皮、水塘、克朗3个省级城中村棚户区改造项目,实施棚户区改造1084户,总投资约3.3亿元,其中米易县国有投资集团有限责任公司申请中国农业发展银行建设基金1500万元,争取上级专项资金2008万元;发放公共租赁房屋租赁补贴54户127人11.45万元,完成全县公共租赁住房不动产登记证办理,出台《米易县已购经济适用住房上市交易实施细则》;实施农村危房改造684户,发放购买普通商品房期房及二手房补贴1800余件,2200余万元;批准申请使用维修资金37笔106.7万元。

【市容综合整治】 米易县对城区流动摊点进行摸底调查、分类梳理,按照"疏堵结合、标本兼治、总量控制、逐渐减少"等原则,严格实行准入制度和属地管理,加强摊点的日常管理监督,让流动摊点便民利民又管理规范,推行辖区分片小组管理责任制,定点值勤。全年清理流动商贩43200余人次,违章占道经营7300余处,查处乱贴、乱画、乱堆、乱挂2500余人次,送达限期整改通知书50份。为方便市民需求,春节、清明、端午、中元、中秋等节庆和时令水果上市季节在县城桥东街、城中街、清桐路等适当位置设置临时交易点或销售点。开展城区建筑工地扬尘污染联合巡查整治9次,对3家建筑工地渣土运输车辆沿路抛洒现象限期整改;加强工矿企业脱硫、脱硝、除尘等扬尘污染治理监管,查处工矿企业超限超载运输车辆40余辆；增加机扫清扫设施设备，坚持主城区主次干道冲洗喷雾洒水作业。部门联动，开展综合整治行动，县城市管理局、县公安局、县住房和城乡规划建设局、县环境保护局、县市场监督管理局等部门，与攀莲镇政府配合，多次开展米易县城区流动商贩治理、市场周边卫生治理、校园周边环境秩序整治。

【村委会与社区建设】 米易县人民政府办公室印发《关于调整村（社区）干部基本报酬（误工补贴）及党员教育培训经费的通知》，提高村（社区）干部基本报酬，其中村“大三职”（书记、村主任、文书）每月基本报酬由1600元提高到1800元，村“小三职”（团支部书记、妇联会主任、民兵连长）每月基本报酬由1360元提高到1650元；村民小组长月基本报酬由原来的400元提高到550元；居民小组长月基本报酬由原来的200元提高到550元；城市社区党支部（党总支）书记、居委会主任每月基本报酬由2400元提高到2900元，其他在任城市社区干部每月基本报酬由2200元提高到2700元，社区社会工作者每月基本报酬由2000元提高到2500元。撤销白马镇白马村和湾丘乡万碾沟村，设立白马镇高龙村村民委员会。组织人员对米易县12个乡（镇）、99个村（居）委会换届选举工作情况进行调查摸底，针对全县村（居）委会现状和存在问题，研究制定《米易县第十届村（居）民委员会换届选举实施方案》，对村（居）委会候选人提名条件、各阶段目标任务和时间节点进行细化。编写《村（居）民委员会换届选举指导手册》《致选民的一封信》，组织专题培训班，提高换届选举工作人员组织能力和业务水平。

【省级食品安全示范县创建】 米易县坚持以整体提升食品安全水平为目标，进一步健全食品安全监管体系，印发《米易县省级食品安全示范县创建实施方案》《米易县食品安全委员会工作规则》《米易县关于进一步加强食品安全保障工作的实施意见》《米易县2016年食品安全工作要点》。搭建起县、乡（镇）、村“三级联动”体系，推动食品安全“三方责任”有效落实。办理食品经营许可证685户，变更换发食品经营许可证84户，餐饮服务许可证199户。开展学校食堂食品安全、肉类及冻制品、农村食品安全“清源”“净流”“扫雷”等生产、流通、餐饮各环节专项整治行动，巡查、检查各类食品生产经营单位5589户（次），当场处罚37户，排查整治安全隐患156条。推进餐饮服务单位“明厨亮灶”、量化分级工作。督促指导餐饮服务单位完成“明厨亮灶”532户，餐饮服务单位量化评级901户。完成各类抽样检测食品382个批次、食用农产品240个批次。11月，创建省级食品安全示范县经四川省食品安全委员会办公室委托第三方验收评估组实地检查验收。

【环境质量】 米易县环境空气质量不断改善，饮用水安全得到保障，城区噪声逐步下降，基础设施逐步完善，县城空气质量优良率98.9%，县城区集中式饮用水水源地水质保持稳定，达到《地表水环境质量标准》Ⅲ类标准，各饮用水源地周边环境状况良好。全年城市区域环境噪声、城区道路交通噪声均达到要求。

米易县按照攀枝花市人民政府下达的年度总量减排工作目标，严格督促迷易污水、瑞达水泥强化污染治理设施运行管理，积极推动白马球团烟气脱硫提标升级改造项目、城区污水收集管网整治改造以及垭口镇生活污水处理厂恢复重建。

制定实施《〈米易县大气污染防治行动计划实施细则〉2016年度实施计划》，督促攀枝花钢城集团米易白马球团有限公司加快烟气脱硫提标升级改造项目建设，完成1号脱硫塔建设并投运，加快推进2号脱硫塔建设；狠抓夏秋季节农作物秸秆禁烧和综合利用，成立由县委县政府督查办、县环保局、县农牧局组成的秸秆禁烧巡查组，召开3次专题会议安排部署秸秆禁烧工作，发动县、乡（镇）、村、组四级以整体联动形式开展秸秆禁烧工作，较好遏制肆意焚烧秸秆的状况，县域环境空气质量得到改善。县政府印发《〈水污染防治行动计划〉米易县实施方案》，争取市级环保专项资金15万元建设米（米易）普（普威）路晃桥水库段交通隔离围栏，保障县城饮用水水源地环境；建成撒莲镇禹王宫村、海塔村人工湿地和海塔村简易垃圾填埋场；深化重点流域污染防治，推进生态养殖，取消二滩库区网箱养殖。

贯彻新《中华人民共和国环境保护法》，深化环境综合执法体制改革，改进执法方式和执法手段，始终保持高压严管态势，实施三级“网格化”监管模式，打造“全覆盖”环境执法网络体系，开展环境监察执法大练兵，有效提高环境监管水平。坚持日常检查与突击检查相结合，加强联合检查、交叉检查、跨界联合执法，开展为期一年的“环境保护大检查、清理违规建设项目”“秸秆禁烧”“整治违法排污企业保障群众健康”等多项专项执法行动，查处环境违法案件13起，罚金65万余元，下发整改决定书、责令改正决定书12份，打击违法排污行为，保障全县环境安全。受理环境投诉122件（次），处理率100%、办结率100%，未发生因环境问题引发的群体性上访事件。贯彻执行国家排污费征收政策，对51户排污企业征收排污费268余万元。

【交通基础设施建设】 全年，米易县完成交通基础设施固定资产投资2亿元，完成会（会理）米（米易）路坪山至新山段12.6千米道路改建工程，二滩环湖路9.5千米水毁恢复工程，龙（白马镇龙塘村）华（白马镇宁华街）路6.4千米改造工程，丙（丙谷）垭（垭口）路9.2千米大修工程，通村公路50千米建设项目，城市公交车沿途停靠站点项目，会米路新山境内农村客运招呼站建设项目,老新山至龙肘山岔路口公路危险路段整治工程;实施会米路老新山至官鼎段16千米道路改建工程(跨年度),德盐路黄桷湾至长沟段11.2千米改建工程(跨年度),德盐路大深沟至对窝坪段5千米改建工程(跨年度),盐米路滑坡隐患治理,对昔街大桥桥梁下部结构进行维修、159座桥梁的定期检测,海事工作趸船建设,白坡乡移民避险解困道路建设项目。全年争取到位省、市项目建设资金5740万元。

【深化改革】 米易县以深化改革促开放,发展活力不断增强。经济、司法、农业农村体制等重点领域改革纵深推进,全省扩权强县、不动产统一登记、农村产权抵押融资等重大改革事项成效明显,被列为四川省供销综合改革重点任务试点县,创建大学生就业见习基地12个。政府与社会资本合作模式探索建立,包装实施城南新区快速通道、群众文化艺术中心等总投资16亿元的PPP项目7个。西博会、农博会、中外知名企业四川行等投资促进活动成果丰硕,与智仁乐旅游、家啦新能源、辽宁禾丰牧业等成功实现签约,与重庆粮食集团、四川省机械研究设计院、成都中医药大学等深化战略合作,与北京市西城区、新疆维吾尔自治区巩留县、四川省凉山彝族自治州冕宁县等缔结友好关系,全年招商引资履约项目64个,实际到位资金109亿元、同比增长9.5%。

【基本农田保护】 米易县严格落实耕地保护制度,扎实开展全域永久基本农田划定、土地利用总体规划中期调整完善及中心城区基本农田划定工作,基本农田保护制度健全,管理规范,措施落实,无未经批准擅自调整基本农田、非法占用基本农田进行非农业建设的行为。按照上级国土资源部门时间安排,稳步推进米易县土地利用总体规划(2006—2020年)调整完善和永久基本农田划定工作,完成划定方案上报。2016年辖区内耕地保有量23732公顷,中心城区永久基本农田45.63公顷通过攀枝花市政府批准,划定永久基本农田18499公顷。

【幸福美丽新村建设】 米易县制定《米易县2016年度幸福美丽新村建设实施方案》,编制上报《米易县2016年省级财政新村幸福美丽新村建设资金项目实施方案》,争取上级资金560万元(省级专项资金500万元,市级专项资金60万元),强化财政资金投入保障。坚持落实倒排工期、定期例会、进度通报、督查督办、绩效考核等工作机制,联动开展新村建设督促检查和指导服务,确保新村建设有序推进,新建7个新村(聚居点)187户;建设9个幸福美丽新村(省级贫困村8个);抓好2015年11个新村聚居点基础设施建设。开展"四好村"创建工作,普威镇独树村、龙滩村,撒莲镇禹王宫村、海塔村,垭口镇安全村,攀莲镇贤家村,白马镇马槟榔村,湾丘彝族乡麻窝村8个村被评为省级"四好村"。

【依法治县】 米易县深入推进普法依法治理,积极推进依法治县各项工作,各乡镇、各部门、各企事业单位开展"法治机关(单位)""法治企业""依法治校示范校""民主法治示范村(社区)"创建工作,推进部门、行业等基层组织广泛开展依法治理工作;组织律师、公证员、基层法律服务工作者开展"法律七进"(法律进机关、进学校、进社区、进乡村、进寺庙、进企业、进单位)活动,通过发放宣传资料、法制培训、法律咨询活动,开展依法治理活动,提高社会管理法治化水平;认真落实普法制度。制定完善领导干部、公务员、青少年、企业经营管理者等各类群体学法制度、学法辅导员制度、法治监督员制度以及学法检查、监督、考核等措施规定,确保各个层面的学法用法活动向纵深开展,使全县普法工作从部署安排、开展落实、检查督促到总结考核逐步形成制度化、规范化良性运行机制。以贴近群众生产生活的各种法律警句、法治典故、法治谜语及人文道德故事等主题内容,着力打造米易法治文化特色品牌,把法治文化公园建成健身休闲怡心、普法学习沁心、文化教育修心的娱乐场所,营造浓厚法治氛围,展现县城风貌特色。

【脱贫攻坚】 米易县紧扣"2017年贫困村全部摘帽,贫困人口全部脱贫"目标,聚焦"两不愁、三保障"(不愁吃、不愁穿);义务教育、基本医疗、住房安全有保障"四个好"(住上好房子、过上好日子、养成好习惯、形成好风气)标准,实施"六大扶贫工程"(基础设施建设工程、富民产业发展工程、教育文化治贫工程、医疗卫生救助工程、社会保障兜底工程、生态扶贫搬迁工程),"六个精准"(扶贫对象精准、项目安排精准、资金使用精准、措施到户精准、因村派人精准、脱贫成效精准)"第一书记"、扶贫小额信贷等举措精准到位,移民避险解困、移民后期扶持、易地扶贫搬迁等项目有力推进,在全市率先为25个贫困村选配村主任助理和农技服务人员,组织54名农技"土专家"到西南大学开展技术培训,实施易地扶贫搬迁162户611人,新建贫困户住房274套,建成民族新村5个,草场乡仙山村,白马镇棕树湾村、黄草坪村等8个村809户2798人通过脱贫验收,实现脱贫摘帽,完成省级下达目标任务的100%,全县贫困发生率控制在2.3%以内。

【换届工作】 米易县紧紧围绕中央和省委、市委换届工作部署,严格执行"九个严禁、九个一律""六个坚决查处"等换届纪律,组织观看《镜鉴》《警钟》专题警示教育片8000余人次,发放换届纪律明白卡8000余份,开展严肃换届纪律集体谈心谈话898人次。严格按照"六个凡必"要求,对145名换届意向性人选档案进行全面审核,严把选人用人关,杜绝

“带病提拔”。开展乡(镇)换届风气督导督查5次,对不知晓换届纪律的11名干部进行全县点名通报,对1名村干部进行免职处理。12月,县、乡换届完成。

(吴兴刚　王小岚　周朝海)

盐边县

【概　况】 盐边县地处攀枝花市北部,位于北纬26°25′~27°21′、东经101°08′~102°04′。东邻米易县、凉山彝族自治州会理县,南接市郊仁和区,西与云南省华坪县、宁蒗彝族自治县接壤,北与凉山彝族自治州盐源县毗邻。县政府驻桐子林镇,距攀枝花市28千米、桐子林火车站3千米、攀枝花机场44千米、西攀高速公路盐边入口处18千米。

盐边县辖区面积3269.453平方千米。下辖4个镇、12个乡、164个村、826个村民小组、7个居民委员会。共居住有25个民族,其中汉族人口最多,其余人口较多的依次为彝族、傈僳族、苗族、回族、纳西族、傣族等,其中少数民族村79个、村民小组378个,少数民族人口6.43万人,占全县总人口的30.1%。2016年年底,全县总人口210062人,其中男107679人、女102383人;农业人口182051人,占86.2%,非农业人口28011人,占13.8%。人口出生率12.18‰,人口自然增长率6.11‰。

【经济发展状况】 2016年实现地区生产总值124.07亿元,同比增长8.5%,其中:第一产业增加值9.75亿元,同比增长4.3%;第二产业增加值93.36亿元,同比增长9.1%(其中,工业增加值85.72亿元,同比增长8.5%);第三产业增加值20.96亿元,同比增长7.5%。农业总产值19.24亿元,同比增长10.7%。规模以上工业产值18.8亿元,同比增长16.8%。公共财政收入4.88亿元,同比增长5.7%。招商引资到位资金91.25亿元,同比增长3.5%。固定资产投资96.12亿元,同比增长4.3%。社会消费品零售总额16.66亿元,同比增长10.7%。农村居民人均可支配收入13022元,同比增长9.4%。城镇居民人均可支配收入28894元,同比增长8.1%。

表19　**2016年盐边县主要经济指标统计表**

指标名称	单位	2016年	比2015年增长(%)
地区生产总值	万元	1240690	8.50
第一产业增加值	万元	97532	4.30
第二产业增加值	万元	933597	9.10
工业增加值	万元	857183	8.50
规模以上工业增加值	万元	1749652	11.80
建筑业增加值	万元	76400	18.00
第三产业增加值	万元	209561	7.50
民营经济增加值	万元	593614	9.00
农业总产值	万元	192400	10.70
规模以上工业产值	万元	188000	16.80
全社会固定资产投资额	万元	961200	4.30
社会消费品零售额	万元	166600	10.70
地方财政收入	万元	52737	5.70
#:一般预算收入	万元	48822	4.90
地方财政支出	万元	143008	4.86

续表 19

指标名称	单位	2016 年	比 2015 年增长(%)
#:一般预算支出	万元	143008	4.90
国税收入	亿元	25934	1.70
地税收入	亿元	53550	54.00
金融机构各项存款余额	万元	607801	9.15
金融机构各项贷款余额	万元	478851	7.07
农民人均纯收入	元	13022	9.40
城镇居民人均可支配收入	元	28894	8.10

【农业经济】 盐边县大力发展现代特色农业,加快推进现代农业示范区建设,蚕桑产业和番茄产业初见成效。完成惠民乡、国胜乡333.33公顷高标准农田项目建设;温泉乡土地开发整理项目完工,新增耕地235.33公顷;启动格萨拉土地开发整理项目。实施全省第三轮现代畜牧业重点县项目建设,新建标准化肉牛、肉羊养殖小区40个,发展规模养殖户250户;新建标准养牛(养羊)场各5家。夯实农业发展基础设施,新建成1046.67公顷规模化节水灌溉、400公顷高效节水灌溉设施,完成10座病险水库除险加固、2016年省级"五小水利"等项目建设,加快推进小河沟水库、益民乡生活用水改扩建等项目建设。注重品牌打造和龙头企业培育,成功创建"国家级出口芒果质量安全示范区"和"中国果桑之乡",新培育农业龙头企业10家,新发展农民专业合作社17家。全年生产粮食6.9万吨,同比增长0.78%;蔬菜种植3600公顷,产量13万吨,同比增长5.6%;水果产量4.1万吨,同比增长6%(芒果种植11266.67公顷,产量3.3万吨);茶叶产量82吨,同比增长1.2%。蚕茧产量3622吨,增长0.09%;出栏生猪21.13万头,同比下降3.84%;出栏肉牛7457头,同比增长2.95%;出栏肉羊9.45万只,同比增长2.98%;出栏家禽79.83万羽,同比增长2.89%;肉类产量17358吨,同比下降1.48%。水产品产量13514吨,同比增长48.13%。

【工业经济】 认真贯彻落实稳增长各项政策措施,帮助企业争取到工业发展专项资金1800万元,协调水钢红发等12户企业借用市级应急转贷资金2.24亿元。龙蟒矿冶、水钢红发等12户企业纳入省直购电用户,13户企业纳入市钒钛产业园区电价结算,享受电费优惠约993万元。积极支持龙蟒、水钢红发等12户企业纳入市级"红名单"企业。10月28日,龙蟒与佰利联成功合并。新申报"红名单"企业3户,培育规模以上企业2家。龙蟒公司、天成丝绸公司2016年被省政府授予优秀民营企业。工业生产平稳增长,2016年3月以后,依靠工矿产品产量增加、部分产品价格回升和桐子林电站、大面山风电一期等项目建成投产及部分企业复产,增加产能,推动工业产值和工业增加值持续保持在两位数的增长速度。做好要素保障工作,安宁—红格110千伏、安宁—城南110千伏等项目建成投入运行。与中石油攀枝花分公司签订《"十三五"战略合作协议》。帮助企业协调铁路运输及价格优惠政策,一立、水钢红发、广川冶金等企业享受15%~30%的铁路运费优惠,优惠金额达1000余万元。帮助水钢红发、二滩矿产品、福川机械等企业做好复工复产工作。做好煤矿复工复产工作,截至12月,全县有6个煤矿正式复产(梨树湾矿井、金谷1井、卷子坪煤矿、赵家湾煤矿、滑石板煤矿、丰源煤矿),马草湾煤矿进入试运转,金隆煤矿完成复产前隐患整改方案编制。关闭煤矿1口(板依村煤矿,设计生产能力9万吨/年)。

【服务业发展】 持续打造"阳光、温泉、运动、休闲"旅游品牌,积极推进与川能投合作打造红格阳光康养温泉旅游小镇项目。成功创建"四川省旅游强县"。截至12月,到盐边县越冬的"候鸟老人"达5000余人次,同比增长50%以上;全年完成旅游综合收入51.45亿元,同比增长22.49%。成功举办首届"中国·盐边国胜采茶节"、永兴西瓜节等节会活动,树立"笮山若水、康养盐边"的旅游新形象。打造5家乡村旅游示范点,温泉乡热水塘村获得"2016攀枝花最美乡村"称号。开展服务业特色品牌创建,打造6家"盐边餐饮放心店"、6家"盐边羊肉米线"名小吃示范店,"老盐边羊肉米线"入选首届"中国金牌旅游小吃"200种地方名小吃。积极开展电子商务进农村工作,利用"邮乐购"网络平台,以邮政商业网点为基础,完成1个县级农村电子商务服务中心、5个乡级农村电子商务服务站建设,搭建工业品下乡、农产品进城的网络交易平台。

【重大项目推进】 按照省、市确定的"项目年"目标任务,持续深化"项目年"活动,全力以赴推动重大项目建设。桐子林水电站、川能投风电一期项目并网发电;攀云钛EB炉技改及钛合金项目投产；四喜农业桑葚果酒（一期）、锐华果蔬气调库（一期）等项目建成投入运行；向阳钒业4000吨氮化钒项目（一期）、得天矿业钒钛磁铁矿综合开发利用项目进入调试。大面山二期风电10万千瓦项目在2016年底第一批机组并网发电，大面山2万千瓦农风光发电互补项目于年底开工建设，大面山三期风电2.2万千瓦项目进入施工招投标程序；协鑫光伏太阳坡3.5万千瓦设施农业光伏发电项目开工建设；西攀高速盐边互通扩能改造工程、红格市政主干道及连接线、南部区域城市棚户区改造一期二标段、小河沟水库、高铁站前广场道路及附属设施（一期）、渔门镇污水处理厂、县人民医院新建医技大楼及手术门诊部改扩建等一批重点项目有序推进。一立公司年产19万吨高钛渣生产线技改、攀昆新材料公司年处理10万吨钒钛磁铁矿生产VTF铁粉等项目正在开展前期工作；昆钢集团中干沟钒钛磁铁矿综合利用项目完成勘探工作，正在开展开发利用初步方案编制工作。

【推进城乡统筹进程】 2016年，红格镇被命名为“中国特色小镇”，红格、渔门被纳入全国重点集镇。完成红宝乡、共和乡等9个乡（镇）22个幸福美丽新村建设。城镇化率29.34%，较2015年增长1.05个百分点。加快推进城乡规划编制。编制完成《盐边县城市总体规划（2011—2030）》《攀枝花市盐边县域多规合一规划（2014—2030）》《盐边县渔门镇总体规划（2014—2030）》《盐边县渔门镇控制性详细规划》《新九片区控制性详细规划》等，完成《渔门镇核桃箐村坪子组社新村聚居点建设规划》等15个幸福美丽新村规划，启动盐边县城控制性详细规划、永兴镇和和爱乡总体规划与集镇控制性详细规划的编制工作。基础设施建设不断加快。完成县自来水厂取水口迁建改造、银星小区204套老旧住宅综合整治和184户新村聚居点农房等项目建设。加快推进890户农村危房改造，启动红星小区512套老旧住宅综合整治。稳步推进渔门镇、国胜乡公租房，中医院公租房建设。积极推进南部城市棚户区改造一期二标段、渔门污水处理厂等项目建设。城乡交通日益完善。加快推进成昆铁路扩能改造工程盐边段、高铁站前广场道路及附属设施项目（一期）、G5高速盐边互通扩能改造工程、红格市政主干道等项目建设。惠民松香厂桥及引道新建、S216线渔门至格萨拉大修、柏观路冬瓜坪至观音岩段路面大修等项目建成通车。启动实施100余千米农村公路硬化，完成54千米。生态环境持续好转。全面完成二滩库区网箱拆除工作。做好天然林保护工程，巩固8333.33公顷退耕还林成果，实施新一轮退耕还林1180公顷，2016年盐边县纳入全省现代林业产业重点县建设。加强大气污染防治，完成24家单位危险废物申报登记。环境空气达标率95%以上，6个集中式饮用水源地水质合格率100%，地表水水质达标率100%。

【推进各项改革】 深化行政审批制度改革。县级各部门对责任事项进行清理，完成责任清单编制，并向社会公布，推行清单式审批。积极开展第二轮清理规范公共服务事项，完成行政权力平台阶段性录入工作。全年共受理行政许可和公共服务44.86万件，现场办结率99.4%，按时办结率100%；录入行政权力事项5828项，受理17683件，办结17913件。加快推进农村产权制度改革，依法有序进行林权流转，林权交易面积101880公顷。稳步推进农村土地承包经营权确权颁证登记工作，继续实施特色农业保险试点，2016年盐边县被确定为全省第二批经济林木（果）权证抵押贷款改革试点县，龙腾种养殖专合社纳入全省第三批、全市第一家农村资金互助社试点。启动不动产登记制度。完成资源整合及资料移交，共颁发农村宅基地使用权证书42544本、集体建设使用权证书247本；受理不动产登记41件、办结38件，受理变更登记55件、办结55件，受理转移登记116件、办结107件，受理不动产抵押登记128件、办结128件，受理不动产预告登记34件、办结34件，接群众咨询约180人次。深化商事制度改革。大力实施“三证合一”登记制度改革，推进“五证合一”工作，继续清理工商登记前置审批，保留登记前置审批事项51项，改前置为后置审批事项152项。新登记市场主体1176户，同比增长12.76%。深入推进医疗卫生体制改革。巩固完善县级公立医院取消药品加成政策。推进公立医院人员备案编制和薪酬制度改革，完善县人民医院法人治理结构工作。积极推进“营改增”工作。县国、地两税完成辖区内1716户营业税纳税人名单及征管基础信息移交工作，清缴历年营业税欠缴累计545余万元。完成机关公务用车制度改革，第一批拍卖公车61辆。

【社会事业发展】 持续加大民生建设，全年民生工程共投入4.8亿元资金，完成10项民生工程和19件民生大事建设，人民群众得到更多实惠。深入推进科技创新。申报市级以上科技项目23项，获立项支持9项，申请受理专利69件。引导龙蟒、云钛、锐华等企业建设研发机构，建成工程技术研究中心和重点实验室3家。完成“晚熟芒果产业关键技术研究与应用”科技成果登记1项。精准脱贫加快推进。投入资金1.6亿元，实施易地移民搬迁、产业发展、彝家新寨建设、危房改造、基础设施建设等10大类70个项目建设。通过县自查验收、市验收考核、省抽检考核和第三方评估，完成9个贫困村675户2634人脱贫退出任务。完成115户479人易地移民搬迁。教育事业得到优先发展。完成永兴中学学生宿舍楼、红格中心校和红果中心校等11个农村薄弱学校改造项目建设；对中小学、幼儿园实施学前教育保教费减免、义务教育“三免两补”、营养改善计划等民生工程。2016年高考本科上线168人,教学质量显著提高。做好卫生和计划生育工作。实施国家基本药物制度,药品全部实行上网采购并零差率销售。扎实推进基本公共卫生服务均等化,加大重大传染病和地方病防治力度,加强村卫生室、乡(镇)卫生院和社区卫生服务机构标准化建设,推进县人民医院二级甲等综合医院创建工作。第二人民医院成功创建成为二级乙等综合性医院。提高城乡居民基本医疗保障水平,新农合参合人数17.39万人、参合率达99.8%,城镇居民参保1126人、参保率达99.9%。省级卫生城市创建通过专家复审,省级文明城市创建工作稳步推进。积极落实计划生育奖励扶助"三项制度",完成国家级奖励扶助2127人,省级奖励扶助86人。全面落实二孩政策,符合生育政策生育率达96%。公共文化服务体系进一步完善。加强广播村村响、地面数字电视、村村通直播星、户户通直播星的管理和维护。深入挖掘整理文化遗产资源,《大笮遗迹》出版。永兴镇文化站打造成为省级示范性乡镇综合文化站。惠民、国胜等9个乡(镇)配置图书3万册,放映公益电影2148场。城乡就业、社会救助等保障体系进一步完善。新增就业岗位1982个,城镇失业率控制在3.44%。企业职工基本养老保险、城乡居民养老保险参保人数分别达到3.63万人、9.14万人;参加城镇职工医疗保险5.09万人,参加城镇居民医疗保险1.13万人。全面实施机关事业单位养老保险,参保6709人,其中在职4839人,退休1870人。城乡低保累计保障8.01万人次,支出保障金1792万元。落实优抚安置政策,发放定补金和伤残抚恤金479万元。

【调整政府机构】 盐边县结合实际,按照精简统一效能原则,围绕转变职能和理顺职责关系,强化职责和机构整合,积极稳妥推进大部门制改革,及时对县政府工作机构具体职责进行调整。

组建县卫生和计划生育局。将县卫生局职责、县人口和计划生育局的计划生育管理和服务职责整合,组建县卫生和计划生育局,为县政府工作部门。将县人口和计划生育局拟订全县人口发展战略规划及人口政策的职责划入县发展和改革局。不再保留县卫生局、县人口和计划生育局。

组建县教育体育局。将县教育局的职责、县文化体育广播电视局的体育行政管理职责整合,组建县教育体育局,为县政府工作部门。不再保留县教育局。

组建县文化广电新闻出版局。将县文化体育广播电视局除体育行政管理以外的行政管理职责划入县文化广电新闻出版局,为县政府工作部门。

组建县民族宗教和扶贫移民局。将县民族宗教事务局、县扶贫和移民工作局的职责整合,组建县民族宗教和扶贫移民局,为县政府工作部门,不再保留县民族宗教事务局、县扶贫和移民工作局。将原县民族宗教事务局加挂的县委民族宗教事务委员会牌子更名为县委民族宗教工作委员会,并改在县民族宗教和扶贫移民局挂牌。

组建县市场监督管理局。将四川省攀枝花市盐边县工商行政管理局、四川省攀枝花市盐边县质量技术监督局由省级以下垂直管理调整为县政府管理。将县食品安全委员会办公室的职责、县食品药品监督管理局的职责、原县经济商务和信息化局的酒类流通食品安全监督管理职责、县工商行政管理局的职责和县质量技术监督局的职责整合,组建县市场监督管理局,为县政府工作部门,加挂县食品药品监督管理局、县工商行政管理局、县质量技术监督局牌子。不再保留单设的县食品药品监督管理局、县工商行政管理局、县质量技术监督局。

将县经济商务和信息化局加挂的县招商引资局牌子更名为县投资促进局。

县农牧局加挂攀枝花盐边台湾农民创业园管理委员会牌子。

县政府机构改革后,设置工作部门24个。

【新建县城饮用水取水口及管道】 12月30日新建县城饮用水取水口及管道工程完工正式通水。由于2015年3月28日凌晨,盐边县县城饮用水取水口头全部被上游冲刷的砂石掩埋堵塞,无法正常取水。经全力抢险,于4月4日建成临时取水设施供应全县及周边区域用水。取水事故发生后,县委、县政府高度重视,各级相关领导亲临现场指挥,协调各项工作事宜。根据四川省供水排水协会专家组和中国市政工程西南设计研究总院咨询评估意见:新县城集中式饮用水源地搬迁至桐子林库区取水,既可规避在坝后取水存在的一些因库区冲沙或河床变化等因数给取水带来的安全风险,也可改变取水口原水水质(安宁河污染严重)。因此,为彻底改变取水严重困难状况、提高原水水质(原取水点原水水质为3类,新建取水点原水水质为一类水)。经县委、县政府与桐管局多次反复磋商达成共识,并根据盐边县人民政府2016年议事纪要第3期、第21期和第17届108次常务会议纪要精神,决定新建县城饮用水取水口及管道工程。新建取水口位于距原取水口约12千米的盐边县纳尔河烂菜湾。工程包括新建取水浮船一艘、取水配套设施、值班室和配电室;新敷设原水输水管道一根,约12千米,管径为DN500,管材为钢管。建设规模为日取水2.0万立方米。项目总投资2282.41万元。由桐管局出资900万元(其中100万元作为临时供水抢险前期资金,800万元作为该项目资金),差额部分由盐边县财政补贴。2月该工程正式启动。8月30日完成施工招投标工作。施工中标单位为市本色建设工程有限责任公司,中标价为1500.49万元;监理比选中标单位为四川众辉项目管理咨询有限公司,中标价为18.7万元。9月6日进场施工建设。12月30日工程完工正式通水。

【取消二滩水电站库区网箱养鱼】 为消除二滩库区网箱养鱼给雅砻江下游饮用水造成的严重污染，按照市委、市政府统一安排，11 月 10 日盐边县正式启动取消网箱养鱼工作，至 12 月 30 日全部完成，历时 50 天。全县共计与养鱼户签订拆除协议 615 户，网箱 615 户 31061 口，处理库区存鱼 9698 吨；与钓鱼棚主签订拆除协议 98 户，拆除钓鱼棚 98 户 307 座。投入资金 16656 万元，其中，网箱及附属生产设施补偿资金 10530 万元，钓鱼棚补偿资金 488 万元，存鱼促销奖励资金 3930 万元，转产补偿资金 900 万元，拆除劳务资金 423 万元，工作经费 385 万元。

全县自愿签订协议 100%，存鱼处理 100%，网箱拆除 100%，钓鱼棚拆除 100%。实现拆除工作零强拆、零事故、零伤亡，在规定时限内完成。

【乡镇概况】 2016 年，盐边县下辖 16 个乡镇，有 4 个镇（桐子林镇、红格镇、渔门镇、永兴镇）、12 个乡（新九乡、和爱彝族乡、益民乡、红果彝族乡、鳡鱼彝族乡、共和乡、惠民乡、国胜乡、红宝苗族彝族乡、箐河傈僳族乡、温泉彝族乡、格萨拉彝族乡）、164 个村、826 个村民小组。其中格萨拉彝族乡辖区面积最大，为 339.55 平方千米；渔门镇人口最多，为 26324 人；新九乡地区生产总值最大，为 425018 万元；益民乡蔬菜产量最大，为 35504 吨；共和乡烤烟产量最大，为 994 吨；渔门镇水产产量最大，为 7304 吨；国胜乡为茶叶之乡，茶叶产量达 72 吨。

表 20 2016 年盐边县乡镇情况表

指标 乡镇	辖区面（平方千米）	村（个）	人口（人）	国内生产总值（万元）	工业总产值（万元）	财政收入（万元）	农民人均纯收入（元）	农业总产值（万元）	粮食总产量（吨）	蚕茧产量（吨）	蔬菜产量（吨）	水果总产量（吨）	畜禽出栏				水产品产量（吨）	烤烟产量（吨）	茶叶产量（吨）
													生猪（头）	牛（头）	羊（只）	家禽（羽）			
桐子林镇	240.00	4	24480	293833	116916	1322	14401	10794	2671	—	6413	10802	10879	369	2243	66500	171	—	—
红格镇	160.23	4	15749	108286	79752	3952	12651	13032	5002	—	15248	5664	10546	665	3811	60551	134	334	—
渔门镇	236.64	17	26324	40337	15022	1504	10850	28865	6707	286	9929	75835	22942	598	7105	95417	7304	304	—
永兴镇	223.02	18	22701	30640	17686	1621	12275	18759	9271	978	7429	6138	25268	465	4207	119340	970	400	1
益民乡	66.75	10	13585	24680	7760	1518	13479	14994	5656	—	35504	9070	20861	206	1276	72563	45	—	—
新九乡	124.80	7	12102	425018	412098	865	12622	6430	4403	—	4165	314	11342	227	1459	11119	280	224	—
和爱彝族乡	64.50	4	5528	11608	215	628	11608	5983	1675	—	8484	1267	5088	147	1807	25239	47	690	—
红果彝族乡	245.73	11	13467	21107	9389	1204	11792	11209	4060	—	7584	1270	13944	202	8272	44184	1021	643	—
鳡鱼彝族乡	272.00	14	7897	7592	3857	1010	11610	7729	2674	98	4262	2193	7105	460	8389	28992	1528	745	—
共和乡	240.84	17	9517	12200	—	1005	12910	9921	3413	—	3553	152	8917	382	4009	33896	164	994	—
国胜乡	321.42	14	19364	18731	1251	126	12865	15796	6882	166	10274	5782	148788	373	7101	58059	1107	—	72
红宝苗族彝族乡	304.00	7	5022	5841	720	905	11526	4793	1423	15	2244	182	4332	394	10035	21380	10	212	4
惠民乡	146.67	13	17402	20800	1133	1226	12726	21076	8234	1171	5697	5113	24685	488	3458	64354	540	—	—
箐河傈僳族乡	115.38	6	6170	7187	3497	682	11885	4667	2921	29	4784	121	3812	107	5083	27990	21	125	5
温泉彝族乡	167.92	7	7658	7868	1893	459	11566	7286	2041	43	3575	238	10023	1131	10979	21415	12	405	—
格萨拉彝族乡	339.55	11	12684	15412	266	1020	11903	9926	2015	—	1402	—	17260	1243	15553	47334	160	225	—

（刘贵云 冯子国）

附 录

攀枝花市国民经济和社会发展主要统计指标

表 21

指标	单位	2016 年
一、自然资源	*	
行政区域面积	平方公里	7401
年末实有耕地面积	公顷	74884
二、人口和就业	*	
年末户籍人口	万人	110. 56
#农业人口	万人	52. 57
非农业人口	万人	57. 99
当年出生人口	人	11260
当年死亡人口	人	6623
常住人口	万人	123. 56
#城镇人口	万人	80. 73
乡村人口	万人	42. 83
社会从业人员	万人	65. 02
#第一产业	万人	20. 72
第二产业	万人	19. 66
第三产业	万人	24. 64
三、综合经济	*	
地区生产总值(当年价)	万元	10146839
#第一产业增加值	万元	342505
第二产业增加值	万元	7153548
第三产业增加值	万元	2650786

续表 21

指标	单位	2016 年
工业增加值	万元	6853973
建筑业	万元	363219
地区生产总值指数(可比价计算,上年=100)	%	108.0
#第一产业增加值	%	104.4
第二产业增加值	%	108.1
第三产业增加值	%	108.0
工业增加值	%	108.2
#规模以上工业增加值	%	109.0
建筑业增加值	%	106.4
人均地区生产总值(当年价)	元	82221.0
人均地区生产总值指数(可比价计算,上年=100)	%	107.8
四、农村经济	*	
有效灌溉面积	公顷	38520
农林牧渔业总产值	万元	609644
农业机械总动力	万千瓦	65.02
粮食总产量	百吨	2291.09
肉类总产量	吨	53601
#牛肉	吨	3273
羊肉	吨	4862
年末生猪出栏	头	593986
年末牛出栏	头	27347
年末羊出栏	只	281244
园林水果	吨	236851
五、规模以上工业	*	
规模以上工业企业单位数	个	335.0
规模以上工业总产值(当年价)	万元	16889323
规模以上工业企业从业人员年平均人数	人	123951
规模以上工业企业主营业务收入	万元	15596719
#主营业务税金及附加	万元	79713
六、交通、通讯	*	
公路客运周转量	万人公里	65082
公路货运周转量	万吨公里	533839
境内公路总里程	公里	4575
#等级公路(含高级、一、二、三和四级公路)	公里	3288

续表 21

指标	单位	2016 年
#高速公路	公里	195
邮电主营业务收入	万元	121381
固定电话用户	户	316052
移动电话用户	户	1188601
互联网宽带接入用户	户	370002
七、固定资产投资和建筑业	*	
全社会固定资产投资	万元	6963095
全社会固定资产投产比上年增长	%	8.0
固定资产投资(不含农户)	万元	6633095
#工业投资	万元	2335372
房地产开发投资	万元	550348
建筑企业单位数	个	73
建筑业总产值	万元	1986198
八、国内贸易、对外经济	*	
社会消费品零售总额	万元	3169046
社会消费品零售总额比上年增长	%	10.7
#城镇	万元	2905594
乡村	万元	263452
#批发和零售业	万元	2733471
住宿和餐饮业	万元	435575
进出口总额	万美元	21010
#进口总额	万美元	7204
出口总额	万美元	13806
当年实际使用外资金额	万美元	3095
A 级景区	处	20
4A 级	处	20
星级饭店个数	个	18
星级饭店客房总数	间	1980
旅游接待人数	人次	20627939
#国际旅游人数	人次	1317
国内旅游人数	人次	20625640
旅游总收入	亿元	242.6
#国际旅游收入	亿元	0.04
国内旅游收入	亿元	242.56

续表 21

指标	单位	2016 年
九、人民生活	*	
居民人均可支配收入	元	26096
城镇居民人均可支配收入	元	32860
城镇居民人均消费性支出	元	20745
城镇居民因格尔系数	%	35.7
农村居民人均可支配收入	元	14057
农村居民人均生活消费支出	元	11092
农村居民恩格尔系数	%	37.9
十、财政、金融	*	
一般公共预算总收入	万元	919888
地方一般公共预算收入	万元	567573
#各项税收	万元	341113
地方一般公共预算支出	万元	1220322
#其中:农林水事务支出	万元	127840
科学技术支出	万元	14232
医疗卫生支出	万元	98331
教育支出	万元	242045
一般公共服务	万元	128960
文化体育与传媒	万元	15663
社会保障和就业	万元	173781
节能环保	万元	27275
城乡社区事务	万元	127306
交通运输	万元	40812
年末金融机构人民币各项存款余额	万元	9385880
#住户存款	万元	5229693
年末金融机构人民币各项贷款余额	万元	7386284
十一、教育、卫生	*	
小学数	所	64
普通中学数	所	54
中等职业教育学校数	所	7
小学在校学生总数	人	70168
普通中学在校学生总数	人	64829
中等职业教育学校在校学生数	人	18156
小学专任教师数	人	5017

续表 21

指标	单位	2016 年
普通中学专任教师数	人	5158
普通高等学校数	所	2
普通高等学校在校学生数	人	25128
普通高等学校专任教师数	人	1272
医疗卫生机构数	个	140
医疗卫生机构床位数	张	9867
医院、卫生院技术人员	人	7741
#执业(助理)医师	人	3895
十二、资源与环境	*	
草地面积	公顷	48433
林地面积	公顷	505114
单位 GDP 能耗(2010 年价格)	吨标准煤	1. 386
单位 GDP 能耗比上年降低率	%	9. 76
单位工业增加值能耗	吨标准煤	18830
单位工业增加值能耗比上年降低率	%	11. 68

2016 年攀枝花市委及市委办制发文件目录表

表 22

文号	文件标题	发文时间
攀委发〔2016〕1 号	中共攀枝花市委关于进一步加强人大工作和建设的意见	20160111
攀委发〔2016〕2 号	中共攀枝花市委关于新形势下进一步加强和改进人民政协工作的实施意见	20160111
攀委发〔2016〕4 号	中共攀枝花市委关于进一步加强农村基层党的建设加快完善农村依法治理体系的实施意见	20160324
攀委发〔2016〕5 号	中共攀枝花市委关于繁荣发展社会主义文艺的实施意见	20160324
攀委发〔2016〕6 号	中共攀枝花市委　攀枝花市人民政府关于进一步做好新形势下民族工作的实施意见	20160422
攀委发〔2016〕8 号	中共攀枝花市委　攀枝花市人民政府关于贯彻落实发展新理念　深入推进农业现代化实现全面小康目标的意见	20160516

续表 22

文号	文件标题	发文时间
攀委发〔2016〕9 号	中共攀枝花市委关于全面加强改革落实工作的意见	20160629
攀委发〔2016〕10 号	中共攀枝花市委　攀枝花市人民政府关于加强产业园区党的建设推动产业园区科学发展加快发展的实施意见	20160712
攀委发〔2016〕12 号	中共攀枝花市委关于印发《中共攀枝花市委工作规则》的通知	20160922
攀委发〔2016〕13 号	中共攀枝花市委关于印发《中共攀枝花市委常委会议事决策规则》的通知	20160922
攀委发〔2016〕14 号	中共攀枝花市委　攀枝花市人民政府关于印发《攀枝花市生态文明体制改革实施方案》《攀枝花市加快推进生态文明建设行动方案》的通知	20161101
攀委发〔2016〕16 号	中共攀枝花市委　攀枝花市人民政府关于构建和谐劳动关系的实施意见	20161230
攀委办发〔2016〕1 号	中共攀枝花市委办公室　攀枝花市人民政府办公室关于印发《攀枝花市加快构建现代公共文化服务体系的实施意见》的通知	20160118
攀委办发〔2016〕5 号	中共攀枝花市委办公室　攀枝花市人民政府办公室关于印发《贯彻落实〈中共攀枝花市委关于全面创新改革驱动转型发展的决定〉责任分工方案》的通知	20160203
攀委办发〔2016〕7 号	中共攀枝花市委办公室关于印发《攀枝花市选拔任用党政领导干部动议工作实施细则》《攀枝花市选拔任用党政领导干部民主推荐实施细则》《攀枝花市选拔任用党政领导干部考察工作实施细则》《攀枝花市党政领导干部任用管理实施细则》《攀枝花市党政领导干部任职管理实施细则》	20160219
攀委办发〔2016〕9 号	中共攀枝花市委办公室　攀枝花市人民政府办公室关于印发《攀枝花市基础设施建设扶贫专项方案》等 10 个扶贫专项方案的通知	20160226
攀委办发〔2016〕10 号	中共攀枝花市委办公室关于印发《攀枝花市推进领导干部能上能下实施细则(试行)》的通知	20160301
攀委办发〔2016〕12 号	中共攀枝花市委办公室　攀枝花市人民政府办公室关于印发《攀枝花市 2016 年未成年人思想道德建设工作要点》的通知	20160323
攀委办发〔2016〕13 号	中共攀枝花市委办公室　攀枝花市人民政府办公室关于印发《攀枝花市领导干部经济责任审计工作规划(2016—2018 年)》的通知	20160408
攀委办发〔2016〕15 号	中共攀枝花市委办公室　攀枝花市人民政府办公室关于印发《中共攀枝花市委、攀枝花市人民政府决策咨询委员会章程》的通知	20160412

续表 22

文号	文件标题	发文时间
攀委办发〔2016〕16 号	中共攀枝花市委办公室关于印发《市委全面深化改革领导小组 2016 年工作要点》的通知	20160421
攀委办发〔2016〕17 号	中共攀枝花市委办公室关于印发《攀枝花市依法治市 2016 年工作要点》的通知	20160422
攀委办发〔2016〕19 号	中共攀枝花市委办公室　攀枝花市人民政府办公室关于印发《攀枝花市 2016 年十项民生工程及 19 件民生大事实施方案》的通知	20160425
攀委办发〔2016〕20 号	中共攀枝花市委办公室印发《关于在全市党员中开展“学党章党规、学系列讲话，做合格党员”学习教育实施方案》的通知	20160509
攀委办发〔2016〕26 号	中共攀枝花市委办公室　攀枝花市人民政府办公室关于印发《攀枝花市全面开展清洁城市环境活动实施方案》的通知	20160531
攀委办发〔2016〕28 号	中共攀枝花市委办公室关于印发《2016 年度中共攀枝花市委同全市各民主党派政党协商会议计划》的通知	20160602
攀委办发〔2016〕30 号	中共攀枝花市委办公室　攀枝花市人民政府办公室关于印发《攀枝花市全面推进公务用车制度改革总体方案》的通知	20160630
攀委办发〔2016〕32 号	中共攀枝花市委办公室印发《关于加强党建工作组织工作为脱贫攻坚提供坚强组织保障的实施意见》的通知	20160715
攀委办发〔2016〕33 号	中共攀枝花市委办公室关于印发《关于加强社会组织党的建设工作的实施意见（试行）》的通知	20160801
攀委办发〔2016〕36 号	中共攀枝花市委办公室印发《关于进一步推动县（区）党委落实党风廉政建设主体责任的实施意见》的通知	20161019
攀委办发〔2016〕38 号	中共攀枝花市委办公室　攀枝花市人民政府办公室关于印发《攀枝花市年度目标绩效管理办法》的通知	20161102
攀委办发〔2016〕41 号	中共攀枝花市委办公室　攀枝花市人民政府办公室关于印发《攀枝花市“十三五”人才发展规划》的通知	20161108
攀委办发〔2016〕44 号	中共攀枝花市委办公室　攀枝花市人民政府办公室关于印发《攀枝花市有脱贫任务县（区）党委和政府脱贫攻坚工作年度考核办法》的通知	20161124
攀委办发〔2016〕46 号	中共攀枝花市委办公室　攀枝花市人民政府办公室关于印发《关于加强新时期全市关心下一代工作的实施意见》的通知	20161125
攀委办发〔2016〕48 号	中共攀枝花市委办公室　攀枝花市人民政府办公室印发《关于进一步贯彻落实中央八项规定精神和省委、省政府以及市委、市政府十项规定的实施方案》的通知	20161210
攀委办发〔2016〕49 号	中共攀枝花市委办公室　攀枝花市人民政府办公室印发《关于深化廉政风险防控工作的实施意见》的通知	20161230

2016年攀枝花市政府及市政府办制发文目录表

表 23

文号	文件标题	发文日期
攀府发〔2016〕1 号	关于在公共服务领域推广政府与社会资本合作模式的实施意见	20160115
攀府发〔2016〕2 号	关于加快发展体育产业促进体育消费的实施意见	20160118
攀府发〔2016〕3 号	关于强制拆除紫荆壹号小区违法建筑的通知	20160214
攀府发〔2016〕4 号	关于印发《攀枝花市促进工业经济稳定增长若干措施》的通知	20160216
攀府发〔2016〕5 号	关于加强“十三五”期间中小学教师队伍建设的实施意见	20160302
攀府发〔2016〕6 号	关于加快推进市不动产登记机构组建的通知	20160325
攀府发〔2016〕7 号	关于做好 2016 年民兵组织整顿工作的通知	20160406
攀府发〔2016〕8 号	关于进一步规范光伏应用促进健康有序发展的意见	20160416
攀府发〔2016〕9 号	关于表扬全市第八次民族团结进步模范集体和模范个人的决定	20160425
攀府发〔2016〕10 号	关于开展道路交通安全综合治理长效机制建设年行动的实施意见	20160421
攀府发〔2016〕11 号	关于 2015 年度攀枝花市科学技术奖励的决定	20160503
攀府发〔2016〕12 号	关于印发《攀枝花市政府投资工程建设项目采用随机法确定承包人暂行办法》的通知	20160606
攀府发〔2016〕13 号	关于印发《攀枝花市城镇小区配套幼儿园建设和管理实施办法》的通知	20160509
攀府发〔2016〕14 号	关于印发《取消的中央指定地方实施行政审批事项目录》的通知	20160611
攀府发〔2016〕15 号	关于印发《攀枝花市政府租用企业投资城市基础设施项目管理工作暂行办法》的通知	20160606
攀府发〔2016〕16 号	关于进一步完善城乡义务教育经费保障机制的实施意见	20160616
攀府发〔2016〕17 号	关于加强电梯安全工作的意见	20160704
攀府发〔2016〕18 号	关于促进慈善事业健康发展的实施意见	20160704

续表 23

文号	文件标题	发文日期
攀府发〔2016〕19 号	关于贯彻落实四川省人民政府调整增值税收入划分的通知	20160627
攀府发〔2016〕20 号	关于加强新形势下行政应诉工作的意见	20160722
攀府发〔2016〕21 号	关于推进在攀中央企业、省属企业和市属国有企业“三供一业”分离移交工作的实施意见	20160726
攀府发〔2016〕22 号	关于进一步做好采煤沉陷区综合治理工作的意见	20160725
攀府发〔2016〕23 号	关于表扬 2015 年度全市金融工作先进单位的通报	20160805
攀府发〔2016〕24 号	关于统筹推进市区棚户区改造工作的意见	20160808
攀府发〔2016〕25 号	【此文件涉密】	
攀府发〔2016〕26 号	关于表扬第七批攀枝花模范校长和优秀教师的决定	20160907
攀府发〔2016〕27 号	关于全面加强危爆物品管控工作的实施意见	20160913
攀府发〔2016〕28 号	关于印发《攀枝花市 2016 年应急服务采购项目应急贷款资金使用管理办法》的通知	20160920
攀府发〔2016〕29 号	关于加快大数据发展的实施意见	20161008
攀府发〔2016〕30 号	关于贯彻《四川省政府债务风险评估和预警暂行办法》的实施意见	20161012
攀府发〔2016〕31 号	关于调整攀枝花市耕地保有量和基本农田保护面积的通知	20161104
攀府发〔2016〕32 号	关于进一步加强新时期爱国卫生工作的实施意见	20161104
攀府发〔2016〕33 号	关于加快推进残疾人小康进程的实施意见	20161205
攀府发〔2016〕34 号	关于印发《攀枝花市全民健身实施计划(2016—2020年)》的通知	20161206
攀府发〔2016〕35 号	关于贯彻落实《四川省社会信用体系建设工作实施方案》的意见	20161209
攀府发〔2016〕36 号	关于对央视《经济半小时》曝光和重庆两江志愿发展中心反映我市部分企业环境污染问题挂牌督办的通知	20161209
攀府发〔2016〕37 号	关于贯彻实施《居住证暂行条例》的意见	20161214
攀府发〔2016〕38 号	关于开展健康城市建设工作的决定	20161220
攀府发〔2016〕39 号	关于认定攀枝花市第四轮敬老模范乡(镇)、街道和单位的通知	20161226
攀府发〔2016〕40 号	关于确定攀枝花钒钛高新技术产业开发区财政管理体制的通知	20161227
攀府发〔2016〕41 号	关于印发《攀枝花市“9·19”灾后恢复重建工作推进方案》的通知	20161227

续表 23

文号	文件标题	发文日期
攀府发〔2016〕42 号	关于印发《攀枝花市深化医药卫生体制综合改革试点工作方案》的通知	20161228
攀府发〔2016〕43 号	关于表扬《反洗钱法》颁布十周年反洗钱先进集体和先进工作者的通报	20161229
攀府发〔2016〕44 号	关于表扬第十六届中国西部国际博览会参会工作先进集体和先进个人的通报	20161230
攀府发〔2016〕45 号	关于落实“先照后证”改革决定加强事中事后监管的实施办法	20161230
攀府发〔2016〕46 号	关于印发《攀枝花市残疾人事业“十三五”发展规划(2016—2020)》的通知	20161230
攀办发〔2016〕1 号	关于印发攀枝花市级国有资本经营预算管理办法的通知	20160110
攀办发〔2016〕2 号	关于加快我市贫困山区通信基础设施建设工作的通知	20160204
攀办发〔2016〕3 号	关于确保市政府重要文件贯彻落实的实施意见	20160308
攀办发〔2016〕4 号	关于印发《攀枝花市 2016 年食品安全工作要点》的通知	20160307
攀办发〔2016〕5 号	关于做好市政府行政应诉工作的通知	20160308
攀办发〔2016〕6 号	关于营造城市文化氛围的实施意见	20160310
攀办发〔2016〕7 号	关于印发《攀枝花市微型消防站建设方案》的通知	20160321
攀办发〔2016〕8 号	关于做好政府网站内容保障相关工作的通知	20160322
攀办发〔2016〕9 号	关于进一步落实水上交通安全管理工作的通知	20160327
攀办发〔2016〕10 号	关于进一步做好为农民工服务工作的贯彻实施意见	20160327
攀办发〔2016〕11 号	关于进一步加强食品安全保障工作的实施意见	20160331
攀办发〔2016〕12 号	关于印发《攀枝花市食品药品安全举报奖励办法(试行)》的通知	20160417
攀办发〔2016〕13 号	贯彻落实《关于鼓励川商返乡兴业回家发展的指导意见》的实施意见	20160418
攀办发〔2016〕14 号	关于印发《关于加快全市中高山地区现代农业发展的实施意见》的通知	20160424
攀办发〔2016〕15 号	关于印发《攀枝花市乡村教师支持计划实施办法(2016—2020 年)》的通知	20160426
攀办发〔2016〕16 号	关于印发《攀枝花市农林科学研究院激励科技人员创新创业专项改革试点方案》的通知	20160509
攀办发〔2016〕17 号	关于贯彻财政金融互动政策的实施意见	20160512
攀办发〔2016〕18 号	关于成立攀枝花市互联网金融风险整治工作领导小组的通知	20160520

续表 23

文号	文件标题	发文日期
攀办发〔2016〕19 号	关于印发攀枝花市互联网金融风险专项整治工作实施方案的通知	20160523
攀办发〔2016〕20 号	关于印发 2016 年政务公开工作要点的通知	20160524
攀办发〔2016〕21 号	关于印发整合建立统一的公共资源交易平台实施方案的通知	20160525
攀办发〔2016〕22 号	关于印发《攀枝花市知识产权质押融资试点工作方案(2016—2018)》的通知	20160603
攀办发〔2016〕23 号	关于印发《攀枝花市深入实施知识产权战略行动计划(2016—2020 年)》的通知	20160603
攀办发〔2016〕24 号	关于印发《取消、调整和保留的省市县联审项目目录》和《取消、保留许可限额的市县行政许可项目目录》的通知	20160607
攀办发〔2016〕25 号	关于加强互联网领域侵权假冒行为治理的实施意见	20160606
攀办发〔2016〕26 号	关于印发《促进经济稳定增长和提质增效推进供给侧结构性改革实施方案》的通知	20160612
攀办发〔2016〕27 号	关于进一步加强危险化学品安全监督管理工作的实施意见	20160608
攀办发〔2016〕28 号	关于进一步加强长江流域攀枝花境内化工矿山企业安全监管工作的实施意见	20160613
攀办发〔2016〕29 号	关于印发《攀枝花市促进高新技术产业发展奖励办法》的通知	20160617
攀办发〔2016〕30 号	关于成立攀枝花市兴攀产业发展基金领导小组的通知	20160617
攀办发〔2016〕31 号	关于印发《攀枝花市投资和重点项目考核办法》的通知	20160620
攀办发〔2016〕32 号	关于印发《攀枝花市政策性芒果价格指数保险试点工作实施方案》的通知	20160624
攀办发〔2016〕33 号	关于做好市级部门责任清单编制工作的通知	20160621
攀办发〔2016〕34 号	关于印发《攀枝花市人民政府 2016 年度法治政府建设工作安排》的通知	20160627
攀办发〔2016〕35 号	关于印发《攀枝花市关于支持戏曲传承发展的实施意见》的通知	20160807
攀办发〔2016〕36 号	关于开展全市住宅老旧电梯安全评估和更新改造工作的实施意见	20160810
攀办发〔2016〕37 号	关于加强和规范人口登记管理工作的通知	20160812
攀办发〔2016〕38 号	关于印发《攀枝花市科技特派员产业扶贫行动实施方案(2016 年—2018 年)》的通知	20160829

续表 23

文号	文件标题	发文日期
攀办发〔2016〕39 号	关于调整我市城镇居民基本医疗保险相关政策规定的通知	20160831
攀办发〔2016〕40 号	关于印发《攀枝花市消防工作考核办法》的通知	20160831
攀办发〔2016〕41 号	关于印发《攀枝花市人才公寓入住管理实施细则》《攀枝花市职工周转房入住管理实施细则》的通知	20160830
攀办发〔2016〕42 号	关于进一步加强工程建设领域农民工工资支付工作的通知	20160913
攀办发〔2016〕43 号	关于印发《攀枝花市政府购买棚户区改造服务管理暂行办法》的通知	20160920
攀办发〔2016〕44 号	关于印发《攀枝花市防震减灾“十三五”规划》的通知	20160920
攀办发〔2016〕45 号	关于印发《攀枝花市行政许可和行政处罚等信用信息公示实施方案》的通知	20160923
攀办发〔2016〕37 号	关于加强和规范人口登记管理工作的通知	20160812
攀办发〔2016〕38 号	关于印发《攀枝花市科技特派员产业扶贫行动实施方案(2016 年—2018 年)》的通知	20160829
攀办发〔2016〕39 号	关于调整我市城镇居民基本医疗保险相关政策规定的通知	20160831
攀办发〔2016〕40 号	关于印发《攀枝花市消防工作考核办法》的通知	20160831
攀办发〔2016〕41 号	关于印发《攀枝花市人才公寓入住管理实施细则》《攀枝花市职工周转房入住管理实施细则》的通知	20160830
攀办发〔2016〕42 号	关于进一步加强工程建设领域农民工工资支付工作的通知	20160913
攀办发〔2016〕43 号	关于印发《攀枝花市政府购买棚户区改造服务管理暂行办法》的通知	20160920
攀办发〔2016〕44 号	关于印发《攀枝花市防震减灾“十三五”规划》的通知	20160920
攀办发〔2016〕45 号	关于印发《攀枝花市行政许可和行政处罚等信用信息公示实施方案》的通知	20160923
攀办发〔2016〕46 号	【此文件涉密】	
攀办发〔2016〕47 号	关于国务院文件网上公开发布后做好贯彻落实工作有关事项的通知	20160923
攀办发〔2016〕48 号	关于在政府购买服务指导目录中增加应急服务的通知	20160920
攀办发〔2016〕49 号	关于印发攀枝花市强化三个专项行动集中严厉打击钢铁行业违法违规生产销售行动方案的通知	20160930

续表 23

文号	文件标题	发文日期
攀办发〔2016〕50 号	关于印发《攀枝花市民用机场净空及电磁环境保护办法》的通知	20160927
攀办发〔2016〕51 号	关于煤炭行业化解过剩产能实现脱困发展的实施意见	20161009
攀办发〔2016〕52 号	关于推行消防安全网络化管理工作的实施意见	20161013
攀办发〔2016〕53 号	关于印发《攀枝花市环境保护工作联席会议制度》的通知	20161020
攀办发〔2016〕54 号	关于发布第四批重点工业企业“红名单”的通知	20161026
攀办发〔2016〕55 号	关于转发《攀枝花学院“十三五”教育事业发展规划》的通知	20161028
攀办发〔2016〕56 号	关于贯彻落实《国务院办公厅关于深化改革推进出租汽车行业健康发展的指导意见》的通知	20161103
攀办发〔2016〕57 号	关于进一步加强统计工作的通知	20161104
攀办发〔2016〕58 号	关于印发《深化标准化改革服务全面创新改革驱动转型发展工作方案》的通知	20161117
攀办发〔2016〕59 号	关于印发《攀枝花市群发性山洪及滑坡灾害灾后农房恢复重建补助政策的实施意见》的通知	20161118
攀办发〔2016〕60 号	关于印发《攀枝花市 2016 年淘汰落后生产能力工作实施方案》的通知	20161121
攀办发〔2016〕61 号	关于印发《攀枝花市“十三五”综合交通运输发展规划》的通知	20161121
攀办发〔2016〕62 号	转发市人力资源和社会保障局 市财政局关于调整机关事业单位工作人员基本工资标准和增加机关事业单位离休人员离休费三个实施意见的通知	20161122
攀办发〔2016〕63 号	关于健全解决企业工资拖欠问题联席会议制度的通知	20161124
攀办发〔2016〕64 号	关于 2016 年地质灾害避险搬迁民生工程任务实施情况的通报	20161129
攀办发〔2016〕65 号	关于印发《攀枝花市权责清单动态调整管理办法》的通知	20161124
攀办发〔2016〕66 号	关于印发《攀枝花市小微企业小额贷款保证保险管理暂行办法》《攀枝花市中小微型企业信用贷款风险补偿管理暂行办法》《攀枝花市新设金融机构奖励资金管理办法》的通知	20161201
攀办发〔2016〕67 号	关于全市农村产权流转交易市场体系建设的实施意见	20161201
攀办发〔2016〕68 号	关于印发《攀枝花市系统推进全面创新改革试验实施方案》《攀枝花市系统推进全面创新改革试验 2016 年工作计划》的通知	20161206

续表 23

文号	文件标题	发文日期
攀办发〔2016〕69 号	关于印发《攀枝花市加快实施智能快件箱推广的指导意见》的通知	20161207
攀办发〔2016〕70 号	关于印发攀枝花市贯彻落实《攀西经济区“十三五”发展规划》实施方案的通知	20161209
攀办发〔2016〕71 号	关于印发《攀枝花市医养结合试点工作实施方案》的通知	20161213
攀办发〔2016〕72 号	关于印发《攀枝花市科技信贷风险补偿制度暂行管理办法》的通知	20161221
攀办发〔2016〕73 号	关于印发《攀枝花市整合城乡居民医疗保险工作的实施方案》的通知	20161222
攀办发〔2016〕74 号	关于印发《攀枝花市金融支持攀西战略资源创新开发试验区建设工作措施》的通知	20161227
攀办发〔2016〕75 号	关于成立政府购买服务改革工作领导小组的通知	20161229

索 引

说 明

一、本索引采用分析索引法,按拼音字母(同音字母按声调)顺序排列。索引词条用字体表明;数字表示该词条内容所在页码;有关图表标题索引加注“图”、“表”字样。

二、本索引择其主要条目内容收录。内容重复出现的词条,可通过同一词条的不同页码进行检索。

数字、字母

A

B

C

D

F

H

J

K

L

M

N

P

Q

R

S

T

W

X

Y

Z